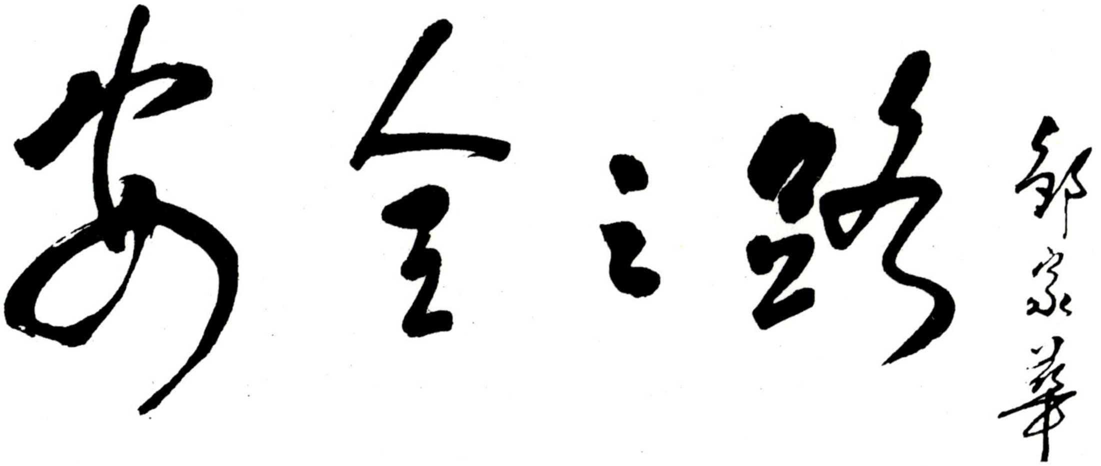

1995年5月12日,《安全生产报》开辟“安全之路”专栏,特请国务院副总理邹家华为专栏题写了栏头。

1995 年 2 月 24 日，国务院副总理邹家华在人民大会堂会见越南劳动荣军与社会部部长陈庭欢一行。

1995 年 5 月，李伯勇部长在湖南省长沙、湘潭、岳阳等地考察工作。

1995 年 12 月，李伯勇部长在四川成都检查工作。

1995 年 12 月，朱家甄副部长与加拿大人力资源开发部部长阿克斯沃尔西先生签署两部之间合作谅解备忘录。

刘雅芝副部长在基层调研。

1995 年 5 月，劳动部林用三副部长出席北京市职业介绍服务中心开业典礼，之后，同北京市副市长李润五同志交谈。

1995年8月，林用三副部长在山西考察矿山安全生产工作。

1995年11月13日至19日，第二十五届国际社会保障大会在印度尼西亚巴厘岛召开。劳动部副部长王建伦率团出席大会。

1991年7月，广东省政府批准省劳动局确定佛山市为全省企业劳动制度综合配套改革的试点市后，该市先后组织两批共58家企业进行试点并取得成功经验，于1993年8月全市全面铺开。图为1993年10月全省企业劳动工资保险制度改革经验交流会在佛山召开，佛山市劳动局长洪荣林同志(右1)在会上介绍改革试点工作经验。

1995年9月，佛山市企业全面实行劳动合同制，提前3个月于全省率先完成劳动合同制度改革任务。图为1995年11月，该市召开劳动制度综合配套改革总结大会，市委副书记、常务副市长梁绍棠同志(左4)在会上对企业实行劳动合同制后规范劳动合同管理提出要求；广东省劳动厅厅长孔令渊同志(左3)专程到会讲话，他认为佛山市劳动制度改革非常成功，在全省起到了示范带头作用。

广东省肇庆市各级劳动部门全力以赴推进劳动合同制度改革，成果显著。至1995年底，全市共有2 400多家企业与24.1万多职工签订了劳动合同，分别占企业和职工总数的98.4%和98.1%。图为肇庆市劳动局劳动制度改革小组正在研究部署改革措施和方案。正中是刘晓庄局长，左三是徐春兴副局长，右三是赵善杰副局长。

肇庆市星湖味精股份有限公司总经理黄增麟与中层干部签订劳动合同仪式。

中国劳动年鉴

1995～1996年

中国劳动出版社

图书在版编目(CIP)数据

中国劳动年鉴 1996/王建新主编. 一北京:中国劳动出版社,1996.12

ISBN 7-5045-1891-3

Ⅰ.中… Ⅱ.王… Ⅲ.劳动经济-中国-1996-年鉴 Ⅳ.F249.2-54

中国版本图书馆 CIP 数据核字(96)第 17232 号

中国劳动年鉴

1995～1996 年

主　　编　王建新

责任编辑　陆　萍

中国劳动出版社出版

(100029　北京市惠新东街 1 号)

北京印刷三厂印刷　新华书店总店北京发行所发行

1996 年 12 月北京第 1 版　1996 年 12 月北京第 1 次印刷

开本:787×1092 毫米　1/16　印张:39　彩插 0.5

字数: 919 千字　印数:2500 册

定价:120 元

编辑说明

《中国劳动年鉴》(1995～1996)全面反映了1995年的劳动工作运行、工作概况、“八五”时期全国劳动工作概况、地方劳动工作概况、工会劳动工作概况、劳动体制改革专文、劳动科学研究与中国劳动学会工作、重要劳动政策法规选编、劳动工资统计资料、附录等11个部分。

本年鉴的编撰工作是在全国广大劳动工作者的大力支持下完成的,值此年鉴出版之际,特向他们表示衷心的感谢。

由于我们的编辑力量和水平有限,本年鉴肯定存在不足之处,欢迎大家批评指正。

《中国劳动年鉴》编辑部

1996年8月

目　录

党和国家领导人的指示

李　鹏　政府工作报告(节选)
(1995年3月5日第八届全国人民代表大会第三次会议) …………………… (3)
江泽民　在庆祝"五·一"国际劳动节暨表彰全国劳动模范和先进工作者大会上的讲话(摘要)(1995年4月30日) …………………… (5)
江泽民　在视察江西时的讲话(摘要)(1995年3月) …………………… (5)
邹家华　在全国安全生产工作电话会议上的讲话(1995年1月24日) …………………… (6)
吴邦国　在国家安全生产专家组成立大会上的讲话(1995年2月20日) …………………… (9)
李沛瑶　在实施再就业工程工作座谈会上的讲话(1995年4月25日) …………………… (11)
罗　干　在国务院召开的1995年春运期间组织民工有序流动工作总结会议上的讲话(摘要)(1995年4月26日) …………………… (12)
吴邦国　对劳动工作的指示(1995年5月25日) …………………… (14)
吴邦国　在全国安全生产工作电话会议上的讲话(摘要)(1995年7月24日) …………………… (17)
吴邦国　在困难企业职工生活保障和分流安置工作座谈会上的讲话(摘录)
(1995年9月9日) …………………… (18)

劳动部领导的讲话和文章

李伯勇　在全国安全生产工作电话会议上的讲话(1995年1月24日) …………………… (25)
李伯勇　在国家安全生产专家组成立大会上的讲话(1995年2月20日) …………………… (29)
李伯勇　我国劳动力管理的一项重大工程(1995年3月) …………………… (32)
李伯勇　《在中央党校省部级干部"国有企业改革"专题研究班讲话》中有关社会保险制度改革应注意的几个问题(摘要)(1995年3月21日) …………………… (34)
李伯勇　在全国劳动计划与工资工作会议上的讲话(摘要)(1995年4月19日) …………………… (35)
朱家甄　在全国劳动计划与工资工作会议上的讲话(摘要)(1995年4月22日) …………………… (36)
林用三　在全国就业工作会议上的讲话(1995年4月24日) …………………… (38)
李伯勇　在实施再就业工程工作座谈会上的讲话(摘要)(1995年4月25日) …………………… (40)
李伯勇　在全国就业工作会议期间与劳动厅、局长座谈时的讲话要点
(1995年4月26日) …………………… (43)
李伯勇　在全国就业工作会议闭幕式上的讲话(1995年4月26日) …………………… (44)
刘雅芝　加大养老保险制度改革力度(1995年4月) …………………… (45)

王建伦　在全国社会保险工作会议上关于《认清形势，抓住机遇，开创社会保险制度改革和事业发展的新局面》的报告中有关养老保险社会统筹与个人账户相结合的部分(摘要)(1995年4月) …………………… (47)
朱家甄　在全国劳动用人制度改革工作会议上的讲话(1995年5月26日) ………… (50)
林用三　在国有大中型企业富余人员分流和"企业办社会"转制问题研讨会上的讲话摘要(1995年5月) ……………………………………………… (53)
李伯勇　以坚定不移的态度　积极稳妥的步骤做好《劳动法》的贯彻实施工作——在全国贯彻实施《劳动法》工作会议上的讲话(1995年7月4日) ……………………………………………………………… (57)
刘雅芝　促进妇女就业和社会保护　迎接第四次世界妇女大会(1995年7月) ……… (67)
李伯勇　在劳动部1995年上半年工作总结大会上的讲话(1995年7月14日) ……… (68)
李伯勇　认真贯彻国务院6号文件　全面推进养老保险制度改革——在山东省城镇企业职工社会保险制度改革工作会议上的讲话(摘要)(1995年8月2日) ……………………………………………… (75)
李伯勇　大力宣传贯彻《重大事故隐患管理规定》　努力减少我国重大恶性事故的发生(1995年8月22日) ………………………………………… (77)
李伯勇　提高认识，明确任务，努力做好困难企业职工生活保障、生产自救和分流安置工作(1995年9月9日) ………………………………………… (78)
朱家甄　总结经验，深化改革，为劳动事业发展提供优质服务——在全国劳动统计工作暨表彰大会上的讲话(1995年9月13日) ……… (83)
李伯勇　深化改革，加强管理，推动社会保险事业的全面发展——在全国社会保险制度改革现场交流会议上的讲话(1995年9月19日) …………………………………………………………………… (88)
朱家甄　在劳动关系协调工作座谈会上的讲话(1995年9月26日) ……………… (96)
朱家甄　在劳动关系协调工作座谈会上的总结讲话(1995年9月27日) ………… (100)
王建伦　在全国社会保险制度改革工作会议上的讲话(摘要)(1995年9月) ……… (102)
林用三　谈搞好再就业工程的几个问题(1995年10月) …………………………… (104)
朱家甄　抓住重点，改进作风，全面推进劳动监察工作——在全国劳动监察工作会议上的讲话(1995年10月12日) ………… (106)
朱家甄　在第五届劳动部科学技术进步奖颁奖大会上的讲话(摘要)(1995年11月) ………………………………………………………………… (111)
朱家甄　减少盲目性，增强自觉性，努力开拓劳动争议处理工作的新局面——在全国劳动争议处理工作会议闭幕式上的讲话(1995年11月18日) …………………………………………………………………… (113)
刘雅芝　认真贯彻实施《劳动法》，依法维护外派劳务人员的合法权益——在贯彻《劳动法》、保护外派劳务人员合法权益会议上的讲话(1995年11月28日) ………………………………………………………… (119)

全国劳动工作概况

劳动事业发展计划的执行………………………………………………………………………………(125)
劳动立法工作……………………………………………………………………………………………(126)
劳动就业…………………………………………………………………………………………………(129)
劳动合同制度……………………………………………………………………………………………(131)
劳动监察工作……………………………………………………………………………………………(132)
劳动争议处理工作………………………………………………………………………………………(135)
职业技能开发……………………………………………………………………………………………(138)
社会保险…………………………………………………………………………………………………(139)
锅炉压力容器安全监察工作……………………………………………………………………………(141)
职业安全卫生监察工作…………………………………………………………………………………(143)
矿山安全卫生监察工作…………………………………………………………………………………(144)
安全生产管理工作………………………………………………………………………………………(148)
国际交流与合作…………………………………………………………………………………………(150)

“八五”时期全国劳动工作概况

“八五”时期我国劳动立法的基本情况………………………………………………………………(155)
“八五”期间职工工资及个人收入分配的基本情况分析和对策建议…………………………………(160)
“八五”劳动就业工作回顾……………………………………………………………………………(166)
“八五”时期劳动合同制度的发展历程………………………………………………………………(168)
“八五”时期的劳动监察工作…………………………………………………………………………(170)
“八五”时期劳动争议处理工作回顾…………………………………………………………………(172)
“八五”期间职业技能开发成就………………………………………………………………………(176)
“八五”时期社会保险工作回顾………………………………………………………………………(179)
“八五”期间锅炉压力容器安全监察工作回顾………………………………………………………(181)
“八五”期间职业安全卫生监察工作回顾……………………………………………………………(183)
“八五”期间矿山安全监察工作回顾…………………………………………………………………(185)
“八五”期间安全生产管理工作回顾…………………………………………………………………(189)
“八五”时期的国际合作与交流………………………………………………………………………(190)

地方劳动工作概况

北京市 ………………………………(195)
天津市 ………………………………(200)
河北省 ………………………………(205)
山西省 ………………………………(207)
辽宁省
大连市 ………………………………(209)
吉林省 ………………………………(212)
长春市 ………………………………(216)

黑龙江省 …………………………… (221)
哈尔滨市 …………………………… (224)
上海市 …………………………… (226)
江苏省 …………………………… (231)
南京市 …………………………… (234)
浙江省 …………………………… (236)
杭州市 …………………………… (237)
宁波市 …………………………… (241)
安徽省 …………………………… (244)
福建省 …………………………… (248)
厦门市 …………………………… (251)
江西省 …………………………… (253)
山东省 …………………………… (258)
济南市 …………………………… (261)
青岛市 …………………………… (263)
河南省 …………………………… (265)
湖北省 …………………………… (269)
武汉市 …………………………… (272)
湖南省 …………………………… (275)
广东省 …………………………… (279)
广州市 …………………………… (282)
深圳市 …………………………… (285)
广西壮族自治区 …………………………… (288)
海南省 …………………………… (292)
四川省
成都市 …………………………… (295)
重庆市 …………………………… (298)
贵州省 …………………………… (300)
云南省 …………………………… (302)
陕西省 …………………………… (305)
西安市 …………………………… (310)
甘肃省 …………………………… (312)
青海省 …………………………… (316)
宁夏回族自治区 …………………………… (319)
新疆维吾尔自治区 …………………………… (322)

工会劳动工作概况

工会劳动工作概况 …………………………… (329)

劳动体制改革专文

关于山东、广东、北京、成都等若干省市贯彻落实《劳动法》情况的调查(摘要)
——劳动部赴19城市联合调查组 …………………………… (337)
以贯彻实施《劳动法》为中心　探索开展劳动监察新路子
——湖北省劳动厅　李辉轩 …………………………… (343)
广州实现全员劳动合同制
——广东省广州市劳动局办公室　吴子因 …………………………… (345)
广东企业劳动制度发生历史性变革
——广东省劳动厅 …………………………… (348)
提高劳动生产率的有效途径——精益化的人事管理
——一汽集团公司人事部　王国治 …………………………… (350)
“双优工程”:探索分流安置富余职工的新途径
——山东省青岛市劳动局　单连高 …………………………… (354)
全面实施再就业工程　保持就业局势的稳定
——浙江省杭州市劳动局 …………………………… (358)

依法管理　流动有序——深圳市外来劳动力管理情况综述
——广东省深圳市劳动局　郭家文　郑雷……………………………………………………（361）
农民进京务工现状及其对策
——北京市劳动局……………………………………………………………………………（364）
成都市开展企业集体协商签订集体合同试点工作
——四川省成都市劳动局……………………………………………………………………（369）
甘肃省农村劳动力开发就业试点
——甘肃省劳动厅法规处……………………………………………………………………（371）
努力造就一支宏大的高素质的跨世纪产业大军
——广西壮族自治区劳动厅　陆武雄………………………………………………………（375）
构筑新型医疗保障机制——来自九江市职工医疗保险制度改革的报告
——江西省劳动厅　刘克琦……………………………………………………………………（379）
海宁市实行企业职工大病医疗费用社会统筹
——浙江省海宁市劳动局……………………………………………………………………（382）
海南社会保险制度改革的实践与探索
——海南省劳动厅　罗席珍……………………………………………………………………（384）
大胆探索　坚持改革　不断完善社会养老保险体系
——辽宁省大连市劳动局……………………………………………………………………（389）
镇江医疗保险制度改革试点取得阶段性成果
——江苏省劳动厅办公室　宇文扬　曹炳泰………………………………………………（394）

劳动科学研究与中国劳动学会工作

劳动科学研究…………………………………………………………………………………………（401）
中国劳动学会工作……………………………………………………………………………………（403）

重要劳动政策法规选编

（以颁布时间先后为序）

劳动部关于全面实施《再就业工程》的通知（1995 年 1 月 19 日）……………………………（409）
国务院关于深化企业职工养老保险制度改革的通知（1995 年 3 月 1 日）………………………（410）
国务院关于修改《国务院关于职工工作时间的规定》的决定（1995 年 3 月 25 日）……………（416）
劳动部关于颁发《〈国务院关于职工工作时间的规定〉的实施办法》的通知（1995 年
3 月 25 日）……………………………………………………………………………………………（417）
人事部关于印发《国家机关、事业单位贯彻〈国务院关于职工工作时间的规定〉
的实施办法》的通知（1995 年 3 月 26 日）…………………………………………………………（418）
国务院办公厅转发劳动部关于实施再就业工程报告的通知（1995 年 4 月 16 日）………（419）
劳动部关于印发《〈国务院关于职工工作时间的规定〉问题解答》的通知（1995 年

4月22日）……………………………………………………………………………………（422）
劳动部关于印发《关于贯彻〈国务院关于深化企业职工养老保险制度改革的通知〉的实施意见》的通知（1995年5月1日）……………………………………………（424）
劳动部关于发布《违反〈劳动法〉有关劳动合同规定的赔偿办法》的通知（1995年5月10日）……………………………………………………………………………………（427）
劳动部、国家经贸委关于印发《现代企业制度试点企业劳动工资社会保险制度改革办法》的通知（1995年6月9日）………………………………………………（428）
劳动部关于颁布《从事技术工种劳动者就业上岗前必须培训的规定》的通知（1995年6月11日）……………………………………………………………………………（431）
劳动部关于印发《关于贯彻执行〈中华人民共和国劳动法〉若干问题的意见》的通知（1995年8月4日）………………………………………………………………（432）
劳动部关于颁发《重大事故隐患管理规定》的通知（1995年8月22日）……………（442）
劳动部关于印发《就业登记规定》的通知（1995年9月12日）……………………（444）
劳动部关于颁布《职业介绍规定》的通知（1995年11月9日）……………………（449）
劳动部关于颁发《国家安全生产专家组管理规则》的通知（1995年12月20日）………（452）
劳动部关于颁布《劳动监察程序规定》的通知（1995年12月20日）…………………（454）

劳动工资统计资料

一、综合……………………………………………………………………………………（459）
全国劳动统计主要指标……………………………………………………………………（459）
国民生产总值、国内生产总值、指数及构成（一）……………………………………（460）
国民生产总值、国内生产总值、指数及构成（二）……………………………………（461）
国民生产总值、国内生产总值、指数及构成（三）……………………………………（462）
国民生产总值、国内生产总值、指数及构成（四）……………………………………（463）
城镇新安置的就业人数……………………………………………………………………（464）
城镇失业人数及失业率……………………………………………………………………（464）
城镇居民消费价格总指数和零售物价总指数……………………………………………（465）
各地区居民消费价格指数和商品零售价格指数…………………………………………（466）
城镇居民家庭基本情况……………………………………………………………………（467）
全国技工学校学生和教职工情况…………………………………………………………（467）
技工学校按行业分类学生和生产实习指导教师情况……………………………………（468）
全国从业人员年末人数（一）……………………………………………………………（469）
全国从业人员年末人数（二）……………………………………………………………（470）
分行业从业人员年末人数…………………………………………………………………（471）
分行业城镇私营和个体从业人员年末人数………………………………………………（472）
分行业乡村从业人员年末人数……………………………………………………………（473）
分地区全部从业人员年末人数……………………………………………………………（474）
分地区城镇从业人员年末人数……………………………………………………………（475）

分地区乡村从业人员年末人数……………………………………………………………（476）
分地区城镇私营和个体从业人员年末人数………………………………………………（477）
二、就业与失业……………………………………………………………………………（478）
分地区城镇失业人员变化情况(一)…………………………………………………………（478）
分地区城镇失业人员变化情况(二)…………………………………………………………（479）
分地区劳动就业服务企业基本情况(一)……………………………………………………（480）
分地区劳动就业服务企业基本情况(二)……………………………………………………（481）
分地区劳动就业服务企业生产经营情况(一)………………………………………………（482）
分地区劳动就业服务企业生产经营情况(二)………………………………………………（483）
分地区就业训练结业人数(一)………………………………………………………………（484）
分地区就业训练结业人数(二)………………………………………………………………（485）
分地区就业训练结业人数(三)………………………………………………………………（486）
分地区就业训练结业人数(四)………………………………………………………………（487）
分地区职业介绍服务机构数及劳动力交流情况(一)………………………………………（488）
分地区职业介绍服务机构数及劳动力交流情况(二)………………………………………（489）
分地区职业介绍服务机构数及劳动力交流情况(三)………………………………………（490）
分地区职业介绍服务机构数及劳动力交流情况(四)………………………………………（491）
三、职工人数………………………………………………………………………………（492）
分经济类型职工年末人数及构成……………………………………………………………（492）
分行业职工年末人数…………………………………………………………………………（493）
分经济类型女职工年末人数…………………………………………………………………（494）
分行业女职工年末人数………………………………………………………………………（495）
分行业国有经济单位职工年末人数…………………………………………………………（496）
分行业城镇集体经济单位职工年末人数……………………………………………………（497）
分行业其他各种经济单位职工年末人数……………………………………………………（498）
分地区全部职工年末人数……………………………………………………………………（499）
分地区企业单位职工年末人数………………………………………………………………（500）
分地区事业单位职工年末人数………………………………………………………………（501）
分地区机关单位职工年末人数………………………………………………………………（502）
分地区国有经济单位职工年末人数…………………………………………………………（503）
分地区国有企业单位职工年末人数…………………………………………………………（504）
分地区城镇集体经济单位职工年末人数……………………………………………………（505）
分地区城镇集体企业单位职工年末人数……………………………………………………（506）
分地区其他各种经济单位职工年末人数……………………………………………………（507）
分地区其他各种企业单位职工年末人数……………………………………………………（508）
四、职工工资………………………………………………………………………………（509）
分经济类型职工工资总额及指数……………………………………………………………（509）
分行业职工工资总额…………………………………………………………………………（510）
分行业国有经济单位职工工资总额…………………………………………………………（511）

分行业城镇集体经济单位职工工资总额……………………………………………（512）
分行业其他各种经济单位职工工资总额……………………………………………（513）
分地区全部职工工资总额……………………………………………………………（514）
分地区企业单位职工工资总额………………………………………………………（515）
分地区事业单位职工工资总额………………………………………………………（516）
分地区机关单位职工工资总额………………………………………………………（517）
分地区国有经济单位职工工资总额…………………………………………………（518）
分地区国有企业单位职工工资总额…………………………………………………（519）
分地区城镇集体经济单位职工工资总额……………………………………………（520）
分地区城镇集体企业单位职工工资总额……………………………………………（521）
分地区其他各种经济单位职工工资总额……………………………………………（522）
分地区其他各种企业单位职工工资总额……………………………………………（523）
分经济类型职工平均工资及指数……………………………………………………（524）
全部职工工资总额及平均工资（一）………………………………………………（525）
全部职工工资总额及平均工资（二）………………………………………………（526）
分行业职工平均工资…………………………………………………………………（527）
分行业职工平均货币工资指数（一）………………………………………………（528）
分行业职工平均货币工资指数（二）………………………………………………（529）
分行业职工平均实际工资指数（一）………………………………………………（530）
分行业职工平均实际工资指数（二）………………………………………………（531）
分行业国有经济单位职工平均工资…………………………………………………（532）
分行业城镇集体经济单位职工平均工资……………………………………………（533）
分行业其他各种经济单位职工平均工资……………………………………………（534）
分地区全部职工平均工资……………………………………………………………（535）
分地区企业单位职工平均工资………………………………………………………（536）
分地区事业单位职工平均工资………………………………………………………（537）
分地区机关单位职工平均工资………………………………………………………（538）
分地区国有经济单位职工平均工资…………………………………………………（539）
分地区国有企业单位职工平均工资…………………………………………………（540）
分地区城镇集体经济单位职工平均工资……………………………………………（541）
分地区城镇集体企业单位职工平均工资……………………………………………（542）
分地区其他各种经济单位职工平均工资……………………………………………（543）
分地区其他各种企业单位职工平均工资……………………………………………（544）
五、保险福利……………………………………………………………………（545）
历年全国离休、退休、退职人员年末人数…………………………………………（545）
截至年末分地区离休、退休、退职人员人数………………………………………（546）
历年全国保险福利费用总额…………………………………………………………（547）
历年全国离休、退休、退职费………………………………………………………（548）
全部职工保险福利费用构成情况（一）……………………………………………（549）

全部职工保险福利费用构成情况(二)……………………………………………………………(550)
全部职工保险福利费用构成情况(三)……………………………………………………………(551)
全部离休、退休、退职人员人数及保险福利费用构成情况(一)……………………………(552)
全部离休、退休、退职人员人数及保险福利费用构成情况(二)……………………………(552)
全部离休、退休、退职人员人数及保险福利费用构成情况(三)……………………………(553)
分地区全部职工保险福利费用构成情况(一)…………………………………………………(554)
分地区全部职工保险福利费用构成情况(二)…………………………………………………(555)
分地区全部离休、退休、退职人员保险福利费用构成情况(一)……………………………(556)
分地区全部离休、退休、退职人员保险福利费用构成情况(二)……………………………(557)
分地区保险福利费用总额…………………………………………………………………………(558)
历年国有经济单位保险福利费用总额及指数……………………………………………………(559)
历年国有经济单位保险福利费用构成情况(一)………………………………………………(560)
历年国有经济单位保险福利费用构成情况(二)………………………………………………(561)
分地区国有经济单位保险福利费用总额…………………………………………………………(562)
分地区城镇集体经济单位保险福利费用总额……………………………………………………(563)
分地区其他各种经济单位保险福利费用总额……………………………………………………(564)
六、劳动、工资、社会保险制度改革……………………………………………………………(565)
分地区合同制职工年末人数(一)…………………………………………………………………(565)
分地区合同制职工年末人数(二)…………………………………………………………………(566)
分地区国有经济单位合同制职工年末人数(一)…………………………………………………(567)
分地区国有经济单位合同制职工年末人数(二)…………………………………………………(568)
分经济类型企业富余人员情况(一)………………………………………………………………(569)
分经济类型企业富余人员情况(二)………………………………………………………………(569)
分地区地方企业富余人员情况……………………………………………………………………(570)
分地区国有经济单位地方企业富余人员情况……………………………………………………(571)
国有经济单位地方企业工资总额同经济效益挂钩情况(一)……………………………………(572)
国有经济单位地方企业工资总额同经济效益挂钩情况(二)……………………………………(572)
国有经济单位地方企业工资总额同经济效益挂钩情况(三)……………………………………(573)
国有经济单位地方企业工资总额同经济效益挂钩情况(四)……………………………………(573)
分地区国有经济单位地方企业工资总额同经济效益挂钩情况(一)……………………………(574)
分地区国有经济单位地方企业工资总额同经济效益挂钩情况(二)……………………………(575)
分地区国有经济单位地方企业工资总额同经济效益挂钩情况(三)……………………………(576)
5个市(县)部分职工工资增长情况(一)…………………………………………………………(577)
5个市(县)部分职工工资增长情况(二)…………………………………………………………(578)
5个市(县)部分职工工资增长情况(三)…………………………………………………………(579)
5个市(县)部分职工工资增长情况(四)…………………………………………………………(580)
劳动仲裁委员会受理案件情况……………………………………………………………………(581)
劳动仲裁委员会处理案件情况……………………………………………………………………(581)
全国各类企业职工退休费用社会统筹基本情况…………………………………………………(582)

分地区企业参加职工退休费用社会统筹情况……………………………………………………(582)
分地区参加失业保险基金社会统筹企业数、职工人数及发放失业救济金人数、金额……(583)
七、安全生产………………………………………………………………………………(584)
企业职工因工伤亡事故件数及伤亡人数(一)……………………………………………………(584)
企业职工因工伤亡事故件数及伤亡人数(二)……………………………………………………(585)
分地区企业职工因工伤亡事故件数及伤亡人数(一)……………………………………………(586)
分地区企业职工因工伤亡事故件数及伤亡人数(二)……………………………………………(587)
企业分事故类别职工因工伤亡人数……………………………………………………………(588)
企业分事故原因职工因工伤亡人数(一)………………………………………………………(588)
企业分事故原因职工因工伤亡人数(二)………………………………………………………(589)
企业分事故原因职工因工伤亡人数(三)………………………………………………………(589)
企业分事故原因职工因工伤亡人数(四)………………………………………………………(590)
企业分事故原因职工因工伤亡人数(五)………………………………………………………(590)
企业分事故原因职工因工伤亡人数(六)………………………………………………………(591)

附　　录

劳动部大事记…………………………………………………………………………………(595)

党和国家领导人的指示

政府工作报告（节选）

（1995年3月5日第八届全国人民代表大会第三次会议）

李　鹏

三、以国有企业为重点　深化经济体制改革

今年的经济体制改革，要以国有企业改革为重点，配套推进社会保障体制改革，巩固和完善宏观管理体制改革措施，进一步转变政府职能，培育市场体系，沿着建立社会主义市场经济体制的方向继续前进。

积极推进国有企业改革。国有企业特别是国有大中型企业，是我国国民经济的支柱。在现阶段多种经济成分共同发展的格局下，国有企业是能源、交通、重要原材料和技术装备的主要提供者，也是国家财政收入的主要来源，在国民经济中占有举足轻重的地位，为全国经济发展和改革开放作出了重大贡献。在改革开放中，各地区各行业都涌现出一批活力强，效益好，在国内外市场上享有良好声誉的国有企业，说明国有企业是可以搞好的。但是，由于多方面原因，目前部分企业还不能适应发展社会主义市场经济的需要。国有企业改革是一项艰巨复杂的任务，必须解放思想，勇于探索，大胆实践，采取有力措施，争取经过几年努力，取得明显成效。国有企业改革要着眼于搞活整个国有经济，更好地发挥国有经济的主导作用。

要进一步转换企业经营机制，落实国有企业财产监督管理条例。继续转变政府职能，实行政企分开，为企业实现自主经营和自负盈亏创造良好的外部条件。全面开展清产核资工作，加强国有资产管理，向部分企业委派监事会。建立国有资产经营责任制和保值增值考核体系，防止国有资产流失。要逐步调整资本与债务的比例，有选择地解决历史遗留的企业过度负债问题。

国务院和省（自治区、直辖市）政府分别选择一批企业，进行建立现代企业制度的试点。国务院将选择几个行业，试行国家控股公司制度。对现有的股份制公司要依法进行规范，把企业改组、改制和改造结合起来。要认真总结和积极推广试点中的成功经验，推进面上的企业改革。

长期亏损，扭亏无望，不能偿还到期债务的企业，有的直接依法实行破产，有的可以先停产整顿，再进行重组。对产品落后，无法适应市场需求的企业，实行转产、兼并或转让。要加大国有小型企业的改革力度，可以实行联合，或者实行股份合作制，也可以用租赁、承包、拍卖等办法进行改组改造。

结合产业结构调整，发展企业集团。继续办好现有大的企业集团。支持企业打破行政隶属关系，发展以产品或贸易为龙头的企业集团，鼓励跨行业、跨地区经营，加快产业结构和企业组织结构的调整，增强市场竞争能力。

逐步减轻企业办社会的负担。一般可以先把企业的辅助性机构和服务单位分离出去，实行独立核算，减少补贴，逐步走向社会，实现自负盈亏。有条件的，也可以把企业办的公益性单位划交地方政府管理。分流企业富余人员要发挥政府、企业和职工三方面的积极性，实行企业安置、个人自谋职业和社会帮助相结合。

在继续改善企业外部环境的同时，国有企业必须着力加强内部管理。许多办得好的企业，都是有好的经营机制，有好的领导班子，发扬职工的主人翁精神，注重科学管理，依靠技术进步，产品能适应市场需求。这些经验具有普遍意义，应该大力总结和推广。所有企业都要树立市场观念，增强竞争意识，珍视企业信誉，创造良好的企业形象。认真执行企业内部各项规章制度，加强基础工作，重视职工队伍建设，坚持从严治厂。改善财务管理和成本管理，严格结算纪律，加速资金周转，提高资金使用效率。

进行以养老和失业保险为主要内容的社会保障体制改革。这项改革的总体方案和若干分项改革方案已经确定，今年要以城市为单位积极试行。城镇基本养老保险，由用人单位和职工个人共同负担，实行社会统筹基金和个人账户相结合；目前实行确有困难的地方，可根据实际情况，采取逐步到位的过渡办法。失业保险基金要以城市为单位实行统筹管理。要扩大城镇社会保险的覆盖范围，国有、集体、私营和股份制企业职工以及外商投资企业的中方职工和个体工商业者，都要参加保险，提高保险管理服务的社会化程度。务必把已筹集到的社会保险金管好用好，发挥其在推进改革和维护稳定方面的积极作用。

巩固和完善已出台的各项宏观管理体制改革措施。金融体制改革，要进一步加强中央银行对货币供应的调控能力，增加间接调控手段的运用。加快国有商业银行改革的步伐，积极推行资产负债比例管理和风险管理，提高信贷资产质量。完善政策性银行的经营机制。分期分批组建城市合作银行。按照分业管理的原则，规范各类金融机构的业务范围并加强监管，银行不得经营信托投资和证券业务。巩固外汇改革成果，进一步完善结汇售汇制度。

财税体制改革，要巩固和完善分税制，逐步取消一些不规范的做法。认真研究中央和地方政府的事权划分范围。加强增值税、消费税的征管，改进出口退税制度，打击偷税骗税行为。继续清理和逐步取消各种不合理的减免税政策。认真执行个人所得税法，尽快建立个人收入应税申报制度，重点抓好对高收入者的征收。

计划体制改革，要进一步转变计划管理职能，改进计划编制方法，加强经济信息和经济监测预报工作，搞好宏观经济政策和经济杠杆的综合协调。投资体制改革，要明确国家投资和融资的范围，实行投资主体法人责任制，对立项、筹资、建设和生产经营、还本付息以及资产保值增值的全过程负责。逐步建立投资项目资本金制度。

在深化改革的进程中，每个阶段的工作都要抓住重点，以求有所突破，同时要兼顾其他方面的改革，以达到整体推进的目的。今年要继续推进以转变职能为关键的政府机构改革，基本完成各级地方政府机构改革的任务。在积极促进国有经济和集体经济发展的同时，鼓励个体、私营、外资经济发展，并依法加强管理。其他方面的改革，包括商品流通和外贸体制、供销社体制、土地使用制度和住房制度等改革，都要认真组织实施。党的十四大和十四届三中全会确定了我国经济体制改革的目标，勾画出建立社会主义市场经济体制的蓝图。我们要进行坚持不懈的努力，争取在本世纪末初步建立起社会主义市场经济体制，然后再经过二三十年时间的努力，在各方面形成一套更加成熟更加定型的制度。我们的改革虽然已经取得举世瞩目的成就，但深化改革仍面临着许多问题和困难，对改革的艰巨性和复杂性要有足够的认识。各级政府都要切实加强对改革的领导，扎扎实实地做好工作，不断把改革推向前进。

在庆祝“五·一”国际劳动节暨表彰全国劳动模范和先进工作者大会上的讲话（摘要）

（1995年4月30日）

江泽民

工人阶级是我们党的阶级基础，是我们国家的领导阶级。我们党所领导的改革和社会主义现代化建设的全部活动与整个进程，都必须全心全意地依靠工人阶级，这在任何时候、任何情况下都不能动摇。我们必须认真研究在新的历史条件下坚持这一方针遇到的新情况新问题，有效地保障这一方针的贯彻落实。要依据《劳动法》等法律法规，维护职工的物质利益、民主权利和政治地位。当前，各级党委和政府要特别注意关心亏损企业、停产半停产企业、破产企业职工的生活，尤其是困难职工与离退休职工的生活，积极采取措施，尽力尽责地帮助他们解决困难。

在视察江西时的讲话（摘要）

（1995年3月）

江泽民

“我们的各级领导干部在思想上必须明确，解决我国农业剩余劳动力的主要出路不在大中城市，也不在其他地方，而在本地农村，必须就近就地消化和吸纳绝大部分剩余劳动力。办法就是通过农业综合开发，发展乡镇企业和小城镇来逐步加以解决。这个原则方针不能动摇，这是由我们的国情决定的。千万不可有这样一种错觉和误导，以为我们搞社会主义市场经济了，允许劳动力流动，就可以放任自流，农民愿意到哪里就到哪里去”。“当然，根据城市经济发展的需要，一部分农村劳动力有秩序地进入城市，补充城市某些方面劳动力的不足，也是正常的，应积极加以支持和组织”。

在全国安全生产工作电话会议上的讲话

（1995年1月24日）

邹家华

刚才，李伯勇同志通报了去年的安全生产工作情况，对今年的安全生产工作作了具体部署；牟新生同志讲了防火安全工作。我同意他们讲的意见。新年伊始，春节在即，我们就召开全国安全生产工作电话会议，其主要原因：一是安全生产工作事关经济发展、社会稳定和人民生命财产安全，至关重要；二是去年各地区、各部门在安全生产方面虽然做了大量工作，但安全状况还没有根本好转，时好时差，特别是重大恶性事故仍然不断发生。去年年底在不到一个月的时间里连续发生三起特大火灾事故；今年年初，恶性火灾事故上升的势头仍然不减，仅1月20日一天就发生两起重大、特大火灾事故；有些部门也出现一些重大事故苗头。春节又往往是火灾等事故多发的时期，对这种势头必须以坚决的态度进行有效的遏制。因此，要求各级政府、各部门从年初就开始把安全生产工作当作一件大事来抓，把安全生产工作作为整个经济工作不可分割的重要组成部分，摆上议事日程，作出具体安排，统一部署，统一要求，认真落实。不能等到春节以后，或者等到事态发展严重了再来抓。要真正树立起"安全第一"的观念，贯彻"预防为主"的方针。

在去年底召开的全国政法工作会议部分同志座谈会上，江泽民总书记和李鹏总理对安全工作都作了非常重要的讲话。江泽民总书记指出："一个地方治安的好坏，首先取决于这个地方的党委和政府的领导，尤其是党政一把手。不能保一方平安的领导，不是称职的领导。各级政府和公安机关，还要把预防发生特大火灾等严重治安和灾害事故作为自己重要的工作。要经常进行认真负责的安全检查，发现违反规定的，就要重处、重罚，直至给予直接责任人和主要领导以党纪、政纪或刑事处分，这是对人民负责，决不能含糊。"李鹏总理指出："各级党委和政府都要对本地的社会治安负责，要为官一任，保一方平安。凡是发生重大治安问题，包括特大火灾等责任事故，都要追究直接责任者和主要领导的责任，构成渎职罪的，应依法治罪。最近发生了几起火灾，我们处理了一批有关责任人。不这样做，不足以平民愤，也不会真正引起各级领导的警惕。"为此，各地方、各部委都要按照江总书记和李鹏总理的指示和中央经济工作会议的精神安排全年的任务，必须要把安全生产工作同时安排部署。下面讲几点意见：

一、统一思想，全力以赴，确保安全生产

讲到安全第一的思想，大家都是赞成的，但是在实际工作中却是表现不一。当前有些同志认为在经济高速发展时期，特大事故增多，安全生产出点问题，是不可避免的；有的认为，只要经济发达了、经济实力雄厚了，安全生产状况自然而然地就变好了；有的同志抓安全生产时紧时松，在事故多的时候，紧张一阵子，而在状况好一点的时候，又很少过问；有的地方一般号召多，而扎实工作的不够，更缺少正常的严格的安全生产秩序。我们要认识到，安全生产是经济发展和社会稳定的重要条件；有效地减少各类事故，建立良好的安全生产环境和秩序，也是建立和发展社会主义市场经济体制一个不可忽视的重要条件。安全工作搞得不好，会造成一系列严重的社会政治和经济问题。我们是社会主义国家，保证人民群众的生命安全与健康，促进经济繁荣与社会稳定，是党和国家全心全意为人民服务的具体体现，是各级政府不可推卸的责任。事故频繁的时候固然要狠抓，通过工作可以减少事故的发生，而事故少的时候如果麻痹，自满，疏于工作警惕，则又会变成事故多发。多中有少，少中有多。我们的任务是提高警惕，常抓不懈，把事故发生减少到最低的程度。各地区、各部门都要把安全生产工作当作大事来抓，要统一思想，提高对安全生产工作重要性的认识。

怎样看待当前的安全形势？一方面，我们要看到近几年来，全国安全生产管理工作进一步得到加强，大多数领导同志对安全生产的认识进一步提高，全民的安全意识进一步增强，安全生产的大环境进一步改善，不少地区和一些行业的安全生产形势比较平稳，事故有所下降。同时，我们也清醒地看到当前安全生产形势的严峻性。据有关部门统计，1994 年全国火灾、道路交通事故非常严重。全年火灾发生近 4 万起，死亡 2 700 多人，直接经济损失超过 12 亿元；去年道路交通发生事故 25 万多起，死亡 6 600 多人，伤 148 000 多人，直接经济损失超过 13 亿元。火灾和道路交通的事故起数、伤亡人数、直接经济损失均比 1993 年有所上升。从各地区、各部门情况来看，安全生产工作很不平衡。往年安全生产的要求对工业交通部门提得比较多，但当前的发生事故的领域大大超过了工交产业范围，在商业、仓储业、歌舞厅、剧场、公共游乐场所等第三产业火灾频繁；不仅在国有单位，在集体和个体单位以及三资企业单位也不断发生事故。因此安全生产要求的范围必须是全方位的。有些地区、部门安全工作要求低，纪律松弛，安全管理上的“松”、“软”、“散”等现象还严重存在。有的地方执法犯法，容忍各种不安全的因素，听之任之，以致造成大祸。有的同志，根本没有安全生产意识，不能认真吸取血的教训，对事故隐患视而不见，治理不力，造成事故一再发生。

我们各级领导同志和广大职工务必要坚持“安全第一，预防为主”的方针，正确处理安全与稳定、安全与发展、安全与效益的关系。不论出现什么情况和问题，安全生产只能加强不能削弱。当前除了工业交通运输部门要加强安全生产工作之外，特别要注意消除城市各行业、各个单位发生火灾的隐患，切实检查，严格要求，落实措施。

二、加强管理、狠抓落实、常抓不懈

加强管理、狠抓落实，是领导工作的基本职责，是党的实事求是思想路线和工作作风的具体体现。正如江泽民总书记所说的：“各个部门都要有务实的作风，再好的主意，不落实等于是空的，抓而不实，等于不抓”。据统计，事故总数中有 60%以上是由于违章指挥、违反操作规程、违反劳动纪律造成的。究其原因，主要是有的地方和单位放松对安全生产工作的领导，疏于严格管理，安全规章制度没有落实到位，国家的方针、政策没有得到贯彻执行，有令不行，有禁不止。对于国家安全生产的方针、政策、规章制度，做一般性传达、要求是不够的，必须狠抓落实，在落实的过程中必须突出一个“严”字，狠抓一个“严”字。要把规章制度落实到基层、落实到岗位、落实到人。

做好安全生产工作，关键是要加强领导，明确各级领导的安全生产责任制。明确安全职责，要从省长、市长、自治区主席和部长开始，自上而下，逐级明确。出了问题，发生了事故，就要分清责任，依法严肃处理。各级领导要严于管理、敢于管理、善于管理，要经常深入到基层去，到生产第一线去，到事故现场去，发现问题，解决问题，要坚持原则，不要怕得罪人，不要碍于情面，在对事故的处理上决不含糊。最近，国务院对去年年底辽宁、新疆、吉林等地的几起特大火灾事故进行了严肃处理，在全社会引起较大反响，效果很好，今后要坚持这样做下去。对地方政府和企业主管部门的领导以及监督检查部门的失职人员要严肃处理，决不姑息迁就。各地区、各部门对威胁本地区、本部门公众安全的事故隐患，要采取措施予以消除，不能立即消除的，必须采取防范措施，制定保护公众生命安全和财产安全的应急计划。当前在城市里要全面进行一次防火的检查，要分系统，分行业，一级抓一级，一直抓到最基层。检查火灾隐患，要制定一旦发生火灾的防范措施。

另一方面，安全生产工作要警钟长鸣，常抓不懈，锲而不舍，克服畏难情绪或自满情绪。

三、把安全生产工作的中心转到预防为主上来

近几年来，各级安全生产管理部门用很大的精力抓事故调查处理工作，取得了一定效果。但这不是治本的办法，减少事故发生的根本出路是预防为主、消除隐患。今年乃至以后几年，安全生产工作要以贯彻“预防为主”、加强隐患治理为中心；以扭转安全生产被动局面、最大限度地减少特大恶性事故发生为目标；以交通运输、煤炭行业和防火防爆为重点开展安全生产工作。

1. 各地区、各部门要根据有关的法律、法规，严格审核企业、事业组织的安全生产计划，检查其安全资金的投入情况；在新建、改建、扩建项目和城市规划中严格审查安全内容；在机构改革中，要加强安全生产机构。当前要特别抓好春节期间安全工作和安全防火工作，要组织有关部门开展安全生产检查，针对存在的问题和薄弱环节，采取切实有效措施，杜绝群死群伤的恶性事故。春节期间群众活动比较集中，车、船以及公共场合的活动一定要加强组织，避免拥挤、超载造成的事故。

2. 不论是国有、集体、个体还是三资企业，其主要负责人是本单位安全生产的第一责任人，必须全面负责本单位的安全生产工作，必须负责对事故隐患的监控和治理，要制定切实可行的预防措施和现场应急计划，要适当投入资金消除隐患。对组织引进的建设项目应符合安全标准。企业领导要抓安全基础工作，建立健全安全生产机构，落实各项规章制度，提高职工安全意识和突发事件的处置能力，杜绝“三违”现象。各行业主管部门要在政策上、技术上、资金上给予必要的支持和帮助。各级工会要强化群众监督作用，动员广大职工向忽视安全生产、漠视群众健康的行为作斗争。

3. 努力减少特大事故，严肃处理事故责任者。凡是出了重大责任事故，必须尽快查清原因，查明责任，按照“三不放过”原则，严肃处理。首先要追究企业法定代表人的责任，对严重官僚主义和忽视安全生产工作造成重大事故的责任者，违纪的，要执纪；违法的，要执法，决不能大事化小，小事化了，以致于不了了之。要加强事故批复结案工作，凡是 1994 年各地区、各部门发生的特大事故，都要按规定报送劳动部批复结案。

4. 加强对外商投资企业、社会公共场所、娱乐场所的安全监察和管理。要不折不扣地执行有关安全生产法规。对不具备基本安全条件，特别是“三合一”(仓库、宿舍和车间为一体)的企业，对严重违反安全规定，存在重大事故隐患和使用易燃有毒装修材料的场所，要采取果断措施予以纠正。

5. 安全生产宣传教育工作是一项社会性、群众性的工作，要向深度和广度拓展，广大群众对安全的认识提高了，我们的工作才会有基础，才能出成效。如北京市海淀区组织家庭主妇安全使用家庭液化气罐的学习和液化气罐发生着火时灭火基本办法的演习,取得实际效果。各地区、各部门要通过各种新闻媒介,利用多种宣传工具和各种教育手段,加大安全生产宣传力度,提高安全文化水平,强化全民安全意识。今年5月,劳动部将在全国开展“第五次安全生产宣传周”,各新闻机构要给予大力支持和配合。

6. 要加快立法进程,加大执法力度。《中华人民共和国劳动法》已于1月1日正式实施,各地区、各部门要认真贯彻执行。今年要争取出台《中华人民共和国安全生产法》,并修订《特别重大事故调查处理程序规定》。在有条件的地区,根据实际情况,可以尽快制定一些地方性的安全生产法规。要加强执法,加强监察,执法必严,违法必究。各级政府、各有关部门要把主要人力、精力放到监督检查上来,深入基层,深入实际,及时发现违章违纪行为和各种事故隐患,限期采取措施予以消除。今后要把发现和消除事故隐患作为衡量一个单位安全工作好坏的重要标准,对于企业存在的重大事故隐患长期不采取措施或对执法部门的整改通知置之不理的,要依法对企业法定代表人严肃处理。

同志们,安全生产工作是关系国计民生的一件大事。抓好安全生产工作是各级人民政府和部门义不容辞的重要职责。各级领导都要认真落实安全生产责任制,做到为官一任,确保一方平安,为保证我国经济繁荣、社会稳定、人民幸福作出应有的贡献。

在国家安全生产专家组成立大会上的讲话

(1995年2月20日)

吴邦国

同志们:

今天国家安全生产专家组正式成立了。刚才伯勇同志作了重要讲话,会上向72名专家颁发了证书。证书虽然不大,但是份量很重,是党和国家、是人民的重托。在此,我代表党中央和国务院向大会表示热烈祝贺。

最近几年,我国改革开放、经济建设和各项事业都取得了新的进展。去年11月28日,中共中央和国务院在北京召开了中央经济工作会议。这是一次十分重要的会议,会议正确分析了当前经济形势,并且明确提出:坚持邓小平同志建设有中国特色社会主义的理论和党的基本路线,全面贯彻党的十四大和十四届三中全会、四中全会精神,继续把握“抓住机遇、深化改革、扩大开放、促进发展、保持稳定”的全党全国工作大局,进一步处理好改革、发展、稳定的关系,加快建立社会主义市场经济体制,实现国民经济持续、快速、健康发展和社会全面进步。

搞好安全生产工作,建立良好的安全生产环境和秩序,是保证社会稳定、经济发展的重要条件,是建立社会主义市场经济不可忽视的一个重要环节,也是贯彻落实中央经济工作会议精神的一个重要内容。社会主义市场经济建立和发展的过程,是生产力不断提高的过程。而严重的事故，对生产力产生了不可低估的破坏和阻碍作用，因此，必须下大力气抓好安全生产工作。安全问题涉及范围广，影响面广，社会敏感性强，安全工作搞得不好，会造成一系列严重的社会政治和经济问题。我们是社会主义国家，为了保证人民群众的安全和健康，促进社会的繁荣与稳定，各地区、各部门都要把安全工作当作大事来抓，不可等闲视之。

安全生产工作要纳入法制化、科学化轨道，就是说，一方面，要用科学的方法论分析、解决安全生产问题，要充分利用各行各业专家的智慧和国内外先进的科学技术成果，做好安全生产工作；另一方面，一旦发生事故，处理安全问题要公正、客观、实事求是。近几年，重大恶性事故屡屡发生，但有些事故调查处理的公正性不尽人意，没有严格地坚持“三不放过”的原则，这对于吸取事故教训，避免同类事故发生十分不利。作为国务院负责管理全国安全生产工作的职能部门，劳动部成立国家安全生产专家组，独立地、公正地进行特大事故调查、重大事故隐患评估和安全技术咨询是十分必要的。原全国安委会专家组在事故调查、隐患评估方面做了许多富有成效的工作。在事故调查中，他们以国家利益为重，调查过程不受任何个人、任何组织的干扰和影响，维护了调查的超脱性、独立性，得出的结论是客观的、科学的，为国务院作出处理决定提供了重要的依据。此外，安委会还组织专家对10余家企业进行了安全评估，辨识其危险程度，提出隐患整改计划和预防事故发生的措施，这些工作对促进我国的安全生产工作是十分重要的。

下面我想对新成立的国家安全生产专家组和劳动部提几点希望：

第一，成立的专家组是国家安全生产专家组，不是代表哪个部门哪个地区去工作的，而是站在国家、人民的立场上以科学的方法工作。专家组的责任和性质要求每一位专家必须具有超脱性、公正性和科学性，这是我们成立专家组很重要的一条要求。尽管专家来自于不同行业、不同领域、不同部门，但作为一名国家安全生产专家，就应该以国家利益为重，要站得高一点，看得远一点，办事超脱一点，这就是超脱性；公正性是要求专家公正地处理问题，不偏不倚，不受任何组织、任何个人的影响，坚持实事求是，一就是一，绝不含糊；科学性是要求专家用科学的方法、认真的态度和渊博的知识去分析问题、解决问题，得出的结论要经得起国内外同行及科学的检验。

第二，安全生产工作涉及的专业知识和领域非常广，要做好这些工作，要依靠科学，依靠各领域专家的力量和智慧。希望专家及时向劳动部反映安全生产信息，提供技术帮助，共同解决重大安全生产问题。

事故调查、隐患评估和安全咨询是技术性和政策性都很强的复杂工作，随着国民经济的发展，各行各业都在不断应用新设备、新技术、新工艺，高技术密集型产业更是发生着日新月异的变化，这对专家提出更高的要求。所以，专家要注意工作经验的积累，在专家组内要相互学习，相互尊重，形成良好的学风。

第三，要建立和加强与国内外同行的联系，交换信息，交流经验，并把国内外的科技新成果及时有效地应用到实际工作中去。

第四，要加强对专家组的领导。劳动部要充分发挥专家组作为技术班子、智囊团的作用，并在特大事故调查、事故隐患评估和安全技术咨询与审查中有效地工作；遇有重大安全生产问题时，要请专家参与，提出切实可行的对策报送国务院或提请有关地区、有关部门执行。培训问题也很重要，除了专家自身学习外，要很好地利用专家的知识和经验，加强对事故调查人员和事故隐患管理人员、监测人员的培训工作。

专家组成员比较分散，要建立联系，要协调好专家所在的主管部门，搞清工作关系，以便执行任务，要把松散的专家组管理得有序而有效。有关部门要积极支持专家组的工作，为他们提供便利的条件。

同志们，各位专家都是从各部门精选出来的，大部分专家多年来致力于本专业的研究，造诣很深，专业知识渊博，实践经验丰富，享有崇高的威望，而且经过本系统严格审核，品质优良，办事公正，我希望各位专家多为国家的安全工作献计献策，协助国家有关部门做好安全生产工作。

在实施再就业工程工作座谈会上的讲话

（1995年4月25日）

李沛瑶

同志们：

今天，我作为一名劳动战线的老工作者，很高兴参加这个座谈会。我也非常同意刚才几位同志的讲话。借此机会，我想谈三点想法。

一、实施再就业工程是一件利国、利民的大事

劳动部提出了一个很好的工程，得到了国务院的充分肯定，用这个工程来解决失业职工再就业和企业富余职工的分流安置问题，确实是促进经济改革和保持社会稳定的重要举措。我认为，这个工程抓得好，主要表现在三个方面：一是适应深化改革的需要，解决改革中急需解决的问题。企业冗员问题是企业改革和建立现代企业制度中一大难题，破产和裁员，确实能提高企业的生产效率，但如果富余人员的出路解决不了，也会带来一些消极因素，甚至会阻碍改革的顺利进行。通过实施再就业工程，为企业分流安置富余人员找到出路，就有可能把消极因素转化为积极因素，把“包袱”变成财富，把改革的障碍转变为改革的动力。二是充分体现了政府对群众的关心，体现了人民的政府处处为人民。职工群众在企业破产和改组、重组过程中，最担心的是失业后的饭碗问题，最忧虑的是如何实现再就业的问题。通过再就业工程，使他们能够看到党和政府的关心和帮助，能够感受到社会主义制度的温暖，这是我们团结广大群众参与改革、深化改革的基本条件。三是作为一个社会系统工程，把政策措施与服务手段结合起来，把政府指导、企业支持和个人努力结合起来，动员社会力量，调动方方面面的积极性，共同解决再就业问题。这是具有中国特色的做法，也是改革中的一项创举。

二、实施再就业工程要注意转换劳动者的观念，提高劳动者的素质

对于实施再就业工程，刚才伯勇同志已作了具体部署和安排，其他几位同志，还有左己同志都讲了很好的意见，几个地方也介绍了实践经验。我都非常同意。我想强调一下，实施再就业工程还有一个劳动者转换观念、提高素质的问题。在社会主义市场经济条件下，实行竞争就业，就必须彻底改变计划体制下国家包揽就业的做法。实施再就业工程，国家要给政策，劳动部门要提供服务，社会各方面还要给予帮助。但更重要的是引导劳动者个人更新观念，自强自立，靠自己的素质提高和能力增强来创造再就业条件。要使劳动者积极参与再就业工程，充分依靠政府和社会各方面给予扶持和帮助，但又决不能有依赖思想，要靠自己的努力走出一条再就业的道路。建议在实施再就业工程过程中，要加强这方面的宣传，给予正确的引导。此外，还要注意加强对失业职工和企业富余职工的培训，提高他们的职业技术素质。要培养一大批能人，带动劳动者组织起来就业；对愿意自谋职业的，要通过培训，使他们掌握开业和经营的本领；还要大力组织失业职工和企业富余职工开展转业、转岗培训，为他们重新就业创造必要的条件。

三、要抓好城乡就业的统筹工作

"民工潮"问题，说到底是农村就业问题，是农村剩余劳动力转移的问题。当前，要加强对民工流动规模、速度的宏观调控，发展有组织的劳务输出，特别是要为民工提供准确的就业信息和流动的服务，疏导好"民工潮"，改变盲目无序流动的状况。从长远来看，还是要走城乡就业统筹的道路。要在做好城镇就业工作的同时，对农村剩余劳动力进行充分开发和合理使用，主要是引导他们通过就地就近开发农业、发展乡镇企业、发展乡村工业和第三产业、建设小城镇等来实现就业。要与城镇就业统筹规划，给予相应的政策指导，逐步建立起城乡联接的劳动力市场，为实现城乡就业统筹的目标创造条件。

同志们在近几年就业工作中艰苦努力、克服困难，做了大量工作，适应了改革、发展和稳定的需要，符合广大人民群众的利益，解决了各级政府的难题，受到了社会各方面的欢迎。希望大家坚持不懈，继续努力，做出更大的成绩。

在国务院召开的1995年春运期间组织民工有序流动工作总结会议上的讲话（摘要）

（1995年4月26日）

罗　干

应当清醒地看到，春运期间的"民工潮"仅仅是一种表面现象，问题的实质是农村就业不充分和劳动力市场不健全。农村大量剩余劳动力的存在，决定了农村就业不充分的问题在短期内难以得到缓解，劳动力市场的完善和服务网络的形成，也需要一个艰苦努力的过程。我国这样大的国家，12亿人口，8亿在农村，要建立起一个完善的信息网络，在世界上是没有任何一个国家能做到的，而我们必须做到这一点。要建立完善的劳动力市场，使民工达到有序流动。真正实现农村剩余劳动力的合理转移和有序流动，必须做好长期作战的思想准备，坚持不懈，努力工作，绝不能因今年工作取得成绩而盲目乐观，甚至麻痹松懈。

今后做好这项工作，要明确以下几点：一是民工流动一年四季都不会间断。一方面，因城市经济及社会的快速发展，一些行业、工种对劳动力需求量加大；另一方面，农村中的剩余劳动力也在不断地增加，因此，势必会有大量劳动力向外流动。这就要求我们通过有效的组织工作，采取有力的措施，引导民工有序流动。要因势利导，把这项工作纳入各级政府特别是劳动部门的日常工作。输出方、输入方要密切配合，共同努力，从根本上调控好民工流动的“阀门”。过去劳动部门没有这方面的压力，在这方面投入力量较少，这几年这方面的工作压力越来越大，任务越来越重，劳动部和各地劳动部门在编制不足的情况下，花了相当大的力量。今后，调节和控制这个“阀门”，应作为劳动部门的日常工作。四川、河南、广东都在农村建立了很多就业服务站，开展农村的就业服务工作。要加强农村劳动力流动就业的服务工作，为有序流动的民工提供良好的服务，保障他们的各项合法权益，尽量减少盲目无序流动。二是要大力发展农村经济，特别是要大力发展和扶持乡镇企业，促进农村剩余劳动力就地、就近转移。这方面农业部负有重要责任。三是每年都要抓好春运期间的民工流动工作。从这几年的情况看，今后每年春运期间都会有“民工潮”出现，只是潮起潮落、规模和范围大小不同而已。今年由于措施得力，使“民工潮”不像往年那么大。不难预见，每年的“民工潮”都会对春运、对社会形成一定的冲击，对运输形成一定压力，对治安提出更高的要求。只要每年都坚持抓，不断地总结经验，不断地完善各项措施，加强组织疏导，这种冲击就会减小到最低限度。这对农村的发展，对城市的发展，对维护社会的稳定，都有着十分重要的意义。

从现在起到明年春运，大部分老民工稳定在生产岗位上，民工流量相对较小，各地各部门要充分利用这个有利时机，抓紧做好各项基础工作。

（一）摸清情况，完善明年工作的预案。要在加强调查研究的基础上，对今年春运期间组织民工有序流动的各项措施加以完善。今年各省对民工流动的情况都作了很多调查研究，这对于明年做好民工有序流动工作是很有利的。在总结今年工作的基础上，各省市要进一步完善各项措施。比如今年提出留住60%的民工在当地过节，在目前民工流动秩序尚未健全、盲目无序流动问题仍较突出的情况下，这项措施对控制流量还是很重要的，还需继续实行。为了尽可能减少负面影响，要注意研究配套措施，让民工能够分期分批回乡探亲。

（二）建立和完善各项有关制度。现在已有的一些重要制度，比如流动就业管理制度、流动人口管理制度等等，需要进一步完善。更重要的是要加强各项制度的衔接，要注意建立与管理制度相配套的服务、保障制度。还要特别注意研究新问题，比如有些民工在城市里已经工作了很多年，企业也希望他们长期留下，再如要引导农村剩余劳动力向小城镇转移等，都涉及到户籍管理、人口管理、社会保障等一系列问题，都需要各有关部门共同来研究解决。户籍制度的改革，公安部已有一个方案，国务院领导已经听取了这个汇报。户籍制度管理和有关配套制度都要建立起来，这些人的社会保障要有一套制度、规定和办法。

（三）建立和完善服务网络。劳动力流动无序的重要原因是信息缺乏，因此要大力发展为农村劳动力流动就业服务的中介组织，发展乡镇就业服务机构，搞好劳动力市场信息网络的建设。特别要加强输入地和输出地之间的协作，互相配合，共同搞好民工流动的组织工作。

（四）加强宣传教育。围绕国务院统一部署的贯彻落实，坚持正面教育，搞好宣传动员，造成很大声势。今后要结合落实有关政策措施，做好深入细致的说服教育工作，使用人单位和广大民工进一步了解有关政策规定，支持和配合有序流动的组织管理工作。

对劳动工作的指示

（1995年5月25日）

吴邦国

5月25日，国务院副总理吴邦国亲临劳动部，了解劳动工作情况，在听取李伯勇部长汇报期间和之后，吴邦国同志作了重要指示（根据录音整理，未经本人审阅）。现摘要如下：

一、关于就业工作

就业工作是一个很大的问题。从宏观经济指标来看，就业指标是一个很重要的指标。要结合研究"九五"计划，把就业工作很好地研究一下，要对国民经济的发展状况和就业状况作点分析，失业率定在6%的指标会影响社会安定，肯定不太行。就业工作，关键得想出点办法，想出点对策。以往在这方面做了很多工作，如建立失业保险制度、发展劳动力市场，但还仅仅是刚刚起步，失业保险的水平还比较低。劳动力市场要建立起来，把供给和需求连接起来。再一个就是再就业，要使从企业剥离出来的人有活干，不致上街游行。从当前情况看，有几个方面情况值得注意，一方面每年新增1 000万劳动力，总要有一个安排，否则，一个人没有工作，全家人不太平。一方面，今年企业破产、兼并的力度加大。破产问题，过去动作不大，主要是银行怕呆账、坏账，另外就是人员安置不好办。实际上去年70个亿的呆账、坏账准备金还没有用，今年又是70亿，恐怕不止这个数。从搞活企业这个角度讲，是想把这些钱用掉，建立起优胜劣汰机制。过去企业破产是法院判了，人民银行批准后执行，但有时人民银行有不同意见。现在是问题解决不了由经贸委仲裁，经贸部门主要站在企业的立场上，所以破产的步子会加快。兼并估计比破产的力度更大，中央已经明确，对那些连续三年亏损、两年逾期未还贷的企业即可被兼并。为此制定了相应的优惠政策，如被兼并企业的银行贷款利息全免，贷款本金由兼并企业分5年还清，兼并过程还可以挂息，这样一来，兼并的速度会加快。无论是破产还是企业兼并，职工安置问题都是一个大问题，也是一个难题。

从总体上看，就业的矛盾"九五"会比"八五"更尖锐一些，必须想出办法来解决，主要把劳动力市场建立起来。解决就业问题关键是地方政府，当然中央制定扶持政策也很重要。你们提出的调整所有制结构、多种渠道安置，这些都对，关键是增加就业机会。现在从第二产业来说，国家提出少建新厂，以改造老企业为主，大企业还要剥离，这方面吸收劳动力的能力增长不多，所以开辟其他渠道就成了一件大事。要多动动脑筋，地方上肯定有很多好的路子，如物业管理，现在盖了很多居民小区，小区的管理和服务就有大量的就业机会，要认真摸索一下，哪些地方搞得比较好，总结一些好的做法，交流一下。城镇就业光靠劳动部门一家干不了，要调动多方面积极性，有钱的出钱，有力的出力。

就业方面还有一个重要的问题就是农村劳动力的流动问题。现在流向城市的农村劳动力越来越多，有3 000多万，这总不是个办法。目前，城里就业也比较紧张，农民工进城占了城市的就业岗位。我在上海作了一个调查，上海展览馆用了18个外地民工开电梯。实际上，上海展览馆的工资还是蛮高的，上海人完全可以干。要想个办法，防止哪便宜就用哪，否则，城里的就业不好解决。产业调整也很困难，如纺织女工的转岗就比较困难。当然，城里有些工种也需要农村劳动力来做补充，如环卫工人等。我看，农村劳动力就业问题，最终还要靠在农村解决，还是农村发展，稳定人，安置人。我去过印度，在城郊有很多贫民窟，主要是农村人盲目进城造成的。在中国，农村劳动力就业恐怕还是要靠农村。劳务出口怎么样？能不能想想办法？但是不要出问题。

总之，就业问题三大块。第一块是破产、兼并、剥离下来的人，需建立保险体系。第二块是新增加的劳动力，要积极创造条件，政府要采取措施，增加就业岗位，更多的要靠自谋职业。第三块就是农村劳动力进城务工，要有序流动。

二、关于工资分配工作

工资分配是个大事。马克思说过，分配关系是生产关系的重要组成部分。十四届三中全会决定指出，分配的基本原则之一是效率优先，兼顾公平，一次分配突出效率，二次分配体现公平。现在在分配中有三个问题，一是行业分配不公，银行、邮电、大宾馆工资太高，行业间差得太多。二是一些发横财的，如房地产开发公司、证券公司。这些行业，投机性很强。如房地产公司靠的是地价低来谋取暴利，把土地卡紧他们就没有大钱好赚。对这些，老百姓很反感（国务院副秘书长李树文插话：分配不公，引起老百姓的强烈不满，这是引起社会不稳定的因素之一）。三是工资外收入比例太大，几乎是一半对一半。企业按照"两低于"的原则确定工资，跟效益挂钩，总的来说是对的，但也有毛病，关键是效益是怎么形成的，有些效益是国家政策、投资带来的。在我们国家，外资企业的老板拼命加大成本，为的是逃税，而我们的厂长经理却尽量减少成本，该折旧的不折旧，大修费也不提，为的是加大利润多分配，实质上是国有资产流失。我去过德国，德国也有国有企业，他们把工资与企业效益和资产的保值增值同时挂钩，这比较科学。另外，效益有努力的问题，还有一个投胎问题。有的企业，国家投资多，包袱轻，如同样是钢铁企业，宝钢和鞍钢就完全不一样，如果用一个办法对待，显然不公平。这个问题不解决，社会就不稳定。另外，人才流动的导向也会出问题，有的地方出现博士生应聘服务员的情况。靠知识、诚实劳动挣不到钱，这不行。一些公司、行业的工资不能无限制，行业差距不能再拉大了。劳动部要好好研究这个问题，你们提出的12条措施，能管得住吗？（李部长答：如果国务院批准并认真执行，还是起作用的）在我印象里，房地产公司的工资没有人管，企业里厂长和职工在发工资问题上是一致对外（李部长：年薪制就是想解决这个问题）。希望能管住一些。我想通过银行卡一下，再加上企业成本核算，对违反规定超标发放工资的，要予以重罚，这也要与工资挂钩。想个办法使他不敢轻举妄动。总之，劳动部要和人事部好好商量一下，下点功夫，拿出办法来。

三、关于社会保险工作

关于养老保险两个方案，我刚到北京就赶上讨论这个问题，我想可能是经济发达地区的省份选择方案一，经济差一点的地区选择方案二。因为方案二社会统筹的成分大一些。

关于失业保险金的救济标准，定得比社会救济高，比最低工资低，这是对的。小平同志去上海时，我对他讲，"您说的允许一部分人先富起来，这是千真万确的"。这几年，我又琢磨出一个理，即社会主义不能饿死人。我在上海时，跟他们研究了三条线，一是社会救济线，120元；二是失业保险线，160元；三是最低工资线，210元。

关于再就业问题，我在想一个问题，国外一些国家失业率高达10%以上，国家挺太平，我们国家失业率比较低，为什么还不觉得太平。国外失业的人流动性很大，失业以后很快就找到工作，失业周期短，个人承受得起，社会也承受得起。而我们国家失业的人大都是沉淀下来的人，过了一段时间，他就承受不起了。所以，不要光盯着失业，还要盯着再就业。否则，失业人员背不起，我们也背不起。要给点优惠政策，鼓励企业招收失业职工，上海有15万纺织职工转岗，靠的就是政策吸引，这些政策包括给吸收失业职工的企业一些工资补贴。当然，招收失业职工也需要进行培训考核，也要有新机制，不好的也可以辞退。

关于失业保险个人缴费问题，我是同意的。这样可以增加自我保障意识，不能说交了失业保险费就意味着失业，如同交了医疗保险费就意味着得病一样。医院保险难度更大，上海讨论过多少次，也没有做决定。

四、关于困难企业和困难企业职工问题

一是特殊困难企业职工到底怎么办？比如煤矿很困难，有的煤矿年人均产煤20吨，这20吨一分钱不要，全部给他自己，也养活不了自己。我去过东北，那里有很多煤矿很困难，光靠挖煤是没有出路的，职工又不愿放下全民职工的架子。我跟他们说，过去解放区还搞大生产，朱总司令还亲自纺线，现在，你们遇到了困难，最主要的是要想办法自己救自己。黑龙江有些煤矿周围有大片土地，适宜耕种，就是种玉米也能赚钱。二是搞企业破产，太急了要翻船，不搞，新机制又建立不起来，所以要掌握好这个度，破产也好，改组也好，兼并也好，剥离富余人员也好，都要考虑一个承受能力问题。总之，这个问题不解决，矛盾会越来越突出。当前，我们讲改革、发展、稳定是大局，职工生活问题影响了社会稳定，也就影响了大局。

五、关于贯彻《劳动法》、实行劳动合同制度和职业技能开发工作

实行劳动合同制度要看工人有没有劳动合同的概念。搞最低工资制度就有个兑现问题。要认真研究解决外资企业雇主侵害职工合法权益的问题。

在企业发展以及经济发展中，技术工人很重要。上海的企业在资金方面不一定比其他地方强，但上海的产品能占领市场，很关键的一条是上海工人技术素质高，很多产品设计出来后，工人能加以完善提高。要提高产品质量，开发新产品，工人技术素质的提高是个很重要的环节。德国就很重视职业培训。

从伯勇同志的汇报看，劳动部的工作思路是清楚的，工作是有成绩的。总的看，随着改革的深化和社会主义市场经济体制的建立，劳动部的工作会越来越多，碰到的新情况也会越来越多。例如，过去在计划体制下，没有什么劳动力市场问题，都是统包统配，也没有社会保险问题，因为都是企业包了，也没有劳动仲裁问题。建立社会主义市场经济，劳动工作是一个很重要的方面，应当担负起相应的职能。当前，应该抓好三项工作，一是就业工作。就业问题将是“九五”期间的重大问题，随着企业改革的深化，会有很多的人从企业分离出来，每年都有新增加的人，这是客观存在，应当认真加以解决。二是做好收入分配工作，首先要有个招，过去靠行政手段，现在不行了。但总得有个办法，这里包括两个内容，对低收入者，通过社会保险保护他们的正当权益；对那些高收入者不能没完没了的发，要有个限制。建议好好研究一下，可以统一研究，提出对策，找出可以操作的办法。三是做好破产企业、困难企业职工的生活保障问题，这是个事关大局的问题，要深入下去，摸清情况，认真解决一下。

在全国安全生产工作电话会议上的讲话(摘要)

(1995年7月24日)

吴邦国

党中央、国务院确定,企业改革特别是国有企业改革是今年经济体制改革的重点。加强企业管理是深化改革的一个重要组成部分。管理加强了,可以促进企业各项改革的顺利进行,提高企业的经济效益和参与市场竞争的能力。而加强企业管理的一项重要内容,就是要保护劳动者的安全与健康,保护国家财产不受或少受损失。因此,国家不允许,企业也不应该忽视安全生产工作。过去的经验、教训告诉我们,当经济高速发展的时候,安全生产工作往往容易被忽视,这也反映了我们企业管理中的问题。而我们大量事故的发生都是与管理不严、违章操作有关。我们强调,企业管理要以提高产品质量、提高经济效益为中心,但这丝毫不意味着可以忽视安全生产。如果一旦发生事故,造成生命财产的损失,正常的生产秩序被打乱,这哪里还谈得到经济效益的提高。从这个意义上说,搞好安全生产工作也是为了提高企业的经济效益,也是为了企业的改革和发展作出贡献。

安全生产工作是最基础的企业管理内容之一。基础工作有疏漏,势必影响其他工作的正常进行。作为企业法定代表人,安全生产工作的责任无疑是十分重大的。如果安全上发生了问题,首先要追究企业法定代表人的责任,严重的还要追究其法律责任,这是我们在处理事故时一贯坚持的原则和做法。因此,作为企业法定代表人更要充分认识安全生产问题的严重性,加强安全生产工作的基础建设和管理。要坚决贯彻"安全第一,预防为主"的安全生产方针,加强事前管理,消灭不安全隐患,把预防为主的思想落实到安全生产的各个环节,切实把安全生产工作转移到预防为主的轨道上来。不能等出了事故,发生了危害,才来采取措施;也不能等上面强调一次,才重视一阵,要时时刻刻确保企业的生产安全。在机构和人员的配备上,要有长远考虑,不能只顾眼前利益。据劳动部的同志介绍,深圳市在一些企业试行建立"注册安全主任制度"。安全主任经上级劳动部门考核同意,厂长任命,协助企业法人做好本企业安全生产和安全检查工作,效果较好。总之,强化安全生产工作的基础建设和管理,开动脑筋,会有很多办法,关键还是领导重视。

在困难企业职工生活保障和分流安置工作座谈会上的讲话(摘录)

(1995年9月9日)

吴邦国

一、关心困难企业职工生活是我们党和政府义不容辞的责任,是维护社会稳定的大事

当前,我国经济运行和企业改革的形势是好的。"八五"时期,我国经济和社会面貌发生了显著的变化,发展进入快车道,改革取得较大的突破,开放再创新局面,国民经济保持持续、快速、健康的发展,各项社会事业都取得较快发展。这四年,我国国内生产总值实际年均增长速度达11.7%,增长幅度超过计划3至4个百分点,比"七五"时期的年均增长率高近4个百分点,在经济总量上提前完成了翻两番的战略目标,是我国国民经济发展历史上增长速度最快的时期。这四年中,我国城镇居民家庭人均生活费收入实际年平均增长8.4%,与"七五"时期平均每年递增3.7%相比,增速明显加快。农村居民人均纯收入也有提高。但是,在充分肯定我们工作的同时,也应当清醒地看到,在深化改革和结构调整中,出现了一些困难和问题。其中比较突出的是,部分国有企业生产经营困难,亏损增加,职工收入减少,生活水平下降。这种情况在东北和西北地区,在煤炭、军工、森工等行业尤为突出,相当一部分在职或离退休职工的生活确实十分困难。加上去年以来,粮、油、菜、肉等生活必需品价格上涨过猛,对于亏损企业的职工来说,更是难上加难。

亏损企业职工生活出路问题,是当前反映十分强烈的问题。有少数国有大中型企业发生了各类不安定事端。有的事端行为偏激。部分亏损企业由于长期走不出困境,职工的基本生活得不到保障,少数职工的不满情绪起初只是对本单位领导不满,逐渐发展为对政府不满,对改革开放政策不满。值得注意的是,个别企业领导官僚主义严重,滥用职权,搞腐败和不正之风等,严重损害企业和职工的利益,更是火上浇油。

以上一些问题,虽然只是极少数,但必须引起我们高度重视。关心困难企业职工生活是维护社会稳定的大事,是党和政府义不容辞的责任。改革是动力,发展是目的,稳定是前提。离开稳定,一切都无从谈起。只有在稳定的社会环境中,才能深化改革,发展经济。国有企业许多职工不能按时发工资,不能吃饱饭,这是个亟待解决和必须解决的问题。困难企业职工生活保障和分流安置工作是当前稳定社会、稳定职工队伍的一件大事,必须抓紧抓好。只有解决好困难企业职工基本生活,才能稳定局面,才能保证改革开放和经济建设的顺利进行。

关心群众生活,体察群众疾苦,是我们党的优良传统,也是我们共产党和人民政府的性质所决定的。马列主义一条很重要的原理是人民群众创造历史。毛主席把群众路线作为我们党的三大法宝之一,一再强调要关心群众生活,注意工作方法。毛主席说:"要得到群众的拥护吗?

要群众拿出他们的全力放在路线上吗？那末就得与群众在一起，就得去发动群众的积极性，就得关心群众的痛痒，就得真心实意为群众谋利益，解决群众的生产和生活的问题，盐的问题，米的问题，房子的问题，衣的问题，生孩子的问题，解决群众的一切问题。我们是这样做了么，广大群众就必定拥护我们，把革命当作他们的生命，把革命当作他们无尚光荣的旗帜。"邓小平同志尊重群众，热爱人民，总是时刻关注最广大群众的利益和愿望，把"人民拥护不拥护"、"人民赞成不赞成"、"人民高兴不高兴"、"人民答应不答应"，作为制定各项方针政策的出发点和归宿。以江泽民同志为核心的党中央历来十分重视关心群众生活。前不久，江总书记视察东北时，曾特别关照要关心困难企业职工生活，妥善解决企业富余人员的分流和破产企业职工的再就业问题。李鹏总理在今年人大政府工作报告中，把部分国有企业生产经营比较困难，作为我们前进中的一个重要问题提了出来。他指出："要关心贫困地区人民，低收入者和离退休人员的生活，认真帮助他们解决困难。"乔石、瑞环、镕基和家华、岚清等领导同志在各地调查时，也都对解决困难企业职工生活问题作了许多重要指示。我们党的宗旨是为人民服务，我们的政府是为人民服务的政府，我们搞的是社会主义市场经济，当广大职工遇到生活困难时，我们有责任、有义务关心他们的生活，体察他们的疾苦，帮助他们解决困难，这是我们各级党委和政府义不容辞的责任。因此，我们要把做好困难企业职工生活保障和分流安置工作，提高到密切党和政府与人民群众关系的高度来认识。

现在老企业困难很多，其中很重要的一条，是历史债务多，离退休职工多，企业负担重。现在经济发展了，但是我们不能忘记老企业对国家作出的巨大贡献。建国以来，这些企业把全部利润都上缴给国家，对国家经济发展作出了无私的贡献，而国家投入却很少，企业来不及改造，现在企业设备老化了，老职工和退休职工也多了，无力与新建的企业竞争。困难企业的职工，特别是中老年职工和离退休职工，他们曾为经济建设作出了贡献，为国家创造了大量财富，贡献了自己的青春。现在不少企业不愿要老职工，想把他们作为"包袱"卸掉。我们讲现代企业制度，讲强化企业管理，精简富余人员；但不能只讲这一条，还要讲关心群众生活。讲剥离人员，得首先考虑剥离的人往哪里去，职工有困难必须帮助解决。这些老职工和离退休职工目前遇到了困难，我们要主动关心他们，满腔热情地帮助他们解决困难。在这种情况下，我们的企业领导干部更要严格要求自己，要与群众同甘共苦，共同克服困难。对那些由于个别企业领导官僚主义、滥用职权、腐败堕落和搞不正之风，而引发群众不满、造成事端的，要严肃处理，触犯刑律的要依法惩处。

二、困难企业职工生活保障和分流安置的根本出路在于深化改革，发展经济，开拓新的生产经营路子

这次会上，大家认真讨论了《关于做好困难企业职工生活保障、生产自救和分流安置工作的若干意见》的文件，发表了许多很好的看法和建议。会后，要根据大家讨论的意见，抓紧修改完善。这里我强调一点，做好这项工作的根本出路，还是在于深化改革，发展经济，开拓新的生产经营路子。

造成困难企业的原因是多方面的。有些企业是因为内部管理不善、经营机制没有转换、产品不适应市场需要等原因造成亏损；有些企业是由于设备老化，产品档次低、质量差、消耗高、成本高，造成亏损；有些企业是由于没有原材料造成停产、半停产，或者原材料价格上涨幅度过高引起亏损。有些企业是由于资源枯竭、转产困难、政策性亏损等原因造成停产半停产；还有的是企业间相互拖欠资金，带来生产资金周转和工资支付的困难。对困难企业要逐户分析原因，采取有针对性的措施，帮助他们解决困难。但是，要做好这项工作，以下三条指导思想必须明确：

第一，困难企业职工生活保障和分流安置不能仅仅着眼于补助、救济，而应着眼于发展生产力，解放生产力。这应是解决困难企业问题的基本战略。我们绝不能把失业职工和企业富余职工当成包袱，而应当把他们作为一种重要的劳动力资源，通过再次开发和合理利用，转换成创造社会财富的力量。对于困难企业职工，一方面，要切实保障他们的基本生活，我们建立失业保障制度的一个重要目的就在于此。另一方面，从我国的实际情况出发，又不能单纯以救济来维持他们的生活，更重要的是要尽快通过深化改革，加强管理，发展经济，开拓新的生产经营路子来解困。光靠发救济金，不仅国家财力承受不了，而且也容易助长依赖国家“等、靠、要”的思想。这方面，我们是有经验教训的。过去我们搞扶贫，修水库搞移民，光靠救济，总是不能从根本上解决问题。现在我们搞开发性扶贫和开发性移民，代替单纯搞救济和赔偿，由政府组织搞项目，办工厂，发动劳动者找生产门路，运用一部分资金作为启动生产、开发项目的资本。这样，既安置了人员，又发展了经济，是个重大转变。解决困难企业问题，搞救济能够暂时解决一段时间的生活困难，但不能从根本上解决问题。从长远讲，根本出路在于发展经济。这不仅解决困难企业职工自身的生活问题，而且还可以使他们成为我国经济发展中的一支新的生力军。

第二，通过深化企业改革来解决困难企业问题。深化企业改革，建立现代企业制度，是经济体制改革的重点。由于市场经济优胜劣汰机制的作用，在改革的过程中，调整产业、产品结构，进行企业重组、改组，引入竞争机制，必然有一部分企业由于技术进步、产品适销对路、效益好而发展壮大起来，一些企业由于技术落后、经营不善、发生亏损而陷入困难，这是市场经济的客观规律。而有效地帮助困难企业解困，保障困难企业职工生活和分流安置富余人员，也是市场经济条件下处理好公平与效率关系的一个重要问题。我们实行的是社会主义市场经济，社会主义允许一部分人先富起来，逐步达到共同富裕，但社会主义绝不允许有人没饭吃。因此，我们处理市场经济条件下的公平与效率问题，应该处理得更好一些。首先，要继续抓好《转机条例》的落实，促进企业转换经营机制，形成企业自主经营、自我发展、自我约束的机制。并通过大力加强企业管理，提高企业经济效益，促进企业扭亏为盈。其次，要加大企业改组和技术改造力度，帮助一些产品有市场、基本条件较好的企业尽快走出困境。再次，要尽快建立减人增效和兼并破产的机制，对那些长期亏损、停产的企业，要下决心破产一批、兼并一批、分解一批。

根据我国国情，当前对困难企业要坚持少破产、多兼并。我们要从战略上看待和推动企业兼并。兼并是劣势企业摆脱困境的起点，使劣势企业获得一个重组的机会，促其振兴，同时也使优势企业获得扩张的机会，促其取得规模效益。对兼并方来说，兼并也是一种投资方式，而且往往是战略性的投资。实行兼并具有很多优越性：一是兼并不仅仅是解决一个个企业的具体问题，从全局和长远上讲，通过兼并对整个国民经济的产业结构、生产布局、生产规模进行调整，实现生产要素的优化配置，做到既解决了具体问题，又有利于一批企业甚至整个行业的长远发展。二是兼并可以避免或减少实施企业破产可能形成的巨额债务损失。有一份资料说，目前银行信贷资金存量中呆滞资金约为 4 000 亿元，占总量的 17%左右，而信贷资金中 60%～70%来自居民储蓄。如破产带来的贷款损失过大，势必在给国家带来巨额损失的同时，直接导致社会问题。从另一方面讲，企业如维持现状不破产，银行也只有一笔呆账。兼并可以较好地解决这一难题，兼并方可接转信贷债务，使还贷有望。三是兼并企业比新建企业时效快、资金省、效益高，能够使优势企业通过兼并走出一条加速企业扩大规模，向集团化发展的新路子，有效地促使企业适应市场变化，获取规模效益。四是兼并能够加速扭转和解决企业亏损，能够推动有限的资金资产尽早进入有生命力的优势企业，使资源配置合理化，减少国有资产因闲置或无效使用而造成流失。当然，对于那些无可挽救的企业，还是要坚定地实行破产，但工作要细，首先安置好破产企业职工的生活和工作。

第三，困难企业职工生活保障和分流安置要立足于企业自身努力。对困难企业职工，为了确保他们基本生活，政府给予帮助，搞救济是必要的。这次会议讨论的文件，就是解决政府如何帮助困难企业解困的问题。从当前看，我们要抓紧抓好解决困难企业职工生活的问题，要进行必要的生活补助和救济，帮助他们渡过难关。但是从长远看，要从根本上解决职工生活困难问题，还是要靠企业自身的努力。对于困难企业及其职工来说，一定要强调思想观念的转变，不能一遇到困难就张口要钱，等着国家补贴救济，或者宁肯守着"铁饭碗"，也不愿意自谋出路找饭吃。我去年在东北调研时，那里有许多煤矿企业很困难，光靠挖煤没出路，但职工又不愿放下全民职工的架子。我跟他们说，过去解放区搞大生产，朱总司令还亲自纺线。现在你们遇到了困难，最主要的是要想办法自己救自己。要大力提倡自力更生、自强自立，要提倡艰苦奋斗、共渡难关。今年我第二次去东北，情况发生很大变化。所以，困难企业一定要眼睛向内，认真找差距、挖潜力。要瞄准市场，开发新产品，提高产品质量，提高企业经济效益。要加强企业管理，健全规章制度，加强劳动纪律和工艺规程，加强经济核算，增收节支。要通过多方面有效的工作，使企业扭亏为盈，在市场竞争中走出困境，获得新生。

这次会上，大家认真总结了困难企业依靠自己，开展生产自救和开发性安置的经验，这是很有意义的，有的企业通过举办多种经营的经济实体，由二产转三产，组织富余职工搞开发性安置；有的企业采取剥离经营、局部解困的办法，分离后勤服务部门，成立"实业公司"，有的企业划小核算单位，实行自主经营、自负盈亏，减轻了负担，实现了扭亏为盈。东北地区林业系统的困难企业，利用行业优势，发展庭院经济，搞种植业、养殖业和加工服务业，既保证了困难企业的基本生活，又发展了经济。一些煤矿企业组织从主业分离出来的职工，从事农牧生产和多种经营，既实现了资源枯竭后的产业调整，又转移了富余人员。这些经验都要认真总结、推广。鼓励和支持企业富余职工自找门路、自谋职业，是分流安置的一条重要途径。特别是要鼓励和支持一批有创业精神的业务骨干，带领富余职工创办经济实体。对此，国家政策的引导相当重要，也需要企业给予多方面的帮助，更重要的是职工要转变就业观念。凭劳动挣钱，可以有多方面的选择，不要只认国有企业一家。思想观念更新了，就业路子就宽得多，就业形式也活得多。

三、加强对困难企业职工生活保障、生产自救和分流安置工作的领导

近年来为解决困难企业问题，全国上下进行了积极的工作。国务院制定了相应的文件，经贸、财政、劳动、银行等部门也分别出台了一些政策和措施，帮助困难企业职工渡过难关。各地政府也都从改革、发展和稳定的大局出发，在实践中探索出一些解决问题的好办法，取得了明显的成效。但是，解决困难企业职工问题的任务还是相当艰巨的。正如同志们所说的，困难企业是一个长期存在的现象，解决这个问题不是一朝一夕的事情，需要做长期艰苦、细致的工作。

困难企业职工生活保障、生产自救和分流安置工作，一方面是经济问题，但同时又是一个十分严肃的政治问题。各级人民政府都要把解困工作，当成一项重要任务来完成，列入重要议事日程，实行目标责任制，切实加强领导。要组织有关部门定期研究分析困难企业和职工的情况，按不同情况排排队，分分类，找出问题的原因，结合本地区的实际，制定有效的扶持政策和切实可行的办法。要保证各项政策切实落实到位，如采取地方财政补贴、企业主管部门调剂、银行提供部门贷款的“三家抬”办法、工资预留户、生活补助、失业救济、离退休费支付等，国务院已有明确规定，各地要坚定不移地予以落实。哪个地方政策没落实，政府要负主要责任；哪个部门贯彻政策不到位，也要承担相应责任。目前，对于长期亏损、确实没有工资支付能力的企业，应千方百计筹集资金，发给职工基本生活费。煤炭等行业转产资金一定要到位。有关部门要积极帮助那些由于相互拖欠而带来的生产资金周转和工资支付困难的企业清欠，收回货款。要认真落实《劳动法》中有关国家实行最低工资保障制度的规定，根据各地实际情况，切实保障职工的最低收入、职工待业收入和原有的城镇职工生活困难补助。

各地帮助困难企业解困的一些好的经验和做法，要认真总结推广。比如，建立“扶困基金”，运用国家现有的资金、税收、国有资产变现和土地有偿使用等政策，对困难企业搞生产自救予以扶持，对分流安置富余职工给予帮助等等，都可以结合本地区、本部门的实际加以运用和推广。一些主要的政策措施还要系统化、规范化，逐步形成一套基本制度，使企业和职工一旦遇到困境，在保障生活、生产自救和分流安置方面，都能找到解决问题的办法，所需的资金有稳定的来源，制定的政策能保证落实。同时，要防患于未然。搞行业调整也好，产业调整也好，都应有预见性，不要等到企业处于困境时才去救它，等到问题成了堆，再去解决就不好办了。比如，那些资源型行业，不要在资源枯竭了才想起转产，才想起分流人员；一般加工型企业，不要等产品滞销了才想起开发新品种。

解决困难企业职工的问题涉及到各方面，各有关部门要通力协作。劳动、经贸、计划、财政、工商、税务、银行、城建、土地、国资等综合部门，还有行业主管部门和总工会等，要加强协调配合，共同出主意想办法，把这项工作抓紧抓好。各地工会、妇联、共青团等社会团体和组织，要继续开展“送温暖”等活动，热情关心和大力帮助困难企业解困，帮助分流安置富余职工和失业职工。宣传部门要大力配合，宣传各地帮助企业解困和困难企业靠自身努力解困的好经验、好办法。

解决困难企业职工问题，事关全局，工作艰巨，任务紧迫，必须下大决心，花大力气才能解决。希望各地区和各有关部门，发扬为国分忧、为民解难的精神，密切配合，扎实工作，帮助企业和职工克服困难，为改革、发展和社会稳定作出新的贡献。

（根据录音整理，未经本人审阅）

劳动部领导的讲话和文章

在全国安全生产工作电话会议上的讲话

（1995年1月24日）

李伯勇

同志们：

一段时期以来，全国的安全生产形势十分严峻，各类事故明显上升，重大、特大事故不断发生，给人民的生命和国家财产造成了严重损失，社会影响很大。党中央和国务院高度重视安全生产工作，国务院办公厅发出了《关于坚决防止发生重大特大火灾事故的紧急通知》，各地区、各有关部门都转发了紧急通知，并做了相应的工作部署。当前，各类特大伤亡事故仍未得到有效的遏制，冬春两季是交通运输和生产经营的旺季，特别是在春节期间，各类娱乐活动增多，根据历年情况，也是事故多发季节。为吸取以往的事故教训，切实做好今春的安全生产工作，今天召开全国安全生产工作电话会议。现在，我通报1994年全国安全生产工作情况，并对1995年全国安全生产重点工作讲几点意见。

一、1994年全国安全生产的基本情况

安全生产是经济建设的重要组成部分，良好的安全生产环境和秩序是经济发展的重要保障。在去年全国政法工作会议部分同志座谈会上，江泽民总书记指出：不能保一方平安的领导，不是称职的领导。各级政府和公安机关，还要把预防发生特大火灾等严重治安和灾害事故作为自己重要的工作。要经常进行认真负责的安全检查。李鹏总理指出：要为官一任，保一方平安。凡是发生重大治安问题，包括特大火灾等责任事故都要追究直接责任者和主要领导的责任。这充分说明党中央、国务院非常重视安全生产工作。

1994年在安全生产方面开展的几项工作：

（一）1994年3月8日召开了全国安全生产工作电话会议，邹家华副总理对搞好安全生产工作作了具体指示，针对新形势下的安全工作提出了明确要求，特别强调了“企业负责，行业管理，国家监察和群众监督”的安全生产管理体制。

（二）在开展第四次全国安全生产周活动中，有关部门共同组织了全国安全生产检查，各省、自治区、直辖市也开展了不同形式的自查工作。通过安全生产周活动和安全生产检查，对提高各级领导的安全生产意识，落实安全生产责任制，企业执行国家安全生产方针、政策情况，加强安全管理，严肃对重大、特大事故的处理，事故隐患整顿治理等，起到了积极的推动作用。

（三）劳动部会同有关部门狠抓了特大事故的调查及批复工作，组织对几起特大事故进行了认真的调查分析，查清了事故原因，对事故有关责任人员提出了严肃处理意见。

（四）事故隐患普查工作得到了各地区和有关部门的支持。据不完全统计，目前，全国存在重大事故隐患共900多项，可估算的整改资金约需近60亿元。各地和有关部门已经着手制定事故隐患整改计划，将逐步落实整改措施。

经过各地区、各部门的共同努力，1994 年的安全生产工作虽然取得了一定的成效，但是，从总的情况来看，全国的安全生产形势仍然相当严峻，各类事故明显上升，重大、特大恶性事故也呈上升的趋势。根据有关部门提供的资料和劳动部的初步统计：

1994 年全国道路交通事故居高不下，1 至 11 月共发生交通事故 232 205 起，死亡 59 668 人，伤 134 975 人，直接经济损失约 12.1 亿元。比上年同期分别增加 6.1%、4.6%、4.6%和 34.6%。发生一次死亡 10 人以上的特大道路交通事故 55 起，死亡 1 065 人，伤 1 037 人，分别比上年同期增加 10%、30%和 35%。

1994 年，全国共发生火灾近 4 万起，死亡 2 748 人，伤 4 277 人，经济损失 12.4 亿元(不含森林火灾)。特大火灾事故共发生 264 起，比 1993 年增加了 28.2%，死亡 585 人，受伤 477 人，是建国以来火灾损失最严重的一年。

1994 年全国铁路共发生重大行车事故 34 件，较 1993 年上升 54.5%；死亡 39 人，比上年同期下降 50%；伤 43 人，比上年同期上升 65%。全国铁路路内职工发生重大伤亡事故 94 起，下降 22.3%；死亡 117 人，下降 35.4%；路外重大伤亡事故 34 件，比 1993 年上升 78.9%；死亡 218 人，比 1993 年上升 39.9%；伤 119 人，是 1993 年的 5.9 倍。

1994 年 1 至 11 月，交通部所属船运企业、地方交通部门运输船、乡镇运输船和渡船发生一般以上船舶交通事故 1366 起，与 1993 年比较下降 23.1%；死亡 430 人，与 1993 年比，下降 0.9%；沉船 250 艘，与 1993 年比较，下降 39.7%；经济损失 1.2 亿元，与 1993 年比较，上升 37.9%。

1994 年，全国民航发生运输飞行特大事故 1 起，重大事故 1 起。通用航空发生重大事故 1 起，一般事故 1 起，死亡 163 人，伤 22 人，事故征候至 11 月止发生 126 起。

1994 年 1 至 11 月，全国矿山企业发生职工伤亡事故 7 918 起，死亡 10 204 人，事故起数和死亡人数分别比上年同期上升 1.51%和 9.51%。国有矿山企业发生三起特大伤亡事故，造成 234 人死亡。

1994 年 1 至 11 月，全国共发生非矿山企业事故 11 460 起，死亡 7 732 人，与上年同期相比，事故起数减少 1 164 起，下降 9.22%；死亡人数减少 321 人，下降 4.00%；重伤人数减少 798 人，下降 11.87%。

二、安全生产工作存在的主要问题

1994 年，各类事故普遍上升，尤其是特大火灾事故的发生频率较高，年底在不到一个月的时间里连续发生 3 起特大火灾事故；道路交通事故死亡人数也是历年最多的；民航客机坠毁造成旅客一次死亡 160 人，也是建国以来罕见的。今年一月又发生了济南市煤气泄漏引起地下缆沟爆炸和河南郑州市天然商厦火灾事故。安全生产形势不好的原因是多方面的，主要是：

(一) 安全生产领导责任制不落实。目前，不少地区和部门在管理工作中，没有明确的安全生产领导责任制，也没有制定详细的安全生产责任制的实施细则，安全管理目标不明确。有的领导根本不了解自己在安全生产工作中的责任，甚至不知道安全生产责任制的责任范围、具体内容和工作目标。事故发生以后，不仅不清楚事故发生的原因所在，还认为事故的发生是偶然的，与各级领导无关。多年的经验证明，如果不解决好安全生产领导责任制的问题，安全生产工作的开展将困难重重。

有些地区、企业在机构改革和转换经营机制中合并或撤销了安全机构，削弱了安全管理、监督、检查的力量。

（二）企业安全生产责任制不落实。在企业实行承包之后，以经济效益作为承包的基数，安全工作“以包代管”、“包而不管”，部分企业承包者一切向钱看，只承包效益，不承包安全，承包者拼人力、拼设备的现象比较严重，过去行之有效的规章制度也无法严格执行，安全操作规程得不到遵守，安全设施不配套，隐患整改的资金不落实等一系列问题，给安全生产工作带来了冲击，安全管理机制不健全及短期行为造成了安全滑坡，带来滞后效应，造成事故日趋严重。

（三）安全生产的法制建设和管理机制跟不上社会主义市场经济发展的需要。当前法律、法规还不完善、不配套，已有的法规贯彻执行不力，有法不依、执法不严、违法不究的现象还相当严重。监督、监察体系不完善，机构、人员数量和素质与其所承担的繁重任务不相适应，特别是在当前各类事故增多的情况下，矛盾更为突出。

（四）对经济发展中出现的安全问题，缺乏深入系统的研究，未能及时调整有效对策。近年来，外商投资企业、乡镇企业，特别是乡镇煤矿的迅猛发展与其生产条件、技术水平和管理办法不相适应的矛盾非常突出。对城市中各类娱乐场所的安全管理、城镇规划和城市建设中的安全综合管理问题等尚未给予考虑，由此造成的事故逐渐增多。

（五）事故处理不够及时、不够得力。目前，有些地区和部门对伤亡事故调查处理不及时、不严肃，致使事故调查处理没有真正起到吸取教训、防止类似事故再次发生的作用，事故结案率低的现象仍然存在。有的事故，因为对一些问题认识有分歧，互相扯皮，致使事故调查无法结案。即使有些事故查明了原因、分清了责任，也未能对责任者严肃处理。

三、1995年的工作安排

今年乃至以后几年，安全生产工作要以贯彻“预防为主”、加强事故隐患整顿治理为中心；以扭转安全生产被动局面、最大限度地减少特大恶性事故的发生为目标；以交通运输、煤炭行业和防火、防爆为重点开展安全生产工作。

（一）加快安全生产立法，完善安全生产的法规体系

在社会主义市场经济新形势下，迫切需要加快安全生产的立法，完善安全生产的法规体系。加快对《中华人民共和国安全生产法》（草案）和《特别重大事故调查处理程序规定》（报批稿）作进一步修改完善，使这两个法规尽早出台。各地区和各有关部门应加强对《劳动法》有关配套法规的修改与制定工作。要进一步加快立法步骤，把国家的安全生产法律、法规贯穿到经济建设的各领域，真正做到安全生产工作有法可依，以保证安全生产。对现行的安全生产法规，各地区各部门应坚决贯彻执行。

（二）抓好安全生产责任制的落实

在社会主义市场经济条件下，我们要继续抓好各级领导和企业安全生产责任制的落实，建立安全生产激励机制，从上到下，遵循“管生产必须管安全”的原则，制定科学的、实事求是的目标和具体的实施细则。切实做到领导负责，逐级落实，真正做到安全工作层层有人负责。各级领导和安全管理人员要深入到安全生产第一线，切实解决好存在的问题。要加强安全生产管理，并加强监督检查，严格考核，确保安全管理目标的实现。发生责任事故，要追究领导和有关人员的责任。

（三）强化对安全生产工作的监察职能

加强安全生产的监督、监察，是搞好安全生产工作的重要环节。各级劳动部门要认真履行综合管理本地区安全生产工作的职责，应会同有关部门加大安全生产监察力度，充实安全生产

监察力量，加强队伍建设。严格按照《劳动法》及有关法律开展安全生产监察工作。加强对事故的调查处理和批复工作，对发生的事故，按照“三不放过”原则，严肃查处。

（四）着力开展隐患评估和治理

开展对可能造成死亡人数众多，经济损失严重，社会影响大的事故隐患的普查工作。对已基本掌握的事故隐患，各地区、各部门应根据具体情况，制定隐患整改计划，采取切实可行的措施，组织、协调、规划、监督隐患整改，以减少各类事故的发生。要真正把安全生产工作重点转移到预防为主的轨道上来，防止特别重大事故的发生。

（五）抓安全生产工作的重点和薄弱环节

安全生产工作应着重防止特别重大事故的发生，减少一般事故。要把交通运输、煤炭行业和防火、防爆作为安全生产工作的重点。同时还应抓好城市的公用设施和娱乐场所的安全，要防止城市管道煤气在输送或使用中泄漏而发生煤气爆炸事故。

（六）继续抓紧安全生产的宣传教育和职工的安全培训工作

安全生产的宣传教育是一项长期的、艰巨的工作，我们必须持之以恒。动员全社会的力量，共同关心安全生产工作，提高全社会的安全意识。今年，全国将开展第五次“安全生产周”活动，要通过各种新闻媒介，利用各种宣传工具，加大安全生产宣传力度，形成一个人人关心安全、事事注意安全的良好社会风气。同时利用各种宣传和教育手段，提高全民的安全文化素质，以提高全民族的安全意识。同时，我们还要加强安全培训工作，使所有上岗人员都具备基本的安全生产知识和技能，提高全体职工的安全素质。

特别是春节即将来临，要加强对交通运输安全和公共场所、娱乐场所的安全监督和管理。各级交通运输主管部门要坚决禁止无证无照、无载客定额和无证驾驶的交通工具参加营运作业，加强交通运输设施和设备的安全管理，杜绝超载超速和无证、疲劳驾驶。加强有毒有害、易燃易爆等化学危险物品及场所的管理。从事危险物品和民用爆炸物品的经营主管部门要加强安全管理，各级监督检查部门要严格执法，坚持原则，严格危险物品的审批发证手续。各级政府及有关部门应立即组织一次安全检查，特别是对娱乐活动、商场等公共场所的检查，查隐患、堵漏洞。这项工作要抓落实，对检查中发现的隐患要限期整改，有关部门要强化对公共娱乐场所的安全监督和管理，对严重违反安全规定，存在重大事故隐患而又不整改的，一定要采取果断措施，停业整顿，确保安全。

同志们，安全生产工作的好坏，不仅关系到国家和人民的生命财产的安全，而且影响我们社会主义国家的声誉，关系到改革开放举措的顺利实施。我们要认清安全生产的严峻形势，齐心协力，为尽快实现1995年安全生产形势的根本好转，共同努力。

在新春佳节即将到来之际，祝同志们新春愉快，工作顺利！

在国家安全生产专家组成立大会上的讲话

（1995 年 2 月 20 日）

李伯勇

同志们：

今天国家安全生产专家组成立大会在这里隆重召开了，这是全国安全生产工作中的一件大事。这次大会得到了党中央、国务院的重视和有关部门的大力支持，邦国同志亲自参加会议并将作重要讲话，我们一定要认真贯彻执行。

大家知道，安全生产是经济发展和社会稳定的重要保障条件之一，各地区、各部门紧紧围绕经济建设这个中心，积极做好安全生产工作，取得了一定成绩。但是，全国的安全生产形势仍然严峻，特大、重大恶性事故频繁发生。1994 年全国道路交通事故造成死亡人数达 66 362 人，伤 148 817 人，直接经济损失 13.3 亿元；全国火灾造成死亡 2 831 人，伤 4 236 人，直接经济损失 12.4 亿元，而且一次火灾造成的死亡人数之多也是建国以来少有的；全国矿山事故死亡 11 484 人。

严重的事故，造成不良的社会影响，给人民群众的生命和国家的财产造成了难以弥补的损失。为了认真贯彻“安全第一，预防为主”的方针，为了更好地组织对重大事故的调查和对事故隐患的评估，1994 年，劳动部着手准备成立国家安全生产专家组。在有关部门的积极配合下，完成了对有关专家的征聘、审查，以及有关部委复核等工作。今天成立国家安全生产专家组就是为遏制各类特别重大事故的发生所采取的重要措施之一。

下面，我讲三点意见：

一、原全国安全生产委员会专家组圆满完成了国务院赋予的重要任务

在国务院和原全国安全生产委员会的领导下，在有关部门的大力支持下，原安委会专家组在事故调查和隐患评估等方面积累了许多宝贵的经验，作出了很大成绩。重庆“1.18”空难事故，上海“3.24”铁路撞车事故，80 次列车颠覆事故，秦岭电厂事故，哈尔滨亚麻厂爆炸事故，安徽“1.24”沉船事故等就是由原全国安委会组织专家进行调查的。专家组通过深入调查，通过仿真模拟试验和失效分析，在查找事故原因方面，基本上取得了令人信服的结论。此外，原安委会专家组先后对重点行业的十余家企业进行了安全评估，为企业进行技术改造和隐患整改提出了一些宝贵的、切实可行的建议。如，1991 年 6 月原安委会专家对兵器工业总公司所属的五二五厂 TNT 生产线进行安全评估，辨识出硝化—精制联合工房存在着重大爆炸隐患，专家建议工厂应立即安装高温报警系统和自动放料装置，并加强管理和监测，以防事故发生。五二五厂接受了专家的建议，停产进行了技术改造。1991 年 12 月 10 日，五二五厂 TNT 生产线的硝化机高温超标，新安装的高温报警系统及时报警，自动放料装置迅速放料，从而避免了一起厂毁人亡的特大爆炸事故。

原全国安委会专家还针对本行业的情况每年提交一份安全生产专题报告，提出安全建议，为我国的安全生产做了大量有意义的工作。

二、国家安全生产专家组要着重参与特大事故调查、事故隐患评估和安全技术咨询工作

1．参加重大事故的调查

各类特大事故调查经验证明，事故调查必须由责任利益关系上超脱的、隶属关系上独立的、专业水平上权威的机构去执行。只有这样调查才能得出科学的、公正的结论，所提出的建议才能避免类似事故重复发生。这是事故调查和事故预防的客观要求所决定的。世界上许多国家，尤其是工业发达国家，都设有独立的事故调查机构，这些机构对每起重大事故能独立地进行调查，也能客观地、公正地确定事故发生的原因，并提出安全改进的建议。我国尚未建立与这种客观要求相适应的比较独立的事故调查机构。多年来一直采取临时从有关方面和部门抽调人员组织调查组的方式进行事故调查，这样就有可能使部分事故调查人员思想上还存在一定的顾虑，存在着互相推诿责任的现象，从而有时对事故调查的结论也会产生一定的影响。另一方面，对于有些重大恶性事故，涉及的原因极为复杂，临时调查组很难在短期内彻底查清事故发生的原因，但是又不能长期查下去，由于这些原因，也会影响事故调查的质量和应起的作用。

考虑到我国机构设置的现状，要避免前面提到的缺陷，目前就采取由劳动部聘任专家进行调查的形式，来弥补调查体制上的不足，以保证调查不受任何个人、任何组织的干扰和影响，以维护调查的超脱性。另外，根据事故的情况，如果需要延长事故调查的时间，经过批准，也可以把事故调查工作继续下去。1994 年 6 月和 11 月，劳动部组织有关专家对西安“6.6”空难事故和山东平度“10.23”爆炸事故进行了调查，10 天查清了事故原因，得出了结论。过去的几起特大事故调查充分说明，由独立的第三方组织专家调查事故，事故结论和处理意见比较客观，比较公正，也能经得起时间的考验，这种做法在当前来说，是一种较好的形式。

2．对重大事故隐患评估，是专家组的又一项重要任务

为了掌握全国事故隐患的分布状况，去年初劳动部组织各省、市、区对全国重大事故隐患进行了初步普查，目前已有 17 个省、市、区和 13 个部门报来事故隐患材料。据初步汇总，全国重大事故隐患共计 1 036 项，其中地区占 748 项，部门占 288 项，可估算的整改资金总数近 60 亿元。其中可能造成一次死亡 30 人以上或直接经济损失 1 000 万元以上的特大事故隐患有 222 项，它们分布在 14 个地区和 7 个部门。由此看来，全国重大事故隐患情况十分严重，这些隐患时刻威胁着人民生命和国家财产的安全，对国民经济的发展和社会安定将会产生一定影响。

在全国重大事故隐患普查基础上，劳动部将加强对重大事故隐患的监测和管理，制定《重大事故隐患管理规定》，与有关行业联合颁布隐患分级方法和评估标准，强化对重大事故隐患的监控，培训隐患监测管理人员。国家安全生产专家组要积极参与这项工作，对重点行业、重点部门的重大事故隐患进行安全评估，辨识隐患的危险程度，提出优化的安全对策和防护措施，从而为行业主管部门和地方政府进行宏观控制提供科学依据，为被评估企业有针对性地采取监控整改措施提供指导，以便上下结合，分出轻重缓急，对企业进行安全技术改造，把隐患消灭在事故发生之前，真正体现“安全第一，预防为主”的方针，确保安全生产。

3．提供安全技术咨询和参与重大安全问题的决策

专家组成员都是从各部门推选出来的，这些专家多年来致力于本专业的研究，造诣很深，

专业知识渊博，实践经验丰富。所以我们要充分利用专家丰富的知识，宝贵的经验，公正的品质，为新建、改建、扩建工程提供安全技术咨询并参与重大安全生产问题的决策。

1993年9月，广东省三个单位联合致信国务院办公厅，反映广州珠江钢厂选址不当，包围了三个单位的油库、油库码头作业区和输油管道，对油库和输油管道的安全构成严重威胁。应广东省安全生产委员会的请求，1994年劳动部组织了三个部门的四位专家对广州珠江钢厂厂址安全措施进行了审查论证。本着超脱、公正、如实反映情况的原则，专家们对珠江钢厂各项安全措施提出了审查论证意见，以供广东省政府决策时参考。此外，受国务院办公厅委托，劳动部还组织专家对我国核电站的选址、运行进行了安全论证。像这种为企业服务，为政府当参谋的工作，我们将继续组织专家做下去。

三、专家组几项具体的工作

1. 参加事故调查、隐患评估、安全咨询活动

特大事故发生后，由国家组织的事故调查，有关专家要尽快到位参加调查工作，在调查组的领导下，全面地查清事故原因，提出防范措施，对调查中发现的带有普遍性的重大技术问题，如有必要，事故调查结束后还应设立专题进行科研工作。劳动部还将组织专家对某些重点部门和企业的重大事故隐患进行安全评估，应有关地区或部门的邀请，我们也将组织专家为企业提供安全技术咨询，参与重大安全问题决策。

2. 撰写分析报告

各位专家要时刻注意本部门、本地区的安全生产动态，及时向有关部门和劳动部反映安全情况。我们要求专家每年写一份安全生产形势分析报告，指出当前存在的重大安全问题，提出解决问题的方法，由劳动部综合后报国务院或通报有关部门，以引起有关方面的重视。

3. 参加安全交流活动

为提高安全管理水平和技术水平，劳动部将不定期地召开专家报告会、研讨会及培训班，交流对安全形势的看法，统一对总体趋势的认识，学习有关安全生产法规，在条件允许的情况下，邀请国外专家来华讲授事故调查技术和隐患评估方面的新知识，并与国外同行进行学术交流，研讨同一领域国内外发展的新情况。

同志们，我们的工作艰巨复杂，任重道远。在邓小平同志建设有中国特色社会主义理论的指导下，我们要解放思想，转变观念，积极探索，大胆实践，逐步走出一条符合中国实际的事故调查、隐患评估、安全咨询的技术途径来，能更有效地为经济发展和社会稳定服务。我相信，国家安全生产专家组一定能担负起这一光荣的重任。

我国劳动力管理的一项重大工程

（1995年3月）

李伯勇

在社会主义市场经济体制下，作为劳动体制改革的一项很重要的工作就是解决好劳动力资源的总量平衡、开发利用和合理配置问题。这对于缓解我国的就业压力，建立合理的就业机制，提高劳动者素质，促进社会经济的繁荣与发展有着重要的意义。

我们知道，劳动创造世界，劳动创造了人类本身。这里的劳动就是人类创造物质和精神财富的活动。职业是在人类长期的生产活动中，随着社会进步和劳动分工而逐步出现和发展起来的。社会劳动分工是职业产生的基础和条件。职业的产生和发展既是社会生产力发展和科技进步的结果，同时它又反过来促进生产力的提高、科技进步和社会发展。一个国家国民经济结构、产业结构、科技水平状况决定着社会职业的构成；而职业构成的变化也客观反映着经济、科技以及社会其它领域结构的状况。也就是说，职业是社会发展的客观产物，而职业分类则是运用一定科学手段，通过对全社会就业人员所从事的各类职业进行分析和研究，按不同职业的性质和活动方式、技术要求及管理范围进行系统划分和归类的一项工作。这是我国劳动力资源管理的重要基础性工作，也是本世纪末的一项重大工程。

目前，我国劳动力资源总量为世界之最，但劳动力素质偏低已成为经济发展的一个主要障碍。世界部分国家成功的经验表明，劳动力资源作为经济活动中的一个重要因素，它的质量和数量影响着一个国家社会生产力的发展水平。长期以来，我国传统的劳动人事管理对劳动力资源注重产出，忽略投入，倚重使用，轻视开发；在管理方法上缺乏对劳动力资源的定量和定性的科学研究；在国民经济活动和决策中忽略劳动力资源作为一种经济性要素和生产性要素所起的重要作用。这些无不造成对劳动力资源的严重破坏和浪费，甚至延误了一代人的培养，出现某些职业后继乏人，劳动力素质不高。因此，要科学地进行劳动力的管理，就必须加强对我国现有职业的分析和研究，使职业的构成趋于合理，形成一套全面、系统化的职业分类体系，以便将各类劳动力纳入科学、规范、有序的管理轨道中。此外，职业分类对于进行劳动力需求预测和规划；对于开展职业培训、进行职业介绍和就业指导；对于企业劳动组织管理和促进生产技术发展等都具有重要意义。

党的十四届三中全会决定中明确指出："要把人才培养和合理使用结合起来"，"要制定各种职业的资格标准和录用标准，实行学历文凭和职业资格两种证书制度"。为贯彻落实中央决定精神，劳动部、人事部于去年联合颁发了《职业资格证书规定》，从深化劳动人事制度改革以及适应社会主义市场经济和培育发展劳动力市场的需要出发，实行政府指导下的职业资格鉴定（考核）社会化管理，在全社会实行学历文凭和职业资格证书并重的制度，客观公正地评价劳动者的技术(技能)水平,促进各类劳动力素质的提高。今年开始实施的《劳动法》从法律意义上进一步明确规定:“国家确定职业分类,对规定的职业制定职业技能标准,实行职业资格证书制度”。职业资格是对从事某一职业所必备的学识、技术和能力的基本要求。职业资格证书是反映劳动者具备某种职业所需的专门知识和技能的证明。它是社会按照一定的职业规范和标准,对劳动力质量进行考核和评价,是对劳动者拥有劳动力产权和质量的认定。要做好这项工作,就必须科学地论证和确定职业的类别,并在此基础上制定职业资格标准。因此,职业分类工作是建立与完善国家职业资格证书制度的一个重要基础工作。

随着社会经济的发展,世界各国特别是经济发达国家对职业分类工作十分重视。国际劳工组织早在 1949 年就研究制定供各国参考和比照的职业分类,1958 年出版了《国际标准职业分类》,并于 1968 年、1988 年两次进行修订。目前,美国、加拿大、英国、德国、澳大利亚等都制定了符合本国国情的职业分类词典,广泛运用于统计、就业、培训、经济等领域。我国在长期的劳动人事管理实践中,初步形成了职业分类的雏形,它是我国一定历史时期社会管理的客观产物,同时在某种程度上反映了一个阶段的社会管理水平。但总的来看,职业分类工作还很薄弱,无论是基础理论研究,还是实践管理工作,都还相对滞后,亟待加强。现代意义上的职业分类,需要对职业的名称、定义、性质以及职业的内涵和外延作出较为明确的界定。这种界定是对职业的社会实践总结,又是对职业未来发展与变化提出规范化要求与指导。随着我国劳动力市场的发育与完善,职业分类作为一项基础性的工作,越来越受到社会各界的广泛重视和关注,国内许多社会学或经济学的专家、学者已将目光投向职业学的研究领域,开展了各项研究并取得了一定的效果。

职业分类工作是一项巨大的系统工程,涉及到社会各个领域和各行业部门,需要社会各方面的大力支持。劳动部、国家技术监督局、国家统计局将组织国务院有关产业部门联合开展这项工作。为保证职业分类工作的顺利进行,拟成立“国家职业分类大典和职业资格工作委员会”,负责指导和组织国家职业分类及职业资格标准的制定工作。职业分类工作要从我国产业结构调整以及劳动人事制度改革的现状出发,以加强我国劳动力资源的开发利用和合理配置、提高劳动者素质为目标,在统一指导下,按照一定的分类模式和框架结构,有计划、有步骤地开展工作。力争用三年的时间,完成“国家职业分类大典”编制工作,逐步建立起科学规范、先进合理、内容完整、层次分明,并与国际职业分类体系相对接的国家职业分类与职业资格标准体系。

《在中央党校省部级干部“国有企业改革”专题研究班讲话》中有关社会保险制度改革应注意的几个问题(摘要)

(1995年3月21日)

李伯勇

社会保险制度改革应注意的几个问题:

(一) 改革要在党中央、国务院的统一领导下进行

社会保险是政府行为,政策性强、涉及面广,改革工作要在中央的统一组织领导下进行。一是改革的原则和大的政策框架,由中央统一决策,各地区、各部门有依据实际情况采取具体措施的权力,但是不能脱离总的原则各行其是。二是管理要实现规范化、法制化,对劳动部来说,当前要做好各方面的协调工作,加快《社会保险法》及各项配套法规的起草、审议进程;各地区可以针对本地情况,对比较成熟的问题,先搞一些地方性法规,使改革逐步纳入法制轨道。三是要保持社会保险管理体制和管理机构的稳定。当前,社会保险改革的问题不少,涉及很多方面,如果管理体制不稳定,干部思想波动,工作缺乏连续性,不仅会影响改革进展,还可能发生资金流失、贻误工作、社会不安定等大的问题。因此,必须按照国务院领导同志多次指示精神,在本届政府任期内按“三定”方案执行,保持现行的管理体制不作变动,即由劳动部、人事部、民政部分别管理城镇企业、机关事业、农村的社会保险工作,各负其责,做好工作。将来,按照十四届三中全会的《决定》,建立统一的社会保障管理机构。

(二) 要注意改革的长期性和复杂性

社会保险改革不仅范围广,而且往往涉及几代人。制度一旦确定,就形成了各方面的利益关系,其影响将长达数十年甚至更长,再想改动就很困难。因此,这项改革必须兼顾现实与未来,并注意历史的沿革,尽可能保持政策的连续性;必须从各地经济发展不平衡的实际出发,在坚持中央统一规定的原则的基础上,给各地区留有适当灵活的余地。由于改革涉及到企业、职工的利益调整和观念转变,改革方案要集思广益,充分吸取各方面意见;要按照“先试点、后立法、再推广”的方针,认真组织好试点工作;特别是要注意对人口、工资、物价和基金承受能力等各项重要指标进行科学、认真的测算和全面的比较分析。

(三) 要处理好改革和稳定的关系

社会保险改革直接影响到亿万劳动者及其家属的切身利益,是个十分敏感的社会问题;加上几十年形成的保险待遇只能上、不能下的“刚性原则”,使改革具有相当难度。水平高了,国情不容许,企业难承受;水平低了,群众有意见,甚至可能影响社会安定。当前我国经济发展中还存在若干不稳定的因素,如通货膨胀、部分企业效益不佳等,值得我们认真注意。各项社会保险改革应当通盘规划，周密设计，努力平衡各方关系，以寻求最佳结合点，并慎重稳妥地做好新老制度的衔接过渡工作。

（四）要搞好改革的各项配套工作

社会保险改革是经济体制改革的重要组成部分，所以应当在政策和力度上同各项经济改革紧密衔接。如：企业改革中的人员分流问题，关停并转企业中离退休人员的生活保障和管理安置问题等，都需要同失业保险、养老保险改革的进度和资金规模一并考虑，作出预测和计划；又如：企业分配搞活后，职工收入差距拉大，各项社会保险待遇应在多大程度上承认这个差距，以体现效率原则又不致影响职工基本生活的保障；再如：社会保险改革必须同财税体制、价格体制的改革相互配套，使改革能够稳步推进，不致超越企业、职工的物质和心理承受能力。同时，社会保险的各个项目之间，也必须在资金筹集、待遇衔接和改革进度上做好配套，以保证改革能够积极、稳妥地推进。

在全国劳动计划与工资工作会议上的讲话（摘要）

（1995 年 4 月 19 日）

李伯勇

当前的改革形势发展很快，对劳动计划和工资工作提出了更高要求。加强和改善宏观调控，注意解决当前经济社会生活中存在的一些突出问题，是当前各级政府主要的职责和任务之一。因为加强劳动领域宏观调控，是培育和发展劳动力市场的内在要求。整个宏观调控的任务是要构筑一个社会总供给与总需求基本平衡这样一个良好的环境，以保证市场经济的正常运行。在中央经济工作会议以及八届三次人大会议、政协会议上，许多人大、政协委员都提出要坚决控制物价上涨幅度，抑制消费基金过快增长，而所有这些问题都和劳动计划与工资工作有密切的关系。像当前的热点问题，如工资增长过快，工资外收入的比例过大，社会分配不公等都是近年来社会上议论最多、又没很好解决的问题。大家知道，去年的工资总额增长幅度为35.4%，工资外收入约相当于工资的1/3，分配不公就更为明显。这种现象社会各界都很关注，反响也很大。但对这些问题我们又解决得不够好。谈到这些问题时，我总感觉我们目前只有招架之功，没有还手之力。很实用的招数还没有，说明我们的劳动计划与工资工作同改革和形势发展的要求相比还有很大差距，面临的任务相当艰巨。当然这个问题涉及面很宽，涉及到许多综合部门，与改革的配套不够也很有关系，有些事情是我们劳动部门一家做不了主的，对这些问题我们也承担不起这个责任。但对我们从事劳动计划与工资工作的人来讲，对解决这些问题的路数还不是很有把握，不是很清晰，还没有一个比较系统的、可操作的有效措施。比如近年来我们实行的弹性工资计划、工资总额管理办法、个人所得税制度、工资指导线以及企业内部分配的改革，还有经营者年薪制、最低工资制度等一系列我们正在搞的东西，怎么把这些内容有机地串起来还没做到。再如控制工资总额，怎么改革挂钩办法、弹性工资计划等等，能否在研究的基础上，理出一条综合进行宏观调控的思路和措施，哪怕并不完善，我们也可以试试看。镕基同志讲了，工资总额问题劳动部负责。当然这个问题涉及到许多部门，有些事情我们一家定不了，但不管怎么说，有关企业工资的问题我们劳动部门责无旁贷。为此，我们要进一步提高对这项工作紧迫性、重要性的认识，积极努力地把这方面的工作搞好。

在全国劳动计划与工资工作会议上的讲话（摘要）

（1995 年 4 月 22 日）

朱家甄

企业工资工作的重点，一是必须加强工资收入的宏观调控，约束工资的过快增长；二是积极探索适合我国国情的企业工资决定机制。

一、关于宏观调控。要搞好宏观调控，首先必须继续搞好总量调控。要采取有力措施，力争从今年二季度开始，遏制住工资收入增长过快的势头。全年的调控目标是，全国职工的实际平均工资增长幅度要控制在 4～5 个百分点之内，如果今年物价增长不超过 15%，则全年工资增长不能超过 20%。其中去年工资增速偏快、工资水平偏高的地区、部门控制在 2～3 个百分点；去年增速较低、工资水平偏低的地区、部门控制在 3～4 个百分点。对于这一问题不搞一刀切。各地区、各部门都要明确目标，落实责任，加大调控力度。

为了达到调控目标，现有的各种办法还要坚持、完善。首先，国家下达的弹性工资计划必须坚决执行，各地区都要积极做好审核前的准备工作。其次，工效挂钩基数的审核和效益工资的提取必须严格按国家规定执行，地区、部门不得擅自更改。这次会上大家提出，工效挂钩在通货膨胀较低时还是很好操作的，现在物价这么高，效益抵不上物价的增长，怎么办？我们总的想法是，工效挂钩不能简单地与物价挂钩，世界上许多国家的情况证明，凡是与物价挂钩，最终的结果都是失败的。但如何解决这一问题，我们考虑，凡是由于物价上涨，企业工资增长较低的，我们将在挂钩基数中适当予以调整，具体办法，要专门研究。关于《工资总额使用手册》制度，劳动部和中国人民银行已经正式发文，各类企业要全面实行，各地区都要把《手册》作为控制实发工资的重要手段，深入细致地抓紧落实，把这项工作做到底，不能半途而废，使《手册》形同虚设。前一段时间，我们做了一些调查，走访了信用社、工商行支行、分行；也听了建行总行、工行总行的一些情况。大家一致认为，《手册》现在还是个办法，只要坚持使用《手册》，同时银行也坚持要企业在基本账户提取工资，把基本账户和提取工资结合起来，这对当前控制工资过快增长是很有好处的。北京市最近下了一个文件，他们实行工资《手册》的全方位管理，就是不管什么企业，包括外资企业都要实行工资手册，中央企业也要通过地方联审，银行才能支付工资。我看这个文件下得很好。

其次，要调节工资收入关系，管好两头，上管过高收入，下管最低收入，这是宏观调控的另一个方面。

管住过高收入，重点是要管住流通领域的各类公司和商业性金融机构（公司），以及企业经营者的收入。去年的教训是对这类公司管理不严，甚至于没管，放任自流。各地区要摸清各类公司工资管理体制的现状，凡没有纳入劳动行政部门管理范围的要尽快理顺管理体制，纳入到劳动行政部门管理范围之内。调节企业经营者的过高收入，对控制工资水平有很大作用，因为经营者的工资收入一般处于本企业的最高点，控制住了最高点，平均工资乃至工资总额都将得到相应控制。这个问题，根据国务院的意见，要先进行试点。

管好最低收入，就是要保障职工的基本生活。劳动部门必须满腔热情地关心职工生活，了解他们的疾苦和困难，切实解决生活中的问题。在这方面的工作，关键是落实好国家现有的各项法规和政策。要和有关部门一起，共同做好稳定工作。当前劳动争议集体上访中的主要问题是工资问题，对于这些问题，国家在各个层次、环节都有规定，关键是要抓落实。归纳起来是要在以下六个环节上抓好落实：(1)凡生产正常的企业，影响或拖欠工资的主要原因是相互拖欠，货款回来得不及时。对此国家早有规定，即实行工资预留账户制度，货款回来，首先应存入工资预留账户，然后再进行其他分配、交税、还贷。现在的问题恐怕是没有执行国家规定，要检查一下。(2)亏损企业对正常上班的职工都必须至少发放最低工资，政策性亏损企业就不用说了，经营性亏损企业也至少要发放最低工资。对此《劳动法》有规定，问题是30个省、自治区、直辖市的方案部里都批下去了，却迟迟不公布。真正颁布的只有18个省市。如果省市不公布，将来出了问题责任在省市；如果公布了，企业不执行，将来出了问题在企业。我们想，公布最低工资标准只有好处没有坏处。所以，这次会议提出来，希望6月30日以前，各省、区、市都要公布本地的最低工资标准，这也是贯彻《劳动法》的实际行动。(3)对停产半停产企业中按国家有关规定实行有限期放假的职工要发生活费，发放生活费有困难的，经批准可执行去年银传34号文件，即银行贷款、地方财政贴息。(4)对破产企业，国家规定变卖资产的收入首先要解决拖欠工资和人员安置问题；企业经济性裁员或关停企业，也应发给职工失业救济。(5)失业时间超过一定期限的要给予社会救济。(6)在有意压低工资、拖欠工资的企业中，外资企业较多，劳动监察仲裁部门要严肃查处。有些企业的老板跑了怎么办？地方政府要先拿钱，支付职工的拖欠工资，然后再进行追讨。总之，不论哪种情况，国家已有很好的政策，必须落实这些政策，从而使职工和失业人员的基本生活有着落，这是社会稳定的需要。

二、关于企业工资制度改革。今后的工资改革要突出制度创新、机制转换和科学管理这三个环节，并且把一系列改革措施串起来，形成一个机制，这项工作也很艰巨。制度创新，就是要积极构筑工资宏观调控体系框架，努力建立以分级分类调控为主要内容的工资管理体制；机制转换，就是要在企业工资决定机制中引入和加大市场调节的成分，适度加大企业自主决定的成分；科学管理，就是要在企业内部工资管理上下力气、打基础、练内功，提高内部分配的科学性。制度创新、机制转换和科学管理的核心就是一条，即坚定不移地走按劳分配的路子。因此，要积极探索，勇于试验，在改革中不断完善。各个层次的各项改革措施，都要综合配套。从前两年开始，部里就提出了劳动领域综合配套改革的任务，其中工资制度综合配套改革，已经在深圳、成都两个城市展开试点，他们的做法各有特色，还有很多好的经验可以大胆地试点，像经营者年薪制、剩余收益分配制等都可以从理论上、实践上进行探索。这里再强调一点就是现代企业的人工成本管理问题。关于这一问题，劳动部门要积极与财政部门进行配合，切实把这一工作做好。这对整个国民经济也是很重要的问题。去年，北京市做了一项很好的工作，对全市机械制造业的人工成本进行了分析，结果是机械制造业1993年人工成本为7 300多元，占总成本的14%。他们通过对几年的情况分析，发现人工成本的增速是很快的，增速20～22%左右，也就是说每四年左右我们的人工成本就要翻一番。如果按这个速度发展下去的话，我国劳动力资源价格低廉的优势就会过早丧失，对我国的国民经济发展是很不利的。

在全国就业工作会议上的讲话

（1995年4月24日）

林用三

我们这次全国就业工作会议是在全国八届人大、政协三次会议刚刚闭幕，《劳动法》正式实施的形势下召开的。李鹏总理的报告，进一步明确了今年工作的重点，对于推进我国现代化建设进程，深化改革，加快发展，保持稳定，具有十分重要的意义。我们也要依据这些精神进一步推动“再就业工程”和“农村劳动力跨地区流动有序化工程”（简称“有序化工程”）的进程。在这次会上，我们将要研究就业工作的新形势，交流工作经验，部署安排今年就业工作，重点要贯彻落实国务院办公厅通知精神，进一步实施“再就业工程”；总结组织民工有序流动工作，进一步实施“有序化工程”。部领导对此相当重视，明后两天将召开专门会议，国务院领导和李部长将作重要指示。希望同志们认真学习会议文件，共同研究，加强交流，一起开好这个会。

利用这个机会，首先要向大家表示衷心的感谢和崇高的敬意。因为在近几年的工作中，劳动就业战线的同志们在相当困难的情况下，艰苦奋斗、开拓进取、兢兢业业、努力工作，付出了辛勤的劳动，保持了就业局势的基本稳定，为我国的社会稳定和经济发展作出了重要的贡献。实施“两个工程”取得初步成果，得到国务院领导的充分肯定和社会各方面的赞赏，同志们是有功劳的。

因为几项重点工作将在后两天专门开会研究部署，这里我只想谈谈就业工作指导思想方面的三个问题：

一、就业工作必须与“大局”紧密结合起来

党中央、国务院再三强调要紧紧围绕“抓住机遇，深化改革，扩大开放，促进发展，保持稳定”的大局来安排工作，处理好改革、发展和稳定中存在的问题。就业工作也要按照“大局”的需要，找到与“大局”相联系的结合点，并以此来确定工作的方针、目标和任务。只有这样，我们才能够使就业工作为经济建设、深化改革使上劲，通过劳动力资源的开发利用和合理配置推动生产力的发展。同时，也可以使就业工作在整个国民经济的大盘子中占有相应的位置，摆上各级政府的工作议程。现在，我们就业工作紧紧抓住了两件事，一个是“再就业工程”，重点解决失业职工再就业和企业富余职工的分流安置问题；另一个是“有序化工程”，重点解决农村劳动力向城市流动盲目无序的问题。可以说，在当前劳动力市场发展中，这两件事与大局关联最紧密。今年，深化企业改革是经济体制改革的重头戏，能否解决好失业职工和企业富余职工问题，已成为关系企业改革成败的一个关键。我们以此作为重点开展工作，就可以为企业深化改革解决一个大问题。现在，凡是实施了"再就业工程"的地方，就更加重视"再就业工程"，这是因为他们感到"再就业工程"有作用：一是为深化企业改革分流富余职工找到了出路；二是有利于保持社会的稳定，防止由于失业增加可能造成的社会动荡；三是能够把国家制定的发展经济扶持就业的政策集中起来使用，把就业服务的各项手段综合运用，发挥整体功能，提供系列服务。试点地区的同志们都有一个共同的体会：在实施"再就业工程"中，就业工作的地位得到提高，就业政策、法规不断完善，就业服务进一步加强。我们抓"有序化工程"也是这个道理。由于"两个工程"的实施取得了现实的、好的效果，因而得到了国务院领导的高度重视，各级政府的大力支持，并使就业工作向城乡结合部和农村进一步延伸。今后，我们还要按照这个路子走下去，胸怀大局，服从大局，服务大局，只要经济发展需要，我们就要主动地承担重任，克服困难，齐心协力，努力工作。

二、要把解决就业难题与建立就业新机制紧密结合起来

市场经济条件下的就业工作具有许多新特点，面临许多前所未有的困难和问题。这就要求我们在改革计划管理体制的同时，建立一种与市场经济相适应的就业新机制。我们在实施"两个工程"中，既要注意解决实际工作中存在的矛盾和问题，又要注重探索和培养市场就业的新机制。我们已确定在五年内组织800万失业职工和特困企业职工实现再就业的任务，这一任务完成得如何，是衡量"再就业工程"是否成功的一个重要标志。然而，"再就业工程"还有一个重要目标，就是要建立一种国家政策与就业服务相结合，企业安置、个人自谋职业与社会帮助安置相结合，竞争就业与组织生产自救相结合的市场就业新机制。有了这个机制，我们就能比较有效地解决市场经济条件下出现的就业困难群体人员的问题，就有可能把由计划经济体制向市场经济体制转换中出现的企业富余职工及对他们的安置工作纳入正常的工作轨道。当前，解决一批长期失业职工再就业和特困企业职工的再安置问题，确实需要搞一些临时性的政策和措施，用以解决目前出现的问题。这些问题的解决，也为制定适应市场经济条件下解决再就业问题提供经验。因为我们需要的是逐步形成一些长远的和常规性的政策和制度，使那些就业困难群体人员，能够按照市场就业的要求，在政府的帮助下，提高自身的能力，重新参与市场竞争，对于确实没有竞争能力的，也能够较好地组织他们开展生产自救。

"有序化工程"也是这样。近两年的目标是，防止春运期间农村劳动力盲目流动造成的混乱，引导其有序流动。而长远的目标则是建立一整套农村劳动力有序流动的机制，依靠区域性劳动力市场信息网络、城乡就业服务体系、流动就业法规、市场管理制度以及保障劳动者合法权益的措施，使汹涌而来的"民工潮"能够沿着一条对社会经济发展有利的渠道合理流动，成为涓涓长流水。

总之，我们在解决当前就业的难点问题、热点问题时，要注重在建立新机制上下功夫。希望同志们要认真搞点研究，探索市场经济条件下做好就业工作的规律，研究适应市场经济发展扩大就业的政策和措施，研究如何调控城镇失业率，研究如何调控农村劳动力向城市转移的速度及规模。同时，要注重服务网络的建设，注重运用经济杠杆和法律手段，注重制度的创新，开创一条具有中国特色的市场就业的新路子。

三、就业工作要注重宣传社会、动员社会

我们的“两个工程”之所以得到党中央、国务院的重视和社会各界的关心，最根本的一条，就是它与亿万劳动者的切身利益密切相关，对全局有着重要的影响。做好这项工作，劳动部门负有首要的、义不容辞的责任，但光靠劳动部门一家是根本不行的，还要靠全社会的共同努力。当前，国务院领导已对实施“两个工程”提出了明确的目标和要求。我们要借这股东风，积极主动地向各级领导汇报就业工作的情况，寻求各有关部门的支持和帮助。要联合工会、妇联、共青团等社会团体，共同关心和支持“两个工程”，还要动员那些较困难的产业、行业部门和特困企业，以及作为“两个工程”对象的长期失业职工、企业富余职工、农村剩余劳动力，都来积极参与“两个工程”。要加强宣传工作，通过多种有效的方式，宣传“两个工程”的意义、政策、做法及效果，并使之家喻户晓，人人皆知。希望有条件的地区，要通过实施“两个工程”，进一步把劳动部门的工作与各有关部门、社会团体的工作连接起来，建立起一种相互理解、相互支持、相互配合的新机制。同时，通过“再就业工程”，建立起劳动部门为企业和劳动者服务的新形象；通过实施“有序化工程”，开拓为农村劳动者服务的就业新领域，使整个就业工作迈上一个新台阶。

在实施再就业工程工作座谈会上的讲话（摘要）

（1995年4月25日）

李伯勇

最近，我们向国务院提出了一个关于实施再就业工程的报告。4月16日，国务院办公厅转发了这个报告，并发出通知。通知全文如下：“各省、自治区、直辖市人民政府，国务院各部委、各直属机构：劳动部《关于实施再就业工程的报告》已经国务院同意，现转发给你们，请结合实际认真贯彻执行。”国务院办公厅通知的精神，对指导我们做好新形势下的就业工作和深化劳动制度改革具有重要意义，各级劳动部门一定要认真学习，深刻领会，统一思想，全力以赴，抓好贯彻落实。

一、提高认识，统一思想

我国劳动人口基数很大，增长比较快，经济发展不能满足充分就业的要求，劳动力供大于求的矛盾将会长期存在，由此导致我们在改革和发展中始终面临着巨大的就业压力。特别是在当前，进行产业结构调整，深化企业改革，实行企业重组和改组，出现的大批失业职工和企业富余职工，进一步加剧了这一矛盾。1994年，我国接受失业救济的失业职工达到187万人，相当于建立失业保险制度七年来失业职工的总和；同时，企业富余职工问题也更加突出，待岗放长假的人员达到300多万人。由于这部分职工技术素质不高，年龄偏大，再就业相当困难，如不妥善解决，势必影响企业深化改革的顺利进行和社会的稳定。当前，我们正处于新旧体制转轨时期，一方面，要努力做好转轨时期的就业工作，另一方面，还要建立适应社会主义市场经济发展要求的新的就业机制。解决失业职工再就业和企业富余职工分流安置问题，是当前就业工作面临的十分重要和紧迫的任务，各级劳动部门要把它作为配合企业深化改革，推动就业事业发展的重要方面，下大力气，抓紧抓好。

二、明确目标和任务

几年来，各地、各部门为解决失业职工再就业和企业富余职工分流安置，做了大量工作，创造了许多有效的经验和做法，再就业工程就是在总结各地实践经验的基础上推出的一项社会工程。它的中心任务是：综合运用政策扶持和各种就业服务手段，充分发挥政府、企业、劳动者和社会各方面的积极性，实行企业安置、个人自谋职业和社会帮助安置相结合，为失业职工和企业富余职工提供就业指导、职业介绍、转业转岗培训、生产自救等各种服务和帮助，促使他们尽快实现再就业。全国30个城市的试点经验表明，这是解决失业职工再就业和企业富余职工分流安置的一个有效途径。今后五年，我们要按照国务院的要求，在全国有步骤地全面推开再就业工程，通过推广试点经验、全面实施、总结完善三个阶段的工作，组织800万失业职工和企业富余职工参加再就业工程，提高他们再就业的能力，创造新的就业机会，帮助他们实现再就业。与此同时，建立起市场经济下扶助就业困难群体实现再就业的新机制，促使长期困扰企业深化改革的富余职工问题逐步得到解决，为社会稳定、经济发展和企业改革创造良好的外部环境。

三、认真抓好各项工作的落实

国务院办公厅的通知，是进一步实施再就业工程的动员令。我们要积极行动起来，扎扎实实地开展工作，把再就业工程的各项工作落到实处。

（一）加强领导。各级劳动部门要将实施再就业工程作为配合企业深化改革、保证社会稳定的重要工作和当前就业工作的首要任务，以高度的事业心和责任感，加强对组织实施工作的领导。要按照国务院的要求，结合本地实际情况，制定具体实施方案和工作目标，实行目标责任制，并列入重要议事日程，精心部署，周密安排。要努力争取各级政府领导对这项工作的重视，及时请示汇报，主动开展工作，获取支持。要积极协调有关部门，落实有关扶持政策。要充实和加强就业工作队伍，保证相应的资金投入，做好各项服务工作。对实施再就业工程过程中出现的新情况、新问题，要及时研究解决。对工作中取得的经验，要及时总结，广泛宣传，大力推广。

（二）明确指导思想。实施再就业工程，就是要用积极的促进再就业的机制，逐步代替消极的等靠救济的做法。要引导企业和职工转变单纯靠政府补贴救济的观念，树立自强自立、二次创业的思想，把立足点真正转到开展生产自救、提高自身素质、实现再就业上来。在组织实施再就业工程过程中，要实行新的"三结合"就业方针，即企业安置、个人自谋职业和社会帮助安置相结合。要充分发挥政府、企业、劳动者和社会各方面的积极性，发展生产，广开门路，创造新的就业岗位。这是我们转换就业机制的一个重要内容，也是检验再就业工程能否取得实效的标准。

（三）做好基础工作。要认真开展调查摸底，掌握失业职工和企业富余职工的基本情况，分析再就业和分流安置工作中存在的问题，研究探索相应的政策、措施和办法，为制定再就业工程实施方案和工作计划提供依据。同时，还要加强职业介绍、就业训练、失业保险和劳服企业等就业服务实体的建设，进一步完善工作手段，充分发挥"四位一体"的整体功能，使其真正成为实施再就业工程强有力的工作依托和基础。

（四）搞好配套政策的协调和落实。实施再就业工程，促进失业职工再就业和企业富余职工的分流安置，任务重，难度大，需要政策扶持。我们要充分运用国家现有的发展第三产业和劳服企业的扶持优惠政策来推动工作，还要结合各地实际工作的需要，积极协调财政、计划、税务、工商、银行、城建等部门，抓紧研究和制定一些新的政策措施，促进失业职工和企业富余职工兴办新企业，扩展生产经营，组织生产自救，解决他们在资金、场地、税收、工商登记等方面存在的问题。同时，要发挥失业保险金在促进失业职工再就业和企业富余职工分流安置方面的作用，鼓励和扶持组织起来就业和自谋职业。

（五）抓好各项服务措施的落实。实施再就业工程，要做好对失业职工和企业富余职工的组织管理，并为他们提供及时和优质的就业服务。各级劳动就业服务机构要在职业介绍、职业指导、转业转岗训练、工作试用、生产自救等各个环节，制定目标责任制及相应的工作制度，落实专人负责，开展专项服务，提高服务质量。要把失业职工再就业和企业富余职工分流安置的实际效果作为衡量服务工作好坏的标准。同时，要解决好各个工作实体在人员、资金、设施等方面存在的问题，加强相互之间的配合和协作，使整个就业服务体系的发展建设与实施再就业工程的工作有机结合，相互促进。

在这里，还要特别强调一下组织特困企业职工开展生产自救的问题。对特困企业职工的生活，要千方百计、想方设法帮助解决，必要时，要搞一些临时性的救济。但绝不能把此作为根本出路，还要通过适当的政策扶持和指导，调动企业和职工的积极性，组织多种形式的生产自救，开辟新的生产门路，自已动手解决吃饭问题。要大力提倡和支持特困企业职工通过兴办三产项目，开办劳服企业，组织劳务协作，参与社会公益事业等多种形式开展生产自救。要鼓励特困企业职工自愿组织起来，从事集体、合作、合伙生产经营，自找出路，自谋职业。要鼓励和提倡现有各类劳服企业组织特困企业职工开展生产自救。劳服企业是在80年代初期为组织当时的待业青年开展生产自救创立起来的，十几年来一直承担着组织城镇失业人员和企业富余职工发展生产进行安置的任务，已形成兼有经济效益和社会效益双重功能的企业群体。目前，以第三产业为主体的劳服企业已近20万个，国家为支持其发展和扩大安置就业已形成一整套优惠扶持政策。在新的历史条件下，我们要充分利用劳服企业组织生产自救，广开就业门路，以劳动积累创造财富、创造就业岗位的经验和做法，利用现有劳服企业的场地、设备、项目和技术，通过扩展生产经营，兴办新的网点，实行劳服企业与特困企业生产自救项目嫁接，开展以工代赈等，为解决特困企业职工问题开创一条新路子。

再就业工程是一项社会系统工程，它的实施需要社会各方面的关心和支持。各级劳动部门要通过各种宣传媒介和手段，大力宣传国务院通知精神，宣传再就业工程的意义和作用，提高广大职工的关心和参与程度，并积极争取工会、妇联、共青团组织和社会各界的大力支持和帮助，共同做好失业职工再就业和企业富余职工分流安置工作。

在全国就业工作会议期间与劳动厅、局长座谈时的讲话要点

（1995 年 4 月 26 日）

李伯勇

当厅局长谈到实施“再就业工程”资金投入不足时，李部长讲：增加资金投入要两条腿走路。一方面，要向财政要钱。我们在制定“九五”计划时，要和财政部门协调，争取把资金投入列上。我们要在上边争取，你们在省里也要全力争取，从制定政策上予以保证。另一方面，各地劳动部门要解放思想，转变观念，探索多种渠道扩大资金来源。中国人口多，财政就那么多钱，全靠国家拨钱的日子已经一去不复返了，只想靠上边要钱，给了钱我才干，不给钱就不能干，这不行。要转变观念，各地要想办法找钱，或者制定开辟财源的政策。比如失业保险金，劳动者自己也要交点钱，以增加资金来源。众人拾柴火焰高。

当厅局长谈到一些县就业服务机构由于经费没有保证，面临被撤销的危险时，李部长讲：不论是要钱，还是要人，关键是宣传领导，争取领导，引起领导的重视，使他们了解就业和再就业问题。中国的事就是这样，只要领导觉得重要了，要什么就有什么。

“再就业工程”我们宣传半年多，目前，国务院领导高度重视，家华副总理多次强调“再就业工程”的重要意义，邦国副总理也很关心。现在有些省部级领导对就业工作不怎么重视，原因是我们反映得少。1978 年知青返城闹事，总书记都很重视，从中央开始抓。现在搞“再就业工程”，也要这样。我们是社会主义国家，不仅要管吃饭，还要让大家吃得好。要向领导宣传，还要向重要的综合部门宣传。就业问题是个永恒的课题。现在统计的失业率不一定准确，也不能完全反映就业状况，今后就业会越来越难。我国达到中等发达水平，城乡剩余劳动力可达 1.1～1.2 亿。如果发展速度慢，剩余劳动力会更多。所以，一定要把就业纳入社会经济发展计划之中，引起各级领导重视，作为重大的社会和经济问题去抓。

当厅局长谈到有些地方就业服务体系不稳固时，李部长讲：这个问题在一些地方确实存在。以职业介绍、就业训练、失业保险、劳服企业组成的四位一体的就业服务体系，是我国从实践中走出来的，是符合中国国情、解决就业问题的有效途径。解决就业问题，各国都有自己的办法，不能照搬照套，我们搞四个支柱，四个轮子，四位一体，走的是有中国特色的道路。这条路是对的，在中国是管用的。在机构改革中，要向有关领导说清楚，为什么要坚持四位一体，要说明白，说透了，争取能够搞通思想，按四位一体来干。对待这个问题有两种态度，一种是坚持四位一体，坚持正确的立场，把意见说清楚。另一种是不做工作，领导怎么说就怎么做，这恐怕不行。因为这件事不是个人问题，事关大局，要做工作。当然最后谁定的要由谁负责。

搞好就业和再就业，必须四个轮子一起转，把四个轮子拆开了，就业就成了独轮车，“再就

业工程”也没办法干了。失业保险必须和就业紧密结合，这是非常重要的思路。在中国，必须坚持这样干。劳服企业是在70年代末由群众创造出来的，现在搞平等竞争，政企分开，也不能认为劳服企业过时了。劳服企业大有发展前途。目前，完全依靠发展生产解决就业不行，还要有辅助措施，搞些生产自救。中国就业是长期的甚至是永恒的课题，因此我说劳服企业要喊“万岁”。目前就看怎么抓，要发展合作、合伙经营，发展三产，劳服企业不但要解决知青和新成长劳动力的就业问题，还要帮助企业解决富余职工和特困职工的问题。

解决中国就业问题到底走什么路？发展生产，速度太快不行，慢了不行。目前发展劳服企业是一条途径。这条路认准了就要坚持，还要积极去推动。不管理论家说这说那，我们的原则是只要解决就业、解决实际问题就行。

什么时候实现企业无主管部门，说不清楚，但就业要有好的组织形式，这就是发展劳服企业。国外都非常看重我们的劳服企业，认为是一个创造，劳服企业不能否，否了就要犯大错误。说一千道一万，如何发展生产，有效解决就业问题还得有些“实招”来扩大就业岗位。我们要完善就业服务，但光有好的服务不行，还要解决岗位问题。发展劳服企业，也要在挖掘就业岗位上下功夫。

当谈到产业主管部门如何发挥就业服务作用时，李部长讲：这是一个重要问题，要在政策框架中强调产业部门的作用。要两条腿走路，地方和产业部门要共同发挥作用。

李部长还讲到，部里要搞一个贯彻实施“再就业工程”的意见下发全国，强调一下加强工作机构，稳定队伍的问题；并与编委进一步协调。同时各地也要在机构改革中，自已想办法解决问题。指望一切事情都靠上边准备好了再去干的时代已经一去不复返了。

在全国就业工作会议闭幕式上的讲话

（1995年4月26日）

李伯勇

在全国就业工作会议即将结束之际，我对如何进一步做好就业工作提几点意见。

第一，就业工作是我国一项长期而又艰巨的任务，也是劳动部门第一号的任务。这项工作是光荣而又艰巨的。由于人们对就业工作的艰巨性了解得很少，所以我们搞这项工作的同志过去是默默无闻、无私奉献，今后还要继续发扬默默无闻、无私奉献的精神，通过所做的工作，为国家、为人民排忧解难。

第二，劳动部门要对各级领导、各部门和社会各界大力宣传劳动就业工作的重要性、艰巨性、长期性和复杂性。要争取领导的重视和帮助，要争取各部门和社会各方面的大力支持，只有这样，我们的工作才能开展，才能取得成效。就业工作绝不是劳动部门一家所能承担和完成的，但劳动部门需要积极主动地做工作。国家正在制定“九五”计划和2010年发展规划，各级政府也正在做这项工作，劳动部门一定要把就业工作纳入各地的计划和规划之中，能够争取有个硬的指标，这对我们开展就业工作大有好处。

第三，要把这次会议精神贯彻落实好。这次会议开的不错，但关键是落实。我希望大家能够在认真总结过去成功经验的基础上，在坚持走社会主义道路的前提下，解放思想，转变观念，进一步探索更适合解决本地就业问题的途径。比如说劳服企业，我认为劳服企业不但已经有了光荣的过去，而且还有更加辉煌的将来。有的人说劳服企业已经过时了，我认为不是这样，新时期的任务不一样，它照样能够发挥新的作用。另外，希望大家要坚持“不唯书，不唯上，只唯实”这句陈云同志的名言，这是我们做好工作的原则。北京、上海、广东、海南等地所以能取得好的经验，关键是坚持了这个原则，并结合实际情况，确定自己的工作方针，才取得了实效。我希望大家都能创造出更多、更好、更富有实效的经验解决好本地、本部门就业问题。当前就业工作的难度非常大，不管是在编制上、经费上都存在许多困难，工作中难度也很大。但我希望大家还是站得高一点。就业工作是涉及到国家的发展和社会稳定的一个大的战略问题，非常重要，我们一定要千方百计、想方设法把就业工作做好。

最后，希望同志们在就业工作中，取得好的成绩。

加大养老保险制度改革力度

(1995 年 4 月)

刘雅芝

目前，我国企业离退休人员共有 1900 多万人，其中离休人员 98 万人左右。做好企业离退休人员工作，切实保障他们的基本生活，不仅是一个重要的社会问题，而且是一个重要的政治问题。

随着国家经济体制的改革，我们在企业养老保险制度方面，进行了一系列的改革探索，取得了比较明显的成效。主要表现在以下五个方面：

一是实行了城镇企业养老保险费用社会统筹。到目前为止，全国共有 69 万户各类企业的 7 316 万在职职工和 1 701 万企业离退休人员参加了社会统筹，分别占应参加人员总数的 94.1%和 94%。

二是普遍实行城镇企业职工个人缴纳养老保险费制度。

三是进行了基本养老金计发办法的改革试点。

四是实行一体化基本养老保险改革。像海南省从省长、厅局长到厂长、职工，乃至个体工商户、临时工，都依法照章缴费，按照相同标准享受基本养老保险待遇。

五是自下而上建立起养老保险管理机构和服务网络，推进养老保险管理向制度化、社会化方向迈进。

经过十几年来企业养老保险制度的改革，较好地解决了企业离退休人员的待遇问题，在制度上已经有了基本保证。但是当前企业离退休人员在生活上仍然面临着许多困难，主要是一些经济效益不好的企业特别是特困企业发不出离退休费。据不完全统计，截止去年 9 月底，停发、少发离退休金的企业离退休人员已达 49 万人，他们的医疗费用也出现了困难。

解决这些问题的根本的出路在于发展经济，提高企业经济效益。当前，解决企业离退休人员的基本生活，主要措施有三项：

第一，深化企业养老保险制度的改革。

城镇企业养老保险制度改革要达到的目标是：到本世纪末，基本建立起适应社会主义市场经济体制要求，资金来源多渠道、养老保险多层次、权利义务相对应、管理服务社会化的企业养老保险体系；建立起适用于多种所有制和多种经济成分中各类劳动者的统一制度、统一标准、基金统一调剂使用、统一管理的基本养老保险制度。

建立多层次的养老保险体系。多层次的养老保险体系主要包括基本养老保险、补充养老保险和个人储蓄性养老保险。基本养老保险制度由国家法律、法规规定，强制施行。有条件的企业建立补充养老保险制度。如果劳动者个人仍有经济承受能力，可参加个人储蓄性养老保险来满足更高层次的需求。

逐步提高职工个人缴费比例。1991 年起步时，个人缴费为本人工资收入的 2%。现在职工工资水平总体上有了较大提高，职工心理承受能力和自我保障意识也增强了，因此可适当提高个人缴费的比例。

改革基本养老金计发办法。基本养老金计发办法改革，有两种可供选择的方案。一种是根据记入个人账户储存额（包括本金和利息）来计发的方案，另一种是社会性养老金、缴费性养老金和个人账户相结合的方案。这两个方案经过试点后，逐步统一并纳入法制化轨道。

建立基本养老金的正常调整机制。基本养老金按照本地区职工工资增长的一定比例，每年调整一次。具体比例由当地政府确定。

加强养老保险基金的收缴和管理。

第二，必须加快立法，形成有效的法律监督和约束机制。今年起正式实施《劳动法》。实施《劳动法》还必须有一系列配套法规，当前最紧迫的是要制定《社会保险法》。我们已经在深入调查研究、广泛征求各方面意见的基础上，提出了《社会保险法》草案，经过进一步的论证、修改，再报国务院和全国人大审议，争取今年出台。

第三，重点解决好困难企业离退休人员的基本生活。

一是要认真落实国务院《关于做好国有企业职工和离退休人员基本生活保障工作的通知》精神，确保离退休人员按时领到离退休费。对严重亏损、确实无力支付离退休费的企业，企业主管部门要根据《通知》的精神，和劳动、财政、银行、工会等有关部门共同研究解决办法。

二是要认真贯彻国务院《关于在若干城市试行国有企业破产有关问题的通知》精神。破产企业离退休人员的离退休费和医疗费由当地社会保险机构负责管理。已经参加养老保险统筹的，其离退休人中的离退休费和医疗费从养老保险基金中支付。没有参加社会统筹的，或者社会统筹养老保险基金不足的，从企业土地使用权出让所得中支付；处置土地使用权所得不足以支付的，不足部分从处置其他破产财产所得中拨付。

在全国社会保险工作会议上关于《认清形势，抓住机遇，开创社会保险制度改革和事业发展的新局面》的报告中有关养老保险社会统筹与个人账户相结合的部分（摘要）

（1995年4月）

王建伦

养老保险实行社会统筹与个人账户相结合，是十四届三中全会决定确定的一项重要原则。在一年多的时间里，有关方面就如何正确理解和贯彻落实这样一个原则，进行了深入的讨论。在逐步统一认识的基础上，国务院确定了基本养老保险实行社会统筹与个人账户相结合的方案，并就此提出了基本原则一致、操作形式有所区别的两种具体实施办法，供各地区进行选择。

对于基本养老保险实行社会统筹与个人账户相结合的理解和遵循，应当重视三个问题：

1. 基本养老保险实行社会统筹与个人账户相结合的原则和方法，是具有中国特色的首创。

大家都知道，社会保险制度自19世纪80年代产生以来，已经有了100多年的历史。其中老年保障制度几经变化，逐步形成了统一筹集资金、实行社会互助、代际互济、注重公平的模式。现在全世界155个国家和地区实行老年保障制度，绝大部分采用这种社会保险方式。另外，二次大战以后，也有一些新独立国家实行了国家强制个人储蓄积累的公积金模式，这种模式更强调个人的自我保障和养老金水平与缴费多少的紧密联系。近年来，一些国家由于社会保障水平过高，资金负担过重，造成了经济运行活力下降。这一现象，引起了国际范围内对老年保障制度基本模式的大讨论，讨论的焦点，就是公平和效率的关系、社会保障中个人责任与政府责任的关系问题。

从我国的实际情况看，与养老保险模式相关的有三个不容回避的现实：一是我国人口多、底子薄的基本国情不允许我们把社会保障水平搞得很高，更不可能全由国家、政府包下来；二是我国目前正处于经济高速发展的阶段，就整个社会经济运行而言，应当把追求效率放在优先地位，但为了防止两极分化，又必须注重社会公平，在社会政策领域更是如此；三是我国已经有了40多年的养老保险的历史，有了近3 000万享受养老保险的离退休人员和1亿多或迟或早将要享受养老保险的在职职工，任何对新的养老保险制度的设计，都不能不考虑这样一种历史和现实状况。

正是基于对我国基本国情特点的深刻认识，借鉴国际上社会保险发展的经验和教训，中央提出把社会统筹的长处与个人账户的优势结合起来，创造一种具有中国特色的养老保险制度。社会统筹与个人账户相结合的实质就是把公平与效率结合起来，把社会互济与自我保障结合起来，把保障基本生活与鼓励勤奋劳动结合起来。这种结合，不能简单地理解为社会统筹再加上个人账户，二者应当是相互渗透、相互补充的有机整体。社会保障作为收入的再分配，具有缩小工资分配差别、追求公平的功能；社会互济是由自然经济社会进入工业化社会、家庭的保障功能大大削弱后的必然产物；统一筹集和调剂社会保险基金是在大范围内分散风险的需要。这些社会保险的基本原理与我国的社会发展目标是相吻合的，因此，需要社会统筹的方法。但同时，为了加快经济发展，提高效率，也必须在养老保险待遇中更多地体现劳动差别，必须引入激励的机制，而个人账户就是一种较好的体现方式。它以记账的形式，比较直观地反映了工资水平的高低和劳动贡献的大小，因而对劳动效率的刺激更加直接。现在，也有一些国家在养老保险制度中试图体现在基本保障基础上的个人差异，但明确提出社会统筹与个人账户相结合的，我国确实是第一家。对这样一个与世界各国现成模式都明显不同的制度创新，难免有些同志一时想不清楚，认识不一致，在实践中把握不好，这是可以理解的。只要我们一如既往地按照中央确定的方针、原则去探索、去实践，就一定能够走出一条符合我国实际的养老保险的新路来。

2. 实行养老保险社会统筹与个人账户相结合，要从各地实际出发确定实施办法。

国务院的《通知》中提出了社会统筹与个人账户相结合的两种具体实施办法。这两种办法遵循的原则都是一致的，区别只在于一个账户大一点，一个账户小一点；一个公平的因素体现在记账过程中，一个公平因素体现在给付过程中；一个与利率联系紧密些，一个与工资联系紧密些。这些都属于操作方法和技术上的差异。经过一段时间的实践，很有可能相互取长补短，融合为一种办法；也有可能由于我国地域广阔、社会经济发展不平衡，形成基本原则一致、具体方法有所区别的一套方案。

国务院把实施办法的选择权交给各省、自治区、直辖市，现在各地都在认真研究，积极准备。各地劳动部门和社会保险机构有长期从事这项工作的实际经验和切身体会，要为政府的决策当好参谋。面对这重大的责任，应当力求避免两种不正确的倾向。一是防止“门户之风”。许多同志都知道，在方案讨论、形成的过程中，各方面由于所处位置不同，看问题的角度不同，意见不尽一致。有些部门和地区可能更倾向于这种办法，有些部门和地区可能更倾向于那种办法。这是正常的现象。现在国务院已经作出了决定，会也开了，文件也发了，两种办法都是国务院的方案，都是中央认定的，没有谁高谁低、谁主谁次的问题。因此，不能再分这是哪个部门或地区的方案，那是哪个部门或地区的方案，而应当都作为国务院的方案，踏踏实实地去学习、选择。二是要避免“邯郸学步”的倾向，看到别的地区实行某种办法有成效，就盲目地照搬过来；或者看到国务院文件中规定了这样那样的比例、数据，就原封不动地套在自己的实施方案上。这种办法，十有八九行不通。因为其他地区的办法，是依据他那个地区的实际情况，经过大量测算论证、分析比较、模拟运转得出的结论；国务院文件中提出的一些数据、比例，也是总结了一些先行地区的经验归纳出来的。这些是不是适合你那个地区的实际情况，需要你自己也依据本地的实际，照样进行一番测算论证、比较分析、模拟运转。在这个问题上，希望各地别怕下“笨功夫”，要立足本地实际，扎扎实实地做好前期准备工作。

3. 办法之一、之二都为各地进一步地探索、创造留出了充分余地。

在国务院去年年底召开的会议上，几位领导同志都强调，两种实施办法由各地自行选择；也可以以一种办法为主，吸收另一种办法的优点；还可以在两种办法的基础上补充、调整、完善。这一精神也体现在国务院的《通知》中,两种实施办法在政策上都为各地进一步探索、创新留出了充分余地。

从办法之一看,对记入个人账户的比例规定为“16%左右”,对账户结构中公平因素也规定为“5%左右”,说明这都不是绝对的标准,完全可以依据各地实际具体确定。另外,对“养老基金保值率”也作了弹性规定,可以从不同地区、不同阶段的实际出发具体掌握。

从办法之二看,实际上是为各地提供了两种实施方式,一种是过渡方式,另一种是目标方式。目标方式就是:在记入个人账户时,总的比例可以掌握在个人工资的10%左右,其中8%为个人缴费,2%为企业缴费划入。在给付待遇时分为两部分,一部分按平均工资的25%左右计发,另一部分按个人账户储存额计发。过渡方式是:在记账时,个人缴费的全部或者一部分和企业缴费的一少部分记入个人账户。在给付时分为三部分,一部分按平均工资的25%左右计发,第二部分是缴费每满一年按缴费工资的一个百分点左右计发,第三部分是按个人账户储存额计发。但随着个人缴费比例的提高和个人账户的增大,相应逐渐减少缴费性养老金的计发比例。当记入个人账户的比例最终达到10%左右时,个人账户养老金完全取代了缴费性养老金,三部分给付结构转换为两部分给付结构,过渡方式也就与目标方式合二为一了。

办法之二的目标方式与过渡方式相比,结构简单,容易使人了解,也便于操作。那么为什么还要设计过渡方式呢?这主要是考虑到,目前全国已有1 200多个市县进行了基本养老金计发办法改革,有的地区已经搞了几年,马上进行大的调整将引起不必要的误会和波动。因此需要一个平滑过渡的办法。另外,由于各地经济发展水平、资金负担能力、群众理解程度等差异,有的地区目前实行“大账户”有较多困难,个人账户由小到大地逐步形成可能比较稳妥。当然,对于那些各方面条件具备的地区,可以不经过由三部分结构向两部分结构、由过渡方式向目标方式逐步转换的过程,直接按照目标方式组织实施。

以上这些情况说明,基本养老保险实行社会统筹与个人账户相结合,对于各级社会保险机构都是一个新事物,遇到的问题、难点不少。但是只要我们立足实践,认真研究,勤于思考,办法和途径也是很多的。

关于办法之一的一些政策技术要点和办法之二的两种实施方式,我们在会上印发了两个资料,供大家研究参考。

抓紧抓好社会统筹与个人账户相结合的改革试点工作,这是当前深化养老保险制度改革的核心内容,国务院领导同志已经有了一系列重要指示,既明确又具体,我在这里再强调三点:第一,要经常地、及时地向党委、政府汇报情况,争取党政领导的关心、支持和指导。第二,要抓进度、抓落实。我们希望大部分地区能在上半年基本完成各项准备工作。现在还有两个多月时间,要边抓测算分析,边抓宣传发动,边抓干部培训。第三季度要出台实施方案,至少要在部分地市实际操作。当然,在运行中还要不断地调整完善。第三,要扎扎实实做好各项基础工作。这项改革,不论采用哪种办法,从技术角度讲,都比104号文件规定的办法复杂得多,要求把缴费记录、账户逐一落实到每个人每个月。因此,必须花大力气、下苦功夫,严密设计各种账、表、卡、册,建好养老保险档案、台账,并且尽快地建立起计算机管理的网络。只有把每个技术环节都落实了,才能保证改革方案的基本原则得到充分体现。劳动部已经专门组成了试点工作指导小组,将不断地与各地区、各部门交流情况,共同研究解决问题,推进这项改革。第四季度,我们将召开试点工作交流汇报会,总结初步经验,找出存在问题,研究完善措施,部署下一步工作。

在全国劳动用人制度改革工作会议上的讲话

（1995年5月26日）

朱家甄

同志们：

我们的会议开了三天，开得很好。这次会议交流了各地用人制度改革的经验，研究了实行劳动合同制度中遇到的问题，提出了一些对策、办法，会议达到了预期目的。从会上反映的问题来看，我们实行劳动合同制度的工作仍然十分艰巨，需要大家做进一步的努力才能完成今年的目标。下面结合大家讨论的情况我想讲三个问题供同志们参考。

一、要继续解决思想认识问题，把用人制度改革的工作落实好

根据中央经济工作会议的精神，去年年底召开的全国劳动工作会议明确提出，今年劳动工作的指导思想是："以实施《劳动法》为统领，切实把握好改革、发展、稳定的关系，加快建立新型劳动制度的进程，促进国民经济的持续、快速、健康发展"。所以，今年把实施《劳动法》作为一项非常重要的工作，而实行劳动合同制度，是改革用人制度的根本问题，也是《劳动法》的基本条款。我们认为，实行劳动合同制是贯彻《劳动法》的一个"牛鼻子"，是贯彻《劳动法》第一序列的任务。因此部里多次强调要予以高度重视，地方各级劳动部门对这项工作也抓得很紧。据统计，到目前为止，已有29个省、自治区、直辖市发布了本地实行劳动合同制度的实施方案或规定，西藏也向自治区政府报送了意见。绝大多数地方和部门都提出了实行劳动合同制度的总目标。从我们掌握的情况来看，如果各地、各部门的目标都能实现，今年全国80%职工签订劳动合同的总目标应该能够完成。也就是说，各地、各部门对这项工作是重视的，实行劳动合同制度的情况也是很好的。但是，对这项工作还不能掉以轻心，从当前的实际工作来看，存在的问题大致可以分为三类：

一是思想问题较多，主要是一些企业领导和职工没有把劳动合同制度作为劳动用人制度的一项重大改革，还没有把劳动合同制度看成是执法严肃性的问题，还有一些企业和职工根据自己的需要采取无所谓和不负责任的态度，找了一大堆理由不签订劳动合同，思想认识问题和实际问题交织在一起。有的提出亏损企业不能签，有的讲富余人员无法签，企业和劳动者有一方不同意也不能签，还有的干脆提出来签订劳动合同是流于形式。如果都不签，我们的任务就无法完成，《劳动法》也很难执行。这里有实际问题，但大部分还是思想认识问题，必须加以解决。

二是实际工作进展不快。去年就已达到40%以上，今年一季度末只达到50%多一点，进展并不快。当然，我们做工作不希望一刀切、一哄而起，更不愿意流于形式走过场，但是我们确实认为实行劳动合同制度是用人制度的重大改革，是贯彻劳动法的必要突破，在企业劳动用人制度转换中掉以轻心、等待观望是不能允许的。

三是在实行劳动合同制度过程中确有许多具体问题，对有些问题我们要带回去与有关部门共同研究，拿出正式意见交给大家。如乡镇企业如何实行劳动合同制度问题，过去我们对乡镇企业研究得不够，乡镇企业的季节工以及工时制，怎么签合同？还有离退休人员第二次就业问题，原来的劳动关系还在，又要建立一个新的劳动关系，怎么办？我们要很好地加以研究，搞一个规范化的说法，以利于扎扎实实地推进劳动合同制度。

为了把劳动合同制度更推进一步，完成全国劳动工作会议提出的目标，我想提几点要求：

（一）当前要突出重点，妥善做好固定工签订劳动合同的工作。自国务院〔1986〕77号文件发布以后，新参加工作的职工绝大部分都签订了劳动合同，关键是原来的固定工转制的问题，只要我们搞好国有企业原固定工的转制工作，劳动合同制度的进程就能加快。当然这一问题有不少困难，首先，固定职工长期受计划经济体制的影响，对实行劳动合同制度思想准备不足，相当一部分人认为改不改都一样；其次，少数特殊群体有抵触情绪，如老职工、女职工、伤残职工，担心实行劳动合同制度后影响他们的前途和生活。因此，做好固定工的转制工作，首先要做好思想政治工作，要注意施行正确的方针政策，认真落实劳动法规中关于保护广大职工利益的规定，注意保护老职工、女职工和病残弱职工的利益，对这类职工签订劳动合同时，要注意平稳过渡，讲清道理。

（二）要抓住难点做好工作，保证劳动合同制度的顺利实施。当前的难点主要是：①困难企业如何实行合同制？总的原则是按国家现有政策首先做好稳定工作。凡是困难企业国家总是有政策的，关键是要落实好。如生产正常的企业，开支有困难主要是相互拖欠造成的。对这类企业要按国家政策实行工资预留账户保证职工工资，这类企业必须签订劳动合同。第二类是亏损企业，包括政策性亏损和经营性亏损，前者国家给补贴，没有问题；后者起码要开最低工资，为此而影响扭亏指标的，要和财政部门商量，这类企业也要签订劳动合同。第三类是停产半停产企业，要给职工发生活费。如果有困难，可以采取银行贷款、部门筹款、地方财政贴息的办法。破产企业要把职工安置放在第一位，先解决职工的工资和养老金问题，破产后各级保险部门要保证破产职工和辞退职工享受失业保险和社会救济。我们是社会主义国家，最关心人民的疾苦，每一步都有政策，大家回去后要和有关部门密切配合，共同做好这项工作。②富余职工的问题。总的方针是要慎重。当前要帮助他们寻找新的就业门路，开展生产自救。一方面企业要提高劳动生产率，另一方面富余人员要开展生产自救。对分流到社会的规模和速度要进行控制。我们还想，分流人员之后，是不是同时分流工资总额。这个问题各地执行情况不一样，在一定程度上可以防止分流人员一哄而起。所以，对富余人员，凡是没有分流出去的，仍然要签订劳动合同，当然具体条件可以灵活。至于脱离企业找到生产门路的人，也要签订劳动合同。只有实行经济性裁员到社会上的人员，可以不签订劳动合同。今年的任务很艰巨，希望大家高度重视，各省要完成自己的指标，工作要落实，尤其要搞好中央部门和地方的配合，在劳动合同制度这个问题上，地方要全口径安排，一体化管理。把中央企业实行劳动合同制度纳入地方规划，要和中央部门一起抓，共同推动。中央企业实行劳动合同制度，是中央和地方的双重责任，希望大家劲往一处使，实现我们的目标。

（三）在大力推进劳动合同制度的同时，认真抓好履行劳动合同的工作，绝不能流于形式。各地要抓紧设立和加强劳动合同管理机构，指导用人单位和劳动者双方共同认真履行劳动合同，依法强化劳动关系调整工作。首先，要加强劳动争议处理工作。去年劳动争议案件达

19 000多件，反映出劳动合同质量不是很高。要加强和充实劳动争议仲裁的力量，提高受案率和结案率，切实为劳动合同良好运行提供保障。其次，要加强劳动合同监督检查。各级劳动监察机构要把劳动合同的依法订立和履行工作作为劳动监察的一项重要内容，督促用人单位认真履行劳动合同，检查劳动合同是否依法签订，是否得到了履行，纠正违反规定和不履行劳动合同的行为。

二、关于劳动合同和集体合同的关系问题

大家知道，市场经济国家处理劳动关系问题都是劳动者和用人单位双方通过集体协商或者叫集体谈判来解决的，因此很多企业和部门都选用了签订集体合同的方式。我国今后也会走这条道路，这是毫无疑问的。但是劳动关系的确立又不能不考虑我国的国情。目前国有企业正在进行现代企业制度改革试点，现代企业制度试点就是要解决政企不分、加强企业管理、实现社会保障三大问题。由于我国政企不分的问题目前还没有解决，因此企业还带有浓厚的政府附属物的色彩，对国有企业来说，要进行集体协商，就会带来这样一个问题，一方面有着强大的工会，从上到下组织系统很健全，另一方面还找不到代表企业利益的雇主或雇主组织，搞不好雇主还是代表政府的。因此集体协商就会形成工人和政府的谈判，这是违背集体合同与集体谈判原来的宗旨的，弄不好还会形成工人和政府的对立，这种局面是我们不愿意见到的，所以在国有企业实行集体协商签订集体合同的条件还不够成熟。我们与全总协商一致，取得共识，认为集体协商与集体合同目前只能在私营企业和外资企业中，即劳资关系十分明确的企业中实行，在国有企业中只能在实行了现代企业制度试点的企业中试点，将来随着现代企业制度试点中政企分离问题的解决，就能为国有企业签订集体合同积累一点经验。也正由于此，在《劳动法》中把集体合同列成了选择性条款，而劳动合同是基本条款，因此当前国有企业还要以劳动者与企业签订的个人劳动合同为主，而不能以签订集体合同为主，更不能采取按比例摊任务的办法强行推行，这一点必须从思想上搞明确。

现在有的企业想用原来工会与企业签订的双保合同来代替集体合同。对这个问题不能一概而论，要看原来的双保合同是否符合《劳动法》规定的集体合同的要求，如果符合，当然可以转过来；如果不符合，要按《劳动法》和有关规定加以完善、补充、修改。各级劳动部门一定要把好集体合同的审核关，保证集体合同的顺利实施。同时，劳动部门作为政府的代表，一定要注意公平地帮助雇主组织和工会组织双方，提高他们的水平，帮助他们积累必要的资料，使他们逐步具有参加集体协商签订集体合同的素质和条件，这也不是一件简单的事。现在相对工会来讲，另一方不是太强而是太弱。当然，双方离进行集体协商签订集体合同的素质要求，都还有一定的距离，这就要求我们逐步提高素质，创造条件。

这次会上大家还讨论了劳动合同法和集体合同法草案，提出了很多很好的意见。今年人大立法计划把我部提出的社会保险法和劳动合同法列入了议程，我们要借此东风，争取劳动合同法尽快出台。关于劳动合同法与集体合同法的关系，我们与全总进行了协调，原则上同意分立两个法，不管如何设计，都要加快进度，使劳动合同制度规范化、法制化。

三、发挥有关部门的作用，注意配套改革，共同推进劳动合同制度

实行劳动合同制度，要与其他工作配合好。首先是与建立现代企业制度试点工作配套衔接。现代企业制度试点企业与面上的工作有些不同，他们起码具有以下几个特点：①实行现代企业制度试点的企业必须实行劳动合同制度。②都必须参加社会保险。③都要尽快解决政企不分的问题，实行集体协商签订集体合同，提高企业自主处理劳动关系的能力。④有用人自主权和出人的自主权，富余人员经批准可以进入社会。⑤政企分开后，企业工资总量形成自己的决定和约束机制。因此，劳动合同制度首先要抓现代企业制度试点的企业，然后要研究如何政企分开，谁代表雇主，解决了以后，就可以大力推进集体合同。

其次，要与社会保险改革相结合。要结合职工养老保险、失业保险、工伤保险、生育保险和医疗保险制度的改革，有效地推动劳动合同制度的建立，解除职工的后顾之忧。关于77号文件规定的15%补贴和解除劳动合同后工作一年给一个月的补偿问题，要结合是否享受保险来考虑。

第三，要发挥有关部门的作用。在新旧体制转换过程中，涉及的问题很多，需要各级领导和各方面的支持。各级劳动部门要主动向当地党组织和政府领导通报情况，取得当地政府的支持；并注意与经贸委、财政、金融等系统配合好，解决困难企业问题，同时，和工会、妇联、共青团等社会团体配合好，解决职工生活困难和宣传教育等方面的问题。工会在宣传贯彻《劳动法》，推行集体合同制度等方面都起着重要作用，我们要注意与工会的配合。还要继续依靠广大职工，发挥他们的监督作用。总之，大家要相互配合，共同建立新型的劳动用人制度。会上有些地方介绍了由政府各部门和妇联、工会组成的劳动制度改革领导小组，负责协调指导推行劳动合同制度，有的地方还专门设立了办事机构，这个做法是不错的，劳动用人制度改革靠我们一家做不好，必须学会和有关部门一起配合，共同工作，这一点非常重要。

第四，关于加强宣传问题。最近我们觉得劳动合同制度方面的宣传少了一点，希望各级劳动部门要与宣传部门密切配合，宣传实行劳动合同制度的重大意义和现实作用，宣传今年的目标，宣传各种难点、重点问题在实践中是如何解决的，总之要形成一种声势，造成一种舆论氛围。

同志们，我们的会议就要结束了。希望大家回去以后，抓紧传达贯彻，重在落实。等到我们全部实行劳动合同制度以后，我们再来总结现阶段的工作就会发现，今天的工作具有深远的意义，因为通过我们劳动战线同志的努力，建立起了社会主义市场经济新型的劳动用人制度，这是一个意义非常重大的事情。我们的工作是光荣而艰巨的，希望大家共同努力，把这项工作完成好。

在国有大中型企业富余人员分流和“企业办社会”转制问题研讨会上的讲话摘要

（1995年5月）

林用三

由于多种原因，特别是过去计划经济下僵化的劳动用人制度，形成了国有企业普遍存在着大量的富余职工问题。据统计，到1994年末，国有企业已从原岗位上分离出来的富余职工约

1 200 万，占国有企业职工总数的 12%左右。如果按照科学的劳动定额定员组织生产，国有企业中富余职工一般占 1/3，有些企业甚至可达到 1/2 以上。国有企业存在众多富余职工，不仅直接制约着企业经营机制转换，难以平等参与市场竞争，还造成劳动力资源的巨大浪费，成为企业提高经济效益的障碍，并影响着职工队伍的稳定，甚至于要影响到社会的稳定。

解决国有企业富余职工的问题，是一项相当复杂的社会系统工程。分流安置富余职工直接关系到职工个人的切身利益和千家万户的生活安定，也关系到企业深化改革能否顺利进行。因此，必须按照中央经济工作会议和八届人大三次会议精神，处理好改革、发展、稳定三者之间的关系，通过发挥政府、企业、职工个人三方面的积极性，实行企业分流安置、鼓励个人自谋职业和社会安置相结合，多渠道合理分流安置好国有企业富余职工。

几年来，各地区、各行业及企业在分流安置富余职工方面进行了积极的探索，创造出许多好的经验，主要有以下几种：

1. 发展多种经营，将产业结构调整、所有制结构调整和人员结构调整相结合，拓宽分流渠道。按照《国有企业富余职工安置规定》(国发〔1993〕111 号)，采取拓展多种经营，组织劳务活动，发展第三产业，综合利用资源等措施，是生产性分流富余职工的重要途径。

2. 开展转业培训，提高富余职工的技术素质，增强其竞争上岗的能力。

富余职工中技术文化素质低者较多，这部分人分流安置难度很大，一旦失业，亦难以参与竞争。因此，对这部分人提供有针对性的培训是非常必要的。例如，北京市一轻总公司在进行综合配套改革时，成立了京轻劳务开发公司，根据社会需求和富余职工自身特点，为原火柴厂 450 多名下岗富余职工开设了 14 个专业培训班，使之掌握一门以上技能。最近，一轻总公司又推出了万人培训计划，结合一轻产业结构调整，优化资本结构，盘活国有资产的改革，全面提高本系统职工的技术素质，使之适应多变的市场竞争的需要。

3. 结合减轻企业办社会负担，进行主辅分离，精干主业队伍，提高辅业自我生存能力，将企业冗员变为新的生产力。

许多国有大中型企业将原有的社会职能部门或辅助部门与主体分开，使之直接参与市场竞争，面向社会服务，取得了较好的效果。例如，武汉钢铁公司成立了 12 个独立的公司，主体人员从 12 万减少了 7 万，效果非常明显。

4. 发挥行业主管部门的统筹、规划、协调作用，有计划分批分期解决国有企业富余职工的分流问题。我国富余职工问题有明显的行业特点，煤炭、纺织、冶金、石油、军工等行业，由于不同的原因，富余职工问题相对比较严重。近几年，由于这些行业主管部门将产业结构调整和富余职工分流列上了议事日程，分流工作取得了很大成绩。今年我们在对煤炭、纺织、石化、石油天然气、冶金等行业的调查中了解到，近 2、3 年，这些行业通过发展第三产业等方法，分流了近两百万职工，煤炭部 1992 年提出了“减人提效”100 万的任务，到 1994 年底已分流 40 余万，效果非常明显。

5. 开展余缺调剂，充分利用劳动力资源。由于我国劳动力市场信息系统尚不健全，岗位空缺信息渠道不畅，加之一些国有企业职工就业观念比较陈旧，缺乏主动性，造成一部分富余职工滞留在企业中，流动不起来。针对这种情况，不少地方的劳动行政部门与行业主管部门积极配合，牵线搭桥，采取借调、劳务输出，使一些富余职工找到了新的合适岗位。例如，上海纺织局与劳动等部门配合，为下岗女职工分流做了大量工作。他们组织的航空公司招“空嫂”活动，取得了很好的示范效应。

6. 对原企业确实没有安置能力的，充分利用社会帮助安置的渠道。例如我国市场经济较为发达的广东省，其煤炭系统由于矿井老化等原因，生产难以为继。1992 年至 1993 年广东省劳动厅与省经委、人事厅研究制定了跨地区分流、消化煤炭富余职工的办法和计划，在省人民政府的大力支持下，两年共组织 3 750 多名煤炭职工异地调配安置。除此之外，各地在鼓励职工自谋职业和对失业人员实施再就业工程方面，也取得了不少好的经验。

我国正处在由计划经济向社会主义市场经济过渡时期，旧体制没有完全打破，新体制尚未形成，一部分企业进入了市场，一部分企业还没有完全进入市场，这种错综复杂的情况在我国企业表现得特别突出，使得国有企业富余职工的分流安置工作充满了矛盾与难题。其主要问题归纳起来有以下几点：

1. 社会保障制度不健全，由社会安置的路子还不宽，能够经过失业——再就业的国有企业富余职工人数还不多。从全国情况看，1994 年领取失业救济金人数与富余职工之比也不到 20%，至少有 80%目前仍需要由企业想办法分流安置。

2. 国家已有的一些安置富余职工政策难以落实。目前分流安置富余职工工作存在着很多新问题。例如，不少省反映，税制改革后，国家扶持发展多种经营的一些减免税政策无法继续执行，使分流安置富余职工的一个重要渠道遇到了困难。许多地方和企业强烈要求应继续执行有关优惠政策。

3. 在国有企业深化改革的新形势下，缺乏行之有效的新政策。今年是国有企业改革关键性的一年，国有企业改革出现了许多新的形式，如实行现代企业制度、股份合作制试点，对部分国有企业实行拍卖、租赁、兼并、破产等，这些都需要结合各自不同的情况制定既有区别、又有联系的职工分流配套政策，才能在保证职工队伍稳定的条件下，推进改革。

4. 部分国有企业富余职工的就业观念仍然比较陈旧，不能适应市场经济发展的需要，不能发挥自主择业的主动性，等、靠、要思想严重，竞争意识薄弱。有的不能面对现实，介绍了新岗位，也不愿意去，许多地方在给下岗纺织女工牵线搭桥，提供岗位信息时就遇到了这样的问题。

5. 资金投入不足。企业为安置富余职工发展多种经营项目或兴办第三产业缺少资金来源，国家基本没有固定的投入，使富余职工分流工作困难重重，不得不多方设法解决资金困难问题。

解决国有企业富余职工的问题是一个系统工程，因此，必须调动各方力量，有组织有计划地开展进行；同时，这又是一个向市场经济过渡时遇到的新问题，应该在邓小平同志建设有中国特色社会主义理论指导下大胆探索，大胆实践。

1. 按照深化改革的总体要求，加强对国有企业分流富余职工的宏观指导。

分流企业富余职工是一项涉及面广、政策性强的改革措施，有许多难点问题不是单方面能解决的。因此，要依靠各地政府加强对国有企业富余职工分流的政策指导和综合协调，根据当地实际情况，制定分流安置富余职工的总体规划，采取有效的措施，积极为企业解决富余职工问题创造良好的外部条件。

2. 结合产业结构调整，积极引导企业富余职工向新的产业转移。

在适应市场经济运行的产业结构调整过程中，各行业主管部门制定整个行业改革和发展规划时，要把通过安置富余职工、以促进劳动生产率的提高作为一项重要内容加以考虑，不要等到企业富余职工面临失业时再考虑分流。要鼓励和支持一批具有创业精神的企业业务骨干，带领富余职工创办新兴的经济实体，寻求新的就业岗位；并通过开发一批具有竞争力和市场潜力的劳动密集型生产项目，引导富余职工转入新的行业，防止分流安置的富余职工出现回流现象。

3. 配合企业优化资本结构试点工作，通过盘活企业存量资产，推动富余职工分流。

一些实行优化资本结构试点城市的企业，通过开展企业兼并和破产实践，实现了生产要素的优化组合。各地要再确定一批国有大中型优势企业和企业集团，通过资产纽带的连结，带动更多的企业实现产业结构和企业组织结构调整，使部分劣势企业的存量资产得以盘活，从而带动富余职工分流。

4. 通过实施“再就业工程”，综合运用政策扶持和各种就业服务手段，鼓励富余职工转岗或转业，形成合理的社会分流安置。

劳动行政部门在大力组织失业职工参加“再就业工程”的同时，要加强与企业主管部门积极配合，做好富余职工的社会安置和调节指导工作；要充分运用职业介绍、转岗和转业训练、组织生产自救、劳服企业安排等服务手段，帮助富余职工从原有的生产系统转移出来，实现合理分流。

5. 加快政府职能转变的步伐，通过分离企业办社会职能，带动富余职工分流。

政府部门应该通过转变职能，为减轻企业办社会的负担，使企业进入市场参与平等竞争创造必要的条件。并且根据实际情况，把企业的辅助性机构和服务单位分离出来，使其实行独立核算，减少补贴，逐步走向社会。

6. 认真贯彻国家有关富余职工安置的配套政策，妥善处理富余职工分流问题。

各地政府和有关部门要认真贯彻国务院《国有企业富余职工安置规定》(国发〔1993〕111号)，对企业为安置富余职工而兴办的从事第三产业的独立核算企业，享受财政部和国家税务总局联合下发的财税字〔1994〕001号文件规定的减免税政策。

7. 加强劳动力资源的宏观调控，开展国有企业之间富余职工的调剂使用工作。

各行业主管部门和企业都要采取有效措施，强化企业内部管理，限制招用企业生产经营不需要的人员，防止盲目进人产生新的富余职工。企业要按照国家规定使用农民工，动员富余职工去从事那些力所能及的工作。同时，各级劳动部门和企业主管部门要采取多种形式帮助拥有大量富余职工的单位与需要用人的单位直接洽谈，以输出劳务形式进行合作。

8. 发挥劳动力市场作用，鼓励富余职工自谋职业。

各地在加快劳动力市场建立过程中，要大力支持富余职工组织起来转业和自谋职业。政府有关部门应对所需资金、场地、设施、能源、工商登记、税收等方面做好协调规划，统筹安排，并按有关规定为分流过程中的企业富余人员做好各项服务工作。此外，要引导富余职工转变就业观念。劳动就业可以有多方面的选择，不要只认国有企业一家；要鼓励集体、个体、私营经济组织吸纳国有企业富余职工，促进富余职工多种门路从业。

9. 大力促进劳动力市场的发展，建立和完善新的劳动用人机制。

各地劳动部门要按照《劳动法》的规定，积极推进劳动合同制度，建立起用人单位和劳动者双方双向选择、能进能出的新型劳动制度，推动企业和职工建立、履行、解除、终止劳动关系逐步进入法制化轨道，使企业可以根据生产需要，实行科学的劳动定额定员标准，依法解决富余职工问题。

10. 配合企业改组，认真做好破产企业失业人员的分流安置工作。

对于破产企业的职工更应给予关注，除按规定解决好他们的生活问题外，要多方设法加快分流安置工作。企业在提出破产申请前，应主动向当地劳动部门通报企业职工情况，争取各种分流安置和就业服务手段的提前介入。

11. 加快建立和完善社会保障体系，为企业富余职工走向社会自谋职业创造条件。

各地政府和有关部门要大力推进社会保障制度的建立和完善，社会各类保险机构要按照国家有关法律规定，切实做好保险基金的筹集、管理和使用，切实保障富余职工的基本生活，并为富余职工分流安置提供全方位的有效服务。

以坚定不移的态度　积极稳妥的步骤
做好《劳动法》的贯彻实施工作

——在全国贯彻实施《劳动法》工作会议上的讲话

(1995年7月4日)

李伯勇

同志们：

这次全国贯彻实施《劳动法》工作会议，是在《劳动法》颁布一周年、正式实施半年的时机召开的。在这样一个时机召开这样一次全国性的工作会议，主要目的是为了总结半年来《劳动法》贯彻实施工作的进展情况，深入分析当前所面临的形势和遇到的问题，研究和部署下半年贯彻实施《劳动法》的各项工作。

讲三个方面的问题，供同志们讨论。

一、《劳动法》实施半年来的进展情况

半年来，各地区、各部门按照去年12月国务院召开的贯彻《劳动法》电话会议和劳动部召开的全国劳动工作会议的要求，以积极的态度和务实的工作方法，全力以赴地推动《劳动法》的贯彻实施，在建立劳动合同制度和最低工资制度、落实基本劳动标准、深化社会保险制度改革、开展劳动监察、处理劳动争议以及制定配套法规规章等各个方面，都取得了一定进展。主要表现在：

——全面建立劳动合同制度工作取得较大进展。按照《劳动法》的规定，各地积极制定劳动合同制度的实施方案，有29个省、自治区、直辖市已经以政府的名义正式发布了劳动合同制度的实施方案，西藏也已将实施方案报送自治区政府。广东、海南、福建、上海、北京等13个省市提出在1995年底以前全面建立劳动合同制度，其他省市自治区将有80%以上的企业和职工实行劳动合同制度。为推动这项工作的开展，一些省市成立了领导小组，进行综合协调。与此同时，电力部、铁道部、邮电部、煤炭部等25家行业主管部门制定下发了全面实行劳动合同制度的文件，要求所属企业按地方政府的部署与地方企业同步实行劳动合同制度。在推行劳动合同制度的同时，劳动部还在部分地区和企业进行了集体合同的试点工作，积累了一些好的经验。

——最低工资保障制度已经在大部分地区实行。到目前为止，已有北京、江苏、云南等26个省、自治区、直辖市，根据本地区的经济发展水平，城镇居民生活消费水平制定了最低工资标准，并正在积极组织实施。

——社会保险制度改革不断深化。目前各地正按照《国务院关于深化企业职工养老保险制度改革的通知》，遵循社会统筹与个人账户相结合的原则，结合本地区实际开展养老金计发办法的改革。失业保险制度改革继续深化，各地在扩大覆盖范围的同时，积极实施“再就业工程”，配合了国有企业改革的深入进行。医疗保险制度改革方面，镇江、九江两市按国务院试点意见试行社会统筹和个人账户相结合的模式，取得阶段性的成果，大病统筹和离退休人员医疗费用统筹范围继续扩大。工伤保险、生育保险制度改革也取得了新的进展。

——劳动监察制度初步建立。各地根据劳动部与中编办联合通知的要求，抓紧建立劳动监察机构，配备监察人员。北京、海南、山东等27个省市自治区已经建立了劳动监察机构，除西藏外，其余两个省省政府已同意建立劳动监察机构，正在办理过程中。北京、天津、广东、湖北、福建等省市已建立了省、市、县(区)三级监察机构。各级劳动监察机构加大了劳动监察执法力度。一些地方劳动监察机构建立了群众举报制度，设立了举报信箱，开通了举报电话，受理和查处了大量的违法案件。各地进一步加强了日常巡视检查，及时发现查处各种违法行为。为保障《劳动法》的实施，深圳等地方还开展了用人单位遵守《劳动法》情况的检查工作。

——劳动争议处理工作进一步展开。各地积极抓紧建立和完善劳动争议处理机构，并注意充实劳动争议处理人员。目前全国各级仲裁委员会组建率已达到92%。各级仲裁委员会按照《劳动法》的规定妥善处理了大量劳动争议案件。据统计，1995年一季度，各级仲裁委员会共受理劳动争议案件4 725件，已结案3 975件，占受理总数的84.1%。同时，正在积极探索增强劳动争议仲裁体制司法性的路子。

——职业技能开发体系建设初具规模。劳动部依据《劳动法》制定了职业培训方面的配套规章，各地也分别制定了一些管理规定。按照新的技术等级标准，国家已制定了48个工种的鉴定规范，职业分类正积极进行。继劳动部建立职业技能鉴定中心之后，全国又有13个省、自治区、直辖市成立了职业技能鉴定指导中心，27个省颁布了职业技能鉴定的配套文件。内贸、铁道、石油、煤炭等10个行业建立了特有工种的鉴定中心。军队技术兵的职业技能鉴定工作也已逐步开展。

——《劳动法》配套法律法规制定工作继续取得进展。《安全生产法》、《社会保险法》、《职业技能开发法》三个法律草案已报送国务院。国务院在今年3月重新修改颁布了《国务院关于职工工作时间的规定》。劳动部在去年下半年相继制定颁发17个配套规章的基础上，今年继续加快立法步伐，已经陆续颁发了《劳动仲裁员聘任管理办法》等一批配套规章。地方劳动立法工作自《劳动法》颁布以来进展很快，许多省市都已经制定出了近期或中长期劳动立法规划，并已开始落实。海南、北京、上海、江苏、山东、福建等省市劳动立法工作进展比较快，已颁发了一批地方劳动法规和规章。

——贯彻实施《劳动法》与继续推进劳动体制区域综合配套改革相结合，相辅相成，互相促进。去年，劳动部确定山东、广东、北京、青岛、深圳、成都等14个省市为全国区域综合配套改革试点单位。与此同时，各省市自治区也都选择了若干地市县进行区域综合配套改革试点。据不完全统计，目前全国已有230多个市县进行了区域综合配套改革试点。各试点地区将贯彻实施《劳动法》与区域综合配套改革有机结合起来，提出要率先贯彻落实《劳动法》，率先建立劳动合同制度、最低工资制度和劳动监察制度，率先落实各项劳动标准，通过深化改革促进《劳动法》的实施，通过实施《劳动法》促进新型劳动体制的建立，并取得一定进展。

——《劳动法》的学习宣传工作继续得到加强。各地区、各部门采取多种形式，培训了大批工作骨干，并继续开展群众性的《劳动法》学习宣传活动，全国《劳动法》知识竞赛活动吸引了3 000多万职工参加，创下了同类知识竞赛活动的最高记录。各新闻单位加大了《劳动法》宣传的力度和深度，有力地配合了《劳动法》的贯彻实施。同时，我们加大了对外宣传的力度，通过新闻发布会等多种途径，向国外各方面人士介绍《劳动法》。《劳动法》受到了国际社会有关各方的普遍关注，与此相关的国际交流明显增加，《劳动法》在国际上的影响日益扩大。

从总体上看，今年上半年《劳动法》的实施情况是比较好的，社会各界都反映较好。《劳动法》的顺利实施，不仅维护了劳动者的合法权益，受到广大职工群众的普遍欢迎，进一步调动了劳动者的积极性，而且促进了劳动关系的稳定和谐，促进了企业改革的深化和社会的稳定。有了这样一个好的开端，就为下一步贯彻实施《劳动法》奠定了一个良好的基础。

之所以能在比较短的时间内取得这样大的进展，主要有三个方面的原因：一是各级党政领导和各级有关部门领导的高度重视，认识统一，态度坚决。各级劳动部门在当地党委、政府的领导下，较好地把握住了这一契机，把贯彻实施《劳动法》当作头等大事来抓，做了大量的工作。二是准备工作比较充分，实施过程中措施得力。去年下半年的各项准备工作，为《劳动法》的贯彻实施创造了比较好的条件。今年实施以来，对每个步骤都做了安排，各项措施也比较得力。三是各级工会组织和经贸委等有关部门都做了大量的工作。在贯彻《劳动法》的各项工作中，劳动、工会、经贸委及各有关部门通力协作，密切配合，并得到了企业和职工群众的广泛支持，有力地促进了《劳动法》的贯彻实施。

在分析上半年《劳动法》实施情况时，我们也发现，各地贯彻实施《劳动法》的工作进展不平衡。当然，由于各地的经济发展水平以及其他方面的条件不一样，不可能要求各地在贯彻实施《劳动法》这项工作中齐头并进。但这种不平衡，除了有一些客观原因之外，主观方面的原因恐怕也是不能排除的。上半年实施《劳动法》的过程中，逐步反映出一些问题和困难，概括起来，主要有以下几个方面：

其一，认识问题。应当说，各级领导、企业和广大职工群众对《劳动法》的实施，是积极支持和热烈拥护的。但是，毋庸讳言，由于多种原因，致使在某些方面对《劳动法》的贯彻实施还存在一些模糊的或不正确的认识。部分经营者特别是部分非公有制企业经营者把保护劳动者合法权益与保护企业权益对立起来看，认为《劳动法》捆住了企业手脚，对职工没有约束力，有些规定加大了成本，影响企业经营。少数企业在贯彻《劳动法》过程中只执行对企业有利的规定，其它的就不想执行。同时，部分职工也存在重权利、轻义务的倾向，只强调《劳动法》维护劳动者合法权益的一面，而忽视劳动者应当承担的义务。个别领导同志也对贯彻实施《劳动法》心存疑虑，担心会带来麻烦、出现不稳定的因素、影响本地区经济发展等。所有这些认识，都对《劳动法》的实施带来了一定的影响。

其二，由于部分企业生产经营状况不景气，停产半停产，甚至严重亏损，使得在这些企业落实《劳动法》存在不少困难。不论是建立劳动合同制度，执行最低工资标准，按时足额缴纳社会保险基金，还是执行《劳动法》规定的各项劳动标准，都存在一定的难度，难以一步到位。此外，就业压力大，相关改革措施不配套，特别是企业人事制度与劳动合同制度不协调等问题，也在一定程度上影响了贯彻实施《劳动法》的进度。

其三，实施《劳动法》过程中遇到了一些难点问题，如适用范围、劳动合同的签订、经济性裁员、集体合同、医疗期、工时休假、最低工资和工资拖欠等问题。在这些方面出现许多理解不一致、政策不配套的问题，实际操作过程中有较大难度。同时，也存在配套立法和执法监察等体系尚在完善过程中，还不能完全满足实施《劳动法》的需要问题。对于这些问题，应当给予高度重视，找出切实可行的办法。这次会议的重点内容之一，就是要研究如何解决这些难点问题，部里已经拿出了一个初步意见，将在会上专门讨论，听取大家的意见，修改后再发下去。

二、进一步统一认识，明确下一步工作的指导思想和工作目标

做好贯彻《劳动法》工作，当前要进一步统一劳动部门全体同志的认识，在客观分析和正确认识贯彻《劳动法》面临形势的基础上，确立明确的指导思想和工作目标。劳动部门的同志要形成这样一个共识：贯彻《劳动法》工作，是关系到改革和稳定的大事，不能仅从劳动工作本身的角度考虑和处理问题。党中央和国务院明确了今年工作的二十字方针，并再三强调要处理好改革、发展和稳定的关系，这就是大局。贯彻《劳动法》的工作不是孤立的，它是大局的一部分，要服从于大局，同时又要为大局服务。只有这样，才能使这项工作成为社会各方面的一致行动，才能通过贯彻《劳动法》工作，达到促进改革、促进经济发展和社会稳定的目的。这里我讲三方面的意见。

第一，贯彻实施《劳动法》要与深化改革有机结合起来，特别是要为深化国有企业改革服务。

贯彻实施《劳动法》的过程同时也就是不断推进劳动体制改革，建立适应社会主义市场经济体制要求的新型劳动体制的过程。《劳动法》不仅对 16 年来劳动体制改革的成果给予了肯定，而且为进一步深化劳动体制改革指明了方向，为进一步推进劳动领域各项改革提供了强有力的法律依据。如果说，在《劳动法》颁布实施以前，劳动领域各项改革在一定程度上还处在探索和试点阶段，那么，现在则已进入通过贯彻《劳动法》来全面推进劳动体制改革的新阶段。从另一角度看，《劳动法》的贯彻实施，在一定程度上有赖于劳动体制改革的深化。《劳动法》中的许多内容，特别是有关实行劳动合同制度、集体合同制度、企业自主确定工资水平、社会保险制度、职业培训制度的规定，是需要通过改革才能得到完全的贯彻和落实的。因此，必须把贯彻实施《劳动法》与深化劳动体制改革有机地结合起来。对于那些经过改革实践反复证明了的、比较成熟的经验，如劳动合同制度，要结合本地区、本企业的实际情况，按《劳动法》的规定坚决执行。对在前一阶段改革中积累经验还不够，或者目前有关配套改革尚未到位，但对改革有重大指导作用的条款，如集体合同、经济性裁员等，态度也必须是坚定的，实施的方案和步骤则要稳妥。应当以这些条款为指导，推动改革，认真积累经验，积极创造条件，逐步实施到位。

今年，经济体制改革的重点是国有企业改革。江泽民同志指出，搞好国有大中型企业，“关键是实行政企分开、搞好企业内部经营管理、逐步建立社会保障体系。”由此可见，深化国有企业改革，对劳动体制改革提出了新的任务和要求。贯彻实施《劳动法》，推进劳动、工资、社会保险等各项制度改革，都必须紧紧围绕国有企业改革这一重点，在建立健全社会保险体系、分流安置富余职工、改善企业内部劳动管理等方面采取切实可行的措施，促进国有企业改革的深化。

首先，是要加快社会保险制度的改革。在养老保险制度改革方面，要按照国务院的统一部署，积极组织推动、监督指导落实国务院确定的两个改革办法。同时，要结合社会统筹和个人账户相结合的试点工作，抓紧实施基本养老保险覆盖计划，推动企业职工养老保险制度改革。在失业保险制度改革方面，要努力配合现代企业制度试点和部分城市优化企业资本结构试点工作，对现代企业制度试点企业确需分流到社会的富余职工，要发给失业保险金，并及时提供再就业服务。同时要做好破产企业职工以及被企业裁减的职工的接受、救济和安置工作。在医疗保险制度改革方面，要加强对镇江、九江两市试点工作的指导，帮助他们不断完善改革办法，及时总结经验，按照国务院的统一部署，在有条件的地区逐步扩大试点范围。同时对大病统筹改革试点不断加以规范，在确保职工基本医疗需求的前提下，要严格控制医疗费用的增长，切实减轻国家和企业的负担。在工伤保险制度改革方面，要将工伤保险制度的改革问题同促进安全生产机制的建立相结合，利用差别费率和浮动费率的办法，鼓励企业建立健全安全生产制度，将企业工伤事故压缩到最低限度。关于社会保险改革的具体要求，部里已经在社会保险工作会议上做了部署，各地正在组织落实，我这里不详谈了。

其次，妥善安置富余职工，是促进企业改革的重要任务之一。目前，就业压力继续增大，企业各项改革全面深化，在这种情况下，妥善解决富余职工分流安置问题，已是当务之急。吴邦国副总理在 5 月 25 日听取劳动部工作汇报时指出，今年企业破产、兼并的力度大，兼并估计比破产的力度更大，现在已经明确，对那些连续三年亏损、两年逾期未还贷的企业即可被兼并，并制定了被兼并企业银行贷款利息全免等优惠政策，兼并速度会加快。无论是企业破产还是兼并，职工安置都是大问题。因此，邦国同志要我们注意研究破产、兼并企业职工和大量富余职工的安置问题。解决国有企业富余职工问题，是一项相当复杂的社会系统工程，涉及职工切身利益，涉及社会各有关部门，而且难度大。各级劳动部门要把促进这一问题的解决，作为一项十分重要的任务来抓。从现实情况看，仅仅着眼于发钱救济是远远不够的，对企业富余职工的解决，要有综合的、长远的战略思想，要充分调动和发挥政府、企业、劳动者和社会各方面的积极性，多形式、多渠道合理分流国有企业富余职工。为此，各地各部门要加强对富余职工分流的政策指导和综合协调，结合企业改革的步骤，制定出分流安置富余职工的总体规划；要结合产业结构调整，积极引导企业富余职工向新的产业转移；要配合企业优化资本结构试点，通过企业破产兼并，盘活企业存量资产，推动富余职工分流；要通过实施“再就业工程”，综合运用政策扶持和各种就业手段，鼓励富余职工转岗或转业，形成合理的社会分流安置；要加强劳动力资源的宏观调控，积极开展国有企业之间富余职工的调剂使用工作；要认真落实国家有关富余职工安置的政策，充分发挥劳动力市场的作用，鼓励企业富余职工自谋职业。通过这些措施的落实，促进国有企业富余职工的分流安置，保证社会的稳定，为各项改革创造有利条件。

再次，根据中央经济工作会议关于强化企业内部管理的要求，必须改进和加强企业内部劳动管理。《劳动法》对劳动制度的规定为加强企业内部劳动管理提供了一个很好的契机，认真贯彻执行《劳动法》将对调动劳动者的积极性、提高劳动效率十分有利，劳动部门应加强指导。企业应结合劳动合同制度的实行，不断优化劳动力配置结构，不断改进和完善企业内部工资分配制度，贯彻按劳分配原则。要根据《劳动法》的规定，建立健全企业劳动管理制度，加强劳动定员定额、岗位测评、安全教育、劳动保护等基础工作，加强劳动纪律。劳动管理工作加强了，就能从一个十分重要的方面推动企业内部管理的改善。

今年劳动部门在促进企业改革方面的一项重要任务，就是积极配合有关部门共同做好现代企业制度试点工作。《劳动法》规定了适应社会主义市场经济的企业用人、工资分配、社会保险、职业培训、劳动安全卫生等制度，这些规定构成了现代企业制度中劳动制度的基本框架。劳动部门要加强指导，使试点企业在建立符合《劳动法》规定的新型企业劳动制度上，比非试点企业在进度上要快一些，改革的力度要大一些。国家经贸委和劳动部等部委已经发出了试点的指导文件，明确了具体的政策措施，各地要认真落实。通过试点取得经验，再行推广。

第二，贯彻实施《劳动法》要服从和服务于社会稳定的大局。

《劳动法》的贯彻实施，与社会稳定的大局直接相关。《劳动法》的实施，有利于保障劳动者的合法权益，有利于形成稳定和谐的劳动关系，因而从总体上说也有利于促进社会稳定。从这个角度说，《劳动法》是一部促进社会稳定的法律。但是，我们也应当认识到，我们所从事的各项劳动工作，无一不与广大职工群众的切身利益密切相关。劳动就业、用人制度改革、工资分配、社会保险、安全生产等，都是职工群众最为关切的问题。这些工作做得好与坏，关系到千家万户的利益，关系到能否保持职工队伍的稳定。因此，各级劳动部门的同志要认清形势，增强社会责任感和使命感，在推进《劳动法》贯彻实施工作过程中，要始终把握好社会稳定这一全党全国工作的大局，自觉地服从和服务于这一大局。

《劳动法》实施以来，各地普遍反映劳动争议案件有较大幅度上升。初步分析，原因主要有两点：一是通过《劳动法》的学习宣传，促使劳动关系双方当事人依法保护合法权益的意识增强了；二是劳动争议受案范围扩大了，《劳动法》和一批配套规章的颁发，为劳动争议的解决提供了从程序到实体权利的法律依据。大量劳动争议案件的存在，表明当前企业劳动关系还存在不少问题。在劳动争议案件持续上升的同时，罢工和集体上访事件也屡有发生，而且呈增多的态势。分析其原因，主要有三个方面：一是一些企业特别是非公有制企业，没有认真遵守执行《劳动法》的规定，不签订劳动合同、超时加班、工资待遇偏低等，引起职工的不满；二是目前企业面临的困难还比较多，部分困难企业职工以及部分离退休人员不能按时领到工资或养老金，或者是待遇偏低，因为这一原因而引起的集体上访占相当大的比例；三是在企业改革过程中职工没有得到妥善安置，如有的强迫“内退”、裁减人员方法简单、安置不当等。这些情况应当引起我们的高度重视。各级劳动部门在起草制定贯彻《劳动法》的相关法规、政策时，在具体操作时，对可能出现的不稳定因素要认真分析研究。特别是在制定或调整最低工资标准、生活费标准、工资支付、社会保险政策、签订劳动合同或集体合同时，要注意把握好力度，要考虑到各类企业的不同情况，尤其是国有企业目前的特点和实际情况，做好分类指导的工作。在积极贯彻《劳动法》和不违背《劳动法》的规定以及国务院、劳动部对贯彻工作总的要求的前提下，地方可以针对一些本地区突出的热点或不稳定因素，采取一些较为灵活的过渡性措施，其目的是要平稳地、全面地贯彻《劳动法》。

第三，下一步贯彻《劳动法》工作的指导思想和工作目标。

《劳动法》实施已经半年了，如何客观地分析贯彻实施《劳动法》所面临的形势，正确地看待各种有利和不利的因素和条件，并根据这些因素和条件来科学地把握贯彻实施《劳动法》的力度，制定合理的步骤和切实可行的政策措施，这一点在目前说来是最为关键的。如前面所分析的，《劳动法》的贯彻实施，的确面临着许多困难和不利因素，但是，我们不能因此而动摇坚决贯彻实施《劳动法》的决心，我们的任务就是要在既定的环境和条件下研究如何推进《劳动法》的实施。应当承认，在一些法律规定和现实情况之间还存在着距离，我们要在这两者的中间“搭桥”，通过各种工作使《劳动法》得到贯彻。从有些地区的情况看，《劳动法》的个别条款实施起来暂时条件不充分，这就需要通过我们的努力去创造条件，而不能采取消极的态度坐等条件的到来，更不能有畏难情绪。当然，我们也应当清醒地认识到，实施过程中，不可避免地会遇到许多具体问题，上半年已经暴露出一些问题，今后肯定还将不断遇到这样或那样的问题，对于一部重要法律的实施来说，这是十分正常的。对这些具体问题，要予以高度重视，及时进行调查研究，制定切实可行的配套措施。事实上，也只有在实践过程中，才能够不断探索出解决各种问题的办法。

要确立对贯彻实施《劳动法》长期性、艰巨性的认识。一部法律的贯彻实施，需要付出艰辛的努力，不可能在短时间内一蹴而就。特别是像《劳动法》这样一部基本法律，涉及劳动关系的方方面面，有大量的工作要做，其贯彻实施的难度就更大。在过去的半年中，贯彻实施《劳动法》工作取得了很大的成绩，但是，这项工作毕竟还刚刚开始，由于种种原因，很多规定还没有而且也不可能全部到位。全面贯彻实施《劳动法》将是一项长期的任务，需要在今后几年内继续作出不懈的努力。因此，在确立全面落实《劳动法》这样一个长远目标的同时，要从实际出发，科学地确立每一个阶段的阶段性目标。总之，我们既要以坚定不移的态度推动《劳动法》的贯彻实施，又要充分估计到贯彻实施《劳动法》的难度，认识到贯彻实施《劳动法》的长期性和艰巨性，既反对工作中主观臆断、脱离实际的做法，也反对工作中不思进取、消极等待、无所作为的精神状态。我们要采取实事求是、分类指导、分步到位的方针，从实际出发，抓住有利时机，有计划、有步骤地实现全面贯彻实施《劳动法》的目标，以此开创劳动工作的新局面，促进改革和社会稳定。这应当作为贯彻实施《劳动法》工作的指导思想确立下来，用以指导今后一段时期内《劳动法》的贯彻实施工作。

今年贯彻实施《劳动法》工作的阶段性目标，概括起来讲，就是要基本建立起三个制度，初步落实基本劳动标准。所谓基本建立起三个制度，一是在全国基本建立起劳动合同制度，年底达到80%以上的劳动者同用人单位订立劳动合同，13个省市全面建立劳动合同制度；二是在全国基本建立起最低工资保障制度，各省、自治区、直辖市都颁布最低工资标准，并逐级贯彻落实；三是在全国基本建立起劳动监察制度，各省、自治区、直辖市都建立起劳动监察机构，并在地（市）县普遍建立机构，配备专门工作人员，开展监察工作。所谓初步落实基本劳动标准，是指今年要在企业普遍落实《劳动法》所规定的几项主要的基本劳动标准，包括：(1)工时标准。各类企业都要认真实行国务院今年颁布的每周不超过40小时的新工时制度，确有困难的企业要积极为实行新工时制度创造条件并早日实施。(2)最低工资标准。各类企业都要认真执行当地的最低工资标准，各地、各部门要采取措施，切实保障困难企业职工和离退休人员的基本生活。(3)女职工和未成年工特殊保护标准以及禁止使用童工的规定，要落实到位，其它劳动安全卫生标准要逐步落实到位。通过落实各项基本劳动标准，要使企业严重违反劳动标准，严重侵害劳动者合法权益的事件比《劳动法》实施前有较大幅度的减少，使劳动者能够切实感受到《劳动法》实施后保护自身合法权益的作用。

实现这样一个阶段性目标，就能够为《劳动法》的全面贯彻实施打下一个坚实的基础，创造一个良好的条件。

三、着重抓好落实，精心组织好下半年《劳动法》贯彻实施工作

能否在1995年底以前完成上述工作目标，今年下半年是关键时期，任务相当繁重，主要任务是抓落实。下半年要重点抓好以下九项工作：

第一，各级劳动部门要把贯彻实施《劳动法》工作放到统领位置，周密安排，精心组织，继续抓紧抓好。要实行责任制，省级劳动厅局、各部门劳动工资司局，都要确定一位主要领导同志负责抓《劳动法》的贯彻工作，制定出下半年的工作计划，有步骤地抓好落实。在工作方法上，我这里强调三点：一是要积极主动地向党政及人大、政协的领导汇报，重大决策要请示党政领导后决定实施。二是要与有关部门合作，协同做好工作。《劳动法》是一部基本法律，涉及的面广，贯彻实施离不开各方面的共同努力。特别是劳动部门与工会、经贸委、企业主管部门更要密切协作配合。在制定有关法规政策时，在组织宣传工作时，在处理实施过程中遇到各种问题时，劳动部门都要主动征求和听取各方面的意见。三是要注意调查研究，经常深入企业及时了解职工和经营者的反映，针对新情况、新问题采取相应的措施。发现有影响较大的问题或不稳定的苗头等，要逐级上报，以便迅速采取对策。

第二，着力抓好各项制度的落实。这是重中之重，是下半年贯彻实施《劳动法》的中心工作。目前，虽然绝大多数省、自治区、直辖市都已经发布劳动合同制度实施方案和最低工资标准，但是，如果不抓紧落实，恐怕很难达到预期的目的。因此，下一阶段的工作，就是要抓好落实。特别是实行劳动合同制度这项工作，需要下大力气推动和落实。省市县各级劳动部门都要积极行动起来，深入企业，去推动和督促企业抓紧研究制定方案，尽快签订劳动合同。要及时帮助企业研究和解决实行劳动合同制度过程中出现的新情况、新问题，完善各项配套政策。这项工作一定要做细、做扎实，要一个一个企业去督促、去落实，对于难点问题要一个一个地去梳理、去研究解决。这项工作做得扎实，就能为贯彻实施《劳动法》打下一个很好的基础。否则，就有可能完不成基本建立劳动合同制度的预期目标，或者使劳动合同制度流于形式甚至变形走样，下一步的工作就会非常被动。

关于推行集体合同制度问题，既要从实际出发慎重对待，又要抓住时机积极开展工作。特别要注意做好集体合同的管理工作，同时要加强对试点企业的指导，及时总结推广好的经验。当前集体合同试点工作主要应在非国有企业和进行现代企业制度试点的企业中进行，试点工作要加强同工会和经贸委等主管部门的协调配合，共同推进这项改革。

最低工资保障制度的落实也有大量的工作要做，一方面要加强对企业执行最低工资标准情况的监督检查，对违反规定的企业依法严肃处理；另一方面，要研究解决困难企业如何执行最低工资标准问题，并采取措施，切实保障困难企业职工的基本生活。

第三，继续抓好《劳动法》的配套立法工作。去年下半年以来，劳动部陆续颁发了一批配套规章，基本上覆盖了实施《劳动法》的主要方面，各地要结合当地的实际情况认真落实好。部里今年下半年的立法工作仍然很重，一方面要积极配合国务院法制局做好《社会保险法》、《安全生产法》、《职业技能开发法》、《企业职工工伤保险条例》、《失业保险条例》等法律法规的修改审议工作。另一方面，要抓紧修改《劳动合同法》草案，争取尽早报送国务院，还将陆续制定颁发《就业和失业统计办法》、《事故隐患管理规定》、《技工学校工作规定》等部颁规章。地方要进一步加强劳动立法工作，有些方面的法规先由地方立法相对容易一些，因此，地方劳动法规能出台的就要积极促使其出台。部颁规章的实施办法各地也要抓紧制定，执行中遇到的问题要及时向部里反映，并在调查研究的基础上提出解决问题的办法。此外，值得注意的是，地方劳动立法要特别注意与国家法律、国务院法规以及部颁规章的衔接。

第四，加强劳动监察工作。劳动监察制度的建立是贯彻实施《劳动法》的重要保证，因此，劳动监察机构的建立要继续抓紧抓好，在建立省级劳动监察机构的基础上，要继续督促地、市、县（区）级劳动监察机构的建立，逐步形成全方位覆盖的劳动监察机构网络。人员的配备也要抓紧，特别是要注意加强对劳动监察人员的培训。提高劳动监察人员的素质，这不仅直接关系到执法工作的质量，而且关系到劳动部门的形象。这里需要强调的是，劳动监察工作的着眼点要放在促进企业劳动关系的和谐稳定上，对违法行为进行处罚只是手段，在监察工作中一定要注重宣传教育。地方各级劳动监察机构都要建立群众举报制度，对投诉和举报的问题要件件有结果，改变职工投诉无门、纠正不力的状况。当前，在日常巡视检查中要着力查处不按规定签订劳动合同、克扣拖欠职工工资、拒不支付劳动者延长工作时间工资报酬，以及招用童工、强迫劳动、侮辱、体罚劳动者等严重侵害劳动者权益的行为。从10月份开始到年底以前，将在全国范围内组织一次用人单位遵守《劳动法》情况的检查，以企业自查为主，劳动部门会同其他有关部门进行重点检查。

第五，进一步完善劳动争议处理工作。在加强企业劳动争议调解委员会组建工作，充分发挥企业调解委员会作用的同时，还应指导企业，特别是在尚未建立工会的乡镇企业、私营企业和外商投资企业，建立经常性的协商制度。同时不断开辟社会预防劳动争议的新渠道，继续建立、完善机构和充实人员的工作，争取1995年底仲裁委员会组建率和工作人员配备率分别达到95%和98%以上。改进调解委员会和仲裁委员会的办案工作，1995年底，仲裁委员会办案结案率力争达到90%。积极探索增强劳动争议仲裁体制司法性的路子。要通过劳动争议处理体制的不断发展完善，提高调解、仲裁工作的质量，及时处理各类劳动争议，维护好用人单位和劳动者的合法权益，促进劳动关系的和谐稳定。

第六，区域综合配套改革试点地区要率先全面落实《劳动法》。要继续推进劳动体制区域综合配套改革，扩大改革试点范围，有条件的城市都应当按区域推进的方式协调配套地深化劳动体制改革。区域综合配套改革试点要与贯彻实施《劳动法》结合起来，以城市为依托，紧紧围绕培育和发展劳动力市场这一中心环节，在事关改革大局的重点和难点问题上取得突破，全面推进劳动领域各项改革，按照《劳动法》的要求加快建立新型劳动体制，在试点地区率先全面落实《劳动法》。这里需要说明一下，去年，我们提出要在试点地区率先落实劳动部《关于建立社会主义市场经济体制时期劳动体制改革总体设想》，今年又提出要率先全面贯彻《劳动法》，是不是前后矛盾呢？这是不矛盾的。《劳动法》是上升为法律的《总体设想》，要求试点地区率先落实《劳动法》，应当说是要求比以前更高了，但目标是一致的，都是要率先建立适应社会主义市场经济体制要求的新型劳动体制。各试点地区要结合贯彻《劳动法》工作，制定贯彻《劳动法》的具体目标，年底前要取得全面的进展。

第七，做好就业工作，保持就业局势的稳定。今年我国的就业形势依然十分严峻，就业压力很大，城镇失业率呈上升趋势。因此，各地劳动部门要高度重视、继续抓紧就业工作。当前要具体做好以下工作：

一是继续坚持把就业工作列入社会经济发展规划，把控制失业率作为各地社会经济发展的重要指标，采取切实有效措施，保证就业任务的完成。要提倡鼓励发展各种经济成分的中小型企业，特别是劳服企业，尤其要发展那些吸纳就业容量大的第三产业和劳动密集型行业。

二是积极建立覆盖城乡的职业介绍网络，全面加强后备技术工人培养和在职职工的岗位培训工作，完善就业训练和转业训练制度，落实技术工种经过培训就业上岗的有关规定，把失业保险与再就业工程紧密结合，不断扩大劳服企业吸收失业人员和富余职工的能力。

三是全面实施"再就业工程"。综合运用政策扶持和各种就业服务手段，为失业人员特别是失业6个月以上的人员和基本生活得不到保证的企业富余职工提供再就业服务，着重解决长期失业者和特困企业职工的再就业问题。

四是进一步抓好农村剩余劳动力有序流动，在全国民工输入输出地区实施“农村劳动力跨地区流动有序化工程”，引导农村劳动力适度转移。同时，要进一步搞好“农村劳动力开发试点”工作，逐步推广试点经验，使农村劳动力最大限度地就地、就近消化。

第八，贯彻《劳动法》工作中，要千方百计地解决好破产企业、困难企业职工和离退休人员基本生活保障问题。据统计，今年一季度，全国停产、半停产企业近4万户，涉及职工人数743万，被减发、停发工资的481万人，拖欠工资时间有的长达半年以上，一些地区已经出现不稳定的苗头。党中央、国务院对这一问题非常关心，江泽民同志在今年五一讲话中指出：“要依据《劳动法》等法律法规，维护职工的物质利益、民主权利和政治地位。当前，各级党委和政府要特别注意关心亏损企业、停产半停产企业、破产企业职工的生活，尤其是困难企业职工与离退休人员的生活，积极采取措施，尽力尽责地帮助他们解决困难”。在这方面，劳动部门应当负起重要责任，在当地政府的统一领导下，积极主动地配合有关部门，采取各种切实可行的措施，帮助困难企业摆脱困境，切实做好破产企业、困难企业职工和离退休人员基本生活保障工作。在实施企业破产过程中，要认真解决好破产企业职工的生活安置问题，企业财产拍卖所得和土地转让费要优先用于职工安置费和离退休人员的社会保险费。对困难企业，在继续落实国家已有的保障困难企业职工基本生活的各项政策的同时，各地可以视需要与可能，建立专项帮困基金，对困难企业职工进行救助，并积极组织职工开展生产自救。各级社会保险机构要保证离退休人员按时足额领到养老金，并建立起基本养老金按工资增长的一定比例正常调整的机制。为解决参加退休费用社会统筹的困难企业离退休人员基本生活问题，要实行固定职工养老保险基金与劳动合同制工人养老保险基金合并、统一调剂使用，必要时要动用财政专户存款或提前兑现债券。同时，要采取措施，做好养老保险基金的收缴工作，提高收缴率。对确实存在困难的企业，经批准可以允许其缓缴，但仍然要保证养老金的发放。

第九，进一步抓好《劳动法》宣传工作，加大宣传力度。《劳动法》的贯彻实施是一项长期的任务，《劳动法》的学习宣传也是一项长期的任务，要常抓不懈。在前期宣传工作的基础上，下半年要着力扫除《劳动法》宣传上的“死角”，全面普及《劳动法》的基本知识。要通过开展形式多样的宣传工作，使《劳动法》深入人心，为企业和广大职工群众所理解和掌握，使《劳动法》的贯彻实施变成企业和劳动者的自觉行动。宣传的重点，是贯彻实施《劳动法》对促进改革、发展和稳定的积极作用，贯彻实施《劳动法》的先进经验和先进典型，贯彻《劳动法》中解决企业和职工具体问题的做法等。今年下半年，各地、各部门可以结合10月份开始的用人单位守法情况检查和年底《劳动法》实施一周年，分别组织两次重点宣传活动。组织宣传活动时要注意宣传的社会效果，着重从正面宣传。

同志们，当前各项改革正在深化，建立社会主义市场经济体制的步伐进一步加快，在这种形势下，劳动工作显得日益重要了。这正如吴邦国副总理在听取劳动部工作汇报时指出的：“随着形势的发展，劳动部门的工作会越来越多，劳动部门的作用也会越来越大。找你的事会越来越多，碰到的新情况也会越来越多。建立社会主义市场经济，劳动工作是一个很重要的方面，应当担负起相应的责任。”搞市场经济，劳动工作面临的是如何加强的问题。就业、工资、劳动关系、劳动监察、社会保险、职业技能开发、安全生产等项工作，无一不与社会经济发展紧密相连。《劳动法》作为规范社会主义市场经济劳动关系、明确劳动部门的作用和职能的一部基本法律，为劳动部门依法行政提供了法律依据。面对新形势，我们劳动部门的同志们任重而道远。今年是《劳动法》实施的第一年，也是最为关键的一年，贯彻《劳动法》，许多工作上半年打下了一个好的基础，能否达到预期的目标，主要取决于下半年落实的情况。各地、各部门的同志一定要提高认识，增强紧迫感，以坚定不移的态度，积极稳妥的步骤和实事求是的工作方法，精心组织好《劳动法》的贯彻落实。我相信，通过各级劳动部门以及其他部门和企业的共同努力，下半年贯彻实施《劳动法》一定能够取得更大的成绩，一定能够顺利完成今年的工作目标。

促进妇女就业和社会保护 迎接第四次世界妇女大会

（1995 年 7 月）

刘雅芝

今年 9 月，第四次世界妇女大会将在北京举行，来自世界 100 多个国家和地区的政府代表和妇女代表将云集北京，共同研究和探讨世界妇女普遍关注的问题，积极寻求妇女发展与进步的途径。“妇女就业”也将是本届大会研究和讨论的一个焦点问题。妇女就业是妇女参与社会经济发展的基本形式，是妇女获得经济独立的保障，研究和解决妇女就业问题，对于经济发展具有十分重要的意义。

中国政府高度重视妇女就业和社会保护问题，为促进妇女就业和社会保护制定了一系列的法律、法规。目前，中国已基本形成了以《宪法》为依据，以《妇女权益保障法》和《劳动法》为保障，以《女职工禁忌劳动范围的规定》、《企业职工生育保险试行办法》等法规、规章为手段的一整套保障妇女劳动就业权利和促进妇女就业的法规体系，有效地维护了妇女就业的合法权利。

随着国民经济的发展，中国妇女就业的人数不断增加，在业率不断提高。1950 年，在城镇中女职工仅为 60 万，占职工总数的 7.5%。到 1994 年底，女职工人数已达 5646 万人，占全国职工总数的 38%。特别是 1979 年实行改革开放以来，中国政府积极改革计划管理体制下统包统配、城乡分割、限制流动的就业制度，大力培育与发展劳动力市场，逐步建立了国家政策指导下的市场就业新制度。在产业结构调整的过程中，妇女就业结构趋于合理，就业道路不断拓宽。尤其是“三资”企业、乡镇企业、个体私营企业的发展，为广大妇女提供了更多的就业机会，成千上万的妇女与男子一样主动参与市场竞争，成为企业的开拓者和经营者。在实际工作中，她们充分发挥自己的聪明才智，一大批杰出的女企业家、女经理脱颖而出，成为新中国妇女自尊、自信、自立、自强的典范。

另一方面，中国政府还对妇女采取全面的劳动就业保护措施，在劳动保护和社会保障方面给予妇女特殊照顾。1994 年底劳动部发布《企业职工生育保险试行办法》，对女职工生育期间的医疗保健和经济补偿等问题作了明确规定。1995 年开始实施的《劳动法》进一步以国家立法的形式，为妇女劳动就业、生育和劳动保护提供了法律的保障。

目前，在经济改革和产业结构调整过程中，我国妇女就业面临着新的问题，失业人数增加、周期延长，就业难度加大。1994年，全国各地开始实施《再就业工程》，重点帮助就业困难的女性失业人员就业，设立专门项目，为她们提供就业服务。在各地的共同努力和社会各方面的积极配合下，安置失业女职工的工作取得了很大的成效，对促进我国妇女就业起到重要作用。

中国妇女勤劳勇敢、勇于开拓、无私奉献，为现代化建设作出了巨大贡献。面对目前经济改革与开放的浪潮，中国的妇女就业和世界各国一样，面临着共同的问题与挑战。我们相信，这次世界妇女大会，在推动世界平等、发展、和平的进程中，对中国妇女就业和社会保护工作将有一个巨大的促进作用。我们将借这次大会之机，把中国妇女就业与社会保护工作推向一个新阶段。

在劳动部1995年上半年工作总结大会上的讲话

（1995年7月14日）

李伯勇

同志们：

最近，各单位都对上半年工作进行了总结。根据部党组的决定，办公厅、人事司分别到部分单位了解和座谈，并将情况归纳后向党组作了汇报。党组研究认为，上半年劳动部的各项工作，在党中央、国务院的正确领导下，经过全部职工的不懈努力，发展是健康的，成绩是明显的，对各单位的工作党组是肯定的。下面，我就上半年的工作作一简要总结，对下半年任务讲几点意见。

一、上半年各项工作的进展情况

1995年是深化企业改革的重要一年。劳动工作一方面负有为改革创造稳定社会环境的任务，同时，又要深化改革，建立新型劳动制度。今年又是实施《劳动法》的第一年。实施《劳动法》对于保护劳动者合法权益，稳定劳动关系，推动劳动制度改革，具有直接的决定意义。认真贯彻《劳动法》就能带动整个劳动工作，全面推进劳动制度改革，促进企业改革的深化。为此，全国劳动工作会议确定今年劳动工作的重点任务是，以实施《劳动法》为统领，围绕深化企业改革，加大社会保险制度改革力度，加强工资分配宏观调控，妥善安置富余职工，保障职工基本生活。半年来，部属各单位认真领会会议精神，积极制定落实措施，扎扎实实开展工作，取得了新的成绩，进展情况是好的。与此同时，机关思想作风建设以学习邓小平同志建设有中国特色社会主义理论为中心，以反腐倡廉为重点，以学习孔繁森同志为契机，也有了新的进步。

（一）各项业务工作有了新的进展

——《劳动法》贯彻实施工作进展顺利。各单位高度重视，切实把它作为统领，在继续加强宣传、完善配套法规的基础上，把工作重心转到了抓好落实上来。一是全面推进劳动合同制度的实施。我们克服困难，积极采取措施，强化组织推动，督促29个省、自治区、直辖市以政府名义发布了劳动合同制度的实施方案；26家行业主管部门制定了全面实行劳动合同制度的文件，要求所属企业按地方政府的部署与地方企业同步实行劳动合同制度；选择部分地区和企业进行了集体合同的试点工作，积累了一些经验。二是最低工资保障制度已经在大部分地区实行。到目前为止，已有26个省、自治区、直辖市制定了最低工资标准，并正在积极组织实施。三是劳动监察制度初步建立。省级劳动监察机构由去年的9个增加到27个，除西藏外其余两个省已经省政府同意建立劳动监察机构，正在落实过程中。与此同时，积极开展劳动监察。劳动争议处理工作抓得很紧。《劳动法》实施后，我们重点研究了社会主义市场经济条件下劳动争议处理工作中出现的新情况和新问题，下发了《关于进一步完善劳动争议处理工作的通知》，指导全国工作；督促各地建立和完善劳动争议处理机构的工作，注意充实劳动争议处理人员。四是《劳动法》配套法律法规制定工作继续取得进展。《安全生产法》、《社会保险法》、《职业技能开发法》草案已报送国务院。在去年下半年相继制定颁布17个配套规章的基础上，今年继续加快步伐，又陆续颁发了一些配套规章。五是组织工作组深入基层调研，在研究解决各地贯彻实施《劳动法》难点问题的基础上，整理出了"关于贯彻执行《劳动法》若干问题的意见"，指导各地工作。

——社会保险工作稳步推进。养老保险制度改革，根据全国城镇企业职工养老保险制度改革试点工作会议精神，我们解放思想，转变观念，克服困难，抓好贯彻落实工作，组成了养老保险改革试点指导小组，分赴各地进行监督、指导和推动试点工作，切实担负起国务院赋予的职责，初步赢得了工作的主动权；研究提出了贯彻落实《国务院关于深化企业职工养老保险制度改革的通知》（国发[1995]6号）的具体意见和措施，养老保险制度深化改革工作在全国展开；湖南省已率先出台了办法，预计下半年还会有部分省市出台；为缓解企业离退休人员待遇偏低的矛盾，提出了建立养老金正常调整机制的意见。失业保险制度改革，积极研究拟订深化改革的方案，与有关部门下发了《关于配合企业深化改革试点，做好失业保险工作的通知》，强化了失业保险与企业改革的联系。医疗保险制度改革，继续指导镇江、九江的试点工作，并对方案实施情况进行了阶段性小结。工伤、生育保险制度改革继续推进。社会保险的基金管理、监督检查、社会化服务、行业统筹等方面，都有了新的进展。特别是社会保险的宣传工作起色较大，扩大了社会影响。

——宏观调控与工资分配工作。针对新时期的形势和要求，我们知难而上，对这一事关经济发展和社会稳定、又非常复杂和困难的问题，进行了积极探索。在调查研究的基础上，向国务院上报了《关于进一步加强企业工资收入宏观调控的意见》，提出了建立企业工资分配重大政策报审制度，重点加强对工资水平偏高、增长过快单位工资的调控，以及加强对企业工资外收入的综合治理等十二条政策、措施。对此，国务院领导虽有些意见，但同意以劳动部名义下发。研究提出了改进完善弹性工资计发办法的意见，对十几年来实行工效挂钩的情况进行了总结，提出了改进完善工效挂钩的办法。与有关部门联合下发了《国有企业工资内外收入监督检查实施办法》。同时，继续探索市场经济条件下工资决定的机制，开展了对工资加劳动分红等分配制度的调研。着手制定了《"九五"劳动事业发展计划及2010年长远规划纲要（草案）》。涉外企业劳动管理也有了较大进步。

——就业工作取得明显效果。我们紧紧围绕稳定大局，结合深化企业改革，突出抓了"再就业工程"和"农村劳动力跨地区流动有序化工程"，取得了显著效果。"再就业工程"抓住了深化企业改革给劳动工作提出的首要任务，即减人增效，解决企业富余人员分流安置问题，注意抓典型，总结经验，制定政策，使这项工作在全国大部分地区推开，引起较大反响，国办批转了我们的实施再就业工程报告。大力实施"农村劳动力跨地区流动有序化工程"，制定了《农村劳动力跨地区流动就业管理规定》，全国统一的流动就业制度正在建立与施行。春运期间，我们注重协调，加强调度，及时报告，提出建议，使今年民工流动的规模得到了控制，这项工作向制度化、规范化的方向前进了一步，得到了国务院领导同志的肯定。

——职业技能开发工作取得新的进展。与有关部门联合下发了《关于开展制定国家职业分类大典工作的通知》，开展了国家职业分类工作。理顺了技工学校管理体制，巩固和完善了对技工学校的领导，扩大了技工学校改革试点范围，加强了技工学校教学改革，组织制定了《技工学校专业(工种)目录》，修订了教学大纲。组织和指导职业技能鉴定工作的开展。与有关部门联合下发了《关于开展全国技能月的通知》，起草了《关于评选中华技能大奖的通知》等文件，积极开展职工培训和技能竞赛活动。这些都有力地推动了职业技能开发工作。

——困难企业职工和离退休人员基本生活保障工作，是企业改革赋予劳动工作最紧迫的任务，我们从为党和国家排忧解难、关心职工群众生活、为职工群众办实事的高度来认识和对待这个问题，一直抓得很紧。元旦、春节期间，督促各地采取措施，保障“两节”期间职工基本生活及职工队伍稳定；组织调查组先后到北京、东北、西北等地进行调研和帮助指导地方开展工作；多次以党组名义向党中央、国务院报告困难企业职工和离退休人员生活情况，提出我们的建议；在征求有关部门意见的基础上，下发了《关于做好破产企业、困难企业职工和离退休人员基本生活保障工作的紧急通知》，督促各地劳动部门切实做好工作，促进大局的稳定。

——劳动安全卫生工作，面对严峻的形势，加强了管理和监察。安全生产综合管理重点抓了事故隐患管理工作，向国务院报送了《关于全国重大事故隐患的报告》，起草了《重大事故隐患管理规定》；加强了事故的调查与处理，对结案工作提出了具体要求；开展了第五次“安全生产周”活动，成立了“国家安全生产专家组”；由于我们积极主动的工作，劳动部代表国家监察的形象初步树立起来。职业安全卫生与锅炉压力容器监察，在加强法规建设、完善法规体系的同时，充分发挥国家监察的职能，认真开展了建筑安全大检查活动，加强了对乡镇和外商投资企业的安全监察，企业伤亡事故有所降低；举办了全国性的“劳动安全卫生与消防知识竞赛”，取得了良好的社会效果。组织实施了新工时制度，这是工时制度的重大改革，由于准备工作充分，实施是顺利的。矿山安全卫生监察，始终把学习宣传贯彻《矿山安全法》当作一项重点任务来抓，推动20个省、市、自治区颁布了《矿山安全法实施办法》；狠抓了尾矿设施的安全监督工作，颁发了《尾矿设施安全监督管理办法》；加强了采石场安全监察和管理工作，下发了《关于加强采石场安全监督工作的通知》；积极推广矿山呼吸性粉尘监测工作，与有关部门联合下发了《关于开展矿山企业个体呼吸性粉尘监测的通知》；采取措施控制瓦斯爆炸事故。通过努力，使矿山安全事故上升的势头得到控制，事故死亡人数有所下降。

——劳动统计与信息工作，完成了统计指标体系的修订，基本完成了全国劳动系统三产普查数据的汇总分析，失业率抽样调查试点工作有了新的进展。信息工作在软件的设计开发及推广应用方面，计算机网络建设及技术指导，数据库维护及数据处理等方面取得了新进展。政务信息围绕贯彻《劳动法》，拓宽了渠道，增强了时效。

——科技工作取得新的成果。认真贯彻落实全国科技大会精神，组织起草了落实《中共中央、国务院关于加快科学技术进步的决定》的意见；组织了劳动部第五届科技进步奖评奖活动，起草了“九五”至2010年劳动科技规划纲要。劳科院科研工作进展顺利，围绕建立新型劳动制度的理论和实践课题开展研究，内部管理工作有新的起色。

——国际交流与合作工作，紧紧围绕《劳动法》的贯彻和各项劳动制度改革，对外拓宽交往渠道，对内积极参与劳动业务，工作中实行规范化管理和全方位服务，较好地配合了部中心工作的开展。

——宣传工作，理顺了关系，明确了各部门的职责，积极开展了工作。今年以来，报纸、电视等各大新闻媒介报道和宣传劳动工作的次数和篇幅显著增加，出现了可喜局面。这种局面不仅仅是劳动工作自身的重要性逐步被各界所认识，也是我们加强了宣传工作取得的成效。劳动报社就贯彻《劳动法》出现的难点、重点和热点问题，以及疏导“民工潮”、加快社会保险制度改革，进行了深入的报道和宣传，受到各方面的关注。

（二）机关建设和后勤服务方面有新的起色

坚持不懈地抓好政治理论学习和反腐倡廉工作。今年以来，各单位以去年公务员考核为契机，加强了针对本单位的思想政治工作。完善了日常的政治学习制度，利用司务会、局务会、恳谈会、个别谈心等方式调动全体人员的积极性，一些单位干部、职工的精神面貌得到改变，加强了团结，振奋了精神，形成了学习理论、钻研业务的良好风气。与此同时，我们在全部范围内开展了以学习邓小平同志建设有中国特色的社会主义理论为主要内容的政治理论教育。开展了向孔繁森同志学习的活动，引导干部职工树立起正确的人生观和世界观，增强党性修养。广泛进行了各种形式的爱国主义教育，认真抓了党的组织建设和思想作风建设。提高了干部、职工的政治素质。

在反腐倡廉方面，继续坚持“预防为主，教育为主”的方针，注意防微杜渐，加强制度建设，及时传达中央有关会议和指示精神，并作出贯彻落实的部署。上半年，在贯彻中央纪委关于党政领导干部廉洁自律新的四条补充规定中，结合我部实际，制定了我部处以上干部应邀讲课的规定；根据中央纪委提出的“两个不准”的要求，制定了劳动部关于不准接受可能对公正执行公务有影响的宴请和不准参加用公款支付的营业性歌厅、舞厅、夜总会等娱乐活动的具体规定；制定了处以上干部个人收入申报办法；部署清查了“小金库”。各级领导干部“两手抓，两手都要硬”的意识增强了。大多数单位成立或明确了反腐败工作领导机构，不少单位加强了内部制度建设和监督检查措施，廉洁自律、自我监督机制开始形成。上半年，部机关和所属企事业单位没有发现太大的违纪问题。

在机关政务建设方面，继续重视发挥办公厅、综合司、法规司、劳科院等综合部门的作用，为党组决策提供服务。在总结机关运行工作经验基础上，党组年初提出了要建立参谋建议、调度催办、信息反馈、工作评估、质量保证五大体系。目前，这五大体系已开始运作，有的已见成效。在公文处理方面，利用典型事例抓质量，建立目标责任制，上半年这方面的工作有所进步。信访配合《劳动法》的贯彻做了大量工作。

机关人事工作，进一步健全了公务员考核的有关制度，根据工作需要，审核报批了新的工作机构，开展了公务员职位分类工作，认真贯彻中组部召开的培养选拔优秀青年干部会议精神，建立了部、局、处三级后备干部队伍。老干部局的同志不为名，不为利，勤勤恳恳，任劳任怨，在落实老干部政策，为老干部服务方面做了大量工作，受到老干部们的肯定。

后勤服务方面，基建工作紧紧抓住宿舍建设这个中心，上半年取得了实质性进展。合建芍药居宿舍一万平米工程，办公厅、综合司等部门千方百计筹措经费，跑市政有关部门，经过艰苦不懈的努力，大量前期工作基本完成，估计八九月份能够开工；部机关西院宿舍 6 000 平米工程和招待所改造 4 000 平米工程的前期工作进展顺利，如果不出意外的话，明年初也可以开工。可以告诉大家，我们制定的实现三年内基本解决我部职工住房的目标，现在看来问题不大。

我们应该感谢为解决我部职工住房辛勤工作的同志。房管工作做了早就想做而没有做的事，办公厅集中人力对我部所有职工、所有部属住房进行逐处、逐户、逐间地清查，哪些房子由谁住？谁住了哪些房？哪些房子被外单位人住了？哪些人住了外单位的房子？等等，基本摸清了底数，建立了档案，为住房的规范化管理奠定了基础；在清房中，也发现了一些问题，现正在对这些问题逐个进行分析、调查，对违反规定分房、占房的，要进行严肃处理。机关大院的秩序和安全也有了好转。食堂工作有了起色，在食堂就餐的职工基本满意。此外，车队、浴室、理发室、招待所、维修队等后勤系统的干部职工都在各自岗位上默默无闻地工作着，采取了各种措施，努力提高服务质量，大多数职工是满意的。

四达公司调整了机构设置和业务布局，进一步清理整顿了下属公司，各项指标都比去年同期有较大幅度上升。教育培训中心，也超额完成了上半年的经营任务。锅炉检测中心认真履行国家检测的职能，积极开拓市场，取得了一定成绩。出版社克服纸张涨价的困难，也基本完成了上半年的出版任务。

二、关于下半年工作

上半年的工作，按照全国劳动工作会议精神和年初确定的目标管理计划，取得了一定成绩，这一点要充分肯定。同时，我们也要清醒地看到，下半年面临的任务还很重，困难还很多，决不能有丝毫松懈。贯彻实施《劳动法》，制定配套法规规章的任务还十分艰巨；实现80%的职工实行劳动合同制度的目标，还存在许多困难，需要督促各地方案的施行；养老保险制度改革，绝大多数地区还停留在测算、论证阶段，指导、推动工作十分繁重；保障困难企业职工基本生活工作面临的形势仍然严峻；工资收入的宏观调控还没有找到切实有效的措施，抑制工资收入过快增长的任务十分艰巨；就业工作在开拓就业岗位方面还需要进一步研究；在下半年往往安全事故多发的情况下，要保持上半年安全生产有所好转的形势，还需要加倍努力地工作。为此，对下半年工作，部里总的要求是，全部职工要按照“学习、团结、勤政、廉政”的方针，振奋精神，再接再厉，根据全国劳动工作会议精神和目标管理计划的要求，扎扎实实抓好各项任务、目标的落实，保证全年工作的完成。

1. 贯彻《劳动法》要紧抓不放，务必完成年初提出的目标。《劳动法》是劳动领域的根本大法，真正贯彻好是一项长期任务。今年我们提出的目标是建立三项制度，逐步落实基本劳动标准。这些工作在上半年取得了一定成绩，但关键还要看下半年。应当看到，贯彻工作受宏观经济环境影响较大，无论是实行劳动合同制度，落实最低工资标准，还是开展劳动监察，无不碰到部分国有企业生产经营困难这一现实。要正确分析这一形势，在下半年的工作中，还是要强调贯彻《劳动法》的统领地位，从实际出发，以坚定不移的态度，积极稳妥的步骤，做好《劳动法》的贯彻实施工作，在劳动合同制度的实施、落实最低工资制度、建立劳动监察体制、制定配套法规等方面，完成年初提出的工作目标。

2. 把稳定职工队伍工作当成下半年一项紧迫任务继续抓紧抓好。今年的企业制度改革力度加大，企业减人增效，改制、改组、改造、破产、兼并，无不触动了深层次的利益调整。也就是说，有的改革不一定立即给所有职工带来利益，相反，可能触动一部分人的利益，由此带来的问题应当引起我们的足够重视。从当前的情况看，国有企业1/3以上亏损，在东北和西北地区亏损面超过1/2，近500万人不能按时足额领到工资；一部分企业已资不抵债，需要破产兼并，其人员安置难度很大；企业离退休人员的实际待遇下降，一部分人的生活难以为继；不少地方出现了集体上访、游行、静坐示威等过激行为，直接影响到社会稳定。情况表明，当前和今后一个时期维护职工队伍的稳定，已成为劳动工作的首要任务，做好稳定工作，是对全国改革的最大支持，是劳动工作服从服务于大局的最重要工作。劳动工作千条万条，关心群众疾苦、维护职工利益是最重要的一条，职工有困难必须帮助解决，这是我们义不容辞的职责。有的同志认为，这项工作难度很大，不是劳动部门一家能解决的，没必要牵这个头，这种想法是不对的。各有关司局要高度重视这项工作，在制定有关政策、发现推广典型等方面作出扎实的努力。8 月份我们将召开困难企业富余职工分流安置和保障职工基本生活问题座谈会，督促指导地方落实国家已有的各项政策，总结各地创造出来的新鲜经验，推动这项工作扎扎实实地开展起来，为解决这个事关企业改革和社会稳定大局的难点问题作出我们的贡献。

3. 社会保险工作，要全面肩负起城镇企业职工养老保险制度改革试点工作的监督指导、组织推动职责。养老保险制度改革方案的选择是关系到今后十几年、几十年，甚至更长时间的大计，我们肩负的责任很重大。上半年各地多在搞测算，酝酿方案，真正选定方案，进入运行，主要在下半年。因此，务必高度重视，集中人力，精心组织，深入各地，逐个帮助指导，督促尽快选定方案，争取年底有较多的省份选定方案，并进入运转；要积极推进基本养老保险覆盖计划，建立养老金正常调整办法，抓好社会保险基金的收支管理工作，加强社会化管理服务工作，指导各地采取有效措施，解决好离退休人员生活问题，维护社会稳定。医疗保险制度改革，要继续指导好“两江”的试点工作，特别是把九江的方案实施好，总结好。失业保险制度改革，一要保失业救济，二要紧密结合促进再就业。工伤、生育保险制度改革都要取得实际性进展。

4. 工资收入的宏观调控是新时期我们面临的突出问题之一。计划经济条件下指标控制的办法行不通了，市场机制又没有完全建立起来，那么，在过渡时期采取什么措施、运用什么手段能更有效地调控工资收入呢？这是我们不能回避、也回避不了的课题。需要下力气拿出一个思路来。经过十几年的改革，特别是近几年采取了不少有效的措施，工资收入的宏观调控取得了一定成效。值得注意的是，上半年工资总额增长幅度虽然比去年同期有所回落，但回落的幅度不大，仍高达 32.7%。工资收入宏观调控的任务依然很艰巨，如果不采取措施，到年底，很有可能创下改革以来工资总额增长幅度的最高记录。这一点，必须引起我们的高度重视！目前，我们已经采取的一些措施，还要坚持下去。同时，认真抓好监督检查，确保这些政策措施的落实。对部里上报国务院的《关于进一步加强企业工资收入宏观调控的意见》，要根据国务院领导同志的批示精神，抓紧研究，尽快下发执行。

5. 实行劳动合同制度和开展劳动监察，上半年已取得很大成绩，但主要是各地作决定、发通知、定方案，要使劳动合同制落实到每个职工、每个企业，还是一项十分艰巨的任务。有人认为，现在企业困难多、安置富余职工难度大，在这种情况下很难建立劳动合同关系，这种观念是不正确的。订立劳动合同的主要目的，一是变国家职工为企业职工，二是以法律形式明确劳动关系双方的责权利。既然是企业职工，就可以订立劳动合同，至于双方的权利义务，可以从实际出发，作出相应的调整。因此，确保年底有 80%的职工和企业订立劳动合同的决心不能有丝毫动摇。要搞好宣传工作，造成强大的舆论声势，要深入实际，调查研究，帮助解决实施中出现的问题，注意推广典型经验，推动全国工作的开展，保证在年底有 80%以上的劳动者与用人单位订立劳动合同，13 个省市全面建立劳动合同制度；要继续抓好劳动监察机构建设，不仅要在省级建，更重要的是在市县建，力争在年底全国有 80%的市县建立劳动监察机构。要大力开展劳动监察，严格依法办事，树立好劳动部门的执法形象。要重点抓好对有严重侵害劳动者合法权益现象的地区、企业的监察，使严重侵害劳动者合法权益的现象得到有效遏制；要加大劳动争议处理工作改革的力度，认真研究《劳动法》实施以后劳动争议出现的新情况、新问题，制定出相应的对策；要大力开展劳动法律咨询，注意发挥企业调解委员会的作用，同时，集中精力办案，保证今年劳动争议的结案率达到90%以上。

6. 就业工作重点是继续抓好“两个工程”的实施。解决企业富余职工再就业，是深化企业改革的关键之一。要按照国务院办公厅批转的实施再就业工程的意见，在全国大力推广这项活动，通过指导地方制定有关政策、措施、办法，将再就业工程引向深入；要认真落实综治委厦门会议精神，按照这次会议提出的目标任务和要求，切实做好民工有序流动工作，要通过建立和完善劳动力供求信息网、乡镇就业服务机构、证卡管理制度三项基础工作，为明年春节期间组织民工有序流动创造条件。要围绕两个工程，加强就业服务体系建设，结合“九五”社会经济发展规划，重点研究怎样发展中小企业，增加就业岗位，统筹安排城乡劳动力的思路。

7. 安全生产管理工作的目标是把伤亡事故压下来。上半年安全事故起数有所控制，这是多方面努力的结果，成绩来得不易。但还必须看到，安全生产的形势仍然很严峻。下半年是安全事故多发期，能不能保持上半年的好势头，我心里也没底，弄得不好会出大问题。因此，不能有丝毫松懈。要在抓紧立法、严格执法的同时，在预防上狠下工夫，加强对事故隐患的监管，加大对事故多发行业、企业的监察力度，特别是对煤矿及乡镇企业、外商投资企业的监督检查，确保今年的安全事故比去年有所下降。

8. 职业技能开发工作应当进一步给予重视。提高劳动者的素质，是国家经济发展的重要战略，在这方面我们肩负重任。我们已经制定了不少的法规、政策、办法，关键是落实。当前的突出问题是怎样把职业资格证书、职业技术等级同就业、上岗、待遇结合起来，真正调动起劳动者学技术的积极性，这个问题必须很好地加以研究。当然还要继续抓好推进国家职业资格证书、职业技能鉴定制度，改革和完善技校管理，组织开展中华技能大奖活动等项工作。

9. 科研工作在抓好中长期科研项目的同时，重点抓好贯彻《劳动法》、推进劳动制度改革过程中提出的应用性课题的研究；外事工作要紧密结合劳动工作实际，在提高质量上下功夫；统计信息工作要改进完善方法，进一步提高效度和信度；宣传工作要往深层次开拓，在广度上做文章，取得更好的社会效果；机关运行、人事管理、后勤保障等项工作，也都要紧紧围绕部里中心工作开展，特别是基建和房管工作，不能有半点放松；出版社、劳动大厦、四达公司都要改善经营管理，取得更好的经济和社会效益。

完成上述工作，需要全部上下付出更艰苦的努力。这里，提出如下要求：

第一，坚持从大局出发，认真把握和处理好改革、发展、稳定的关系。劳动工作要不折不扣地贯彻中央二十字方针，我们想问题、定政策，都要从这个全局出发。不谋全局就不足以谋局部。我们不能整天只知道自己那块事，对宏观经济运行不了解，对中央的大政方针领会不深，这样我们这一亩三分地也很难种好。要努力掌握大局性的东西。要做到这一点，就必须加强学习，领导干部首先要做到这一条。

第二，进一步抓好反腐倡廉工作，保持人民公仆的形象。政府机关工作人员是人民的公仆，我们做事情应处处以人民利益为最高利益。在市场经济大潮中，如何保持人民公仆的形象，对我们是个严峻的考验。最近公布的王宝森案件表明，党内确实有少数人搞腐败，也表明我们党是有决心、有能力清除腐败，这也为我们敲响了警钟。在这方面，大部分同志做得比较好，但不能说没有问题，我们部并不是无腐可反，违纪现象还时有发现。每个同志都要严格执行中纪委各项反腐倡廉的规定，确保在这方面不出问题。

第三，坚持实事求是，一切从实际出发，不搞形式主义。解放思想，实事求是，是邓小平同志建设有中国特色社会主义理论的精髓。劳动工作涉及人民群众的切身利益，来不得半点虚假马虎，必须坚持从实际出发，了解真情，掌握第一手资料，这样制定出的政策才能符合国家和人民的利益。要坚决反对报喜不报忧，报功不报过，反对浮夸，反对作官样文章，提倡务实、扎实的工作作风。

第四，加强整体协调，形成整体合力。机关综合协调运转，是提高效率的重要保障。我们部里还存在着职责不清、推诿扯皮的现象。为有效改变这种现象，部里提出建立参谋建议、调度催办、信息反馈、质量保证、工作评估五大体系，以促进机关工作的快捷、高效运转。这个体系的建立还刚刚开始，我们要逐步适应它、完善它，使其发挥更大的效用。

同志们，今年的工作已经取得了一定成绩，我们肩上的担子还很重。让我们团结一心，埋头苦干，在下半年的工作中取得新的更大的成绩，无愧于党中央的重托，无愧于广大职工群众的厚望。

认真贯彻国务院 6 号文件[①] 全面推进养老保险制度改革

——在山东省城镇企业职工社会保险制度改革工作会议上的讲话（摘要）

（1995 年 8 月 2 日）

李伯勇

国务院 6 号文件是继国务院 33 号文件[②] 之后，有关养老保险制度改革的又一个重要的指导性文件。它的内容很全面，除了基本养老保险实行社会统筹与个人账户相结合之外，还有扩大养老保险实施范围，确定基本养老金水平，逐步提高个人缴费比例，建立基本养老金正常调整机制，建立企业补充养老保险制度，加强养老保险基金管理和实现管理服务社会化等。当前，应从以下几个方面，贯彻国务院《通知》，全面推进养老保险制度改革：

（一）按照国务院《通知》提出的改革目标，要将基本养老保险实施范围扩大到城镇各类企业及其职工，具备条件的地区可以扩展到城镇个体劳动者和私营企业主；在本省范围内，对各类企业的养老保险实行统一制度、统一标准、统一管理和统一调剂使用基金。最近劳动部下发了《关于印发〈基本养老保险覆盖计划〉的通知》（劳部发[1995]240 号），对此提出了目标、进展要求和政策措施。希望各地根据《通知》要求，制定本地区的覆盖计划，并在规定时间内完成这

① 即《国务院关于深化企业职工养老保险制度改革的通知》（1995 年 3 月 1 日）——编者注。
② 即《国务院关于企业职工养老保险制度改革的决定》（1991 年 6 月 26 日）——编者注。

一计划。

（二）适当确定基本养老保险待遇水平。这是养老保险改革中一个十分重要的问题，必须科学、慎重地予以解决。我们认为，基本养老金只能用于基本生活需要。确定其水平既要照顾现实情况，又要考虑长远，要与我国生产力发展水平及企业、职工、社会各方面的承受能力相适应。从目前看，我国工资水平不高，保障层次单一，养老金相当工资的替代率只能维持一个较高的水平；但从长远看，随着我国经济的发展和工资水平的提高，多层次保障的建立，要逐步将基本养老金调整到一个适当的水平。养老保险制度改革直接影响到亿万劳动者及其家属的切身利益，是十分敏感的社会问题。养老保险待遇具有很强的“刚性”，只能上，不能下，只能多，不能少。因此，确定方案一定要慎重。水平高了，企业难以承受；水平低了，群众又有意见，势必给改革工作增大难度。搞不好还有可能引发社会的不安定。我们在改革中要统筹考虑，周密设计，认真测算，模拟运转，努力平衡方方面面的关系，慎重稳妥地解决好新老制度衔接和平稳过渡工作。

（三）要继续巩固、推进个人缴费制度。个人缴费比例要随工资增长逐步提高，一般是每两年提高一个百分点。在经济发展较快、职工工资增长较多的地区和年份，个人缴费比例提高幅度可以适当高一些。在提高个人缴费比例的同时，相应地降低企业缴费比例，以减轻企业负担。

（四）建立基本养老金正常调整机制。建立调整机制是保障企业离退休人员基本生活，维护社会安定的需要。当前，物价上涨较快，企业离退休人员待遇偏低的问题较为突出，建立调整机制有利于缓解这个矛盾并从机制上消除问题的根源。按照国务院《通知》精神，每年可按当地上一年度职工平均工资增长率的一定比例调整一次基本养老金，调整比例在一般情况下为40％～80％，各省可根据养老保险基金的支付能力在上述范围内自行确定。最近劳动部与财政部协商，考虑到去年工资增长幅度较高和今年要控制消费基金的过快增长，今年调整幅度拟控制在60％以内。

（五）大力发展并逐步规范企业补充养老保险制度。各地在进行基本养老保险制度改革的同时，要认真研究、大力推动企业补充养老保险制度的建立，以改变养老保险层次单一的局面。各级劳动部门要加强对企业补充养老保险工作的指导，劳动部也准备下发一个补充养老保险的指导性文件，对企业补充养老保险的实施条件、补充水平、资金渠道、鼓励政策、经办机构资格认定及管理监督等问题提出参考意见。

（六）加强养老保险基金管理。基本养老保险金是离退休人员的“活命钱”，一定要切实加强管理，建立健全基金的预算和财务、会计、审计，特别是监督制度，严格审核管理费提取比例，控制管理费支出。养老保险基金的结余，按劳动部、财政部规定，除留足2个月的支付周转金外，80％左右应用于购买国家发行的社会保险基金特种定向债券。另外，基金监督机构要尽快建立起来，强化社会监督职能，对此劳动部已经起草了《关于建立健全社会保险基金监督机构的通知》，正在征求有关部门的意见，最近将下发各地。

（七）实现管理服务社会化。当前，要把社会保险管理服务社会化摆到重要位置。这是社会保险机构的一项重要职责，不但要为企业职工办理保险手续，建立“手册”和“账户”，加强基金收缴、管理与运用；还要将目前企业发放养老金改为社会化发放，加强对企业离退休人员的管理服务，使离退休人员逐步与原单位脱离，使退管工作逐步由企业转向社会。

（八）加强基础工作，实现管理计算机化。基本养老保险实行社会统筹与个人账户相结合，对传统的人工管理方式提出了强烈的挑战。账户的建立，使工资记录、养老金计算与发放的工作量数以百倍地增加，不实行计算机管理，新的保险制度就不能良好地运行。发达国家的社会保险管理均实现了计算机网络化。因此，要下大力气改变我国社会保险管理水平低、不能适应新制度要求的状况，配置合适的硬件设备，培养专门人才，为真正提高服务质量做好物质技术保证。

还有一点，就是要在改革中理顺管理体制，加强各方面的协调配合，保持社会保险机构的稳定。在当前改革和稳定任务都十分繁重的关键时刻，必须保持社会保险管理体制的稳定，否则势必分散精力，贻误工作，对养老保险制度改革工作造成损失。对此，在本届政府任期内，要按国务院“三定”方案执行，保持现行管理体制不作变动，各负其责，做好工作。国务院6号文件又进一步明确，“全国城镇企业职工养老保险工作由劳动部负责指导、监督，深化企业职工养老保险制度改革的工作亦由劳动部负责推动。”我们要本着对国务院、对企业职工负责的精神，积极主动地担负起对这场改革的组织、推动、监督的责任，并虚心地向企业、部门学习、请教，主动做好协调配合和上门服务，搞好深化改革工作。

大力宣传贯彻《重大事故隐患管理规定》努力减少我国重大恶性事故的发生

（1995年8月22日）

李伯勇

《重大事故隐患管理规定》（以下简称《规定》）由劳动部颁布并从10月1日开始实施。这是遏制重大恶性事故发生的一项重要举措，是贯彻落实“安全第一，预防为主”方针的具体体现。各地区、各部门都应认真学习、大力宣传、深入贯彻，努力把各类事故苗头消灭在萌芽之中，确保国家财产和人民生命安全不受损失。

随着经济的发展、科学技术的进步，生产过程的条件、装置，交通工具的容量、速度，建筑物的高度等都发生了巨大的变化，其潜在的能量常常因为其事故隐患未能得到及时消除而导致发生灾难性的事故。形成事故隐患的原因很多，如资金投入不足而造成设备带病运转或危房得不到改造；因技术落后不能保证正常生产的；因规划不周引发各种危险的；因管理不善无章可循的；因人为的因素引发的，等等。由于事故隐患未得到及时整改而导致重大、特大事故发生的案例相当普遍。1990年3月12日，甘肃酒泉钢铁公司炼铁厂一号高炉发生特大爆炸事故，就是因为开炉及大修时留下的事故隐患未消除等综合因素导致冷却设备大量损坏，炉皮频繁开裂，致使高炉内部爆炸，炉体倒塌，造成严重损失。1991年2月9日，辽宁省辽阳市庆阳化工厂硝化工房发生特大爆炸事故，其主要原因之一是TNT生产线设备老化，长期存在特大事故隐患而未进行整改酿成的。1994年的吉林、辽宁、新疆等地的大火，都是由于事故隐患未消除而造成的。这些教训极为深刻。

近几年来，各级人民政府和安全管理部门用很大的精力抓事故调查处理工作，这对于吸取事故教训，有针对性地采取预防措施，有效地保证人民生命和国家财产的安全，以及预防事故的再次发生起了一定作用。要从根本上防止和减少事故，还必须坚持预防为主，加强事故隐患治理。从1994年起，我部开始对各地区、各部门重大事故隐患进行调查摸底。据初步汇总，全国重大、特大事故隐患共有959项，其中地区有411项，有关部门有548项。调查表明，我国重大事故隐患分布点多面广，隐患类型和特点错综复杂，隐患状况十分严重，必须采取切实有效的措施加以控制和整改，否则，这些重大事故隐患一旦失控，将可能给人民生命安全和国家财产造成巨大损失，并将带来不良的社会影响。经分析，重大事故隐患长期存在的原因与职责不明、奖罚不清、监督不力、资金投入不足、安全技术跟不上等有关。为此，根据我国的具体情况，我部制定颁布了《重大事故隐患管理规定》。

《规定》明确了重大事故隐患的定义；提出了对重大事故隐患进行分级管理的原则；规定了劳动部门、行业主管部门和企事业单位在重大事故隐患的评估、报告、管理、监控、整改等方面的职责和义务。同时，为了保障《规定》的贯彻实施，《规定》还对有关条款执行的监督检查和奖罚作了明确规定。

当前，各地区、各部门应认真学习、正确把握《规定》的基本内容和各项条款，充分利用报纸、广播、电视等多种形式的宣传活动，使企业职工和领导都能了解和掌握《规定》，正确贯彻执行《规定》。各级劳动部门应当履行对《规定》实施情况的监督检查，要把监督检查同《规定》的宣传、学习有机地结合起来，使《规定》能真正得到贯彻执行。

提高认识，明确任务，努力做好困难企业职工生活保障、生产自救和分流安置工作

（1995年9月9日）

李伯勇

一、充分认识解决困难企业问题的重要性和紧迫性

当前，在深化企业改革和产业结构调整过程中，出现了一批困难企业。这些企业生产经营活动难以正常开展，职工长期放假。有的企业拖欠职工工资和离退休人员的离退休金，致使不少困难企业职工靠吃补助和救济度日；有的职工自谋职业渠道不畅，生活难以为继；有的地区吃饭难、治病难、子女上学难再度出现。这些情况在西北、东北地区和煤炭、森工、军工等行业尤为突出。这种严峻的形势和突出的矛盾，已经到了非下决心解决不可的时候了。

困难企业形成的原因是多方面的。有的是面临产业萎缩、行业不景气；有的是不能适应市

场竞争要求，经营机制没有完全转换过来；有的是长期经营管理不善，经济效益低下；有的是因资金相互拖欠，生产投入困难；有些老企业更新改造资金不足，设备老化，富余职工多，负担沉重；还有的原材料工业企业因资源枯竭，无法维持生产；一些军工企业民品开发不足，亏损严重；等等。产生这些问题，有现实原因，也有历史原因；有内部管理上的原因，也有外部政策环境上的原因，可以说是经济体制转轨过程中各种矛盾的综合反映。

困难企业问题已成为影响我国社会经济发展的一个重要问题。首先，这类企业不仅不能为经济发展提供支持，相反还要依靠国家补贴度日，增加了财政负担，严重影响了经济发展。同时，由于困难企业职工及其家庭的基本生活得不到保障，人心不安，队伍不稳；在困难企业集中的地区，集体上访、游行、静坐等事件也时有发生，影响了社会稳定。一批困难企业的存在，也使企业改革的各项措施得不到落实，转换机制难以到位，严重阻碍深化改革的顺利进行。因此，困难企业问题关系到改革、发展和稳定，是影响大局的重要问题。对此，我们决不能掉以轻心。党中央、国务院领导同志非常重视困难企业问题，多次强调“为政之道在于安民，安民之道在于体察其疾苦”。邦国副总理在听取工会和劳动工作汇报时，也要求我们注重研究解决困难企业职工的生活保障问题。我们是社会主义国家，人民政府要保证人民群众有饭吃。劳动部门、经贸部门和工会组织都是为企业和劳动者服务的。目前，困难企业面临这么多的问题，一些困难企业职工基本生活难以保证，我们有责任关心他们，扶助他们，千方百计帮他们渡过难关。只有这样，才能保持职工队伍的稳定，才能促进改革的顺利进行。因此，我们一定要从大局出发，充分认识这项工作的重要性和紧迫性，主动承担起相应的责任，把困难企业职工的生活保障、生产自救和分流安置工作抓紧做好。

二、进一步理清解决困难企业职工问题的思路和方法

在讨论过程中，大家认识到，解决困难企业问题，要有责任感，要有明确的思路，还要有相应的政策。归纳大家的讨论和地方的实践，形成了以下几个方面的共识：

第一，解决困难企业职工问题政府要负首要责任，还要充分调动企业和职工的积极性。对那些由于经营管理原因造成暂时困难的企业，我们要关心其职工的基本生活；对那些由于历史及国家政策调整原因造成困难的，更要加以重视。这些企业职工，尤其是中老年职工，他们曾经为经济建设作出过贡献，为国家积累了大量财富，贡献了青春。他们目前碰到了困难，有的连基本生活都得不到保证，政府是有责任帮助他们的。社会主义市场经济既讲求效率，也要保证公平。对于那些曾经为国家作出贡献的企业，对于暂时碰到困难的职工，我们要主动地关心他们，满腔热忱地帮助他们解决困难。既要保证职工基本生活，帮助职工多渠道再就业，有条件的，也要帮助企业恢复生产，从根本上解决问题。那种简单地将困难企业当作包袱，不关心其痛痒，敷衍了事的态度是不对的。用甩包袱的思想去处理困难企业职工问题，工作就不能摆上日程，资金、政策、措施就不能到位，不能解决实际困难，还会严重挫伤职工积极性，甚至会带来一些更为严重的社会问题。许多代表讲得好：我们应该以高度的责任感和积极主动的态度，将困难企业职工视为财富去开发利用，充分调动他们的积极性，帮助他们解放思想、转变观念、挖掘潜力，使他们作为解困的主体，在发展生产中努力实现再就业，靠自己的力量脱困致富。许多地方的实践也证明，只有这种积极的开发性解困，才能将救济对象转变为社会财富的创造者，才能将困难企业职工问题所带来的压力，真正转变为发展生产、实现重新振兴的动力。

第二，解决困难企业职工问题既要治标，又要治本。困难企业职工问题，是当前深化企业改革中的突出问题，也是今后相当一个时期存在的现象，不仅在产业结构调整时期和计划经济向市场经济转换的过程中会出现，即使是建立起了比较完善的市场经济体制，也会出现一些竞争中的弱者。因此，解决困难企业及其职工的问题是一个长期的任务。对此，我们要有一个清醒的认识，要有打持久战的思想准备。在工作中要有一个大的思路，从大处着眼，从小处着手。既要采取应急措施，解决好当前最紧迫的问题，又要探索一种新的机制，寻求从根本上解决问题的途径。

对困难企业职工，首先要想方设法保证他们的基本生活，稳定职工情绪。对那些一时难以振兴、又无法马上破产和被兼并的企业，在保障其职工基本生活的同时，还要寻求一条解决问题的有效途径。从我国历史上几次经济调整时期解决就业问题的经验看，通过组织生产自救，在发展生产中解决职工的生活困难，是一个有效的办法。50年代初，我们组织失业职工搞生产自救、以工代赈，形成了一批公益工程和合作商业网点；50年代末，我们组织职工家属搞生产自救，形成了集体经济的雏型；70年代末，我们组织返城知青创办劳服企业，形成了一批生产自救和社会安置基地；90年代初，我们组织富余职工、失业职工兴办第三产业，开辟新的生产门路，缓解了就业矛盾，保证了社会稳定和改革的顺利进行。当前一些地方和企业解困的经验也证明，通过开展多元化经营，发展三产和其他因地制宜的项目，组织劳务输出、劳务合作、临时性劳务活动和鼓励自谋职业等措施，可以在发展生产中解决职工的生活困难问题。尽管目前这项工作在思想认识、政策环境、组织形式上还存在许多困难，但只要认真总结经验，努力开拓进取，我们相信是能够打开局面的。总之，对处在困境中的企业及其职工，我们应当改变单纯救济的办法，更多地通过生产自救，在发展生产中找出路。

从长远讲，要抓紧建立和完善社会保障体系，加快培育和发展劳动力市场，还要坚持产业结构调整和企业深化改革，以此作为解决困难企业职工问题的根本出路。一方面，通过国家政策引导，加快调整产业、产品结构，努力改善企业经营管理，使一些企业扭亏为盈，重新振兴；另一方面，对那些资不抵债，长期亏损，已不适应产业政策要求的企业，要进行破产和兼并，对其职工通过失业救济保障基本生活，并通过就业服务实现再就业。

第三，要把解决困难企业职工的问题作为一个社会系统工程，动员方方面面力量，共同努力抓好。与会代表们一致认为，这项工作，涉及社会经济发展的方方面面，头绪多，难度大，需要国家和地方政府在政策、资金上的扶持，需要各综合管理部门密切协作配合，需要社会各界的帮助支持。因此，要调动方方面面的积极性，有钱的出钱，有力的出力，尤其是各级政府要制定相应政策。只要各方重视，齐抓共管，就能够取得成效。做好这项工作，无论是保障职工基本生活，组织开展生产自救，还是进行分流安置，各级政府、各有关部门和工会组织都负有不可推卸的责任。一方面，要以对人民群众高度负责的精神，把份内的工作做好，比如，劳动部门要确保养老保险金、失业保险金的足额收缴和发放，确保最低工资制度的实施，扶助生产自救，分流安置富余职工等，都要认真抓好，干出实效；另一方面，我们这些部门要给政府当好参谋，主动出主意、想办法，制定行之有效的政策措施，在政府统一领导下，动员社会力量，共同做好工作。

三、采取有效措施，开拓工作新局面

在过去几年里，在困难企业职工生活保障、生产自救和分流安置方面，国家制定了一些政策，指导这项工作取得了成效。地方也出台了一些配套办法和行之有效的措施，创造出一些好的经验，为做好这项工作趟开了路子。当前，我们要认真总结这些实践中的成功经验和好的做法，进一步做好工作。有些主要工作，清泰、一龙同志在开幕式讲话中已提出了要求。在此，我再强调几点。

第一，将解困工作列入本部门的目标管理和工作日程。各级劳动、经贸部门和工会组织要充分认识这项工作的重要性和紧迫性，将其作为当前工作的重要内容，纳入工作日程，确定目标责任制，切实加强领导。要深入调查研究，摸清底数，掌握情况，制定解困的工作方案，提出相应的政策建议和措施办法，并确定职能部门和专人负责，切实抓好组织实施工作。当前，要把工作先干起来，用典型引路，总结经验，大力推广，争取在今年年底取得初步成效。

要积极争取社会各方面的支持。要主动向政府及有关部门汇报情况和协调工作，积极争取政府将解困工作作为推动企业深化改革、维护社会稳定的一项重要措施和为群众办实事的一项重要内容，并配合有关部门制定政策措施。在困难企业集中的地区，可建议成立由政府牵头、有关部门参加的解困工作领导班子，已成立实施“再就业工程”领导小组的地方，可将两者结合起来。要继续深入开展“送温暖”等活动，依靠社会方方面面，为解困工作提供支持和帮助。

第二，抓好政策落实，保障困难企业职工基本生活。要与有关部门共同配合，切实把国家已有的保障困难企业职工基本生活的各项政策落到实处。对于困难企业职工，首先要保证其最低工资。目前，全国已有28个省市公布了最低工资标准，这是对职工合法权益的最基本保证。经贸部门、工会组织和劳动部门要加强监督检查，并积极协助企业、行业主管部门逐一落实。同时，对于参加失业保险的困难企业职工，经批准可以从失业保险金中给予救济。对于困难企业中的离退休人员，要将他们的离退休待遇落实到位。对于参加退休费用社会统筹的困难企业离退休职工，要按时足额给付养老保险金；对未参加养老保险社会统筹的企业，应督促主管部门妥善解决这个问题；企业破产时，要切实把社会保险费作为清偿的优先序列。

对按时发放工资确有困难的企业，要协调有关部门，开立工资预留户；对于长期亏损、没有还款能力的企业，按银传34号文件的要求，由政府贴息、银行贷款，采取“三家抬”的办法，确保职工的基本生活；对于因放长假、家庭生活严重困难的职工，帮助落实民政救济。

有条件的地方，应建立扶困基金，对困难企业职工进行生活救助，帮助开展生产自救。基金来源通过财政拨款、主管部门筹款、划拨部分失业救济金、社会捐赠及其它渠道筹措，由财政、经贸、劳动、银行、工会等部门成立管理委员会，共同对基金进行管理，并加强资金使用的监督检查，专款专用，确保这笔钱在解决困难企业职工问题上发挥作用。

第三，大力组织生产自救。组织困难企业和职工开展生产自救，要实行政府指导和扶持、行业主管部门帮助、企业组织、个人参与和社会关心相结合的机制。要争取政府及有关部门，将组织困难企业开展生产自救与当地发展经济和第三产业结合起来，纳入政府和部门总体发展规划，统一部署，分步实施，合理安排；要发挥行业主管部门的作用，在产业结构调整中，把生产自救项目列为一项重要内容；要鼓励和支持困难企业通过兴办三产项目、开办经济实体、组织劳务协作、以工代赈、参与社会公益事业等多种形式开展生产自救；要引导和支持困难企业职工积极参加各种形式的生产自救项目，鼓励职工出主意、想办法、找门路，搞二次创业。尤其是教育职工转变就业观念，扩大择业面，更好地解决当前的困难。

我们在组织困难企业职工开展生产自救工作中，要加强分类指导和重点服务，列出重点地区、重点行业和重点企业的清单，有针对性地研究对策，分门别类地解决问题；要与财政、税务、工商、银行、城建、国土、国资等有关部门加强协作配合，共同制定政策措施，解决好扶持生产自救及促进再就业的资金、场地、税收、工商登记、国有资产和国有土地有偿使用等方面的问题。

在这里，还应该强调的是，在组织开展生产自救的过程中，要特别重视发挥劳服企业的作用。要充分利用15年来劳服企业在组织生产自救、广开就业门路方面积累的经验和做法，利用国家给予劳服企业的优惠政策，开办新的网点；同时，要鼓励现有劳服企业挖掘潜力，完善机制，吸收一部分困难企业职工；还可以利用困难企业的设备、场地等，实行企业联营、项目嫁接，开拓生产自救的新门路。

第四，结合实施“再就业工程”，做好困难企业职工的分流安置工作。要将困难企业职工的生产自救和分流安置，作为实施“再就业工程”的一个重要内容，统筹规划，统一组织。要实行积极的劳动力市场政策，使企业安置、个人自谋职业和社会帮助安置相结合，综合运用政策扶持和就业服务手段，推动困难企业职工的生产自救和分流安置工作。各级劳动部门要加强对困难企业职工分流安置工作的组织、指导、协调、服务，做到组织上有保证，服务上能到位。要充分运用就业服务各项手段，围绕解困开展工作：积极发展各种形式的职业介绍机构，为困难企业职工搞劳务输出和从事临时性工作提供信息；就业训练中心要为困难企业职工开展生产自救和转换岗位提供专项训练，并有针对性地进行岗位训练，为企业恢复生产做好准备；失业保险机构要根据工作需要，规划和安排失业保险基金生产自救费的使用，扶持困难企业职工开展生产自救的项目；劳服企业要扩大经营，开拓生产，增强吸纳安置困难企业职工的能力。要充分发挥就业服务体系“四位一体”的整体功能和积极作用。还要大力支持工会等社会团体开展各项再就业活动。

第五，抓紧制定综合配套政策，搞好宣传发动工作。做好解困工作，关键是要抓好政策的制定和落实。这次会议提供讨论的政策性文件，大家提出了许多很好的意见，我们要认真研究，抓紧修改完善，将以十部委局和全国总工会的名义，报送国务院，请求尽快转发。各地同志不要等，要结合会议的指导思想和文件的基本原则，根据本地实际，抓紧研究制定切实可行的政策和措施，上下共同努力，为解决困难企业职工问题提供有力的政策指导，创造良好的外部条件。与此同时，还要特别注意做好舆论宣传和思想发动工作。要通过多种宣传形式，大力宣传党和国家对困难企业职工的关怀，宣传国家对保障职工合法权益和促进再就业的政策措施，宣传组织困难企业职工开展生产自救的意义和作用，宣传解困中的好典型、好经验，争取社会各方面的理解和支持，引导企业和职工群众转变观念，树立起艰苦创业、自救自立的意识。

这次会议以后，我们要抓好贯彻落实工作。要及时传达会议精神，特别是认真学习吴邦国副总理的讲话，研究贯彻落实的具体意见。据我们了解，有些省已经做了安排，回去后马上召开会议，传达会议精神，借鉴兄弟省市的经验，部署工作。这种做法很好，值得学习。

做好困难企业职工的生活保障、生产自救和分流安置工作，是一项艰巨、复杂而又十分光荣的任务。我们一定要从大局出发，勇敢地承担这一重任，真心实意地为困难企业和职工服务，共同做好工作，为深化企业改革，保持社会稳定，促进经济发展，作出我们应有的贡献。

（本文是李伯勇部长在困难企业职工生活保障和分流安置工作座谈会上的讲话，略有删节）

总结经验，深化改革，为劳动事业发展提供优质服务

——在全国劳动统计工作暨表彰大会上的讲话

（1995年9月13日）

朱家甄

同志们：

大家好！很高兴参加这次在太原召开的全国劳动统计工作暨表彰大会。来之前综合计划与工资司的同志叫我讲一讲，我想讲三句话：一是对大家表示感谢；另外想跟大家讨论讨论劳动统计当中存在的问题；三是请求我们各级领导同志进一步重视和支持一下统计工作。

这次会议的召开正值劳动部门开展劳动统计工作十周年纪念之际，我代表劳动部党组向在劳动部门坚守劳动统计工作岗位十年的统计工作人员和先进单位致以热烈的祝贺，同时向全国劳动部门广大劳动统计工作者致以亲切的慰问！同志们，我们从事劳动统计工作的很多是女同志。当你了解到，一个省厅（局）只有一个统计人员，而且是个女同志，她不但管统计工作，而且还兼管信息、计算机等多种工作的时候，我想我们都应当为她们的精神所感动；当你了解到她们为完成任务而经常加班加点的时候（统计工作人员少、任务重，我们很多同志没办法，只好把小孩子交给别人，然后加班加点），我想我们不能不向她们表示感谢；当你了解到很多人连参加这次会议的经费都没有，很多人是经过厅（局）长的特批才来的，而且还有一些人未能参加这次会议来领取一纸属于他们自己的荣誉证书的时候，我想我们都会为对他们支持得太少而感到惭愧。这些劳动统计工作者勤勤恳恳、默默无闻地工作在自己的岗位上，甘当无名英雄。十年了，我们才开这么一次表彰会。所以我建议，我们再一次以热烈的掌声向所有工作在劳动统计战线上的同志表示诚挚的慰问！

十年前，根据劳动部与国家统计局关于劳动统计由劳动部门、统计部门分工负责的协议，从1985年开始，在劳动部门开展劳动统计工作。这十年在各级人民政府和有关部门的支持和关怀下，经过全国各级劳动部门的领导同志、劳动统计工作人员的艰苦努力和辛勤工作，克服了重重困难，使劳动部门分工负责的劳动统计工作在统计信息、咨询服务、监督管理方面初步步入正轨，形成了体系。劳动统计工作人员为劳动事业发展做了大量有益的工作，取得了很大的成绩，这是应当大书特书的。首先，我们建立了一整套劳动统计规定和工作制度，确保劳动统计有章可循，提高了统计管理水平；二是适应社会主义市场经济发展要求，由劳动部会同国家统计局、国家计委、人事部、农业部、全国总工会联合攻关，已经建立了较为系统、全面的“中国劳动统计指标体系”，其中一部分指标已运用到现行劳动统计中；三是研究、探索了建立劳动统

计调查方法体系，改进了劳动统计调查方法，从以前单纯依靠全面报表，到综合运用各种调查方法，提高了提供统计信息和咨询的能力；四是建立定期劳动统计分析和统计信息公布制度，强化了统计监督的职能；五是改变了以手工统计作业为主的状况，广泛采用了计算机技术；六是不断培养和锻炼统计干部，提高了统计人员素质。

十年来，劳动统计为劳动工作宏观管理和科学决策，以及劳动事业的发展提供了重要的统计信息资料。事实证明，劳动统计是确保劳动事业持续、稳定发展的基础性工作。正是由于大家的努力，才使我们的劳动统计工作从无到有，发展壮大。我们今天表彰了 79 位优秀统计工作者。我想借这个机会，通过你们向全国的劳动统计工作者再次表示我们深深的谢忱！劳动部党组，从李部长到几位副部长，对统计工作非常重视、非常关心，几次指示综合计划与工资司要研究统计工作，要和国家统计局协调好统计工作的各种关系。部里劳动制度改革所需要的统计信息资料，没有大家的努力是得不到的，所以我们从心里非常感谢大家！这是我想说的第一句话。

我想说的第二句话，就是要正视劳动统计当中的问题。我觉得劳动统计中确实还存在很多问题。其原因和同志们没关系，这主要是我们领导上的原因，是劳动统计工作管理体制上的问题造成的。这些问题归纳起来，大致有这样几个方面：

1. 当前的劳动统计工作和当今世界发展状况不相适应。当今世界和平与发展是两大主题，目前社会发展已经成为各国的首要问题。今年联合国连续召开两次全球性会议，一次是三月份在哥本哈根召开的世界社会发展首脑会议，专门研究了社会发展的三大主题：(1)消除贫困；(2)促进就业；(3)社会融合。其中，消除贫困也包括消除城市的贫困。促进就业和我们的工作更是密切相关。社会融合是一个新的课题，同时也是一个正在发展中的课题，与社会进步、社会发展密切相关。这说明，社会工作、社会进步、社会发展已经成了全世界的一个主题。紧接着就是现在正在北京召开的第四次世界妇女大会，再次提出了社会发展问题，也就是妇女团结发展的问题。这些问题都和我们劳动工作密不可分，正是在这些社会问题提到日程上的时候，才感到劳动统计工作确实还很欠缺，很多情况反映不上去，很多数据拿不出来。所以我们应当把劳动统计工作摆在世界发展、社会进步这样一个高度来认识才行。

2. 当前的劳动统计工作和我国飞速发展的改革开放形势不相适应，和建立社会主义市场经济体制的要求不相适应。建立社会主义市场经济体制是经济体制的一个根本变革，对劳动统计工作提出了许多新的要求。如果说过去在计划经济体制下，需要强调劳动统计的重要性和必要性，那么在建立社会主义市场经济体制的过程中，就更要强调劳动统计工作的重要性和必要性。可是我们当前面对的却是很多地方、很多单位在放松统计工作，在削弱统计工作。在社会主义市场经济体制的条件下，要求赋予统计工作许多新的内涵、新的内容，要求我们采用新的方法。首先在宏观决策上，各级政府、各个部门的工作职能都必须有所转变。如果说过去各级政府、各个部门还是侧重于管硬件、管微观，一直统到底，统得过死的话，那么现在，各级政府、各个部门的职能已经转到了管宏观，间接管理，要靠统计信息，靠咨询服务。因此，对我们统计信息咨询工作的要求也就越来越高。当前特别需要各级政府、各个部门加强对劳动领域里的宏观调控，引导劳动力市场的健康发展，因此也就需要更多准确、及时、全面的劳动统计信息，同时要对市场运行的态势、前景进行监督、监测。其次，从微观上看，在社会主义市场经济条件下，企业也需要更多的信息。而现在不管对微观还是宏观，我们统计工作都表现得很不适应。

3. 当前的劳动统计工作与劳动制度改革、《劳动法》的贯彻实施不适应。当前劳动统计工作面临的最主要的矛盾，就是社会主义市场经济条件下日益增长的统计信息需求和传统的、落后的统计生产方式之间的矛盾。我们现在还是过分依赖全面统计那套东西，而在进入市场经济过程中，随着改革的深入，劳动统计工作也应当不断地深化改革，应当采用以必要的全面调查为基础、辅之经常性的抽样调查、重点和典型调查及科学推算综合运用的统计调查方法体系，同时再加上统计分析、统计预测。我们应当大力借鉴国际上的统计科学和技术，建立起适应中国国情的、能够真实反映我国劳动事业发展实际的劳动统计体系。但由于我们总想追求全面统计，所以有很多问题得不到解决。有时急需得到某些数字却找不到，统计数字到用的时候方恨少。去年，中财办交给我们一个任务，搞收入分配调查，也是缺少数据，已有的数据也常常碰不上，银行的数、统计局的数、财政的数和我们的数常常存在比较大的差异。平常我们就缺乏典型调查，科学的分析预测做得也不够，到急的时候真着急。现在大家也看到我们的统计报表真正有用的、能说明问题的不是太多，一方面说明我们的工作薄弱，另一方面说明我们的统计方法陈旧，急需改革。

4.当前的劳动统计工作与整个劳动工作同国际上接轨的要求不相适应。一个是统计数据比较少。国际劳工局有个图书馆，资料非常丰富，你随便调出个微缩胶片，一看数据非常详细，我们没有。我们要想和国际劳动工作接轨的话，如果在统计工作上不能接轨，那是很难想象的，你提供的数据和他提供的数据都没法对比，你采用的方法和他采用的方法根本不一样，内涵也不同，你怎么对接?更主要的是，我们现在还没有充分认识到劳动统计工作有自己的特殊性、独立性和现实性。我说这话是什么意思?就是劳动统计工作最终要独立起来，不能混同于其它国民经济和社会统计，按常规的抓法去抓、去搞，它有它的特殊性，它有它的独立性。把劳动统计工作也纳入到其它国民经济指标里边一块去搞，将来肯定行不通。我们出国调查一下就会发现，很多国家都有自己的劳动统计局。美国劳工部本部有 8 000 人，劳动统计局占了很大比重；德国也有自己的劳动统计局，自己的劳动法院。各国的劳工部门都是主内的，专门抓内政，它有它的独立性。当然国家统计局对我们支持很大，和我们配合也很好，但是最终来讲，我们不能什么统计数据都靠国家统计局去统计。我们的劳动制度改革日新月异，劳动事业的发展突飞猛进，如果劳动统计全由别人负责，那肯定跟不上形势的发展。目前这个问题是存在的。当然，我不是说劳动部马上要成立劳动统计局，但是我们现在起码要认识到它的特殊性、独立性，把我们要承担的工作承担起来。

造成上面四个“不适应”，当然有底子薄、人员少、硬件差等原因，但是最根本的原因还是祝晏君司长在昨天所分析的：体制不顺、力量分散、经费不足、指标体系老化和我们各级领导重视不够。正是由于这些原因，现在我们劳动统计工作已经成为劳动工作最薄弱的环节之一。这次我们到这里来开会，有的同志说：“这次劳动部真重视，部领导第一次参加我们统计工作会议”。当然这是一方面，但更主要的是，我担心劳动统计工作成为劳动工作最薄弱的环节之一，将拖整个劳动工作的后腿。所以我想这次来跟大家谈一谈当前的劳动统计工作状况。

我想说的第三句话，就是当前特别要请各级领导同志高度重视统计工作，大力支持统计工作，尽快摆脱困境，开拓进取，加大劳动统计改革的力度。劳动统计工作，实际上现在是已经在削弱了，很多地方放松了劳动统计工作。我承认我们现在的编制比较紧张，我也承认我们其他各方面的工作任务都很繁重，但千万不能放弃劳动统计这项基础工作。如果这项工作有滑坡，造成损失，那造成的后果可能是灾难性的，我们将要负历史责任，所以我们各级领导一定要注意到这一点。现在有些地方、有些部门认为劳动统计工作、信息工作无关紧要，认为“统计数据看不看，工作照样干”，这种思想是非常错误的。现在各市、县以及企业正在进行机构改革，我在这里想特别强调一下，请各级领导同志一定要采取措施支持和发展劳动统计事业。请大家回去以后，要向各自的厅(局)长汇报。这次来了几位厅(局)长，山西的薄越亮厅长始终在座，李顺通副厅长也在座，广西的张敢副厅长、黑龙江的刘淑琴副局长也都在。我希望大家回去以后一定向厅(局)长作好汇报。我们的要求并不高，请他们眼里要有统计工作，在人员、经费上要支持统计工作，党组的工作日程上要讨论统计工作。特别是当前要利用各级劳动部门都在制定“九五”和2010年规划的大好时机，制定好本地区劳动统计的发展规划，并且把劳动统计工作的发展和整个劳动事业的发展结合起来。

首先，要下气力建立和完善劳动统计指标体系。当然，这项工作靠我们一家不行，仅靠地方也不行，我们上下一起努力，总会有一个好结果的。要使指标体系科学化、规范化、标准化。我们和国家统计局也要不断地商量这件事情，研究解决这个问题，要尽快把新的劳动统计指标体系贯彻落实到现行的劳动统计当中去。

其次，要大力改革劳动统计调查方法。要从过去依赖全面统计报表、层层汇总，转移到以必要的全面调查为基础，发展非全面的调查方法，特别是大力推广抽样调查。要建立以必要的全面调查为基础，经常性的抽样调查为主体，同时辅之以重点和典型调查及科学推算综合运用的统计调查方法体系。1994年第四季度，劳动部在十个省(市)已经开展企业人工成本抽样调查，同时在无锡、株洲市开展了城镇就业与失业抽样调查试点。通过这些试点，可以为统计方法的改进提供和积累经验。按我们的全面统计，去年全国城镇失业率是2.8%，可是国家统计局抽样调查的结果是3.54%。最后就出现了问题：用谁的数据？国务院经过协调认为(我们部里也是这个看法)在当前情况下恐怕还是用劳动部全面调查的数字比较好，最后还是采用了2.8%。我们考虑统计局的调查只在10多万人口中进行(我记得好像是)，面还窄了一点。应当承认，抽样调查也是科学的，而且是统计方法改进的方向，今后要转到以抽样调查为主上去。还有一个问题，比如我们进行失业率调查，有个定义的问题，我们不但要和国家统计局协商，而且要吸取各地的意见，要叫它更符合实际。失业率的定义，世界各国也很不相同，各有千秋。究竟怎样建立一个符合我们国家国情的失业率的定义，是个很关键的事情。失业问题在我国“九五”计划和2010年远景目标里占有重要的地位，根据我们的预测分析，如果控制不好，2000年我国城镇失业率有可能达到8%，那是我们国家很难承受的，而且对社会稳定将会造成很大影响。当然经过努力以后，有可能把它控制在5%以下。因此，对失业率的统计定义、方法，今后都会变成一个很关键的问题，也是国务院非常关心的一个问题，所以我们要特别注意统计调查方法的改进。

第三，要进一步提高统计分析的层次和水平。要围绕劳动事业的发展、运行情况和劳动工作的需要，组织对热点、难点问题开展全方位的、多层次的统计分析研究。特别是要采用现代分析理论、方法和手段提高分析档次，加大统计预测力度。比方说，最近一段时期，困难企业职工究竟有多少人不能按时领到工资，离退休人员有多少不能正常领到退休金，这都是我们的社会热点问题。我们的统计工作就要配合这些问题的出现开展工作。除此之外，还要加速统计信息自动化建设。劳动统计只有加速自动化建设，用现代信息技术武装起来，才能真正建立健全劳动经济及相关经济数据库系统，才能大规模、高效率、深层次、全方位地开发利用劳动统计信息资源，强化决策支持职能。当然这和投入有关系，我们正在不断地努力去做。最近有五个城市参加了世界银行贷款进行的职业培训和劳动力市场建设项目。我们希望通过这个项目的建立，把这五个城市的计算机系统建立起来。部里也能利用一部分世界银行贷款，再加上别人赞助一些计算机，虽然不多，但是对进一步加强计算机系统的建设还是有好处的。

当前统计工作一个很大的问题就是经费问题，没有经费什么也干不成，怎样加大劳动统计经费的投入，这是个很大的问题。我们希望国家统计局应该加强这方面的投入力度。各地方、各部门也要千方百计想办法增加这方面的投入。有时候我们搞点抽样调查或典型调查是很费钱的，没有一定的资金支持是不可能搞得成的。

还有就是要强化劳动统计的综合统一管理和组织协调，为统计工作提供强有力的组织保证。我们希望各地区的劳动部门必须明确自身的综合统计机构，有条件的地方要单独设立综合统计机构，指定统计负责人。在机构、人员、经费等方面确保统计工作的岗位设置和人员配备。那些不重视统计工作甚至削弱统计工作的地区和部门要尽快纠正。我们也有做得好的地区，今天上午北京市介绍的经验就很好。北京市也一样进行机构改革，二十几个处室削成十几个，但是统计处始终保留着，而且把信息机构又单立了。我们想，部里有统计处，你设不了统计处，起码也设个统计科吧？或相当于科一级的建制吧？怎么也应该有两个主任科员管这件事，有那么两三个“兵”来办这件事。你弄得只有一个统计员，我想无论如何不合适！对于这种基础性工作，我们就得舍得下力气，花本钱，没有别的办法。有的同志说别的工作我还可以自收自支，还可以搞点创收，统计工作没别的办法，就得靠我们各单位支持！所以我在这里再次呼吁我们各级领导同志一定要高度重视统计工作，无论如何不能在机构改革中，首先砍统计，削弱统计工作，砍统计员，这绝对不行！弄不好将来要负历史责任的！

第四，统计工作者本身也要注意坚持原则，要敢于反映实情，讲真话。要坚决按照《统计法》和劳动统计工作制度来办事，要排除任何干扰，决不拒报、谎报、瞒报、漏报、虚报统计数据，对于统计数据一定要做到及时、准确，坚持依法统计。我们最近发现有些地方一点统计数据也没有，要数就拍脑袋。我们今天郑重声明：如果发现谁无统计数据就随便拍，我们要严肃处理！没有数据，讲清楚为什么没有，也不能随便拍。我们搞统计工作的，就是要坚持原则，就是要保证统计数据的及时、准确，没有数据我们千方百计采取措施去搞，统计人员随便拍数，这个作风非常坏。有的数拿来了我就感到不可信。特别在当前，有一股“数字出干部，干部出数字”的歪风，在我们劳动统计领域里要坚决把它顶住。同时，我们在劳动统计实践当中一定要注意发现新情况、新问题，要注意了解各方面的社情民意和社会动态。在了解这些情况的时候，既要了解健康积极的一面，也要了解存在问题的一面。重大的社会动态和社会事件一定要及时掌握。每个季度我们统计一次生活困难的职工上访和集体上访情况，有的地方干脆没数。这个地方群众闹事了，上访静坐了，别的系统给劳动部反映情况，省里劳动部门却反映不上来。这当然不全是统计工作的问题了。劳动部门对新问题、社情民意、社会动态，特别是重大的社会动态、社会事件，要很敏感才行。因为这些事情都是我们劳动统计的工作对象和工作内容，严格来讲你不掌握这些情况就是你工作失职。我们劳动部对一切由于劳动关系而涉及社会稳定的事情都必须掌握。

最后讲一讲，不管怎样，劳动统计工作毕竟是国民经济和社会统计的一个重要组成部分。我们虽然有特殊性、独立性，但是我们又属于整个社会统计里边的一部分。我们要和国家统计局、各省市的统计局搞好配合，劳动部门从事统计的工作人员要虚心向统计部门的统计人员学习。要相互支持，取长补短，要变分力为合力，共同商讨劳动统计当中的大事。我们搞劳动统计工作仅仅只有十年的历史，应当说我们还是个小学生，我们经验很少，在很多方面我们要很虚心地向国家统计局、各省市统计局的同志们学习。

同志们，我们劳动统计工作已经走过了十个年头，取得了很大成绩，但是问题很多，任重道远。希望通过这次会议，进一步总结十年劳动统计工作当中的经验，找出问题，提出改进措施，使劳动统计工作百尺竿头，更进一步，为劳动事业的发展提供更加优质的服务，作出更大的贡献！

深化改革，加强管理，推动社会保险事业的全面发展

——在全国社会保险制度改革现场交流会议上的讲话

（1995年9月19日）

李伯勇

全国社会保险制度改革现场交流会已经开了两天，今天就要结束了。两天来，大家听取了大连市以及辽宁省和青岛、成都、昆明市开展社会保险工作的经验介绍，参观了大连市社会保险管理机构、就业服务机构和劳动鉴定机构。昨天，大家又围绕在大连市的所见所闻进行了讨论，相互交流了各地社会保险工作的经验。所有这些活动都是为了解决一个问题，就是如何在新的形势下，把社会保险工作不断推向前进。近两年，党中央、国务院在一系列会议、文件上强调社会保险制度改革要搞好，劳动部也多次召开会议、印发文件，贯彻党中央、国务院的精神。应当说，当前深化社会保险制度改革的客观形势非常有利，目标、任务也越来越清晰，现在对各级劳动部门和社会保险管理机构的要求就是四个字：真抓实干。按照党中央、国务院确定的方针政策，扎扎实实、创造性地开展工作，推动社会保险工作的全面发展。

通过两天的交流和参观，大家对大连市的社会保险工作有了一个比较深的印象。许多同志说，大连市的社会保险工作起步早，思路宽，措施得力，成效显著，从中看到了社会保险事业发展的前景。大连市社会保险工作确实取得了多方面的成绩。他们制定了社会保险的地方法规和执法制度，初步实现了社会保险的广覆盖和四统一；社会保险费收缴率一直保持很高的水平，并保证了各项社会保险待遇的按时足额支付；制定了企业补充养老保险的规范，进行了社会化发放和社会化服务的试点；失业保险、养老保险的改革措施为实现企业"无震荡破产"提供了支持，工伤保险与事故预防相结合的机制也初步形成；计算机管理实现了全市联网，工作人员的职业道德、业务水平不断提高。大连市的社会保险事业为什么会有这样全面的发展？或者说，透过一系列现象分析本质，大连市社会保险工作的基本经验是什么？从大家的讨论中，可以归纳为四条。这四条也是其他许多地方社会保险工作不断发展的共同经验。

第一条经验，紧紧围绕经济体制改革和社会经济发展的中心开展社会保险工作。

经过多年的改革和工作实践，有一个道理大家是越来越清楚了，那就是：社会保险不是一个孤立的、封闭的体系，它是劳动工作的一个重要方面，也是整个经济体制改革和社会经济发

展大系统中的一个有机的组成部分。社会保险工作只有自觉地融入这个大系统中，围绕各个时期改革和发展的中心环节，自身才能不断获得发展，不断取得成效。相反，如果自我孤立、自我封闭，片面强调社会保险自身的特点，与改革和发展的总体目标和要求相脱节或者格格不入，则势必事倍功半。

当前经济体制改革和社会经济发展的中心是什么？党中央、国务院多次明确，就是国有企业改革，建立现代企业制度。江泽民总书记最近多次谈到国有企业改革问题，他指出："部分国有企业缺少活力，不是由于所有制问题，而是由于企业机制问题、外部环境问题和历史遗留问题，这些问题是完全可以通过深化改革逐步加以解决的。"在讲到深化国有企业配套改革时，江总书记还强调："加快建立多层次的社会保障体系，特别是抓紧建立和完善养老、失业、医疗保险制度。这对于深化企业改革，保持社会稳定，顺利建立社会主义市场经济体制，具有重大意义。"大连市的同志清楚地认识到国有企业改革、建立现代企业制度，对建立社会主义市场经济体制，对整个社会经济发展的重要意义。他们心里想着全局，眼睛盯着全局，按照全局发展的需要，自觉地把社会保险工作与企业改革配起套来，因而获得了政府领导、企业、职工和社会的好评。有几个方面的工作特别能说明这一点。

一个是扩大社会保险的实施范围，实行"广覆盖，四统一"。为什么要制定和实施"覆盖计划"?许多同志都知道，目标之一是实现宪法和法律赋予劳动者的基本社会保险权利，维护社会的安定。目标之二是促进统一劳动力市场的建立和发展，为劳动力资源合理流动和优化配置创造条件。目标之三，就是在更大范围内均衡社会保险费用负担，说透彻点，就是减轻国有企业的社会保险负担。这在当前是一个极为重要的目标。我国社会保险，尤其是养老保险制度改革十多年来，主要是在国有企业范围实行了退休费用的社会统筹。这对改变"企业保险"的状况，均衡企业负担起到了一定作用。但从总体上看，整个国有企业的社会保险负担并未减轻。由于覆盖面窄，国有企业已有的退休人员比例又很高，使得一些地区社会统筹的缴费比例高达工资总额的25%以上，这在国际上是极为罕见的。由此造成一部分困难企业不堪重负，而一部分效益好的企业又不愿多缴，因而收缴率下降，个别地区不足50%，好一点的为70%，这是当前一个突出的问题。靠提高缴费比例的办法无异于"杀鸡取蛋"，结果是更多的企业欠缴、拒缴，形成恶性循环。大连市走了另外一条路，五年来他们的养老保险缴费比例一直保持在19%没有提高，工伤保险的平均费率也确定在0.64%这个较低的水平上。相对较低的费率和保证支付之间的矛盾，他们用扩大覆盖面来解决，也就是向年龄结构较轻的非国有企业、非公有制企业和非正规就业部门筹集资金，在全社会的范围内均衡负担。这件事，其他一些地区也在做，海南、上海、温州等地区也基本实现了养老保险的"一体化"；广州市在提高个人缴费比例的同时，降低了企业缴费比例；昆明市主动将管理费的比例由3%降为2%。当然，各地的缴费比例、管理费提取比例要从本地实际情况出发，由政府批准确定。但有个指导思想必须明确：搞社会保险是为了减轻企业特别是国有企业负担，而不是加重企业负担。

另一个方面的工作是，用社会保险的措施为企业的"无震荡破产"提供有力的支持。在企业改革和参与市场竞争中，破产、兼并是正常现象。现在各方面反映最突出的问题是人的问题，一是在职职工的安置，二是退休人员的管理。这个问题不解决好，企业优胜劣汰的机制就难以形成。大连市劳动局在色织布厂和玻璃纸厂破产过程中，知难而上，利用既管就业、管劳动关系，又管养老、失业、医疗等社会保险的体制优势，与有关部门配合，在很短时间内妥善解决了近4 000名职工和退休人员的就业和养老、医疗问题，整个过程中没有人上访告状，社会安定，政府放心、企业省心、群众安心，被新闻界称为“无震荡破产”。这从又一个侧面反映了大连市围绕企业改革的中心推进社会保险工作的成效，也说明，有一个比较顺畅的管理体制，就能够较好地保证政府中心工作的顺利进行。顺便说一句，现在各地都在按照国务院6号文件的精神，把过去由商业保险公司管的部分集体企业的养老保险，交给社会保险机构来管理；但有个别地区，准备把社会保险机构与商业保险公司合并起来，这种做法是错误的。社会保险是国家强制的保险，而商业保险只能是社会保险的补充。这个道理大家都很清楚。希望向有关的领导讲明这个道理，按照国务院文件的要求，坚持由社会保险机构管理社会保险的体制。

为企业改革服务的再一个方面是，实行社会保险金的社会化发放和退休人员的社会化管理，切实减轻企业的社会事务负担。自养老保险费用实现社会统筹以来，企业一直呼吁实现养老保险金的社会化发放和退休人员的社会化管理，以使企业真正从自办“小社会”的沉重负担中解脱出来，轻装参与市场竞争。但由于指导思想、社会组织结构、管理技术等方面的原因，这项工作的进展比较慢。现在，大连市和全国一些地区已经开始进行社会化发放养老金和离退休人员社会化管理的试点，比如成都市，设立了四个退休人员管理服务片区，在一些大企业设立了社会保险派出机构，对2万多名离退休人员实行了养老金社会化发放。这是一个可喜的开端。我们多次讲过，社会保险机构不能“只收钱，不办事”，而要把企业的困难当成自己的困难，把企业的要求当作自己的工作目标。当然，“办事”也不是光靠社会保险机构。全国2 000多万退休人员，都靠社会保险机构去发放养老金、去管理服务，无论如何是力所不及的，也不符合社会分工的趋势。养老金的社会化发放主要依靠银行和邮局系统，而退休人员的社会化管理主要依靠社区组织健全老年人服务功能，但社会保险机构要在这些工作中发挥推动、协调、政策指导、提供信息、培训专业人员的作用，有条件的地区也可以提供一定的资金支持。这项工作做好了，就为企业帮了一个大忙，这是很好的一件事。

总之，围绕国有企业改革、建立现代企业制度这个中心开展社会保险工作，是当前全国社会保险工作的一个基本的指导方针，请各地按照这一方针，学习先进地区的经验，结合本地实际情况，制定具体的措施。今后各级劳动部门考核社会保险机构的工作，不仅要看基金收支状况，还要把为企业改革办了哪些实事作为重要的考核指标，使社会保险和企业改革在我们的工作实践中真正配起套来。

第二条经验，坚持深化改革，注重强化管理，全面推进社会保险体系的建立和完善。

《中共中央关于建立社会主义市场经济体制若干问题的决定》和1994年中央经济工作会议，都确定了建立多层次社会保障体系的任务，社会保险作为社会保障体系的核心，在整个经济体制改革和社会经济发展中的地位日益突出。如何才能按照社会主义市场经济体制的要求，建立和完善社会保险体系，多年实践证明，要从改革和管理两个方面下功夫。改革和管理双管齐下，靠改革增加新机制的作用，靠管理提高工作效率。各级劳动部门和社会保险机构的同志有必要认真研究、探讨一下社会保险改革与管理相结合、相互推动和促进这个重要课题。社会保险的改革，包括体制的完善、政策的统一、新机制的建立和新方法的探索；社会保险的管理包括政策管理、事务管理、基金管理和队伍的管理，其中最重要的是思想观念的更新、业务素质的提高、工作程序和工作规范的标准化。在这两者的关系中，改革无疑处于主导地位。因为原有的社会保险体制、制度、机制、方法是与计划经济体制相吻合的，不改革就不能适应建立社会主义市场经济体制的要求，即便管理工作再好，也无法达到促进经济发展、维护社会稳定的目标。与此同时，管理工作也是不可忽视的，管理是基础，好的制度、新的机制要从管理中体现出来，通过管理发挥它的积极作用。而且，随着市场经济体制的建立，原有的管理手段、管理方法也不适用了，管理本身也需要进行改革。只有把深化改革和加强管理有机地结合起来，才能全面推动社会保险体系的建立和完善。

大连市的社会保险制度改革在全国是走在前列的。他们全面实行了养老、失业、工伤保险制度改革，最近又出台了生育保险制度改革的方案，医疗保险制度的改革方案要在年底出台。养老保险从社会统筹开始，逐步做到了广覆盖、四统一；养老金计发办法改革已经落实到位，现在正在制定社会统筹与个人账户相结合的方案；养老金正常调整机制已经实行了两年，效果良好；企业补充养老保险制度也已经建立。也就是说，国务院 6 号文件规定的深化养老保险制度改革的诸项任务，都已在大连市先行了一步。失业保险与转业训练、职业介绍、生产自救等再就业服务相结合的机制也已经基本形成，从而保证了社会安定。工伤保险的差别费率、浮动费率机制落实到位，促进了安全生产和事故预防。这些情况都说明，大连市对社会保险制度改革不是单打一的单项推进，而是从各个单项制度的改革相互关系中，理清本身的特点、要求和相融关系。有一个整体的思路和整体的系统设计，是一个有重点、有步骤的整体系统的推进计划。青岛市也是按照系统设计、重点突破的思想，全面实施了五项社会保险制度改革方案。实践证明，整体系统设计、重点突破可以从整体上成系统地解决问题，而不是单个地解决问题，是一条降低改革"成本"，实现改革"效益"最大化的成功经验，很值得认真总结。我们不论做什么事情，管理也好，改革也好，都要用整体、系统的观念来考虑问题，这是非常必要的。

同志们又看到，大连市的社会保险管理是严格的、制度化的。对人的管理，他们首先抓了社会保险工作人员思想素质的提高，培养克己奉公的献身精神，勤奋严谨的敬业精神，为企业、为职工着想的服务精神。他们通过制定标准的工作规范，考核上岗，定期培训，开展一年一度的技能竞赛等措施，着力提高工作人员的业务素质。大连市劳动局被评为全市十面红旗之一，与他们长年不懈地重视人的培养教育有密切关系。在社会保险事务管理方面，大连市注重利用先进的科学技术手段，加快实现社会保险管理的现代化。目前，很多地区都采用了微机管理，但有些地区的利用率不高。大连市和其他部分城市将职工和离退休人员的全部数据输入到计算机存储，这是今后社会保险管理工作发展的必然趋势，也是社会保险管理水平的标志。只有这样，才能按年龄、性别、工龄、收入水平等作出多种分类分析，为长期基金预测、费率确定、退休年龄和待遇水平调整等宏观决策提供可靠依据；同时为社会保险管理到人，即按人记录缴费状况和计发待遇奠定技术基础。

第三条经验，依法行政与强化服务相结合，树立社会保险机构的良好社会形象。

多年来的改革使我们感到依法行政的重要性。没有健全的法律体系，就没有完善的社会主义市场经济体制，也就没有社会保险体系的建立和完善。可喜的是，加快社会保险立法进程，已成为社会各界的共识。八届全国人大已将《社会保险法》列入立法计划，责成劳动部负责起草。在有关部门的支持和配合下，《社会保险法（草案）》已于今年 5 月报送国务院审查，失业、工伤保险条例的草案也已先后报送国务院审查。在地方立法方面，海南省已经制定了养老、失业、工伤、医疗四个保险条例；南昌市职工社会保险条例已于今年 4 月颁布实施；郑州市也制定了《养老保险条例》；《大连市城镇职工养老保险条例》于 1993 年经省人大批准，从 1994 年 1 月 1 日开始实施。这些地区社会保险制度的改革，在很大程度上得益于法律法规的制定。随着社会主义市场经济体制的建立，社会保险工作必然转向更多地运用法律、经济手段进行管理。各级劳动部门务必要增强立法的紧迫性，提高依法行政的自觉性。依法行政是社会保险国家强制性的基本体现方式。在法律面前，无论是企业、职工，还是社会保险机构，都必须依法行使权利和履行义务。大连市在社会保险机构内设立了稽查部门，这在国际上是个惯例，在我国还不多见。稽查部门根据法律、法规赋予的权力，查验企业的有关账目，督促企业按时足额缴费，先后督缴了1 900多万元的社会保险费。另外，从参观中我们还看到，在社会保险机构的公告板上，对没有按时足额缴费的企业，要按规定加罚滞纳金，哪怕只有几角钱，也要给予"曝光"。这些都体现了法律的严肃性。在其他一些地区，有的采取了与工商部门联检、审计监督、行政处罚以及建立社会保障法庭等形式，加大执法力度。这些行之有效的做法，都要随着社会保险制度改革的深入，不断总结和规范。

在坚持严肃执法的同时，还必须不断教育社会保险工作人员树立起服务意识。除了前面强调的要为企业改革、建立现代企业制度服务，为本地区的经济发展服务之外，特别重要的一点，就是面向社会、面向公众，要为企业广大职工和离退休人员服务。全心全意地为人民服务是我们共产党人应遵循的宗旨，它同样是社会保险工作的宗旨。遵循这个宗旨，大连市长期以来利用多种媒介，广泛开展面向社会的宣传教育活动，工作中不怕多跑路，不怕多说话，肯下"笨功夫"，把社会保险的意义、政策、方法宣传到每一个企业、每一个职工；他们在社会保险机构安装了多媒体、触摸式显示屏，为企业和群众查询各项社会保险政策提供了便利；遵循这个宗旨，大连市设立了社会保险政策咨询和投诉电话，几个月内，受理了几百个咨询和投诉，建立起社会保险机构与企业、与职工的直接联系渠道；同样是遵循这一宗旨，大连市建立了缴费查询系统，尝试着采用电话和磁卡的方法便利职工查询企业和个人缴费记录，提高了社会保险工作的透明度，调动了职工的缴费积极性。同时，他们还建立了工伤保险定点医院制度，支持社会组织开办颐老所，举办多种形式的退休人员文娱、体育活动，进行养老金社会化发放和退休人员社会化管理的试点。这些为企业、为群众着想的服务性举措，对于增强群众对社会保险机构的依赖程度是十分有利的。

全国各地区的经济发展水平、人员素质和技术基础差异较大，我们并不要求每个地区都马上采用大连或者其他地区的服务方式。但有一个要求是共同的：教育所有工作人员树立起社会保险机构就是公共服务机构的意识，要利用多种形式设立与公众直接联系的服务窗口，增加服务项目，扩大服务范围，提高服务水平。我们要把依法行政和强化服务结合起来，树立起社会保险机构既严肃认真、一丝不苟、讲究实效，又亲切热情、服务周到的良好社会形象。

第四条经验，以进取和务实的精神，创造性地开展工作。

中国正在由计划经济体制向社会主义市场经济体制转变，正处于经济起飞的阶段，各种历史的和现实的、显露的和潜伏的矛盾不能说不多。处于这样一个大背景下的社会保险制度改革，其困难和复杂程度是可想而知的。面对大量的矛盾和问题，要想干成几件事，没有积极进取、主动拼搏的精神是断然不行的。就拿现实的状况来说，政府领导被就业压力大、企业破产兼并难所困扰，企业为养老、医疗和富余人员负担沉重而忧虑，部分职工因不能按时足额领到工资和养老金而面临生活困难。面对这些问题，各级劳动部门是知难而上，主动承担起应负的责任，创造性地去开展工作，努力争取各方面的支持和配合，为政府分忧，替企业解难，为职工办实事呢？还是怨天忧人，推诿扯皮，麻木不仁，敷衍了事？这两种态度必然产生两种截然不同的后果。采取前一种态度，尽管会遇到许多困难和挫折，但只要持之以恒，一定会为本地区的经济发展和社会安定作出应有的贡献，从而在改革和发展的全局中体现出社会保险工作的地位，赢得政府领导和群众的信任和支持。而采取后一种态度，最终将给地区经济发展和社会安定带来不良影响，那么，劳动部门和社会保险机构在本地区政府工作全局中的地位，在群众心目中的印象也就可想而知了。许多从事社会保险工作的同志在呼吁领导的重视、社会的支持、群众的理解，这个要求是合理的。大连市和很多地区的经验证明，这种重视、支持、理解和信任的基础，不是别的，正是我们自身的工作态度、工作质量、工作效率和工作成果。

在当前社会保险工作中，与积极进取精神同样可贵的，是务实精神。这就是从实际情况出发，扎扎实实贯彻党中央、国务院确定的方针政策的态度；这就是不图虚名、不搞花架子，不唯书、不唯上、只唯实的指导思想；这就是说实话、办实事、重实效的工作作风；这就是锲而不舍、孜孜以求的拼搏精神。从上海、大连、青岛、成都、昆明以及很多地区，可以看到这种务实的精神。这种精神应当作为社会保险工作乃至整个劳动工作的风范和传统，在更多的地区推广普及，发扬光大。

要具有进取和务实的精神，关键要看领导班子。大连市劳动部门有一个具有事业心、责任感，识大局、顾大体、肯实干、会协调、精通业务、善于管理的领导班子，所以带出了一支素质好、作风硬、纪律严、勇于拼搏的队伍。有了好班长，才能带出一个好班子；有了好班子，才能带出好队伍；有了一支好队伍，就能导演出一台威武雄壮的话剧来。这就说明一个道理，事在人为，有为才能有位。

可能会有同志提出这样的问题：大连的经验好是好，可是我们那儿的条件差，学不了。对先进地区的经验学得了学不了，关键是一个态度问题。不能把眼睛光盯在人家盖了几层楼、配了几台计算机上，要把注意力放在对先进地区基本的、具有普遍性的经验的学习上，特别是学习那种主动进取、科学实干的精神上。有了这种精神，你就可以根据本地的实际，开拓工作的新局面，创造出自己的经验来。比如，大连市预算内企业有 58.4%亏损，但大连市养老保险基金收缴率在 96%以上。为什么能有那么高的收缴率，主要靠社会保险机构工作人员锲而不舍的工作精神，不达目的不罢休的态度，采取各种方法，踏踏实实做工作。

当前，随着经济体制改革的不断深化，劳动工作处于一个关键时期。就业、培训、劳动关系、工资分配、社会保险、安全生产都面临着艰巨的任务，或者说，承担着沉重的历史责任。在改革、稳定、发展的全局中，在挑战和机遇并存的形势下，我们劳动部门应该扮演、准备扮演一个什么样的角色？这不能不说是一个值得各级领导干部特别是一把手深思的严肃问题。从这个意义上讲，以上归纳的四个方面的基本经验，不仅仅局限于社会保险工作领域，它同样也是整个劳动工作的基本经验。我们总结、交流、推广这些经验，就是要使全国的社会保险工作乃至整个劳动工作，有一个更清晰的目标，更明确的指导思想和更高的工作标准，以促进我们的工作在已有成绩的基础上再上一个新台阶。这四条也不是大连市独有的经验，而是全国许多地区共同实践经验的总结。当然，任何先进的地区，工作也不是十全十美，都还存在着一些不足。比如大连市，社会保险费主要仍采用差额缴拨方式，养老金社会化发放的范围还比较小，养老保险“社会统筹与个人账户相结合”的深化改革也需要加快。希望各个地区，包括工作先进的地区，按照建立社会主义市场经济体制的目标寻找差距，戒骄戒躁，互相学习，取长补短，共同推动社会保险事业的发展。

在这次会议上，大家除了交流经验外，还研究讨论了当前的工作。总体任务，中央经济工作会议、八届人大三次会议政府工作报告以及国务院在去年年底召开的会议和 6 号文件都已明确，1995 年 4 月份的全国社会保险工作会议也作了具体部署。借这个机会，我再强调一下下一步工作的几个重点。

一、全面推进基本养老保险覆盖计划

为了贯彻《国务院关于深化企业职工养老保险制度改革的通知》的精神，劳动部提出了“基本养老保险覆盖计划”。最近，一些地区已根据部里的要求，专门制定了本地区的基本养老保险覆盖计划，更多的地区在养老保险综合改革方案中包含了覆盖计划，并明确了分年度的实施步骤。在这里，需要强调的是，评价覆盖计划落实情况，应该有一个量化指标，不仅要看是否覆盖到各类企业，更要看覆盖的人数。过去有一种倾向，统计覆盖面，只讲多少个市县、多少个企业参加了社会统筹，看上去面挺大，但落到人头上，实际只有60%～70%。今后我们的工作不能搞花架子，要实实在在，覆盖面的统计指标，重点要落在人数上。按照“覆盖计划”的要求，参加养老保险的劳动者人数应该逐步达到并稳定在90%以上。

二、认真抓好基本养老保险“社会统筹与个人账户相结合”的试点工作

1994年底国务院召开养老保险试点工作会议以后，特别是国务院6号文件发布以来的半年多时间里，各地党委和政府领导十分重视，有的地区省领导亲自调查研究，有的地区省委、省政府多次研究讨论方案。各地劳动部门在有关部门的配合下，反复研究、认真测算，为省委、省政府决策当好参谋。目前，已有1/3的地区正式出台了改革方案，其他大部分地区也已基本确定了改革方案，个别地区正在加紧研究、测算和论证之中。各地制定的方案有两个共同的特点：一是在突出“社会统筹与个人账户相结合”这个重点的同时，注意全面贯彻国务院文件，确定了综合性的改革目标；二是在办法选择上，遵循6号文件确定的基本原则，依据本地实际，在两个办法的基础上有所补充、调整。这一段工作，总的看进展顺利，劳动部已经两次向国务院报告了情况。下一步的工作重点是抓中心城市，抓运转实施。劳动部已经初步确定了42个重点指导的大中城市名单，希望各地也确定各自的重点城市，重点指导各城市制定实施细则，做好账表卡册准备、计算机程序设计和数据录入、人员培训、宣传发动等基础工作，尽快进入实质性的运转。我们计划在明年初召开一次贯彻国务院6号文件汇报交流会，重点是试点城市的改革方案实施情况，请各地提前做好准备，并及时反映和沟通情况。

三、落实今年养老保险待遇调整工作，保障离退休人员的基本生活

根据国务院6号文件提出的“应当建立基本养老金正常调整机制”的要求，经国务院同意，劳动部会同财政部发布了《关于1995年调整企业离退休人员基本养老金的通知》，规定可从1995年7月1日起，一般按1994年当地职工平均工资增长率的40%～60%计算增加离退休金。这一文件，再次体现了国务院对企业离退休人员生活的关心，是贯彻国务院6号文件的一项重要内容，也是缓解当前企业与机关事业单位离退休待遇水平矛盾的一项措施。落实这项工作，要注意三点：一是做好宣传解释工作，向群众说明建立养老金正常调整机制，使离退休人员分享社会发展成果的意义；二是今年已经按照本地的改革方案，调整了养老金的地区，这次可以不再作调整，尚未调整的地区要加快进度，抓紧落实；三是两部文件只规定了调整待遇的总水平，具体的调整办法和政策由各地区在测算的基础上，根据现有待遇水平及基金承受能力来确定，总的要求是，减少矛盾，保证安定。与此同时，要贯彻不久前在西安召开的困难企业职工生活保障和分流安置工作座谈会的精神，落实吴邦国副总理的重要指示，关心群众生活，体察群众疾苦，做好困难企业职工生活保障和分流安置工作，确保已经参加了社会保险的困难企业离退休人员按时足额地领取养老金。劳动部门一定要有计划、有步骤地解决群众不满的热点问题，牢牢地掌握主动权，把工作做在前面。

四、加大失业保险改革力度

当前，要根据深化改革、保持社会稳定的要求，加大失业保险制度改革的力度。失业保险的实施范围要由国有企业职工扩大到城镇所有企业全部职工；逐步实行国家、用人单位、个人三方合理负担失业保险费的制度；基金的使用方向要将失业救济与再就业服务紧密结合；管理服务费实行按实际工作量确定额度的办法；失业救济金的给付标准，改为与当地法定最低工资标准挂钩；对失业职工应鼓励他们组织起来就业与自谋职业，可将其应享受的救济金一次发给本人；对企业分流安置富余职工，可在一定条件下给予扶持和帮助；对百家试点企业富余人员确需分流到社会的，各地劳动部门应予接受，保障其基本生活，开展再就业服务。

五、扩大医疗保险制度改革试点

中央已经确定，社会保险制度改革以养老、失业、医疗保险为重点。国务院在九江和镇江进行的医疗保险制度改革试点进展顺利，取得了建立社会统筹与个人账户相结合的医疗保险制度的初步经验。明年将在全国范围内扩大医疗保险制度改革的试点，请各地务必做好思想上、组织上、政策上、技术上的准备。首先要端正思想，克服畏难情绪。医疗保险涉及多方面关系，牵动每个人的现实的切身利益，改革的难度确实非常大。但这是中央已经确定的方针，是广大企业长期以来的强烈要求，也是劳动部门的职责所在。这件事迟早要做，早做早主动，晚做矛盾积累得更多。所以，还是希望各地劳动部门发扬积极主动进取的精神，知难而上，勇挑重担，在试点实践中摸索经验。第二要选好点。请每个地区各选择一到两个城市，在 1995 年 10 月份报到部里。这些城市要求是有一定的代表性的中等城市，而且人员素质和管理基础应当比较好。第三，可以参照劳动部等四部委《关于职工医疗制度改革试点意见》，制定试点城市的医疗保险制度改革方案，方案必须体现社会统筹与个人账户相结合的原则。第四，要对群众进行深入广泛的宣传教育，提高广大职工对医改重要性、必要性的认识，积极参与到改革中去，与政府有关部门密切配合，共同组织好试点。

六、大力推行企业补充养老保险

建立职工补充养老保险问题，党的十四届三中全会《决定》、《劳动法》、国务院 6 号文件都已经作了明确规定。现在的任务就是加快进度。建立企业补充养老保险制度，从微观角度看，为企业吸引人才、增强凝聚力、加强劳动力市场的竞争力提供了一种形式；从宏观角度看，它是基本养老金替代率逐步调整、减轻国家负担的必要条件。劳动部已经制定了一个《关于建立企业补充养老保险制度参考意见》，准备在征求意见修改后印发，供各地在研究建立企业补充养老保险制度时参考。希望各地确定一个年度推进计划，使这项工作能够更快地开展。

七、加快社会保险计算机化管理系统的建设

这本来是一个技术问题，但它是一项非常重要的基础建设，因此很有必要强调一下。计算机化管理是技术进步和经济发展的必然结果，在社会保险领域全面使用计算机管理，将会带来巨大的社会效益和经济效益。特别对我国来说，无论是养老、失业、医疗哪项社会保险，按照改革的目标，靠手工操作进行管理都不能适应客观要求。普遍采用计算机管理技术，有助于提高工作效率，更重要的是，有助于增强宏观决策的科学性和提高服务水平。当前的主要问题有三个：一是规划问题。各地区重复开发管理软件，不统一、不兼容的问题比较突出，导致开发周期长，资金投入分散，造成了很大的浪费。另外，硬件开发也是各行其是，缺乏总体规划和设计。对此，劳动部有责任，要总体设计，加强指导；各省也有责任，要统筹规划，合理布局，治理这种混乱局面。二是人才问题。各地要有战略眼光，从现在起就下大力气吸引和培养既精通计算机、又掌握社会保险业务知识的人才，为今后的发展打好基础。三是资金问题。靠社会保险管理费的结余，无法实现计算机的普及。要积极争取各方面的支持，向领导说明利害关系，争取获得专项资金，早日建成社会保险的计算机管理体系。从长远看，劳动部要对全国整个劳动工作领域的计算机管理系统，做一个统筹规划和总体设计，组织有关力量，解决好这一问题。

这次全国社会保险制度改革现场交流会，经过两天的交流、参观、研讨，达到了统一思想、认清责任、振奋精神、互相促进的目的。大连市和许多地区在社会保险工作中，以正确的指导思想，务实的科学态度，扎实的工作作风，全心全意为改革服务、为群众服务的精神，积极、主动、创造性地开展工作取得了实效。希望各级劳动部门遵照邓小平同志关于"各级领导干部必须多干实事"的教诲，认真落实党中央和国务院在社会保险方面的各项方针政策，在今后的工作中不断创造出新的经验，不断推动我国劳动事业和社会保险事业向前发展。

在劳动关系协调工作座谈会上的讲话

（1995年9月26日）

朱家甄

今天这个会的中心议题是集体合同问题。

目前，劳动部门正集中力量抓实行劳动合同制度问题，力争今年达到80%。工会抓集体合同，把它作为"牛鼻子"。经贸委抓现代企业制度改革。大家各有侧重，相互配合，部门之间是不存在什么问题的。

尉健行同志在听取北京市总工会的汇报时有个重要讲话，健行同志的讲话是对工会讲的，总的思路与劳动部门是一致的，要通过学习认真领会贯彻好。由于工会和劳动部门工作的着力点不同，工作的重点不同，加上基层在执行中有些走样，在实行集体协商和集体合同制度的过程中出现了一些问题。但解决问题劳动部门责无旁贷，按《劳动法》的规定，集体合同要报劳动部门审查，劳动部门15天内要表态，不表态视为自动生效，把好质量关的最后一关在劳动部门。劳动部门要积极主动，努力做好工作。我在这里作个中心发言，谈几点看法。

一、从历史上、国际上、现实需要上看建立有中国特色的劳动关系协调机制的重要性

我国的劳动关系协调机制始建于50年代。时值国家对私营工商业进行社会主义改造，劳资关系不稳定，争议案件较多，那时便开始研究建立劳动关系协调机制问题。1950年3月召开全国第一次劳动局长会议时，劳资关系问题作为重要议题列入会议议程。提出的基本原则是"发展生产、繁荣经济、公私兼顾、劳资两利"。1954年2月，中央人民政府劳动部党组在给中共中央的报告中进一步指出劳动部门在劳资关系方面的主要任务是：第一，根据中央关于利用、限制和改造资本主义企业的政策，正确处理私营企业特别是国家资本主义企业中的工资、劳保福利和雇佣、解雇关系。第二，对有关劳动条件的劳动合同或厂规，各地可以根据实际情况分别采取审查批准、备案审查等方法处理。第三，调处劳资争议。

关于国营企业劳动争议，劳动部门主要进行两项工作，一是协同企业主管部门和工会组织正确处理工人向劳动局的申诉；二是建议在国营企业中试行设置劳动争议调处委员会，以便及时解决国营企业中的劳动争议。

当时为建立协调机制采取了两项措施：一是实行了集体合同制度。1949 年中华全国总工会和东北人民政府先后发布了私营企业签订集体合同办法。1950 年，中央劳动部转发了东北人民政府关于《私营企业劳资双方订立集体合同的暂行办法》，要求各地参照办理。需要注意的是，当时集体合同都限于私营企业。这个暂行办法与《劳动法》及我部颁发的《集体合同规定》是基本一致的。由于集体合同订得很具体，在一定程度上弥补了当时没有劳动法的不足，发生劳动争议后也比较容易处理。据 1953 年统计，全国 33 个城市共有 10.3 万个企业在企业一级签订了集体合同。二是建立了劳资协商会议制度。最初是由天津、武汉等地区私营企业的劳资双方共同创建的。中央劳动部根据这些企业的经验起草了《关于在私营企业中建立劳资协商会议的指示》，经中央人民政府批准，中央劳动部于 1950 年 4 月发布执行。在发布后短短 8 个月内，全国建立劳资协商会议的就有 2 787 个企业，其中产业或行业有 923 个。以上说明我国在建立协商机制方面的研究较早、较完整，从劳动部门的任务到集体合同、集体协商会议制度都发了若干文件，工作是比较严密的。随着社会主义改造的基本完成，劳动关系发生了重大变化，剥削性质的劳动关系逐渐变为单一公有制条件下企业和职工之间的行政隶属关系，劳动争议处理机构、协商会议都逐渐消亡。现在，在社会主义市场经济条件下劳动关系有些复杂化，需要协调，办法还是集体合同、劳资协商会议、调解委员会、进行仲裁等。

从国际上看，市场经济国家资本主义的成长史也是劳动关系协调机制建立的历史，即从工业革命初期的紧张和对立，逐步走向和解和合作。各国政府由忽视、重视到直接介入，经历了一个痛苦的过程。现在这些国家的劳动关系比较稳定，得益于三个因素：第一，政府从实践中认识到必须有一个处理劳动关系的机构，在机构中必须充分体现三方性。美、日、英等国都有常设的由政府、雇主、工会参加的三方机构，通过谈判、协商、妥协，从而调和各种矛盾。第二，市场经济各国都非常重视经三方协商的重大劳动关系政策的制定，这些政策都对政府的宏观决策产生重大影响。第三，重视建立健全劳动关系调节的法律体系。这些比较科学的办法，我们要注意学习。

当前的现实也要求我们要特别重视劳动关系协调工作。我国经济形势发生了重大变化，劳动制度改革逐步深入，涉及社会保险、工资、安全、监察、劳动保护各方面。改革必然触动各方实际利益。在这种情况下，企业与劳动者的矛盾也会逐渐增多，劳动关系的协调需要引起充分重视。事实上侵犯劳动者合法权益、侵犯企业合法权益的现象时有发生；集体上访不断；劳动争议案件逐年增加。这就给劳动部门提出了从宏观政策调整到微观争议处理的全方位、立体调节劳动关系的使命。

二、摆正劳动行政部门在劳动关系调整中的地位

首先要明确劳动关系的双方是企业与劳动者，劳方与政府、企业与政府之间不是劳动关系。劳动行政部门站的位置要高一点，应该站在调解、协调、判断、仲裁的位置。在劳动关系调节中的任务主要是宏观上方针政策指导，法律法规的制定；微观上对劳资协商中困难问题的调解，对违纪、违约及争议问题的处理。总之，劳动行政部门要从全局的角度去分析问题、处理问题。

我们抓劳动关系协调工作，不是简单地推行签订劳动合同和集体合同。劳动合同、集体合同是依法建立和调整劳动关系的手段之一，不是调整劳动关系的全部工作。具体协调方法提请同志们注意几点：

1.调节方式要多样化。改变只靠行政调节的单一调节方式，可坐下来调节，也可开个座谈会，听听各方意见，统一思想，还可个别谈、分别谈、和雇主或经营者谈、与工会谈，使双方的看法尽可能接近。总之，思想要统一，方式要灵活。

2.注意事先调节。当发现签订集体合同或协商中有矛盾时，要注意事先、事中调节，取得主动权，要掌握形势，分析情况，因势利导。在协商中注意依据法律，集体合同要注重质量，不合法的不能批准。

3.坚持三方性，不要一方说了算，要听听工会的意见，雇主或经营者的意见，搞好多方面的配合，特别是同一层次的有关部门要多协调、多协商，顾全大局。

三、对当前集体合同问题的一些看法

今年以来，各地在贯彻《劳动法》中，在一定范围内进行了集体协商和签订集体合同的试点工作。劳动部门的工作是积极的，去年底对试点工作提出了明确意见，制定并发布了《集体合同规定》，对建立和完善适应社会主义市场经济需要的劳动关系协调机制起到了一定的指导作用。据对28个地区的不完全统计，劳动部门抓的试点企业有350多个，12个省市制定并发布了试点方案、试点意见及有关政策规定。从劳动部直接抓的三省五市试点情况看，多数地区试点工作进展顺利，其中深圳、大连、成都、青岛、北京等地区多数试点企业已经签订集体合同并报送劳动部门审查。

与此同时，工会系统在推行集体协商和集体合同制度过程中热情比较高，今年全总召开的第十二届六次主席团会议明确提出，把推行集体合同作为当前工会贯彻《劳动法》的“牛鼻子”。从切实维护劳动者合法权益来讲，工会的指导思想与我们积极贯彻《劳动法》，建立健全劳动关系协调机制的指导思想是一致的，如我们都认为建立集体合同不是一种简单的方法，而是一个重要的机制；都认为要善于运用《劳动法》赋予工会的权利，尤其是抓住平等协商、签订集体合同这个关键环节，发挥工会的整体维护作用；集体合同与劳动合同是相辅相成的，不能把二者截然分开，更不能相互对立；共保合同不能简单地照抄照搬到集体合同中来；一致认为不能搞形式主义，不要把集体合同的声誉搞坏。特别是全总第十二届二次执委会议确定要把外商投资企业和私营企业作为推行集体合同的重点，必须在抓好组建工会的同时加快推行集体合同；进行现代企业制度试点的企业，要把集体合同作为一种制度确定下来；其他国有企业已经实行双保（共保）合同的要依据《劳动法》，借鉴以往的经验，在实践中继续探索，不断总结经验逐步完善提高，向集体合同制度方向发展等等。我们感到工会总的提法、要求、范围和我部关于集体合同的试点工作是衔接的，是协调一致的。大家回去后要积极宣传我们与工会有共同认识的观点，学习和领会尉健行同志的讲话，同工会同志一起稳妥地抓好建立有中国特色的劳动关系协调机制工作。

对有些同志提到的某些问题，尉健行同志讲话中就他的看法作了回答，对这些问题怎样认识，工作中如何处理，我提几点意见。

1.对《劳动法》第三十三条规定中“可以就劳动报酬、工作时间、休息休假、劳动安全卫生、保险福利等事项，签订集体合同”的理解问题。——这是《劳动法》赋予职工一方的权利，其代表——工会组织应该使用这一权利。但是，能否与企业达成一致签订集体合同是另一回事。我们感到工会组织从上到下要求各级工会积极努力地把签订集体合同作为“牛鼻子”去抓，是没有什么问题的。按照国际上的通行做法，只要工人一方有进行集体协商、谈判的要求，雇主一方就必须参加协商，谈成谈不成都可以，谈成可以签订集体合同，谈不成也可以不签或缓签。这与劳动合同不同，劳动合同是强制性的，只要建立劳动关系就必须签订劳动合同。有的企业没有工会组织，工人代表选不出，也没有签订集体合同的愿望，可以不签，它是选择性条款，没签订集体合同的企业不违法。但工会的做法也没有错，上级工会对下级工会提要求是可以的，是工会组织内部的事情，与《劳动法》不矛盾。我们对工会积极签订集体合同，进行集体协商的要求应支持，有条件的地方尽可能谈。

2. 劳动合同与集体合同的关系问题。首先，劳动合同与集体合同的作用不同。劳动合同是以确立法制化的劳动关系为目的，是建立劳动关系的，是第一位的。集体合同是依法调整劳动关系的，是建立在劳动合同之上的，因此是第二位的。从历史的发展看也是劳动者个人和企业签订劳动合同在先，集体合同在后。早在没有组织工会之前就有单个的劳动者与企业有契约关系，即劳动合同。其次，劳动合同与集体合同又相互促进。劳动合同的签订，确定了集体合同所包括的人员范围，不签订劳动合同就不能成为集体合同的一员，劳动合同对集体合同起着决定性作用。集体合同反过来促进劳动合同的完善，使劳动合同所约定的待遇随集体合同的约定而提高，劳动者权益在更高层次上得到保护。

3. 对已签订或正在签订的集体合同的态度。要坚决按照劳动部与全国总工会的共同意见，重在质量、重在实效，不搞形式主义。凡是符合《劳动法》及国家有关规定的集体合同要尽快审批，督促实行，注意 15 天内批下去，不批的要提出原因。对不符合要求的要帮助改进，提出建设性意见。对不具备条件的要多做解释工作，并帮助他们改善条件，向双方解释为什么不具备条件，怎样才能具备条件。在审查集体合同时，对敏感问题、有分歧的问题，要注意妥善处理。

(1) 对工资水平订立不切实际的，与国家宏观调控有矛盾或有不利影响的，要及时给予引导和纠正。

(2) 对产权不清的不宜谈，主要是国有企业政企不分，容易把集体谈判中的矛盾引向政府。在这种情况下集体谈判出来的东西很可能与国家的宏观调控政策相矛盾。因此，我们不是不赞成国有企业实行这个制度，如能真正做到平等协商、共同发展，我们就非常欢迎，并给予支持。

(3) 对双保合同，不一概排斥，也不赞成全部无条件地转成集体合同，主要看是否有符合《劳动法》规定的有关劳动条件、劳动标准的条款。与《劳动法》相符的可以转过来；不全的要去完善、补充；基本不符合法律规定的，就得重新搞。双保合同里要不要有经济指标问题，不要一概而论。增产节约、节能降耗、利税等经济指标，这些在国外一般是没有的，因为它是约束工人的，作为工会组织要保护劳动者合法权益，是不应强化这些指标的。我们认为，在私营企业、外商投资企业不应有这些指标，有经济指标，侵犯了劳动者的合法权益。而在国有企业，如没有这样的指标，对广大职工没有一点约束力，可能在谈判中也不好谈。因此，只要工会赞成，我们认为在国有企业可以有少量的产量、质量、节约等经济指标。

4. 集体合同的报送审查问题。劳动部门要把好质量关，对不按《劳动法》规定报送劳动行政部门审批的集体合同，视为无效合同。应当明确，按照《劳动法》的规定，劳动行政部门是集体合同是否具有法律约束力的审批部门，也是集体合同发生争议的协调部门。对于上级工会对下级工会报送的文本进行确认是允许的，将来如有了雇主或经营者组织，对企业报送的集体合同文本进行确认也是可以的，但批准机关必须是劳动行政部门。

5.由行业工会代表企业工会或企业工人代表签订集体合同问题。这种做法在其它国家不是主要方式。在遇到这类问题时，要注意要求行业工会履行法律委托手续，履行了法律委托手续，才能代表。否则，行业工会签订的东西与企业工会对立就不好办了。从我国现实条件看不急于搞行业集体合同，因机构组织关系比较复杂，代表性不清，有时经济问题容易变成政治问题，不太好处理。

6.关于集体合同的范围问题。我部与全总的意见是一致的，即把外商投资企业、私营企业及进行现代企业制度试点的企业作为试行集体协商和集体合同制度的重点。其他有条件的企业搞，我们也不反对。我部仍然要搞好三省五市的试点工作，各地区的劳动行政部门也可以抓好自己的试点企业。地方工会大面积推行集体协商，我们要引导其规范化，并注意把好质量关。

7.关于工会主席兼职的问题。原则上讲是工会内部的问题，尉健行同志明确讲："不赞成工会主席兼职"，特别是外商投资企业、私营企业有股兼职风，结果有些问题很难处理，有的经理兼工会主席，出了问题，叫经理去处理，群众不拥护。在国有企业，兼职较普遍，有的是副厂长或副书记兼，现在一下还取消不了，我们想只要大多数职工拥护，兼职应当是可以的，但不宜提倡。

8.关于加强集体合同管理和劳动关系协调工作的问题。根据形势发展的需要，经劳动部党组批准，我部劳动关系与监察司成立了集体合同管理和劳动关系协调的专门机构——劳动关系协调处，主要承担对集体协商和推行集体合同制度工作的指导，及与国家经贸委、全国总工会之间三方性协商的日常工作，我们希望地方有条件的厅局要从实际出发，加强这方面的工作。机构人员我们不干涉，但希望有管这方面工作的人。这方面的事越来越多，越来越复杂，劳动部在今年机构都已确定的情况下，又增加这个机构和编制，主要是感到这项工作很重要，协调量比较大，很多事需要与工会和雇主组织协调，特别是在我国雇主组织还飘忽不定，谁是雇主组织还讲不清的情况下，有这么个机构，就更有必要。将来是否需要搞雇主联合会，还需要研究。目前，雇主组织有企业协会、工商联、个协，这方面的问题比较多，希望大家重视。

在劳动关系协调工作座谈会上的总结讲话

（1995年9月27日）

朱家甄

两天的座谈会就要结束了。会上我们学习了尉健行同志的讲话，交流了各地开展集体协商和集体合同制度试点工作的经验，研究了保证试点工作顺利进行的措施和方法，探讨了如何建立具有中国特色的劳动关系协调机制问题。会议虚实结合，以虚为主。大家一致认为这次会开得及时，开得好，统一了思想，启发了思路，提高了认识，明确了方向。在此，我想再次作个发言，讲几个问题。

一、正确认识形势,把握主要问题,坚持搞好集体协商和集体合同制度试点工作

大家的发言表明试点工作的形势是好的,劳动部门抓的试点、工会抓的试点基本上是健康的,没有发现违法行为,也没有出现大的矛盾。我们与工会对尽快建立起高质量、有实效的集体协商和集体合同机制的看法是一致的,在国有企业建立集体协商和集体合同机制应快点还是慢点、范围大些还是小些的问题上有些不同的认识,但没有根本矛盾。国有企业搞集体合同不违法,不存在对与错的问题,只是条件是否成熟,关键是政企分开的问题。当然,不能等条件完全成熟了再去搞,应允许探索,但也不能在条件不具备的情况下硬去搞。质量要有逐步提高的过程,在我们认识的范围内,应尽可能取得较高质量,因此,坚持试点、选择重点是必要的。

二、劳动行政部门应与工会及有关部门相互配合,密切协作

我们要善于与工会和其他部门配合共事。工作的着力点不同是正常的,但不能形成对立,我们的大目标是一致的。在集体协商签订集体合同问题上我们要找准劳动部门的位置,做好自己的工作。同时,要与有关部门多交流思想,交换意见,取得共识。在坚持原则的前提下,注意配合。工会积极性高,宣传工作做得好是好事,促使我们尽快担负起自己的责任。会后各地要积极主动地抓好工作,通过试点树立起各种类型的样板,规范其发展方向,保证集体协商和集体合同制度的进一步完善。

三、关于建立什么样的雇主组织问题

目前,就工会组织与雇主组织而言,在我国雇主组织相对较弱。在市场经济条件下,劳资双方的矛盾是雇主与员工之间的矛盾,他们各自相应的代表——雇主组织与工会组织的存在是进行平等协商的需要,也是指导企业签订和履行集体合同的需要。我国的雇主组织应当如何建立还有待研究,但雇主组织必须能够指导企业方面进行集体协商,确实代表企业雇主一方的利益,否则,就没有资格作为雇主组织。平等协商要坚持双方自愿,允许谈成也允许谈不成。如发现有歧视、强制或变相强制的做法,劳动行政部门要主持公道,予以纠正。

四、建立具有中国特色的劳动关系协调机制

我国的政府、工会、企业三方与资本主义国家的三方不完全一样,我们共性的东西要比西方国家多,何况以前就你中有我、我中有你,要注意我们的特点,特别是国有企业,不一定非要十分对立不可,一定要经过多么艰苦的谈判。许多特点我们也刚刚认识,还要逐步摸索,只有真正认清了自身的特点,才能建立起有中国特色的劳动关系协调机制。

五、加快立法步伐,加强宣传力度,继续搞好试点工作

立法方面劳动部主要抓《集体合同法》,各省、自治区、直辖市劳动部门要加快规范审批程序、制定审批规定的步伐,在这方面要下大功夫,下大力气把最后环节抓好。《劳动法》规定集体合同要报送劳动行政部门,这一点不能含糊,我们是依法审批,我们不表态 15 天后自动生效,我们表态说不行就不能生效。审批中涉及劳动部门内部各业务部门,以及有关行业主管部门,程序比较复杂,所以,在审批程序上要先立法,搞个规定规范起来,这是问题的关键。

宣传工作很重要,报纸、电台要有劳动部门的声音,要宣传好的典型,也要宣传各方面配合的经验。

今年,要继续抓好试点,劳动部一定要把三省五市抓好,要出全面的经验。明年在适当的时候总结一下经验,分析存在的问题,再研究逐步推广。

感谢大家提出的建议和成功的经验,期望继续把这项工作引入健康发展的轨道。

在全国社会保险制度改革工作会议上的讲话(摘要)

(1995年9月)

王建伦

一、关于贯彻落实国务院6号文件精神问题

一是各级劳动部门要认真学习、全面领会6号文件精神,制定好养老保险制度改革的总体方案。6号文件的内容十分丰富,对企业职工养老保险制度改革的目标、原则和实施办法都作了规定。贯彻落实6号文件,不是短时间的临时任务,也不仅仅是养老金计发办法的单项改革。6号文件一共有11条,要全面领会,从本地实际出发,统筹规划,突出重点,制定出养老保险制度改革全面的、具有操作性的总体方案。

二是抓紧制定推进基本养老保险覆盖计划。各地要在3～5年的时间里基本完成计划,这里的"3～5年"和"基本"都具有一定的弹性。这一计划既是根据社会保险制度改革的紧迫性提出的,又是在充分调查研究的基础上提出的,应该说是具有可行性的。目前,已有不少地区达到或者制定了"全覆盖,四统一"的目标,各地要学习这些地区的经验,锐意进取,创造性地开展工作。有条件的地区,完全可以加快这一计划的实施步骤,在一两年内达到目标,条件差一些的地区,也要抓紧调查研究,认真拟定实施计划,先在部分地区实施。

三是关于两个办法的选择问题。完全不必拘泥于要么就是办法一,要么就是办法二,完全可以参考两个办法,在实践中补充、调整、完善,拿出一个更符合本地实际情况,更切实可行的办法来。至于在一个省内是搞一个办法还是两个办法的问题,大多数地区的意见是,在全省范围内统一搞一个办法好,这样有利于人员的流动,有利于加强管理,也有利于覆盖计划的实施。我们认为大家的分析是有道理的,至于办法的决定程序,国务院《通知》和国务院领导同志的指示都很明确,权是给省里的,没有放给地市,地市可以提出选择意见,但最终批准权在省政府。

二、关于管理体制问题

国务院批准的劳动部"三定"方案和6号文件明确规定,劳动部是主管全国企业职工社会保险工作的综合部门;深化养老保险制度改革的工作由劳动部负责指导、监督、组织、推动。这些具体工作的组织实施,劳动部理所当然要依靠各地劳动部门。所以各地劳动部门应本着对国务院,对企业职工负责的精神,义不容辞地、理直气壮地承担起对社会保险制度改革的组织、指导、监督、推动的责任。劳动部门如果对这场改革不闻不问或者消极、推诿,就是失职。各级劳动部门要有高度的使命感和历史的责任感,主动积极地工作,并且向党政领导汇报,解释清楚,以争取得到他们的支持和领导。

三、关于困难企业、破产企业职工的社会保险问题

当前，困难企业、破产企业职工的社会保险问题是影响社会稳定的一个重要因素。去年年底和今年年初，劳动部先后两次发文，要求各地解决好部分困难企业离退休人员的基本生活问题。这个问题事关大局，各级劳动部门和社会保险机构务必高度重视，把工作做细、做扎实。

一是进一步完善失业保险制度，重点是做好破产企业职工的经济性裁减职工的接收、救济和安置工作。对破产企业资产变卖所提供的安置费，应与失业保险金结合使用。

二是对参加了社会统筹的企业破产后，要由社会保险机构按时足额支付离退休人员的养老金，并协同社区等有关方面，搞好对他们的管理服务，加快社会化管理步伐。

三是要特别关怀困难企业职工和离退休人员的基本生活保障问题，把每年“两节”期间的“送温暖”活动制度化，全力维护社会稳定。

四、关于企业与机关事业单位离退休待遇差距问题

一些地区反映，在贯彻9号文件和62号文件中，部分企业离退休人员对离退休待遇增加幅度与机关、事业单位同类人员存在一定差距的问题，意见较大，仍是潜伏的不安定因素之一，希望部里能提出进一步解决的办法。解决这个问题，要从两方面入手。一方面，劳动部有责任全面了解情况，如实地向国务院反映，对地方提出指导意见。去年以来，按照国务院领导同志的指示，我们已多次同有关部门研究讨论，提出了建议，直到最近还在进一步向国务院汇报。我们要继续加紧这方面的工作。另一方面，也希望各地能够发挥主动性，继续贯彻国务院9号文件和国务院办公厅62号文件，把国务院对各省、自治区、直辖市的授权用好。目前许多省市已经按照62号文件精神采取了适应的微调措施，使矛盾得以缓解。其他地区可以借鉴这些做法，并结合自己的实际，在国务院规定的范围内，采取一些灵活措施和重点调整的方法，逐步加以解决。同时，要加快建立基本养老金的正常调整机制。国务院6号文件对调整机制已作了原则规定，各地在贯彻过程中，可以制定具体的实施办法。

五、关于岗位技能工资和72号文件问题

工资和社会保险从来都是关联十分密切的两项制度。改革养老保险制度必然遇到新老待遇的衔接问题。有的地方提出岗位技能工资能不能列为计算养老金的基数，72号文件规定的增资如何列为基数等许多具体问题。我们了解到，有的地区在工资基数的控制上采取了有力措施，使新老待遇的关系较为合理，从而为改革创造了较好的条件，改革后，新办法到位率高达80%～90%。但也有的地区没有对工资基数进行有效控制，按老办法计算的养老金待遇水平搞得过高，致使新办法虽然出台了却难以到位。这说明，合理控制工资基数，已经成为保证养老保险改革新办法的顺利实施，并且合理调整待遇水平的关键之一。处理这一问题的原则是，既要保证职工的既得利益，改革要让多数人得到实惠，又要合理控制待遇水平，不能超越企业和国家的承受能力。由于各地区实行岗位技能工资制和贯彻72号文件采取的具体措施各不相同，因此，不可能有一个全国统一的办法，各地可按照上述原则结合实际采取具体措施，使工资改革和养老保险制度改革都能顺利推进。

六、关于其他保险项目改革问题

失业保险制度的改革是在建立现代企业制度中全社会最为关注的热点问题之一。目前，企业消化富余人员难，企业破产后职工安置难，这些难题困扰着企业，影响着企业改革的进程。要解决这些难题，从劳动部门角度看，就是要完善失业保险制度，加快失业保险制度改革。一是要扩大覆盖面；二是要建立起失业救济、转业训练与就业服务相结合的失业保险体系；三是要通过合理安排，切实管好、用好救济金，增强救济能力；四是要大力发展第三产业和劳服企业，鼓励自谋职业，拓宽就业渠道，抑制失业率的上升。

医疗保险制度改革也是企业呼声很高的问题。改革的思路已经比较明确，就是遵循社会统筹与个人账户相结合的原则，建立起医患双方的制约机制，既保证基本医疗，又避免医疗资源的浪费。在这方面，九江、镇江两个城市正在试点，他们的经验值得借鉴。今年，医疗保险制度改革在面上的重点还是推广大病医疗费用社会统筹，并对这一改革办法进行充实、完善，同时积极总结试点经验，为推行社会统筹与个人账户相结合的医疗保险制度作好准备。

工伤保险制度改革的重点是建立起工伤保险与事故预防、安全生产相结合的机制，实行差别和浮动费率，建立健全伤残评定标准，维护职工合法权益。

生育保险要抓住今年第四次世界妇女大会在中国召开的有利时机，积极进行试点，摸索经验。

谈搞好再就业工程的几个问题

（1995年10月）

林用三

第一，加强领导是做好再就业工程工作的关键。各级劳动部门要将实施再就业工程作为配合企业深化改革，保持社会稳定的重要工作和当前就业工作的首要任务，以高度的事业心和责任感，认真组织贯彻国务院办公厅的通知精神，动员社会各方面的力量，切实把再就业工程的各项工作落到实处。要结合本地的实际情况，制定具体实施方案和工作目标，实行目标责任制，并列入重要议事日程，精心部署，周密安排。要努力争取各级政府领导及各有关部门对这项工作的重视，及时请示汇报，主动开展工作，取得支持。

第二，制定和落实新政策是推动再就业工程的重要保证。实施再就业工程，促进失业职工再就业和富余职工分流安置任务重、难度大，需要政策扶持。要充分运用国家和各地出台的政策去推动工作，还要结合各个城市的实际工作情况，抓好落实，务使政策落到实处。出台政策不容易，落实政策更艰难，这方面一定要花大力气。在现有政策的基础上，根据工作的深入发展，还要研究出台新政策。在落实和制定新政策过程中，重要的是主动做工作，不要存在等、靠的思想，要用实际行动去争取政策，落实政策。

第三，开展全方位服务是实施再就业工程的有力措施。职业介绍、就业训练、失业保险、劳服企业"四位一体"，是我国做好就业工作的支柱，也是实施再就业工程强有力的工作依托和基础。各级劳动部门要在职业介绍、就业指导、转业转岗训练、工作试用、劳服企业生产自救等环节制定目标责任制和相应的工作制度，落实专人负责，开展专项服务，提高工作效率和服务质量。要把解决失业职工再就业和富余职工分流安置的实际效果，作为衡量就业服务工作做得好坏的标准。就业服务的四项工作间要加强相互配合和协作,使整个就业服务体系的发展建设与实施再就业工程工作有机结合,相互促进。

在实施再就业工程工作中要充分发挥劳服企业的作用。劳服企业是提供就业机会,创造就业岗位的重要基地,它在80年代初期从组织待业青年开展生产自救起家,已形成兼有经济效益和社会效益双重功能的企业群体。目前,以第三产业为主体的劳服企业已近20万个,我们要充分利用它发展生产,广开就业门路,以劳动积累创造财富、创造就业岗位的经验和做法,利用现有劳服企业的场地、设备、项目和技术,通过扩展生产经营,兴办新的网点,开展以工代赈等,为解决困难企业职工问题开辟门路。

劳服企业的创办和发展得到了政策的扶持,今后还要为其争取新的政策。同时,也应该看到,今后劳服企业也必须进入市场,在市场的竞争中求生存,求发展。所以,劳服企业也要进行改革,实行现代企业的有关制度。

为了支持劳服企业进入市场,当前要抓好两件事:一是要把产权界定清楚,哪些是国有资产,哪些是集体财产,并经有关部门肯定下来;二是要真正确定劳服企业的法人地位,进行工商登记,让劳服企业真正成为可以独立发展的企业法人。劳服企业的主办单位,应该继续扶持劳服企业,因为,劳服企业是解决就业问题的重要支柱。

第四,创造更多的就业机会。就业岗位是实施就业的基础。我们抓就业,最终的目的就是把求职者安置在合适的岗位上。没有岗位,一切都将成为纸上谈兵。因此千方百计抓岗位,是我们抓就业工作实实在在的内容。抓岗位,首先要抓岗位的分类,哪些岗位适合哪一类劳动,哪些岗位需要发展,哪些岗位应该限制等等。总之,对就业岗位要做到心里有数。我们掌握的岗位越多,工作的主动性越强。其次,要想尽办法,创造新的就业岗位,也就是开辟新的就业门路。新门路的开辟,肯定要经过艰苦的努力,一旦成功,就有一个推广的问题。但不能一哄而起,要进行科学的论证,要发展到适合的规模,千万不要盲目发展。三是要主动帮助企业进行对就业岗位的挖潜,特别是对效益好而没有达到规模的企业,应该动员他们多吸纳一些求职者,多对社会作一些贡献。四是要加快空缺岗位的填空工作,而且要填补好,这是我们容易使上劲的。

要对城乡劳动力进行统筹安排,城市、农村的就业工作是一个整体,相互影响,一定要统筹兼顾,千万不要强调一方面忘了另一方面。当然对农村的剩余劳动力要坚持就近就地安置的原则,尽量安排在当地或者就近的中小城镇,这就要求我们研究在农村如何开辟新的就业门路。

第五,千方百计筹措资金,保证就业工作的顺利进行。就业工作要有资金的支持,而关键是如何找钱,如何积累资金,如何用好钱,建立帮困资金、劳服企业基金等,都是一些好的想法和做法,只要政策上通得过,都可以大胆地试验。我们的资金来源有限,主要来自生产扶持经费和失业保险金,其他的一些门路,要看我们工作能否做好,做好了也许就能争取来。

对失业保险工作,要进一步扩大覆盖面,凡可能参加保险的都要动员参加,同时要把该收的钱都收上来,我们的财力越大,承受失业的能力也就越强。要多聚一些资金。目前,我们已经积累了一些钱,这些钱是要用的,而且主要用在失业者身上。用的目的,不光是要解决一些人的救济问题,更重要的是要建立起有中国特色的适应社会主义市场需要的失业保险机制,这样我们的钱就花在点子上了,当然要量力而行。总之,不花不行,花多了也不行,要用得合适,并有适当结余。

筹措资金是一个大事,也是一个难事,要我们多想一些办法,多开一些渠道,多门路地解决问题。

第六，建立健全就业服务机构，提高工作效率。我们需要有统一的、上下配套的运转灵活的组织机构，最好一直落实到基层。据介绍，有一些地区已经建立了乡村劳动服务站，这样我们的工作就能够抓实。要建立基层服务站，还要帮助他们搞好工作，充分发挥作用。目前，各城市大都建立了劳务市场，进行职业介绍，并且取得了不小的成就，它们是劳动工作的窗口，是就业工作的红娘，它们服务得好坏，直接代表了劳动部门的形象，所以一定要下大力气，认真抓好。劳动就业服务机构在促进就业和推动就业制度改革中承担了相当大的任务，作出了重大贡献。但它到底是事业单位还是行政单位有人说说不清，我看它是具有行政职能的事业单位。当前，首先要明确职责，让它们能充分发挥作用。同时在工作中解决那些不顺的问题，在体制改革之中研究它的属性问题。问题最终是会解决的，当前是要充分发挥它的作用，使之承担起重要的责任。

健全机构的一个重要内容，是提高所有劳动工作者的素质。我们的工作人员素质越高，服务效率就会越好；根据劳动工作的特点，我们应该在服务精神、奋斗精神、创新精神方面多下一些功夫。

第七，主动搞好协调，争取多方支持。劳动工作的特点，就是做每一件事，都会有较宽的涉及面，也就是说，要想办成一件事，必须取得多方面的大力支持与配合，这就要求我们学会做协调工作。我们做好协调工作，是解决数百万失业人员和上千万企业富余职工的要求，是中央保持稳定的工作方针的需要，是建立社会主义市场经济的需要，是经济发展的客观现实。在这些原则的指导下，我们应该主动地进行协调，争取各方面对我们工作的支持。

当前是推进劳动工作的一个大好时机，因为当前的就业问题已经引起了社会关注和各级领导的重视，我们要抓住这个时机，协调好各方面的关系，把劳动工作扎扎实实地推进一步。

第八，要抓好宣传工作。就业工作是一项社会系统工作，再就业工程是当前的工作重点，它的实施需要社会各方面的关心和支持。各级劳动部门要通过各种宣传媒介和手段，大力宣传国务院通知精神，宣传再就业工程的意义和作用，提高广大职工的关心和参与程度，并积极争取各级政府部门、工会、妇联、共青团和社会各界的大力支持和帮助，共同做好失业职工再就业和企业富余职工分流安置工作。

抓住重点，改进作风，全面推进劳动监察工作

——在全国劳动监察工作会议上的讲话

（1995年10月12日）

朱家甄

全国劳动监察工作会议就要结束了。这次会议得到了山东省、青岛市劳动部门领导和同志们的重视和支持。会议一开始，苏海南同志作了工作报告，大家进行了热烈的讨论，海南同志的

报告我完全赞成。近几年，我们每年召开一次全国劳动监察工作会议，今年已经是第三次了。前年在深圳会议上动员大家要适应市场经济发展需要把劳动监察工作先干起来。当时全国有劳动监察机构的只有3个省，几乎是一片空白。但是我们看到了这项工作是适应建立社会主义市场经济体制需要的一项非常重要的工作，在没有规定、没有法规、没有机构、没有人员的情况下，动员大家先干起来。经过一年的努力干得很好，推广了深圳等地的经验，开展了第一次劳动用工大检查，同时全国有8个省市建立了劳动监察机构。去年厦门会议我们主要是解决劳动监察机构和队伍建设及领导重视问题。中编办和劳动部下发的中编办〔1994〕224号文件，对各地劳动监察队伍和机构的建立是一个很大的推动。我们这次会议是在《劳动法》贯彻实施9个月，全国劳动监察体制建设有了初步基础，机构建设、人员配备有了一定进展，劳动监察工作积累了初步工作经验的情况下召开的。会议研究了进一步全面贯彻实施《劳动法》、完善劳动监察体制、推动全面开展劳动监察工作的问题；会议期间8个单位分别介绍了经验，同时大家还就有关的问题进行了讨论。会议开得比较成功。刚才我们又听了4个组的发言，他们的发言基本上把我们讨论的情况全部概括了。下面根据大家讨论的情况，我再讲四点意见，供同志们参考。

第一，劳动监察体制建设取得了很大成绩，还要进一步完善提高。

按照建立社会主义市场经济体制的需要，尽快建立健全劳动监察体制，是部党组一直予以高度重视的工作，在去年的全国劳动工作会议上和今年召开的贯彻实施《劳动法》工作会议上都对此提出了很高的要求。两年来，经过各级劳动部门的共同努力，全国劳动监察体制建设已经打下了初步基础：机构从无到有，从小到大，到目前为止，全国28个省（自治区、直辖市）、2000多个市县已经建立了劳动监察机构，初步建立了全国劳动监察组织网络；劳动监察队伍也得到了充实提高，现在劳动监察队伍已有1万多人，专职监察人员达到5 500多人，队伍已经开始培养起来了，壮大起来了，非常好。

今年年初我们订了个目标，到年底全国各级劳动行政部门建立劳动监察机构的面要达到90%，现在我把执行情况向大家做一个通报：省级劳动监察机构，全国30个省、自治区、直辖市已建立了28个，安徽省编办也已经批准了，马上就可以建立劳动监察处，这样就只剩下西藏了。西藏有点特殊情况。全国市县区一共是3178个，现已建立劳动监察机构的有2 229个，组建率达到70.14%。预计到今年底，全国建立机构的面可达到83%。目前，北京、上海、天津、广东、江西、湖北、福建7省市已经全部建立了省、市、县三级劳动监察机构。现在还没有完全建立，但到年底预计可以全面建立起来的有11个省区，即陕西、浙江、山东、黑龙江、湖南、海南、吉林、河南、青海、广西、辽宁；江苏省年底建立机构的面可达到90%；贵州、云南、山西、四川4省年底可以达到80%；安徽、河北、甘肃、新疆4省（区）年底可达到70%。在去年的劳动厅局长会议上根据大家的意见把劳动监察机构建立情况纳入了部里的目标管理，实行目标管理责任制，我们要经常检查目标完成的情况。借这次大会把全国情况给大家报告一下，会后还将根据很多省的要求，把机构建立情况发个文件通报一下。希望比较差一些、比较慢一些的省要继续努力，加快进度。

今年劳动监察体制建设有了明显进展，但是，对照中编办〔1994〕224号文件的要求，目前的进展还远远不能适应工作需要。专门机构少、专职人员少的矛盾还很突出，特别是有些地方还没有成立劳动监察机构，希望这些地方要在最后两个月积极努力，力争把专门的劳动监察机构建立起来。对因建立不起来影响部里或省里目标责任制完成的单位，恐怕要作出点说明，不能随便放过。我们劳动监察体制建设要继续抓紧完善，人员不足的、素质不高的要充实提高。劳动监察工作要加强机构建设、体制建设，绝不是哪个人心血来潮，而是社会主义市场经济条件下劳动部门转变职能的需要，是贯彻实施《劳动法》的需要，是保护企业和劳动者合法权益的需要，也是对劳动力市场运行情况进行监督的需要。没有劳动监察工作，我们劳动工作各项目标的实施就没有保障。一项工作如果光有布置，没有检查，这项工作肯定办不好。劳动监察工作是我们劳动工作各项目标顺利实施的保障。对这个道理，要继续不断地加强宣传，大家一起宣传，求得各级领导和部门的支持，一定要在尽可能短的时间内把我们劳动监察体制和队伍建设好。

第二，抓住重点，保持稳定，全面推进劳动监察工作。

当前，劳动工作要以贯彻《劳动法》为统领，紧紧围绕党中央和国务院提出的二十字方针，认真学习十四届五中全会精神，学习和贯彻十四届五中全会通过的关于“九五”计划和2010年规划的“建议”，正确处理改革、发展、稳定的关系，为国家改革、发展这个大局创造稳定的社会环境。劳动关系的和谐稳定在整个社会稳定中占有举足轻重的地位。劳动监察工作做好了，劳动争议案件发生得少了，突发事件及时处理了，劳动者的合法权益就能得到有效保障，亿万职工队伍稳定了，我们的社会也就基本稳定了。

值得注意的是，当前劳动关系不稳定的因素很多，要抓住主要因素。目前主要因素仍然在企业一方，也就是说抓好企业遵守劳动法规、落实劳动标准是我们劳动监察工作的重点。主要原因：一是部分企业，尤其是外资、私营和乡镇企业经营者缺乏全面执行《劳动法》的自觉性，劳动法制观念淡薄，违法侵权行为时有发生，有些人在思想上对贯彻实施劳动法规是抵触的。他们认为《劳动法》的出台、各项劳动法规的制定影响了他们获得利润，影响了他们的利益。由于有这种思想，因而在这些企业出现了违法侵权行为。如果我们工作抓得紧了，劳动监察工作跟上了，这些企业执行劳动法规就好一些，劳动者的合法权益就能得到保障。反之，可能劳动法规就执行得差一些，劳动者的合法权益就会受到侵犯。这个问题短时间内是解决不了的。因此，对外资、私营和乡镇企业来讲，保护劳动者合法权益的问题关键就在企业。二是公有制企业，特别是国有企业目前遇到了很多困难，有些企业可能是严重困难，生产经营状况不佳，停产半停产，甚至严重亏损，有些省国有企业亏损面相当高。这些企业在贯彻《劳动法》，特别是贯彻《劳动法》规定的最低工资、社会保险费用缴纳、劳动安全卫生等劳动标准上落实起来比较困难，很难到位。有的企业确实有困难，没有到位，但是也确实没有采取措施，没想办法。如果我们工作抓紧了，劳动监察工作跟上了，这些企业就能在困难的情况下为职工多采取点措施，多想点办法。反之就会像有的地区那样，劳动关系很紧张，集体上访和罢工事件时有发生。这样不但影响了经济的发展，也影响了社会的稳定。从公有制企业来看，主要的矛盾也是在企业。三是从现在发生的一些劳动争议案件和集体上访情况看，很主要的一个原因是一些企业的经营者存在着消极腐败的现象。个别企业领导不关心群众疾苦，不顾企业面临的困难搞高消费，在企业开不出工资的情况下给自己买住宅，企业连生产资金都没有了，他还给自己买小轿车，诱发了劳动关系的不稳定。从这个角度来看，关键也是在企业。

当前，处理好劳动关系、搞好劳动监察工作的重点在企业一方，必须抓住企业执行劳动标准、贯彻劳动法规这个重点。对这个重点，我们希望各级劳动部门要高度重视。另一方面，我们还要和有关部门一起做好劳动法规、劳动标准的宣传工作，使广大劳动者学会用法律来保护自己的合法权益。两年来，大家边摸索边干，克服了许多困难，把劳动监察工作开展起来了，和两年前相比，我们今天的劳动监察工作已经起步，有了很大进展。海南同志在报告中对劳动监察工作搞得好的省份已经提出了表扬。但是也要看到，很多地方劳动监察工作做得还很不够，大部分地区常规监察工作还没有开展起来，有些地区群众举报还无人查处，不了了之。总的看监察工作还不够活跃，覆盖面不够广，工作也不够经常，还远远不能适应社会主义市场经济体制对劳动监察工作的要求。

从明年开始，我们要把劳动监察工作的重心转移到围绕劳动部门的中心任务全面开展监察工作上来，重点解决劳动监察工作怎么干和怎么干好的问题。一要增强工作主动性，开展经常性的常规巡视监察。劳动监察人员不能坐等群众上门举报，要经常主动深入工厂、车间，向劳动者宣传劳动法律法规和有关政策，发现违法行为及时纠正。要变被动查处违法行为为主动向用人单位宣传劳动法律法规，指导企业制定内部规章制度，指导订立劳动合同和集体合同，帮助落实各项劳动标准，促使企业按照《劳动法》和有关法规的要求依法进行劳动管理。劳动监察机构还要解决一个耳聪目明的问题，应当随时掌握劳动关系动向，采取主动措施防患于未然，预防集体上访和罢工等突发事件的发生。我们不能满足于事后的处理，事后处理太被动了，坐等发生问题了我们再冲上去，这不行。当然一旦发生了突发事件也得冲上去，不冲上去也不行。一定要想办法把问题解决在基层，解决在萌芽状态。二要抓好案件查处工作。明年劳动监察工作要按照有关的程序规定来办案，做到多办案、快办案、办好案，提高结案率，也就是要提高劳动监察工作的规范性和科学性。对每一起劳动违法案件都要以高度的责任感进行调查取证，并准确地依据有关法律法规予以妥善处理，掌握好处罚的力度；对群众举报，要做到件件有着落，取信于民，这样才能树立劳动行政部门良好的形象。三要扩大劳动监察的覆盖面。劳动监察工作应当覆盖所有的地区，所有的企业，不能留有死角。当前除了重点做好对外资企业、私营企业的监察，也不能忽视对远离城镇的乡镇企业实施劳动监察。四要加强对劳动监察工作实绩的考核工作，考核的内容主要看工作数量和质量的情况。

第三，抓基层，打基础，改进工作方法，抓好作风建设。

劳动监察工作作为一项新兴的事业，从一开始就要把基础打好，把根子立正，培养一支思想作风过硬的队伍，研究一套全新的工作方法，建立具有中国特色的劳动监察工作体制，这样才能使我们的工作永远立于不败之地。海南同志在会议开始的工作报告中讲了我们专业监察的几个主要办法，一是要像巡警一样主动到企业检查，及时处置各种案件，二是抓好举报专查，三是开展执法大检查。这些强制执行的措施都是必要的。但是还远远不够，劳动监察工作一定要抓好经常的督促企业遵守劳动法律法规方面的工作，抓好基层工作，要鼓励企业执行“三自”方针，即鼓励企业自觉遵守劳动标准和劳动法规，主动自查自纠。劳动监察机构和其他有关部门对企业应当实行以帮为主、帮查结合的方针。但是对极少数故意违反劳动法规和劳动标准的企业必须依法严肃查处，有的还必须狠查狠罚。在查处案件中，要注意以理服人，以情感人，依法治人，而决不要以权压人。根据情况该照顾的还是要照顾。力争使对方心悦诚服，至少做到使其心服口服。要让企业认识到我们劳动监察是企业执行劳动法规、改善劳动关系的好帮手，应当做到让企业欢迎劳动监察才对。要使企业真正认识到自觉遵守劳动法规有益于劳动关系的改善，有益于企业自身的发展。我这两天参观了两个日资企业，日方老板很重视劳动关系，这两个老板在日本曾做过多年的工会工作，经常参加集体谈判，知道劳动关系的重要性，企业劳资关系处理得比较好，企业发展很快，赢利也很多。我们要多宣传这些例子，主要是要让企业认识到劳动关系和谐的重要性，让企业自觉地调整好劳动关系，保护好劳动者的合法权益，自觉地遵守劳动法规，这比我们事后处理要重要得多。我们的目的是要处理好劳动关系，保护好劳动者的权益，希望少发生违法侵权的事情，不是希望多发生事情，这个观点一定要树立好。劳动监察工作要做到前面去，要做好预防工作，要做到防患于未然，争取违规违章的事发生得越少越好，争取劳动违法案件逐年下降，下降了说明我们工作做好了。

劳动监察工作还要注意专群结合，要调动广大群众，特别是广大经营者的积极性；要发挥工会的积极性。我特别赞成这次会上关于实行企业年审制的意见，实行这种办法就可以变企业被动接受检查为主动自查，这样一个部门的积极性就可以变成大家的自觉行动。

加强劳动监察工作还必须加强劳动监察的组织建设，提高监察队伍素质。首先要抓好思想作风建设。劳动监察员不仅要精通业务，同时还要有过硬的政治素质和思想作风。劳动监察员首先要胸怀为国家改革开放和经济建设创造稳定的社会环境这个大局；其次要勤政为民，热爱本职工作，忠于职守，服从领导，全心全意为人民服务，把企业和职工群众的冷暖时刻放在心上，要有强烈的责任感、使命感，并且要落实到实际行动上；三要遵守纪律，秉公执法，不徇私情，做廉洁奉公的模范；四要加强业务学习，不断掌握新的劳动法律、法规和政策，熟悉劳动标准，认真按劳动监察程序办事，依法行使好监察权和处罚权。

劳动监察工作要更多地强调集中管理，要服从领导，服从于和服务于上级劳动行政部门，确保政令畅通，下情上达，避免工作被动。我们现在发现，很多事情我们知道得很晚，为此我们和公安部建立了很好的信息合作关系，公安部把得到的有关劳动关系方面的案件消息及时通报给劳动部。很多情况我们就是从他们那里知道的，反过来要求各省组织查处。我们的信息工作耳聪目明做得远远不够，希望大家下点功夫。希望各地的劳动厅局参照部里的做法，和当地的公安部门联合起来，取得他们的帮助和支持，请他们将发现的情况及时告诉你们，你们好为国家分忧，遇到问题及时分析，把处理好一些不稳定的因素、不稳定的事件看成是我们的本职工作。希望劳动监察机构要把公安政法系统严明纪律、快速反应的好作风学到手。

劳动监察工作改进作风还有一个很重要的方面就是要注意两头。一个是上头，要主动为上级部门，为当地政府领导排忧解难，遇到问题要冲上去，不能让当地政府上一线去，劳动监察等部门要冲到第一线去为政府排忧解难，让他们看到我们劳动部门确实解决问题，也只有这样才能赢得当地政府的支持和信任。特别是在突发事件中我们要敢于冲上去。另一头在下头，一定要关心群众疾苦，群众举报反映的问题决不能不了了之，一定要体现全心全意为人民服务，只有这样才能受到群众的爱戴和支持。如果这两条做好了，我们的形象就会有一个根本的改变。前不久我到山西太原去，看到太原的劳动监察大队很不错，配备小面包车，上面挂着警灯，统一着装，非常整齐，直观形象很好。但是同时也联想到一个问题，现在社会上“大盖帽”在群众中形象不太好，我们虽然也统一着装了，很威武，很雄壮，但要经常反思工作做好了没有。你工作做不好，群众一样会背后说你，那样你着了装也没用。所以我们一定要注意两头，上为政府排忧解难，顾全社会稳定的大局，从大局出发，冲上去。对下头，一定要关心百姓疾苦。劳动监察就是要维护劳动者合法权益，要做劳动人民的贴心人，千万别为自己谋私利，谋私利的人劳动监察队伍不能要。

劳动监察工作一开始就要把基础打好，把根子扎牢，把形象树立好。

第四，谈几个具体问题。

一是经费问题，包括工作装备问题。因为省级劳动部门的财政关系在地方，得靠大家自己争取，不可能等着部里和财政部下个什么文件。部里向财政部反复汇报，经批准，解决了部里的监察经费问题。你们可以参照部里的做法，也得和当地的财政部门商量，求得他们的支持。希

了。因此，我们现在主要研究怎样把劳动争议案件降下来，从根上解决问题。劳动争议的发生是必然的，我们应想办法把它解决在萌芽状态，做好预防工作，尽可能用调解方式去解决。如果前面这些工作做好了，那么后面的仲裁工作量就会减下来。可以说，我们做好预防工作是件事半功倍的好事情，苏司长在工作报告中提出，我们现在的对策应当是遵循重在源头、重在基层、重在调解、重在执行的方针，从两方面入手：一是充分发挥现有人员和条件的最大能量，提高工作效率；二是从长计议，及早完善劳动争议处理体制，从根本上解决问题。这个"四重"方针，与去年全国劳动争议处理工作会议提出的"预防为主、基层为主、调解为主"的方针基本精神是一致的，只是增加了一个"重在执行"。在当前劳动争议多发时期，我们首先要从发生劳动争议的源头抓起，从源头上减少劳动争议的发生。这里我特别要强调一下，劳动部门的劳动争议处理机构应当抓好劳动争议处理工作的全过程，绝不能只抓仲裁几个案件。虽然仲裁工作是劳动争议工作中的一项很重要的工作，但是我们应当注意抓全过程，特别要注意从源头预防争议抓起，绝不能认为劳动争议调解工作不是我们的工作，这种看法是不正确的。当然，要抓预防、调解工作就得深入基层，发动群众，做艰苦细致的工作，比处理几个案子还复杂，还困难，然而我们还得去做。劳动行政部门的同志一定要认识到这一点。另外，我们还要像湖北省仲裁委员会以及宜昌市仲裁委员会那样，发展面向社会的劳动法律咨询服务机构等等。全国总工会提出的两三年内力争将企业劳动争议调解委员会的组建率由去年的48%提高到80%的目标是很有道理的，我们非常赞成。再就是像广东、福建、江苏、四川等省那样在乡镇一级建立劳动争议调解机构，在村办企业发达的地方村一级配备调解人员。总之，我们的工作要从实际出发，从方便企业和职工出发，通过这些办法来有效地减轻仲裁委员会的压力。也就是说我们的工作重点一方面要放在拼命办案、提高受案率、结案率上，另一方面更要放在抓基层、抓调解上。两方面不可偏废。不过有一点请大家注意，调解也不是万能的，重在调解不是强迫调解，必须坚持在双方当事人都自愿的情况下实施调解，否则就会出现久调不结的情况，照样解决不了结案率低的问题。另外，要有强有力的手段保证双方当事人能够履行最终的处理结果，否则劳动争议就不能彻底解决，会出现同一个争议案件多次申诉，影响劳动争议处理机构的权威性等现象。关于当前提高工作效率和完善现行劳动争议处理体制的具体措施，苏海南同志的工作报告中已经谈得比较详细了，这里我就不再重复了。总之，今后一定时期内，劳动争议处理工作是一项必须常抓不懈的工作。我们要按照"四重"的方针抓好提高受案率、结案率的工作，这是我们工作的重点，一定要引起高度重视。

二、关于三方机制的问题

去年全国劳动争议处理工作会议很关注这个问题，并着重强调了这个问题，但是会后没有太大的进展。很多地方在劳动争议仲裁工作中，从总体上看基本还是劳动行政部门一家办案，还没有形成令人满意的三方办案机制，没有发挥工会和经济综合管理部门的作用。我们感到这个问题很大，既是一个关系到劳动争议仲裁事业能否继续前进的问题，又是一个涉及《劳动法》能否贯彻落实的问题，因为《劳动法》第十章明确规定了劳动争议仲裁应实行三方原则。形成这种现状的原因有客观上的，也有主观上的。从客观上看，三方人员编制都比较缺乏，活动经费没有或不足，人员的素质也偏低，为形成三方参与办案机制带来极大的困难。从主观上看，劳动部门的部分同志认为独家办案比较方便，没有养成三方办案的习惯，不去积极争取工会组织和经贸委的同志参与仲裁工作；另外工会组织和经贸委的部分同志参与仲裁的意识比较缺乏，工作一忙也就顾不上参与仲裁工作，有的地方存在久请不动的情况。因此，形成三方机制说起来容易，做起来很难。要形成有中国特色的三方机制还需要我们坚持不懈地积极努力才行。

体现三方原则是劳动争议仲裁工作最明显的特点，早在本世纪20年代就已形成国际惯例。当前国际上绝大多数国家的劳动争议处理机构都实行三方原则，例如德国劳动法院的法官队伍是由职业法官和由雇主与雇员担任的名誉法官组成的；新加坡的工业仲裁庭，是由主席、副主席、雇主陪审团、雇员陪审团组成的；日本的劳动委员会，是由劳方、资方、公益方的委员组成的。群众对劳动争议仲裁的公正性是很关注的，而仲裁的三方性是体现劳动争议仲裁机构公正性的基点，因此它在劳动关系调整体系中具有不可替代、举足轻重的地位。特别是在当前我国劳动争议处理工作面临着劳动争议持续大幅度上升的形势下，尽快完善仲裁工作中的三方机制，已经成为能否把仲裁工作推向一个新阶段的关键问题。现在工会组织已经成立专门的法律工作部门，经贸委也有负责企业管理的部门，还有一个中国企业家协会，这就为形成三方机制提供了一定的客观基础和可能性。实行三方原则主导的一方是政府，由劳动行政部门作代表，可以这样说，三方原则实行不好很大程度上是劳动行政部门的工作没有做到家。因此，各地劳动部门的同志们要严格要求自己，提高认识，端正态度，把完善三方机制的工作列入贯彻《劳动法》的工作日程，要像石家庄市劳动局那样积极主动地加强与同级工会组织、经济综合管理部门的协调。同时也希望工会组织、经济综合管理部门的同志给予积极的响应与合作。按照法律规定，既然劳动部门作为政府一方的代表在劳动争议仲裁委员会中起主导作用，如果遇到分歧意见相持不下，应充分尊重政府一方的意见，最后按少数服从多数的规定执行。三方的委员以及仲裁员应特别注意在法律规定的职责范围内发挥自己的作用。总之，还是我去年说过的话："三方要相互理解、相互妥协、相互补台、相互支持，不断增强相互的团结"，争取明年的仲裁工作在形成三方机制方面能够有较大的进步，推动劳动争议仲裁事业生机勃勃地向前发展。

另外，谈及一个与完善三方机制有关的问题，就是有的地方在企业设立劳动争议仲裁机构，有的行业部门要求成立行业劳动争议仲裁委员会，有的地方从企业管理人员中聘任兼职的仲裁员。这些情况的出现，一方面反映了当前劳动争议大量发生的形势，使行业主管部门和企业日益感到劳动争议处理工作的重要性；另一方面，也反映了一些仲裁委员会由于工作量大，力不从心，想借用大企业力量等状况。然而根据《劳动法》对仲裁委员会的组成实行三方原则的规定，应当由政府、工会、用人单位方面三方代表组成，而不能由发生争议的企业行政一方参加仲裁机构，也不能由行业组建仲裁委员会。按照《企业劳动争议处理条例》规定的选拔仲裁员的人员范围，仲裁委员会不能在范围以外的企业管理人员中选拔仲裁员。这些规定是确定无疑的。那么在当前我们人力不足的情况下，可不可以借助一下企业的力量呢？我想也不能一刀切，比如在劳动争议案件处理过程中的举证工作，属于企业责任，应当让企业去办。劳动仲裁庭在企业开庭是可以的，但仲裁庭的组成一定按《劳动法》的规定执行，不然的话就会有失公允，这一点还得请大家注意。我们再忙，这个基础得打好，路子不能走歪。

三、关于完善劳动争议处理体制试点的问题

今年初，在完善劳动争议处理体制试点座谈会上，我们提出年底要认真总结一下各类试点工作的经验。从这次大会的经验交流材料看，我们已经实现了这一目标。从讨论的情况看，同志们也认识到各类试点的必要性。有些探索工作还是非常有意义的，例如：从深圳、湖北等地出现的大量经营者与劳动者寻求劳动法律咨询帮助的情况看，劳动法律咨询部门的设立是符合客观需要的；从全国不少地区的乡镇成立了劳动服务站或劳动管理所调解劳动争议案件的情况看，在乡镇设立劳动争议调解机构也是必要的，我在福建调查时，就发现乡镇调解机构很管用，既受群众的欢迎，也受镇政府的欢迎。劳动管理所中一个人管就业，一个人管争议调解，一个人管保险，一个人管安全，人员很精干，乡镇企业的发展就需要这样的机构，一些地方劳动部门的劳动争议处理机构利用它的行政职能建立的行政调解制度，也是从实际需要出发的。因此，我们试点中创造的一些经验和做法都可以继续探索，有问题不要紧，我们可以进行争论，争论清楚了就好办了。比如会上有一个争议比较大的问题是行政调解的问题。行政调解也是我们采取多渠道处理劳动争议的一种方式，应当说在一些地区和部门还是非常好的一种方式。乡镇调解实际也是一种行政调解。行政调解与仲裁委员会的案外调解不一样，一是它有行政权威，不同于案外随意的调解；二是行政调解人员比较了解仲裁工作的全面情况，比较公正。所缺乏的是行政调解应有的一套正常的程序和制度。再比如："裁审分轨、两裁终局"体制的试点，会上也有不同意见，各有各的道理。由于《劳动法》的规定是"先裁后审、一裁两审"的单轨体制，所以有的同志认为这一试点是有悖于法律规定的。可是为什么有的同志就赞成"裁审分轨、两裁终局"的处理体制呢？因为这种体制既符合国际惯例，又能加快办案速度，提高案件处理结果的执行能力。从发展的角度看，"裁审分轨"体制也不与法律相抵触，因为法律也不是一成不变的，到一定时候也可以修改。因此，"裁审分轨，两裁终局"的体制也可以继续试点。当然，我们现在总体上还要按《劳动法》规定的"一裁两审"体制执行。总的来说，目前从实际需要产生出来的一些新的做法，只要从实质上不与法律相抵触，我们就可以大胆地试点，一时看不清的东西不要轻易地肯定或否定，要通过一段实践去验证一下再说。

四、关于劳动争议仲裁与劳动监察工作的关系问题

会上有很多同志提出，劳动争议仲裁工作与劳动监察工作是有交叉的，两者应该如何划分需要明确。我们认为它们之间是有交叉的，但也是有界限的，主要界限表现在两方面：一是劳动争议仲裁是负责在劳动争议双方当事人之间公断是非，基本上实行"不诉不理"的原则，或者叫被动受理的原则。而劳动监察是法律赋予县以上劳动行政部门主动去监督检查的职能，负责督促用人单位贯彻执行劳动法律、法规。它侧重于常规检查，还有举报专查，突击检查等等，都是主动性的。二是劳动争议仲裁是具有三方性的，而劳动监察是行政性的。由于劳动争议仲裁是专门协调劳动关系的，而劳动监察也兼有协调劳动关系的作用，所以两项工作的具体职能有时有交叉。再加上目前很多地区劳动争议仲裁机构与劳动监察机构一时分不开，两项工作的职责就更容易交叉了。因此，对这两项工作的交叉部分，最好由劳动仲裁部门与劳动监察部门相互协商划分。比如：对一些集体劳动争议引发的突发事件的处理，有的需要用行政措施去处理，有的需要用仲裁措施去处理，应当对其进行具体分析，用行政措施可以处理的，可交监察部门去处理，用仲裁措施可以处理的，可交仲裁部门去处理；对案情清楚地表明是用人单位的行为违法的，则属于劳动监察的工作范围，对案情一时弄不清楚是谁违法的，应由劳动仲裁机构去公断是非；对因用人单位违法引起的劳动争议，如果当事人向仲裁委员会申请仲裁，仲裁部门经过审核，属于自己的受案范围，就应当由仲裁委员会管起来，如果当事人向监察部门举报了，监察部门经审查符合受理条件的就应立案查处。总之，对仲裁与监察职能交叉部分的划分是可以做一些约定的，然而这些约定在全国范围内是很难做的，最好由各省、自治区、直辖市去做。虽然两项工作界限的划分是必要的，但是我们更需要双方之间的协调与配合，而且有些事情也不需要划分得那么清楚，无论哪一方主动去做都是可以的，不要相互埋怨。否则就会出现扯皮的现象，使劳动关系调整工作受损失，使劳动关系双方的合法权益得不到保障。因此，希望仲裁与监察部门的同志们一定要顾全大局，既要有分工更要有合作，共同做好调整劳动关系的工作。

据了解，北京市大兴县、丰台区在处理集体劳动争议时，仲裁与监察配合很好，效果也不错。我们希望大家在实践中多创造、总结这方面的经验和做法。

五、关于几个具体问题

劳动争议处理工作中的一些具体问题，三个小组的代表向大家汇报时已经谈到了，有几个问题我想再谈一下。第一个是关于劳动合同鉴证问题。劳动部历来是主张鉴证的，因为只有经过鉴证的劳动合同，才能保证其具有法律效力，发生劳动争议也好处理。然而在鉴证工作中，我们希望大家多服务少收费。因此，我们一是主张鉴证，劳动关系双方当事人签订了劳动合同应主动到劳动行政部门鉴证一下，特别是三资企业和私营企业的劳动合同，更需要鉴证。二是要加强鉴证服务，劳动行政部门要认真审查合同内容，特别是约定条款，保证审查后的合同既合法又公正，我们提倡大家主动为企业上门鉴证，以高质量的服务赢得企业的理解和支持。三是不要高额收费加重企业负担，要严格执行国家规定的标准，保持劳动行政部门的良好形象。在这几个原则之下，地方可以作一些自己的规定。再一个是乡镇企业劳动争议处理工作的问题。乡镇企业劳动争议处理工作要强调调解，但是实在调解不成的，也要按劳动争议处理程序来办，因为《劳动法》适用所有企业，不能强调乡镇企业有什么特殊。由此更可见在乡镇设劳动服务站或劳动管理所的必要性。第三个是人、财、物、机构的问题，这是个老问题。应当说劳动争议仲裁的机构、人员经过这几年的发展，有了一定的基础，但与实际需要差距很大。怎么解决，我看不一定非要从增加人和机构上去解决，要改变一下思路，从源头抓起，可能效果更好。当然，有可能的话大家还是应当向当地政府汇报，争取当地政府多给些支持，这也是十分必要的。我相信在当前劳动争议不断增加，社会不稳定因素很多的情况下，政府是会支持我们工作的。有的地方在这方面做得很好，赢得了当地政府的重视与支持。北京市就是这样，市政府经常给些经费支持。总之，我们希望在劳动争议仲裁工作中，三方携起手来，共同做好各项工作。在人员、经费上有了困难，也可以三方商量一下，共同做政府的工作，做财政部门的工作，三方一块做比劳动部门自己做工作有利得多。在做好工作的基础上，通过宣传和各种协调工作，去赢得各级领导和社会重视与支持，从而开创劳动争议处理工作的新局面。

同志们，这次大会讨论的问题比较多，也比较深入，为我们下一步工作的开展奠定了思想基础。大会以后，各地应及时向政府汇报，向工会组织和经济综合管理部门的同志通气，会同各方面，采取多种方式把会议精神传达下去，争取三方上下齐动员，为开拓劳动争议处理工作的新局面而共同努力。

认真贯彻实施《劳动法》，依法维护外派劳务人员的合法权益

——在贯彻《劳动法》、保护外派劳务人员合法权益会议上的讲话

（1995 年 11 月 28 日）

刘雅芝

同志们：

外经贸部召开的这次贯彻《劳动法》、保护外派劳务人员合法权益会议，是一次很重要的会议。做好外派劳务企业贯彻实施《劳动法》工作，依法维护外派劳务人员的合法权益，是贯彻实施《劳动法》的一个重要方面，也是劳务输出健康发展的一个重要保障。

《劳动法》是我国第一部全面调整劳动关系的基本法律，其基本宗旨就是要保护劳动者的合法权益，调整劳动关系，同时也体现了对企业权益的保障。《劳动法》明确规定了劳动者的各项劳动权利，包括平等就业和选择职业、取得劳动报酬、休息休假、获得劳动安全卫生保护、接受职业培训、享受社会保险和福利、提请劳动争议处理等项权利。为保障劳动者合法权益的落实，《劳动法》还规定，要建立起适应社会主义市场经济体制要求的劳动制度，其中包括劳动合同、工资、职业培训、社会保险等项制度；规定了工作时间、休息休假、工资支付、最低工资、劳动保护、女职工和未成年工特殊保护等企业必须遵守的基本劳动标准；规定了劳动争议的处理程序；规定了由劳动部门对企业遵守劳动法律法规情况进行监督检查。这些规定为保护劳动者的合法权益包括外派劳务人员的合法权益，提供了强有力的法律依据。

《劳动法》实施一年来，经过各方面的共同努力，进展比较顺利，特别是在保护劳动者合法权益的几个主要方面，取得了显著的成效。主要表现在：全面建立劳动合同制度工作进展较快，目前全国实行劳动合同制度的职工占职工总数的比例已经达到 70％以上，预计年底将达到 80％以上，明年在全国将全面建立劳动合同制度；最低工资保障制度已经基本建立，目前已经有 28 个省、自治区、直辖市发布了最低工资标准，并正在积极组织实施；劳动监察制度初步建立，28 个省、自治区、直辖市及 70％以上的市县建立了劳动监察机构，并且已经开始工作，受理和查处了大量违法案件；工时标准、最低工资标准、女职工和未成年工特殊保护等基本劳动标准正在逐步得到落实。《劳动法》的顺利实施，对于维护劳动者合法权益，促进劳动关系的和谐稳定起到了积极的作用，不仅受到广大职工群众的普遍欢迎，而且促进了企业改革的深化和社会的稳定。

《劳动法》颁布实施以来，外经贸部及各级外经贸部门十分重视，采取了各种措施积极推动

《劳动法》的贯彻落实。去年10月,外经贸部与劳动部联合下发了《关于切实加强保护外派劳务人员合法权益的通知》,就招用外派劳务人员的年龄、劳动合同的内容、工资、女工和特殊工种的劳动保护等问题提出了明确的要求。今年,外经贸部又举办了"维护外派劳务人员合法权益培训班",进一步推动了《劳动法》的宣传普及。一年多来,外派劳务企业积极贯彻《劳动法》的各项规定,认真落实两部《通知》要求,保护外派劳务人员合法权益工作得到进一步加强。今天,外经贸部又专门召开会议部署进一步贯彻《劳动法》,加强外派劳务人员合法权益保护工作,相信通过这次会议能够更有力地推动这项工作。下面,我就外派劳务企业贯彻《劳动法》、保护外派劳务人员合法权益问题讲几点意见。

一、要高度重视对外派劳务人员合法权益的保护,进一步做好外派劳务企业贯彻《劳动法》的工作

改革开放以来,我国对外承包工程、对外劳务合作取得较大发展,外派劳务人员数量不断增加。与此同时,公民个人出境就业的人数也逐渐增多,而且显示出比较广阔的发展前景。从总体上看,多数外派劳务企业在劳务输出工作中比较重视保护劳务人员的合法权益,绝大多数劳务人员的权益是有保障的。但是,也确实有少数外派劳务企业法律意识不强,片面追求经济效益,而在一定程度上忽视了对外派劳务人员合法权益的保护。外派劳务人员合法权益受到侵害的事件也时有发生,如国外雇主克扣工资、劳动条件恶劣,有的甚至危及劳务人员生命安全,由此引发了一些劳动争议。由于劳务输出有其特殊性,因此在劳务输出中出现的劳动争议,较之国内一般企业的劳动争议,情况往往显得更为复杂,处理起来更为困难,其造成的后果影响更大,一个事件很可能会影响到一个企业的发展。事实上,个别事件已经造成了不好的影响,不仅侵害了劳务人员的合法权益,也有损外派劳务企业自身的形象,在一定程度上妨碍了劳务输出事业的发展。这种情况表明,认真做好保护外派劳务人员合法权益工作,是当前劳务输出工作中的一项十分重要而紧迫的任务。

当今时代,国际社会普遍重视劳动者合法权益的保护,这是历史发展、社会进步的一种表现。我们是社会主义国家,劳动者是社会的主人,更应当高度重视劳动者权益的保护。外派劳务人员离开祖国,在境外从事劳动,这就需要外派劳务企业作为他们坚强的后盾,积极为他们争取更好的劳动条件、工资报酬和福利待遇,在他们的合法权益受到侵害时为他们提供强有力的支持和帮助,在整个外派劳务过程中全心全意地为他们提供各方面的服务。越是在劳务输出事业发展较快的情况下,我们越是应当特别重视劳务人员权益的保护。对于外派劳务企业来说,保护劳务人员的合法权益不仅仅是一种应当履行的义务,同时也是企业自身发展的需要。做好保护劳务人员合法权益工作,有利于树立良好的企业形象,有利于更充分地调动劳务人员的积极性,增强企业的凝聚力,从而也就有利于推动劳务输出事业的进一步发展。

做好外派劳务人员合法权益保护工作,当前最基本的一项任务就是要推动外派劳务企业继续全面贯彻落实《劳动法》。首先,企业经营者和管理人员要进一步加强对《劳动法》的学习,深入了解和掌握《劳动法》的基本内容,提高贯彻《劳动法》的自觉性。其次,要按照《劳动法》的规定,建立和规范企业内部的各项劳动管理制度,凡是与法律规定相抵触的,要尽快修改。第三,要进一步落实外经贸部、劳动部关于保护外派劳务人员合法权益的《通知》要求,把《劳动法》有关劳动者权益保障的各项规定落到实处。第四,要认真组织劳务人员学习《劳动法》,出国工作前都要进行劳动法律知识的培训,使劳务人员增强法制观念,自觉履行劳动义务,学会运用法律手段依法维护自身的合法权益。

为使外派劳务企业更好地贯彻《劳动法》，各级劳动部门要积极主动地为外派劳务企业提供政策咨询和法律服务，帮助企业解决实施《劳动法》过程中遇到的实际问题，并就有关难点问题及时同外经贸部门及其他有关部门进行协调，研究提出解决的意见和措施。

二、要重点抓好劳动合同和劳务合作合同的签订工作，运用法律手段保护外派劳务人员的合法权益

要切实有效地保护外派劳务人员的合法权益，必须运用法律手段，严格按照法律规范来运作。最主要的就是必须依法签订两个合同：一个是外派劳务企业与劳务人员签订的劳动合同；另一个是外派劳务企业与境外雇主签订的劳务合作合同。签订这两个合同是保护劳务人员合法权益的基础和前提，是一个非常重要的法律手段。

按照《劳动法》的有关规定，外派劳务企业与其招收的非在职的外派劳务人员建立劳动关系必须依法签订劳动合同。在劳动合同中，对劳动合同期限、工作内容、劳动保护和劳动条件、劳动报酬、劳动纪律、违反劳动合同的责任等事项作出明确约定，并在平等协商的基础上，就劳务人员派出期间的有关事项以及归国后的有关待遇问题达成一致协议。在职的外派劳务人员与原单位仍保持劳动关系的，由原单位与外派劳务企业签订劳务合同，明确劳务人员的工资、保险、福利等有关待遇。

为保护外派劳务人员以及外派劳务企业的合法权益，外派劳务企业应当与境外雇主签订劳务合作合同，就劳务人员在外派期间的工作地点、职业工种、劳动保护和劳动条件、工作时间、休息休假、劳动报酬、保险待遇、生活条件、交通、劳动纪律、劳动争议处理、违反劳务合同应承担的责任、变更和解除合同的条件，以及需要双方协商的其他事项，作出明确约定。其中工资待遇应根据劳务人员技术等级、派往国家或地区的居民生活水平、物价状况，并参照当地工资水平依法确定。对女工和从事特殊工种的人员，应当有相应的特殊劳动保护条款。

三、解决好外派劳务人员养老保险缴费和归国后再就业问题，为他们解除后顾之忧

养老保险是外派劳务人员十分关心的问题，其中最主要的一点是如何保证缴费年限不中断。我国的养老保险制度正在按照社会统筹与个人账户相结合的原则进行改革，个人和单位缴费年限的长短、缴费金额的多少，将与职工退休后养老金的领取标准挂钩。缴费年限越长，缴费金额越多，将来领取养老金的标准就高，如果中断缴费年限就会影响待遇。这就要求外派劳务人员及与其保持劳动关系的原单位，应当继续履行参加养老保险，缴纳养老保险费的义务，由原单位向社会保险机构按时足额缴费（包括单位应缴的费用和代扣代缴个人应缴的费用）。社会保险管理机构应对单位和个人缴费情况做好记录，并根据缴费情况，计算有关待遇，保证外派劳务人员享受养老保险的权利。劳务人员出国前没有工作单位，或者已与原单位解除、终止劳动合同的，应与外派劳务企业签订劳动合同，建立劳动关系，由外派劳务企业及劳务人员个人向社会保险机构缴费，社会保险机构要为他们建立和管理好社会保险缴费档案，其缴费年限与回国就业后继续缴纳社会保险费的年限合并计算。

外派劳务人员回国后的再就业问题，可以根据不同情况，按两种方式来处理：一种是与原单位保留劳动关系的，由原单位负责妥善安置；另一种是出国前没有工作单位，或者是已经与原单位解除了劳动关系的，这些人员可以到户籍所在地的职业介绍机构进行求职登记，劳动就业服务机构要积极帮助其再就业。

四、及时妥善处理劳务输出中发生的劳动争议

劳务输出中的劳动争议包括两种类型：一类是劳务人员与境外雇主发生的争议；另一类是

劳务人员与外派劳务企业发生的争议。两类争议应当按不同的程序和方式及时加以处理。

劳务人员与境外雇主发生争议时，外派劳务企业应根据劳务合作合同规定与境外雇主进行交涉，及时解决。经过协商仍然不能得到解决，应当按照劳务合作合同中约定的适用法律按法定程序处理。如果在劳务合作合同中没有约定适用法律，应当按照当地的法律或者国际惯例来处理。为有效地保护外派劳务人员的合法权益，外派劳务企业应当注意了解和掌握劳务输入国家和地区的劳动法律，充分利用其对保护我国劳务人员权益有利的规定，依法争取和维护外派劳务人员的合法权益。

劳务人员与外派劳务企业发生劳动争议，应当先由争议双方进行协商，在协商达不成协议的情况下，应当及时按照《劳动法》和国务院颁布的《企业劳动争议处理条例》等法律、法规的规定，及时向外派劳务企业所在地劳动争议仲裁委员会申请仲裁。劳动争议仲裁委员会应当根据外派劳务人员与外派劳务企业发生争议的实际情况，及时妥善处理。

五、进一步加强对外派劳务企业保护劳务人员合法权益工作的监督检查

《劳动法》规定，县级以上各级人民政府劳动行政部门依法对用人单位遵守劳动法律、法规的情况进行监督检查，对违反劳动法律、法规的行为有权制止，并责令改正。外派劳务企业遵守劳动法律、法规情况也是劳动监察的内容之一。各级劳动监察机构要运用法律手段、行政手段，进一步加强对外派劳务企业遵守劳动法律、法规，保护劳务人员合法权益情况的监督检查。监察的重点是签订劳动合同的情况，对于少数外派劳务企业非法招募劳务人员、巧立名目滥收手续费、不签订劳动合同或签订假合同、蒙骗劳务人员、侵害劳务人员合法权益的行为，要坚决予以纠正和处理，依法保护外派劳务人员的合法权益。建议各级外经贸部门、工会组织及其他有关部门也要依法对外派劳务企业遵守劳动法律、法规情况进行监督。

六、互相支持、密切配合，共同做好保护外派劳务人员合法权益工作

发展劳务输出事业，保护外派劳务人员合法权益，涉及方方面面的问题，需要外经贸部、劳动部、全国总工会及其他有关部门互相配合，密切协作。对此，国务院在 1992 年已就有关部门的分工、合作问题提出了要求，明确对外劳务合作由外经贸部归口管理，劳务输出中维护劳务人员合法权益和公民个人出境就业的有关工作由劳动部归口管理，要求劳动部会同外经贸部、全总等有关部门，就加强综合劳动管理和保障劳务人员合法权益问题拟定政策法规，制定可操作的具体办法措施，并由劳动部门对实施中的有关问题进行指导、协调，对执行情况负责监督检查。按照国务院的要求，几年来，劳动部与外经贸部等部门在劳务输出和保护外派劳务人员合法权益工作中，既有明确的分工，各有所侧重，又相互支持，密切配合，共同做了大量工作，取得了一些成绩。今后，劳动部将进一步配合外经贸部，继续做好保护外派劳务人员合法权益的各项工作。为适应劳务输出工作发展的需要，要特别加强劳务输出工作中劳动管理方面的立法工作，下一步，劳动部将会同外经贸部、公安部、外交部、全国总工会等有关部门，抓紧制定境外承包工程、对外劳务合作、公民个人出境就业等方面的劳动管理规定，使之有法可依，有章可循，健康发展。

同志们，党的十四届五中全会《建议》明确提出，要进一步扩大对外开放程度，提高对外开放水平。这为我们进一步发展劳务输出事业确立了明确的指导思想和奋斗目标。我相信，在国务院的统一领导下，经过外经贸部门、劳动部门、工会组织及其他有关部门的共同努力，保护外派劳务人员合法权益工作一定会做得更好，我国劳务输出事业一定会有一个更大的发展。

全国劳动工作概况

劳动事业发展计划的执行

1995 年是加强国民经济宏观调控的重要一年，也是《劳动法》全面贯彻实施的第一年。一年来，在党中央“抓住机遇、深化改革、扩大开放、促进发展、保持稳定”的基本方针指导下，通过各级劳动部门的共同努力，制定和实施了一系列宏观调控政策和措施，国家劳动事业发展年度计划的各项目标基本如期实现。

1.《劳动法》得到深入的贯彻落实，一些重要的配套法律、法规和规章已完成起草工作，有的已送审，有的正在进一步征求有关部门的意见。

2. 城镇就业人数继续增加，全年安置城镇就业人数 720 万人，城镇失业率为 2.9%；农村剩余劳动力跨地区流动进一步合理、有序，全年跨地区流动的农村剩余劳动力 3 000 多万人，农村剩余劳动力流动规模得到较好控制。

3. 劳动合同制度进一步发展和完善，全国 85%以上的企业职工实行了劳动合同制度；积极稳妥地进行集体协商和集体合同制度的试点工作，由劳动部直接指导的八省市已有 800 多家试点企业签订了集体合同；劳动执法监察工作取得新进展，劳动监察组织和法规体系基本形成，全年共检查用人单位 30 万户，涉及职工 5 000 多万人，查处违法企业 5.4 万户；劳动争议处理工作进一步加强，全年劳动争议结案率为 95.1%。

4. 城镇职工工资收入继续增长，生活进一步改善。预计职工工资总额将比 1994 年增长 21.7%，职工实际平均工资增长 3.9%。全国 30 个省、自治区、直辖市（不包括台、港、澳）中，已有 28 个颁布实施了最低工资标准；对困难企业采取了多种措施和帮助政策，使困难企业职工和离退休人员的生活得到了基本保障。全国大部分职工实行了每周 40 小时工作制。在工资总量宏观调控方面，进一步改进完善了弹性劳动工资计划和工效挂钩办法，并在探索试行工资指导线等符合社会主义市场经济要求的工资宏观调控机制方面迈出了积极的步伐。

5. 社会保险制度改革进一步深入，企业养老保险制度正在按照“社会统筹与个人账户相结合”的原则全面深化改革，全国城镇企业职工参加退休费用社会统筹人员覆盖面约 75%，其中国有企业达到 94%；失业、医疗、工伤、生育等项保险制度改革进一步取得进展，医疗、工伤保险制度改革试点面有所扩大，各项保险覆盖率和基金收缴率均有一定幅度提高。

6. 职业技能鉴定社会化管理试点工作进展较快，到 1995 年底全国共有 22 个省、111 个地市建立了职业技能鉴定中心，共批准建立国家技能鉴定所 1 566 个，职业技能鉴定站 302 个；经劳动部批准，有 16 个行业主管部门建立了行业特有工种职业技能鉴定指导中心。技工学校数达 4 521 所，在校学生为 198 万人，技工学校培训能力比 1994 年提高了 13.8%。

7. 劳动安全卫生工作进一步加强，安全生产形势有所好转，各类重大事故案发率得到初步控制。

8. 劳动科研、统计信息和国际合作等各项劳动事业也取得了新的进展。

综上所述，1995年各项劳动事业工作都取得了较大发展，不仅为“八五”计划的全面完成提供了有力保证，而且为“九五”计划的顺利实施打下了较好基础。

目前劳动事业发展也还面临不少问题，突出表现在：就业形势仍十分严峻，失业率呈进一步上升趋势；社会保险制度改革尚不适应经济体制改革的需要；收入分配中的宏观调控还不够得力，社会分配不公和收入差距较大问题日趋明显，少数垄断性行业工资水平过高与部分困难企业职工基本生活难以保障的矛盾较为突出；劳动关系日趋复杂多样化，劳动违法案件和劳动争议案件呈上升趋势；困难企业职工生活保障和富余职工分流安置问题更加突出；劳动安全卫生投入不足的状况尚未从根本上好转，安全生产形势仍不容乐观。

上述问题涉及国民经济和社会发展的诸多方面，不仅是当前劳动事业发展面临的突出问题，也是整个社会经济发展迫切需要解决的问题。因此，“九五”期间劳动事业发展仍将任务艰巨，各级劳动部门需有充分思想准备，不能有丝毫松懈。

（劳动部综合计划与工资司　明瑞锋）

劳动立法工作

1995年是《劳动法》颁布以来劳动立法取得较大进展的一年。3月25日，国务院颁布了《关于职工工作时间的规定》；劳动部在年内制定颁布了21部劳动行政规章；《安全生产法》、《社会保险法》、《劳动合同法》、《特别重大事故调查处理程序规定（修订）》、《企业职工培训条例》等重要劳动法律和行政法规的起草工作已基本完成；根据《中共中央关于制定国民经济社会发展“九五”计划和2010年远景目标的建议》的有关精神，制定了《“九五”和2010年期间劳动法制建设总体思路》，为建立完善的劳动法律体系，尽早改变我国劳动法律不健全的状况，向前迈进了一大步。

1995年劳动立法工作有以下特点：

一、以《劳动法》为基本依据，加紧进行配套立法

《劳动法》是我国劳动法律体系中的基本法，对劳动者的权利义务、各项劳动标准、劳动关系的调整、劳动行政工作都作了全面规定，为进一步完善劳动立法奠定了基础，提供了依据。同时，也需要制定与《劳动法》相配套的其他劳动法律、法规和规章，细化《劳动法》的有关规定，保证《劳动法》的贯彻执行。1995年制定颁布的《关于职工工作时间的规定》和《关于职工工作时间规定的实施办法》，根据《劳动法》关于工时规定的基本标准，与我国生产力发展水平相适应作了相应的调整，受到广大劳动者的拥护。劳动部颁布的《就业登记规定》、《职业介绍规定》、《就业和失业统计办法》等，将《劳动法》有关促进就业的原则具体化、明确化，为开展就业指导和就业服务提供了具体操作的依据，促进了就业工作。为了落实《劳动法》关于劳动安全卫生的规定，针对不同的对象建立具体的行为规范，年内制定颁布了《爆炸危险场所安全规定》、《厂内机动车辆安全管理规定》、《尾矿设施安全监督管理办法》、《液化气体汽车罐车定期检验工作管理规定》、《劳动防护用品审查员管理暂行办法》、《劳动防护用品质量监督检验机构管理办法》、《钢质压力容器分析设计标准》、《重大事故隐患管理规定》、《企业职工安全教育管理规定》、《矿山安全监督工作规则》和《矿山特种作业人员安全技术资格考核办法》等部颁规章，劳动安全卫生立法趋于系统。

二、坚持改革决策、发展决策和立法决策的统一，以改革促进立法，以立法引导、推进改革

1995年是贯彻实施《劳动法》的第一年，根据我国劳动制度改革发展的实际，劳动部作出了要以建立劳动合同制度、最低工资保障制度、劳动监察制度和落实劳动标准为重点，全面推动《劳动法》的贯彻实施的决策。为了实现这一决策，加强了与之相应的立法工作，制定颁布了《国有企业工资内外收入监督检查实施办法》、《违反〈劳动法〉有关劳动合同规定的赔偿办法》、《劳动仲裁员聘任管理办法》，起草报送了《劳动合同法》、《社会保险法》等法律草案。1995年8月4日，劳动部根据当时各地贯彻《劳动法》中遇到的问题，印发了《关于贯彻执行〈中华人民共和国劳动法〉若干问题的意见》，其内容涉及《劳动法》的适用范围、劳动合同和集体合同、工资、工作时间和休假、社会保险、劳动争议、法律责任、适用法律等方面，对《劳动法》实施中的难点问题，提出了具有操作性的指导意见，在配套立法还不完善的情况下，起到了规范性的作用，保证了《劳动法》的顺利贯彻实施。到1995年底，全国实行劳动合同制的职工已达9 000万人，占全国企业职工总数的83.6%；有28个省、自治区、直辖市出台了本地区的最低工资标准；全国除西藏外，有29个省、市、自治区建立了省一级的劳动监察机构，有2 800多个市、县也建立了市、县一级劳动监察机构。劳动合同制度、最低工资保障制度和劳动监察制度已基本建立起来，劳动标准得到较好落实。

三、从21世纪我国劳动事业持续发展的需要出发，完善劳动法律体系框架设计和《“九五”～2010年间劳动法制建设总体思路》设计

《中共中央关于制定国民经济和社会发展“九五”计划和2010年远景目标的建议》中指出，要积极推进社会主义民主和法制建设，加强立法、司法、执法、普法工作，建立和完善社会主义市场经济体制相适应的法律体系。继续制定和完善规范市场主体和市场行为、维护市场秩序、改善和加强宏观调控、建立和健全社会保障制度、促进对外开放等方面的法律。根据《建议》的这一精神，劳动部集中各方面的意见，进一步完善了劳动法律体系的框架设计，以加强今后一个时期劳动立法工作的预见性、计划性和科学性，达到逐步完善社会主义市场经济劳动法律体系的目的。完善后的劳动法律体系框架设计，以《劳动法》为基本法，下分单项法律和行政法规两个层次。其中单项法律10部，包括《劳动合同法》、《集体合同法》、《工资法》、《促进就业法》、《社会保险法》、《安全生产法》、《劳动保护法》、《矿山安全法》、《劳动争议处理法》和《劳动监察法》；劳动行政法规35部，主要包括《最低工资保障条例》、《职业介绍条例》、《企业职工培训条例》、《职业技能鉴定条例》、《失业保险条例》、《企业职工养老保险条例》、《职工医疗保险条例》、《职业安全卫生条例》、《矿山安全法实施条例》、《劳动争议处理条例》和《劳动监察条例》等。

在完善劳动法律体系框架设计的基础上，劳动部又提出了“九五”～2010年期间劳动立法的目标任务和措施。“九五”期间，抓紧起草6部法律和8部行政法规，并争取颁布施行，初步建立劳动法律体系的基本框架。再用10年的努力，到2010年要形成比较完善的劳动法律体系。

（劳动部政策法规司）

附件：社会主义市场经济劳动法律体系框架设计

社会主义市场经济劳动法律体系框架设计

- 劳动法（已颁布）
  - 劳动合同法（已报草案）
  - 集体合同法
  - 工资法
    - 工资宏观调控条例
    - 最低工资保障条例
    - 工资支付规定
  - 就业促进法（已报草案）
    - 职业介绍条例
    - 劳服企业管理规定（已颁布）
    - 残疾人就业条例
    - 禁止使用童工规定（已有）
    - 企业职工培训条例（已起草）
    - 职业技能鉴定条例
    - 学徒培训条例
    - 技校工作条例
  - 社会保险法（已报草案）
    - 失业保险条例（已报）
    - 职工医疗保险条例
    - 职工养老保险条例
    - 职工生育保险条例
    - 社会保险机构组织条例
    - 社会保险基金管理条例
    - 企业职工工伤保险条例
  - 劳动保护法
    - 劳动安全卫生条例（已报）
    - 职工工作时间规定（已颁布）
    - 企业职工工伤事故报告和处理规定（已颁布）
    - 女职工劳动保护规定（已颁布）
    - 未成年工劳动保护规定
    - 职工带薪年休假条例（已报）
  - 安全生产法（已报草案）
    - 安全生产法实施条例
    - 锅炉压力容器安全监察暂行条例（已颁布）
    - 起重机械安全监察条例
    - 压力管道安全监察条例
    - 架空索道安全监察条例
    - 特别重大事故调查处理程序规定（修改稿已报）
  - 矿山安全法（已颁布）
    - 矿山安全法实施条例（已报）
    - 石油天然气开采安全条例
    - 矿山安全监察条例（已有）
  - 劳动争议处理法
    - 企业劳动争议处理条例（已颁布）
  - 劳动监察法
    - 劳动监察条例（已报）

劳动就业

1995年是我国实施“八五”计划的最后一年。一年中，城乡就业工作均有较大发展，“再就业工程”、“农村劳动力跨地区流动有序化工程”进展顺利，失业率控制在2.9%，农村劳动力跨地区流动规模有所抑制，全国就业局势基本平稳。

一、制定“九五”就业规划

在“八五”计划的最后一年，总结“八五”就业工作成绩，制定“九五”期间就业规划，是一年来就业工作的主要任务。我们在总结“八五”就业工作经验，分析“九五”就业形势、特点的基础上，按照“两个根本性转变”的要求，制定了《中国就业发展纲要(1996～2000年)草案》，提出“九五”时期就业工作的任务是：积极拓宽就业渠道，努力创造更多的就业岗位，大力开发劳动者的职业技能，加快完善劳动力市场，统筹解决城乡就业问题，为保证社会稳定、实现“两个根本性转变”创造条件。总体目标是：在城镇，五年安置4 000万人就业，将城镇失业率控制在4%；在农村，引导绝大部分剩余劳动力就地就近消化，将劳动力跨地区流动就业的规模控制在4 000万人。初步形成市场配置劳动力资源的新机制和较完善的就业服务体系，城乡劳动者受职业教育和技能培训的程度有较大提高。为实现上述任务目标，必须调整就业的指导方针：第一，彻底改变主要依靠国家安排就业的局面，实行国家政策引导扶持，社会提供帮助服务，鼓励和推动劳动者靠自己努力实现就业。第二，改变主要依靠国有大中型企业吸纳就业的格局，把就业的渠道和形式进一步放开搞活，在坚持公有制占主导地位的前提下，无论哪种形式，只要有利于扩大就业，就大力发展，就鼓励支持，努力实现多渠道就业。

为实现上述任务目标，还要采取一系列的政策措施：一是把解决就业问题作为国家社会经济发展战略的优先目标，纳入各级政府和各有关部门的重要工作日程，实行目标责任制。二是努力增加就业岗位，多渠道、多形式扩大城乡就业，尤其是加快第三产业、中小企业、城乡集体经济和其他非国有经济的发展，拓宽就业渠道。三是积极开发职业技能，直接有效地促进就业。四是全面实施再就业工程，重点解决困难企业职工和长期失业者的再就业问题，并逐步形成市场经济条件下促进再就业的常规性制度。五是引导农村劳动力就地就近转移和开发就业，将农村劳动力跨地区流动就业纳入有序化轨道。

国家“九五”就业目标任务确立后，着重指导各地劳动部门根据“九五”期间地方经济和社会发展的要求，制定地方“九五”就业规划，落实各部门目标责任制，促进就业，减少失业，保持就业局势的稳定。

二、实施“两个工程”，促进城乡就业的发展

长期失业职工、企业富余职工再就业和农村剩余劳动力向非农产业转移问题是当前和今后一个时期就业工作的主要矛盾。为此，1995年城乡就业工作的重点是实施“两个工程”。

在城市，深化再就业工程。围绕城市长期失业职工再就业难和企业富余人员再安置难的主要矛盾，在总结沈阳、上海等地实施再就业工程试点经验的基础上，在全国大中城市

全面推开再就业工程。为此，劳动部向国务院报送了《关于实施再就业工程的报告》，提出要在全国全面推开再就业工程，通过政策扶持和综合运用就业服务的各项手段，在五年内帮助800万失业职工和企业富余职工实现再就业。《报告》得到了国务院的认可和有关部门的支持，国务院办公厅转发了这一《报告》，并委托劳动部召开了全国实施再就业工程工作座谈会，进行了深入的动员和宣传，并进一步部署了实施再就业工程的工作。为使这一工作顺利开展，劳动部分别下发了《关于贯彻落实〈国务院办公厅转发劳动部关于实施再就业工程报告的通知〉的通知》、《关于全面实施再就业工程的通知》、《劳动部、国家经贸委关于配合企业深化改革试点做好失业保险工作的通知》，与十一部委局和全总联合下发了《关于做好困难企业职工生活保障、生产自救和分流安置工作的通知》，具体指导地方制定实施再就业工程的工作规划、保障政策和措施办法，并召开了40个城市参加的再就业工程经验交流会，召开了全国特困企业职工生活保障和分流安置工作座谈会。通过这一系列的工作，已有十多个省、自治区、直辖市政府颁发了实施再就业工程的文件，制定了扶持政策。据统计，1995年就业转失业的260万人中，有138万人当年实现了再就业。

在农村就业方面，积极组织实施农村劳动力跨地区流动有序化工程。近几年来，跨地区流动就业的农村劳动力逐年增多。国务院领导对组织民工有序流动工作非常重视，专门召开会议进行部署和安排。为做好1995年春运期间组织民工有序流动工作，国务院提出了多项措施：动员60%民工留在务工当地过年；春节后1个月内暂停招收外地新民工；强化流动就业管理的力度；进一步加强铁路、公路、水路的运输管理，力保良好的交通运输秩序；加强治安管理，维护社会秩序等。按照国务院组织民工有序流动的部署和安排，劳动部与有关部门协作，抓好各项措施的落实工作。春运期间，劳动部组织了专题调查小组和"跟潮组"，到劳动力输出输入省市进行实地调查，指导地方开展抽样调查，掌握了大量第一手资料，提出了有针对性的工作建议，并被国务院采纳。同时，加强输出与输入地劳务协作，加强监督检查工作，使1995年民工流动的规模得到了控制，交通和社会秩序明显好于往年。4月，国务院召开了组织民工有序流动工作总结会，劳动部李伯勇部长代表有关部委作了总结报告。罗干国务委员在工作总结中充分肯定了劳动部及有关部门的工作。会议还表彰了10个组织民工有序流动工作先进省市。为进一步实施有序化工程，我们一是抓紧建立全国统一的流动就业管理制度，尽快实现在岗民工证卡合一，持证务工，使无组织务工人员全部纳入管理轨道。经过努力，一些工作较好的地区在岗民工持证率达到了80%以上；二是加强乡镇劳动就业服务机构建设，并将其作为促进农村劳动力开发就业的重要内容，指导地方建立乡镇就业服务站2万多个，一些省市建站率达到了80%以上；三是加强区域性劳动力市场信息网络建设和省际劳务协作，华东、华南、华北三大区域劳动力市场信息网络的各项基础建设已基本完成，并将于1996年初开通。与此同时，还与农业部、国务院发展研究中心等部门合作，深入开展农村劳动力开发就业的试点工作，对试点的八个省的4 000户农户进行了抽样调查，并通过分析研究，探索农村剩余劳动力就地就近消化和合理转移的有效途径。

三、完善就业服务体系，促进劳动力市场建设

根据劳动部"完善就业服务体系，促进劳动力市场发展"的三年规划，主要开展了以下工作：在职业介绍方面，通过制定和落实《职业介绍规定》、《职业指导办法》和《就业登记规定》，规范各类职业介绍和求职行为，指导各地将就业服务体系向乡镇延伸，推动职业介绍、职业指导工作，重点为失业职工、企业富余职工和农村剩余劳动力提供就业服务，同时，指导和帮助一些省市开展信息微机管理试点与联网工作。在就业训练方面，制定并落实《就业训练规定》，并要求各就业训练实体面向市场，指导各训练实体根据市场的需求设置培训项目，重点开展对失业职工、企业富余职工的转业训练和农村劳动力的实用技术培训；对一些基础工作较好的训练中心，积极探索就业训练工作与职业介绍工作相结合的有效途径。在失业保险工作方面，拟定深化失业保险制度改革方案，做好有关宣传和协调论证工作，积极修改《失业保险条例》草案，并以此为契机，指导地方出台地方性法规，扩大失业保险范围，完善失业保险制度。同时，将做好失业保险工作与深化企业改革和实施再就业工程相结合，落实十一部委局和全总联合下发的《关于做好困难企业职工生活保障、生产自救和分流安置工作的通知》，千方百计保障改革过程中失业职工和企业富余职工的基本生活，并帮助其尽快实现再就业。在劳动就业服务企业工作方面，在六省市和100家劳服企业积极推行综合配套改革和股份合作制试点工作的基础上，制定了《关于进一步加强劳服企业管理的通知》，探索大力发展劳服企业，以及发展集体、合作经济及小企业，扩大就业规模的对策措施，使其在安置失业职工、企业富余职工方面发挥更大的作用。同时，与有关部门联合，坚决维护劳服企业的合法权益。

1995 年，我们还积极推进妇女就业、残疾人按比例就业试点、境外就业服务试点工作，加强对外国人在华就业的管理，促进各项工作的顺利进行。

（劳动部就业司　贾丽）

劳动合同制度

1995 年是贯彻实施《劳动法》的第一年，劳动合同制度作为贯彻《劳动法》的重中之重，也在这一年得到了前所未有的发展。至 1995 年末，全国实行劳动合同制度的企业职工人数达到 9 155.2 万人，约占企业职工总数的 85%。可以说，劳动合同制度作为一种新型的劳动用人制度，已经基本上在我国企业建立起来了。与此同时，劳动合同立法工作也取得了重大进展。具体地，我们将在以下几方面进行阐述。

一、初步建立了劳动合同制度

按照国务院的部署，1995 年底前全国企业应有 80%以上的职工实行劳动合同制度。为此，劳动部发布了《关于全面建立劳动合同制度的通知》，并建立了全国劳动合同制度进展情况按月通报制度，通过多种途径，积极推动各地、各部门企业依法实行劳动合同制度。各省、自治区、直辖市人民政府在 1995 年初下发或批转了劳动合同制度实施方案，明确了本地区劳动合同制度的实施步骤。截止 1995 年末，北京、河北、山西、吉林、上海、江苏、浙江、福建、山东、河南、广东、海南、四川等 13 个省、直辖市实行劳动合同制度的企业职工达 90%以上，基本上建立了劳动合同制度。全国共有 9155.2 万企业职工签订了劳动合同，占企业职工总数的 85%，顺利完成了国务院确定的工作任务。

至此，劳动合同制度作为市场经济条件下一种新型的劳动用人制度，已经在全国范围内初步建立。劳动者与用人单位通过在平等自愿、协商一致的基础上签订劳动合同，建立劳动关系，明确双方的权利与义务。这标志着我国的劳动用人制度发生了根本性的变化，劳动者的择业自主权与用人单位的用人自主权得到了真正实现。

二、加强了劳动合同管理

伴随着劳动合同制度在全国范围内的铺开，如何做好劳动合同的管理直接关系到劳动合同双方的权益能否得到真正体现，关系到劳动合同制度作为一种新型用人机制能否真正发挥作用。为此，各级劳动部门和用人单位在加强劳动合同管理方面开展了一系列工作，建立健全了与劳动合同制度有关的配套规章制度，并充分运用现代化的管理手段，做好劳动合同的日常管理工作，使劳动合同制度真正发挥新型用人机制的作用。

三、劳动合同立法工作获得重大进展

《劳动法》颁布后，劳动部加大了劳动合同立法力度。通过与全国人大财经委、法工委、国务院法制局等有关部门的密切联系，对劳动合同立法进行了认真的研究。并多次召开有中外专家参加的座谈会，对劳动合同立法进行了充分的论证。同时，吸收了西方市场经济国家在劳动合同立法方面的成功经验。在此基础上，劳动部于 1995 年 8 月起草了《中华人民共和国劳动合同法》（草案），并上报国务院法制局审核。

此外，为了规范劳动合同的依法履行，1995 年 5 月劳动部制定下发了《违反〈劳动法〉有关劳动合同规定的赔偿办法》，完善了《劳动法》配套法规。

（劳动部劳动关系与监察司合同管理处

王　瑞　刘洪彬）

劳动监察工作

1995 年 1 月 1 日，《中华人民共和国劳动法》正式实施。《劳动法》能否切实贯彻实施，劳动监察是关键环节。为保证《劳动法》贯彻实施，地方各级劳动行政部门按照中央机构编制委员会办公室和劳动部《关于建立劳动监察机构配置劳动监察和劳动争议处理人员编制意见的通知》，加快了劳动监察机构组建步伐。在前几年建章立制工作基础上，进一步充实了劳动监察的有关法规制度，形成了初步完善的劳动监督检查制度，劳动监察工作逐步走向了制度化、经常化。

一、初步建立起劳动监察机构和执法队伍

为适应贯彻《劳动法》、维护劳动者合法权益的需要，各级劳动行政部门抓住《劳动法》实施和地方政府机构改革的机遇，按照中编办、劳动部通知要求，在当前精简机构、紧缩人员编制的情况下，充分发挥主观能动性，在政府领导和有关部门的支持下，大力推进了劳动监察机构建设。一年来全国劳动监察机构建设工作发展很快，省级劳动监察机构由 1994 的 9 个发展到 29 个，除西藏情况特殊外，其他各省全部完成了机构组建工作，6 个计划单列市全部建立了专门的劳动监察机构；建立市县级劳动监察机构约 2 800 个，占应建立机构数的 87%，基本形成了中央、省、市、县四级劳动监察组织网络。

劳动监察队伍得到了发展和充实，各地认真按照《劳动法》和《劳动监察员管理办法》规定积极选调适合条件的同志担任劳动监察员，初步形成了以专职劳动监察员为主、兼职劳动监察员为辅的劳动监察队伍。据有关省市的不完全统计，全国共有监察员 18 000 余人，其中专职劳动监察员 8 000 余人，兼职劳动监察员约 10 000 人。劳动部和省级劳动行政部门还加强了劳动监察员的培训工作，不断提高监察员的政治和业务素质，以胜任劳动监察执法工作。此外，广东、太原等地还就劳动监察执法人员统一着装进行了积极的尝试，为全国其他地区作了示范。

二、加强了劳动监察工作的制度化建设，充实和完善了劳动监察法规制度，形成了初步完善的劳动监督检查制度

为规范劳动监察行为，1993 年劳动部颁发了《劳动监察规定》，为我国劳动监察制度的全面建立奠定了法制基础。1995 年，在 1994 年相继发布《劳动监察员管理办法》、《违反〈中华人民共和国劳动法〉行政处罚办法》及建立举报制度、劳动监察统计报表等项制度的基础上，又就劳动监察行政处罚管理、监察程序、监察员行为准则和建立情况报告制度等方面进行了规定。

1. 行政处罚管理制度。建立该项工作制度旨在规范劳动监察行为，保证劳动行政处罚决定合法、合理、公正，切实保证《劳动法》的贯彻实施。这项制度要求：(1)对用人单位的处罚应由劳动行政部门作出行政处罚决定，行政处罚决定由劳动监察机构案件审理人员提出意见，经劳动监察机构负责人审核同意签字后报厅(局)领导审批签发；重大行政处罚决定由劳动监察机构案件审理人员提出意见，劳动监察机构领导集体研究审议，必要时听取有关业务管理机构的意见，经劳动监察机构负责人审核同意签字后，报劳动厅(局)领导签发。(2)要设立行政罚款收入专用账户，加强罚款财务管理工作。劳动处罚决定书送达后，由被处罚单位或个人到劳动监察机构财务部门交纳罚款，财务部门开具罚款收据；劳动监察人员不得当场收取罚款；劳动监察机构收缴的罚款要及时、足额上交财政，不得挪作他用；对擅自挪用者，追究领导及经办人的责任；接受同级财政、审计等有关部门的监督。(3)定期对行政处罚决定书进行评议。

2. 情况报告制度。该项制度要求下级劳动行政部门每季度要向上级劳动行政部门汇报本地区劳动监察工作的情况，填报统计报表，按时做好上级劳动行政部门交办案件的调查处理工作，以保证劳动行政部门掌握情况，及时进行工作指导。

3. 劳动监察员行为准则。准则要求劳动监察人员要依法监察，严格执法，坚持原则，廉洁奉公，不谋私利，不准接受被检查单位赠送的礼品、礼金、有价证券、信用卡，不准接受被检查单位的宴请，不准接受被检查单位的邀请参与高消费娱乐活动，不准私自使用被检查单位的车辆，不准在被检查单位报销个人费用，不准占用被检查单位的通讯设备等。

4. 劳动监察程序规定。一是实行回避制度；二是按照登记立案、调查取证、处理、制作处罚决定书、送达等程序查处违反劳动法律、法规的行为；三是劳动监察案件应从立案之日起三十日内结案等。

目前，以《劳动法》为基本依据，以劳动监督检查、行政处罚及管理、劳动监察程序规定、举报、劳动监察统计、监察员管理、监察证件管理、情况报告等制度为主干的劳动监察法规制度体系已基本形成。

三、劳动监察执法活动全面展开

举报专查工作全面铺开。把劳动监察与社会监督有机结合起来，是保障劳动法律法规贯彻实施的一个有效手段。为此，地方各级劳动行政部门(监察机构)建立了举报制度，向社会公布了举报电话，设立了举报信箱，积极受理查处群众举报案件。通过受理群众举报，掌握违法行为的线索，查处了一批有影响的重要案件。据北京、天津、广东、湖北等21个省市的不完全统计，1995年劳动行政部门接到群众投诉举报案件18万件，对符合受案条件的14.5万件进行了调查处理，维护了劳动者的合法权益。

劳动监察工作逐步走向正常化。劳动监察制度全面建立起来之后，常规巡视监察是各级劳动行政部门的主要工作。通过开展经常性的巡视活动，检查企业遵守劳动法律法规的贯彻情况，可以保障法律法规实施，实现劳动监察工作常规化、经常化。为此，劳动监察人员克服各种困难，深入基层、深入生产现场、深入到群众中间，了解《劳动法》贯彻实施情况，帮助企业制定和完善内部规章制度，及时发现和处理问题，预防劳动纠纷，起到了积极的作用。

针对《劳动法》刚刚实施，劳动违法侵权行为在一定程度上还较为突出的情况，1995年劳动部组织了全国第一次用人单位遵守《劳动法》情况大检查活动。大检查持续3个月。据不完全统计，参加自查用人单位48.8万个，涉及职工4 258.9万人。一些地区自查面(自查企业数占企业总数比例)达90%以上。在此基础上，各级劳动行政部门共抽调6.3万人对14.1万个用人单位进行了抽查，涉及职工1 786.7万人，纠正了大量劳动违法行为。

据北京、天津、广东、福建、江苏等23个省市的不完全统计，1995年劳动监察执法检查的用人单位约30万户，涉及职工5 000多万人，查处违法企业5.4万户，其中处以罚款的4 978户，罚款金额635.7万元，为职工追回被克扣和无故拖欠的工资3.4亿元，退回职工风险抵押金2 350万元，落实了劳动基本标准，维护了职工合法权益，保障了《劳动法》的贯彻实施。

四、“九五”时期：劳动监察工作将走向经常化、制度化

为认真总结劳动监察工作的经验，研究进一步完善劳动监察体制的意见，1995年10月10日，劳动部在青岛召开了第二次全国劳动监察工作会议。会议分析研究了当前劳动监察工作面临的形势，提出了当前和今后一个时间内劳动监察工作的指导思想，即在继续打好劳动监察体制基础的同时，把工作重点转移到全方位多层次开展劳动监察执法活动上，加大执法力度，扩大覆盖面，提高工作质量，围绕《劳动法》有关劳动合同制度建立、最低工资保障和工资支付、社会保险金的缴纳等主要问题狠抓落实，为劳动关系调整体系建设服务，为保障劳动者合法权益，维护改革、发展、稳定大局服务。会议要求从1996年开始，要把劳动监察工作的重心转移到围绕劳动部门的中心任务全面开展监察工作上来，要做到工作经常化、行为规范化、执法经常化，扩大覆盖面。一要增强工作主动性，开展经常性的常规巡视监察，不能坐等群众上门举报，要经常主动深入工厂、车间，向劳动者宣传劳动法律法规和有关政策，发现违法行为及时纠正。要变被动查处违法行为为主动向用人单位宣传劳动法律法规，指导企业制定内部规章制度，订立劳动合同和集体合同，帮助落实各项劳动标准，促使企业按照劳动法律法规的要求依法进行劳动管理。同时要耳聪目明，随时掌握信息，事前介入，把一些突发性事件解决在萌芽状态。地方各级劳动行政部门按照这次会议的要求，认真贯彻落实会议精神，抓基层，打基础，转变劳动监察工作重心，为以后劳动监察工作步入经常化、制度化奠定了基础。

(劳动部劳动关系与监察司劳动监察处)

劳动争议处理工作

1995年劳动争议处理工作以贯彻《劳动法》为统领，继续贯彻《企业劳动争议处理条例》，在立足现有条件的基础上，挖掘现存潜力，探索发展方向，取得了一定的成绩。主要表现在以下几方面：

一、继续加强了劳动争议处理制度的组织建设

在这一年中，各地在积极抓紧企业劳动争议调解委员会组建工作的同时，按照劳动部与中编办联合发布的《关于建立劳动监察机构配置劳动监察和劳动争议处理人员编制意见的通知》（中编办〔1994〕224号）要求，主动与当地编制部门进行联系和沟通，提出劳动争议处理机构设置和人员配备的具体意见，推动了劳动争议仲裁委员会的建设。截止1995年底，又有甘肃省、青海省成立了省级劳动争议仲裁委员会，使省级仲裁委员会达到26个。全国共建立劳动争议仲裁委员会3 003个，劳动争议仲裁委员会办公室2 969个，分别占应建数的98%和97%，这些指标均已达到并超过了预定的目标。此外，为了促进劳动争议处理工作的开展，规范劳动仲裁员的聘任工作，加强对劳动仲裁员的管理，根据《企业劳动争议处理条例》（以下简称《条例》）的规定，劳动部于1995年3月22日颁发了《劳动仲裁员聘任管理办法》（劳部发〔1995〕142号），对仲裁员的范围、取得仲裁员资格的程序、仲裁员的考核及监督管理等进行了具体规定，有力地推动了劳动仲裁员队伍的发展和制度的完善。全国专兼职仲裁员人数已达到11 292人，比1994年增加了56.8%。

二、抓紧了劳动争议处理规章、政策的制定工作

一年来，为了健全劳动争议处理法律体系，有效地指导各地开展工作，劳动部在调查研究和总结各地劳动争议处理工作实践经验的基础上，共制定和印发有关劳动争议处理的部门规章2件，制定或参与制定有关劳动争议处理政策的规范性文件共17件，特别是《劳动法》发布后，为做好《条例》与《劳动法》有关内容的衔接工作，劳动部经与全国人大常委会法制工作委员会协商一致，专门印发了《关于劳动争议仲裁工作几个问题的通知》（劳部发〔1995〕338号），对劳动争议受案范围、劳动争议仲裁申诉时效、劳动争议仲裁的处理时限、仲裁调解的程序和效力等问题作出了明确解释或规定。另外，就《劳动法》在贯彻执行中遇到的若干问题，劳动部印发了《关于贯彻执行〈中华人民共和国劳动法〉若干问题的意见》（劳部发〔1995〕309号），其中对劳动争议的受案范围以及有关劳动争议处理方面的具体问题进行了明确规定，增强了《劳动法》的可操作性。

三、初步建立了规范的培训制度

为了进一步提高劳动争议处理人员的素质，逐步建立规范化的培训制度，劳动部在抓紧了劳动争议处理专业教材的出版和发行工作的同时，于1995年1月3日印发了《劳动争议处理人员培训纲要》（劳部发〔1995〕1号），规定了培训目的、培训对象、培训要求、培训内容及考核方式等内容，供各地在培训工作中参考使用。根据劳动部1995年的目标管理计划要求，劳动部于5月至6月举办了两期规范化的劳动争议仲裁员培训班。来自全国各地各级劳动部门、工会、政府其他部门的人员，企业劳动争议调解人员和律师工作者等近600名学员全部培训合格。劳动部对省级仲裁员资格的认定工作基本完成。此外，一些省市也分别举办仲裁员培训班共20多期，培训学员达数千人，基本上完成了全年的培训任务。促使规范化的劳动争议处理专业培训制度在全国范围内开始建立起来，对提高劳动争议处理工作人员的整体素质，增强办案能力发挥了很大的促进作用。

四、完善劳动仲裁庭制度，确保了处理劳动争议案件的质量和效率

1995年各地遵循预防为主的方针，加大了预防劳动争议的力度，有效地预防了相当数量的劳动争议。同时，按照1994年全国劳动争议处理工作会议的精神，积极完善仲裁三方机制，改进办案方式。如北京、辽宁、四川等省市实行仲裁员独任审理，对劳动争议分类处理，简化办案程序，试行当事人举证和仲裁庭协助取证等方面的内容。通过这些工作，努力做到多受案、快办案、办好案，确保劳动争议当事人投诉有门，在保证案件处理质量的前提下，提高结案率。据对1995年劳动争议案件处理情况的统计，1995年全国各级仲裁委员会共立案受理劳动争议案件33 030件，处理结案31 415件，结案率为95.1%。除仲裁委员会立案受理的33 030件以外，各级劳动争议仲裁委员会还以立案外调解等行政方式处理劳动争议案件74 303件，这样仲裁委员会共计受理劳动争议案件107 333件。据9个省、自治区的统计，因劳动争议引起的怠工罢工数已达1 041件。此外，据18个省、自治区的统计，1995年企业劳动争议调解委员会受理劳动争议案件117 717件，其中调解成功97 898件，调解成功率为83.2%。

1995年劳动争议案件的主要特点是：

1. 劳动争议案件总量继续大幅度上升。

1995年各级仲裁委员会立案受理案件量比1994年上升了73%，案件数净增13 932件，是增长幅度最大的一年。与1994年相比，立案外调解等行政方式处理的劳动争议也上升了69.4%。

2. 集体劳动争议及引发的怠工罢工事件增幅较大。

1995年各级仲裁委员会受理集体劳动争议案件2 588件，涉及77 340人，平均每件争议涉及29.9人。与1994年相比，集体争议总数增加了74.6%，涉及人数增加了46.9%。因争议引起的怠工罢工，1995年9个省、自治区的统计为1 041件，比1994年14个省、自治区统计的668件增加了55.8%。

3. 非国有企业劳动争议数量已居主要地位。

从用人单位类型看，除国有企业和机关事业单位争议案件数占受理案件总数的比例分别比1994年下降4.5%和0.4%以外，其它所有制企业的争议案件数均为上升。虽然国有企业劳动争议案件13 689件仍居首位，但各类非国有企业争议案件总数18 428件，已远远超过国有企业。而且各类非国有企业劳动争议案件的增长幅度均高于国有企业。

4. 因劳动报酬、保险福利发生的劳动争议继续大幅度增加。

从引发劳动争议的事由看，1995年各级仲裁委员会受理的原固定职工劳动报酬争议案件2 561件，保险福利争议案件1 805件，分别比上年增加了39%和15.3%；受理的合同制职工劳动报酬争议案件4 576件，保险福利争议案件2 722件，分别比上年增加143.1%和117.9%。

5. 劳动争议案件发生地相对集中。

1995年与前几年的情况相同，大量的劳动争议案件也是发生在少数几个省、市。据统计，受理案件数列为全国前6位的是：四川省4 197件，广东省3 200件，山东省2 802件，上海市2 554件，福建省2 350件，吉林省2 036件。此外，湖南省1 625件，北京市1 584件。上述8省、市受理的案件数占全国案件受理总数的61.6%。

五、积极探索，推进了完善劳动争议处理体制的试点工作

面对劳动争议数量持续上升，案件处理难度不断增大，劳动争议处理渠道单一，现行体制司法性不足的状况，一些省市锐意创新，在完善劳动争议处理体制方面进行了有益的探索，并取得了初步成效。劳动部在总结地方经验的基础上，认真研究完善劳动争议处理体制的新思路。在1995年初开始筹备并于2月份在北京召开了全国完善劳动争议处理体制的座谈会，在会后向全国发出了《关于进一步完善劳动争议处理工作的通知》(劳部发〔1995〕222号)，确定了劳动争议处理工作今后一段时期的基本思路是："为适应社会主义市场经济发展的需要，克服现行劳动争议处理体制面临的困难和问题，在巩固完善现有劳动争议处理体制的基础上，努力探索预防功能强、处理渠道多、有法律权威的具有中国特色的劳动争议处理体制"。同时提出了指导企业建立经常性的协商机制、扩展社会预防劳动争议的功能、继续健全劳动争议仲裁组织机构、改进处理劳动争议的办案方式、发展劳动争议调解制度、建立乡镇劳动争议处理机制、探索增强劳动争议仲裁体制司法性的路子等7项完善劳动争议处理体制的具体内容，为指导全年乃至今后一定时期内的劳动争议处理工作奠定了基础。在进行实践探索的同时，劳动部在理论上也进行了有益的探索。通过对《劳动法》和《条例》在执行过程中反映出来的问题的研究，结合对劳动争议处理工作发展方向的预测，起草了《中华人民共和国劳动争议处理法》。与此同时，为了使"九五"时期劳动争议处理工作增强自觉性，减少盲目性，更好地为"改革、发展、稳定"的大局服务，为劳动部门的中心工作服务，劳动部还起草《"九五"劳动争议处理工作规划》。同时要求各地应根据实际情况和对未来发展预测，研究拟定本地"九五"时期劳动争议处理工作规划。

劳动部及时对上述工作进行了总结，于1995年11月16日至18日召开的全国劳动争议处理工作会议，总结了一年来的工作体会：一是正视现实、挖掘潜力是开创新局面的基点；二是积极探索、敢于创新是开创新局面的保证。会议同时提出了下一步工作方针是：重在源头、重在基层、重在调解、重在执行。所谓"重在源头"，是指在预防劳动争议上狠下功夫，尽量减少劳动争议的发生；所谓"重在基层"，是指要侧重抓好企业劳动争议调解委员会的各项工作，逐步发展乡镇乃至村一级劳动争议的处理机制；所谓"重在调解"，是指加快多层次调解制度的建设，以调解作为解决劳动争议的基本手段；所谓"重在执行"，是指要有得力的措施和手段保证双方当事人能够实现最后的处理结果，使劳动争议得到彻底解决。会议还明确了下一步的基本任务是：遵循"四重"方针，继续以贯彻《劳动法》为统领，通过着重完善现行体制的三方机制，调动三方积极性，挖掘现存的潜力，提高人员素质，以弥补机构、编制不足，克服面临的各种困难，依法维护劳动关系双方的合法权益，促进劳动关系的和谐与社会的稳定。

(劳动部劳动关系与监察司　陈　岚、范战江)

职业技能开发

1995年是职业技能开发工作稳步发展的一年，4月份在湖南长沙召开了首次全国职业技能开发工作会议，提出了全面推进职业技能开发工作的意见。通过制定职业技能开发“九五”规划和2010年远景目标，进一步明确了职业技能开发的总体思路和目标。经过不断的探索，逐步明确了职业技能开发工作的指导思想，抓紧了职业技能开发工作的基本建设，进一步完善了以劳动力市场为导向，以促进就业和提高经济效益为目的，以职业分类和职业技能标准为依据，以职业技能培训和职业技能鉴定工作为支柱，有效地为劳动就业服务的职业技能开发体系。

一、法制建设工作取得了一定成果

配合贯彻实施《劳动法》，陆续出台了一些配套政策法规，如《从事技术工种的劳动者就业，上岗前必须经过培训的规定》、《关于技工学校、职业(技术)学校和就业训练中心毕(结)业生实行职业技能鉴定的通知》、《全面推进职业技能开发体系建设工作的意见》。同时继续加紧起草或修订有关企业职工培训、全国技术能手表彰、技工学校工作规定等有关法规规章。尤为重要的是：经过紧张艰苦的起草论证，《促进就业法(送审稿)》正式上报国务院。

二、职业分类工作正式启动

与国家技术监督局、国家统计局联合下发了《关于制定国家职业分类大典工作的通知》，成立了“国家职业分类大典和职业资格工作委员会”，组成了专家工作小组，召开了专家工作小组和行业协调会，完成了《职业分类基本原则》和《职业分类基本框架》等基础性文件；完成了生产、运输工人和有关人员的中类和小类的职业分类基本框架，共划分了24个中类、140个小类。审定颁布了41个职业的职业技能鉴定规范；审定颁布了家庭服务员、保育员、制图员、音响调音员、模特5个新职业的技能标准和卫生行业、消防行业近40个新职业技能标准的目录；颁布了10个行业500多个工种的工人技术等级标准。在与各行业部门协商的基础上确定颁布了第一批50个就业上岗前必须培训和实行职业资格证书制度的技术工种。职业分类与标准工作的快速进展为职业技能开发工作的全面推开奠定了基础。

三、职业培训的宏观调控与综合管理得到进一步加强

技工学校深化改革试点进一步扩大。为加强高级技工学校建设，与国家计委联合下发了《关于建立高级技工学校若干问题的通知》，组织制定了《技工学校专业工种目录》和高级技工学校教学计划大纲。积极开展勤工俭学，召开全国技工学校勤工俭学工作会议。加强少数民族地区技工培训和技工学校体育工作，举办了全国首届技工学校篮球联赛。据统计，1995年技工学校共有4 521所，比上年增加了91所，招生74万，其中女生占33.5%，少数民族学生占5.4%，河北、辽宁、云南等省还招收了部分残疾青年。目前技工学校有在校生198万，同时承担了近百万人次的短期培训任务。就业训练中心在失业培训和转业培训，促进再就业工程的实施方面发挥了重要作用。与团中央联合开展了社区青年职业技能培训工作，推动了青年职业技能培训工作的开展。

四、职业技能鉴定社会化管理试点和推行国家职业资格证书制度工作正在有计划、有步骤地进行

全国已建立职业技能鉴定所(站)1 868个,有25个省市成立了职业技能鉴定指导中心,共有地市中心111个;16个行业主管部门成立了行业特有工种的职业技能鉴定指导中心,并经劳动部批准,颁发了《行业特有工种职业技能鉴定实施办法》。由劳动部、总参谋部联合颁发了《中国人民解放军技术兵职业技能鉴定实施办法(试行)》,在军队技术兵中逐步实行职业技能鉴定制度,受到部队欢迎。为贯彻《劳动法》,推行国家职业资格证书制度,保证后备劳动力的就业能力和工作能力,颁发了《关于技工学校、职业(技术)学校和就业训练中心毕(结)业生实行职业技能鉴定的通知》,加强了对各类职业培训实体毕(结)业生实行职业技能考核鉴定的力度;与国家工商行政管理局联合颁发了《关于个体工商户、私营企业从业人员实行职业资格证书制度有关问题的通知》,对推动个体工商户、私营企业从业人员从事国家和地方规定的职业(工种)实行职业资格证书制度,起到了积极作用。

五、企业职工培训工作和职业技能竞赛活动蓬勃发展

劳动部等四部委联合下发关于开展"全国技能月"活动通知,并成立协调机构,制定计划,明确分工,推动了此项活动的顺利开展。全国有3 000多万职工参加了群众性岗位练兵、技术培训、技能竞赛、拜师学艺活动,举行了"百万职工大练兵"活动;有1 000多万技术工人参加了全国约300多个工种的技术比赛,在全国掀起一个学技术、练本领、争当技术能手、争作贡献的热潮。劳动部会同电子部、航空工业总公司、兵器工业总公司、团中央、中国残疾人联合会、全国总工会等单位分别开展了有关工种的职业技能竞赛活动。《人民日报》、《经济日报》、《工人日报》等大报,中央和地方电台、电视台都对技能月活动进行了大量的报道,在全国反响很大,对在全社会形成重视职业技能,尊重技能人才的社会氛围起了很大作用。

建立了中华技能大奖和全国技术能手评选、表彰制度。11月召开了"中华技能大奖"及"全国技术能手"表彰及全国技能月总结大会,表彰奖励了首批10名中华技能大奖获得者和129名全国技术能手。李瑞环、陈慕华、李沛瑶等党和国家领导人亲切接见获奖选手,罗干、陈慕华、李沛瑶等领导出席表彰会议。

(劳动部职业技能开发司)

社 会 保 险

1995年,中央经济工作会议和李鹏总理的《政府工作报告》,在明确社会经济发展和深化经济体制改革的任务时,突出强调了以养老保险、失业保险为重点的社会保险制度改革。

一、养老保险

为进一步深化养老保险制度改革,1994年年底,国务院召开了"全国城镇企业职工养老保险制度改革试点工作会议”，1995年3月又发布了《国务院关于深化企业职工养老保险制度改革的通知》(国发〔1995〕6号)。一年来，劳动部以积极、认真、负责的态度，围绕贯彻落实全国养老保险工作会议和国务院6号文件精神，采取了一系列措施，使深化企业职工养老保险制度改革的试点工作顺利地在全国铺开。

1. 组织推动和监督指导试点工作的措施。按照国务院提出的组织推动、监督指导企业职工养老保险制度改革的要求，劳动部积极组织推动和监督指导“社会统筹与个人账户相结合”的试点工作。并于1995年4月召开了全国社会保险工作会议，会议的重点是贯彻国务院《通知》精神，全面部署深化企业职工养老保险制度改革的试点工作。会后，印发了《关于贯彻〈国务院关于深化企业职工养老保险制度改革的通知〉的实施意见》，提出了11条具体的落实措施；制定了《基本养老保险覆盖计划》，提出了“广覆盖，四统一”的目标和若干配套措施；印发了《关于建立企业补充养老保险制度的意见》；向国务院上报了《关于印发〈关于建立健全社会保险基金监督机构的意见〉的请示》。

为了保证试点工作的顺利推进，劳动部成立了养老保险制度改革试点指导小组。于1995年2月中下旬开始，试点指导小组分5路赴16个省、自治区、直辖市和11个行业统筹的部门进行三轮的调查研究。12月初，在上海、合肥分别召开了13省、16城市的座谈会，交流研讨实施中的政策、技术问题，并在此基础上确定了49个城市作为改革的重点联系和指导城市。

一年中，各地区、各部门的试点工作通过分析测算、方案制定和组织实施。到1995年底为止，已有29个省、自治区、直辖市出台了社会统筹与个人账户相结合的改革方案。

2. 做好离退休人员的生活保障工作，为改革创造宽松环境。针对当前企业离退休人员反映强烈的待遇水平问题，劳动部多次组织专门调查，摸清情况，指导各地进一步贯彻落实《国务院关于调整企业离退休人员离退休金的通知》(国发〔1994〕9号)和《国务院办公厅关于调整企业离退休人员离退休金有关问题的通知》(国办发〔1994〕62号)及《劳动部、财政部关于1995年调整企业离退休人员基本养老金的通知》，已有25个省、自治区、直辖市制定了基本养老金正常调整机制。为配合机关、事业单位调整离退休人员的待遇，劳动部与财政部又联合下发了《关于做好企业离退休人员生活保障工作的通知》。这些工作，保障了企业离退休人员的基本生活，缓解了与机关、事业单位同类人员待遇相差过大的矛盾，维护了社会稳定，为深化养老保险制度改革创造了条件。

3. 退休费用社会统筹的范围进一步扩大，社会化水平逐步提高。各地在基本实现国有企业退休费用社会统筹的基础上，注意提高统筹的层次和扩大统筹的覆盖面。

1995年全国城镇企业职工共计11 364.6万人，参加基本养老保险基金统筹的城镇企业职工达8 738万人，占职工总数的76.9%，比上年增长2.2%；城镇企业离退休人员共计2 366.1万人，参加统筹的离退休人员为2 241万人，占94.7%，比上年增长1.8%。

1995年全国基本养老保险基金收入950.06亿元，比上年增长34.3%。增长的主要原因：一是扩大了养老保险的覆盖面，职工人数增加244万人；二是贯彻国发〔1995〕6号文件，多数地区提高了职工个人缴费比例；三是企业工资总额增长较快，使计提基数增大；四是部分企业补交过去历年欠缴的养老保险费列为当年收入。

1995年基本养老保险基金总支出836.47亿元，比上年增支175.38亿元，增长26.53%。支出增长较大的原因：一是调整了离退休人员待遇；二是职工老龄化加快，离退休人员净增161.76万人。

1995年全国基本养老保险基金当年结余113.59亿元，截止1995年底，历年滚存积累已达429.8亿元。部分积累的筹集模式已初步形成。

二、医疗保险

为了推进职工医疗保障制度改革，按照党的十四届三中全会的决定，从1994年上半年开始，国务院在江苏省镇江市和江西省九江市进行了职工医疗保障制度改革的试点。“两江”在试点的一年多时间里，在国务院和两省省委、省政府的直接领导下，认真贯彻国务院批复和四部委51号文件精神，坚持“统账结合”原则，结合本地实际，大胆探索，勇于创新，扎实工作，取得了阶段性的成果：一是初步建立了职工医疗社会保险“统账结合”的模式，扩大了医疗社会保险的实施范围，保障了职工的基本医疗需要；二是建立了稳定有效的医疗保险基金筹措机制，医疗保险金由单位和个人共同负担，改变了由国家或企业包揽的做法，拓宽了资金来源，同时也增强了职工个人的参保意识和费用意识，均衡了企业负担；三是初步建立了医患双方的制约机制，增强了职工的节约意识，医疗费用高速增长的势头得到了遏制。试点实行一年多来，进展顺利，社会各方面反映良好，基本上实现了改革的预期目的。

1995年是“两江”医疗保险改革试点方案实施的第一年。劳动部加强了对“两江”试点的联络指导，帮助解决试点中遇到的实际问题，使试点工作得以顺利进行。

三、工伤保险

一年来对广东、福建、辽宁的一些城市的工伤改革情况进行了初步调查，其中对广东、福建近年的几起事故的待遇处理情况进行了解，并认真总结了经验教训。

组织指导工伤评残标准课题组，根据各地的意见修订《职工工伤与职业病致残程度鉴定标准》，将作为国家标准上报国家技术监督局。

继续推动扩大试点，并着重了解和推广工伤保险促进事故预防的经验。到1995年底，试点市县达1 100个左右，其中已开展试点的省会城市和单列市12个，地州级城市118个。

四、生育保险

《企业职工生育保险试行办法》发布后，劳动部通过多种形式，推动《办法》的落实和工作的开展。特别是四次世妇会召开前后和国务院发布《中国妇女发展纲要》之后，集中作了宣传工作，强调当前生育保险制度改革工作面临着机遇和挑战，要求自上而下形成一种思想共识，抓住机遇，深化生育保险制度改革。同时在劳动部贯彻《纲要》的意见中提出了推动生育保险制度改革的若干具体措施和进度要求。目前，全国已有16个省转发了《办法》，并结合当地的实际情况提出了具体的贯彻意见和要求。

（劳动部社会保险司）

锅炉压力容器安全监察工作

1995年是锅炉压力容器安全监察工作坚持改革，开拓前进的一年，取得了较大的成绩。

一、开始实行锅炉压力容器检验许可制

度

为了整顿锅炉压力容器检验秩序，提高检验工作质量，从1989年起，省级以上劳动行政部门按照劳动部颁发的《劳动部门锅炉压力容器检验机构资格认可规则》的规定，开始对申请锅炉压力容器检验的单位进行资格认可审查。经过六年努力，终于到1994年底这一工作宣告结束，劳动部对近千个审查合格的单位签发了检验许可证书，并规定从1995年起，没有取得劳动部颁发锅炉压力容器检验许可证书的单位一律不得从事锅炉压力容器检验工作。这一制度的实施宣告我国锅炉压力容器检验工作已正式步入法制化、规范化的轨道。

二、在深入开展调查研究的基础上，拟订了锅炉压力容器检验体制改革“九五”计划和2010年远景目标草案

提出了到2000年的近期目标是：初步建立适应社会主义市场经济体制的法令检验体制，形成检验机构和检验任务分级分块的合理稳定格局，实现百分之百持证检验，消除检验盲区。

到2010年的远期目标是：使初步建立的法定检验体制更加巩固和完善，实现专业性集团化管理模式，使法定检验单位真正成为社会上公正的有权威的具有独立第三方资格并接受政府监督的检验组织。

三、实施进口锅炉压力容器安全质量许可制度

我部和国家进出口商品检验局于1995年9月6日联合公布了《实施安全质量许可制度的进口锅炉压力容器产品目录》，这标志我部1993年颁发的《进口锅炉压力容器安全质量许可制度实施办法》正式开始实施。据统计，1995年我部共受理了8家外国厂商的进口许可申请，对其中美国、日本、英国等3国6个锅炉压力容器制造厂完成了进口许可资格审查，并签发了许可证书。

实行进口锅炉压力容器进口许可制度是我国锅炉压力容器安全监察史上的一件大事，它为控制我国进口锅炉压力容器产品安全质量设置了一个有力的安全监察关卡。这不仅维护了我国的尊严和合法经济权益，而且进一步树立了我国锅炉压力容器安全监察在国际上的威望。

四、我国压力管道安全监察工作开始起步

职锅局在广泛深入的调查研究和听取有关各方的意见后，起草了《压力管道安全管理与监察规定》，为今后开展压力管道安全监察工作提供了法规依据。

在辽宁、北京市、海南、贵阳市、南昌市等地方劳动行政部门开展了压力管道安全监察试点工作，为在全国范围内开展此项工作探讨方法和积累经验。

五、在部分省市开展了锅炉压力容器现场安全监察试点工作

为了贯彻预防为主的安全工作方针，将隐患消灭在事故发生之前，江苏等省劳动行政部门锅炉压力容器安全监察机构开展了对锅炉压力容器现场安全监察工作。监察重点是锅炉压力容器安全管理工作落后的行业和单位，以及隐患多、危害大的设备。由于深入现场加大了监察的力度和深度，能及时发现问题和处理问题，所以监察效果较好。

（劳动部职业安全卫生与锅炉压力容器监察局综合办公室）

职业安全卫生监察工作

伴随着《劳动法》实施的第一年，职业安全卫生监察工作在法规建设、工时制度的进一步改革、女职工劳动保护、控制和预防工伤事故和改善劳动条件等方面取得了较大进展。

一、工时制度的进一步改革

1995年3月25日，国务院在1994年工时制度改革的基础上，颁布了《国务院关于修改〈国务院关于职工工作时间的规定〉的决定》，将原来每周工作44小时改为："职工实行每日工作8小时，每周工作40小时。"并自1995年5月1日起施行。考虑到一些企业、事业单位的实际困难，《规定》还规定了一定期限的过渡期，即有困难的事业单位最迟应当自1996年1月1日起施行，企业最迟应当自1997年5月1日起施行。随即，劳动部先后发布了具体的实施办法，对新工时制度作了细致的部署。这些规章是，劳动部关于《〈国务院关于职工工作时间的规定〉的实施办法》、《〈国务院关于职工工作时间的规定〉的问题解答》。针对新工时实施中的新情况，劳动部及时组织了调研并召开了全国工时研讨会。根据规定，劳动部审批了石化、陆上石油、煤炭、电力、民航、有色金属等10个行业、部门不定时工作制和综合计算工时工作制的办法。新工时制度实施以来，全国生产、工作秩序正常，调动了劳动者的工作积极性，提高了工时利用率和劳动生产率，推动了第三产业的发展。

二、广泛开展职业安全卫生监察和宣传工作

在广泛开展监察的基础上，1995年还着重开展了以下几个方面的监察。

1. 建筑安全检查。针对建筑行业伤亡事故多发的特点，组织开展了一次全国建筑安全大检查。大检查主要是通过企业自查和区域间互查的形式来进行。检查活动紧紧围绕"治理隐患、保障安全"这个主题，不仅各级劳动、建设部门轮番检查，建筑企业也进行了突击检查。从查思想、查管理、查制度、查隐患、查措施入手，形成了一定的声势，促使建筑企业开始扭转过去对隐患司空见惯、习以为常的麻痹思想。充分发挥了宣传舆论工具的作用，不少地区的电视、广播、报刊及时开展建筑施工安全检查宣传活动，壮大了检查活动的声势。一些大中型建筑公司积极利用广播、闭路电视、厂报、宣传栏、演讲、竞赛等宣传手段和形式，宣传安全生产、文明施工的先进经验和好典型，加大了检查活动的深度和广度。很多企业为迎接检查，不仅在治理整改隐患上下功夫，而且在工地门前悬挂施工安全横幅，在工地主要场所张贴标语、挂图和安全彩旗，使检查活动深入人心。这次检查涉及29个省、自治区、直辖市和6个计划单列市，查出各种事故隐患4 100多项，下达整改指令书110份，停产整顿33个施工工地，取得了好的效果。

2."三同时"监察。加强了国家级重点建设项目的监察，参加了秦山核电站、大亚湾核电站、常熟发电厂、燕山石化三十万吨乙烯工程等11项国家级建设项目的审查验收工作。

3. 狠抓事故查处。结合事故情况，及时向全国发出了通报，提出要求和措施。对武汉青山"11·29"起重机事故、广东顺德打火机厂火灾事故、河北雄县“11·10”烟花爆竹事故进行了调查处理。

4. 职业安全卫生宣传。配合安全周活动，与有关单位共同开展了“劳动安全卫生与消防知识竞赛”，在各地区、各部门的精心组织和安排下，广大职工表现了很高的参赛热情，全国有近180万职工参加了这次活动。这次竞赛活动调动了职工学习安全法规、掌握安全知识的积极性，企业职工学以致用，提高了安全意识，促进了安全工作。同时，知识竞赛活动创造了安全文化氛围，倡导了安全文化。

5. 乡镇企业职业安全卫生综合治理。年初，劳动部与农业部共同发布了乡镇企业安全生产综合治理活动方案，成立了全国乡镇企业安全生产综合治理活动领导小组及办公室，提出要在三年内安全卫生应达到的具体目标，并要求重点办好十件事。

三、女职工劳动保护

为贯彻《中国妇女发展纲要》，结合贯彻《劳动法》，劳动部发出通知，要求今后一个时期劳动工作领域妇女发展的基本任务之一，就是提高妇女劳动安全卫生意识，改善劳动条件，依法保护女职工在生产中的安全和健康。各部门、各单位都积极采取措施执行《劳动法》中女职工的劳动保护规定。从执行情况看，多数国有企业和部分非国有企业的执行较好，设置了专职或兼职的女职工劳动保护工作人员，在建立健全“四室”设施和做好“四期”保护方面取得较大进展。

但是，也存在一些问题，一些规定要求不能得以落实。这要求今后还需加强有法必依、违法必究的工作。

四、职业安全卫生监察队伍建设

为贯彻《劳动安全卫生监察员管理办法》，对全国监察员情况进行了普查，举办了劳动安全卫生监察员培训班，基本完成了全国劳动系统劳动安全监察人员的发、换证工作。在监察员的领导关系上，有了较大改革，即省级劳动安全卫生监察员由劳动部发证。

1995年劳动安全卫生工作取得了很大成绩。伤亡事故在1994年有所下降的基础上，又稳中有降。但也看到，伤亡事故严重的局面还没有根本扭转。企业劳动条件还较差，企业经营者以及部分职工劳动法律意识还比较淡薄。在建立社会主义市场经济体制中，如何加强劳动安全卫生监察工作，加快完善法规体系，企业增加安全卫生方面的投入，有效地控制和预防各类事故和职业病的发生，都将是“九五”期间我们面临的重要课题。

（劳动部职业安全卫生与锅炉压力容器监察局综合办公室）

矿山安全卫生监察工作

1995年是《中华人民共和国矿山安全法》颁布三周年，实施两周年，劳动部门继续深入开展了学习宣传活动，使普法工作有了进一步提高。为了准确执法，部、省两级劳动部门颁布和起草了一系列配套规章，全国又有5个省颁布了《矿山安全法》实施办法，这就为执法工作进一步规范化、制度化和科学化奠定了基础。矿山是一个危险性大的行业，伤亡事故比其他行业多，特别是重大伤亡事故多，影响极大，劳动部和各级劳动部门在

1995年贯彻《矿山安全法》中加强了对矿山安全重点问题、重点地区的监察，使得本年度一次死亡10人以上的事故有所下降，但矿山事故死亡总人数仍略有上升，形势不容乐观，矿山安全监察工作仍需进一步加强。

一、学习宣传《矿山安全法》，制定配套法规

1995年5月份，在《矿山安全法》实施两周年之际，矿山局刘光义局长在《安全生产报》、《劳动保护杂志》上分别撰文，对矿山安全法实施两周年来的情况进行回顾，提出了贯彻《矿山安全法》的意见。矿山局各处室和黑龙江、安徽、湖南、陕西等省劳动部门，分别在《法制日报》、《安全生产报》、《中国矿业报》、《劳动保护》、《劳动保护科学技术》、《世界安全卫生信息》和地方报刊上发表文章，进行宣传。湖北、青海等省利用本省《矿山安全法》实施办法出台之机，召开了新闻发布会，省人大、省政府和有关部门的领导发表讲话，江西省劳动局也在自办的报纸上积极开展宣传活动。11月份，在《矿山安全法》颁布3周年之际，矿山局积极组织稿件，在《人民日报》、《工人日报》、《安全生产报》、《劳动保护》和中央人民广播电台等报刊电台上刊登和播出。《安全生产报》还开辟专栏，连续报道各地实施《矿山安全法》执法好典型、好做法。

根据《矿山安全法》配套法规的框架构思，劳动部制定并发布了《尾矿设施安全监督管理办法(试行)》、《矿山安全监察工作规则》、《矿山特种作业人员安全资格考核办法》，与石油天然气总公司共同研究起草《石油天然气开采安全条例》有关问题进行起草的准备工作；组织起草了《竖井提升信号系统》、《罐笼技术安全要求》、《在用矿用安全灯、帽检验规则》、《煤矿采掘工作面通风安全检测规范》等12项安全技术标准。另外，组织起草并审核了《金属非金属矿山安全规程》、《金属非金属地下矿山安全规程》，正在起草中的还有《斜井人车安全规定》等五项安全技术标准。

1995年又有湖北、青海、河南、浙江和河北等5个省发布了《矿山安全法》实施办法。到1995年底，全国已有21个省、自治区、直辖市发布了《矿山安全法》实施办法，1个省人大发布了《矿山安全法处罚条例》。各地在发布实施办法后，又制定了一批配套的执法监督规章和内部业务管理规章。这些地方法规的实施，为各地在贯彻执行《矿山安全法》方面增加了可操作性。

二、继续搞好煤矿安全分级监察试点工作

为了贯彻《矿山安全法》第四条中“县级以上地方各级人民政府劳动行政主管部门对本行政区域内的矿山安全工作实施统一监督”的规定，分清县级、地市级和省级劳动行政主管部门的具体任务和职责，对矿山企业的安全工作必须实行分级监察。鉴于全国矿山企业中近一半是煤矿企业，每年因事故死亡人数的80%以上是煤矿企业，所以1994年首先在全国10个重点产煤地市进行煤矿安全分级监察试点。

1995年8月1日至3日，矿山局在山西省忻州市召开煤矿安全分级监察扩大试点工作会议，出席会议代表30多人。会议全面总结了第一批10个产煤地市的试点工作。试点地区的劳动行政主管部门对煤矿安全的监察工作已趋于法制化、规范化，提高了工作效率。山西省晋城市、辽宁省锦西市、河南省焦作市、四川省重庆市和新疆自治区乌鲁木齐市等地劳动行政主管部门，结合本地区的情况，积极稳妥进行试点，取得了监察工作新经验，改善了本地煤矿安全状况。会议还确定了北京市房山区、山西省太原市、内蒙古自治区呼伦贝尔盟、辽宁省沈阳市、吉林省吉林市、江苏省徐州市、福建省龙岩地区、四川省宜宾市、宁夏自治区石嘴山市和青海省西宁市等10个地市为全国第二批试点单位。

三、加大执法力度，探索安全监督办法

《矿山安全法》的颁布实施，劳动部及各

省、自治区、直辖市的地方法规的出台，使矿山安全监督工作逐步纳入法制化轨道，也使法律、法规具备了可操作的条件。1995年11月8日，矿山局在各地劳动部门认真执法、认真总结经验、培养典型的基础上，在福建省厦门市召开了执法经验交流会，出席会议的代表98人，刘光义同志到会讲话。

会议前收到19个省、自治区的38篇总结材料。其中省、自治区劳动局11篇、地(市)劳动局21篇、地市检测站2篇。大会印发30篇材料，会上有10个单位介绍了经验。这些材料从多角度反映了各地的做法。厦门会议标志着矿山安全执法工作取得了很大进展。一是执法工作中排除各种干扰，该处罚的坚决处罚，不接受处罚的就按法律程序办，树立了法律的权威；二是执法加大了力度，见到了效果；三是把是否严格执法作为履行监察职责的标准来要求，执法意识加强；四是通过执法锻炼了队伍，人员的素质得到了加强。厦门会议上要求1996年工作重点要转移到执法上来，特别提出监察工作要量化。即每个地区劳动部门对自己负责监管的矿山，要明确规定监察周期，乡镇矿山每年不少于1次，国有矿山每年不少于2次。

1995年11月发布实行的《矿山安全监察工作规则》，规范了对安全规章制度的检查、工程设计审查与竣工验收、现场检查、事故调查和处理，和事故统计与分析等七项工作，给矿山安全监察工作提供了统一的标准，为工作科学化、制度化创造了条件。

四、预防重大伤亡事故发生，开展安全大检查

为了遏制矿山事故上升的局面，针对节假日和季节性事故多发的特点，2月9日，李伯勇部长签发了《关于做好春季矿山安全生产工作的紧急通知》的明传电报。4月3日，劳动部又下发了《关于今年以来矿山伤亡事故严重情况的通报》，对各地区和各部门的安全工作提出了具体要求。

1994年煤矿一次死亡10人以上重大事故中，瓦斯爆炸事故死亡人数占近70%。针对这种情况，矿山局提出在1995年上半年对煤矿安全监察工作中，各级劳动部门要严格执法，督促煤矿企业落实行业部门控制瓦斯事故的各项措施，加强管理，增加投入。同时，组织力量，对贵州、湖南、江西和山西开展了安全检查。鉴于瓦斯事故多发于山西、河南、黑龙江、吉林、辽宁、贵州和四川等7个省、26个地区、6个统配矿务局的特点，7月7日，劳动部下发了《关于控制瓦斯爆炸事故的通报》，对事故多发地区提出了要求，并组织人员分赴山西、河南、辽宁、吉林和黑龙江省进行专业性安全检查。

五、跟踪尾矿设施安全调查，促使预防措施落实

尾矿设施是非煤矿山的一个重大危险源，特别在汛期，很可能酿成大祸。为了避免或减少这一灾害的损失，劳动部于1995年4月21日发布了《尾矿设施安全监督管理办法(试行)》。4月28日，矿山局邀请了有色金属总公司安环办、冶金部生产司、冶金部黄金局、总后军矿局、化工部地质矿山局、核工业总公司矿冶局、农业部乡镇企业局和国家建材生产协调司等单位负责同志，召开尾矿设施安全工作协调会，座谈贯彻落实《尾矿设施安全监督管理办法(试行)》。与会同志认为这个《办法》把尾矿设施安全工作纳入国家安全监督体系，符合国情，内容全面，可操作性强，是落实《矿山安全法》的一件重要单项法规，有利于加强安全管理，改善矿山企业外部环境，防止重大事故发生。大家表示在转发该《办法》时要提出具体措施，同意劳动部在1996年适当时间召开总结交流会的建议。与会同志还提出应建立尾矿设施安全法规体系，进一步切实搞好预防工作。张世德同志对会议座谈情况进行了总结。

根据林用三副部长“一定要加强检查，发现问题及时解决，争取不出大问题”的批示，矿山局会同中国有色工业总公司安环办和有关专家组成调查组，自5月中旬至6月上旬，分批、分时段对有色总公司的部分尾矿设施安全情况进行检查。为了确保夏秋两季尾矿库的防汛工作，首先对有色江西铜业公司、湖北大冶有色公司、有色广州公司和有色长沙公司的13个国有矿山所属的18个尾矿库进行抽查。这次抽查得到了有关省劳动部门的支持，各省有色公司的协助和被查矿山企业的配合，取得很好的效果。林用三副部长在抽查工作报告上批示："同意你们的建议，跟踪调查，促使落实。要与地方劳动部门密切配合，向他们通报情况，请他们配合工作。"中国有色金属工业总公司主要领导对这次抽查非常重视，要求进一步了解全行业的尾矿设施，制定防治措施。6月上旬至7月上旬，江西、湖北等省有色和劳动部门报告了辖区内矿山企业对尾矿设施治理的具体安排。林用三副部长在报告上批示："现正值汛期，一要树立信心，团结一致，争取不出事故；二要认真仔细，做好出事故应急处理方案，尽量减少损失。要及时了解情况，尽量帮助解决一些困难。待汛期过后，要总结经验，表彰先进，促进改造，减少危库。"

采石场坍塌事故在非煤矿山中占有很大比例。4月3日，劳动部发出《关于加强采石场安全管理和监督工作的通知》。矿山局还组织编写了《采石场安全生产指南》。5月份，矿山局组织开展了对浙江、广东采石场的安全情况进行检查。8月18日至21日，在辽宁省大连市举办了"采石场规范化开采研讨班"。研讨班上介绍了广东、浙江、安徽、湖北和大连市先进的开采技术，研讨了采石场事故发生原因及规律，提出了采石场规范化开采的途径及实现的步骤。张世德同志参加了研讨班，作了题为《为实现采石场规范化开采而努力》的讲话。

六、继续推广呼吸性粉尘监测试点

在呼吸性粉尘监测工作试点的基础上，1995年1月4日，劳动部和化工部、冶金部、中国有色金属工业总公司联合发出《关于开展矿山企业个体呼吸性粉尘监测的通知》，对推广工作做了部署并与化工、冶金和有色等行业主管部门共同研究工作，参与行业部门举办7次培训班。3月份在重庆组织讨论修订矿山呼吸性粉尘程度分级等4项标准。同时，组织有关研究部门对测尘滤膜进行研制和开发；对山西省阳泉市矿山企业尘肺病高发的情况进行调研。10月份，为继续推动山东省呼吸性粉尘监测工作全面开展，矿山局与山东省劳动局等部门共同研究部署，力争在不太长的时间内，建立起矿山呼吸性粉尘监测体系，根据呼吸性粉尘的不同危害程度，实行分级管理，达到减少职业危害的目的。12月27日，矿山局邀请煤炭部、化工部、地矿部、农业部、司法部、国家建材局、冶金部黄金局、中国有色金属工业总公司、核工业总公司、全国总工会、化工部化学矿山地质研究院、劳动部劳动保护科学研究所和中国有色金属工业总公司、北京有色冶金研究院等部门和单位的有关负责同志，召开了矿山个体呼吸性粉尘监测与危害程度分级工作协调会，刘光义同志主持会议并讲话。与会同志一致认为，这项工作是必要的、可行的；并认为5年来工作的进展很大。大家还就落实实施方案、建立监测体系、建立标准化程序、加强控制采样器和滤膜质量、加强部门协调和落实资金等问题达成一致意见。

七、举办矿山安全法制建设工作国际研讨班

4月9日至13日，矿山局在广西桂林市举办了矿山安全法制建设工作国际研讨班，参加研讨班的各地代表96人，9日至11日，刘光义同志作了题为"加快矿山安全法规建设步伐，狠抓执法，全面建立矿山安全法制化秩序"的工作报告。矿山局法规处、煤矿安全监察处、非煤矿山安全监察处和工业卫生处负责同志分别介绍了矿山安全法规体系框架思路；煤矿安全分级监察思路；采石场、尾矿设施安全法规建设；矿山安全呼吸性粉尘监测改革和标准化建设。山西、湖南、安徽、广东、陕西、内蒙等6省、区劳动局的负责同志介绍了制定《矿山安全法》实施办法及配套规章的经验。参加学习的代表进行了认真的讨论。12日～13日，澳大利亚专家介绍了澳大利亚的矿山安全法规体系、矿山企业的安全管理、政府对矿山安全的监督。参加学习的代表与澳大利亚同行分专题进行了认真讨论。张世德同志参加了研讨班。

（劳动部矿山安全监察局　施佩华　宋立正）

安全生产管理工作

1995年，全国认真贯彻“安全第一，预防为主”的方针，做了大量细致的工作，安全生产工作取得了很大成绩，各类重大、特别重大事故有所减少，安全生产形势相对平稳。

一、加强对安全生产工作的领导

1995年，根据安全生产形势和特点，劳动部于1月和7月召开了两次全国性安全生产工作电话会议，国务院副总理邹家华、吴邦国分别在第一次和第二次电话会议上作了重要讲话。邹家华副总理对1995年全年的安全生产工作作了具体指示；吴邦国副总理提出了统一思想，提高认识、坚持不懈地抓好安全生产工作的要求。劳动部领导在两次电话会上通报全国安全生产情况，并按国务院领导的批示，对安全生产工作作了详细安排。各地区、各部门结合安全生产工作重点提出安全工作计划，组织了安全生产检查，对事故隐患进行评估、整改，促进安全生产形势的平稳。

为了加强安全生产的法制建设，1995年，劳动部颁布了《重大事故隐患管理规定》和《国家安全生产专家组规则》。各地也出台了许多地方性的安全生产法规。法制建设使安全生产工作有法可依，进一步得到加强。

二、强化安全生产的监督、检查

1995年4月，劳动部会同公安部、监察部联合对海南省高速公路的安全状况、事故隐患情况进行了专项安全检查。11月劳动部会同监察部、全国总工会联合对黑龙江、吉林、广东、江西、浙江、上海五省一市地方人民政府安全生产责任制的制定和落实情况，重大、特别重大事故隐患整改情况，重大、特别重大事故调查处理和结案情况进行了检查，促进了各地做好安全生产工作。

各地区、各部门除结合第五次全国“安全生产周”和安全生产电话会议等开展安全生产检查以外，根据劳动部、监察部、全国总工会联合要求，各地区、各部门11月在全国范围开展了一次安全生产大检查。检查的主要特点是：领导重视，检查全面，隐患整改力度大。黑龙江省的安全检查，发出整改通知书4 328份，提出整改意见17 192件，至年底已整改16 532件，整改率达96.16%；前后查封了1 278家歌厅和文化娱乐场所。牡丹江市关停了振兴浴池后第六天，该浴池屋顶就塌落300平米，避免了一起重大事故的发生。浙江省宁波市对51家不符合安全生产要求的公共娱乐场所、易燃易爆企业实行责令关闭或吊销治安许可证，命令258家单位停产整顿。这次安全检查，对加强安全生产综合管理力度，保证第四季度安全生产起到了积极作用。

三、促进事故隐患的监察和治理

为切实把安全生产工作的重点转移到预防为主的轨道上来，劳动部对全国的事故隐患进行调查，初步建立了事故隐患数据库，在分析事故隐患的基础上，逐步地开展了事故隐患确认工作，要求各地区和有关部门制定事故隐患整改计划和规划；通过颁布《重大事故隐患管理规定》使事故隐患管理制度化、规范化，扭转了事故隐患失管失控现象。在落实隐患管理规定中，黑龙江省查出隐患 77 359 项，当年整改 71 631 项，整改率 92.25%。哈尔滨市铁路局拿出 1 500 万元，改造了 50 处道口。吉林省查出各种隐患 19 932 项，投入整改资金 3 704.6 万元。杭州市投入资金 2 525 万元对十大事故隐患进行整改。据对 12 个省、自治区、直辖市的不完全统计，仅“安全生产周”期间就查出事故隐患 397 700 条并进行了积极整改。

劳动部专门向国务院呈报了《关于全国重大事故隐患的调查报告》，汇报了重大事故隐患调查情况、全国重大事故隐患分布、事故隐患数量、严重程度、隐患存在的原因和特点、可能造成的人员和经济损失、所需整改资金；以及对事故隐患管理的工作设想，并根据当前我国重大事故隐患存在的严重程度且急需整改的现状，提出了若干建议，争取国家在资金上、政策上给予支持。

四、认真组织事故调查　促进事故结案

1995 年，劳动部组织或参与了“郑州天然商厦火灾事故”、“济南市煤气管道泄漏爆炸事故”、“新疆水产蛋禽副食品公司凤凰时装城火灾事故”等特大事故原因调查工作，对于事故责任人员，提出了处理建议。

对事故的批复和结案工作，劳动部与监察部联合发文，要求各地对近两年各地发生的特大事故严肃处理，并按期限尽快结案，促进了各地加快事故的结案工作。

五、加强宣传教育，提高全民安全意识

1995 年 5 月 15 日至 21 日，开展了以“治理隐患，保障安全”为主题的第五次全国“安全生产周”活动，其主要目的是加强对隐患的监控和整改，防止因隐患失控而发生特大事故。中央电视台于 5 月 15 日晚，在新闻联播中播出了全国“安全生产周”开始的消息。5 月 16 日《人民日报》发表了题为《治理隐患，保障安全》的评论员文章，将这一活动推向高潮。为配合安全周活动，劳动部安全局、职锅局、矿山局牵头，会同公安部、中国人民保险公司、消防协会等单位共同发起了“职业安全卫生与消防知识竞赛”，全国近 200 万人参加。各地在电视、报刊上开辟“安全生产周”专栏，主要领导在电视上进行动员，在报刊上撰写署名文章、发动群众开展安全检查，查找事故隐患并整改。“安全生产周”以丰富多彩的活动达到增强全民的安全意识的目的。

“安全生产周”结束后，有的地市还开展安全月活动，以达到以周促月，以月促年的目的。

在第五次“安全生产周”活动的基础上，劳动部与广播电影电视部年底联合发出《关于认真做好安全生产宣传工作的通知》，《人民日报》发表评论员文章，《安全生产报》发表系列文章，各地也加强安全生产宣传报道，进一步加大安全生产宣传工作力度。

1995 年劳动部还召开安全文化研讨会，印发安全文化论文集，各方面的人士积极探讨安全文化，收到了积极的效果。

1995 年安全生产工作虽然相对平稳，但今后安全生产的形势不容乐观，还需继续坚持“安全第一、预防为主”的方针，将安全生产工作的中心向事故预防方向转移，加大重大事故隐患的确认、评估和监控、查处，努力提高全民的安全意识，最大限度地减少重大、特别重大事故的发生。

（劳动部安全生产管理局）

国际交流与合作

1995年,我国劳动领域的国际合作与交流活动比较活跃。劳动部党组和部领导对国际合作工作给予了高度重视,在许多重要项目上直接部署和指导。国际合作司全体同志共同努力,完成了一系列部级互访,签署了多项双边协议,加强了对国际劳工组织的工作,完成了多项合作项目,结交了新的朋友,拓展了新的合作领域。截止12月底,我部共组派出访团组183个,其中部级4个;在华举办各种培训班、研讨会30批,中方参加人员550人,外方人员330人。我们还积极参加了在北京举办的第四届世界妇女大会的活动,宣传了改革开放以来我国劳动领域取得的成功经验。

一、国际合作与交流取得了丰硕成果

1. 广泛开展双边合作,签署了一系列部级合作协议。

1995年部级互访频繁,有力地加强了我部与有关国家劳动部门在劳动领域的合作关系。特别是我部与有关国家签署了一系列合作协议或备忘录,为开展长期技术合作奠定了基础。

——李伯勇部长与来访的越南劳动、荣军与社会事务部长陈廷欢签署了《中华人民共和国劳动部和越南社会主义共和国劳动、荣军与社会事务部在劳动领域合作谅解备忘录》。

——李伯勇部长与来访的澳大利亚产业关系部长布莱尔顿签署了《中华人民共和国劳动部和澳大利亚产业关系部在产业关系领域合作谅解备忘录》。

——李伯勇部长与来访的俄罗斯联邦就业局长普罗阔波夫签署了《中华人民共和国劳动部与俄罗斯联邦就业局关于在劳动市场就业政策领域进行合作的协议》。

——李伯勇部长与来访的澳大利亚就业、教育与培训部长西蒙先生签署了《中华人民共和国劳动部和澳大利亚就业、教育与培训部在就业服务和劳动力市场计划领域合作谅解备忘录》。

——李伯勇部长在访印期间与印度劳工部长桑玛签署了《中华人民共和国劳动部和印度共和国劳工部在劳动就业和培训领域合作的协议》。

——朱家甄副部长在访问加拿大期间与加人力资源部签署了《中华人民共和国劳动部与加拿大人力资源部在劳动关系和社会保障领域合作备忘录》。

2. 积极参与国际劳工组织的活动,加强工作关系。

在国际会议方面,1995年共组织8个部委的73人次参加国际劳工组织召开的各类会议10次,包括一次国际劳工大会、两次理事会、四次产业会议和三次其他会议。其中劳工大会规格高,人员多,会期长,是我们的一项重要任务;产业会议涉及的专业广,协调和组织工作繁重;理事会政治性、政策性强,斗争激烈,在理事会期间重点发展了同印尼、印度、突尼斯、德国等代表的关系,并广泛接触了发展中国家的代表,同以国际自由工联为首的西方少数反华势力的反华行径进行了有理、有利、有节的斗争,维护了祖国的利益、尊严和荣誉。第五届不结盟和其他发展中国家劳工部长会议、第25届ISSA大会和社发首脑会议都是副部长带队,又是我国初次参加,会议准备工作难度大,我们撰写了部长发言稿和各种与会活动方针和对策,圆满完成了与会任务。

我们与国际劳工组织共同举办的“劳动立法三方研讨会”是列入国际劳工组织北京“国家目标”的第一项活动，经过努力，与国际劳工组织初步确定了今后3年的合作重点，即劳动合同、就业促进和工资三个法规的制定，并初步确定了合作方式。在艾伯特基金会资助下举办的产业关系和劳动研讨会，中德劳动法咨询会均取得了较好的效果。

3. 完成了多项多边技术合作项目，巩固了合作成果。

1995年完成的合作项目主要有：

——中日教师进修中心，日方提供18亿日元，一期工程已完毕，二期合作顺利，日方还将提供1.5亿日元的配套设备费用的援款；

——德国政府投入400万马克的中德劳动立法项目已开始实施；

——德方将资助约400万马克的劳动保护检测中心项目已达成协议；

——圆满完成了008项目和福州培训中心项目的终审评估；

——由英国文化委员会资助的中英职业资格证书合作项目年初开始实施；

——瑞典项目“中国积极的劳动力市场政策”已进入二期项目开发；

——与UNDP商定下一周期的合作重点为就业促进、乡镇企业职业安全卫生方面的一类技术援助的调查项目；

——实现了派助理专家到ILO都灵培训中心工作。

二、成功地举办了世妇会NGO“妇女与就业”论坛

1995年联合国第四届世界妇女大会在北京举行期间，于9月举办了非政府组织的论坛。我部以中国劳动学会名义承办的世妇会非政府组织论坛“妇女与就业”专题论坛，于9月2日在怀柔举行。为此，国际合作司与有关单位合作，进行了大量组织协调工作，经过全体成员的共同努力，获得了圆满成功。世妇会期间，还安排了李伯勇部长、朱家甄副部长分别与加拿大、斯洛伐克、匈牙利、以色列等10多个与会国家劳工部长会见和宴请，就劳动领域的有关问题同他们进行了广泛交流，增进了相互间的了解，推动了双边交流与合作。

平等、发展与和平，是本次世界妇女大会的主题，而妇女就业作为大会的次主题备受与会者的关注。在论坛举办的历时4小时过程中，可容纳50个座位的帐篷会场内，先后共有90多名中外代表参加了会议，来自亚洲、非洲、美洲、欧洲等国家及国际劳工局和我国几个省市劳动部门、工会、妇联的代表共16人作了发言。

在会上，中国劳动学会的6名发言人从中国妇女就业前后合法权益保护的法律问题、富余女职工的问题与出路、中国经济改革与结构调整中的农村妇女就业、就业与妇女社会保障、中国妇女就业的社会角色与家庭的冲突、改革过程中妇女就业面临的挑战与对策等六个方面客观地介绍了中国妇女就业的成就，深入地分析了存在的问题，对政府做好工作提出了建议，并演示了大量的数据、图形和图表。在各位发言人的演讲过程中，越南、加拿大、英国等国家的代表提出了关于妇女就业权益保护、妇女就业社会保障、妇女的再就业、农村妇女就业及男女同工同酬等方面的问题，发言人的回答既明确，又得体。

在6名主旨发言人演讲结束后，英国、越南、纳米比亚、巴布亚新几内亚等国家的代表们，结合本国的情况，对目前世界妇女就业状况及存在的问题谈了自己的看法，并提出了建议。她们在发言中说，女性要在日益激烈的劳动力市场竞争中取胜，必须提高自身的技能，同时建议政府应加强对妇女的社会保障，解决妇女就业歧视问题，加快妇女参与社会劳动的步伐，提高妇女的就业率。劳工局原局长助理金辅耀先生、现任劳工局局长的妇女顾问张幼云女士也专门就世界妇女就业的有关问题谈了自己的看法，广西、江苏、浙江、山西等省的劳动部门、工会、妇联代表也在会上发了言，涉及山区妇女就业、妇女就业平等、妇女社会保障等问题。

整个论坛是在热烈友好的气氛中进行的，不仅会上有问有答，并且在会下继续进行交流，会场上热烈、活跃情况超出我们的预料。中央电视台、《人民日报》海外版、《劳动报》记者对论坛进行了采访和报道。基本达到了宣传中国妇女就业和加强交流的目的。

通过论坛，大家一致认为：在目前就业形势十分严峻的情况下，应从新的角度探讨妇女就业问题。过去的几十年中，世界各国服务业、非正规行业就业得到不同程度增加，为女性就业创造了机会，女性就业率上升很快。但近几年世界处在自30年代经济危机以来最严重的失业危机中，妇女承受的压力与痛苦远远高于男性。妇女就业是解决妇女问题的重要环节，社会对妇女就业应给予更多的关注。应发挥政府、企业、个人和社会等方面的联合作用，采取综合、全面的措施来解决妇女就业问题。

（劳动部国际合作司）

“八五”时期全国劳动工作概况

“八五”时期我国劳动立法的基本情况

1991～1995年，是我国国民经济和社会发展的第八个五年计划时期。在“八五”时期，与建立适应社会主义市场经济体制的新型劳动体制相适应，我国劳动立法取得了明显成绩。截止1995年底，已有两部劳动法律，9部劳动行政法规和90余部劳动行政规章陆续颁布实施，为培育劳动力市场主体，调整劳动力市场主体关系，规范劳动力市场行为提供了法律依据，劳动力市场的建立和运行走上了法制化轨道。

《劳动法》的颁布和施行，是“八五”时期我国劳动立法取得明显成绩的重要标志。党和政府历来重视劳动立法工作，新中国成立后，针对各个时期劳动关系调整的需要，制定和颁布了大量劳动行政法规和规章。党的十一届三中全会后，逐步恢复加强了民主法制建设，特别是1992年邓小平同志南巡重要谈话发表，党的十四大确定我国经济体制改革的目标是建立社会主义市场经济体制之后，新形势下劳动立法的目标更加明确，立法步伐进一步加快，曾经研究起草了十多年的《劳动法》被正式列入国家的立法计划。经过起草单位和有关方面的共同努力，《劳动法》最后阶段的工作仅用了一年多的时间就顺利完成。1994年7月5日，第八届全国人大常委会第八次会议正式审议通过了《劳动法》，江泽民主席于当天签署了第二十八号主席令发布《劳动法》，并从1995年1月1日起在全国施行。《劳动法》的颁布实施，迈出了我国劳动立法具有深远意义的一步，结束了我国没有《劳动法》的历史，为调整社会主义市场经济体制下的劳动关系，保护劳动者和用人单位的合法权益，进一步深化劳动体制改革提供了法律依据。同时，也为完善我国劳动立法奠定了基础，开创了我国劳动立法的崭新阶段。从《劳动法》颁布到1995年的一年多时间里，国务院颁布了《关于职工工作时间的规定》，劳动部颁布了《企业最低工资规定》、《工资支付暂行规定》、《集体合同规定》、《就业训练规定》、《职业指导办法》、《企业职工生育保险试行办法》、《未成年工特殊保护规定》、《重大事故隐患管理规定》、《外商投资企业劳动管理规定》、《违反〈中华人民共和国劳动法〉行政处罚办法》等38部劳动行政规章，占“八五”时期出台的劳动法律、法规和规章的40%。此外，《安全生产法》、《社会保险法》、《劳动合同法》及《失业保险条例》、《企业职工带薪年休假规定》、《企业职工工伤保险条例》、《劳动监察条例》和《特别重大事故调查处理程序规定（修订）》等重要法律、法规草案的起草工作已基本完成，劳动立法工作正朝着本世纪末基本建立适应社会主义市场经济体制的劳动法律体系基本框架的目标迈进。

通过立法肯定劳动体制改革的成果，又以法律、法规引导、规范、保障劳动体制的深化改革，是“八五”时期劳动立法的突出特点。改革开放以来，与经济体制改革相适应，劳动体制进行了全面、深入的改革。在就业用工方面，废除了长期以来影响企业活力和职工积极性的统分统配的固定工制度，取消了“内招职工子女”和“子女顶替”的不合理做法，确定了公开招收、择优录用的市场就业方针。在工资方面，端掉了平均主义的“大锅饭”，逐步建立了国家宏观调控，企业自主分配的新格局。

在社会保险方面，企业办保险的局面有了改变，建立了失业保险，扩大了养老保险，医疗保险、工伤保险和生育保险从社会主义市场经济的需要出发，也分别进行了改革探索。保险费用由国家、企业和职工三方共同负担，实行社会统筹。职业培训、安全生产和劳动保护等方面也都对传统制度进行了改革，建立了与社会主义市场经济体制相适应的新制度。这些改革，在“八五”以前还带有探索性和单项推出的特点，进入“八五”以后，特别是提出建立社会主义市场经济体制这个目标之后，劳动体制改革进入了区域综合配套改革和整体推进的新阶段，劳动立法与此相适应，以立法形式，将改革的成果肯定下来，又用法律、法规引导、规范和保障劳动体制的深化改革，扩大改革成果，加快了建立适应社会主义市场经济体制的劳动体制的进程。到1995年底，全国实行劳动合同制的职工已达9 000万人，占全国企业职工总数的83.6%；有28个省市出台了本地区的最低工资标准；29个省、市建立了省、市一级的劳动监察机构，有2 800多个市、县也建立了市、县一级劳动监察机构，占应建数的87%，并均已配备了一定数量的人员，初步建立了工作制度，开始履行职责。

地方劳动行政法规和规章是我国劳动法律体系的重要组成部分。“八五”时期，各省、自治区、直辖市人大和人民政府十分重视地方劳动立法工作，为加快我国劳动立法作出了贡献。一是根据法律、法规的授权，制定本地区的实施办法。如《矿山安全法》颁布后，各地根据该法的授权，普遍制定了实施办法，不仅使该法的规定更具有操作性，而且充实了矿山安全管理法律体系的内容。二是各地在其立法权限内，从当地的实际需要出发，制定了大量地方性行政法规和规章，其内容覆盖了劳动关系调整的各个方面，促进了改革的深入发展。

及时清理法规，使劳动法律、法规的立、改、废形成一体，是“八五”时期劳动立法工作始终注意的一个重要环节。鉴于1988～1991年国民经济治理整顿的任务已经顺利完成，劳动部于1992年8月17日及时发出了《关于废止一批劳动规章和规范性文件的通知》，废止有关治理整顿而已失效的劳动规章和文件23件。1992年7月，国务院公布《全民所有制工业企业转换经营机制条例》后，赋予了企业用人自主权和工资分配自主权，劳动部对与此条例规定相抵触的规章和文件进行了清理，于1993年2月10日正式行文，明令废止了与该条例相抵触的规章和文件32件。1994年5月16日，国务院发布第154号令，废止1993年底以前发布的部分行政法规，其中有劳动法规5件。《劳动法》颁布后，劳动部又对建国以来颁布并正在实施的劳动法规和规章再次进行了清理，宣布废止劳动规章和规范性文件136件，建议国务院修改劳动法规和规范性文件13件，废止26件，为保证新颁布的法律、法规的贯彻实施创造了条件。

加强劳动立法的国际交流与合作，广泛吸收、借鉴市场经济国家的成功做法和经验，加快劳动立法步伐。“八五”期间，随着我国对外开放的扩大，我国与市场经济国家和国际劳工组织在劳动领域的交流与合作也日渐增多，建立了多项双边和多边的合作项目，内容涉及促进就业、工资保障、社会保险、职业培训和劳动保护等几个方面。通过与合作的国家、组织的相互考察访问、人员培训、专题研讨和广泛交换资料，使我们对有关国家劳动立法的历史与现状、经验与教训有了一定了解，许多有益的经验和成功的做法为我国劳动立法所采纳。中国和德国从1993年开始实施的劳动和社会保险立法合作项目，是“八五”期间我国劳动立法国际合作的主要项目之一。合作期间，德方不仅有长期专家在华为我国劳动立法提供咨询服务，而且每年还要派短期专家来我国参加立法研讨会，培训人员。德国还出资帮助中国在德国培训多名专门立法人员,对我国的劳动立法表现了极大的兴趣和热情。我方在与德方的合作中受到了许多有益的启示。

(劳动部政策法规司)

附件:

一、“八五”期间国家颁布的劳动法律

二、“八五”期间国务院颁布的劳动行政法规

三、“八五”期间劳动部颁布的劳动行政规章

附件一　“八五”期间国家颁布的劳动法律

1　中华人民共和国劳动法
(1994年7月5日国家主席令第28号)

2　中华人民共和国矿山安全法
(1992年11月7日国家主席令第65号)

3　中华人民共和国工会法
(1992年4月3日国家主席令第57号)

附件二　“八五”期间国务院颁布的劳动行政法规

1　企业职工伤亡事故报告和处理规定
(1991年3月1日国务院令第75号)

2　禁止使用童工规定
(1991年1月18日国务院令第81号)

3　全民所有制企业招用农民合同制工人的规定
(1991年7月25日国务院令第87号)

4　国务院关于修改《国营企业实行劳动合同制暂行规定》第二条第二十六条的决定
(1992年5月18日国务院令第99号)

5　国有企业富余职工安置规定
(1993年4月20日国务院令第111号)

6　中华人民共和国企业劳动争议处理条例
(1993年7月6日国务院令第117号)

7　国有企业职工待业保险规定
(1993年4月12日国务院令第110号)

8　国务院关于职工工作时间的规定
(1994年2月3日)

9　国务院关于职工工作时间的规定
(1994年3月25日国务院令第147号)

附件三　“八五”期间劳动部颁布的劳动行政规章

1　粉尘危害分级监察规定
(1991年2月1日)

2　就业训练中心管理规定
(1991年2月25日)

3　起重机械安全监察规定
(1991年3月21日)

4　客运架空索道安全运营与监察规定
(1991年4月16日)

5　建设项目(工程)职业安全卫生设施和技术措施验收办法
(1992年1月13日)

6　锅炉运行状态检验规则(试行)
(1992年1月22日)

7　劳动部标准化工作管理办法
(1992年2月10日)

8　劳动科学研究(社会科学类)项目计划管理办法
(1992年2月17日)

9　劳动科学技术研究(自然科学类)项目计划管理办法
(1992年2月17日)

10　劳动管理信息系统管理办法
(1992年3月10日)

11　劳动安全监察与管理办法
(1992年6月3日)

12　矿山劳动卫生监察程序和办法
(1992年6月3日)

13　劳动保护专项措施项目计划管理办法
(1992年6月8日)

14 压力容器设计单位资格管理与监督规则
(1992年10月9日)
15 劳动仲裁费和劳动合同鉴证费管理办法
(1992年10月22日)
16 境外就业服务机构管理规定
(1992年11月26日)
17 金属非金属矿山安全卫生设计审查与竣工验收办法(试行)
(1992年11月30日)
18 劳动监察规定
(1993年8月4日)
19 汽车运输劳动定员标准
(1993年3月8日)
20 冶金劳动定员定额(炼铁生产)标准
(1993年7月7日)
21 冶金劳动定员定额(炭素制品生产)标准
(1993年9月3日)
22 铁路路基工程劳动定额标准
(1993年10月19日)
23 高速公路劳动定员标准
(1993年12月8日)
24 全民所有制企业工资总额管理暂行规定
(1993年6月22日)
25 国有企业工资总额同经济效益挂钩规定
(1993年7月9日)
26 企业最低工资规定
(1993年11月24日)
27 劳动争议仲裁委员会办案规则
(1993年10月18日)
28 劳动争议仲裁委员会组织规则
(1993年11月5日)
29 企业劳动争议调解委员会组织及工作规则
(1993年11月5日)
30 企业职工养老保险基金管理规定
(1993年7月2日)
31 社会保险统计管理规定
(1993年9月3日)
32 社会保险财务制度(试行)
(1993年10月20日)
33 社会保险会计制度
(1993年5月18日)
34 职业技能鉴定规定
(1993年7月9日)
35 女职工保健工作规定
(1993年11月26日)
36 溶解乙炔气瓶安全监察规程
(1993年3月27日)
37 进口锅炉压力容器安全质量许可制度实施办法
(1993年月9日29日)
38 锅炉压力容器检验单位监督考核办法
(1993年10月12日)
39 锅炉水处理管理规则(试行)
(1993年11月17日)
40 有机热载体炉安全技术监察规程
(1993年11月28日)
41 超高压容器安全监察规程(试行)
(1993年12月6日)
42 锅炉压力容器无损检测人员资格考核规则
(1993年12月30日)
43 压力容器使用登记管理规则
(1993年12月31日)
44 外商投资企业劳动管理规定
(1994年8月11日)
45 违反《中华人民共和国劳动法》行政处罚办法
(1994年12月26日)
46 股份有限公司劳动工资管理规定
(1994年12月3日)
47 工资支付暂行规定
(1994年12月6日)
48 台湾和香港、澳门居民在内地就业管理规定
(1994年2月21日)
49 劳动就业服务企业实行股份合作制规定
(1994年10月7日)

50 职业指导办法
(1994年10月27日)
51 企业经济性裁减人员规定
(1994年11月14日)
52 农村劳动力跨省流动就业管理暂行规定
(1994年11月17日)
53 违反和解除劳动合同的经济补偿办法
(1994年12月3日)
54 集体合同规定
(1994年12月5日)
55 就业训练规定
(1994年12月9日)
56 劳动监察员管理办法
(1994年11月14日)
57 企业职工患病或非因工负伤医疗期规定
(1994年12月1日)
58 企业职工生育保险试行办法
(1994年12月14日)
59 关于加强企业职工社会保险基金投资管理的暂行规定
(1994年11月22日)
60 职业资格证书规定
(1994年2月22日)
61 国家职业技能鉴定规范
(1994年4月21日)
62 职业培训实体管理规定
(1994年12月14日)
63 有毒作业危害分级监察规定
(1994年1月26日)
64 未成年工特殊保护规定
(1994年12月9日)
65 关于企业实行不定时工作制和综合计算工时工作制的审批办法
(1994年12月14日)
66 矿山安全监察员管理办法
(1994年12月4日)
67 矿山建设工程安全监督实施办法
(1994年12月14日)
68 液化气体汽车罐车安全监察规程
(1994年6月20日)
69 爆炸危险场所安全规定
(1995年1月22日)
70 劳动仲裁员聘任管理办法
(1995年3月22日)
71 厂内机动车辆安全管理办法
(1995年4月7日)
72 尾矿设施安全监督管理办法
(1995年4月21日)
73 国有企业工资内外收入监督检查实施办法
(1995年4月21日)
74 违反劳动法有关劳动合同规定的赔偿办法
(1995年5月10日)
75 从事技术工种劳动者就业上岗前必须培训的规定
(1995年6月11日)
76 劳动安全卫生监察员管理办法
(1995年6月20日)
77 劳动防护产品生产许可证审查员管理暂行办法
(1995年6月20日)
78 劳动防护用品质量监督检验机构管理办法
(1995年6月23日)
79 压力容器制造单位资格许可与管理规则
(1995年8月1日)
80 重大事故隐患管理规定
(1995年8月22日)
81 社会保险审计暂行规定
(1995年8月24日)
82 劳动监察员准则
(1995年9月1日)
83 就业登记规定
(1995年9月12日)
84 矿山安全监察工作规则
(1995年11月6日)
85 企业职工劳动安全卫生教育管理规定

（1995年11月8日）
86 职业介绍规定
（1995年11月9日）
87 就业和失业统计管理暂行办法
（1995年11月28日）
88 国家安全生产专家组管理规则
（1995年12月20日）
89 劳动监察程序规定
（1995年12月20日）
90 关于压力容器设计单位实施《钢制压力容器——分析设计标准》的规定
（1995年6月23日）

"八五"期间职工工资及个人收入分配的基本情况分析和对策建议

一、工资及个人收入分配的现状与基本特征

"八五"时期，我国的经济体制由计划经济体制逐步向社会主义市场经济体制过渡，国家工资管理体制也初步实现了由直接计划控制向以"弹挂一体"为主要形式的间接调控转变，我国职工工资收入快速增长，人民生活显著提高，工资及个人收入分配格局和分配关系发生了显著的变化，呈现如下几个特点：

（一）职工工资总额高速增长，平均工资水平迅速提高

"八五"期末，我国职工工资总额达8 100亿元，比上年增长21.7%，是"七五"期末的2.74倍，是开始实行改革开放的1978年的14.2倍。"八五"期间，职工工资总额年均递增22.4%，比"七五"期间的12.2%快10.2个百分点。

1995年末职工平均货币工资达到5 500元，比上年增长21.2%，是1990年的2.57倍，是1978年增长8.9倍，"八五"期间，职工平均工资年均增长20.8%，比"七五"期间的13.3%高7.5个百分点；剔除物价上涨因素后，"八五"期间，实际平均工资年均增长5.9%，比"七五"期间的2.4%高出1.46倍，是建国以来职工实际平均工资增长最快的时期。（见表一）

表一："八五"期间职工工资增长基本情况

年份	职工工资总额		平均工资		
	总额（亿元）	增长（%）	绝对额（元）	增长（%）	实际增长（%）
1990	2 951.1	12.7	2 140	10.6	9.2
1991	3 323.9	12.6	2 340	9.3	4.0
1992	3 939.2	18.5	2 711	15.9	6.7
1993	4 916.2	24.8	3 371	24.3	7.1
1994	6 656.4	35.4	4 538	34.6	7.7
1995	8 100.0	21.7	5 500	21.2	3.8
"六五"平均		12.4		8.5	4.2
"七五"平均		16.4		13.3	2.6
"八五"平均		22.4		20.8	5.8

（二）职工工资增长与经济增长基本适应

"八五"期间，职工工资增长与经济增长的比例关系基本合理，表现在以下两个方面：

1. 实际工资总额增长低于经济增长。

"八五"期间，国内生产总值年均增长11.8%，而职工实际工资总额则只增长7.3%，两者比例关系为1：0.62。从工资总额占国内生产总值的比重看，"六五"时期为

16%，“七五”时期为15.8%，“八五”时期为14.5%，呈逐渐下降的趋势。到1995年工资占GDP的比重为14%。（见表二）

表二：职工工资增长与经济增长比例关系

年　份	GDP增长(%)	实际工资总额增长(%)	GDP与工资总额增长比例
1991	9.3	7.1	0.76
1992	14.2	9.1	0.64
1993	13.5	7.5	0.56
1994	11.8	8.3	0.70
1995	10.2	4.2	0.41
“八五”	11.8	7.3	1：0.62

2. 职工实际平均工资的增长低于社会劳产率的增长。

“八五”期间，社会劳产率年均增长7.6%，而职工实际平均工资则只增长5.8%，两者比例关系为1：0.76。（见表三）

表三：职工工资增长与经济增长比例关系

年　份	劳产率增长(%)	平均工资增长(%)	劳产率与平均工资增长比例关系
1991	4.2	4.0	1：0.95
1992	10.3	6.7	1：0.65
1993	10.6	7.1	1：0.66
1994	9.5	7.7	1：0.81
1995	7.5	3.8	1：0.51
“八五”	7.6	5.8	1：0.76

上述两方面表明，仅职工工资增长而言，与经济增长的关系是基本适应的，实现了国家关于“两低于”（即实际工资总额的增长低于国内生产总值的增长，实际平均工资的增长低于社会劳动生产率的增长）原则的要求。

（三）个人收入来源渠道多元化，工资外收入大大快于工资收入的增长。

随着劳动就业制度的改革和多种经济成分的发展，城镇居民收入来源不仅仅是工资收入，而且可通过从事第二职业、各种投资活动、劳务、咨询等获得收入。在城镇职工收入中，工资外收入的比重已由1978年的8.0%（相当于工资收入）上升到1995年的34.5%，人均达1 900元。十七年年平均增长24.0%，有些部门工资外收入已与工资收入平分秋色，甚至高于工资收入。工资外收入的多少往往成为影响城镇居民收入高低的重要因素。收入来源的多元化，增加了个人收入，也使个人收入结构和差距发生了变化。（见表四）

表四：职工工资外收入表

年　份	人均工资外收入		人均工资外收入相当于平均工资的比重(%)
	总额(元)	增长(%)	
1990	561		26.2
1991	669	19.3	28.2
1992	883	32.0	32.6
1993	1072	21.4	31.8
1994	1424	32.8	31.4
1995	1900	33.4	34.5
八五		27.4	

（四）个人收入快速增长，占整个国民收入的比重明显上升，国民收入分配明显向个人倾斜。

国家统计局资料表明，1994年个人所得总额比1978年增长15.1倍，分别高于国家所得和企业所得的增长，个人所得总额占国内生产总值（GDP）的比重，由1978年的49.3%上升到1995年的69%左右，上升了近20个百分点。而同期国家所得的比重持续下降。由此看出，改革开放以来，个人得到的实惠最多，国民收入分配明显向个人倾斜。

（五）分配方式多元化的格局正在形成

在国有经济单位，实行的是按劳分配原则，个体、私营、外资企业都实行与其所有制性质相适应的分配方式，如按资分配、按本人提供的产品和劳务取得收入等。以按劳分配为主体、多种分配方式并存的分配制度正在形成。

二、工资及个人收入差距状况

1. 反映居民收入差距的基尼系数逐年增大。

国际上通常用基尼系数来反映个人收入

差距。基尼系数的区间为0到1,基尼系数趋于0表示绝对平均,即人人收入相等;基尼系数趋于1表示绝对不平等,即全社会的收入集中到少数人手中。在市场经济国家,判断收入差距的一般标准为:基尼系数在0.2以下表示绝对平均;0.2~0.3之间表示比较平均;0.3~0.4之间较为合理;0.4~0.5之间差距较大;0.5以上说明收入差距相当悬殊。根据城镇住户调查资料表明,1985年以前城镇居民个人收入差距基本上没有变化,1985年以后,随着城市经济体制改革的推进,个人收入差距逐年增大,尤其是进入90年代,收入差距扩大的步伐加快了,基尼系数已由1990年的0.23急剧扩大到0.30。由于现行住户调查的主要对象是一般工薪阶层家庭,如果考虑到包括个体经营者、各类明星、律师、外企中方高级雇员等特殊高收入者家庭的话,1994年城镇居民的基尼系数将在0.33左右。这个差距对于我们这样一个允许一部分人先富起来,但最终目的仍是共同富裕的社会主义国家来说显然偏大。特别是差距拉大包含非劳动致富、分配不公等因素,对此大多数居民心理上难以承受。

2.居民家庭间的贫富差异较大。

据有关部门的抽样调查,城市20%高收入户与20%的低收入户相比较,人均可支配收入差距1981年为1.7倍,1990年为2.9倍,1995年扩大到3.8倍。调查中如果按贫困、温饱、小康、富裕、富有五个类型系列划分城镇居民家庭的话,贫困型家庭(家庭年收入5 000元以下)占3.8%,温饱型家庭(收入5千元~1万元)占36.1%,小康型家庭(收入1万元~3万元)占50.1%,富裕型家庭(收入3万元~10万元)占8%,富有型家庭(收入10万元以上)占1%。贫困型家庭与部分先富裕起来的家庭相比,形成强烈的反差,他们的生活陷入了困境,对物价的大幅度上涨难以承受。(见表五)

据调查,在贫困家庭中,主要是部分经济效益差的企业职工家庭,停产、半停产回家待业职工家庭,部分离退休职工家庭,就业人口少家庭人口多的居民家庭以及有特殊困难的居民家庭;温饱型家庭,主要由内地中小城市普通居民家庭以及其他没有额外收入的工薪阶层组成;小康型家庭,主要是大中城市、沿海城市中的大部分居民家庭组成;富裕和富有型家庭主要是由外资或合资企业的中方高级管理人员,部分企业经营者,部分承包租赁者、包工头,规模较大的个体经营者,垄断行业的部分人员,热门专业的某些职业人员(如律师、美容师、高级厨师等),部分演艺人员,证券经营中获高利者,以及少数以权谋私者组成。

表五:家庭收入情况分布表

家庭年收入	类型	占家庭总户数%
5 000元以下	贫困	3.8
5 000~10 000元	温饱	36.1
10 000~30 000元	小康	50.1
30 000~100 000元	富裕	8.0
100 000元以上	富有	1.0

3.地区间居民收入、工资差距继续扩大。

由于我国地域辽阔,地区经济发展不平衡,地区间居民收入差距继续快速拉大,工资收入地区间差距悬殊。

居民收入较高的东部地区与收入较低的中西部地区相比较,1990年东、中、西部地区居民人均收入的比例关系为1.28∶0.92∶1,1995年扩大到1.42∶0.97∶1,1995年最高地区的广东省比最低地区的内蒙古自治区城镇居民人均收入相差4 263元,相差2.65倍。

不同地区之间工资差距更大,职工平均工资最高的地区与最低的地区相比,由1990年的1.69∶1扩大到1995年的2.4∶1,二者的绝对额相差5 134元。

4.行业之间职工收入差距进一步扩大。

目前,职工"换个单位上班,工资翻几番"的现象较为普遍。作为主导产业的制造业的职工工资收入相对较低，而作为第三产业的交通运输、金融、保险、邮电、旅游等行业职工收入相对较高。1990年职工工资收入最高的电力行业、金融保险业与最低农业之比为1.84：1，1995年扩大到2.38：1。电力、金融保险、邮电等行业存在一定的垄断经营，工资水平高、增长速度快，与制造业职工工资水平低、增长速度慢形成强烈反差。

5. 城乡收入差距进一步扩大，工农间收入关系不尽合理。

改革开放以来，随着农村联产承包责任制的实行，农民收入迅速增加，城乡之间居民收入一度出现缩小的趋势，城镇居民人均生活费用收入与农民人均纯收入之比，由1980年的2.24：1降到1984年的1.83：1。但1985年以后，伴随着城市经济体制改革和城镇居民收入分配方式的多元化，加上农业生产资料价格的大幅度上涨，分配格局再次向着不利于农民的方向发展。到1994年城乡收入比达到2.6：1，绝对额差距由1984年的295元扩大到1994年的1 958元。如果考虑到城镇居民的各种社会福利待遇及其工作时间的缩短、闲暇时间的延长，城乡居民收入差距更大。农民收入水平增长过缓，直接影响到2000年小康目标的实现。与此同时，由于社会资源大量向工业倾斜，农民所得份额下降，使农业生产基础不稳固现象日益突出，发展波动较大，工农关系不协调已经成为当前社会经济活动中的一个突出矛盾。

三、个人收入差距过大的原因

纵观改革以来个人收入分配情况的变化，确实存在着相当程度的“贫富差距”——收入差距和财富差距；但是我国的收入差距相对比较而言仍处在可以“容忍”的范围之内，还没有达到“两极分化”的严重程度。当然，我们要特别关注这种差距的变化，特别应当注意收入差距变化的速度和时间，认真研究分析产生收入差距的原因。

我国近十几年来收入拉大是多种历史和现实原因作用的结果，既有“先天不足”的因素，又有“后天失调”的因素。

1. 地区间经济发展不平衡和先富与后富的经济倾斜政策有关，使地区间、个人间收入差距不断扩大。

世界范围内存在一个共同的现象，即一个国家或地区经济发展水平越高，其居民收入水平越高；经济发展速度越快，居民收入水平提高得也越快。改革开放以来，我国国民经济持续快速发展，但地区之间由于经济、科技、人才、自然资源、地理环境等基础条件不同，地区间经济发展水平差异较大。此外，国家先后出台了许多地区性优惠政策，对东部沿海地区实行政策倾斜，例如，经济特区政策、沿海开放城市政策和经济技术开发区政策等。这些优惠政策不仅吸引了大批外资，兴办了许多三资企业，也吸引了大批内资，使原本资金紧缺的内地更加捉襟见肘，更吸引了大批人才前往，一时间“孔雀东南飞”较为普遍。结果是上述地区的经济发展远高于中西部地区，同中西部地区的差距进一步扩大，地区收入差距以及从全国范围来看的个人收入差距也相应扩大了。

2. 价格结构、垄断经营、对生产要素占有的初始不平等加剧了行业间、企业间的职工收入差距。

80年代以来，我们进行了多次价格改革，但价格结构不合理的现象仍然存在。多年来石油、煤炭产品等基础原材料价格偏低，使得这些行业长期处于亏损或微利状态，再生产难以为继；而石化、化工等加工行业则持续保持着较高的盈利水平。由比价关系不合理所决定的行业间、企业间经济效益差异，进而产生行业间、企业间职工收入的巨大差异是十分不合理的。

部分行业的垄断经营使他们获取垄断利润。邮电、银行、保险、烟草等行业的垄断经营，使这些行业职工收入长期处于较高水平。近年来虽然部分金融企业已在亏损经营，但职工的收入水平却居高不下，而且大幅度增长。如邮电部门独家垄断经营的电话，其初装费之高在世界上也是罕见的，邮电部门独家经营的BP机价格也长期居高不下，放开经营后，经过激烈竞争，现在BP机的价格不到过去价格的一半。另外，部分垄断经营的行业，服务态度也差，居民对此意见较大。

对生产要素占有的初始不平等，使企业间经济效益差距甚大。国有大中型企业的职工收入水平较高，这固然与其经营有方有关，但国家在几十年中所投入的巨额资金所形成的庞大固定资产也是重要的基础条件。

3. 反对平均主义，按照“效率优先、兼顾公平”的原则处理个人收入分配问题，是当前我国分配体制改革的基本导向，为全社会必要分化提供了社会氛围。

在建立社会主义市场经济体制的发展初期，为了尽快发展生产，改革的政策一直是向效率倾斜的，并且需要必要的社会分化来刺激经济的发展。但是由于生产力水平还比较低下，使得群众对收入差距的承受能力较低，在目前的差距状况下，部分群众已感到难以承受，这除了传统的已经习惯的“平均主义”和社会心理的影响因素外，更重要的是政府还没有足够力量向在竞争中暂时失利者提供有力的社会保障。

4. 对外开放政策也对收入差距的形成起了推波助澜的作用。

引进外资，就会产生资方代理人，出现供职于外资企业的高级职员。三资企业、外资独资企业为吸引大批优秀职员，将员工收入水平定得较高，与社会其他企业工资差距拉得较大。此外，对外开放也为公民通过到国外就业、就学获得较高的收入提供了前所未有的便利条件。

5. 非公有制经济的发展，造就了一批富有者。

目前我国注册的私营企业已达到相当的数量。这些企业主多数通过合法经营，获得比工薪阶层高得多的收入。也有一些采取非法经营获取高额的利润，造成社会分配的不公。

6. 国家对农业的投入相对较少，农业生产资料价格上涨较快，农产品价格长期偏低，以及农村人口的过度膨胀，是近年来城乡收入差距再度拉大的重要原因。

7. 税收执法漏洞和税收手段落后使得少数应收国税流失到部分个人手中，导致收入差距拉大。

个人所得税的调节重点是高收入者，目前这部分人已有相当数量，主要包括部分私营企业主、个体工商户、国有企业的承包者和经营者、外资企业的中方高中级管理人员、歌星影星、涉外导游、出租车司机、部分机关事业单位负责人、某些专业人才紧缺的技术人员、证券投资中获高利者等，其中不乏畸高收入者。偷税逃税主要发生在这些人当中。据税务部门介绍，目前偷漏税现象十分严重，每年50%以上的个人所得税收不上来，个体经营者中的90%以上和私营企业的80%以上都有偷漏税行为，特别是一些“三资企业”和“挂靠”企业，大部分名为国有或集体所有制，实际都为个体或私营企业，偷税行为比较普遍。新税制实行后，一些个体企业转为私营企业和集体企业，也使个人所得税征收受到一定的影响。目前，个人所得税征收不力、偷漏税比较严重的主要原因在于：个人收入的底数不清；税务部门征管手段落后，征管力量不足；公民纳税观念淡薄，有关部门执法不严，对偷漏税行为打击不力，甚至同流合污。

8. 非法收入来源渠道扩大，加大了收入分配差距。

从事非法活动获得暴利的人越来越多，他们对社会的危害极大。人民群众深恶痛绝的主要有“红、黄、蓝、白、黑”五类人。“红”是指少数戴着“红帽子”的党政官员，他们贪赃枉法，贪污受贿，进行权钱交易，损公肥私，成为各类犯罪分子的后台，危害极大。“黄”是指那些经营黄色行业的人，许多地区“黄潮”泛滥，屡禁不绝。“蓝”是指搞海上走私活动的人，走私贩私一本万利，很短时间就可制造一批暴发户，值得警惕的是少数地区在搞活经济的幌子下，默许或怂恿走私活动。“白”是指贩毒分子，他们不仅赚取了超级暴利，而且制造了一个又一个人间悲剧。“黑”是指“黑道人物”，包括搞假冒伪劣商品，坑害消费者和宰客手段狠心人。上述非法活动严重污染了社会环境，这些犯罪分子的暴利收入加剧了居民间的收入差距。

四、解决工资收入分配差距问题的对策建议

实现全民族的共同富裕，反对两极分化，是邓小平同志关于建设有中国特色社会主义理论的重要组成部分。对于解决贫富差距问题，邓小平同志明确提出，我们“什么时候突出地提出和解决这个问题，在什么基础上提出和解决这个问题，要研究”。“太早这样办也不行”；“可以设想，在本世纪末达到小康水平的时候，就要突出地提出和解决这个问题”。这一科学论断是深刻的，是实事求是的，是我们分析和处理收入差距问题的理论依据。

1．要历史地看待社会分化的现实性，容忍和控制适度的收入差距。

新中国成立以后，我们曾力图在消灭社会分化的前提下实现社会进步，历史事实证明，这并不成功。应当肯定，至少在现阶段生产力水平较低的条件下，作为一种物质激励的方法，社会分化和收入差距对人们上进心的形成和生产的发展是具有积极意义的。为了发展生产力和民族的长远利益，我们只能向效率倾斜，同时兼顾公平，把差距控制在既能激发劳动者积极性，又能为多数人所接受的水平上。目前，国家有关部门和各省级人民政府，要加强对贫富差距、收入差距的宏观监控，研究制定差距的“警戒线”。

2．增加农业投入，减轻农民负担，控制农村人口过快增长，切实提高农村居民的收入水平。

3．加快市场体系建设，建立公平竞争的社会环境，实现公平分配。

加大企业产权制度的改革力度，改善政府对企业行为的调控手段，建立政府与国有企业间的经济契约关系，使企业真正成为自主经营、自负盈亏的独立的商品生产者和经营者；建立统一的国内大市场，反对人为分割市场的地方保护主义；允许劳动力合理流动，建立健全劳动力市场，逐步实行用人单位和劳动者间的双向选择；尽量消除经济性垄断和行政特权，政府利用经济杠杆调整企业行为；对亏损企业允许企业间产权转让和兼并，乃至破产。

4．建立完善的社会保障制度，建立全国性的保障体系。最低工资标准虽已在大多数地区制定，但实施起来仍很困难。尽可能在省一级范围内实行离退休金统筹和统一发放，以保障离退休人员的生活不因离退休而下降；对失业人员也应尽可能实行统一的失业救济金制；对低于贫困线下的贫困者实行社会救济。

5．加强和改进个人所得税制度，充分发挥个人所得税对增加财政收入和调节个人收入分配的双重职能作用。

建立法人对支付个人收入的申报制度和个人收入申报制度，是加强个人所得税征管的基础工作。各企业、事业、机关单位要如实向税务机关申报支付个人收入的详细情况，居民个人要如实申报个人收入情况，增强个人收入的透明度和公民的纳税意识。

改进个人所得税制度，尽快实行个人所得综合税制。在现阶段，行业、企业之间个人收入分配差距较大，实行分项所得税制，分项征收、全部源泉扣缴，对调节个人收入高低悬殊问题作用有限，税收漏洞多，难以真正起到调节社会分配不公的作用。随着个人收入申报制的建立，银行个人储蓄实名制的实行和金卡工程的推广，实行个人所得综合税制的条件已基本具备，尽快研究修订个人所得税

制度势在必行。与此同时，要认真落实单位代扣代缴义务，推行税收代理制度，改进税收征管手段，充实税收管理队伍，加强个人所得税征管工作。

实行差别税率，调节地区关系。我国地域辽阔，经济发展很不平衡，尽管统一税率有利于实现公平竞争，但由于各地区的地域差别很大，统一税率又很难实现同步发展，很难调解地区之间收入分配关系。

6. 舆论要注意宣传导向，多宣传勤劳致富，少渲染个别人的暴富或各项重奖，避免引起个人收入的盲目攀比和造成社会民众在心理上的不平衡。舆论宣传部门要注意从总体上把握贫富差别问题，对于劳资纠纷、少数人暴富，要采取负责和慎重的态度，不要大肆渲染，要考虑到群众的心理承受能力。

实现共同富裕是我们的理想。邓小平同志讲得很清楚："走社会主义道路，就是要逐步实现共同富裕"。这是一个伟大而又艰巨的任务。社会主义制度是我国实现共同富裕的保证。我们要正确理解和处理"先富"和"后富"的辩证关系，即让一部分地区先发展起来，让一部分人先富起来，然后，让他们带动其他地区和其他人，最终实现共同富裕。只要我们共同奋斗，中华民族一定能实现共同富裕。

（劳动部综合计划与工资司　明瑞锋）

"八五"劳动就业工作回顾

"八五"期间，我国正处于由计划经济体制向市场经济体制的转变时期，与社会经济发展密切相关的劳动就业制度也随着经济结构、所有制结构、产业结构的调整而进行了相应的变革。1991 年至 1995 年，我国劳动力供大于求的矛盾虽然十分突出，但在各级政府的领导和劳动部门的努力下，共安置城镇劳动力 3 640 多万人，城镇失业率始终控制在 2.9%以下。

一、以劳动力市场为中心，建立就业新制度。

党的十四届三中全会提出建立社会主义市场经济要形成劳动力市场，并把它作为发展生产要素市场的一个重点。根据培育统一、开放、竞争、有序的劳动力市场的要求，劳动部确定进一步深化劳动就业制度改革的目标模式为：以充分开发利用劳动力资源为出发点，以实现充分就业和劳动力合理配置为目标，建立起国家宏观调控、城乡协调发展、企业自主用人、劳动者自主择业、市场调节供求、社会提供服务的新格局，实现充分就业和劳动力的合理配置，即实行国家政策指导下的市场就业。按照这一目标，就业制度也相应地进行了改革。首先，确立市场主体。恢复劳动力供求双方的主体地位，通过建立双向选择、合理流动的机制，实现劳动者自主择业，企业自主用人。其次，完善市场机制。在就业中引入竞争机制，通过竞争使劳动者树立就业凭竞争、上岗凭能力的意识，增强就业能力，使企业合理使用劳动力，不断提高企业效益和凝聚力，吸引优秀人才。同时，通过建立对特殊困难群体及竞争弱者提供保护的制度，促进其实现再就业。第三，建立市场规则。通过建立一整套法律法规来规范市场的行为和秩序。几年中，国务院颁布了《国有企业职工待业保险规定》，劳动部先后下发了《职业指导办法》、《农村劳动力跨地区流动就业管理暂行规定》、《就业训练规定》、《劳动就业服务企业股份合作制规定》、《职业介绍规定》、《就业登记规定》、《就业指导办法》、《境外就业服务机构管理规定》、《关于进一步做好外国人在华就业管理工作的通知》、《关于民办职业介绍机构管理问题的通知》等。这些行政法规和规章、文件的实施，为劳动力市场的正常运行提供了可靠的法律保证。第四，加强市场工作载体建设。通过建立健全大批功能健全、行为规范的市场中介组织和服务实体，特别是就业服务的工作组织和手段，发挥其综合效能，为市场主体实现最佳配置创造了良好的条件。

二、探索广开就业门路，扩大就业容量的对策措施

“八五”，我国劳动力供大于求的矛盾更加尖锐。我们根据国民经济发展和所有制结构、产业结构调整及企业重组的需要，认真贯彻《国务院关于做好劳动就业工作的通知》，及时调整就业的所有制结构和产业结构，合理布局就业的企业结构和城乡结构，并寻求和探索扩大就业的新的生长点。在反复调查论证的基础上，提出了大力发展以传统和新兴第三产业为主导，以中小型企业为基础的劳服、区街、乡镇等新型集体经济，带动私营、个体、外资等其他经济成份和产业形式，扩展就业新领域的思路。同时，争取国家对集体企业资金、税收、场地等方面的支持，帮助集体企业建立吸引人才的机制和从业人员的社会保险制度，促进集体企业推行股份合作制和分配制度改革，落实劳服企业各项优惠政策并将其扩大到所有担负就业任务的集体企业。劳动部还要求运用就业服务的各项手段为发展集体经济服务：职业介绍机构工作优先和重点为集体企业推荐人才；就业训练中心侧重开展对集体企业从业人员培训；失业保险工作，积极指导地方逐步将其范围扩大到集体企业从业人员，并努力促进失业职工实现再就业。以上措施的实施，使非国有经济特别是在扩大集体经济就业中发挥了重要作用。

三、实施“再就业工程”，促进失业职工再就业和企业富余职工的分流安置

随着劳动力市场的发展和企业改革的深化，失业职工再就业和企业富余职工的分流安置问题越来越突出，严重阻碍着改革的进程，同时也影响着社会的稳定。针对这一问题，劳动部 1993 年底推出了“再就业工程”，旨在充分发挥政府、企业、劳动者和社会各方面的积极性，综合运用政策扶持和就业服务手段，实行企业安置、个人自谋职业和社会帮助安置相结合，重点帮助失业 6 个月以上的职工和生活困难的企业富余职工尽快实现再就业。“再就业工程”先后在沈阳、上海、青岛等城市进行了试点，并取得了明显的成效，得到了地方政府、企业和职工的肯定，也得到了社会各界的支持和帮助。1995 年劳动部向国务院报送了《关于实施再就业工程的报告》，国务院办公厅转发了劳动部的报告，并委托劳动部召开了全国实施再就业工程座谈会，进行了深入动员和宣传。目前，“再就业工程”已在全国 200 个城市广泛推开。

四、实施“农村劳动力跨地区流动有序化工程”，引导农村剩余劳动力有序地向非农产业转移

五年来，针对农村劳动力向城市流动规模的扩大，国务院领导十分重视，并专门召开会议部署组织民工有序流动工作。为落实国务院组织民工有序流动工作的要求，劳动部制定发布了《农村劳动力跨地区流动就业管理暂行规定》，要求对农村劳动力跨地区流动就业实行统一的流动就业凭证管理制度，通过证卡合一，达到供求结合，以逐步在全国形成“信息导向、按需流动、凭证管理、全程服务”的新制度。在 1995 年春运期间，劳动部门通过抓紧建立和实行全国统一的流动就业管理制度，加强输出和输入地劳动部门的协作，加强监督检查，保证各输入地用人单位在节后一个月内不招收外地新民工等有力措施，使春运期间民工流动的状况有了明显的改观。为此国务院专门召开了会议，表彰了10个组织民工有序流动工作的先进省市。经过几年的努力，有序化工程已初见成效：全国统一的流动就业管理制度正在建立，一些工作较好的地区在岗民工持证率已达到了80%；建立乡镇就业服务站2万多个，一些省市建站率已达80%以上；区域性劳动力市场信息网络建设已基本完成。同时，劳动部还与农业部等部门合作，深入开展农村劳动力开发就业的试点工作，探索农村剩余劳动力就地就近消化和合理转移的有效途径，并使其制度化、有序化。

五、完善就业服务体系，促进劳动力市场发展。

"八五"期间，以职业介绍、就业训练、失业保险、劳服企业生产自救为支柱的就业服务体系得到了进一步发展和完善。截止1995年底，全国共有职业介绍机构2.9万所，仅1995年就有1 258万人次通过职业介绍机构实现了就业和再就业；就业训练中心有2 700多所，1995年培训结业人员122万人；五年中全国共接收救济失业职工590多万，其中仅1995年就达260万人，通过再就业服务已使其中138万人当年实现了再就业；劳服企业也得到进一步巩固和发展，近20万个劳服企业从业人员近900多万人，1995年生产经营总产值达2 000亿元。为了进一步完善就业服务体系建设，拓展服务领域，提高服务质量和工作效率，促进其各项工作的协调发展，1994年劳动部制定了《促进劳动力市场发展，完善就业服务体系建设的实施计划》，明确了近三年就业服务体系建设的工作目标和具体措施，为就业服务事业的发展奠定了基础。

"八五"期间，各级劳动部门还将促进妇女就业和残疾人就业作为就业工作的一项重要内容。与妇联等部门配合，参与制定《妇女发展纲要》，并通过创造适合妇女特点的就业岗位，开办为失业女职工服务的职业介绍所，开展对妇女的就业训练和转业训练，为女青年尤其是失业女职工提供就业服务，促进其尽快实现再就业；与残联配合，通过贯彻《残疾人保障法》，开展残疾人按比例就业的试点工作，指导部分地区建立残疾人就业服务机构，帮助残疾人从事力所能及的工作和自谋职业。同时，根据国务院的分工，劳动部于1992年开展了境外就业的试点工作，先后批准了37个职业介绍机构开展境外就业试点工作，为我国公民出境就业打开了一条渠道。

（劳动部就业司）

"八五"时期劳动合同制度的发展历程

"八五"时期，是我国社会主义市场经济体系初步建立的重要时期，也是劳动用人制度改革取得突破性进展的时期，这种突破，不仅表现在实行劳动合同制度职工数量的增加上，也不仅表现在劳动合同立法工作的进展上，更重要的是我国沿用了四十余年的劳动用人制度第一次发生了全方位的、深层次的变化，这无疑将对我国的社会经济发展产生深远而有意义的影响。

一、劳动合同制度从试点走向全面实行

进入“八五”时期，劳动合同制度的建立随着企业用人自主权的落实以及劳动制度改革的深入，取得了很大进展。“八五”初期，全国实行劳动合同制度的职工约 1 236 万人，仅占职工总数的 12.2%。在其后的五年中，以实行全员劳动劳动合同制为重点的劳动用人制度改革迅速向全国推开。劳动合同制职工人数不断增加。1994 年社会主义市场经济体系的建立，为加快劳动用人制度改革的步伐提供了良好的契机，劳动合同制度开始由试点走向全面实行。1994 年初，上海、广东、吉林、山东、福建、山西、辽宁等省和全国 200 多个市县全面进行了劳动用人制度的改革，参加改革的职工人数达 5 500 万人，其中实行劳动合同制度的职工达 3 500 万人。与此同时，劳动用人制度的改革向深层次发展。在解决影响劳动用人制度改革的“双轨并行”问题(即新招职工实行劳动合同制，统配人员则沿用固定工制度)方面有了突破性进展。各地对在企业内实行统一的劳动用人制度进行了改革探索，为劳动合同制度的全面推行创造了条件，促进了劳动关系调节机制的建立。1994 年《劳动法》的颁布，对劳动合同制度从法律上作出了规定，促进了劳动合同制度的全面实行。到 1994 年末，全国实行劳动合同制度的企业职工达 4 000 余万人。随着 1995 年《劳动法》的正式实施，国务院对建立劳动合同制度提出了明确要求，各地也加快了劳动合同制度的实施步伐。到 1995 年末，全国实行劳动合同制度的企业职工人数已达 9 155.2 万人，占企业职工总数的 85%，在全国范围内初步建立了劳动合同制度。

二、劳动合同立法获得重大突破

“八五”时期，劳动合同立法工作不断发展，初步建立了自己的体系。1992 年，劳动部制定下发了《关于进一步扩大试行全员劳动合同制的通知》和《关于实行劳动合同制若干问题的解答意见》，明确了劳动用人制度的改革方向和目标，并对有关政策进行了规定，为各地制定实行劳动合同制度的法规提供了政策依据。

1994 年 7 月，全国人民代表大会常务委员会第八次会议审议通过了《中华人民共和国劳动法》，标志着我国劳动用人制度从此走向了法制化、规范化的轨道，也预示着我国劳动合同立法工作的重大突破。《劳动法》第十六条规定：“劳动合同是劳动者与用人单位确立劳动关系、明确双方权利和义务的协议。建立劳动关系应当订立劳动合同。”并且对劳动合同的订立、劳动合同的形式与内容、劳动合同期限、劳动合同的终止、变更和解除以及无效劳动合同等作出了明确而详尽的规定。《劳动法》发布后，按照《劳动法》关于各省、自治区、直辖市制定实施劳动合同制度步骤的规定，各地劳动部门积极向政府汇报，及时报告情况，到 1995 年底，已有 29 个省、自治区、直辖市制定下发了结合本地实际的劳动合同制度实施方案，为保证劳动合同制度在一定的时间内全面建立打下了良好的基础。

此外，为了配合《劳动法》的贯彻实施，劳动部于 1994 年 12 月、1995 年 5 月和 8 月分别发布了《违反和解除劳动合同的经济补偿办法》、《违反〈劳动法〉有关劳动合同规定的赔偿办法》、《关于贯彻执行〈中华人民共和国劳动法〉若干问题的意见》，对有关劳动合同具体操作上的问题作出了法律解释。

1995 年 8 月，劳动部在充分征求各有关方面意见的基础上，吸收了西方市场经济国家的成功经验，并结合我国国情，起草了《中华人民共和国劳动合同法(草案)》，上报国务院审核。这是我国劳动合同专门立法的一个重大步骤，标志着在不久的将来，我国将形成一个完整的以《劳动合同法》为主体、各项配套规章制度在内的劳动合同立法体系。

(劳动部劳动关系与监察司合同管理处)

“八五”时期的劳动监察工作

我国的劳动监察工作始于50年代，当时主要进行劳动安全方面的监察。从80年代末开始，开展了全方位的劳动监察工作。经过“八五”中后期的大发展，基本建立了劳动监察工作制度，形成了我国目前劳动监察工作的格局。总的来看，劳动监察工作大体上经过了三个发展阶段。

1. 萌芽阶段。党的十一届三中全会以来，我国实行改革开放政策，不断深化经济体制和劳动、工资、社会保险制度改革。特别是党的十四大提出建立社会主义市场经济体制的总目标后，新旧经济体制的转换加快。面对新的形势，劳动部门积极转变职能，不断探索新的管理方法。在市场经济发展较快的经济特区、沿海开放地区，劳动部门根据发展市场经济的需要，针对当时劳动用工较为混乱、侵权行为时有发生的情况，率先开展了劳动监察工作，取得了较好的成效。广东的深圳、珠海早在1989年就成立了专门的劳动监察机构——深圳市劳动监察大队和珠海市劳动监察科，并在全市范围内开展了劳动监察工作，取得了较好的成绩。这标志着我国劳动监察工作从无到有，伴随改革开放的东风应运而生。

2. 起步阶段。继深圳、珠海之后，广东、福建、海南三个开放前沿省份随之在全省范围内逐步开展了这项工作；其后，北京、浙江、四川、湖北、湖南、河南、广西、辽宁、吉林等省(自治区、直辖市)的部分地区也开展了此项工作。当时，劳动监察工作内容已涉及企业、事业单位、雇工的城镇个体工商户以及劳动者遵守劳动、工资、社会保险、职业技能开发等许多方面的法律、法规和规章情况。这些地区的做法：一是抓了劳动监察机构的建设，组建了专职劳动监察员队伍。有些地方在人员编制紧张的情况下，采取了多种措施保证监察人员的数量，为监察工作的开展提供了组织保证。如广州市劳动监察检查处定编35人，深圳市的劳动监察大队定编45人；二是制定了劳动监察工作的法规规章，福建、海南省等一些地区还以当地政府的名义下发了文件；三是积极开展了劳动监察活动，依法查处和纠正用人单位和劳动者违反劳动法律法规的行为。工作方式主要是接受群众举报进行举报专查，深圳市还开展了一年一度的用工大检查和平时抽查，海南建立了劳动用工年审制度等，较为有效地开展了这项工作。

针对劳动监察工作逐步发展的情况，为在全国范围内规范这项工作的开展，1993年8月劳动部制定下发了《劳动监察规定》，对劳动监察工作的原则、目的、内容、范围及程序等进行了规定，奠定了我国劳动监察工作的基础。

为推动劳动监察工作在全国全面开展，1993年11月6日至8日，劳动部在深圳召开了第一个劳动监察工作会议——全国部分省市劳动监察工作会议。劳动部朱家甄副部长主持会议并作了重要讲话。劳动部劳动关系与监察司任泽民同志作了题为《适应社会主义市场经济需要，开创劳动监察工作的新局面》的工作报告。会议分析了我国开展劳动监察工作的情况，交流了经验，探索了社会主义市场经济条件下劳动监察工作基本思路，研究劳动监察工作体制建设，并对劳动监察工作的开展进行了部署。会后，地方各级劳动行政部门根据会议要求和部署抓紧了劳动监察体制建设工作，这次会议为我国劳动监察工作的发展发挥了重要作用。

3. 大发展阶段。深圳会议后的两年(1994～1995年)，我国的劳动监察工作步入了大发展阶段。从1994年开始，各级劳动行政部门加快了劳动监察体制建设步伐，围绕党中央确定的"抓住机遇、深化改革、扩大开放、促进发展、保持稳定"的大局，克服了劳动监察工作初创阶段的许多困难，创造性地开展了工作，推动了劳动监察工作在全国范围内的广泛开展。经国务院批准，劳动部劳动关系与监察司专门成立了劳动监察处，规范指导全国的劳动监察工作。各地的劳动监察工作也取得了明显的进展。1993年还只是在少数几个省份和一些市县开展的劳动监察工作，1994年下半年已在全国范围内较为广泛地开展起来了，有近十个省级和近千个市县级劳动行政部门建立了劳动监察机构，开展了检查工作。根据国务院领导同志的指示，劳动部于1994年4～6月组织了在全国范围内开展企业劳动用工大检查工作，拉开了全国范围内第一次大检查的帷幕。这次检查时间长、范围广、声势大、效果好，锻炼了新生的劳动监察队伍，促进了劳动监察工作的开展。据15个省市的不完全统计，检查企业14万户，涉及职工1 300多万人，依法处理了一批违反劳动法律法规的案件。

《劳动法》颁布实施后，为了保障劳动法律法规的贯彻实施，进一步推动劳动监察工作，劳动部于1994年10月19日至21日在厦门召开了全国劳动监察工作会议，会议要求各地要抓住《劳动法》实施的大好机遇，大力推进劳动监察工作的开展。会后，劳动监察工作迎来了大发展的1995年。到1995年末，全国有29个省、2 800多个市县(区)劳动行政部门普遍建立了劳动监察机构，配备了专兼职劳动监察人员18 000余人；加强了劳动监察制度建设，形成了以《劳动法》为基本法律依据，以劳动监督检查、行政处罚及管理、劳动监察程序规定、举报、劳动监察统计、监察员管理、监察证件管理、情况报告等制度为主干的劳动监察法规制度体系；同时加大了对用人单位的监察力度，在一定程度上有效维护了劳动者的合法权益，保障了劳动法律法规的贯彻实施。

为进一步促进劳动监察工作的开展，1995年8月2日劳动部发出了《关于进一步健全劳动监察体制的意见的通知》，从机构建设、劳动监察人员的配备、执法和有关制度建立落实方面提出了要求，为劳动监察体制建设提出了新的目标。1995年10月10日至12日，劳动部在青岛召开了全国劳动监察工作会议，总结了前两年劳动监察工作的经验，布置了当前的工作，同时也规划了"九五"时期的劳动监察工作，为劳动监察体制的逐步完善打下了良好的基础。

"八五"时期，劳动监察制度从无到有，充实提高，形成了初步完善的适应我国社会主义市场经济体制的劳动监察体制。

（劳动部劳动关系与监察司劳动监察处）

“八五”时期劳动争议处理工作回顾

“八五”时期是劳动争议处理工作稳步发展并不断探索完善的重要时期。这一时期，劳动争议处理工作在各方面都取得了显著成绩，为保护用人单位和劳动者的合法权益，发展良好的劳动关系，发挥了积极而重要的作用。

一、加强立法，初步建立并逐步完善劳动争议处理法律体系

劳动部从1988年开始对《国营企业劳动争议处理暂行规定》的修改工作，于1991年1月31日将《企业劳动争议处理条例（草案）》报送国务院；国务院1993年7月6日以117号令发布了《企业劳动争议处理条例》（以下简称《条例》）。《条例》的颁布标志着我国劳动争议处理制度进入了一个新的发展时期。《条例》发布后，为了保证《条例》的正确贯彻实施，1993年7月19日至26日，劳动部劳动力管理和就业司在贵州省贵阳市召开了贯彻《条例》研讨工作会议。在会议研讨成果的基础上，于1993年9月23日劳动部印发了《关于〈中华人民共和国企业劳动争议处理条例〉若干问题的解释》。同时，劳动部按照《条例》的授权条款，于1993年10月18日颁布了《劳动争议仲裁委员会办案规则》，于1993年11月5日颁布了《劳动争议仲裁委员会组织规则》和《企业劳动争议调解委员会组织及工作规则》。

1994年7月5日第八届全国人民代表大会常务委员会第八次会议通过并发布了《中华人民共和国劳动法》，其中第十章对劳动争议作了专门规定。随后劳动部就《劳动法》在执行中遇到的若干问题，印发了《关于贯彻执行〈中华人民共和国劳动法〉若干问题的意见》，对劳动争议处理的一些具体问题作了明确规定，增强了《劳动法》的可操作性。另外，为做好《条例》与《劳动法》有关内容的衔接工作，劳动部经与全国人大常委会法制工作委员会协商一致，专门印发了《关于劳动争议仲裁工作几个问题的通知》，对劳动争议受案范围等问题作出了明确解释或规定。

在劳动部抓紧制定《条例》配套规章和政策的同时，各地政府也制定一批地方性的有关劳动争议处理政策的规范性文件，截止到1995年底，已有13个省、自治区、直辖市人民政府发布了《条例》实施办法。目前以《劳动法》为统领，以《条例》及其配套规章和地方的《条例》实施办法为主体的、多层次的劳动争议处理法律体系已初步建立起来。

二、建立健全机构，为劳动争议处理工作提供组织保障

随着《条例》的发布实施，劳动争议受案范围的全方位扩大，劳动争议案件大幅度上升。然而，少数地区在调整机构时却出现了撤销劳动争议处理机构的情况，使劳动争议发生后，不能够及时就地解决，既影响了《条例》的贯彻，也不利于社会的稳定。为此，经国务院同意，1994年2月19日劳动部向各省、自治区、直辖市人民政府发出《关于加强基层劳动争议仲裁委员会建设的通知》，要求各地在机构改革过程中，要保持劳动争议处理机构的相对稳定和必要的人员配备，没有建立仲裁委员会的县、市、市辖区要按照《条例》规定尽快建立，已撤销的要尽快恢复。1994年11月11日，劳动部与中央机构编制委员会办公室联合发布了《关于建立劳动监察机构配置劳动监察和劳动争议处理人员编制意见的通知》，要求各地应设未设机构的，要抓紧成立劳动争议处理机构，已设机构的要抓紧配备和充实劳动争议处理人员。随后，劳动部于1994年11月23日又发出了《关于进一步加强劳动争议处理工作的通知》。各地按照上述通知要求，主动与当地编制部门进行联系和沟通，提出劳动争议处理机构设置和人员配备的具体意见，推动了劳动争议仲裁委员会的建设。截止1995年底，又有甘肃省、青海省成立了省级劳动争议仲裁委员会，使省级仲裁委员会达到26个。全国共建立劳动争议仲裁委员会3 003个，劳动争议仲裁委员会办公室2 969个，分别占应建数的98%和97%，这些指标均已达到并超过了预订的目标。此外，为了促进劳动争议处理工作的开展，规范劳动仲裁员的聘任工作，加强对劳动仲裁员的管理，根据《条例》的规定，劳动部于1995年3月22日颁发了《劳动仲裁员聘任管理办法》，有力地推动了劳动仲裁员队伍的发展和制度的完善。全国专兼职仲裁员人数已达到11 292人。经过五年来的努力，全国已初步形成了劳动争议处理组织网络，建立起一支专兼职人员组成的劳动争议处理工作队伍。

三、规范劳动合同鉴证工作，有效预防和减少劳动争议发生

劳动合同鉴证工作自1989年下半年在全国范围内推行，对完善劳动合同制度，预防和减少劳动争议，稳定劳动关系等发挥了积极的作用。但在鉴证工作中，也存在着诸如鉴证缺乏法规依据，手续繁琐，做法不规范，服务工作不到位等问题，需要加强和完善。为此，劳动部于1991年1月10日应国务院法制局的要求，针对有关部门要求逐步取消劳动合同鉴证的意见，向国务院法制局写出了《关于公证制度不能代替劳动合同鉴证工作的报告》。在国务院清理“三乱”工作开始后，劳动部劳动力管理和就业司就鉴证收费项目写出了专门的情况反映，赢得了清理“三乱”领导小组办公室的理解和支持。在1992年6月10日财政部、国家物价局印发的《关于发布中央管理的劳动部门行政事业性收费项目和标准的通知》中，保留了劳动争议仲裁和劳动合同鉴证两个收费项目，并调整了鉴证收费标准。这对促进劳动合同鉴证工作，保证劳动争议仲裁工作的顺利进行，具有提供经费支持的重要意义。1992年7月31日至8月2日，劳动部劳动力管理和就业司在吉林省吉林市举办了全国劳动合同鉴证经验交流活动，认真总结了经验，研究了完善鉴证工作的措施，提出了鉴证工作应遵循的指导原则，即“依法鉴证，保证质量，体现服务”。1992年10月22日，劳动部同时颁发了《劳动仲裁费和劳动合同鉴证费管理办法》及《劳动合同鉴证实施办法》两个规章，从而使劳动合同鉴证工作逐步走向规范化，使劳动合同鉴证工作取得了可喜的成绩。仅1994年全国26个省、自治区、直辖市共鉴证劳动合同9 288 019份，其中纠正违法无效合同222 386份，督促补签合同542 539份；督促补交养老保险和待业保险金183 116人，督促补发工资性补贴67 913人，制止招用童工2 245人。此外，这一时期企业劳动争议调解委员会发挥其在基层的优势，及时发现争议苗头，主动介入开展工作，把相当数量的劳动争议消灭在萌芽状态，有效地预防和减少了劳动争议的发生。

四、试行并完善仲裁员、仲裁庭制度，促进劳动争议仲裁规范化

《暂行规定》发布后，一些地区为了解决仲裁委员会职权脱节、办案质量不高的问题，开始试行仲裁员、仲裁庭制度。1991年7月18日，劳动部在总结各地试点经验，广泛征求意见的基础上，发出《关于扩大试点劳动仲裁员、仲裁庭制度的意见的通知》，推动了仲裁员、仲裁庭制度的试点工作在全国范围内健康地发展。为增强对仲裁员、仲裁庭制度的感性认识，1992年4月22日至24日劳动部在上海市举办了劳动仲裁员、仲裁庭制度试点观摩活动，推动试点工作向纵深发展。

《条例》发布实施后，为提高仲裁员的素质，规范仲裁庭办案，劳动部于1993年底至1994年初，统一监制了《劳动仲裁员资格证书》、《劳动仲裁员执行公务证》、《中华人民共和国劳动仲裁员》胸卡；1994年6月30日，还印发了统一的《劳动争议仲裁委员会仲裁文书样本》。劳动部组织编写的劳动争议处理专业的四本教材(《劳动争议处理法学基础》、《劳动法学基础》、《企业劳动管理学基础》、《劳动争议处理概论》)，于1994年12月正式出版发行，有力地推动了仲裁员资格的培训工作。

为了进一步提高劳动争议处理人员的素质，逐步建立规范化的培训制度，劳动部在抓紧劳动争议处理专业教材的出版和发行工作的同时，于1995年1月3日印发了《劳动争议处理人员培训纲要》，供各地在培训工作中参考使用。劳动部及一些省市分别举办规范化的仲裁员资格培训班共20多期。促使规范化的劳动争议处理专业培训制度在全国范围内开始建立起来。

五、改进劳动争议仲裁程序，确保处理劳动争议案件的质量和效率

"八五"期间，各级仲裁委员会积极克服困难，处理了大量劳动争议案件。由于劳动争议案件持续上升，处理难度不断加大，而仲裁委员会人员、编制严重不足，致使1991年至1993年期间处理劳动争议案件的结案率呈下降趋势。据统计，1991年各级仲裁委员会结案率为98.5%；1992年为96.3%；1993年为92.2%。1994年7月30日至8月1日，劳动部、全国总工会、国家经贸委联合在北京召开了全国劳动争议处理工作会议，会后各地按照会议精神，遵循预防为主的方针，加大预防劳动争议的力度，积极完善仲裁三方机制，改进办案方式，努力做到多受案、快办案、办好案，确保劳动争议当事人投诉有门，在保证案件处理质量的前提下，提高结案率。致使1994年全国各级仲裁委员会结案率为94%，1995年为95.1%。结案率已呈上升趋势。"八五"期间各级劳动争议仲裁委员会除立案受理80 269起案件以外，还以立案外调解等行政方式处理了154 945起。此外，企业劳动争议调解委员会也受理劳动争议案件307 247起。

六、在努力实践的基础上，积极开展劳动争议处理工作及理论研究工作

"八五"期间，针对劳动争议处理工作中理论研究比较薄弱的问题，劳动部加强了理论研究工作。

1992年9月11日至15日，劳动部劳动力管理和就业司在湖南省大庸市召开了全国首届劳动争议处理工作及理论研讨会。与会的30余名代表中有6名是来自部分大专院校法学界的专家、学者，5名是来自地市以下的从事劳动仲裁的实际工作者。此外，还有全国总工会、中国企业家协会的代表出席会议。这次会议初步明确了劳动关系、劳动争议、劳动争议处理制度等一系列基本问题，为劳动部科技办批准的"发展有中国特色的劳动争议处理制度"课题的研究及政策的制定奠定了基础；初步总结了1987年以来劳动争议仲裁工作的经验和教训，为规划下一步工作提供了依据；研究提出了仲裁员培训课程和教材的编写方案，为劳动争议处理专业教材编写及出版工作的完成奠定了基础。

劳动部劳动关系与监察司于1994年3月10日至14日在广西自治区南宁市召开了全国第二届劳动争议处理工作及理论研讨会。出席会议的代表共40余人，代表成分基本与首届研讨会一致，还特邀了最高人民法院的代表。会议就贯彻《条例》中遇到的11个主要问题及对策进行了深入的研讨，为劳动部制定相关的政策提供了很有参考价值的意见；还就劳动争议处理制度的发展方向及成立劳动争议研究会的问题进行了研究，为《劳动争议处理法》的起草工作做了超前研究，为全国劳动争议处理专业委员会的正式成立作了最初的筹备工作。

根据劳动部科技办公室批准的“发展有中国特色的劳动争议处理制度”课题研究计划，1992 年 3 月 26 日劳动部劳动力管理和就业司邀请 17 个省、自治区、直辖市劳动（劳动人事）厅（局）参加了这次理论研究活动。并在全国首届劳动争议处理工作及理论研讨会研讨成果的基础上，于 1992 年 12 月由课题研究小组完成了《关于我国劳动争议处理制度的研究报告（初稿）》。随后，经两次论证，于 1993 年 6 月正式完成了该研究报告，1994 年 5 月 19 日劳动部召开了专家鉴定委员会会议，对该报告的鉴定结论是：“该《研究报告》是我国自 1987 年正式恢复劳动争议处理制度以来，一份较全面、系统、深入地研究劳动争议处理制度的研究成果。它在总结我国劳动争议处理制度经验、教训和问题的基础上，着重研究了新形势下劳动关系的新特点和劳动争议的新变化，以及劳动争议处理制度的性质和地位，并从适应社会主义市场经济的需要和加强劳动法制建设的高度，提出发展与完善劳动争议处理制度的初步设想。该报告的论点符合我国现阶段的基本经济政策和今后的经济发展方向，论据建立在大量调查研究的基础上，资料丰富，选择准确，在劳动争议基础理论研究方面具有一定的理论深度，使劳动争议处理理论在整个劳动理论研究方面已占有一席之地。该课题的研究具有较强的理论意义和实践意义，尤其对制定劳动争议处理方面的法律、法规，指导当前和今后一段时期的劳动争议处理工作，调整劳动关系，编写劳动仲裁员培训教材，规划劳动争议处理制度的发展方向，具有重要的参考价值。”为了扩大这一课题的研究成果，劳动部科技办公室于 1995 年 8 月 17 日又批准了“我国劳动争议处理制度发展方向”的课题计划。该计划还在进行之中。

七、积极探索，推进完善劳动争议处理体制试点工作

“八五”期间，面对近几年劳动争议数量持续上升，案件处理难度不断增大，劳动争议处理渠道单一，现行体制司法性不足的状况，一些省市逐步开始进行完善劳动争议处理体制方面的探索，并取得了初步成效。劳动部在总结地方经验的基础上，认真研究完善劳动争议处理体制的新思路。在 1995 年初开始筹备并于 2 月份在北京召开了全国完善劳动争议处理体制试点座谈会，在会后向全国发出了《关于进一步完善劳动争议处理工作的通知》，确定了劳动争议处理工作今后一段时期的基本思路是：“为适应社会主义市场经济发展的需要，克服现行劳动争议处理体制面临的困难和问题，在巩固完善现有劳动争议处理体制的基础上，努力探索预防功能强、处理渠道多、有法律权威的具有中国特色的劳动争议处理体制”。同时提出了指导企业建立经常性的协商机制、扩展社会预防劳动争议的功能、继续健全劳动争议仲裁组织机构、改进处理劳动争议的办案方式、发展劳动争议调解制度、建立乡镇劳动争议处理机制、探索增强劳动争议仲裁体制司法性的路子等 7 项完善劳动争议处理体制的具体问题，为指导全年乃至今后一定时期内的劳动争议处理工作奠定了基础。在进行实践探索的同时，劳动部在理论上也加强了研究。通过对《劳动法》和《条例》在执行过程中反映出来的问题的研究，结合对劳动争议处理工作发展方向的预测，劳动部劳动关系与监察司于 1995 年 9 月起草了《中华人民共和国劳动争议处理法》。与此同时，为了使“九五”时期劳动争议处理工作增强自觉性，减少盲目性，更好地为“改革、发展、稳定”的大局服务，为劳动部门的中心工作服务，劳动部劳动关系与监察司于 1995 年 10 月起草了《“九五”劳动争议处理工作规划》，同时要求各地应根据实际情况和对未来发展预测，研究拟定本地“九五”时期劳动争议处理工作规划。

劳动部及时对工作情况进行了总结，于1995年11月16日至18日在湖北省武汉市召开了第四次全国劳动争议处理工作会议。会议提出了下一步工作方针是：重在源头、重在基层、重在调解、重在执行。会议提出了“九五”时期劳动争议处理工作的基本任务是：以全面贯彻《劳动法》为统领，继续做好劳动争议多发时期的预防和处理工作；抓紧完善劳动争议处理立法工作；努力增强社会预防劳动争议的功能；积极推动多渠道处理劳动争议的试点工作。为发展良好的劳动关系，促进改革开放、经济发展和社会稳定作出更大的贡献。

（劳动部劳动关系与监察司
陈　岚　范战江）

“八五”期间职业技能开发成就

“八五”期间，我国确立了建立社会主义市场经济体制的大政方针，职业技能开发工作认真贯彻执行《国务院关于大力发展职业技术教育的决定》、《中国教育改革和发展纲要》及《中华人民共和国劳动法》，配合培育和发展劳动力市场的需要，与劳动制度改革同步，积极努力，开拓进取，取得了质的飞跃，主要表现在以下几个方面：

一、适应市场经济要求，提出并初步建立了职业技能开发工作体系

“八五”时期在紧紧围绕建立社会主义市场经济体制的总目标，以及劳动工作面临的新形势，经过总结经验、反复论证，适时提出并确立了建立职业技能开发体系的工作思路。在过去工作的基础上，进一步完善了职业分类、制定职业技能标准，开展职业技能培训、职业技能鉴定，建立了职业资格证书制度，搞好职业技能竞赛。经过几年的不懈努力，一个比较完整的职业技能开发体系已经初步建立起来，“职业技能开发”已逐渐被社会所理解和接受。职业技能开发体系的提出和确立是“八五”时期职业培训工作最主要的成绩。

二、进一步明确了职业技能开发工作服从和服务于劳动就业的指导思想

在职业培训拓展为职业技能开发的实践过程中，为就业服务的指导思想也逐渐明确。各级劳动部门已经逐步把培训作为促进就业的基本手段。各类职业技能培训实体依靠多种灵活的形式，主动面对日益活跃的劳动力市场开展培训工作，为劳动者的就业和再就业提供服务。

三、建立和推行职业资格证书制度，成为培育劳动力市场、改革我国劳动人事制度的重要举措

中共中央《关于建立社会主义市场经济若干问题的决定》指出，“要制定各种职业资格标准和录用标准，实行学历文凭和职业资格两种证书制度”。劳动部、人事部1994年联合颁布了《职业资格证书规定》，这是我国职业资格证书制度建立的标志，也是推行职业资格证书制度的基本依据。目前，职业资格证书制度已经在劳动力市场活动中和在为劳动者实现就业提供服务上起到越来越重要的作用，职业资格证书已经被越来越多的劳动者和用人单位所重视。

四、职业技能开发各项工作取得了新的全面进展

（一）政策法规

职业技能开发方面的政策法规和制度建设工作在“八五”期间进展很快，建立了围绕《劳动法》主体的政策法规和各项规章制度。

《劳动法》对“职业培训”的专章规定是“八五”职业技能开发立法的最主要成就。“八五”期间职业技能开发主要的政策规章有：《技工学校教师职务聘任条例》、《职业培训实体管理规定》、《就业训练规定》、《关于加强工人培训工作的决定》、《关于加强技师管理工作的通知》、《职业技能鉴定规定》、《职业资格证书规定》、《从事技术工种劳动者就业上岗前必须培训的规定》等等。这些规章的颁发促进了《劳动法》的实施，构筑了职业技能开发基本的政策法规框架。

（二）职业分类与国家职业技能标准

组织国务院 45 个行业主管部门进行的全国第三次修订工人技术等级标准工作于 1994 年顺利结束，颁布了《中华人民共和国工种分类目录》。第三次修标工作改变了我国建国以来工人技术等级标准与工资标准紧密联结的关系，建立了与国际接轨的初、中、高三级制的标准框架，初步形成了包括 4 700 多个工种、行业齐全、层次分明、内容比较完整、结构基本合理的工种分类体系，为今后我国建立科学的职业分类奠定了基础。为配合职业技能鉴定社会化管理工作顺利开展，组织有关行业主管部门制定颁布了 50 个通用性强的职业的技能鉴定规范。

1995 年劳动部与国家技术监督局、国家统计局联合印发了《关于制定国家职业分类大典工作的通知》，正式启动职业分类工作，制定职业技能标准的工作也相应加快，目前已制定并颁布了中式烹调师等 8 个国家职业技能标准和 5 个新职业的技能标准。

（三）职业培训

“八五”期间，职业培训规模能力进一步增强，形式、层次更加灵活多样，社会各界参与职业技能培训的意识也日益增强。

技工学校是就业前培训的主体力量，“八五”期间，取得了较大发展。学校数量由 1990 年底的 4 184 所，增加到 1995 年的 4 521 所，增加了 8%；办学条件有很大改善，主要实习设备由校均 77 台（件）增加到 117 台（件），增加了 52%。学校超额完成了“八五”计划各项主要指标，五年计划招生 298 万人，实际招生 350.9 万人，超计划 18.4%。毕业生质量逐年显著提高，1990 年四级工率为参考生的 13.6%，1991 年至 1994 年依次为 27.2%、37%、44%、61%，1995 年达到 66.1%。培训在职工人、失业青年等共 294.6 万人，超“八五”计划 194%；教师队伍不断壮大，现有专兼职教师 17 万人。校办企业有较大发展，产教结合创出新成绩，五年累计产值 59.2 亿元，利润 5.47 亿元，分别超计划 97.3%和 55%。“八五”期间，一些条件较好，教学质量、管理水平较高的技工学校相继试办高级技工学校或高级技工班。1994 年劳动部进行了首次国家级重点技工学校评估工作，全国已有国家级重点技校 143 所。

随着劳动制度改革的不断深化，转业培训任务量日渐加大，全国有就业训练中心 2 700 多所，成为再就业工程的培训主阵地。社会团体及私人举办职业技能培训实体 2 000 多所，是职业培训重要的补充力量。

“八五”期间，在职培训的重点转向了初、中、高级技术等级和岗位培训。以 1993 年为例，参加各类职工培训的人数达 4 068 万人次，占统计职工总数的 40.47%。目前全国共有企业职工培训基地 20 000 多所，年培训职工 3 000 多万人次。根据《劳动法》有关规定，劳动部制定了《从事技术工种劳动者就业上岗前必须培训的规定》，并确定了首批实行准入控制的 7 个行业的 50 个技术工种。这项制度的实行，对职业培训工作提出了更高的要求，极大地促进了职业培训工作的开展。

“八五”职工培训工作呈以下特点：一是职工培训成为劳动人事制度改革的有机组成

部分，许多企业把培训、考核与使用、待遇有机地结合起来；二是职工培训已成为推动企业技术进步的不可缺少的手段；三是重视抓企业富余职工的转岗、转业培训，为稳定就业服务；四是劳人教工青妇及民主党派加强合作，广泛开展群众性岗位练兵、技术比赛等活动，提高职工队伍素质。

（四）职业技能鉴定

中共十四届三中全会通过的《关于建立社会主义市场经济体制若干问题的决定》提出要“改革劳动制度，逐步形成劳动力市场”。在贯彻《工人考核条例》的基础上，职业技能鉴定实行政府指导下的社会化管理，为劳动力市场服务，正是劳动制度改革的重要内容。“八五”期间，制定了《职业技能鉴定规定》，成立了国家职业技能鉴定中心，地方和行业主管部门也建立了相应的组织机构。

从1994年开始，劳动部确定50种技术复杂、安全要求高的社会通用工种进行职业技能鉴定社会化管理试点，并取得一定成效。我国职业技能鉴定制度已初步形成，法律、法规、规章、制度逐步健全，鉴定组织机构和基础工作不断完善和加强，鉴定技术水平逐步提高。职业技能鉴定在劳动力市场运行中已经并将继续发挥越来越重要的作用。

（五）职业技能竞赛和职业技能表彰

1991年劳动部与全国总工会、团中央联合印发了《关于开展工人技术比赛的意见的通知》。1993年，劳动部、全国总工会、团中央会同有关行业主管部门举办了首届中国青年奥林匹克技能竞赛，并得到了党和国家领导人的重视。江泽民、李鹏、乔石为大赛题词。李鹏总理在中南海接见了获奖选手。这次竞赛对于促进工人学习技术业务，提高技术工人的社会地位，加快我国加入国际青年奥林匹克技能竞赛的进程具有重要意义。

从首届中国青年奥林匹克技能竞赛以来，全国性职业技能竞赛和技能人才表彰活动进一步规范化、制度化，地区和行业竞赛活动蓬勃开展，劳动部又先后与电子、航空、兵器、机械等行业联合开展了竞赛活动。劳动部还与全国总工会联合印发了《关于进一步开展“拜师学艺”活动的通知》；与团中央、经贸委联合印发了《关于在全国企业青年中开展青年岗位能手活动的通知》。通过这些活动的开展，宣传技能人才，创造尊重技能、学习技能的社会氛围。

1995年劳动部下发了《关于建立“中华技能大奖”和“全国技术能手”评选、表彰制度的通知》，建立了“中华技能大奖”、“全国技术能手”的评选表彰制度，并于1995年首次开展了评选、表彰，各地也积极响应，使这项活动开展得有声有色，在社会上产生很大的反响，尊重技能人才的社会氛围正在逐步形成。

总之，职业技能开发体系的确立，已经成为“八五”期间劳动制度改革的重要组成部分，为劳动力市场的培育发展和新型劳动制度的建立创造了条件，同时也为缓解就业压力，促进就业发挥了重要的不可替代的作用，无疑也为国民经济的发展和劳动者整体素质的提高做出了贡献。

（劳动部职业技能开发司）

“八五”时期社会保险工作回顾

“八五”时期，我国改革开放进入全面“攻坚战”。为适应社会主义市场经济体制需要，围绕国有企业改革，建立现代企业制度这个中心，社会保险制度相应进行了全面改革，并取得了显著的成绩。

一、各项改革政策陆续出台，改革步伐加快

“八五”之前，全国各地在养老、失业、工伤、生育等各项社会保险领域已进行了初步的改革探索。1991 年国务院在总结全国各省、市的改革经验的基础上，颁发了《国务院关于企业职工养老保险制度改革的决定》(国发〔1991〕33 号)，提出建立多层次的养老保险制度；基本养老保险费用由国家、企业、个人三方共同负担，实行个人缴纳基本养老费；基本养老保险基金实行社会统筹和部分积累。国发〔1991〕33 号文的颁发，确定了我国养老保险制度改革的原则和目标，对其他各项社会保险制度的改革也具有重要的指导意义。

1993 年，党的十四届三中全会作出了《中共中央关于社会主义市场经济体制若干问题的决定》，在借鉴国外经验，结合中国国情，总结近年来改革实践的基础上，明确了社会保障制度改革的原则、目标、任务，提出要建立多层次的社会保障体系，重点完善企业养老和失业保险制度，并确定了城镇职工养老和医疗保险实行社会统筹和个人账户相结合的原则。

1994 年年底，国务院专门召开了全国城镇职工养老保险制度改革试点工作会议，不久又印发了《国务院关于深化企业职工养老保险制度改革的通知》(国发〔1995〕6 号)，对社会保险改革提出了“广覆盖、四统一”的具体要求，并提出了社会统筹和个人账户相结合的两个方案。

1995 年，中央经济工作会议和李鹏总理的《政府工作报告》，在明确社会经济发展和深化经济体制改革的任务时，突出强调了以养老保险、失业保险为重点的社会保险制度改革。

二、养老、医疗、工伤、生育保险取得了实际进展

在养老保险制度改革方面，至 1994 年底，已有 13 个省、自治区、直辖市实行了养老保险费用省级统筹；11 个中央部门经国务院批准实行了行业统筹；国有企业已全部实行市县级以上统筹；集体企业的统筹已达 2 024 个市县；其他各种经济类型的企业开始逐步纳入社会统筹范围；全国共有 65 万户企业、8 750 万职工和 2 079 万离退休人员参加了退休费用社会统筹。职工个人缴纳部分养老保险费用的制度已在全国普及。同时，有 12 000 户企业、300 多万职工试行了企业补充养老保险，70 多万职工参加了个人储蓄性养老保险，积累基金 5 000 多万元，多层次的养老保险体系开始起步。大连、株洲、温州、青岛等市在不同程度上实现了养老保险“广覆盖、四统一”，为企业深化改革提供了条件。为了减轻企业办社会的负担，养老保险社会化管理服务工作有所加强。全国已有 1 406 个市县实行了养老金社会化发放；许多地区建立了退休服务管理机构，昆明等城市依托和支持大企业搞好退管工作，取得了初步经验；杭州等城市组织老年大学、退休人员运动会等多种形式的文体活动，引起了良好的社会

反响。

目前，养老保险覆盖计划正在积极稳妥地推进；基本养老金正常调整机制开始逐步建立；遵循社会统筹与个人账户相结合的原则，各地正结合本地区实际开展养老金计发办法的改革。

在医疗保险制度改革方面，有80%以上的国有企业进行了医疗保险制度改革，职工大病医疗费用统筹和离退休人员医疗费用统筹有了较大进展。至1994年底，全国已有380多个市县、500万职工实行了大病医疗费用社会统筹，有225个市县50万离退休人员参加了医疗费用社会统筹。按照国家体改委、财政部、劳动部、卫生部《关于职工医疗制度改革的试点意见》(体改分〔1994〕51号)的通知，九江、镇江两市进行了社会统筹和个人账户相结合的医疗改革试点，在节约医疗费开支、保障基本医疗方面已经初见成效。现正总结经验，进一步修改完善医疗保险制度改革办法，扩大试点范围。

在工伤保险方面，有868个市县按照差别费率、浮动费率办法开展了工伤保险费用社会统筹的改革试点，其中广东等省在全省范围内实行了改革。

在职工生育保险方面，有522个市县开展了生育基金社会统筹。福建省等地区进度快、工作实，成效比较显著。

三、立法工作进一步加强

"八五"前期，我国的社会保险遵循的是50年代初制定的《中华人民共和国劳动保险条例》，及后来陆续颁布的一些单行法规。随着实际情况的变化，这些法律法规大都不能适应现实的要求，迫切需要新的法律法规出台，以规范、指导社会保险制度改革。因此，《社会保险法》被列为本届人大立法规划。目前，《中华人民共和国劳动法》已正式实施，其中有关社会保险的内容多达13条21款。《社会保险法(草案)》已上报国务院审查。与此同时，其他配套法规也正在抓紧制定，《工伤保险条例》草案，也已上报国务院审批。同时，地方立法步伐也加快了。海南省已制定了适用于所有从业人员的养老、失业、工伤、医疗四个保险条例；南昌市率先在全市制定了统一的《职工社会保险条例》；《大连市城镇职工养老保险条例》早已实施，其他各省市的各项单行法规也正抓紧制定。这些法律、法规的制定，推动和促进了社会保险制度改革，保障了职工的合法权益。

四、社会保险的作用得到应有的发挥

"八五"期间，我国国民经济持续高速发展，综合国力进一步加强。但同时也有一些企业经济效益状况不佳，特别是国有企业的亏损面居高不下。一部分企业职工和离退休人员不能按时足额领到工资和养老金，其中少数人员生活困难。为此，国务院采取了各项措施，保证了离退休人员和失业人员的基本生活。1994年"两节"期间，全国共拿出6亿多元社会保险基金(其中养老保险金5亿元，失业保险金1亿多元)开展"送温暖"活动，保证了困难企业的职工和离退休人员欢度佳节。1994年，出现物价上涨过快问题，为了保障企业离退休人员的基本生活，国务院先后发布文件，提高企业离退休人员的离退休金。大连市适应深化改革和保持稳定的要求，急政府、企业、职工之所需，在大连色织厂破产过程中，全部接收了1 000多名离退休人员，实现了"无震荡破产"，得到了社会舆论的肯定和赞扬。所有这些表明，社会保险已经开始起到了"社会安全网"的作用。

"八五"期间，社会保险制度改革取得一定的成效，但从全国范围看，这些改革还属于试点性质，与建立社会主义市场经济体制的要求相比，还存在较大的差距。"九五"期间，我国改革的重点仍是国有企业改革，加快建立社会保障制度则是促进国有企业改革的重要措施。因此，"九五"期间的社会保险制度改革仍任重而道远。

(劳动部社会保险司)

“八五”期间锅炉压力容器安全监察工作回顾

第八个五年计划期间，锅炉压力容器安全监察工作紧紧围绕“安全第一，预防为主”方针，在加强国家监察的同时，充分发挥行业管理、群众监督、企业负责的作用，从锅炉压力容器的设计、制造、安装、使用、检验、修理、改造等七个环节，全方位、全过程地开展监督检查，千方百计减少锅炉压力容器事故。取得的主要成绩是：

一、法制建设进一步完善

“八五”期间仍然把有关锅炉压力容器的立法工作作为主要任务来抓。根据法规体系，每年都计划安排制、修订法规或规章的项目。“八五”期间共完成新制定规章 6 个，修订规章 8 个，累计现行的锅炉压力容器法规和规章达到 35 个。这些法规不仅使各项安全监察工作在全国范围内要求能够统一，而且基本实现了有法可依、有章可循。

二、进一步加强使用环节安全监察力度

因为使用环节的安全监察是其它（如设计、制造、检验等）环节成效的最终体现，所以“八五”期间以使用监察为重点，积极开展了以下工作：

1. 在各级劳动部门与各主管单位共同努力下，在全国范围内开展了锅炉房综合治理，基本上检查了一遍全国的锅炉房，对达标的、先进的锅炉房进行挂牌和表彰，通过树标兵、样板，开展比学赶帮等活动，推动了锅炉房的规章制度、安全附件与自动控制的健全与完善。锅炉房使用单位的文明生产与消灭事故隐患紧密结合，收效显著。今后各地仍将继续定期开展，把这项工作坚持下去。

2. 为加强锅炉水处理工作，防止和减少由于结垢或腐蚀造成的事故，在宣贯《锅炉水处理管理规则》基础上，各地制订了实施细则，并采取抽查、开现场会等方式，推动锅炉水处理工作普及。目前全国有水处理的锅炉台数占总台数的 75%左右。

3. 调查了乡镇企业、三资企业锅炉使用情况。

4. 在“七五”期间对在用压力容器普查登记的基础上，“八五”期间又开展了气瓶充装站和气瓶检验站分类统计，并开展气瓶充装站注册登记和气瓶检验资格认可工作。

5. 对易发事故的快开门式压力容器，推广安全连锁装置的应用。

6. 根据国务院有关领导指示，开展了事故多发的医用氧舱的安全检查。检查重点是氧舱质量、安全设施、规章制度和操作人员素质等。根据安全检查，我局又开展与制定了《医用氧舱制造单位审查要求和内容》。

7. 对在用特种设备的定期检验是保证生产安全和防止事故的重要措施，工作量大，技术要求高。在各级监察和检验机构共同努力下，定期检验率有了较大提高（见下表）。

三、完成了检验机构资格认可工作

为加强锅炉压力容器检验机构的自身建设和依法开展检验工作，“八五”期间在全国范围内完成了劳动部门与行业部门锅炉压力容器检验机构的资格认可工作。通过资格审批认可，进一步明确了锅炉检验单位的办所方针，对执行法规，保证检验质量，健全内部管理，检验设备更新等工作，均有很大促进作用。

经我部审批认可并经劳动部注册的锅炉

压力容器检验单位共 894 个，其中：属劳动部门的共 538 个，属行业部门的共 218 个，属自检单位的共 138 个。“八五”期间实现了未经审查和资格认可的锅检机构不准从事锅炉压力容器检验工作的规定。

四、颁发制造许可证

为保证特种设备的制造质量，参照国际惯例，除在国内对锅炉压力容器制造单位颁发许可证外，根据我国的商检法等，“八五”期间实行了境外厂商或代理商输入我国锅炉压力容器时，也必须取得我国劳动部颁发的进口许可证制度。1993 年 9 月劳动部颁发了《进口锅炉压力容器安全质量许可制度实施办法》，1995 年 9 月 6 日劳动部与国家商检局联合公布了《实施安全质量许可制度的进口锅炉压力容器产品目录》。自 1997 年 10 月 1 日起，目录内产品必须获得劳动部颁发的进口锅炉压力容器安全质量许可证书，方能进口我国。

目前国内锅炉压力容器制造厂由劳动部颁发制造许可证情况如下：锅炉制造许可证，全国共发放了 605 个，其中 A 级（压力不限）9 个，B 级（P≤9.81 兆帕）11 个，C 级（P≤2.45 兆帕）37 个，D 级（P≤1.57 兆帕）153 个，E 级（P≤0.39 兆帕）395 个；压力容器制造许可证，全国共发放了 2 430 个，其中，第三类 261 个，第二、一类 2 169 个。

向境外颁发我国进口锅炉压力容器许可证，准备已多年，并已正常开展，进口目录刚公布，至今已有 6 个外国厂商经申请、审查、批准后，获得我部颁发的进口锅炉压力容器许可证。

五、全国锅炉压力容器安全监察统计工作取得进展

1.“八五”期间对统计内容，在以往统计经验基础上进行改进、重新调整，使统计内容更为正规、合理、全面、配套，有二个统计表经国家统计局批准，另外三个统计表经劳动部批准。统计内容覆盖了各个方面，涉及特种设备台数，监察、检验机构与人数、人员素质、持证个数，颁发制造、安装、设计单位许可证数，定期检验、监督检验，培训情况等。

2. 各级劳动部门建立健全了统计工作规章制度，省（市）统计工作的及时性与准确性有所提高。

3. 统计工作重要性已逐步被各级领导重视。各地开工作会，逐步习惯以数据说话，各级领导开始重视依靠统计数据作为决策依据，依靠平时积累和动态信息作为决策的支柱。

4. 统计工作由封闭走向开放，服务方向由单纯为上级、为计划，改为也向群众、也向基层、也为社会服务。

六、特种设备的进出口检验取得显著成效

为了确保进出口锅炉压力容器的安全性能，维护我国经济利益和我国产品出口信誉，自 1985 年开始，根据劳动人事部和国家商检局规定，由劳动部门负责进出口锅炉压力容器安全性能检验。由于改革开放进一步深入，对外贸易迅速发展。“八五”期间进出口锅炉压力容器数量有很大增长（见表）。

时期	平均定检率			进口数			出口数		
	锅炉	压力容器	气瓶	锅炉	压力容器	气瓶	锅炉	压力容器	气瓶
“七五”	89.5%	50.7%	59%	约 1 260 台	约 1 300 台	约 6 万只	184 台	4 621 台	55.14 万只
“八五”	94.5%	84%	75.6%	2 483 台	13 188 台	7.68 万只	285 台	6 965 台	141.10 万只
增长				97%	10.14 倍	1.28 倍	1.55 倍	1.5 倍	2.56 倍

面对日益急剧增长的工作量，各级劳动部门努力工作，认真负责地完成检验任务，基本上做到了严把进出口关。

七、举办各种形式培训班，为提高各级

人员素质而努力

培训提高各类人员的政治、业务、专业水平，是搞好本系统工作的战略任务。每当有新的规章颁发后，即举办宣传贯彻会，以便全国统一认识、正确贯彻。我局在“八五”期间召开全国性宣传贯彻会11次。“八五”期间，为提高在职人员专业水平，委托西安交大举办了专业证书班(一年制)“锅炉专业”、“压力容器专业”、“焊接专业”共六期；委托南昌航空学院举办了“无损检测专业”一期。“八五”期间举办地市级劳动局长研讨班二期、地市级劳动部门锅炉科长研讨班二期、劳动部门检验所技术负责人研讨班二期。

由于各级劳动部门对培训工作重视，保证各种专业人员持证上岗人员合格达标，“八五”期间全国各地举办有关锅炉压力容器方面专业人员的培训班，累计共27 292期，共培训145.91万余人；换发各种专业证件共计144.85多万个，其中，换、发监察员证1 119个，换、发检验员证15 963个，换、发焊工证163 703个，换、发无损检测员高级证1 578个、中级证24 511个、初级证3 359个，换、发司炉工证1 027 155个，换、发锅炉水处理化验员证151 579个，换、发锅炉房管理人员证59 591个。

八、全国锅炉压力容器事故率稳步下降

事故率是能综合反映全国安全状况的一个定量指标。由于各级劳动部门的锅炉压力容器安全监察部门与检验部门共同努力，“八五”期间我国锅炉压力容器事故率继续稳步下降。

时期	年平均设备台数		年平均爆炸起数		年平均事故率	
	锅炉	压力容器	锅炉	压力容器	锅炉	压力容器
“七五”	37.2万台	91.3万台	34起	117.4起	0.94	1.29
“八五”	46.7万台	108.6万台	29起	98.2起	0.62	0.90

“八五”期间：锅炉爆炸事故率0.62起/万台·年，比“七五”期间0.94，下降了34%；压力容器事故率0.90起/万台·年，比“七五”期间1.29，下降了30%。

(劳动部职业安全卫生与锅炉压力容器监察局)

“八五”期间职业安全卫生监察工作回顾

“八五”期间，职业安全卫生监察工作取得了很大进展，全国非矿山企业职工伤亡事故状况呈下降趋势。1995年，全国非矿山企业共发生伤亡事故11 929起，死亡8 060人，重伤6 005人，比1994年分别下降9.48%和12.31%，全国有20个省、区、市的非矿山企业伤亡情况比1994年度有所下降。这期间主要开展了以下几方面的工作。

一、以《劳动法》为统领，进一步完善职业安全卫生法规体系

“八五”期间，国务院、劳动部及与有关部委已出台了50部法规、规章，劳动安全卫生国家标准共49项、行业标准36项。全国已有28个省、自治区、直辖市颁布了劳动保护或劳动安全卫生条例，使职业安全卫生工作初步做到了有法可依，依法行政。这些法规主要有：

1. 综合方面的法规有：《违反〈中华人民共和国劳动法〉行政处罚办法》。

2. 在工时方面的法规有：《国务院关于职工工作时间的规定》、《劳动部关于〈国务院关于职工工作时间的规定〉的实施办法》、《劳动部关于企业实行不定时工作制和综合计算工时工作制的审批办法》、《劳动部关于〈国务院关于职工工作时间的规定〉的问题解答》。

3. 特别作业场所的法规有：《劳动部关于爆炸危险场所安全规定》、《劳动部关于对建筑企业实行安全资格认证的通知》。

4. 特别危害控制方面的法规有：《粉尘危害分级监察规定》、《有毒作业危害分级监察规定》、《劳动部关于加强企业职工劳动条件分级工作的通知》。

5. 特种作业人员方面的法规有：《特种作业人员安全技术培训考核管理规定》、《特种作业人员安全技术培训考核大纲》。

6. 特种设备方面的法规有：《起重机械安全监察规定》、《客运架空索道安全运营与监察规定》、《厂内机动车辆安全管理规定》。

7. "三同时"方面的法规有：《建设项目(工程)职业安全卫生设施和技术措施验收办法》。

8. 伤亡事故方面的法规有：《企业职工伤亡事故报告和处理规定》、《企业职工伤亡事故报告统计问题解答》。

9. 未成年工方面的法规有：《未成年工特殊保护规定》。

10. 安全教育方面的法规有：《企业职工劳动安全卫生教育管理规定》。

1994 年八届人大常委会第十次会议批准了《作业场所安全使用化学品公约》，这对于促进化工企业的技术进步，改善企业管理水平，加快与国际贯例接轨，起到了积极的作用。

二、职业安全卫生监察

确定了"企业负责、行业管理、国家监察、群众监督、劳动者遵章守纪"的劳动安全卫生工作体制。进一步落实了安全卫生责任制，全国范围内，建立起以政府、部门、企业主要领导为责任人的安全卫生责任制，安全生产工作责任到人，重大问题有专门领导负责解决的局面基本形成。

加强了事故调查处理和重大事故隐患的调查、治理与监控工作，重大事故结案工作取得较大进展，1995 年度非矿山企业重大事故当年结案率达 80%以上。特别是对重大、特大事故的责任人，本着"三不放过"原则，坚决依法给予处罚，对全国各方面震动很大。各级地方政府领导"为官一任，确保一方平安"的思想日益深入人心。

三、工时制度改革

工时制度改革在"八五"期间取得重大进展。首先，在大量可行性调研、分析的基础上，劳动部于 1993 年向国务院呈报了《关于缩短工时的调查报告》，即将"每周工作 48 小时"改为"每周工作 44 小时"。经国务院批准，1993 年 3 月 1 日起在全国实施每周 44 小时工作制度。经过一年多的实践，1995 年 3 月 25 日，国务院批准将"每周工作 44 小时"进一步改为"每周工作 40 小时"。新工时实施后，由于各级政府高度重视，精心组织，企业妥善安排，努力挖潜，全国生产、工作秩序正常，广大职工的生活质量得到提高。

四、职业安全卫生检测检验与宣传

全国各地又陆续建立起劳动安全卫生检测检验站，开展了特种设备的安全检验和职业危害检测以及劳动防护产品的质量监督检验。目前，全国已有劳动安全卫生检测检验机构 300 多个，其中包括国际指导中心站、省级站、市级站以及少数县级站。特种劳动防护产品质量检验机构 17 个，检测检验人员约 15 000 人，已初步形成国家级、省级、地(市)级三个层次、不同职责的检测检验系统。它们为劳动安全卫生监察工作服务，为企业安全卫生服务做了大量工作，使我国劳动安全卫生监察工作向科学化和定量化方向迈进了一大步。

宣传教育工作不断深入。迄今为止，全国建立了劳动保护教育中心 82 个，工业企业劳动保护教育室 3 000 多个，许多企业都开展了多种形式、生动活泼的安全教育活动，并在 40 所高等院校开设了“安全工程”专业，五个单位获得“安全工程学科”的硕士或博士授予权，形成了多层次、不同功能的教育系统。

在企业职工教育方面，主要抓了厂长(经理)和特种作业人员的安全培训以及新工人的“三级教育”，并广泛运用广播、电视、电影、报刊和出版物等多种形式，以及举办劳动安全卫生知识竞赛、举办展览会等。每年“安全周”活动越来越深入人心。

五、国际合作活动

在职业安全领域，“八五”期间，开展了以双边、多边、官方、民间等多形式的交流与合作，扩大了合作领域，积极吸收了国外先进的管理经验。与国外有关单位联合举办了中日职业安全卫生研讨班、中日起重机械安全技术讲习班、中澳职业安全卫生监察员培训班。参加了国际劳工组织合作项目的劳动保护立法部分，并根据项目计划安排，多次召开了“劳动保护立法”专家研讨会和贯彻《作业场所安全使用化学品公约》研讨会；起草了《劳动保护法》及“劳动保护法规体系”框架。组织了对日本、芬兰、瑞典、德国、英国等业务访问，加强职业安全卫生方面的交往。回顾过去五年来的各项职业安全卫生监察工作，取得了很大成绩。但是，我们也清楚地看到全国的职业安全卫生形势还相当严峻，所面临的困难还相当多。这就要求我们要认真总结经验，改进工作，在实现“两个根本性转变”过程中，把我国的职业安全卫生工作向前迈一个新台阶。

(劳动部职业安全卫生与锅炉压力容器监察局综合办公室)

“八五”期间矿山安全监察工作回顾

“八五”期间，随着我国改革开放的深入，采矿业得到了很大发展，但同时也出现了一些新的情况，为了适应发展的形势，1992 年 11 月，经全国人大常委会审议通过，颁布了《中华人民共和国矿山安全法》。这是我国第一部劳动安全卫生专项法律，标志着矿山安全工作正式纳入法制化轨道。

全国劳动部门认真履行《矿山安全法》赋予的职责，开展广范的宣传学习活动，研究并推广了监察工作的规范化、制度化建设，监督矿山企业严格遵守法律法规。特别注意了自身素质的提高，开创了矿山安全监察工作的新局面。

一、加强矿山安全法制建设

国务院曾于 1982 年发布了《矿山安全条例》和《矿山安全监察条例》，这对矿山安全工作起到了重要作用。随着改革开放的深入，采矿业发生了很大的变化。1987 年 3 月，经国务院批准，由劳动部牵头，由国家经委、煤炭部、地矿部、冶金部等 13 个部、委、局、总公司和全国总工会的负责人参加，开始起草《矿山安全法》。经过 5 年多的共同努力，1992 年 8

月5日，经国务院110次常务会议讨论通过，报送全国人大常委会，提请审议。经全国人大法律委员会和全国人大法制委员会多次讨论、调查、论证和修改，在1992年11月七届全国人大常委会第28次全体会议上，表决通过了《中华人民共和国矿山安全法》。同时，以中华人民共和国主席令第65号颁布，自1993年5月1日起施行。

《中华人民共和国矿山安全法》颁布后，各级劳动行政主管部门，利用多种形式，开展学习宣传活动。在重要矿产地区和矿山企业也进行了形式多样的学习宣传活动。各地都是领导带头宣讲，通过报刊、电视和广播，进行广泛宣传。很多矿区出动宣传车，发放材料，使《矿山安全法》的宣传做到家喻户晓。1994年5月13日，劳动部组织召开了《矿山安全法》实施一周年座谈会。全国人大财经委、法工委、国务院法制局、监察部、经贸办和高检院等单位参加。李沛瑶副委员长、李伯勇部长到会讲话。江西省进行《矿山安全法》知识竞赛决赛，4月份在省电视台直播。在《矿山安全法》实施2周年之际，刘光义局长在报刊上撰文，提出贯彻意见。黑龙江、安徽、湖南、陕西等省也积极在报刊上发表文章进行宣传。在《矿山安全法》颁布3周年之际，矿山局积极组织稿件，在《人民日报》、《工人日报》和中央人民广播电台等报刊、电台上刊登和播出文章，进行宣传。

根据《矿山安全法》的规定，自1993年11月至1995年底，全国已有北京、河北、山西、内蒙、辽宁、黑龙江、山东、浙江、安徽、江西、福建、河南、湖北、湖南、广东、广西、云南、贵州、西藏、陕西、青海和新疆等22个省、自治区、直辖市的人民代表会议常务委员会，根据本地区的情况，发布《矿山安全法实施办法》(其中黑龙江省发布的是《矿山安全处罚条例》)。这些地方法规的发布，对在全国贯彻执行《矿山安全法》，起了推动和保证作用。在《矿山安全法》颁布之后，我部立即组织了《矿山安全法实施条例》(草案)的起草工作，1993年5月，该实施条例经部务会议审议通过，上报了国务院法制局。现国务院对该实施条例(草案)正在审议中。劳动部也先后发布了《矿山个体呼吸性粉尘测定方法》、《作业场所空气中呼吸性煤尘接触浓度标准》、《作业场所空气中呼吸性岩尘接触浓度标准》、《呼吸性粉尘个体采样器技术条件》、《矿山安全监察员管理办法》、《矿山建设工程安全监督实施办法》、《矿山特种作业人员安全操作资格考核规定》、《尾矿设施安全监督管理办法(试行)》和《矿山安全监察工作规则》，并审核了非煤矿山行业规程等。这些标准、法规的发布，规范了劳动部门的监察活动。

二、开展矿山安全卫生监察工作

1．开展安全大检查，做好预防性监察工作。检查矿山企业对法律、法规的执行情况，是矿山安全监察的主要工作之一，1991年4月，劳动部会同全国安全生产委员会、能源部和中华全国总工会，对山西临汾、长治和雁北三个地区的煤矿进行安全大检查。1993年4月至5月，劳动部组成检查组，对山西等10个省区学习贯彻《矿山安全法》情况进行检查；11月份，劳动部会同最高人民检察院和全国总工会，分7个组，对山东、江西、河南等11个省区的40多个矿山企业、2个油田和1个天然气站，进行安全检查。1994年6月，劳动部会同国务院法制局，联合组成5个组，分别对黑龙江、吉林等11个省区贯彻执行《矿山安全法》的情况进行抽查。检查后起草了情况报告，国务院办公厅发文批转。1995年，劳动部曾两次派人到煤矿瓦斯事故高发地区的贵州、湖南、江西等8个省进行专项检查。通过检查，查出问题，促进及时解决，对大事故隐患，多数落实整改措施，技术上的问题，提出了整改途径，对制度上的缺陷，帮助其整章建制，对矿山企业的困难，提请有关部门协调解决。

2．规范监察行为，推广安全分级监察。

根据《矿山安全法》的规定，分清县级、地市级和省级劳动行政主管部门的具体的职责。1993年，在唐山、大同、晋城、鸡西、辽源、锦西、淮南、焦作、重庆和乌鲁木齐等10个重点产煤地市进行试点。1994年9月，矿山局在辽宁省锦西市召开煤矿安全分级监察工作会议，刘光义局长到会讲话。会议要求各地逐步实现监察工作法制化、规范化。1995年8月，矿山局在山西省忻州市召开煤矿安全分级监察推广试点工作会议。会议总结两年试点工作，其中晋城市、锦西市、焦作市、重庆市和乌鲁木齐市等地劳动部门，积极稳妥地进行试点，促进了矿山安全监察工作的健康发展。会议确定北京市房山区、太原市、呼和浩特市、沈阳市、吉林市、徐州市、龙岩地区、宜宾市、石嘴山市和西宁市为第二批试点单位。煤矿安全监察突出对最近几年重大瓦斯事故多发的7省24个地区和6个矿务局的监察，对控制瓦斯事故起到了作用。

3. 搞好尾矿设施安全监察，力争堵住重大危险源。尾矿设施是非煤矿山安全生产的重要一环。尾矿库坝体一旦溃决，会给人民生命财产和环境造成大范围的灾害。1994年7月12日，湖北大冶有色金属公司龙角铜矿2个尾矿库的坝体受暴雨冲击，3处决口，尾矿浆淹没下游村庄，造成26人死亡，14人下落不明。通过对我国尾矿设施的调查，于1994年7月21日在北京召开了尾矿设施安全管理研讨会。冶金部、化工部、有色金属总公司、核工业总公司和国家建材局等单位有关人员和专家参加。会上就我国尾矿设施现状存在问题进行讨论，并对劳动部起草的《尾矿设施安全监督办法(草案)》提出了修改意见。王建伦同志接见了与会专家和代表。

1995年4月21日，劳动部发布了《尾矿设施安全监督管理办法(试行)》，后又约请了有关部委、局负责同志，在京召开了尾矿设施安全工作协调会。与会同志认为《办法》是落实《矿山安全法》的一件重要单项法规，有利于行业加强管理，防止重大事故。大家表示在转发《办法》时，要结合本行业特点，提出具体措施。这项工作受到了林用三副部长的重视，并批示：“一定要加强检查，发现问题及时解决，争取不出大问题。”1995年5月中旬至6月上旬，由张世德同志带队，会同中国有色总公司安环办和有关专家组成检查组，在雨季前对江西、湖北、湖南和广东的13个国有有色矿山的18座尾矿库进行抽查，取得了很好的效果。

4. 推广呼吸性粉尘监测，改革矿山测尘方法。随着采矿工业的发展，接尘人数的增加，粉尘危害进一步严重。在总结我国几十年矿山防尘工作的经验教训基础上，借鉴世界发达国家先进做法，劳动部制订了改革矿山粉尘危害监督管理的“三步走”方案。第一步，改革矿山粉尘监测方法。把原来的定点瞬时总粉尘浓度测定的方法，逐步改变为工人佩带个体呼吸性粉尘监测器连续监测方法。自1991年至1992年，在全国18个省区的24个矿务局(矿)首先试点。经过2年努力，初步形成了适合我国矿山实际情况的检测模式。第二步，进行矿山粉尘危害程度分级试点。自1993年至1995年，有6个产业部(委、总公司)，全国25个省、市劳动部门，10多个研究院所和高等院校，212个试点矿山企业，先后参加试点。这次试点是一个庞大的系统工程，是新的监察和管理模式的实验，也是新技术的推广。在此基础上，将开展改革第三步，推广新的防尘技术和措施。

5. 参与治理整顿乡镇矿山，改善乡镇矿的基本安全条件，维护国有矿山安全生产。参加了由农业部、劳动部联合成立的乡镇企业清理整顿办公室，并参加了该办公室组织的有关乡镇矿山清理整顿工作。江西省丰城市，由于乡镇煤矿发生透水事故，大水冲入洛市矿务局龙溪煤矿井下，造成死亡26人，经济损失1500万元。根据朱镕基副总理批示，劳动部、能源部等4部、总公司和全国总工会共派9人，组成调查组，于9月23日，对此次事故进行调查。调查发现仅龙溪煤矿井田范围内就有97处小煤窑乱采滥挖，严重干扰了国有煤矿的正常生产秩序。12月30日，由劳动部牵头，起草了《关于制止小煤矿乱采滥挖确保煤矿安全生产的意见(代拟稿)》，上报国务院。1993年1月3日，国务院批转了《意见》，1995年7月26日至31日，矿山局非煤矿山监察处，派员参加了国家经贸委组织的7部委联合调查组，对甘肃省白银公司厂坝铅锌矿重大坍塌事故进行调查。调查发现，在该矿主矿体下部有31个民采小窑乱采滥挖，导致主矿体严重塌陷，虽未伤人，但造成该矿停产，8月12日，吴邦国副总理在调查报告上批示："拟同意联合调查组建议，支持甘肃省政府按其所作出的两个决议继续工作，抓出成效，在保证安全的前提下尽快恢复生产。关于报告中提到的地方利益、妥善处理军地关系问题，依法进一步协商解决。当否，请家华同志指示。"8月19日，邹家华副总理在报告上批示："拟同意。"

6. 开展检测检验工作，为矿山安全监察服务。对矿山企业危害性较大的设备和作业环境进行检测检验，是为依法监察提供科学依据的重要手段，也是为矿山企业及时发现事故隐患的重要手段。5年来，全国建立了100多个检测检验机构，配备了约1 000名检测检验人员，开展了查绞车、矿灯、通风系统、瓦斯检验仪等10多个检测项目。这项工作也得到了各地财政物价部门的支持，近20个省制定了收费标准。有的省还在地方法规中明确规定检测检验的职责，使这项工作有了法定地位。

三、认真提高监察人员素质和工作水平

随着矿山安全监察工作的发展，全国已有25个省、自治区、直辖市和1个计划单列市劳动部门设立了矿山安全监察处，配备200名监察员；165个地市劳动部门设立了矿山安全监察科，配备640名监察员；700个县劳动部门设立了矿山安全监察室，配备1 600名监察员。虽然全国监察力量仍然不足，但已初步形成了组织网络。认真提高监察员素质和工作水平是"八五"期间的一项重要工作。

认真学习《矿山安全法》，做到依法监察。1993年3月下旬，在陕西省临潼市举办《矿山安全法》研讨班，省劳动局长、地市劳动局长和监察科长、主任等60人参加；1993年10月中旬，在安徽省屯溪市举办矿山建设工程设计审查竣工验收人员培训班，28个省市81人参加；1994年中旬，在安徽省屯溪市举办矿山安全建设设计安全卫生专篇编写研讨班，各行业设计院20人参加；1995年4月上旬，在广西自治区桂林市举办矿山安全法制建设工作国际研讨班，刘光义同志、张世德同志和澳大利亚专家到班讲话、授课。全国各地96人参加；1995年11月中旬，在福建省厦门市召开全国矿山安全执法经验交流会，全国有98人参加。这些班、会，认真学习《矿山安全法》，介绍全国情况和经验，互相交流，共同提高。

抓紧县级监察员培训。1991年5月，在北京举办县级监察员培训班，485人参加；1992年5月至6月，在江苏省苏州市举办县级矿山安全监察员培训班，180人参加；1992年10月中旬，在北京举办劳动局长培训班，50人参加。这些培训班，除矿山局同志讲课外，还邀请高检院、全国总工会等有关同志讲课，对县级矿山安全监察工作起到了促进作用。

研究监察工作，推广新经验。1993年9月中旬，在吉林省长春市召开煤矿事故调查处理研讨会，80人参加；1994年中旬，在河北省涿州市举办矿山呼吸性粉尘危害程度分级培训班，153人参加(在全国还举办分层次、分级别的培训班，共培训1 000多人)；1994年9月上旬，在辽宁省锦西市召开煤矿安全分级监察工作会议，50人参加；1994年6月下半月，在湖北襄樊市召开矿山伤亡事故统计和信息工作会议，50 人参加。这些班、会使监察工作进一步规范化、制度化。

为了做好检测检验工作，1992 年 11 月中旬，在湖北省黄石市举办了矿灯安全技术检验培训班，65 人参加；1993 年 10 月中旬，在河南省洛阳市举办 2 米以下（滚筒直径）矿用绞车检验培训班，109 人参加（专业人员 93 人）；1994 年 10 月下旬，在浙江省杭州市举办矿山安全卫生检测检验工作研讨班，20 人参加。

（劳动部矿山安全监察局）

“八五”期间安全生产管理工作回顾

“八五”期间，各地区、各部门认真贯彻“安全第一，预防为主”的方针，做了大量认真细致的工作，安全生产取得了很大进展，但也存在不少问题。“八五”末期，全国重、特大事故有所减少，安全生产形势相对平稳，但是各类事故频发状况尚未根本得到遏制。

一、“八五”期间安全生产的几项主要工作

1. 加强事故调查与处理

“八五”期间，劳动部组织并参与对“安徽省 1·24 特大船舶相撞事故”、“西安 6.6 空难事故”、深圳“8·5”爆炸、“新疆克拉玛依友谊馆特大火灾”、“辽宁省阜新市艺苑歌舞厅特大火灾”等 38 起重、特大事故的调查和处理工作，对查明事故原因，分清事故责任，吸取事故教训，控制类似事故重复发生起到了积极作用。全国各级劳动部门也严肃查处了许多重大事故。通过事故调查，积累了一套调查事故的经验，并为处理事故提供基本依据。为了更好地查处事故，劳动部组建了国家安全生产专家组。专家组的主要职责是对重大、特别重大事故调查和重大事故隐患评估提供技术支持。劳动部重视对事故调查、批复和结案工作，1995 年与监察部联合发文，要求对近两年各地发生的重、特大事故严肃处理，按规定时间结案，收到了一定的成效。

2. 加强宣传教育，倡导安全文化，提高全民安全意识

为加强安全生产宣传教育，提高全社会公民的安全意识，减少各类事故的发生，从 1991 年开始，在全国范围内组织开展“安全生产周”活动，目的是集中一周时间，突出一个主题，深入广泛地开展安全生产宣传教育，并形成制度，达到以周促月，以月促年的目的。5 年来，每年的“安全生产周”活动，都得到了各地区、各部门的积极响应。“安全生产周”期间，国务院领导同志发表电视讲活，人民日报发表评论员文章，中央电视台开辟专栏进行新闻报道，加大了安全宣传力度。各地的主要领导也通过电视讲话，撰写署名文章，在电视开辟安全周专题节目，组织张贴标语，组织安全知识竞赛等丰富多彩的活动，广泛地发动职工积极参与，增强全民的安全意识。“安全生产周”期间还布置安全生产检查和事故隐患整改工作。

近年来倡导安全文化取得进展，在安全报刊、杂志上开展了安全文化的专题研究和探讨，提高了职工的安全文化素质。

3. 建立各级安全生产责任制，推行安全生产目标管理

1989 年，邹家华副总理在“全国各省、自治区、直辖市安全生产委员会主任会议”上强

调:要建立安全生产责任制和制定考评安全管理政绩的标准。从1990年开始,劳动部与各级政府一起把安全生产责任制的落实作为安全生产工作一项重要内容。目前,全国已形成了较为规范的安全生产责任制管理体系,包括安全生产责任制的目标、责任、考核与奖惩,通过逐级签定安全生产责任书,层层落实责任制,初步形成全员目标管理责任制。到“八五”后期,安全生产责任制基本做到了规范化、科学化、制度化。

4. 加强事故隐患的监控与治理工作

“八五”期间,为贯彻“安全第一,预防为主”的方针,切实把安全生产工作的重点放在预防为主上来。劳动部在调查全国事故隐患的基础上,初步建立了事故隐患数据库。目前,全国有重大隐患959项,特大事故隐患206项。通过对事故隐患的分析,逐步开展事故隐患的确认与评估,并要求隐患单位制定监控与整改计划。通过颁布《重、特大事故隐患管理规定》,要求做到使事故隐患管理规范化,防止因隐患失控而发生事故。

5. 加强安全生产法制建设

“八五”期间,劳动部组织起草了《中华人民共和国安全生产法》,完成了初稿并已上报;组织修改了《特别重大事故调查程序暂行规定》,进一步规范了事故的处理、批复和结案工作,该规定有待批准。

劳动部还颁布《重大事故隐患管理规定》和《国家安全生产专家组规则》。

“八五”期间,在逐步建立社会主义市场经济的时期,提出了安全生产“企业负责、行业管理、国家监察、群众监督、劳动者遵章守纪”的工作体制,明确了安全生产工作的主体是企业,这是符合市场经济发展的规律的。

二、安全生产工作存在的主要问题

“八五”期间,安全生产方面还存在不少问题,主要是:安全生产的法律、法规和标准不完善、不配套,已有法律、法规贯彻执行不力;安全生产资金投入不足,安全设施落后,事故隐患和职业危害相当严重;一些地方政府和企业领导对安全生产工作重视不够,安全生产责任制不落实;相当一部分企业管理不严,劳动者安全生产意识不强,违章指挥、违章操作、违反劳动纪律现象严重;有关单位对事故查处不及时、不严肃,结案率低,没有认真吸取教训和采取有效的预防措施;安全生产监察体系不完善,安全生产制约和激励机制尚未形成。这些都是不利于安全生产的客观因素,有待于“九五”期间采取有效措施,给予解决。

(劳动部安全生产管理局)

“八五”时期的国际合作与交流

“八五”时期,在国际形势发生重大变化的情况下,我国劳动领域的对外交流与合作在党中央、国务院制定的外交方针和改革开放路线指引下,取得了重大成果。在劳动部党组和部领导的直接领导下,国际合作司积极拓展合作领域,广泛结交合作伙伴,宣传我国劳动领域的改革成就,在重大项目开发和实施方面有了实质性的进展。

一、“八五”时期的国际、国内背景

“八五”时期,国际国内形势都发生了巨

大的变化，为我们进一步开展劳动领域的国际交流与合作提出新的挑战，同时也提供了新的机遇。

由于前苏联的解体，东欧发生了剧变，国际形势走向多极化格局，大局势有所缓和。虽然各种矛盾复杂多变，整个世界也并不安宁，但总的来说，这一时期是我国在建国以来外交活动回旋余地最为广阔、市场前景最具吸引力的时期，这为我国改革开放和实现现代化建设创造了良好的局面，也为劳动领域的国际交流与合作提供了良好的机遇。世界格局由政治冷战转向了经济热战，在世界经济发展中，西方的经济增长缓慢，独联体和东欧的转轨也发生了困难，非洲经济持续倒退，而拉美经济也是步履维艰，唯独亚洲的经济呈现出了强劲的增长。各国都在为发展本国经济，开拓国际市场寻求对策，制定措施，谋求抢占21世纪的制高点，各国间在劳动领域同样形成既合作又竞争的局面。

在国际劳工领域，国际劳工组织在这一期间确定的三大优先目标是“促进民主和人权，促进就业和消除贫困，以及保护劳动者”。而它的发展和活动受到三个重要因素的影响。一是冷战结束之后，世界政治格局多极化的发展使国际劳工组织的政治化色彩加浓。近年来劳工组织在“促进民主、捍卫人权”的旗帜下极力敦促成员国对“基本人权公约”的批准与实施；二是世界经济一体化和国际贸易自由化的发展对劳动世界，特别是就业和产业关系的影响。劳工组织在近年的活动中围绕“社会条款”，即国际贸易与劳工标准挂钩的问题展开了旷日持久的辩论，并加强了结构调整对就业和工作条件，以及外国直接投资、多国企业、国际移民工人和童工等问题的研究；三是长期困扰联合国体系和劳工组织本身的财政问题使劳工组织用于技术合作的资源面临严重困难，并被迫对1992～1993年度的计划和预算做削减调整。劳工组织在适应形势发展的过程中对自身的结构也做了较大的调整。为了更好地为会员国的三方成员服务，劳工组织于1992年起在各地区建立了由各类专家组成的14个多功能专业工作队，直接为会员国提供政策咨询。

从国内的情况看，在党中央、国务院的领导下，全党全国人民以邓小平同志建设有中国特色社会主义理论和党的基本路线为指导方针，加快了我国改革开放的步伐，加速建立社会主义市场经济体制，保证了我国社会稳定和经济建设持续、快速、健康发展，为劳动体制改革创造了更加有力的条件，也为劳动领域的国际合作与交流提供了极佳的契机。

二、主要成就

“八五”期间，我们充分利用国内外十分有利的形势，积极开展国际交流与合作，收到了可喜的成绩。“八五”期间，劳动部国际合作司以广泛开展国际合作与交流、借鉴各国的成功经验为中国劳动制度改革服务为宗旨，以国际劳工组织的活动为契机，积极、全方位地开展在劳动领域的双边、多边以及民间和政府间的国际交流与合作活动。

——1991年4月，在北京成功地举办了第十二届亚太地区劳工部长会议，43个国家和地区及8个国际组织的400多名代表与会，其规模和规格超过了历届会议。

——1993年中国进入了国际劳工组织都灵培训中心管委会，担任理事会亚洲组协调员，并被选为1995年世界社会发展首脑会议国际劳工组织委员会候补委员。

——1993年12月，为纪念中国恢复在国际劳工组织活动10周年，在北京专门举办了报告会，对10年来中国与国际劳工组织的合作进行了全面的回顾和评价。

——中国继1990年加入了世界公共就业服务协会后，1994年初正式加入了国际社会保障协会(ISSA)。

同时，我们还积极开拓与联合国开发计划署、国际劳工组织和其他国家、国际组织的技术合作，使多边和多双边技术合作范围进一步拓宽，项目规模逐步扩大。一些国际合作项目的实施为劳动领域的各项改革工作提供了借鉴。例如，世界银行援助我国职业技术教育贷款项目中，劳动部天津职业技术师范学院利用部分贷款，改善和提高了教学设备和教师教学水平。之后，劳动部与有关部门合作共同实施世界银行支持的住房制度与社会保险改革贷款项目中社会保险部门的项目活动。目前劳动部正与世界银行积极合作准备开始职业培训与劳动力市场建设的贷款项目。这个项目将帮助劳动系统加强劳动力市场信息系统，实现职业介绍和失业保险系统的自动化。在这期间，劳动部与亚洲开发银行合作利用技术援助完成了企业改革中的社会福利和劳动力调整的调研项目。

“八五”期间我们与60多个国家和地区的劳工部门或相关组织建立了联系，历任中国劳动部正副部长先后出访了十几个国家，邀请了十几个国家的劳工部长访华。先后与俄罗斯、美国、越南、澳大利亚、印度等国家的政府对口部门签署了在劳动领域进行合作的联合声明、协议和备忘录，进一步巩固和拓宽了与各国劳动部门合作的渠道。

“八五”期间，劳动部国际合作司共组织派出团组400多个，1 500余人次。接待国外来访300多起约2 000人次，组织选派各种形式的国外培训和外派研修生约1 000人，邀请外国专家到中国讲学约200多人，举办各种研讨班、培训班，受训人员近千人。通过这些活动的开展，扩大了我国的影响，提高了我国的国际地位，有力地促进了劳动体制改革，也收到了良好的社会效益和经济效益，同时也提高了劳动科学研究水平，为我部培养了一批与国际接轨的有一定水平的劳动业务人才，为促使中国的劳动事业走上国际舞台作出了贡献。

三、基本经验

“八五”期间劳动部国际合作司在国际合作与交流方面的成绩是在全国对外开放的总体格局和建设有中国特色社会主义的大环境下，在部党组和部领导的直接领导下，在各司局的紧密配合和支持下，通过全司同志的共同努力所取得的。总结我们的工作，基本经验集中为以下几点：

1. 在国际交流与合作活动中，认真贯彻独立自主的和平外交政策，并本着积极参与的原则，慎重地开展工作，积极宣传我国劳动体制改革的方针、政策和取得的成绩，广交朋友，赢得了许多发展中国家的支持和称赞，与国际劳工组织的关系也有所改善。

2. 建立一支高水平的外事工作队伍，培养一批既有较高涉外政策水平又有较强的对外交流能力、同时熟悉劳动业务、具备良好的敬业精神、廉洁、正派的外事干部，是做好对外合作与交流的基本条件。队伍内部实现规范化管理，对外强调全方位服务是使外事工作有序化，提高工作效率的保证。

3. 紧紧围绕劳动部劳动制度改革的工作重点，密切配合有关业务司局，深入开展基础调研工作，充分利用各种机会，特别是国际劳工组织活动的机会，宣传自己、扩大影响，多方面开拓项目，同时认真收集、分析、研究国外在劳动领域的成功做法，学习借鉴其先进经验是使国际合作工作深入、有效开展的基础。

4. 严格按照党中央、国务院的各项有关规定和精神把好出国审批关，抓紧做好出国团组的政治思想工作、行前教育及总结报告工作，以保证出访团组的质量，树立良好的形象。

（劳动部国际合作司）

地方劳动工作概况

北 京 市

1995年，北京市的劳动工作突出了三个特点：一是以贯彻实施《劳动法》为统领，通过实行劳动合同制度，依法建立新型劳动关系；二是遵照中央关于首都是政治、文化中心的城市功能，把保证职工队伍的稳定放在首位；三是突出重点，整体推进劳动体制的改革。

一、劳动立法工作

1995年是《劳动法》实施的第一年，本市共发布劳动法规、规章6项，立法进程明显加快。其中地方性劳动法规2项，包括《北京市劳动保护监察条例》(修正)和《北京市外地来京务工经商人员管理条例》；政府规章4项，包括《北京市实施劳动合同制度的若干规定》、《北京市地方所属城镇企业职工和退休人员大病医疗社会统筹的规定》、《北京市外地来京人员务工管理规定》、《北京市外地来京人员从事家庭服务工作管理规定》。这些法规规章的发布实施，为我市劳动工作顺利开展提供了必要的法律依据。

二、人力资源开发与就业

(一) 城镇失业率为0.46%。1995年全市累计接收城镇失业人员7.37万人，其中当年新增5.46万人，上年结转1.91万人。1995年全市安置就业5.07万人，其中在国有单位就业2.05万人，在城镇集体单位就业0.79万人，从事城镇个体劳动0.15万人，其他经济类型单位安置1.02万人，从事临时性工作1.07万人。截止到1995年底，全市仍有城镇失业人员2.19万人，城镇失业率为0.46%。

(二) 再就业工程落到实处。1995年6月30日，市政府办公厅转发了市劳动局制定的《关于在全市实施再就业工程的意见》，并制定了鼓励失业人员和下岗待工人员自谋职业，鼓励用人单位招收失业人员和下岗待工人员，开展再就业服务等措施。

为使"再就业工程"落到实处，市、区、县劳动局分别成立了"再就业工程"领导小组，充分发挥就业服务体系的整体功能，积极分流安置失业人员和企业下岗待工人员。市劳动局为支持企业分流安置下岗待工人员扩大生产规模，增加就业岗位，向银行贷款进行贴息，共为194个企业贴息1 082.82万元，安置下岗待工人员18 730人次。

经过半年的努力，共分流安置失业人员和下岗待工人员6.9万人，其中，失业人员2.7万人，下岗待工人员4.2万人。

(三) 加强家庭服务员管理。1995年6月15日，北京市劳动局正式发布了《北京市外地来京人员从事家庭服务工作管理规定》。其主要内容有：

1. 市劳动局是本市家庭服务工作管理的主管机关，区县劳动局负责本辖区内家庭服务工作的管理和监督。

2. 家庭服务员的登记、介绍工作由市、区、县劳动局批准的家庭服务员介绍机构具体办理，未经批准，任何单位和个人不得从事营利性介绍家庭服务员工作。

3. 对符合条件的外地来京人员，办理《家庭服务员证》。

4. 用户必须与家庭服务员签订家庭服务合同。

(四) 发展职业介绍服务机构。1995年6月30日，市职业介绍服务中心迁入具有现代化综合服务功能的新址办公。全市新发展职业介绍服务机构112家，其中，行业职工交流服务中心10家，残疾人就业服务机构15家，乡镇就业服务机构25家，外省市劳动部门驻京劳务服务机构8家，街道、社会团体和其他社会组织举办的职业介绍所54家。截至1995年底，全市各级各类职业介绍服务机构已达188家。

（五）劳服企业两个效益有新增长。1995年我市劳动就业服务企业经济效益和社会效益有新发展。全年生产经营总收入85亿元，实现利润3.9亿元，比上年度分别增长9.4%和2.6%；新安置就业16 459人，其中安置新生长的失业人员5 279人，企业富余职工11 180人。

三、劳动关系与监察

（一）全面实施劳动合同制度。北京市人民政府于1995年2月5日颁发了《北京市实施劳动合同制度若干规定》，市劳动局制定了《北京市实行劳动合同制度的实施细则》，加快了全面实施劳动合同制度的步伐。至年底，北京市98%的国有、集体、外商及港澳台商投资企业实行了劳动合同制度，签订劳动合同的职工总数达到95%。北京市基本上全面实行了劳动合同制，建立了新型的劳动关系。

（二）对执行《劳动法》情况进行大检查。年内北京市开展了对用人单位遵守《劳动法》情况大检查。市、区、县劳动局和各局、总公司共计检查了6 678个用人单位。涉及职工79.54万人。其中国有企业1 393个，集体企业2 180个，外商投资企业1 025个，乡镇企业791个，私营企业396个，其他类型企业893个；经查，有问题的单位1 265个，占被检查用人单位总数的18.94%，其中违反劳动法规和市政府规章的单位有529个，分别受到处理。通过检查，罚款48.19万元，清退童工17人，补签劳动合同188 635人，补办用工手续20 852人，补发克扣、拖欠职工工资120.4万元，补发加班工资154.74万元，补交社会保险金522.72万元，退还职工风险抵押金357.43万元。

（三）依法处理各类劳动争议案件。1995年全市各级劳动争议仲裁委员会依《劳动法》及有关规定，立案处理了1 584起劳动争议案件。其中180起集体争议案件，涉及职工5 560人。从案件受理原因分析，因劳动报酬引发的争议566起，占全部案件的35.73%；因保险福利引发的争议344起，占全部案件的21.7%；因开除、除名、辞退引发的争议319起，占全部案件的20.14%；因终止、变更、解除劳动合同引发的争议172起，占全部案件的10.85%；其他原因引发的争议183起，占全部案件的1.55%。

（四）受理群众来信来访。市劳动局全年共受理群众来信来访15 581件，其中来信1 969件，来访5 543人（次），群众咨询电话8 069个。集体信访84起、5 423人，比上年的88起略有下降。信访较集中的问题是：劳动合同问题2 523件；保险福利问题2 187件；工资问题1 935件；退休退职问题1 562件。这四类问题占信访总数的52.7%。全年共立案调查32件，解决了495名群众的实际困难。1995年，在第四次全国信访工作会上，市劳动局信访处被中共中央办公厅、国务院办公厅授予“全国信访工作优秀集体”称号；在北京市劳动模范表彰会上被市委、市政府授予“北京市模范集体”称号。

四、职业技能开发与鉴定

（一）全面开展职业技能培训工作。

1. 对转岗、转业人员培训。1995年本市对6 000多人进行了转业、转岗培训，其中有4 000多人经过培训重新走上了就业岗位。

2. 对企业职工培训。1995年全市70多万企业职工参加了各类技术、业务培训。

3. 对外地来京务工人员培训。1995年对20 000多名外地来京务工人员进行了职业技能培训和资格鉴定。

4. 对个体工商户、私营企业从业人员培训。1995年经过培训、鉴定有1 500多人取得了相应的职业资格证书。

（二）认定职业技能鉴定所。1995年首批认定了覆盖41个工种的职业技能鉴定所46个。对全市540多家工考委进行了重新核定，认定了352个具有技术等级考核资格的工考委。对8个工种职业技能鉴定考评员进行了培训、考核，有335人取得了资格证书。

（三）开展技能竞赛。1995年全市有50多万名职工参加了不同形式的技能竞赛活动。在第三届全国焊工技术比赛中，我市代表队获得了焊工团体第三名和手工电弧焊第一名、第九名的好成绩。有9人获得"中华技能大奖"和"技术能手"称号。

（四）开展职业技能鉴定。1995年对中式烹调、中式面点、汽车维护、计算机文字录入等工种的工人进行初、中、高三个等级的理论统考，参加统考人数为11 285人，核发各类职业资格等级证书83 132人。

（五）建成北京市实验技工学校。北京市实验技工学校于1995年9月1日起建成，主要是招收本市应届初中毕业生。该校开设钳工、电工、数控机操作等三个专业，学制3年，规模480人。首届招生电工、数控两个专业学员57名。

五、职工收入分配

（一）调整北京市最低工资标准。经市委、市政府研究同意，并报经国务院批准，市劳动局发布《关于调整北京市最低工资标准的通知》。将北京市最低工资标准从每小时不低于1.1元人民币，每月不低于210元人民币，提高到每小时不低于1.4元人民币，每月不低于240元人民币。

（二）颁布《工资支付暂行规定》。北京市劳动局、北京市人事局于1995年1月1日颁布《北京市工资支付暂行规定》，自1995年1月1日起执行。《规定》共18条，对工资的概念、工资支付的内容及用人单位与劳动者在工资支付方面的权利和义务作出了明确规定。7月21日，北京市劳动局对企业加班加点的工资支付、"无故拖欠"劳动者工资、特殊人员工资支付等问题作出了补充规定。

（三）完善工资总额使用手册制度。1995年3月17日，北京市计划委员会，市劳动局、人事局、统计局、中国人民银行北京分行联合发出《关于加强工资基金管理、完善工资总额使用手册制度的通知》。通知对《手册》的使用范围、方法等作出了规定，并要求各单位要按照隶属关系分别由市、区、县劳动局、人事局（局、总公司、企业集团劳动部门）审核（备案）签章。全年共审核（备案）签章各种经济类型企业近3万户，职工300多万人，年工资总额187亿元。

（四）制定经营者年薪制试行办法。市劳动局、市经委制定《市属国有工业企业经营者年薪制试行办法》并报市委、市人民政府。1995年6月15日、6月21日市政府常务会议、市委常委会讨论，原则通过，要求选择部分企业小范围试点。

六、社会保险与职工福利

（一）调整失业救济金发放标准。为保障失业职工的基本生活，市劳动局8月31日下发了《关于调整失业救济金发放标准的通知》，调整了失业救济金发放标准，新标准自9月1日起执行。

调整后的失业救济金发放标准为：

1. 连续工作时间不满5年的，按社会救济金金额的120%发放，月标准为174元；

2. 连续工作时间5年以上不满10年的，按社会救济金金额的130%发放，月标准为189元；

3. 连续工作时间10年以上不满15年的，按社会救济金金额的140%发放，月标准为203元；

4. 连续工作时间15年以上的，按社会救济金金额的150%发放，月标准为218元；

5. 从第13个月起，失业救济金一律按社会救济金金额的120%发放，月标准为174元。

（二）民政企业参加我市养老保险。北京市民政系统54个福利生产企业参加我市养老保险。为体现政府对残疾人的关怀、照顾，对企业中残疾职工的企业缴费部分减半征收。民政企业参加养老保险，解决了民政系统6 304名在职职工和1 554名退休人员的退休养老问题。

（三）保值增值有新举措。1995年度对养老保险基金、失业保险基金实行了规范化管理。市社保中心与银行建立了约期存款协议，每月在保证正常收支周转额度以外，把结余的活期存款转为约期存款，既保证了基金随时支配，又保证了保值增值。

（四）大病统筹在本市全面推开。《北京市地方所属城镇企业职工和退休人员大病医疗费用社会统筹的规定》经市人民政府第47次常务会议通过，于1995年4月1日起实施。18个区、县劳动局均成立了大病医疗统筹机构，并先后正式开展了大病医疗统筹费收缴与大病医疗统筹基金支付报销工作。截止到12月底，全市参加大病医疗统筹的各类企业已有6 810个，参加大病医疗统筹的职工人数已达175万人（含退休职工）。

（五）存档人员参加养老保险。4月1日起，凡具有北京市城镇户口，在市、区、县职业介绍服务中心存档人员，均可参加养老保险。凡企业集体委托存档的，由企业按本市企业和职工个人缴费标准缴纳基本养老保险费；个人委托存档的，以本市上一年职工月平均工资为标准，按现行国有企业和职工个人缴费标准，由个人缴纳基本养老保险费。截至年底，共有140名存档人员参加了养老保险。

（六）完善企业职工养老金计发办法。《关于实行〈关于北京市城镇企业职工计发基本养老金暂行办法〉有关问题的通知》规定：逐步放开职工计发基本养老金增加幅度的封顶比例，从12月起，1994年的离退休人员计发基本养老金，其增幅度不得高于40%，增加额低于30元的补足其差额；1995年离退休的基本养老金，其增加幅度不得高于70%，增加额低于45元的补足其差额。

（七）企业试行补充养老保险办法。《关于在城镇企业中试行〈北京市城镇企业职工补充养老保险暂行办法〉的通知》规定：参加市基本养老保险社会统筹并按时足额缴纳基本养老保险费的可视本单位经济效益情况为职工建立补充养老保险；外商投资企业限于中方职工。企业可在工资储备金和盈余公积金中为职工建立补充养老保险，外商投资企业可在缴纳基本养老保险费后留存养老保险费中为中方职工建立补充养老保险，企业可用年平均工资高于上一年北京市平均工资300%以上免缴的基本养老保险金部分为职工建立补充养老保险。

（八）大病医疗费用实行社会统筹。市政府于1995年3月3日颁布《北京市地方所属城镇企业职工和退休人员大病医疗费社会统筹的规定》，从4月1日起，本市行政区域内的市和区、县地方所属城镇企业的职工及退休人员参加企业所在区、县的大病医疗费统筹。缴费标准：外商投资企业按上一年度全市职工月平均工资的2.5%缴纳，其他企业按上一年度全市职工月平均工资的6%缴纳；职工和退休人员按上一年度全市职工月平均工资的1%缴纳。职工和退休人员患病、非因工负伤一次性住院的医疗费和或30日内累计医疗费用超过2 000元以上部分，采取“分档计算，累加支付”的办法支90%～80%。大病医疗费统筹剩余部分，由企业和职工及退休人员共同负担，企业负担部分不得低于70%。

（九）调整离退休人员基本养老金。《关于北京市城镇企业离退休人员1995年调整基本养老金的通知》规定：1994年12月31日前离退休人员从1995年7月1日调整基本养老金。具体增加的金额是：离退休人员和建国前参加革命工作的老工人，根据其参加革命工作时期不同，分别增加80、100、120

元，并作为1～2月生活补贴费的基数；退休职工每月增加45元；按国务院国发〔1978〕104号文件办理退职，按月领取退职生活费的退职人员，按京合总字〔83〕008号文件办理退养并按月领取退养费的人员和按京劳险发字〔1988〕550号文件办理退养按月领取养老生活费的人员，每月增加30元。

（十）保障困难职工生活。1995年，北京市地方国有、集体停产半停产企业307户，停工人数53 005名，停工人员中月生活费低于170元的有19 123名。为保障困难企业职工基本生活，先后下发了《关于停产整顿企业借支职工生活费有关问题的通知》、《关于调整北京市工资标准的通知》、《关于停产半停产企业上岗待工人员借支生活费有关问题的通知》等文件，制定了保障困难企业职工基本生活的措施：

1. 对因经济效益不好，工资水平低，发放最低工资确有困难的企业，由企业提出申请，经企业主管部门审核同意并报同级劳动部门批准后，到开户银行申请开立工资预留户。企业被批准开立预留户后，对销售回笼款，银行根据企业的委托将资金按每人每月240元的标准转入该户，确保职工最低工资的发放。

2. 对经市政府主管部门区、县政府批准进行停产整顿期间的职工，由市劳动局从失业保险基金中，按每人每月170元标准借支生活费。

3. 对停工企业月收入低于170元以下的职工，由企业自筹资金解决，企业自筹资金确有困难的由企业主管部门协助解决，仍解决不了的，集体企业由市劳动局从失业保险基金中按每人每月170元标准借支基本生活费；市属国有企业由市财政局、区县属国有企业由区县财政局按每人每月170元标准借支生活费。

4. 家庭人均生活费低于140元的双职工下岗待工人员，由企业主管部门解决，仍解决不了的，集体企业由市劳动局从失业保险基金中借支补到140元；市属国有企业由市财政局、区县属国有企业由区县财政局借支补到140元。

1995年市劳动局从失业保险基金中共为38户停产整顿企业的9 955名困难职工拨借生活费529.71万元；在“两节”、“两会”、“五一”劳动节、国庆节、世妇会等期间为177户停产半停产企业中的29 042名困难职工拨借发放生活费766.08万元；为1户国家级现代企业制度试点单位的1 005名下岗待工人员发放安置补助费102.51万元；为1户关闭企业的62名下岗待工人员发放安置补助费28万元；为3 101名家庭月人均生活费低于140元的职工补足到140元。

七、劳动安全

（一）国有企业女职工保护工作得到落实。4月至12月，我局对本市纺织、印刷、建材、化工等33个行业中的100家国有企业，进行了女职工“五期”保护和禁忌从事劳动范围规定执行情况的重点检查，涉及职工419 380人，其中女职工158 310人。从调查的企业情况看，普遍做到了女职工保护工作有人管，出现问题有人抓，尤其是女职工“五期”特殊权益的保护和禁忌从事的劳动范围，在国有企业中均得到了较好的落实，没有发现有严重违反女职工劳动保护法律、法规的现象。

（二）对未成年工实行特殊保护。从5月1日起，我市根据劳动部《未成年工特殊保护规定》，结合未成年工处于生长发育期的特点和接受义务教育的需要，规定对未成年工从事劳动的禁忌范围；另一方面，规定现正在使用或今后招用未成年工的企业，要首先组织未成年工进行体检，持《未成年工健康检查表》和填写的《未成年工登记表》到当地劳动保护监察机关办理审核手续，取得核发的《未成年工登记证》后，再办理其他用工手续。目前，市劳动局与市卫生局已认定了15家对未成年工进行体检的医疗机构，并向全市公布了检查医疗机构名单。

（三）安全监察工作突出重点。我市矿山是易发生事故的重点行业。今年，我市在狠抓矿山行业安全标准化的基础上，着重加强了安全检查工作，先后开展了三次劳动安全大检查，涉及15个乡镇，检查了60多个矿山企业，共查出隐患483项，并限期整改。其中，对隐患严重的27个矿井依法给予了停止作业的处理。

（四）劳动条件分级工作取得新进展。为给劳动者创造一个安全卫生的劳动环境，全市继续开展了企业劳动条件分级检测工作。目前，全市已认定分级检测站18个，完成了517个高温作业岗位和440个粉尘作业岗位的检测分级工作。同时，为保障分级检测工作的正常进行，还制定了劳动条件分级检测站的认定标准和检测规范，举办了各级管理人员和检测人员的专项培训班，给经考核合格的108名检测人员颁发了证书。

（五）治理事故隐患有进展。1995年初在全市范围内初步确定的154项重大事故隐患，经有关部门努力，已初步治理了30项，彻底治理了49项。

（六）加强特种设备安全监察。1995年，全市到期应检压力容器5 523台，完成检验5 253台，定期检验率95%。市劳动局对44家安全认可证到期的起重机械安装修理单位进行了换证审查，其中38家如期换证。另有10家新取得了安装修理单位安全认可证。同年，市劳动局对10家一、二类压力容器制造厂进行换证审查，8家如期换证。另有11家新取得了一、二类压力容器制造许可证。市劳动局对88家气瓶充装、检验站进行审查，其中64家通过审查，予以注册。

（北京市劳动局办公室）

天津市

1995年，我市各级劳动部门在市委、市政府的领导下，坚持以邓小平同志建设有中国特色的社会主义理论和党的基本路线为指针，解放思想，更新观念，开拓进取，围绕建立适应社会主义市场经济要求的新型劳动体制这一改革目标，坚持以培育和发展劳动力市场为中心，不断深化劳动领域各项改革。

一、劳动就业工作

按照“国家调控，城乡协调发展，企业自主用人，劳动者自主择业，市场调节供求，社会提供服务”的就业指导方针，加强劳动力市场建设，积极开展就业训练，充分发挥失业保险的保障作用，加强劳动就业服务体系建设，抓紧实施再就业工程，保持了我市就业局势的基本稳定，城镇失业率控制在3%以内。

加快劳动力市场建设步伐，形成了布局合理、城乡联通、运行通畅的职业介绍网络。1995年我市的劳动力市场规则进一步得到健全，服务功能日趋完善，市场运行协调有序，洽谈交流十分活跃。截止到年底，我市各级职业介绍服务机构已达69家，进入市场求职者达136.6万人，有30.84万人实现了就业和再就业。与此同时，我们还继续加强和发展国际劳务技术交流与合作，积极拓展境外就业渠道，先后与8个国家和地区建立了劳务合作关系，并在新加坡建立了我市第一家境外就业分支机构，劳务输出数量逐步增加。

继续巩固和发展劳服企业扩大就业。今年，对社会各方面兴办中小企业从事劳动密集型行业，特别是劳服企业，在资金、场地、税收等方面给予一定支持，落实各项优惠政策。对安置失业人员和企业富余人员达到一定比例的劳服企业实行减免税政策。新增劳服企业1 079家，实现利税4.5亿元；安置社会失业人员和企业富余职工2万余人。

强化职业培训和职业指导，促劳动者素质提高和观念转变。1995年各级各类培训实体，坚持以市场需求为导向，积极开展多层次、多形式的就业训练和转业转岗培训，并加强了培训中心建设，加大培训力度，拓宽培训范围，全年共培训3万人，其中转业、转岗培训1.5万人。

继续完善覆盖全部职工、失业救济与再就业紧密结合、管理服务社会化的失业保险制度，充分发挥失业保险在保障失业人员基本生活、促进再就业和稳定社会等方面的作用。1995年，为194户困难企业1.46万名职工提供贷款400万元，贴息600万元；为194户停产整顿企业的2.6万名长期待岗职工发放失业救济金2 506万元，减轻了企业负担，并使1.35万人实现了重新就业。

1995年，就业工作中一项十分突出的任务是在全市开始实施再就业工程。我们在全面调查、摸清现状的基础上，制定了我市实施再就业工程意见，提出了12条政策措施。充分发挥各级政府、企业、劳动者和社会各方面的积极性，实行企业安置、个人自谋职业和社会帮助安置相结合，通过提供就业指导、职业介绍、转业转岗培训、生产自救等多种服务和帮助，有力地促进了失业职工再就业和企业富余职工的分流安置。1995年，全市共有18.6万人实现了再就业，其中安置困难企业困难职工1.03万人，为促进我市深化企业改革、经济发展和社会稳定发挥了重要作用。

二、劳动合同制度

1995年我市劳动用工制度改革取得了根本性突破。年初市政府发布了34号令，颁布了《天津市实施劳动合同制度规定》，并召开了工作会议，全面推行劳动合同制度，初步建立了“企业自主用人，劳动者自主择业”的新型用人制度。

截至到1995年底，全市已有182.4万名职工与用人单位签订了劳动合同，占全市职工总数的84.5%。

与此同时积极开展集体合同试点工作。按照劳动部《关于集体协商签订集体合同试点工作的意见》，结合我市实际情况，与市总工会等部门联合下发了《天津市关于进行集体协商签订集体合同试点工作的意见》的文件，指导企业按照“自愿协商、平等协商和保持和谐稳定”的原则搞好试点工作。全市共确定集体合同试点企业147户，其中65户已签订了集体合同。

三、职工失业保险制度

1995年本市失业保险制度日趋完善。一是市人大常委会审议通过的《天津市城镇企业职工失业保险条例》，将本市的失业保险纳入法制化的规范管理。《条例》规定：失业保险的覆盖范围包括公私企业、个体经济组织在内的所有城镇企业及其职工；失业救济金的发放标准为本市最低工资标准的80%；同时《条例》对失业职工的管理、违反条例应负的法律责任等问题也都分别作出了明确的规定。二是强化基金征缴，管好用活失业保险金，充分发挥失业保险的保障功能。1995年全市各级失业保险机构通过采取加大宣传力度，重点解决拖欠问题等措施，提前完成了失业保险基金的征缴任务，实现了征缴计划的117%。在做好基金征缴工作的基础上，认真搞好失业救济工作，扶持困难企业发展多种经营，积极开展生产自救，确保失业人员的基本生活。截止1995年底，全市共有7 222个单位的189.09万职工参加失业保险。

四、职工养老保险制度

1995年职工养老保险制度改革继续深化，社会统筹覆盖面不断扩大，适应社会主义市场经济要求的养老金计发办法全面实施，社会保障功能明显增强。

按照《关于进一步扩大城镇企业养老保险社会统筹覆盖面的意见》，市、区、县劳动行政部门和社会保险公司以及其他有关单位，加强领导，精心组织，取得了显著成绩。将5万名职工的养老保险纳入全市统筹，使全市参加统筹的企业职工达到172万人、离退休人员58.4万人。

职工养老金新计发办法的全面实施是养老保险制度改革的核心内容，也是广大群众最为关心的问题之一。因此，加强了这项工作的领导，严格准确地贯彻《天津市城镇企业职工基本养老金计发办法》，使退休人员养老金水平比按原办法计算的养老金水平人均增加40万元。

同时，考虑到部分退休人员按新办法计算养老金水平低于按原办法计算的待遇水平的情况，又实行了保底补齐办法。即：凡是按新计发办法计算的养老金水平低于按原办法计算水平的，差额部分予以补齐，使退休人员的利益不因改革而受影响。

1995年本市养老保险正常调整机制开始运行，分别于4月和11月两次对退休人员养老金进行了调整，人均增加75元。

为了适应企业改革和建立现代企业制度的需要，大力推进养老保险社会化进程，制发了《关于城镇企业职工养老保险基金结算办法实行统收统付试点的通知》，并率先在津南和河东两区的81户企业中进行试点，并取得了一定成效。

五、职工工资

1995年，本市切实加强企业工资总量宏观调控，着力理顺工资关系，继续深化工资制度改革，促进了企业工资总量与经济效益，职工人均收入与劳动生产率同步增长。

1995年坚持认真编制、实施劳动事业发展年度计划，执行并改进弹性劳动计划，较好地落实了弹性工资计划指标。

为了增强工资宏观调控的有效性，重点解决弹性计划与“两低于”管理办法的衔接问题，积极探索二者的结合点，制定了“增加值工资管理办法”并完成了测算工作，为贯彻实施奠定了基础。

截至1995年底，本市地方国有企业有3 335户、103.1万职工实行“两低于”办法。

依法规范企业工资分配行为。第一，根据《劳动法》的规定，按照本市经济发展状况，从1995年7月1日起调整本市最低工资标准。将每人每月210元和200元（五县）的标准，分别调高到每人每月240元和230元（五县）。第二，修订本市《工资支付暂行规定》，主要对企业加班工资的基数和标准等问题作了补充规定，使企业工资支付行为既符合法律、法规的规定，又符合企业实际，较好地发挥了工资分配激励作用和约束作用。1995年全市职工工资总额达到184.80亿元，比上年增长19.97%；人均工资6 501元，比上年增长21.2%，其中，地方国有企业工资总额69.32亿元，比上年增长16.65%。职工人均货币工资达到6 373元，比上年增长19.5%。

为促进本市经济发展，维护社会稳定，全力抓好解决困难企业困难职工生活问题的工作。第一，根据市领导的要求，对市属444户困难企业的178 844名职工进行了全面的调查分析，将其中9 123名职工列为解困工作的重点。第二，加强对困难企业困难职工的管理，到9月底全部完成困难企业职工的建档立卡工作。第三，加强对解困工作的领导，成立了“天津市解决困难企业困难职工的生活工作领导小组”，领导小组办公室设在市劳动局。第四，成立解困基金会。多渠道筹集解困基金，及时将困难职工生活救济金发至困难职工手里，保证了社会的稳定。第五，建立特困企业工资预留户制度，共批准125户企业建立工资预留户。预留资金 3 762.6 万元，有效地保证了这些企业职工工资和退休人员养老金的发放。

六、职业培训工作

1995 年我市技工学校改革、职工培训和职业技能鉴定工作取得了新进展。全市有高级技工学校 2 所，国家级重点技校 4 所，市（省、部）级重点技校 19 所，一级技校 41 所。组建了我市首批国家职业技能鉴定所 22 个，全年累计鉴定 6 万人，已有 1.82 万人取得国家颁发的《技术等级证书》，其中高级工 700 人，中级工 7 800 人，初级工 9 700 人。

1. 技工学校改革进一步深化。一是面向市场调整和增设社会急需专业，有 64 所技校开设了经济、艺术、体育类等 42 个专业，招生人数占招生总数的 30.4%。二是积极推进招生制度改革，全市 158 所学校招收新生 12 803 人；其中有 35 所学校招收“并轨”收费生 4 048 人，46 所学校招收“农转非”学生 2 700 人。三是深化教育教学改革，选择部分学校对教学大纲、内容、方法进行了综合改革，提高了学生操作技能和综合素质。四是认真做好技校教师职称评审工作，加强了师资队伍建设，全市技校共评审中级职称 680 人；高级职称 378 人。

2. 加强职业培训和职业技能鉴定工作。一是通过各种途径开展多种形式的职业培训，全年有 80 万工人参加了培训，30%的工人达到了《岗位规范》的要求。二是积极开展职业技能鉴定社会化管理试点工作，实行职业资格证书制度。1995 年，组织了全市 15 000 名技工学校和职业学校毕业生参加的技术等级考核，会同有关部门对机关、事业单位的 40 000 余名工人进行了技术等级考核和颁证工作，开展了乡镇企业职工、个体工商户、私营企业从业人员和社会其他各类人员 1 100 余人的职业培训和职业技能鉴定工作。另外，还对社会办学及部队军地两用人才近 60 个工种 2 470 人分别核发了相应的《技术等级证书》。其中有 114 人取得了高级技师合格证。三是组织了全市“技能月活动”，技术比武、技能竞赛广泛开展，有 1 名获全国技能大奖、4 名获全国技术能手称号，评选表彰了 10 名“全市技能大奖”和 149 名“全市技术能手”，有力地推动了职工培训工作发展。

七、劳动争议调解与仲裁工作

1995 年，本市劳动仲裁工作按照“一调一裁两审”的工作体制要求，认真贯彻《劳动法》、《中华人民共和国劳动争议处理条例》，及时妥善处理各类劳动争议案件，维护了劳动关系双方合法权益，保持了社会稳定。

1. 根据《劳动法》实施后出现的新情况、新问题，依法处理了各类劳动争议案件，特别是处理了一批因停工、罢工引发的集体劳动争议案件、突发事件和社会上有重大影响的劳动争议案件。1995 年全市共受理劳动争议案件 4 496 件，比上年增长 26.8%，涉及职工 6 620 人。在结案方式上，调解结案的 4 150 件，仲裁裁决的 108 件，当事人撤诉的 55 件，不服仲裁裁决向法院起诉的 16 件。截止到 1995 年底，共结案 4 422 件，涉及职工 6 493 人，结案率达 98.4%；与有关部门配合处理罢工、停工、集体争议 63 件，涉及职工 2 134 人。

2. 贯彻实施《劳动法》，积极做好劳动争议预防工作。一是依据《劳动法》重新修订和规范了各类劳动合同文本，加强劳动合同鉴证和管理，全年为劳动关系双方提供各类规范劳动合同文本 150 万份，办理劳动合同鉴证 34 万份。二是加强劳动争议调解委员会的建设，使大量劳动争议化解在企业内部，减少或避免劳动争议的发生。三是认真做好群众来信和劳动法律政策咨询工作，及时解决群众反映的问题，全年共受理群众来信来访 308 件次，其中来信 468 次，比上年同期增长 1.66 倍。四是加强《劳动法》宣传工作，提高企业和职工的法律意识，全年为企业和职工提供法律咨询 12 000 人次，举办各类培训班

72 期，培训企业厂长(经理)、劳资干部 6 800 人次。

3. 进一步建立健全劳动争议处理制度。1995 年，市政府颁布了《天津市实施〈中华人民共和国企业劳动争议处理条例〉办法》，进一步加强劳动争议处理工作法制化、规范化建设；加强各级劳动争议仲裁委员会的组织建设，全面实行仲裁庭、仲裁员制度，市和 12 个区、县相继建立了仲裁庭，组织了 80 名仲裁员参加培训，并为全市 175 名专、兼职仲裁员统一核发资格证书、执行公务证和胸卡证。规范劳动争议仲裁工作程序，完善办案制度，统一印制了劳动争议案件处理的法律文书，提高了办案质量和效率。

八、劳动保护安全监察工作

劳动安全关系到劳动者的生命健康和企业生产的正常秩序。1995 年在市安全生产委员会的领导下，根据国家有关规定和我市安全生产的实际情况，加强了安全管理与监察工作，取得了较好成绩。全市因工死亡控制在规定指标以内，并比控制指标下降 10 个百分点；锅炉爆炸事故率为 0，锅炉重大事故率为 1.9/万；压力容器爆炸事故率为 0.33/万；气瓶爆炸事故率为 0，均未超过事故规定指标，保持了全市安全生产和劳动保护工作形势的基本稳定，在某些薄弱环节上工作有所突破。一是加强了劳动保护的综合管理。推行了安全生产目标责任书制度和安全生产风险抵押，狠抓了安全生产责任制的落实，对控制全市各类安全事故发挥了重要作用。加强了劳动保护宣传教育工作，努力提高各级领导和广大职工的安全生产意识。开展了第五个“安全月”宣传活动，组织 40 余万职工进行安全知识考核。加强了对特种作业人员的培训考核，培训人员 3 013 人。举办劳动条件分级培训学习，并积极推行了临时工、农民工安全操作证制度。在锅炉压力容器的管理上，进行了锅炉普查、换证工作和锅炉运行状态检验工作，对全市 75 个气瓶充装站进行了注册登记审查，并开展了锅炉压力容器无损检测Ⅱ级人员、锅炉检验员、司炉工及水处理工进行了培训考核。二是强化了劳动安全监察。分别在世界妇女大会召开期间、元旦春节期间开展了监察，同时进行了春、冬和暑期安全生产大检查。在依据劳动部要求开展华北地区建筑安全检查和三部联合执法检查活动中，取得了较好成效，产生了积极影响。通过监察，纠正了违法行为，对促进安全生产，确保劳动保护法规的实施起到了积极作用。三是加强了事故的分析、调查、处理。一方面通过调查查明事故原因，对事故隐患责令整改，另一方面，提高工作效率，缩短办案周期，提高结案率。并在调查分析的同时，加大了处罚的力度。四是针对施工作业现场安全管理薄弱，伤亡事故居高不下的情况，推行了建筑施工企业安全资格认证工作。同时，开展了对全市企事业单位兴办的“三产”和各类多种经营实体安全管理现状的综合调查，制定了安全管理办法，取得了一定成效。

九、劳动立法与劳动监察工作

1995 年是劳动立法工作并取得较大成绩的一年。《劳动法》的颁布，在很大程度上促进了我市地方劳动法规的立法步伐。一是市人大常委会 1995 年度先后审议通过三项地方劳动法规，即《天津市城镇企业职工失业保险条例》、《天津市城镇企业职工养老保险条例》和《天津市劳动保护条例》。二是市政府颁布了《天津市城镇企业职工基本养老金计发办法》、《天津市最低工资暂行规定》、《天津市实施劳动合同制度规定》、《天津市实施〈中华人民共和国企业劳动争议处理条例〉办法》等项配套规章。三是市劳动局为贯彻落实国家和本市的有关规定，制定规范性文件 51 项。

劳动监察工作是劳动法制建设重要组成部分。首先，加强了劳动监察机构队伍建设，与市机构编制委员会联合下发了《关于建立区、县劳动监察机构配置劳动监察人员编制的意见》，大大推进了机构队伍建设，截至七月上旬，全市18个区、县全部建立了劳动监察机构，充实了人员。全市共任命专职劳动监察员123名、兼职劳动监察员121名，聘请劳动监督员近100名。其次，建章立制，为开展劳动监察工作打好基础。建立了劳动监察与劳动行政业务管理工作联系制度，同时建立了劳动监察情况报告制度。第三，大力开展执法活动，促进劳动法律、法规的贯彻落实。一是大力搞好群众举报投诉制度，年内市劳动监察机构接到举报2 500余人次，受理重大违法案件576件。二是积极开展日常巡视检查，把推行劳动合同制度、推行最低工资标准情况、推行新工时制度、缴纳社会保险费情况作为经常性工作。三是统一部署，集中开展全市性大检查。全市共检查用人单位3 740户，补办用工手续2.9万人，清理禁止使用外来劳动力2 980人，清退非法使用童工28人，补签劳动合同4.7万人，为3 000余名劳动者追补被克扣和拖欠的工资64.2万元，补发加班工资72.6万元，补交社会保险金119.09万元，责令退还抵押金134.3万元，处罚违法单位82户。较好地维护了劳动者的合法权益和促进了劳动法律、法规的正确实施，对保持劳动关系的和谐稳定和社会安定团结，起到了积极作用。

（天津市劳动局）

河北省

1995年，河北省的劳动工作紧紧围绕“抓住机遇、深化改革、扩大开放、促进发展、保持稳定”的基本方针，适应建立社会主义市场经济体制的要求，抓住培育和发展劳动力市场这个中心任务，解放思想，更新观念，深化改革，开拓进取，转变职能，强化服务，实现了重点突破，促进了劳动事业的全面发展。

一、全面推进再就业工程

根据劳动部的要求和省政府目标规定，1995年要在全省全面启动再就业工程并使30%的失业6个月以上的失业职工和连续6个月以上基本生活无保障的企业富余职工实现再就业。上半年，河北省政府几次召开常务会议，进行专题研究，于5月19日批转了《省劳动厅关于实施再就业工程意见的报告》。6月10日召开了全省推进再就业工程会议。劳动部门采取得力措施，出台了一系列再就业工程的配套文件，规范了职业指导、转业转岗训练和生产自救等再就业方式，并制定了有关优惠政策。在统筹城乡就业、农村劳动力开发就业试点工作方面取得很大突破。全省城镇安置了12.1万人，失业率控制在2.46%。

二、实施劳动力市场“三五六四”工程

年初，劳动部门规划设计了培育和发展劳动力市场的“三五六四”工程，即：1995年建成5个省辖市职业介绍服务中心、50个县（市、区）职业介绍所、500个乡镇劳动服务站；1996年和1997年，分别再建成60个县（市、区）职业介绍所和400个乡镇劳动服务站。要求规划内的职业介绍机构要达到“有与业务量相适应的劳动力交流大厅，有较先进的服务设施，劳动力供求主体纳入市场实行双向选择，实行综合一条龙服务”。到年底，年内目标中的5个省辖市、50个县（市）和500个乡镇的劳动力市场已基本完成并按照新机制运行。全省建立了各级各类职业介绍机构2 700多个，其中省级劳动部门办的1个，市级劳动部门办的11个，县（区）劳动部门办的

174个，乡镇劳动服务站2 400多个，非劳动部门办的113个，并形成了常年性服务制度，开展了一条龙服务，初步建成了以省辖市为中心，以县(市、区)为基础，以乡镇为依托，以非劳动部门为补充的全省统一、开放、竞争有序的劳动力市场网络。

三、社会保险制度改革不断深化

1995年，全面实施了职工个人缴纳养老保险费制度，推行了基本养老金计发办法，强化了养老保险金的征缴与管理。参加省级统筹的国有企业退休人员占应参加数的98%以上；集体企业统筹覆盖面达到89.5%。参加失业保险的单位2.3万个，覆盖职工386万人。工伤、医疗、生育保险制度改革试点范围进一步扩大。

四、职业技能开发取得新突破

全省各级各类技校已达305所、在校生总数10万人。职工培训规模不断扩大，全省职工培训总量累计达888万人次。工人考核和职业技能鉴定日趋完善，全省已对150多万名国有企业职工认定了技术等级，给4万余人认定了技师资格，共评聘高级技师170人。省和10个市、地建立了职业技能鉴定指导中心，全省已正式批准建立了109个职业技能鉴定所。群众性岗位练兵和技能竞赛蓬勃开展。1993年至1995年底，先后举办了青年奥林匹克技能竞赛、青工大比武、技能月活动等，250万名青工参加了活动，其中1人被授予“中华技能大奖”，1人荣获“五一”劳动奖章，6人被评为“全国技术能手”，128人被评为“河北省技术能手”。

五、劳动监察工作有效开展

劳动监察机构建设有了明显进展。省劳动厅在上半年的机构改革中已建立劳动关系与监察处，全省11个省辖市地中已有8个市地，178个县(市、区)中已有98个县(市、区)建立了劳动监察机构，还没有建立劳动监察机构的市县，也都明确了专管科室。劳动监察执法队伍开始形成。全省已配备劳动监察员360人，其中专职人员200人。各级劳动监察机构，依据《劳动法》，普遍开展了专项检查、日常巡视检查、举报专查等形式多样的监察执法工作。如唐山市在开展的整顿社会职业介绍机构活动中，查处了24家社会职业介绍机构的违法中介行为，取缔了15家职业介绍机构。石家庄市在上半年的日常检查中，共检查4 145户用人单位和6 091户个体经济组织，责令50户用人单位进行了整改，查处了4起非法使用童工案件，督促用人单位补办用工手续和补签劳动合同，补交社会保险金15万元。全省仅上半年就受理群众举报案件101起，立案查处31起，结案29起。通过监察、处理，维护了职工的合法权益，促进了劳动关系的和谐稳定。劳动合同制普遍实行企业自主用人和劳动者自主择业的新型用人制度基本确立。到1995年底，全省已实行劳动合同制度的各类企业3.2万户，职工471.5万人，分别占全部企业总数和职工总数的97.2%和94.8%，已有1 357户企业签订了集体合同。

六、劳动争议处理取得成效

全省各级劳动争议仲裁委员会1至9月份共受理劳动争议案件581起，涉及职工2 534人，审理结案511起，占受理案件总数的88%。其中用人单位胜诉的113件，职工胜诉的213件，双方部分胜诉的185件，分别占结案总数的22%、42%和36%。从劳动争议处理情况看，主要特点为：劳动争议案件持续大幅度上升，前9个月比1994年同期增加47%；集体劳动争议集中突出，大部分发生在“三资”企业、经济效益不好的国有和集体企业；因保险福利、劳动报酬和履行劳动合同发生的劳动争议居多；集体上访和罢工事件明显增多，上半年共发生职工集体上访21起，涉及职工2 320人，平均每起在110人以上，罢工事件2起，涉及职工740人。这些都有待于在深化改革和深入贯彻实施《劳动法》中予以解决。

七、劳动安全卫生工作进一步加强

各级劳动部门认真贯彻“安全第一，预防为主”的方针，加强了劳动安全卫生的综合管理与监察，突出抓了安全领导责任制的落实，强化了对重大事故隐患的建档监控和对重大事故的查处。安全生产四项指标控制在省政府目标以内。积极开展了职业安全卫生预防监察以及重点行业、企业和项目的安全监察。加强了对锅炉、压力容器的安全监察工作。认真贯彻实施《矿山安全法》，制定了实施办法，积极开展执法监察。省劳动厅用两周时间，对全省重点产矿县和事故多发地区的矿山进行了现场检查，共查处重大事故隐患 314 个。针对乡镇煤矿安全生产形势严峻的形势，加大了对乡镇煤矿治理整顿的力度，全省共关停非法小煤矿 904 个矿次，整顿不具备基本安全条件的小煤矿 820 个。通过治理整顿，有效地遏制了重大伤亡事故的发生。

八、保障困难职工生活

1995 年，劳动部门积极解决亏损企业、停产、半停产企业职工和离退休职工，困难职工的生活问题，使职工队伍保持了稳定。1995 年“两节”期间动用了养老保险金 2 400 万元和失业保险金 1 090 万元。敏感期间，动用了养老保险金 1 123 万元和失业保险金 750 万元。第三季度又动用了 1 000 万元养老保险金和 200 万元失业保险金，用于解决无力发放工资的企业职工和离退休人员的生活问题，为维护社会稳定作出了贡献。

九、劳动法制建设取得新进展

按照社会主义市场经济条件下劳动法律体系的要求，一系列与《劳动法》配套的法规规章相继出台。以省政府名义印发了《关于全员实行劳动合同制的通知》、《关于当前加快失业保险制度改革的通知》、《关于转发省劳动厅实施再就业工程的意见》、《河北省企业职工最低工资暂行规定》、《关于积极做好破产企业职工安置工作的通知》。省人大通过并颁布了《河北省贯彻〈矿山安全法〉的实施办法》。这是近年来在较短时间内经省人大、省政府名义发布的法规、规章和规范性文件数量多、份量重的一年。省劳动厅还以《劳动法》为依据清理废止了 123 件不相适应的法规、规章和文件。同时，要求并指导各类企业认真检查内部规章制度，建起了新的符合《劳动法》规定的厂规厂纪，从而使违反劳动标准、严重侵害劳动者合法权益的事件明显减少。

（河北省劳动厅　李元河　秦立中）

山　西　省

1995 年是山西省劳动工作实现质的飞跃和根本性突破的一年。各级劳动部门紧紧围绕培育和发展劳动力市场机制这个中心，以贯彻实施《劳动法》为统领，突出抓了劳动力市场与城乡就业、劳动合同制、社会保险、工资分配宏观调控和安全生产五个重点，使劳动工作在更深的层次和更广的范围展开，实现了三方面的飞跃。一是劳动力市场理论的确认，冲破了计划经济体制下劳动体制与理论的束缚，把培育和发展劳动力市场作为劳动制度改革的中心，明确了建立新型劳动制度的指导思想和整体框架，劳动制度改革开始进入全面规划、整体推进的时期。二是《劳动法》的颁布实施，确立了劳动工作在社会主义市场经济体制下的法律地位，劳动工作开始呈现出依法行政、依法改革、依法监察的新局面。三是适应建立社会主义市场经济体制的要求，劳动行政部门的职能开始转向宏观调控、监察、服务，统筹管理全社会劳动力。三个方面的飞跃和突破推动了劳动工作的全面发展。

一、劳动力市场进一步发展，就业局势基本稳定

全省县以上职业介绍服务机构发展到150个，乡镇(街道)劳动服务站发展到1 944个，覆盖率分别达100%和95%。地市以上职业介绍服务机构全部实现了劳动力市场信息微机联网。58个县以上职业介绍服务机构实现了“一条龙”服务。全面实施了“再就业工程”。全年安置城镇劳动力22.5万人，其中新增劳动力17万人，城镇新增劳动力就业率为75%，失业人员再就业率达80%。“农村劳动力跨地区流动有序化工程”全面展开，转移消化农村剩余劳动力35万人，其中向外省输出10万人。城乡就业局势基本稳定。

二、用人制度改革取得根本性突破

全省574.4万职工实行了劳动合同制。其中国有、城镇集体企业职工363.3万人，占职工总数的99.8%；乡镇企业职工196.4万人，占职工总数的65.8%；国家机关、事业组织、社会团体职工14.7万人，占应实行劳动合同制职工总数的61.3%。同时在96户企业进行了集体协商、签订劳动合同的试点。

三、社会保险制度改革继续大跨度向前推进

以养老、失业保险为重点，全面实施了已出台的各项改革方案。国有企业职工养老保险基金省级统筹进一步巩固完善，参加省级统筹的国有企业为8 183户，职工180.52万人，分别占应参加户数和人数的98.5%、95.8%。参加统筹的离退休人员41.4万人，占应参加人数的99.3%。城镇集体企业职工养老保险基金全部实现了市县级统筹，参加统筹的企业4 644户、职工29.01万人，分别占应参加户数和人数的27.98%、32.54%。按照社会统筹与个人账户相结合的原则，全面实施了新的养老金计发办法，养老保险个人账户基本设立，形成了养老金的正常调整机制。加强了管理服务工作，63个县市实行了全额收缴、直接发放。失业保险制度改革进一步深化，5月18日省人大出台了《山西省城镇企业职工失业保险暂行条例》，将失业保险覆盖面扩大到城镇各类企业职工，并强化了失业救济和再就业的双重功能。全省参加失业保险的国有单位达10 950个、职工212万人。医疗、工伤、生育保险制度改革进一步扩大。81个市、县开展了医疗保险，参加保险的企业为4 278户、职工56.11万人；103个市、县开展了工伤保险，参加保险的企业为4 133户、职工102.3万人；111个市、县开展了生育保险，参加保险的企业为5 814户、职工110万人。

四、工资总量宏观调控进一步加强

工资分配工作重点抓了“一总三线”。“一总”就是控制工资总额。全省各类企业全面推行了《工资总额使用手册》制度。“三线”是经营者收入上线、劳动者收入下线、行业工资增长指导线。经营者收入上线方面，在30户现代企业制度试点企业，全面实行了经营者年薪制管理办法；劳动者收入下线方面，认真实施了《山西省企业最低工资暂行规定》，并组织了监督检查；同时在6个省辖市的煤炭、机电、化工行业中试行了行业工资增长指导线。在70户非国有企业进行了集体协商决定工资水平的试点。指导企业内部分配方面，主要是指导企业实行了岗位技能工资制等多种内部分配办法。全省实行岗位技能工资制的地方国有企业职工达到总人数的50%。

五、职业技能开发工作取得了新进展

全省技工学校已发展到107所，其中，国

家部委办36所，地方办71所，年在校生约4.9万人。就业训练中心(点、站)已发展到841个。全省初步形成了多渠道、多层次、多形式的职业技能培训网络。职业技能培训重点抓了对城镇新增劳动力、企业富余职工、失业人员和农村剩余劳动力的培训，城乡劳动力就业前培训和转业培训人数达17万人。全省已建立56个职业技能鉴定站和5个职业技能鉴定指导中心，审核批准了534名考评员的任职资格。在商品营业员、家电维修、车工、钳工、电工、中式烹调等12个工种开展了职业技能鉴定，重点抓了交通行业通用工种的职业技能鉴定工作，抓了技能标准试题库的建设。职业技能开发工作有力地促进了劳动者整体素质的提高，为公正合理地评价劳动者的职业技能提供了科学依据，调动了广大劳动者学技术的积极性。

六、劳动安全卫生工作得到进一步加强

进一步落实了"企业负责、行业管理、国家监察、群众监督、劳动者遵章守纪"的安全生产管理体制，加强了劳动安全卫生工作的综合管理与监察，重点抓了安全生产责任制的落实，加强了对事故多发行业、地区、重点部门及重点设备的监督检查，对重特大事故隐患，督促企业制定计划，限期得到解决。1995年，全省道路交通、工矿企业、火灾、农机共发生事故5 520起，死亡2 958人。与1994年相比，事故起数下降5.9%，死亡人数上升4.3%。

七、劳动监察和劳动争议处理工作成效显著

全省各级劳动部门全部建立了劳动监察机构，配备了专兼职监察人员。全面开展了用人单位遵守《劳动法》情况大检查，共查处违反劳动法律、法规的案件330起，对232个用人单位给予了经济处罚，对4个用人单位责令停产停业整顿。通过监察，共补签劳动合同30.1万份，清退童工388人，补办用工手续2.5万人，补发克扣拖欠工资1 024万元，补交养老保险金和失业保险金1 111.8万元，清退抵押金134.5万元。劳动争议处理工作进一步加强，省地县三级建立健全了劳动争议仲裁委员会，全部建立了劳动争议仲裁庭，普遍推行了仲裁员、仲裁庭办案制度。全年共受理劳动争议案件716起，结案630起，结案率为88%。

(山西省劳动厅)

辽　宁　省

大　连　市

1995年大连市的劳动工作，以贯彻实施《劳动法》为统领，紧紧围绕建立适应社会主义市场经济体制要求的新型劳动制度，从"改革、发展、稳定"的大局出发，培育和发展劳动力市场，深化劳动制度改革，建立社会保险体系，加强劳动法制建设，推动了劳动事业全面发展，劳动领域各项改革取得突破性进展。

一、区域性劳动制度改革的目标已经实现

1995年初，根据我市实行劳动合同制工作进展情况，市政府适时批转了市劳动局《关于全面推进劳动合同制的意见》，在全市各类企业中全面推行劳动合同制，实现了区域性劳动制度改革的目标。到1995年末，市属国有、集体企业已全部实行了劳动合同制，中央、省属企业也基本实行了劳动合同制。全市私营企业、个体工商户、乡镇企业实行劳动合同制已开始起步，市内四区已有1 497户私营企业的13 015名职工签订了劳动合同，分别占企业户数的82.7%和职工人数的80%；有905户乡镇企业的50 460名职工签订了劳动合同，分别占企业户数的18.8%和职工人数的12.7%。

加强了劳动合同的管理，制定了《大连市劳动合同管理规定》，对企业制定的劳动合同进行审查和鉴证，规范企业用工行为；对已经实行劳动合同制的企业，开展了更换、变更合同文本工作，1995年已有80%的企业更换、变更了劳动合同文本。

进行了集体协商签订集体合同试点工作，制定了集体合同文本、集体合同试行规则、集体合同审查办法，并在5户外商投资企业中进行了试点。

二、劳动就业服务体系更加完善

新建的综合性、功能齐全的大连市劳动力市场于1995年9月正式启用，一个以市职业介绍中心为龙头，以12个县市区职业介绍所为中间环节，8个专业性职业介绍所为补充，204个街道、乡镇基层劳动就业服务站为依托的统一、开放、竞争、有序的劳动力市场基本形成。市职业介绍中心被省劳动厅评为“职业介绍示范单位”。12个综合职业介绍机构全部达到省评估标准。劳动力市场的发育完善，为市场条件下的充分就业创造了条件，劳动就业服务体系的四位一体功能得到充分发挥。

1. 职业介绍实行招聘、求职、培训“一条龙”程序化办公，实现了全方位服务。用工、求职两大主体进入市场，促进了双向选择，实现了竞争就业。1995年，经全市各类职业介绍机构推荐介绍，安置了1.82万名城镇待业人员就业，失业率控制在2.8%。

2. 发展劳服企业，发挥劳服企业在缓解就业压力，平抑失业率方面的积极作用。到1995年底，全市共兴办劳服企业869户，职工总数99 777人，其中，1995年新发展劳服企业142个，安置待业、富余人员和失业职工6 100人。

3. 建立健全了以市、县、区就业训练中心为示范，企业单位办学为主体，以社会培训网点为补充的就业培训网络。1995年，就业前培训6万人，转岗培训1.5万人，向农村延伸4.8万人，外来劳务工培训19万人。

4.“再就业工程”取得了突破性进展。1995年全市共调剂安置失业职工和企业富余人员3.3万人。破产企业大连玻璃纸厂、大连仪表成套设备厂，解体企业大连海藻工业公司以及一批长期停产企业职工得到妥善安置，保持了社会稳定。

三、社会保险制度改革不断深化

以职工养老、失业、工伤、女职工生育保险为主要内容的“广覆盖、四统一”，资金来源多渠道，保障方式多层次的社会保险体系基本建立，实现了法制化、规范化的目标。到1995年底，全市已有11 020个单位，97.3万名在职职工(其中私营企业、个体经济组织从业人员、农民工达3.5万人)，29万名离退休人员参加了社会养老保险统筹，有410户企业为7.5万名职工建立了补充养老保险，有14户企业、4 881名职工参加了储蓄性养老保险；有10 960个单位、108万名职工和从业人员参加了失业保险；有8 801个单位、92.5万名职工参加了工伤保险；有8 529户企业、83.5万名职工参加了女职工生育保险。为进一步完善社会保险体系，1995年，主要抓了以下三项工作：

1. 进一步完善社会保险政策。根据我市社会保险制度改革实际，修改完善了大连市失业、工伤保险办法，扩大社会保险的覆盖面(工伤保险扩大到乡镇企业)和资金来源渠道。市政府颁布了《大连市城镇企业女职工生育保险试行办法》，从1995年10月起在全市施行。制定出台了医疗保险制度改革方案。

2. 扩大了养老保险覆盖面，强化了基金收缴。从1995年起，对城镇企业招用的农民工和外来劳务工实行社会统筹，实现了全市统一提取比例、统一支付项目、统一管理使用基金。综合运用法律、经济、行政手段强化基金收缴，基金收缴率保持在95%以上。

3. 完善社会保险机制，提高社会保障水平。在养老保险方面，制定了大连市企事业单位离退休人员最低离退休费标准；建立了离退休人员生活补贴制度和特困离退休人员救济制度；建立了信息联络制度、投诉举报制度和清欠制度，确保离退休金足额支付；积极推进社会化管理服务工作，进一步扩大统支统管范围，全市有67个单位、5 053名离退休人员由银行代发养老金。失业保险费改按社会平均工资的一定比例发放，并采取失业保险和"再就业工程"相结合，有效地发挥了失业救济保障职工生活和促进就业的功能。1995年，全市共支付失业保险金2 553万元，为7 339名失业人员支付了各项待遇。对市政府批准停产整顿的7户企业、2 772名特困职工给予了定期救济，先后3次对804户企业的122 653名职工，支付1 753万元，给予了一次性救济。帮助企业深化改革，采取提前投入的方法，向15户企业有偿投入生产自救费508万元，安置富余职工1 402名，为17个单位支付转业训练费74.96万元，资助企业对2 987名富余职工进行了转业、转岗训练。

四、劳动工资的宏观管理体系已基本建立

1. 加强企业工资总量的宏观调控并取得一定成效。全面推行工效挂钩办法，在具备条件的企业中实行工资总额与企业上缴、实现利润和国有资产保值增值挂钩办法，工效挂钩企业覆盖面达95%以上。会同财政部门建立了工效挂钩企业的年度清算制度，在全市各类企业中全面实行了《工资总额使用手册》制度。建立了企业最低工资标准和企业经营者年薪制度。在非公有制5户企业中，进行了集体谈判决定工资水平试点。

2. 加强劳动力总量的宏观调控和失业率的宏观管理。全市实行就业、再就业目标管理，市政府与各县(市)区政府签订就业、再就业目标责任状。加强外来劳务工管理，认真贯彻实施《大连市外来劳务工管理条例》，实行外来劳务工申报、审批和《务工许可证》制度，制定了《外省市劳动部门在大连设办事机构暂行办法》，加强了同输入地的联系，制定了单位使用外来劳务工的行业工种目录，实现了按需流动，使外来劳务工大批、盲目流入我市的局面得到控制。

五、职业技能开发已开始由企业走向社会

到1995年末，已在16个工种中建立了15个职业技能鉴定所，聘任了350名考评员，已对3.5万多名职工进行职业技能鉴定。强化社会办班的综合管理，实行社会办班许可证和教师资格的认定制度，按照社会需求，开发技能教育。1995年，全市有12 148人参加培训，核发证书8 805人。对技师评定工作实行评聘分开、严格申报条件、培考分离，全年对45个主管部门、3 200名技师资格进行审查。在大连理工大学、大连电子工业学校等大中专院校开展了职业技能鉴定试点，推行毕业证和技术等级证书制度，300多名大中专毕业生获得技术等级证书。开展了军地两用人才、残疾人、"两劳"人员和乡镇企业职工的技能开发工作。开展了"技能月"活动，在全市范围内开展了有180多个单位，近10万人参加的车、钳、电、美发等10大工种的技能竞赛活动，评出百名技术标兵。

六、劳动争议仲裁与劳动监察网络已经形成，促进了劳动关系的和谐稳定

针对劳动争议案件不断上升的特点，坚持一手抓办案，一手抓预防，简化办案程序。

1995年全市各级仲裁机构共立案受理劳动争议案300起，结案216起，按期结案率100%。重点抓了基层劳动争议调解委员会建设，全市已有87.5%的国有企业建立了调解委员会。制定实施了《大连市预防集体劳动争议的规定》，有效地预防集体上访案件的发生。1995年，共接待信访8 562人(件)次，咨询电话12 600人(次)，妥善处理了30起多年未解决的历史遗留老案。

全市两级劳动监察网络已经形成，劳动监察工作全面开展。1995年，对近万个用人单位进行了常规监察，对1 109起举报进行专查，共查处2 450个用人单位私招乱雇外来劳务工，责令用人单位补办用工手续、补签劳动合同70 294人；责令311用人单位为6 032人补发被克扣和无故拖欠的工资256万元；责令4个用人单位为40人补发解除劳动合同补偿金；责令326个用人单位为职工补缴社会保险费1 880.7万元；对811个违反工时规定，延长工作时间的用人单位下达限期整改指令书，补发加班工资87.2万元；责令13个用人单位为775人退还保证金、抵押金27万元；对389个严重违反劳动法律法规的用人单位给予了168.5万元的经济处罚；对27个用人单位给予了公开曝光和通报批评；对严重违法的9个用人单位的领导或责任人提出了司法建议。10月5日至12月10日，又在全市范围内开展了用人单位遵守《劳动法》情况大检查，帮助数百个企业制定了规章制度。

七、强化安全监察和综合管理，促进了安全生产

制定实施了《大连市劳动保护条例》，加强对企业、矿山、锅炉压力容器的安全监察工作，完善安全目标管理的考核办法，加大对死亡指标考核的力度。对重大事故隐患进行有效的监控管理。对115个建筑安装单位进行安全监察，对300多个工地、4 800个点下达了整改通知书，整改率达85%。对28个劳务公司进行了安全资格审查。强化劳动安全教育，召开事故分析现场会8次，举办了15期企业法人安全教育培训班，先后培训了498名法人代表。截至年末统计，全市企业死亡72人，比上年同期下降24.2%；重伤事故64起，比上年同期上升了10.3%，但低于省政府规定的重伤率指标。加强对有防尘防毒项目的企业进行检查，先后检查了70个单位，清理102个尘、毒点。

八、劳动法制建设取得突破性进展

配合《劳动法》的顺利实施，结合我市实际转发了劳动部与《劳动法》相配套的17个文件，制定了《大连市劳动保护条例》的地方性法规，制定了13个政府规章，出台了300多个规范性劳动政策文件。与有关部门配合举办了《劳动法》培训班189期，培训了2 600多人。

(大连市劳动局)

吉 林 省

1995年，吉林省劳动工作在各级党委、政府的领导下，在劳动部的指导下，坚持以邓小平同志建设有中国特色社会主义理论为指导，以培育和发展劳动力市场为中心，以贯彻实施《劳动法》为统领，以改革为动力，积极探索建立适应社会主义市场经济要求的新型劳动体制，在构筑劳动领域宏观调控体系、劳动就业服务体系、职业技能开发体系、社会保险体系和劳动立法、监督检查体系等方面取得较大进展，各项改革取得了新突破，劳动事业有了较快发展。

一、认真贯彻实施《劳动法》

1995 年，吉林省劳动部门把贯彻实施《劳动法》摆在各项工作的统领地位。在工作布局、力量投放和具体措施上突出贯彻实施《劳动法》这一重点，积极取得各级党委、人大、政府的重视和支持，协调配合社会各方面推动《劳动法》的贯彻实施。经过努力，全省已初步建立起劳动合同制度、最低工资保险制度和劳动监察制度，新的工时标准、最低工资标准、特殊劳动保险标准初步得到落实。

1. 深入学习宣传《劳动法》。为确保《劳动法》得到全面准确地贯彻落实，全省大力加强对《劳动法》的学习宣传。省及各地充分利用广播电视等工具大造舆论，在《吉林日报》开辟了学习《劳动法》专栏，在省广播电台开设了《劳动法》知识问答热线，进行系统的宣传讲解。在《劳动法》颁布一周年之际组织了宣传周活动，采取上街宣传、召开社会各界人士参加的座谈研讨会、举办知识竞赛和专场文艺演出等形式，在社会上形成了较大的声势。在搞好普及性宣传的同时，把对企业经营者以及外商、私营、乡镇企业作为宣传重点，省、市、县劳动部门分别举办了企业经营者培训班，学习《劳动法》的各项规定，对照《劳动法》查找存在的问题，增强了贯彻实施《劳动法》的自觉性。全省学习宣传《劳动法》工作不断向深度发展。

2. 全面推行劳动合同制度。根据劳动部的部署要求，吉林省确定在 1995 年度内基本建立起劳动合同制度。为此，全省劳动部门加大工作措施。针对推行工作涉及面广、政策性强、难度较大的实际，劳动部门积极取得政府的重视和支持。省劳动厅专门就全省贯彻实施《劳动法》，加大推行劳动合同制工作力度问题向省政府主管领导作了汇报，提出了建议。省政府给予高度重视，以省政府文件下发了《关于加快实行劳动合同制度的通知》，对实行劳动合同制的范围、时限及组织领导等做出部署，要求各级政府指定一名领导同志负责抓好此项工作。按照这一文件要求，各市、县普遍成立了领导小组。劳动部门抽调一定力量深入企业帮助开展工作，加强政策宣传，培训工作骨干，研究解决推行工作中遇到的具体问题，及时总结经验，指导企业重点做好老职工以及病残职工、女职工的思想工作，研究政策，解决具体困难，抓企业领导层和管理人员，带动全体职工签订劳动合同。为了加强对面上工作的指导，省厅派出指导小组深入重点市、县帮助开展工作。对经济困难企业，劳动部门协调企业主管部门制定了相应的政策和办法，在签订劳动合同、明确劳动关系的基础上，根据企业不同车间、岗位生产情况分别协商签订上岗或放假协议书，稳妥地解决了生产不正常给实行劳动合同制带来的实际问题。对外资、私营企业，省劳动厅协同省工商部门作出规定，在办理企业登记注册、年检验照、审查外资企业章程及年检时，要审查其实行劳动合同制的情况。通过工作，难点、重点被突破，从而带动了全局。到年底，全省已有 34 650 户企业、387.5 万名职工实行了劳动合同制，占各类企业总户数和职工总数的 97%。

3. 建立最低工资保障制度。依据《劳动法》的规定，省政府发布了《吉林省最低劳动工资标准》，根据各地经济发展水平和城镇居民消费水平，对各市、州、县分别规定了最低工资标准线。各级劳动部门加强督促检查工作，经常深入企业了解情况，发现和纠正执行最低工资标准中存在的问题，定期向政府汇报，提出建议。省劳动厅制定了《企业职工工资参考标准》，提高了新参加工作职工起点工资标准，并有效地解决了新老职工工资平台问题。为全面了解情况，于十月份对 2 000 户企业执行最低工资标准情况进行了统计调查。总体看，各类企业执行情况较好，有95%以上的正常生产企业实行了最低工资保障制度。

4. 劳动监察制度初步建立并发挥了作用。1995年，全省各级劳动部门把建立劳动关系协调机制，发展稳定、和谐的劳动关系作为劳动监察工作的重点，加强机构、队伍和制度建设。全省67个市(州)、县(市、区)均建立了劳动监察机构，配备专职劳动监察员253人，兼职劳动监察员339人。同时加强了对监察人员的培训，注重提高执法水平和服务意识。一个覆盖全省的三级劳动监察组织网络已基本形成。适应工作需要，省劳动厅依据国家有关规定，制定了《吉林省劳动监察暂行办法》、《监察人员守则》等四项规章制度。按照劳动部的统一部署，在地方各级人大、政协及有关部门的支持下，于第四季度组织开展了《劳动法》执行情况的监督检查活动。全省有23 119户企业进行了自查，对8 234户用人单位进行了抽查，发现了一些问题，主要是，个别企业用工无合同或合同违法、无效，克扣、拖欠职工工资，使用童工等。按照《劳动法》规定，共查处和纠正了1 115户企业的违法行为，为1.4万名职工补办了用工手续，6.2万名职工补签或重新签定了劳动合同，为5.7万名职工补发了被克扣、拖欠的工资，补缴社会保险金2 796.8万元，清退了一批违法使用的童工，有效地维护了企业和劳动者的合法权益。

5. 新的工时标准、特殊劳动保护标准等初步得到落实。全省各级劳动部门在指导、督促企业落实基本劳动标准的工作中，突出重点，分类指导。依据国家有关规定，建立了企业实行不定时工作制和综合计算工时工作制审批办法，帮助企业研究调整生产班次，改善劳动条件，增加劳动防护设施。在注意抓好国有企业的同时，把对外资、私营企业实行新的工时标准、特殊劳动保护标准的监督检查作为重点，及时发现和纠正问题，切实保护劳动者的合法权益。全省绝大多数企业较好地执行了新的工时标准，企业中未成年工、女职工的劳动保护工作得到加强。

二、劳动力市场服务网络体系初步形成

1995年，吉林省进一步加强劳动力市场建设。依照《劳动法》和国家有关规定，对各类职业介绍机构进行清理整顿，取缔了一批非法开办的交流场所。健全、完善劳动力市场管理制度，规范中介组织行为，维护市场运行秩序。适应劳动力市场网络发展需要，省劳动厅新建了“吉林省职业介绍服务中心”。全省劳动力交流场所已达922个，其中，综合性市场68所，专业劳务市场7所，乡镇街办就业服务站794个，民办职业介绍所53个，初步形成了以省为龙头，市、县、区为骨干，乡镇街为依托，民办为补充的覆盖全省城乡的市场网络体系。又不断拓展工作领域，积极与省外、国外有关机构建立劳务合作关系，组织劳务输出。为了完善服务功能，综合性市场继续实行“一条龙”的服务制度，较大城市的交流场所在劳动力供求信息的收集、传输、发布等方面采用了较为先进的设备和技术手段，为企业和求职者提供了全方位服务。1995年，劳动力交流场所共接待用工单位1.2万个，为34万人办理了求职登记，为27.5万人办理了录用手续。

三、就业形势稳定，城镇失业率得到有效控制

1995年，全省城镇失业人员总数为19.68万人，比1994年增加0.54万人，上升2.82%。其中：新成长劳动力12.21万人，比1994年增加0.66万人；上年结转失业人员5.38万人，比1994年减少1.29万人；由就业转失业2.09万人，比1994年增加0.77万人。同时，农村剩余劳动力向城镇转移的规模不断扩大。因此，劳动力供求矛盾突出，城镇就业压力大。全省各级政府从保持社会稳定的大局出发，重视加强就业工作，继续实行就

业工作目标责任制，年初下达就业指导性计划和失业率控制指标，年终进行考核验收。为促进就业，动员社会各方面力量兴办经济事业，劳动部门继续实施再就业工程，积极协调工商、税务、建设等部门制定若干政策，鼓励发展第三产业，挖掘非国有经济安置就业潜力，扶持失业人员到乡镇、区街企业就业和自谋职业。同时，加强失业职工的转业训练和生产自救，做好再就业的咨询、介绍、指导服务工作。经过各方面的努力，在劳动部门登记的3.55万名失业职工中，已有2.38万人实现了再就业，再就业率为67%。针对农村和外埠劳动力流动中存在的盲目、无序问题，省劳动厅下发了《关于在全省实施农村劳动力有序流动工程有关问题的通知》，并会同省财政厅、建设厅制定了《吉林省农村劳动力跨区域流动就业管理办法》。各地按照要求，认真组织实施农村劳动力有序流动工程，广泛开展宣传和普查工作，在24个乡镇进行试点，探索农村剩余劳动力就近转移和向深度开发就业的新路子；积极收集劳务信息，开辟劳务输出渠道，向省外、国外输出劳务3.6万人，建立了《外来人员就业证》和《外出人员就业登记卡》合一的流动就业管理制度。

1995年，全省城镇新就业人数为11.60万人，完成年计划的116%。其中，在国有企业就业3.43万人，占就业总数的29.57%；集体企业2.93万人，占就业总数的25.26%；个体就业2.60万人，占就业总数的22.41%；私营企业就业1.05万人，占就业总数的9.05%；乡镇企业就业0.50万人，占就业总数的4.31%；其他就业1.10万人，占就业总数的9.48%。按产业结构划分，第一产业就业0.88万人，占就业总数的7.59%；第二产业就业3.81万人，占就业总数的32.84%；第三产业就业6.91万人，占就业总数的59.57%。城镇失业率为2.5%。

四、工资分配制度改革不断深化

1995年，吉林省认真贯彻落实国家关于加强工资总量宏观调控的各项政策，省对各市、州和部门继续实行了动态调控的弹性工资计划，对企业工资总额按照"效率优先"原则实行不同形式的调控办法。在继续抓好国有企业工效挂钩的同时，加大在集体企业推行工效挂钩办法的力度，使工资调控覆盖面比上年有所扩大。积极探索国有企业经营者收入管理办法，在全省现代企业制度试点企业和部分国有企业中试行了经营者年薪制，为规范企业经营者工资管理积累了经验。协调银行等部门建立并严格执行了工资手册管理制度，有效地控制了不合理收入。1995年，全省职工工资总额221.00亿元，比1994增加32.94亿元，增长18.4%。深化企业内部分配制度改革，引导企业建立岗位技能工资制度等符合企业生产经营特点的内部分配制度，坚持"按劳分配"原则，向苦脏累险岗位和高技术关键岗位倾斜。在符合"两低于"原则下引导企业工资水平合理增长，企业职工工资正常增长机制初步形成。1995年，全省职工平均工资4 430元，比1994年增加764元，增长20.8%。职工工资增长水平与经济发展、效益增长水平相适应。

五、社会保险制度改革有了新突破

1995年，吉林省根据国家关于改革城镇企业职工养老保险制度的部署，结合本省实际，经过大量的调查测算、论证工作，制定了《吉林省城镇企业职工养老保险制度改革实施方案》。经省政府批准，发布施行。方案较好地体现了实行社会统筹与个人账户相结合的原则，目标和内容都有新的突破。各级劳动部门积极指导、推动改革工作，广泛开展宣传，编写相关资料，组织有关部门、企业劳资干部开展政策业务培训，全省共培训工作骨干1.55万人。到年底全省大部分国有企业的养老保险基金个人账户已基本建立起来。

失业保险制度改革坚持与企业改革紧密结合。劳动部门积极组织失业职工开展转业训练和生产自救，充分利用有限资金，扶持失业职工再就业。继续开展医疗、工伤、生育保险制度改革的试点工作，为在全省推行积累了经验。

六、职业技能开发工作取得新进展

1995年，吉林省从全面提高劳动者素质、增强失业人员就业能力、更好地适应经济发展的需要出发，加大职业技能开发工作力度。在继续鼓励支持社会各方面力量办学的同时，充分发挥各级就业训练中心的作用，采取长、短期结合的形式，开展就业前培训，全年培训失业人员8.5万人，培训后就业率达到92%。技工教育在改革中得到进一步发展，新建了6所技工学校，全省技工学校总数达到156所；1995年，技校招生2.74万人，在校生达到7.63万人。全省技工学校普遍实行了“双证制”，毕业生领取双证率达到100%。经过评估，全省又有6所技校被命名为省(部)级重点技校；有7所技校被命名为省(厅)级重点校。在职工人培训以企业为主体，普遍开展了岗位技能培训，有15.4万名职工按规定进行了本岗位(工种)应知应会知识的系统学习，有10.8万名职工参加了技术等级考核，其中9.2万人获得了《技术等级证书》。在广大企业职工中开展了“岗位练兵，技术比武”活动，全省近200万名技术工人参加了多种形式的技能竞赛，涌现出一批技术能手。职业技能鉴定社会化管理工作全面起步，全省建立了16个职业技能鉴定指导中心和职业技能鉴定站，制定了相应的制度和办法，在部分技工学校、职业学校毕业生及私营、个体从业人员中开展了技能鉴定。

七、安全生产和劳动保护工作进一步加强

1995年，吉林省进一步落实“企业负责、行业管理、国家监察、群众监督”的安全管理体制。层层签订责任状，落实治理隐患和事故控制指标，并修订、完善了相应的考核、奖惩制度。劳动部门协调有关方面广泛开展安全生产宣传教育，投入力量组织了第五次安全生产周活动，充分利用多种新闻媒体宣传加强安全生产工作的重要意义，宣传先进典型，在企业职工中组织开展专题讨论、案例分析等活动，指导企业强化安全生产管理机构建设，配备充实人员。加强了对新、改、扩建项目的安全审查工作，完成“三同时”审查验收项目120项。培训特种作业人员18.3万人。做好锅炉、压力容器制造、安装、使用全过程的安全监察。继续对乡镇、个体小煤矿进行清理整顿。加大安全监察力度，在重点行业、企业开展事故隐患检查整改活动，共查出各类事故隐患1.99万项，分别落实了整改措施和责任者。政府部门及企业积极创造条件，投入一定资金治理隐患，经过努力，全省市、县级劳动部门建档的事故隐患整改率达到91%，省级建档、国家备案的50项重大事故隐患已有36项得到根本治理。按照“三不放过”原则，对直接责任者和负有领导责任的人员给予严肃处理，全省生产事故结案率达到90%以上。1995年，全省共发生生产事故580起，比1994年下降24.47%；死亡510人，比1994年下降28.77%；重伤200人，比1994年下降41.34%；直接经济损失1 054.74万元，比1994年下降71.9%，安全生产形势比较稳定。

（吉林省劳动厅　葛义）

长　春　市

1995年长春市的劳动工作，坚持以党的十四届四中、五中全会精神为指针，以实施《劳动法》为统领，正确处理改革、发展、稳定的关系，不断深化各项改革，强化宏观调控措施，使劳动工作逐步进入了法制化轨道，对促进全市经济持续、快速、健康发展，作出了积极贡献。

一、劳动就业工作取得新进展

1995年长春市的就业矛盾相当突出。从预测情况看，当年城镇新增长和上年结转的劳动力达4万人，国有企业富余职工10万余人，外埠和农村剩余劳动力向市内流动的约20万人。针对这种情况，长春市劳动局及时把稳定就业局势，摆在全局各项工作的首位，从实际出发，重点抓了四项工作：

（1）进一步加强了劳动力市场建设。经过一年的努力，劳动力市场建设在三个方面又有新的进展。一是劳动力市场建设的模式进一步明确，新的就业机制逐步形成。在健全市场体系和网络的基础上，1995年长春市劳动局又制定了劳动力市场建设的"三一三"计划，按照一个体系三个层次，一体化管理、三股资源，一条龙服务、三条主线的思路，加强了劳动力市场建设。到年底，市和各县（市）区以及各街（乡）镇三个层次的职业介绍机构体系已经初步形成，对企业富余劳动力、农村剩余劳动力和城镇新生劳动力三股资源逐步实行了一体化管理；劳动业务线、生活服务线和劳动信息服务线的一条龙服务进一步充实完善。二是全市劳动力市场信息建设进一步加强。实现了市中心劳动力市场与各县（市）区劳动力市场的用工信息微机联网管理，初步形成了较为完整的信息收集、贮存、发布、反馈系统。同时，市中心劳动力市场还分别与市电信局168信息台、市经济广播电台、长春日报建立了长期的信息交流关系，扩大了劳动力市场的信息覆盖范围，为用工双方相互选择创造了条件。三是劳动力市场依法管理工作进一步加强。针对市中心劳动力市场场外秩序混乱、非正常交流的问题突出的情况，及时与公安、工商等部门联合对市场进行了综合治理，坚决取缔和制止了非法劳务中介活动，保证了劳动力市场的正常工作秩序。

（2）加强了农村剩余劳动力异地就业的管理工作。针对近几年各地出现的"民工潮"问题，采取有力措施加强了农村剩余劳动力异地就业的管理。年初编制了全市农村劳动力有序流动调控计划以及允许企业使用农村劳动力的行业和工种目录，对农村劳动力进城务工实行了宏观指导管理。积极与铁路、民政、公安等部门配合，制定了春运期间民工有序流动疏导实施方案，保证了全市春运工作的顺利进行。同时，还在原双阳县召开了现场经验交流会，推广了该县农村劳动力资源就地开发的经验。并针对一些用人单位私招滥雇，不办用工手续的问题，加强了劳动监察，代市政府草拟了《长春市关于农村劳动力异地就业和外埠劳动力进入长春市城镇务工管理暂行规定》，依法加强管理工作，使农村劳动力进入有序依法管理轨道。全年共办理季节性临时用工手续10万人次，发放务工许可证0.8万人次，既保证了部分企业正常生产需要，又控制了农村劳动力盲目流动。

（3）积极组织实施再就业工程工作。针对全市破产企业失业职工和企业富余人员增多的实际，根据国家和省的要求，积极实施了再就业工程，代市政府草拟了全市再就业工程实施方案，并以市政府文件印发了《长春市安置企业富余人员暂行规定》，完善了失业职工的登记和管理办法，建立了三个再就业基地，主动与有关部门沟通协调，创造条件帮助企业富余人员和失业职工再就业。全年共有1 700余名富余和失业职工通过劳动力市场调剂安排，找到了新的用武之地。

（4）强化了就业服务工作。针对就业供需矛盾突出的实际情况，进一步加强了就业工作的宏观指导，继续实行了就业目标管理责任制，突出了对私营企业和个体经济组织用工管理，在朝阳、宽城、农安以及市中心劳动力市场先后为2 093户企业建立了台账。同时，还加强了对劳动服务企业的指导，扩大了吸纳劳动力的能力，全年共组织15 147人就业，全市失业率控制在2%以内。

二、推行全员劳动合同制工作取得较大进展

长春市是从1992年开始在20户企业的固定职工中进行以合同的形式确立劳动关系的试点的。在此之后，每年都逐步扩大范围，

到 1994 年底全市已有 80%的企业和职工实行了全员劳动合同制。为深入贯彻《劳动法》，适应建立现代企业制度需要，1995 年长春市把全面推行全员劳动合同制作为深入贯彻《劳动法》的重要工作来抓，针对工作遇到的问题，进一步加大了对个别企业、行业的工作力度，以市政府名义转发了省政府关于全面推行全员劳动合同制的通知，对加快这项工作的进度提出了要求，进行了具体部署。在此基础上，紧紧抓住贯彻《劳动法》和深化企业改革，建立现代企业制度以及工商营业执照年检三个有利时机，采取办班培训，讲课辅导、典型引路等各种形式，加大了宣传力度，使企业和广大职工群众不断增强对实行劳动劳动合同制意义的认识，主动投身和支持改革。同时，还加强了分类指导和督促检查工作，通过采取请上来，走下去的办法，逐个县(市)、区和主管部门调查了解情况，帮助解决工作中的具体问题。对个别动作迟缓的企业，还通过劳动监察和下达整改指令通知书等办法，逐个解决实际问题，从而推动这项工作的全面开展。到年底，全市已有 20 172 户企业、112.8 万名职工实行了全员劳动合同制，分别占企业总数的 99.63%和职工总数的 99.13%，提前达到国家确定的时间目标要求，一个新型的劳动关系制度已经基本覆盖全市各类企业。

在全面推行劳动合同制的同时，还与市总工会配合，分别在三友模具厂和欧吉达公司 2 户基础条件较好的三资企业进行了集体协商签订集体合同试点，取得了较好的效果，为进一步扩大推行积累了经验。

三、企业工资制度改革进一步深化

1995 年，长春市劳动局继续加大了企业工资制度改革的力度。首先是继续扩大工效挂钩工作。在总结十年经验的基础上，与市财政、税务部门联合下发了《关于改进和完善工效挂钩办法的实施意见》，对工效挂钩形式、核算办法和清算办法等作出了明确规定，还第一次明确了集体所有制企业的工效挂钩办法的有关问题，解决了长时间没有解决的问题，使集体企业工效挂钩工作取得突破性进展。到年末，全市国有企业实行工效挂钩的企业累计已达 600 余户，职工 27.5 万余人。其次是在进行现代企业制度试点的企业中进行了企业经营者年薪制试点。根据国家和省的有关规定，结合进行现代企业制度试点的需要，在学习、借鉴外地经验的基础上，制定了全市国有企业经营者实行年薪制试点意见，以市政府文件正式印发，并在全市首批进行现代企业制度试点的 25 户企业中实行。第三是开展了全市企业职工增加工资工作。根据市政府提出的全市城市居民家庭人均年生活费收入在上年 2 580 元的基础上提高到 3 150 元的目标要求，及时组织力量进行调查研究，向政府提出了《关于全市企业职工工资水平状况及宏观调控工资总量意见的报告》，业经市长办公会讨论通过实施。这次企业增加工资工作，坚持经济效益为增资的主要考核依据，根据企业的经济效益情况，企业增资幅度分为四个档次。通过增资工作既提高了企业职工工资水平，又加强了工资总量的宏观调控。

四、社会保险制度改革稳中有进

“八五”期间，长春市的社会保险制度改革迈出了较大步伐。全市共有 4 008 户国有、集体、三资企业参加了企业养老保险社会统筹，还有 3 700 户企业参加了失业保险。同时，组建了市社会保险公司。1995 年社会保险制度改革的重点是贯彻国务院召开的全国城镇职工养老保险工作会议精神，研究制定《长春市基本养老保险社会统筹与个人账户相结合的实施办法》，按照职责分工，组织有关人员对两个办法进行了认真测算，在省确定改革模式以后，又积极与有关部门配合，研究我市深化改革的方案，并组织举办了新办法培训班，培训了业务骨干，为实施这项改革做好了准备。在抓好上述工作的同时，其它相关制度的改革也进入研究阶段。

五、职业技能开发工作又有进展

1995年长春市的职业技能开发工作又有新进展。为适应职业技能鉴定向社会发展的需要，年初制定了《职业技能鉴定站标准》，据此标准对30多个申请建站单位进行了审查评估，在全市建立了车工、钳工、电工、铸工等12个社会通用、覆盖面广的职业技能鉴定站。在完善各项规章制度的同时，当年已对餐厅服务、客房服务等7个工种开展了职业技能社会鉴证工作。与此同时，技术工人培训工作也有新起色。为迎接第四次世界妇女大会的召开，与市总工会、经委等部门在全市的12个企业、41个工种的35万名女职工中开展了技术竞赛活动。经过层层选拔，有1 000余名选手参加了市级举办的29个工种的岗位技能竞赛，其中32人获得市技术明星称号，104人获得市技术标兵称号，还有9名选手获得省技术明星称号，24名选手获得省技术标兵称号。当年，还评聘工人技师450人，高级技师60人。

1995年，长春市的技工教育又有新发展。当年又新建技工学校2所。至此，全市技工学校总数已达44所，在校生达21 462人。针对近几年技工学校部分苦脏累险工种（专业）生源不足的问题，充分利用国家和省允许招收农村生的政策，适当放宽招收农村生的工种，增加了苦脏累险工种招收生的数量，农村生报名人数达8 470人，比上年增加了4 852人，为择优录取创造了条件。1995年，全市技工学校招生报名人数和录用人数均创历史最高水平。录取新生7 940人，比上年增加1 120人。其中，录取农村生1 807人。1995年全市技校毕业生为7 376人，都落实了接收单位，到年底，已全部上岗工作。

六、劳动监察和劳动争议处理工作全面展开

1995年长春市的劳动监察主要抓了三项工作：一是继续抓好机构建设。在上年成立劳动监察大队的基础上，1995年主要是抓了县（市）区的机构建设，到年底各县（市）区劳动部门都已成立相应的机构，配备了工作人员。二是培训干部、完善相关的制度，规范办事程序。市和各县（市）区劳动监察机构都依据《劳动法》的有关规定，建立了各项规章制度，明确了工作程序，规范了工作行为，使监察工作步入了依法监察的轨道。三是组织开展了劳动监察活动。在抓好日常监察的同时，全年相继组织进行了餐饮娱乐业、建筑安装业和用人单位遵守《劳动法》情况大检查暨三次大型集中监察活动。特别是用人单位遵守《劳动法》大检查，是《劳动法》颁布实施后，长春市集中人员最多，开展时间最长，组织规模最大的一次集中劳动监察活动。全市共抽调了170余名干部，组成49个检查组，对2 818户用人单位遵守《劳动法》自检情况进行了重点抽查。共下发指令整改通知书98件，解决各种问题500余项，总结推广了一些遵守《劳动法》好的典型经验，发现和解决了一些问题，提高了劳动监察工作的水平和社会知名度，进一步推动了《劳动法》的深入贯彻落实。

随着《劳动法》的实施，1995年全市的劳动争议案件呈现急剧上升趋势。仅市劳动局全年就接待劳动争议案213件，是上年的2倍。由于具有发案多、涉及面广、问题复杂等特点，加上送达难、执行难的问题，给仲裁工作增加很大的难度。针对这种情况，年初长春市劳动局以市政府名义召开了全市劳动争议仲裁工作会议，对做好全年的劳动争议仲裁工作进行了部署，提出了明确要求。同时，进一步加强了组织机构建设，重点是健全企业内部的劳动争议调解机构的建设，一些问题在企业内部得到调解解决。市劳动争议仲裁机构还改进工作方法，通过采取对集体争议到企业办理，简单争议一事一议通过电话解决，能调解的当面调解解决等措施，较好地解决了情况各异，并具有一定难度的仲裁案件，结案率达88.5%，较好地维护了企业和职工双方的合法权益。与劳动争议仲裁工作紧密相联的劳动信访工作，坚持立足初访，重点集体上访的原则，在解决实际问题上下功夫。全年共接待上访733人次。由于工作细致，措施得当，使上访问题基本做到了件件有着落，事事有答复，保证了信访人的民主权益。

七、安全生产形势趋于好转

1995年，长春市的企业安全生产形势趋于好转，各类工伤事故得到有效控制。一是强化了对安全生产的领导和宏观调控。一年内先后两次以市政府名义召开全市安全生产工作会议，对做好全市安全生产工作进行了部署，提出了具体要求。继续在全市实行了全员、全过程、全方位的安全生产目标管理，还以市安委会名义与各有关部门签订了安全生产抵押金合同，实行有奖有罚，调动了各方面抓好安全生产的积极性。二是加大了安全生产宣传教育工作的力度。重点是5月份在全市范围内开展的以“治理隐患，保证安全”为主题的安全生产月活动。全市有近80万名职工参加了这次活动，增强了广大职工的安全生产意识。三是狠抓特种作业人员的培训和考核工作。全年共培训各类特种作业人员6 000余人。使广大职工掌握了安全生产的基本知识，提高遵章守纪和操作水平。四是加强了安全生产的监察与检查。全年先后进行了四次全市性的安全生产大检查，及时发现和解决了各类事故的隐患。经过努力，全市安全生产形势同上年相比，各类较大的伤亡事故有所减少。全市非矿企业共发生因工死亡41人，比上年上升20.5%，重伤27人，比上年下降8.8%；矿山发生因工死亡20人，比上年下降50%，重伤2人，比上年下降50%。锅炉压力容器基本杜绝了较大伤亡事故。

八、学习宣传贯彻《劳动法》进一步深入

1995年是《劳动法》实施的第一年，长春市劳动局把学习宣传和贯彻《劳动法》作为全年工作的统领，积极开展了各项学习宣传活动。一是举办了23期部分单位厂长(经理)、劳资人员、管理人员参加的学习贯彻《劳动法》培训班，共有7 000余人参加了学习；二是在7月5日《劳动法》颁布一周年之际，开展了《劳动法》颁布一周年宣传活动，全市共出动宣传车14台，宣传《劳动法》，还在主要交通要道、商业繁华地带设《劳动法》咨询点31处，散发宣传材料9 000余份，解答群众咨询2 500人次。在宣传活动中，市委、市政府的领导冒雨在人民广场宣传《劳动法》，使过往群众深受教育。三是寓教于乐，与省曲艺团共同举办了一台宣传《劳动法》的文艺节目，深入县(市)区和各企业巡回演出24场，观看演出职工达3万余人，受到企业和职工的普遍欢迎。同时还对5个行业20个企业的2 000余名职工进行了学习《劳动法》抽样问卷调查。四是及时清理了与《劳动法》不相适应的法规、规章及规范性文件，共废止54件与《劳动法》以及现行文件不相一致的法规、规章和规范性文件。五是抓好配套法规建设。依据《劳动法》的有关规定，草拟了《关于加强农村劳动力进城务工管理的暂行规定》、《实施再就业工程方案》等几个重要法规性文件。

(长春市劳动局　赵雅彬)

黑龙江省

1995年,我省各级劳动部门紧紧围绕省委七届三次全会提出的经济发展总体思想,认真贯彻1995年全国劳动工作会议精神,正确处理改革、发展、稳定的关系,进一步解放思想,加大改革力度,强化推进措施,落实目标责任制,劳动领域改革和各项劳动事业都取得了新进展,为促进我省经济发展和社会进步发挥了积极作用。

一、认真组织实施就业工作"138工程"和"再就业工程",促进就业结构合理调整,保持就业局势的稳定

全省各级劳动部门按照省委提出的经济发展总体思路,紧紧依靠当地党委、政府的领导,积极调整就业政策,大力培育和发展劳动力市场,动员社会各方面力量广开就业门路,强化就业服务,大力推行就业工作"138工程",即大力培育市场就业机制,切实搞好就业观念、指导思想和工作方式转变;搞好八个延伸:从公有制经济向其他各类所有制经济延伸,从第一、二产业向第三产业延伸,从资金密集型向劳动密集型延伸,从境内就业向境外就业延伸,从城镇向郊区就业延伸,从安置待业青年向失业职工再就业延伸,从短期失业救济向抓开发保安置延伸,从依赖国家统一安置就业向依靠市场方式就业延伸。全省共安置城镇失业人员22.2万人,比年度安置计划(20万人)超额11%,失业率控制在3%以内。各地还加大了实施《黑龙江省企业富余职工安置规定》和"再就业工程"的力度,强化领导,采取措施,多渠道、多形式分流安置企业富余人员。我省困难比较大的煤炭、森工、军工行业分别采取"人员分流"、"分户承包"、"化整为零""分散突围"等多种办法,调整劳动组织和分流消化富余人员,1/3经营工业,1/3垦荒务农,1/3从事其他多种经营。全省通过各种途径安置富余人员47.5万人,占剥离的富余职工总数的72.5%。同时积极推进劳服企业改革步伐,在100户劳服企业进行股份合作制试点,进一步提高了社会效益和经济效益。劳服企业户数已达17 300户,职工总数111万人。我省还加强了城乡劳动力统筹,在农村乡镇基本建立了劳动就业服务站,引导农村剩余劳动力就地就近转移。省政府先后出台了《黑龙江省劳动力市场管理办法》和《黑龙江省农村劳动力流动管理规定》,加强了流动劳动力的管理,实行了流动就业证卡制度,较好地解决了民工有序流动问题。通过如上工作,我省劳动就业工作发展态势良好,并呈现出以下新的特点:一是劳动力资源配置方式发生较深刻的变化,通过市场实现就业的机制正在形成。目前全省职业介绍机构已发展到1 900个,初步形成了全省范围内的职业介绍网络,劳动力供求主体逐渐形成,供求双方大都通过劳动力市场实现双向选择。经全省各类职业介绍机构求职登记的城乡劳动者约80多万人次,成交率达70%。二是就业结构调整速度加快,非国有经济吸纳就业人数有所增加,比上年增长98.5%。三是就业形式更加灵活多样。各地出现了非全日工、小时工、弹性和阶段性就业等形式。四是人们的就业观念开始发生变化,"统包统配"、"国有身份"等传统就业观念受到很大冲击,自谋职业、竞争就业的观念在一部分人的头脑中开始树立起来。

二、深化用工制度改革，全面推行劳动合同制度，促进企业转机建制

全省各级劳动部门把深化用工制度改革，全面推行劳动合同制度作为实施《劳动法》的突破口，在原有改革的基础上，进一步加强领导，强化措施，加大工作力度，劳动合同制度推进速度明显加快。全省已签订劳动合同的各类企业达 51 031 户，职工 563 万人，分别占企业和职工总数的 88%、84%，超过国家确定的进度。牡丹江、肇东市推进比较快，国有企业已基本实行劳动合同制度。按照劳动部要求，组织"三资"和私营企业进行签订集体合同试点，试点面已达 30%。一些改革企业初步打破了干部与工人、不同所有制、不同用工形式的身份界限，使各类职工处于平等的地位，在一定程度上激发了职工的生产热情。许多企业建立了劳动力合理流动的竞争机制，对干部实行聘任制，对工人实行竞争上岗，动态管理，能上能下，增强了职工的竞争意识和企业活力。职工合理流动逐渐被职工所认识和接受，在一定程度上优化了劳动力资源配置。同时，加强了劳动监察工作，全省建立监察机构 163 个，已覆盖所有市、县(区)，配备专兼职监察员 756 人，开展了劳动监察，维护了职工的合法权益。

三、进一步搞活企业内部分配，建立和完善工资宏观调控机制，调动了企业和职工生产经营积极性

按照国家加强和改善工资分配宏观调控的要求，改进了省对各地和部门的弹性工资计划管理，改革和完善了对企业工资总量调控办法，统一了政策，将资产保值增值作为否定指标，突出工资与效益、质量挂钩；严格执行了《工资总额手册》审批制度，定期对企业工资提取使用情况监督审查。在 50 多户企业试行了经营者年薪制，制定了最低工资标准。随着企业内部分配自主权的进一步落实，企业内部分配的主体地位得到强化。适合企业生产经营特点，以劳动技能、劳动责任、劳动贡献、劳动条件为确定工资收入基础的灵活多样的分配形式在相当一部分企业已建立起来，初步拉开了职工的收入差距，发挥了工资的激励作用。

四、推进社会保险制度改革，解除企业和劳动者的后顾之忧，保证经济体制和企业改革的顺利进行

一是 1995 年 9 月份省政府出台了《黑龙江省城镇企业职工养老保险制度改革试点方案》，确定了基本养老保险制度改革的基本原则，即实行社会统筹和个人账户相结合。这种改革办法，把职工退休后的切身利益紧紧地同在职期间的劳动贡献以及个人和单位的缴费连在一起，极大地调动了职工和企业参加养老保险的积极性，促进了社会稳定和经济发展。二是社会保险范围不断扩大。在巩固发展国有企业养老、失业保险制度的同时，把保险范围向其他各种所有制企业职工延伸。到年末，全省参加社会养老保险的国有企业、集体企业、私营企业、"三资"企业和个体劳动者分别达到 98.5%、60.5%、60%、95.2%和 60%。经省政府审定出台了《黑龙江省城镇企业职工失业保险规定》，建立了城镇企业职工失业保险调剂金制度。到年末，失业保险已覆盖所有国有企业，有 50%的市县进行了集体企业失业保险改革试点。保险范围的扩大，促进了多种经济成分的发展，为人员流动创造了条件。三是保险种类不断增多。在重点搞好养老保险、失业保险的同时，一些地方还进行了医疗、工伤、生育保险制度改革试点，有的已经在区域内推开。四是保险作用得到提高。全年收缴养老金 21.8 亿元，国有企业养老金收缴率达 92.5%，拨付率达 96%；"三资"企业收缴率达 96%，私营企业和个体劳动者收缴率达 90.3%。同时全省有 55 个县(市)的部分企业实行了养老保险社会化发放，保障了离退休职工生活，减轻了企业负担，为企业平等竞争创造了条件。收缴失业保险基金 1.13 亿元，对 15.2 万名失业职工(包括企业内部失业职工)进行了救济，共支出失业救济金7 000万元。

五、发展职业培训事业，进一步提高劳动者素质，增强企业市场竞争能力

加强了职业技术培训的统筹规划和综合管理，改革培训体制，加速培训实体建设，完善职业资格制度，逐步实行了职业技能鉴定社会化管理。全年全省就业前培训人数达到20.3万人，完成了年度培训计划，培训在职技术工人30万人，评聘技师约2 600人。技校招生实行“三定向”方法，面向农村，为乡镇企业培训4 000多名技术工人，全年技校招生3万多人。全省职业培训实行双证制度面已达90%以上。初步建立了国家制定职业技能标准，社会确认劳动者职业技能资格，用人单位决定使用和待遇的三结合模式。

六、强化安全监察，改进企业安全生产管理，保障国家财产和职工生命安全及身体健康

全省各级劳动部门突出抓了领导责任制的落实，加强安全教育和培训，建立和完善劳动安全卫生的相关法规、政策和标准，强化安全生产综合管理和职业安全卫生、锅炉压力容器安全、矿山安全卫生的监察，治理事故隐患，对事故及时进行调查处理。14个地市共查出工业生产77 359项安全隐患，整改71 631项，占92.5%。查处265项重大火灾隐患。预防性地检查了3 083个矿井，其中979个停产整顿。查处矿山安全隐患6 846项，整改率64.4%。全省工业生产中发生363起事故，全部查处结案。全省发生矿山死亡事故387起，死亡523人，比上年下降20.8%，结案率100%。

七、认真贯彻实施《劳动法》，加快劳动法制建设步伐

今年以来，我省继续加强了对《劳动法》的宣传，在地方报刊上开辟了宣传阵地，定期作《劳动法》有关知识的宣传，认真解答广大劳动者的电话咨询、信件咨询和来人咨询。按照劳动部的统一部署，组织了全省《劳动法》宣传周活动，推动了《劳动法》的贯彻实施。同时，为了保证《劳动法》的有效实施，我省下发了《黑龙江省国有企业富余职工安置规定》和《黑龙江省劳动力市场管理办法》等一系列地方性法规，同时废止了与《劳动法》相悖的16个文件。全省各级劳动部门建立劳动争议仲裁机构159个(占应建面的95%以上)，共受理上访案件约8894件次，依法处理的占总数的95%以上；共受理仲裁案件782起，结案率92%。1995年，我省集中人力开展了实施《劳动法》情况大检查活动，对违反《劳动法》的行为依法给予了处罚，保障了劳动者的合法权益。

一年来尽管我省劳动工作取得了较大进展，但是由于受经济大环境不宽松等因素影响，实际工作中还遇到一些矛盾和问题。一是劳动力供求矛盾比较突出。每年需安排的城镇失业人员50多万人，企业隐性失业人员日益显性化，农村剩余劳动力转移无序，冲击城镇就业岗位，就业形势不容乐观。二是工资分配矛盾比较突出。据统计，到1995年底全省拖欠102万职工的工资，拖欠工资额27亿元，其中煤炭、森工、军工较为严重。另外，我省职工工资水平低，与全国平均水平差距继续拉大。三是企业富余人员较多。全省国有企业富余职工约占职工总数(500多万)的20%，达100多万人。由于我省大部分企业经济效益不好，自我消化能力弱，社会安置渠道狭窄，给企业改革带来一定难度。四是社会保障功能弱，覆盖面窄，社会化程度低，养老和失业保险金收缴率较低，基金承受能力很弱。五是安全生产形势不够稳定，重大恶性事故时有发生，主要发生在矿山企业。对于存在的这些问题，我们将在新的一年里，采取有效措施和对策，认真加以解决。

(黑龙江省劳动厅　郭力　孙同波)

哈尔滨市

1995年，哈尔滨市劳动工作以贯彻实施《劳动法》为统领，紧紧围绕深化企业改革和维护社会稳定，加快推进劳动体制改革，各项劳动工作都取得了新的进展。

一、企业劳动工资制度改革有了新的突破

企业用工全面推行劳动合同制。到1995年底，全市实行全员劳动合同制的企业1 835户，职工136万人，分别占企业总数和职工总数的84%和84.3%。其中在1995年实行全员劳动合同制的企业1 697户，职工116万人，分别占“八五”5年总数的92.3%和85.3%。在推行全员劳动合同制的同时，市劳动局还会同市总工会，在10户企业2.3万名职工中进行了集体协商签订集体合同试点。

企业分配制度改革不断深入。1995年，完成了对30户企业岗位技能工资制度改革的指导与验收工作。到“八五”末期，全市已有110户企业16万名职工实行了岗位技能工资制。制定了《哈尔滨市国有企业经营者试行年薪制办法》，并在22户企业进行了试点。

二、社会保险制度改革力度进一步加大

进一步扩大了养老、失业保险社会覆盖面。1995年，实行了私营企业职工养老保险制度和集体企业职工失业保险制度。截至年末，全市参加养老保险的国有、集体、外商投资、私营企业职工和临时工达99万人，离退休人员26.6万人。参加失业保险的国有、集体、外商投资企业职工达102.1万人。

按照国务院和省、市的部署，在调查测算的基础上，提出了企业职工基本养老保险实行社会统筹与个人账户相结合的试点工作意见，会同有关部门制定了《哈尔滨市企业职工和个体经济组织从业人员养老保险办法》。

加强了养老和失业保险费用的收缴和拨付。收缴养老保险费比年计划翻一番。养老金支付率为100%。累计为122户特困企业、停产整顿企业6万余名离、退休人员办理了借付养老金。按照省的有关规定，为22.4万名离、退休人员增加了生活补贴费，为企业离休干部补发了养老金。完成了对600户企业养老金审计和6 629户企业收缴基数的审核工作。收缴失业保险金完成了年计划。在保证失业救济的前提下，为市政府批准的6户停产企业和8户特困企业提供了失业保险金借款，支持企业组织职工生产自救。

扩大了工伤和医疗保险制度改革试点面。在1994年试点工作的基础上，又在哈尔滨市纺织局5个企业和哈尔滨市东安发动机制造公司、哈尔滨飞机制造公司的4.8万名职工中进行了工伤保险试点。在哈尔滨市电车公司的4 800名职工中进行了大病医疗费用统筹试点。

三、就业工作和“再就业工程”取得了显著成效

全面实施“再就业工程”。市劳动局印发了《哈尔滨市“再就业工程”实施方案》，并通过综合运用政策扶持和就业服务手段，结合企业改革，充分发挥社会、企业和职工个人的积极性，在全市广泛深入地开展了“再就业工程”工作。经过一年的工作，全市分流安置富余职工3.8万人，完成年计划的138%；组织转业培训6 000人，完成年计划的500%。

加强了劳动力市场基础建设，进一步完善了市、区、县(市)劳动力市场，指导和帮助市总工会、商委、机构局、亚麻厂等单位和行业、企业建立了劳动力市场。到1995年末，全市已有市、区、县(市)、街和民办职业介绍机构214个，其中具有综合服务功能的劳动力市场10个，初步形成了以市中心劳动力市场为龙头，区、县(市)劳动力市场为骨干，街道、乡镇、行业、企业和民办职业介绍机构为补充的劳动力市场中介机构网络和市场就业的新格局。建立了覆盖全市有478人的劳务信息员队伍，共发布劳务供求信息1 134条。1995年，全市各级劳动力市场和职业介绍机构共为13万人办理了求职登记手续，推荐交流9.8万人，成功率为75%。向国内外输出劳务1 556人，完成年计划的155.6%。

进一步调整就业结构，扩大非国有经济就业容量。1995年，全市共安置新增长劳动力就业3.5万人，完成年计划的103%。其中非国有经济就业2.9万人，占全市就业总人数的83%。“八五”期间，哈尔滨市共安置新增长劳动力16.1万人，失业率始终控制在2.8%以下。

四、工资总量宏观调控得到了明显改善

继续完善弹性计划经济指标的核定。市属2 470户国有企业50万名职工15亿工资总额普遍用非农国内生产总值核定弹性计划含量系数。加强了对企业工资总额的管理，年度审签《工资总额使用手册》1.5万册，涉及职工158.5万人。进一步改进工效挂钩办法，建筑企业将工资总额单纯和产值挂钩改为和产值、实现利润双挂钩；对外贸企业，在工资与实现利税挂钩的基础上，又补充了“出口收汇美元工资含量”的双挂钩办法。

到“八五”末期，哈尔滨市国有企业按职工人数计算，实行工资总额同经济效益挂钩的约占80%；实行工资总额包干的约占10%；按照“两个低于”的原则，自定工资总额的约占4%；实行指令性计划指标控制工资总额的约占6%。

五、劳动法制建设得到了加强

根据《劳动法》等法律、法规，制定了《哈尔滨市劳动监察条例》，经黑龙江省人大常委会批准，由哈尔滨市人大常委会公布实施。市政府颁布实施了《哈尔滨市私营企业职工养老保险办法》和《哈尔滨市集体企业职工失业保险办法》。在全市开展了用人单位遵守《劳动法》大检查，对严重违反《劳动法》的11户企业进行了处罚，及时纠正了雇用童工、无故克扣和拖欠职工工资等违法行为。完成了劳动部提出的贯彻执行《劳动法》的阶段性目标，基本建立了劳动合同制度，建立了最低工资保障制度、劳动监察制度，落实了新的劳动标准。

“八五”期间，哈尔滨市共发布实施了地方劳动法规1个，行政规章9个，规范性文件24个，废止或修订了与我市经济发展不相适应的地方劳动政策规定12个，有力地巩固了各项劳动制度改革成果，使劳动法制建设进入了新的阶段。

六、其他各项劳动事业也都有了新的发展

职业技能开发取得了新的成绩。1995年，以市场需求为导向，开展职业技术培训，培训失业青年5 000人。为社会办职业技能培训班考核6个工种4 200人。技工学校毕业生统考定级7 163人。职业高中毕业生统考定级2 690人。技校招生5 120人。分配技校毕业生7 361人。在汽车修理等5个工种（专业）进行了工人技师考评分离试点。全市评聘技师300人，是历年评聘最多的一年。

劳动安全卫生工作得到强化。全面推行了安全生产目标责任制，组织开展了“安全生产周”、“百日安全生产无事故活动”和5次安全大检查。依法查处职工因工伤亡事故，有193名事故责任人受到行政处分，6人被依法追究刑事责任。全市有毒有害作业场所分级率，县处级以上企业达到85%；县处级以下企业达到55%。共培训特种作业人员、安全管理人员1.3万余人。锅炉和压力容器检验率分别达到98%和98.9%。1995年，哈尔滨市共发生职工因工死亡事故73起，死亡83人。死亡率和重伤率均控制在省下达的控制指标内。

加强了劳动争议预防和处理工作。全市共接待来信来访2034人次。其中集体上访45批（次），比1994年增加36.3%。656起劳动争议案件在时效期内全部结案，保障了劳动关系双方的合法权益。

外商投资企业的劳动管理走上规范化轨道。通过采取严格用工手续、跟踪检查和加强对有关人员培训等措施,使外商投资企业的劳动管理逐步走上法制化、规范化轨道。

劳服企业改革进一步深化。根据国家和省、市的有关规定,有20户企业进行股份制试点,有2户企业组建集团公司,110户企业实行了“公有民营”。在10户较大型企业进行了与主办厂“分立式经营”试点。1995年,全市劳服企业实现社会总产值27.4亿元,销售收入39.7亿元,创利税2.3亿元,分别比上年增长15.6%、15.1%和10%。

1995年是“八五”计划的最后一年,回顾1995年的工作,虽然取得了一定成绩,较好地完成了各项工作任务,为“九五”时期深化劳动体制改革和劳动事业发展奠定了良好的基础。但是,劳动工作也面临着一些突出的矛盾和问题,表现在:

1. 就业压力进一步增大。据预测,“九五”期间,我市需要安排城镇新增长的劳动力21.9万人,可提供的就业岗位仅能安置15.5万人。随着经济增长方式的转变和企业改革的深入,下岗人员再就业的问题将日益突出。农村剩余劳动力和外来劳动力也对劳动就业产生很大的冲击。

2. 社会保险制度改革相对滞后。哈尔滨市是全国解放最早的大城市,离退休职工多,养老保险负担重,但社会保险底子薄,社会保障能力弱。在优化资本结构过程中,兼并破产力度的加大,失业保险问题将更为突出。但由于企业经济效益的影响,养老、失业保险费收缴率较低,因此,社会保险制度改革的任务还相当艰巨。

3. 劳动力素质偏低。据调查,在全市企业职工中,高级工所占比例较小。高素质的劳动力不足,低素质的劳动力过剩,难以满足经济增长方式的转变和技术进步需要。

4. 劳动关系不稳定的因素增多。劳动争议案件呈上升趋势,1995年,全市发生劳动争议案件656起,比1994年增加102.4%,而且案件处理难度也在加大。随着企业改革力度的加大和多种经济成分的发展,在劳动关系双方利益的调整中会产生更多的矛盾,维护劳动关系和谐稳定的工作更加繁重。

5. 劳动安全卫生形势不容乐观。我市是老工业基地,一些企业厂房、设备老化严重。改善安全卫生状况,需要有较多的资金投入,但资金又难以落实。到1995年底,全市有51项重大事故隐患亟待治理。部分企业经营者片面追求经济效益,忽视安全生产。有些职工安全意识淡薄,因此,违章指挥、违章作业、违反劳动纪律的问题还会很突出。

上述矛盾和问题都需要在今后的工作中认真研究,予以解决。

(哈尔滨市劳动局　刘文奇)

上　海　市

“八五”期间,上海的劳动工作按照社会主义市场经济的要求,从大局出发,较好地处理了改革、发展、稳定三者的关系,以解决劳动就业及相关问题为基点,转变职能,分清政府行为与企业行为。五年来,劳动工作取得了较大成绩。

回顾“八五”期间，上海市的劳动工作遵循了以下几条指导思想：

1. 坚持从全局出发的工作思路。劳动制度改革是与整个经济体制改革有机相连的，劳动工作是党和政府总体工作的一个组成部分。整个“八五”期间，我们在全局工作中注意摆正自己的位置，始终坚持服从和服务于上海改革、发展和稳定的大局，注重与兄弟部门的配合，各项工作推进比较顺利。比如，为适应上海率先建立社会主义市场体系的要求，积极培育和发展劳动力市场；为配合企业改革和产业结构调整，积极开展再就业工程；为配合上海城市改造和市政工程建设，积极探索改进征地农业人口安置办法等等。由于在工作中始终注意全局观念，使我们能够在纷繁复杂的客观情况面前抓住主要矛盾，掌握工作的主动权。

2. 坚持处理好改革、发展、稳定三者关系。在劳动制度改革中，我们始终注意把握好改革、发展和稳定的最佳结合点，注意保护劳动者与企业双方的合法权益，兼顾劳动者的眼前利益和长远利益，为经济发展和改革开放创造宽松安定的社会环境。实践证明，不进行劳动制度改革，企业的经营机制转换就会遇到阻力，企业的发展也就缺少动力，而劳动制度改革不考虑对劳动者利益的保护，就会影响稳定，劳动者的利益最终也得不到保障。

3. 坚持依靠各级政府和社会力量做好劳动工作。劳动工作是一项综合性工作，牵涉面很广，需要各方面的理解和支持。五年来，我们在认真做好对全市劳动工作的宏观决策、政策协调和组织推动等各项工作的同时，积极依靠各级政府和社会各方面的支持和帮助，为劳动事业的顺利发展创造了良好的外部条件。

1995年，上海市劳动工作按照市委、市政府提出的总体工作目标，从大局出发，以配合建立现代企业制度为中心，促进社会稳定为基点，贯彻《劳动法》为统领，加速培育和发展劳动力市场，取得了较大成绩。

劳动力市场形成规模，上海市职业介绍中心正式建成，并投入运行。劳动系统职业中介机构劳动力供需信息实行了全市联网，为建立市场就业机制创造了基本条件。

再就业工程初见成效。通过各级政府和有关部门的共同努力，各项再就业措施得到基本落实，开展再就业工程以来共分流安置33.7万人，占累计分流安置人数的50%。1995年末，本市城镇失业人数14.4万人，城镇失业率为2.7%。再就业工程的开展，为实施现代企业制度、加快产业结构调整创造了较好的外部条件。

工资总量调控力度加大。1995年全市职工工资总额为440.75亿元，比上年增长23.1%；全市职工货币平均工资水平为9279元，比上年增长25.4%，剔除居民生活费价格指数影响，实际增长5.6%。

地方劳动立法取得进展，劳动监察正式起步。1995年有16部劳动法规、规章列入了市人大、市政府的三年立法规划，《上海市劳动合同规定》、《上海市失业保险办法》等规章已颁布并正式实施。为规范企业用工行为、保护劳动者合法权益，1995年各级劳动监察机构接受劳动者举报3 000多件，进行了3次集中监察，全年共依法查处违法行为1 191件，维护了劳动法律、法规的严肃性。

劳动立法与普法工作深入开展 1995年是《中华人民共和国劳动法》实施的第一年，为《劳动法》配套的地方法规、规章和规范性文件相继颁布实施。1994年由市人大常委会审议通过的《上海市外商投资企业劳动人事管理条例》和市政府颁布的《上海市企业职工最低工资规定》于1995年正式施行；市政府规章《上海市劳动合同规定》和《上海市失业保险办法》于1995年先后颁布；配套的规范性文件有25件。1995年1～6月份对全市企业实施《劳动法》的情况作了一次较全面的调研，摸清了基本情况和存在的问题，并提出了相应对策。组织劳动行政干部开展了《行政诉讼法》、《行政复议条例》、《国家赔偿法》的培训工作，加强了依法行政的教育。1995年市劳动部门在执法中未发生一起行政复议和行政诉讼案件。

企业职工劳动合同制全面实行 根据劳动法规定，按照市政府部署，本市除已申请破产的企业，经市或区、县人民政府批准关闭的企业和即将被兼并的企业以及中央等在沪企业，1995年年底前全面实行劳动合同制。上海市政府于1995年11月23日颁发了《上海市劳动合同规定》和《关于批转市劳动局〈关于本市企业1995年年底前全面实行劳动合同制的若干意见〉的通知》，对企业建立新型劳动关系，加强内部科学劳动管理机制，及转制过程中注意对老、弱、病、残职工的保护等问题作了相应的规定。截至1995年10月底，已有82%的国有、集体企业实行了劳动合同制，劳动合同签约占全市应实行劳动合同制职工的95%。

职工工资收入普遍提高 最低工资标准由1994年的月工资220元调整到270元，并定期对落实情况进行检查、督促。全年市与区、县两级帮困资金用于落实困难企业职工最低工资的借款共1.37多亿元，每月补贴人数约8万人。发布了工资增长指导线，即人均工资增长1 500元，对指导企业工资发放发挥了一定作用。调节过高收入，对1994年工资发放水平达到全市平均水平一倍（即人均15 000元）以上、且1995年新增工资超过工资增长指导线的企业，征收帮困基金。配合现代企业制度改革试点，制定了现代企业制度改革试点单位工资管理试行办法，明确试点单位可参照工资增长指导线，在坚持“两不超”的前提下，通过集体协商决定年度工资水平。并且制定了试点单位经营者实行年薪制的试行办法。改进完善了面上企业经营者收入的管理办法，明确企业经营者年收入水平必须严格控制在高于本企业职工年平均工资水平的1～3倍之内，最高不得高于4倍。

全面开展“再就业工程”促进下岗人员再就业 就业问题是上海当前及今后几年面临的一大难题，上海的劳动力数量供大于求，质量供不应求的矛盾表现突出，就业压力很大，是影响本市改革、发展和稳定的一大潜在因素。为确保本市产业、产品结构调整，配合建立现代企业制度，促进劳动制度的顺利进行，维护社会稳定，本市积极采取有力措施，一方面鼓励企业发展“三产”，企业下岗待工人员自谋职业，建立、健全企业下岗待工民主管理程序，保障下岗待工人员的基本生活，规定企业发给下岗待工人员的生活补贴不低于待业救济金标准，对特别困难的待工人员，企业优先提供上岗机会，并给予必要补贴。另一方面，加强对外地劳动力使用的管理，对单位使用外地劳动力实行分类管理，严格控制单位使用外地劳动力的工种；新建、扩建就业训练中心、职业介绍所，根据社会生产发展的需要和就业岗位预测，开展经常性的职业指导和就业咨询服务，组织失业待工人员参加各级各类职业技术培训，到1995年底，全市共新建就业训练中心19家、职业介绍所406家，参加就业培训的下岗待工人员据不完全统计，达18 080人次，经培训后重新就业的达14 464人次，再就业率达80%。

积极探索改革失业保险工作成效显著 1995年8月9日，市政府修改发布了《上海市失业保险办法》，决定自1995年7月1日起，本市企业缴纳失业保险费征集率由原来按企业全部职工工资总额的0.5%提高到1%，失业救济金的发放标准也作了相应的调整，第1～12个月按本市月最低工资标准的75%发放，第13～24个月按月最低工资标准的60%发放。自1995年6月1日起实行失业救济金个人申领制度，规定失业职工与企业终止或解除劳动关系后，一个月内进行失业和求职登记，才能申领失业救济金。在此期间，失业职工必须接受有关职业介绍机构为其提供的择业指导、职业培训和职业介绍等帮助。如果无正当理由三次拒绝介绍适宜于本人工作的，可立即停发失业救济金。截至1995年10月，本市参加失业保险单位已有13 000余家，覆盖面已达95%。1995年1～10月份共发放失业救济金8 681.36万元，累计发放48.5万人次，其中，资助经市、区、县人民政府批准的关闭企业的待安置职工2 057.6万元，累计11.5万人次；发放失业职工医疗补助费394.83万元；另外，对失业救济期满，但患有严重疾病或有特殊困难的失业人员也给予一次性补助。

市场配置劳动力资源机制开始形成 本市用工制度改革经过十多年双轨制磨擦的阵痛，至1995年底已全面实行劳动合同制，从而确立了劳动者和用人单位的市场主体地位。"八五"期间市和区县劳动部门建立了24所职业介绍所和19个就业训练中心，市中心城区的职业介绍所已实现电脑联网，并以此为龙头，带动社会各界共同兴办就业服务事业。目前绝大部分人的就业，尤其是新生劳动力的就业已基本通过劳动力市场双向选择。1994年《上海市单位使用和聘用外地劳动力管理暂行规定》和《上海市职业介绍管理暂行规定》的出台，使上海区域性的劳动力市场进一步健康、开放、有序发展。

分级调控分类管理规范有序地引进外地劳动力 市、区、县劳动局实行分级调控，建立与完善了单位使用外地劳动力的申报、审批程序和手续。实施按行业岗位工种分类管理办法。1～6月份，清退本市劳动力替代的有2 649人。基本完成发放《务工许可证》工作，并逐步向"证、卡(务工许可证与外出人员就业登记卡)合一"管理制度过渡。审批了15个省市劳动部门的38家劳务中介服务机构进驻本市的外地劳动力市场，与获准使用外地劳动力的单位直接洽谈引进与输送劳动力。到11月底，本市用工单位与外省市驻沪劳务中介服务机构共签订了456份劳务合同，经市场验证后，引进外地劳动力16 973人。1995年3月，市劳动局颁发了《上海市外地劳动力工伤待遇的规定》，按照规定，在用工单位自愿的前提下，可由用工单位投保，对外地劳动力实行商业性工伤保险。截至11月底，有464个单位已为14 670名外地劳动力办理了工伤保险投保手续。

依法保护外商投资企业职工合法权益 1995年以来，劳动行政部门加强了监察力度，采取日常劳动监察、不定期地突出监察和集中劳动监察相结合的方式，重点监察外商投资企业在执行劳动法规、规章方面的情况。据统计，市和区、县二级劳动监察机构对本市近2 000户外商投资企业进行了劳动监察，对其中的395户外商投资企业分别作出了处理(其中台、港、澳投资企业205户)。依法保护本市外商投资企业职工的合法权益。

外商投资企业的职工，实行劳动合同制。市属外商投资企业职工签订劳动合同的比例达到90%左右，区属企业达到70%左右；县属企业达到60%左右。实行最低工资的保障制度。1995年企业给付职工的工资每人每月不得低于270元，中国职工还依法享有国家和地方规定的福利待遇。实行基本养老保险和失业保险。外商投资企业基本养老保险的缴费比例为工资总额的34%，其中企业缴费为30%，职工缴费为4%；失业保险缴费比例为工资总额的1%。据统计，外商投资企业已缴纳基本养老保险的企业数为3 000多户，职工20多万人，已领取养老保险金的离退休职工近万人，月平均养老水平为500元左右；已缴纳失业保险的企业数为3 000多户，职工30万人左右。实行我国标准工时制度。职工每日工作时间8小时，每周工作时间40小时。据统计，外商投资企业中除乡镇合资的企业外，实行标准工时制度的企业达80%左右。其余企业，经主管部门批准仍实行44小时工时制度或实行不定时工时制度(即每天没有固定工作时数)及综合计算工时工作制(即以周、月、季、年等为周期综合计算工作时间)。企业由于生产经营需要延长工作时间的,必须经与工会和劳动者协商后方可延长,一般每日延时不得超过1小时,特殊原因不超过3小时,但每月不得超过36小时。延时工作的,职工应得150%的工资报酬;休息日加班,应得200%的工资报酬或补休;法定休假日加班,应得300%的工资报酬。

劳动保护与保险福利待遇立法和管理工作切实加强 市劳动局起草了《上海市工伤保险暂行办法》,已列入市政府1996年立法计划。完成了工伤保险统筹基金缴费费率测算工作,为进一步确定待业差别费率奠定了基础。调整了工伤伤残职工定期伤残抚恤金标准。通过组织召开座谈会和深入企业进行调查研究,积极指导和帮助企业创造条件实施国务院和市政府关于40小时工时制度的有关规定,使近80%左右的国有、集体和"三资"企业实行每周40小时工时制度。针对一些待业或企业工时制度的实际情况,严格履行不定时和综合计算工时的审批手续。1995年已审批市建工、水产、农工商、港务、交运、住宅和梅林、冠生园、文德堡等行业、企业实行不定时和综合计算工时。市、区、县相继完成了职工劳动能力鉴定委员会组建工作。据统计,各区、县1995年共受理职工劳动能力鉴定案件5 812起,其中经鉴定符合因病完全丧劳条件的4 715起,符合因工伤残的657起。为保障企业长病假职工基本生活,促进对病假职工的管理,制定了《企业职工病假期间待遇标准的通知》。起草制定了有关公交体制改革后职工上、下班交通费补贴方案及规定。为保障企业从事有害作业职工的健康,加强对企业从事有毒有害作业职工的提前退休工种审批工作,全年先后审批了环卫、建工等待业及部分企业的提前退休工种岗位。落实了遗属困难补助标准的调整工作,提高了因工死亡并被追认为烈士的待遇标准,调整了企业职工获准出境定居一次性离职费标准和有毒有害作业人员保健食品费标准等。配合实施《劳动法》,对全市200名劳动保护监察员进行了轮训。根据市政府提出的"全面签订安全责任书、全面开展安全检查、全面开展安全培训教育"的要求,对全市企业单位的厂长(经理)进行了培训,提高了他们抓好安全的自觉性。

劳动安全工作卓有成效 1995年,上海市各级政府、各主管部门认真贯彻"安全第一、预防为主"的方针,紧紧围绕"企业负责、行业管理、国家监察、群众监督和劳动者遵章守纪"的管理体制,安全生产工作取得很大进展,遏制了连续三年事故上升的趋势,切实落实各级安全生产责任制,强调企业法定代表人对企业的劳动安全工作负全部责任,加强了企业内部的安全管理,设置安全机构和配备安全管理人员;认真做好"设计、施工、投产"的"三同时"审查,优化新建项目,督促企业改善劳动条件,减少职业危害,加强了锅炉、压力容器和特种设备的安全管理和检测检验工作;积极开展劳动保护宣传教育工作,做好对企业厂长、经理、安全干部的培训、考核工作,做到持证上岗,加强对新工人的教育培训,特别是外地民工的安全教育,抓好特种作业人员的培训考核工作,严格考核制度,加强对全体职工普及安全知识和遵章守纪教育,并深入开展《安全宣传周》活动;加大安全生产监察力度,加强了对危险危害因素严重的建筑企业、化工企业和管理工作较为薄弱的外商投资企业、乡镇企业的现场监察,对锅炉压力容器、电梯、起重机械和厂内车辆等特种设备的安装、使用、检验、维修等各个环节开展重点监察,并强化事故监察,从严查处事故,对重大典型事故及时通报,举一反三,避免特大恶性事故发生;同时,建立工伤保险与工伤预防相结合的机制,形成预防、康复和补偿一体化的社会保险体系,使工伤保险基金发挥了有效的作用。

劳动者素质与职业技能迅速提高 1995年制订定《关于全面推进职业技能开发工作的意见》和《上海市职业技能鉴定暂行办法》，开始组建统一有序，与职业技能开发体系相适应的职业技能鉴定体系、行业专业委员会体系。组织开展了“全国十月技能月”活动，全市有1 200多个工种、119万职工参加了这一活动，荣获国家级“中华技能大奖”2人、全国技术能手8人、市优秀技师135人、自学成才技术工人25人、优秀组织者20人。至1995年底，全市共有技术工人156.35万人，占全市企业职工总数的41.26%，其中：中级工52%，高级工占5.1%，技师、高级技师占1%；高级技师已达635人，比1994年增长66.7%。

劳动争议仲裁协调形成社会化体系 近年来，全市仲裁系统结合机构改革，按需配备专职仲裁员，并加强仲裁员队伍建设，提高了仲裁员业务素质，优化了仲裁员队伍结构，通过培训和引进，逐步增加了仲裁员队伍中具有律师资格的人数，使仲裁员在劳动争议仲裁过程中发挥了积极的作用。不仅如此，各劳动争议仲裁部门注意推进企业内部劳动争议的调整工作，推行企业行政和工会协商解决争议的方法，把矛盾化解在基层，并探索行业、地区性劳动争议协调机制的建立和实施，开展劳动法律社会服务和外地劳动力劳务纠纷的调解工作以及集体争议的调解、处理工作，逐步形成社会化的劳动争议协调解决机制，积极化解矛盾，维护社会稳定。

充分发挥劳动信访作用，加大处理社会历史遗留问题力度 通过信访窗口收集当前改革过程中出现的热点问题和突出矛盾，尽快解决了一些现可化解的矛盾。对于历史遗留问题中的突出矛盾，研究切实可行的办法，积极予以化解，对属于劳动工作范畴的其他社会遗留问题，都本着有利于社会稳定，促进改革发展的精神，积极研究符合社会主义市场经济运行的解决办法。

（上海市劳动局　王雪红、朱虹）

江　苏　省

1995年，江苏省各级劳动部门按照党中央提出的“抓住机遇、深化改革、扩大开放、促进发展、保持稳定”的方针，切实把握好改革、发展、稳定的关系，以实施《劳动法》为统领，围绕国有企业深化改革和现代企业制度的建立，加大劳动用工、工资和社会保险制度改革的力度，从实施《劳动法》，维护劳动者合法权益出发，认真抓好促进就业、职业培训和劳动监察工作，搞好安全生产，协调劳动关系，维护社会稳定，为江苏的经济建设和社会发展作出了贡献。

一、贯彻实施《劳动法》初见成效

1995年，全省各级劳动部门集中精力，认真抓了《劳动法》的学习、宣传和贯彻。省及各市县加强与新闻单位的联系，通过电视台、广播电台、报刊等新闻媒介就《劳动法》的贯彻实施以及群众关心的热点问题进行宣传，尤其是关于新工时制度、劳动合同以及最低工资保障等方面宣传都取得了较好的社会效果。为了配合《劳动法》的贯彻实施，抓紧研究制定了由省政府颁布实施的《江苏省实施劳动合同制度办法（试行）》、《江苏省企业最低工资暂行规定》、《江苏省企业劳动争议处理办法》和《江苏省失业保险规定》等。为《劳动法》的实施和劳动工作的开展创造了有利条件。

为保证《劳动法》贯彻落实到位，省及各市县加强劳动监察工作，建立健全了组织机构。到1995年末，全省各市、县劳动监察机构已全部建立，并配备了劳动监察人员。全省已初步建立了劳动监察工作制度、规则，绝大多数市县(区)设置了举报电话，并有专人负责受理群众举报。全省劳动监察机构共检查各类企业9 146家，涉及职工500多万人，查处各类违反劳动法律、法规案件4 423件。实施《劳动法》一年来，企业法人代表和大部分职工的劳动法律意识明显增强。

二、全省就业局势基本稳定

按照省政府提出的1995年新安排16万城镇待业人员就业的目标任务，广开就业门路，全省安置城镇失业人员21万人就业，圆满完成了省政府确定的就业安置目标任务，年末城镇失业率控制在2.5%以下。劳动力市场建设成效显著，就业服务体系不断完善。省、市、县劳动部门的职业介绍中心(所)全部建立，全省职业介绍服务机构已达1 830个，经职业介绍成功的人数80万人。全年就业训练13.3万人，比上年增加30%。全省全年新办劳服企业200家，企业总数已达5 948个，职工总数达21.7万人。各地劳动部门还制定切实措施，保证当年3万名退役士兵安置计划的落实完成。

大力抓好农村劳动力"有序化流动工程"。组织开展南北劳动力交流40多万人，推动了就业扶贫。认真贯彻国务院、省政府和劳动部的部署，与有关部门密切配合，着力抓好春节期间"民工潮"的疏导。1995年的"民工潮"相对趋于缓和，交通和社会秩序明显好于往年。加强了农村劳动力跨地区流动就业管理，实施信息导向，按需流动，凭证管理，全程服务的管理制度，在15个县(市)开展了农村劳动力开发就业试点工作。

经省政府批准在全省全面实施"再就业工程"，帮助失业职工尽快实现再就业，妥善分流安置富余职工。全年共为32.4万失业职工和困难企业富余职工发放失业救济金6 728万元，比上年增加13.1万人，增发救济金2 293万元。失业职工再就业人数为3.5万人，再就业率由上年的46%提高到50%。运用市场机制及行政调配手段，全年全省共分流安置企业富余职工9万人，促进了企业改革和社会稳定。

三、坚持社会统筹和个人账户相结合，加快了社会保险制度改革的步伐

根据国务院《关于深化企业职工养老保险制度改革的通知》，结合江苏省养老保险改革的实际，研究拟定了《江苏省城镇企业职工养老保险规定》，现已由省政府审定并颁布实施。到1995年底，全省参加养老保险的单位48 201户，职工人数607.7万人，外资企业、私营企业和个体工商户参保状况明显提高，多层次养老保险得到进一步发展，失业保险覆盖的职工已达637万人，占城镇企业职工总数的87%。省及各市围绕基金的征缴与管理，强化业务指导，加强了审计监督。积极稳妥地推进了医疗、工伤和生育保险制度的改革。全省已有10个县(市)实行医疗保险，参保职工人数达57.33万人。实施工伤社会保险的县(市)40个，参保职工158.74万人。出台实施生育社会保险的县(市)46个，参保职工163.77万人，基本实现年初确定的任务目标。

四、全面实行了劳动合同制度

各地将全面实行劳动合同制度，作为1995年劳动工作的重点之一，充分重视，加强领导，精心组织，加快实施。至1995年底，全省近700万职工全部实行了劳动合同制度。全省开展集体合同试点的企业已达190户。基础工作较好的部分市县的用工制度改革已开始进入巩固完善阶段，开始把重点放在巩固完善劳动合同制、加强劳动合同管理上。在这方面完成了省政府和劳动部部署的目标任务。

五、工资分配的宏观调控工作得到强化

省劳动厅提出了江苏省企业工资正常增长的宏观调控目标及具体实施的指导性意见。会同省工商、税务部门对企业消费基金使用情况进行了检查，对在检查中发现的瞒报工资总额、漏报个人所得税的问题提出了处理意见。改进完善了国有企业工资总额与经济效益挂钩办法，将国有资产保值增值纳入挂钩范围。进一步完善工资总额包干办法。会同省审计局、省财政厅，对全省企业工资内外收入开展大检查。加强对企业经营者收入年薪制进行了试点。继续指导企业实行岗位技能工资制，全省已有半数以上的国有企业职工实行岗位技能工资制。认真贯彻了劳动部关于工资支付的暂行规定。省政府及时审定公布了全省所有市、县的最低工资标准，并全面组织实施。全省共分三类地区标准，其中执行一类地区标准(210 元/月)的有 27 个市县，执行二类地区标准(175 元/月)的有 27 个市县，执行三类地区标准(140 元/月)的有 21 个市县。另外，按规定程序，经审批，全省有 237 户企业、44 万名职工暂缓执行最低工资标准。

六、职工队伍及劳动关系基本保持和谐稳定

1995 年元旦、春节期间，发放了一次性生活困难补助。全省共拿出近 9 000 万元养老金解决节日期间离退休人员的生活困难问题，动用 1 480 万元失业保险基金为 142 户特困企业 12.8 万职工发放生活补助。调整了城镇职工生活困难补助标准。经过大量调查、测算、论证和协调工作，研究制定了企业离休人员离休金调整办法，调整办法出台后，企业离休人员频繁上访的势头基本平息。8 月份又下发了企业退休人员养老金正常调整办法，保障了企业退休人员的基本生活，维护了社会稳定。

1995 年，以贯彻《劳动法》和《江苏省企业劳动争议处理办法》为契机，积极开展劳动争议仲裁工作，全省仲裁委员会组建率达 100%，共 121 个。有 765 个经省以上劳动行政部门培训考核，取得了仲裁员资格。各级劳动争议仲裁机构共受理劳动争议案件 1 216 件，比上年同期增加 430 件，上升了 54.7%，已处理结案 1 174 件，结案率达 96.5%。鉴证劳动合同 206.02 万份，纠正违法无效合同 10.92 万份，制止招用童工 76 人，为维护劳动关系的和谐起到了重要作用。

七、职业技能开发迈出了新步伐

全省技校共招新生 3.85 万人，比上年增长 10%，其中招收“农转非”技校生 1.15 万人。新增技工学校 7 所，全省技工学校数已达 173 所，技工学校的发展在总体布局上更趋合理。组织和指导了全省职业技术学校毕业生技术等级统考，全省技校毕业生四级工合格率为 80%；车工五级工合格率为 18.63%，比上年提高了 10 个百分点；钳工五级工合格率为 26.34%，比上年提高了 2 个百分点。经省政府批准，50 个技术工种必须凭职业资格证书上岗就业的工作已经开始起步。与电子厅、机械厅、总工会、团省委等单位举办了各类职业技能大赛，近百万工人参加了技能大赛。“技能月”期间，对全省 10 位有突出贡献的技师进行了重奖，引起社会的强烈反响，调动了广大技术工人特点是青年工人学技术、学技能的积极性。

八、安全生产工作得到进一步加强

省政府下达了 1995～1997 年安全生产控制目标。各地全面落实安全生产责任制，广泛深入地组织开展了全省第二个“安全生产月”及全国第五个“安全生产周”活动。全省乡镇化工企业专项治理工作在各地展开。8 月份在全省组织了电梯制造、安装、使用安全大检查，收到了较好的效果；继续开展起重机械、电梯制造、安装安全认可审查。在用锅炉压力容器的现场监察加大了力度，锅炉年万台爆炸事故率降到0.6，压力容器年万台爆炸事故率和气瓶百万台爆炸事故率分别降到0.7。“矿山企业安全生产条件许可证”和“矿长安全资格证”的考核发证工作取得了新的进展。全省各类企业职工因工死亡684人，千人死亡率降到0.048，实现了省政府下达的控制在0.055的管理目标的要求。制鞋行业推广应用无毒水基胶黏剂，为我国从根本上改善制鞋作业的职业中毒危害闯出了新路子。

（江苏省劳动厅　宇文扬　曹炳泰）

南京市

1995年，南京市劳动部门以贯彻实施《劳动法》为统领，紧密围绕本市的中心工作，扎实工作，积极开拓，全面完成了各项劳动工作任务和预定的劳动经济指标，为深化企业改革，维护社会稳定作出了积极贡献。

一、大力实施再就业工程

根据劳动部和省劳动厅的部署，南京市劳动部门按市委、市政府的要求，在全市全面组织实施了再就业工程，成立了“全市再就业工程领导小组”，制定实施了《南京市再就业工程实施办法》及其《实施细则》，各区、县和主管部门也相应成立了再就业工程领导小组。上下一心，把全面实施再就业工程作为振兴地方经济的一项重要措施来抓。到12月底，全市共安置困难企业下岗人员1.2万人。同时，各级劳动部门充分发挥就业培训、职业介绍、失业保险以及劳服企业的整体功能，加大劳动就业安置的力度，到年底，全市安置城镇失业人员3.3万人，城镇失业率为2.3%，比预定目标减少0.3个百分点；举办各类劳动力交流活动413次，全市2 908家用人单位、10万多人参加了交流，其中报名应聘者达52 731人；组织就业前培训8 058人，农村劳动力培训4 211人，分别超过省里下达指标的34.3%和37%；新建生产自救基地8个，连同原有27个生产自救基地，可吸纳安置3 000多名失业与下岗待工人员再就业。全市劳服企业在激烈的竞争中求得巩固与发展，新增劳服企业46家，新增就业人员2 054人；年创总产值20亿元，利税8 000多万元。

二、全面推行劳动合同制

全面推行劳动合同制，是我国劳动用人制度的一大深刻变革。南京市拟订并由市政府转发了《南京市全面实行劳动合同制的实施意见》，并据此进行了广泛深入的宣传和培训。到年末，全市99%以上的企业实行了劳动合同制，96.4%的职工与企业签订了劳动合同，合同制职工总数已达113.7万人。全市城镇企业全面实行劳动合同的任务基本完成。

三、进一步加强劳动工资的宏观调控

1995年末，南京市全面加强了劳动工资的宏观调控。首先推行了弹性计划与工效挂钩相结合的劳动工资宏观调控办法，进一步健全了《企业工资总额使用手册》管理制度，实现了“两个低于”的目标，达到了预期的宏观调控效果。其次，在全市范围内依法建立、实施了最低工资保障制度，市区和江宁、溧水两县为210元/月，六合、江浦、高淳三县为175元/月。第三，进一步改进了工效挂钩的办法，扩大岗位技能工资制的实施范围。到1995年年底，全市有近600家企业实行了工效挂钩，200个单位、18万职工实行了岗位技能工资制。

四、不断完善社会保险制度

1995年，南京市社会保险事业有了较大的发展，尤其是社会养老保险，截止到1995年年底，全市有7 837家单位，126.37万职工（其中离退休职工有近26.75万人）参加了社会养老保险，较上年增长了44%；《南京市个体私营企业参加社会养老保险的暂行办法》也由市政府批准实施。工伤与女职工生育

保险在1994年试行的基础上得到进一步推广，参加工伤保险的单位由1 060家增到1 223家、人员由11.6万人增至13万人；参加女职工生育保险的单位和职工也分别由946家单位增加到1 104个，人员由10.9万人增加到12万人。同时，还建立起了企业离退休人员离退休金的正常调节机制，保障了企业离退休人员的基本生活，维护了社会稳定。

五、快速开发职业技能开发体系

我市就业前培训、在职培训和职业技能鉴定相结合的职业技能开发体系已初步形成。全市共有40所技工学校、23个分校（办学点），其中有6所具备了申报部省级重点技校资格。全年招生4 723名，安置毕业生3 384名。全市举办了203个职业技能培训班，共培训在职职工7 764人，鉴定核发技术等级证书25 000份，合格率达92%。组织举办了全市首次“技能月”活动，表彰了十杰“技术能手”、80名“优秀技师”与“职业培训先进个人”、35个职业培训“先进单位”，在全市产生了良好的社会影响。

六、积极维护社会稳定

劳动工作是维护社会稳定的一个重要方面。南京市各级劳动部门都十分重视发挥劳动工作调节社会关系的功能，及时妥善地处理了各类劳动纠纷，有效地维护了社会的稳定。

一是加大劳动监测力度。1995年，南京市组织开展执法检查200多次，执法大检查两次，涉及320家企业、近10万职工，检查纠正了八大类500多个违法问题，取缔了两个非法劳务中介机构，较好地维护了企业与劳动者双方的合法权益。如南京鸿大寝饰有限公司非法经济性裁员，造成30多位职工集体上访。经及时查处，追回了10多万的职工工资和社会保险金，维护了职工的合法权益。

二是认真及时地处理劳动争议案件。1995年，全市受理劳动争议案件263件，审结246件，结案率达95%以上。曾经轰动一时的“市药业公司劳动争议案”、“利达出租车公司集体争议案”等，经过缜密调查与耐心调解，都得到了妥善处理。

三是注重发挥社会保险的保障功能，帮困扶贫，化忧解难。1995年，南京市社会养老保险机构为22家特困企业的8 700多名离退休职工借支养老金1 800万元，提供扶持失业保险1 393万元。全市8 300多名失业职工领取了失业救济金494万元。用于转业训练和生产自救资金达260万元，其中160万元直接投向企业。各区县也都积极努力，全力帮助困难企业和职工，保障了特困企业职工和离退休人员的基本生活。

四是加强外来劳动力的管理。南京市按照“禁止使用、限制使用、可以使用”的分类办法，对外来劳动力实施了有效管理，同时推行了“证卡合一”的制度。到年末，对已办理《农村劳动力务工许可证》的16万外来劳动力审核换证54 872份，逐步使我市外来劳动力的流动、使用纳入了有序化管理的轨道。

五是认真做好劳动力的政策性安置工作。全年全市安置退伍兵1 800多人、征地劳动力2 100多人、退役运动员21名，调进调出1 800多人。

七、认真做好劳动安全卫生监察工作

南京市各级劳动部门和企事业单位围绕“安全第一，预防为主”的方针，积极推行“企业负责、行业管理、国家监察、群众监督”的安全生产管理体制，认真落实安全生产责任制，积极开展安全生产宣传教育和培训工作，有效地遏制了重、特大事故的发生，保障了相对稳定的安全生产形势。1995年全市共发生企业职工因工死亡事故84起，死亡99人，死亡事故起数比上年同期下降6.7%、死亡人数上升7.6%；发生重伤事故102起，重伤104人，较上年同期下降22.1%和22.4%。职工因工伤亡事故指标均控制在省政府下达的指标内。检测检验锅炉1 320台、压力容器

7 000 多台、特种设备 3 410 台次，全面完成了安全检验任务。

（南京市劳动局办公室　刘兴国　朱超平）

浙 江 省

1995 年，浙江省劳动部门主要抓了以下几项重点工作，并且取得可喜成绩。

一、劳动法制建设取得了新的重大成果

1995 年是全面贯彻实施《劳动法》的第一年，全省各级劳动部门认真抓好《劳动法》的贯彻实施工作。全省共举办《劳动法》知识培训班 1 500 余期，参训人数计 10 余万人，开展了全省大规模的《劳动法》贯彻实施情况大检查，查纠劳动违法行为 3 371 起，推动了《劳动法》的贯彻实施。地方性劳动立法取得新进展。8 月 19 日省八届人大常委会第 21 次会议通过了《浙江省实施〈矿山安全法〉办法》、《浙江省职工失业保险条例》两个法规。以贯彻实施《劳动法》为统领，加大了劳动工作依法行政、依法改革的力度，先后下发了《关于全面实行劳动合同制度若干问题处理意见的通知》等一批规范性政策文件，废止了与《劳动法》规定相悖的规范性文件 9 件。

二、实行劳动合同制度取得了突破性进展，劳动关系调整开始纳入法制化轨道

实行劳动合同制度取得了突破性进展，已经在全省城镇各类企业和职工中基本实施到位，有 348 万名城镇企业职工建立了劳动合同法律关系，约占城镇企业职工总数的 90%，其中国有、集体企业中实行劳动合同制职工达 300 万人，占 95%。集体合同制度开始在一部分企业中建立。劳动监察和劳动争议处理工作得到了加强。全省已建立劳动监察机构 77 个，形成一支有 1 795 人的劳动监察员队伍；共受理举报和查处劳动违法案件 7517 起。受理劳动争议案 1 204 件，处理 1 146 件，结案率为 95.7%，其中集体劳动争议案 51 件。劳动关系调整开始走上了法制化轨道。

三、劳动力资源配置方式开始发生根本性转变，全省城镇就业局势稳定

全省劳动就业的市场机制逐步完善，劳动力资源配置方式开始发生根本性转变，就业局势继续保持稳定。全省全年共安置城镇失业人员就业 80 044 人，净安置城镇失业人员 37 534 人，年末城镇失业率控制在 2.8% 以内。城镇失业职工再就业工程和农村劳动力跨地区流动有序化工程在全省开始启动，并取得初步成效。全省全年共接收失业职工登记 33 870 人，净安置失业职工再就业 13 753 人，全省全年农村劳动力进城务工人数为 104.9 万人，比上年增加 28.2%。职业介绍机构加快建设步伐，全省职业介绍机构已达 1 069 个，比上年增长 28.7%。有 700 多个乡镇建立了乡镇劳动管理所(站)。参加交流人数、劳务输出人数和农村劳动力进入劳动力市场交流人数分别比上年增加 28.3%、19.4%和 33.6%。境外就业服务工作有了新的进展，全年向境外输送劳务人员 304 名。就业训练工作稳步发展，全年对城镇失业人员进行培训结业 94 860 人，培训后就业人数为 57 168 人。劳动服务企业发展到 0.8 万多家，从业人员 17 万人，年生产经营总额近 160 亿元，年创税利 8.5 亿元，为稳定城镇就业局势，促进经济发展作出了贡献。

四、职业培训事业跃上一个新的台阶，为职业技能开发事业的大发展创造了条件

技工学校出现了改革深化、规模扩大、质量提高的可喜局面。1995年新批建技校2所，技校总数达104所，年招生数达2万余人，在校生数4.5万余人，毕业生四级工及以上合格率达63.6%。全省有5所技校被省政府命名为省级重点技校。省和杭、宁、温等七个市地先后建立了职业技能鉴定中心，举办职业技能鉴定考评员资格培训班7期，近700人取得考评员资格证书。试题库、鉴定标准与规范、鉴定教材等基本建设取得新进展。在职职工培训得到加强。1995年企事业单位举办技术等级培训、岗位培训及各种适应性培训，受训人数73.83万人。审核批准技师近千名。工人队伍的技术等级结构得到改善，中级及以上的比例由1994年的15.24%。提高到21.98%，增加了6.74个百分点。

五、社会保险体系基本框架初步建成，社会保险制度改革正在向纵深发展

城镇企业职工养老保险制度改革不断深化，所有市县全部实现了国有和县以上集体企业离退休费用社会统筹，并进一步提高了社会统筹层次，扩大了养老保险覆盖面。至1995年底，全省参加社会统筹的城镇各类企业4.5万家，职工人数357万人。实行全方位、一体化养老保险制度的市县达37个。失业保险覆盖到全省3.3万个用人单位，333万名职工，累计筹集失业保险基金5.69亿元，在保障失业职工基本生活的同时，为分流安置企业富余人员和失业职工再就业提供了服务。工伤保险已在全省42个市县推行，覆盖企业1.86万家，职工137.5万人。全省有20个县市进行了以大病医疗费用社会统筹为重点的医疗保险制度改革，覆盖企业8 000多家，职工80多万人。实行女职工生育基金统筹的市县达到39个，覆盖企业1.6万家，职工171.4万人，累计享受生育保险待遇的人数达8.51万人。

六、新型的工资分配制度基本建立，工资总量宏观调控的力度逐步加强

全省各地认真贯彻劳动部、财政部、审计署颁发的《国有企业工资内外收入监督检查办法》，控制消费基金的过快增长，工资总量宏观调控的力度逐步加强。1995年全年企业工资总额比上年增长22%，比1994年的增长速度要降低十几个百分点。全省职工工资收入稳步上升，1995年全省全部职工年平均工资6 700元，其中企业职工年平均6 500元，分别比上年上升20%和21.6%。确定1995年全省最低工资为230元。1995年全省职工基本生活费标准调整为每人每月170元。

七、安全生产综合管理和监察得到加强，安全生产责任制进一步落实

以遏制重大事故上升势头为主要目标，进一步加强了安全生产综合管理和职业安全卫生监察、锅炉压力容器安全监察、矿山安全监察工作。1995年全省各类事故24 758起，死亡人数7 015人，经济损失4.25亿元，分别比上年同期上升7.9%、2.26%、19.57%。锅炉压力容器的事故起数、死亡和重伤人数，分别比上年下降了44%、80%和88%。应检锅炉的定检率为92.79%；应检压力容器的定检率为86.72%。加强了乡镇矿山、私营和个体矿山的矿长安全资格审查工作，全年共审查、培训矿长10 000人，占总矿长人数的74%。矿山事故起数、死亡人数和重大事故起数分别比上年下降8%、8.4%、44%。

（浙江省劳动厅　陈秀庆　潘育萍）

杭　州　市

1995年，杭州市各级劳动部门继续围绕全党全国工作大局，以贯彻实施《中华人民共和国劳动法》为统领，以全面实行劳动合同制为重点，促进"再就业工程"的全面实施，不断深化社会保险制度改革，使劳动领域各项改革和工作取得了明显成效。一是用人制度改革取得了重大进展。至年末，全市已有48.3万名城镇企业职工与企业确定了劳动合同法律关系，占全部城镇职工人数的95%。集体合同制度已在370多家企业中建立。肖山、余杭、临安等县(市)还在乡镇企业中实行了劳动合同制度。二是市政府确定的降低城镇失业率、增加职工收入、减少工作事故等工作目标均已实现。被市政府确定的1995年十件大事之一的杭州市退休职工活动中心已于1994年底基本建成。

一、《劳动法》实施初见成效

1995年是《劳动法》实施的第一年。各级劳动部门采取多种形式加大《劳动法》的宣传力度，使《劳动法》为更多的企业和职工所了解，基本达到了家喻户晓。为保证《劳动法》的顺利实施，以全面实行劳动合同制为重点，市劳动局先后制定并印发了《杭州市全面实行劳动合同制中有关问题的处理意见》等文件，对个别政策作进一步明确，从而较好解决了政策法规的衔接与改革中遇到的突出难点问题。各县(市)、区也相继出台了一系列政策性文件。为维护《劳动法》的尊严，促进企业和职工知法、守法、执法，全市两次开展了《劳动法》贯彻执法大检查，依法查处违反《劳动法》案件642起，有效地维护了劳动关系双方的合法权益。

二、就业服务体系建设有新进展

1995年，全市共安置城镇失业人员2.57万人，其中净安置8 761人。年末城镇失业率为2.25%。

劳动力市场建设有新发展。全市职业介绍机构已达122个，比上年增加42%。至年末，全市各级各类职业介绍机构为1.89万家用工单位提供服务，求职登记21万人，有13.25万人被用工单位录用，占求职数的62.4%。特别是市职业介绍服务中心，在强化服务功能、坚持常年服务的同时，改每月为每周定期举办劳动力交流活动，为劳动力供需双方洽谈、双向选择提供了更多的机会，较好地发挥了“中心”的作用。一年中共举办大中型交流活动25次，有938家用工单位进场设点，需要用工1.6万人，有9 100多名求职人员与用工单位达成意向协议。

再就业工程全面实施。在总结市区6个街道和建德市试点经验的基础上，研究制定并经市政府批准颁发了《杭州市实施再就业工程意见》。至年末，通过失业保险等就业服务手段的综合运用，新建生产自救基地19个，安置就业难人员670人，分流安置企业富余职工1 067人；全市已有4 812名失业职工重新走上工作岗位，失业职工再就业率达40.7%。

劳动就业服务企业稳定发展。至年末，全市912家企业有从业人员3万多人，年生产经营总额达40.46亿元，实现利润1.68亿元，上缴税金8 778万元，吸收容纳企业富余人员1.2万人，占劳服企业从业总人数的40%。

三、劳动力管理有加强

为加强城乡劳动力统筹管理，建立了外来人员就业证制度，创办了四川、江西两个劳务基地，为农村劳动力有序流动打下了基础。全年全市发放外来劳动力务工许可证8.9万份。市就业管理服务局还设立了外来劳动力管理科。

1995年，全市共审批下达农民工招工计划6.12万人，其中临时工计划5.59万人。市区征地138.41公顷，计划安置劳动力2 904人，至年底已批准迁移户粮关系(含上年计划结转数)1 030人。全年审批原杭州知青子女返杭入户287人，其中招工进杭193人，随迁进杭94人。

全年，办理职工单调进杭240人，对调10对，平衡对调50对，随迁子女208人；解决了280对夫妻分居问题，其中军官家属随调54人；还为企业引进了一批急需人才。

全年全市审批外商投资企业农民合同制工人计划3 432人，外来临时工计划1.3万人；还较好完成了驻外使（领）馆工勤人员的派遣任务。

四、工资总量宏观管理不断完善

1995年，继续在全市实行劳动工资弹性计划管理办法。全市劳动工资弹性计划管理的总体情况，符合职工实际平均工资增长幅度不超过社会劳动生产率增长幅度的原则，各项比例关系发展协调。1995年，完成了市属企业1994年度“工效总挂”决算工作。市属列入总挂范围的企业共510家，职工29.12万人，实现税利总额15.83亿元，应提工资总额17.81亿元。根据省劳动厅文件精神，给1994年底前离退休的人员每人每月34元物价补偿，并按工龄分档次（40～80元）增加生活费。调整了杭州市企业最低工资标准，由原来的210元调整到每人每月245元。对市属1 893家企业自行编制的年度工资总额使用计划进行了审核签章。为加强企业工资内外收入监督管理，会同市有关部门研究下发了《杭州市企业工资内外收入监督检查的实施意见》。还研究制定了《杭州市国有企业经营者年薪制试行办法》。

全年在职职工社会人均收入，扣除物价上涨因素，比上年增长1.09%。

五、社会保险体系已基本建立

1995年，养老保险制度改革朝全方位、一体化目标迈进，良好的社会化管理格局已形成。养老保险覆盖率，杭州地区国有企业、集体（含县以下小集体）企业已达97%以上；外商投资企业、私营企业、个体户的覆盖面也在不断扩大；富阳、淳安等部分县（市）已将养老保险延伸到乡镇企业。企业补充养老保险和个人储蓄性养老保险已在萧山、建德、淳安等县（市）进一步扩展。至年末，全市参加基本养老保险的企业达8 169家，总人数为88.49万人；其中市区5 607家，56.38万人。全市基本养老金历年积累达3.66亿元，其中市区积累1.34亿元。养老保险基金的收缴率达97%以上。为适应社会主义市场经济体制和建立现代企业制度的要求，研究制定并经市长常务会议原则通过了《关于进一步完善企业职工基本养老保险金统筹办法》，使杭州地区养老保险基本实现了统一制度、统一标准、统一管理。为进一步发挥社会保险功能，适当提高了离退休人员生活待遇，建立了企业离退休人员物价补偿制度。全市离退休职工月人均费用已达到392.5元，比上年同期增长22.8%。各级社会保险机构直接接收破产企业退休职工和供养直系亲属1 410人，月支付退休费51.42万元。

企业离退休人员社会化管理服务工作取得了可喜成绩。1995年，全市已建立退管组织865个，配备退管干部1 900多人，退管服务网络已发挥作用。在上城区和杭钢集团公司开展的退休职工社会化管理服务试点获得成功。退休费金额直接发放的，仅萧山市就有企业122家，退休人员近6 000人。市退休职工大学教务工作开展正常，建德市成立了杭州退休职工大学建德分校。

失业保险制度改革继续深化。至年末，全市参加失业保险的单位达6 680家，职工人数为84.21万人。失业保险基金筹集率达96.2%，全年全市新接受失业职工1.18万人。向9.99万人次失业职工发放失业救济金和医疗补助费1 455万元，占当年筹集基金总额的29%。春节期间，开展向失业职工和特困企业职工“送温暖”活动，对57户失业职工给予200元至1 000元的特困补助，对87家企业1.01万名富余职工发放生活补助费150万元，对2家濒临破产企业114名特困职工补助5万多元，较好地发挥失业保险社会保障功能。

工伤保险制度改革，在全市6个县（市）实施。至年末，全市参加工伤保险的企业达2 563家，职工人数为20万人，全年受理企业上报的工伤事故459起，结案处理355起，支付工伤保险金152.13万元。

女职工生育保险，除余杭市外已在全市全面实行。女职工生育补偿金，部分县(市)由原来的1 300元提高到1 500元。至年末，全市参加女职工生育保险的企业达6 707家，人数为59.62万人；收缴基金1 315.72万元，支付878.76万元，有6 679名生育女职工享受了此项待遇。

医疗保险制度改革，在下城区率先推出大病医疗统筹的基础上，萧山、富阳两县(市)也出台了大病医疗统筹办法。至年末，全市参加大病医疗统筹的企业达1 579家，职工人数为15.28万人，收缴大病医疗费705.04万元，拨付654.75万元。

六、职业技能开发迈出新步伐

1995年，全市11所就业训练中心组织1.45万人参加了就业和转业训练，经培训8 880人找到了合适的工作，培训就业率达61.3%。

为推进职业技能考核鉴定的社会化，市职业技能鉴定中心、烹饪师技能鉴定所等一批职业技能考评机构相继建立并开展工作。经培训考核，全市有1.95万名在职职工分别掌握了初、中、高级技术理论，提高了一级以上实际操作技能。在35个企业33个专业工种中考评出技师142名，全市累计评聘技师2 605名。

1995年，全市已建技工学校33所，其中2所被命名为省级重点技校；全市技校在校生已达9.98万人，比1990年增长91.6%。全市技校转换办学机制、提高办学质量，招生取消了指令性计划，实行了指导性计划；毕业生实行了毕业证和技术等级证“双证”制度，毕业生四级工合格率连年保持在65%以上。

七、劳动争议和劳动监察工作进一步强化

1995年，为加强劳动争议仲裁工作，全市已建立调解组织2 689个，占应建数的84.5%。全年共管理劳动争议案件275起，其中立案处理107起，法定结案率达100%。在立案处理的案件中，调解撤诉70起，裁决20起；在已裁决的案件中，不服裁决上告法院8起，法院审结与仲裁意见一致3起，未结案5起。全年全市劳动合同鉴证38.29万份，其中纠正违法、无效合同8 622份。会同有关部门组织举办市企业劳动争议调解员培训班28期，参加培训1 248人。为强化劳动监察工作，全市已建立劳动监察机构25个，配备专、兼职劳动监察员224人。全年受理1 967起举报专查，查出私招乱雇外来劳工602起，责令用人单位补办用工手续、补签劳动合同2.94万人；责令用人单位为1 158人补发被克扣和无故拖欠的工资76万元；责令123个用人单位为职工补缴社会保险864.47万元；对151个违反工时规定，延长工作时间的用人单位下达限期整改指令书；清退使用童工16人；对23个严重违反劳动法律法规的用人单位给予了13.96万元的经济处罚。劳动争议和劳动监察工作的有效开展，依法维护了劳动者的合法权益，促进了劳动关系的和谐稳定。

八、安全监察和综合管理成绩明显

1995年，各级劳动部门重点抓了安全生产领导责任制的落实，对1994年度7县(市)、5区的安全生产综合目标管理完成情况进行了奖罚。两次组织全市性安全生产大检查，及时查出了一些重大事故隐患并督促整改。认真开展安全生产宣传周活动，使全市受教育人数达到150万人次。杭州市安全生产领导小组更名为杭州市安全生产委员会。

对49家县级和乡镇水泥厂进行了粉尘测试和治理；对51家外商投资企业进行尘毒危害监察检测。对危险性较大的设备加强了安全管理，全年共检验电梯1 452台、起重机械431台、电梯限速器1 071台。市安全卫生检测站的检测资格通过了省厅的复审。

在矿山安全监察方面，狠抓了《矿山安全

法》及浙江省实施办法的宣传贯彻。全市基本建立了矿山安全分级监察体系。全年对7县(市)、3区的矿山进行了安全执法大检查;对各类矿山特别是乡镇矿山的劳动条件和安全状况进行了187矿次预防性安全监察;对6家有重大事故隐患的矿山实行监控;在矿山企业继续推广塑料导爆管一次点火和安全小平台开采新技术,指导帮助228家矿山259个采石场开展了边坡检测,提出整改意见633条,并督促企业整改。

在锅炉压力容器安全监察方面,全年检验在用压力容器1 845台(占应检总数的85%),在用锅炉2 407台(占应检总数的95.4%);监检锅炉产品1 118台,压力容器产品3 679台;检验液化石油气等各类钢瓶共7.75万只,较好地保证了全市锅炉压力容器的安全运行,实现了连续13年无锅炉爆炸事故、连续4年无压力容器爆炸及人身伤亡事故。市锅炉压力容器检验研究所综合钢瓶检验站、临安液化石油气钢瓶检验站的检验资格通过了省厅的审查。

全年举办各类特殊工种培训班140期,培训7 684人,合格发证7 528人。

1995年,全市工矿企业工伤事故死亡133人,比上年下降6.3%;重伤76人,比上年下降7.3%。死亡事故已结案106人,结案率为87.5%。

(杭州市劳动局　孙华)

宁　波　市

1995年,宁波市各级劳动部门在当地党委、政府的领导下,以全面贯彻实施《劳动法》为统领,努力推进劳动领域各项改革的顺利进行,取得了较大成绩,为维护和促进我市改革、发展、稳定的大局作出了贡献。

一、社会保险

(一) 养老保险。贯彻落实宁波市人大常委会关于实施《宁波市城镇职工养老保险制度改革总体方案》的决议是我市1995年社会保险工作的重要内容。主要工作有:

1. 建立职工个人账户。对1993年9月实行个人缴费以来的45.86万名在职职工全部建立了个人账户;有关的账、表、册及相关工作程序已进入正常运转;《职工养老保险手册》登记发放工作全面完成;本市宁海、镇海、北仑、象山等县(区)职工缴纳养老保险费的年度清单已全部与职工见面,市本级的职工缴费清单的打印校对工作也已全部完成。

2. 扩大了覆盖面,基金收缴率持续提高。1995年底,全市参加养老保险的用人单位达6 497户,各类职工45.86万人,比原来增加用人单位1 879户,职工9 332人。养老保险收缴率达到99.7%。全市养老保险抗风险能力上升到18.56个月。

3. 落实了相关政策。一是从1995年5月起对全市10.2万名企业离退休人员调整养老金水平,其中市本级人均提高54元,各县(市、区)提高37.8元;二是统一了全市缴费基数和比例:用人单位按工资总额20%,职工个人按工资总额3%缴纳;三是对1994年1月1日以后参加养老保险的近1万名退休职工从1995年1月1日起按新办法计发养老金,即在执行原办法的同时,另按个人账户积累贮存额的一定比例(0.8%~1.8%)增发养老金。

4. 开展了养老保险业务的计算机管理,统一规范了用人单位和职工的代码。

(二) 医疗保险。已开展大病统筹的有象山、余姚、慈溪、奉化、宁海、鄞县等6个县(市),参加企业达3 171家,职工194 936人。1995年共收缴大病医疗统筹基金2 138万元,实际拨付医疗费用1 321万元。

(三) 工伤保险。全市已开展企业职工工伤保险的有余姚、奉化、慈溪、象山、鄞县、北仑、开发区等七个县(市、区)。参加单位有3 412家,职工193 031人。1995年共收缴工伤保险基金364万元,拨付工伤费用23万元。

与此同时，经多次论证修改，已正式向市政府上报《宁波市企业职工工伤保险暂行办法》。

（四）女工生育保险。除市本级已于1988年率先开展女工生育保险基金社会统筹工作外，全市开展这项工作的还有余姚、奉化、慈溪、北仑、鄞县、开发区等市、县（区）。参加单位达4 157家，职工369 370人。1995年共收缴生育保险基金662万元，支出女工生育费用205万元。根据物价和医疗费用上涨的实际情况，将拨付金额由原来的900元提高到1 200元，其中100元直接交生育女工个人使用。

（五）失业保险。全市已有4 477户企业、49.3万名职工参加了失业保险。征集失业保险基金总数比上年增加25%。1995年共接收失业职工80 000名，发放失业救济金和医疗补助费近1 000万元。

在加强失业保险管理的同时，按照《浙江省失业保险条例》规定，结合我市实际，起草并向市政府上报了《宁波市贯彻执行〈浙江省失业保险条例〉的实施意见》。

二、全面实行劳动合同制，协调劳动关系

（一）全面实行劳动合同制度。市政府于1995年4月18日颁发了《宁波市劳动合同制度实施办法》。5月4日市府召开了宁波市劳动合同制度实施动员大会。1995年底全市已有84.5%的城镇国有、集体、股份制、“三资”等企业的职工签订了劳动合同。在实行劳动合同制度的同时，全市已有659家企业进行了集体协商、签订集体合同试点工作。

（二）协调劳动关系。随着《劳动法》的全面贯彻，用人单位和劳动者的劳动法律意识有了增强，劳动关系的协调处理工作量也日趋增多。全市共受理劳动争议案件573起，比上年上升145%。其中正式立案处理380起，516人（内有集体争议12起，137人），案外处理193起。针对急剧上升的集体上访，我局注重发挥劳动政策调节社会关系和经济关系的双重功能，进一步完善劳动关系监察预警和仲裁员、仲裁庭制度，提高了办案质量，为维护劳动关系双方的合法权益和社会稳定起到了积极作用。

（三）开展劳动鉴定。为了切实保障《劳动法》顺利实施，全市各级劳动部门都相继成立了劳动监察机构，设立了举报电话，配备了专职劳动监察员。全市共有监察员261名，其中专职监察员42名。按照《劳动法》赋予劳动部门的职责，各县（市、区）均对本地区用人单位依法实施劳动监察。1995年2月，针对“民工潮”，市劳动局会同有关部门抽调80名干部，组成30个小组，对各自辖区内的用人单位和劳务中介机构招用或介绍外来民工进行专项监察。被监察的单位有506家，其中被处理的214家，下达劳动监察指令书71份，警告、通报批评15家，吊销许可证1家，责令停产整顿24家，处罚103家。各级劳动监察机构建立后，实行了专项监察与常规监察，共立案870起，已全部查处。1995年11月16～30日，全市劳动部门共抽调300余名专兼职劳动监察员，分70个小组，对各用人单位开展了以贯彻市政府第31号、35号令等九项劳动法律、法规为主要内容的《劳动法》执行情况大检查，共抽查了934家用人单位，涉及职工20多万人。通过监察，下达劳动监察指令书447份，补签劳动合同34 167份，责令限期补缴社会保险费75.12万元，帮助职工追回拖欠工资68.14万元，责令退还各种押金20余万元。

三、就业服务

一年来，通过开展职业介绍，就业训练、失业保险、劳服企业四位一体的就业服务，初步实现了城乡劳动力合理配置，从宏观上控制了我市的就业局势。全市共安置11 793名劳动力就业（含合同制职工直接流动安置1 960名），失业率为2.2%。

（一）加强职业介绍网络建设。一年来，对民办职业介绍机构进行三次检查，对49家职业介绍所53名工作人员进行业务培训，为88家经过劳动部门审核批准的职业介绍所颁发了《职业介绍许可证》。1995年底，全市共有各级各类职业介绍所93家。

（二）统筹规划，广开就业门路。1995年5月，与市教委联合举办有32家用人单位和1 200余名应届毕业生参加的职业高中、技工学校毕业生双向交流洽谈会，590名学生当天就与用人单位达成录用协议。为鼓励企业职工到乡镇、私营企业就业，开展了代为保管档案，代缴养老、失业保险基金，代评职称等配套服务，解除他们的后顾之忧。针对外国人和港、澳、台人员来我市就业的上升趋势，共为13个国家的46人办理了《外国人就业证》，为27名港、澳、台人员办理了《港澳台人员就业证》。

（三）加强转岗技能培训。为使失业职工和富余职工尽快走上新岗位，开展了宾馆服务、商业服务、电脑操作、服装裁剪等技能培训，为550名人员转岗和再就业创造了条件。

（四）加强失业职工管理。为实施《再就业工程》，一方面面向全市失业职工发出《给失业职工的公开信》，加强了舆论和政策导向，另一方面充分发挥职业介绍和培训机构的作用，优先推荐失业职工上岗就业，使3 400名失业职工实现了再就业，再就业率达到42%。同时还按照《再就业工程》有关规定，在1995年春节前对6家特困企业、1 857名职工发放了生活补助费39.5万元。

（五）加强农村和外来劳动力管理。市府于1995年1月颁发了《宁波市农村和外来劳动力进城务工管理规定》，开始对农村和外来劳动力实行证卡合一制度，杜绝盲目流动。安徽、四川、江西等地在甬建立了劳动力管理站。与安徽黄山、蚌埠等地劳动部门联系，成建制输入了六批、239名外地劳动力来我市就业，解决了纺织、机械等行业招工难问题。

四、劳动工资宏观调控

（一）建立弹性劳动工资计划的管理体制。经过认真调查测算，拟订了宁波市弹性劳动工资计划方案，报劳动部批准后，已将各项劳动工资指标分解到各县（市、区），以进行依法宏观调控。

（二）全面实行《工资总额使用手册》制度。年初，我局与市人民银行联合发文，对我市管辖的所有企业按照"两低于"原则，以上年经济效益与工资总额提取数为基础，重新核定企业工资总额年度计划控制数。到年末，再根据企业当年经济效益增长情况，适当调整工资总额追加数。同时，还协助银行对工资基金手册多头开户的企业进行清理。凡没有工资基金手册的企业，银行一律拒付工资。

（三）改进和完善工效挂钩办法。全市国有企业中实行工效挂钩的有414户，占国有企业总数1 427户的29%，职工9.97万人，占全民职工总数的40%。实行工资总额包干的有1 013户，占71%，职工15.07万人，占60%。全市县以上集体企业中实行工效挂钩的有409户，占集体企业总数17%，职工5.11万人，占全体职工总数20%；实行工资总额包干的有1 961户，占83%，职工20.46万人，占20%。

（四）调整1995年城镇企业职工最低工资标准和最低生活费标准。经市府同意，从1995年9月1日起，把最低工资调整为245元，最低生活费调整为170元。

（五）建立了定期的统计信息制度。从1995年开始，每季编发一期信息资料，其内容为：职工工资与人数，破产、停产、半停产、停工待工情况，劳动争议与信访处理，企业职工伤亡事故情况，人民生活与物价状况等。还完成了一年一度的全市各行业职工平均工资水平的统计和发布工作。

五、职业技能开发

（一）加强职业技能鉴定工作。1995年新建考核站2所。在现有考核站调整评估的基础上，帮助条件较好的六所考核站申报国家级鉴定所。完善了我市中式烹调师、计算机操作、餐厅和各类服务员等专业工种的社会化考核鉴定工作。

（二）做好职业培训和技师评聘工作。全市统一培训考核合格的高级工有753人，中级工3 739人，初级工3 010人。帮助镇河炼化公司等三个骨干大中型企业开展全员培训考核工作。同时，完成了55名技师职务任职资格的评审工作。

（三）加强对私营企业、个体、工商户从业人员的职业技能培训管理。会同市工商局等部门制定了有关个体、工商户、私营企业从业人员职业培训、实行凭职业资格证书上岗制度以及办学管理的审批手续、招生广告管理审批等规定，明确了持证上岗的工种、范围，规范了私营企业、个体工商户职业技能培训管理工作。

（四）开展"全国技能月活动"。会同市经委等部门联合组织了"技能月宣传周活动"。一年来，全市共举办近30个专业（工种）、4 000多名职工参加的职业技能竞赛和技术比武活动。

（五）加快技工学校教学改革步伐。1995年共招收技校生2 615名，新增宁波市公路运输技工学校一所，帮助宁波技工学校、宁波交通技校进行省重点技校的评估工作。

六、劳动安全综合管理

年初市府与全市11个县（市、区）政府、市劳动局、交警大队、消防大队、港航监督、市经委、交通委、城乡建委、财贸办公室等签订了安全生产责任状。同时，加强了劳动安全法制建设，劳动局与市政府转发了劳动局、乡镇企业局等有关部门《关于加强我市露天采石场安全生产工作的意见》，市劳动局、乡镇企业局联合下发了《关于加强宁波市乡镇矿山（采石场）安全生产管理工作的若干规定》。

开展了第五次"安全生产周"活动。

在各有关部门协同下，加大了劳动安全卫生的监察力度。全市共组织安全生产大检查8次。对易燃易爆设备及公共娱乐场所、建筑、矿山（采石场）等行业进行专项监察。对全市14家锅炉压力容器制造厂实行产品安全质量监检。全市共检验在用锅炉2 083台，在用压力容器1 670台。对9家水泥企业233个作业场所进行了粉尘测试。1995年全市共发生企业职工因工死亡事故120起，死亡127人，重伤事故51起，重伤64人。年千人死亡率为0.053。

七、劳动法制建设

1995年宁波市共出台劳动地方法规10件，其中市政府令4件。在此同时，对我市解放以来贯彻执行国家、省有关劳动法律、法规和其他规范性文件进行全面清理，其中继续有效的785件，需要废止和建议上级研究废止的159件，需要修改和建设上级研究修改的18件，还组织了全市《劳动法》颁布一周年的宣传周活动。

（宁波市劳动局　张述祖）

安　徽　省

1995年是"八五"的最后一年，也是《劳动法》实施的第一年。全省各级劳动部门在当地党委、政府的领导下，以贯彻实施《劳动法》为中心，牢牢把握改革、发展、稳定大局，着力推进新型劳动制度的建立，劳动事业的各个方面都取得了明显成效。

一、城乡劳动就业形势基本稳定

1995年我省城镇失业人员总数为29.86万人，其中当年新成长14.97万人，上年底结转14.89万人，由就业转失业0.85万人。当年全省城镇安置14.48万人，失业率控制在2.9%。

我省是一个劳动力资源充裕的省份。全省农村剩余劳动力约1 200万人，其中乡镇企业就地消化吸纳700万人，目前尚有500万剩余劳动力需要通过多种渠道予以转移。劳务输出作为农村剩余劳动力转移的一条重要渠道，已越来越受到全省各级领导和有关部门的重视和支持。到1995年底，全省县以上劳动部门共建立职业介绍机构1 400个，全省乡镇劳动服务站已完成80%的组建任务，民办职业介绍机构已发展到420个。目前，全省以劳动部门为主体，多层次、多渠道、多形式的职业介绍网络已初步形成。当年全省共组织劳务输出310万人，其中在外省、市务工的占80%，主要分布在长江三角洲、珠江三角洲、京津和东北等地区。为加强对全省劳动力市场管理，1995年11月18日，省人大常委会审议通过了《安徽省劳动力市场管理条例》，从而进一步规范了劳动力市场的行为，使我省职业介绍工作逐步走上了法制化的轨道。按照国务院提出的“信息导向、按需流动、凭证管理、全程服务”的流动就业管理制度的要求，1995年，劳动部门开展了对外出务工人员的登记建档和发放“外出人员就业登记卡”工作；加快了乡镇劳动服务站的建设步伐，进一步完善了市场信息网络。随着对外出务工人员跟踪服务工作的完善和组织春运期间民工有序流动工作的加强，我省劳务输出工作已基本纳入了依法、合理、有序的轨道。

二、劳动合同制度初步建立

1995年，省劳动厅把在企业中推行劳动合同制作为贯彻实施《劳动法》的一项基础性工作来抓，取得了一定成效。按照劳动部部署和省政府批转省劳动厅《关于我省企业全面实行劳动合同制意见的通知》要求，全省16个地、市和省直有关部门相继制定了本地区(部门)实行劳动合同制的具体实施意见或办法，全省企业纷纷响应，积极实施。在制定改革方案和实施过程中，针对遇到的困难和问题，省厅及时会同有关部门制定了一系列政策。如：与省委组织部联合下发了《关于厂长、经理、党委书记签订劳动合同问题的意见》，与省工商行政管理部门、省乡镇企业管理部门就私营企业、乡镇企业实行劳动合同制的有关问题作出了明确规定和要求等等，从而为在全省各类企业所有职工中全面建立劳动合同制度打下了良好基础。

三、劳动工资宏观调控有所加强

到1995年底，全省16个地、市全部实行了动态调控的弹性劳动工资计划。劳动部门对不同类型企业的工资总额分别实行不同的调控办法。当年全省职工工资总额228.1亿元，比上年增长23.9%；职工年平均工资4 609元，比上年净增816元，增长21.5%，扣除物价因素实际增长5.93%。为保障劳动者基本生活需要，维护社会安定，1995年，全省16个地、市全部公布并实施了本地区的最低工资标准。当年，我省还在部分建立现代企业制度的试点企业进行了通过集体协商、签订集体合同确定劳动报酬的探索工作，并取得了一些经验。

四、社会保险制度改革全面深化

按照国务院国发〔1995〕6号文件确定的“养老保险实行社会统筹与个人账户相结合”的原则，同年8月，省人民政府下发《安徽省企业职工养老保险制度改革实施方案》，全省16个地、市相继制定各自的具体实施办法，从而使我省企业职工基本养老保险制度改革朝着“广覆盖、四统一”的目标大大前进了一步。到1995年底，全省参加养老保险社会统筹的企业15 183个，在职职工209.9万人，分别占应参加社会统筹企业和在职职工的84.9%和92.5%。参加统筹的离退休职工44.28万人，占应参加的90%。当年7月，省政府办公厅转发省劳动厅《关于在全省实施"再就业工程"报告的通知》，进一步强化了失业保险的救济和再就业双重功能。到年底，全省参加失业保险的企业12 296个，职工209.32万人。全省全年发放失业救济金1 484万元。当年元旦、春节期间，全省各级劳动部门共发放2201.5万元养老保险金和失业保险金，救济特困企业职工和离退休职工。此外，全省企业职工工伤、医疗、生育保险制度改革也取得了新的进展。

五、职业技能开发初步形成体系

到1995年底，全省已建立国家职业技能鉴定站96个，并举办了首批省级考评员、督考员培训班。部分地、市劳动部门也相应开展了考评员、督考员培训工作，经培训、考核，全省有396人取得了考评员、督考员资格证书。1995年，全省技工学校已发展到130所，在校生达91 661人；当年全省技校招生33 435人，毕业生28 998人；全省技工学校利用富余办学能力举办在职工人技术等级培训、就业前训练、军地两用人才培训、乡镇企业生产骨干培训等社会化职业技能培训多期，培训学员22 481人。1995年，技工学校招生考试首次加入"职业能力测试"科目，技校钳工、电工、计算机文字录入处理员、商业营业员工种的毕业生技术等级实行了全省统考，连同地、市组织的其他工种毕业生技能鉴定，全省有22 762人接受了"双证制"考核鉴定，其中中级技术等级合格率达57.4%。

在10月份开展的首次"全国技能月"活动中，有28人被省劳动厅首次授予"安徽省技术能手"称号；在12月份由省劳动厅组织举办的"安徽省中式烹调(面点)师技能比赛"中，滁州市代表队的汤金玉、宿县地区代表队的马季青分别获烹调、面点技能比赛第一名。

六、劳动法制建设步伐进一步加快

(一) 劳动立法。1995年，我省除对国家制定的《劳动法》配套法规、规章及时转发贯彻执行外，相继出台了一些符合安徽实际的地方性劳动法规、规章和规范性文件。省人大常委会专门组织力量，对送审的《安徽省劳动力市场管理条例》进行深入调查研究，分析论证，认真修改，并于11月18日经省第八届人大常委会第二十次会议审议通过后颁布实施。省政府还制定颁布了《安徽省企业劳动争议处理办法》、《安徽省外商投资企业中方职工养老保险暂行办法》、《安徽省企业职工养老保险制度改革方案》、《关于我省实施"再就业工程"的意见》等规章。这些地方性劳动法规、规章的出台，有力地推动了《劳动法》在我省顺利贯彻实施。

(二) 劳动监察。为了保证《劳动法》全面贯彻实施，我省注重加强劳动监察工作。1995年主要抓了四项工作：一是机构建设。按照国家规定和要求，制定了《关于抓紧建立劳动监察机构，全面开展劳动监察工作的意见》，要求各级劳动部门抓紧建立健全劳动监察机构，按质按量选配劳动监察人员，逐步形成全省劳动监察体系，以保证劳动监察工作的切实开展。全省共建立劳动监察机构87个。配备专、兼职劳动监察员293名。二是组织培训劳动监察干部，提高监察人员素质。已举办两期全省劳动监察员学习班，对246名劳动监察员进行业务培训，经考试合格后，发给"劳动监察员证"。三是制定了劳动监察有关规定和制度。四是依法开展劳动监察。根据省人大常委会主任会议的要求和劳动部的部署，于10月中旬至12月中旬在全省范围内开展了一次用人单位遵守《劳动法》情况的大检查。共有20 425个企业组织了自查。各级劳动部门在有关部门的配合下，抽查了790个企业，共涉及职工318万人，查处各类违法案件1 058起，执行罚款金额54万元，警告通报批评企业365个，吊销许可证2个，责令整顿企业 368 个，下达劳动安全卫生监督指令书 169 个，查处 5 889 名职工被克扣的工资，清退童工 7 人。滁州市劳动监察大队积极受理查处群众举报案件，在全省率先建立了举报制度，设立了举报信箱，开通了举报电话。通过开展劳动监察，有效地维护了劳动关系双方当事人的合法权益。

（三）劳动争议处理。认真贯彻了以预防为主、调解为主、基层为主的方针，从建立健全仲裁员、仲裁庭制度入手，着力探索和完善三方机制，使劳动争议处理工作取得了新进展。到 1995 年底，全省已设立劳动争议仲裁委员会 99 个，配备仲裁员 673 人；劳动争议调解委员会 8 643 个，调解员 28 000 多人。全省共举办培训班 135 期，培训调解员、仲裁员 12 641 人。制定下发了《安徽省劳动合同管理暂行办法》，加强了劳动合同管理，开展了劳动合同鉴证工作。1995 年鉴证劳动合同 860 443 份，纠正无效违法合同 22 149 份；依法受理劳动争议案件 432 起（其中集体劳动争议案件 57 起），已结案 413 起，结案率 95.6%，其中调解达成协议的 240 起，仲裁裁决的 111 起，其他方式解决的 62 起，分别占结案数的 58.1%、26.9%和 15%。对仲裁裁决不服起诉到法院的 20 起，占仲裁裁决案数的 18%。劳动争议仲裁工作在调节劳动关系方面发挥了积极的作用。

七、劳动安全卫生工作取得了新成绩

1995 年全省劳动安全卫生工作，以贯彻实施《劳动法》为中心，加大培训教育和执法检查力度，重点狠抓了安全生产责任制的落实和危险源的监控管理。主要工作有：（一）普遍推行安全目标管理，责任制落实力度明显加大。全省有 6 个地市由政府与企业主管部门和县、乡政府层层签订安全生产责任状，明确安全管理责任；淮南市制定了市长、副市长安全生产责任制。铜陵、淮北、蒙城、寿县等地、市、县还建立了安全生产基金。全省初步形成了安全目标管理体系，建立了一套较为完备的安全目标下达、分解、监督检查、考评奖惩制度。省安委会会同有关部门对 1994 年度全省道路交通安全目标管理先进行署，市政府、安委会、交警支队、交通局等 20 个地区和单位进行了表彰和奖励。（二）危险源监控管理工作取得阶段性成果。省安委会、省劳动厅年初下发了文件，要求加强危险源监控管理。省劳动保护科技学会安全管理专委会对危险源的监控管理从学术上进行专题研讨，收到了较好效果。巢湖、阜阳、六安等地市和冶金、国防工业及化工系统都已普遍展开这项工作。（三）劳动安全卫生法制建设成效显著，省人大常委会针对我省安全生产现状，作出了《关于依法加强安全生产工作的决定》。为顺利实施《劳动法》和《矿山安全法》，省劳动厅会同有关部门先后制定了 14 个配套性的规范性文件。（四）专业管理和监察力度加大。被列入省重点的 7 项重大事故隐患得到整改。开展矿山安全检查 4 次，检查 2 660 矿（次），查出隐患 353 项，发出监察指令书 207 份，对违反矿山安全法规的行为实施处罚罚款 62.65 万元。审查了四级以上建筑安装企业近 1000 个。审查了 28 家起重机械制造、安装单位。监检在用起重设备 2 210 台，电梯 1 724 台。监检在用锅炉 6 061 台，在用压力容器 3 903 台，气瓶 12.97 万只。注册登记气瓶充装站 68 家，审查气瓶检验单位 37 个。检测 103 个企业 1302 个尘毒作业点。组织 28 个厅、局抽调 173 人，调查 561 个企业，完成了《安徽省职工劳动防护用品发放标准》，涉及 31 个行业的 5 581 个工种。建立职业健康检查制度，首批审查认可从事职业性健康检查单位 64 家。（五）劳动安全卫生宣传教育工作取得新成绩。着重抓了乡镇和外商投资企业的培训教育工作。省安委会、省劳动厅等 5 个部门联合组织开展“安全生产与消防知识竞赛”活动。（六）伤亡事故管理工作力度加大。建立重大伤亡事故汇报检查制度，规定发生一次死亡 10 人以上重大伤亡事故的单位的主管部门负责同志以及事故单位所在地市的分管专员、市长或分管厅、局长应在15天内，到省安委会汇报、作检查；发生一次死亡20人以上重大事故的，有关负责人要在15天内到省政府汇报、作检查。各级劳动部门向社会公布了举报电话，瞒报事故的状况得以扭转，事故结案率达81%，为近年来的最好成绩。

1995年全省工矿企业伤亡事故呈现两个显著特点，一是矿山事故大幅度上升。工矿企业共发生因工死亡事故461起，死亡662人。其中矿山企业占61.33%。矿山发生重、特大事故19起，死亡172人，其中6月23日，淮南矿务局谢一矿发生一次死亡76人、重伤49人的特大瓦斯爆炸事故，是我省建国以来的最大事故。二是非矿山企业，包括国有、集体、乡镇等所有制企业事故全面下降；锅炉压力容器安全状况继续保持稳定，锅炉爆炸事故为零。

（省劳动厅　唐照全　吴健　刘良骅　白鸿志　陶贤海）

福　建　省

1995年，福建省劳动部门认真贯彻党的十四届三中、四中全会和省委五届八次全会精神，提出了“以实施《劳动法》为统领，突出重点，全面推进，加快建立新型劳动体制”的工作思路。并确定了加快社会保险制度改革，实施“再就业工程”，加强工资宏观调控为全年的工作重点。经过努力，全省劳动制度改革全面深化，劳动领域主要的几项工作已在市场经济的轨道上运转。

一、劳动工作全面推进，成效显著

1995年，福建的就业局势稳定，就业领域多元化，就业方式多样化和就业机制市场化的新格局初步形成，市场就业已成为主导地位。全年共安置劳动力73.29万人，城镇登记失业率为1.9%，远低于全国3%的平均水平。职业介绍所发展迅速，全省共有职业介绍所1 343家，遍及城乡，基本形成了网络。再就业工程全面实施，全年共安置失业、富余人员8.75万人。

企业自主用人和劳动者自主择业为标志的新型用人制度基本确立。全省有95%的企业和280多万名职工实行了劳动合同制，覆盖面和进度在全国名列前茅，集体合同制度通过试点已经起步，全省通过协商签订集体合同的企业共596家，位居全国第二。

劳动监察网络初步建立，并扎实开展工作，劳动争议仲裁工作全面展开，调解和仲裁的准确率、结案率处在全国领先地位。

工资分配制度不断发展和完善，宏观调控有所加强，在全面落实企业分配自主权的同时，开始试行工资增长指导线和企业经营者年薪制。

各项社会保险制度改革全面推开，取得了实质性的进展，社会保险体系初步建立。养老保险省级统筹不断巩固和完善，工伤保险在全省全面实施，生育保险试点全面展开，医疗保险试点迈出可喜的一步。

职业技能开发体系建设加快步伐，职业技能鉴定社会化管理有所加强，全省建立了115个职业技能鉴定站，比上年增加50%，并在13个技术工种开始实行职业资格证书制度。

劳动安全卫生工作加强了法制建设，强化了综合管理和监察，突出抓了安全生产责任制的落实，安全生产局势保持稳定，安全生产状况进一步改善，全省企业职工因工伤亡事故比1994年有较大幅度下降，实现了年初省政府下达的死亡总数比上年下降10%的目标。

劳动制度建设步伐加快，新颁布了一批地方性劳动法规、规章和配套政策，初步形成了具有福建特色的劳动法规体系。

二、社会保险制度改革取得新进展

1995年，我省加快了社会保险制度的步伐，全面推进养老、失业、工伤、生育、医疗保险改革。

（一）养老保险制度改革

养老保险省级统筹得到进一步巩固。至年底，全省纳入统筹的企业数11 231户，在职职工111.12万人，离退休人员29万人。全省养老基金收入12.43亿元，较上年同期增长36.11%，基金支出11.09亿元，较上年同期增长44.41%。养老基金累计结余5.9亿元，基金积累率为3.8%。1995年纳入统筹的在职职工月人均缴费工资334元，较上年同期增长24.21%，纳入统筹的离退休金人均297元，较上年同期增长37.54%。

1995年，我省先后三次给离退休人员调整待遇，企业离休人员全部比照机关事业单位的办法增加待遇，省级以上劳动模范最低退休金按当地上一年度退休人员平均养老金的125%计发，1994年度企业退休人员规定其按闽政〔1994〕9号文件计发的待遇较老办法增加额少于20元的，可以按20元计发，同时规定退休人员调整待遇后的养老金水平低于当地职工最低生活费标准的，按当地职工最低生活费标准（即当地最低工资标准的60%）发给。1995年，我省还建立了退休金的正常调整机制，离退休人员从7月1日起人均增加26元，有效地保障了企业退休人员的基本生活。

积极探索企业补充养老保险办法，1995年全省参加补充养老保险的企业610户，在职职工7.88万人，基金收入1 400万元，较上年同期增长9.07%，历年累计结余4 000万元。同时，退休职工社会化管理程度也有了提高，全省已有42个市县开展试点，参加试点的企业816户，职工26万人，离退休人员1.6万人。

1995年12月，省政府决定将集体企业职工养老保险由人民保险公司移交给社会保险机构统一管理，为推进养老保险全省一体化、“广覆盖，四统一”创造了条件。

（二）工伤保险制度改革

从1995年1月1日起，在全省所有企业全面实行工伤保险改革，到年底已在65个县、市、区推开，纳入统筹的企业8 900户，较上年同期增加4 500户，增长102.53%；在职职工83.64万人，较上年同期增加48.49万人，增长137.93%；基金收入3 100万元，较上年同期增加2 240万元，增长260.47%；基金支出632.24万元，其中工伤费用326万元，为263名职工支付人均1.24万元的工伤待遇。由于我省的工伤保险具有收费低，待遇水平高，社会化服务程度高的特点，深受企业欢迎，取得了良好的社会效果。

（三）生育保险制度改革

我省企业职工生育保险制度改革起步也较早，到1995年底，全省已有40个县市的4 636户企业、362 968名职工参加了生育保险，较上年同期分别增加1 260户、93 922人，增长37.32%和34.91%；基金收入775万元，较上年同期增加384元，增长98.21%；基金支出426万元，较上年同期增加253万元，增长146.24%；为2 868人支付人均1 400元的生育待遇，我省的生育保险办法同样以收费低、待遇高而深受企业和职工欢迎，效果十分显著。

（四）医疗保险制度改革

1995年，我省有3个县市的168户企业、9 671名职工参加了职工大病医疗费用统筹，8个县市的171户企业的7 115名职工参加了离退休人员医疗费用统筹。医疗保险基金收入 253 万元,支出 191 万元,历年累计结余 91 万元。同时,还根据国务院《关于企业职工医疗保险制度改革的试点意见》精神,选定 13 个县市进行医疗保险制度改革,到年底,漳平市、福安市的方案已经政府批准,进入组织实施。

三、全面实施"再就业工程",促进失业人员再就业

福建把全面实施"再就业工程"作为 1995 年的工作重点,并把实施的重点放在国有企业中破产或濒临破产、长期停产以及实行现代企业制度改革试点的企业。以推向社会的失业人员,停产六个月以上的企业中基本生活无保障的待岗职工为实施对象,动员困难企业职工积极参加"再就业工程"。计划分三年时间分流安置 30 万富余职工和失业职工,其中 1995 年要完成分流安置 7 万人,到年底实际分流安置 8.75 万人。

我省实施"再就业工程"遵循劳动部门、企业主管部门、企业三方共同承担分流安置的原则:一是由企业兴办第三产业和劳动服务企业分流安置 60%;二是企业主管部门和劳动部门综合运用各种措施帮助分流安置 20%;三是推向社会的失业职工通过组织起来就业或自谋职业等办法分流 20%。具体做法:

——在企业方面,采取鼓励利用闲置的场地、设备、分离辅助车间等办法创办劳服企业进行安置,对资金有困难的,劳动部门可以从失业保险金中借给部分的生产自救费,向财政部门申请低息贷款或贴息货款支持。企业组织富余职工转业转岗训练,所需资金以自筹为主,不足部分可向劳动部门申请转业训练费补助。对分流出来从事第三产业、劳服企业的,在税收上给予减免照顾,职工工资低于原企业工资的,不足部分三年内由企业给予补助。

——在企业主管部门和劳动行政部门方面,企业主管部门通过开办行业性劳动力市场,加强行业内劳动力调剂。对各级劳动部门,要求都要建立一到两个生产自救基地,组建劳服企业集团,以增强资金和技术投入。一些山区地区因地制宜发展林业、养殖业、工业相结合的生产自救基地,并与当地政府实施"菜篮子"工程结合起来,实行亦工亦农。闽北山区城市建瓯市在城郊创办了占地面积 550 亩的生产自救基地,形成农、工、商一体的生产经营格局,企业职工亦工亦农,增强了企业适应市场变化的能力,基地创办以来,已分流 1 300 名富余职工和待业人员。全省各级劳动部门创办的职业介绍机构在中介活动中,优先介绍富余职工和失业人员就业。各级劳动部门根据市场需要和富余职工、失业人员的情况,充分发挥就业训练中心和技校的作用,对富余职工转业转岗训练给予资金上的支持和业务上的指导。根据国家有关裁减人员的规定,建立企业裁减人员申报制度,企业因生产经营发生严重困难需裁减人员时,必须依照《劳动法》规定执行。被裁减人员,可向当地劳动部门申领失业救济金。

——对困难企业的失业职工,通过召开职业指导座谈会、职业介绍、试工等系列活动帮助其再就业。对积极参加"再就业工程"各项活动,失业期满仍未就业的人员,可酌情延长 3 个月的失业救济。对接受试用人员的单位,将失业职工应享受的失业救济金余额,一次性拨付给单位。对介绍失业职工再就业成绩突出的职业介绍机构,以及组织培训失业职工和富余职工转岗转业培训成绩突出的技工学校等培训实体进行表彰和奖励。

——妥善分流安置破产企业职工。根据国务院《关于在若干城市试行国有企业破产有关问题的通知》精神,我省及时总结推广经验,对国有破产企业职工分流采取了一些有效的措施,如福州市劳动部门会同有关部门制定的福州帆布厂破产职工分流方案中,试行一次性经济补偿的做法,得到职工的拥护,实施后全厂201名职工得到妥善安置，没有一名职工上访。

四、加强劳动监察，保证《劳动法》顺利实施

1995年，福建各级劳动部门，围绕《劳动法》的全面实施，进一步加强劳动监察工作，为预防和及时处理企业、特别是三资企业劳资纠纷，促进企业劳动关系的和谐稳定和全社会的安定，维护用人单位和劳动者的合法权益，促进生产的发展起了积极的作用，取得了显著的成效。

1. 建立健全劳动监察机构。3月中旬，省机构编制委员会、劳动厅下发了《关于转发中央编办、劳动部〈关于建立劳动监察机构配置劳动监察和劳动争议处理人员编制意见的通知〉的通知》，要求各地、市、县（区）编委、劳动部门按《劳动法》的规定和中编办〔1994〕244号文件的要求，尽快把专门从事劳动监察的机构建立起来，并规定：地级市设劳动关系与监察科，县（区、县级市）设劳动关系与监察股，可加挂劳动监察大队或中队的牌子，并配备专职劳动监察员。劳动监察机构的编制从当地行政编制总额中调剂解决。到年底，全省9个地、市及全部县（区、县级市）已建立了劳动监察机构，共配备专职劳动监察员224名，兼职劳动监察员674名，形成了劳动监察网络。

2. 全面开展劳动监察，加大劳动执法力度。各级劳动监察机构按照省劳动厅的统一部署，积极开展劳动监察活动，坚持平常巡查、重点检查和群众举报专查制度，及时查处、纠正各种违法行为，取得显著成效。据不完全统计，全省共监察企业6.4万户，其重点专查2.1万户，发出整改意见书7 032份，提出整改意见2.7万条，补签劳动合同91.8万人，补办劳动合同签证45.2万份，补办务工证卡17.3万人，补缴社会保险金2 889.1万元，其中养老保险金2 593.1万元，失业保险金296万元，追缴被克扣、拖欠的1.46万名职工工资797.1万元，清退童工124余人。

3. 建立健全群众举报制度，全省各级劳动监察机构已全部建立群众举报制度，设立举报信箱，向社会公开举报电话号码，仅上半年就受理群众来访、举报案件601件，处理结案546件，结案率达到91%。同时，各级劳动监察机构加强与有关部门的配合，与法院联合在劳动部门成立劳动行政执法联络室。法院派人常驻联络室工作，对劳动监察处罚的执行起了保障作用，有力地促进了劳动监察工作的顺利开展。

（福建省劳动厅　王煌煌）

厦　门　市

1995年，我市劳动工作抓住《劳动法》正式实施的有利契机，坚持以《劳动法》为统领，有力推动了劳动合同制的全面实施和社会保险一体化工作，加强了宏观调控和执法力度，保持了稳定和协调的劳动关系，进一步健全和完善了区域性中心劳动力市场。

一、区域性中心劳动力市场基本形成

1. 以市职业介绍服务中心为龙头、各区县职业介绍所为骨干、社会力量创办的职业介绍机构为补充的职业介绍网络更趋完善。加强了对职业介绍机构的管理，经严格审核，给全市27家职业介绍机构颁发了“职业介绍许可证”，对条件不具备、行为不规范的职业介绍机构加以整治、取缔。1995年到市职业介绍服务中心登记的求职者达147 036人，介绍成功率40%。

2. 加强对外来劳动力管理。在对外来劳动力来厦就业实施宏观调控和强化就业证管理的基础上，实行“证卡合一”。劳动部门在为外来劳动力办理“就业证”时，凭其从当地劳动部门领取的“外出人员就业登记卡”给予办证，证卡合一方可务工。流动就业证制度开始确立。企业只能招收持有“流动就业证”的外来劳动力，并应及时将招工情况报劳动部门备案，这有力地促进了外来劳动力的有序流动。1995年发放流动就业证192 533人。在外国人就业管理方面，共为238名外国人和589名港、澳、台人员发放了就业证。

二、全面推行劳动合同制和集体合同试点工作

全面推行劳动合同制，是贯彻《劳动法》的关键环节，是一项基础性很强的工作。通过加强宣传、统一认识，取得领导支持和部门配合。在此基础上，采取分片包干的办法，落实人员到各区(县)、各系统，进行深入的调查研究，听取企业和职工的意见和建议，针对难点问题进行认真分析并提出相应的处理意见，使一些实行起来困难较大的企业很快排除了困难。到年末，全市共有3 158家企业实行劳动合同制，占全市企业总数的98.69%，有375 801名职工签订了劳动合同，占全市职工总数的97.51%。

我市是全国八个集体合同试点地区之一。为搞好试点工作，市劳动部门同市总工会加强协调、配合，联合下发了《建立集体协商签订集体合同制度的工作意见》，提出了适应我市特点的指导思想、推行原则、合同内容、签订和变更程序等，对试点工作进行规范。经过认真分析、筛选，先后确定了两批共54家企业作为试点企业(第一批16家，第二批38家)。到年末，54家试点企业都全部推行了集体合同制度。通过两批试点，取得了成功的经验，为推行这项制度打下了良好的基础。

三、不断探索社会保险制度改革的新领域

一是推行企业补充养老保险，对于建立多层次社会保险制度，调动职工积极性，增强企业凝聚力起到积极作用，深受企业和职工的好评；二是建立社会统筹与个人账户相结合的新机制，推行养老保险缴费个人申报措施，有利于劳动力的有序流动和合理配置；三是把被兼并、下马的企业离退休人员纳入市社会保险服务公司管理，初步实现社会化的服务管理。到年末，全市养老保险职工总数达133 887人，离退休人员36 468人，全年征收养老保险金19 711万元，比增28%，支付离退休费17 607万元，比增27%，职工月人均离退休费达800元，退休费达428元。此外，失业、工伤保险覆盖面也不断扩大。全市共有1 123家企业参加失业保险统筹，共征收失业保险金670.7万元，发放失业救济金187.08万元；工伤保险金征收634万元。

四、加大工资宏观调控力度

按照《厦门经济特区企业最低工资规定》和《厦门经济特区劳动管理条例》的要求，市劳动部门与统计、城调、企业家协会、总工会等有关部门密切配合，经过反复测算，并征求多方意见，制定了1995年7月1日至1996年6月30日的企业职工最低工资标准为每人每月320元(同安县为245元)，报市政府通过后于1995年7月1日的《厦门日报》上公布实施。同时，还指导企业完善内部分配制度，探索实行国有企业经营者年薪制办法，起草申报了《厦门市国有企业经营者年薪制办法》，起草申报了《厦门市国有企业董事长、总经理(厂长)年薪制试行办法》。

五、职业技能开发工作稳步推进

积极建设职业技能培训网络，开展多形式、多层次的技术等级达标培训，指导开办了14个工种的技术等级培训班，使1 117人取得技术等级证书；改革技校招生、办学措施，共录取新生1 071人，完成计划的130%；举办了第三届职工技术比赛，表彰了40名“青年岗位技术能手”及“十佳岗位能手”；健全职业技能鉴定网络，建立“厦门市职业技能鉴定指导中心”，批办了五个职业技能鉴定站，覆盖了中式烹调师、面点师、美发师、餐厅服务员、电工、钳工、机加工、计算机文字录入处理员等12个工种。

六、加强培训、严格执法，稳定安全生产形势

针对建筑施工和装修工程现场工伤死亡事故多发的特点，加强对建安企业的劳动安全卫生宣传、教育、培训工作，与建委联合举办建安企业负责人、安全管理干部安全培训班6期，共培训了400人。对特种作业人员进行安全培训，发证1 106人。现场检查企业589个(次)，发出整改意见3 265条。对危险较大的生产设备安全认证569台。锅炉和压力容器检测分别为252台和1 623台。开展了工伤确认的劳动能力鉴定工作。

七、加大劳动监察力度，完善劳动争议仲裁工作

劳动监察工作采取群众举报制度和日常巡查制相结合。除了及时处理群众举报和信访案件外，还在全市开展用人单位招用民工大检查、劳动监察年审、全市性执行《劳动法》情况大检查。其中会同市人大法制委、市公安局、市总工会对全市建筑单位、私营、个体经济进行的实施《劳动法》的情况大检查，影响很大，效果显著。针对员工随意"跳槽"给用人单位成负面影响的情况，制定了相关措施加以解决：除了加强劳动法规宣传教育外，采取不给经济补偿、不发给解除或终止劳动合同证明书、承担赔偿责任、两年内不给介绍就业、承担连带责任等五项措施。全年共清退了500名擅自跳槽员工，有力地遏制了劳动力无序流动，维护了正常的劳动关系。面对怠工、罢工等突发性事件增多的状况，采取预防为主的方针，加强突发事件预警系统的建设等措施。市委、市政府转发了市劳动局、市外资委、市总工会的联合发文《关于积极预防和妥善处理怠工罢工等突发性事件的意见》，市劳动监察大队制定了"立即赶赴现场，努力控制局面，尽快恢复生产，依法妥善处理"的工作方针，及时妥善地处理了26起突发事件，化解了劳资矛盾，为维护社会稳定作出了贡献。一年来，全市劳动监察机构共检查企业5 518家(次)，督促企业补签劳动合同199 869人，补办"就业证"49 873人，补办社会保险199 869人，补交金额238.42万元；受理群众来访490起，为职工追回被拖欠、克扣的工资及拒付押金共147万元。

劳动争议仲裁工作坚持仲裁庭办案制度，全年处理劳动争议案件188起，其中裁决18起，调解解决13起，案外解决(行政调解)147起，其他10起；鉴证或备案劳动合同62 753份。我们还提出《关于劳动争议案件若干问题的处理意见》作为法院和仲裁机构处理劳动争议案件的指导意见。

(厦门市劳动局　韦标恒)

江　西　省

1995年，江西省劳动工作坚持以邓小平同志建设有中国特色的社会主义理论为指导，以宣传、贯彻实施《劳动法》为统领，紧紧围绕建立现代企业制度，切实把握改革、发展与稳定的关系，全面深化劳动制度改革，在实行企业职工工资最低保障制度、全面建立劳动合同制度、积极推进社会保险制度改革等方面取得了突破性进展，为促进江西经济的发展和社会的稳定作出了贡献。

一、《劳动法》的学习宣传、贯彻实施工作进一步得到加强

1995年是《劳动法》正式实施的第一年，

按照劳动部的要求，江西省各级劳动部门把贯彻实施《劳动法》作为1995年劳动工作的重中之重，切实抓紧抓好，并以此推动全省整个劳动工作的开展。

各地、各部门采取多种形式，培训了骨干，继续开展了群众性的《劳动法》学习宣传贯彻活动。按照劳动部的统一安排，7月3日至9日全省开展了《劳动法》宣传周活动。省劳动厅召开了《劳动法》颁布一周年座谈会，并于7月和10月两次共派出7个小组，到各地市检查《劳动法》的贯彻执行情况。据统计，在《劳动法》大检查中，全省有23 383户企业进行了自查，涉及企业职工238.9万人，各级劳动部门抽查企业6 546户，涉及企业职工88.4万人，查处各类违法案件2 626起。其中：清退童工212人；督促企业为84 347人补鉴了劳动合同；为6 205名职工补发了拖欠的工资92.7万元；查处超时加班企业260户，补发的职工加班工资20.2万元；查处欠缴社会保险企业224户、补缴的社会保险金359.4万元。与省总工会对三个地市的23家企业贯彻《劳动法》中女职工权益执行情况进行了检查，进行了新工时实施情况的调查，为及时了解掌握有关法规的落实情况提供了有力的依据。

二、改革劳动计划体制，切实加强劳动工资宏观调控

1. 加强企业工资总额管理。一是全面实行了企业职工工资最低保障制度。1995年4月30日江西省政府颁布了《江西省最低工资规定》及最低工资标准，并于1995年5月1日起在全省实施。同时省劳动厅印发了《江西省最低工资规定若干条文说明》，对执行最低工资的情况进行了调查。从调查情况来看，实施基本正常。二是改进和完善了弹性工资计划办法，扩大了弹性工资计划调控范围，并选择7家省直单位进行试运转，收到了较好的效果。三是加强了企业工资基金管理，拓宽了覆盖面。从1995年1月1日起，全省各类企业全面实行了《工资总额使用手册》管理，及时开展了《工资基金使用手册》的换发和企业工资总额的上册、审批工作，并会同省人民银行在全省范围内开展了工资基金使用情况大检查。四是进一步完善了工效挂钩办法，继续扩大了工效挂钩面。到年底，全省新增挂钩企业351户，新增挂钩人数43 387人。五是继续进行了“两低于”自定工资总额试点，认真总结试点工作经验。南昌市结合集体合同工作的开展，有选择地进行了集体谈判决定工资的试点工作，取得了较好的效果。六是进一步加强了企业领导工资审批工作的管理，初步规范了企业领导的工资分配行为。

2. 积极帮助和指导企业搞活内部分配。扩大了岗位技能工资覆盖面，加强了岗位技能工资动态管理。1995年，全省企业已实行岗位技能工资制的人数达80.3万人，占企业职工总人数的50.75%（按同口径计算），岗位技能工资人均增资达79.25元。

三、认真抓好劳动就业工作，进一步完善就业服务体系

1. 就业安置任务圆满完成。由于受上半年洪涝灾害的影响，江西省就业工作形势比较严峻，安置任务难度较大。全省广大劳动系统干部职工克服困难，确保安置任务的落实。1995年，全省共安置16.5万名城镇待业人员就业，全省城镇失业率控制在2.5%以内，全省就业训练共结业16.1万人，完成了省政府下达的目标任务。

2. 进一步建立并完善了职业介绍机构。全省已建立职业中介机构1 817家，其中县以上劳动部门开办的134家，输出劳务人员270万人，其中劳动部门直接输出20万人，分别完成了目标任务的135%和100%，向国外共输出劳务人员38人。江西省职业介绍中心及分部的建设正在不断完善，以省职业介绍为中心，上联华东、华南，下联省厅驻粤、琼、闽、沪等办事处及各地、市就业局的全省职业介绍网络已开通，并成功地举办了首届

95'赣—粤劳务洽谈会，介绍 1 900 余人就业。在推广宜春地区建立乡镇劳动力管理机构经验的基础上，全省已有 1 523 个乡镇建立了乡镇劳动服务站，建站率为 83%。认真做好了 1995 年春运期间“民工潮”疏导工作，受到了劳动部的通报表彰。

3. 劳服企业稳步发展。全省劳服企业现有 5 328 家，新安置就业 2.5 万人，劳服企业完成总产值(营业额、劳务收入)23.45 亿元，实现利税 2.01 亿元。加快了劳服企业股份合作制试点工作，在巩固 1994 年 31 家试点企业的基础上，到 1995 年发展到 50 家，同时在全省推广了宜春地区建立劳服企业发展基金的办法。

4. 大力推动“再就业工程”的建设。在总结推广南昌市试点经验的基础上，逐步在各地、市推广实施，并建立了南昌飞机制造公司、赣州玻璃厂等 10 多个再就业基地。

四、积极推进劳动体制改革，促进劳动关系的和谐稳定

1. 全面建立劳动合同制度工作取得重大突破。按照《劳动法》的规定，1995 年 4 月 3 日，江西省政府印发了《全面实行劳动合同制度的实施方案》。为确保省政府和劳动部规定的到年底全省 80%以上的用人单位和劳动者要实行劳动合同制任务的完成，省劳动厅于 4 月份和 10 月份分别召开了专题会议，明确提出把实行劳动合同制度作为今年贯彻实施《劳动法》的一项重要工作来抓，要求各级劳动部门和省属、中央直属企业主管部门要加强领导，采取切实有效措施，确保目标的完成。由于领导重视，各级劳动部门的努力，到年底，全省实行劳动合同制的面达到了 86%，441 户企业进行了集体合同的试点。

2. 积极推行以劳动用人、工资分配、就业、社会保险等制度为主要内容的劳动体制区域综合配套改革。到目前为止，鹰潭市、宜春地区、南昌市的劳动体制区域综合配套改革工作在当地政府的领导下已全面实施，进展顺利。

3. 劳动监察制度初步建立。全省共建立劳动监察机构 112 个，组建率达 100%，配备专职监察人员 323 人，兼职监察人员 72 人。同时，加大了劳动监察执法力度，全省 112 个劳动监察机构均建立了群众举报制度，设立了举报箱，向社会公布了举报电话，建立和完善了省、地、县三级劳动监察情况的定期报告制度，受理和查处了大量的违法案件。据统计，今年全省共接收群众举报、投诉案件 956 起，先后立案查处了违法案件 3 283 起，依法维护了广大职工的合法权益。按照劳动部的统一部署，从 10 月份开始在全省开展了《劳动法》执法大检查活动，省劳动厅成立了四个检查组负责对各地、市的大检查工作进行指导和督促检查，强化了劳动监察的职能，增强了劳动者和用人单位的法律意识，维护了劳动者的合法权益，收到较好效果。

4. 劳动争议市处理工作进一步开展。目前，全省有 107 个市、县(区)成立了劳动争议仲裁委员会，配备工作人员 282 人。各级仲裁委员会积极探索进一步开展劳动争议处理工作办法和途径，南昌市、宜春地区、石城县等地进行了劳动争议处理司法体制改革试点。在人员少、劳动争议案件上升较快的情况下，各级仲裁机构按照《劳动法》的规定妥善处理了大量劳动争议案件。据统计，全年全省共受理劳动争议案件 243 起，已结案 235 起，结案率达到 96.7%。认真负责地做好职工政策性调动和技术工人挂编工作，指导企业安置富余人员 20 多万人，并协同有关部门及时处理职工集体上访、罢工等突发性事件，维护了社会的稳定。

五、职业技能开发体系建设初具规模

1. 稳步开展职业技能鉴定社会化管理试点工作。一是加强了职业技能鉴定的制度建设，制定了《江西省职业技能鉴定管理制度》等 8 个配套规章。二是制定完成了职业技能鉴定社会化管理试点工作的考核大纲和省试题库，承担了国家题库试题试测任务及国家职业技能鉴定题库11个工种的试题和考核指南编制任务。三是组织全省技工学校、职业学校、就业训练中心“双证制”职业技能技术等级考核3万多人，全省高级工职业技能鉴定35个工种2万余人。四是新设高级工职业技能鉴定站12个，举办了职业技能鉴定考评员培训班，326人获职业技能鉴定考评员资格。

2. 加强了职业技能培训管理工作，进一步规范了培训市场，制定了《江西省职业技能培训管理暂行办法》和《江西省职业技能广告管理办法》。指导企业开展岗位培训，据统计，全省今年接受技术等级培训的达15万人。

3. 组织开展了“全省技能月”宣传、竞赛、表彰活动，召开了江西省有突出贡献技师表彰及高级技师颁证大会。据统计，全省有5万多群众参与了全省技能月的宣传咨询活动，有近300万名城镇职工、150多万名乡镇企业职工，参加了群众性岗位练兵、技术比武、拜师学艺等活动，进行了焊工、家电维修工、计算机文字录入处理员、中式烹调等全省性技能竞赛，选拔选手参加全国性技能竞赛，有3人获得前10名的好成绩。考评高级技师29人，技师1 300余人。评选、表彰全国技术能手5人，全省最佳能手7人，全省技术能手19人。表彰了“江西省有突出贡献工人技师”70人，“江西省十佳技师”10人，向133名我省首批高级技师颁布了《中华人民共和国高级技师合格证书》。

4. 技校改革工作又有新进展。1995年，全省新增技校1所，招收新生2.96万余人，首次招收“农转非”学生2 143人。从1995年新生入学起，技工学校学籍实行了微机管理。开展了技校教师系列专业技术职称评定工作，共评高级讲师48人，讲师150人。结合抗日战争胜利50周年和爱国主义教育，江西省首次举办了“爱我中华”全省技工学校文艺汇演，取得了圆满成功。

六、社会保险制度改革取得重大突破

1. 养老保险制度改革在总结过去改革的实践经验基础上，取得了新的突破。按照《国务院关于深化企业职工养老保险制度改革的通知》精神，遵循社会统筹与个人账户相结合的原则，研究制定并以省政府名义出台了《江西省城镇企业职工养老保险制度改革实施方案》，并于10月1日起在全省开始实施。9月份，省政府召开了实施动员大会，常务副省长黄智权作动员报告，各地、市分管专员、市长参加了大会，有力地推动了这项工作的开展。据统计，到年底，全省参加基本养老保险统筹的单位24 197个，参加职工19 332万人，保障了45.51万名离退休人员的基本生活，基金收缴率达到91.2%；参加企业补充养老保险的企业1 140个，参加职工147 768人，收缴基金1 719万元；参加个人储蓄性养老保险单位1 976个，参加人数104 671人，收缴养老金1 042万元。

2. 失业保险制度改革继续深化，覆盖面进一步扩大，《江西省国有企业职工失业保险条例》得到了进一步落实。全省累计参加投保单位17 379个，投保人数1 709 239人，收缴失业保险基金4 424万元。1995年全省新增失业职工32 993人，安置了40 784名失业职工再就业，为3.2万余名失业职工发放失业保险金551万元。

3. 按照国务院医疗制度改革试点要求，认真组织九江市医疗保险制度改革工作。经过一年的努力，运行情况良好。国务委员彭佩云同志三次率国务院调查组进行考察，对改革工作和政策给予了高度评价和肯定。以此为契机，全省医疗、工伤、生育保险制度改革得到了新的发展。1995年，全省进行医疗保险制度改革的县市39个，比上年增加了6个；实行工伤保险费用社会统筹的县市78个，比上年增加22个，其中，抚州地区、鹰潭市实现了工伤保险费用地市级统筹；实行生育费用社会统筹的县市94个，比上年增加了

17个。

七、加大安全生产工作力度，切实保障劳动者的安全与健康

1995年，江西省坚持安全生产工作在经济建设中的重要地位，树立安全生产是改革、发展、稳定的必要条件的观念，完善“企业负责、行业管理、国家监察、群众监督”的管理体制，认真贯彻“安全第一、预防为主”的方针，层层落实安全生产责任制，加强对重点行业、重点企业安全生产管理和重大事故隐患治理，深入开展安全生产宣传教育，全省安全生产形势有所好转，重大恶性事故有所控制。据统计，1995年，全省县以上企业职工因工死亡人数为248人；其中，全省县以上非矿山企业因工死亡132人，比上年下降1.5%，控制在省政府下达的目标内。同时，加强了对企业，特别是危害较大的特种行业的安全卫生监察。全省已有上饶地区、鹰潭市、九江市、抚州地区、萍乡市、宜春地区全面开展了对施工单位进行安全资格认证工作。对全省矿山安全监察员和国有矿山企业矿长进行了培训、考核，并对国有矿山企业颁发了矿长安全技术业务资格证书；加大了矿山执法力度，总结推广了宜春、高安等地县实行劳动安全法庭的经验；积极参与了核工业部七二一矿的矿山工程设计审查和贵溪银矿的竣工验收工作，对62个矿山企业进行了现场全面监察工作。强化了对锅炉压力容器使用环节的监督检查，在用锅炉压力容器的定检率分别比上年提高了1%和4.2%，锅炉水处理普及率有明显提高。积极开展矿山安全卫生科研工作，主持完成的“天井推进通风分流结构和粉尘分布规律的研究”和“非煤矿山个体性粉尘监测研究”分获劳动部科技进步三、四等奖。

八、认真保障困难企业职工和离退休人员基本生活，切实稳定职工队伍

解决困难企业职工和离退休人员生活问题，是关系到改革、发展和社会稳定的大事，省劳动厅对此十分重视，今年先后四次发文要求各级劳动部门重视做好国有企业职工和离退休人员基本生活保障工作，确保一方平安。一是1995年元旦、春节期间，全省各级劳动部门共使用失业保险金300多万元，为2.5万余名困难企业职工发放了救济金，同时各地还积极与有关部门一道开展了“送温暖”活动，取得了良好的社会效益。二是积极发挥社会保险的调剂功能，确保离退休费的按时足额发放。4月份以来，江西省大部分地区遭受特大洪涝灾害，为了保证受灾企业离退休人员的正常生活，在企业基金收缴困难的情况下，全省调拨了1 600多万元调剂金给受水灾严重的市县发放养老金，保证了受灾企业退休人员的生活。三是根据国家有关规定及时调整了企业离退休人员的待遇，并积极组织资金，确保增发离退休金的落实。四是加强了对停产、半停产和破产企业跟踪调查和预警预报工作，会同有关部门贯彻落实困难企业工资预留户和主管部门担保，财政贴息、银行贷款优先保障困难企业工资支付这两大政策。

九、认真做好劳动信访工作，密切注意社情民意

全省各级劳动部门十分重视信访工作，对上访群众热情接待，认真细致地做好政策的咨询、宣传、教育和解释工作，按照党和国家的政策，积极维护职工主人翁地位和合法权益。据统计，省劳动厅共接待群众来访1 878人次、集体上访29批182人次、处理上访老户2户，处理群众来信2 617件和上级转来要求查办和报结果的群众来信13件。由于全省各级领导和劳动信访干部的共同努力，劳动工作中出现的一些突发性的问题都处理在基层，化解在萌芽状态，为维护社会稳定，推动江西省的改革开放作出了贡献。1995年省劳动厅的信访工作受到了劳动部的通报表彰。

（江西省劳动厅　刘克琦）

山东省

1995年，山东省劳动厅以贯彻实施《劳动法》为统领，加快劳动制度综合配套改革，着重解决好关系改革、发展、稳定大局的热点难点问题，整个劳动工作呈现新局面，与市场经济体制相适应的新型劳动制度进一步完善。

一、认真贯彻实施《劳动法》取得硕果

按照省政府和劳动部的统一要求，山东省各级劳动部门把《劳动法》的贯彻落实作为劳动工作的头等大事来抓，广泛深入地开展《劳动法》学习宣传和贯彻实施工作。在全国《劳动法》电视知识竞赛中，山东获得一等奖和最佳组织奖。同时，各级劳动部门把建立和完善劳动合同制度、最低工资制度、劳动监察制度以及基本劳动标准作为贯彻实施《劳动法》的重点，取得明显成效。

全面实行劳动合同制度。年初，省政府确定，到1995年底，山东省所有企业全面实行劳动合同制度。5月，《山东省实施劳动合同制度办法》颁布，明确了具体政策和实施办法。各市地制定了实施方案，本着从实际出发，对老职工、女职工和病残职工予以适当照顾的原则，采取由点带面、层层推进、积极稳妥的方式，确保了改革的顺利进行。到年底，全省国有和县以上集体所有制企业、外商投资企业等共有28 682户实行了劳动合同制度，550.1万人签订了劳动合同，分别占企业和职工总数的96%和98%。

最低工资保障制度全面实施。1994年11月，省政府公布山东省最低工资标准为170元/月，各市地可按照上下不超过20%的幅度浮动。到1995年6月底，各市地最低工资标准全部公布实施，标准在140元～190元/月之间。至此，最低工资保障制度在山东省全面建立和实施。

健全了劳动监察与劳动争议处理制度。省政府于3月颁发了《山东省劳动监察办法》。年内，县以上劳动部门都建立起劳动监察机构，配备专职工作人员，劳动监察体系基本建立起来。11月，在全省开展了劳动执法大检查，共检查企业11 593户，补签劳动合同25.9万多份，补办用工手续10.8万份，对327户问题严重的企业进行了处罚，维护了法律的严肃性。加强劳动争议处理机构，提高了仲裁委员会和企业劳动争议调解委员会的组建率。据统计，全省除1个县外，各市、地、县(市、区)的劳动争议仲裁委员会均已建立，配备专职仲裁员457名。企业调解委员会已达到20 000多个，使大部分劳动争议案件在基层得到较好的解决。进一步改进办案工作，努力提高办案效率，使劳动争议案件结案率提高到了94%。

各项劳动标准基本落实。除少数困难企业外，绝大多数企业较好地执行了最低工资保障制度。新工时制度得到较好的落实，已有48%的国有企业、33%的县以上集体企业实行了40小时工作制；部分乡镇企业、外商投资企业实行44小时工作制。女工和未成年工的劳动保护得到了重视，多数用人单位能够按照国家和省里的有关规定，自觉维护女工和未成年工的合法权益。

二、劳动制度综合配套改革取得明显成效

年初，山东省劳动厅确定，要把贯彻实施

《劳动法》与推动区域性劳动制度综合配套改革有机结合起来，做好就业工作，加强劳动工资宏观调控等体系建设。同时，《山东省劳动体制区域综合配套改革试点方案》经劳动部同意，由省政府印发实施，标志着劳动领域的全面改革进入了一个新的层次。

（一）城乡就业工作取得突出成绩。以实施"两个工程"为重点，抓好农村劳动力的有序化流动和失业职工、困难企业职工的安置工作，统筹城乡就业，强化劳动就业服务体系建设。

在城市，全面实施"再就业工程"。在总结推广再就业工程试点经验的基础上，制定政策，积极探索再就业的新思路。为配合再就业工程的实施，运用失业保险金对骨干劳服企业实行贷款贴息，组织富余职工发展第三产业，开展生产自救，全年向600多个企业提供扶持资金4 100万元。鼓励用人单位招用失业职工，鼓励企业富余职工自谋职业，使失业职工的再就业率达到50%，比1994年提高8%。

在农村，实施"农村劳动力跨区域流动有序化工程"，引导农村剩余劳动力合理开发与转移。1995年是推进农村就业工作力度最大的一年。山东省各级劳动部门按照劳动部和省政府的部署，把农村就业纳入劳动力市场管理之中，从统筹城乡就业、开拓就业渠道、组织有序化流动、提高劳动者素质等方面入手，大力发展农村就业。在全省实行农村劳动力流动就业凭证管理制度，发放"外出人员就业登记卡"45万张，"外来人员就业证"25万本，并在京、津、沪等地建立了省级劳务管理机构，委托大连、沈阳、南京等重点城市代发就业卡的工作也取得了初步成效。东西部就业扶贫工作进一步展开，全省16个市地和行业结成对子，到东部沿海地区就业的人数逐年增多。拓展农村劳务输出的渠道和领域，跨区域就业的人数已达250多万人次，从根本上改变了过去劳动部门只抓城镇就业的局面。

以职业介绍、就业训练、失业保险、劳服企业为支柱的就业服务体系，以努力扩大就业为目的，相互配合，取得很好的成绩。全省城镇人员就业22.9万人，比1994年增加3.3万人，年末失业率为3.19%，保持了就业局势的稳定。

职业介绍机构不断完善，全省县以上劳动部门开办的职业介绍机构已有162个，覆盖了所有县（市）区，全年各类求职人员66.53万人，介绍就业53.39万人；就业训练网络建设不断增强，就业训练中心发展到138所，初步形成了集教育、食宿、实习、文体活动为一体的综合性培训基地，全年培训各类人员23万人，其中失业职工、富余人员3.1万人，就业率达90%以上；充分发挥失业保险的社会保障功能，元旦、春节期间，向全省3 253个困难企业、破产企业的27万职工发放失业救济金3 186万元，为失业职工提供救济7 000多万元，为保持社会稳定起到了积极作用；劳服企业迅速发展到8 798家，实现生产经营收入114.8亿元，利税10.5亿元，吸收从业人员38.4万人，主要指标均超过年初计划目标。

（二）新型社会保险制度基本形成。养老、医疗、工伤、女职工生育等社会保险制度改革都取得很大进展。

多功能、多层次的社会保险体系逐步形成。省政府制定颁布了《贯彻国务院关于深化企业职工养老保险制度改革的通知》和《山东省城镇企业职工医疗保险制度改革试点意见》，养老和医疗保险制度实行社会统筹与个人账户相结合的深化改革在全省展开。1995年，山东省有33 524户企业的近478.5万名职工参加了养老保险，企业补充养老保险和储蓄性养老保险也相继展开；30多个县市进行医疗保险制度改革试点，32个县市、25.2万名职工进行工伤保险改革试点，女职工生育保险的改革试点也在61个县市、130万名职工中展开。

保险基金初具规模,保障功能有所增强。随着国民经济的发展和筹资渠道、筹资方式的变化,保险基金规模逐步扩大,全年收缴养老保险金43.8亿元,支付38.9亿元。建立了基本养老金正常调整机制,现人均月养老金达340元,保障了离退休人员的基本生活水平,对促进社会稳定起到了良好的作用。

社会保险的服务功能不断增强,社会化程度有所提高。一年来,各级社会保险管理机构围绕本职工作,强化了自身服务功能,拓宽了业务范围,提高了服务质量。兴建离退休人员活动中心54个,丰富了离退休职工的业余生活;40个县、市实现了养老金的社会化发放,改变了社会保险以单位管理为主的办法,减轻了企业负担,方便了职工。同时还强化了对失业、生育、病残,困难职工的解困工作,探索了多种形式的养老金社会化发放办法。

(三)企业工资管理工作进一步法制化、规范化。企业工资总量宏观调控得到加强,工资制度改革进一步深化。

加强企业工资管理。10月,省政府下发了《山东省企业工资管理暂行规定》,这是山东省关于企业工资管理的第一个比较全面、系统的规章,涉及工资的宏观管理和内部管理、工资的支付及监督检查等方面的内容,对于加强企业工资宏观调控、严格企业经营者收入管理,规范企业工资支付行为具有重要意义。

以岗位技能工资制为主要形式的企业工资制度改革进一步深化,实行了多种形式的分配制度。截止到年底,已有1 000余户企业、110万职工实行了岗位技能工资制。进行了职工套改技能工资标准工作,共有128.2万人调整了技能工资标准,约占地方国有企业职工总数的79.9%。企业职工收入有了较大提高,地方国有企业职工年平均工资达到4 980元,实际平均工资年均增长3.85%。

(四)职业技术培训事业有较大发展。坚持实行"先培训、后就业","先培训、后上岗"制度,积极开展职前培训和在职培训。

按照"巩固、提高、发展"的原则,稳步发展技工学校。到1995年底,山东省已有技工学校312所,开设专业(工种)288个,在校学生17.5万人,毕业生全部实行"双证"制和计划分配与供需见面相结合的就业制度。师资队伍结构有较大改善,具有高、中级技术职务的教师达7 852人。开展"教学质量年"和"技能月"活动,评出教学先进学校100所,4名优秀技工被劳动部评为"全国技术能手",是全国人数最多的省份。

广泛开展职业技术培训。全年共培训127.9万人次,使中、高级技术工人在整个技工队伍中所占的比例分别提高到30%和3.6%。初步建立起社会化职业技能鉴定体系,成立鉴定中心10个,批准建立鉴定所93个。经鉴定合格颁发技术等级证书22.65万册,评聘技师1.4万人,高级技师183人。

(五)劳动安全卫生管理监察工作得到加强。围绕贯彻落实《劳动法》和国务院、省政府关于加强安全生产工作的部署和要求,狠抓安全生产责任制、措施和法规的落实,推动了安全生产工作的开展。

层层落实安全生产责任制,认真开展安全生产大检查。在全省实行了由省安委制定、各市地实施的安全生产目标管理责任制,大部分市地的市长(专员)、县(市区)长、乡镇长以及各主管部门和企业单位层层签订《安全生产责任状》,逐级明确落实了安全生产责任关系。做好事故隐患的清查工作,先后对全省17个市地的25个县(市区)和147个单位及公共场所的安全生产情况进行了检查,治理整改了一大批危及人身、设备、建筑和矿山安全的重大事故隐患。共查出各类事故隐患9.2万多条,有8.3万条得到了及时治理,整改率达95%以上,从而有效地减少了各类事故的发生。矿山和非矿山企业的事故发生率和死亡人数都比1994年有了大幅度的下降。

（山东省劳动厅　贾强）

济 南 市

1995 年以贯彻实施《劳动法》为统领，继续深化劳动领域的各项改革，抓住热点、难点问题，加大改革力度。

1．把贯彻实施《劳动法》作为整个劳动工作的统领。1995 年，是《劳动法》实施的第一年，各级劳动部门把宣传、贯彻《劳动法》作为一项重要任务紧紧抓在手上，加大宣传、执法力度。全年共举办各种类型的《劳动法》学习班 15 期，参加培训的达 2 000 多人。在全市开展了用人单位遵守《劳动法》情况大检查，有 3 008 个单位进行了自查，涉及职工 74 万人。在自查的基础上，对 598 户用人单位进行了重点抽查，涉及职工 40 万人。促使用人单位整改其违法行为，有 2 万多名职工补办了用工手续，补发职工工资 554 万元、加班工资 28 万元，补缴养老金 440 多万元。

2．全面推行劳动合同制度。按照劳动部和省政府关于全面实施合同制度的要求，结合济南实际，制定下发了全市实施意见。至年底，全市实行劳动合同制度的单位 2 528 户，职工 62.8 万人，分别占企业和职工总数的 80%和 90%。其中：市、县（市）属企业 2 294 户，职工 46.7 万人，分别占企业和职工总数的 95%和 98%。除中央、省属企业外，市、县（市）属企业基本实现了全员劳动合同制度。

3．工资分配制度与工资总量的宏观调控不断完善。到 12 月末，全市实行岗位技能工资制的企业 201 户，职工 18 万人，分别比 1994 年增加 20 户和 1.1 万人。总结推广了“一等品计件工资”、“岗位工资”、“提成工资”等多种形式的分配办法，促进了企业自主分配制度的深化。制定了“济南市最低工资标准”（市区 180 元，五县、市 150 元），保障了职工的基本生活。

劳动工资计划宏观调控力度加大。按照“两个低于”、“弹挂一体”的原则，对市属 543 户“工效挂钩”企业的工资执行情况逐户进行了核算，对工资总量的增长进行合理的调控，抑制不合理的分配。1995 年，市、县（市）属企业人均货币工资 5 202 元。

4．社会保险制度改革在逐步深化。养老保险在保障离退休人员生活和社会稳定方面发挥了积极作用。济南市及时为 15 万企业离退休人员增加了待遇，年末人月均退休费达到 420 元，还为离退休人员建立了正常的增资机制。批准 99 户停产、半停产企业缓缴养老金，同时为这部分企业的离退休人员按时足额拨付了退休费，保证了老同志生活，维护了社会稳定。按照国务院和省政府的要求拟定的企业养老保险实施“社会统筹与个人账户相结合”办法，已经市政府常务会议审议通过。待 1996 年在槐荫区、章丘市试点，取得经验后，再在全市逐步推开。

失业保险发挥了稳定职工队伍，稳定社会的作用。年末，累计接收失业职工 12 550 人，重新安置就业 6 847 人，安置率达 54%。年末，为保证困难企业职工过好年，拿出 400 万元用于特困企业职工的救济，拿出部分基金用于失业、富余职工的转岗培训和开展生产自救，为失业富余职工的再就业创造了良好的条件。

5．积极贯彻市场就业的方针，保持就业局势稳定。近年来国有大中型企业吸纳社会劳动力的能力逐年下降，企业分流出的富余职工越来越多，加以农村剩余劳动力大量涌进城市，挤占了就业岗位，集体、三资企业吸纳劳动力的能力也有限，导致新成长的劳动力就业更加困难，形成了新的就业压力。对此，济南市加大了劳动就业宏观调控的力度。一是加强就业指导，改变观念；二是开展全方位、多层次的服务；三是积极发挥各级职业介绍所（中心）的职能，扩大职业介绍的范围，促进各种渠道就业。全年共安置城镇劳动力就业 2.1 万人，失业率控制在 2.3%以内，完成市政府要求全年安置2万人，失业率控制在2.5%以内的任务，保持了就业局势的稳定。

大力发展劳服企业，不断提高吸纳劳动力的能力。年末，全市有劳服企业940个，职工4.6万人，其中被吸纳的失业、富余职工1.38万人。不仅安置了大量待业青年，同时吸纳了部分富余职工，发挥了“蓄水池”和“中转站”的作用。全年实现生产经营额10亿元，利税6 000万元。

6. 职业技能开发体系建设得到较快发展。按照国家有关规定，积极探索职业技能开发与提高劳动者素质的新路子，采取多种有效的办法和措施，推动企业、劳动者和社会各界积极参与和支持职业技能开发事业，走国家、社会办学的路子。1995年，开辟了新的培训领域，全年培训各种专业技术人员8 580人。在全市开展了有5.4万人参加的“技能月”活动。评选出了“济南市十大技术能手”，其中一人还荣获“全国技术能手称号”。在全市技工学校中开展了“教学质量年检查评估”活动，针对某些技校存在的薄弱环节，进行有重点的整改，取得了良好的效果。为确保招生质量，招生工作中严把了“考试关、录取关”。全市技校共招新生5 406人，完成全市的招生计划。同时，安排1 997名毕业生就业，完成了分配计划。

7. 劳动争议仲裁工作在维护劳动关系和谐，保持社会稳定中发挥了积极作用。《劳动法》的颁布实施，使劳动者依法保护自己合法权益的意识不断提高。但由于诸多方面的原因，企业违犯《劳动法》的现象时有发生，特别是私营、三资企业更为突出。1995年，劳动争议案件比1994年上升了48%，而且集体上访人数增多。对此，济南市加大了工作力度，深入企业调查研究，化解矛盾，狠抓劳动纠纷的调解、争议预防和劳动合同鉴证，提高办案水平。全年共处理劳动争议案件255起，结案率达到95%以上。接待争议上访1 140人次，共鉴证劳动合同261 136份，有力地保证了用人单位和劳动者的合法权益，促进了劳动关系的和谐。

8. 劳动安全卫生管理和监察工作得到加强。一是进一步强化“企业负责、行业管理、国家监察、群众监督、劳动者遵规守纪”的工作体制，建立了全市安全生产管理网络，加强了上下部门之间的信息联系。二是狠抓了企业职工伤亡事故的报告、统计和处理结案工作，按照三不放过的原则，严肃事故责任者的处理和安全生产一票否决制的落实。三是狠抓事故隐患的排查与整改。在全市开展了春、夏、冬易发事故季节的安全生产大检查，对建筑、高处作业、煤矿、矿山企业进行了重点检查。1995年全市排查的36起重大事故隐患107条，已整改了101条，整改率达到95%，从而有效遏制了事故的发生。积极开展了“第五次安全生产周”宣传活动，增强了全民的安全文化意识。四是进行了企业劳动条件和职业安全卫生工作检查。针对有些企业劳动环境差、防护不健全等现象，进行了检查、督促整改。对三资、私营企业进行了重点检查，减少了职业病的发生。五是加强了对特种设备的安全管理。济南市严格执行对起重机械（电梯）的制造、安装、维修、使用必须经劳动部门的认可的规定，杜绝了无证制造、无证使用的现象。六是按照《矿山安全法》赋予的职权和义务，对矿山企业进行认真整改。对私开滥采的小煤矿、小铁矿坚决予以关停，32处私开矿井被停封。七是狠抓了锅炉压力容器设计、制造、安装、维修、使用等环节的工作。锅炉压力容器定检率达98%。八是对特种作业人员进行培训，坚持持证上岗。全年共培训特种作业人员6 890人，发证6 428本。

1995年，全市共发生企业职工伤亡事故58起，死亡39人，重伤23人，与1994年相比有所上升。发生矿山事故7起，死亡11人，比1994年有所下降。

（济南市劳动局　米良川）

青岛市

1995年，青岛市劳动工作以贯彻实施《劳动法》为统领，积极配合企业改革，着力解决关系改革、发展、稳定大局的热点、难点问题，进一步加快了建立和完善新型劳动制度的步伐，保证了各项劳动事业发展目标的全面完成。

1. 贯彻实施《劳动法》取得阶段性成果。1995年是《劳动法》实施的第一年。为配合《劳动法》的实施，青岛市劳动立法工作有了新的进展，全年共起草制定了8个地方法规和政府规章，其中最低工资规定和职工医疗、工伤、生育三个保险办法已出台实施，劳动合同管理规定已经市政府原则通过，与1994年出台的10个地方法规共同构成了青岛市与《劳动法》相配套的劳动法规体系。1995年，全市80%左右的企业实行了每周40小时工作制，超时加班和加班不按规定支付加班费的现象逐步减少；较好地执行了最低工资标准，特别青岛市委、市政府的救助政策得以贯彻落实，保障了困难企业职工的基本生活；劳动安全卫生、女职工和未成年工特殊保护标准等规定也基本落实，有力地维护了劳动者的合法权益。

2. 劳动力市场体系建设取得新的进展。1995年全市共有13处劳动力市场，108处街道(乡镇)劳动管理所(站)和40个社会开办的职业介绍机构，基本形成了以劳动部门为主体，社会兴办为补充的劳动力市场体系。全年通过市场双向选择实现就业2.07万人，其中市劳动力市场介绍就业1.5万人。外来劳动力的宏观调控进一步加强。按“可以使用”、“调剂使用”、“禁止使用”实行了分类管理，把使用农村劳动力限定在城镇招工困难的行业工种范围内，并与企业富余职工安置相挂钩，保证了城乡劳动力供求总量的基本平衡。全年为6.22万名进城务工农村劳动力换发了“务工许可证”，新批准使用1.7万人，清退2 400多人，并积极推行了外来务工人员证、卡合一制度。进一步加强了失业人员管理，制定出台了青岛市《城镇失业人员管理办法》，使失业人员从失业登记、就业指导到转业训练、职业介绍全部纳入了规范化管理轨道。1995年全市失业率为2.18%。

3. 加快了社会保险制度改革步伐。在已建立养老、失业保险制度的基础上，1995年制定出台了医疗、工伤、生育保险三个改革办法，《劳动法》规定的城镇企业职工五大保险已全部建立。

养老保险制度改革取得新的进展。全市已有4 561户企业的71.6万职工和22.9万名离退休人员参加了养老保险，覆盖面扩大到国有、县以上集体、私营企业的从业人员及“三资”企业的中方职工，并为70万职工建立了养老保险个人账户。企业补充保险开始起步，19户企业为1.2万名职工建立了补充保险，补充金额192万元。养老保险的社会保障功能进一步发挥，全年共为困难企业借款发放离退休费2 577万元，涉及困难企业298户(次)，离退休人员15.75万人(次)，在企业生产经营困难的情况下基本保证了离退休人员的待遇。1995年全市离退休人员待遇人均年收入达到4 368元。扩大了离退休人员社会化管理服务试点范围，在即墨、莱西、胶南、平度市和市北区对2万多名离退休人员开展了社会发放离退休费等内容不同的管理服务工作。

失业保险制度进一步完善。全市3 330户企业的78.2万职工参加了失业保险，1995年共为8 467名失业职工发放失业救济金和医疗补助费622.4万元。积极运用失业保险基金支持困难企业开展生产自救，组织富余职工、失业职工免费参加转业转岗训练，全年拨、借款628.9万元，促进了富余职工的分流安置和失业职工的再就业。

医疗保险实行了个人账户金、单位调剂

金与社会统筹金相结合的医疗保险改革模式。工伤保险坚持与工伤预防相结合，根据企业安全生产状况实行差别费率和浮动费率，建立了安全生产的激励机制。按照青岛市政府规定，医疗保险从1995年10月1日起在四方区、平度市先行试点，工伤、生育保险已全面启动。到1995年底，已有2 550户企业、34万职工参加了工伤、生育保险，437户企业的7.7万职工和1.9万离退休人员参加医疗保险试点。

4. 工资改革逐步深化。1995年青岛市的市、县属国有企业实行工效挂钩的已占企业总数的85%。完善了工效挂钩办法，将国有资产保值增值指标纳入工效挂钩考核体系，凡完不成国有资产增值保值指标的企业，一律不得提取新增效益工资。企业按照“两低于”原则自主确定工资总额的已有85户，职工109 133人。为保障职工合法权益，1995年出台了《青岛市最低工资规定》，要求在岗职工最低工资待遇，市内四区要达到180元，县市区达到150元。

1995年青岛市的市县属国有企业职工人均实发工资5 931元，比上年同期增长23.43%，扣除居民消费品价格指数增长16.2%的因素，人均实际增长6.22%。

5. 配套实施“三项工程”。青岛市政府制定出台了《青岛市配套实施“双优工程”、“再就业工程”和“双困救助工程”的试行意见》，并在全市全面推开。通过实施“双优工程”，推行富余职工“待岗证”制度，加强富余职工管理，大力开展行业、企业间余缺调剂，共剥离下岗富余职工6.53万人，分流安置3.48万人，占下岗富余职工总数的53.3%。通过实施“再就业工程”，使7 336名失业职工实现了再就业，占有求职要求失业职工的50.4%。通过实施“双困救助工程”，救助困难企业615户(次)，困难职工21.71万人(次)，困难职工家庭2 633户(次)，发放救助金2 384.37万元。

6. 加强劳动合同管理，认真调整劳动关系。进一步巩固和扩大了劳动合同制度实施范围，全市已有5048户国有、集体企业的85.27万职工实行了劳动合同制，分别占企业和职工总数的96.5%和95.5%；市内外商投资企业劳动合同签约率已达80%以上。积极开展了集体合同试点工作，首批6户外商投资企业集体劳动合同制度试点已经完成，试点范围已扩大到80户外商投资企业和私营企业。劳动争议处理制度进一步完善。全市已建立工会的企业中，79%以上建立了调解委员会，使大量劳动争议案件在基层得以调解解决。1995年，全市劳动仲裁机构共受理各类劳动争议案件1 251起，比上年增长39.8%，已处理结案1 226起，结案率为98%。劳动监察力度进一步加大，全年共对3 718户用工单位进行了检查，立案查处群众举报、投诉1 612件，结案率为94.5%，为劳动者追回被克扣、拖欠工资560多万元，补缴社会保险金805万元，为1.95万人补办了用工手续，为3万多外来人员补办了“务工许可证”，补签劳动合同8.34万份，清退非法使用的童工43人，取缔非法劳务中介机构56个。通过这些工作，使劳动关系基本稳定。

7. 职业技能开发体系建设取得较大进展。1995年，首批为31个面向社会招生的培训实体颁发了许可证；全市建立了17个国家级技能鉴定所，对社会通用性强、技术要求高和涉及公众利益的19个技术工种实行了职业技能鉴定，全年共考核鉴定3万多人，2万多职工取得了技术等级证书，其中高级技术等级2 366人。对技工学校、职业高中(中专)的4 836名毕业生进行了“双证”考核，3 600多人在取得学历证书的同时取得了初、中级技术等级证书。加强了失业人员的培训工作，共对1.56万失业人员进行了就业指导，对7 532名失业人员进行了技术培训。组织全市近10万职工参加了“全国技能月”活动，并圆满承担了全国19城市细纱挡车工的比赛工作，对技术能手和优秀技术工人进行了大张旗鼓的表彰，提高了全市职工学习技术的积极性。

8. 以杜绝重大、特大事故为重点，继续保持了安全生产局势的稳定。1995年8月，完成了劳动部下达的科研项目“职工三级安全教育管理办法与安全教育的内容研究”的任务，并通过了部级鉴定。5月份，全市有11万职工参加了“全国劳动安全卫生与消防知识竞赛活动”，青岛市获得劳动部“优秀组织奖”。扩大了安全生产目标责任管理范围，86个区（市）政府、行业部门和中央、省、市属单位签订了年度目标责任书，逐级分解下达安全生产责任目标；市安委会协同有关部门加强了对责任目标完成情况的定期检查督促，制定完善了具体考核办法。开展了重大事故隐患的排查，对排查出的71项重大事故隐患，逐项落实整改措施，组织专家进行了验收评估，到1995年底，已有42项隐患完全整改，尚未彻底整改的也都落实了防范措施。大力开展了企业安全管理人员和特种作业人员安全技术培训，严格实行持证上岗制度。1995年，全市发生企业职工伤亡事故71起，死亡55人，重伤31人，事故起数和死亡人数分别比上年同期下降8.4%和16.7%，重伤人数持平，基本保持了青岛市安全生产形势的稳定。

（青岛市劳动局　单连高）

河　南　省

1995年，河南省各级劳动部门按照中央“抓住机遇、深化改革、扩大开放、促进发展、保持稳定”的总体要求，以贯彻实施《劳动法》为主线，紧紧围绕实施再就业工程、深化养老保险制度改革、强化工资分配宏观调控和安全生产开展工作，劳动管理初步实现了由行政手段为主向法制手段为主的过渡，劳动体制纳入了由“计划型”向“市场型”根本性转变的轨道，劳动工作服从于、服务于经济发展和社会稳定的职能得到进一步发挥。

一、贯彻实施《劳动法》

（一）劳动立法步伐加快。一是加快了地方立法，1995年省劳动厅列入省人大、省政府的10个立法项目中，《河南省实施〈中华人民共和国矿山安全法〉办法》、《河南省劳动力市场条例》、《河南省最低工资暂行规定》已经出台，其他项目也均已如期完成了起草、送审任务。二是制定落实劳动部贯彻实施《劳动法》若干规章的意见，对劳动部印发的《违反〈中华人民共和国劳动法〉行政处罚办法》等20多个部颁规章提出了具体贯彻意见，增强了贯彻实施《劳动法》的操作性。三是经省政府批准发布了一系列规范性文件，如《关于加强安全生产的决定》（豫政〔1995〕81号）、《河南省人民政府批转省劳动厅关于实施再就业工程的报告的通知》（豫政〔1995〕54号）等。为全面贯彻实施《劳动法》创造了条件。

（二）“三项制度”基本建立。一是全面实行了劳动合同制，适应社会主义市场经济的企业用人制度基本确立。省政府于1994年12月下发了《河南省劳动合同制度实施意见的通知》，规定了全省实施劳动合同制的目标、步骤和措施。通过采取条块结合、重点突破、分类指导、全面推进等方法，1995年年末，全省实行劳动合同制度的职工达到567.7万人，较上年增加332.7万人。其中：

国有企业职工388.4万人，较上年增加153.4万人，占国有企业职工总数的95.9%；集体企业职工139万人，较上年增加102万人，占集体企业职工总数的90%；其他各类企业职工40.3万人。集体协商谈判的集体合同制度试点范围扩大，进行集体合同制度试点的企业由上年的5户增加到249户，涉及职工15.1万人。河南省推行劳动合同制度的进度在全国位居第七。二是基本建立了最低工资保障制度。1995年6月，省政府发布了《河南省企业最低工资暂行规定》，同时批准发布了1995年企业最低工资标准，总体测算水平为每人每月170元，并规定各市地应在省定标准基础上，从当地实际出发，在20%的幅度内上下浮动。三是基本建立了劳动监察制度。按照劳动部有关通知精神，就全省劳动监察体制建设、劳动监察情况报告制度等提出了具体意见，普遍建立了劳动监察群众举报制度，部分市地开展了常规检查与年审工作，劳动监察开始步入制度化、规范化。

（三）"三项标准"基本落实。1. 新工时标准。国务院《关于职工工作时间的规定》颁布后，经省政府同意发布了《河南省企业实行〈国务院关于职工工作时间的规定〉的实施意见》、《关于河南省企业实行不定时工作制和综合计算工时工作制的审批意见》，指导、督促企业落实新工时标准。据年底抽样调查，全省64.9%的企业、78%的职工已执行每周40小时或44小时工作制。2. 女职工特殊劳动保护标准。《劳动法》实施以后，怀孕七个月以上的女职工和哺乳期女工不上夜班这两个难以解决的问题，得到了较好的解决。与此同时，企业还普遍健全了女工劳动保护制度，改善女职工劳动保护设施。据抽样调查，有82%的企业制定有女职工劳动保护方案，90%的企业为女职工定期检查身体。3. 最低基本工资标准。据调查国有企业特别是国有大中型企业对最低工资标准执行较好，只要提供了正常劳动，即能得到最低标准以上的报酬。

二、劳动就业与劳动力市场

（一）劳动力供求的市场主体基本形成，市场作为劳动力资源配置手段的主渠道发挥着越来越重要的作用。1995年底，全省城镇职业介绍机构已达1 400个，创建乡镇劳动就业服务站1 075个，职业介绍机构形成网络，逐步向乡镇（街道）、行业延伸。在北京、天津、上海、广州、深圳等大中城市已经建立起了70多个外出民工服务管理机构，并先后与华东、华南、华北三大劳动力信息网络并网，实现了信息共享。同时，建立完善了劳动力市场运行规则，河南在全国第二家率先颁布了《河南省劳动力市场条例》，规范求职、用人行为，使劳动力市场步入了法制化、有序化的轨道。

（二）"再就业工程"启动运作，试点工作运行良好。省劳动厅把组织实施"再就业工程"作为重中之重，对全省失业职工和企业富余人员情况进行详细的调查摸底，并确定安阳、漯河、焦作三市在省方案出台前先期试点。在试点探索的基础上，拟订了《河南省再就业工程实施方案》，提出了包括建立再就业基金在内的一系列可行措施，省政府以豫政〔1995〕54号文批准实施。到年底，先期试点的安阳、漯河、焦作三市已由试点转为实际运转，其他市地亦启动实施。全省通过政策扶持、生产自救、转业训练、余缺调剂、劳务输出等途径，分流安置的失业职工和企业富余人员达9.3万人。

（三）强力推进"农村劳动力跨地区流动有序化工程"的实施，民工流动初步纳入有序化轨道。各级劳动部门在抓好城镇"再就业工程"的同时，大力实施"农村劳动力跨地区流动有序化工程"，形成了城乡两翼齐飞之势。一是加强了民工流动的疏导与管理，以省政府各义召开会议专题部署民工有序流动工作，采取多种措施加以疏导，取得了明显成效，受到了国务院、劳动部的表扬，并在有关会议上介绍了经验。二是按照国务院民工有序流动工作会议精神，落实证、卡制度，强化对民工流量、流向的分析与监测，采取相应措施引导民工有序流动。三是大力开展省际、国际间的劳务合作，扩大劳务输出。先后与北京松下等大中型企业建立了稳定的劳务合作关系。全年国内劳务输出突破600万人次，劳务收入达136亿元；国际劳务输出9 000多人次。国际、国内劳务输出都保持了良好的增势。

三、社会保险

（一）企业养老保险在经历了“企业保险”、“社会统筹”两个阶段以后，进入第三个阶段即“社会统筹与个人账户相结合”阶段。根据国务院《通知》精神，结合河南实际，学习借鉴外地经验，拟定了《河南省深化企业职工养老保险制度改革试行方案》，经省政府办公厅批转试行。年底，洛阳、开封、安阳、新乡四市已按新的方案提出了实施意见，开始模拟运转。全省参加养老保险社会统筹的在职职工395人，离退休人员71万人（不含参加系统统筹的企业职工和离退休人员），700多户企业建立了补充养老保险，1 060户企业的23万名职工参加了储蓄性养老保险。

（二）失业保险的覆盖范围逐步扩大，抵御失业风险的能力进一步增强。全省共有2.76万户企业434万名职工参加了失业保险社会统筹，有12个市地实行了个人缴费制度。濮阳、三门峡、鹤壁、周口等市地实现了失业保险基金市地统筹。为加强失业保险基金的征集和管理，16个市地出台了失业保险办法、规定，把基金标准由原来标准工资的1%改为工资总额的1%，全省共征缴失业保险金1.42亿元，较1994年增加了3 400万元。

（三）医疗、工伤、女工生育保险制度改革稳步推进，扩大了试点，完善了办法。全省有1 267户企业的29.3万名离退休人员参加了医疗费用社会统筹，1 748户企业的4.2万名离退休人员参加了医疗费用社会统筹；7个市地、33个县（市）进行了工伤保险制度改革试点，参加企业5 673户、职工97万人；女工生育保险制度改革，提出了河南省的实施意见，扩大了试点范围，全省有3 397户企业、69万职工参加了女工生育保险制度改革。

四、企业工资管理

（一）适应现代企业制度的企业工资管理体制和运行机制基本形成。继省政府批转省劳动厅《河南省企业工资管理总体改革意见》之后，省政府常务会议专门听取了省劳动厅关于企业工资工作的情况汇报，专题研究了企业工资管理工作。批准发布了《河南省最低工资标准》、《1995年企业工资增长指导意见》、《关于试行国有工业企业经营者年薪制的通知》等规范性文件。通过“最低工资保障线”、“过高收入控制线”、“企业增资指导线”调控企业工资的增长与支付，基本建立起了新的工资管理体制和运行机制。

（二）进一步改进和完善了工资总额弹性计划。调控范围由原来的地方国有企业扩大到各种经济类型企业，调控指标由非农国民收入工资含量变为非农国民生产总值工资含量，由核定工资总量含量变为核定工资增量含量，使弹性计划更趋完善。

（三）继续加强和改进了企业工资总额宏观调控办法。依据企业参与市场的程度及其自我约束能力，加强了对企业工资总额的分类调控。全省8 919户地方国有企业中，实行工效挂钩办法调控工资总额的企业6 235户，职工228.6万人；实行工资总额包干的企业911户，职工18万人；实行“两率”调控的企业344户，职工27.4万人。与此同时，加强了《工资总额使用手册》制度，对省直接管理的500多户企业工资总额使用情况进行了审核。

五、劳动关系和劳动监察

（一）劳动合同鉴证。各级劳动部门从源头着手，强化劳动合同鉴证与管理，指导企业和职工依法签订劳动合同，同时扩大劳动合同鉴证范围，不断提高鉴证质量和鉴证效率，全年鉴证劳动合同 119.8 万份。通过鉴证，纠正违法无效合同 2.36 万份，督促补签合同 4.46 万份，制止招用童工 744 人，有效地防止劳动争议案件的发生。

（二）劳动争议仲裁处理。建立了劳动仲裁委员会 174 个，配备专兼职工作人员 756 名；建立企业劳动争议调解委员会 16 050 个，配备专兼职工作人员 27 826 名；受案范围扩大到所有劳动者，办案质量和办案效率不断提高，全年共受理劳动争议案件 2 258 起，法定期内结案率达到 88%。以“双维护”为宗旨，认真贯彻“三方”办案的原则，依法维护了劳动关系双方的合法权益。

（三）劳动监察。劳动监察全面展开，侵犯职工合法权益的现象得到遏制。省劳动厅在 1995 年着重抓了五个方面：1. 健全机构。到年底，全省 17 个市地、108 个县（市）劳动行政部门建立了劳动监察机构，占应建机构的 94%。同时，经过培训考核，配备了 514 名专职劳动监察人员。2. 建立社会监督制度。省、市（地）、县（市）三级劳动部门向社会公布举报电话 175 部。3. 开展专项检查。共检查乡镇和私营窑场 5 905 个，涉及 32 万名职工，对违法案件及时进行了处理。4. 开展常规检查。全省共受理劳动监察案件 3 102 起，其中 1 379 起已经结案，依法清退童工 580 人、退还职工被克扣的工资 2 117 万元、补交社会保险金 2 074 万元、督促 59 万人补签了劳动合同。5. 促进地方立法。洛阳市政府颁布了《洛阳市劳动监察规定》，《郑州市劳动监察规定》也进入了省人大的审议程序。

六、职业技能开发

（一）技工学校管理工作得到加强。继续深化了技工学校招生制度改革，进一步扩大了定向生、委培生和农村学生的比例，初步建立了与劳动力市场直接贯通的新的办学机制。1995 年招收新生 34 806 人，较上年增加 1 806 人，超额 11.2%，完成了与省政府签订的目标任务。坚持学用一致、人尽其才、面向基层、面向企业的原则，通过落实委培合同或双向选择、自主择业等形式，全省 2.8 万名毕业生 95%以上实现了就业。为提高技校的管理水平，举办了两期技工学校校长岗位培训班，交流了技工学校管理等方面的工作经验。

（二）职业技能培训有新进展。一是综合管理行业和企业的职工培训。帮助烟草、地方铁路、新闻出版等系统制定职业技能开发规划，主动为中原油田等企业职工培训考核提供教材、鉴定标准、考核大纲、试题、试卷等项服务工作，促进了行业、企业职工培训的开展。二是加强对社会力量举办的职业技能培训学校（班）的清理整顿和综合管理，进一步落实《关于加强对非学历教育的各类职业技能培训班管理的通知》精神，南阳、平顶山等地制定了相应的管理办法，实行了广告审批和办班许可证制度。三是开展了对个体及私营企业从业人员的培训与考核，扩大了培训与考核的范围。

（三）职业技能鉴定得到强化。全省共建立职业技能鉴定站（所）90 个，涉及工种（专业）68 个，面向社会开展了职业技能鉴定。同时，省劳动厅还组织有关专家制定了 140 多个工种的考核大纲和考试试题，对各类培训实体的毕（结）业生进行了技术等级理论考试和实际操作考核。

（四）技师家属“农转非”政策得到落实，首次为工人技师家属解决“农转非”1 373 户、2 736 人。积极开展了“技能月”活动，举办了全省商业职工操作技能大赛和自来水企业管道工技能比武，向国家推荐的技术能手有两名在全国表彰会上受到表彰。技师评聘、技校评估、校办产业界定等工作都有了新的进展。

七、安全生产与安全监察

（一）完善立法，奠定依法管理和监察的

基础。《矿山安全法》颁布实施后，省劳动厅经过大量的调查研究，起草了《河南省实施〈矿山安全法〉办法》，经过反复协调、修改，省人大于 1995 年 4 月 7 日审议通过。随着《办法》的颁布实施，进一步规范了矿山安全执法秩序，加大了监察力度。同时，在调查研究的基础上，代拟了《河南省人民政府关于加强安全生产工作的决定》，省政府以豫政〔1995〕81 号文发布，《决定》进一步明确了劳动部门综合管理安全生产工作的职能，理顺了安全生产管理体制，使劳动部门切实成为各级政府抓好安全生产工作的参谋和助手，全省安全生产工作已初步形成了各负其责、各司其职、齐抓共管、密切合作的良好格局。我省加强安全生产综合管理，理顺关系的做法，在劳动部召开的全国职业安全卫生与锅炉压力容器安全监察工作会议上介绍了经验，劳动部还向全国转发了我省的《决定》。

（二）加强了安全生产宣传教育培训工作。省劳动厅以第五次“安全生产周”活动为依托，通过电视、电台、报刊各种新闻媒介，利用办班培训、图片展览、过街标语等多种形式，开展了声势浩大的安全生产宣传教育活动，增强了全社会的安全意识，为防止伤亡事故的发生奠定了基础。

（三）安全检查与监测检验相结合，加大了安全监察力度，有力地控制了伤亡事故。一方面，省劳动厅把安全检查作为发现隐患、促进整改的重要手段，组织四次全省性安全大检查，派出 480 多个检查组深入企业，查制度、查设备、查隐患，共查治各类事故隐患 10 万多项。并对乡镇煤矿进行了整顿验收，对造纸蒸球、烘缸、土锅炉、浴池热交换器等事故频发的设备进行了专项检查。同时，加强对危险性较大设备的监检及其制造、安装、维修单位的资格审查。全年检验起重机和电梯 4 213 台、劳保用品 200 多批次、锅炉 12 709 台、压力容器 8 533 台、矿用绞车 348 台、气瓶 12 万余只，对 12 家起重机制造、安装、维修单位进行了安全资格认证，对 161 家劳动防护用品生产企业、26 家压力容器厂、21 家散装锅炉安装单位进行资格审查或复审，完成了重点建设项目中原乙烯工程进口锅炉压力容器安全性能监督检验工作和劳动部技措重点项目《矿山呼吸性粉尘控制技术推广应用试点》实施工作。抓住源头，堵塞了漏洞。

（四）加强了对伤亡事故的调查、处理和结案工作。1995 年，全省共发生伤亡事故 813 起，死亡 905 人，事故起数和死亡人数较上年分别上升 1%和 17.4%，其中，非矿山企业重大事故下降幅度较大，并且杜绝了特大伤亡事故。对于所发生的伤亡事故，省劳动厅从实调查，从严处理，特别是对郑州天然商厦特大火灾、平顶山市新华区焦店三矿等特大瓦斯爆炸事故的严肃处理，在全省引起了强烈反响。我们加强安全监察，严肃查处事故的做法在全国矿山安全执法经验交流会上介绍了经验。

（河南省劳动厅　白杨林　陈宗利　翟永灿）

湖　北　省

1995 年，湖北省劳动工作以贯彻实施《劳动法》为统领，加大以培育和发展劳动力市场为中心的工作力度，深化劳动领域各项改革，加快了建立新型劳动制度的进程。概括起来讲，主要有以下七个特点：

一、劳动工作开始全面步入法制化轨道

《劳动法》的颁布实施，既给劳动工作提供了全面的法律依据，也给广大劳动工作者提出了把劳动工作纳入法制化轨道的要求。全省劳动部门通过积极稳妥地抓《劳动法》的实施起步，劳动工作已经开始全面步入法制化的轨道。这一特点主要有三个方面的表现：一是劳动工作的许多方面由无法可依变成有法可依，由一般政策规定上升为法律规定，从而使劳动工作有了明确的法律地位、可靠的法律保障和强有力的法律手段。二是各级劳动部门用《劳动法》规范劳动工作的自觉性和促进劳动事业发展的机遇意识普遍增强。全省劳动部门都能自觉地以贯彻实施《劳动法》为统领，把劳动领域各项改革的思路统一到《劳动法》的规范上来，把各项工作的重点转移到《劳动法》的落实上来，注重依法行政、依法规范工作行为，收到了事半功倍的效果。三是用人单位和劳动者依据《劳动法》规范和调整劳动关系的意识普遍增强。许多企业依据《劳动法》修订和完善了厂规厂纪，职工群众对劳动纠纷主动申请调解和仲裁，对违反劳动法律法规的行为直接向劳动监察机构举报。这些充分说明劳动工作全面步入法制化轨道已经有了一个比较广泛的社会基础和群众基础。

二、劳动合同制度得到全面推行，基本建立起新型劳动关系

建立劳动合同制度既是贯彻实施《劳动法》的核心内容之一，又是建立社会主义市场经济条件下新型劳动关系的基本前提。1995年，湖北省劳动部门对此高度重视，使推行劳动合同制工作取得了突出成效。截止年底，全省438.9万职工实行了劳动合同制，占全省企业职工总数的80.7%，其中地市州县属企业签订劳动合同职工达371万人，占地市州县属企业职工总数的87.4%，全省1995年实行劳动合同制的职工人数，超过了前八年实行劳动合同制职工人数的总和，基本建立起了适应社会主义市场经济的新型劳动关系。

全省在推行劳动合同制的工作中，各级党政领导把推行劳动合同制的工作列入了重要议事日程，十分重视全方位的思想教育和思想政治工作，较好地解决了“不愿搞”、“不积极搞”、“可搞可不搞”和“等一等”、“看一看再说”等各种认识上的问题，使实行劳动合同制得到全社会高度重视和大力支持。省劳动厅对推行劳动合同制过程中遇到的具体问题在认真调研的基础上，及时出台了《全面实行劳动合同制若干问题的处理意见》，解决了一部分深层次的难点问题，对全省全面推行劳动合同制工作起到了较好的促进作用。

三、就业服务体系日趋完善，市场机制初步形成，有力地促进了就业工作

1995年，湖北省人民政府下发了《关于大力培育和发展劳动力市场，做好城乡劳动就业工作的通知》，从省到地市州县普遍成立了由政府领导挂帅，有关部门负责同志参加的劳动就业工作领导小组和再就业工程领导小组。各级劳动部门围绕培育和发展劳动力市场，加强就业服务体系建设，实施再就业工程和流动就业有序化工程，发展劳服企业，有力地促进了就业工作。

在职业介绍基础建设方面，劳动厅调整资金使用结构，拿出400多万元就业经费重点扶持了48个县以上职业介绍机构，先后总结推广了宜昌、孝昌、钟祥等地的经验，使职业介绍机构的硬件设施得到明显改善。为推动职业介绍机构的规范化建设，省劳动厅制定了《县以上劳动部门职业介绍机构规范化标准》，确立了职业介绍工作指标体系，在全省范围内广泛开展了创优达标活动。经过检查评估，全省已有52个县以上劳动部门职业介绍机构达到了规范化标准。同时，各地广泛开展了对非劳动部门开办的职业介绍机构的清理整顿，规范了劳务中介行为和市场秩序。1995年，全省共介绍安置城镇失业人员24.3万人，为用人单位和79.3万名求职者提供了中介服务，中介成功率达77.2%。

在实施再就业工程方面，省劳动厅在省辖市和直管市进行了试点，并在全省总结推广了宜昌市实施再就业工程、扩大失业保险社会功能和黄石市用好用活失业保险基金、帮助企业劳动制度改革的典型经验。通过开展转业训练和生产自救，全省帮助7.9万名失业职工实现了再就业。

在推进农村劳动力流动有序化工程方面，全省劳动部门一方面积极组织农村劳动力开发就业，指导就近就地转移，另一方面，加强省际劳务协作与交流，扩大有组织的劳务输出，广开异地就业渠道，全年组织劳务输出10万人，发放流动就业登记卡50万份，流动就业证25万份，基本做到了安全有序。

四、以养老保险为重点社会保险制度改革取得新进展

养老保险制度改革成效显著。为全面深化城镇企业职工养老保险制度改革，省人民政府按照国务院国发〔1995〕6号文件精神，以社会统筹与个人账户相结合为重点，在认真考察调研、测算论证、广泛征求意见的基础上，出台了《湖北省深化企业职工养老保险制度改革实施方案》。襄樊市、潜江市作为省试点年内按新方案率先起步，各地市州于年底前也全部出台了实施办法，这既为1996年元月1日起全省范围内按新方案运行做好了准备，又标志着湖北省养老保险制度改革进入了全面深化的新阶段。截至1995年底，全省国有企业已全部实行了离退休费用县(市)社会统筹，参加统筹的职工达338.5万人，离退休人员73.7万人，全省参加养老保险社会统筹的非国有企业职工达到44.9万人，离退休人员14万人。职工个人缴纳部分养老保险费的制度已在全省普及，一个资金来源多渠道，保障方式多层次，全方位、一体化的养老保险体系框架的雏形已经形成。

医疗保险制度改革积极稳妥地推进。1995年全省有18个县(市)实行了离退休人员医疗费用社会统筹和在职职工大病医疗费用社会统筹，参加统筹的企业1 798家，在职职工21万人，离退休人员2.84万人。孝感等地在突破医疗保险制度改革难点的基础上，走出了劳保医疗社会统筹与个人账户相结合的路子，出台了实施办法，运行状况良好。

工伤保险制度改革取得实质性进展。全省建立健全了劳动鉴定机构，规范了鉴定程序，统一了评残标准。1995年全省实行工伤保险统筹的县(市)已达74个，实行地市级统筹的有5个。全省参加工伤保险的在职职工已达200万人，其中享受待遇的工残职工达2.15万人。

生育保险制度改革有了新的突破。1995年省政府办公厅下发了《湖北省企业职工生育保险制度改革试行意见》，有力地推动了这项改革的发展。全省职工生育保险基金社会统筹已发展到54个县(市)，参加统筹的企业近1万家，职工131.5万人。

五、强化劳动监察工作和劳动争议处理，维护和促进了劳动关系的稳定

1995年，湖北省劳动厅按照《湖北省劳动监察规定》，制定了《湖北省劳动监察规程》、《湖北省劳动监察管辖办法》及一批劳动监察法律文书，进一步对劳动监察的原则、管辖范围、工作步骤以及劳动监察员的权利和义务作出了明确具体的规范。1995年，在全省范围内广泛开展了对用人单位遵守劳动法律法规情况的劳动用工的大检查。全省共有38 000多家用人单位按要求进行了自查自纠，劳动监察机构对16 773家用人单位进行了抽查，涉及职工123.85万人。检查中发现并查处各类劳动违法案件2 243起，其中作出警告处理57家，责令改正1 476家，责令支付职工赔偿金、补偿金12.76万元，督促用人单位与劳动者签订劳动合同49万份，责令用人单位补交社会保险金799.23万人，清退童工344人，促使14家企业落实新工时规定，责令企业支付拖欠、克扣职工工资和退还风险抵押金547.1万元，取缔非法社会职业中介机构33家。与此同时，全省劳动监察机构加大了对劳动违法案件的查处工作，共受理群众举报劳动违法案件1 345起，立案查处1 213起，结案率达80%。劳动监察工作的全面展开，对促进《劳动法》的贯彻实施，增强企业、职工守法意识，规范劳动行为，建立稳定和谐的劳动关系起到了积极作用。

劳动争议处理工作按照"立足于仲裁，向两头延伸"的改革思路，在完善劳动仲裁体制的同时，充分调动企业调解组织处理劳动争议的积极性，大力加强企业调解组织和乡镇劳动争议处理机构建设，建立行政调解机构，把争议消灭在萌芽状态，有效地预防和减少了劳动争议的发生。1995年，全省各级劳动仲裁机构依法妥善处理劳动争议案件1 206起，处理因劳动争议引发的职工集体上访、罢工事件8起，这些争议案件的妥善处理促进了劳动关系的良好运行。

六、职业技能开发事业蓬勃发展，基本形成了社会化管理体制

湖北省职业技能培训工作按照"理顺关系，整顿秩序，提高质量，稳步前进"的指导思想，大力开展职业技能鉴定，着力推行职业资格证书制度，加强对社会举办的各种技能培训班的管理，深化职业培训实体改革，促进了职业技能开发工作的健康发展，初步形成了社会化培训管理体制。1995年，全省建立职业技能鉴定机构129个，共鉴定考核发证31 000余人，考核评审高级技师171人，技师5 000余人。全省技校招生39 000人，农村户口的新生增加到5 500余人，分配派遣技校毕业生39 000人。为推动职工学技术学技能，在全省范围内成功地组织开展了技能月活动，分行业广泛地开展了形式多样的技能比赛。湖北省选手在全国"中华技能大奖赛"中有2名获奖，占全国10名获奖总人数的1/5。

七、强化安全生产综合管理和监察职能，促进了企业安全生产和社会稳定

按照"企业负责、国家监察、行为管理、群众监督"四结合的安全生产工作体制，湖北省从安全生产目标责任管理入手，制定当年本地控制考核安全生产目标，加大企业负责的力度，并层层签订安全生产目标责任书，年终按目标管理办法进行了验收考核，为有力地控制近年来伤亡事故上升趋势起到了基础保障作用。同时，强化对矿山、建筑安装、化工企业等重点行业进行安全生产监督检查，认真履行综合管理安全生产职能，加大事故隐患整改的落实力度。为加强安全生产，湖北省加快了安全生产法规体系建设，省人大出台了《湖北省实施〈矿山安全法〉办法》，省劳动厅依据《劳动法》有关条款，在建筑安装、起重电梯、工时休假、工伤管理、防护用品、检测检验等方面，制定了一系列实施细则或管理办法，有较强的可操作性，为把安全生产工作纳入法制化轨道起到了较好的促进作用。

（湖北省劳动厅　梅建华　卫才星）

武　汉　市

1995年，武汉市劳动工作以实施《劳动法》为统领，加快建立符合社会主义市场经济要求的新型劳动制度，各项劳动管理逐步走向法制化进程。

就业安置工作　1995年，武汉市劳动就业工作以实施"再就业工程"为重点，采取了一系列促进就业和再就业的新举措。1995年4月，市委、市政府颁发了《关于在全市实施再就业工程的若干意见》，成立了以赵宝江市长为组长的再就业工程领导小组；确定了转变观念、舆论先行、责任共担、分级负责、突出重点、分步安置、政策引导、配套推进的实施原则；制定了到本世纪末分期达到的分流安置目标；建立了1 000万元起步的再就业基金。劳动、工会、妇联、公安、工商、税务等部门协调行动，采取了以下五种安置就业型式：

一是发展经济，增加就业——拓展型安置。1995年，许多企业，包括一部分特困企业兴办第三产业。通过兼并和置换，盘活资产存量，开辟新的生产经营项目，安置了大批失业、富余下岗人员。市二轻局白鳍豚家具公司，通过兴办第三产业消化富余职工478人。市六百集团通过发展六百超市、美食娱乐大厦、鞋厂产销一条龙，不仅安置了400余名富余职工，还向社会提供了100余个就业岗位。

二是组织培训，提高劳动者素质——开发型安置。失业、富余职工中，相当一部分技能单一，择业观念脱离实际，明显缺乏竞争就业能力。改变这种状况的有效途径是组织培训；改善他们的职业技能和择业观念。全市首批"练安嫂"经过严格封闭式训练，学到了本事，被和平大世界、江远大酒店等企业抢聘一空。硚口区妇联会同劳动部门开办了10期转岗培训班，使800余名女工重新就业。

三是清退外来劳动力——腾岗型安置。每年进入我市务工的外来劳动力几十万，其中许多岗位是适合失业人员和富余职工的。为此，市劳动局根据市委、市政府文件规定，制定了可使用、不可使用、控制使用的外来劳动力管理规定，并会同市公安等部门，加强外来用工大检查，清退外来劳动力1.4万人，安置失业、富余职工5 760人。

四是发挥劳服企业功能，组织生产自救基地——蓄水型安置。劳服企业是国家规定以安置就业为主要目的经济组织，在市场经济条件下，劳服企业继续发挥了这一功能。全市劳服企业累计从业人员已达17万余人，其中1995年新安置1万余人。全市还以区、街为重点，组织了27个以残疾、特困人员为安置对象的生产自救基地，缓解了就业压力。

五是自谋职业——自主型安置。通过政策引导和扶持，相当一部分失业、富余职工因地制宜寻岗就业，或摆摊设点，或到其他企业临时务工，或自愿组织起来就业。新一天钟点有限责任公司，就是由46名富余下岗职工自愿组织起来创办的。

1995年，全市安置新增劳动力4.4万人，安置失业、富余职工4.03万人，输送境外用工48人，超额完成市政府下达的就业和再就业安置任务。

企业用工制度改革 按照劳动法的规定和省、市政府要求，经过广泛调查研究，市劳动局代市政府起草并实施了《关于全面实行劳动合同制的通知》。推行过程中，协同各有关部门，加强分类指导，并特别注意保护老职工和女工的合法权益。例如，市政府规定，在同一单位连续工作满10年以上或距法定退休年龄10年以内的老职工、患有职业病的职工以及因工负伤部分丧失劳动能力的职工等，如果本人要求签订无固定期限劳动合同，用人单位应满足其要求。1995年，全市实行劳动合同制的企业4 899户，职工108万人，武钢等188家企业签订了集体劳动合同。

企业工资分配改革 1995年，工资分配宏观管理受到重视，工资总额调控办法进一步改进和完善。针对不同企业情况，继续分别实行了"两低于"、工效挂钩、工资总额包干和计划控制等办法。统一和强化了《企业工资总额使用手册》管理，全市已实行工资手册管理的各类企业9 000余户。根据劳动法和省政府令要求，结合实际提出了我市最低工资保障制度实施办法和有关问题的处理意见，有效地规范了企业工资支付行为。年底，通过对2 759户企业、65.48万职工1～9月实际支付工资情况调查，企业落实最低工资保障制度情况良好，达标率为98.7%。配合现代企业制度改革试点，在部分国有企业试行了经营者年薪制。同时，积极指导督促企业建立以岗位技能工资为主的内部分配约束和激励机制，已实行岗位技能工资制的企业44户，职工 26 万余人。

职业培训与技校教育 1995 年，根据《劳动法》的要求，进一步加强了职业培训网络和职业技能社会化鉴定机构建设与管理。按照“统筹规划，合理布局，形成网络”的发展原则，经过整三年的努力，申报获得世界银行“职业培训与劳动力市场建设”贷款，拟建立完善武汉市劳动就业训练中心，兴建市高级技术培训中心，推进我市职业培训向多层次、高档次发展。1995 年，全市新建职业技能鉴定站 23 个(累计 43 个)，鉴定范围覆盖了国家规定的首批实行职业技能鉴定的 50 个工种。全年培训考评职工 27 651；评聘技师 1 167 人、高级技师 46 人；为 88 名技师家属办理了农转非手续。成功地组织了市八届职工技能竞赛和“全国技能月”活动，1 人获得“中华技能大奖”，3 人被评为“全国技术能手”。技工学校完成了 6 020 名应届毕业生的分配和 5 723 名新生招收工作，并开始试行技校教育与学历教育接轨，为培养文化基础较好，动手能力较强的高素质技术人才作了有益探索。

劳动监察与劳动争议处理 1995 年，劳动监察工作法制化、规范化程度加强，出台实施了《武汉市劳动监察规定》和《武汉市劳动监察规程》，并针对《劳动法》实施时间不长，劳动监察刚刚起步的实际，制定了以宣传教育为主、处罚为辅的监察原则，着力做好普法宣传和检查预防工作。江夏区麻丝厂经营者严重侵犯员工利益的事件发生后，又强调主动巡查与举报查处相结合，提高执法监察力度。1995 年，全市劳动监察机构接待登记各类举报 1 197 件，重点查处结案 592 件。其中，对江夏区麻丝厂经营者虐待员工、汉口邬家墩个体老板使用童工等重大案件的严肃查处并在报刊上曝光，影响巨大，受到社会各界一致好评。

针对《劳动法》实施后劳动争议案件数量上升、难度增大的情况，加强了基层调解组织和兼职仲裁员队伍建设，全市建立基层调解委员会 3 980 家，聘请兼职仲裁员 58 人，改善和优化了争议处理工作环境。全年受理劳动争议案件 341 起，处理结案 311 起，其中 49 起为集体劳动争议案件，全部圆满调处，促进了企业劳动关系的和谐发展，维护了企业和职工的合法权益。配合劳动合同制的实施，审查鉴证劳动合同 31.3 万份，纠正不规范劳动合同 4 851 份；审查登记集体劳动合同 188 家。

失业保险改革 1995 年，武汉市国有企业失业保险覆盖面达到 98.6%，基金收缴率达到 90%，累计受保失业职工 7 873 名。改革失业保险管理办法，工作重点由单纯救济走上了边救济、边培训、边安置的轨道。配合“再就业工程”实施，提供 500 万元建立再就业基金，开展了转业训练；提供 500 万元建立市解困基金，贷款 350 万元帮助困难企业开展生产自救。同时，资助 112.6 万元帮助企业组织转岗培训，并为 2 万余名停产整顿企业和特困企业职工发放了生活补助费。

劳动保护与安全监察 1995 年，劳动保护与安全监察工作坚持预防和监察双管齐下的方针，强化了安全隐患整改和事故查处。市劳动局建立了“三审”、“四查”的工伤事故处理程序。“三审”即办案人员调查初审，处(局)领导复审，劳动、工会、检察院会审；“四查”即查制度落实、查领导责任、查处理结果、查整改措施。按照这一处理程序，1995 年查处工伤事故 105 起，法定时间内结案率达到 98%；先后召开 57 次事政原因分析会，以会代训强化安全生产意识和管理，保证了工伤事故调查处理的公正性，维护了国家劳动安全法规的严肃性。落实“安全第一，预防为主”的方针，开展了 4 次全市性安全生产大检查，对武钢、石化、王家墩机场仓库群等 15 个重大事故隐患实施了跟踪整改检查；坚持“三同时”制度，对 30 个新、改、扩建项目安全设施进行了评价、审查、验收；突出抓重点，对事故多发的建筑行业开展了安全资格认证；强化培训，先后培训480名事故单位法定代表人和安技干部，485名乡镇矿山安全员和矿长，8 000余名特种作业人员。

特种设备的安全检测，检验工作进一步加强。全年检验起重机械(含电梯)3 220台，在用锅炉1 863台，在用压力容器2 293台，定检率达到95%以上。

（武汉市劳动局　余幸东）

湖　南　省

一、劳动就业与劳动力市场

全省城镇待业人员总量与1994年基本持平，为50.14万人，其中1994年结转26.97万人，1995年新增23.17万人。由于受经济发展速度制约，新增就业岗位少，企业富余职工不断增多，因而就业压力加大。根据这一形势，经省人民政府领导同意，省劳动厅下发了《关于1995年继续在全省实行就业工作目标管理的通知》，将就业安置工作纳入全省各级政府的重要议事日程，实行目标管理，年终考核，确定全省就业安置计划为17万人。全年实际安置城镇劳动力20.5万人，年末城镇失业率为3.8%，就业形势基本平稳。

实施“再就业工程”有新的发展。8月24日，省人民政府办公厅下发《转发省劳动厅关于我省实施再就业工程报告的通知》，制定实施再就业工程的优惠政策和具体办法，各地积极付诸实施，采取强弱兼并、转移安置、增加生产自救金投入等形式，将失业保险与促进再就业紧密结合。全省以1 490万元失业保险转业训练费和生产自救费，对7万名失业职工和企业富余职工进行转业训练，帮助21.5万名失业职工和富余职工重新就业，为300多家企业提供生产扶持。

劳服企业持续发展。企业资产总额有所增加，安置效果明显扩大，内部改革不断深化，职工收入有所改善。新开办劳动就业服务企业295户，全年完成生产经营总收入63亿元，实现利润1.4亿元，年末职工22.7万人，年人均收入4 452元。当年上缴国家税金2.9亿元，年末资产总额48.8亿元，新安置城镇失业人员和富余职工2.4万人。劳服企业股份合作试点工作逐步开展，全省有6户企业列入劳动部试点范围。

“农村劳动力跨地区流动有序化工程”的实施成效显著，全年输出劳务人员30万人。为加强对流动就业工作的管理，全省初步建立起一套适应农村剩余劳动力有序流动的管理制度和办法。一是证卡合一制度开始真正起步，发放外省来湘流动就业人员就业证11.3万份，发放外出人员就业登记卡40.8万份，为流动就业实现有组织、有序化已初步发挥作用；二是乡镇劳动服务站的建设逐步发展，全省近40%的乡镇建站，在开展劳务输出、管理乡镇企业劳动工资工作、规范乡镇企业劳动关系等方面发挥了一定作用；三是驻外劳务管理机构，在信息沟通、跟踪服务、提供政策保护等方面进一步加强，为湖南省在外地就业人员提供服务的水平提高；四是在春运高峰期间，劳动部门积极配合有关部门，加强流动就业人员的疏导、管理和服务工作，保证1995年春节期间民工的流动基本实现安全、有序。

为促进市场就业新格局的形成，劳动力

市场建设的力度加大。全省建立省、地、县级劳动力市场已达86家，职业介绍所253所。

二、劳动用人制度改革与劳动关系

“八五”计划期间，全省企业新招用工人全部推行劳动合同制，1995年，对企业固定工加快推行劳动合同制，企业自主用人和劳动者自主择业的新型用人制度基本确立。4月，省政府发出《关于企业职工全面实行劳动合同制的通知》，要求全省80%的企业职工在年底前实行劳动合同制度。各地、州、市相继制定了实施办法。年底，全省企业签订劳动合同的职工人数达349.47万人，占职工总数的85.9%，湘潭、株洲两市企业职工已全部实行劳动合同制度。同时，集体合同试点工作开始进行，有853个企业实行集体合同办法。

劳动监察制度在各地迅速建立。结合机构改革，各地各级建立劳动监察机构，配备编制和人员，全省省、地、县三级已全部建立劳动监察机构，共配备劳动监察人员463名，其中专职劳动监察员320名，劳动监察在各地广泛开展。全省各地、州、市还相继开展《劳动法》执行情况大检查活动，共检查企业6 983户，参加自查自纠的企业和单位共14 894户。个别地市开始实行劳动用工年审工作，检查督促企业维护劳动者的合法权益。

劳动关系更趋复杂。全省受理劳动争议案共1 625起，比1994年增加212起，结案1 497起，结案率达90%。全省各级劳动部门处理人民来信来访共6万件(次)，信访工作始终坚持热情接待，及时处理，为人民群众排忧解难，维护社会安定的原则。各级劳动仲裁机构在扩大受案范围，及时调解、处理和仲裁劳动争议的同时，加强劳动合同鉴证工作，全省共鉴证劳动合同662 100份，纠正违法无效合同6 988份，督促补签劳动合同96 590份，对预防劳动争议起到积极的作用，有力地促进了劳动合同制度的建立和巩固。

三、社会保险制度改革

城镇企业职工养老保险制度步入法制化、规范化的轨道。年内省委、省政府和劳动等有关部门多次召开会议专门讨论研究企业养老保险制度改革，研究贯彻国务院《关于深化企业职工养老保险制度改革的通知》。6月13日，省政府发布了《湖南省人民政府关于深化企业职工养老保险制度改革的通知》，省委、省政府领导对企业养老保险制度改革工作提出具体要求，并作出全面部署。12月30日，省政府发布了《湖南省城镇企业职工养老保险办法》。至年底，按照省委、省政府关于全省养老保险改革实行“四个统一”(统一制度、统一标准、统一管理、统一调剂使用基金)的要求，全省有13个地市经省政府批准，出台企业职工养老保险制度改革的实施细则。全省养老保险工作成绩十分突出。劳动合同制工人全部实行退休费用社会统筹，参加养老保险社会统筹的企业已有13 360户，职工286.93万人。养老保险管理体制逐步理顺，9月29日省政府下发《关于全省人民保险公司经办的集体企业职工退休费用社会统筹业务移交社会保险机构经办的通知》，规定集体企业养老保险工作统一归口劳动部门管理和经办。全省参加养老保险的临时工、私营企业雇工、个体工商户、乡镇企业职工达5.5万人。全省全面实行职工个人缴纳基本养老保险费制度。多层次的养老保险逐步建立，有32个县的264户企业、8.5万名职工实行企业补充养老保险，有34个县(市)的1 635户企业、21.9万名职工实行个人储蓄性养老保险。全省有15个市、县实行了社会保险管理机构直接发放或委托银行、信用社发放退休费，建立了退休职工管理服务网络。此外，全省还建立企业离退休人员离退休金的正常调整机制。根据劳动部、财政部8月颁布的《劳动部、财政部关于1995年调整企业离退休人员基本养老金的通知》，年底，省人民政府制定发布了《湖南省人民政府关于1995年调整企业离退休人员离退休金的通知》。

6月13日，省政府发布了《湖南省人民

政府关于深化企业职工养老保险制度改革的通知》。全省参加失业保险的单位达2.2万多家，参加失业保险的职工330万名，共收缴失业保险基金14 100万元。由于国有企业亏损面大，失业职工和富余职工大幅度增长，再加上自然灾害的侵袭，一些地市既要利用失业保险的优势进行救灾工作，又要抓紧基金收缴，遇到前所未有的困难，但仍然实现基金收缴率达到正常水平。省劳动厅制定下发对特困企业富余职工以及受自然灾害严重地区的救济办法，各地市对此项工作非常重视，积极落实各项措施。年内全省用于失业职工救济的基金达983万元，用于富余职工和特困企业职工救济的达2 530万元。失业保险工作还通过加强转业训练基地和生产自救基地的建设，促进了全省再就业工程的顺利实施。

医疗保险、工伤保险、生育保险制度改革的步伐加快。全省有株洲、岳阳等7个地、州、市开展企业劳保医疗费用社会统筹工作，有10个市、县实行企业职工大病医疗费用社会统筹，享受基本医疗保险的职工及离退休人员人数达到13万人。持续三年的企业职工工伤普查鉴定登记工作已告结束，约5万名伤残职工领取《工伤与职业病致残等级证书》。劳动鉴定办法和工作制度进一步健全完善。全省有14个市县按照劳动部的要求开展企业职工工伤保险制度改革，参加工伤保险社会统筹的职工达37.4万人，零陵地区、长沙市已出台地市一级的统筹办法。全省有5个市县开展职工生育保险社会统筹试点，统筹范围有所扩大。

四、劳动工资宏观调控

企业工资分配制度改革深入进行，取消了指令性计划，企业内部分配自主权基本落实，全省实行以弹性工资计划和工效挂钩为主要内容的企业工资宏观调控办法，年末全省已有750户企业、61万职工实行岗位技能工资制。8月，省劳动厅、省财政厅联合制定颁布《湖南省国有企业经营者年薪制试行办法》，共有50家企业开始实行年薪制试点。7月湖南省人民政府令第44号发布《湖南省最低工资规定》后，各地市陆续确定本地最低工资保障线。全面推行《工资总额使用手册》制度，增强企业自我约束能力，使前几年出现的货币工资增长速度较快的势头得到缓解。全省1995年工资总额为282亿元，增长18.4%，比1994年下降12个百分点，基本上保持工资的正常增长速度。

五、职业技能开发

适应经济结构调整和劳动力市场需要，全省初步形成以职业分类和职业技能标准为依据，以职业技能鉴定为重点，以增强劳动者就业能力和提高劳动者素质为目的的多形式、多层次的职业技能开发体系。全省技工学校有161所，在校学生8.5万人；就业培训中心280所，年培训能力为13万人。技工学校、培训中心在招生分配制度、工种专业设置、管理体制、教材及教学方法等方面进行了一系列改革，教学质量明显提高。全省有141所技校毕业生参加技术等级考核，中级工合格率达52.1%，初级工中的三级工合格率达92.7%。各类职业技术学校毕业生进行技术等级统考的考核面也不断扩大，工种多达100多个，涉及行业15个。经省劳动厅审核批准，先后在机械、电子、商业服务、交通等行业设立24个职业技能鉴定站，职业技能鉴定的社会化管理进程加快。通过“创一流技校”、创国家级和省(部)级重点技校(就业培训中心)等活动，职业技能培训机构整体素质有明显提高。至1995年底，全省有5所技校、3所培训中心被评为国家级重点，有17所技校、40所培训中心被评为省(部)级重点。为在全社会倡导重视职业技能、尊重技能人才的风气，宣传各行各业的能工巧匠，引导职工钻研技术，10月，全省组织开展了由国家劳动部、经贸委、全国总工会、团中央、全国妇联联合发起的“全国技能月”活动，全省100多万职工参加群众性岗位练兵、技术培训、技能竞赛等活动。通过各地各行业层层推荐申报，省技术能手评审委员会评审，全省共评选出54名省级技术能手。许菊云、胡利云、李家模三人被评为全国技术能手，11月10日，在北京受到国家隆重表彰。

六、劳动安全卫生监察

特种设备、特种行业、特种作业人员的管理进一步加强，对“三同时”审查、女职工保护和新工时制度，监督检查的力度加大。通过加强现场安全监察，特别是特种行业实行重点监察，有效地消除大量事故隐患。全年非矿山事故次数、死亡人数、重伤人数比1994年均有所下降，分别减少52次、80人和14人。继续开展对锅炉压力容器设计、制造、安装、修理、改造、检验单位的资格认证和换证审查。一是加大监察力度，重点抓在用锅炉压力容器的定期检验工作，全年锅炉定检率达85.48%，比1994年提高3.23%，压力容器定检率达78.6%，比1994年提高6.11%；二是狠抓高压氧仓、部分锅炉压力容器使用单位的现场监察，查处大量隐患，使1995年锅炉压力容器爆炸事故起数、死亡人数比1994年均下降20%。加强了矿山现场执法监察，狠抓各类事故的调查、处理、结案工作。组织了全省《矿山安全法》的执法考试。依法对事故多的乡镇煤矿开展安全检查检验工作。全省乡镇矿山安全监测站的建设得到较快发展。安全立法工作有重大突破，继1994年制定颁布《湖南省实施〈矿山安全法〉办法》之后，1995年制定颁布的《湖南省锅炉安装修理改造管理办法》等法规、规定，对强化劳动安全卫生监察，依法实行监督检查，具有重要意义。

七、《劳动法》的贯彻执行

1995年是实施《中华人民共和国劳动法》的第一年，全省各级劳动部门和企事业单位认真贯彻执行《劳动法》，积极按照《劳动法》的规定履行自己的职责和义务，使严重损害劳动者合法权益的现象大幅度减少，维护了社会的稳定。(一)全省劳动工作以贯彻执行《劳动法》为统领，在促进《劳动法》实施方面采取一系列措施。一是大力开展《劳动法》的学习宣传活动，在《湖南日报》、《湖南劳动》杂志上开辟了学习《劳动法》专栏，定期刊登学习《劳动法》的专文和有关问题解答，有针对性地解决实施《劳动法》过程中遇到的难点问题。二是抓好贯彻实施《劳动法》的人员培训，组织地、州、市、县(区)劳动局长进行《劳动法》学习培训。三是加强《劳动法》的配套立法工作。《湖南省最低工资规定》和《湖南省城镇企业职工养老保险办法》已经省府审议通过，发布施行。(二)通过贯彻实施《劳动法》，促进劳动执法力度加大和各项劳动标准的严格执行。一是劳动合同制度在全省全面推行，1995年签订劳动合同的职工人数超过前8年的总和。二是劳动监察工作进一步加强，开展《劳动法》执行情况大检查，查处大量违法行为。三是最低工资规定得到贯彻实施，全省已执行最低工资规定的企业为8 932户、职工285.57万人，暂缓执行的企业有489户、职工24.6万人。四是普遍执行了5天工作制，根据3月25日中华人民共和国国务院令第174号发布的《国务院关于修改〈国务院关于职工工作时间的规定〉的规定》，从5月1日开始，全省70%以上的企业实行5天工作制。

贯彻执行《劳动法》也遇到不少问题。一是劳动关系不稳定因素仍较多，劳动争议进入多发时期，可立案劳动争议案件增多，劳动合同赔偿案件突出，外商投资企业、私营企业和个体经济组织收入厂押金、保证金，克扣工资，不给工伤待遇，超时加班加点等问题突出；企业经济效益不好影响离退休人员待遇，随意跳槽和随意辞退职工现象突出。二是综合改革不配套，主要是最低工资规定与养老保险制度改革、住房制度改革不配套。三是监督不力，处罚难以落实，主要是劳动监察缺乏必需的强有力的手段，劳动监察法律、法规不

健全。　　　　（湖南省劳动厅　邱家才）

广东省

1995年，全省各级劳动部门以全面贯彻实施《劳动法》为统领，围绕培育和发展劳动力市场这个中心，重点推进劳动合同制度改革，积极采取措施促进就业，认真做好职业技能开发、工资分配、劳动关系调整和执法监察、安全生产等方面的工作，较好地促进了经济发展和社会稳定。

一、企业用工制度改革

各级劳动部门按照省政府《关于企业全面实行劳动合同制度的通知》要求，抓住全面贯彻实施《劳动法》的有利时机，结合深化企业改革，集中精力，全力以赴，依法推进合同制度改革。同时注意研究、制定和完善深化改革的有关配套政策、法规，确保广大职工的合法权益，得到了职工的理解和支持，使改革步伐不断加快。年末全省国有、集体和“三资”企业共有720多万名职工与企业签订了劳动合同，占职工总数的95%以上。省政府颁布了《广东省劳动合同管理规定》，各级劳动部门积极指导企业按照国家、省的有关政策、法规规定，建立企业劳动合同管理制度，修改完善厂纪厂规，使劳动关系的确立、变更、终止和调节等各个环节开始全面纳入了法制化轨道，并促进企业改变劳动与人事分开管理的旧模式，打破了干部、工人的身份界限，初步实现管理一体化。各地根据《劳动法》的有关规定，继续积极稳妥地开展通过集体协商签订集体合同试点，年末已有广州、茂名、汕头、肇庆等地近千家企业与工会或职工代表签订了集体合同。

二、实施“再就业工程”

针对企业富余职工和失业职工增多的情况，按照劳动部的要求，在全省部署实施“再就业工程”，计划用两年时间分流安置全省100万富余人员，使失业职工当年再就业率达到80%以上。至年末，深圳、佛山、惠州、梅州、阳江、河源等市已制定了“再就业工程”实施方案，并开始实施。各地通过采取经济补偿性安置、免费组织两类人员开展转业训练、免费组织劳务集市为就业难人员就业牵线搭桥、组织劳务输出、开展行业之间劳动力余缺调剂和组织生产自救等措施，帮助近8万名失业职工实现了再就业。为进一步促进就业，各级劳动部门加强了就业服务工作，职业介绍事业迈上新台阶。全省各类职业介绍所发展到1 500多家，其中劳动部门开设的职业介绍机构就达到1 150多家，全年为120万名求职者提供职业中介服务。华南劳动力市场信息网广东中心站已开通运行，并与深圳、东莞、珠海、汕头等市和四川、湖南、广西、江西、安徽、湖北、河南、贵州等省（区）联通。至年末进入广东就业的外省劳动力达650万人，全省新增就业人员43.7万人。劳服企业生产经营保持稳定，从业人员保持在15万人左右。为提高流动就业的有序化程度，建立健全流动就业证、卡制度，发布了《关于实行流动人员就业证卡的通告》，至年底向外来人员发放就业证500万册，占应发证人数的80%；发放本省外出人员就业卡80万份，证卡合一率达43%。加强了对境外就业的管理，切实保护出境劳务人员的合法权益，保持境外就业渠道的畅通，至年底全省境外就业人数近2万人。

三、职业技能开发

各级劳动部门进一步探索职业技能开发与就业相结合的运作机制，继续深化技工学校办学体制改革，加快技工学校发展。全省共有技工学校172所，比上年增加13所；在校生11.9万人，增加2.48万人；在当年招收的51 354名新生中，农村户口新生占40.2%，比上年增加5个百分点。中山市等一些地方开始在乡镇开办技工学校，并在抓好技工学校常规培训的同时，开展了就业前培训和对在职员工、军地两用人才的培训，全年有2.62万在职员工、部队战士参加了培训，有1万余人从就业前短期培训班结业。全省社会力量办学规模继续扩大，共有办学点4 497个，比上年增加了26.2%，接受培训的有50万人次。劳动部门举办了就业培训中心达134所，比上年增加1所，参加培训人数达40万人，较上年增加90%，结业学员就业率达到70%。为加强对社会力量办学的管理，省劳动厅会同省政府法制局、工商局、物价局，联合对全省职业技能培训社会办学实体进行检查，共注销、取缔了办学质量不高和不具备办学条件的办学点95个。认真贯彻全国职业技能鉴定社会化管理试点工作会议精神，全省共建立职业技能鉴定机构218个，进一步推进技能鉴定工作，举办了厨点师、车钳工、计算机等工种的考评员培训班17期，培训考评员600多人；建立完善了美容美发、计算机等工种的试题库；全年评聘技师922人。

四、工资分配制度改革和宏观调控

全省各地认真贯彻落实省政府办公厅《关于加强企业工资总额管理的通知》，不断改进完善企业工资宏观调控办法，在各市实行动态调控的弹性工资计划办法，对工资增长实行季度监测、预警，及时分析，调控工资增长态势，并坚持做好工效挂钩工作，加强年终工资清算。在各类企业中全面实行《工资总额使用手册》制度，严格对企业工资总额计划的审批，较好地对企业工资分配进行调控，1995年全省城镇职工工资总额732.21亿元，比上年增长19.5%；职工年平均工资8 444元，增长18.6%，剔除物价上涨因素，实际增长4.9%。各地继续积极探索建立企业的新型工资决定机制，按照“两低于”原则自主确定工资总额的股份制企业和其他试点企业有所增加，一些地方开展了集体协商决定工资的试点；省劳动厅、财政厅、国资局联合发布了《广东省国有企业经营者年薪制试行办法》，对国有企业试行经营者年薪制进行了规范，深圳市在国有企业全面推行了经营者年薪制，惠州、佛山、清远等地也积极开展了试点。为贯彻落实《劳动法》和《工资支付暂行规定》，进一步健全、完善最低工资保障制度，经省政府同意颁布了《广东省企业职工最低工资标准》，根据全省各地经济社会发展的不同情况，把最低工资标准划分为5类，分别为每月320元、280元、250元、220元和190元，由各市政府根据本地实际选择一至两个适用标准公布施行。

五、全面实施《劳动法》

1995年是全面实施《劳动法》的第一年，各级劳动部门把贯彻实施《劳动法》摆在各项工作的统领位置上抓好落实，继续广泛深入地开展宣传教育活动。在《劳动法》颁布一周年之际，全省各地在7月5日统一开展《劳动法》咨询日活动和《劳动法》宣传周活动。针对广东外来工比较多的特点，省劳动厅会同有关部门在电视台举办了全省外来工劳动法律知识竞赛，珠海等市对外来工分期分批进行了《劳动法》学习培训，进一步提高了社会各界执行《劳动法》的自觉性。为了更好地贯彻实施《劳动法》，抓紧制定与《劳动法》相配套的地方性劳动法规、规章，共上报地方性劳动法规立法项目7个，规章立法项目14个，其中《广东省劳动合同管理规定》、《广东省劳动争议处理实施办法》、《广东省国有企业富余职工安置实施办法》、《广东省企业职工最低工资标准》等4项规章经省政府颁布施行，另有一批规范性文件相继出台。全省各地按照全国贯彻《劳动法》工作会议的精神，积极采取措施，加强《劳动法》执法检查，在全省基本建立了劳动合同制度、劳动监察制度、最低工资保障制度，实现劳动部提出的贯彻实施《劳动法》的阶段性目标。

六、建立劳动监察体制

1995年，全省劳动监察体制建设取得长足进展。一是落实了机构，充实了人员。至年底，全省县以上劳动行政部门均成立了劳动监察机构。全省现有专职劳动监察员463名，兼职监察员684名。这些劳动监察员均参加了资格培训，实现了持证上岗。二是继续完善工作制度，规范劳动监察行为。一些市政府陆续颁发了《劳动监察办法》，深圳、湛江、惠州等地制定了劳动监察程序和工作制度，韶关、梅州、揭阳、汕尾等市形成了与法院等有关部门联合办案制度，进一步规范了劳动监察行为，加大了监察力度。三是加强劳动监察，及时处理重大突发事件。各级劳动部门根据各阶段的具体情况，突出重点，以多种形式开展劳动监察活动。佛山、东莞等地分别对饮食行业、职业介绍所等进行了专项监察。第三季度，全省还统一开展了声势浩大的贯彻执行《劳动法》情况大检查，共抽查2.6万家用人单位，责令用人单位为21万多职工补办用工手续，补签劳动合同20多万份，清退童工348名，为4.5万职工追回被拖欠、克扣的工资、押金、工伤赔偿金等共2 128万元，协助用人单位处理违纪职工120多名，查处非法加班加点单位4 591家，纠正3 366份存在违法条款的劳动规章制度，对423家拒不整改的严重违法单位罚款158万元，提请工商行政部门吊销4家严重违法经营单位的营业执照。各地注意做好集体上访和罢工等突发性事件的预防和及时处理，较好地防止了事端的扩大。全年共处理集体上访2 115宗。

七、劳动关系调整

为了建立和谐、稳定的劳动关系，全省加强了劳动关系调整工作，继续抓好劳动争议调解机构的建立，特别是乡镇劳动争议调解机构有较大的发展，至年底已成立1 392个，占应建数的85%，配备专兼职工作人员5 832人。全年在乡镇一级发生的劳动争议案件有90%是由乡镇劳动争议调解机构调解处理的。市、县(区)建立劳动争议仲裁委员会140个，配备专兼职仲裁员977人。全省开始形成省、市、县(区)、镇四级机构组成的劳动争议处理网络，并开始全方位地处理劳动争议案件，全年共处理劳动争议案件2 800多宗，涉及职工45 000多人。为使劳动仲裁工作进一步走上法制化轨道，各地加强了对仲裁员的培训，开始在全省实行仲裁员、仲裁庭办案制度，全年共举办培训班10期，有874人经培训考核合格取得仲裁员资格证书。至年底，全省已有80%的市、县(区)实行了仲裁员、仲裁庭办案制度。按照省政府的部署，省劳动厅派人参加了省政府组织的停产半停产企业富余职工安置问题调查组，分赴肇庆等4市8县(区)进行调查，提出了安置富余职工的建议报省政府，并根据省政府的要求，开始了安置煤炭系统3 000多名富余人员的前期准备工作。

八、劳动保护与安全生产

1995年，全省各地大张旗鼓地开展安全生产宣传教育活动，省安委会组织了全省第5次“安全生产周”活动，各地以举办文艺晚会，知识竞赛，技能比赛，巡回展览和张贴标语、挂图以及在报刊、广播、电视上开设专栏、讲座等多种形式，广泛宣传有关安全生产法律、法规和知识，提高全社会的安全生产意识。为加强对企业的安全生产管理，进一步落实安全生产责任制，省劳动厅颁布了《广东省实施企业注册安全主任制度试行规定》，规定建筑、易燃易爆和化工行业的企业，以及职工在200人以上的其他工业生产性企业，必须至少有一名注册安全主任。各级劳动安全监察部门进一步强化现场安全监察和专项监察工作，重点开展了对建筑安装施工单位和易燃易爆化学危险品生产、储存单位和现场安全监察，共检查建筑施工工地4 680个，易燃易爆化学危险品生产及储存单位856个，发出整改指令书7 620份，限期整改事故隐患26 754条，整改率达80%以上。对34个市、县(区)和8个省属煤矿进行了依法检查。对特种设备的检测检验工作得到加强，全年各地对18 692台电梯和807台起重机进行了安全监督检验，并按照规定对在用压力容器进行了检测。各地还注意做好劳动安全卫生检测检验站、锅炉压力容器检验单位和气体充装站、液化气罐车、铁路罐车等的资格认可和注册工作。通过上述工作，全省安全生产形势趋好，1995年全省工矿企业职工伤亡事故1 329宗，死亡1 211人，分别比上年下降3.8%和5.8%。国有矿山连续十年来未发生特大伤亡事故。按国务院《关于职工工作时间的规定》，积极实施新工时制度，有75%的国有企业和40%的集体企业实行了5天工作制。

九、劳动领域宏观调控

1995年，各级劳动部门加快转变管理职能，把过去编制下达指令性计划指标为主转变到以全面分析、长远预测、总体规划和宏观监控为主的轨道上来，把管理范围从过去只管全民单位扩大到全社会，并注意根据国民经济和社会发展规划，制定了《广东省劳动事业发展"九五"计划和2010年远景规划纲要》，提出了社会劳动力资源开发利用、工资总量调控和劳动力市场运行情况的监测与调控目标。与此同时，初步探索建立劳动领域宏观调控指标体系，主要包括失业率、工资增长率、伤亡事故率和劳动关系紧张程度等指标，并按照上述指标进行监控。年末城镇失业率为2.09%，职工人均工资实际增长4.9%，保证了劳动事业与国民经济同步协调发展。在宏观调控的技术手段方面，加强了劳动统计工作，保持了统计队伍的基本稳定，开展了劳动部确定的6项统计报表的常规统计和人工成本专项抽查统计，完成了《广州地区人工成本抽样调查结果分析》。加快了劳动信息服务手段现代化建设，建立了劳动力市场华南计算机信息网络和省劳动信息中心，初步配备了专职人员和专用微机，实现了部—省计算机联网以及与省委计算机网络的联网，运用现代化手段对劳动工作中的主要数据、资料进行综合分析，为领导决策提供了科学依据。

（广东省劳动厅　陈斯毅　阙广长）

广州市

1995年，广州市劳动部门主要抓了以下各项工作：

一、贯彻实施《劳动法》

1995年1月，《中华人民共和国劳动法》正式实施。一年来，广州市除继续开展各种形式的宣传活动之外，于8月至9月间，由市劳动局组织，联合市委宣传部、市府法制局、市总工会、市公安局、市工商局，开展了一次全市性为期两个月的《劳动法》贯彻执行情况大检查。检查内容为招用工、签订劳动合同、福利待遇、安全卫生等八大项。检查分宣传发动、自查、抽查三个阶段进行。9月19日至30日，在自查的基础上，组织了市人大、市委宣传部、市法制局、市劳动局、市总工会、市公安局、市工商局、市外商投资企业协会、市外商投资企业私营协会、市个体私营企业协会等10个部门参与的80余人，分成6组，由局以上领导带队，在全市范围内抽查了13个区、县级市和12个主管局(总公司)，48个企业。大检查结束之后，市政府召开了表彰大会，向100家企业授予"广州市《劳动法》执法大检查先进单位"称号，并发给称号牌匾。

二、劳动就业

1995年，我市(含四个县级市)共有职业介绍所(中心)225个，比上年增加了101个，其中劳动部门所属 92 个。求职登记 127 225 人，比上年增加 71 353 人，交流成功 74 489 人，比上年增加 45 706 人。至年末，全市有劳动服务企业 6 528 户，当年安置就业 2.097 万人。劳服企业完成生产总值 105 亿元，比上年增加 14 亿元，上缴国家税利 5.5 亿元，比上年增加 2.2 亿元。

至年末，全市城镇失业总数 13.71 万人，其中上年结转 5.3 万人，当年新增 8.41 万人。在失业人员总数中，就业转失业的 4.61 万人。共安置就业 6.862 万人。输出境外就业人员 151 人。

至年末，广州市外来劳动力在场人数 60.12 万人，比上年减少 9.23 万人。办领《务工许可证》18 万人，比上年减少 5 万人。

这一年，继续实施“金雁计划”，开展“十佳百优”活动。10 月，第二次评选出 10 名“十佳”外来青工并批准入户广州，同时评出了 100 名“百优”外来青工，并给予奖励。

广州市劳动市场建设申请世界银行贷款项目，已通过专家评估，并于 11 月到美国签订了此项目贷款 500 万美元的协议。

三、工资分配

1995 年，广州市企业职工年平均工资为 10 166 元，比上年增长 17.8%，剔除物价因素，实际增长 3.87%。已实行工效挂钩的国有企业 591 户，职工 36.03 万人，分别比上年减少 155 户、10.77 万人。这一年，对实行工效挂钩的企业，既严格控制亏损企业的工资提取，又根据实际情况解决困难企业的工资问题，以保证困难职工的基本收入。经计划、财政部门同意，共批准全扣减或部分扣减工资基数的企业分别为 14 户和 34 户；全免扣或部分免扣新增工资的企业分别为 9 户和 13 户。

四、社会保险

1995 年，市政府颁发了《广州市改组转制企业职工安置管理暂行办法》，提出了破产、关闭企业职工社会保险实行社会化管理模式。据此，于 4 月正式处理了广州市第一家破产企业（广州曙光无线电厂）的社会保险问题。该厂一次性给市社会劳动保险公司和市退休职工管理办公室预缴 5 年退休费和医疗费等，从此，该厂职工由退管办管理，包括发放退休金和医疗费。至年末，共处理此类企业 3 户，退休人员 509 人，支付养老金 94.98 万元，报销医疗费 30 万元。对 12 家关闭企业应缴的统筹基金准其缓交、挂账，并每月按时足额给这些企业共 5 304 名退休人员支付退休养老金 180 万元，全年共支付 2 160 万元。

7 月，将市政府颁布的《广州市企业职工社会劳动保险规定》改为《广州市社会保险条例》，经省第八届人大常委会第十六次会议审议批准，于 9 月 1 日正式实施。

同月，广州市新开展了企业职工生育保险。至年末，享受该保险待遇的职工有 1 100 人次。

同月，首次将单位职工基本养老保险基金缴费比例从原来 24.5%调减为 24%；将职工个人缴纳基本养老金的比例从原来 2%调升为 3%。

同月，全市离退休人员的待遇标准，以纳入统筹项目的为基数提高 17%，人均增加离退休费 51 元。此项保险费全年共多支付 2.16 亿元。

养老保险基金实行保值增值营运，至年末，共回收投资 1.95 亿元，回收效益 4 609 万元，纯增值 1 884 万元，纯增值率 9.62%。

10 月，广州市失业职工的失业救济金从每月 210 元提高到 285 元。

至年末，全市参加退休费统筹的单位 9 262 个，在职职工 72.3 万人，退休人员 36.71 万人，分别比上年增加了 2 530 个单位、8.66 万和 4.75 万人；参加工伤保险的单位 8 447 个，职工 95.04 万人；参加生育保险的市属单位 3 094 个，职工 54 万人；参加失业保险的单位 8 899 个，职工 89 万人，分别比上年增加 1 899 个单位，减少 31 万人。全年共支付退休金12亿元，工伤保险金384万元，生育保险金294.58万元，失业保险金2 014万元(比上年增加1 557万元)。

五、劳动保护

1994年，广州市加大对建筑施工工地和重点行业劳动安全卫生监察力度，先后五次组织突击检查，发出整改指令书918份，限期整改事故隐患8 673项。全市建筑施工工地的职工伤亡事故宗数下降19.5%，死亡人数下降9.2%。对全市80间烟花爆竹厂进行了复审发证。至年末，全市有62.8%的市属企业实行了五天工作制。定期检验锅炉1 147台次、压力容器3 972台、液化石油气贮罐55台，检验安全阀9 683只，液化石油气钢瓶68万只。检测检验电梯6 020台、起重机械2 062台。特种作业培训19 829人，审证34 430人。特殊工种培训、考核、发操作证3 009人。

这一年，全市发生职工伤亡事故232宗，死亡245人，分别比上年下降16.8%和9.9%。死亡3人以上重大事故5宗，比上年减少2宗。

六、劳动监察

1995年，全市因拖欠工资等原因引起30人以上集体上访、罢工事件144起，比上年增加46起。劳动监察部门受理来信、函投诉案3 800宗，立案依法查处3 051宗，分别为上年的13.19倍；责令用工单位清退童工178人，比上年增加98人，补办外来民工招工手续7.5万人；追回用人单位拖欠工资和押金198万元，为上年的4倍；对违规用工单位共罚款65万元，比上年减少0.7万元；首次吊销1个严重违规单位的职业介绍许可证。

七、技术培训

1995年，广州市加快推行国家职业资格证书制度，考评出首批初、高级调酒师，中、高级西厨师和高级西式面点师共56人。全市经培训、考核获得各类证书的职工32 267人(比上年增加29 802人)，技术等级证书11 040人、各类岗位证书20 646人。其中技师581人，累计达3 839人。

10月，在市府礼堂召开了广州市杰出技师和技师工作先进单位表彰大会，奖励了10名杰出技师和5个先进单位。

12月，经市编委批准，成立了广州市职业技能鉴定中心。至此，全市有职业技能鉴定中心26个。

为提高进城技工素质，首次对招收异地技工(农转非，非转非)实施了职业技能鉴定制度。先由技能鉴定站鉴定其技术水平，达到三级以上的，才允许办理招工手续。至年末，全市鉴定异地招工人员150名，获得初、中级技术合格证书的147人。

经批准，全市社会办学的单位350个，累计425个。技工学校63所(其中分校31所)。这一年，首次在市内部分专业实行允许招收农业户考生的政策。市属技校招生7 818人，完成计划86.4%，是15年来招生最多的一年。其中公费生3 628人，自费生4 190人。总数中含异地生1 033人。全市4 000名技校毕业生全部安排完毕，有3 500人参加了劳动法规学习班。

全年就业前培训9.43万人，比上年增加1.13万人，其中转业失业人员再就业免费培训1 810人，比上年增加119人。培训军地两用人才500人次，比上年增加290人次。

八、劳动争议调解仲裁

1995年，广州市全面推行仲裁员、仲裁庭制度。6月，首次组织全市劳动仲裁干部，在芳村区劳动局召开了仲裁庭开庭现场观摩研讨会。至年末，全市已有五个区一个县级市试行了劳动仲裁开庭审案。有3 000家企业建立了劳动争议调解机构。

全市各级劳动争议仲裁部门共受理劳动争议案件184宗，其中裁决87宗，调解56宗，其他方法处理38宗。鉴证劳动合同187 722份，督促用人单位补签职工劳动合同11 263份，纠正违法或无效劳动合同

5 771 份。

九、退休职工管理

1995 年，全市有退休职工 32.97 万人，月人均退休费为 360 元。4 月，由市退休职工管理委员会办公室正式接管破产的南方无线电厂和关闭的广州曙光无线电厂、广州丝织厂共 502 名退休职工。全市有退管经济实体 62 家，比上年增加 12 家，实现产值 7 623 万元，创利 357 万元，上缴税利 216 万元，分别为上年的 2.2、1.4、1.7 倍。

8 月，市退管办和轻工局、市政工程总公司退管部门，被评为全国退管工作先进单位，张松光等 3 人被评为先进个人。

十、劳动体制改革

1995 年末，全市 69.3 万固定工中签订劳动合同率达 98.43%。至此，广州市计划经济遗留下来的固定工制度宣告结束，初步建立起全员劳动合同的新型用工制度。

（广州市劳动局办公室　高瑞友）

深　圳　市

1995 年是《劳动法》实施的第一年，深圳市劳动部门按照劳动部、省劳动厅、市委、市政府的部署，从改革、发展、稳定的大局出发，抓紧《劳动法》的贯彻落实，推动了各项劳动制度改革和劳动事业的全面发展，取得了新的成绩。

一、"再就业工程"取得阶段性成果

1995 年的劳动就业管理与服务工作始终贯穿着"再就业工程"这一主线。一年来，安置失业人员、企业富余人员和新成长劳动力 11 000 余人，特区居民失业率控制在 2.5% 以下。

（一）整顿社会职业中介机构，依法查处企业私招滥雇行为，为失业员工腾出就业岗位。

3 月和 11 月，市、区两级劳动监察部门根据《深圳经济特区职业介绍规定》，先后两次对全市职业介绍机构进行大规模整顿，取缔了近百家非法机构，对经审查符合《规定》的 43 家机构核发了《职业介绍注册证》。除此之外，对有私招滥雇行为的企业和借承包、租赁及更换法人代表之机大批解雇本市员工又擅自招用劳务工的企业依法进行了查处。

（二）实行失业登记、失业救济、转业训练、职业介绍一条龙服务，通过日常职业介绍与大型就业交流会相结合办法，帮助失业员工重新走上工作岗位。

——在全市范围内对历年结存的失业职工进行重新登记，共为 4 965 人换发了《失业员工证》，发放失业救济金 375 万元。

——根据失业员工特点，开设了 19 个工种（专业）共 34 期的转业训练班，训练失业员工 2 870 人，开设 18 次择业指导课，对 1 411 名失业员工进行了择业指导。

——举办各类促进就业交流专场 16 次，大型就业交流专场 5 次，其中，仅 6 月 17 日举办的全市居民就业交流大会，就帮助 2 039 名失业人员实现了重返就业岗位的愿望。

（三）制定有效政策，拓宽再就业渠道。

一是制定优惠政策，调动企业创办劳服企业、安置本企业富余人员的积极性；二是从失业保险基金中拨出专款，用于奖励主动安置失业员工和富余人员的企业；三是从失业保险基金中拨出生产自救专款，鼓励失业员工发挥个人积极性，组织起来再就业或自谋职业。

二、劳动法制工作继续向纵深推进

（一）加强立法和法律宣传

1995 年完成了深圳经济特区《失业保险条例》、《电梯及自动扶梯安全管理条例》、《欠薪保障条例》、《就业促进条例》、《锅炉压力容器规定》、《经济性裁员规定》等草案的起草工作，其中《深圳经济特区电梯及自动扶梯安全管理条例》已经市人大审议通过。

在 1994 年大张旗鼓地宣传《劳动法》的

基础上，继续做好劳动法律法规的宣传工作。一年来，市、区劳动局先后举办了120期劳资人员《劳动法》培训班，近2万名劳资人员接受了培训。

（二）调整劳动关系

1. 坚持预防为主的原则，及时妥善处理劳资纠纷。

1995年，劳动监察和仲裁部门采取重点对企业负责人加强劳动法律法规宣传和培训，对违法企业负责人举办专门学习班，教育劳动者应在被拖欠工资一个月后就要向有关部门报告，开展对企业工资支付情况的调查等措施，做好预防工作，变被动处理劳资纠纷为主动预防和减少劳资纠纷。同时，市、区、镇劳动监察部门增强了快速处理劳资纠纷的应变能力，对重大劳资纠纷，劳动监察部门人员均在一小时内赶到现场，控制局面，快速灵活处理。

据统计，1995年全市劳动监察部门依法监察了12 284家企业，查出未办用工手续人员143 154人，督促企业为118 562人补办了用工手续，处理了30人以上重大劳资纠纷245起。仅市劳动局为员工追回被拖欠、克扣工资就达1 775.4万元。

2. 坚持调解为主的原则，妥善处理劳动争议，维护企业和员工的合法权益。

1995年，全市有27个镇建立了劳动关系协调小组，聘请了71名劳动关系协调员，大部分劳动争议在基层部门和用人单位得到了处理。除此之外，市劳动部门积极稳妥地进行集体协商签订集体合同的试点工作，为开展集体协商签订集体合同工作积累了经验。

据统计，1995年全市劳动仲裁机构共受理案件8 941宗，比上年增长31.8%；结案8 704宗，结案率达97.3%，其中，集体争议185件，较上年上升39%。全年鉴证合同144万份，纠正违法合同10 272份。

三、安全生产形势明显好转

1995年安全生产管理紧紧围绕“降低事故频率，减轻职业危害，把工作重点转移到预防为主的轨道上来”的目标，在市领导和有关部门的大力支持下，狠抓基础管理、依法监察和事故处理，安全生产形势有明显好转。

（一）加大宣传力度，落实各项制度

1995年，在全市范围内开展以“治理隐患、保障安全”为主题的安全生产教育活动，共发放各种资料75 000多份。同时，组织企业员工10万多人，参加“全国劳动安全卫生和消防知识竞赛活动”，进一步提高了社会的安全生产意识。

在基础管理工作方面，着重选择了地王、华强、石化等10多家有代表性的大型企业及重点工程项目进行注册安全主任制度试点，在总结经验的基础上逐步推广，到年底共有1 218人通过注册安全主任培训，获准注册上岗。

（二）强化国家劳动安全卫生监察职能

1995年开始对全市重大事故隐患进行分级管理，开展了全市化学危险场所的普查登记工作，对生产、使用、贮存、运输和经营化学危险品的2 066家企业进行了普查登记。理顺了市、区采石场安全监察工作关系，加强了全市有毒有害作业企业的尘、毒检测工作。在建筑行业开展现场安全监测工作，全年查处伤亡事件30起，查处工伤事故130多起。加大了特种设备安全监察，组织了全市电梯安全执法大检查，共查电梯3 080台，发出整改指令书224份。组织了对全市18个大型液化石油气充装站的大检查，查处锅炉事故12起，进口锅炉违法安装事故两起。

1995年深圳市杜绝了3人以上重大恶性事故的发生。全市发生企业职工死亡事故97宗99人，与上年相比，死亡事故宗数下降2.02%，死亡人数下降18.18%；重伤宗数和人数较上年分别下降4.1%和10.8%。

四、宏观调控工作达到预定目标

（一）对社会劳动力进行宏观调控

继续贯彻落实市政府“先市内调剂、后市

外招调”和“效益好的企业优先，急需的专业人才优先”的政策，对从市外调入本市的工人按“优先、控制、禁止调入”三类进行调控。全年下达招调工计划 5 310 名，其中向高科技企业、重点建设项目和我市鼓励发展行业下达招调工指标共 1 417 名，占总计划的 31.5%。

进一步加强对外来劳动力和境外人员在深就业的管理。对于那些特区居民就业意向比较集中的售货员、储蓄员、文书、会计员等岗位的用工，敦促用人单位通过市、区职业介绍机构优先招聘市内失业人员。外来劳动力使用数基本控制在计划数以内，共为 179.47 万人办理了用工手续。对境外人员在深就业的管理，采用日常服务和上门服务相结合的办法，为 4 236 家企业的 6 806 名境外人员签发了就业证，其中外国人 2 572 人，港澳台同胞和华侨 4 234 人。

（二）加强对企业工资的宏观调控

一是确定对工资水平“控两头，调中间”办法。“控两头”指实施最低工资制度，保障低薪收入阶层的基本生活；配合税务部门强化个人所得税征管，运用税收调节高收入。“调中间”指制定颁布工资指导线，指导企业工资分配。1995 年，工资指导线的颁布和实行，是我市劳动工资制度改革向市场经济体制迈进的一大举措，不仅为企业确定合理的工资水平、工资增长率提供了比较准确的价格依据，而且为集体协商签订集体合同试点工作提供了工资协商的参考依据，对完善政府对企业工资水平的调控体系具有重要的意义。二是重点抓好国有企业工资总额的宏观调控。通过办理企业《工资总额使用手册》，加强对工资总额的调控，严格实行“两个低于”原则。1995 年共办理企业《工资总额使用手册》4 700 多户，办理《手册》户数比上年增长 5%。同时进一步完善了工资结算、检查、监督制度。

全市在 90 多户市属国有企业推行经营者年薪制。

1995 年，全市职工平均工资比上年增长 16.1%，增幅比同期的职工人均国内生产总值增长率低 4.65 个百分点，扣除物价因素的影响，职工平均工资实际增长 3.3%。

五、职业技能开发事业蓬勃开展

（一）加强管理，加快职业技能培训建设步伐

全年共审批社会化技能培训机构 15 家，审批各类社会培训班 269 个，并通过推行“培考分离”措施，保证了培训班的质量。在职业技能培训师资队伍建设方面，推行了培训（鉴定）机构负责人、管理人员任职（岗位）资格证书制度。

（二）大力推行职业资格证书制度，开展职业技能鉴定社会化管理工作

1995 年，设立了“深圳市职业技能鉴定指导中心”作为全市职业技能鉴定指导机构，审批设立了 18 家职业技能鉴定所，成立了 46 个专业考评组，建立并完善了 135 个职业技能鉴定试题库，实行了技师社会化考核。

（三）加快技工教育基地建设

技工学校是职业技能培训的重要基地，1995 年在两所技校和训练中心对拟调教师实行了差额推荐、考核录用的办法。同时，针对市场需求，两所技校专业设置达到 8 个，完成技校招生 503 人。市职业技能训练中心开设了 4 大系列 30 个工种（专业）147 个班次的培训班，培训考核达 3 万人（次）。

（四）职业技能竞赛深入开展

在“全国技能月”活动中，全市广泛开展了群众性岗位练兵、达标创优、技能竞赛等活动，成功地组织了深圳市首届电工技能大赛、首届长实杯调酒精英大赛；组织选拔了模具钳工、电工、电焊工、餐厅服务师 4 个工种 8 名选手参加全国部分大城市青年岗位能手技能竞赛，深圳市选手获全国电工技能竞赛第 6 名。

（深圳市劳动局　郑　雷　郭家文）

广西壮族自治区

1995年，自治区各级劳动行政部门努力开展各项劳动工作，取得良好成绩。

一、城镇劳动就业

1995年广西共有城镇失业人员27.78万人，年内共安置17.44万人（其中净安置14.43万人），安置率达63%，超额14.7%完成全年安置15.2万人的任务（净安置超额18.3%完成任务），年末城镇失业率为2.4%。1995年广西就业安置工作的主要特点是：

1. 以加快培育和发展劳动力市场为中心，抓好政策法规的制定和贯彻落实工作。广西劳动部门以贯彻《劳动法》为统领，制定了有关劳动就业的规章和规定共4个，提出了“广西劳动力市场发展的基本思路”，为制定《广西培育和发展市场体系规划纲要》提出劳动力市场体系的总体构想，有力地促进了广西劳动就业工作的开展。

2. 重点抓好推进失业职工再就业工程和农村劳动力跨地区流动有序化工程。全区各级劳动部门认真抓好《广西壮族自治区职工失业保险办法》的贯彻实施，扩大了失业保险范围，提高了失业职工应享受的待遇标准，调整了失业保险基金收缴的基数，促进了再就业工程的落实。各地认真贯彻国务院和自治区人民政府1995年春运期间组织民工有序流动工作的部署，采取各种有效措施，做好春运期间组织民工有序流动工作。春运期间全区共安全运送民工329万人次，实现了民工有序流动，受到了劳动部的表彰。1995年，对在岗民工实行“证卡合一”制度，年内向全区发放了全国统一的流动就业证（卡）73.56万本，有序地组织劳务输出70万人。

3. 加强职业介绍服务。1995年加强了对从事职业介绍工作人员的培训，开展对县以上职业介绍机构的评估，提高了职业介绍服务功能和质量，加强了包括职业介绍机构在内的乡镇劳动就业服务机构的建设。年内全区职业介绍机构已发展到501所，比上年增加76所，其中劳动部门办的399所，比上年增加80所。到职业介绍机构进行求职登记的城乡劳动力30.97万人，介绍成功25.66万人，成功率达82.9%。

4. 加强就业训练。1995年进一步加强对就业训练工作的领导，着重抓好提高就业训练管理人员的业务素质；积极做好组建职业技能鉴定所的准备；积极开展就业训练教学教研活动和做好培训教材的编写和发行工作。年内全区就业训练中心已发展到100所，比上年增加5所，一次性训练规模增加到23 395人，比上年增长5.3%；就业训练结业12.22万人，比上年增长28%；经培训后到集体、“三资”、乡镇企业就业和从事个体劳动共41 212人，占47.8%，比上年增长了10.6个百分点；转业训练结业15 634人，比上年增长了146.3%，其中：失业职工1 206人，转业训练后重新就业1 066人，占88.4%；培训乡镇企业人员和农村进城劳动力12 039人，比上年增长两倍多。

5. 发挥职工失业保险的作用。1995年职工失业保险工作加大了宣传力度，取得了较好的效果，为促进企业改革，维护社会稳定发挥了积极的作用。1995年，实行了失业保险基金市、县统筹，自治区一级集中部分失业保险基金作为全区调剂使用。年内全区缴纳失业保险基金人数达169.54万人，缴纳职工失业保险基金单位 16 812 个，共收缴失业保险基金 7 292 万元，比上年增长 50.32%；发放救济金总额 599.8 万元，救济失业职工 42 891 人次；接受失业职工 9 196 人，安置就业 3 945 人，再就业率为 42.9%，比上年增加 0.73 个百分点。1995 年广西还加强对就业经费使用的监督管理，使各项资金正常流动。

二、劳动力管理

1. 全面推行劳动合同制度。1995 年，广西积极贯彻实施《劳动法》“建立劳动关系应当订立劳动合同”的规定，全面推行劳动合同制。1995 年 1 月，广西壮族自治区人民政府下发了《关于全面实行劳动合同制度的通知》，进一步明确了广西全面实行劳动合同制度的指导思想、工作目标和方法步骤，要求在 1995 年底，广西实行劳动合同制的职工达到 80%以上，其中南宁、柳州、梧州、北海、防城港等五市和沿海开放区达到 85%以上。1995 年 10 月，自治区人民政府召开了关于加快实行劳动合同制度工作的电话会议，对这一工作起到了积极的推进作用。经过努力，全区国有企业基本达到规定目标。

在全面开展实行劳动合同制的同时，广西集体协商签订集体合同工作也在积极稳妥地进行。1995 年全区进行集体协商签订集体合同试点的企业有 52 家，经劳动部门审查的占 1/3。

2. 建立劳动监察新体制，积极开展劳动监察工作。广西在劳动监察方面，一手抓机构队伍和有关法律法规建设，一手抓监察执法工作的开展。到 1995 年底，自治区和 14 个地、市 81 个县(市)劳动部门基本建立起了劳动监察机构。一年中全区共受理举报投诉案件 1 000 多起，立案查处 800 多起，结案 700 多起，结案率为 87.5%。经自治区人民政府同意，广西建立了劳动监察年审制度。在积极开展日常劳动执法监察的同时，自治区劳动厅还组织全区性贯彻《劳动法》执法大检查。在各地自查的基础上，区劳动厅与区工商局、经贸委、总工会等部门联合组成 8 个工作组分赴各地进行重点抽查。通过这次大检查，依法纠正了大量劳动违法行为。

3. 加强劳动争议仲裁工作。1995 年广西已建立劳动争议仲裁委员会 106 个，占应建数的 93%。此外还建立企业劳动争议调解委员会 2 768 个，已配备专兼职仲裁员 653 人，专兼职企业调解委员 12 123 人。初步形成了以自治区一级系统化、专业化培训专、兼职仲裁员为主，地、市、县培训企业调解员、企业领导为辅的三级培训网络。在预防劳动争议的工作中，全区共鉴证劳动合同 480 000 份，纠正违法无效合同 12 000 份，制止招用童工 88 起。对已发生的劳动争议，各级仲裁委员会及时处理，全区共立案受理劳动争议案件 196 起，其中集体争议案 18 起；处理了 174 起，结案率为 89%。对一些不符合立案范围和不宜立案受理的劳动争议，案外调解成功 339 起。

三、职工工资

1. 劳动工资计划的宏观调控。1995 年广西全面实行动态调控的劳动工资计划，全区弹性工资总额计划的调控范围由原来的地方企业扩大到了全部企业(含乡镇企业)，初步形成了劳动工资计划的宏观调控体系和管理机制。1995 年，广西职工奖金总额 24.2 亿元，人均 695 元，分别比上年增长 6.1%和 5.1%；全自治区津、补贴总额 33.4 亿元，人均 957 元，比上年减少 5.9%；职工人均货币工资要补充 5 105 元，比上年增长 14.3%。

2. 工效挂钩。广西根据企业实际情况，对企业工资总额同经济效益挂钩办法进行了改进和完善。主要做法是：①在原环比、定比、限额环比办法的基础上，增加限率环比办法供企业选择；②对工资总额基数大于经济效益基数的企业和亏损企业，在挂钩浮动比例上严格控制，前者最高不得超过 1：0.5，后者最高不得超过 1：0.4；③工效挂钩的经济效益指标逐步过渡到以利润为主，侧重对资产增值保值的考核，对完不成国有资产增值保值率的企业，适当扣减其当年新增效益工资。

3. 最低工资保障。1995年，根据《中华人民共和国劳动法》的有关规定，广西开始实施最低工资保障制度。5月3日，自治区人民政府发出《关于1995年全区职工最低工资标准的通知》，明确规定了全区的最低工资标准。最低工资标准根据区内各地劳动者本人及平均赡养人口的最低生活费用、社会平均工资水平、劳动生产率、城镇就业状况及地区间的经济发展水平差异等因素分别确定。全区最低工资标准共分四类执行：一类标准为每人每月不低于200元，适用于北海市；二类标准为每人每月不低于190元，适用于南宁市、柳州市、桂林市、梧州市、防城港市（不含上思县）、钦州市及玉林地区各县（市）；三类标准为每人每月不低于170元，适用于南宁地区、柳州地区、桂林地区、梧州地区各县（市），以及河池市、宜州市、百色市、平果县、上思县；四类标准为每人每月不低于150元，适用于河池地区、百色地区各县（不含河池市、宜州市、百色市、平果县）。

四、社会保险与职工福利

1995年，广西社会保险制度改革围绕深化国有企业改革、建立现代企业制度这一中心，不断取得新的进展。一是养老保险社会统筹不断发展，全区参加养老保险各类企业职工188万人，其中离退休人员31万人，参加养老保险职工人数比上年增长7%，征缴基本养老保险基金12亿元，支出8.3亿元，结余2.7亿元，全区43个市县开展企业补充养老保险和个人储蓄保险，参加企业296个，职工2万多人，缴纳保险金245万元，比上年增长120%。1995年，全区劳动部门和社会保险机构积极采取措施，解决特困企业离退休职工的困难。全区社会保险机构对745个特困企业，15 919人发给生活补贴费454.1万元。由于养老保险不断发展，保障了离退职工的基本生活，促进了社会安定和生产发展。按照自治区人民政府的规定，建立了离退休金（包括退职金）自动调整机制，从1995年7月起，给离退休和退职人员每人增长24～40元。从1993年9月30日起按国务院规定、从1995年1月起按自治区政府规定，两次提高企业离退休人员待遇。二是工伤保险范围不断扩大，全区参加工伤保险企业1.04万个，职工122.98万人，分别比上年增长29%和44%。三是医疗保险制度改革试点取得新进展，实行职工大病医疗费用统筹和离退休职工医疗费用统筹的市县有8个，比上年增加4个，参加医疗保险的企业557个，职工7万人，分别增长5%和1.7倍。医疗保险基金收入809万元，支出542万元，结余247万元。四是生育保险取得较大的成绩，共有51个市县开展生育保险，比上年增加15个市县，参加生育保险企业4 215个，职工41.54万人，分别比上年增长50%和91%。

五、职业技能开发

1. 深化技校教学改革。首先是改革办学机制，提出了扩大技校办学自主权的11项具体规定，鼓励个人办学；其次是制定了技校“苦、脏、累、险”工种招收农业户口考生实行“农转非”的政策，首批试点工种40余个，下达“农转非”招生指标2 000人。由于加大了技校招生宣传力度，1995年考生人数幅度增加，全区技校招生3万人，比上年增加20%，改变了连续3年招生人数减少的局面。

2. 加强职业技能培训和鉴定。一是继续开展职业技能鉴定社会化管理试点工作，一年内共新建12个职业技能鉴定所，为4 000余名各类人员进行了职业技能鉴定。二是对个体工商户和私营企业从业人员实行职业资格证书制度。三是积极组织参加全国技能月活动。在技能月活动中，评选表彰了36名“全区技术能手”；组队参加全国家电维修技能竞赛，获焊工第一名、电工第三名。四是开展工人技术等级培训、考核工作。1995年劳动部门共审批举办了29个技术等级培训班，颁发《技术等级证书》约8万本，评审技师任职资格300多人(其中我厅评审技师53人、高级技师65人)。

六、劳动安全监察

1. 非矿山安全监察。1995年广西各级劳动部门围绕贯彻落实《劳动法》开展劳动安全监察工作，进一步贯彻"安全第一，预防为主"的方针，突出抓好各级安全生产领导责任制和安全生产目标管理，全面开展电梯、起重机械、厂内机动车辆、防雷装置等特种危险设备的安全检验工作和对安装维修队伍实行安全技术认可制度；继续加强对特种作业人员的管理，重点抓持证上岗的监察和新从业的特种作业人员培训考核发证工作；认真做好建筑施工和易燃易爆场所的监督检查，控制重大、恶性事故的发生；继续做好新、改、扩建工程项目劳动保护设施与主体工程"三同时"的审验工作；对劳动防护用品的管理，继续实行定点生产、定点销售制度。年内，全区非矿山企业共发生生产伤亡事故349起，死亡230人，重伤206人，与上年相比，事故起数和死亡人数分别下降14.46%、14.49%；一次死亡3人以上的重大伤亡事故4起，死亡14人，重伤5人，事故起数、死亡人数与上年持平。

2. 锅炉压力容器安全监察。1995年，广西各级劳动部门紧紧围绕锅炉压力容器设计、制造、安装、使用、检验、修理、改造7个环节进行监督检查，重点抓住制造、使用、检验3大环节。1年内对2 692台锅炉、2 009台压力容器、109台铁路液化气罐车和84台汽车液化罐车进行了定期检验。《广西壮族自治区锅炉安装管理办法》1995年1月1日实施后，各级劳动部门认真宣传和贯彻，对区内外锅炉安装队伍进行了调查整顿和资格审查。1995年，锅炉压力容器爆炸事故比上年增多。全区共发生锅炉重大事故31起，土制锅炉爆炸事故1起，压力容器爆炸事故3起，气瓶爆炸事故1起，压力管道事故1起，共计死亡1人，重伤18人，轻伤61人。

3. 矿山安全监察。1995年，广西继续贯彻执行《中华人民共和国矿山安全法》和《广西壮族自治区实施〈矿山安全法〉办法》，加大对事故查处的力度，并对柳州、河池两个事故多发地区进行重点监察。建立了查处矿山事故的新体制——分级管理，实现了按规定属于自治区一级直接处理的事故(死亡6人以上)当年发生，当年结案，结案率100%。在安全大检查中，对检查出来的新洲锡矿区、大厂铜坑酸水湾重大不安全隐患及时采取了预防性措施，使隐患得到有效控制。经过各方面的努力，9月份以后矿山重大事故得到了控制，特别是合山市通过乡镇煤矿整顿后，全市矿山死亡人数比上年下降16.46%。年内，全区矿山共发生各类因工伤亡事故322起，死亡472人，重伤97人，分别比上年上升了23.85%、36.02%和56.45%。问题最突出的是集体和私营矿山，迫切需要大力整顿。

七、劳动法制建设

1. 学习宣传《劳动法》。在开展《劳动法》宣传周的活动中，自治区劳动厅与区总工会联合召开了"纪念《劳动法》颁布1周年座谈会"，区人大黎济武副主任作了重要讲话；区政府刘洪副主席发表了电视讲话；黎济武副主任、区劳动厅陆武雄厅长、区总工会陈梧生主席分别在《广西日报》发表署名文章。

2. 完善地方劳动法制体系。1995年由自治区政府颁布了《劳动监督检查办法》、《职工最低工资办法》和1995年度职工最低工资标准。正在起草、报审的还有《劳动力市场管理暂行条例》等6项法规、规章。对原有地方性劳动法规、规章及规范性文件进行了全面清理。已行文废止的规范性文件有14件，拟报告区政府或与区直有关部门联合行文废止的规范性文件38件，正在依法定程序进行修改的规章和规范性文件共9件。

(广西区劳动厅办公室　罗小工)

海 南 省

1995年，海南省各级劳动行政部门在党的十四届五中全会和中央经济工作会议精神的指导下，以实现两个根本性转变为目标，以全面贯彻实施《劳动法》为统领，结合海南经济特区的实际，继续深化各项劳动制度改革，劳动工作取得了新的进展。

一、劳动就业与劳动力市场

海南省始终把发展和巩固市场就业体系，加强劳动力市场建设作为劳动工作的重点来抓。继续坚持"用人自主，择业自由，双向选择，公平竞争"的市场就业原则和干部工人、城乡、省内外就业一体化的方针，加大劳动就业制度改革的力度，彻底取消招工、招干指标，实行大中专毕业生市场就业，部分军队转业干部市场安置。

在就业压力不断增大的情况下，劳动行政部门适时调整政策，改善就业环境，以发展劳动力市场为中心，进一步完善就业服务体系，拓宽就业渠道，促进市场就业。一是加强劳动力市场的基础建设。1995年，海南省职业介绍服务中心投资221.6万元，将劳动力市场面积扩大到2 000平方米，更新服务设施，建立起计算机管理系统。以省职业介绍服务中心为龙头的遍布全省各市县的80家职业介绍机构，形成了一个相对稳定的职业介绍网络，为推动市场就业发挥着积极的作用。二是强化服务功能。继续坚持"一条龙"服务的方针，完善从招聘、求职登记、信息咨询、职业介绍、办理社会保险、提供劳动合同鉴证到人事档案、组织、户粮关系托管，以及商务、通讯、交通、食宿等全方位、全过程服务，为劳动力供需见面提供方便。截至年底，仅在省职业介绍中心设点招聘的就有1 146家，有3.93万人登记求职，其中省内有2.76万人，省外1.17万人，经过双向选择，有1.31万人实现就业，中介成功率为33%。三是完善劳动力市场运行规则。由省人事劳动厅拟订并经省政府颁布的《海南省职业介绍管理规定》以及省人事劳动厅与有关部门联合发布的《关于民办职业介绍机构管理的规定》，在全省职业介绍机构中实行职业介绍人员资格培训证书制度、企事业人事专办员制度、民办职介所开办登记制度、职业介绍赔偿准备金管理制度、企业招聘跟踪服务制度、失业保险金银行托收制度、职业指导与人才引进测评制度、外省进琼务工人员卡证合一制度等，加强监督和管理，规范职业介绍行为和就业秩序。四是采取措施引导外省劳动力跨省有序化流动。继续实行外省人员进琼就业许可证制度，全年为5.38万外省进琼人员办理了就业许可证。同时，我省劳动部门还与湖南、湖北、四川、江西、贵州、云南、广西、河南、安徽九个省(区)的劳动部门建立起劳动协作关系，对劳动力跨省流动，实行统筹管理，较好地防止了外来劳动力的盲目流动。五是在全省实施"再就业工程"。一方面，通过制定优惠政策，鼓励和扶持企业对富余职工进行开发性安置，鼓励用人单位招用失业人员和富余职工，使新办的劳服企业尽可能多地安置失业人员和富余职工，同时建立企业裁员申报制度，保护劳动者的劳动权利不受侵害。另一方面，积极组织失业人员和企业富余职工进行转岗培训，提高他们的再就业能力。省职业介绍服务中心采取自办、联办、委托办学等形式，举办电脑、汽车驾驶、美容美发等各类培训班185期，培训4 852人。六是失业保险工作取得新进展。失业保险的覆盖面进一步扩大，通过依法征缴保险费，对基金的使用情况实行社会监督，切实发挥失业保险的保障作用。全年为1 256名失业工人发放172万元失业保险金，为一批特困企业提供生产扶持资金贷款44万元。此外，还积极发展劳服企业，年内新办劳服企业25家，安置近900人就业，新增产值1 300多万元。截至1995年底，全省劳服企业共有484家，从业人员1.5万人，总产值1.9亿元。

通过采取以上措施，1995年全省安置新增劳动力就业7.6万人，失业率由1994年的3%下降到2.9%。

二、劳动关系与劳动监察

1. 劳动合同制度。1995年省人事劳动厅按照劳动部和省政府的要求，采取切实有效的措施，全面推行劳动合同制度。一是建立目标管理责任制。明确各级政府、各级劳动行政部门、有关部门和用人单位在实施劳动合同制度中的目标责任，各市县按季度、按月分解任务，分片包干，责任到人。二是加强检查指导。每季度组织力量对各市县推行劳动合同制度的情况进行督促检查，同时深入用人单位了解情况，对存在的问题分类指导。三是及时通报各市县推行劳动合同制度的情况，表彰先进，鞭策后进，对海口、东方等地的先进经验加以推广。四是开展《劳动法》执行情况大检查，促进劳动合同制度的全面施行。到年底，全省各类企业和企业化管理的事业单位有94%以上的职工共80.4万人(含农垦系统)与用人单位签订了劳动合同。通过签订劳动合同确立劳动关系，已成为所有用人单位和广大劳动者的共识。此外，指导有条件的企业试行集体协商订立集体合同。4月，海南马自达汽车有限公司与本公司工会签订了全省第一份集体劳动合同，为试行集体合同制度探索经验。

为了加强对劳动合同的管理，省人事劳动厅制定并经省政府审议通过了《海南省劳动合同管理规定》，对劳动合同的订立、变更、终止和解除以及劳动合同鉴证、解除劳动合同的经济补偿、违反劳动合同的责任等作了明确具体的规定。促进劳动合同制的巩固和发展。

2. 劳动监察。一是加强劳动监察机构队伍建设。1995年9月，成立了海南省劳动监察总队，随后有11个市县组建了劳动监察大队或中队，全省配备专职劳动监察员104人，兼职劳动监察员78人，开始形成省、市、县三级劳动监察机构网络。二是加大执法力度，在常规检查、举报专查的基础上，进行重点检查。10～11月，省人事劳动厅会同有关部门组织开展了全省《劳动法》执行情况大检查，主要检查用人单位使用境外人员和外省人员情况；遵守国家新工时制度情况；克扣、拖欠职工工资情况；收取职工押金(抵押物)情况；订立劳动合同情况；参加社会保险情况等。共检查用人单位1 309家，发出整改指令书362份，其中有326家用人单位在整改期限内完成了整改任务。三是继续实行劳动用工年审、违法用工举报、用工治安联检、违法用工处罚制度。截止年底，全省劳动监察机构受理群众举报、投诉的违法用工案665宗，结案553宗。通过监察，促使5 482家用人单位给4.53万名员工补办了《就业许可证》；1 746家用人单位与3.84万名员工补签了劳动合同；7 847家用人单位为3.47万名员工补缴社会保险费1 773万元；一批企业为近2 000名员工补发拖欠工资150万元。

三、职业技能开发

1. 职业培训。一是坚持以技工学校为培训主体，深化技工学校内部改革，面向市场，把技工学校办成职业培训、技能鉴定、职业介绍为一体的职业技能开发的重要基地。已有9所技校开展对外培训，7所技校建立了职业技能鉴定站。1995年试行学分制管理，着重培养适应市场经济需要的一专多能的复合型人才。全省技校毕业生继续实行毕业证、技术等级证考核制度。同时对技校开展教育质量评估,以此来促进办学层次的提高。截至1995年底,全省共有各类技校12所,在校生总数达到5 392人。二是继续鼓励企事业单位、社会团体、个人举办各种形式培训班,调动和发挥各类职业技能培训实体的积极性,建立覆盖全省城乡的多层次、多元化的职业培训网络。三是加强对在职工人的技术培训和考核。1995年制定了《海南省机关事业单位工人技术等级岗位考核实施办法》、《海南省从事技术工种劳动者就业上岗前必须培训的规定》、《关于做好我省个体工商户和私营企业工人技术等级培训考核的通知》,先后对机关事业单位以及不同所有制企业的部分技术工人(包括部分技校毕业生)进行技术等级考核,有866名高级技工、2 300名中级技工、886名初级技工通过了考核,获得相应的技术等级证书。四是指导企业建立职业培训制度,监督"三资"企业和私营企业履行职业培训职责。

2. 职业技能鉴定。根据《海南省职业技能鉴定站管理规定》和《海南省职业技能鉴定资格认定与管理规定》,实行职业技能鉴定机构许可证制度,经过严格的申报、考察、整改、审批,批准建立了11个职业技能鉴定站(所),经过培训考核认定了126个考评员,初步形成了职业技能鉴定网络。抓好教材试题库建设,成立海南省职业培训教材工作站,建立起覆盖10个工种的试题库。坚持"四个统一"(统一教材、统一大纲、统一试题、统一考试)和"一个分开"(培训与考核分开)的原则,实施政府监督下的社会化的职业技能培训、考核和鉴定,使职业技能鉴定事业朝着规范化、科学化的方向发展。

四、职工工资

1. 企业工资分配管理。一是对国有大中型企业继续实行工资总额包干和"两低于"(工资总额的增长低于经济效益的增长,职工工资的增长低于劳动生产率的增长)的工资分配办法。对于经济效益较好的企业,进一步完善"工效挂钩"指标体系,不断扩大挂钩面,1995年"工效挂钩"企业达到231家,比上年增加16家。二是加强对企业内部工资分配的指导,贯彻实行岗位技能工资制,及时总结和推广海南钢铁公司和海口橡胶五厂实行岗位技能工资制后,下属企业坚持"工效挂钩",以多种形式搞活工资分配的经验。三是继续实行企业最低工资制度。根据省政府发布的《关于1995年度企业最低工资标准的通知》,确定了适用于不同地区的月最低工资标准:海口市和洋浦开发区为280元,三亚市、琼山市、琼海市、儋州市为230元,其他各市县为180元。

2. 职工工资水平。随着改革开放的深入,海南省职工工资收入不断提高。1995年全省职工工资总额为56.9亿元,比上年增长17.3%,职工年平均工资为5 340元,比上年增长19.9%。

五、安全生产与劳动保护

认真贯彻"安全第一,预防为主"的方针,积极开展安全生产宣传教育和监督检查。一是强化安全生产宣传教育,组织第五次"安全生产周"活动,利用各种新闻媒体及多种形式,广泛宣传,增强企业和职工的安全生产意识。二是对重点行业和部门的安全生产状况进行检查。如对文化娱乐场所、集贸市场、商场宾馆进行消防安全检查,对东线单幅高速公路进行交通安全检查等,对查出的事故隐患限期整改。另外,还对外资企业和转换经营机制中的国有企业的安全生产状况展开调查,提出改进意见和对策。三是加强对特种设备、特种作业人员的监督管理。1995年对全省521台锅炉、1 946台在用压力容器、29家气体充装单位和40辆液化石油气汽车罐车实行注册登记,发放或换发使用证。对从国外引进的197台锅炉压力容器实施监督检验。

此外，检测起重机械1 183台，比上年增加22.2%。继续实行特种作业人员持证上岗制度，年内完成了液化石油气汽车罐车驾驶员、押运员、锅炉压力容器焊工的注册登记和换发证工作。全年审核发证1 221人，复审认证2 037人。四是严格事故管理，依法查处重大、特大伤亡事故。通过这些工作，全省安全生产状况继续好转，1995年全省发生的工伤事故和死亡人数分别比上年下降了41.7%和41%。

（海南省人事劳动厅　王丽芳）

四川省

成都市

1995年，成都市劳动工作以党的十四届四中、五中全会精神为指针，紧紧围绕建立社会主义市场经济体制这个中心，正确处理改革、发展、稳定的关系，以学习、宣传、贯彻《劳动法》为契机，以全面深化劳动领域各项改革为突破口，进一步培育和发展劳动力市场体系，建立健全社会保险体系，强化劳动监察和安全生产监督检查等工作，加速了成都市建立新型劳动制度的进程，各项劳动工作取得了新的进展。

一、学习、宣传、贯彻《劳动法》

《中华人民共和国劳动法》自1995年1月1日开始实施以来，得到了社会各界的欢迎和支持，受到了广大职工群众的衷心拥护。成都市及各区（市）县组织劳动、司法、工会等部门和各企事业参加了声势浩大的群众性宣传活动，共印发各种宣传资料15万余份，接待咨询群众1万余人（次）；举办了100余期《劳动法》学习培训班，1万余名劳动部门和工会干部、企业厂长（经理）、劳资处（科）长及职工群众参加了培训，大部分行业和企业对职工的培训面达95%以上；全市组织110多万人次参加了“全国《劳动法》知识竞赛”，并通过电视、广播、报刊等宣传媒体进行了有力的宣传；先后3次组织了由各级劳动和劳动安全监察机构进行的《劳动法》执法情况大检查，维护了企业和劳动者的合法权益。《劳动法》的颁布实施，加快了成都市地方劳动法制建设的进程，1995年经成都市人大讨论通过、上送四川省人大常委会审议批准了《成都市外商投资企业劳动管理条例》，经成都市人民政府批准出台了《成都市全面推行劳动合同制的实施意见》、《成都市职业介绍管理办法》、《成都市职工失业保险实施办法》、《成都市企业职工工伤保险办法》、《成都市外来务工劳动者管理办法》、《成都市企业职工基本养老保险社会统筹与个人账户相结合实施办法》等6个规章，使劳动工作做到有法可依、有章可循。

二、劳动制度区域综合配套改革

1994年，劳动部确定成都市为全国劳动制度区域综合配套改革、再就业工程、职业技能鉴定、社会保险一体化、劳动关系集体谈判、建立新型工资制度等六项改革试点城市之一。一年多年，各项改革进展顺利，取得较好成效。按照《成都市劳动制度区域综合配套改革总体方案》要求，在全市各区（市）县和物资、机械等4个行业进行了劳动制度区域综合配套改革试点。《成都市人民政府关于全面实行劳动合同制的通知》下发后，全市加快了全面实行劳动合同制的步伐。至1995年底，成都市实行全员劳动合同制的单位10 748个，签订合同的职工115.2万人，占全市企业职工总数93.4%，其中区(市)县属企业职工劳动合同签订率达到95%以上。此外，全市通过集体协商签订集体合同试点工作积极稳妥进行，有45个单位开展了此项试点，涉及职工2万余名。1995年，“再就业工程”在总结经验的基础上，由局部试点转向全面推进，通过发展劳动力市场、第三产业、自谋职业等渠道，促进失业职工和富余人员再就业。全市共指导、帮助1 800名失业职工实现了再就业，并向7 700多名失业职工发放救济金300多万元，向1.7万人次特困企业待岗职工提供了生活救济，还培训失业职工2 803人，企业富余人员3 144人，提高了他们实现再就业的能力。职业技能鉴定从1994年试点以后，成立了成都市职业技能鉴定指导中心，全市建立职业技能鉴定所(站)51个、涉及工种68个，考核颁发技术等级证9 221个，为合理使用技术人才奠定了基础。社会保险制度改革进一步深化。“市场机制决定、企业自主分配、政府监督调控”的新工资体制改革在40多户企业开展了试点工作。

三、劳动就业

成都市劳动就业工作坚持以培育和发展劳动力市场体系为重点，通过与之相适应的职业介绍、失业保险、就业训练、发展劳动服务企业四位一体的就业服务体系的逐步完善，有效地促进了就业局势的稳定、社会的稳定。1995年共指导帮助城镇劳动力33 144人就业，失业率控制在1.88%以内。职业介绍机构进一步发展，至年底全市职业介绍机构已达121个，以市劳动力市场为主，区(市)县劳动力市场为辅，街道乡镇职业介绍作补充的综合性与专业性相结合的市场网络初步形成。成都市劳动力市场已发展成为具有较大影响、功能较为齐全、辐射全市的劳动力市场，打破了用工单位所有制、劳动者身份、城乡、区域和年龄五个界限，建立了从劳动者求职登记、社会保险到劳动合同鉴证的“一条龙”服务，全年成功地为2 923名求职人员找到工作，满足了905个单位的用工需求，成功率达70%。各级就业训练中心和就业服务机构以市场需求为导向，培训各类劳动力18 940人；劳务输出继续开展，1995年向省外成批组织劳务输出8 221人；全市劳动服务企业实现总产值15.08亿元，实现利润3 871万元，新安置各类劳动力8 013人。同时，技工培训事业适应建立社会主义市场经济需要取得新的发展，全市69所技工学校1995年共招生6 086人，部分专业招生扩大到了农村，毕业生实行了“双证制”改革，当年在校生达1.8万人。

四、社会保险制度改革

随着改革的不断深入，成都市已形成了基本养老保险、失业保险、大病医疗保险、工伤保险等多险种的社会保险体系，有力地促进了各项改革和经济发展与社会稳定。养老保险按照劳动部提出的“广覆盖、四统一”的要求，社会保险覆盖面进一步扩大，至1995年底全市各类企业参加养老保险社会统筹达8 667户、职工117.85万人，其中：国有企业覆盖面达100%，城镇集体企业覆盖面达98%。在此基础上，按照国务院《关于深化企业职工养老保险制度改革的通知》精神，成都市政府发布实施了《成都市企业职工基本养老保险社会统筹与个人账户相结合实施办法》，召开了5 000人大会进行部署，劳动部李伯勇部长和四川省、成都市领导同志到会作了动员讲话。社会养老保险基金收缴按照《成都市人民政府关于进一步强化社会保险基金收缴工作的通知》，加强了征收力度。市属城镇集体企业350余户、职工5万余人(退休人员1.2万人)的养老保险，从6月起已由市人民保险公司移交给市社会保险局管理，实现了城镇集体企业职工养老保险的统一归口管理。对1994年12月31日前离休、退休、退职人员从1995年7月起每人每月按37元标准增加基本养老金，全市3 323户企业的24万名离、退休和退职人员增加养老金计5 328万元。《成都市职工失业保险实施办法》出台后，失业保险进一步推进，已覆盖国有、集体企业和外商投资企业的中方职工，至1995年末全市参加失业保险的企业达5 000户，职工计95万人。1995年元旦、春节期间，成都市共拨付215万元对28户特困企业中1.6万名职工给予了困难补助，开展“送温暖”活动；并对经批准停产整顿的企业待岗职工给予资金进行扶持；对遭受水灾的金堂县和岩崩袭击的都江堰市水泥厂困难职工提供了资金援助；接收管理了13户省属森工特困企业的3 264名退休职工，妥善解决了基本生活保障问题。医疗保险自1993年开始在市属企业中推行后，至1995年底成都市已有3 600多户企业、66.5万名职工实施了大病医疗保险，各区(市)县也相继开展了大病医疗保险工作。工伤保险制度改革在9个区(市)县先后试点的基础上已形成了全市的办法。成都市退休职工活动中心为离、退休职工提供优惠、优质服务，1995年共接待离、退休职工23.8万人次。还按照世界银行的要求正式签署了社会保险400万美元技术援助贷款协议，并就成都市社会保险项目追溯贷款问题向世界银行作了提款报账。

五、企业工资制度改革

随着企业改革的深化和《企业转换经营机制条例》的落实，成都市基本做到企业工资增长“两个低于”，宏观调控力度进一步增强。动态调控的地区弹性工资计划进一步完善，从1994年开始在部分区(市)县实行的弹性工资计划，1995年在19个区(市)县全部落实到位。市属国有企业和股份制企业均纳入了工效挂钩等五种调控办法，调控面达100%。企业经营者年薪制在1994年成都制药二厂、成都轴承总厂试点基础上，1995年扩大到13户现代企业制度试点企业和上市股份公司。以岗位技能工资制为主的企业基本工资制度开始实施，120户企业、17.2万名职工实行了岗位技能工资制。按照《四川省最低工资保障规定》和四川省政府确定的最低工资标准，成都市经调查研究和认真测算，确定了最低工资标准为180、160、140元三个档次，并于当年7月1日正式向社会公布执行实施，半年来进展顺利。

六、劳动力管理、劳动争议仲裁和劳动监察工作

《成都市外来务工劳动者管理办法》实施后，强化了用工管理，为1 761个单位办理了《用工许可证》，涉及用工29 718人。外商投资企业劳动管理工作进一步加强。1995年全市为2 674名家居农村老工人子女办理了“换工”手续，换工转户1 159人。军队转业干部随迁随调家属、现役军官随军家属等政策性安置任务圆满完成。强化了对成都市府南河综合整治工程和高新技术产业开发区、台商投资区、成都经济技术开发区、新都卫星城开发区、西南航空港开发区的劳动管理，完成了拆迁企业职工和部分征地农转非的安置任务。

为切实贯彻《劳动法》，保护企业和劳动者双方的合法权益，强化了劳动合同鉴证，1995年共鉴证劳动合同34.68万份，纠正无效合同750份。仲裁制度逐步完善，劳动争议处理机构和企业劳动争议调解委员会进一步健全，全年受理劳动争议案件535件、审理结案518件。全年共接待人民来信和群众来访18 552件(次)，处理结案18 181件(次)，做到了件件有着落、事事有回音。

劳动监察体系和投诉举报网络已在全市形成。1995年有效地开展了贯彻《劳动法》大检查和劳动用工大检查等执法活动，共检查用工单位2 758户，补办用工手续442户、11 807人；对违反劳动法律、法规的单位进行了适当的行政处罚，规范了用工单位的用工行为；查处使用童工 30 人，有效地维护了未成年人的合法权益；对非法民办职业介绍进行了查处，清理整顿了九眼桥非法劳务市场，促进了劳动力市场的健康发展。

七、劳动保护和安全生产

1995 年，成都市继续认真贯彻“安全第一，预防为主”的方针，进一步完善安全监督检查体系，坚持定期检查与经常性的监督检查相结合，积极开展预防性监察和事故查处，使工伤事故得到了有效控制，全市县以上国有、集体企业职工因工死亡率控制在 0.045‰、重伤率控制在 0.016‰，被四川省政府评为安全生产先进市。企业职工劳动环境得到改善，1995 年完成尘毒治理项目 10 项，超额完成了市政府为民办实事的这项目标。

与此同时，全市加强了锅炉压力容器安全工作。锅炉保持连续 15 年未发生爆炸伤亡事故。锅炉、压力容器的定检率分别达 95.8%和 82.1%；对 272 台锅炉、367 台压力容器审查办理了运行证，至 1995 年底办证总数分别达 2 759 台、8 484 台；对 1 327 名司炉工等特种作业人员进行了考核发证；还按照《劳动法》及《锅炉压力容器安全监察暂行条例》的要求，采取有效措施强化安全监察力度，加强了基础建设和对特种设备的预测预防工作。

矿山安全监察也取得新的进展。1995 年组织全市国有矿山企业领导和安全管理干部 120 余人次参加了安全培训；对 149 个乡镇煤矿进行了矿井安全生产条件的认证；对国有矿山企业 9 起伤亡事故和乡镇煤矿 1 起重大瓦斯爆炸事故及时查处和结案，结案率达 100%。

（成都市劳动局　宋亲平）

重庆市

1995 年，重庆市的劳动部门重点抓了以下几个方面的工作：

一、全面贯彻实施《劳动法》，深化劳动领域综合配套改革

1995 年是《劳动法》颁布施行的第一年。全市劳动工作以贯彻实施《劳动法》为统领，全面深化劳动领域综合配套改革。为了深入开展《劳动法》宣传，会同市总工会等部门举办全市百万职工《劳动法》知识竞赛和《劳动法》宣传周活动。市劳动局配合市人大、市总工会等部门在全市进行了三次较大规模的贯彻实施《劳动法》执法检查。清理了 1979～1993 年制发的规范性文件并宣传废止 48 件与《劳动法》精神相悖的文件。加强了职业介绍机构建设，全市初步形成中心市场、区域市场、专业市场相结合的多层次劳动力市场体系。全年组织就业前培训 4.10 万人，市职介机构直接办理劳务输出 1 万人，指导帮助就业 5.30 万人，城镇失业率控制在 3%以内。劳服企业完成产值 20 亿，实现利税 1.30 亿。扩大了失业保险和养老保险覆盖面，实行了职工个人缴纳失业保险费，有 200 户企业新参加社会养老保险。在全市推行了劳动合同制度，开展了集体协商签订集体合同试点工作。实行了弹性工资计划，非农国内生产总值完成 591 亿元，比目标 442 亿元增长 33.71%，企业工资总额完成 85.07 亿元，比目标 70.98 亿元增长 20%。配合推行建立现代企业制度，指导机械系统、四联集团公司对部分所属企业经营者试行年薪制办法。建立了重庆市最低工资保障制度。深化了技工学校改革，全年招生 1.37 万人。开展了社会化职业技能鉴定工作，首批在全市建立 33 个国家职业技能鉴定站。在维护稳定和谐劳动关系方面，劳动争议仲裁和劳动监察工作发挥了积极作用。安全生产坚持预防为主，依靠科技进步，落实企业责任，依法监督管理，较好地控制了各类事故和职业危害。

二、全面推行劳动合同制度

为了适应市场经济发展的需要，围绕着

贯彻实施《重庆市劳动合同规定》，在全市全面推行了劳动合同制度。先后举办了10期劳动合同培训班，培训了1 200名企业厂长（经理）、工会主席、劳资干部。在充分调查研究基础上，制定了《实行劳动合同制度若干问题解答》等指导性政策，规范了劳动合同文本，指导企业制定实施方案，总结了西南兵工局、建设工业（集团）公司等单位的经验并在全市推广，逐月指导检查工作和通报进展情况。10月5日，市政府召开全面推行劳动合同制度工作会议，对实行劳动合同制度提出进一步要求，有力推动了实施劳动合同制度工作。截至1995年底，全市实行劳动合同制度职工人数已达153.20万人，劳动合同签订率达92.30%。同时，在重庆钢铁（集团）公司等10户企业开展了集体协商签订集体合同试点，取得良好效果。

三、促进劳动关系和谐稳定发展

《劳动法》的颁布实施，对维护劳动者的合法权益，调整劳动关系，具有重要意义。1995年，全市共受理劳动争议案件2 577件，为1994年的285%。结案2 499件，结案率为96.97%，其中集体争议案件86件，涉及职工1 563人。加强了劳动争议仲裁规范化建设，落实仲裁庭、仲裁员办案制度，全市21个区（市）县均建立了劳动争议仲裁庭。仲裁机构改革办案方式，提高办案效率，保证办案质量，实行分类办案。劳动监察体系初步形成，全市已组建22个劳动监察机构。各级劳动行政部门任命专职监察员74人，兼职监察员70人，聘请劳动监察协查员40人。又制定并完善了劳动监察工作制度，设立了劳动监察举报投诉电话。全年受理举报685件，立案查处585件，涉及职工5.32万人。查处结案521件，结案率89.60%。查处各类违法案件481件，涉及职工2.95万人，涉及金额263.80万元。通过监察责令用人单位补发员工超时加班工资141.90万元，补发被克扣拖欠的工资176.87万元，退还员工保证金377.45万元，补发职工遗属生活补助费3 281.75万元，补发员工失业救济金99.34万元，补交养老金1 942.21万元，补办用工手续1.62万人，补签劳动合同1.22万人。这些工作有力地维护了劳动者合法权益，促进了劳动关系和谐稳定发展。

四、建立最低工资保障制度

为了适应社会主义市场经济发展需要，保障劳动者的平均赡养人口的基本生活，维护劳动者的合法权益，促进劳动者素质的提高和企业间的公平竞争，在大量调查研究论证基础上，市政府于1995年6月30日颁发了《重庆市最低工资保障实施办法》，标志着最低工资保障制度自1995年7月1日起正式建立。1995年9月8日，市政府发布重庆市最低工资标准：（一）渝中区、沙坪坝区执行每月180元标准；（二）江北区、南岸区、九龙坡区、大渡口区、巴南区、渝北区、北碚区、双桥区、万盛区执行每月160元标准；（三）合川市、永川市、江津市、荣昌县、大足县、潼南县、铜梁县、璧山县、綦江县、长寿县执行每月140元标准。

五、全面启动再就业工程

为配合建立现代企业制度，深入推进企业改革，市政府于1995年7月14日批转了市劳动局关于实施再就业工程的报告，这标志着重庆市再就业工程全面启动。10月5日，市政府再次召开实施再就业工程工作会议，对全市实施再就业工作进行了动员和部署。再就业工程是综合运用政策和各种就业服务手段，帮助企业妥善安置和分流富余职工，促进失业职工尽快实现再就业的社会系统工程。再就业工程实施范围是重庆市行政区域内属于失业保险投保范围的各类用人单位撤离生产岗位的富余职工及失业职工，重点是失业6个月以上有求职要求的失业职工和国有大中型企业待岗6个月以上的富余职工。再就业工程启动以来，劳动部门共支持52户企业分流富余人员，支持转岗培训费55

万元，共举办108期各类职业技能培训班，培训下岗富余职工6 613人。通过转岗培训后重新上岗率达90%。全年新接收失业职工7 720人，发放失业救济金1 350万元，开展失业职工转业训练，培训889人，投入培训经费6.80万元。指导4245人再就业，再就业率为55%，同比增长19.30%。

（重庆市劳动局　刘杰锋）

贵　州　省

1995年贵州省劳动工作的指导思想是：以贯彻《劳动法》为统领，切实把握好改革、发展、稳定的关系，加快建立新型劳动制度的进程，促进国民经济的持续、快速、健康发展。主要任务是：围绕深化企业改革，加大社会保险制度改革力度，加强工资分配宏观调控，妥善安置富余职工，保障职工基本生活。重点抓好以下工作：

一、以签订劳动合同为“牛鼻子”，促进建立稳定和谐的劳动关系

省先后下发了《关于企业实行全员劳动合同制的意见》等8个文件，对推行全员劳动合同制采取了三条措施：(一)从实际出发，区别不同情况加强分类指导，重点抓国有企业，要求中央、省属企业签订劳动合同职工达80%，地县企业达60%；(二)实行分级管理，中央、省属企业由主管部门和省劳动厅负责，地县企业及非国有企业由地县负责；(三)加强对工作的督促检查，按季通报进度。截至年底止，全省已有56.05万人签订了劳动合同，占企业职工总数的47.4%。其中：地、县企业29.96万人，占地、县企业职工人数的49.5%；省属及中央在黔企业26.08万人，占46.7%。在积极推行劳动合同制度的同时，为依法保护劳动者及用人单位的合法权益，我们从建立健全机构、充实人员、制定制度入手，加强劳动监察工作。截至年底止，全省96个地、县中已有88个建立了劳动监察机构，占应建总数的91.6%；选配人员465人，其中专职劳动监察人员174人；全省省地县三级都设立了举报电话，明确了联系人，受理和查处群众举报违法案件。针对劳动关系中的不稳定因素，我们加强了对劳动合同鉴证的指导；按照“分级负责、归口管理”原则加强了信访工作；在全省全面推行“谁主张、谁举证”，“谁责任、谁举证”和“仲裁庭协助取证”的新的庭审办案方式，提高了处理劳动争议案件的质量和效率。1995年，全省共受理劳动争议案件355起、涉及496人；按法定时效已结案346起，结案率为100%。其中，采用新的办案方式审理结案118起，平均案件结案时间为30天，大大低于《劳动法》规定的结案时限。

二、大力推进社会保险制度改革

（一）依法扩大社会保险的覆盖面。到年底止，全省（中央11个行业除外）国有企业77.8万职工和19.59万离退休人员参加了退休费用社会统筹，与1994年的75万职工、17.18万离退休人员相比，分别增长3.7%和14.03%；有12户企业试行了企业补充养老保险；有48个县实行了临时工基本养老保险。凯里市等7个县、市开展了按照差别费率办法实行工伤保险费用社会统筹的试点。凯里市还试行了女职工生育保险。全省有102.51万国有企业职工参加了失业保险。

（二）逐步建立个人账户制度。根据养老

保险实行社会统筹和个人账户相结合的原则和国家提供的两套实施方案，省劳动厅拟订了我省的推荐方案报省府后下发各地，并以社会统筹与个人账户相结合原则为主要内容举办培训班，培训全省地、县社会保险机构负责人和中央、省属企业劳资干部。至年底，航天工业部贵州管理局和遵义市的实施意见已经省政府批准，贵阳及六盘水两市方案在积极拟订之中。

此外，还建立企业离退休人员离退休金正常调整机制。

三、加强工资总额管理和宏观调控

1995年，主要从工资总额使用手册、工资支付、工效挂钩和弹性劳动工资计划四个方面，对企业劳动工资进行宏观调控。2月，贵州省劳动局会同中国人民银行贵州省分行制定了《进一步加强各类企业全面实行〈工资总额使用手册〉管理的实施意见》，规定了《手册》的使用范围、使用方法及审核管理。同月，贵州省劳动局会同贵州省财政厅就工效挂钩企业1994年度工资清算及1995年挂钩方案审批提出具体意见，明确：由于执行新的企业财务制度而使企业工资下降幅度较大的，对影响效益的部分，视同效益完成提取上浮工资；对应提工资总额人均低于当地最低工资标准的，可增提到最低工资标准。6月，省劳动局就贯彻劳动部《关于改进完善弹性劳动工资计划办法的通知》提出了实施意见，明确：对各地、州、市企业平均工资高于全省平均工资，而经济效益水平（如人均非农国内生产总值）没有同步高于全省平均水平的，从紧核定工资含量；对连续三年低于全省平均工资水平而基础产业比重较大的地区，适当调增工资含量；地区按弹性劳动工资计划计算的平均工资低于城镇居民消费价格指数时，适当核增工资含量。1995年，全省9个地（州、市）全部实行了弹性劳动工资计划，通过调控工资总额间接调控职工人数。1995年，全省非农国内生产总值比上年增长22.5%；全员劳动生产率比上年增长13.79%；全部企业职工货币平均工资比上年增长20.4%，扣除物价上涨因素实际工资增长0.75%。非农国内生产总值增长与工资总额增长之比为1∶0.19，职工实际工资增长低于经济效益和劳动生产率的增长。

四、积极培育劳动力市场

从1993年起，贵州省提出了以抓好职业介绍工作为重点积极培育劳动力市场机制的任务。经过努力，劳动力市场对劳动力资源配置的基础性作用逐步显示。1995年末，全省共有职业介绍机构370所，比1994年的166所增加204所。其中：劳动部门所属307所，占82.97%；非劳动部门举办63所，占17.02%。当年有6.64万人进行求职登记，其中介绍就业6.26万人。在介绍就业人员中，农村劳动力3.53万人，占56.39%；失业职工0.042万人，城镇待业青年2.37万人，占37.86%。1995年，全省新就业11.17万人，城镇登记失业率为3.13%，比上年的3.5%下降0.37个百分点。

1995年，全省就业前培训结业8.23万人，培训后就业6.14万人，占结业人数的74.62%。

五、职业技能开发工作继续发展

职业技能鉴定机构在1994年33所的基础上继续发展，1995年新审批建立职业技能鉴定站、所44个。这77所鉴定机构覆盖了全省9个地区的70多个工种。同年，全省培训职业技能鉴定考评员及管理人员2 000人，批准认定考评员887人；组织编写了部分工种职业技能鉴定考核复习资料，为提高鉴定质量奠定了基础。

为适应社会主义市场经济和劳动力市场的需求，1月，贵州省劳动局决定，从1995年起全省技工学校毕业生由省职业技能鉴定指导中心组织实施技术等级考核鉴定，并就此下发了《全省技工学校毕业生实行职业技能鉴定的意见》，明确技工学校（教学点、分校）、经行业主管部门和地方劳动部门批准建立的各级各类职业学校以及职业高中的毕(结)业生均为实施职业技能鉴定的对象。2月,贵州省商业厅、贵州省劳动局联合下发了《关于开展商品营业员等六个工种职业技能鉴定及培训工作有关问题的通知》,明确全省商品营业员、采购员、供应员及家用音频设备、家用视频设备、家用电热器具和电动器具维修工等6个工种的从业人员均应按照有关标准和教学培训计划组织培训,参加职业技能鉴定。一年来,全省共实施职业技能鉴定3.15万人次,其中:定为高级技工的0.15万人,占4.76%;中级技工2.3万人,占73.02%;初级技工0.7万人,占22.22%。

六、加强劳动安全监察,努力降低事故

按照"企业负责、行业管理、国家监察、群众监督、劳动者遵规守纪"的新体制,1995年,贵州省大力加强安全生产法制建设,强化依法行政监察,加强对重大伤亡事故的查处,加大对事故多发行业、多发企业的监察力度。在颁发了《贵州省实施〈中华人民共和国矿山安全法〉办法》和《贵州省矿山安全生产条件合格证管理办法》后,1995年5月,贵州省政府办公厅印发了《贵州省矿长安全资格证管理办法》。一年来,全省核发《矿山安全生产条件合格证》1 392个,《矿长安全资格证》12 696个,《矿山特种作业人员操作证》18 230个。年中,以建筑、煤炭、冶金、化工行业为重点,开展了全省建筑安全大检查和安全生产大检查,在事故查处和执法检查中督促企业安全生产责任制的落实。同期,还在贵州航空工业总公司的10户企业中开展了劳动条件分级试点工作。经过努力,1995年,全省县以上企业、乡镇企业、交通、水上、火灾及铁路路外等六类事故死亡人数比1994年下降10.5%。其中:矿山企业职工伤亡事故起数下降17.60%;矿山企业重大死亡事故起数和死亡人数分别下降13.11%和20%,实现了省政府提出的"稳中有降"的目标。

(贵州省劳动局　陈琼华)

云南省

1995年,云南省的劳动工作以实施《劳动法》为统领,以抓好"两个制度"(劳动合同制度和工资分配制度)、解决"一个难题(富余职工安置)、建立"两大体系"(社会保险体系和劳动就业服务体系)为重点,全面深化各项劳动制度的改革,并取得了突破性进展,为促进云南的改革开放和经济社会的全面发展作出了积极贡献。

一、劳动用工制度改革

全面实行劳动合同制度,是云南省劳动用工制度改革的目标,也是全省在1995年实施《劳动法》中列为重点突破的一项工作。按照《劳动法》的规定,省政府于1994年12月29日颁布了《云南省劳动合同制度实施步骤规定》,并于1995年1月1日与《劳动法》同步实施。这项规定重点明确了两个问题:一是劳动合同制度实施步骤分两步进行,第一步就是在1995年内全省推行劳动合同制度的面要达到80%,第二步在1996年除个别濒临破产企业外,全面推行劳动合同制;二是推行劳动合同制工作实行分级负责制,作为一项硬指标硬任务来完成,并相应制定了政策措施。各地区各企业主管部门按照规定的要求，在3月底以前都成立了推行劳动合同制度的领导机构，并认真组织开展了宣传发动，培训骨干，制定并上报劳动合同制度实施方案等准备工作。在4月份以后，各地区各部门上报的实施方案经省劳动厅审查批准后，即逐步转入了实施阶段。8月，省劳动厅在云南新华印刷厂召开现场会，总结推广了该厂推行劳动合同制的经验，进一步加快了全省实施劳动合同制度的步伐。截至1995年底，全省企业单位实行劳动合同制度的职工人数已达159.5万人，占职工总数的80.86%，劳动用工制度改革实现了根本性突破。

二、工资分配制度改革

1995年，云南省的企业工资分配制度改革在探索中不断深化。在国有企业工资总量的宏观调控方面，全省全面推行了动态调控的弹性工资计划和“工效挂钩”、“两低于”、“自主决定工资总量”、“工资总额包干”等四种调控办法，建立了目前较为可行的工资总量决定机制和自我约束机制。截至1995年底，全省地方国有企业实行“工效挂钩”等四种办法的面已达80.9%，职工人数达91.1万人，占76.5%。在企业内部分配制度改革方面，全省在落实企业分配自主权的基础上，积极指导企业推行以岗位技能工资为主要形式的多种分配办法，实行岗位技能工资制的国有企业达2 102户，占地方国有企业总数的24.8%，职工人数达45万人，占37.8%，分别比上年增长10.3%和5.4%。在最低工资保障方面，省政府颁布了《云南省最低工资规定》，按云南的经济发展水平，确定了分地区、分类别的185元、160元、135元三种最低月工资标准，从1995年1月1日起全面实施。从全年实施情况看，大部分企业都较好地执行了这个规定，保障了职工的基本生活。1995年，全省全部职工人年均工资达5 149元，比上年增长14.1%，其中国有企业职工人年均工资为5 763元，增长22.3%。

三、社会保险制度改革

（一）养老保险。1995年，省政府颁布了《云南省城镇企业职工养老保险暂行办法》，并于8月12日召开了有各地州市分管劳动工作的州长、市长、专员和省直各厅、局、委、办、公司分管领导参加的全省企业职工养老保险制度改革会议，进行动员和部署，在全省全面展开了对城镇企业养老保险制度的重大改革。这次改革主要有八个突破：1. 扩大了城镇企业养老保险覆盖面，从原来单一的国有企业和部分集体、外资企业职工扩大到所有城镇企业劳动者和个体工商户。2. 提高了养老保险统筹的层次，由原来的县（市）级社会统筹提高到地（州、市）级社会统筹。3. 逐步提高职工个人缴纳基本养老保险金比例，规定职工一律按个人月工资收入的3%缴纳，以后每两年至少提高一个百分点，最终达到8%。4. 确定全省统一的养老保险统筹金提取比例。5. 实行社会统筹与个人账户相结合的办法。6. 确立了新的养老金计发办法，职工养老金的领取与个人缴费年限、缴费工资挂钩。7. 建立了离退休人员基本养老金的正常调整机制，每年按照全省社会平均工资增幅的50%～80%定期为企业离退休人员调整待遇。8. 建立基本养老保险省级特别调剂金制度。截至1995年底，全省的基本养老保险社会统筹覆盖面达到68.2%，参加统筹的城镇各类企业和国家机关、事业单位有14 504户，职工137.81万人，离退休人员38.55万人；个人账户逐步开始建立。全省有26个县（市）和系统的65户企业为职工开展了补充养老保险和个人储蓄性养老保险。全省对离退休人员已普遍实行了社会化管理，各级社会保险机构围绕“老有所养、老有所医、老有所乐、老有所学、老有所为”开展对离退休人员的管理服务工作。省里共动用养老保险特别调剂金1 330万元，调剂解决企业离退休人员待遇兑现问题。在元旦、春节期间，拨出560万元，有重点地对3 300户企业的3.5万名离退休人员进行慰问。

（二）失业保险。1995年，全省根据省政府于上年发布的《云南省国有企业职工失业保险实施办法》，进一步扩大了失业保险的覆盖范围，全省参加失业保险的企业单位已达18 002户，职工达127.6万人。全年为2.12万人发放失业救济金700.55万元；省里还动用失业保险金159.88万元，对特别困难企业职工进行救济。

（三）工伤保险和女职工生育保险。1995年，全省的工伤保险和女职工生育保险还处于继续试点阶段，有5个县（市）的214户企业开展了工伤保险；有昆明市等3个市县开展了女职工生育保险社会统筹，参加统筹的企业313户，职工7.7万人。

四、劳动就业和再就业工程

（一）劳动就业。1995年，全省各级劳动部门把发展完善以职业介绍、失业保险、就业训练、劳服企业为支柱的劳动就业服务体系和稳定就业局势作为一件大事来抓。一是积极培育和发展劳动力市场，职业介绍机构已发展到310个，比上年增长31.4%，初步形成了覆盖全省城镇并向乡镇延伸的职业介绍网络，并为24.1万名城乡劳动者提供职业介绍服务。全省共安置城镇劳动力就业8.7万人，城镇失业率控制在2.82%。二是切实加强就业训练。全省就业训练机构已发展到160个，比上年增长22.1%，全年共培训失业人员6.91万人，结业5.96万人，结业后就业率为90.6%。三是稳定发展劳服企业。全省劳服企业在市场竞争激烈和困难较多的情况下仍发展到3 100户，比上年增长6.2%；从业人员达到12.4万人，比上年增长9.7%，进一步扩大了安置就业规模。

（二）再就业工程。1995年，省政府转发了省劳动厅《关于在全省范围内实施再就业工程的意见》，在全省开始有计划有步骤地组织实施再就业工程。一是成立了领导机构，明确工作职责。省成立由省委副书记、副省长李嘉廷为组长，劳动厅、体改委、经贸委、计委、财政厅、工商局、税务局、总工会、妇联等部门领导参加的领导小组，各州、市、行署也成立相应的领导班子，负责组织领导再就业工程的实施。二是制定了实施再就业工程的14项政策措施，鼓励企业单位接收安置失业职工和分流安置富余职工，扶持失业职工和富余职工组织起来就业和自谋职业。全年共帮助失业职工5 956人实现了再就业，占失业职工总数的63.1%；分流安置企业富余职工8 043人。

五、职业技能开发

1995年，全省以贯彻《工人考核条例》为基础，制定出台了《云南省职业技能鉴定实施办法》和《云南省职业技能鉴定七项管理规定》，并成立了省职业技能鉴定中心，在地州市建立了16个职业技能鉴定所（站），实行了职业技能考核鉴定的社会化管理。在后备劳动力培训考核方面，全省较好地调动了职业培训机构和社会各界参与和支持职业技能培训的积极性，接受培训人数达11.5万人。其中，全省80所技工学校录取新生1.74万人，使接受正规教育的在校生达4.59万人；在当年输送的应届毕业生1.54万人中，有1.29万名已进行了技术等级考核，占毕业生总数的83.8%。在职工培训考核方面，全省在引导企业加大投入加强培训的基础上，积极开展了职业技能考核鉴定和技师、高级技师评审工作。全年新评审工人技师1 185人，并评审了首批高级技师8人，使全省的技师、高级技师队伍扩大到了10 383人，职工的素质有了明显提高。

六、劳动安全卫生

1995年，全省进一步建立健全了“企业负责、行业管理、国家监察、群众监督”的安全管理体制。劳动部门切实加强了对劳动安全卫生和安全生产的综合管理与监察，突出抓了四项工作：一是认真落实安全生产责任制，完善安全目标管理，把安全工作纳入企业管理的重要内容进行落实；二是认真组织开展了全省安全生产大检查和“安全生产周”活动，对查出的事故隐患进行整改；三是依法对36个新、改、扩建工程项目进行了设计审查和竣工验改，严把事故第一关；四是严肃查处重特大事故，促进了劳动安全形势的进一步好转。全省1995年企业职工死亡人数比上年减少25.4%；重大、特大事故死亡人数比上年减少17.8%；职业危害通过治理已有所缓解。

七、劳动法制建设

1995年，全省的劳动法制建设在上年取得可喜成绩的基础上，随着《劳动法》的正式实施又有新的突破。

（一）劳动法规体系逐步建立健全。与《劳动法》的实施相配套，《云南省最低工资规定》、《云南省劳动合同制度实施步骤规定》、《云南省城镇企业职工养老保险暂行办法》等一批规章相继出台实施。至此，在“八五”期间由省人大常委会和省政府颁布的地方劳动法规、规章和重要规范性文件已达17件，初步形成了比较完整且具有较高效力层次的地方劳动法规体系，全省的劳动工作跨入了一个依法行政、依法管理的新时期。

（二）劳动监察工作快速发展。劳动监察作为实施《劳动法》的重要制度保障，在我省社会主义市场经济建设中发挥了重要的作用。各级劳动部门在1995年的劳动监察工作中重点抓了两项工作：一是加快劳动监察机构和队伍的建设。全省的省、地、县已建立劳动监察机构129个，占应建数的88.9%；配备劳动监察员553人，其中专职监察员252人；劳动监察制度逐步完善，昆明市还率先建立了劳动执法年检制度；全省举办了三期劳动监察员培训班，共培训497人。二是普遍开展了劳动执法监察活动。全省采取用人单位自查、组织人员重点抽查和群众举报专查等方式，对用人单位遵守《劳动法》情况进行了较大规模的执法检查。据统计，全省有各类企业32 271户进行了自查；劳动部门抽调干部1 523人，对4 790户企业涉及职工56.64万人进行了抽查，并对发现的违法行为进行了处理；收到职工群众举报共计1 560人，查处了其中的违法案件1 353起，较好地维护了劳动者和企业的合法权益，保证劳动法律法规的贯彻落实。

（三）劳动争议处理全方位开展，加大了力度。1995年，随着《劳动法》的实施，劳动关系双方依法办事的意识增强，突出反映在劳动争议集体比上年大幅度上升。为此，各级劳动部门根据新形势下劳动关系变化的新特点，切实加强了劳动争议处理的力度。全年共受理了劳动争议案件392件，除案外调解处理76件外，立案处理316件，比上年增长41.7%。在立案处理的316件中，职工申诉案件306件，企业申诉案件10件，已结案307件，结案率为97.2%，比上年提高了13.1个百分点。

（云南省劳动厅办公室　杨赵全）

陕 西 省

1995年，在全省各级劳动部门以贯彻实施《劳动法》为统领，按照省委提出的抓大事，抓落实的工作方针，正确把握改革、发展、稳定的关系，围绕深化企业改革，加大力度，配套深化劳动制度改革,使全省劳动领域的各项工作上了一个新的台阶。

一、贯彻实施《劳动法》的阶段性目标基本实现

一是全面推行劳动合同制工作取得较好成效。根据《劳动法》的规定和省政府《关于企业全面实行劳动合同制的通知》要求,全省各地区、各部门,认真抓了本地区、本行业推行劳动合同制的工作,劳动部门努力抓了实行全员劳动合同制的政策配套工作。省政府先后发布了《陕西省国有企业富余职工安置规定实施办法》、《陕西省实施全民所有制企业招用农民合同制工人规定实施办法》。全省各级劳动部门普遍实行了推行劳动合同制工作目标责任制,做到上下责任明确,层层有人负责。大部分行业主管部门制定了推行劳动合同制的目标和措施,并确定一名主要领导负责。截至年底,全省国有企业实行劳动合同制的职工人数约为205万人,占国有企业职工总数的91%。

在全面推行劳动合同制的同时,积极开展了集体劳动合同试点工作。根据劳动部下发的《集体合同规定》和《关于开展集体协商签订集体合同试点工作的意见》,制定了《陕西省进行集体协商签订集体合同试点工作的实施意见》,《关于审查试点企业集体合同有关问题的通知》等。目前,在确定的7个试点企业中,金牛股份有限公司、五环集团股份有限公司和彩虹集团公司的集体合同已经审查生效,其余4户企业的集体合同正在审查完善之中。

二是全面实行了最低工资保障制度,规范了企业工资支付行为,依法保障职工获得劳动报酬的权利。1995年,全省各地、市、各部门都把贯彻执行《陕西省最低工资规定》作为贯彻实施《劳动法》的重要工作来抓,确保落实到位。在具体执行过程中,对用人单位因经济效益不好等原因,近期内执行最低工资确有困难的企业,实行了按规定程序批准方可暂缓执行的制度。对发放工资确有困难又一时难以破产、撤销的停产、半停产企业,采取多种形式,积极筹措资金,发放职工生活费,保障了职工的基本生活。

三是劳动监察制度初步建立并开展劳动监察工作。1995年,全省各地、市认真抓了地、县两级劳动监察机构的组建工作。目前,全省已建立劳动监察机构101个。通过培训考核,全省共任命劳动监察员298名、聘任劳动监督员593名。制定了《陕西省劳动监察暂行办法》和《陕西省劳动监察试行规程》。同时建立了投诉、举报制度,各级劳动行政部门均向社会公布了劳动监察举报电话,设有专人负责举报管理工作,基本沟通了广大职工与劳动监察机构的联系,1995年仅省劳动监察总队受理职工投诉、举报达200多起。在全省范围内开展了劳动执法大检查,发现并纠正、查处了各种违法行为。1995年6月至8月,省劳动监察总队对驻西安市的103户外商投资企业执行《劳动法》情况进行了全面检查,共纠正各类违法行为207起,追缴养老保险基金1 163万元、失业保险金38万元,责令30户企业向员工退还了所收取的145万元抵押金。

四是新工时标准、最低工资标准、女职工和未成人特殊保护标准及禁止使用童工规定等基本劳动标准,初步得到落实。企业严重违反劳动标准,侵害劳动者合法权益的事件比《劳动法》实施前有了一定程度的减少。

二、劳动立法工作明显加快,《劳动法》的宣传、学习工作继续得到加强

《劳动法》的颁布实施,进一步促进了全省劳动法制建设。1995年,省八届人大常委会审议通过了《陕西省劳动安全条例》。省政府先后颁发了《国营企业富余职工安置规定实施办法》、《陕西省劳动争议处理实施办法》等法规规章。经省政府同意,省劳动厅相继印发了《陕西省劳动监察试行规程》、《陕西省劳动监察员管理办法》、《陕西省就业训练规定实施办法》、《陕西省未成年工保护规定实施办法》、《陕西省关于现代企业制度试点企业劳动工资社会保险制度改革实施办法》等一批与《劳动法》配套的法规的实施办法，使全省劳动立法工作迈上了一个新台阶。《劳动法》正式实施后，全省各地各部门结合贯彻实施工作继续加强了学习、宣传活动。1995 年 6～7 月间，省劳动部门在全省的 24 个单位中开展了 5 000 余人的答卷调查，基本上弄清了《劳动法》贯彻执行中的问题。还在全省开展了《劳动法》颁布一周年宣传学习活动。

三、工资总量、工资分配的宏观调控初见成效

陕西省先后出台了改进完善弹性工资计划办法、建立工效挂钩逐级汇总上报制度办法、工资总额包干办法、国有企业工资内外收入监督检查办法等 10 个政策规定。对实行工效挂钩的企业，严格核定企业工效挂钩方案，并加强清算工作；对全省所有股份制企业的工资基本上实行了“两低于”的监督管理；凡未实行工效挂钩的企业都实行了工资总额包干管理办法。同时，对工资偏高，增长过快的流通领域各类公司、垄断性经营公司和商业性金融公司，加强了工资总额的控制和监督。截至目前，全省 10 个地、市全面采用动态调控的弹性工资计划办法。对企业的工资总量分别实行工效挂钩、工资总额包干以及“两低于”办法前提下由企业自主确定工资总额等三种调控办法，其中工效挂钩是主要形式，已在全省 2 700 户企业，93 万职工中推行，占全省地方国有企业职工总数的 72.5%，其中省属 437 户，职工 43.6 万人，占省属国有企业职工 91%；集体企业工效挂钩已达 148 户，职工 1.91 万人；全省实行工资总额包干的企业 2 140 户；实行“两低于”办法确定工资总额的企业 28 户。在企业内部分配方面，全省已有 438 户企业，52 万职工实行了岗位技能工资制。还制定了试行企业经营者年薪制实施办法和《现代企业制度试点企业劳动工资社会保险制度改革办法》，指导和规范了现代企业制度试点企业的劳动工资社会保险制度改革。

1995 年，全省职工工资总额为 185.2 亿元，比上年增长 26%；职工平均工资达 4 725 元，比上年增长 24.2%，扣除物价因素，职工实际平均工资增长 3.5%，使 1994 年以来职工工资过快增长的势头得到了抑制，宏观调控出现了较好势头。

四、配合《劳动法》的贯彻实施，开展了劳动争议处理和劳动合同鉴证工作

1995 年，在全省各级劳动争议仲裁机构争议多发、案件复杂的情况下，及时、公正、依法处理了各类劳动争议案件，维护了劳动争议双方的合法权益，化解了矛盾，促进了劳动关系的和谐稳定。据统计，1995 年全省共处理劳动争议案件 501 起，时效结案率为 89.5%。同时，为配合全面实行劳动合同制，积极开展了劳动合同鉴证服务工作。据统计，1995 年，全省共鉴证劳动合同 45.2 万份。

五、职业技能开发体系进一步加强和完善

按照建立社会主义市场经济体制的要求，技工学校招生实行指导性计划后，1995 年在前两年试点的基础上，又继续扩大了技校自行组织招生的范围，凡省属、部属技工学校都实行了自主招生，全省各地、市也选择了一两所技校进行了试点，从而使全省自主招生的学校达 87 所，涉及 33 个行业；同时，按社会和企业实际需要，灵活设置专业，不定期进行招生，采取了专业工种设置相对稳定与适当灵活相结合、招生时间相对集中与适当分散相结合的措施。职业技能鉴定体系基本建立，全省共建立职业技能鉴定站、所 73 个。认真贯彻“先培训、后上岗，先培训、后就业”的政策，制定了全省实施的工种范围。对技工学校的毕（结）业生进行了职业技能鉴定工作，逐步实行了学历文凭和资格证书并重的制度。职业技能培训也逐步面向社会，培训对象和培训范围进一步拓宽。1995年共为14个省属单位培训考评员606名。对全省各地、市经培训、鉴定合格的各类技术人员核发了等级证书11 578份,其中:技师398名,高级技术工人4 964名,中级技术工人4 516名,初级技术工人1 700名。在全省召开的"全国技能月"表彰大会上,表彰奖励了30名优秀技师和42名技术能手,群众性的技术练兵活动蓬勃开展。为了加强对社会办学机构的监督指导,保证培训质量,制止乱办学、乱收费的现象,省劳动行政部门联合有关部门,在全省交通、饮食、家电等行业范围,组织开展了职业技能培训鉴定(考核)秩序整顿工作,取得了较好的效果。

六、社会保险制度改革取得新的进展

省政府颁发了《陕西省深化城镇企业职工养老保险制度改革试行办法》,在全省建立了社会统筹与个人账户相结合的养老保险新模式,全省社会养老保险覆盖面已扩大到城镇各类劳动者。1995年,全省共收缴养老保险金12.44亿元,拨付10.13亿元,收缴率达97%,拨付率为98%。在当前一些企业效益不好,离退休人员生活得不到完全保障情况下,省劳动保险行政管理部门结合本省实际,经省政府同意制定下发了《陕西省保障困难企业离退休人员基本生活的意见》,建立了保障困难企业离退休人员基本生活的制度;同时,提高了企业职工生活补助标准,居住西安市人均每月100元,宝鸡、咸阳、铜川、渭南等市人均每月85元,其他地区人均每月70元,保证了企业职工最低生活水平。年初,在全省开展了向困难企业职工"送温暖"活动。根据离退休人员待遇偏低的情况,颁发了《陕西省企业离休人员离休金调整意见》和《陕西省企业离退休人员正常调整机制建立的意见》。

失业保险工作取得明显的进展。省政府下发了《关于企业失业保险工作几个问题的通知》,将本省失业保险覆盖范围由国有企业扩大到集体企业、股份制和股份合作制企业、私营企业职工及"三资"企业的中方员工,失业保险费收缴标准由职工工资总额的1%提高到了1.5%。省劳动厅还制定下发了《关于贯彻〈陕西省人民政府关于扩大失业保险范围和提高失业保险收缴标准的通知〉的实施意见》、《关于使用失业保险基金救济特困职工的意见》等法规政策。全省各级劳动部门按照通知精神,采取有力措施,强化收缴工作。这些法规政策措施的落实,对切实保障企业生活困难职工和离退休人员的基本生活,维护社会稳定,起到了积极作用。

为了做好困难企业职工生活保障和分流安置工作,省政府印发了《陕西省人民政府关于做好困难企业职工生活保障和分流安置工作的通知》,决定在全省建立帮困基金,为进一步做好这项工作奠定了基础。

医疗保险制度改革进一步深入,全省企业普遍建立了劳保医疗与个人利益相挂钩的新机制。扶风、千阳、韩城、黄龙四县、市的大病医疗社会统筹试点工作运转良好,对企业之间均衡医疗费负担,保障职工身心健康起到了积极作用。蒲城县的工伤保险制度改革试点已起步;安康地区的女职工生育保险制度改革已开始进入实施阶段,受到广大群众尤其是女职工的普遍欢迎。

七、保持了就业局势的稳定

1995年,各级劳动部门以妥善分流安置国有企业富余职工和失业人员再就业为重点,充分发挥职业介绍、就业训练、失业保险、劳服企业的就业服务整体功能,把稳定就业局势当做劳动工作的头等大事来抓。据统计,1995年全省城镇失业人员23.18万人,全年安置14.6万人,失业率控制在3.2%。这其中,在国有企业就业的3.45万人,占23.6%;在非国有企业就业的4.83万人,占33%;从事临时性工作的6.33万人,占33.4%。全省就业训练中心达98所,共培训城乡各类人员12.11万人,完成年计划任务的105.3%,经培训后有9.26万人得到了就业安置，培训安置率为76.5%，比上年提高了3%。全省劳服企业达8 272个，共吸纳3.34万名左右的失业人员就业，全年总产值完成43.14亿元，实现利税达2.45亿元。

“再就业工程”初步实施。省政府印发了《关于在全省实施再就业工程的意见》，各地、市劳动部门结合实际情况，提出了具体的实施办法措施，综合运用政策扶持，鼓励富余职工转岗或转业。宝鸡市采取了三条有力措施：一是在市区繁华地带划出一条街，专门安置失业职工和富余职工，由劳动部门直接经营，工商、税务、公安等部门进行指导。二是在开发区划出16.47亩地，建立再就业培训基地，市政府划拨了193.6万元，劳动部门利用失业保险基金中转业培训费23.8万元用于基地建设。此项目投入运行后，每年可培训富余职工9 000人。三是有关部门积极采取优惠扶持政策。1995年，通过实施“再就业工程”，全省共分流安置富余职工2.8万人，使近3万失业职工重新就业。

1995年经对全省13 977个企业（含城镇集体企业）进行调查摸底，全省共有失业职工和富余职工200 754人，其中失业职工31 135人，富余职工169 619人。已经安置就业的57 960人，就业去向为：国有单位22 413人；城镇集体企业13 112人；其他所有制单位3 091人；城镇私营企业和个体经济9 747人；临时性工作的9 597人。

认真抓了农村剩余劳动力开发就业工作。在全省开始实行了“外出人员就业卡”和“外来人员就业证”制度，农村剩余劳动力跨地区流动逐步向有序化发展。全省全年共输出劳务人员20万人，超额完成了确定的目标任务。加强了对民办职业介绍机构的整顿管理。各级劳动部门协同公安、工商、物价、税务等部门对非劳动部门开办的职业介绍机构加强整顿，对违法经营、私挂招牌、招摇撞骗者坚决予以取缔。据统计，全省有150家不符合条件、违章经营的非劳动部门开办的职业介绍机构被取缔和吊销了《职业介绍许可证》。在境外就业方面，先后与以色列、英国、新加坡、香港、台湾等国家和地区建立了合作关系，并向新加坡输送了17名服务人员；正在向英国输送30名餐饮业工作人员。

八、劳动安全生产工作得到加强

一是8月重新制定，经陕西省第八届人大常委会第14次会议审议通过并颁布实施《陕西省劳动安全卫生条例》。二是狠抓了安全检查、治理事故隐患工作。1995年，全省共检查企业6 514家，其中包括建筑工地1 070处，查出各类事故隐患和问题30 270条，就地整改23 540条，纠正“三违”现象1 000多处。三是加强了培训工作。全年共培训厂长、经理、安全管理人员3 000人次，培训特种作业人员16 000余名，复审13 000余名。通过培训，进一步强化了职工、干部的安全意识，提高了安全整体素质。四是对特种生产设备和特种劳动防护用品实施安全监察。先后对60多家起重机械和电梯制造、安装、维修单位进行了安全资格审查，对符合条件的42家企业颁发了“安全资格许可证书”，对不具备条件的单位不准从事制造、安装和维修业务；对在用起重机械、电梯等特种设备开展了全面的检测检验工作，全省共检验起重机械3 048台、电梯1 028台，对有故障的不发“准用证”并限期整改。1995年还对持有特种劳动防护用品“定点生产许可证”、“定点经营许可证”单位进行了审查换证，已经完成部定点生产的企业和部分省定点企业的审查。五是加强了尘、毒等职业危害的治理工作。全年共检测企业（包括竣工验收企业）182户，尘、毒等危害作业点分级1 966个，治理危害点116个；全省参加设计审查、竣工验收333项，有12个新设计项目重新编写了《劳动安全卫生专篇》，有26个项目经整改后通过验收。另外，国务院颁布实行5天工作制后，制定了《陕西省实行综合计算工作时间和不定时工作时间的实施办法》，全省已实行新工时制的国有企业达80%左右。

据统计，1995年，全省非矿山企业共发生职工因工伤亡事故272件，比上年下降12.5%；死亡220人，比上年上升1.01%；重伤103人，比上年下降31.8%。全省非矿山企业共发生一次死亡3人以上重大伤亡事故4件，死亡17人，重伤8人，分别比上年下降33.3%、22.7%和上升60%。全省有19人被追究了刑事责任，291人受到行政处罚，有关责任单位被处以40多万元的罚款。

在矿山安全卫生监察方面，先后制定了《陕西省矿山企业伤亡事故经济处罚办法》、《陕西省矿山企业重大隐患治理费征收办法》等法规。在抓好矿山安全立法工作和执法监督工作的同时，加强了矿山安全培训工作。1995年，全省共发生矿山伤亡事故263起，死亡365人，重伤36人；发生3人以上重大伤亡事故15起，死亡110人。全省矿山伤亡事故查处结案率达80%以上。从事故综合统计看，全省矿山企业伤亡事故起数、死亡人数、重伤人数均高于上年同期。尤为严重的是连续发生5起10人以上重大伤亡事故，死亡67人，给国家和人民生命财产造成重大损失。

继续加强了锅炉压力容器安全监察工作，1995年，全年共检验锅炉4 774台，超额完成任务。全省1995年共发生锅炉压力容器爆炸事故重大事故9起，其中锅炉事故5起，容器事故4起，死亡3人，伤4人，造成经济损失58万元，事故率较1994年下降25%，死亡率上升了50%，经济损失上升了90%。

（陕西省劳动厅法规处　吴晓邦）

西　安　市

1995年，是“八五”计划的最后一年，也是劳动制度改革全面深化的一年。西安市劳动战线的广大干部，紧紧围绕建立社会主义市场经济体制这一目标，全面贯彻实施《劳动法》，不断深化劳动制度各项改革，劳动工作开始出现有法可依、依法行政、依法改革的新局面。

一、就业局势基本稳定，市场就业新格局基本形成

1995年，全市各级劳动部门认真贯彻“国家政策指导下的市场就业”方针，采取积极措施，扩大就业门路，拓宽就业渠道。配合企业改革，进行了“再就业工程”试点工作。全年拨付就业训练和转业训练经费50多万元，培训城镇失业人员5 000多人，为其再就业创造条件。全市安置城镇劳动力2.6万人，城镇失业率3.1%，保持了就业局势的稳定。同时进一步发展劳服企业。全年新办劳动服务企业119家，劳服企业总数达4 003个，吸纳劳动力95 103人。劳服企业经营总收入20.37亿元，其中工业总产值7.77亿元，上缴税金7 138.4万元，利润3 000万元，为发展经济和社会稳定发挥了重要作用。

二、劳动力市场建设得到进一步加强

为有效地发挥劳动力市场对促进就业的重要作用，我们从健全制度、微机联网、信息收集与传递、“一条龙”服务等方面入手，下大气力抓劳动力市场的基础工作，不断完善市场功能，劳动力市场建设进一步发展。1995年，全市共有各类职业介绍机构233家，其中有劳动部门开办的中心市场和分市场14家。全市各级各类职业介绍机构共介绍交流30余万人次，其中农民工19万人次，介绍城镇失业人员就业3.8万人次，聘用交流技术工人和离退休人员1.5万人次，介绍临时工、帮工4.8万人次，保姆1 000余人次。随着我市劳动力市场的逐步健全和完善，“企业自主用人，劳动者自主择业”的市场就业机制已基本形成。8月，省人大常委会八届十四次会议讨论通过并颁布了《西安市劳动力市场管理条例》，从而使劳动力市场纳入法制化管理轨道。

**三、劳动用工制度改革取得了根本性突

破

根据劳动部和省政府的要求及市政府下发的《西安市全面实行劳动合同制的实施意见》，市各级劳动行政部门领导重视、行动迅速、工作扎实，制定了切实可行的实施方案。截至12月底，全市已有97.3%的国有企业职工与企业签订了劳动合同。在集体企业（含劳服企业）的150 880余名职工中与企业签订劳动合同的职工人数比例已达78%，“三资”企业、股份制企业和市上两个开发区的59 480名职工中，有27 985名职工与企业签订了劳动合同，占相应职工总数的47%。此外，还积极稳妥地进行了集体协商签订集体合同的试点。8月份，市劳动局会同市总工会等部门研究制定印发了《西安市进行集体协商签订集体合同试点工作的实施意见》，并确定了15户企业进行试点，现已有西安电机厂、唐城大厦两户企业通过集体协商与企业工会签订了集体合同。

四、加快了社会保险改革的步伐

1995年，西安市加快了社会保险改革步伐，提高了社会化服务水平。

1995年，按照养老保险实行社会统筹与个人账户相结合的原则，进一步完善养老金计发办法。同时，提高了社会化服务水平，扩大了养老保险一体化试点范围，制定并实施了养老保险一体化改革方案。全面完成了省上下达的养老金收缴率达95%以上的任务，保障了20多万离退休人员的退休金发放。1995年，全市已有5 389个单位实行了养老保险统筹，在职职工743 564人，年缴费额62 221.12万元。同时，加强了退管机构，成立了区县和系统退管组织21个、基层组织800多个。

1995年，西安市在继续完善国有企业失业保险的基础上，将失业保险范围扩大到城镇各类企业的各类职工，失业对象由四种人扩大到八种人；加强了失业保险基金的征收管理，提高了失业保险金筹集比例，由职工工资总额的1%提高到1.5%。同时，失业救济标准也进一步提高。目前，全市已有4 958户企业，91万名职工参加了失业保险。

五、工资分配制度改革在探索中发展

1994年，西安市工资制度改革结合过渡时期的特点，在企业改革的进程中，不断改进和完善现有的工效挂钩办法。经过对市属工效挂钩企业的摸底测算，在全市356户企业实行工效挂钩（包括实行“两低于”在内）的基础上，又扩大了8户条件成熟的企业实行工效挂钩。同时，岗位技能工资制的实行有了新进展，又有5户企业实行了岗位技能工资制，使全市实行岗位技能工资制的企业达37户。此外，根据《劳动法》和《西安市实施最低工资规定》，进行了全市实施最低工资制度大检查。除42户企业因生产经营不景气，经济效益不好申请暂缓执行外，大部分落实了最低工资规定，并积极进行了企业经营者年薪制试点的准备工作。

六、职业技能开发工作取得了新的进展

1995年，西安市大力开展了以职业技能鉴定和技工学校管理为重点的职业技能开发工作。首先在职业技能鉴定方面，加强职工技能鉴定指导中心工作，增加人力，明确职责，规范管理，积极发挥中介机构的作用。修订了《西安市职业技能鉴定实施办法》，积极推行了职业培训实体“两证制”工作。全年共鉴定发证10 748人，其中高级工2 520人、中级工7 213人、初级工1 015人，评聘技师151人。对18个职业技能鉴定站进行年审，规范了鉴定程序，保证了鉴定质量。市属技校共招生2 171人，其中从农村招收1 732人，完成了技校1 797名毕业生的分配任务，毕业生全部实行“双证制”。

七、加强行政执法力度，劳动争议处理机制基本形成

1995年，西安市继续加强劳动法律、法规培训工作，全市共举办各种类型培训班8期，培训人员3 419人。同时，针对劳动关系新特点，全面实行仲裁员、仲裁庭制度，依法、公正、及时地处理劳动争议。1995年，劳动争议案件数量大幅度上升，与上年同期相比上升45个百分点。据统计，全市各级劳动仲裁机构受理各类劳动争议案件182起，审结142起。其中，市仲裁机构受案117起，审结100起，占法定时效结案率的90.59%。在审结的争议中，裁决26起，调解41起，其他方式结案33起。共鉴证各类劳动合同140 477份，其中鉴证国有经济劳动合同133 645份，非国有经济劳动合同6 832份。同时，进一步健全了企业调解组织。1995年，全市各级仲裁机构先后帮助近270家企业健全了调委会组织，对保持企业劳动关系的和谐稳定发挥了积极作用。

八、加强劳动监察机构建设，开展劳动监察

1995年，根据劳动部和中编办联合通知的要求，西安市把建立劳动监察机构，开展劳动监察作为贯彻实施《劳动法》的重要保证，抓紧建立劳动监察机构，配备监察人员，开展劳动监察。全市两级劳动行政部门共成立劳动监察机构14个，配备专职劳动监察人员56人，任命兼职劳动监察员120人。同时，认真接待群众来访、投诉、举报，及时出击依法纠正和处罚各类违法行为。进行了用人单位遵守《劳动法》情况大检查，重点检查了450个单位，为维护劳动关系的和谐稳定发挥了积极作用。

九、劳动安全卫生工作得到进一步加强

1995年，西安市大力开展安全宣传教育，强化职工的安全意识，狠抓了安全责任制的落实，加强了安全检查、监察和事故查处，加强了对特种作业人员的培训(全年共培训9 564人)，为控制事故的发生发挥了较好的作用。据统计，1995年全市共发生因工伤亡事故71起，死亡49人，重伤23人，分别比上年下降20%、16.9%和45%，事故发生率控制在死亡0.06%、重伤0.15%以下。职业病发病率基本得到控制。加强了对锅炉、压力容器及检验机构的监督检查工作，全年共检验锅炉1 675台，定检率101%，检验压力容器893台，定检率85%，全面完成了省上下达的定检任务。对全市医用高压氧舱及压力管道开展了安全检查，消除事故隐患，确保安全使用。

(西安市劳动局　李福忠　高歌)

甘　肃　省

1995年是“八五”计划的最后一年，也是实施《劳动法》的第一年。在这一年中，全省劳动工作正确处理改革、发展、稳定的关系，以贯彻实施《劳动法》为统领，紧紧围绕全省经济工作，全面深化劳动领域各项改革，较好地完成了年初预定的各项工作任务，为全省经济持续快速增长和社会稳定作出了应有贡献。

一、就业工作取得了好成绩

1995年，甘肃省的就业工作继续围绕培育和完善劳动力市场，狠抓就业服务体系建设。到年底，全省共建起职业介绍机构534所，40%的乡镇建立了劳动工作站或职业介绍机构，省地两级职业介绍机构实行了微机联网。当年新建4所就业培训中心，使培训中心总数达到93所，其中投入使用73所，形成同时容纳1.5万人的培训规模，全年培训失业人员5万人，培训率达到76%。各地区面对严峻的就业形势，结合本地区的经济发展，开展了多形式的就业指导。临夏州、定西地区出台鼓励失业人员发展私营、个体经济政策；白银市清退外来无证劳动力，腾出岗位安置城镇失业人员就业；平凉、华亭、泾川等县制定就业优惠政策，狠抓就业安置。全省各地认真实施再就业工程全年累计转岗培训失业职工和企业富余人员8 291名，扶持355名失业职工开展了生产自救，有1 102名失业人员实现了二次就业，1.56万名困难企业职工重新上岗。全年共安置9.16万城镇新增劳动力就业，其中全民所有制单位安置2.78万人，集体所有制单位安置2.27万人，其他所有制单位安置1 111人，个体经济单位1.13万人，临时性安置2.88万人。登记失业率为3.16%。各级劳动部门加强城乡劳动力统筹管理，面对农村大量剩余劳动力，积极开展了农村实用技术培训，有计划、有组织、有领导地狠抓了农村剩余劳动力的转移输出和有序流动，全年共输出农村剩余劳动力176万人次，创劳务收入12亿元。农村劳动力开发就业试点任务基本完成。

二、劳动用人制度改革取得突破性进展，劳动关系和谐稳定

1995年，甘肃省各级劳动部门以《劳动法》的实施为契机，在全省范围内全面推行了劳动合同制度，将劳动关系纳入了法制化轨道。省政府办公厅年初就下发了《关于企业全面实行劳动合同制的实施意见》，省劳动厅多次召开专门会议对该项工作进行安排部署，狠抓落实。上半年，先行选择了建材、轻纺、商业、电力、有色5个行业的10户大中型企业进行劳动合同制度试点，下半年，在全省国有企业全面推开了实施劳动合同制度工作。当年有88万职工与企业签订了劳动合同，使实行劳动合同制度的职工人数达到127万人，占全省国有、集体企业职工总数的70.38%，其中实行劳动合同制度的国有企业达5 392户，职工111.2万人，占同口径职工总数的80.6%。兰州、武威等地市还在城镇集体企业、乡镇企业、“三资”企业和私营企业中进行了劳动合同制度试点工作。

全省劳动争议处理工作狠抓了机构建设和案件的处理。到年底14个地州市、86个县市区均已按三方组织原则成立了劳动争议仲裁委员会，配备了254名专、兼职劳动仲裁员，全部经过省厅培训考核，取得资格证。各级劳动争议仲裁机构积极开展劳动争议处理工作，案件受理结案率达到88%。人民来信来访得到及时处理，省厅全年共处理来信来访420起(件)，发挥了劳动信访工作的纽带桥梁作用，保证了劳动关系和谐稳定。

三、工资总量宏观调控得到加强

针对近几年各地区在实施弹性工资计划中，部分随意增大非农国内生产总值的情况，甘肃省对各地州市的弹性工资计划做了适当调整。继续坚持实行工资总额与经济效益挂钩办法，对其相关考核指标进行了改进；对不适于实行工效挂钩的企业，仍实行了工资总额包干管理，要求逐步向工效挂钩过渡，到年底，全省地方国有企业有982户实行了工效挂钩，涉及职工57.2万人，有1 939户实行了工资总额包干管理，涉及职工28.5万人。甘肃省还加强了工资基金管理，严格执行《工资总额使用手册》，使全省实发工资总量较好地控制在国家下达的弹性计划内。企业内部工资分配继续推行以岗位技能工资为主，多种形式并存的分配方式，到年底，全省已有849户企业、56万职工实行了岗位技能工资制，企业内部工资分配呈现出多元化趋势。各级劳动部门积极督促企业建立了内部工资支付制度，规范了用人单位工资支付行为；加强了对工资内外收入的监督检查，维护了劳动者和国有资产所有者的合法权益。

四、社会保险制度改革进一步深化

社会保险覆盖面不断扩大，养老保险在巩固国有企业覆盖面的同时，积极向集体企业、股份制企业、私营企业、个体工商户和“三资”企业中方职工扩大，到年底，除按国家规定参加行业统筹的企业和职工外，参加地方养老保险统筹的企业职工达 92.56 万人，有 29 户企业参加了补充养老保险；个人储蓄性养老保险进一步扩大。失业保险已由国有企业向城镇集体企业和“三资”企业中方职工延伸，到年底，参加失业保险的职工达到 120 多万人。各地采取有效措施，加强各项社会保险基金收缴工作，养老保险基金收缴率和失业保险基金收缴率分别达到 92%和 86%。基金的管理工作进一步加强，并保持了安全运营。

为保证离退休人员基本生活，甘肃省调整提高了离退休人员的基本生活待遇，使 17.2 万名离退休人员普遍增加了养老金。在 1995 年元旦、春节前，甘肃省为保证困难企业职工欢度“两节”，各级劳动部门积极开展了送温暖活动，共向 9 399 名失业职工和 349 户停产半停产企业的 6.98 万名职工发放一次性救济金 1 787 万元。

五、职业技能开发事业健康发展

1995 年，甘肃省的职业技能培训基本形成了技工学校、职业学校、劳动就业培训中心与企业培训中心相结合的多层次、多形式、多渠道的培训网络。全省技工学校已发展到 76 所，在校学生达 2.29 万人。技工学校经过深化改革，办学条件得到改善，规模逐步扩大，教学质量提高。对社会力量办学的管理进一步加强，乱办班、乱收费、滥发证的现象有所减少。技师评聘工作在各地区、各行业普遍推开，全年评聘技师 1 407 人，使全省技师总数达到 7 334 人。有 5 万余名技术工人参加了本等级培训考核，取得了相应的技术等级证书。另有 24.25 万名在职职工参加了职业技术培训，职工素质普遍提高。在兰州等五个省辖市进行的职业技能鉴定社会化管理试点工作进展顺利。省劳动厅制定了全省国家职业技能鉴定所发展规划，按照统一鉴定标准、统一实施机构、统一选聘考评员、统一鉴定规范和择优合理布点的原则，经省厅审核分两批共建成 40 个国家职业技能鉴定所，评聘出考评员 273 名，对 61 个工种开展了职业技能鉴定工作，900 名劳动者获得职业资格证书。省职业技能鉴定指导中心组建了省级试题库。

六、“一厂两制”劳服集体经济保持了良好的发展势头

1995 年，甘肃省“一厂两制”劳服集体经济围绕实现生产经营目标，开展了劳服企业质量管理小组活动，有 14 个小组获得劳动部部级质量管理奖。劳服企业的股份制改造试点工作进展顺利，到年底，全省已有 58 户劳服集体企业实行了股份合作制。有 3 个劳服技改项目列入省技改计划，5 个项目列入省科技进步计划。为进一步推动“一厂两制”劳服集体经济发展，省政府召开了全省劳服企业先进集体和个人表彰大会，20 户明星企业、81 户先进企业和一批明星企业家、优秀厂长经理受到表彰。经过全省上下的共同努力，劳服企业全年实现社会总产值 48.5 亿元（其中工业总产值 32.3 亿元），实现利税 4 亿元，分别比上年增长 10.29%和 17.36%。

七、劳动安全卫生监察职能得到进一步强化，安全生产形势基本稳定

甘肃省的安全生产工作，坚持贯彻“安全第一、预防为主”的方针，进一步强化劳动安全监察职能，加强对事故多发行业和地区、重点部位及设备的监督检查，对重大事故隐患，及时督促企业提出整改计划，限期整改；严格执行事故统计报告制度，加强事故的调查处理，使全省安全生产形势基本保持稳定。全年共发生企业职工伤亡事故 414 起，死亡 415 人，受伤 127 人，经济损失 776.1 万元，分别比上年降低 15.16%、15.13%、12.41%和 50.68%，重特大事故结案率为 100%。

职业安全卫生监察方面，完善了电梯、起

重机械安全监察的法规建设，严格进行工业建设项目的“三同时”监察，规范了特种作业人员培训、考核，对劳动防护用品生产厂家进行了资格审查，并对新工时制执行情况进行了调研。全年共检查检测电梯752台，起重机械1 646台，分别比上年增加72.5%和63.6%；共培训特种作业人员3 782人，复训2 030人。矿山安全监察以贯彻《矿山安全法》为中心，以监察重大事故隐患和职业危害为重点，加大了执法力度。在控制和严肃查处事故的基础上，参与了乡镇矿山的整顿，开展安全检测和技术咨询服务，进行矿长及特殊工种安全技术培训，保证了矿山的安全生产和从业人员安全技术素质的提高。锅炉压力容器安全监察侧重抓了在用和检验环节的安全监察，对锅炉压力容器设计、制造、安装、化学清洗等单位进行了资格认可和复审，对1.58万台锅炉和压力容器进行了注册登记，加强了对锅炉压力容器专业技术与操作人员的培训，全年共办培训班96期，培训1 771人。

八、劳动综合体制配套改革工作取得阶段性成绩

甘肃省劳动体制区域综合配套改革试点面扩大，五个省辖市和武威地区均成立了由政府、行署主管领导挂帅，劳动、经贸、体改、人事等部门参加的领导小组，制定了实施方案，进行了宣传动员。五市一地的实施方案上半年全部通过省厅审核批复，下半年整体进入实施阶段。省劳动厅还积极协助有关部门对国家和省上确定的32户现代企业制度试点单位的试点方案进行修改论证。为指导试点单位搞好试点，省厅出台了在建立现代企业制度试点单位做好劳动制度配套改革的意见，从劳动人事、工资分配、社会保险、职业培训、安全生产管理等方面提出了配套改革的重点，使劳动等项改革更加具体化，在实践中有了可操作性。

九、劳动法制建设再上新台阶

为使《劳动法》得到贯彻实施，甘肃省加快了劳动立法和执法监察步伐。在劳动立法方面，省政府先后出台了《甘肃省劳动监察暂行规定》、《甘肃省贯彻〈国有企业职工待业保险条例〉实施办法》等地方性规章；省劳动厅制定出台了《甘肃省农村劳动力跨省流动就业管理暂行规定》等一系列部门规章，使劳动法制建设正在逐步完善。在劳动执法监察方面，狠抓了监察机构的建立和监察法规制度建设，到年底，省地县三级劳动行政部门共建立劳动监察机构67个，占应建机构数的66.3%，配备专职监察员215名，有106名经过省厅培训获得监察员证。与此同时，省厅建立了劳动监察情况定期报告制度和劳动监察统计报表制度；公布了省劳动厅和14个地、州、市劳动行政部门劳动监察举报电话，开展了群众举报违法案件的受理和查处工作。全年共接到举报电话、信函130多件，受理70多件，结案20多件。认真开展了用人单位遵守《劳动法》情况大检查，采取普查与抽查相结合的方法，共检查各类企业5万户，涉及职工88.8万人，表彰64个单位，处罚124个违法单位，对87户企业责令整顿，警告或通报批评企业248户，还督促企业补缴了拖欠的社会保险基金，补发了拖欠职工工资，较好地维护了劳动者的合法权益。

（甘肃省劳动厅　杨有年　班玉环）

青 海 省

1995年，青海省劳动工作，在省委、省政府的正确领导下，认真贯彻党的十四届三中、四中和五中全会精神，围绕建立社会主义市场经济体制和现代企业制度，以全面贯彻实施《劳动法》及其配套法规为主线，以加快推行全员劳动合同制和以企业养老保险制度改革为主要内容的社会保险制度改革为重点，进一步解放思想，转变职能，完善各项配套改革措施，加大改革力度，整体推行了各项劳动制度改革工作。

一、推行全员劳动合同制工作取得突破性进展

根据《劳动法》和劳动部关于全面实行劳动合同制的要求，尽快明确了我省在两年内基本完成全面实行全员劳动合同制的任务，并相应提出1995年主要进行试点，总结经验，制定和完善配套措施，1996年全面推行的基本方案。此项工作从四方面入手进行并取得效果。一是积极宣传，形成气候，使劳动合同制度为企业和广大劳动者所接受。二是在广泛征求意见和反复修改论证的基础上，研究制定了《青海省人民政府关于实行全员劳动合同制的通知》，要求各地区、各部门按照方案有步骤、分层次地推进；并依据点面结合，整体推进的原则，确定了在不同所有制的43户企业先行试点，积累经验。三是及时召开全省全员劳动合同制试点工作经验交流会，认真总结推广试点经验，及时解决试点中存在的问题，以点带面，加快推行步伐。四是制定和完善配套措施，保证新制度的正常运行。年内相继制定并出台了《关于实行全员劳动合同制有关具体问题的通知》、《青海省招收聘用工人若干规定》等配套文件。年底前，各州、地、市除个别地区正拟定方案外，均已出台了全员劳动合同制实施方案。全省有40多户企业与职工签订了劳动合同，签订合同的职工达5万余人，加上原有的劳动合同制工人8.8万人，达14万人，占全省企业职工的32.8%。此外，签订集体劳动合同的试点业已进行。

二、以企业养老保险制度改革为主要内容的社会保险制度改革进一步深化

根据国务院国发〔1995〕6号文件确定的企业职工深化养老保险制度改革的目标要求，制定了《青海省深化企业职工养老保险制度改革办法》。

企业养老保险省级统筹进一步得到巩固和加强。1995年，进一步完善管理办法，使统筹范围不断扩大，社会化程度有所提高，保障力度逐步增强，社会效益得到充分体现。截至1995年底，全省参加统筹的企业已达1799个，在职职工240 019人，离退休人员64 912人，分别占国有企业和职工总数的98%和95%。参加统筹的1 700多户企业中，约有1/3的老企业直接受益。1995年全省收缴固定工养老保险基金20 010万元，与上年同期相比增长2.9个百分点；收缴合同制职工养老保险基金2 830万元，与上年同期相比增长22.8个百分点。两项基金支出20 170万元，与上年同期相比支出增长4个百分点。两项基金收缴率为80.15%。为了保障困难企业离退休人员的基本生活，根据省政府规定，分别向全省百余户无力缴纳养老保险基金的企业约15 300名离退休人员发放基本生活费1 180万元。这些举措，对于帮助困难企业渡过难关，保障离退休人员的基本生活，维护社会稳定，发挥了积极作用。同时，按照劳动部、财政部调整离退休人员基本养老金的精神，建立了离退休人员养老金正常调整机制，从1995年7月1日起离退休人员人均月增资近40元，一定程度上体现了社会公平。

医疗保险制度改革试点工作进展顺利。湟中县离退休人员医疗保险制度改革试点工作，在有关部门的通力合作下，取得了初步成效，管理办法逐步完善，医疗费开支得到控制。目前正依据社会统筹与个人账户相结合的原则，从扩大覆盖面入手，对原方案充实、完善，俟县人民政府批准后付诸实施。互助县的试点也正在起步。

失业保险方面，为适应劳动制度改革和劳动力资源的合理配置、流动的需要，在电力系统非国有企业中开展了失业保险试点工作，在全省城镇各类企业中安排部署了扩大失业保险覆盖面的情况调查，在开展研究、探讨扩大失业保险范围的基础上，草拟了《青海省城镇企业职工失业保险条例》。《条例》扩大了范围，提高了救济标准，突出了再就业的政策，强化了失业保险的功能。1995年初还对全省4 282名职工实施了一次性救济，投放救济金57万元，发挥了失业保险的积极作用，维护了社会的安定团结。

三、就业形势继续稳定

1995年青海省就业工作，以实施《劳动法》为统领，不断促进市场就业服务网络的建设，加快"两个工程"实施步伐、继续拓宽就业门路，鼓励、引导失业人员组织起来就业和自谋职业，确保了就业局势的稳定。

1. 以市场就业为导向，努力拓宽就业渠道。依靠城镇就业的观点已被打破，不少城镇失业人员已走进乡镇企业就业，私营企业就业和自谋职业的数量逐年增大。到1995年底全省城镇失业人员总数不超过4.5万人，比上年同期有所下降；全年安置城镇失业人员2.6万人，安置率为57%，年末失业率不超过2.4%。

2. 以培育和发展劳动力市场为中心，加强职业介绍工作。全省城乡职业介绍中介机构发展到170个，其中乡镇劳动服务站132个，东部农业区基本实现了城乡联网、服务有序的运行机制。职业介绍机构的评估工作亦同时展开。新制定的青海省职业介绍机构评估办法，定期对职业介绍的机构建设、制度改革、信息队伍及工作运行情况进行考核评估。一些促使劳动力有序流动的政策规定，如《关于核发青海省外来人员就业证的通知》、《关于建立招用外省农村劳动力和向外输出农村劳动力的指导性计划》、《关于加强劳动力市场建设做好流动就业服务工作的意见》等相继出台，为促进就业和劳动力合理流动提供了政策依据。

3. 实施"再就业工程"，促进失业职工再就业和企业富余职工分流安置。制定颁发了《青海省人民政府办公厅关于在全省实施再就业工程的通知》，提出了12条政策措施，旨在鼓励、引导失业职工再就业和企业富余职工分流安置。同时，对富余职工的分流安置情况和尚未安置人数开展了调查摸底，制定了企业富余职工情况统计制度，颁发了《关于深化失业保险制度改革，促进再就业工程工作的通知》，从过去单纯救济失业职工，到现在通过扶持企业生产自救，实现企业内部"失业职工"分流安置。失业职工再就业率达50%。

4. 加快劳服企业综合配套改革，提高经济效益，扩大安置容量。根据劳动部的要求，确定了我省两家劳服企业作为全国百家劳服企业股份合作制试点企业，通过明晰产权、建立管理新模式、改革分配制度等一系列举措以增强企业活力，进行了股份合作制的有益探索，促进了劳服企业经济效益的提高。1995年，劳服企业生产经营总额达7.2亿元，较上年增长1.4亿元。《青海省劳服企业综合配套改革试点方案》，报劳动部批复后，按照改革的目标和步骤正在组织实施。

四、劳动监察和劳动争议仲裁工作迈出较大步伐

为保证《劳动法》及其配套法规和规章的贯彻执行，依法维护企业和劳动者的合法权益，我省把全面开展劳动监察和劳动仲裁工作作为市场经济条件下劳动行政部门的一项紧迫而重要的任务来抓，主要是：一抓机构建设，全省县以上劳动行政部门已成立劳动监察机构36个，占应成立的63%；配置专职劳动监察员120名，兼职劳动监察员104名；成立仲裁机构41个，占应成立的72%，配置专职仲裁员257名，初步形成了劳动监察与仲裁处理机构的组织网络。二抓培训工作，举办劳动监察员培训班4期，培训人员269名；举办劳动仲裁员培训班4期，培训人员285名。三抓法规制度建设，研究制定并相继出台了《青海省劳动行政处罚管理办法》等规范性文件。四是会同有关部门开展了落实《劳动法》执法大检查工作。检查各类企业1 296户，检查涉及企业的职工总人数13.8万人。清退非法使用的童工38人；责令补签劳动合同5 124份，补办用工手续1 124份，补发职工加班加点工资14.9万元，补缴养老保险金65.8万元；通报批评违章企业57家。此外，还处理了各类举报、投诉劳动案件150件，协助有关部门化解了集体上访、罢工、游行事件18起。

五、劳动工资宏观调控机制初步建立，企业工资改革进一步深化

工资总额宏观调控实现了向改进完善后的弹性劳动工资计划的过渡，弹性工资计划的覆盖面由过去的国有企业扩大到全部企业。目前，全省5个地区、10个部门国有企业共22.98万人实行了弹性工资计划，占省属国有企业职工28.11万人的81.75%。工资基金的管理工作得到进一步加强，建立了省级工资基金管理台账。在企业工资制度改革方面，按照《劳动法》等法律、法规规定，充分落实了企业内部分配自主权，逐步建立和完善了宏观调控措施，强化了对企业内部分配的指导和服务职能。

1. 认真贯彻《劳动法》，研究制定配套的法规、政策。一是制定并出台了《青海省最低工资规定》，核定批准了各州、地、市最低工资标准；二是在继续实行工资总额与经济效益挂钩办法的同时，制定了《关于国有企业按“两低于”原则自定工资水平的试行意见》，并开始进行试点；三是继续规范企业工资福利管理，贯彻执行劳动部印发的《工资支付暂行规定》及补充意见。

2. 积极开展国有企业经营者年薪制试点工作。为配合现代企业的制度建立，落实我省《关于国有企业经营者年薪制试行意见》，与省经贸委、财政厅等部门对省山川机床铸造厂等六户企业的经营者年薪进行了审批。同时，制定了《关于制定国有企业经营者年薪制风险收入考核办法的参考意见》，督促试点企业主管部门按参考意见制定风险收入考核办法。

3. 加强了企业内部分配指导，继续推行并扩大了岗位技能工资制覆盖面。根据劳动部《关于国有企业工资内外收入监督检查实施办法》，对我省国有企业工资内外收入监督检查工作进行了安排部署。同时，对省机电厅等10个行业的国有企业、4户非国有企业的工资、津贴、奖金分配现状进行了调查、指导。根据劳动部的部署，还对50户国有、集体和“三资”企业的经营者工资收入情况进行了重点调查。岗位技能工资制试点面扩大，试点企业由上年的26户，增至为33户；职工人数由4.71万人，增至为5.28万人，为地方国有企业职工总人数的21.5%。

六、安全生产工作紧抓不放，安全生产形势持续稳定

按照“安全第一，预防为主”的指导方针，采取各种有效手段和措施搞好安全生产工作。一是加强安全生产教育，开展了全省第五次“安全周”活动，进一步强化和提高了全民安全生产意识。二是加强安全生产执法检查和锅炉压力容器安全监察。根据《矿山安全法》等法律、法规规定，对28个矿山企事业单位及主管部门的安全生产责任制落实情况、特种作业人员和矿长持证上岗情况、安全技术措施计划的落实情况等进行了重点检查，对13户建筑施工企业的24个工地进行了抽查。依法加强了锅炉压力容器的安全监察，认真做好安全检查和检验工作，有效地遏制了恶性爆炸事故的发生。三是加强对特种设备的检测检验和特种作业人员的培训工作，举办培训班16期，共培训3 952人。全年全省国有企业及城镇集体企业千人死亡率和千人重伤率，均在年初制定的控制指标内。

（青海省劳动人事厅办公室　黎霞）

宁夏回族自治区

1995年，我区各级劳动部门以贯彻落实《劳动法》为统领，全面开展了各项劳动工作和改革，经过一年来的努力，取得了显著成绩。

一、就业局势基本稳定，劳动力市场有序运行

1995年，经过各级劳动部门和就业服务机构的共同努力，全区城镇新就业人员2.07万人，城镇失业率控制在5.47%以内，基本保持了就业局势的稳定，为宁夏的社会稳定和经济发展作出了应有的贡献。

各级就业训练中心，把培训重点放在第三产业和失业职工及企业富余人员掌握一技之长上，在正常培训的同时，又重点开设了金融、保安、微机等新兴专业技术课程，为城乡求职人员和失业人员进入市场就业奠定了基础。全年累计培训各类人员1.5万人，培训就业率达85%以上。

全区四级职业介绍网络充分发挥劳动力市场的中介服务功能，积极为用人单位和求职人员提供服务。全年累计登记求职人员近3万人，介绍成功1.5万人，占城镇就业人数的50%以上。全区乡镇劳动服务站现已达到204个，占全区乡镇总数的48%。

《农村劳动力跨地区流动有序化工程》开始实施，全年累计发放流动就业卡1.8万张，务工许可证1.2万个，初步建立起了“信息导向、按需流动、凭证管理、全程服务”的新制度。劳务输出工作取得了显著的经济效益和社会效益，已成为南部山区脱贫致富的一项支柱产业。劳务输出人数比上年有较大幅度增加，全年累计达到34万人次，其中固原地区输出29.9万人次，收入1.5亿元，各级劳动部门有组织输出近1万人次。

劳服企业在激烈的市场竞争中得到进一步巩固和发展。全区劳服企业共计790家，从业人员近5万人，生产经营总值达8.5亿元，实现利税5 000万元，已成为推动我区第三产业发展，促进经济繁荣的重要力量。

二、社会保险制度改革进一步深化

根据1994年底全国城镇企业养老保险制度改革试点工作会议精神和《国务院关于深化企业职工养老保险制度改革的通知》精神，制定了《宁夏回族自治区深化企业职工养老保险制度改革实施方案》、《改革企业职工基本养老金计发办法的试行意见》。从1995年7月1日起，按新的计发办法发放离退休人员的基本养老金，并对企业离退休人员养老金作了适当的增加。截至目前，纳入自治区社会养老保险统筹的职工已达28万人，占全区应统筹职工总数的88%；离退休人员5.7万人，覆盖率达97%，参统率和覆盖率比1994年都有所增加。全年征缴养老保险金2亿元，征缴率为90%，支付离退休金1.8亿元，支付率为98%。

认真贯彻《宁夏回族自治区职工失业保险办法》，扩大失业保险范围，完善失业保险基金筹集管理制度，在保障失业职工基本生活的同时，最大限度地发挥了失业保险促进失业人员再就业的功能。截至目前，已有2 295个单位，302 119人参加了失业保险，覆盖了城镇所有企业职工和部分事业单位职工。全年共统筹失业保险基金800多万元，筹集率为95%，筹集金额比上年有较大幅度上升。为4 596名失业职工发放救济金220万元，其中通过各种渠道使3 900人重新获得就业，再就业率达到73.7%。

工伤保险改革在试点的基础上，加紧向面上推广。目前，工伤保险改革已在银川、石嘴山两市先行起步，取得了一定的社会效果。

三、加强企业工资分配宏观调控，改革工资制度

年初，顺利完成了1994年动态调控的弹性工资计划的检查考核和1995年计划方案的测算、制定和申报工作。自治区颁发了我区《最低工资规定》，全面实行了最低工资保障制度，确保了职工获得最低劳动报酬的权利。加强了《工资总额使用手册》的监督管理，目前全区执行《工资总额使用手册》的企业达2 000多家。继续推行企业工资总额同经济效益挂钩的办法。目前，全区实行工效挂钩的地方企业职工已达21.3万人，占地方国有企业职工总额的65.5%，比上年提高了3.8个百分点。加强企业内部分配管理，继续推行岗位技能工资制。截至目前，全区国有企业约有16万名职工实行了岗位技能工资制，占国有企业职工总数的40%，其中地方国有企业职工有11.8万人，占地方国有企业职工总数的36.3%。对上年扭亏或减亏的企业核增了工资，使核增工资的地方国有企业职工人数达到29.6万人，占地方国有企业职工总数的92.5%。

四、调整劳动关系加强劳动监察

以全面实行劳动合同制度为重点的劳动用工制度改革取得了突破性进展。自治区政府颁发了《实施劳动合同制度的意见》和《实施劳动合同制度办法》。在全区各级政府领导的重视和有关部门的大力支持和配合下，截至1995年底，全区签订劳动合同的职工达到42.9万人，占应签人数的82.4%，超额完成了国家下达的80%的任务，使劳动关系的建立基本实现了由行政手段向法律手段的转变。

全区30个劳动行政部门已全部建立了劳动监察机构，配备专兼职劳动监察员138人，初步形成了以专职为主，兼职为辅的劳动监察队伍。全区劳动监察执法形式多样，开展了常规监察、举报专察和专项检查。自治区、地(市)、县(区)三级劳动监察举报电话全部开通并向社会公布，部分市县设立举报信箱。据不完全统计，1995年全区受理查处举报案件121起。其中对银川市昌胜实业公司非法收取押金案件和宁夏ME公司劳务输出集体上访案的查处和在《宁夏法制报》、《银川晚报》上曝光，收到了较好的社会反响。

完善了劳动争议处理的法规规定，初步形成劳动争议处理的组织网络。1995年，发布了我区《企业劳动争议处理实施办法》，发展、完善了劳动争议处理制度，并通过贯彻落实这些法规规定，维护了正常的生产秩序和职工队伍的稳定。截至1995年底，全区共成立劳动争议仲裁委员会28个，组建率达到93.3%，培训考核认定了我区第二批劳动争议仲裁员88名，使全区劳动仲裁员增加到了198人。仲裁委员会认真接待职工申诉，依法妥善处理劳动争议。截至1995年底，全区各级劳动仲裁委员会共立案处理劳动争议案件88件，其中以调解方式结案的占85%，裁决结案的占15%，当事人不服向法院起诉的案件占裁决案件总数的61%。同时积极开展劳动合同鉴证工作。全年共审核鉴证各类劳动合同20.3万份，纠正违法无效合同5 223份，督促补签合同2.1万份，有利地维护了职工的合法权益。

五、职业技能开发取得了新成绩

1995年，制定了我区《机关、事业单位工人技术等级岗位工作实施办法》和《关于全区机关、事业单位工人考核有关问题的补充通知》，并于1995年11月召开了全区机关、事业单位工人技术等级岗位考核工作会议，对这项工作进行了具体安排和布署。对申请建立国家职业技能鉴定所的单位逐个进行了实地评估，批准宁大物理系等12个单位为国家职业技能鉴定所。对7个工种121名拟担任国家职业技能鉴定考评员的人员进行了集中培训、考核，有115人被聘任为国家职业技能鉴定考评员。组织开展了"全国技能月"以及全国焊工和家用电子产品维修技术大赛宁夏地区选拔赛。在9个行业20多个工种近万名选手中共评选出51名全区技术能手，并给予了表彰。

全区工人技师评聘工作进入正常化轨道。1995年在机械、商业、供销、水利、邮电等行业评聘技师221名，截至1995年底全区累计评聘技师已达1 561名。继续贯彻"先培训、后就业，先培训、后上岗"和"培训、考核与使用、待遇相结合"的原则，全年累计培训工人6万人次，有2 000多名技术工人经过考核取得了技术等级证书。技工学校等培训实体的改革不断深化，实行自主招生的技校由上年的两所扩大到了8所。进一步放宽照顾少数民族考生的政策，少数民族考生的录取率由1994年的15%提高到了1995年的16.7%。技工学校1995年招收新生5 005人，毕业5 130人，其中参加"双证"考核并取得技术等级证书5 082人，安置派遣毕业生4 295人。

六、劳动安全卫生取得新进展

1995年，开展了冬春安全生产大检查和第五次"安全生产周"活动。在这两次活动中，共检查2 044个单位，查处隐患4 441条，监督整改3 654条，有73个单位和部门被责令停产、停业整顿；对122个单位和个人进行了行政、经济处罚。组织21个行业部门，220个企事业单位近3万名职工参加了全国和全区"劳动安全卫生、消防、保险知识竞赛"，自治区和区的邮电、电力、交通三个部门荣获国家"优秀组织奖"。

加强劳动安全监察和执法力度，严肃查处伤亡事故。参与和监察了羊场湾煤矿、榆树沟煤矿、西北轴承厂等6家企业改扩建工程的施、竣工验收工作，以及锅炉压力容器使用环节的安全监察。对银川、石嘴山、青铜峡、吴忠四市16个建筑施工工地安全管理工作进行了检查，督促并指导各地对149起伤亡事故进行了查处，直接查处死亡3人以上的重大事故5起。全区有400多名事故责任者受到行政或经济处罚，有4名重大事故责任者被起诉。

国家新工时制度颁布后，及时制定下发了自治区《新工时制实施意见》和《实行不定时、综合计算工时制度审批办法》。截至1995年底，有50%的国有企业执行了新工时制度，有8个产业厅局和38家大中型企业，涉及100多个工种近7万多名职工实行了不定时或综合计算工时制。

劳动安全卫生、锅炉压力容器检测检验工作也取得新成绩。截至1995年底，检测检验各类在用电梯186部，新安装电梯38部，起重机1 458台；检验工业锅炉737台，固定式压力容器553台，定检率分别为100%和85%；检验各类气瓶3万多只，定检率约80%；检验汽车罐车34辆，铁路罐车2辆，定检率为100%。全年培训考核五类特种作业人员2 008人，复审4 695人；培训、考核司炉工1 291人，锅炉水处理人员253人，锅炉房管理人员195人，锅炉压力容器焊工98人，液化气罐车驾驶员30人，押运员33人。

七、积极指导配合劳动体制区域综合配套改革试点和建立现代企业制度改革试点工作

青铜峡市劳动体制区域综合配套改革试点工作取得了显著成效。全市84户企业，3.2万名职工，劳动合同签约率达到98%；失业保险由国有企业扩大到各类集体企业和行政事业单位的合同制职工，覆盖了80个单位，2.2万名职工；养老保险实现了一体化和“四统一”，企业离退休职工的离退休金全部实行了由银行代发；企业工资总额宏观调控措施得到了进一步加强，市属企业工效挂钩比重占到了71%；形成了以岗位技能工资为主的多种形式的工资分配办法，有37户企业经营者实行了年薪制试点；劳动力市场机制初步形成，职业介绍服务中心开业一年来，介绍就业1 519人，办理务工许可证2 500人，输出劳务200人。

全国百家现代企业制度试点单位之一的西北轴承厂制定了试点方案，提出了劳动工资、社会保险制度改革的意见。为推动自治区10家企业建立现代企业制度的试点，人事劳动厅会同自治区经贸委起草、制定了我区《现代企业制度试点企业劳动工资社会保险制度改革办法》。11家试点企业的改革工作已进入全面实施阶段。

八、抓紧地方劳动立法，初步形成地方性劳动法规体系

《劳动法》颁布以来，我区抓紧起草了一系列地方性配套法规，基本上形成了以《劳动法》为龙头，部颁规章为配套，地方法规规章为补充的劳动法律体系。1995年以自治区人民政府或办公厅名义相继出台了我区《锅炉压力容器安全监察规定》、《职工失业保险办法》、《最低工资规定》、《实施劳动合同制意见》、《实施劳动合同制度办法》、《劳动监察办法》、《违反劳动法规处罚办法》、《企业劳动争议处理实施办法》和《深化城镇企业职工养老保险制度改革实施方案》等9个规定和办法。

（宁夏回族自治区人事劳动厅　张斌）

新疆维吾尔自治区

1995年，新疆维吾尔自治区的劳动工作以《劳动法》为统领，紧紧围绕建立社会主义市场经济体制和新型劳动制度，解放思想，开拓进取，创新求实，正确处理改革、发展、稳定的关系，为自治区经济发展和社会稳定作出了积极的贡献。

一、加强劳动法制建设

1995年，在深化劳动制度改革中，确立了依法改革，依法行政的思路，围绕着改革中的重大问题，通过立法，不断完善地方劳动法规体系。全年，自治区劳动厅与有关部门制发了《新疆维吾尔自治区劳动监察员管理试行办法》、《新疆维吾尔自治区建筑业企业安全资格认证办法》、《新疆维吾尔自治区企业职工生育保险试行办法》、《自治区企业最低工资暂行规定》等20个政策规范性文件，从而加大了劳动执法力度，规范了执法行为，提高了执法水平。

在《劳动法》颁布一周年之际，通过多种形式，继续深入进行《劳动法》的学习和宣传活动。一是组织《劳动法》知识电视大赛。二是开展《劳动法》宣传周活动。三是拍摄宣传《劳动法》电视剧，区劳动厅与新华社新疆分社、天山电影制片厂联合摄制了十集宣传《劳动法》系列电视短剧《神圣的权力》。四是编写《劳动法》普法教材。区劳动厅将《劳动法》的主要章节编写成通俗易懂的教科书收入中小学生普法教材，收到很好的普法效果。五是举办《劳动法》学习班。

二、深化劳动制度改革

（一）加快步伐，全面实行劳动合同制。

1 月 19 日，自治区人民政府下发《关于全面实行劳动合同制度的通知》，决定用两年多的时间在自治区全面实行劳动合同制度。其中规定，1995 年自治区要有 40％的用人单位和劳动者实行劳动合同制度。按照自治区的改革部署，各地、各部门积极组织推行劳动合同制度，分别成立了由主管领导、劳资、工会、企改等有关部门负责人参加的改制工作领导小组，负责协调、指导和组织实施劳动合同制度改革工作。截至年底，自治区签订劳动合同的职工为 101 万人，占职工总数的 43.34％。其中有 3 个县和 1 600 个国有、集体企业已全部实行了劳动合同制度；4 个地、州、市签订劳动合同的职工达 60％以上；有 9 个行业、部门近 80％以上的职工与企业签订了劳动合同，基本实现了自治区人民政府确定的 1995 年的改制目标。

（二）社会保险制度改革不断深化，保险覆盖面进一步扩大。

1. 为了适应建立社会主义市场经济体制的需要，结合自治区实际，提出了深化我区企业职工养老保险制度改革的任务和目标，制定了《新疆维吾尔自治区城镇国有企业临时工、私营企业职工和个体经济组织、从业人员基本养老保险暂行办法》和《新疆维吾尔自治区城镇企业职工基本养老保险与个人账户相结合试行办法》，并在乌鲁木齐、昌吉、哈密、博尔塔拉 4 个地区试点。同时，自治区人民政府下发了《关于深化企业职工养老保险制度改革的通知》，劳动厅相继制定了《新疆维吾尔自治区基本养老保险覆盖计划》，并在全疆实施。截至年底，全疆参加基本养老保险社会统筹的企业 9 457 个，职工 69.5 万人。

2. 为维护企业女职工的合法权益，自治区劳动厅制定了《新疆维吾尔自治区企业职工生育保险试行办法》。生育保险实行属地管理，费用根据“以支定收、收支基本平衡”的原则实行社会统筹，企业按照其工资总额的一定比例向劳动部门所属的社会保险经办机构缴纳生育保险费，建立生育保险基金。同时继续进行工伤、医疗等保险制度改革试点；积极推进失业保险制度改革，建立全方位一体化的失业保险制度。

3. 为保障和逐步改善企业离退休人员的基本生活，1 月，自治区人民政府发出《关于调整企业离退休人员离退休金有关问题的通知》，要求各地对国有企业中 1993 年 12 月 31 日以前离退休和退职人员，从 1993 年 10 月起，根据不同情况分别按通知规定的标准增发离退休金和退职生活费。6 月，劳动厅又下文，给企业离休人员从 1995 年 7 月 1 日起，除按自治区人民政府办公厅规定标准增发离休金外，再按通知规定的标准增发补助费。7 月，劳动厅、人事厅、财政厅联合发出《关于调整 60 年代初期精减退职老职工生活补助费的通知》，其生活补助费在原规定标准的基础上增加 20 元。同时对自治区城镇低收入职工困难补助标准作了具体调整。

（三）稳步推行工资制度改革。

1. 建立企业最低工资保障制度。为推动劳动力市场建设与工资分配法制化，充分保障劳动者的基本利益，劳动厅于 1 月 12 日制定了《自治区企业最低工资暂行规定》。1 月 27 日，劳动厅经自治区人民政府授权，颁布了《自治区企业 1995 年最低工资标准及适用范围的通告》。根据当地县、市城镇居民消费品价格指数、就业者及其赡养人口的最低生活费用、职工平均工资、劳动生产率、城镇就业状况和经济发展水平等因素的实际情况，确定自治区各市、县企业最低工资标准分别为180、175、165、160、150元。

2. 改进和完善工效挂钩办法。为确保国有资产保值增值，增加国有资本的积累，1995年，自治区规定在原有工效挂钩办法的基础上，将国有资产保值增值指标作为考核指标之一，凡完不成指标的企业，当年不能计提新增效益工资或扣减当年工资总额基数。是年，有2 704户国有企业，62万名职工实行了工资总额同经济效益挂钩和工资总额包干办法，分别占自治区国有企业总户数的78.5%和职工总数的85.5%。

3. 制定自治区国有企业经营者年薪制试行办法。具体规定了经营者年薪收入主要由基薪和风险收入组成。在坚持效益优先、兼顾公平和风险利益一致的原则下，使经营者年薪收入水平既能够充分体现其生产经营成果和所负的责任，又要使其承担一定的经营风险，使之既有动力，又有压力。同时从1995年起，将国有资产保值增值指标的完成情况与经营者年薪收入挂钩，从而使经营者对国有资产保值增值真正承担起应负的责任。

4. 指导企业搞活内部分配制度改革。为搞好企业工资管理工作，指导企业进行内部分配制度改革，建立适合本企业的工资内部分配形式，制定了深化国有企业工资分配改革规定，在一定程度上指导和推动了自治区企业进行内部分配制度的改革。

三、抓好劳动就业，加强外来劳务工的管理

1995年，自治区就业形势稳定。各级劳动部门在抓好城镇就业的同时，突出地加强了农村劳动力跨地区流动就业工作。4月，自治区人民政府下发了《关于加强民工有序流动工作的通知》，实行了流动就业证制度，加强了对农村劳动力流动的调控、管理和服务。截至年底，有18万农村劳动力办理了《外来人员流动就业证》。同时劳动厅发出《关于招收使用农村劳动力(外来劳务工)实行计划管理的通知》和《关于在金融、保险等行业、岗位、工种不得招收招聘使用农民工的通知》，除对用人单位招用农村劳动力，逐步实行分类管理外，首批公布了金融、保险行业，党政机关的门卫、公勤人员，企事业单位的管理员、保管员、打字员等35个工种、岗位不得使用农民工。全区职业介绍机构发展到405所，登记求职达20万人，交流成功15.8万人，成功率为75%。100所培训中心培训结业6.9万人，比1994年增长16%。全区共有劳动就业服务企业2 984个，年生产经营总值35.8亿元，利润9 600万元，税金1.1亿元。全年城镇失业人员21.03万人(其中新增11.3万人)，安置就业10.25万人，年末结转10.24万人，城镇失业率为3.9%。其中，失业职工4 015名，安置2 773人，安置率为61.9%。除临时用工安置4万人外，非国有经济安置人数占安置总数的71%；按产业划分，第三产业安置人数占就业总数的66%。就业的所有制结构和产业结构基本符合产业结构调整的要求。

四、加快职业技能开发体系建设，改革技工教育

(一) 加快职工技能开发体系建设。经自治区人民政府批准，成立了自治区职业技能鉴定中心，从而规范了自治区职业技能鉴定工作。同时，劳动厅相继颁发了《职业技能鉴定实施办法》、《技师、高级技师鉴定办法》等7项规章制度；与工商局、个体劳动者协会、私营企业协会联合制定了加强对个体工商户、私营企业从业人员的职业技能培训凭职业资格证书上岗制度；统一印制了职业技能鉴定的申报、审批、成绩汇总、统计等表格及职业技能培训结业证书和岗位资格证书。截至年底，全区共建立了13个地、州、市级鉴定中心和80所鉴定站、所，其中，承担国家标准工种鉴定的站、所51个，行业标准工种鉴定站、所29个，初步形成了职业技能鉴定网络。全年共培训了30个工种的374名合格的职业技能鉴定考评员；有1 739人取得了高级工资格证书；确认了251人的技师资格和4人的高级技师资格。

（二）技工学校改革不断深入。自治区职业技能开发把技工学校、职业高中及职业培训实体作为推行“双证书”制度的重点。为建立和实行职业培训督导制度，对全疆40余所技工学校的教学工作进行了检查，促进了技工学校教学管理和教学质量的提高。对技校校长进行岗位培训，有63位校长获得合格证书。组织开展了技工学校学生爱国主义演讲比赛和全疆技工学校爱国主义思想研讨会；举办了技校烹饪、钳工、商经专业的技术比武和机械电子、纺织、建材、石化等行业技术工人岗位技能竞赛活动，其中20名技术明星，受到了自治区人民政府的嘉奖。为了配合技校政治教育和法制教育，组织编写了《法律知识读本》，填补了这项教材的空白。全年技校录取新生19 593人，分配毕业生20 765人。

五、强化劳动安全管理工作

为加强自治区劳动安全管理工作，劳动厅相继制定并出台了《自治区矿山安全监察行政执法程序》、《自治区非煤矿山安全条件认证办法》等9个政策规范性文件。在1994年认证的基础上，1995年，对伊犁州、巴州、克拉玛依市、兵团农四师职业安全卫生检测站进行了资格认可。目前，全区已成立开展工作的11个检测站均经资格认可，并取得许可证。同时，对8家矿山建设施工单位，9家矿山检测检验单位进行了安全资格的审查、考核。通过考核，对5家矿山建设施工单位、5家矿山检测检验单位进行了资质认证。此外，还开展了乡镇煤矿安全条件认证工作试点。对乌鲁木齐市内100多家矿山企业进行了审查、考核。经考核，对86个乡镇煤矿颁发了《矿山安全条件合格证》，对33个未达到标准的，提请市政府批准，给予停产整顿的处理。年初，由劳动厅、区人民政府法制局、区人大法工委、生产建设兵团联合组织开展了《矿山安全法》执法大检查，分别对5个地区、5个师、14个矿山企业就贯彻《矿山安全法》的情况进行了检查。4月，配合劳动部西北建筑安全检查团，对乌鲁木齐地区、昌吉州、石河子市的建筑企业安全情况进行了检查。继而，劳动厅、建设厅联合发出《新疆维吾尔自治区建筑业企业安全资格认证办法》。11月，区劳动厅、监察厅、总工会组织人力分3组分别对巴州、塔城、哈密、吐鲁番地区进行了安全大检查。通过一系列检查，促进和提高了各地区、部门、企业对安全生产工作的认识。

为理顺和协调关系，减轻企业负担，规范了矿长安全资格考核、培训、认证工作，重点协调解决了兵团、煤炭、乡镇等部门的关系，从而加强了培训管理力度，提高了质量，受到了矿山企业好评。为提高安全监察及管理人员的业务素质和执法水平，各级劳动部门全年培训各类人员11 900多人。

全年，各级劳动行政部门矿山安全监察机构调查事故237起，处理结案224起，结案率达87%。矿山企业发生一次死亡10人以上事故1起，死亡22人，与1994年相比，事故起数下降66.6%，死亡人数下降40.5%；非矿山企业发生职工伤亡事故424起，死亡217人，与1994年相比，死亡人数上升4.83%；发生锅炉压力容器重大事故5起，经济损失15万元，与1994年相比，重大事故和经济损失分别下降71.2%和22.9%。

六、加强劳动监察，依法处理劳动争议

（一）劳动监察工作取得了突破性的进展。为加强劳动监察工作，7月，经自治区人民政府批准，区劳动厅增设劳动监察处和劳动监察大队。到年底，自治区16个地、州、市已有15个经当地政府批准设立了劳动监察机构；82个县（市）已有60个设立了劳动监

察机构，并配备了劳动监察员；兵团系统已设立14个劳动监察机构。三级劳动监察网络正在逐步形成。为提高劳动监察员的素质，对400名劳动监察员进行了培训。

为使劳动监察工作按照规范化的程序行使职能，真正做到有法可依，有法必依，执法必严，违法必究，区劳动厅发布了《新疆维吾尔自治区劳动监察办法》；与财政厅联合制定了违反《劳动法》行政处罚办法实施细则；并征求自治区高级人民法院的意见，制发了自治区劳动监察工作程序试行办法；同时，还制定了自治区劳动监察员管理试行办法，并建立了劳动监察统计报表制度，进一步规范了劳动监察行为。

各级劳动监察机构全年受理各类群众举报案件3 000件，对2 228家用人单位进行了通报批评，对71家企业给予了处罚，责令41家企业停产整顿，有效地纠正了各类违反《劳动法》的行为，维护了劳动者的合法权益。

10～12月，按照劳动部的统一部署，组织了全疆范围的用人单位遵守《劳动法》大检查。全区共有11 471家企业进行了自查，各级劳动部门对其中的3 476家企业进行了全面检查，涉及职工人数达59.6万人，占自查人数的30%。对130家遵守《劳动法》的单位进行了表扬；对29家严重违反《劳动法》的企业给予了处罚；对98家企业进行了警告和通报批评；吊销非法劳务中介机构许可证7份；责令整改企业295家；下达劳动安全卫生监察指令书1 287份；清退非法使用童工53人；为60 280名劳动者补签了劳动合同；补办用工手续27 468人；查处拖欠7166名职工工资的企业，补发15 993万元；查处超时加班企业190家，补发加班工资91万元；查处拖欠社会保险金企业285家，补缴保险金5 551万元。

（二）依法处理劳动争议。随着《劳动法》的颁布实施，自治区劳动合同制进入全面推行阶段，各类劳动争议案件大幅度上升，案情日趋复杂，用人单位与劳动者之间的利益矛盾越来越多。各级仲裁机构结合新疆的具体情况，从探索办案新办法，改革办案庭审方式，提高办案效率入手，加强了组织机构建设，健全和规范了各项办案程序和规章制度，使全年的仲裁工作井然有序，准确地受理了各类案件797起，结案696起，结案率达87%。为配合自治区劳动合同制的全面实施，依法审查和鉴证劳动合同35.96万份。劳动仲裁工作的顺利开展，大大促进了自治区劳动关系的和谐和社会稳定，维护了用人单位和劳动者双方的合法权益，加强并规范了用人单位劳动管理的行为，保证了劳动制度改革的顺利进行。

（新疆维吾尔自治区劳动厅　何卫星）

工会劳动工作概况

工会劳动工作概况

1995年全国总工会保障工作系统坚持以邓小平同志建设有中国特色社会主义理论和党的基本路线为指导，以贯彻《劳动法》为契机和突破口，加大调查研究和参政议政力度，突出维护职能，积极协调劳动关系，努力为职工说话办事。重点抓了三个方面的工作：一是加强职工关心的热点和难点问题的调查研究，积极参与涉及职工切身利益的立法和相关政策的制定。主要对破产企业和失业、富余职工的安置问题、保险制度改革问题、困难企业职工生活保障问题等进行调查，提出了政策建议；在调查研究的基础上参与《社会保险法》、《社会救济法》的起草，以及与《劳动法》相配套的法律法规的制定。二是实施"送温暖工程"。年初开展了送温暖活动，全总书记处领导带队分七路到部分省市区慰问困难职工和困难企业；4月召开送温暖工程电话会议，交流了经验，部署了工作，而后在全国推动建立贫困职工档案、送温暖工程基金和促进失业、下岗职工重新就业等项工作。三是总结典型经验，培训干部，加强工作指导。重点抓了工资协商谈判、互助补充保险等方面的典型经验，帮助一些地方制定相关的指导性意见。

一、参与涉及职工切身利益的法律及政策法规的研究和制定

全总直接参与了《社会保险法》、《社会救济法》的调研和起草工作；对有关部门起草的《破产法》、《劳动合同法》、《就业促进法》、《失业保险法》、《集体合同法》等提出了完善修改意见；除参与立法外，还对涉及职工切身利益的政策法规，如《企业职工养老保险基金财务制度》、《劳动能力医学鉴定管理办法》、《关于机关事业单位工作人员因公伤亡认定处理暂行办法》、《职业介绍规定》、《残疾人就业条例》、《失业保险基金财务制度》等提出了补充修改意见。在参与制定上述法律、法规的过程中，作了较深入的调查研究，广泛收集企业和职工群众的意见，提出了许多较为符合实际的意见和建议，不少意见受到重视和采纳，比较好地代表和维护了职工群众的利益。

二、推行平等协商和集体合同制度

适时推出一批比较成功的试点经验，以点带面，推动集体合同制度积极稳妥的发展。着重对基层企业建立工资谈判机制和在集体合同中合理确定职工工资、劳保福利的有关条款进行具体指导。如建立必要的制度、程序、规则等，并对有关工资谈判的原则、内容、相关经济指标进行了重点指导，使工会在集体协商中，对职工工资、福利水平增长的要求，既体现在发展生产的基础上提高职工劳动所得的原则，又体现了市场机制决定企业自主分配，建立正常增长机制的要求，把企业经济效益、劳动力市场供求、同行业其他企业工资水平相联系，兼顾了国家、企业、职工个人三者利益关系。

三、调查研究困难企业职工生活保障和分流安置问题

5月全总、经贸委、劳动部联合在南京召开了"国有大中型企业富余职工分流、企业办社会转制问题研讨会"，会后签发了带有指导意义的会议纪要。7～8月全总联合经贸委、劳动部对辽宁等9省市双停亏损企业状况进行了调查，形成了《企业停工停产情况调查报告》，上报国务院引起重视。9月遵照国务院领导同志的指示会同经贸委、劳动部在西安

召开了“困难企业职工生活保障和分流安置工作座谈会”，研究讨论了相关的政策性问题。会后，与中央11家部委共同制定关于做好困难企业职工生活保障、生产自救和分流安置工作的若干意见，提出了一系列政策措施。一些省市总工会也就当前双停亏损企业拖欠职工工资和离退休金，职工失业、下岗待工情况，困难职工基本生活保障等问题作了较大范围的专题调查，为政府及有关部门采取解决措施提供了大量的事实依据和政策建议。

四、关于破产企业职工安置问题调查

为分析研究破产企业职工安置状况，全总与部分省市工会密切配合，于上半年在四川、湖南、湖北和上海等地十几个城市进行了调查，发现企业破产有五难。即破产企业中的老弱病职工安置难；破产企业职工有病就医难；失业保险基金保障难；破产企业资产变现难；一次性遣散的职工找工作难。在分析“五难”形成原因的基础上，提出了解决问题的政策建议：企业破产工作要积极稳妥地进行；各级政府应始终把妥善安置职工放在破产工作的首位；加快立法步伐，使企业破产工作逐步法律化、规范化；建立破产重组基金统筹，解决破产企业职工保障及就业安置问题；制定各种优惠政策，从政策上鼓励和保护社会各方面共同解决破产企业职工安置问题的积极性；工会在破产职工安置中应发挥积极主动的作用，利用自身优势，协助政府解决破产企业职工的重新就业和生活出路。同时，还对企业富余人员和失业职工再就业状况进行了调查，提出了政策建议。

五、推进建立与督促实施最低工资制度

为参与制定各地最低工资标准和具体实施办法，全总与各地工会保障工作部门进行了大量调查研究，并结合当地社会经济状况、劳动力供求状况、物价状况及职工平均工资、居民生活费用水平等情况进行了细致的测算工作，有力地推动了最低工资保障制度的建立与实施。目前，全国已经有28个省市区发布了本地区最低工资规定。一些地方工会在最低工资办法出台后，与政府有关部门对企业实施最低工资制度的情况进行了检查和指导。全总保障工作部今年在部分省市总工会的大力支持和配合下，对16个省市实行最低工资制度的情况进行了调查，形成了《目前实行最低工资保障制度的基本评价及对策建议》的调研报告，就进一步落实和完善最低工资保障制度提出了政策建议，并建立了各地最低工资制度实施情况台账。

六、积极促进社会保险制度改革

为了完善养老保险制度改革方案，同时指导地方工会参与这项改革，全总选择已开始养老保险改革试点的上海及浙江、广东两省的部分城市作了调查，通过对938名在职职工退休时养老金的测算、比较研究和利弊分析，形成了《关于基本养老保险实行社会统筹与个人账户相结合两种实施办法的对比分析》的调研报告，提出了各地在选择方案时应注意的问题。为了掌握医疗保险制度改革试点情况和问题，全总对国务院确定的江苏省镇江市和江西省九江市两个试点城市的运行情况进行了跟踪调查，形成了《关于九江、镇江医疗制度改革情况的报告》，为总结试点经验，完善改革方案提供了较好的材料。为研究企业自办医疗机构从企业中分离出去的问题，全总参加了由劳动部牵头组成的调查组，对这一问题进行了调查研究，并根据掌握的情况提出了意见。为加强社会保险基金监督机制建设，对国家相关机构的设立和运行操作问题提出了初步意见。

七、大力推进“送温暖工程”的实施

为推动“送温暖工程”的深入发展，今年全总向各地发出了《关于认真贯彻中央领导同志对实施“送温暖工程”批示的通知》，提出了加大实施“送温暖工程”力度的五条措施，并适时召开了全国工会“送温暖工程”电话会议，交流了经验，提出了新的工作部署。在各级党委、政府的重视和支持下，各级工会认真贯彻落实江泽民总书记和中央、国务院领导同志关于实施"送温暖工程"的批示精神，积极行动，落实规划和措施，"送温暖工程"在实现经常化、制度化、社会化方面取得了明显进展，主要有：1. 1995年元旦、春节期间的"送温暖活动"搞得有声有色。在这次"送温暖活动"中，各级工会共筹集资金7亿元，走访慰问了近5万户困难企业和500余万户困难职工家庭，产生了重大社会影响，取得了很好的社会效果。2. 扶贫帮困工作稳步发展。各级工会通过各种形式帮助生活困难职工开展生产自救活动，1994年至今年上半年共扶持困难职工家庭160余万户，已有40万户实现了脱贫；扶持的困难企业达5 150家，其中近3 000家不同程度地实现了扭亏为盈或减亏。3. 积极探索建立扶贫帮困机制。目前，在各级工会的组织推动下，党政领导干部联系困难企业和困难职工户制度在各地已经得到了比较广泛的推行；已有24个省市区部分城市建立了困难职工档案管理制度；"送温暖工程"基金组织进一步发展壮大，截至1995年底，省级基金组织已发展到20个，地市级基金组织160个，区县级基金组织500多个，基金总额达6亿余元，在很大程度上增强了工会为职工排忧解难办实事的能力。河北、辽宁、黑龙江、湖北、内蒙古、浙江、吉林、西安等省市建立了"特困职工证"制度，使一大批特困职工在购买粮油及生活用品、就业、子女上学、医疗、住房等方面享受了一定的政策优惠。

八、协助政府和企业分流安置失业和下岗职工

为缓解就业矛盾，各地工会为协助政府和企业分流安置富余人员做了大量工作。全国各地工会创办职业介绍机构120余个，成功介绍失业职工和下岗职工再就业近10万人次；对失业职工和下岗职工进行转业、转岗培训约80万人次；已有近40个城市工会兴办了扶贫解困集贸市场，安置失业、下岗职工临时性就业近5万人次。

九、职工互助补充保险事业进一步发展

全总保障部在全面推动职工互助补充保险事业发展的基础上，着重调查研究并总结推广了县以上工会和大型企业工会举办职工互助补充保险的经验，分别召开了研讨会。在各级工会的努力下，职工互助补充保险发展势头方兴未艾，组织数和参加人数不断增加，互助补充保险基金越来越雄厚，享受补充保险待遇的职工越来越多。一些地方的职工互助补充保险已由基层举办逐渐发展到县、市、省级举办。全国有4个省市级工会建立了职工互助补充保险组织。

十、退休职工管理服务工作

为了加强离退休职工管理服务工作，多为离退休职工排忧解难办实事，各地工会兴办了一大批退管服务经济实体，将所获利润的一部分用于兴办离退休职工生活娱乐设施和向生活困难离退休职工发放生活救济补贴，取得了较好的社会效益和经济效益。一些城市工会积极组织"贴心人服务队"、"送温暖志愿者服务队"活动，帮助离退休职工解决日常生活中的困难。仅北京、天津、石家庄三市今年来就组织了15万余名职工参加"贴心人服务队"活动，为孤老病残职工办好事近百万件次。

十一、探索职工疗休养事业改革的新路子

近几年来，由于受宏观经济环境、保险制度改革及疗休养院所机制不活、设施陈旧、布局及结构不合理和疗休养市场竞争日趋激烈等因素的影响，职工疗休养事业的发展遇到了前所未有的困难。为摆脱困境，寻求发展，一批职工疗休养院所加大了机制转换力度，进一步完善院长负责制，坚持"以事业养事业，以事业发展事业"的方针，积极创办特色，发展多种经营，在困难较为严重的情况下仍然创造了较好的经济效益和社会效益，提高了疗休养院所自身的经费自给能力和自我发展能力。为进一步推动疗休养院所改革，转换机制，7 月全总召开了全国职工疗休养事业工作会议，形成了深化改革、调整院所布局和结构、加强经营管理的总体思路，颁布了《全总关于职工疗休养事业面向市场，深化改革的决定》，对工会疗休养院所的办院方向、经营方针、经费管理、人事用工、结构和布局调整、设施更新改造等问题提出了具体改革措施。

十二、加强干部培训和工作指导

主要抓了以贯彻《劳动法》为主要内容的学习和培训，相当一部分工会保障工作干部参加了轮训。仅全总保障工作部就培训了 600 多名省市和大企业工会干部。全总疗养事业干部培训中心举办了院长及医疗、护理、统计等专业培训班，提高疗养院管理和专业技术人员素质，推动工作水平的提高。市县以上工会坚持立足基层、总结典型、以点带面、分类指导的工作思路和方法，切实加强了对基层工会保障工作的指导。对于基层企业推行集体合同、建立协商谈判机制的试点工作，组织了专门力量，深入企业，重点抓集体合同文本制定、重大问题的协商对话和开好职工代表大会这三个重要环节的指导，保证了推行集体合同工作健康顺利的发展。依法参与了对《劳动法》实施的检查监督活动，对企业的执行工作边检查、边指导，对严重违反社会保险规定、任意拖欠职工工资和违背工时规定等问题进行查处。2 月全总和国家计委联合召开全国物价监督检查工作会议以后，各地工会对职工物价监督检查队伍和机构作了调整整顿，职工物价监督检查工作进一步得到加强，为抑制物价过度上涨、稳定市场发挥了重要作用。

十三、职工疗休养事业表彰

几年来，工会疗休养事业适应发展社会主义市场经济的需要，不断深化改革，涌现出一批以市场经济为导向，开拓进取，办出特色，全心全意为广大职工服务，深受疗休养员欢迎的疗休养院。为表彰他们的业绩，进一步调动各级主管工会和疗休养院所广大职工的积极性，在 1987 年和 1992 年两次全国工会疗休养工作表彰的基础上，今年 7 月在广州召开的全国工会疗休养事业工作会议上，进行了第三次表彰。全国总工会授予北京市工人疗养院、丹东市职工疗养院、辽阳峨嵋工人结核病疗养院、齐齐哈尔市工人疗养院、上海市总工会屏风山工人疗养院、浙江省总工会双龙工人疗养院、青岛湛山疗养院、开封市工人疗养院、广东省第二工人疗养院、广州市工人疗养院等 10 个工人疗休养院“模范疗休养员之家”称号；授予天津市第一工人疗养院、石家庄市总工会白鹿泉职工疗养院、山西忻州温泉工人疗养院、大连市老虎滩工人疗养院、黑龙江省五大连池工人疗养院、上海市工人疗养院、江苏省无锡太湖工人疗养院、江苏省常州工人疗养院、杭州市总工会云栖工人休养院、安徽省泮汤温泉工人疗养院、福建省金鸡山工人温泉疗养院、江西省宜春温泉工人疗养院、河南省工人温泉疗养院、湖北省宜昌平湖工人疗养院、湖南省总工会邵阳职工疗养院、广东省第三工人疗养院、四川省总工会重庆杨家坪工人疗养院等 17 个工人疗休养院“先进模范疗休养员之家”称号。同时，全总保障工作部表彰了黑龙江、上海、浙江、河南、湖南、四川等 6 个省级工会疗休养事业主管部门和沈阳、哈尔滨、常州、杭州、广州等 6 个市级主管工会，并表彰了北京市工人疗休养院财务科等 104 个模范集体、朱桂云等 292 名先进工作者。

十四、全国工会保障工作会议

全国工会保障工作会议于 11 月 15 日至 17 日在广西北海市召开。会议介绍交流了一年来各省、自治区、直辖市总工会保障工作的进展情况和主要经验，部署了 1996 年工会保障工作。全国总工会副主席滕一龙在会上作了题为《认真做好工会保障工作，在改革发展稳定中发挥积极作用》的讲话。滕一龙强调，认真学习领会党的五中全会精神，正确把握形势，洞察未来的机遇与挑战，增强历史责任感和时代紧迫感，用五中全会精神指导工会保障工作，是做好工会保障工作的重要前提。他着重指出，1996年，全国工会保障工作要继续坚持以党的基本理论、基本路线、基本方针为指导，以困难企业职工生活保障和企业富余人员、失业职工的分流安置工作为重点，进一步贯彻实施《劳动法》，推动劳动工资和社会保障制度改革，为职工排忧解难办实事，维护职工合法权益，在改革、发展、稳定中发挥积极作用。他提出，1996年工会保障工作的重点是：(一)进一步贯彻落实《劳动法》，在保障工作领域逐步建立系统维护的新格局；(二)加大实施“送温暖工程”的力度，尽心尽力为职工解决实际困难；(三)适应经济体制转轨的要求，积极推进劳动、工资、社会保险制度改革；(四)加大疗休养事业改革的力度，办好职工疗休养事业；(五)努力加强工作指导，协助有关部门搞好保障工作干部的培训。

(全国总工会保障工作部　张建国)

劳动体制改革专文

关于山东、广东、北京、成都等若干省市贯彻落实《劳动法》情况的调查(摘要)

劳动部赴19城市联合调查组

为全面调查了解各地贯彻实施《劳动法》的进展情况和存在的问题,研究分析当前的形势和明年的工作思路,1995年八、九月份,部法规司、办公厅等八个司局组成三个调查组,分赴烟台、威海、西安、延安、广州、中山、珠海、深圳(第一组);兰州、宝鸡、成都、黄石、北京(第二组);保定、安阳、新乡、南昌、株洲(第三组)等市和地区进行了一次大范围的综合调研。10月底,法规司又派人赴黑龙江省哈尔滨市进行了调查。调查结束以后,三个调查组向部贯彻实施《劳动法》协调小组汇报了有关情况,并结合对五中全会精神的学习,就"九五"贯彻《劳动法》的基本思路以及明年的工作重点进行了研究。现将有关情况和建议报告如下:

一、基本情况

(一)落实1995年实施《劳动法》阶段性目标取得较大成效

全国贯彻实施《劳动法》工作会议之后,各地采取措施,全力推动《劳动法》的贯彻实施,1995年贯彻《劳动法》的阶段性目标正在逐步得到落实。这是值得肯定的一方面。另一方面,各地区、各城市之间进展不平衡,一些地区在建立劳动合同制度和劳动监察制度方面与今年的阶段性目标要求之间存在着一定的距离。

1. 建立劳动合同制度在部分城市已经基本到位,但也有部分省市进展缓慢。

基本建立劳动合同制度,是1995年贯彻实施《劳动法》的一项基础工作和阶段性目标。各地在推动劳动合同制度的建立方面都取得了较大进展,但不同地区之间建立劳动合同制度的进展极不平衡。深圳、烟台、威海、安阳四个城市目前已基本落实到位(实行劳动合同制度的比例都在98%以上),保定、黄石、新乡、宝鸡等城市实行劳动合同制度的比例也都已经达到80%以上,其他城市由于种种原因,进展相对缓慢,如广州为39.42%,珠海为40%,北京为40%,成都为45%,南昌为45%,哈尔滨为52.5%。省与省之间也不平衡,9月份,广东省为83.6%,山东省为84%,河北为85.4%,陕西省为62.3%,黑龙江为53.3%,甘肃为38.3%。据了解,主要是由于在推行劳动合同制度过程中,遇到以下几个方面的问题:(1)森工、军工、煤炭等困难行业和困难企业,停产半停产企业建立劳动合同制度存在较大难度,企业和职工积极性都不高,劳动部门强行推行遇到很大阻力。黑龙江省14户军工企业中目前只有两户企业签订了劳动合同,煤炭企业没有一户企业全面签订劳动合同。(2)非国有企业建立劳动合同制度进度慢于国有企业,一些外资企业、乡镇企业特别是私营企业招用工人不签合同的现象还比较多。(3)中央企业没有与地方企业同步实行劳动合同制度,这一问题在株洲市反映尤为突出。(4)部分企业反映劳动关系不好解除，劳动合同到期不能终止，医疗期满又不能胜任工作的不敢解除合同。(5)劳动与人事的管理尚未完全理顺，人事部门还继续给企业下转干(聘干)指标。

2. 最低工资保障制度已基本建立起来。所调查的省市，除甘肃省外，均已发布了最低工资标准。广东省几个城市的最低工资标准普遍较高，广州市、中山市均为320元，深圳市、珠海市均为380元。而其他城市除北京(240元)、西安(200元，其所辖部分郊县为150、125元)外，其余城市最低工资标准均在190元以下，其中延安最低，为150元、125元两类标准。针对部分困难企业难以执行最低工资制度问题，多数地方在发布最低工资标准的同时作出了特殊规定，如陕西省规定，确有困难的企业可以申请暂缓执行最低工资标准，由地市一级政府批准。

3. 建立劳动监察制度的步伐明显加快。各地劳动部门普遍认识到了劳动监察对贯彻实施《劳动法》的重要作用，抓紧建立机构，配备人员，开展劳动监察工作。广东省已普遍建立省、市、县三级监察机构，其中深圳市在全国最早建立劳动监察机构(事业编制)，劳动监察工作已进入规范运作阶段，广州、珠海、中山等城市劳动监察制度也都已经建立起来，并且配备了比较先进的设备和手段。其余城市多数已经建立了市、区、县三级劳动监察机构。各地劳动部门在抓紧建立机构、配备人员的同时，积极开展劳动监察工作，纠正了大量违法行为，依法维护了劳动者和用人单位的合法权益。劳动监察机构还承担了处理罢工、集体上访的任务。如广东省各级劳动监察机构今年已平息425起罢工事件、846起集体上访。

调查中了解到，一些机构改革起步较慢的地区，劳动监察机构还没有建立起来，如陕西省因为受机构改革的影响，目前只有省及部分地市县建立了劳动监察机构，还有相当一部分市县没有建立机构，延安地区12个市县中只有4个市县建立了机构，西安市也有部分区县没有建立专门机构。黑龙江省也因为机构改革还没有完，许多地市县还没有建立专门机构，但多数已经明确了工作机构。一些刚建立劳动监察机构的地方反映，虽然劳动监察机构建立了，但人员编制很难落实，不少地方是监察和仲裁一套人马两块牌子。经费也没着落，强制执行缺乏应有的法律手段。

4. 在落实基本劳动标准方面，最低工资标准、女职工特殊保护标准落实情况较好，工时标准落实难度较大。从所调查城市的情况看，随着《劳动法》的实施，企业执行劳动标准的自觉性有了很大的提高，多数企业都能够根据法律规定落实各项劳动标准，维护职工的合法权益。在执行劳动标准方面没有到位的企业，多数是由于存在暂时难以克服的客观原因，能够落实劳动标准而不去落实的企业是少数。

(1) 最低工资标准在多数地区、多数企业已经基本上得到贯彻。深圳、珠海两个城市的最低工资标准在全国是最高的，但据劳动部门反映，企业执行这一标准没有什么困难，问题是有的企业故意拖欠工资。广州、中山、烟台、威海等城市也反映企业执行现行最低工资标准没有太大的困难。而内地一些省市则反映部分经营状况存在严重的困难的企业执行最低工资标准有困难，如陕西省经批准暂缓执行最低工资标准的国有企业363户，其中西安市50多户，延安地区44户。南昌市劳动局反映，由于在制定最低工资标准时过于考虑到与其他省市的平衡，最低工资标准定得偏高(190元)，结果颁布以后许多企业执行不了最低工资标准，其中二轻系统有半数以上的职工所领工资达不到当地的最低工资标准。黑龙江省虽然制定了最低工资标准，但考虑到大量企业执行不了，所以今年没有对外公开发布，主要是担心公布以后会引起社会不稳定。拖欠工资问题在沿海和内地都程度不同地存在。广东省反映，一些外商投资企业老板拖欠工人工资后逃跑，有的甚至连机器设备都拆运走了。黑龙江企业大面积亏损(70%)，拖欠工资问题很普遍，其中89户森工企业中有70多户存在拖欠工资问题，有些特困职工基本生活已经受到影响。

(2) 女职工和未成年工特殊劳动保护标准落实工作取得较大进展。多数国有企业和比较大的外商投资企业，都能够执行女职工和未成年工特殊保护规定，一些企业对女职工的保护比国家的规定还优惠。但有些乡镇企业、外资企业、私营企业执行得不好。据广州市劳动局反映，一些乡镇企业和部分外资企业，其女职工保护情况与国有企业反差很大，尽管这些企业多以女职工为主，但企业领导往往忽视对女职工的保护，女职工四期保护得不到落实，女职工卫生设施缺乏，一些企业甚至不安排产假。另据南昌市劳动局反映，在一些纺织企业，由于女职工过于集中，按规定不能上夜班的女职工太多，企业难以严格执行。黑龙江省劳动局反映，一些乡镇企业、外资企业、私营企业不给职工提供应有的条件，有的不发任何防护用品，有的不负责伤病医疗。企业非法招用童工问题仍时有发生，中山市上半年清退童工62名。

(3) 工时标准的落实情况比较复杂，从总体上说，国有企业好于外资企业，内地城市好于沿海城市。北京、株洲、兰州、黄石等城市多数企业已经实行了五天工作制(北京60%、株洲67%、兰州65%)。黑龙江省对26 896个企业的调查表明，有55.96%的企业执行了(或今年准备执行)新工时标准。广州市市属企业中实行五天工作制的企业也已达到62%。烟台、安阳、新乡落实新工时制度的情况相对差一些，分别只有30%、20%、37%的企业实行了新工时标准。深圳、珠海市只有部分国有企业实行了五天工作制，外资企业及部分国有企业仍然实行五天半工作制，据调查了解，这些企业都要到1997年5月1日以后才会执行五天工作制。关于超时加班的限制性规定，在沿海地区的一些外资企业也难以落实。据广东省几个城市的劳动部门反映，相当多的外资企业，特别是搞来料加工的企业，只顾追求经济效益，为赶货赶工安排工人加班加点，加班时间累计都超过《劳动法》所规定的36小时的界限，而且不按规定支付加班工资的现象比较严重。黑龙江煤炭企业目前仍实行48小时工时制度。

(二) 区域综合配套改革试点城市率先落实《劳动法》成效明显

为推动《劳动法》的全面贯彻落实，部里今年多次提出要在全国十几个区域综合配套改革(以下简称"区域改革")试点省市率先全面落实《劳动法》。正是出于这样一个考虑，这次所选择的19个城市多数属于区域改革试点单位，其中，北京、深圳、成都、烟台、威海、黄石、保定、株洲、安阳是我部确定的全国区域综合配套改革试点城市，其余城市多数是地方确定的区域改革试点。从调查的情况看，各区域改革试点城市将推进区域改革与贯彻实施《劳动法》有机结合起来，通过不断深化改革为《劳动法》的全面贯彻落实创造条件，通过贯彻实施《劳动法》促进劳动体制改革的不断深化，取得了明显的效果。与此同时，这些城市从当地的实际情况出发，大胆试验，整体推进劳动领域各项改革，在事关改革全局的一些重点和难点问题上进行了积极探索。

1. 区域改革试点城市落实阶段性目标的进展快于非试点地区。(1)在建立劳动合同制度方面，8月底全国实行劳动合同制度的职工占职工总数的比例为63.6%，而全国十几个区域改革试点城市中，除北京、成都(两个城市签订合同的时间安排在四季度)外，其余试点城市实行劳动合同制度的比例都高于全国水平，其中烟台、威海、深圳、安阳已经提前实现全面建立劳动合同制度的目标，山东(82%)、广东(73%)这两个省级区域改革试点单位，以及黄石(90%)、保定(80%)、株洲(70%)等试点城市，都快于全国的进展速度。

(2)在建立劳动监察制度方面，所有试点城市都已经建立起市、区、县三级劳动监察机构，也快于全国的进展速度。(3)在落实工时标准、最低工资标准、女职工劳动保护标准方面，尽管仍存在一些问题，但总的说来进展较快。这些情况表明，区域改革试点地区已经向率先全面落实《劳动法》迈出了坚实的一步。

2. 大力推进社会保险制度改革，建立和完善一体化的社会保险体系。在所调查的城市中，烟台市的社会保险制度改革颇有成效，目前已经初步形成了包括养老、失业、医疗、工伤和女职工生育保险的一体化社会保险体系。(1)在养老保险方面，将城镇各类企业、所有职工都纳入了统筹范围，统筹基金按一个比例收缴，养老待遇实行了与社会平均收入及个人缴费工资挂钩，实行了社会养老保险一体化。目前，按照国务院、劳动部的改革思路，吸取国务院提出的两个方案的优点，结合实际，初步形成了养老保险金社会统筹与个人账户相结合的方案。(2)在失业保险制度改革方面，扩大了范围，由原来的国有企业和县以上集体企业扩展到外商投资企业、股份制企业及乡镇、私营企业中经劳动部门办理手续的合同制工人，提高了基金收缴标准，实行单位和个人合理缴费的制度。基金实行了市级统筹，统一核算，分级管理，《劳动法》实施以来，进一步探索出融激励、保险、约束机制于一体，并与法制、经济和行政调控手段相结合的失业保险改革的路子，主要是提高收缴的比例和救济程度，增强失业保险的保障能力。基金收缴的比例由职工工资总额的1%提高到1.2%，个人缴费由0.5元提高到1元。失业救济发放按当年全市最低工资标准的70%。(3)在医疗保险制度改革方面，探索并建立起社会统筹医疗基金、职工个人医疗账户金和企业医疗调剂金三位一体改革模式，即：暂按上年度企业在职职工工资总额与离退休人员离退休费总额二者之和的10%提取医疗保险基金，基金的30%用于社会统筹医疗费，50%用于分配职工个人医疗账户金，20%作为企业医疗调剂金。医疗费由每人5元提高到10元。株洲市的社会保险制度改革也取得了较快进展。在养老保险制度改革方面吸取了国务院提出的两个方案的优点，结合本地实际，明确规定基本养老保险实行社会统筹和个人账户相结合。在社会保险管理体制上实现了“四个统一”，即社会保险由劳动部门统一指导和管理；制定了统一的保险政策，包括征缴基数和比例，保险待遇和支付标准；实行了基金的统一调剂使用；实行了人、钱、事的统一管理。

调查中，各地反映保险基金收缴难的问题比较严重。据新乡市反映，保险金收缴难主要有以下几方面原因：(1)新企业和垄断性行业企业的厂长、经理有短期行为，认为交了保险暂时也得不到回报；(2)经济效益不好的企业交不起保险金；(3)企业感到负担过重，能交得起的也向保险部门讨价还价；(4)缺少有效的制约措施，对不交保险金的缺乏相应的处罚办法；(5)企业多头设立账户，银行配合不佳。此外，各地保险金的管理不统一，也给职工跨地区的流动造成一定困难。政府挪用、保险部门乱用保险金的现象还时有发生。

3. 推动国有企业改革，分流安置企业富余职工。随着改革的深化，企业富余人员的人数不断增加，据安阳市统计：国有企业富余职工有2.4万人，占国有企业职工总数的12.8%。据对203个企业的调查，放假的富余人员占富余人员的比例高达83%，其中放假一年以上的占放假职工人数的58.9%。从所调查的城市的情况看，各地分流安置富余职工主要有以下几种做法：一是把住用工的“入口”关，除按计划接收大中专学生和复转军人外，不录用新人；二是对接近退休年龄的职工实行“内退”，有的是“一刀切”，有的是“切”一部分；三是在实行劳动合同制度中，同一部分职工签协议，倡导息工、放假，在保持劳动关系的情况下，个人通过各种方式自谋出路；四是组织一部分富余职工开办第三产业；五是建立企业内部劳动力市场，对待业人员进行培训，开展内部结构性的余缺调剂，并组织对外劳务承包。

4．探索企业工资改革的新路子，加强工资宏观调控。烟台市推行了“两控一活四挂一通过”的工资分配管理办法。“两控”，即上控企业工资总额；下控职工最低工资保障标准。“一活”，即企业在工资总额和最低工资保障调控范围之内，对内部的工资分配享有充分的自主权，政府不进行直接干预。“四挂”，即推行工资与岗位、技能、贡献和企业效益“挂钩”的分配制度。“一通过”，即企业内部分配方案必须经过职工代表大会通过。新乡市全市有85％的国有企业实行工效挂钩，与此同时，又在11户国有大中型企业进行了“两率”调控试点（即企业提取的工资总量与实现税利之比率，不得超过核定的利税工资率；人均实现工资增长率，不得超过核定的净产值劳动生产率的增长幅度），效果比较明显。深圳市在落实企业工资分配自主权的同时，加强工资宏观调控，建立了“双控”体系，既调控工资总额，又调控工资水平。对工资总额按“两低于”的方式进行调控，对工资水平则采取“控两头、调中间”的办法进行。“控两头”即通过最低工资制度保障员工基本生活，运用个人所得税调节高收入。“调中间”即通过制定颁布工资指导线引导企业进行合理的工资分配（今年的工资增长基准线为18％，预警线为25％）。

5．集体合同试点开始起步。所调查的城市，多数都选择了数量不等的企业进行了集体合同试点，其中新乡最快，已有29家企业、2.6万职工签订了集体合同，其中国有企业16家。保定市有10家企业签订了集体合同。安阳确定了8个试点企业，其中4家企业已签订集体合同。北京市有13家市级试点企业已经签订了集体合同，其中8家企业的集体合同文本已经劳动部门审核批准，各区、县、局确定的试点单位正在进行准备工作。烟台市在15个行业中选择了17户外商投资企业进行集体合同试点，职工总数6 800多人。相比之下，深圳、珠海等地对集体合同试点持十分谨慎的态度，深圳蛇口作为全总抓的试点，目前也只有10家企业签订了集体合同。珠海市尚未进行试点。黑龙江省目前还没有一家企业签订集体合同。总的印象是，工会系统对集体合同持非常积极的态度，党政领导、劳动部门以及经贸委等部门对集体合同持比较慎重的态度，部分经营者则持消极态度，有的甚至坚决不同意搞集体合同。

6．积极培育和发展劳动力市场，认真实施“再就业工程”。各试点城市把加强职业介绍机构建设作为培育和发展劳动力市场的首要任务，构建了融信息咨询、失业登记、职业介绍、劳务输出等多功能为一体的综合性的劳动力市场，基本形成了以市级综合性职业介绍机构为中心，以县（市）、区职业介绍机构及街道、乡镇劳动服务站为依托，以各类民办职业介绍机构为补充的覆盖城乡、统一运作的劳动力市场网络体系。为配合国有企业改革的深入进行，各试点城市都组织实施了“再就业工程”，一是把职业介绍的重点放在推荐失业职工重新就业，分流企业富余职工上；二是就业培训重点向失业人员和富余职工转移；三是做好破产企业职工以及失业职工安置或失业救济工作，取得了较好的效果。与此同时，劳服企业综合配套改革试点以及股份合作制试点也取得了初步进展。

从调查的情况看，这些城市在就业方面也面临着严峻的压力，劳动力供大于求的矛盾依然十分突出，企业改革和重组又给就业工作带来了新的压力，而就业渠道吸纳能力减弱，亟待拓宽新的就业领域。

（三）对当前实施《劳动法》形势的总体估计

根据对19城市的调查和分析，我们对当前贯彻实施《劳动法》的形势有以下几个方面的基本认识：

第一，《劳动法》的贯彻实施越来越受到各级领导和各有关部门的重视和支持，各地劳动部门对贯彻实施《劳动法》工作是认真的，多数地区不等不靠，积极主动地采取措施推动各项工作的开展，《劳动法》在劳动工作中的统领地位已经得到体现，《劳动法》的社会地位和影响越来越大。

第二，落实1995年的阶段性目标已经取得较大进展，正在向着完成目标的方向顺利推进。劳动合同制度、最低工资制度、劳动监察制度的建立在许多地区已经初步到位，主要基本劳动标准在多数企业正在逐步得到落实，企业遵守劳动法律法规和职工运用劳动法律维护自身合法权益的意识有所增强。

第三，各地进展不平衡，沿海地区、经济发展和改革基础较好的城市和地区，改革力度较大，劳动合同制度、最低工资制度和劳动监察制度进展较快，劳动标准的落实也相对较好（但工时标准的落实在沿海城市特别是深圳、珠海、中山等城市存在突出问题）。相反，内地一些经济发展比较落后、改革基础较差的城市和地区，三个制度的建立和三项标准的落实则相对进展较慢，完成今年的阶段性目标仍需付出艰苦的努力。

第四，从这次调查看，随着一大批配套规章的制定和颁布，特别是在“100条意见”（《关于贯彻执行〈劳动法〉若干问题的意见》）下发以后，实施《劳动法》所遇到的政策方面的难点问题相对减少，但是，体制问题、改革不配套等方面的问题依然没有得到很好的解决，对实施《劳动法》的影响相对越来越突出。如企业人事制度与劳动制度的政策和管理体制不统一，对劳动合同制度的推行产生不利的影响；各项改革进展不平衡、不配套，也制约着《劳动法》的贯彻。此外，《劳动法》的宣传还存在“死角”，个别领导和经营者在思想观念上还存在模糊或错误的认识，劳动执法在一些地区还受到不应有的干预。如中山市个别乡镇领导要求劳动监察机构进行监察时，须先获得批准，未经批准不得对企业进行劳动监察。惠州市一位副市长，甚至要求劳动执法检查中发现违法问题，应统一报政府后才能作出处理。

总之，《劳动法》的贯彻实施已经开了一个好头，劳动关系的建立和调整开始进入法制化轨道，各项制度的建立和劳动标准的落实已经取得较大进展，1995年的阶段性目标经过努力是可以完成的。但是，各地进展不平衡问题也很突出，工作还存在着许多亟待解决的问题，完成今年的目标仍需付出艰苦的努力。

值得注意的一点是，这次所调查的城市，多数属于经济发展和改革基础较好的，根据从其他渠道得到的信息看，其他一些更困难的地区工作进展状况与这次调查的城市差距更大。由此可见，要全面完成1995年的阶段性目标，任务依然十分艰巨，需要采取一些更得力的措施推动工作目标的落实。

以贯彻实施《劳动法》为中心探索开展劳动监察新路子

湖北省劳动厅　李辉轩

运用劳动监察手段，加强劳动监察执法，是《劳动法》得以贯彻实施的重要保证。为了促进《劳动法》的贯彻实施，1995 年我省在不断加强劳动监察机构队伍建设，建立健全制度的同时，加大劳动监察力度，截至 9 月底，全省对 10 886 家用人单位进行了劳动监察，涉及职工 56 万人，立案查处各种违法案件 1 287 起，结案率为 70%；督促用人单位签订劳动合同 13.4 万份；补(赔)偿职工工资 213 万元；补交各种社会保险金 1 820 万元，较好地促进了《劳动法》的贯彻落实。我们的主要做法是：

一、抓好舆论宣传，树立新观念，履行劳动监察新职能

劳动监察是项新工作，开始时许多人不了解、不理解，甚至有误解。有的认为，开展劳动监察是沿海的事，在内地没必要；有的认为，现在企业用工自主，还搞什么监察，这是劳动部门放权后又收权，甚至认为是劳动部门搞创收的渠道；在劳动部门内部也存在一些畏难情绪。对此，厅党组认识明确，态度坚决，在各种会议上，在工作部署中反复强调：解放思想，转变观念，树立市场经济是法制经济的思想，开展劳动监察是《劳动法》赋予劳动部门的重要职能，是依法管理劳动工作的具体体现，是培育和发展劳动力市场体系的重要措施，是劳动部门开拓新领域，开创新局面的有力手段，也是贯彻实施《劳动法》的重要保证，使全省各级劳动部门增强了依法开展劳动监察工作重要性的认识。与此同时，我们积极采取多层次、多形式、多渠道的方式广泛向社会宣传劳动监察的目的、意义、内容、方法和要求。除了在学习宣传《劳动法》活动中进行宣传外，我们还就劳动监察工作进行专题宣传。我省劳动监察规定出台后，先后两次召开省直各企业主管部门和大中型企业的劳资干部、有关部门和新闻界同志参加的座谈会，省厅主要负责人亲自对规定作宣讲，并将规定在报纸上刊登，在电视和广播中宣传，同时编印了 10 000 册《劳动监察实用手册》，产生了广泛的社会影响。各地也都采取各种方式进行宣传，不少地市州制定了具体实施办法。据不完全统计，各地举办此类活动 400 多场次，参加的有 10 000 多人。通过这些活动大大增强了用人单位和劳动者的法制观念，为劳动监察的开展创造了较好的社会环境。

二、抓住实施《劳动法》的重点难点，迈出劳动监察第一步

推行全员劳动合同制是我省贯彻实施《劳动法》的重点，为了增强推进的力度，在年初全省劳动监察工作会议上，我们明确要求各级劳动监察机构要把用人单位订立、鉴证、履行劳动合同的情况作为今年劳动监察工作的重点，按照推行全员劳动合同制的工作部署，合同推行到哪里，劳动监察就跟踪监察到哪里，对不订立、鉴证、履行劳动合同的，依法开展监察。由于劳动监察的大力配合，加快了全员劳动合同制的推行，特别对过去某些薄弱环节起到了明显的促进作用。如对建筑、私营、乡镇企业劳动力的管理，过去有的无人管，有的不服管。今年以来，在劳动监察的积极推动下，开始出现了愿意接受管理的可喜变化，一些地市县这类企业订立合同的面已超过70%～80%。如荆门市劳动监察大队在对一家乡镇企业检查中发现，该单位招聘的241名员工一无合同，二无保险，有的职工也担心签订合同后受约束。监察大队多次向企业领导和职工宣传《劳动法》，使企业领导和职工从不理解到乐于接受。企业不仅与241名员工全部签订了劳动合同，履行了鉴证手续，而且补交了社会保险费用。

社会职业中介活动中的某些混乱现象是我省劳动力市场发展中的难点问题，我省各地、市对此实施了专项监察。有的还会同公安、工商部门一起联合执法，对严重违法或非法职业介绍机构坚决予以取缔，使一时较为混乱的劳动力市场得到了清理整顿，促进了劳动力市场的健康发展。3月份，我厅劳动监察处一天5次接到打工者投诉，反映在武昌火车站附近被职介机构所骗。接到投诉后，省、市、区劳动部门与区公安、工商部门联手进行突击检查，依法取缔了10多家非法职介机构。省电视台对此次检查情况公开曝光，在社会上产生了强烈的反响，不少打工者给我厅写来感谢信。据不完全统计，今年以来，全省立案查处此类案件185起，保护了打工者的利益，规范了劳动力市场秩序。

三、抓举报案件查处，把劳动监察与维护职工群众和企业的切身利益联系起来

依法保护企业和劳动者的合法权益，维护社会稳定，促进经济发展，既是《劳动法》的立法宗旨，也是劳动监察工作的出发点和落脚点。

在受理群众举报案件中，我们特别注意做好集体投诉案件的查处，做到及时介入，讲究策略，化解矛盾，促进生产，维护稳定。如5月份襄樊市一家大型纺织印染企业数十名内退职工代表132名内退职工到市劳动监察大队投诉，反映该企业强迫职工内退。市劳动监察大队经过多方调查，反复分析研究后，提出了合理解决矛盾纠纷的方案，召集有企业领导、劳资干部、工会和投诉代表参加的协调会，通过宣传政策，做耐心细致的解释工作，及时化解了矛盾，企业与职工都比较满意。9月份仙桃市一集体服装企业26名职工集体罢工，要求厂方补发上月拖欠的工资。市劳动监察大队闻讯后迅速赶到该厂，经了解，原来由于与该厂签订服装加工合同的外商老板没有及时提货，影响了工资结算；而且该厂又与外商签订了第二期服装加工合同，如果职工不及时生产，到时要承担违约赔偿金，造成更大损失。检查人员了解这一情况后，一方面给职工讲明情况，动员职工及时复工；另一方面，要求厂方抓紧结算，尽快补发职工工资。经过监察人员深入细致的工作，职工当天就开了工，厂方也多方筹措资金，第二天就兑现了拖欠的工资，及时解决了这起罢工事件，维护了双方的合法权益。

对劳动者个人举报的案件，各级劳动监察机构都能做到热情接待，认真登记，及时查处。5月份武汉市乔口区劳动监察大队接到四川奉节县来武汉打工的5名打工者投诉，反映他们从2月份起在某建安公司干了两个多月，公司老板不给报酬，他们几次找老板要钱，老板不给，还叫人打他们，致使1人受伤住院。劳动监察大队当即派人到该公司进行调查，调查中老板承认了拖欠工资、打人的事实，答应按监察大队规定的期限补发工资，赔偿受伤者的医疗费。据老板反映，这几名打工者准备花钱雇请两名杀手，企图杀人后回四川。监察大队又找到这几名打工者谈话，给他们进行法纪教育，他们承认原打算如讨不回工资就要杀老板，现在劳动监察大队为我们讨回了公道，再也不干蠢事了，避免了一场可能发生的恶性事件。

四、抓住典型案件，适时开展劳动用工大检查，进一步打开劳动监察工作局面

6月底，我省发生一起罕见的“史梦才案”。省、市新闻媒介和中央电视台作了大量报导，社会反响强烈。厅党组对此案极为重视，一方面责成武汉市劳动部门严肃查处，同时，决定在全省开展劳动用工大检查，以此案为契机，举一反三，加大劳动监察执法力度，以促进《劳动法》的贯彻实施。目前这项工作在我省已基本结束，从各地反映情况看，这次大检查声势大，力度大，成效大，对促进《劳动法》的贯彻实施，增强企业执法意识，保护劳动者合法权益，促进劳动工作全面开展都起了明显的积极作用。据对8个地、市、县统计，这次大检查共抽查企业7 908家，其中乡镇、私营、外商投资企业和雇工的个体工商户6 505家，占被抽查对象的82.3%。督促企业与职工订立、鉴证劳动合同33 870份，补(赔)偿职工工资182.3万元，补交社会保险金799.23万元，对441家企业严重违反工时规定的行为进行了整改和处罚，退还职工风险抵押金210万元，指导帮助一些企业修改、完善了规章制度。

五、抓试点，探索开展劳动监察年度检查工作新路子

为了全面掌握用人单位遵守劳动法律法规情况，督促用人单位全面规范劳动用工行为，把劳动违法案件的事后查处与事前防范结合起来，我们在开展劳动监察中，积极探索试行劳动监察年度检查制度。首先，通过制定《湖北省劳动监察规定》使劳动监察年检制度合法化。其次在该《规定》出台后我们草拟了开展劳动监察年度检查意见(讨论稿)，具体明确了年检的目的、范围、内容和办法，并在全省劳动监察工作会议上进行讨论，鼓励有条件的地方先行试点，摸索经验。目前，我省的荆门市、黄石市以及京山县、监利县都已完成对所属用人单位1994年度遵守劳动法律法规情况的检查工作。还有许多地、市、县也正在进行这方面的探索。

据开展年检地区反映，实行劳动监察年检，不仅较全面掌握了用人单位遵守劳动法律法规情况，及时帮助纠正了违规行为，把一些可能引起纠纷的苗头消灭在萌芽状态，而且拓宽了劳动监察形式和途径，增强了监察力度和覆盖面。下一步我们将在各地市州积极试点的基础上，认真总结经验，积极争取物价、财政部门的支持，全面开展劳动监察年度检查工作，并使之规范化、制度化。

广州实现全员劳动合同制

广东省广州市劳动局办公室　吴子因

至1995年末，广州市固定工签订劳动合同人数达693 506人，占企业应转制职工人数的98.43%。至此，广州市历时4年的企业全员劳动合同制改革，在市委、市政府的重视和领导下，完成了全面签约的阶段，实现了市政府要求的“大改革、小震动、促发展”的方针，确保了企业生产、职工队伍和社会的稳定，同时宣告广州市计划经济遗留下来的固定工制度的结束，标志着适应社会主义市场经济发展的企业新型劳动用人制度初步建立。

广州市全员劳动合同制改革是从1992年开始拉开序幕的。广州南方大厦集团股份有限公司、广州冷冻机厂等企业率先试点实行全员劳动合同制改革，至1994年末，全市试点企业有32家，参与改革的职工有5万人，仅占全市应转制固定职工总数的7%。但这些试点分布面广，分布于工、商、交、建、农等各主要行业，且所有制性质、规模、效益都不尽相同，较有代表性，起到校验政策、探索操作、树立榜样的作用，为广州市全面推行全员劳动合同制改革提供了宝贵的经验。

1995年，是广州市全面实行全员劳动合同制改革关键性的一年。一年来，广州市的基本做法是：

一、明确本次改革的阶段性目标。为实现建立与现代企业制度相适应的“能进能出、能上能下”的用人机制的最终目标，根据现阶段企业和社会的实际情况，按照“先立后破、分步到位”的原则，设定本次改革的阶段性目标是：通过签订劳动合同，把国家职工改为企业职工，实现用工主体从国家向企业转移；打破干部、工人之间，不同所有制企业职工之间的身份界限；建立健全适应社会主义市场经济体制要求的、规范的劳动管理制度；调动职工积极性，保障企业和职工双方合法权益。使之成为指导各地区、各行业和广大企业把握改革力度，衡量改革成果的重要依据。

二、坚持“平稳过渡”的指导思想。根据劳动部、省、市政府规定在1995年底前全面完成全员劳动合同制改革，面对全市5 742户市属全民集体企业60多万名待转制的固定职工，要在一年内完成这项深层次的重大改革，既要确保按时完成，又要保证社会稳定和企业发展，时间紧、涉及面广、政策性强、工作难度大。按照市政府提出的“大改革、小震动、促发展”的总体要求，首先明确对现有职工中，只要表现不是太差，企业都要与其签订劳动合同，起到稳定人心，激励后进的作用；其次是明确把转制与优化分开处理，按照“分开、分步、分散”的原则解决企业冗员问题；第三是明确提出“激励青年职工，依靠中年职工，保护老弱病残人员”的政策，规定凡属市政府已明确不得辞退的“老弱病残”五种人员，企业必须与之签订相应期限的合同；第四是明确在本次改革中职工不与企业签订劳动合同的作辞职处理，企业不与职工签订劳动合同的按富余人员处理。通过这些措施，全市不签合同的人数占应签合同人数的1.29%。

三、完善综合配套改革，创造良好的外部环境。为使全员劳动合同制顺利开展，广州市采取了一系列的综合配套改革措施：市政府以规章形式，明确固定工改为劳动合同制职工的，工龄、医疗、保险、福利等待遇不改变，明确富余人员安置，特别是改组转制企业富余职工安置管理办法；组织实施《职工劳动手册》制度，发放了100万本《职工劳动手册》，并逐步核定职工连续工龄转为视同缴交养老保险年限计算，为其转岗、再就业提供方便；调高职工失业救济金标准，使11年连续工龄以上的富余职工，在失业初期较稳定的最低生活费来源达到640元/月以上（由辞退补偿加失业救济金组成）；失业职工医疗补助费也相应调至30元/月（20年工龄中年职工），增幅达50%；对失业期满无法就业的失业职工，家庭人均收入未达最低生活保障线每月200元的可以申请社会救济；对在失业期间达到退休年龄，符合退休条件的，市劳动局规定可以凭《职工劳动手册》申请办理退休。这些配套改革政策逐步地解除了职工的后顾之忧，为企业建立能进能出的用人机制创造了重要的外部环境。

四、指导企业依法建立规章制度。全员劳动合同制改革，要求企业建立新型的劳动法律关系，改变单靠行政手段管理的模式。市劳动局总结了试点企业的经验，指导企业依法制定实行全员劳动合同制改革的方案、实施细则、劳动合同管理制度、聘任制度、职工守则、富余人员管理办法、培训管理制度、职工住房管理办法、劳动争议调解制度及劳动合同违约处理制度等内部基础管理制度，并要求企业按照市政府规定交企业职工代表大会审议通过后送劳动部门备案。为减轻基层文字负担，加快改革进度，市劳动局根据企业的要求，参照试点企业的方案、细则，印发了《企业实行全员劳动合同制实施细则》规范文本，供企业参考。同时依照《劳动法》及有关规定修改和补充完善了《劳动合同》标准文本，做到操作规范，把握质量，防止走过场现象。

五、各级领导亲自抓，各部门密切配合，充分运用法治手段并辅以必要的行政手段，加快改革步伐。市政府组织市劳动局、市体改委、市委宣传部、市人事局、市总工会及有关委办组成广州市劳动人事、工资分配、社会保险制度综合配套改革协调小组，广州市委常委、常务副市长亲自兼任协调小组组长，亲自抓这项改革，协调小组办公室设在市劳动局。各委、办、局、总公司、区、县级市克服面临机构改革、精简人员的情况，认真负起推动本地区、本部门所属企业改革的责任。市劳动局全面动员所有业务处室的力量，分片包干，加快企业改革方案的会审，并对下岗富余职工较多的企业，关、停、并、转或有搬迁、合资意向的企业加强了具体指导。在市政府颁发了《关于企业全面实行劳动合同制的通知》、《广州市企业实行全员劳动合同制若干规定》、《广州市改组转制企业职工安置管理暂行办法》、《广州市失业保险规定》等一系列规章后，结合《劳动法》有关新的配套文件，以及改革的进展情况，及时调整了有关政策。在推行过程中加大《劳动法》的宣传力度，对故意拖延不签订劳动合同的企业依法监察和处理，用法治推动和规范改革。下半年，针对全市改革进度一度落后的情况，市政府在 8 月份及时召开了有各级领导参加的 5 000 人的加快全员劳动合同制改革工作大会，掀起了签订劳动合同的高潮。11 月上旬，市政府召开有各主管局、总公司、区、县级市第一把手参加的大型市长办公会议，常务副市长在会议上以市政府名义果断宣布四条行政措施：(一)对未开展改革的企业发专项通知；(二)对年底未完成签订合同的企业发限期整改通知书，并扣减其厂长、经理个人年终奖励；(三)凡未签订劳动合同的人员，不得作为核发《1996 年企业工资总额使用手册》工资总额使用数的依据，如因此造成职工损失的，按《劳动法》规定由企业负赔偿责任；(四)凡未在限期整改期内完成全员劳动合同制改革工作的，按《广东省违反招用工人规定处理暂行办法》进行处罚。这些措施有力地推动了改革的进程。

六、加大宣传力度，创造适应改革的舆论氛围。全员劳动合同制改革，需要有正确的舆论导向，让职工理解全员劳动合同制改革旨在保障职工自身的合法权益，消除职工的疑虑，引导职工对这项改革的支持和参与。为使职工和企业能及时了解全员劳动合同制改革的有关政策，市劳动局专门编写了一套 30 万字共印刷 6 万多册的全员劳动合同制改革的政策、问答和典型经验的系列性宣传资料《广州市企业全员劳动合同制改革资料选编》，供企业和职工学习和借鉴；以市劳动局名义编印了一份 5 000 余字的《广州市全员劳动合同制改革政策问答》，通过邮政部门向广州地区 60 万户家庭免费派发，使全市每个职工都能够了解政策；劳动部门组织或派员参加市、各区、县级市、各系统、企业举办的大、中、小型全员劳动合同制改革咨询活动，解答职工提出的问题；市劳动局通过珠江经济广播电台、广州电台、广东电视台、广州电视台举办热线电话或电视系列宣传活动，与国讯电话咨询公司开办了全员劳动合同制改革政策电话声讯服务，使任何市民通过电话都能随时了解到有关政策。还连续举办了50多期全员劳动合同制改革学习班，培训了厂长、经理、劳资干部、工会干部、宣传干部约1万人，为此次改革培训了骨干。劳动部门又派出专家到企业、工会和主管部门向职工宣讲政策。全市各地区、各行业、各系统也充分利用研讨会、工会主席“沙龙”、座谈会等活动，以及墙报、广播、厂报、会议等多种形式，向职工宣传、解释政策，做到家喻户晓、人人皆知。

广东企业劳动制度发生历史性变革

广东省劳动厅

1995年间，广东省各级劳动部门抓住贯彻实施《中华人民共和国劳动法》的有利时机，按照省政府《关于企业全面实行劳动合同制度的通知》的要求，集中精力，全力以赴，依法在全省各类企业全面实行劳动合同制度改革，先后突破了富余人员分流安置难，打破干部、工人身份界限难和困难企业改制难等难点，取得了显著成绩。至年底，全省国有、集体和“三资”企业共有720多万名职工与企业签订劳动合同，占职工总数的95%以上，从而结束了两种劳动制度并存状况，顺利实现了由过去的固定工制度向新型劳动合同制度过渡的历史性变革。

1995年劳动制度改革具有以下几个主要特点：

一是实施范围广泛。各地、各部门依据《劳动法》规定的实施范围，要求各类企业在当年内全面通过与职工订立劳动合同，建立劳动关系，加快构建新型劳动制度基本框架，因而改革不再局限于国有和大型集体企业，而是在各类企业，包括国有、集体、“三资”、乡镇和私营企业以及个体经济组织全面铺开；不再局限于从社会上新招人员订立劳动合同，而是对各类企业所录用的全部员工（包括原固定职工、合同制职工、临时工和干部）以及国家机关、事业单位中没有实行公务员制度的工作人员，全面实行劳动合同制度。使用人单位和劳动者普遍在平等自愿、协商一致基础上签订劳动合同，确立劳动关系。

二是改革力度大，进展快。全面实行劳动合同制度是我国劳动制度的根本性变革，涉及到广大职工的切身利益。改革开放16年来，此项改革经过多年试点，逐步铺开，至1994年底，全省签订劳动合同的职工只占其总数的25%左右，并形成了两种用人制度并存的状况。在改制过程中，各市县政府和各部门均成立了劳动制度改革领导小组，主要领导亲自挂帅，召开会议，统筹规划，协调实施。各级劳动部门更是全力以赴，集中精力深入调研，制定方案，采取分工负责，分片包干，分类指导，整体推进的办法，深化改革，从而有力地推动了改革的迅速发展。至1995年末，全省国有、集体和“三资”企业实行劳动合同制职工所占的比重由上年底的25%上升至95%，基本完成了改革的阶段性任务。广州市固定职工人数是全省最多的市，固定职工签订劳动合同人数达69.3万人，占企业应转制职工总数的98.4%。

三是改革具有前所未有的深度，突破了一些深层次难点问题。首先是分流安置富余职工问题。1995年1月，省政府颁布了《广东省国有企业富余职工安置实施办法》，各市也制定了相应的具体政策措施。这些政策的着眼点是，不强调由企业被动地消化富余人员，而是充分发挥企业、政府和个人三个方面的积极性，在保障富余职工合法权益基础上，实行企业、行业内部消化，社会帮助调剂和个人自谋职业相结合办法，多渠道分流消化。1995年全省共妥善分流消化富余职工50多万人，其中下岗职工27.3万人，向社会分流约8万人。其次是打破干部和工人的身份界限，建立企业劳动人事管理一体化新体制问题。省劳动厅、省组织部和总工会联合发出《关于企业领导班子成员订立劳动合同问题的通知》，明确规定："企业厂长(经理)、党委书记应按有关规定与其任命或聘任的部门、组织订立劳动合同，或由聘任的部门、组织委托有关管理部门与其订立劳动合同。副厂长(副经理)、党委副书记、工会主席等，一般应与用人单位订立劳动合同；由上级主管部门委任(聘任)的，也可按管理权限，委托有关部门或用人单位与其订立劳动合同。"其他干部与工人一样，在平等自愿、协商一致基础上与用人单位订立劳动合同。这些改革措施，通过全面订立劳动合同的办法，突破了过去干部、固定工、临时工的身份界限，统称企业员工，使企业内部初步形成了劳动人事管理一体化的新格局，促进平等竞争机制的形成。第三是困难企业改制难问题。各地按照先转制，后完善的改革思路，加强对困难企业实行劳动合同制的指导。把困难企业职工按照在岗、待岗、离岗三种状况，区别不同对象，在平等协商的基础上，与用人单位签订具有不同内容的劳动合同，先依法建立劳动法律关系，然后按照法定程序解决历史遗留问题，使企业劳动关系全面走上了法制化轨道。上述三大难点的解决，有力地推动了改革的深入发展。

四是初步建立了相互配套的制度框架。在全面实行劳动合同制度的同时，省政府和劳动部门围绕巩固这一新型劳动制度，颁发了一系列新的配套规章和政策性文件：①省政府颁布了《劳动合同管理规定》，对劳动合同的订立、变更、解除、终止、鉴证以及管理职责作出明确规定，促使劳动关系双方认真履行合同；②在建立劳动关系调整机制方面，省政府颁发了《劳动争议处理实施办法》及加强劳动监察机构建设的文件，明确要求劳动仲裁和监察机构对履行劳动合同过程中发生的争议及违法行为，及时进行督促检查，保证劳动关系协调稳定发展；③逐步建立解除劳动合同的经济补偿制度和违反劳动合同有关规定的赔偿制度，进一步增强了劳动合同的约束力，维护了合同双方的合法权益；④在工资支付方面，省劳动厅转发了劳动部关于《工资支付暂行规定》，结合实行劳动合同制度的特点，要求用人单位应与劳动者用合同的形式明确工资标准，作为特殊情况下支付工资的依据。省政府还颁布了企业职工最低工资规定和标准，规范用人单位的工资支付行为，保障劳动者获得劳动报酬的合法权利。此外，省劳动厅还规定企业招聘省内城乡劳动力原则上不受行政区域和所有制的限制；劳动者跨地区、所有制合理流动，不需重新办理招工手续，从而促进了劳动力的合理流动。

由于全省各地以坚定的态度，采取各种积极有效的政策措施，依法推动改革，使广东劳动制度发生了历史性根本变化，主要标志是：

在劳动制度上，传统的固定工制度已转变为全新的劳动合同制度，除国有、集体、"三资"企业有95%的职工已依法订立劳动合同外，乡镇企业、私营企业、股份制企业和个体经济组织中的大部分职工也依法订立了劳动合同。劳动合同制度在职工队伍中已占据主导地位，标志着广东劳动制度改革已初步实现制度创新。

在劳动关系上，过去的所谓国家职工已转变为企业职工，用人主体已由国家转变为企事业单位。用人单位与劳动者在平等自愿、协商一致基础上签订劳动合同，确立劳动关系，明确双方的权利和义务，使企业与职工之间的劳动关系相对稳定，合法权益得到法律保护。

在用人形式上，由过去单一的、固定化的用人模式转变为多样化的、灵活的用人模式。企业用人不再采用单一的固定工模式，而是采取聘用、借用、试用、录用等灵活多样的方式，并根据生产经营需要和双方意愿，在合同期限上采取有固定期限、无固定期限和以完成一定工作任务为期限等多种形式，适应了企业根据市场变化灵活用人和保持职工队伍相对稳定的需要。

在用人机制上，过去封闭僵化、缺乏效率的用人机制正在转变为开放竞争、富有活力的用人机制。在企业内部，打破了干部与工人、固定工与临时工的身份界限，引入了竞争机制，为加强企业内部管理，节约人工成本，提高经济效益创造了条件；在企业外部，开放劳动力市场，建立裁员和辞退、辞职制度以及社会保险制度，形成了双向选择机制，促进了职工的合理流动。

在过去一年中，广东虽已全面建立了劳动合同制度，实现了劳动制度的历史性转变，但存在的问题仍不少，主要是劳动合同管理制度尚未完善，制约着它的有效运作；社会保险管理体制未理顺，改革滞后，影响着劳动合同制的推行；企业职工由劳动人事部门分开管理的旧体制，阻碍着企业劳动人事管理一体化改革的进展步伐；由于企业经济不景气等因素影响，就业门路变窄，致使企业分流安置富余人员难度增大，影响到劳动合同制的实施效果。此外，私营、个体和乡镇企业以及国家机关、事业单位改革步子较慢，与职工签订的劳动合同不够规范；操作上仍有一些政策性问题没有相互配套衔接，有的规定不够具体，难以执行。这些问题，都是目前转制过程中出现的新问题。今后要通过继续深化改革和加强管理予以解决，使劳动合同制度尽快正常运行起来，以适应发展社会主义市场经济的需要。

提高劳动生产率的有效途径
——精益化的人事管理

一汽集团公司人事部　王国治

“精益生产方式”是彻底消除无效劳动和浪费的思想和技术。目前，在我国的企业中，无效劳动和浪费存在于生产经营的全过程。然而，人们对此似乎已经视而不见，习以为常。这种无效劳动和浪费，在人力资源的配置上表现得尤为明显。这是造成我国国有企业劳动生产率低下，经济效益不高的根本原因之一。因此，如何合理配置劳动力资源，减少对人力资源的浪费已成为劳动人事管理部门最突出的任务。

几年来，一汽集团通过推行精益生产方式，在优化劳动组织、改革劳动定员管理方面，进行了有益的探索和尝试，取得了一定成效。

一、搞好劳动力资源优化配置，实现人事管理精益化

合理安排劳动力结构是保证企业生产、经营活动得以正常运行的必要条件，也是提高劳动生产率的重要途径。一汽十分重视劳动力结构合理性和科学性的研究，通过企业劳动力资源与生产资源的最佳组合来提高效率，达到以最少的投入实现最大的产出目的。为此，我们开展了以下几项工作：

1. 实行工资总额包干，建立用工自我调控机制，有效控制了人员过快增长，在企业不断发展的新形势下，实现了人员的负增长。

一汽在对国家实行工资总额与上缴利税挂钩的基础上，对内部分配制度也进行了改革，对专业生产厂实行了增人不增工资总额、减人不减工资总额、工资总额同经济效益挂钩的方法。对全资子公司及二级公司实行上不封顶、下不保底的工效挂钩办法，对前方专业厂实行固定工资总额包干，浮动额与产量（工时约当量）和成本双挂钩的办法，这一办法的实施有效地控制了人员的过快增长。剔除兼并企业增人因素，1993 年比 1992 年减少了 212 人；1994 年比 1993 年减少 5 881 人，在一汽发展史上，第一次出现职工人数负增长，生产效率有了明显提高。

2. 不断压缩劳动定员，实现企业的减肥消肿是提高企业经济效益的根本途径。

一汽是拥有 10 万余名职工的特大型企业，但劳动生产率水平并不处于领先地位，症结就在于用人过多。因此，如何实现"减肥"是劳动人事精益化管理的最重要目标，而改善劳动组织，压缩劳动定员是实现这一目标的主要途径。从 1993 年 2 月开始至 1994 年 8 月，历时 19 个月我们深入到 38 个专业厂 49 个大小处室，全面开展了核定压缩工人定员工作。面对分工过细、因人设岗、劳动负荷不满、人浮于事的现象，1994 年，首先从二、三线辅助和服务岗位入手，压缩了辅助、服务工人定员 5 618 人，压缩比达 12.5%。在压缩辅助、服务工人定员的同时，本着实事求是的原则，对基本生产工人定员区别不同情况也进行了适当削减和压缩，共核减压缩了基本生产工人定员 1 369 人，压缩比为 4.9%。1995 年继续进行压缩定员工作，又压缩工人定员 4 109 人，压缩比为 5.5%。两年累计压缩定员 11 096 人，压缩比为 15%。随劳动定员压缩，生产效率有了明显提高。增加值全员劳动生产率 1994 年比 1993 年提高了 62.6%，1995 年比 1994 年又有了较大的提高，在实现劳动人事管理精益化目标上，向前迈进了一步。

3. 积极创造条件，向剥离辅助、精干主体的目标迈进。

"剥离辅助、精干主体"是深化改革，转换经营机制，建立现代企业制度的必由之路。一汽吸取外单位经验，采取"总体设计、分步实施、平稳过渡、逐步到位"的原则，通过成立实业总公司和实施集体企业全民职工与主办厂脱钩的方式来解决这一问题。实业总公司是从一汽"母体"剥离产生的一个全资子公司，它实行独立核算、自主经营、自负盈亏的经营机制，到 1995 年末，先后有 1 300 名下岗的富余职工进入了实业总公司成立的 5 个经营性公司，同时，又将一汽集团所属的从事社会事业和生活服务的 6 个服务性事业单位以及部分后方辅助生产单位共计 18 000 人成建制划入实业总公司，迈出了剥离辅助的第一步。与此同时，从 1993 年开始将各单位支援集体企业的全民职工划归集体企业管理，理顺了附属厂的全民职工人事及工资关系在主办厂，而本人却长期在集体企业工作的不协调关系，解决了当前存在的部分全民职工"既吃大锅饭又吃小灶"的问题，先后有 1 640 名全民职工与主办厂脱钩，成为集体企业中的一员，并对这些脱钩人员的福利待遇、职称评聘、子女入托和医疗保险等作了具体规定。可以说，实业总公司的成立和集体企业的全民职工与主办厂脱钩巩固了劳动人事制度改革的成果，吸收了大量富余人员，搞活了用工制度，使全厂劳动力实现了动态管理，为建立现代企业制度创造了必要的条件。

4. 拓宽渠道，妥善安置、分流富余人员，确保精益化目标的实现。

随着一汽三项制度改革的不断推进和深化，一批又一批的职工从生产、辅助或服务岗位退下来。这些人能否得到合理妥善安置，不仅关系到每一项精益化措施的落实，而且关系到改革的成功和失败。我们采取积极慎重的态度，不断扩大安置分流渠道，先后采取开办第三产业、支援集体企业、厂内劳务市场调剂、支援新上项目和支援合资厂等措施来积极稳妥地安置富余下岗人员，做到了人尽其才，各得其所。第三产业是安置富余职工的主渠道，为鼓励富余人员进入三产，我们相应制定了一些优惠措施。对富余人员中年老体弱的接近退休年龄的职工，经批准可提前1～5年办理厂内退养，非技术岗位人员可适当放宽。同时为更好地促进人才合理流动和富余人员的安置，实现生产力资源与生产资源的最佳组合，我们成立了企业内部劳动力市场，基本模式是：求职自愿、需求公开、平等竞争、双向选择、计划调控、有序流动。为了规范和推动内部劳动力市场的运作，制定了暂行管理方法，在各专业厂设立了信息交流站。通过拓宽渠道，有计划地分流富余人员，使大部分下岗职工得到了妥善安置，保证了各项改革措施的平稳实施。

二、改善劳动组织，不断探索劳动定员管理的精益之路

改善劳动组织是实现精益化人事管理的又一项重要内容，也是提高劳动生产率的有效途径。其主要做法是：

1. 在基本生产工人中推行多机床操作、多工序管理。

一汽变速箱厂共有79条加工线，每条线加工一个零件，在劳动组织上完全实行多机床操作、多工序管理，人均操作3台设备，大大减少了定员。经过3年的运行，这个厂人工作业率[注]从原来的27.7%提高到80%以上；生产工人比常规减少近一半，节约了468人；全员劳动生产率由1990年的9.9万元/人年，提高到1995年的35万元/人年；人均生产变速箱80台，实现人均利润8万元。一汽在企业内部推广了这个厂的经验，使许多专业厂也相继实行了多机床操作和多工序管理。

2. 在部分辅助、服务工人中实行一专多能，大工种宽作业。

从1993年开始，我们先后在技工学校中培训了300多名电钳一体化和焊接管理一体化一专多能的人才。在此基础上，又推行了维修工人上线操作，维修工人兼润滑工和推行自控工人活动，同时在辅助生产工人中推行区域工及复合型工种的劳动组织形式。在一定的生产作业区域内，打破岗位、工种界限，根据工作量大小按人工作业率进行劳动组合。

3. 在生活及辅助工人中普遍实行并岗和撤岗。

人事部门通过深入基层调查，科学合理地设置了工作岗位。以劳动负荷80%为基准进行重新并岗组合，如库房保管兼搬运，司机兼修理或领料，描图兼晒图和复印，打字兼保管等等，取消了34类专职工人岗位，并制定了辅助、服务岗位劳动负荷标准，达到了工种互补，一专多能，减少人员，提高效率的目的。

三、实行全员劳动合同制，建立具有竞争机制的用人制度

建立具有竞争机制的用人制度，最大限度地调动职工的积极性、创造性，是精益劳动人事管理对人力资源配置与使用的基本要求。自1992年以来，一汽结合精益生产方式的推行，以精益思想为指导，在用人制度上进行了以实行全员劳动合同制为目标的用人制度改革。这一改革分以下两个阶段完成：

1. 实行全员岗位合同化管理。

企业用人实质是岗位用人，没有明确的岗位用人标准，就不可能实现人力资源的合理配置。为此，我们在实行合同化管理一开始，就把编写岗位规范作为深化用人制度改革，加强劳动力管理的一项重要基础工作来抓。在对岗位准确描述和全面分析的基础上，组织专业人员认真细致地编写岗位规范，全公司共编写岗位规范22 000余份，初步建立了实行岗位管理的用人标准体系。

依据岗位规范，进行上岗考核。通过对职工日常表现、工作业绩、技术水平的全面评价，使劳动力配置实现全局优化。

经过合理组合上岗的职工普遍与基层领导签订了岗位合同，职工按合同履行岗位职责，单位按合同规定对职工进行考核，任何一方违反规定或达不到合同条款要求，另一方有权解除合同，从而在企业内部建立起依据岗位合同，动态配置人力资源的运行机制。

自1992年实行岗位合同管理以来，已有1 100余人从原处级或科级职位下岗，有570人从一般性管理或技术岗位转岗到生产性岗位，同时有600余人经考核从生产岗位聘任到管理或技术岗位。岗位能上能下，职位能高能低已逐渐为广大职工所理解接受，竞争机制在企业内部基本形成。

2. 推行全员劳动合同制。

随着企业内部人事制度的改革和宏观环境的改善，1995年以来，一汽又进一步推行全员劳动合同制管理。

全员劳动合同制是企业用人制度的进一步深化改革，是精益化用人的制度保证。为此，在实行全员劳动合同制中，我们以精益劳动人事管理为目的，着眼于建立新型用人制度，取消各种身份界限，变国家职工为“企业职工”。如对女职工改变了过去按本人身份确定退休年龄的办法，而改为按所从事岗位的不同来确定；对国家分配的大中专毕业生，直接到生产岗位工作的，一律按所从事的岗位进行管理，改变了过去存在的保留干部身份，按工人使用的不合理状况。

在劳动合同签订工作中，为完善竞争机制，巩固改革成果，规定凡在合理组合、动态管理中经考核不具备上岗条件的试岗、待岗职工一律签订3年期以内的短期合同，而对上岗职工则签订3年以上的中长期合同，部分单位还引入“尾者下岗”的管理机制，规定对上岗职工中，考核排在后面的，选取一定比例，签订短期合同，这样使竞争机制进一步得到了完善。在此基础上，按照规定的合同期限，双方平等协商，双向选择，经协商一致，由职工本人签字盖章，并进行鉴证。同时，对长期病休职工按期进行了复查认定，凡不具备休息条件的限期上班，重新组织工伤鉴定，堵塞各种“小病大养”或借故长休甚至私自从事第二职业的管理漏洞；对一些不遵守劳动纪律的职工，按规定给予纪律处分；对长期旷工、出国或停薪留职逾期不归以及个别只在单位挂名而长期不上班人员，发辞退警告书，在规定期限内仍不到单位报到者，一律按自动离职或除名处理。全员劳动合同制实施以来，已有200人办理了辞退、除名或解除合同手续。

全员劳动合同制的实施，初步建立了以劳动合同确定劳动关系，以岗位合同明确岗位职责为主要特征的合同管理体系，完善了竞争机制，有效地激发了职工奋发向上的精神，使精益化用人有了法律和制度保证。

四、几点体会

从一汽集团在人事管理方面走过的道路看，要想继续深化人事制度改革，推行人事管理的精益化，以达到提高劳动生产率的目的，必须解决好以下几个问题：

1. 提高认识，转变观念是实现精益化的前提；2. 推行人事管理精益化必须有相应的经济改革政策相配套；3. 合理安置分流富余人员是推行人事管理的精益化的关键；4. 提高职工素质，建立管理、技术和操作人员三支队伍。

一汽在人事管理精益化的道路上，已经迈出了坚实的一步，我们要坚定不移地走下去，学别人之所长，补我们之所短，不断地探索研究新问题。我们深信，随着人事制度改革的深入发展，一汽人事管理的精益化将会更加完善，劳动生产率也会得到不断的提高。

注：人工作业率＝$\dfrac{\text{在生产作业中手动、走动时间}}{\text{生产节拍时间}}\times 100\%$

一汽情况：单机操作时人工作业率一般为27.7％

操作3台机床时人工作业率一般为65％～75％

“双优工程”：探索分流安置富余职工的新途径

山东省青岛市劳动局　单连高

青岛是一个以轻纺、机械、化工、橡胶、电子为主导产业的老工业城市。近年来，随着改革的不断深入和产业结构的调整优化，富余职工安置难的问题日益突出，已经成为当前制约企业改革、影响社会稳定、迫切需要研究解决的重大问题。自1994年，我市借被国家列为优化资本结构试点城市的契机，提出并实施了优化资本结构与优化劳动力配置并举的“双优工程”，制定完善了相关配套政策，初步探索了一条既不把富余职工滞留在企业内部，又不简单推向社会的开发性安置新路子。

一、“双优工程”出台的背景

长期以来，在富余职工安置问题上，从认识到实践，一直面临“两难”选择：要么留在企业，要么推向社会。我国目前一直坚持“企业内部消化为主”的原则，虽对稳定社会发挥了积极作用，但是，随着改革的深化，受多方面因素的影响，出现了一批亏损、停产、半停产、关闭重建的困难企业。这些企业正常的生产经营难以维持，大量职工放假待工，如果依靠企业自我消化，既不现实也不可能。即便是那些生产经营正常的国有企业，在多种经济成分共同发展和市场竞争日趋激烈的形势下，如果不能及时帮助他们卸掉冗员过多的历史包袱，也有在竞争中被淘汰的可能。通过几年来的工作实践，我们感到富余职工由企业内部消化为主的路子越走越窄，已不能适应当前深化企业改革的需要。

富余职工既不能滞留在企业内部，制约企业改革；又不能简单推向社会，影响社会稳定。这就要求我们在企业和社会的“两难”选择之外寻找一条新的出路。为此，我们深入企业进行了历时半年多的专题调研，有两种现象引起了我们的思考：一是，大量职工富余与大量资产闲置并存。凡是富余职工较多的行业、企业，一般闲置资产也较多，特别在停产、半停产、关闭重建等困难企业，资产的闲置与劳动力的富余互为因果，形成了恶性循环，这就决定了富余职工安置必须在优化资本结构、盘活存量资产、创造更多的就业岗位中寻找答案。二是，富余职工安置难与企业招工难同时并存。一方面企业招收高素质劳动力不足，另一方面多余的人员难以消化，这说明，富余职工不是绝对“富余”，而是相对“富余”，本质上是劳动力的素质不高、配置不合理。这使我们认识到：富余职工作为重要的劳动力资源，必须通过再度开发，提高素质，不断优化配置，立足开发性安置。如果能在优化资本结构中将闲置的存量资产盘活，就可以为安置富余职工创造大量的岗位；如果能通过对劳动力资源的再开发，提高富余职工的素质，就可以促使大量富余职工重新上岗，解决劳动力供求结构性矛盾。因此，只要把优化资本结构、盘活存量资产与优化劳动力配置、合理开发利用劳动力资源紧密结合起来，双优并举，互相促进，就能够找到一条既不把富余职工留在企业内部，又不简单推向社会的开发性安置新路子，从而形成劳动力随资本优化而优化、随资产流动而流动的良性循环机制。我们把这一工作思路称为“双优工程”。

为使“双优工程”工作思路在实践中得到验证并不断丰富和完善，我们首先确定在青岛纺织总公司进行试点。该总公司职工 8 万人，是我市第一大行业，近几年受原材料和市场等多方面的困扰，处于严重困难的境地，富余职工数量大，结构调整任务重。一年多来，该公司通过破产、关闭两个企业使 1 000 多万元固定资产和 32 700 平方米土地得以盘活，组建 3 个企业集团，兼并、合并、合资 12 个企业，使 17 500 万元资本得以重组，通过分离社会职能，创办经济实体 400 多个。在盘活存量资产、优化资本结构的同时，使 10 000 多名下岗富余职工实现平稳分流，全系统职工人数下降 5.5%，劳动生产率提高 32%，经济效益大幅度增长。在取得行业试点经验的基础上，1995 年 3 月，我们又选择工业比较集中、困难企业较多的李沧区进行区域试点，结合区属企业结构调整，配套实施“双优工程”，在 40 户区属企业的 13 000 名职工中，分离出富余职工 4 660 名，占职工总数的 35.8%，已分流安置 1 400 多人，占富余职工总数的 30%，需要政府救济的困难职工也由年初的 2 000 余人下降到 1 000 余人。

二、“双优工程”的五个突破

1995 年，我们进一步完善了“双优工程”实施意见，在分流安置富余职工的思路上、管理上、政策上、渠道上等许多方面都有所突破。主要表现在：

（一）在安置富余职工的思路上有突破

坚持优化资本结构与优化劳动力配置紧密结合，突破了离开资本结构的调整，单纯就安置谈安置的做法。企业生产经营活动是资本与劳动力实现结合并不断重组优化的过程，在这一过程中，优化资本结构与优化劳动力配置密不可分。只搞资本的优化，不搞劳动力的优化，资产难以盘活，资本结构的调整也难以实施。同样，只搞劳动力优化，不搞资本优化，资产盘不活，富余职工的安置也就找不到出路。为此，我们把优化劳动力配置、安置富余职工纳入优化资本结构、盘活存量资产的整体规划，做到双优并举、同步实施。

坚持以资产经营者为主体，富余职工实行以“行业内部消化为主”，多渠道分流，突破了“企业内部消化为主”的原则。首先，目前我市 14 个行业主管部门已全部转体为资产经营公司，作为资产经营的主体，各资产经营公司直接掌握着本行业资本的投向、调整、重组的决策权，同时对劳动力的配置也有了更大的主动权。因此，优化资本结构与优化劳动力配置的最佳结合点在行业，解决富余职工“两难”问题的出路也应当在行业，行业资产经营公司应当承担起优化资本结构与优化劳动力配置的双重责任。其次，相对于企业而言，行业具有资产实力雄厚，岗位工种和技能要求相近，调剂范围广，分流渠道多，调控能力强的优势，由企业消化为主转为行业消化为主，有利于在更高层次上、更大范围内解决富余职工的分流安置问题。通过行业作为中介和过渡，在企业和社会的“两难”选择中开辟新的安置渠道和空间。为使“双优工程”的实施有组织保证，各资产经营公司都成立了“劳动力资源开发中心”或相应的工作机构，具体负责优化本行业劳动力配置、分流富余职工的工作。

坚持城乡劳动力统筹管理，把分流安置富余职工与宏观调控农村劳动力结合起来。目前我市企业使用农村劳动力约十几万人，与富余职工的数量大体相当。从使用农民工的岗位工种看，如能采取适当调控措施，完全可以为安置富余职工腾出一定数量的岗位。为此，我们把全市的行业工种划分为“可以使用、调剂使用和不准使用农村劳动力”三类，原则上富余职工得不到妥善安置的单位不能使用农村劳动力。同时，对使用农村劳动力的单位征收一定数额的富余职工安置费，一方面从经济上对使用农村劳动力给予一定限制，另一方面为富余职工安置筹集部分资金。

（二）在富余职工的管理上有突破

富余职工是一个构成比较复杂的群体，既有下岗的显性富余职工，又有在岗的隐性富余职工，还有一些虽然已经下岗，但实际上在从事个体经营或在其他单位从事有固定收入的工作，属于隐性就业。由于缺乏有效的管理手段，对这三类富余职工的情况摸不清，政策也难以落实到位。为了加强管理，促进安置，我们提出实行“待岗证制度”，即对下岗3个月以上的富余职工，由劳动部门核发《企业职工待岗证》，重新上岗后及时收回。通过这个办法，主要想把富余职工中的隐性就业者从企业分离出去，自谋职业，把下岗富余职工与在岗富余职工区别开来，重点解决下岗人员的分流安置问题。

富余职工持待岗证享受有关优惠政策：可以进入劳动力市场报名就业；可以申请个体经营或合伙经营，并保留两年的劳动关系，自愿解除劳动合同的，除按规定给予经济补偿外，一次性发给2 000元的经济扶持金；可以到乡镇企业或外地去工作，社会保险费用由本人负担，单位代为缴纳，连续计算投保年限；可以从事临时性有收入的劳务，其收入达不到政府规定救济标准的予以补足。

由于部分富余职工存在依赖思想，求职条件过高，对工作挑肥拣瘦，甚至有的一边在外面挣着大钱，一边拿着政府救济，还不服从工作分配，这些都加大了安置富余职工的难度。为此，我们制定了一些约束措施，对两次无正当理由不服从企业和行业安排上岗的，符合招工条件两次无正当理由拒绝劳动部门介绍就业的，符合培训条件两次无正当理由拒绝参加转岗、转业训练的，收回待岗证，解除劳动合同，辞退到社会。

（三）在富余职工的安置政策上有突破

我市从1983年开始在新招职工中实行劳动合同制，新招合同制职工已占职工总数的40%左右。考虑到这部分职工一开始就按新机制运转，加上年龄比较轻，市场竞争就业能力比较强，对这部分人可以通过劳动力市场进行分流安置。因此，我们加大了企业富余职工市场分流的力度，允许破产、关闭重建、停产、半停产企业和嫁接改造、产权出售、结构调整企业，对属于原合同制工人的富余职工解除合同，由各级劳动力市场提供专项服务，多渠道分流安置。重点保护年龄大、再就业能力弱、家庭负担重的老职工。对这些人原则上要在企业或行业内调剂安置，但考虑到1995年我市已全面实行了劳动合同制，对那些在企业和行业内部确实调剂安置不了的，也可以解除合同，通过劳动力市场安置就业。

为鼓励富余职工自谋职业，把隐性就业的富余职工剥离出去，我们在政策上予以配套：富余职工自谋职业，由社会保险部门直接为其办理养老、医疗保险投保手续，连续计算投保年限，从而解决了这部分职工老有所养、病有所医的问题，消除了后顾之忧；同时，考虑到经营有一定风险，允许自谋职业的富余职工与原单位保留两年劳动关系，一旦经营不善允许复职。这些政策有效地调动了富余职工自谋职业的积极性，仅纺织总公司1995年就有2 100多名富余职工走上了自谋职业的道路。为调动企业接纳富余职工的积极性，搞好调剂安置，对接收女35岁、男40岁以上富余职工的企业，按每人3 000元的标准拨付安置费。对购买方接收产权出售企业职工超过90%以上，收购破产企业财产并安置其80%以上职工的，给予优惠政策，实行带资安置。

（四）在富余职工的分流安置渠道和形式上有突破

结合企业改革和结构调整的不同形式，我们总结完善了组织推荐、市场就业、行业调剂、劳务输出、自谋职业、生产自救等多种安置形式和渠道，并对每种形式渠道的劳动关系处理和相关政策作了具体明确的规定。为开展富余职工生产自救，各级政府都已作出规划，在适当地段开辟职工“生产自救一条街”或“自救市场”，建立生产自救基地。富余职工在自救市场从事生产经营活动，3年内免收有关费用。为了搞好行业内调剂，企业所需劳动力原则上应首先从本行业富余职工中招聘，也可跨行业、跨企业组织劳务输出，保持原劳动关系不变，由出工单位与用工单位签订劳务输出合同。为了鼓励企业通过分离社会职能分流富余职工，规定凡企业分离公益型和福利型社会职能，兴办面向社会、自主经营的经济实体，均可按规定享受劳服企业所得税免三减二的优惠政策，资金有困难的，可从富余职工安置基金中申请借款扶持或贷款贴息。另外，为了增强政策的针对性，还根据企业的不同情况，分为正常运营、合资嫁接、产权出售、兼并划转、特困、破产、现代企业制度试点等类型，分别制定了不同的分流安置渠道和形式。

（五）在筹措富余职工安置基金上有突破

为了落实有关鼓励政策，保证“双优工程”顺利实施，我们拟筹建市富余职工安置基金。资金来源，主要是单位使用农村劳动力按规定缴纳的富余职工安置费和从失业保险基金中拨付的部分转业训练和生产自救费。安置基金由市劳动部门负责筹集和管理，在财政、审计等部门的监督下，主要用于：1. 企业、行业和各级劳动部门为分流安置富余职工而举办的各种转岗、转业训练；2. 对为安置富余职工或分离社会职能举办经济实体、劳服企业资金确有困难的，给予借款扶持或贷款贴息；3. 用于兴建“生产自救一条街”或“职工自救市场”，建立生产自救基地；4. 支付企业接收富余职工的安置补助费和富余职工自谋职业的经济扶持金。

三、三项工程联动，保证企业改革，促进社会稳定

为了解决在当前深化改革中遇到的富余职工分流安置难、困难企业困难职工生活保障难和社会失业职工再就业难的问题，我们在实施“双优工程”的同时，还分别实施了“再就业工程”和“双困救助工程”。“双困救助工程”，就是对困难职工和困难职工家庭实施基本生活救助。通过多渠道筹集资金，我们建立了市、区（市）两级“职工生活救助基金”，对在岗职工月工资收入低于最低工资标准180元的、下岗职工低于120元的以及职工家庭成员月人均实际生活收入低于96元的给予救济，保障基本生活。“再就业工程”是国家在全国推行的一项工程，主要是通过综合运用政策扶持和多种就业服务手段，促进失业职工再就业。

在实践当中我们体会到，虽然三项工程的内容不同，各自解决问题的对象和方式也不一样，但又存在着内在的必然联系。“双优工程”是基础工程，通过实施该项工程可以最大限度地使企业富余职工得到分流安置，减少流向社会的失业人员，同时缩小困难职工的救济范围，减轻“再就业工程”和“双困救助工程”的压力。“再就业工程”是“双优工程”的延续，对那些在企业和行业内确实安置不了、转为社会失业的职工，由该工程负责接收和管理，通过就业指导、职业介绍、转业训练和生产自救活动，最大限度地促进其重新就业。“双困救助工程”是保障工程，对下岗和处于分流安置过程中生活困难的富余职工给予必要的救济，以保障其基本生活。

基于三项工程的这种内在联系，我们认为：把解决隐性失业同显性失业结合起来，把保障下岗、失业职工基本生活同促进其重新上岗、就业结合起来，这样有利于充分调动企业、行业、劳动者和社会各方面的积极性，最大限度地发挥各项政策的综合效应；有利于企业减人增效，保证企业改革顺利进行；有利于改变对困难职工由单纯救济型转为开发性安置，达到标本兼治的目的；有利于最大限度地促进就业，保持社会稳定。

全面实施再就业工程　保持就业局势的稳定

浙江省杭州市劳动局

再就业工程是综合运用政策扶持和失业保险等各种就业服务手段，促进失业职工再就业，推动企业分流安置富余职工的一项社会系统工程。我市是全国实施再就业工程试点城市，1994 年以来，按照劳动部要求，积极开展试点工作，1995 年上半年总结推广试点工作经验，自 7 月 1 日起全面实施再就业工程。

（一）

劳动部关于实施再就业工程文件下达后，我们立即组织有关人员认真学习，对实施再就业工程重要性、必要性加深理解，并针对实施再就业工程困难多、操作难等思想反映和实际问题展开分析讨论，统一思想认识，把实施再就业工程确定为全市劳动工作中一项极其重要的工作，在 1994 年初全市劳动工作会议上，提出了具体的目标和要求，并成立专门工作班子，具体负责再就业工程组织实施工作。

1. 确定试点。我们根据“先试点、后推开”的原则，选择了基础较好、领导重视、组织健全、就业矛盾较为突出、具有代表性的建德市上城区横河街道，下城区艮山街道，江干区南星街道，拱墅区拱宸桥街道，西湖区西溪、翠苑街道等 7 个单位先行试点，并从失业保险基金中拨出专款，作为试点经费。为推动试点工作，我们还确定了试点联络员，对口联系试点单位，及时研究和指导试点工作。

2. 制定方案。我们根据劳动部文件精神，参考外地经验，起草了《杭州市实施再就业工程试行意见》，作为试点工作的指导依据，并在试点单位边摸索、边完善。在此基础上，经全市劳动工作会议讨论修改，广泛征求意见，将实施方案正式上报市政府，1995 年 4 月 1 日，市政府予以批准转发。

3. 全面动员。为推动全市实施再就业工程，1995 年 6 月 29 日市政府召开全市实施再就业工程工作会议精神，总结交流试点工作经验，部署全面实施再就业工程任务。市委常委、常务副市长马时雍在会上讲话，要求各级政府把实施再就业工程列入政府重要议事日程，作为保持社会稳定的大事来抓，把各方面积极性都调动起来，全社会都关心支持再就业工程，齐心协力把这项社会工程办好。各县(市)、区政府分管领导，市有关委、办、局负责同志等160多人参加了会议。7月1日起，我市全面启动再就业工程。

4. 检查落实。为贯彻落实全市实施再就业工程会议，8月14日至22日，由市劳动局副局长刘庆龙、市就业局局长苗玉林带队，组成两个调查组，分赴所属县(市)、区逐个走访，调查并检查实施再就业工程情况，进一步推动了再就业工程的实施。

(二)

在全面实施再就业工程中，我市采取的政策措施主要是：

1. 鼓励失业职工积极参加转业训练。失业职工在失业期内每人可以报销一次培训费，其标准为培训费的50%～70%，每人最高为200元。富余职工的转岗训练费主要由企业承担，不足时，经核准，可用失业保险金的转业训练费予以补贴。

2. 支持失业职工组织起来就业和自谋职业。对失业职工自愿组织起来进行生产自救的，可将其应享受的失业救济金作为扶持生产资金一次性拨付，还可从失业保险基金的生产自救费中给予适当的借款。失业职工在享受失业救济期内自谋职业的，凭个体营业执照，可将其尚未领取的失业救济金作为生产扶持资金一次性拨付，低于600元的，按600元拨付。对享受救济金期满的失业职工自谋职业，开办资金确有困难的，可凭个体营业执照，给予一次性600元的补助。

3. 鼓励用人单位招用失业职工和富余职工。凡招用失业职工并签订1年以上劳动合同的，可将其应享受的失业救济金作为工资性补贴一次性拨付给用人单位。用人单位招用就业难人员可以试工，试工期内，按本市最低工资标准的50%拨付给用人单位作为试工补贴，试工期一般为3～6个月。试工期满，签订劳动合同在3年以上的，可在失业保险基金中按每人1 500元安置费拨付给用人单位。用人单位招用富余职工可先进行试工，试工期内原单位保留其劳动关系。试用合格者，重新签订劳动合同，不合格者可以退回原单位。凡招用富余职工签订1年以上劳动合同的，可由富余职工的原单位按规定支付给用人单位安置费。

4. 兴办生产自救基地。生产自救基地安置失业职工和富余职工达到一定比例的，经资格认定后，可享受税务部门规定的有关优惠政策；确需扶持的，经核准，可给予适当的扶持。亦可成立劳务队，将一些年龄偏大(女30岁以上，男35岁以上)、文化偏低(初中以下)、智力较弱、无技术特长等就业条件较差的人员组织起来，从事各种劳务活动。生产自救基地和劳务队每安置1名就业难人员签订1年以上劳动合同的，可在失业保险基金中按每人1 000元拨付安置费，或给予每人一定金额借款的扶持。

5. 扶持企业发展生产。经县(市)、区以上政府批准或认定的关、停、并、转企业和濒临破产法定整顿期间的企业及特困企业，组织职工开展生产自救或维持简单再生产而缺乏流动资金的，可从失业保险基金的生产自救费中予以一定金额借款的扶持。上述企业职工6个月以上基本生活确无保障的，在主管部门无法调剂解决的情况下，经劳动部门、企业主管部门及有关单位召开专门会议审核，凭有关批文、会议纪要以及企业转岗培训和就业安置计划，按失业救济金标准支付3～6个月的生活补助费。企业须及时组织职工进行转岗训练。凡无故不参加培训或不按计划接受就业安置的，停发生活补助费；参加培训而未实现上岗的，经审核可延发3个月的生活补助费。

6. 为保证实施“再就业工程”所需经费，在失业保险基金中划出一定比例的专项费用用于再就业，并积极创造条件，建立再就业基金。

（三）

在市政府的重视关怀下，经有关部门的通力协作，我市全面实施再就业工程取得初步成效：

1. 为失业职工和企业特困人员提供了较好的社会保障。1994 年我市共向失业职工发放失业救济金 84 699 人次，计 1 095.5 万元。当年失业保险基金总支出占总收入的 87.55%，比上年增长 36%。1995 年春节期间，开展了向失业职工送温暖活动，对 57 户失业职工特困户给予每户 200 元至 1 000 元的补助，计 2.59 万元；对 328 名失业职工给予人均 50 元的一次性补助；还对 87 家企业 10 072 名富余职工发放生活补助费 150 万元；对两家濒临破产企业的 114 名特困职工补助 5 万多元，对帮助解决企业和职工困难，保持社会稳定起了积极的作用。

2. 促进了失业职工尽快实现再就业。通过舆论导向、求职指导、职业介绍、转业训练、失业保险和政策扶持，1994 年我市已有 5 297 名失业职工走上了新的工作岗位，约占当年新增失业职工人数的 50%，其中有 316 人从事个体经营，占实现再就业人数的 6%。1995 年上半年重新就业的失业职工达 2 316 人，比上年同期增长 87.08%，安置去向，全民占 4.36%；集体占 22.80%；三资企业占 22.58%；从事个体占 10.58%；临时性工作占 2.68%。上城区横河街道 3 名失业职工在劳动部门指导下，创办了一家便民综合服务部，走上了自愿组织起来就业之路。有 1 名 40 多岁的失业女职工，通过劳动部门上门做工作、帮助办营业执照和发一次性失业救济金补助，利用自己沿街住房，办了便民小店。下城区艮山街道 1 名失业职工原是一家服装厂的设计师，在街道专管员的帮助下，开办了个体服装店，并在再就业工程 2 万元资金扶持下，安置大龄缝纫女工 3 名，扩大了经营加工场地。

3. 帮助企业分流安置富余职工。我们将部分失业保险基金直接运用于企业内部，支持企业深化改革，立足于自身内部消化富余职工。先后对棉纺、二轻、电子仪表 3 个系统的 6 家企业富余特困人员给予 100 多万元的生活补助，支持帮助两家兼并企业开展转岗培训，为富余职工走上新岗位创造了条件。建德市通过资金扶持、落实政策等措施，先后分流安置了 660 名企业富余职工，并帮助两家特困企业恢复了生产。拱墅区拱宸桥街道为辖区内大中型国有企业富余职工排忧解难，成立了“劳动力开发公司”，目前已帮助浙麻、杭棉等厂安置富余职工 500 余人。

4. 摸索了初步经验。一是“点面结合法”。如上城区在面上加强失业职工求职指导，召开了 15 次职业指导会，有 2 000 多人参加，会后即有 800 人报名就业，还着手建立区属街道职业指导站。在点上，抓好就业难点安置和企业富余人员余缺调剂，现已帮助 16 名就业难人员实现就业，占该区就业难点总人数的 57%。还帮助杭州环保设备厂等 5 家企业调剂富余职工 10 人。二是“就业与培训结合法”。如萧山市边抓培训、边抓安置，目前已开设汽车修理、烹饪、计算机文字处理等 8 个专业的失业职工转业训练项目，组织失业职工报名培训，同时落实了萧山国际酒店有限公司 70 余名招工计划，其中有招收 17 名富余职工、20 名失业职工的单列计划。三是“区街结合法”。如拱墅区充分调动和发挥所属街道的作用，1995 年以来该区已安置 641 名失业职工，其中有 46 人走上自谋职业之路，帮助一户双失业人员开办个体录像厅。该区所属米市巷街道发展职介工作，推荐安置 276 名失业职工就业，该区所属康桥镇失业职工安置就业率达 95%。四是“厂内厂外结合法”。如建德市在致力于鼓励失业职工自谋职业的同时，扶持企业消化富余职工。该市拨出专款，与工商部门联系落实了定点摊位，现已帮助3名失业职工走上自谋职业之路，仅1995年7月份以来，已有16名失业职工自谋职业。该市还投放扶持资金30万元，帮助一家企业消化安置40多人。五是"基地安置法"。如下城区创办杭州佳佳百货有限公司、杭州南元大楼等生产自救基地，并在朝晖等地筹办连锁店、便民商场等，分流安置失业职工和特困企业职工800余人。

在工作实践中，我们感到要全面实施好再就业工程，一是要加强宣传，大造舆论声势，使全社会都了解、理解再就业工程，做到家喻户晓，全社会关心支持。二是要摸清家底，搞好失业职工和企业富余职工的专项调查，进行梳理排队分析，有针对性地采取措施。如我市通过对23 000多名失业职工发表调查，掌握了失业职工构成、特点及基本现状，为制定政策措施提供了可靠的依据。三是要以人为本，提高素质，与深化企业改革紧密结合，紧紧抓住提高再就业能力这个关键。四是要加强职业指导，转变失业职工和企业富余职工的就业观念，从自身条件出发，按照社会需要，积极竞争就业，尽快实现再就业。

依法管理　流动有序

——深圳市外来劳动力管理情况综述

广东省深圳市劳动局　郭家文　郑　雷

伴随着深圳经济特区的高速发展，一个严峻而又十分棘手的问题被历史地推到劳动部门的面前，那就是：如何在满足经济高速发展对劳动力的大量需求的同时，又确保劳动力合理、有序地流动。这个问题解决得好，将极大地促进经济的发展和社会的进步。反之，企业需要的人才引不进，富余的劳动力出不去，不仅会制约经济的发展进程，而且会严重影响社会安定。15年来，我们在市委、市政府和上级劳动部门的领导下，大胆探索，勇于实践，逐步摸索出了一套符合特区实际的外来劳动力管理办法。

一、我市外来劳动力的概况及其特点

——增长速度快，规模大。建特区初期的1982～1987年，全市外来劳动力每年增加10万人左右，1987～1989年，随着外来投资的进一步扩大，经济的进一步发展和繁荣，外来劳动力需求和供给剧增，每年高达30多万人。1989年以来，市政府加强了对外来劳动力的宏观调控，外来劳动力增长幅度有所下降，截至1995年末，全市外来劳动力总数已达179万人，占全市从业人员总数的73%。

——来源广，分布集中。全市外来劳动力主要来源于四川、湖南、广西、湖北、江西、贵州、浙江、河南、安徽等省以及广东省内兄弟市县，主要分布在建筑、服务等行业及"三来一补"等劳动密集型产业。

——年富力强，女性居多。外来劳动力的年龄主要集中于18～30岁，且女性较多。1995年在深圳就业的179万外来劳动力中，女性达到112万，占全部外来劳动力的63%。在179万外来劳动力中，普通劳动力占

绝对比重，达60%，而且主要来自于广大农村地区。

二、我市外来劳动力管理的基本做法

（一）运用经济、行政、法律手段，对外来劳动力总量和结构进行宏观管理

特区建立初期，迅猛发展的经济需要大批训练有素的劳动力，传统的劳动力计划管理模式已不能适应形势发展的要求。我们打破常规，发挥市场在调节劳动力方面的基础性作用，不论劳动者户口、身份、学历差异，只要企业需要，均可不拘一格引进。到1988年，已累计引进外来劳动力近百万人。对外来劳动力实行的这种粗放式管理的办法，与特区当时粗放型经济发展方式是相适应的。但随着特区的逐步繁荣，人民生活水平的逐步提高，特区对内地劳动力的吸引力也越来越大，单纯依靠市场调节的办法已经不足以引导劳动力的合理增长，我们根据需要运用经济的、行政的、法律的手段加以调控。

首先是对外来劳动力的总量进行了调控。从1988年开始，根据治理整顿的部署，针对外来劳动力增长过猛的问题，我们推出了“务工许可证”和“临时工劳动手册”的管理举措，制定了“先特区内、后特区外，先市内、后市外，先省内、后省外”的用工指导原则，限制了外省劳动力的盲目涌入，使外来劳动力的总量控制在经济发展需要，社会又承受得起的范围之内。从1990年起，开始对外来劳动力征收“城市建设增容费”，运用经济手段对外来劳动力总量进行调控。

其次是对外来劳动力的结构进行调控。1991年，市政府批转了市劳动局《关于完善深圳经济特区招调工人管理办法的意见》，对于招用市外劳动力提出最低学历要求，即在深务工两年以上，拟选招为本市合同制员工的劳动者须高中以上学历；被确定为新招对象的外来劳动力须达到中专以上水平。1993年深圳市人大颁布的《深圳经济特区劳务工条例》规定在深从事临时性工作的劳务工，必须具有初中以上的文化水平。为适应特区产业结构的调整，同时也为缓解特区居民的就业压力，1995年，我们把外来劳动力调控的重点由限制最低学历逐渐转移到所从事的工种或专业方面，对于特区发展高新技术产业和先进技术工业所需要的工种或专业人才，采取积极引进政策；对于市内已出现大量失业或富余人员的专业或工种，或现有失业人员可以从事的专业或工种，如营业员、文秘、司机、仓管员、售票员、报关员等，则从严控制直至禁止招调。1995年市劳动局向社会公布了70个优先招调工种、专业目录和100个控制和禁止招调工种目录。这一系列政策的出台对调整外来劳动力的结构产生了积极的作用。

（二）政府各有关部门和各级劳动管理部门密切配合，对外来劳动力实行条块结合管理

面对大量的外来劳动力，光靠劳动部门的力量是很难管到位的。多年来，我们不断加强与工商、建设、公安、城管、运输等部门的协作，使各行各业的外来劳动力基本纳入了劳动管理范围。

1. 在业务上各有关部门之间有明确分工。如对从事个体经营、市场摆卖、种植、养殖业等的零散劳动力，由各级工商部门对之实行务工许可证管理；对于成建制从事建筑行业的外来劳动力，则由建设管理部门联合实施管理；公安部门在一年一度换发外来劳务人员暂住证时，把已办劳动用工手续作为必备条件之一。

2. 工作中，各部门相互配合，实行齐抓共管。几年来，劳动部门经常会同有关部门联合对各单位使用的外来劳动力进行定期或不定期的检查。对查出的私招滥雇人员由劳动部门责令限期补办劳动用工手续或清退；对于情节严重的企业，由工商部门责令停业整顿或吊销营业执照；对有严重违法行为的则由公安部门予以处罚。

3. 对于各类企业雇用的劳务工，劳动部门通过市、区劳动就业管理部门和乡镇、街道劳动管理站三级劳动管理网络进行管理。市劳动就业管理部门负责市属企业、外资企业、驻深机构、内联企业的外来劳动力管理；5个区的劳动就业管理机构则管理各自区属企业的外来劳动力；乡镇、街道办的企业，村办企业以及来料加工企业则由各乡镇、街道劳动管理站负责办理劳动用工手续。目前我市对外来劳动力的管理基本上已形成“条块结合、齐抓共管”的格局。

（三）加强与劳动力输出地劳动部门的协作，对外来劳动力实施跟踪管理

为了保证输入劳动力的素质，使其有序流动，我们充分依靠劳动力输出地劳动部门，共同对劳动力实施跟踪管理。截至1995年底，经市人民政府批准设立的外省劳动部门驻深管理站已达14个，经市劳动局批准设立的省内市、县劳动部门的劳动管理站已达68家。在各驻深劳动管理站的配合下，我们对外来劳动力的跟踪管理主要抓了以下五个方面：

第一，对劳动力进行输入前的培训。输出地劳动部门公开招聘后，按我市用工单位的需要先对劳动者进行培训，再安排上岗。

第二，与用人单位签订管理服务协议，对输入劳务工进行联合管理。

第三，协助我市劳动部门处理涉及输出地劳动力的劳资纠纷。

第四，春节期间帮助外地劳动力代订车、船、机票，协助外地劳动力有组织地返乡过节，帮助疏导民工，提高其有序流动程度，防止“民工潮”的出现。

第五，配合全市开展的“老区与特区心连心”活动，协助我市劳动部门及时地将延安老革命根据地，江西、湖南老区，三峡库区，粤北山区，粤西贫困地区的劳动力输入特区，推动对口扶贫工作的开展。

（四）严格规范职业介绍、职业培训等社会中介服务机构行为，强化劳动力市场管理

随着劳动管理体制改革的深化，目前对劳动力的管理已逐渐转移到劳动力市场的管理、服务方面。而管好劳动力市场的关键则是管住管好劳动力市场的中介服务机构。

职业介绍机构是劳动力市场各环节的“龙头”。“龙头”一乱，整个劳动力市场秩序必然混乱，外来劳动力占主导地位的深圳劳动力市场尤其是这样。因此，近些年来，我们一方面投巨资兴办深圳市职业介绍中心，发挥示范作用；另一方面，加强对社会上各类职介机构的监督管理。1995年3月30日至4月10日市劳动监察部门对社会上从事职业介绍的90多家机构进行了清理整顿，对其中符合条件的34家职业介绍机构颁发了《深圳经济特区职业介绍注册证》，对其从业人员也依法进行了培训，核发了《深圳经济特区职业介绍从业人员资格证书》，堵住了私招滥雇的源头，维护了劳动力市场正常的运作秩序。

职业培训机构是对劳动力实施教育和管理的重要阵地。截至1995年底，经市劳动局审批成立的社会职业培训机构已达108家，这些机构不仅承担了各类文化知识、职业技能培训，而且通过其教学活动，不断向学员灌输特区劳动政策、法规，职业道德，为提高外来劳动力的整体素质发挥了巨大的作用。

（五）加强劳动立法、执法和法律宣传工作，对外来劳动力实行依法管理

在实行依法管理方面，我们着重抓了以下三项工作：

首先是抓好立法。深圳经济特区获得立法权后，出台的第一个法规就是《深圳经济特区劳务工条例》。此后，经市人大制定和颁布的《深圳经济特区劳动合同条例》、《深圳经济特区最低工资条例》、《深圳经济特区工伤保险条例》等一系列法规都把外来劳动力的权益纳入了法律保障的范围。

其次是严格执法。保护外来劳动力的合法权益是各级劳动部门的重要职责。历年的

劳动工作都把协调劳资关系列为中心工作之一。我市从1989年建立劳动监察机构以来，维护外来劳动力的合法权益成为其重要的日常工作。在1994年处理的3 006起劳资纠纷中，涉及外来劳动力的案件占95%。同年劳动仲裁机构结案的738宗案件中，涉及劳务工的达85%。依法保护，也要依法管理。几年来，我们通过合同鉴证及劳动争议仲裁等手段，纠正了劳务工的不合理要求和错误做法，仅1994年就为企业追回因员工非法流动而给企业造成的损失计人民币3万多元、港币近2万元。

再次是积极宣传劳动法律法规。《劳动法》颁布以后，我们开展了形式多样、声势浩大的宣传活动，由市局组织的《劳动法》知识竞赛活动吸引了26万多名外来劳务工参加。通过学习，劳务工明确了自己的权利和义务，为实现依法管理奠定了思想基础。

农民进京务工现状及其对策

北京市劳动局

随着社会主义市场经济体制的建立和劳动体制改革的不断深化，大量农民涌入我市务工，并成为我市生产建设中一支不可缺少的力量。农民进京务工，给我市经济社会生活的诸多方面带来了一系列广泛深刻的影响。1995年9月以来，我们对我市农民务工的情况进行了调查。

这次调查，我们采取了典型调查和普查相结合的方法，共发放调查表（含基层表）18 000余张，发放范围覆盖了中央、军事、市属、区县属企事业单位（含三资企业），回收率为97%。

一、农民进京务工的基本情况

1. 农民进京务工的数量及来源

目前，我市使用农民工的总数是73.44万人。其中，来自本市农村的有25.1万人，占农民工总数的34.2%，来自外地农村的48.3万人，占农民工总数的65.8%。

我市使用的本市农村劳动力，主要来自顺义、通县、密云、大兴等县。

外地进京务工的，以河北省为主，约为17.4万人，占我市使用外地人员务工总数的37%，其次是河南、四川，分别为8.1万人和5.5万人。

2. 我市使用农民工的行业分布

以使用多寡为序，农民工主要集中在建筑、制造和社会服务业，占全市农民工数量的63.91%。请参阅下表：

(1) 建筑业　使用30.2万人
　　占全市使用总数39.68%

(2) 制造业　使用12.2万人
　　占全市使用总数14.73%

(3) 社会服务业　使用5.5万人
　　占全市使用总数9.5%

(4) 批发零售餐饮业　使用5.5万人
　　占全市使用总数7.53%

(5) 农林牧副渔业　使用4.8万人
　　占全市使用总数6.95%

(6) 军事系统　使用3.8万人
　　占全市使用总数5.2%

(7) 交通运输仓储邮电

使用 1.9 万人

占全市使用总数 2.61%

(8) 教育文化艺术电影电视广播业

使用 1.4 万人

占全市使用总数 1.91%

(9) 采掘业　使用 1.1 万人

占全市使用总数 1.56%

(10) 国家机关、社会团体

使用 0.4654 万人

占全市使用总数 0.62%

(11) 科研和综合服务业

使用 0.425 万人

占全市使用总数 0.59%

(12) 房地产业　使用 0.29 万人

占全市使用总数 0.41%

(13) 卫生体育社会服务业

使用 0.3695 万人

占全市使用总数 0.38%

(14) 地质、水利　使用 0.1584 万人

占全市使用总数 0.22%

(15) 电力煤气及水的生产供应业

使用 0.137 万人

占全市使用总数 0.19%

(16) 金融、保险业　使用 520 人

占全市使用总数 0.074%

3. 调查结果分析

从调查结果可以看出，我市使用农民务工总量 73.44 万人，可能比实际使用数量小。原因是这次调查存在着漏报和虚报的问题。由于各种原因，少数单位根本没收到报表；同时还有一些单位上报的数字比使用的数字小。1994 年外管处为外地农民工办理《做工证》已达 493 576 人，大于此次统计报表 46.8 万人，也印证了这一点。剔除上述因素，我市实际使用的农民工数量估计应在 80 余万人。

此次调查还反映出两个问题：(1)我市使用本市农民与外地农民的数量比例不够合理。我市仅使用本市农民 25.1 万人，占进京农民总数的 34.2%，而据调查表明，我市目前农业劳动力资源为 243.8 万人，其中就业人数 210 万，剩余劳动力 33.8 万人(含家务劳动力)，还没有充分利用。(2)农民工在各行业的分布不尽合理。一些可以使用本市城镇劳动力的行业，如批发零售餐饮业、社会服务业等也大量使用了农民工。造成上述问题的原因将在下面分析。

二、我市对农民进京务工的管理现状

农民进京务工，满足了我市生产建设对劳动力的需求，解决了企业用工的燃眉之急，尤其在建筑、煤炭、市政、纺织、环卫等部门，农民工已成为一支重要的生力军，他们的存在与否，直接关系到这些行业的兴衰。农民进京务工，还加速了我市第三产业的发展，满足了我市人民群众的生活需要，丰富了城乡居民的消费生活，促进了市场流通，给我市经济腾飞注入了生机活力。但与此同时，也不可避免地给我市经济和社会发展带来了一系列消极影响，如加重了城市负担，造成社会治安、计划生育、环境卫生管理困难，尤其是增加了城镇职工就业难度。为此，几年来，我市加强了对使用农民工的管理工作。

首先，根据国务院《全民所有制企业招用农民合同制工人的规定》，坚持“先城镇、后农村，先本市、后外省市和为经济建设服务”的原则，制定并下达了允许使用农村劳动力的岗位工种范围，加强了宏观管理。

在对外地进京务工人员的管理上，主要采取了以下措施，一是认真贯彻执行《北京市外地人员务工管理办法》，对外地人员进京务工实行严格的计划管理。凡需使用外地农民工的单位，都须通过主管部门向市、区(县)劳动局申报用工计划，经劳动部门审批后，办理《做工证》。1991 年、1992 年、1993 年、1994 年市区县劳动部门办理《做工证》总数分别为 345 683 个、322 7559 个、510 836 个、493 576 个(截至 11 月份)。从 1990 年开始，

我市成立了市、区(县)、街道(乡镇)三级劳动执法监察队伍,对违法用工的单位,予以经济处罚。二是通过签订劳务合同的方式,对外地农民工实行输入输出地区的“双向管理”。用工单位在正式招用农民工之前,须先与劳务输出地区县以上劳动部门签订劳务合同,凭此合同,到劳动部门办理《做工证》,有效地确保劳务输入输出地区及农民工三方的合法权益,有利于加强管理。目前我市劳务合同签订率约在75%以上。三是培育、巩固、扩大劳务基地建设。目前,我市已建立起地、县级劳务基地249个,从劳务基地招工人数约36万人,占我市使用外地人员务工总数的75%。劳务基地已遍及各个行业,建筑业建立了41个劳务基地,招工23万人;矿务局建立9个劳务基地,招工1万人;纺织业建立9个劳务基地,招工1 600人;环卫行业建立3个劳务基地,招工500多人;煤炭行业建立8个劳务基地,招工3 000多人;化工行业建立4个劳务基地,招工近800人。劳务基地的建立,进一步提高了外地进京务工人员的素质,为我市生产建设所需的劳动力提供了一个可靠的来源。四是加强了劳务交流和区域间劳务合作。河北、河南、山东、四川、安徽、浙江、甘肃、内蒙等省已相继在京成立了专门的劳务管理机构,并经常开展劳务交流协作,共同解决外地农民工在京发生的各种问题。可以说,我市对外地农民工的管理,已基本上纳入了计划化、法制化的轨道,初步形成了外地农民工输出有组织,输入有管理,岗前有培训,生活有服务的有序流动的局面。

几年来,尽管我市在对农民工进京的管理上采取了许多行之有效的措施,但由于劳动力市场刚刚发育,还存在很多不完善之处,市场优化配置劳动力的作用没有真正到位,供需主体的地位不明、农村劳动力流动无序等问题依然存在。突出表现在:

1. 在对城乡劳动力的使用和管理上,宏观调控乏力,缺乏一套系统的管理调控机制

统筹安排城乡劳动就业,充分合理地配置劳动力资源,使之适应于我市经济发展的需要,是一项系统工程,而我市对此缺乏统一的计划和协调,人为地造成了劳动力资源配置上的不合理。结果出现了一方面企业富余出大量人员,闲置找不到工作;另一方面又大量使用农民工。据了解,我市目前企业富余人员约为35万人,潜在失业问题已经存在,而这些我市自有的闲置劳动力资源,并未得到充分利用。而一些可以使用本市城镇待业人员、企业富余人员的宾馆、饭店等,却大量使用了农民工。造成这个问题的原因,是我们统筹安排城乡劳动力就业方面的一系列政策上存在着相互矛盾、不配套的问题。最明显的,就是我们虽然提倡在劳动力的使用上实行“先城镇、后农村,先本市、后外地”的原则,但我市目前实行的政策导向上存在着失误,政策上人为地造成城镇人员与农民工的待遇差别过大,使用本市城镇人员的费用高于使用本市农民工的费用,而使用本市农民工的费用,又高于使用外地农民工的费用。例如:有一家饮食企业,现雇用30名外地人员和4名本市求职者。按政策规定,雇用此30名外地民工,该企业缴纳的费用1年只有240元(即《做工证》费每人每年8元)。而另4名本市人员,企业则需要按政策缴纳他们工资总额5%的管理费和18%的养老统筹金,两项合计为12 420元。据测算,同样是雇用30名工人,若用本市城镇户口临时工比使用外地农民工企业每年要多支付12 180元。

这样,必然会在客观上促使用人单位从自身经济利益出发,用外地农民工代替本市城镇临时工,从而加大了当前劳动力宏观调控的难度。

2. 管理手段不健全

在市场经济条件下,对劳动力市场宏观调控的主要手段应是经济手段、法律手段和必要的行政手段。而几年来,我市对农民工的管理,主要是采取单一的行政手段。通过计划

管理来实现，而没有强有力的经济手段的配合，特别是在社会主义市场经济条件下，这个问题越来越影响到我市对农民工的管理。目前，上海、天津、广州等大城市，已相继采取了对使用外地农民工征收管理费的办法，而我市从 1990 年开始呼吁，至今仍没有结果，在客观上，必然造成外地农民工使用数量上难以控制，甚至一些单位私招乱雇，非法用工。此外，我们管理农民工的法律手段也十分薄弱，虽已成立了市、区(县)、街道(乡镇)三级劳动执法监察队伍，但有正式编制的只有市里的几个监察人员，人员素质也比较低，有关法规、规定也不完善，监察的面小，很难及时发现处理违法用工的问题。

3. 有关政策法规不健全，且力度不够，远不能适应市场经济的需要

目前，我市对农民工的管理，没有一套完善的政策办法，仍沿用 1986 年的《北京市国营企业使用农民合同制工人管理办法(试行)》和 1989 年的《北京市外地人员务工管理办法》。我们虽已在实践中摸索了一些管理办法，如对农民工实行输入输出地区“双向管理”，培育发展劳务基地建设等等，并下发了允许使用农村劳动力的岗位工种范围，但都没有以政策法规的形式明确下来。由于立法滞后，造成劳动力市场运行秩序还比较混乱，一些单位各行其是，各自为政，如由于我市对外地进京农民工收费办法迟迟不能出台，一些区县劳动部门已从 1993 年起，经区县人民政府批准，对本区县范围内的用工单位，征收了管理费，其标准 60～120 元/年不等，用工单位对此意见很大。还有一些用工单位无视政策规定，擅自招用农民工，不办理任何手续，不签订劳动合同，甚至非法使用童工。

我们对使用农民工的政策宣传不到位，与各相关部门的协调配合不够，也是不可忽视的问题。

三、我市使用农民工的发展趋势及在加强管理方面应采取的对策

随着社会生产力的发展，农业劳动力向非农业转移，农业劳动力占社会劳动力的比重不断下降，是一个普遍性的规律。大量农民进京务工，正是市场经济发展的必然结果。近年来，我市使用农村劳动力的数量有增无减，1990 年我市共办理《做工证》378 928 万人，而 1994 年办理了《做工证》近 50 万人。农民工进京对于我市的经济发展和建设的作用也越来越突出。我们认为，随着城乡经济结构及经营方式的变化，产业结构的调整，我市使用农民工还将有发展趋势。而从农村劳动力的供给方面说，十分丰富。仅我市农村，就有 33.8 万(含家务劳动)剩余劳动力资源。根据预测，每年还将有 2.5 万新成长的劳动力，预计到 2000 年，本市农村新成长的劳动力约在 15 万人左右。外省的农村劳动力资源更是十分雄厚。可以说我市农村劳动力资源明显地供大于求。在这样的形势下，我们需要研究的问题应该是如何充分地利用我市自有的劳动力资源，同时适当地吸纳外地的农村劳动力，统筹安排城乡劳动力，实现劳动力资源的最优配置，发挥最好的经济效益。

我们认为，最根本的办法，就是建立健全城乡一体化的劳动力市场体系，加强政府综合经济部门在劳动力资源开发利用上的宏观调控，形成符合劳动力市场发展和运行的宏观调控方式，从而达到农村剩余劳动力的合理有序流动。具体措施是：

1. 建立城乡一体化的劳动力市场，把竞争机制引入劳动力市场，通过发展区域性劳动力市场和劳务协作关系，统筹安排城乡劳动力就业，使劳动力资源得到最优配置

在劳动力的使用上，仍应坚持“先城镇、后农村，先本市、后外地”的原则，首先要充分利用我市自有的劳动力资源，搞好我市城镇就业问题，在此基础上，有效地开发我市农村剩余劳动力，以外地农村劳动力作为补充。扩大我市职业介绍机构的业务范围，劳动部门的劳务中介组织不仅应负责本市城镇、农村

劳动力的职业介绍，也要承担外省农村劳动力的职业介绍，特别是用工单位和个人雇用零散来京的外地务工人员，必须纳入劳动力市场管理，严禁在劳动力市场以外进行交易，为杜绝私招乱雇、取缔非法劳务市场，提供良好条件。从我市目前来看，建立一个能吸纳全国劳动力求职的综合的劳动力市场的条件尚不成熟，在这种情况下，我们认为用工单位应该走出北京、走向全国，选择、建立自己的劳务基地。对用工需求量大的行业，应变从各地零散招用外地农民工为集中统一从劳务基地招用，在加强"双向管理"的基础上，通过利用现代化手段，建立起输入输出地劳动力供需信息网络。通过建立劳务基地，加强职业技能的开发，使我市招工难的行业和企业，有一个比较长期稳定的劳务储备基地，从根本上找到解决我市长期存在的劳动力结构性需求问题的途径。

2. 充分发挥经济手段的作用，强化对农民工进京务工的宏观调控

目前我市对农民工管理政策的陈旧、不合理，在一定程度上造成城乡劳动力管理和使用上的混乱。解决上述问题，必须从立法入手。在市场经济条件下，应该充分认识经济法律对于调节劳动力流量、流向的重要作用，重新制定一种新的用工政策，使企业使用一个外地农民工费用高于使用本市农民工的费用，使用本市农民工的费用，又要高于使用本市城镇人员的费用，通过经济手段的作用，引导企业从自身经济利益出发，自觉地少用或不用外地农民工，达到充分利用我市自有劳动力资源的目的。具体办法，可以通过对使用外地农民工的单位征收管理费的办法解决。在征收管理费标准上，不宜采取一刀切的办法，应本着城镇待业人员能干、愿意干而被外地人员挤占了就业岗位的缴纳的管理费应适当高些；本市城乡劳动力不能满足用工需要，特别是一些招不进、留不住的脏、累、差、危险以及有毒有害工种，而企业又必须招用外省市劳动力的，征收标准应适当低些的原则，制定征收标准，以增加企业用工上的自我约束能力。

3. 贯彻《劳动法》，强化劳动立法及劳动执法监察

《劳动法》的颁布，为我们强化对农民工的管理，提高管理层次，提供了依据，应结合我市情况认真贯彻落实《劳动法》，制定并规范我们对使用农民工的管理办法。目前，应着力抓好农民进京务工的合同签订问题，以保障农民工以及用工单位的合法权益。同时，还要通过用工单位与劳务输出地区签订劳务合同，把劳动力输入输出地区联系起来，使农村劳动力进京务工通过一定的组织形式和合法渠道。通过签订劳务合同，还可以明确劳动力输出输入地区在管理进京农民工上的权利、责任、义务，达到共同加强管理的目的。

加强法律监督，充实和加强劳动执法监察队伍，也是深入贯彻《劳动法》的要求。我市应尽快解决劳动执法监察队伍在机构、人员、编制、经费上的困难，为克服目前监察力量薄弱、执法不力的问题，提供一个良好的条件。

4. 加强各部门的综合管理

对农民工的管理是一项涉及全社会的系统工程，单靠劳动部门一家不行。目前在农民工管理中，存在着各自为政、乱收费、遇到问题相互扯皮推诿的现象，特别是对乱收费的问题，用工单位反映十分强烈。解决上述问题，必须加强综合立法和宣传工作，统筹协调劳动、财政、公安、环卫、工商、城区、计划生育等部门的工作。只有各部门齐抓共管、各司其职、协调配合，有效地对农民务工实施控制、调节、监督、管理，才能充分发挥农民工在我市经济发展中的积极作用，最大程度地克服其消极影响，使我市农民工的管理纳入与社会主义市场经济相适应的良性循环的轨道。

成都市开展企业集体协商签订集体合同试点工作

四川省成都市劳动局

成都市现有人口960万，市区人口301万；国有企业2 935户，职工83.5万人；集体所有制企业5 431户，职工28.8万人；其他经济单位226户，职工11万人。1994年成都市被劳动部列为劳动体制区域综合配套改革试点城市后，于1995年初开始在有条件的企业开展了集体协商签订集体合同的试点工作。一年来，有45户企业已经过平等协商达成一致，正式签订了集体合同，涉及职工2万余名。其中：国有企业13户，集体所有制企业13户，外商投资企业7户，股份制企业7户，乡镇企业3户，私营企业2户。试点工作的基本情况是：

一、组织准备阶段

（一）建立企业集体协商签订集体合同试点工作领导小组。领导小组由市劳动局局长任组长，1名分管局领导具体负责，局计划调配处和劳动争议仲裁处承办试点有关事宜。其主要任务：1．指导企业工会组织和企业行政领导根据国家法律、法规的规定，就劳动报酬、工作时间、休息休假、劳动安全卫生、保险福利等有关问题，在平等协商一致的基础上签订集体合同；2．向试点企业工会组织和行政领导双方提供国家有关的信息、数据和分析资料，主要包括上一年度全省、本市职工平均工资、工资水平增长幅度等有关数据，供企业工会组织和行政双方在协调过程中参考使用；3．依据《劳动法》、《工会法》、《集体合同规定》和劳动部《关于进行集体协商签订集体合同试点工作的意见》等有关法律法规规章，指导企业进行集体协商，对企业在协商过程中发生的争议进行协调，对企业通过协商一致签订的集体合同，进行监督并对履行情况进行检查。

（二）对试点企业进行宣传和培训。组织试点企业职工认真学习《劳动法》和有关集体协商签订集体合同的法规和规定。对企业工会负责人和行政管理人员进行培训，着重介绍了企业开展集体协商签订集体合同的目的意义、要求和具体做法，还介绍了国外集体协商签订集体合同的一般做法，使企业工会组织和行政双方掌握和了解现行的劳动、工资、社会保险等有关政策和法规，明确集体协商签订集体合同的原则和工作程序，提高企业工会组织和行政双方集体协商签订集体合同的素质、法律意识和协商艺术。

（三）制定和修改集体协商签订集体合同试点方案。我局根据劳动制度综合配套改革要求，制定了《成都市建立外商投资企业集体谈判机制试点方案》。《劳动法》从1995年1月1日开始正式实施后，我局根据《劳动法》和《集体合同规定》以及《关于进行集体协商签订集体合同试点工作的意见》的有关规定和要求，结合本市的实际，经过充分的调查和征求有关部门的意见后，对原试点方案作了相应的修改，将《成都市建立外商投资企业集体谈判机制试点方案》修改为《成都市企业进行集体协商签订集体合同试点方案》并报经劳动部认可。修改后的试点方案，在指导思想、试点范围、具体方法步骤、时间安排、配套措施和试点的组织管理等方面都作了相应的改动。方案明确提出：以培育和发展劳动力市场为中心，以《中华人民共和国劳动法》、《中华人民共和国工会法》和《集体合同规定》为法律依据，参照有关国际公约并借鉴国际通行做法，由国家统一规范、集体协商签订集体合同，充分发挥企业工会组织在自主调节劳动关系中的重要作用，积极稳妥地形成劳动关系双方自主调节、政府依法调控的劳动关系协调机制，建立和保持和谐的劳动关系，使职工和企业双方的合法权益得到保障。在试点的原则上提出：坚持企业与职工双方自主协商，劳动行政部门适度协调的原则；坚持用国家法律、法规和规章规范协商内容的原则；坚持保障双方合法权益的原则；保持和谐稳定和平等协商的原则。试点的范围，除外商投资企业外，其他有条件的非国有企业和实行现代企业制度试点的企业，也可进行试点；对具备条件的国有企业，企业工会组织和行政双方一致要求开展试点的，市劳动局予以支持，并依法对其指导和监督。

（四）制定集体合同参考样本和提供与集体协商签订集体合同有关的法律法规，为企业工会组织和行政双方提供咨询并解答双方关心的有关问题。我局制定的统一的集体合同参考样本，把劳动报酬、工作时间、休息休假、保险福利、劳动安全与卫生、合同期限、变更解除终止集体合同的协商程序、双方履行集体合同的权利和义务、履行集体合同发生争议时协商处理的规定以及违反集体合同的责任等内容，作为必备条款。此外，有关职工培训教育和双方需要协商的内容，协商双方均可写入集体合同中。试点企业协商双方可根据本企业的实际情况，对参考样本有关内容进行补充，提出本企业的集体合同草案。

（五）在广泛摸底调查和征求意见的基础上，选择并确定集体协商签订集体合同试点企业。对试点企业，要求必须有健全的工会组织，企业行政和工会组织双方有集体协商签订集体合同的要求，企业有健全和完备的企业内部管理体制和较好的管理基础，企业的产权关系明晰。

二、组织实施阶段

（一）对集体协商签订集体合同试点企业协商双方人员的资格进行审查。根据《成都市企业进行集体协商签订集体合同试点方案》的要求，我局制作了《集体协商签订集体合同协商工作人员资格审查表》，对试点企业工会组织和行政双方参与集体协商的人员进行资格审查和认定，以统一规范集体协商签订集体合同的行为，切实保护企业职工，特别是参与集体协商职工代表的合法权益，同时也便于掌握和了解试点企业的情况，做到心中有数。

（二）对试点企业的集体协商签订集体合同工作进行全过程的监督和指导。1. 要求试点企业的协商范围和内容中的基本条件不得超出国家现行的法律法规，对劳动报酬、工作时间、保险福利等涉及职工切身利益的条款，均应按国家有关规定确定。2. 要求试点企业工会组织和企业行政双方明确进行集体协商签订集体合同的宗旨是要不断提高企业劳动生产率，保障企业生产经营任务的完成；促进企业经济效益的提高和企业的发展，在此基础上增加投资者的收益和提高职工的物质文化生活水平。3. 监督集体协商双方在平等的法律地位上进行协商，要求企业工会组织和企业行政双方在集体协商签订集体合同过程中，不能强迫对方接受自己的要求或条件，更不能采取威胁、利诱等不正当手段，防止在协商过程中出现歧视行为。4. 要求企业协商双方明确集体协商的目的是促进劳动关系的和谐稳定。企业双方通过协商在保护劳动者的合法权益上达成共识，使企业工会组织和企业管理者成为合作的伙伴，并要求在协商过程中双方求大同、存小异，集体合同的各项条款既能有利于维护双方的合法权益，又有利于企业生产发展。5. 要求试点企业工会组织和行政双方在协商一致的基础上草拟出的集体合同，在充分听取意见的基础上提交企业职工代表大会或者全体职工讨论通过，使企业全体职工明确集体合同内容，自觉履行合同。

（三）制定《集体合同审查意见书》，认真审查集体合同内容。试点企业经过平等协商达成一致正式签订的集体合同，在规定时间内报送劳动行政部门。由劳动行政部门按照《劳动法》和《集体合同规定》的程序和要求，对集体合同双方的资格、集体协商的程序、集体合同中的各项具体劳动标准等有关内容进行审查，对集体合同中不规范的提法等问题，及时通知企业进行修订，最后填写《集体合同审查意见书》，在15日内送达企业集体协商的双方代表，并要求以适当形式向各自代表的全体成员公布。

三、试点工作的几点体会

（一）企业进行集体协商签订集体合同试点工作，涉及面广、政策性强，对社会经济和职工队伍都会产生很大影响，必须始终加强领导，取得各级政府的支持。在开展试点工作中，我局在认真制定试点方案的同时，还及时向市政府汇报，取得市政府领导的支持。各区（市）县开展试点工作，要求劳动部门除向当地政府汇报外，还须向市劳动局备案，便于统一管理和组织指导。成都市人民政府1994年底正式批转的市劳动局关于成都市劳动体制区域综合配套改革总体方案，为企业进行集体协商签订集体合同试点工作进一步提供了有利条件。

（二）劳动行政部门是企业集体协商签订集体合同试点工作的主管机关，务必精心组织，坚持积极稳妥地开展试点工作，不断发现问题、总结经验，不断完善有关的政策规定，使企业集体协商签订集体合同健康稳步地进行。

（三）要与有关部门特别是同级工会组织密切配合，发挥同级工会组织在进行集体协商签订集体合同试点工作中的积极作用。在开展试点工作中，我局与市总工会建立了联系会议制度，定期召开联系会，共同研究和分析情况，解决试点过程中出现的问题，还通过工会组织对广大职工进行《劳动法》和集体合同有关法律、法规的宣传教育，提高了广大职工的法律意识。

目前，成都市企业集体协商签订集体合同试点工作仍在总结经验、继续探索、逐步扩大、向前推进中。

甘肃省农村劳动力开发就业试点

甘肃省劳动厅法规处

甘肃省是经中国农村劳动力开发就业试点项目指导小组批准，参加全国省级农村劳动力开发就业的8个省级试点地区之一。整个试点工作在省委、省政府的统一领导和国家试点项目指导小组指导下，经过全省上下两年的共同努力，到1995年底，全面完成或超额完成了试点项目规定的各项任务，探索出了一系列农村劳动力开发就业的新路子，为加强城乡劳动力统筹管理提供了有益的启示。

一、试点主要任务及其成果

国家农村劳动力开发就业试点项目指导小组批准的省级试点项目的主要任务：一是研究制定并实施有利于促进全省农村经济和农村劳动力开发就业协调发展的途径、实现方式及相应的政策。二是建立按市场机制运行、城乡协调发展的劳动力管理体制；完善劳动力市场机制，建立有助于农村劳动者自主择业和劳动力有序流动的农村就业服务和社会保险体系。三是根据省情，探索城乡劳动力统筹管理就业的路子，促进农村劳动力资源科学合理地开发和利用，实现全方位就业。四是在省政府统一领导下，逐步形成劳动部门、农村经济工作部门和其他有关部门各司其职、协调配合、共同促进农村劳动力开发就业的工作关系和协调工作机制。

按照上述任务和要求，甘肃省有关部门按照建立市场经济体制的要求，根据省情制定了试点项目实施方案，成立了项目实施组织机构，制定了不同发展地区在发展乡镇企业，农村劳务输出，移民开发，以工代赈和“四荒地”的有偿承包、租赁或拍卖，大力发展个体、私营经济，鼓励党政机关、企事业单位干部职工和科技人员领办、帮办乡镇企业或扶贫经济实体，发展农村支柱产业等方面的具体扶持政策和措施。经过全省上下的精心组织实施和狠抓落实，使试点项目各项任务取得了预期效果。1995年全省输出农村剩余劳动力176万人次，实现劳务收入14亿元；乡镇企业从业劳动力达到204.8万人，超额32.8万人完成项目规定172万人的转移任务；1994年和1995年分别以3.58万人和4.09万人完成项目规定每年3万人的移民任务；在农业内部劳动力开发方面，两年共向林牧副渔业转移实际人数60多万；100多万劳动力参加了农村文化技术学习，其中脱盲53万；111万劳动力接受了农村职业技术教育。通过两年的农村劳动力开发就业项目试点，到1995年底，全省农村劳动力中从事一、二、三产业的劳动力有了显著变化，由1993年底的79.2%、7.1%和13.7%转变为76%、7.9%和15.9%，就业结构进一步优化，农业剩余劳动力有了比较明显的减少。

值得特别指出的是，甘肃省实施农村劳动力开发就业项目试点期间，正是这个省多灾害的两年，农业遭受了连续的特大旱灾，粮食大幅度减产；电力供应不足，使乡镇企业发展速度受到了一定制约。但由于项目的顺利实施，劳务输出规模大，移民开发成效显著，乡镇企业发展速度加快，农村劳动者依据学到的职业技术以副业补主业，农民收入水平并没有下降，反而有较大幅度提高，农村经济形势稳定，人心安定，没有发生人心浮动、人员大量外流的问题。这些成绩，归根到底是农业的生产门路多了，就业领域广阔了，收入来源也多了，农业歉收工副业补，粮食歉收经济作物补，与实施整个农村劳动力开发就业工作是分不开的。

二、实施项目的主要做法

为了搞好试点工作，圆满完成国家项目规定的各项任务，积极探索符合甘肃实际的农村劳动力开发就业可行路子和有效措施，主要采取了以下几方面的措施：

（一）加强试点领导，健全组织机构。试点工作开始前，省里就成立了由劳动、农业、乡镇、计划、财政、统计、银行、教育、工商、扶贫等部门和政府研究机构参加的农村劳动力开发就业试点项目指导小组，由主管农业的副省长任组长，指导小组下设办公室，与劳动部门合署办公，负责项目的各项具体落实工作，形成了在省政府领导下，有关部门协调配合，共同促进农村劳动力开发就业的工作机制。各试点地县亦按照省里的模式和要求，建立健全了各自的领导机构和协调工作班子，为试点工作顺利开展提供了组织保证。省项目指导小组将试点各项任务层层分解落实到有关部门和试点地县，并签订目标管理责任书，实行目标责任到人的目标管理责任制。由于农村劳动力开发就业是一项全新的工作，需要全省上下形成共识，为此，甘肃省在项目实施前，就通过报刊、广播、电视等新闻媒介，大张旗鼓地宣传试点项目的重要意义，以及项目试点与奔小康、消灭绝对贫困和建立社会主义市场经济体制，发展甘肃经济和社会安定团结，人民安居乐业等全局性的战略关系，为圆满完成项目各项任务奠定了坚实的思想基础。

（二）深入调查研究，制定和组织实施方案。按照国家项目指导小组要求，经过深入调查研究，甘肃省及其各试点地县均结合省情、地县情制定了切实可行的规划和实施方案，确定了工作目标和方法步骤，为保证项目各项任务的落实和有章可循奠定了工作基础。

（三）抓点带面，推动全省农村劳动力开发就业工作的全面开展。甘肃省地域广阔，各地区经济发展很不平衡。为使试点工作取得具有普遍指导意义的经验，在陇东、陇南、陇中、河西和城市郊区等不同类型的地区，分别选择了有一定代表性的地区和县市进行不同类型和不同内容的单项目试点。在整个试点工作中，省里根据试点项目总体要求，以建立社会主义市场经济体制为中心，以发展完善劳动力市场为重点，用市场导向和经济规律指导试点工作。各地坚持以改革促试点，以试点促改革，积极探索，大胆实践，政策引导，典型引路，从而推动了全省农村劳动力开发就业工作。

（四）围绕发展完善劳动力市场，加强城乡劳动力统筹管理。甘肃省各级劳动部门以开展农村劳动力开发就业试点项目为契机，进一步充实完善和发展劳动力市场服务体系，广泛深入开展农村就业服务工作。省里先后制定了劳动力市场管理规则和有关就业政策，在农村乡镇设立劳动工作服务站，结合兴办各类集贸市场、建设小城镇小集镇和发展乡镇企业，逐步规范农村劳动力开发就业秩序，适时将劳动管理职能向农村延伸。目前，全省 86 个县市区都建立了职业中介组织，40%的乡镇设立了劳动管理机构，另外还在移民开发任务较重的宕昌、礼县设立了移民局，在省外劳务输出较集中的地区，如北京、上海、广州、乌鲁木齐等地建立起了 30 多个劳务工作站，形成了城乡劳动力统筹管理、农村剩余劳动力有序流动的工作机制。甘肃省还积极扶持各种民间的劳动服务机构，充分发挥各类能人在农村剩余劳动力输出方面的引导带头作用，输出一人，脱贫一户，带动一片，从而巩固和扩大了劳务输出面。1995 年，省里根据劳动部颁发的有关劳务输出规定，制定了甘肃省的管理制度，对劳务人员全部实行“三证一卡”制度，把劳务输出和管理纳入了有序规范轨道，使全省劳务输出人数和劳务收入一直保持较快增长的良好势头。

（五）狠抓劳动力就业培训，提高劳动者整体素质。在整个试点工作中，甘肃省有关部门及各地区都把劳动就业培训和提高劳动者的整体素质作为一件大事来抓。省地县参加试点的各成员单位各负其责，按照分工共同抓就业培训，省教育部门在省内一些大专院校为各地县举办了农林、基建、财经、商贸等 50 多个专业的两年制大专班，已有 1.2 万多人参加了委托培养学习；省乡镇企业部门侧重于抓乡镇企业技术人员和技术工人的培训；省劳动部门则根据市场需求，有针对性地开展劳务人员定向技术培训，并辅之于劳动法规、法律常识、安全知识、职业道德教育；各试点地县则充分利用当地职业学校、农技推广中心、就业培训中心、党校、文化站、科技服务站开展职业技术培训。目前，甘肃省已初步形成一个多行业、多层次、多渠道的农村职业教育、成人教育和技术培训网络。

三、认清就业形势，进一步拓宽农村就业渠道，走农村劳动力开发就业新路子

甘肃省结合省情，在农村劳动力开发就业工作中取得了显著成绩，探索出了农村劳动力就业的若干基本途径，得到了省政府领导和国家项目指导小组有关人员的充分肯定。

（一）大力发展乡镇企业，是创造新的就业机会、增加就业岗位和转移农村剩余劳动力的主渠道。乡镇企业是改革开放后亿万农民的伟大创造，它不但为我国农村实现工业化、城市化和现代化开辟了一条光明大道，而且也是创造就业机会，稳定转移剩余劳动力，调整优化农村就业结构的根本途径。甘肃乡镇企业发展起步晚，发展规模和水平很低，发展潜力很大，随着今后国家经济发展战略的西移，加快乡镇企业发展步伐，并与农村乡镇企业小区、小城镇建设紧密结合，使之真正成为农村劳动力开发就业的主渠道，是一篇值得做好的大文章。

（二）积极发展有组织的国内外劳务输出，是促进劳动力合理流动、增加就业机会和农民收入的重要途径。甘肃的实践证明，在贫困地区搞好劳务输出，对于农村经济的发展和农民生活水平的提高具有重要作用。“走出去闯一方天下，赶回来兴业立家”，让劳务人员到外面的世界去，闯了路子，饱了肚子，挣了票子，换了脑子，有了点子，回来后就能成为当地农村经济发展的带头人。甘肃省今后将进一步加强对劳务输出的组织领导和协调，增加必要的投入，特别是在贫困地区，要把有组织的劳务输出作为脱贫致富发展经济的一条重要途径，精心组织，搞好培训，不断创造条件，拓宽输出渠道，提高技术型输出的比重，走出省门、国门，建立长期稳定的劳务输出基地，努力提高经济和社会效益。

（三）积极进行农村经济的深度和广度开发，是扩大农村就业容量的一条现实途径。甘肃的农业深度开发潜力很大，有很多领域刚刚起步，农业综合开发和农业结构调整，还有许多文章可做。特别是在大力发展“两高一优”农业和农村支柱产业等方面还需要大量的劳动力，就业的渠道和容量相当大。今后，甘肃将把农村劳动力开发就业同改善农业生产基本条件，同调整农业内部结构和农村经济结构，同以工代赈建设基础设施，同实施温饱工程，同“四荒地”的开发，同大力发展农村支柱产业推进产业化进程等紧密结合起来，更多地消化和吸收农村剩余劳动力。

（四）大力发展农村第三产业，是在建立市场经济体制的新形势下开拓新的就业门路的必然选择。随着市场经济的发展，必然要求农村各类商品市场和要素市场不断扩大和完善，这些都为大力发展农村第三产业，创造了前所未有的发展机遇。而第三产业的快速发展，就成为转移农村剩余劳动力的一条投资少、见效快、容量大的新路子。甘肃省在试点期间紧紧围绕农村经济的发展，积极筹措资金，大力兴办各类具有地方特色的专业批发市场和生产要素市场，组织广大农民进入流通领域，发展农村社会化服务体系，为农村经济发展提供高质量的产前、产中和产后服务。今后，甘肃将继续把发展农村第三产业作为劳动力开发就业的重要路子抓紧抓好，使之与农村市场经济体制的建立相适应，以推动商品经济的全面发展。

（五）实行异地移民开发，是甘肃特殊自然条件下为特困地区农村劳动力开发就业创出的一条成功路子。甘肃部分高寒阴湿地区自然条件差，“一方水土养不活一方人”，面对严峻的现实，他们结合农村劳动力开发就业试点，“内抓扶贫开发，外抓劳务移民”，实行异地移民开发，探索出了特困地区农民脱贫致富的有效途径，基本做到了移民“一年定居，两年解决温饱，三年脱贫致富”，为特困地区剩余劳动力寻找到了新的就业空间和门路。这方面的潜力较大，有待继续坚持。

（六）抓好名优新特产品和农村旅游资源开发，发展农村外向型经济，是开辟农村劳动力就业的新途径。甘肃在农村劳动力开发就业试点中，结合建立农村支柱产业，积极开发名优新特产品，发展农村旅游事业，把资源优势变为商品优势和经济优势，更多地吸纳农村剩余劳动力；同时，努力扩大对外开放，积极引进外资、国外先进技术和国外智力，搞好农业基础设施建设、开发性农业和创汇农业，兴办三资企业，发展农村外向型经济，开发文物古迹等旅游资源，使外向型经济和旅游业成为了甘肃经济发展中的一个新的增长点和消化吸收农村剩余劳动力的新途径。随着市场体系的进一步确立和扩大开放，必将为农村劳动力开发就业创造更加广阔的环境和场所，这也是实现农村剩余劳动力就业的有效途径。

努力造就一支宏大的高素质的跨世纪产业大军

广西壮族自治区劳动厅　陆武雄

21世纪是高科技的世纪，21世纪的竞争将是人才的竞争，而竞争的结果则主要取决于人力资源的质与量。谁拥有了人才，谁就会赢得竞争。面对21世纪的挑战，中华民族要在世界民族之林中立于不败之地，就必须在各个领域都培养出一批跨世纪的人才，提高全民族的素质。为此，党中央和国务院曾多次强调，要把经济建设转移到依靠科技进步和提高劳动者素质的轨道上来。不久前闭幕的党的十四届五中全会审议通过的《中共中央关于制定国民经济和社会发展“九五”计划和2010年远景目标的建议》又再次明确指出，实施科技兴国战略，促进科技、教育与经济紧密结合，致力于提高国民素质，在各个领域培养一大批跨世纪的优秀人才。这是我国经济发展的基本方针，也是我们党和国家率领全国人民以胜利姿态跨进21世纪的金钥匙。

为了保证我们党的事业的继往开来，实现建设有中国特色的社会主义的宏伟目标，我们必须培养一大批跨世纪的领导人才；为了保证我国能够跻身世界先进科技领域，促进社会科技进步，为国民经济发展提供科技支撑，我们必须拥有一大批跨世纪的科技人才；为了促使我国的企业富有效率、充满活力，实现管理现代化，促进生产发展，我们必须培养一大批跨世纪的企业管理人才。但仅仅这样还不够，要想把先进的管理、先进的科学技术转化为现实的生产力，我们还必须拥有一支宏大的高素质的跨世纪劳动大军特别是产业大军。如果没有这样一支高素质的劳动大军，再好的管理、再先进的技术也难以转化为现实生产力，发挥良好的效益。

马克思主义告诉我们，人是生产力要素中最能动最活跃的因素。生产力的发展，归根到底来源于劳动者的智力劳动。劳动者的素质越高，创造价值的能力就越大，就越能促进社会生产力的发展。随着社会的进步，科学技术的迅猛发展，社会大生产的出现，自动化程度越来越高，手工操作逐步为自动化控制所代替。在这种条件下，生产力的增长，已不再是以往的简单的投入大量的一般劳动力，而更主要的是依靠劳动者科学技术素质的提高。从一般来说，文盲和半文盲只能从事简单的生产和手工劳动，具有初中文化的劳动者也只能操作简单的机器，而现代社会化大生产则需要高中或高中以上的文化程度，并具有一定的专门技术知识和技能的劳动者。因此，从根本上说，科技的发展，经济的振兴，乃至社会的进步，都依赖于劳动者素质的提高和大量合格人才的培养。这也就是为什么美国长期以来非常重视对职工技术培训的投入、德国把提高职工的职业技能作为经济高速发展的“秘密武器”、日本把提高劳动者素质作为“技术立国”基石的主要原因。亚洲“四小龙”中的韩国、新加坡的经济腾飞也无不与其拥有一支高素质的劳动大军密切相关。

我国拥有1.2亿城镇企业职工，1亿多乡镇企业职工，劳动力资源非常丰富。但是，从目前看来，我国职工队伍的整体素质与建立社会主义市场经济体制和进行经济建设的要求差距还相当大，且有滑坡趋势，其状况令人堪忧。在发达国家，技术人员占职工人数的比重一般均在30%以上，而我国目前只占3%左右。在德国和日本，高级技工占全部职工总数的40%以上，而我国还达不到1%。在美国等发达国家的企业中，90%以上的职工具有大学和高中学历，而我国的职工队伍中初中以下的就占了70%，大专以上的职工仅占2.6%。目前我区城镇企业职工、乡镇企业职工和个体劳动者共910万人，其中技术工人206万人，也只占22%。全区企事业单位共有技术工人78.6万人，技师8 285人，占技术工人的1.05%；高级技工214人，占技术工人总数的0.02%。由此可见，我国职工队伍的素质与发达国家的差距还相当大。职工队伍素质低的直接后果首先是企业产品质量迟迟上不去，失去市场竞争力，同时这也是诱发生产事故、使企业蒙受经济损失的一个重要原因。众所周知，当前困扰企业改革的最大症结是富余职工的安置问题，而造成这一症结的根本原因之一首先又是富余职工的技术素质普遍较低的问题。这就使得企业的用工行为陷进了一方面是有的技术岗位找不到相应素质的工人，而另一方面又产生大量素质低的冗员，结构性短缺与结构性冗员并存、“空岗”与“待岗”同在的两难选择之中。职工队伍素质低，使得先进的科学发明和技术设计难以转化为有竞争力的产品，使得外国投资者望而却步、举棋不定，使得现代企业制度的建立举步维艰、难以推进，而这一切更使得我国人口众多的优势无法转化为强劲的经济优势，反而变成了沉重的社会压力。科技进步和经济发展与人口多而素质低的矛盾，越来越成为了我国的跨世纪之忧。如何改变职工队伍素质低的状况，造就一支宏大的高素质的跨世纪劳动产业大军，这已成为摆在我们面前的一项刻不容缓的历史任务。

一、转变观念，重新认识企业职工的历史地位与作用，重树职工的社会新形象

造成职工队伍素质低的因素是多方面的，但与近年来社会对工人的认识错位、观念滞后、舆论误导及重视不够等不无直接关系。近些年来，社会上对工人的认识和重视明显不够了，轻视、冷漠工人的现象时有出现；对全心全意依靠工人阶级和工人主人翁地位的宣传明显少了，只顾追逐明星、官员、“大款”而忽视了在机器房挥汗如雨的“工人老大哥”；再加上社会分配不公问题的存在和一些企业生产不景气、效益不好甚至出现严重困难，职工中的危机感、失落感随之而生。由此引发了许多青年不愿当工人，不愿意到生产一线尤其是苦脏累险的岗位工作；当了工人心理不平衡，不安心本职工作，不愿学技术；一些职工怀恋旧体制而不思学习进取等不正常现象，从而导致了职工队伍素质下降、技术工人青黄不接且后继乏人问题的出现。全社会都应清楚地认识到，在我国，在改革开放进行社会主义现代化建设的过程中，工人阶级永远都是建设的主力军，职工是国家和企业主人翁的地位没有变，也不能变。改革开放，资金可以引进，技术可以引进，管理可以引进，但千百万职工的素质无法引进。没有高素质、高技能的劳动者，便没有高质量、高性能的产品，就没有企业好的效益，就没有经济的高速健康发展。因此，必须彻底摒弃陈旧的、糊涂的思想观念，采取切实有效的措施提高工人的社会地位。应该在全社会的范围内大造舆论，大张旗鼓地宣传劳动者在改革开放、经济建设中的历史地位和主力军作用，宣传各行各业的优秀技术工人、能工巧匠的事迹，使优秀技术工人是经济建设的中坚力量和重要人才的观念深入人心，以此增强职工的主人翁责任感、荣誉感、自豪感和敬业精神。与此同时，建立健全激励机制，激发职工的工作热情，引导广大职工刻苦钻研技术业务、岗位成才，成为跨世纪的优秀技术工人。

二、大力发展职业技能培训事业，培养和提高劳动者适应现代科技水平的能力

职业技能培训是开发劳动者智力、提高劳动者业务技术素质、培养人才的重要途径。通过职业技能培训，可以培养大批高素质的技术工人和熟练技术工人，并提高他们的素质。改革开放以来，我国的职业技能培训事业有了长足发展，形成了一定的规模。但是，我们的职业技能培训基础还十分薄弱，职业技能培训事业的发展速度、规模和质量还远不能适应社会主义市场经济发展和建设事业的需要。特别是目前还在相当程度上存在着政府对职业技能培训事业投入不够、企业对职工培训的动力严重不足、劳动者参加培训的积极性不高等问题，这些问题的存在，在相当程度上阻碍了职业技能培训事业的发展，更影响着职工队伍素质的提高，必须从根本上解决这些问题。

首先，地方各级政府应该十分重视发展职业技能培训事业，注意根据本地区、本部门社会经济发展情况，制定出本地区、本部门的职业培训事业发展规划，并纳入本地区本部门的社会经济发展总体规划，作为一项经常性的工作来抓，采取有力措施，协调其有关部门有计划、有目标、有步骤地发展职业技能培训事业。

第二，应在国家宏观管理的前提下，积极鼓励有条件的用人单位、社会团体和个人举办各种形式的职业培训，充分发挥和调动各类职业培训实体的积极性，不断扩大培训规模，改善培训条件，提高培训质量。职业培训实体必须紧紧围绕劳动力市场的供求状况适时调整培训工作，使之真正办成能培养造就高素质劳动者的重要基地。

第三，强化企业职工教育，搞好岗位培训。企业是使用劳动者的组织，是职业技能开发的主体。劳动者的素质对企业的生产发展和经济效益又有着最直接的影响。企业必须坚决杜绝只使用不培训现象的发生，应当配合建立现代企业制度，积极探索和推动建立企业职工培训制度，把职工培训纳入企业发展规划，加大对职工培训的投入，有计划有针对性地对职工进行培训。企业职工培训必须立足企业，面向生产，与高新技术的应用紧密结合，以岗位培训为重点，注意实用性，着力于提高职工的本职工作能力。

第四，建立和完善职业技能开发体系。职业技能培训作为一种提高劳动者素质的教育训练形式，必须建立形成相应的体系和制度，进行规范化的管理，才能产生良好效果，发挥应有的作用。职业技能开发体系包含职业技能培训需求预测、职业分类、职业技能标准的制定、职业技能培训、职业技能鉴定、职业技能竞赛、职业指导与咨询等内容。通过全面推进这一体系的建设，可以有效地促进劳动者自觉提高自身的素质，为劳动者经过培训就业、成才拓宽渠道。目前，应该加快职业分类与职业技能标准的制定，全面推行实施职业技能鉴定和职业资格证书制度，建立起学历文凭与职业资格两种证书并重的制度，加强对职业技能培训工作的宏观管理，规范职业技能培训按照市场规律有序运行，使职业技能开发体系在提高劳动者素质、增强其就业和工作能力、促进科技进步和生产力的发展过程中起到积极的推动作用。

三、培育和发展劳动力市场，为提高劳动者的整体素质创造良好的外部环境

过去，我国长时期实行计划经济体制，劳动者和用人单位都完全依附于国家和政府，劳动者的择业和用人单位的用人都没有选择的自主权，因而在客观上就导致了劳动者不断增强自身素质和用人单位对职工进行培训的动力在相当程度上的丧失。劳动者不愿学习业务技术，用人单位不愿花钱搞培训，从而造成了职工队伍素质的逐年下降。随着社会主义市场经济体制的逐步建立，用人单位作为独立的商品生产者和经营者，必须全面接受市场的调节，参与市场竞争；而作为生产力要素中最能动最活跃的因素的人——劳动者，也必须毫无例外地投身市场，接受市场机制的调节和配置。在市场经济条件下，受利益驱动，劳动者和用人单位都面临优胜劣汰、适者生存的挑战。用人单位如果不注意职工培训，加强“造血功能”，提高企业职工的素质，在市场中失去了竞争能力，就可能会被挤出市场而破产倒闭。作为劳动者，如果没有较强的业务素质、过硬的技术，也很可能被市场所淘汰而失业。同时，企业引入市场分配机制，使优秀的专业技术劳动者、从事复杂劳动的劳动者得到较高收入，使素质差、从事简单劳动的劳动者只能获取较低报酬，可以有力地刺激劳动者学习科学文化知识的积极性，鼓励劳动者提高技艺，钻研业务，勤奋上进。但是，由于市场经济体制的建立有个过程，目前调节劳动力资源供求关系的劳动力市场各方面还不完善，劳动者和企业经营者的思想还带有浓厚的过渡性特点，因此，劳动力市场对劳动力资源的调节配置功能还远远未能发挥出来。必须加快培育和发展劳动力市场的步伐，健全劳动力市场的各种机制并使其发挥功能作用，真正使劳动力资源通过市场调节进行合理配置，形成劳动力合理流动的良好机制，为提高职工队伍的素质创造良好的市场环境，促进职业技能培训事业的发展。

四、加快职业技能培训的立法步伐，把职业技能培训纳入法制轨道

市场经济就是法制经济。在市场经济中，任何经济活动都必须受法律的约束和规范，职业技能培训工作也是如此。经过这些年来的努力，以《宪法》、《劳动法》及一系列部颁规章构成的职业技能培训立法体系，已经有了一定基础，形成了一定的框架，但与建立社会主义市场经济体制和经济发展的要求还有一定距离，这主要是立法滞后、法规层次不高、覆盖面不够宽的问题。必须以《劳动法》为依据，加快制定颁布与《劳动法》相配套的职业技能培训法律法规，依法调整劳动者、用人单位及职业技能培训实体之间的关系，规范职业技能培训行为，保障各自的合法权益，以法律为依据去开拓职业技能开发的各项活动。对于我国劳动力的结构性短缺和结构性冗员并存的局面，也迫切需要通过立法促进劳动者的职业技能开发，提高劳动者的素质，有效地加强对社会劳动力的供求关系的调节。职业技能培训立法必须明确规定政府及其有关部门、用人单位和劳动者在职业技能培训中的责、权、利。立法不能拘泥于眼前的、暂时的、局部的需要，而要研究、反映客观规律和改革发展的趋势，把握好立法的超前性和现实的适用性，为提高我国职工队伍的整体素质、以较高的业务技术水平跨向21世纪奠定法律基础。

构筑新型医疗保障机制

——来自九江市职工医疗保险制度改革的报告

江西省劳动厅　刘克琦

江西省九江市作为国务院确定的全国两个医疗保险制度改革试点城市之一进行了医疗保险制度改革试点。改革的特点是建立社会统筹医疗基金与个人医疗账户相结合的保险制度，它既体现了社会统筹的互济性，又增强了个人的保险意识和基金的积累，同时形成了较有效的约束机制，加强了医疗费用的控制，减轻了国家、企业和个人的负担。从一年多的运转情况来看，成效喜人，一个不分所有制形式，不分用工形式，社会统筹和个人账户相结合的新型职工医疗保险制度已初步建立。国务委员彭珮云同志3次率国务院调查组进行考察，对改革工作和政策给予了高度评价和肯定。

方案到位

1994年3月，国务院确定江西省九江市、江苏省镇江市为全国两个职工医疗社会保险制度改革试点城市。4月13日，九江市成立了由市政府主要领导挂帅的领导小组，具体负责改革试点工作。6月25日，经九江市委、市人大、市政府、市政协联席会议讨论审查，形成了《九江市职工医疗社会保险暂行规定》(送审稿)，国务院于1994年11月18日正式批复九江执行。

《规定》贯彻了社会统筹和个人账户相结合的原则，特别注重“五个有利于”，即：有利于整个社会保险制度改革的推进；有利于保障职工的身体健康，促进社会的安定和生产力的发展；有利于减轻企业、事业单位的社会负担；有利于转换国有企业经营机制，建立现代企业制度；有利于劳动力的合理流动，以适应建立社会主义市场经济体制的需要。整个《规定》按照“一种模式、两个同步、三个统一、四种机制”的框架构建职工医疗社会保险制度。一种模式，是指建立起不分行政、企事业单位，不分所有制和用工形式，各类职工都覆盖在内的社会统筹与个人账户相结合的医疗社会保险制度。两个同步，是指行政事业单位和各类企业同步进行，全市14个市、县、区同步进行。三个统一，是指在属地管理原则下，方案规定参加的单位和职工均执行统一的医疗社会保险待遇政策、统一的筹费方式和基本结构、统一的医疗基金管理政策。四种机制，是指着力构建稳定的医疗社会保险费筹措机制和医疗费用有效供给机制、职工个人的约束机制、医疗单位制约机制。

九江市在《规定》中主要解决了以下几个问题：

1. 医疗社会保险费筹集比例。九江市通过调查1993年该市医疗费开支情况后，确定医疗社会保险费筹集比例为按用人单位上年度实发职工工资总额与退(离)休费总额之和的10%，职工缴纳本人工资收入的1%。

2. 个人账户设置和账户资金分配问题。

《规定》中确定用人单位在缴纳了工资总额和退(离)休费总额10%及职工个人缴纳的本人工资1%医疗保险费以后,个人账户按以下办法进入:在职职工45岁以上的按本人上年工资收入4%加个人缴纳的1%划入本人医疗账户,45岁以下的按本人上年工资收入的5.5%加个人缴纳的1%划入本人医疗账户。同时考虑到退(离)休人员的医疗费开支较大,因而确定在退(离)休职工中设立个人医疗账户的办法为:按本人上年度退(离)休费的5.5%划入。用人单位和职工个人缴纳的医疗保险费剔去个人账户部分后的余额为社会统筹医疗基金部分。

3. 社会统筹与个人账户基金的管理问题。社会统筹与个人账户基金的管理,直接关系到整个医疗社会保险制度的社会化程度和调控能力,九江市的做法是:个人医疗账户归个人所有,可以结转使用和继承,但管理上实行社会统筹基金与个人账户基金集中统一由社会保险机构管理。

4. 职工医疗费用支付办法。九江市规定,职工患病时,无论是大病还是小病,门诊治疗还是住院治疗,只需持本人的《医疗社会保险手册》和《病历、处方本》在定点医院实行记账治疗,所需费用先由个人账户中支付,个人账户使用完后,在职职工个人先自负本人上年度工资收入5%的医疗费用[退(离)休人员不负担这部分],然后进入社会统筹基金支付,由医疗社会统筹基金支付大部分医疗费,但个人仍要负担小部分。

5. 个人医疗费负担水平。主要有三点:一是在职职工个人必须按月缴纳本人工资收入1%的医疗保险费;二是当个人账户使用完后,必须自负本人上年度工资收入5%的医疗费;三是自负完5%的医疗费后,发生的医疗费进入社会统筹,由社会统筹医疗基金中支付。按照"分段计算,累加支付"原则,个人仍要负担一定比例。即:超过本人年工资收入5%以上至5 000元部分,个人负担15%;超过5 000元至10 000元部分,个人负担9%;超过10 000元以上部分,个人负担2%。由于个人自付医疗费用开支过多而影响家庭基本生活时,由职工所在单位从福利费中给予适当补助。

6. 退(离)休人员医疗待遇的确定。九江市的方案中对这部分人员的医疗待遇给予了适当照顾。主要体现在:(1)退(离)休人员个人不缴纳医疗保险费;(2)退(离)休人员在个人账户用完后,直接进入社会统筹医疗基金;(3)退休人员医疗费进入社会统筹医疗基金后,个人负担比例是在职职工的一半,即分别为7.5%、4.5%和1%,后两种照顾将随着个人账户资金积累的增加,逐步取消。

7. 转院和特殊检查治疗的管理。特殊检查和治疗费用昂贵、不必要的住院也是导致医疗费不合理支出的重要原因,必须加以严格管理。为此,九江市的方案中规定:凡进行特殊检查和治疗以及转外地医院诊疗等,需经医疗保险机构审批,但个人自负医疗费用要适当增加(即在本地进行特殊检查和治疗的,个人自负10%;转外地医院诊疗的个人自负15%。凡安装人工器官,进行人体器官、组织移植和肾透析以及安装心脏起搏器等,个人先自负20%),然后再按进入社会统筹医疗基金后个人负担比例执行。

运转正常,实施有效果

1. "三率"基本到位,工作全面推进。九江市9县2区的职工医疗保险都按新制度的要求运作。截至1995年底全市参保单位2 810家,参保率92.89%,参保职工37.02万,参保率93.88%,基金收缴到账率达到82.29%。一个覆盖九江市行政、事业单位和企业的医疗保险新机制已基本形成。

2. 职工基本医疗有了切实保障。全市参保职工个人账户和统筹基金人均占有274元,医改前的1994年人均支付医疗费210

元，个别困难县仅几十元，职工医疗费支付能力明显增强。

3．约束机制由“软”变“硬”。公费、劳保医疗费用超常规增长，是多年来未能有效控制的“顽症”。而新的制度明确了个人账户资金归个人所有，设置了个人年工资总额5%的自付段，实行了进入统筹与个人负担比例挂钩的“分段递进式”管理，增强了患者的费用自控意识，在控制医疗费用增长，节约医疗费用开支方面，已取得明显成效。一年运行下来，人均医疗费支出为240元，考虑物价上涨因素，实际上比上年下降2.68%，全市个人账户人均结余43元，结余率达31.03%。

4．医疗社会保险意识得到提高。要求参保职工增多，特别是困难企业、中小企业职工的要求更强烈。九江市一项抽样调查表明，71.29%的职工对新的医疗保障制度表示满意或基本满意，特别是县区职工的满意率更高，达到80%。同时咨询医改亦在全市成为热点，人们以得到医疗“绿卡”感到放心。医疗支出由过去无节制状况转变为自我约束、自我积累。

5．机构网络已经形成。全市共认定定点医疗机构608个，其中企业医疗机构255个，定点医院辐射到乡（镇）和厂矿，市县两级医保机构人员到位，市级已实行计算机网络管理。

亟待解决的几个问题

1．社会医疗保险管理体制分散。九江市实行的是由劳动局和卫生局分管医疗保险改革的体制，经办机构分别由劳动局所属的社会保险局和卫生局所属的行政事业单位职工医疗保险处分管。这种分散管理机构导致其他相关的职能相互重叠，长此以往，将造成政策难以统一，管理难以协调，成本加大，难以形成合力，效率低下的后果，使整个医改进程受阻。

2．筹集资金困难。资金不到位有两类情况，一是少数企业特别是困难企业无力缴纳，约占企业总数的10%；二是少数企业不愿缴纳。有些经济效益差的企业，虽已登记投保，但1～10月份医疗保险金分文未付。长此以往，势必影响医改的深入展开。

3．手续繁杂。九江市医改试行一年来，参保单位和职工普遍反映的是看病手续繁琐，费用结算程序复杂。抽样调查表明，31.78%的职工认为不方便，认为很不方便和方便的仅占32.75%。由于新制度实行了定额管理，对就诊程序、用药目录、收费结构、审验数限均有明确规定，看病需较长时间。

4．新的医疗补偿机制亟待到位。医改后，由于加强了对患者和医院双方的制约机制，基本上遏制了靠大型设备作不必要检查和多卖药、卖高价药等弊病，但医院的补偿机制受到很大的冲击，医院的业务收入受到了影响。如不尽快解决补偿的问题，不仅会影响医院发展，而且会严重挫伤广大医务人员的积极性，增加医改的难度与阻力。

5．企业办的职工医院发展问题难处理。九江市现有企业医院200多家。医改后，企业对医院的投入普遍减少，企业医院生存发展遇到了困难，收入锐减，已严重影响了这些医院的正常发展。如何解决这个难题，九江市正在进一步调研之中。

九江市医改工作仍在发展中，存在的问题及发展过程中遇到的困难是难以避免的，因为它毕竟还是处在试点之中。但是，不管怎么说，医疗制度改革是社会发展的必然，随着改革试点在全国的全面推开，探索建立新型医疗保险制度已加快了步伐。人们期待扩大试点能取得进一步的成功，早日形成符合我国国情的新型医疗保障制度。

海宁市实行企业职工大病医疗费用社会统筹

浙江省海宁市劳动局

海宁市城镇企业职工社会保险制度改革起步于1986年。近10年来，在市委、市人大、市政府的领导和重视下，在上级劳动部门的指导下和各有关部门的密切配合支持下，社会保险制度改革取得了很大成效。特别是近几年来，按照党的十四届三中、四中全会精神，全面贯彻实施《劳动法》和省政府《关于深化社会保险制度改革的通知》，积极探索在社会主义市场经济条件下社会保险工作的新路子，不断完善和推进社会保险制度的各项改革。从1995年1月1日起，在完善城镇职工基本养老保险和失业保险的同时，全面推进工伤、大病医疗、女职工生育等社会保险，使海宁市城镇企业职工社会保险制度按《劳动法》规定全面实施，为社会稳定和经济发展作出了积极的努力。下面着重介绍大病医疗费用社会统筹情况。

一、医疗保险制度改革势在必行

随着社会主义市场经济体制的逐步建立，企业产权制度改革不断深化，小、穷、亏企业和离退休人员较多的老企业如何摆脱沉重的医疗费负担和解决企业间医疗费负担畸轻畸重的矛盾日益突出，大部分企业实行了医疗费定额包干、超支按工龄长短由单位和个人负担或全部自负等办法，故而，使不少职工正常的医疗得不到保障，特别是一些患重症的病人治疗尤为困难。另一方面，医疗费用由国家和企业包揽，缺乏有效的制约机制，造成医疗资源的严重浪费，不合理的医疗费用增长得不到有效控制，如配高档滋补品、小病大医、开人情方、开大处方等现象时有出现，企业医疗费用的沉重负担给转换经营机制和建立现代企业制度带来了困难。因此，企业职工医疗保险制度的改革越来越显示出它在整个经济领域中的重要性和必要性，改革企业职工医疗保险制度成了经济体制改革配套政策的重要内容之一。市人大代表曾多次提出提案要求改革医疗保险制度，实行医疗费社会统筹。为了保障职工基本医疗，强化约束机制，经市长常务会议研究决定，从试行大病医疗费社会统筹办法起步，逐步向全员医疗费用社会统筹与个人账户相结合的办法过渡。

二、基本做法

大病医疗费用社会统筹，我们的基本做法是：①参加大病医疗费用社会统筹的范围、对象为企业中参加养老保险的在职职工、临时工及离退休人员。②基金的征集。按各企业离退休人员占在职职工比例多少，分别按工资总额的3%和4%征集，私营企业、个体工商户按上一年全省社会平均工资的3%征集。③大病医疗费用拨付标准。凡企业在职职工和离退休人员患病或非因工负伤住院一次性结算医疗费用（7种病住院和4种病30天连续门诊）超过3 000元部分，由市社保机构负担70%，企业和个人负担30%；大型医疗仪器设备检查、治疗（如CT等），单项检查治疗费用超过200元以上的项目，个人负担10%。④转院审批手续。职工患病须在定点医院就医，市内转院凭定点医院转院证明，企业同意，报社保机构备案；转入市外就医需经市社保办同意。⑤组织领导。由市政府主管市长负责，市社会保险管理委员会统一协调、领导，并由劳动、人事、卫生、体改、财政、工会、审计、银行和主管部门密切配合、支持。大病医疗统筹的日常工作由市社会保险办公室负责办理。大病医疗统筹基金的收缴与养老保险费合并每月收取，专户存储；基金拨付每月经集体讨论审定后拨付一次。

大病医疗费用社会统筹试行一年来，全市城镇国有、集体、股份制、三资企业参保741家，占应参保企业742家的99.86%，参保职工54 178人，其中，企业在职职工41 107人，临时工74人，离退休人员12 997人。全年收缴大病医疗统筹基金约650万元，11月末已有14个系统，333个企业，603人(其中：在职249人，离退休354人)一次性医疗终结，按规定核准报销大病医疗费257.09万元，其中申报数额超过1万元以上的有147人，受益面为44.94%。

从一年的试行情况来看，运转基本正常，对于保障患大病职工的基本医疗费用，均衡和缓解企业间大病医疗费用负担畸轻畸重的矛盾，抑制不合理的医疗费开支等，起到了较好的作用，这是主流。但也必须清醒地看到大病的发病率和费用的发生数额逐步呈上升趋势，同时也反映、暴露了在医疗管理、报销制度、内部管理等方面的一些问题，有待完善和改进。

三、社会效果

(一)为患大病职工提供了医疗保障

我市供销社系统在试行大病统筹前大部分企业对职工医疗费实行定额包干，超支部分按工龄长短由单位和个人负担(集体合作商业企业超支不补)的办法。定额包干标准视企业经济承受能力一般确定在每人每月5元至10元幅度内不等，集体合作商业个别企业每人每月仅3元医疗费。该系统市副食品公司退休人员徐默冰患尿毒症，一次申报发生医疗费用4.39万元，市社保办按规定核定报销大病医疗费2.86万元。据供销系统职工讲："大病医疗保险确确实实为企业办了一件实事，职工患大病能够得到医疗保障，为企业缓解了一大难题，拯救了一名患重病退休职工，促进了社会安定。"又如市商业系统烟糖公司下属东宝食品商店，现有在职工人15人，退休2人。试行大病统筹后该商店原经理邬正华患尿毒症，总共花去医疗费包括换肾、血透、化验费、手术费、药费、床位费等计22.29万元，市社保办按规定核准报销拨付大病医疗费12.34万元。该商店杨经理深有感触地说："大病医疗费实行社会统筹确实是个好办法，救活了一爿商店，也救活了邬正华同志。如果没有大病统筹我们这爿店早就关门了，感谢政府和领导。"

(二)均衡企业间医疗费负担，为小、穷、亏企业排忧解难

重危病人所支付的医疗费用对一些困难企业来讲确实是一个沉重负担，试行大病统筹后不同程度地减轻了企业间医疗费用负担畸轻畸重的矛盾，缓解了企业风险，帮助小、穷、亏企业排了忧解了难，增添了活力，起到了较好的支持作用。在试行大病统筹初期，海宁布厂的领导对大病统筹不理解，认为自己厂青工多，年龄结构轻，退休人员少，不会出现大病，加上企业亏损，认为大病统筹是加重企业负担，曾多次口头和书面要求不参加大病统筹。后经市领导和我们多方做工作，统一了认识，并能积极参加统筹及时缴纳大病统筹费。1995年该厂申报大病8人，发生医疗费用17.89万元，市社保办按规定核拨大病医疗费10.79万元。二轻总公司所属海宁阀门厂，现有在职职工162人，退休人员39人，退休为在职的24.07%。由于该企业生产、经营出现严重滑坡，1995年1～11月累计亏损

33.30万元(现处于半停产状态),在职工人工资不能按时发给,医药费更不能及时报销。试行大病统筹后,该厂1995年共缴纳大病统筹基金1.31万元,申报大病6人,发生医疗费总额达8.80万元,市社保办按规定核准报销拨付大病统筹费4.89万元,受益3.58万元。该厂职工讲:“我们企业是个亏损户,职工收入低,对于职工的医药费报销更是难上加难,幸亏今年市里实行大病医疗统筹,减轻了企业医疗费负担,保障了职工基本医疗,为企业解了困。”

(三)互相配合,层层把关,抑制不合理大病医疗费的增长

大病医疗保险一方面旨在保障职工的疾病治疗,同时也可有效控制医疗费用不合理的增长,杜绝医疗资源浪费现象。

为了使大病医疗统筹能顺利开展,如何加强对大病医疗费的使用、管理、审核、报销等制度,抑制不合理医疗费用的增长,一直是我们在试行中的工作重点。首先在各定点医院建立起大病住院诊治的各项规定;企业建立相应的报销制度,确定专人负责;社保办配备专职人员和医生从事审核、抽查、协调、督促等工作。市中医院专门为开展好大病医疗统筹研究了管理办法,从医生到职能科室层层明确;市人民医院结合医德医风和创建文明医院活动,对大病住院职工做到合理施治,增加透明度和监督措施,既保障职工及早康复,又尽力降低医药费用,据1995年1～11月份统计,该院大病住院病人283人,占全市的46.93%,平均每人日住院费比市境外医院少。

试行大病统筹在医疗费的审核报销拨付管理上,我们严格把关,并通过内核外查的方法,对211名大病病例进行抽样调查,对应报销的医疗费逐笔进行审核,发现34名大病患者配有滋补药品,金额达1.60万元,其中最高的1人达0.19万元,在实施医疗费拨付时作了剔除。对个别医疗单位存在的一些不正常情况几次上门做工作,督促其整改,有效地抑制了不合理医疗费的增长,为大病统筹顺利实施奠定了良好的基础。

海南社会保险制度改革的实践与探索

海南省劳动厅　罗席珍

1989年,国务院确定海南为社会保险制度改革的试点省,由此,海南经济特区城镇从业人员社会保险制度改革拉开了序幕。在省委省政府的直接领导下,经过几年的实践和探索,具有海南特色的社会保险体系已初具规模,社会保险工作在特区经济建设、社会稳定和提高人民生活水平等方面的作用日益突出,已经成为社会主义市场经济发展不可缺少的减震器和安全网。

一、海南社会保险制度改革的提出及特点

建国以来,我国在养老、待业、工伤、医疗等方面相继制定了若干政策和措施。这些政策措施的贯彻与执行对于维护人民的生产和

生活、稳定社会都起到了积极而有效的作用。但是，由于受计划经济体制的制约，这些社会保险政策和措施存在着严重的弊端。

首先，没有形成系统的社会保险制度。从根本上讲，社会保险是一种国家制度，是政府的社会职能和政策行为的重要组成部分，国家是社会保险的当然责任主体。因此，国家应当以立法与行政的手段把社会保险制度化、规范化。但在很长的时期中，这个问题被忽略了，而是采取了“头疼医头、脚疼医脚”的办法，社会保险既没有系统性，又缺少法律依据。不仅不能实现“公平”和“效率”原则，而且政出多门，造成了社会保险费在管理、给付等方面的盲目性和不合理性。

其次，资金来源单一，国家、企业不堪重负。由于受计划经济影响，社会保险资金全部来源于国家财政收入和企业利润留成，而个人则不缴纳任何保险费，这种状况造成的直接后果是：一方面，国家和企业不堪重负，无力承担日趋庞大的社会保险开支；另一方面，也弱化了社会成员对社会保险的责任意识，出现了大量的不负责任和严重浪费社会保险资金的现象。

再次，保险水平较低。由于以上两个原因，以往的社会保险无论在覆盖面上，还是在保险水平上，都处于低层次运行之中。能够享受到社会保险实惠的人口还只占应享受人口的小部分，即使享受社会保险的人口也只能维持在窘迫的状态中，社会保险金对他们来说只能是杯水车薪。

党的十一届三中全会以来，随着改革开放的深入发展，社会保险制度改革日益成为人们关注的焦点。尤其党的十四大提出把深化分配制度和社会保障制度改革确立为建立社会主义市场经济体制的主要环节后，社会保险制度改革进入了一个新的阶段。海南作为我国最大的经济特区，在建设社会主义市场经济的实践中，改革旧的社会保险制度，建立新的社会保险机制，具有更为突出的迫切性和必要性。因为对海南来说，社会保险制度改革的意义不仅局限于为社会成员在困难的情况下提供物质帮助的范畴，而且在于社会保险制度改革还直接涉及到整个经济体制改革，从一定的意义上讲，不突破社会保险这一“瓶颈”，就不可能建立社会主义市场经济体系，改革就不能深入进行。因此，社会保险制度改革已经不是一个单项改革的问题，而是处于“牵一发而动全身”的举足轻重地位了。

基于以上原因，从建省伊始，省委省政府就把建立新的社会保险制度纳入议事日程，制定了社会保险制度改革的整体规划，采取了“两步走”的战略。第一阶段是在调查研究、反复论证的基础上，于 1991 年 11 月颁布了海南省职工养老、待业、工伤、医疗保险暂行规定，实现了各类企业社会保险一体化。第二阶段是 1993 年，在对以上暂行规定进行修改补充的基础上，又根据海南特区的实际情况，借鉴国内外的成功经验，起草了海南经济特区城镇从业人员养老、失业、工伤保险条例，1993 年底，省人大审议通过了这 3 个条例，并于 1994 年 1 月 1 日实施。1995 年 2 月又通过了医疗保险条例，实现了海南经济特区全体城镇从业人员社会保险一体化。至此，具有海南特色的社会保险制度框架初步形成。

从改革的实践中，可以看出，目前的海南社会保险体系有以下几个显著特征：

第一，法制化程度高。以地方立法的形式把养老、失业、工伤、医疗等社会保险固定下来，这在全国尚属首例。法制化的社会保险制度的确立，标志着海南经济特区的改革开放进入了一个新的发展时期。从西方发达国家所走过的路程来看，社会保障法制化过程往往表现着市场经济的发育、完善过程，法制化的社会保障程度越高，意味着市场经济的发展越成熟。因此，海南的法制化社会保险制度的建立并不是单纯的形式问题，而是市场经济发展的必然结果。不仅如此，为保证社会保险条例的贯彻实施，我省又建立了劳动监察机构和社会保障法庭，专门解决因社会保险问题而引起的案件和纠纷；成立了社会保障基金监事会，监督、检查社会保险基金管理机构的运营、征缴、给付等。形成了较完善的社会保险立法和执法体系。

第二，社会覆盖面广。几项社会保险条例包括了企业从业人员，国家机关、事业单位和社会团体的从业人员，部队所属用人单位中无军籍的从业人员，个体经济组织的从业人员，退休人员等。由省长到个体户都按同一费率依法缴纳和享受社会保险。这样广泛的覆盖面不仅反映了海南保险制度的社会化程度，而且，从更深刻的意义上反映了我国的人权保证制度正在发展、完善。当然，我们的社会保险覆盖面与发达国家相比较还有很大的差距，在受益人口和保险项目上尚处在世界低水平之列。但是，应该看到，发达国家是在经过100多年的发展后才形成的社会保障制度，不可能在改革开放才十几年的中国建成和完善。对于海南来说，建省办特区仅8年，社会保险制度就有如此发展，已经是难能可贵的了。

第三，管理统一。社会保险作为一种国家制度，它体现着公民在享有的权利和义务上的平等原则。海南社会保险条例从这一原则出发，对社会保险费的管理实行了“四个统一”，即统一费率、统一基数、统一办法、统一管理。这种管理模式有利于社会保险费的征缴、给付以及保值和增值，更能有效地发挥社会保险基金的作用。

二、海南社会保险制度改革的成效和意义

事实证明，海南社会保险制度改革已经取得初步成效，新的社会保险体制在大特区的经济发展和社会进步等方面都起到了积极的推动作用。

1. 社会保险制度改革是促进海南改革发展和社会稳定的重要因素。1993年底几项社会保险条例的颁布和实施，标志着一个覆盖海南经济特区城镇机关、事业和各类企业的社会保险体制已经形成。几项条例不仅从根本上解除了劳动者从业、流动的后顾之忧，减轻了用人单位的负担，而且对特区的经济繁荣和社会稳定起到了不可取代的作用。截至1995年末，全省参加社会保险的单位和从业人员已达14 725个和79.1万人，分别占应参加单位和从业人员的93.5%和86.8%；1995年征缴各项社会保险金6.86亿元，比1994年增长13.7%；支出6.09亿元，增长13.7%；滚动结余4.7亿元；受益单位和职工分别为1 438个和30.4万人，大大增强了社会保险抵御风险的能力。最为明显的是，在当前经济不景气的情况下，全省22.3万名离退休人员都能及时、足额地领到离退休费，令人困扰的离退休费不能及时足额发放问题，在我省还没有出现过，保证了社会再分配公平原则的实现。

2. 社会保险制度改革为企业机制转换和建立现代企业制度提供了先决条件。作为经济体制改革的核心内容，企业制度改革就是改变计划经济体制下形成的企业制度，建立适应社会化大生产特点和市场经济要求，企业真正成为法人实体和市场竞争主体的新型企业制度。而这种新旧企业制度的转换，只能在市场竞争中实现，企业走向市场、市场带动企业已经成为必然趋势。但是，在此消彼长的市场竞争中，各种不同经济成分企业之间的联营、兼并，甚至倒闭、破产是难以避免的，产权转让，企业职工优化重组也会自然发生。在这种情况下，产权接受方往往担心背上包袱、增加负担，而不愿意接受产权转让方的劳动力，使产权转让无法正常展开。这里的原因十分简单，即企业不愿意承担也承担不起本应由社会和国家承担的社会保障责任。海南社会保险制度的改革使这一问题得到了彻底的解决。社会化的养老、失业、工伤、医疗保险制度的实施，为企业转制和建立现代企业制度扫清了一个重大障碍。

3. 社会保险制度改革是实现市场经济条件下社会平等竞争原则的重要保证。社会主义市场经济从本质上讲是以竞争为手段、以实现社会公平为目的的经济形式。为此，市场经济的竞争必须建筑在公平的基础上。如果缺少科学合理的社会保险制度，没有强制性的社会保险措施规范用人单位和职工依法缴纳保险费，那么，就会造成企业和劳动者在事实上的不平等。因为，社会保险是社会再分配的重要组成部分，对于企业来说，缴纳的社会保险费是要计入成本的，这就会造成如下情况：依法缴纳社会保险费的企业产品价格与不缴纳社会保险费的企业产品价格就会出现差别，在市场竞争中，依法缴纳社会保险费的企业反而丧失价格优势；对于劳动者来说，缴纳与不缴纳社会保险费直接关系到个人的生活安全保障，对其在生产过程中的积极性、主动性和创造性的发挥具有直接影响。海南经济特区城镇从业人员养老、失业、工伤、医疗保险条例以强制性为手段，以统一费率、统一管理为特征，其目的就是维护市场竞争的公平性和合理性。从此，国有企业和外商投资企业及其他成分企业，就能处于平等竞争的地位。

4. 社会保障制度改革是政府职能转变的重要表现。在社会主义市场经济中，政府扮演着重要的角色，它不仅要领导企业和人民群众进行改革，制定各项改革的路线、方针、政策，而且，其自身也要在职能上发生根本的转变，即由原来的直接参与微观管理变为致力于建设市场秩序，明确市场规则，培育完整的市场体系和合理的市场环境，为市场经济的正常运行创造条件。在这一转变过程中，政府有责任建立起符合市场经济发展要求的社会保障制度。因为政府是社会保障的责任主体，应当从立法和行政等方面为社会保障制度改革提供政策依据，担负起本来应该由自己承担的使命。唯有如此，政府才能营造出良好的市场环境，保证市场经济健康、有序发展。海南经济特区社会保险制度改革从目标的提出到规划设计以至颁布实施，政府都起到了主导和决定性的作用。没有政府的领导和参与，社会保险制度改革是无从谈起的。从一定的意义上讲，海南新的社会保险制度的出台与组织实施就是政府职能的必然回归。

5. 社会保险制度改革带动了海南人事劳动制度的全面改革。计划经济体制下的人事劳动制度的主要弊端表现为：在就业制度上采取“统包统分”的方式，用人单位无权选择劳动者，劳动者无权择业，供求双方是在第三者一国家的作用下形成劳动关系的，指令性计划和硬性指标使供求双方都被置于无可选择的境地之中，严重地影响了用人单位和劳动者的积极性；在用人制度上采取了“一次定终身”的方式，劳动者一旦被确定在某一单位或岗位，便难以变动，人为地造成了不同性质用人单位及其劳动者在身份上的差别。形成这种状况的原因是多方面的，但没有一个较完备的社会保险系统，不能解决人才、劳动力的养老、失业、医疗等后顾之忧是重要原因之一。因此，改革社会保险制度，建立与市场经济相匹配的社会保险体系，就成了彻底改革传统人事劳动制度的突破口。从海南人事劳动制度改革的过程来看，没有社会保险制度的改革，就不能建立起以打破地域和身份界限为特征，以真正贯彻“用人自主、择业自由、双向选择”方针的市场就业服务体系；就不能实现大中专毕业生和部分军队转业干部市场就业的原则；就不能全面推行劳动合同制和打破地域、身份限制录用国家公务员制度等。

三、海南社会保险制度未来发展研究

不可否认，海南社会保险制度改革无论在立法和执法上，还是在具体的措施方法上，都带有开拓性和超前性。但由于缺乏经验，特别是与发达国家相比较，我们的社会保险不论在制度上，还是在管理操作上都还存在一些不容忽视的问题亟待改进。

第一，社会化程度有待提高。按目前国际通行标准，发达国家的社会保险覆盖面应在人口的90%以上，中等国家的覆盖面应在75%以上。而我们的社会保险主要限于城镇从业人员，广大的农村人口只有少部分参加社会保险；特别是条块分割的管理模式有待突破，社会保障必须坚持统一管理的原则，即要有统一的管理机构，统一的征缴方法，统一的法律法规等。所谓的行业管理、系统内统筹等做法，严重影响社会保险制度的社会化发展进程。

第二，社会成员的社会保险意识有待强化。社会保险制度涉及到大多数社会成员的切身利益，只有当社会成员都能自觉地遵守和执行社会保障法规规章的时候，社会保险才能落到实处。但由于受计划经济体制和传统观念的影响，人们对社会保险还缺少必要的认识和了解，甚至还存在某些误解。例如，有些用人单位无视社会保险的强制性，拒不缴纳、虚报、瞒报等现象时有发生；有些劳动者对已经出台并实施的各项社会保险条例仍不甚了解，对自己应尽的义务和应享受的权利漠然置之等。这些问题有待于研究和解决。

第三，管理手段有待改进。社会保障是一项崭新的工作，由于缺少经验，在管理上还存在一些问题。征、管、用三不分，还存在着资金被挪用、占用的现象，资金的保值增值无法保障。确立征、管、用三分离的原则，使三者各司其职，做到征缴有度、管理有方、使用有效，实现三者之间的相互监督、相互制约，是提高社会保险资金社会效益和经济效益的基本途径。政府要制定专门的政策和措施，加强对社会保险基金管理机构的监督和领导，以强有力的手段严格控制社会保险基金的管理、给付，保证其正常运作及发挥作用。

第四，操作方法有待更新。社会保险是一项极其复杂、细致的工作，它要求其从业人员不仅要有较高的政治、业务水平，而且还要掌握一定的现代科学技术知识，尤其要熟悉电子计算机，借助电脑更新操作方法，提高工作效率。目前，我们在工作方法上亟待改进，有些社会保障机构的大部分工作还停留在手工操作的水平上，远远不能适应社会保险工作的发展需要。操作的落后往往影响到改革的进程。

第五，政策法规有待配套。海南经济特区城镇从业人员养老、失业、工伤、医疗保险已经立法，相应的实施细则已出台，新的社会保险制度已开始运作。但是，作为一项重大的社会改革，在理论和实践两个方面不可能一下子完善和成熟起来，难免存在着这样或那样的问题。特别像医疗保险在世界各地都是一大难题，其要解决的问题更为突出。这就需要针对存在的问题，进行研究和探索，总结出带有普遍性和规律性的东西，以政策、法规的形式固定下来，使各项社会保险制度在实践中不断发展、完善。

上述问题的存在是不容忽视的，因为这些问题解决与否，不仅关系到社会保险制度改革的成败，而且也关系到海南市场经济的今后发展。我们认为，海南的社会保险制度改革还应加大力度，要充分参照和借鉴发达国家的经验，结合海南经济特区的实际情况，提出深化改革的新思路、新措施和新办法，使之在现有的水平上再上新台阶。

思路之一：在巩固已取得的成果基础上，扩大社会保障的内容，完善管理体制。从完整的意义上讲，社会保障应包括社会保险、社会救济和社会福利等内容。海南几项社会保险条例的实施还只意味着整个社会保障制度改革的开始，我们要根据海南市场经济发展的进程，考虑社会救济和社会福利制度改革问题，为社会保障制度的全面改革做好各种准备。建立和完善统一的管理机构，制定统一的征、管、用和资金余缺管理制度及法规等，这样既可以克服条条管理、块块分割、政出多门的弊端，又有利于强化用人单位和社会成员的社会保险意识，便于社会保险资金的统一调度、使用和管理。

思路之二：建立社会保险基金的保值增值制度，确保社会保险基金的正常给付和调剂。社会保险基金的保值增值，直接关系到社会保险的成败。因此，在保证正常收支的情况下，做好基金的保值增值工作，是极其重要的。政府要制定相应的政策和措施，严格规范社会保险基金管理部门的行为，对社会保险基金的投资领域、投资效果等给予必要的政策优惠，采取切实可行的措施，以使社会保险基金最大限度地保值增值。

思路之三：完善社会保险执法监察体系，提高社会保险费的征缴率。海南的养老、失业、工伤、医疗等社会保险条例，对用人单位和从业人员参加社会保险的法律责任作了明确的规定，但在具体执行中，由于执法监察的力度不够，一些用人单位和从业人员还缺少缴纳社会保险费的自觉性。为此，建立专门的社会保险执法机构和队伍是十分必要的。依法强制征缴，对于拒缴、少报、瞒报等现象依法进行制裁；依法处理和解决社会保险争议案件，是社会保险制度深入发展的基本保证。

思路之四：推进社会保险管理的科学化、规范化、现代化进程。从实际情况来看，我省社会保险工作还存在着“立法超前、管理滞后”的矛盾。因此，提高管理水平，保证社会保险制度的顺利实施是我们今后的一项重要工作任务。管理方法上要科学化，要用系统的、全面的和辩证的方法看待并做好社会保险工作；管理程序上要规范化，严格按照法规、规章办事，建立强有力的制度和措施保证征缴、管理和使用的规范性；各级地方财政应从财力上支持这一改革，促进管理手段现代化，实行计算机管理，提高工作效率和工作质量。

社会保险制度改革是一项重大的社会系统工程，健全而完善的社会保险体系的确立，既根植于市场经济发展的程度与水平，也取决于政府在宏观管理中的地位与作用。我们相信，在省委省政府的领导下，海南经济特区的社会保险制度改革将不断深化，对社会主义市场经济的健康发展发挥出越来越大的作用。

大胆探索　坚持改革
不断完善社会养老保险体系

辽宁省大连市劳动局

养老保险是整个社会保险中一个重要的组成部分，涉及面广，影响力大。它的体系建立与发展，对促进社会的稳定和市场经济发展都将起到积极的推动作用。几年来，大连市委、市人大、市政府把社会保险工作列为建设“北方香港”的重要内容，作为现代化城市的重要标志和发展社会主义市场经济的重要组成部分。在劳动部、省劳动厅及有关部门的亲切关怀和指导下，经过10年的不懈努力，大连市城镇职工养老保险制度改革不断深化，并取得了可喜成果。

一、养老保险“广覆盖、四统一”的改革计划已基本实现

大连市城镇职工养老保险工作起步于

1985年7月，首先在全市全民单位劳动合同制职工、外商投资企业的中方职工中开展了养老保险社会统筹；1986年7月，又在全民企事业单位的固定职工中开展了养老保险；1987年9月，又进一步理顺了养老保险体制，在城镇集体企事业单位职工中开展了养老保险；1989年4月，在城镇临时工、私营企业及个体经济的从业人员中开展了养老保险；1995年，市政府根据《劳动法》的要求，在外商投资企业开展农民工养老保险的基础上，又在城镇其他所有制企业和经济组织中开展了农民工养老保险。至此，养老保险覆盖全市城镇各类企业职工和个体经济组织从业人员的目标已开始实现。到目前为止，参加全市城镇职工养老保险统筹的单位已达11 020个，职工人数97.3万，离退休人员29万(其中私营企业职工、个体经济组织从业人员、农民工达3.5万人)。

大连市在积极扩大养老保险覆盖面的同时，十分重视管理体制和管理模式的建设，逐步实现了管理中的"四个统一"，即"统一制度、统一标准、统一管理和统一调剂使用基金"。从1985年起步阶段，就建立了市级统筹模式，并成立了大连市劳动保险机构和各县(市)、区劳动保险的分支机构，实现了人、财、事的统一管理，基金统一营运的管理体制。1991年，根据覆盖面的不断扩大，为了提高养老保险的社会化程度，又将养老保险基金收缴比例由工资总额和退休费用两部分提取改按工资总额19%一个比例提取，从而实现了全市统一提取基金收缴比例、统一按政策规定支付离退休费用、统一养老基金管理、统一管理使用服务费的"一体化"管理模式，使"广覆盖、四统一"任务基本上得以实现。

二、资金来源多渠道、保障方式多层次的养老保险制度改革目标已经得到落实

1991年，首先在劳动制度综合配套改革企业中，实行"个人缴费"制度，1993年在全市全面实行个人缴费的制度。到1995年6月末，全市"个人缴费"累计达1.8亿元。"个人缴费"的全面开展，不仅扩大了养老金积累，减轻了企业负担，而且增强了职工的自我保障意识，促进了社会保险制度改革的不断深入。在不断扩大基本养老保险的同时，又积极开展企业补充养老保险工作。1991年10月，市劳动局与市体改委联合下发了《大连市全民所有制企业补充养老保险暂行办法》；1993年12月，经辽宁省人大常委会批准，由大连市人大常委会颁发的《大连市城镇职工养老保险条例》，对企业补充养老保险又作出具体规定。《条例》规定，单位职工人均收入接近或超过纳税起征点的，原则上都应为全体职工或某些岗位的职工建立补充养老保险，允许补充养老保险费在企业管理费中列支。1994年8月大连市人民政府根据《条例》的规定，又制定出《大连市企业补充养老保险办法》。这些规定和办法极大地调动了企业参加补充养老保险的积极性，到1995年末统计，全市参加企业补充养老保险的单位已达到288户、职工6.1万人，补充养老保险金额达1 003万元。参加补充养老保险的职工已占参加养老保险职工总数的6.4%。1995年8月，又制定出台了个人储蓄性养老保险办法，从而实现了国务院提出的基本养老保险、企业补充养老保险和职工个人储蓄性养老保险相结合的制度，同时从根本上改变了养老保险由国家、企业包下来的办法，实现了国家、企业、个人三方面共同负担，真正做到了资金来源多渠道，保障方式多层次。

三、权利与义务相对应、管理社会化的服务体系正在形成

1993年，为进一步落实企业分配自主权，改变建国以来企业职工的标准工资由国家决定，企业听从执行和标准工资决定一切待遇的现象，依据劳动部和省劳动厅关于改革基本养老金计发办法的要求，结合大连市实际，改革并制定了《大连市城镇职工养老保险金计发办法》，经市政府批准，于1994年1

月1日正式颁布实施。新的计发办法实施后，变过去以参加工作时间长短计发退休费为按企业和职工本人缴费年限分段计发，打破了过去那种在退休费分配上的大锅饭，体现了权利与义务、公平与效率相结合的原则。新的计发办法实施一年半以来，已有70%以上退离休人员按新办法计发养老金。

按照国务院6号文件精神，又制定了“个人账户”的具体实施办法。近两年来，随着现代企业制度的建立和企业转换经营机制的不断深化，对企业离退休人员实施社会化管理方面也进行了大胆尝试，并取得了一些成绩。1994年9月，大连色织布总厂破产后，市劳动保险机构接收该厂1 503名离退休人员，并实施全方位社会化管理服务。市劳动保险机构专门成立了离退休人员管理部，派8名同志为他们服务，集中为离退休人员发离退休费、报销医疗费和料理一些无人照顾的离退休人员生活。为进一步扩大社会化管理程度，劳动保险机构还投资40多万元与市退休职工联合会建起了颐老所；为丰富离退休职工生活，劳动保险机构还与退管会在全市4个区成立了老年艺术团，在各区进行了文艺演出；又相继举办老年门球赛和市老年书画展等活动。市劳动保险机构还将在各区建立离退休人员活动站，然后逐步扩大到街道和居民委，依靠离退休人员自己管理自己，逐步使离退休人员管理走上社会化管理轨道，以减轻企业负担，为企业转换机制，实行现代企业制度服务。

四、保障机制不断完善

建立和完善离退休人员基本养老金的调整机制，不断提高保障的能力和水平，是养老保险体系建设的重要内容。几年来，围绕这个问题，着重抓了以下几项工作：

（一）建立基本养老金正常调整机制。为保障离退休人员生活，使离退休人员生活待遇随经济发展而不断提高，按照《大连市城镇职工养老保险条例》的规定，基本养老金要根据经济发展和物价指数的变化，及养老保险费的收缴情况，每年7月由大连市人民政府予以调整。1994年大连市离退休人员生活待遇调整幅度为上一年社会平均工资增长率的65%，人均为35元，加上1994年贯彻国务院9号文件提高离退休人员待遇，人均增资合计为67元。市劳动保险公司筹集资金1.3亿元，为26万名离退休人员提高了待遇。1995年1月，根据省政府规定，我们又分别给老红军、抗日战争和解放战争时期参加工作的离休人员月增加待遇分别为150元、100元和50元。1995年离退休待遇调整方案已经市养老保险基金委员会同意，并从7月1日起实行。调整幅度为上一年社会平均工资增长率的40%，即每人平均上调60元，加上1995年物价补贴5元，人均增资合计65元。基本养老金正常调整机制的建立为离退休人员生活提供了可靠保障，同时也使国务院建立基本养老保险金正常调整机制的要求落到实处。

（二）制定了离退休人员最低离退休费标准。1995年1月，大连市人民政府正式公布了机关企事业单位离退休人员最低离退休费标准。离休人员：市区230元，其他市、县为200元；退休人员：市区为180元，其他市、县为154元；退职人员：市区为155元，其他市、县为150元。最低离退休费标准随基本养老金的调整逐年予以调整，从而使离退休人员的生活有了可靠保证。

（三）对特困离退休人员建立救济制度。对鳏寡孤独、一老养一老、无人照顾和高龄残疾离退休人员给予特殊照顾。1993年，劳动保险部门从养老保险基金中拿出63万元对全市4 000多名特困离退休人员给予救济，1994年又拿出100万元为6 000名特困离退休人员发生活救济，较好地发挥了社会保险“减震器”的作用。

（四）对部分离退休人员实行生活补贴的制度。一是对1950年以前从海外归国或当时旅大地区南方招聘团招聘来我市的工程技术人员，建国前大专以上毕业，且“文革”前担任过总工程师、副总工程师、主任工程师，于1954年底前办理退休的人员，每月增加补贴150元；二是1964年6月底以前大专以上毕业生，且于1983年9月底前评为高级工程师或担任总工程师、副总工程师、主任工程师（含其他技术系列），于1994年底以前办理退休的，每月增加补贴100元；三是对无配偶又无子女的，以及配偶无收入又无子女的离休、退休、退职人员，本人离退休金、退职生活费又低于2倍最低离退休费、生活费标准的，按2倍发给。

（五）改变离休人员离休金的调整办法。大连市企业离休人员近2万人。对部分大企业的抽样调查，根据国务院和省市政府规定，按企业现行办法调整的离休金，人均130元，改按机关的规定调整离休金，人均120元。按人分析，有73%的离休人员按企业的办法高于机关的办法，27%的离休人员按企业的办法低于机关的办法。因此，部分离休人员有意见。为解决部分离退休人员提高待遇偏低的问题，市政府决定从1995年7月起企业离休人员全部改按机关离休人员的办法调整离休金，低的补齐，高的不降，离休人员对此十分满意。

五、强化收缴，保证支付，维护社会稳定

几年来，大连市始终把社会保险基金收缴作为劳动保险机构工作的主线。能不能保证按照足额将应收的养老保险费收上来，直接关系到能否保证按时足额支付退离休费用。不能按时足额支付退离休费用，劳动保险部门也就失去了自身存在的价值。在养老保险金收缴中，主要采取以下几种措施：

一是宣传法制，依法收缴。养老保险是国家法定的带有强制性的社会保险，企业依法参加养老保险并按时缴纳养老保险费是企业应尽的义务。向企业法人宣讲《劳动法》和《大连市城镇企业职工养老保险条例》，提高企业和职工的保险意识和法律意识，提高对养老保险重要性的认识，是依法收缴的重要前提。1995年，市劳动行政部门对63户拖欠养老金的单位下达了“限期缴纳通知书”，在不到1个月的时间，欠缴单位全部上交了缴款计划，并在两个星期内，有20多户企业补缴养老金3 000多万元。对不能按时缴纳养老保险费的企业单位，还依法加罚滞纳金7.1万元。

二是利用行政手段，促进收缴。在社会保险法制不健全、单位和职工自我保险意识不强的情况下，利用行政手段，强化基金的收缴是必不可少的手段。劳动行政部门通过一年一度的工资总额使用手册审核，实行劳动部门、劳动保险部门和劳服失业保险部门对收缴社会保险基金进行联审。凡按规定应参加社会保险而没有参加的单位，一律不予年审；凡因资金问题不能按时足额缴纳养老保险费的，职工的工资水平一律按上年度同期工资水平的80%发放，并逐月核定。这一有效措施对加强基金收缴起到了重要的制约作用。针对1994年基金收缴率下降的状况，劳动行政部门提出了关于加强养老保险基金收缴的6点意见，由市政府予以转发。这6点意见中的一点就是实行一票否决权，即凡是拖欠养老保险金的企业单位，取消企业评选先进集体、取消厂长（经理）评选先进个人的资格。现在市政府关于加强养老基金收缴工作的6点意见已经收到了明显效果，1995年的收缴率一直保持在96%以上。

三是加强稽查，堵塞收缴漏洞，做到基金“颗粒归仓”。为加强基金收缴力度，堵塞企业少缴、瞒缴、漏缴养老金现象，早在1989年市劳动保险公司就成立了稽查部，把具有实际工作经验的同志充实到该部，按规定每年稽查户数不得少于投保企业户数的35%。由于目标明确，措施得力，几年来，全公司稽查任务每年都完成得比较出色，使养老保险基金收缴做到“颗粒归仓”。

四是实行目标管理，保证收缴。市劳动行政部门根据每年工资增长幅度给劳动保险部门下达收缴指标，劳动保险机构把收缴任务层层分解到各公司、部室和人头，并同责、权、利挂钩，实行有奖有罚。这一措施的实施，极大地调动了职工的积极性和主动性，保证了收缴任务的完成。

五是确定最低缴费工资，较好地解决了一些基金收缴中的疑难问题。1994 年，市劳动局根据上级有关精神，确定了最低缴费工资为 207 元(即全市职工月平均工资的 60%)，并下发了[1994]37 号文件。文件明确规定:1994 年因承包、租赁、“挂名”等原因无法确定缴费工资的，按全市职工月平均工资计缴;停薪留职人员每月缴纳 72 元，城镇临时工、私营企业和个体工商户从业人员以及乡镇企业非农户从业人员，均按 72 元计缴。1995 年，随着工资总额的增长，全市每人每月最低缴费额为 101 元，即:企业缴纳 91 元，职工个人缴纳 10 元。几年来，由于采取了这些行之有效的措施，使基金收缴率一直稳定在 96%以上。在抓好养老金收缴的同时，千方百计采取有效措施抓好养老金支付。

一是建立信息联络制度。市劳动保险机构与市政府信访办、市总工会、市退管会建立联系制度，定期与他们沟通信息，了解退休费发放情况，并在重点企业离退休人员中建立联络员制度，做到发现问题及时解决。

二是设立养老金发放投诉电话，通过报纸、电台、电视台向全社会公布，接受全市人民的监督，扩大离退休费发放透明度。投诉电话公布以来，公司共接到咨询电话 719 次，其中涉及到 95 个单位退休费发放问题，现在已经解决 86 个单位。比如，1995 年 4 月 27 日，市劳动保险公司接到了市日用金属制品厂打来的投诉电话，反映这个厂已经 4 个月没有给离退休人员发离退休费。劳动保险公司得知后，公司领导派退管部的同志亲自到这个厂调查落实，原来劳动保险部门拨给这个厂的离退休费已被企业挪用。弄清情况后，4 月 29 日，公司经理亲自带领退管部的同志携带 17 万元现金来给到这个厂，为离退休人员垫发养老金。一些离退休老工人含着眼泪，感谢党和政府，感谢劳动保险公司给他们雪中送炭。

三是扩大统支范围，从根本上解决离退休费被挪用、截留和拖欠问题。由于还没有实行离退休费全部由劳动保险机构直接支付，这就很难从根本上解决部分企业挪用、拖欠、截留养老金问题。于是我们决定逐步扩大统支范围，通过银行代支，减少中间环节，保证按时把离退休费发到离退休人员手中。1995 年，我们已将全市停产、半停产企业，实行现代企业制度改革企业和外商投资企业中的离退休人员的离退休费实行由银行代发，并将由企业直接办理由银行代支的 84 个企业、4 万名离退休人员逐步纳入全市统支范围，以保障离退休人员生活，减轻国有大中型企业的负担。

镇江医疗保险制度改革试点取得阶段性成果

江苏省劳动厅办公室　宇文扬　曹炳泰

作为国务院确定的全国职工医疗保险制度改革试点城市，江苏省镇江市新的职工医疗保险制度是1995年1月1日正式运行的。改革一年来，一个以社会统筹医疗基金与个人医疗账户相结合的职工医疗保险新制度已经初步建立起来，改革正在平稳向前推进。

一、镇江市医改的主要政策和内容

根据国家体改委、财政部、劳动部、卫生部《关于职工医疗制度改革的试点意见》精神，镇江医改的目标是：建立社会统筹医疗基金与个人医疗账户相结合的社会保险制度，并使之逐步覆盖城镇所有劳动者。按照这一目标，镇江市医改的主要政策和内容是：

1. 建立统一的职工医疗保险费用筹集机制。职工医疗保险费用由用人单位和职工个人共同缴纳，按照《试点意见》的规定，全市按用人单位上年度在职职工年工资总额与离退休人员费用总额之和的10%确定为1995年单位筹资比例。职工个人缴费，暂按本人年工资总额的1%起步，由用人单位按期从职工工资中代扣。为不影响职工个人实际收入，改革起步阶段，个人缴费在增加工资的基础上进行。经市政府研究同意，给每个职工每月增加5元工资，基本相当于个人缴纳的医疗保险基金部分。离退休职工不缴纳1%费用，也不增加工资。“三资”企业的中方职工，年工资高于全市职工平均水平的，其个人缴费由企业在个人工资中扣缴；低于全市职工平均水平的，必须由企业为职工增资后代扣。私营企业职工按全市职工年平均工资额为基数提取，其中10%由业主缴纳，1%由职工缴纳。今后随经济和社会事业发展以及医疗费用水平变化再适时调整。

2. 建立社会统筹医疗基金和职工个人医疗账户。按照个人积累与社会统筹互相结合的原则，市、县两级职工医疗保险基金（下称医保中心）为每个职工（含退休人员）建立个人医疗账户。考虑到老职工年老多病的实际情况，对个人医疗账户按年龄分成两个档次，其中45岁以上（含45岁）的职工按年工资额的6%、45岁以下的职工按年工资额的4%将基金划入个人医疗账户，职工个人缴纳的1%部分全部进入个人医疗账户。退休职工按年退休费总额5%建立个人医疗账户。个人医疗账户的本金和利息为职工个人所有，可以结转使用和依法继承。职工在本市范围内调动工作，需办理个人医疗账户转移手续。职工退休后，个人医疗账户资金不再增加，用完后按规定从社会统筹基金中支付。职工调离本市时，其结余的个人医疗账户资金可以随同转移或一次性发还本人。个人医疗账户以外的基金作为社会统筹医疗基金，由医保中心统一管理，集中统筹使用。同时，在统筹基金中提取10%作为风险调节基金，以防突发性、传染性疾病的大面积爆发流行。

3. 建立对职工个人医疗费用的制约机制。凡参保职工患病须凭社保中心统一制发的《职工医疗保险证历》到定点医疗机构就诊。医疗费用先从个人医疗账户支付，个人医疗账户用完后，再由个人自负年工资总额的5%，然后进入社会统筹基金支付阶段，但个人仍要负担一定的比例。个人负担部分采取分段累加计算办法：超过本人年工资总额5%以上至5 000元部分，个人负担10%；5 001元至10 000元部分，个人负担8%；10 001元以上部分，个人负担2%。退休人员就诊也是先从个人医疗账户支付，账户用完后直接进入社会统筹，并按在职职工自负比例的一半支付医疗费用。离休人员、二等乙级以上伤残军人不建立个人医疗账户，其符合规定的基本医疗费用，全部由社会统筹基金支付，但要建立个人台账。患有国家规定的特殊病种（甲类传染病、狂躁型精神病）和实施计划生育手术及其后遗症的职工，符合规定的医疗费用，全部由社会统筹基金支付。

职工（含退休人员）门诊、住院期间进行心脏彩超、核磁共振、CT（头颅或全身）等单项收费在300元以上（含300元）的特种检查、治疗，其费用个人负担20%，其余由社会统筹基金支付。同时制定医疗保险基本用药目录，超出目录部分的费用全部由个人自理。

4. 建立对医疗服务供方的制约机制。由卫生行政主管部门负责搞好定点资格审定，医保中心负责确认，并与定点医疗机构实行“定额结算”的办法，签订有关医疗保险服务范围、项目、费用定额、结算等内容的合同，明确双方责任、权利和义务。定点医疗机构违反医改政策和规定，医保中心有权批评直至取消定点资格。允许参保单位在定点医院范围内为职工确定2～4所医院就诊（专科疾病可以直接到专科医院就诊），促进医疗单位提高医疗质量，改善服务态度，合理利用卫生资源。

5. 建立职工特殊医疗保险基金。本着医保中心、参保单位和职工三方合理负担的原则，建立了由参保单位自愿参加的职工特殊医疗保险基金。职工参加特殊医疗保险后，其特殊医疗费用由补充保险基金和职工个人按比例分担。

二、镇江市医改的基本做法

一年多来，镇江市围绕医改目标，紧紧联系本市实际情况，加强调查研究，为建立和完善职工医疗保险新制度进行探索，主要做了四项工作。

1. 采取积极措施，把筹资工作作为首要任务来抓。筹集好医保基金是顺利开展医疗保险的前提。试点过程中主要碰到三种情况：一是经济效益好、职工年龄构成轻的单位，参保后按比例缴纳保险费，比原来实际支出的费用高，觉得不划算。二是经济效益一般，但能正常支付职工医疗费的单位，对设立个人医疗账户有看法，认为花钱买机制，影响了近期效益。这两种情况，主要是认识不到位，未能从长远和全局考虑问题，而是单纯算本单位的经济账。三是经济效益差、职工医疗费用不能及时报销或长期拖欠的单位，对参加医改十分迫切，但由于经济困难，基金难以及时足额到位。针对上述情况，镇江市运用三种手段，坚持三个结合，确保基金按期到位。

运用三种手段。首先是行政手段。通过各级政府召开会议，发文件，提要求，强调各级各部门“一把手”负责制，动员说服各单位提高认识，顾全大局，立足长远，积极参保。医保中心在求实、务实、落实上狠下功夫，注重工作到位率。其次是法律手段。市医保中心聘请法律顾问，对少数效益好、基金久拖不缴的单位，按照《劳动法》和国务院批准的《镇江市职工医疗制度改革实施方案》，由法律顾问上门送达法律文书，限期缴纳基金，逾期则通过银行强行托收。再次是经济手段。镇江市下辖的扬中市对一些经济效益好而不及时缴纳基金的企业，按规定直接托收滞纳金，也取得了较好的效果。

做到三结合。一是宣传教育与过细工作相结合。该市组织医保中心的同志分头上门，特别是到那些效益比较好的大单位做工作，反复宣传改革的目的、意义和要求，阐明建立社会保障体系与市场经济体制的内在联系，指出好企业与差企业并非一成不变，富帮穷、好帮差正是社会主义优越性的体现，也是社会保险互济性、公平性的内在要求。同时不厌其烦地帮助参保单位掌握医改具体业务，指导他们做好参保的基础工作，及时解决操作过程中的问题。通过过细工作，有75％的单位可直接由银行托收或用支票缴纳基金。二是坚持原则与灵活措施相结合。全市实行统一的筹资比例是医改中的一项基本政策。然而，各企业具体情况不同，如采用一刀切的方法，参保筹资就很难一步到位。为此，该市从实际出发，对亏损企业，采取三种方法：(1)改按季缴为按月缴，甚至可以按月分次缴，给企业筹措资金增大了回旋余地。(2)对暂时亏损、但资金信誉度较好的企业，由医保中心主动帮助他们与银行联系，用短期贷款缴纳基金，以缓冲资金调度的暂时困难，保证基金及时到账。(3)对重点亏损企业，准予通过签订协议欠缴1～3个百分点的基金，欠缴部分通过风险基金调节使用，以保证这类企业的职工基本医疗不受影响。三是加强管理与优质服务相结合。在筹资过程中，医保中心加强了内部管理，把筹资计划分解到组到人，做到月初有布置，每周有检查，每天有日报，把完成任务与个人奖惩结合起来，增强工作责任感。同时从改善服务态度、提高服务质量入手，简化程序，讲究方式，以理服人，以情感人，以诚待人，宁可自己麻烦千遍，不给企业增添不便。在改革初期，不少单位对建立新机制了解不够，该市派专人到各县(市)进行业务辅导，上门服务。对职工较多的大企业，医保中心主动派人上门协助他们做好基础工作。通过这些措施赢得了参保单位的理解、信任和配合，较好地完成了市政府下达的筹资任务，保证了医改的正常运行。

2. 实行定额结算，探索医疗费用给付新路子。为了遏制医疗费用的迅猛增长，改革起步时，在卫生部和省卫生厅的指导下，镇江市实行了“定额结算、质量控制、结余归院、超收上缴”的给付办法。以1993年全年和1994年上半年平均门急诊人次费用、平均住院天数和平均住院床日费用为基数，考虑其他方面因素，按医院登记和类别，分别制定了定额结算标准。依据这些标准，医保中心在年初与各定点医疗机构签订结算合同，并按照《镇江市职工医疗保险定点医疗机构资格审查和医疗管理暂行办法》进行年度考核评价，根据综合得分情况进行合同兑现。目的是把“以支定收”的筹资原则和“以收定支”的支付原则有机结合起来，以减少浪费，规范医疗行为，保障职工基本医疗。这个办法实施一个阶段以后，收到了一定的效果。但由于经济效益驱动和配套管理措施跟不上等多种原因，一度出现了重复挂号、分解处方、推诿病人以及机械地平均处方值等现象，引起了参保病人的不满。针对定额结算中暴露的问题，该市制定实施了“总额控制、结构调整”方案，采取了对返诊、返院及转院患者进行抽查和综合评定，合理调整部分定额标准，实行“超支分担”，对经过批准的新技术、新项目在定额标准外单独核算。同时，还与卫生、财政、物价等部门共同制定了医疗保险费用结算、收费管理、定点医疗机构资格审查、医疗管理、特殊医疗管理、家庭病床管理、药品报销范围、医疗费用报销范围和自费范围等15个配套管理措施，明确医、保、患三方的权利、义务和责任，进行相互制约。各级医保中心建立了结算程序和医疗费用的审核把关制度，设立了群众举报电话，妥善解决医患矛盾。对职工医疗保险专用卡实行监督管理，查处了一些冒用专用卡人员，并进行了公开曝光和处理。对全市463家机关、企事业单位办的职工医院、医务所(室)(共有卫技人员1 851人，病床567张，覆盖参保职工25.34万人)进行了定点确认，并针对其数量多、规模小、分布广的特点，制定了医疗保险工作制度和医疗项目收费标准，通过网络化、制度化、定额化的管理方法，充分发挥他们在医改中的作用。

3. 加强基金管理，建立健全监督机制。按照国务院批复的要求，该市从加强管理入手，自觉接受各方面监督。首先是财政部门监督。从医改试点开始就将收缴的医保基金纳入财政预算管理，实行专户储存，专账记载，专款专用，收支两条线，支出时提出申请由财政批准。其次是专门组织监督。1995 年 5 月份，成立了由人大、政协、审计、劳动、卫生、财政、工会等部门和在职职工、离退休职工代表参加的基金监督委员会，医保中心每半年将基金运营情况向该委员会汇报一次，接受检查监督。制定了监委会章程，保证监督的规范性、连续性。第三是新闻媒介监督。一年中两次将基金运营情况通过新闻媒介向社会作了公布，增加基金运营管理的透明度，各方面反映良好。第四是审计部门监督。1995 年 10 月和 1996 年 1 月，市审计部门对 1 至 9 月份和全年的基金使用情况分别进行了两次专项审计。审计评价认为："职工医疗保险基金进行专户储存，收支良好，管理严格，审计中未发现挪用基金等情况。"对管理费的提取，医保中心严格按照国务院的批复要求控制在实征基金的 2%范围内，并在财政监督下按规定项目开支。其用途经监督委员会审查符合规定要求。总之，在医疗保险基金征收、支付、管理等方面，严格按规定和制度办事。

4. 加快电脑开发，提高社会化管理服务水平。职工医疗保险是一项面广量大、极其复杂的系统工程，该市在改革初期就将计算机的开发利用摆上重要议事日程。从编制医疗保险证历编码开始，就逐步运用计算机操作，大大减轻了劳动强度。此后，与江苏理工大学联合进行医疗保险信息管理系统的开发工作。该系统由"医保中心信息管理系统"、"医院收费信息管理系统"和"多媒体演示系统"组成，具有基本情况管理、基金征集管理、电子邮件管理及演示等功能，实现了职工医疗保险工作全面的信息管理。市区 1 700 多个单位档案、26.61 万职工个人档案以及各类统计、分析、查询系统均已建立；284 家定点医疗机构和 88 家银行分理处的信息全部输入；与工商银行联网进行了基金托收工作；与 20 家市区医院及 2 家单位医院联网，一年中处理了近 80 万人次的医疗费用。各县(市)中心的计算机已分别独立运行，2 200 个单位、175 万职工的档案和有关资料全部输入计算机，并开展了结算工作。省科委组织的成果鉴定认为，整个系统设计合理，技术先进，功能齐全，规模庞大，是一个成功的实用系统。

在改革起步阶段，不少参保单位和职工对操作手续烦琐、就诊不方便意见较大。为了解决这个问题，医保中心研究设计了一种在现阶段比较适用的职工医疗保险专用卡。这种纸卡成本低，计算机和手工均可操作，试行以后，收到了参保单位和职工的欢迎。还把原来由各单位分散管理个人台账的工作集中到医保中心统一管理，减轻了单位的工作量，也给职工就诊带来了方便。个人医疗账户有钱不需带现金就诊，属于个人自付和统筹支付的部分，卡上一目了然，增强了职工的个人医疗账户意识和节约意识。市区已有 1 558 家参保单位及 19.06 万名参保职工凭卡就医，分别占参保单位和职工的 91%和 72%。

三、医改取得阶段性成果

经过全市上下一年多艰苦努力，整个改革准备有绪，出台顺利，进展平稳，逐步深入，各方面反映良好，一个新型的、基本覆盖全市城镇职工的医疗保险制度已逐步形成，进入了正常的运转阶段，新机制作用正在发挥。具体反映在以下 4 个方面：

1. 职工医疗保险覆盖面逐步扩大。截至 1995 年年底，全市 3 929 家机关、企事业单位，已参保 3 881 家，参保率达 98.78%；应参保职工 46.16 万人，已参保 45.36 万人，参保率达 98.27%。其中，市区单位参保率 99.07%，职工参保率 98.92%。医疗保险基金收支基本平衡。全市1995年1～12月份应缴纳基金18 657.53万元，实际到位18 074.66万元，基金到位率达96.88%。共支付医疗费用15 575.52万元。在支付的医疗费用中，个人账户支付5 583.46万元，统筹基金支付9 992.06万元，结存基金1 347.87万元。

2. 职工基本医疗保险效果明显。据评估调查显示，全市职工两周患病就诊率达75.4%，比医改前上升5.75个百分点。由于经济困难原因需住院而未住院的职工比例，由1994年的26.5%下降到1995年的13.7%。尤其是工人和教师得益较多。医改前，因经济困难不看病的比例，工人占13.7%，教师占15.9%；医改后，因经济困难原因不看病的比例，工人下降到3.9%，教师下降到1.6%。这充分说明，医疗制度改革对于保障广大职工的基本医疗起到了积极的作用。

3. 医疗费用增长过快的势头得到遏制。1994年，全市职工医疗费用支出总额为19 818.79万元；医改后，1995年全市职工医疗费用支出总额为16 791.22万元(包含职工个人自付1 215.70万元)，比1994年减少支出3 027.57万元。据统计，1995年全市职工人均医疗费用370.14元，比1994年下降66.74元。另外，1995年，全市药品消耗量比上年下降4.81%，其中，常规药品上升，贵重药品、进口药品下降。同时，不必要的大型设备检查和治疗人次也明显减少。

4. 职工对新的医疗保险制度满意度有所提高。据评估调查，医改前，职工对公费医疗表示满意的占职工总数的37.0%，基本满意的占50.8%，不满意的占12.2%；对劳保医疗制度表示满意的占27.4%，基本满意的占52.9%，不满意的占19.7%。医改后，职工对新的医疗保险制度表示满意的占41.9%，基本满意的占49.3%，不满意的仅占8.8%。这说明绝大多数职工是拥护这项改革的。

职工医疗保险新制度在镇江市虽实施仅一年时间，但已经充分显示了它的优越性和生命力。当然，在改革过程中，也还存在困难企业筹资难、医疗保险覆盖面较窄、医疗机构补偿机制不完善等问题。这些问题，有的是医改前的老问题，有的是医改中出现的新问题。在今后的医改中，该市将通过深化改革，进一步完善医改办法和措施，解决好医改中出现的深层次问题，努力探索出一条具有中国特色的医疗保险制度的新路子。

劳动科学研究与
中国劳动学会工作

劳动科学研究

1995 年劳动科学研究院科研工作取得多项成果。劳科院承担的 1995 年部目标管理计划的课题研究中，完成国家级课题 3 项，部级课题 12 项，院级课题 9 项，跨年度部级课题 6 项正按计划进行。完成目标管理计划之外的部级课题 9 项，院级课题 5 项。另外，完成“国外养老保险制度比较及外国专家对我国改革的建议”、“日本社会保障预测委员会报告摘要”、“试比较不同的基本养老保险办法”等部领导交办的研究任务。

一、社会科学研究

1. 综合性研究：部级课题“劳动部劳动科学(社会科学部分)近中期研究规划”通过部科技办组织的成果鉴定；部级课题“1997 年香港回归后劳动政策法规的衔接问题研究”制定了工作计划和课题研究提纲，课题组赴广东进行了调研，目前已完成课题研究报告的第二稿。院级课题“进一步培育和发展劳动力市场问题研究”已完成研究报告的初稿。开展了社会科学仿真实验室的论证工作。

2. 就业研究：完成国家哲学社会科学基金“八五”重点项目“我国人力资源开发与就业研究”课题主报告“形势、战略、对策”和 12 个分报告，并于 1995 年 10 月份通过专家鉴定，达到国内领先水平；部级课题“劳动就业发展战略研究”完成并通过专家的鉴定。

3. 工资研究：部级课题“建立企业工资约束机制研究”、“规范企业人工成本研究”顺利通过了专家评审；部级课题“确立我国工资增长指导线的理论依据研究”、“职工收入分配调节机制”和“亏损企业工资问题和对策”都已写出提纲，接近完成。院级课题“劳动法实施操作中有关工资问题研究”、“劳动分红问题的研究”、“股份制企业工资分配问题研究”基本完成。

1995 年编辑出版发行《利润分享和劳动分红》、《劳动法实施操作案例选编》两本书，发行了《职工收入结构》、《国外保险参考》等资料。

4. 社会保险研究：完成国家“八五”课题“中国社会保障体系研究”的主报告和“社会保险观点综述”、“中国社会保险改革发展动态研究”两个分报告定稿工作；国家科委项目“中国社会保险预测模型”系统研究完成中期报告；部级课题“社会保险法问题研究”完成主报告、分报告起草任务；部级课题“社会统筹与个人账户相结合研究”完成主报告初稿；院级课题“非国有经济社会保险问题研究”、“医疗保险基金筹集办法研究”、“失业保险基金收支测算研究”、“现代企业制度社会保险研究”按时完成。

5. 劳动法律体系研究：跨年度部级课题“劳动法律体系研究”已完成课题主报告初稿；部级课题“劳动关系调整问题研究”完成研究报告的初稿。院级课题“中俄集体谈判研究”按时完成。

6. 比较研究：部级课题“工业化市场经济国家集体谈判比较研究”经过论证已通过课题鉴定；“工业化市场经济国家劳动监察体制比较研究”已形成国外研究部分初稿；“国外企业裁员及失业人员安置问题研究”已翻译整理大量资料并形成阶段性成果；院级课题“关于 ILO 社会条款问题的研究”已经完成；“国外养老金计发模式研究”已完成中、英文稿;“关于市场经济国家就业服务体制研究”课题经论证已完成了初稿。

上述课题研究中,“我国人力资源开发与就业研究”、“关于企业职工基本养老保险社会统筹与个人账户相结合的研究报告”、“劳动就业发展战略研究”、“确定我国工资增长指导线的理论依据和数学方法”和“工业化市场经济国家集体谈判比较研究”等课题成果已被部肯定,有些成果被有关业务司局采纳。

二、自然科学研究

1. 国家科委“八五”攻关课题所属“易燃、易爆、有毒重大危险源辨识与评介技术”专题及“重大危险源报警监控技术的研究”专题经过5年的论证与研究,按期完成并通过由国家各部委授权部科技办进行的验收,专家评价“达到了90年代国际先进水平”。

2.“呼吸性粉尘分级工作的检测指导”、“社会主义市场经济条件下我国职业安全卫生策略研究”等15项部级课题以及“人机标准信息库”等3项院级课题均按期完成,有些项目成果被国家科委采纳;部级课题“劳动科学(自然科学部分)近中期规划”课题初稿完成。

3.“21世纪议程立项论证”课题的完成,为在国家科委组织的“九五”国家重点攻关项目中确立“作业环境粉尘治理及防护技术研究”课题奠定了坚实的基础。

4. 跨年度在研课题24项正按计划进行。

上述研究项目在矿山局“呼吸性粉尘分级”试点工作及职安局“小水泥生产厂作业环境及污染控制”等项目中,起到了技术支撑作用。

三、四个中心建设

1. 事故调查与分析技术中心组建并开展工作。1月份根据部领导的指示开始了论证、筹建工作,制定了组建方案和1995年工作计划,召开了关于中心建设的专家研讨会。在完成与部有关业务司局的初步协调工作后,开始试运转,并参与了对新疆、上海和武汉的事故调查工作。还参加了在上海、浙江、江西等省市进行的安全生产检查工作。目前正着手建立重大事故案例数据库、事故分析机构库和事故调查专家库等基础工作,并与北京市工伤与职业危害预防中心签订了《北京市重大危险源普查技术合作协议书》,为北京市重大危险源普查提供技术方案和培训咨询。

2. 劳动保护检测中心两个实验室已经建成,承担了部矿山局在国内开展矿山呼吸性粉尘危害分级试点工作而进行的粉尘检测技术指导站工作等一系列检测工作。在加强自身建设的同时积极与德方洽谈合作事宜,一期计划经过中德政府混合委员会的批准,将在年底完成中德双方政府换文工作,并于明年启动。

3. CIS(情报文献中心)项目验收合格。1995年2月劳动部组织有关单位的领导和专家组成项目评审领导小组,对《CIS建设项目实施总结报告》、《CIS项目经费使用报告》、《文献检索、集成办公自动化系统软件介绍》、《CIS中心概况》、《CIS1991～1994大事记》和《CIS规章制度汇编》进行全面验收,验收合格。经过专家评定认为,该项目在情报采集方针和收藏结构方面符合劳动工作的要求,所开发的计算机信息管理系统达到同等规模系统的先进水平。1995年,实现了院内各所间计算机系统联网、劳科院与部信息中心计算机联网;完成析出文献数据库;配合国外专家组织了两次计算机培训班。

4. 职业安全卫生培训中心承担的由国际劳工组织及联合国开发计划署资助的CPR/89/008/项目,在1994年工作基础上又有了长足发展,组织编辑了《劳动安全卫生监察员资格培训教材》等有关教材和录像材料,并举办了6个培训班。圆满完成了008项目书中所规定的任务,于年底顺利通过了联合国开发计划署和国际劳工组织的验收,受到了好评。

四、对外合作与交流

1. 今年我院接待了俄罗斯联邦劳动部劳科所、以色列国际劳工研究所两个来访团组，派出赴新加坡、马来西亚、香港劳动关系考察团，赴俄罗斯学术交流团等多个团组，派员以非政府组织观察员身份参加联合国在哥本哈根举行的社会发展世界首脑会议，多次接待外国来华专家。

2. 境外培训组团工作有了较大进步，获准组派 5 个审批类团组，获资助金额有了增加。现已完成赴以色列、美国、德国培训团，均出色地完成了培训任务，取得了不少经验、知识，受到了参团单位和国家外专局的高度评价。

3. 受国际劳工局亚太局和亚太地区劳动研究机构联络网委托，成功地召开了“世界经济一体化的进程及其对劳动领域的影响”国际研讨会，接待了出席会议的 ILO 亚太局局长中村正先生。

4. 加强国际学术交流。完成了与 ILO 亚太局和日本劳动研究机构合作课题“全球经济一体化及其对中国劳动力市场的影响”，并向该项目“曼谷国际研讨会”提交了研究报告；参加了“第 82 届国际劳工大会”、“美国加州大学医疗保险改革座谈会”、“智利养老保险改革思路座谈会”。此外，我院多次邀请外国专家来华讲学。通过以上活动，加强了同外界的联系，拓宽了与外界合作的渠道。

（中国劳动科学研究院）

中国劳动学会工作

中国劳动学会 1995 年主要做了三项工作：

一、成立中国劳动学会学术委员会并召开理论研讨会

为了加强学术研究，使理论研究在高层次上迈出新的步伐，1995 年初，成立了中国劳动学会学术委员会。学术委员由中国劳动学会理事中具有教授、研究员职称的专家、学者 46 人组成。悦光昭任主任，袁方、赵履宽、葛寿昌任副主任。

1995 年 9 月 21 日至 23 日，在京召开了学术委员会成立后的首次会议，会议的主题是根据劳动部贯彻全国科技大会精神的意见，研讨社会主义市场经济与劳动体制改革问题。来自全国不同地区及在京的多所大专院校、科研单位的近 30 位专家学者参加了会议。中国劳动学会会长、学术委员会主任悦光昭主持并致开幕词。劳动部副部长朱家甄到会祝贺并就当前进一步开展劳动领域学术活动的重大意义和作用，以及抓紧培养中青年科研骨干和加快劳动科学学科建设等问题发表了重要讲话。与会同志就社会主义市场经济条件下，劳动制度改革理论与实践中存在的各方面问题及应采取的对策措施发言，不同观点展开了热烈讨论，对有些理论观点，提出了新的认识和有价值的对策。

（一）关于劳动就业与培育和发展劳动力市场问题

有些同志提出：社会主义市场经济条件下的劳动就业机制，应该是微观市场化与宏观计划化的结合，微观重点着眼于效率，优化劳动力配置，从而达到优化企业内部各种要素配置；宏观重点解决公平就业，政府承担起正当的干预职能，对劳动力资源供求总量和结构进行调整，并利用经济的、法律的和行政的手段，努力实现充分就业，起到稳定经济和社会的作用。我国是一个人口大国，农村劳动力占绝大多数，目前解决就业问题的根本途径应该放在解决农村劳动力的出路上。

关于我国劳动力市场发展过程中的困难和矛盾，大家认为，一是劳动力市场的统一、开放性与我国劳动力市场城乡分割、身份差别之间的矛盾；二是在市场工资率迅速提高的同时，收入分配不公平的现象更加突出；三是劳动力配置双重机制的矛盾和市场经济瞬息万变、劳动信息处理手段滞后的矛盾。我国劳动力市场的发展正处在关键时期，在制定政策上，应注意在保持社会稳定的前提下，尽快完善劳动力市场运行规则，逐步强化市场机制在劳动力资源配置中的作用，具体包括：1. 逐步建立、健全全国城乡统一的劳动力市场。2. 配合现代企业制度的建立，加快国有企业劳动用工制度的综合配套改革，逐步形成劳动力需求主体。3. 完善收入再分配政策和措施与加快配套的劳动立法。4. 完善社会保障体系，建立就业专项基金。5. 注重劳动者职业技能开发，提高劳动力素质。

（二）关于社会主义市场经济条件下的工资分配问题

市场经济条件下工资分配应是以按劳分配为主体，三项原则相结合的分配制度。三项原则：一是按劳动力价值分配，这是分配的基础；二是按劳动量消耗与创造成果分配，这是分配的前提；三是按劳动创造和实现的价值分配，这是工资的最终分配额。在社会主义市场经济条件下，必须改变以国家为工资分配的主角，并用行政方式规定工资标准、工资水平以及工资制度的状况。要严格遵循市场经济规律，让政府充当宏观调控和监督的角色，使劳动者的工资分配由企业和市场决定，国家只是根据经济增长水平控制年工资增长率，用税收调节工资总量和个人工资水平。同时，国家尽可能调整不合理的政策倾向，给行业、企业创造公平竞争条件，最大限度地减少因政策性差异而导致的企业经济效益差异所引起的劳动者收入差距。

（三）关于社会保险问题

建立符合我国国情的社会保险体系是市场经济条件下劳动制度改革的关键。社会保险领域中最基本的部分——养老保险存在问题较多。主要是：1. 机制不合理。在社会养老保险中，原来计划经济下的利益机制已在逐渐消失，至今还未形成一个相互制约、相互促进的社会利益机制。资产所有者、经营者与劳动者不能从自身利益来积极参与，而仅靠政府一方面的积极性，养老保险事业很难顺利进行。2. 社会保险存在多头管理，政事不分、政企不分，对保险事业发展十分不利。3. 覆盖面窄。4. 缺少必要的社会监督机制，保险基金管理缺少透明度。针对以上问题，大家提出，应成立社会保险管理委员会，统一拟订政策、法规、条例，并监督其贯彻实施，扩大覆盖面。它将有利于拓宽基金来源渠道，促进劳动力市场发展；鼓励企业建立补充养老保险和个人参加储蓄性养老保险。

二、成立中国劳动学会企业工作委员会并召开企业信息交流会

1995 年初，中国劳动学会在京召开常务理事会，通过了企业工作委员会章程和委员会组成人员名单。成立企业工作委员会是中国劳动学会在新形势下，围绕企业改革这个中心任务，有针对性地开展服务与咨询的一个重大举措。企业工作委员会主任由攀枝花钢铁集团公司总经理赵忠玉担任，胡守文、陈家涛、张核同志任副主任。11 月 7 日至 10 日召开了企业信息交流会。大会的主要议题：1. 贯彻实施《劳动法》的经验、遇到的问题和解决问题的意见、建议；2. 建立现代企业制度过程中深化劳动工资制度改革方面的问题；3. 如何建立和完善职工养老保险制度。企业会员单位的代表、试点企业的代表和部分特邀企业、论文作者共 70 多人出席了会议。劳动部有关司局的负责同志出席会议并就《劳动法》实施情况及劳动法体系建设和社会养老保险问题作了报告。大家围绕以上三个问题，展开了热烈讨论。

（一）关于贯彻《劳动法》与企业劳动管理

贯彻实施《劳动法》是企业劳动工资工作的一件大事，必须坚定不移的抓下去。但是在贯彻实施过程中，也存在不少问题：有的企业领导有三怕，一怕实施《劳动法》束缚领导手脚，队伍不好带；二怕加大企业成本；三怕由此造成人才流失。大家认为，推行劳动合同制，要在建立机制上下功夫，不能满足于多少人签了合同，达到多大的覆盖面。另外，企业富余人员的安置是建立现代企业制度不可回避的难点问题。在现阶段，社会安置存在一些困难，由企业安置是正确的，但这种状况不应该长期继续下去，富余人员的安置应尽快由企业安置为主向社会安置为主过渡。

（二）关于企业内部工资制度和工资水平问题

当前，企业工资增长已经有些失控，经济效益好与差的企业的工资差别并不大。国家提出的“两低于”原则缺乏具体规定，难于操作。代表们认为，工资的增长，要考虑两个因素，一是效益，二是物价，问题是如何掌握好这两个因素的度。也有的代表提出，要以工资利税率作为工资的决定因素，工资利税率的增长既可以从提高效益取得，也可以通过减人取得，还可以通过合理调控工资增幅取得。这样对盲目增加工资的企业也是一种制约。具体操作办法是：1. 由国家根据全国企业的效益增长情况、物价增长水平、产业政策等因素提出不同的增资指导性意见；2. 工资利税率比上年增长才能增加工资；3. 停止执行工效挂钩的工资总额计提办法。

（三）关于社会保险问题

代表们认为，这方面存在问题较多，一是企业负担过重。有些地方征收的养老保险统筹基金和职工个人缴纳的保险基金高达30%，大大超出了实际需要。当前企业都比较困难，自我发展、自我积累的能力很弱，过量的保险统筹负担更加重了企业的困难。现阶段，保险统筹基金应以保证需求为主，待企业效益逐步好转后再增加积累。二是如何保障退休职工生活水平不降低问题。由于近几年通货膨胀，离退休人员的生活水平已明显降低，有的已处于贫困的边缘。另外，国家机关、事业单位的离退休人员大幅度增加工资，使企业离退休人员意见纷纷。三是养老办法不统一。四是企业补充养老保险是今后的内容之一，对补充养老保险的水平和资金来源作出规定是非常必要的。应允许企业在有盈利的情况下按营业额2%以下的比例提取保险基金并摊入成本。

三、完成劳动部第五届科学技术进步奖（社科类）的评审工作

劳动部第五届科学技术进步奖的申报、评审工作从1994年开始。申报成果43个，经过评审委员会专家严格、认真的审阅、评议，评选出获奖成果17个。其中：

一等奖空缺

二等奖4个：

我国劳动力市场培育与发展研究

项目主持人：夏积智

劳动力市场研究

项目主持人：宋晓梧

建立社会主义市场经济企业工资体制总体设想

项目主持人：练　岑

动态劳动管理机制的建立及其运行

项目主持人：张荣樵

三等奖8个：

煤矿工种岗位评价技术

项目主持人：刘法新

社会保险统计学

项目主持人：王振国

劳动消耗转化及其应用

项目主持人:余　杭

劳动定额术语研究

项目主持人:安鸿章

铁道行业岗位劳动评价指标体系和分级标准

项目主持人:庞敬德

关于我国现阶段劳动关系调整工作的研究报告

项目主持人:金维刚

关于〈公路养护定员标准〉和〈汽车运输劳动定员标准〉的研究

项目主持人:赵长松

剩余收益制与现代企业制度

项目主持人:翁天真

四等奖5个:

劳动行政执法与争讼

项目主持人:吕唐勋

〈交通部航务工程系统设置编制标准研究〉报告

项目主持人:俞嘉誉

农村劳动力跨地区流动中的劳动管理问题

项目主持人:莫　荣

关于我国现阶段缩短工作时间问题研究

项目主持人:石美遐

北京市企业职工养老保险制度改革方案基金筹集模式定量测算分析报告

项目主持人:洪士珩

重要劳动政策法规选编

劳动部关于全面实施《再就业工程》的通知

（1995年1月19日）

劳部发〔1995〕43号

各省、自治区、直辖市及计划单列市劳动（劳动人事）厅（局）：

为做好失业职工的再就业和企业富余职工的分流安置工作，促进企业深化改革，保持社会稳定，在总结部分试点城市经验的基础上，今年将在全国推行《再就业工程》。现就有关问题通知如下：

一、《再就业工程》是综合运用政策扶持和各种就业服务手段，促进失业职工尽快实现再就业，帮助企业妥善安置和分流富余职工的社会系统工程。实施《再就业工程》要充分发挥政府、企业、劳动者三方的积极性，实行由企业安置、个人自谋职业和社会帮助安置相结合，为市场就业中的困难群体人员提供重点就业服务，并做好相应的管理工作。

二、要发动企业、街道和基层就业服务机构认真进行调查摸底。了解并掌握《再就业工程》实施对象的基本情况和求职中存在的问题，重点是失业6个月以上有求职要求的失业职工（以下简称失业职工）和6个月以上基本生活无保障的企业富余职工（以下简称富余职工）。要逐户摸清情况，分类登记，并研究制定对策措施。

三、要按照1993年劳动部关于实施再就业工程的《通知》（劳部发〔1993〕290号）提出的要求，落实各项政策措施。要充分运用职业介绍、就业训练、失业保险和劳服企业等各项就业服务手段，发挥就业服务体系的整体功能，认真组织对失业职工和富余职工的职业指导座谈、转业训练、求职面谈、工作试用和生产自救等项活动，并根据需要拓展新的服务领域，逐步形成相应的工作制度。

四、鼓励失业职工、富余职工积极参加转业训练和转岗培训，支持企业开展培训活动，动员社会力量利用多种形式提高失业职工的职业技能和就业能力。培训所需费用以自筹为主，不足时可用失业保险金的转业训练费予以补贴。

五、鼓励、扶持企业和社会对失业职工和富余职工进行开发性安置。凡兴办第三产业安置失业职工和富余职工达到一定比例的，可享受劳服企业的优惠政策；确需扶持的，经劳动部门核准可借给一定数量的失业保险金，作为启动资金或流动资金，必要时可运用适量失业保险金作为企业向银行贷款的贴息。

六、鼓励用人单位招用失业职工和富余职工。凡招用失业职工并签订1年以上劳动合同的，可将其应享受的失业救济金作为工资性补贴，一次性付给用人单位。凡招用富余职工并签定1年以上劳动合同的，可由富余职工的原单位按规定支付给用人单位安置费。

支持企业组织富余职工到乡镇企业或其他联营企业从事生产经营和劳务工作。

七、大力支持失业职工和富余职工组织起来就业和自谋职业。对所需的场地、摊位、设施、能源等，应与有关部门协调，统筹规划，做好安排。对组织起来就业和自谋职业的失业职工,可将其失业救济金一次付给本人,作为开办资金;对自谋职业的富余职工,由企业按规定支付安置费,并解除劳动关系。

八、要支持企业主管部门对富余职工进行行业、企业间的调剂工作,协助办理有关手续,并提供相应的就业指导、信息和咨询等服务。

用人单位招用富余职工可先进行试工,试用期一般为3至6个月,试工期内原单位保留其劳动关系。试用合格者,重新签订劳动合同,不合格者可以退回原单位。

九、大力兴办劳服企业和生产自救基地。对劳服企业及自办、联办等多种形式的生产自救基地,安置富余职工达到一定比例的享受国家有关优惠政策。创办和发展生产自救基地所需资金,应采取多方筹集和劳动积累相结合,必要时可用失业保险金中的生产自救费适当补助。

十、保证实施《再就业工程》所需经费。根据工作需要,可在失业保险基金中划出一定比例的专项费用于再就业。要积极争取财政专项经费和银行专项贷款,努力吸收社会的闲散资金。实施《再就业工程》的经费要统筹安排,合理使用,提高资金利用率。要建立健全规章制度,严格审批手续,加强监督检查。当前,要切实加强失业保险基金的足额收缴和管理工作,对拒缴和挪用失业保险基金的要依法予以解决。

十一、要把实施《再就业工程》作为当前配合企业深化改革、保持社会稳定的重要任务予以高度重视,认真规划部署。要主动向政府汇报实施《再就业工程》的方案和进展情况,努力争取政府和有关部门的支持和帮助。学习借鉴辽宁省的做法,建立由政府领导挂帅、有关部门参加的领导体制,落实目标责任制。各地劳动部门要加强领导,充实工作队伍,落实有关政策,保证资金投入,认真做好组织实施工作。要利用各种新闻媒介,大力宣传实施《再就业工程》的意义、任务和政策,动员全社会关心和支持《再就业工程》的实施。

十二、各地要结合本地实际情况,抓紧制定工作计划、任务目标和具有针对性的政策措施。具备条件的地区,应于1995年在本地区所有城市全面实施《再就业工程》;暂不具备条件的地区可先行试点,于1996年全面推开。

请各省、自治区、直辖市每半年向劳动部报告一次《再就业工程》的实施情况、存在的问题和工作建议。

国务院关于深化企业职工养老保险制度改革的通知

(1995年3月1日)

国发〔1995〕6号

各省、自治区、直辖市人民政府,国务院各部委、各直属机构:

《国务院关于企业职工养老保险制度改革的决定》(国发〔1991〕33号)发布以来,各地区、各有关部门积极进行企业职工养老保险制度改革，在推进保险费用社会统筹、扩大保险范围、实行职工个人缴费制度和进行社会统筹与个人账户相结合试点等方面取得了一定成效，对保障企业离退休人员基本生活，维护社会稳定和促进经济发展发挥了重要作用。但是，由于这项改革尚处于探索阶段，现行的企业职工养老保险制度还不能适应建立社会主义市场经济体制的要求，必须进一步深化改革。根据《中共中央关于建立社会主义市场经济体制若干问题的决定》精神，经过调查研究和广泛征求意见，现就深化企业职工养老保险制度改革的有关问题通知如下：

一、企业职工养老保险制度改革的目标是：到本世纪末，基本建立起适应社会主义市场经济体制要求，适用城镇各类企业职工和个体劳动者，资金来源多渠道、保障方式多层次、社会统筹与个人账户相结合、权利与义务相对应、管理服务社会化的养老保险体系。基本养老保险应逐步做到对各类企业和劳动者统一制度、统一标准、统一管理和统一调剂使用基金。

二、深化企业职工养老保险制度改革的原则是：保障水平要与我国社会生产力发展水平及各方面的承受能力相适应；社会互济与自我保障相结合，公平与效率相结合；政策统一，管理法制化；行政管理与保险基金管理分开。

三、基本养老保险费用由企业和个人共同负担，实行社会统筹与个人账户相结合。在理顺分配关系，加快个人收入工资化、工资货币化进程的基础上，逐步提高个人缴费比例。提高个人缴费比例的幅度，由各省、自治区、直辖市人民政府根据本地区职工工资增长等情况确定。为适应各地区的不同情况，对实行社会统筹与个人账户相结合提出两个实施办法（见附件），由地、市（不含县级市）提出选择意见报省、自治区人民政府批准，直辖市由市人民政府选择，均报劳动部备案。各地区还可以结合本地实际，对两个实施办法进行修改完善。

四、为了保障企业离退休人员基本生活，各地区应当建立基本养老金正常调整机制。基本养老金可按当地职工上一年度平均工资增长率的一定比例进行调整，具体办法在国家政策指导下由省、自治区、直辖市人民政府确定。

五、国家在建立基本养老保险、保障离退休人员基本生活的同时，鼓励建立企业补充养老保险和个人储蓄性养老保险。企业按规定缴纳基本养老保险费后，可以在国家政策指导下，根据本单位经济效益情况，为职工建立补充养老保险。企业补充养老保险和个人储蓄性养老保险，由企业和个人自主选择经办机构。

六、各地区应充分考虑到养老保险制度改革是一件涉及长远的大事，对企业与个人缴纳养老保险费的比例、发放养老金的标准和基金积累率等问题，要从我国生产力水平比较低、人口众多且老龄化问题日益突出等实际情况出发，兼顾国家、企业、个人三者利益，兼顾目前利益和长远利益，在充分测算论证的基础上进行统筹安排。要严格控制基本养老保险费的收缴比例和基本养老金的发放水平，减轻企业和国家的负担。

七、要根据国家有关规定建立健全养老保险基金的预算管理和财务、会计制度，做好缴费记录和个人账户等基础工作，严格控制管理费的提取和使用，坚持专款专用原则，切实搞好基金管理，确保基金的安全并努力实现其保值增值。当前，养老保险基金的结余额，除留足两个月的支付费用外，80%左右应用于购买由国家发行的社会保险基金特种定向债券，任何单位和个人不得自行决定基金的其他用途。养老保险基金营运所得收益，全部并入基金并免征税费。

八、各地区和有关部门应积极创造条件，提高养老保险管理服务的社会化程度，逐步将企业发放养老金改为社会化发放，技术条件和基础工作较好的地区，可以实行由银行或者邮局直接发放；暂不具备条件的地区，可以由社会保险经办机构发放。社会保险经办机构也可以通过在大型企业设立派出机构等办法，对企业离退休人员进行管理服务。同时要充分发挥各方面的积极性，逐步将主要由企业管理离退休人员转为主要依托社区进行管理，提高社会化管理水平，切实减轻企业负担。

九、要实行社会保险行政管理与基金管理分开、执行机构与监督机构分设的管理体制。社会保险行政管理部门的主要任务是制定政策、规划，加强监督、指导。管理社会保险基金一律由社会保险经办机构负责。各地区和有关部门要设立由政府代表、企业代表、工会代表和离退休人员代表组成的社会保险监督委员会，加强对社会保险政策、法规执行情况和基金管理工作的监督。

十、已经国务院批准，由国务院有关部门和单位直接组织养老保险费用统筹的企业，仍参加主管部门和单位组织的统筹，但要按照社会统筹与个人账户相结合的原则进行改革。

十一、全国城镇企业职工养老保险工作由劳动部负责指导、监督，深化企业职工养老保险制度改革的工作亦由劳动部负责推动。国家体改委要积极参与，可选择一些地方进行深化改革的试点，劳动部要积极给予支持。国家计委、国家经贸委、财政部、中国人民银行等有关部门也应按照各自的职责协同配合，搞好深化改革的工作。

深化企业职工养老保险制度改革是一项十分重要的工作，对于完善社会保障体系，促进改革、发展和稳定具有重要意义。各地区、各有关部门对这项工作要高度重视，切实加强领导，精心组织实施，积极稳妥地推进，务求抓出实效。对深化改革中出现的新情况、新问题，要及时认真地研究解决，重大问题及时报告。

附件：一、企业职工基本养老保险社会统筹与个人账户相结合实施办法之一

二、企业职工基本养老保险社会统筹与个人账户相结合实施办法之二

附件一　企业职工基本养老保险社会统筹与个人账户相结合实施办法之一

一、基本养老保险费用的筹集

基本养老保险费用由单位和个人共同负担。

（一）个人缴纳养老保险费。

职工本人上一年度月平均工资为个人缴费工资基数。月平均工资应按国家统计局规定列入工资总额统计的项目计算，其中包括工资、奖金、津贴、补贴等收入。月平均工资超过当地职工平均工资200%或300%以上的部分，不计入个人缴费工资基数；低于当地职工平均工资60%的，按60%计入。

个人缴费的比例。自本办法实施之日起，职工按不低于个人缴费工资基数3%的比例缴费，以后一般每两年提高1个百分点，最终达到个人账户养老保险费的50%。已离退休人员个人不缴费。

个体工商户本人、私营企业主等非工薪收入者，可以当地上一年度职工月平均工资作为缴费的基数，并由个人按20%左右的费率缴费，其中4%左右进入社会统筹基金，16%左右进入个人账户。

（二）企业缴纳养老保险费。

企业按职工工资总额的一定比例缴纳基本养老保险费。为渡过本地区人口老龄化高峰，各地应按照部分积累制的筹资模式，测定长期的统筹费率。目前可先按当地现行的统筹费率缴纳养老保险费，通过提高收缴率和扩大覆盖面等措施，力求统筹费率稳定在测定的标准上并有所下降，以逐步减轻企业负担。

（三）企业缴纳的基本养老保险费在税前列支，个人缴纳的养老保险费不计征个人所得税。

基本养老保险基金发生困难时，由同级财政予以支持。

二、建立基本养老保险个人账户

（一）按照社会统筹与个人账户相结合的原则，由社会保险经办机构按照国家技术监督局发布的社会保障号码（国家标准GB11643－89）或居民身份证号码，为参加基本养老保险的人员每人建立一个终身不变的基本养老保险个人账户。

（二）基本养老保险个人账户按职工工资收入16％左右的费率记入，包括：

1. 职工本人缴纳的全部养老保险费。

2. 从企业缴纳的养老保险费中按个人缴费工资基数的一定比例划转记入的部分。

上述两项合计为11％左右。随着个人缴费比例的提高，从企业划转记入的比例相应降低。

3. 从企业缴纳的养老保险费中按当地职工月平均工资的5％左右划转记入的部分。

（三）基本养老保险个人账户的储存额按"养老基金保值率"计算利息。"养老基金保值率"根据银行的居民定期存款利率，并参考当地上一年度职工平均工资增长率确定。

（四）职工在同一地区范围内调动工作，不变换基本养老保险个人账户。职工由于各种原因中断工作，其个人账户予以保留。职工调动或中断工作前后个人账户的储存额可以累积计算，不间断计息。

（五）职工在不同地区之间调动工作，基本养老保险个人账户的全部储存额由调出地社会保险经办机构向调入地社会保险经办机构划转，调入地社会保险经办机构为其建立基本养老保险个人账户。

（六）职工基本养老保险个人账户的储存额，只能用于职工本人离退休后按月支付养老金，不能移作他用。

（七）职工在离退休前或者离退休后死亡，其基本养老保险个人账户的储存额尚未领取或未领取完，其余额中的个人缴费部分，按照规定发给职工指定的受益人或法定继承人；从企业缴纳的养老保险费中记入的部分，归入社会统筹基金。职工离退休后，基本养老保险个人账户的储存额已领取完毕时，由社会统筹基金按规定标准继续支付，直至其死亡。

（八）建立基本养老保险社会统筹基金。企业缴纳的养老保险费的一部分进入社会统筹基金。原有离退休人员的养老金、改革时已有一定工龄的职工离退休后的部分养老金、寿命长和收入低的职工的部分养老金，以及根据在职职工工资增长调整养老金水平所需资金，按规定从社会统筹基金中支付。

三、基本养老保险金计发办法

职工到达法定离退休年龄，凡个人缴费累计满15年，或本办法实施前参加工作连续工龄（包括缴费年限）满10年的人员，均可享受基本养老保险待遇，按月领取养老金。

为确保职工离退休后的基本生活，又能体现本人在职期间的贡献大小和个人缴费多少，实行基本养老保险金与个人缴费的年限和数额挂钩。相应的计发办法是，以个人账户累计储存额（包括本金和利息），按离退休后的预期平均余命按月计发。

鉴于在职职工以前没有实行个人缴费，有些职工实行个人缴费后不久即将离退休，因此分别不同对象，采用不同的计发办法，以使新老养老保险制度有机衔接，平稳过渡。

（一）凡本办法实施后参加工作的职工，到达法定离退休年龄离退休时，一律按基本养老保险个人账户的储存额，按月支付基本养老金。计算公式为：

月基本养老金＝基本养老保险个人账户储存额÷120

（二）本办法实施前已经离退休的人员，

仍按原来的办法计发养老金，同时享受改革后的养老金调整待遇。本办法实施前参加工作、实施后3年内到达法定离退休年龄离退休的职工，在按改革前原养老金计发办法计发的同时，再按缴费期个人账户累计储存额的一定比例增发养老金。计算公式为：

月基本养老金＝按改革前原计发办法计发的养老金＋基本养老保险个人账户储存额×增发比例

确定增发比例的原则是，使同一工资水平的职工，后离退休的养老金比先离退休的略有增加，但差距不宜太大。

（三）本办法实施前参加工作、实施3年后到达法定离退休年龄离退休的职工，其在本办法实施前的工作年限可视同缴费年限，以职工个人账户中的储存额推算出全部工作年限的储存额，再除以120，按月计发基本养老金。计算公式为：

月基本养老金＝基本养老保险个人账户储存额×系数÷120

设置系数是为了推算出其全部工作年限的储存额，以及合理调整过渡期间不同人员的养老金待遇。系数根据工龄和缴费年限制定。

少数职工按第（三）条计发的养老金如果低于按第（二）条计发的金额，可改按第（二）条计发。

（四）职工的离退休年龄，按现行规定不变。对国家规定可以提前离退休的从事高空、井下、高温、低温、有毒、有害工作和特别繁重体力劳动的职工，仍可按国家规定的离退休年龄执行，离退休时按本办法计发基本养老金。

（五）本办法实施后，职工获得劳动模范等称号时，由奖励单位给予一次性奖励或由本单位为其办理补充养老保险，离退休时不另外提高基本养老金计发标准。对本办法实施前获得国家规定可享受养老保险优惠待遇的劳动模范等称号的职工，离退休时仍保留优惠待遇。

（六）离退休人员养老金最低标准，由地方政府制定。凡符合按月领取养老金条件的离退休人员，养老金达不到最低标准的，可补足到规定的养老金最低标准。

（七）本办法实施前参加工作、连续工龄（包括缴费年限）不满10年，或者本办法实施后参加工作、缴费不满15年，到达退休年龄的人员，按其基本养老保险个人账户中的全部储存额一次性支付给本人，同时终止养老保险关系。

（八）符合离休条件的人员，其离休待遇仍按国家现行规定执行。

附件二　企业职工基本养老保险社会统筹与个人账户相结合实施办法之二

一、基本养老保险费用的筹集

（一）职工本人上一年度月平均工资为个人缴纳基本养老保险费的基数（以下简称缴费工资基数）。企业以全部职工缴费工资基数之和为企业缴费工资基数。月平均工资应按国家统计局规定列入工资总额统计的项目计算，其中包括工资、奖金、津贴、补贴等收入。职工月平均工资低于当地职工平均工资60%的，按60%计算缴费工资基数；超过当地职工平均工资300%的部分不计入缴费工资基数，也不计入计发养老金的基数。

（二）基本养老保险费由企业和职工个人共同缴纳。企业和职工个人共同缴纳养老保险费的年限，称为“缴费年限”。实行个人缴费制度前，职工的连续工龄可视同缴费年限。

（三）企业按当地政府规定的比例缴费，并在税前列支。

职工按当地政府规定的比例缴费。个人缴纳的养老保险费不计征个人所得税。个人缴费比例随着职工工资收入的增长而逐步提高。具体比例由当地政府根据本地实际需要和职工承受能力确定。已离退休人员不缴纳养老保险费。

（四）个体工商户本人、私营企业主等非工薪收入者，可以当地全部职工月平均工资作为基数，缴纳基本养老保险费。缴费比例不超过当地企业缴费比例与个人缴费比例之和，具体比例由当地政府规定。缴费年限自开始缴费始，至到达法定退休年龄时止。

（五）社会统筹基金发生困难时，由同级财政予以支持。

二、建立基本养老保险个人账户

（一）按照社会统筹与个人账户相结合的原则，由社会保险经办机构按照国家技术监督局发布的社会保障号码（国家标准GB11643—89），为每个参加基本养老保险的人员建立基本养老保险个人账户。企业和个人缴纳的养老保险费逐月计入职工养老保险手册和个人账户。手册和个人账户由所在企业填写，社会保险经办机构定期审核，职工本人保管。职工离退休时，按照手册中记载的缴费工资和个人账户中的储存额（包括本金和利息）为其计发养老金。

（二）个人账户包括：

1. 职工个人缴费的全部或者一部分记入个人账户；

2. 企业缴费中，职工缴费工资基数高于当地职工平均工资200%以上至300%的部分，可以全部或者一部分记入个人账户；

3. 上述储存额的利息。

个人账户中还应当记录企业和职工个人的缴费工资基数以及缴费比例。

（三）个人账户中储存额的利息，按照养老保险基金营运的实际收益计算。

（四）职工在同一地区内调动工作，不变换个人账户。职工由于各种原因停止工作或失业而间断缴纳养老保险费的，其个人账户予以保留。职工调动或中断工作前后缴费年限可以累积计算，个人账户储存额不间断计息。

职工在不同地区之间调动工作，个人账户及其储存额应随同转移。

三、基本养老保险金计发办法

（一）缴费年限满10年及以上的，按以下办法计发养老金：

1. 社会性养老金：按当地职工平均工资的20%～25%计发，具体比例由当地政府确定。

2. 缴费性养老金：个人及企业缴费每满1年，按缴费工资基数的1.0%～1.4%计发，具体系数由当地政府确定。

社会性养老金和缴费性养老金从养老保险社会统筹基金中支付，按月计发。

3. 个人账户养老金：记入基本养老保险个人账户的储存额（包括本金和利息）归个人所有，职工符合离退休条件离退休后，可以由本人选择一次或者多次或者按月领取。职工或离退休人员死亡后，其个人账户储存额的结余部分一次发给其指定的受益人或者法定继承人。职工未达到规定离退休条件但遇到非常特殊的困难时，经过申请、审查和批准，可以在个人账户中提前支取一部分费用，具体办法另行规定。

4. 随着个人账户养老金逐年增加，逐步冲减基本养老金中保留的各种补贴，以至缴费性养老金。逐步将基本养老金调整到与我国经济发展相适应的合理水平。

（二）缴费年限不满10年的，社会性养老金和缴费性养老金按缴费每满1年发给相当于两个月当地职工平均工资的养老金，一次付清。个人账户养老金按个人账户的储存额（包括本金和利息）计发，一次付清。

（三）职工的离退休年龄和离退休后其他待遇，暂不作变动。

从事高空、井下、高温、低温、有毒、有害工作和特别繁重体力劳动的职工，仍可按国家规定的离退休年龄执行，离退休时按本办法计发基本养老金。

（四）本办法实施后，职工获得劳动模范等称号时，由奖励单位给予一次性奖励或由本单位为其办理补充养老保险，离退休时不另外提高基本养老金计发标准。对本办法实施前获得国家规定可享受养老保险优惠待遇的劳动模范等称号的职工，离退休时仍保留原规定的优惠待遇。

（五）符合离休条件的人员，其离休待遇仍按国家现行规定执行。

国务院关于修改《国务院关于职工工作时间的规定》的决定

（1995年2月17日国务院第8次全体会议通过　1995年3月25日中华人民共和国国务院令第174号发布）

国务院决定对《国务院关于职工工作时间的规定》作如下修改：

一、第三条修改为："职工每日工作8小时，每周工作40小时。"

二、第五条修改为："因工作性质或者生产特点的限制，不能实行每日工作8小时、每周工作40小时标准工时制度的，按照国家有关规定，可以实行其他工作和休息办法。"

三、第七条修改为："国家机关、事业单位实行统一的工作时间，星期六和星期日为周休息日。

"企业和不能实行前款规定的统一工作时间的事业单位，可以根据实际情况灵活安排周休息日。"

四、第九条修改为："本规定自1995年5月1日起施行。1995年5月1日施行有困难的企业、事业单位，可以适当延期；但是，事业单位最迟应当自1996年1月1日起施行，企业最迟应当自1997年5月1日起施行。"

《国务院关于职工工作时间的规定》根据本决定作相应的修正，重新发布。本决定施行前，国务院1994年2月3日发布、自1994年3月1日起施行的《国务院关于职工工作时间的规定》继续有效。

国务院关于职工工作时间的规定

（1994年2月3日中华人民共和国国务院令第146号发布　根据1995年3月25日《国务院关于修改〈国务院关于职工工作时间的规定〉的决定》修订）

第一条　为了合理安排职工的工作和休息时间，维护职工的休息权利，调动职工的积极性，促进社会主义现代化建设事业的发展，根据宪法有关规定，制定本规定。

第二条　本规定适用于在中华人民共和国境内的国家机关、社会团体、企业事业单位以及其他组织的职工。

第三条　职工每日工作8小时，每周工作40小时。

第四条　在特殊条件下从事劳动和有特殊情况，需要适当缩短工作时间的，按照国家有关规定执行。

第五条 因工作性质或者生产特点的限制，不能实行每日工作 8 小时、每周工作 40 小时标准工时制度的，按照国家有关规定，可以实行其他工作和休息办法。

第六条 任何单位和个人不得擅自延长职工工作时间。因特殊情况和紧急任务确需延长工作时间的，按照国家有关规定执行。

第七条 国家机关、事业单位实行统一的工作时间，星期六和星期日为周休息日。

企业和不能实行前款规定的统一工作时间的事业单位，可以根据实际情况灵活安排周休息日。

第八条 本规定由劳动部、人事部负责解释；实施办法由劳动部、人事部制定。

第九条 本规定自 1995 年 5 月 1 日起施行。1995 年 5 月 1 日施行有困难的企业、事业单位，可以适当延期；但是，事业单位最迟应当自 1996 年 1 月 1 日起施行，企业最迟应当自 1997 年 5 月 1 日起施行。

劳动部关于颁发《〈国务院关于职工工作时间的规定〉的实施办法》的通知

（1995 年 3 月 25 日）

劳部发〔1995〕143 号

各省、自治区、直辖市及计划单列市劳动（劳动人事）厅（局），国务院有关部委、直属机构：

根据《国务院关于职工工作时间的规定》，我部制定了《〈国务院关于职工工作时间的规定〉的实施办法》，现发给你们，请遵照执行，并将执行情况报我部。

《国务院关于职工工作时间的规定》的实施办法

第一条 根据《国务院关于职工工作时间的规定》（以下简称《规定》），制定本办法。

第二条 本办法适用于中华人民共和国境内的企业的职工和个体经济组织的劳动者（以下统称职工）。

第三条 职工每日工作 8 小时、每周工作 40 小时。实行这一工时制度，应保证完成生产和工作任务，不减少职工的收入。

第四条 在特殊条件下从事劳动和有特殊情况，需要在每周工作 40 小时的基础上再适当缩短工作时间的，应在保证完成生产和工作任务的前提下，根据《中华人民共和国劳动法》第三十六条的规定，由企业根据实际情况决定。

第五条 因工作性质或生产特点的限制，不能实行每日工作 8 小时、每周工作 40 小时标准工时制度的，可以实行不定时工作制或综合计算工时工作制等其他工作和休息办法，并按照劳动部《关于企业实行不定时工作制和综合计算工时工作制的审批办法》执行。

第六条 任何单位和个人不得擅自延长职工工作时间。企业由于生产经营需要而延长职工工作时间的，应按《中华人民共和国劳动法》第四十一条的规定执行。

第七条 有下列特殊情形和紧急任务之一的，延长工作时间不受本办法第六条规定的限制：

（一）发生自然灾害、事故或者因其他原因，使人民的安全健康和国家资财遭到严重威胁，需要紧急处理的；

（二）生产设备、交通运输线路、公共设施发生故障，影响生产和公众利益，必须及时抢修的；

（三）必须利用法定节日或公休假日的停产期间进行设备检修、保养的；

（四）为完成国防紧急任务，或者完成上级在国家计划外安排的其他紧急生产任务，以及商业、供销企业在旺季完成收购、运输、加工农副产品紧急任务的。

第八条 根据本办法第六条、第七条延长工作时间的，企业应当按照《中华人民共和国劳动法》第四十四条的规定，给职工支付工资报酬或安排补休。

第九条 企业根据所在地的供电、供水和交通等实际情况，经与工会和职工协商后，可以灵活安排周休息日。

第十条 县级以上各级人民政府劳动行政部门对《规定》实施的情况进行监督检查。

第十一条 各省、自治区、直辖市人民政府劳动行政部门和国务院行业主管部门应根据《规定》和本办法及本地区、本行业的实际情况制定实施步骤，并报劳动部备案。

第十二条 本办法与《规定》同时实施。从1995年5月1日起施行每周40小时工时制度有困难的企业，可以延期实行，但最迟应当于1997年5月1日起施行。在本办法施行前劳动部、人事部于1994年2月8日共同颁发的《〈国务院关于职工工作时间的规定〉的实施办法》继续有效。

人事部关于印发《国家机关、事业单位贯彻〈国务院关于职工工作时间的规定〉的实施办法》的通知

（1995年3月26日）

人薪发〔1995〕32号

各省、自治区、直辖市人事（人事劳动）厅（局），国务院各部委、各直属机构人事（干部）部门：

根据《国务院关于职工工作时间的规定》，我部制定了《国家机关、事业单位贯彻〈国务院关于职工工作时间的规定〉的实施办法》，现印发给你们，请遵照执行，并将执行中的经验和问题报我部。

国家机关、事业单位贯彻《国务院关于职工工作时间的规定》的实施办法

第一条 根据《国务院关于职工工作时

间的规定》(以下简称《规定》),制定本办法。

第二条 本办法适用于中华人民共和国境内的国家机关、社会团体和事业单位的职工。

第三条 职工每日工作8小时、每周工作40小时。国家机关、事业单位实行统一的工作时间,星期六和星期日为周休息日。实行这一制度,应保证完成工作任务。一些与人民群众的安全、保健及其他日常生活密切相关的机关、事业单位,需要在国家规定的周休息日和节假日继续工作的,要调整好人员和班制,加强内部管理,保证星期六和星期日照常工作,方便人民群众。

第四条 在特殊条件下从事劳动和有特殊情况,需要适当缩短工作时间的,由各省、自治区、直辖市和各主管部门按隶属关系提出意见,报人事部批准。

第五条 因工作性质或者职责限制,不能实行每日工作8小时、每周工作40小时标准工时制度的,由国务院行业主管部门制定实施意见,报人事部批准后可实行不定时工作制或综合计算工作时间制等办法。

因工作需要,不能执行国家统一的工作和休息时间的部门和单位,可根据实际情况采取轮班制的办法,灵活安排周休息日,并报同级人事部门备案。

第六条 下列情况可以延长职工工作时间:

(一)由于发生严重自然灾害、事故或其他灾害使人民的安全健康和国家财产遭到严重威胁需要紧急处理的;

(二)为完成国家紧急任务或完成上级安排的其他紧急任务的。

第七条 根据本办法第六条延长职工工作时间的,应给职工安排相应的补休。

第八条 1995年5月1日实施《规定》有困难的事业单位,可以适当推迟,但最迟应当自1996年1月1日起施行。在推迟实施期间,仍按国家现行工时制度的有关规定执行。

第九条 各级人事部门对《规定》的执行情况进行监督检查。

第十条 各省、自治区、直辖市人民政府人事部门和国务院行业主管部门应根据《规定》和本办法,结合本地区、本行业的实际情况,提出实施意见,并报人事部备案。

第十一条 本办法自1995年5月1日起施行。

第十二条 本办法由人事部负责解释。

国务院办公厅转发劳动部关于实施再就业工程报告的通知

(1995年4月16日)

国办发〔1995〕24号

各省、自治区、直辖市人民政府,国务院各部委、各直属机构:

劳动部《关于实施再就业工程的报告》已经国务院同意,现转发给你们,请结合实际认真贯彻执行。

关于实施再就业工程的报告

国务院：

在进行产业结构和企业组织结构调整的过程中，企业失业职工逐年增多，1994 年达到 180 万人，相当于前 7 年失业职工人数的总和，平均失业周期由前几年的 4 个月增加到 6 个月；企业富余职工也大量增加，其中约有 300 万人待岗放长假。这是企业在深化改革中遇到的一大难题，如处理不好将会影响改革、发展和稳定，必须引起高度重视，抓紧研究和采取有效措施予以解决。1994 年，我部组织上海、沈阳、青岛、成都、杭州等 30 个城市进行了再就业工程的试点工作，取得初步成果。现将有关情况和下一步工作打算报告如下：

一、进行再就业工程试点的有关情况

再就业工程是充分发挥政府、企业、劳动者和社会各方面的积极性，综合运用政策扶持和就业服务手段，实行企业安置、个人自谋职业和社会帮助安置相结合，重点帮助失业 6 个月以上的职工和生活困难的企业富余职工尽快实现再就业。具体做法是：利用各种就业服务设施和培训、安置基地，通过职业指导，为失业职工介绍职业信息和求职方法；通过开展转业训练，提高再就业的能力；通过提供求职面谈和工作试用，促进双向选择；通过兴办劳动就业服务企业，组织开展生产自救；通过政策指导，鼓励、支持失业职工和企业富余职工组织起来就业和自谋职业。

经过一年的试点工作，一些城市较好地解决了失业职工再就业和企业富余职工的分流安置问题。沈阳市 1994 年帮助 3 000 多名失业 6 个月以上的职工走上了新的工作岗位，分流安置了企业富余职工 4 万余人。辽宁省在总结沈阳等城市试点经验的基础上，决定在全省实施再就业工程，并作为企业深化改革的重要措施列入政府工作目标，计划在 4 年内解决 75 万名失业职工和企业富余职工的再就业和安置问题。上海市对失业职工中的特困人员开展了重点服务，1994 年使 85％的人员实现了再就业，最近又制定了 8 条政策措施，通过推动企业发展第三产业扩大安置、支持富余职工自谋职业和大力组织转业转岗培训等，促进企业下岗人员再就业。杭州市大力发展劳动就业服务企业，通过扩大生产服务和生活服务领域，分流安置企业富余职工 1.7 万人。试点城市的实践表明，实施再就业工程是促进失业职工再就业和企业富余职工分流安置的有效途径。这项工作得到了有关地方政府和企业、职工的肯定，也得到了社会各方面的支持和帮助。

二、全面实施再就业工程的意见

为了深入贯彻中央经济工作会议精神，积极配合企业深化改革，保持社会稳定，建议在继续做好城乡就业工作的基础上，在全国推广实施再就业工程。初步设想是：从 1995 年开始，在 5 年时间内，组织 800 万失业职工和企业富余职工参加再就业工程。通过提高他们的再就业能力和创造新的就业机会，帮助他们实现再就业。整个工作拟安排为三个阶段：1995 年为准备阶段，主要是总结 30 个试点城市的经验，指导各地制定切实可行的实施方案，做好有关准备工作。1996 年至 1998 年为全面实施阶段，主要是抓好各项政策措施的落实，建立健全有关制度，广开门路，使再就业和分流安置工作取得明显成效。1999 年为总结完善阶段，主要是系统总结实施再就业工程的经验，进一步完善有关政策措施，逐步形成失业职工再就业和企业富余职工分流安置的新机制。为保证这项工作的顺利实施并达到预期目的，现提出以下意见和建议：

（一）建议各地政府借鉴辽宁、上海等地的经验，将实施再就业工程列入议事日程，实行目标责任制，研究制定切实可行的政策措施和实施方案并抓好落实。要加强宣传，动员社会各方面关心和支持再就业工程，共同做好这项工作。

（二）在实施再就业工程的工作中，应按照国务院规定使用失业保险基金的转业训练费和生产自救费，加强对经费使用的管理监督，严格掌握使用方向，提高使用效益。同时积极筹集资金，保证必要的投入。有条件的地方可建立专项基金或专项经费，用于资助安置失业职工和企业富余职工。破产企业在资产变现中按规定划拨的安置费，应优先用于本企业职工的安置。

（三）对失业职工应按规定及时发放失业救济金，切实保障其基本生活。同时要认真组织好职业指导、职业介绍、转业训练、转岗培训、工作试用、生产自救等活动，促进他们再就业。转业训练和转岗培训，应适应劳动力市场的需求，充分利用现有的培训基地，采取多种形式进行。

（四）鼓励企业对富余职工进行开发性安置。支持社会各有关方面大力兴办劳动就业服务企业生产自救基地，安置失业职工和企业富余职工。新办第三产业安置失业职工和企业富余职工达到一定比例的，可按照国家有关规定享受扶持优惠政策。创办和发展生产自救基地所需资金，应采取多方筹集和劳动积累相结合的办法解决。

（五）鼓励用人单位招用失业职工和企业富余职工。支持企业组织富余职工到乡镇企业或其他联营企业从事生产经营和劳务工作，支持企业主管部门对富余职工进行行业、企业间的调剂，有关部门应提供相应的咨询指导和信息服务，协助办理有关手续。

（六）对失业职工和企业富余职工组织起来就业和自谋职业所需的场地、摊位、设施、能源等，有关部门应积极协助做好安排。对组织起来就业和自谋职业有困难的失业职工，可运用失业保险基金中的生产自救费适当资助；对自谋职业的富余职工，由企业按规定支付安置费并解除劳动关系。

（七）对国务院确定的现代企业制度试点企业分流到社会上的职工，劳动就业服务机构应予以接收，给付失业保险待遇并帮助其实现再就业。对各地确定的现代企业制度试点企业和企业优化资本结构的18个试点城市，要在认真调查摸底，掌握基本情况的基础上，制定失业保险基金使用计划和人员安置计划，切实做好企业改革试点中分流到社会上的职工的接收、救济和安置工作，保障他们的基本生活并帮助他们尽快实现再就业。

以上如无不妥，建议转发各地区、各部门贯彻执行。

劳动部

1995年3月27日

劳动部关于印发《〈国务院关于职工工作时间的规定〉问题解答》的通知

（1995 年 4 月 22 日）

劳部发〔1995〕187 号

各省、自治区、直辖市及计划单列市劳动(劳动人事)厅(局),国务院有关部门:

《国务院关于修改〈国务院关于职工工作时间的规定〉的决定》发布后,一些地区和部门询问有关问题,经研究,对带有普遍性的问题作出解答,现印发给你们,请按照执行,并将执行中的情况及时转告我部。

《国务院关于职工工作时间的规定》问题解答

一、问:1995 年 2 月 17 日《国务院关于职工工作时间的规定》(以下简称《规定》)发布后,企业职工每周工作时间不超过 40 小时,是否一定要每周休息两天?

答:有条件的企业应尽可能实行职工每日工作 8 小时、每周工作 40 小时这一标准工时制度。有些企业因工作性质和生产特点不能实行标准工时制度的,应将贯彻《规定》和贯彻《劳动法》结合起来,保证职工每周工作时间不超过 40 小时,每周至少休息 1 天;有些企业还可以实行不定时工作制、综合计算工时工作制等其他工作和休息办法。

二、问:实行新工时制后,企业职工原有的年休假还实行吗?

答:劳动法第四十五条规定,“国家实行带薪年休假制度。劳动者连续工作一年以上的,享受带薪年休假。具体办法由国务院规定”。在国务院没有发布企业职工年休假规定以前,1991 年 6 月 15 日中共中央、国务院共同发出的《关于职工休假问题的通知》应继续贯彻执行。

三、问:《规定》第九条中“1995 年 5 月 1 日施行有困难的企业”主要指的是哪些?

答:贯彻执行《规定》有一个很重要的原则,这就是既要维护职工的休息权利,也要保证生产和工作任务的完成,确保全国生产工作秩序的正常,以促进社会主义现代化建设事业的发展。《规定》所提到的有困难的企业主要是指:需要连续生产作业,而劳动组织、班制一时难以调整到位的关系国计民生的行业、企业;确有较多业务技术骨干需经较长时间培训合格上岗才能进一步缩短工时的企业;如立即实行新工时制,可能要严重影响企业完成生产任务、企业信誉和企业职工收入,确需一段准备过渡时间的企业。

这里特别需要指出的是,对于上述暂时存在困难的企业,各地区、各部门务必加强领导,精心指导,帮助他们制定切实可行的实施步骤;上述企业也应立足自身,挖掘潜力,积极创造条件,力争早日实行新工时制度,而不要非拖到 1997 年 5 月 1 日再实行。

四、问:如果有些企业只因极少数技术

骨干轮换不过来而影响《规定》的贯彻实施，能不能用加班加点的办法予以解决？

答：为了使更多的企业职工能够实施新工时制度，企业首先要抓紧进行业务、技术骨干的培养，以便有足够的技术力量轮换顶班。只有这样才能既保证全体职工的健康和休息权利，也能保证正常的生产和工作秩序。在抓紧培养技术骨干的同时，为使企业绝大多数职工能尽早实行新工时制度，可以采取一些过渡性措施，即对极少数技术骨干发加班工资或补休。但是，一要与工会和劳动者本人协商，做好工作；二要保障技术骨干的身体健康；三不能无限期地延续下去，必须尽快招聘合格人才或抓紧培养合格人才。

五、问：哪些企业职工可实行不定时工作制？

答：不定时工作制是针对因生产特点、工作特殊需要或职责范围的关系，无法按标准工作时间衡量或需要机动作业的职工所采用的一种工时制度。例如：企业中从事高级管理、推销、货运、装卸、长途运输驾驶、押运、非生产性值班和特殊工作形式的个体工作岗位的职工，出租车驾驶员等，可实行不定时工作制。鉴于每个企业的情况不同，企业可依据上述原则结合企业的实际情况进行研究，并按有关规定报批。

六、问：哪些企业职工可实行综合计算工时工作制？

答：综合计算工时工作制是针对因工作性质特殊，需连续作业或受季节及自然条件限制的企业的部分职工，采用的以周、月、季、年等为周期综合计算工作时间的一种工时制度，但其平均日工作时间和平均周工作时间应与法定标准工作时间基本相同。主要是指：交通、铁路、邮电、水运、航空、渔业等行业中因工作性质特殊，需要连续作业的职工；地质、石油及资源勘探、建筑、制盐、制糖、旅游等受季节和自然条件限制的行业的部分职工；亦工亦农或由于受能源、原材料供应等条件限制难以均衡生产的乡镇企业的职工等。另外，对于那些在市场竞争中，由于外界因素影响，生产任务不均衡的企业的部分职工也可以参照综合计算工时工作制的办法实施。

对于因工作性质或生产特点的限制，实行不定时工作制或综合计算工时工作制等其他工作和休息办法的职工，企业都应根据《中华人民共和国劳动法》和《规定》的有关条款，在保障职工身体健康并充分听取职工意见的基础上，采取集中工作、集中休息、轮休调休、弹性工作时间等适当的工作和休息方式，确保职工的休息休假权利和生产、工作任务的完成。同时，各企业主管部门也应积极创造条件，尽可能使企业的生产任务均衡合理，帮助企业解决贯彻《规定》中的实际问题。

七、问：在特殊条件下从事劳动和有特殊情况的，是否可以进一步缩短工作时间？

答：在特殊条件下从事劳动和有特殊情况，需要在每周工作 40 小时的基础上再适当缩短工作时间的，应在保证完成生产和工作任务的前提下，根据《中华人民共和国劳动法》第三十六条的规定，由企业根据实际情况决定。

八、问：中外合营企业中外籍人员，应如何执行《规定》？

答：根据《中华人民共和国涉外经济合同法》第四十条规定："在中华人民共和国境内履行、经国家批准成立的中外合资经营企业合同、中外合作经营企业合同、中外合作勘探开发自然资源合同，在法律有新的规定时，可以仍然按照合同的规定执行。"因此，在《规定》发布前，凡以合同形式聘用的外籍员工，其工作时间仍可按原合同执行。

九、问：企业因生产经营需要延长工作时间，是在每周 40 小时、还是在每周 44 小时基础上计算？

答：1997 年 5 月 1 日以前，以企业所执行的工时制度为基础。即实行每周 40 小时工时制度的企业，以每周 40 小时为基础计算加班加点时间；实行每周44小时工时制度的企业，以每周44小时为基础计算加班加点时间。上述加班加点，仍然按《劳动法》的有关规定执行。1997年5月1日以后，一律应以每周40小时为基础计算。

劳动部关于印发《关于贯彻〈国务院关于深化企业职工养老保险制度改革的通知〉的实施意见》的通知

（1995年5月1日）

劳部发〔1995〕207号

各省、自治区、直辖市劳动（劳动人事）厅（局），国务院有关部委、直属机构，上海市社会保险局：

现将《关于贯彻〈国务院关于深化企业职工养老保险制度改革的通知〉的实施意见》印发给你们，请结合本地实际情况，贯彻落实。

附：关于贯彻《国务院关于深化企业职工养老保险制度改革的通知》的实施意见

关于贯彻《国务院关于深化企业职工养老保险制度改革的通知》的实施意见

《国务院关于深化企业职工养老保险制度改革的通知》（国发〔1995〕6号，以下简称《通知》），是继《国务院关于企业职工养老保险制度改革的决定》（国发〔1991〕33号）之后，有关社会保险制度改革的又一个重要的指导性文件，是党的十四届三中全会《中共中央关于社会主义市场经济若干问题的决定》中有关建立健全社会保障制度内容的具体体现。深入学习领会和认真贯彻落实《通知》精神，对于深化城镇企业职工养老保险制度改革，建立现代企业制度，促进经济发展和维护社会安定都具有重要意义。现就贯彻《通知》提出如下实施意见：

一、认真学习领会《通知》精神。各级劳动部门，首先是各省、自治区、直辖市、计划单列市的劳动部门，要认真学习、深入领会党中央、国务院关于深化城镇企业职工养老保险制度改革的一系列重要文件、指示精神，结合本地区实际情况，提出全面的和切实可行的贯彻措施，向党政领导汇报。

二、积极、稳妥地制定和推进“基本养老保险覆盖计划”。各地区都要按照《通知》提出的本世纪末的目标要求，制定“覆盖计划”，将城镇企业职工养老保险制度的实施范围逐步扩大到城镇所有国有企业、集体企业、外商投资企业、私营企业、股份制企业、联营企业及其职工；具备条件的地区可以扩展到城镇个体劳动者和私营企业主。东南沿海地区和中心城市至迟应在三年内基本完成这一计划，其他地区也应在五年内基本完成这一计划。与此同时，首先对国有企业合同制职工和原有固定工两项养老基金实行合并使用，并逐步对城镇各类所有制企业和各种经济成分的基本养老保险实行统一制度、统一标准、统一管理和统一调剂使用基金。

三、恰当确定基本养老保险的待遇水平。基本养老保险待遇的水平应当以保障离退休人员的基本生活需要为标准。各地区在研究方案、确定待遇水平时，既要照顾到目前的现实情况，更要有长远观点，要与我国社会生产力发展水平及企业、职工、社会等各方面的承受能力相适应，要从有利于减轻企业负担和迎接未来的人口老龄化高峰出发，并与建立完善企业补充养老保险和个人储蓄性养老保险等多层次的社会保险体系结合起来，逐步将基本养老保险待遇调整到适当的水平。

四、基本养老保险费用由国家、企业和个人三方负担。各地区要继续巩固和推行个人缴纳部分基本养老保险费用的制度。个人缴费比例随着工资的增长并综合考虑个人的负担能力逐步提高，一般每两年提高一个百分点，经济发展较快和职工工资增长较多的地区和年度，个人缴费比例的提高幅度也可以高一些。随着个人缴费比例的逐步提高，一般不再提高企业缴费的比例，以减轻企业的负担。目前仍按企业工资总额和退休费用总额两项计缴养老保险费用的地区，应逐步改为按工资总额一项计缴养老保险费用；有条件的地区，可以实行全额收支养老保险基金。

五、基本养老保险实行社会统筹与个人账户相结合。基本养老保险实行社会统筹与个人账户相结合，是依据我国国情确定的一项基本原则，也是当前深化企业职工养老保险制度改革的核心内容。各地区要按照《通知》中的要求，参考两个实施办法，结合本地的实际情况，做好调查研究、定量分析和测算工作，1995 年 5 月底前提出初步选择意见报劳动部，6 月底前基本完成本地区实施方案的制定、论证工作，争取 7 月份出台。

各地要下大气力抓紧实施方案的落实工作。首先，做好干部的业务培训工作，在二、三季度对市县以上的主管业务干部普遍进行一次培训。第二要做好宣传发动工作，充分利用新闻媒介，把政策交给群众，取得群众的支持和理解。第三要完善有关的规章制度和办理程序，建立健全缴费记录、档案、台账和个人账户，加快计算机管理网络的建设。三季度，各省、自治区要做到至少有部分地区进入实际运转。第四要严格执行方案的审批程序。一个地市只能选择一个办法，并要报省、自治区审批；省、自治区要精心组织，统一部署，在确定省级实施方案后，应一式五份报劳动部备案。各省、自治区可选择一个城市（或地区）作为劳动部重点指导联系的试点城市，各省、自治区也要确定二到三个城市（或地区）作为本地重点推动的试点城市，加强指导。重点推动的城市名单，在方案出台的同时报告劳动部。

六、建立基本养老金正常调整机制。建立基本养老金正常调整机制是保障企业离退休人员基本生活、维护社会安定的需要。按照《通知》精神，各地区可以在每年 7 月 1 日，按当地职工上一年度平均工资增长率的 40%～80%调整企业离退休人员的基本养老金。具体调整比例由各省、自治区、直辖市根据养老保险基金的支付能力等情况，在上述范围内自行确定；在特殊情况下，也可以按低于 40%的比例进行调整。

七、大力发展并逐步规范企业补充养老保险制度。各地区要结合基本养老保险制度的改革，认真研究、推动企业补充养老保险制度的建立，并及时总结经验，逐步加以规范。企业补充养老保险采用个人账户形式，具体的补充方式、待遇标准、发放形式、经办机构等，应由企业与职工协商确定。各级劳动部门要加强对建立企业补充养老保险制度的指导，研究确定实施条件、补充水平、鼓励政策、经办机构资格认定及监督等基本规范。各级社会保险基金经办机构应当通过降低管理费用、保障资金安全、提供优质服务等措施，积极经办企业补充养老保险业务。同时，要积极发展和提倡个人储蓄性养老保险，并可将个人储蓄性养老保险与企业补充养老保险结合起来。

八、加强养老保险基金的管理。各地区要强化养老保险基金的征缴，采取多种措施，提高收缴率。要建立健全养老保险基金的预算管理和财务、会计、审计、监督制度；要严格审核管理费的提取比例，控制管理费的支出；要建立定期向各级人民代表大会报告的制度，并向参加养老保险的企业和社会公布养老保险政策执行情况和养老保险基金使用情况，增加透明度，主动接受立法机构、政府主管部门和社会公众的监督。养老保险基金的结余额，根据财政部、劳动部财社字〔1994〕59号《关于加强企业职工社会保险基金投资管理暂行规定》的要求，除留足两个月的支付费用外，80%左右应用于购买由国家发行的社会保险基金特种定向债券。各地区都应尽快建立起社会保险基金监督机构，明确职责、权限，健全规章制度，保证社会保险基金的依法管理和运营。

九、搞好政策衔接，实现平稳过渡。各地区要通过宣传教育，使广大企业和职工了解，基本养老保险实行社会统筹与个人账户相结合的改革，主要目的是建立公平与效率相结合的新机制，而不是普遍地、大幅度地增加待遇。与此同时，要妥善处理有关政策的配套衔接问题，从本地实际出发，确定一定期限的过渡期。在过渡期间，按照新的基本养老待遇计发办法计发的养老金如果低于按照原来办法计发的养老金的，可以补足。但对按照原来办法计发养老金的基数、比例、水平要严格控制，防止因其不合理提高而干扰新办法的顺利实行。各省、自治区、直辖市可以确定一个时限，将按原办法计发养老金的标准工资基数固定在一个合理的水平上；此后，标准工资基数可按省、自治区、直辖市规定的比例逐年适当调整，以作为与新办法的计发水平相比较的依据。各地区要在改革实践中不断总结经验，完善办法，确保实现平稳过渡。

十、组织好有关行业和单位的养老保险制度改革。铁路、邮电、电力、中建、水利、煤炭、有色、交通、石油天然气、银行、民航等11个经国务院批准实行养老保险行业统筹的部门和单位，也要按照社会统筹与个人账户相结合的原则，根据本部门、本单位的实际情况，并按照进行初级全国统筹试点的要求，提出深化养老保险制度改革的实施意见，报劳动部和财政部批准后执行。

十一、加强组织领导。基本养老保险实行社会统筹与个人账户相结合是养老保险制度的一项重大改革，涉及到多方面的利益调整和关系协调。各地区都要组成以劳动（劳动人事）厅（局）为主，吸收体改、财政、经贸等部门参加的试点工作领导小组，落实专人，作为一项经常性工作来抓。劳动（劳动人事）厅（局）要加强对此项工作的组织领导，并经常向党委、政府汇报情况，争取领导的关心和支持；同时要抓紧制定出今明两年具体推动此项工作的计划安排，明确工作任务，细化推动方法，落实进度要求，于1995年5月底前报劳动部。

劳动部已成立了试点指导小组，将通过调研、片会、培训、通讯等形式及时沟通各地情况，加强对此项工作的推动、指导。劳动部拟于第四季度召开试点工作交流汇报会，交流各地情况，总结初步经验，找出存在问题，研究解决措施，部署下一步工作。

劳动部关于发布《违反〈劳动法〉有关劳动合同规定的赔偿办法》的通知

（1995年5月10日）

劳部发〔1995〕223号

各省、自治区、直辖市及计划单列市劳动（劳动人事）厅（局）、国务院有关部门和直属机构，解放军总后勤部生产管理部：

为了明确劳动合同当事人违反劳动法有关劳动合同规定的赔偿责任，我们制定了《违反〈劳动法〉有关劳动合同规定的赔偿办法》，现予发布，请按照执行。

违反《劳动法》有关劳动合同规定的赔偿办法

第一条 为明确违反劳动法有关劳动合同规定的赔偿责任，维护劳动合同双方当事人的合法权益，根据《中华人民共和国劳动法》的有关规定，制定本办法。

第二条 用人单位有下列情形之一，对劳动者造成损害的，应赔偿劳动者损失：

（一）用人单位故意拖延不订立劳动合同，即招用后故意不按规定订立劳动合同以及劳动合同到期后故意不及时续订劳动合同的；

（二）由于用人单位的原因订立无效劳动合同，或订立部分无效劳动合同的；

（三）用人单位违反规定或劳动合同的约定侵害女职工或未成年工合法权益的；

（四）用人单位违反规定或劳动合同的约定解除劳动合同的。

第三条 本办法第二条规定的赔偿，按下列规定执行：

（一）造成劳动者工资收入损失的，按劳动者本人应得工资收入支付给劳动者，并加付应得工资收入25%的赔偿费用；

（二）造成劳动者劳动保护待遇损失的，应按国家规定补足劳动者的劳动保护津贴和用品；

（三）造成劳动者工伤、医疗待遇损失的，除按国家规定为劳动者提供工伤、医疗待遇外，还应支付劳动者相当于医疗费用25%的赔偿费用；

（四）造成女职工和未成年工身体健康损害的，除按国家规定提供治疗期间的医疗待遇外，还应支付相当于其医疗费用25%的赔偿费用；

（五）劳动合同约定的其他赔偿费用。

第四条 劳动者违反规定或劳动合同的约定解除劳动合同，对用人单位造成损失的，劳动者应赔偿用人单位下列损失：

（一）用人单位招收录用其所支付的费用；

（二）用人单位为其支付的培训费用，双方另有约定的按约定办理；

（三）对生产、经营和工作造成的直接经济损失；

（四）劳动合同约定的其他赔偿费用。

第五条 劳动者违反劳动合同中约定的保密事项，对用人单位造成经济损失的，按《反不正当竞争法》第二十条的规定支付用人单位赔偿费用。

第六条 用人单位招用尚未解除劳动合同的劳动者，对原用人单位造成经济损失的，除该劳动者承担直接赔偿责任外，该用人单位应当承担连带赔偿责任。其连带赔偿的份额应不低于原用人单位造成经济损失总额的70％。向原用人单位赔偿下列损失：

（一）对生产、经营和工作造成的直接经济损失；

（二）因获取商业秘密给原用人单位造成的经济损失。

赔偿本条第（二）项规定的损失，按《反不正当竞争法》第二十条的规定执行。

第七条 因赔偿引起争议的，按照国家有关劳动争议处理的规定办理。

第八条 本办法自发布之日起施行。

劳动部、国家经贸委关于印发《现代企业制度试点企业劳动工资社会保险制度改革办法》的通知

（1995年6月9日）

劳部发〔1995〕258号

各省、自治区、直辖市人民政府，国务院各部委、各直属机构：

现将《现代企业制度试点企业劳动工资社会保险制度改革办法》发给你们，请据此指导本地区、本部门有关职能机构结合实际情况贯彻落实，及时解决试点工作中出现的问题。

现代企业制度试点企业劳动工资社会保险制度改革办法

为了指导和规范现代企业制度试点企业（以下简称企业）劳动工资社会保险制度改革，根据《中华人民共和国劳动法》和国家的有关规定，制定本办法。

一、要按照社会化大生产和社会主义市场经济的要求建立企业劳动工资社会保险制度。通过改革，使企业拥有独立的用人自主权，劳动者拥有独立的择业自主权，双方在国家指导和劳动力市场供求机制作用下，通过劳动合同确定各种劳动条件，建立稳定和谐的劳动关系，建立科学合理的现代企业内部劳动管理制度；使企业拥有工资分配自主权，在职工工资增长低于经济效益增长的前提下，根据劳动力市场供求状况变化和国家有关政策规定，自主确定工资水平和内部分配方式，贯彻按劳分配原则；使企业依照法律、法规参加政府统一的各项社会保险，并承担相应的责任和义务。

二、企业在条件公开、平等竞争、双向选择的原则下，自主决定招用职工的时间、条

件、方式和数量。跨地区招用职工和招用农民工按照国家和当地政府规定办理。

三、企业与职工签订书面劳动合同确定劳动关系。厂长(经理)、副厂长(副经理)以及实行公司制的企业的财务负责人与董事会签订劳动合同,其余员工均与企业法人代表签订劳动合同。

企业要规范劳动合同管理,依据劳动合同协调企业与职工的劳动关系;建立企业劳动争议调解委员会,负责调解本企业的劳动争议。

四、企业根据生产经营和市场竞争的需要,自主确定经营管理机构,自主设置本企业经营管理和技术职务。在企业内取消管理人员、技术人员的国家干部身份。对经考核不适应担任管理、技术职务的人员,可以安排到工人岗位上工作;对经考核符合管理、技术职务要求的工人,可以聘用为管理、技术职务人员;对各类岗位都建立企业内部的竞争上岗机制。

五、企业应建立健全科学的劳动管理制度,根据国家、行业的劳动定员定额标准,制定企业的具体标准,在法定工时内合理确定职工的劳动量,完善劳动组织管理,合理安排工作岗位和工作班制,改进作业方式,提高劳动生产率。

六、企业可在劳动行政部门的指导下,建立集体协商制度,按照国家的《集体合同规定》,由工会或职工代表与企业就劳动报酬、工作时间、休息休假、劳动安全卫生、保险福利等事项进行平等协商,签订集体合同。

企业与职工个人签订的劳动合同中的劳动报酬和劳动条件不得低于集体合同规定的标准。

七、企业可以根据生产经营情况,按照国家规定进行经济性裁减人员。被裁减的人员,可依据企业开具的名单和有关证明到当地劳动部门登记,享受失业保险待遇;各地劳动部门应认真接收被裁减人员,并运用现有失业保险基金保障其基本生活,提供职业介绍、转业训练、生产自救等再就业服务。

八、企业应向被裁减人员发放一次性经济补偿,其数额按被裁减人员被裁减前12个月的月平均工资(被裁减人员的月平均工资低于企业月平均工资的,按企业月平均工资)计算,在本单位工作的年限满1年,发给相当于1个月平均工资的经济补偿。

九、企业应制定富余人员安置计划,积极做好富余人员安置工作,政府有关部门应给予指导、帮助和扶持。企业可以从盘活存量资产的收益中,划出一定比例的资金专门用于本企业现有富余人员的工作安置和生活保障。

对企业新办安置富余人员的独立核算、自负盈亏的企业,其减免所得税的政策,按国务院《国有企业安置富余人员规定》(国发〔1993〕111号令)和财政部、国家税务总局《关于企业所得税若干优惠政策的通知》(财税字〔94〕001号)执行。

十、企业应在工资总额增长低于经济效益增长、实际平均工资增长低于劳动生产率增长(以下简称“两低于”)的原则下,确定本企业的工资水平。

组建为股份公司或有限责任公司的企业的工资管理,按照《中华人民共和国公司法》和劳动部、国家体改委《股份有限公司劳动工资管理规定》(劳部发〔1994〕497号)执行。

未实行公司制的,盈利企业经劳动行政部门批准,可以按“两低于”的原则确定年度的工资总额增长率,也可以实行工资总额与经济效益挂钩办法;亏损企业均实行工资总额与减亏指标挂钩办法。在工效挂钩工作中要加强企业间的横向比较,严格核定挂钩基数,并按“两低于”的原则确定浮动比例;要把国有资产的保值增值作为重要的考核指标;严格按照国家规定清算应提工资,杜绝挂上不挂下的现象。

十一、劳动行政部门依法监督检查企业

执行“两低于”原则的情况，依法纠正企业违反国家法律、法规和政策增加工资的现象。

十二、企业经营者试行年薪制。经营者年薪与职工工资收入分离，与企业生产经营成果（主要依据利润或减亏指标）、责任、风险和资产保值增值相联系。

实行公司制的企业，经营者年薪由企业董事会确定，劳动行政部门应对经营者年薪水平提出指导意见；未实行公司制的企业，经营者年薪由劳动行政部门会同经贸、财政部门确定。

十三、企业在全面进行岗位劳动评价和职工劳动贡献考核的基础上，建立充分体现按劳分配原则的岗位技能工资制或其他内部分配制度，依据劳动技能、劳动责任、劳动强度、劳动条件和劳动贡献自主确定企业内部各类人员工资水平和工资关系，合理拉开工资差距，充分发挥工资的激励职能。企业要合理调整职工工资收入结构，实行收入工资化、货币化。

十四、企业应根据国家规定，建立并严格执行工资支付制度，规范工资支付行为，并把对职工个人的工资收入支付与履行《中华人民共和国个人所得税法》规定的义务相结合，严格代扣代缴职工和经营者个人所得税。

十五、企业所在地区政府要将社会保险改革纳入当地社会经济发展的总体规划，按照国家规定推行养老、失业保险制度改革，积极进行工伤、医疗和女职工生育保险改革试点。要加快社会保险的社会化管理服务体系建设步伐，尽快实现企业承担的社会保险职责的社会化。当地劳动行政部门必须把企业纳入本地社会保险网，建立工作关系，并对企业给予具体的业务指导。企业必须积极参加所在地的各项社会保险制度改革（经国务院批准已参加行业养老保险统筹的企业可不参加当地养老保险统筹）。大型企业内部可根据实际需要建立社会保险服务机构，同当地社会保险机构相配合，努力开展各项管理服务工作。

十六、企业可以根据经济效益状况为职工建立补充养老保险。企业应鼓励职工个人参加储蓄性养老保险。

十七、企业要着眼于长远发展，努力提高职工的技术素质，制定岗位规范，开展岗位培训和技能考核评定工作。

十八、企业应遵守国家有关劳动法律、法规和规章，加强劳动法制的宣传教育，依法保障职工合法权益。企业制定的有关劳动管理的规章制度，应抄报劳动行政部门备案。企业应自觉接受劳动监察，提供真实情况，认真执行劳动监察机构的处理决定。

十九、本办法目前适用于经国家批准的现代企业制度百家试点企业。

二十、本办法由劳动部负责解释。

劳动部关于颁布《从事技术工种劳动者就业上岗前必须培训的规定》的通知

（1995年6月11日）
劳部发〔1995〕254号

各省、自治区、直辖市劳动（劳动人事）厅（局），国务院有关部门劳动、教育管理机构，解放军总参谋部军务部、总后勤部司令部、工厂管理部，新疆生产建设兵团劳动局：

为适应经济建设的需要，发展职业培训，开发劳动者的职业技能，提高劳动者的素质，促进国家职业资格证书制度的建设，根据《中华人民共和国劳动法》第六十八条“从事技术工种的劳动者，上岗前必须经过培训”的规定，劳动部制定了《从事技术工种劳动者就业上岗前必须培训的规定》（以下简称《规定》），并确定了首批实行《规定》的50个技术工种目录，现颁布施行。

从事技术工种劳动者就业上岗前必须培训的规定

第一条 为了适应经济建设的需要，发展职业培训，开发劳动者的职业技能，提高劳动者的素质，根据《中华人民共和国劳动法》，制定本规定。

第二条 从事技术工种的劳动者就业上岗前必须经过培训，并实行职业资格证书制度。

第三条 本规定所称技术工种，是指技术复杂、通用性广、涉及到国家财产、人民生命安全和消费者利益的工种（职业）。

技术工种目录由劳动部确定并颁布。

第四条 对从事技术工种劳动者进行的培训，必须按照国家职业技能标准、工人技术等级标准或岗位规范的要求进行。

从事技术工种的学徒，其培训期限应按照《中华人民共和国工种分类目录》所规定的培训期执行。

从事技术工种的转岗、转业人员，其培训期限应按岗位规范要求确定。

第五条 技工学校、职业（技术）学校、就业训练中心及各类职业培训实体的毕（结）业生，培训期满的学徒和转岗、转业人员，经职业技能鉴定机构鉴定（考核），取得职业资格证书（技术等级证书）或岗位合格证书方可就业和上岗。

特种作业人员的安全技术知识的培训、考核按照国家有关规定执行。

第六条 职业介绍机构和用人单位，在推荐、办理从事技术工种的劳动者就业或上岗的有关手续和订立劳动合同时，必须按照本规定执行。

第七条 县级以上各级人民政府劳动行政部门依法对职业介绍机构、用人单位以及职业培训实体执行本规定的情况进行监督检查。

第八条 对违反上述规定的职业介绍机

构、用人单位和职业培训实体，劳动行政部门应提出警告并责令改正。

第九条 对违反上述规定擅自招收、录用未经培训和未取得职业资格证书人员的用人单位，劳动行政部门应提出警告并责令改正；逾期不改的，按有关规定给予处罚。

第十条 本规定自颁发之日起施行。

首批实行《规定》的50个技术工种目录

机械行业：12

钳工、车工、镗工、铣工、磨工、铸造工、锻造工、电焊工、气焊工、电工、模样工、热处理工

建设业：4

混凝土工、起重机驾驶员、塔式起重机驾驶员、电梯安装维修工

交通业：2

汽车维修工、汽车驾驶员

电子工业：6

无线电机械装校工、无线电装接工、家用电子产品维修工、计算机调试工、计算机文字录入处理员、无线电调试工

内贸行业：5

制冷设备维修工、家用电热器与电动器具维修工、办公设备维修工、眼镜验光员、熟食制品加工工

农业：2

乳品检验工、农机修理工

矿山采选业：2

爆破工、瓦斯检查工

技术监督行业：3

长度量具计量检定工、衡器计量检定工、食品检验工

兵器工业：2

摩托车调试修理工、火炸药理化分析工

新闻出版行业：4

自动照相排版工、电子分色工、印刷机械维修工、印刷电器维修工

其他：8

中式烹调师、西式烹调师、中式面点师、西式面点师、餐厅服务员、美容师、美发师、按摩师

劳动部关于印发《关于贯彻执行〈中华人民共和国劳动法〉若干问题的意见》的通知

（1995年8月4日）

劳部发〔1995〕309号

各省、自治区、直辖市及计划单列市劳动（劳动人事）厅（局）、国务院有关部门、解放军总后勤部生产管理部：

现将《关于贯彻执行〈中华人民共和国劳动法〉若干问题的意见》印发给你们，请遵照执行。

关于贯彻执行《中华人民共和国劳动法》若干问题的意见

《中华人民共和国劳动法》(以下简称劳动法)已于1995年1月1日起施行,现就劳动法在贯彻执行中遇到的若干问题提出以下意见。

一、适用范围

1.劳动法第二条中的“个体经济组织”是指一般雇工在7人以下的个体工商户。

2.中国境内的企业、个体经济组织与劳动者之间,只要形成劳动关系,即劳动者事实上已成为企业、个体经济组织的成员,并为其提供有偿劳动,适用劳动法。

3.国家机关、事业组织、社会团体实行劳动合同制度的以及按规定应实行劳动合同制度的工勤人员;实行企业化管理的事业组织的人员;其他通过劳动合同与国家机关、事业组织、社会团体建立劳动关系的劳动者,适用劳动法。

4.公务员和比照实行公务员制度的事业组织和社会团体的工作人员,以及农村劳动者(乡镇企业职工和进城务工、经商的农民除外)、现役军人和家庭保姆等不适用劳动法。

5.中国境内的企业、个体经济组织在劳动法中被称为用人单位。国家机关、事业组织、社会团体和与之建立劳动合同关系的劳动者依照劳动法执行。根据劳动法的这一规定,国家机关、事业组织、社会团体应当视为用人单位。

二、劳动合同和集体合同

(一) 劳动合同的订立

6.用人单位应与其富余人员、放长假的职工,签订劳动合同,但其劳动合同与在岗职工的劳动合同在内容上可以有所区别。用人单位与劳动者经协商一致可以在劳动合同中就不在岗期间的有关事项作出规定。

7.用人单位应与其长期被外单位借用的人员、带薪上学人员,以及其他非在岗但仍保持劳动关系的人员签订劳动合同,但在外借和上学期间,劳动合同中的某些相关条款经双方协商可以变更。

8.请长病假的职工,在病假期间与原单位保持着劳动关系,用人单位应与其签订劳动合同。

9.原固定工中经批准的停薪留职人员,愿意回原单位继续工作的,原单位应与其签订劳动合同;不愿回原单位继续工作的,原单位可以与其解除劳动关系。

10.根据劳动部《实施〈劳动法〉中有关劳动合同问题的解答》(劳部发〔1995〕202号)的规定,党委书记、工会主席等党群专职人员也是职工的一员,依照劳动法的规定,与用人单位签订劳动合同。对于有特殊规定的,可以按有关规定办理。

11.根据劳动部《实施〈劳动法〉中有关劳动合同问题的解答》(劳部发〔1995〕202号)的规定,经理由其上级部门聘任(委任)的,应与聘任(委任)部门签订劳动合同。实行公司制的经理和有关经营管理人员,应依据《中华人民共和国公司法》的规定与董事会签订劳动合同。

12.在校生利用业余时间勤工助学,不视为就业,未建立劳动关系,可以不签订劳动合同。

13.用人单位发生分立或合并后,分立或合并后的用人单位可依据其实际情况与原用人单位的劳动者遵循平等自愿、协商一致的原则变更原劳动合同。

14.派出到合资、参股单位的职工如果与原单位仍保持着劳动关系,应当与原单位签订劳动合同,原单位可就劳动合同的有关内容在与合资、参股单位订立劳务合同时,明确职工的工资、保险、福利、休假等有关待遇。

15.租赁经营(生产)、承包经营(生产)的企业,所有权并没有发生改变,法人名称未变，在与职工订立劳动合同时，该企业仍为用人单位一方。依据租赁合同或承包合同，租赁人、承包人如果作为该企业的法定代表人或者该法定代表人的授权委托人时，可代表该企业（用人单位）与劳动者订立劳动合同。

16. 用人单位与劳动者签订劳动合同时，劳动合同可以由用人单位拟定，也可以由双方当事人共同拟定，但劳动合同必须经双方当事人协商一致后才能签订，职工被迫签订的劳动合同或未经协商一致签订的劳动合同为无效劳动合同。

17. 用人单位与劳动者之间形成了事实劳动关系，而用人单位故意拖延不订立劳动合同，劳动行政部门应予以纠正。用人单位因此给劳动者造成损害的，应按劳动部《违反〈劳动法〉有关劳动合同规定的赔偿办法》（劳部发〔1995〕223号）的规定进行赔偿。

（二）劳动合同的内容

18. 劳动者被用人单位录用后，双方可以在劳动合同中约定试用期，试用期应包括在劳动合同期限内。

19. 试用期是用人单位和劳动者为相互了解、选择而约定的不超过6个月的考察期。一般对初次就业或再次就业的职工可以约定。在原固定工进行劳动合同制度的转制过程中，用人单位与原固定工签订劳动合同时，可以不再约定试用期。

20. 无固定期限的劳动合同是指不约定终止日期的劳动合同。按照平等自愿、协商一致的原则，用人单位和劳动者只要达成一致，无论初次就业的，还是由固定工转制的，都可以签订无固定期限的劳动合同。

无固定期限的劳动合同不得将法定解除条件约定为终止条件，以规避解除劳动合同时用人单位应承担支付给劳动者经济补偿的义务。

21. 用人单位经批准招用农民工，其劳动合同期限可以由用人单位和劳动者协商确定。

从事矿山井下以及在其他有害身体健康的工种、岗位工作的农民工，实行定期轮换制度，合同期限最长不超过8年。

22. 劳动法第二十条中的“在同一用人单位连续工作满10年以上”是指劳动者与同一用人单位签订的劳动合同的期限不间断达到10年，劳动合同期满双方同意续订劳动合同时，只要劳动者提出签订无固定期限劳动合同的，用人单位应当与其签订无固定期限的劳动合同。在固定工转制中各地如有特殊规定的，从其规定。

23. 用人单位用于劳动者职业技能培训费用的支付和劳动者违约时培训费的赔偿可以在劳动合同中约定，但约定劳动者违约时负担的培训费和赔偿金的标准不得违反劳动部《违反〈劳动法〉有关劳动合同规定的赔偿办法》（劳部发〔1995〕223号）等有关规定。

24. 用人单位在与劳动者订立劳动合同时，不得以任何形式向劳动者收取定金、保证金（物）或抵押金（物）。对违反以上规定的，应按照劳动部、公安部、全国总工会《关于加强外商投资企业和私营企业劳动管理切实保障职工合法权益的通知》（劳部发〔1994〕118号）和劳动部办公厅《对“关于国有企业和集体所有制企业能否参照执行劳部发〔1994〕118号文件中的有关规定的请示”的复函》（劳办发〔1994〕256号）的规定，由公安部门和劳动行政部门责令用人单位立即退还给劳动者本人。

（三）经济性裁员

25. 依据劳动法第二十七条和劳动部《企业经济性裁减人员规定》（劳部发〔1994〕447号）第四条的规定，用人单位确需裁减人员，应按下列程序进行：

（1）提前30日向工会或全体职工说明情况，并提供有关生产经营状况的资料；

（2）提出裁减人员方案，内容包括：被裁减人员名单、裁减时间及实施步骤，符合法律、法规规定和集体合同约定的被裁减人员的经济补偿办法；

(3) 将裁减人员方案征求工会或者全体职工的意见，并对方案进行修改和完善；

(4) 向当地劳动行政部门报告裁减人员方案以及工会或者全体职工的意见，并听取劳动行政部门的意见；

(5) 由用人单位正式公布裁减人员方案，与被裁减人员办理解除劳动合同手续，按照有关规定向被裁减人员本人支付经济补偿金，并出具裁减人员证明书。

(四) 劳动合同的解除和无效劳动合同

26. 劳动合同的解除是指劳动合同订立后，尚未全部履行以前，由于某种原因导致劳动合同一方或双方当事人提前消灭劳动关系的法律行为。劳动合同的解除分为法定解除和约定解除两种。根据劳动法的规定，劳动合同既可以由单方依法解除，也可以双方协商解除。劳动合同的解除，只对未履行的部分发生效力，不涉及已履行的部分。

27. 无效劳动合同是指所订立的劳动合同不符合法定条件，不能发生当事人预期的法律后果的劳动合同。劳动合同的无效由人民法院或劳动争议仲裁委员会确认，不能由合同双方当事人决定。

28. 劳动者涉嫌违法犯罪被有关机关收容审查、拘留或逮捕的，用人单位在劳动者被限制人身自由期间，可与其暂时停止劳动合同的履行。

暂时停止履行劳动合同期间，用人单位不承担劳动合同规定的相应义务。劳动者经证明被错误限制人身自由的，暂时停止履行劳动合同期间劳动者的损失，可由其依据《国家赔偿法》要求有关部门赔偿。

29. 劳动者被依法追究刑事责任的，用人单位可依据劳动法第二十五条解除劳动合同。

“被依法追究刑事责任”是指：被人民检察院免予起诉的、被人民法院判处刑罚的、被人民法院依据刑法第三十二条免予刑事处分的。

劳动者被人民法院判处拘役、3年以下有期徒刑缓刑的，用人单位可以解除劳动合同。

30. 劳动法第二十五条为用人单位可以解除劳动合同的条款，即使存在第二十九条规定的情况，只要劳动者同时存在第二十五条规定的四种情形之一，用人单位也可以根据第二十五条的规定解除劳动合同。

31. 劳动者被劳动教养的，用人单位可以依据被劳教的事实解除与该劳动者的劳动合同。

32. 按照劳动法第三十一条的规定，劳动者解除劳动合同，应当提前30日以书面形式通知用人单位。超过30日，劳动者可以向用人单位提出办理解除劳动合同手续，用人单位予以办理。如果劳动者违法解除劳动合同给原用人单位造成经济损失，应当承担赔偿责任。

33. 劳动者违反劳动法规定或劳动合同的约定解除劳动合同（如擅自离职），给用人单位造成经济损失的，应当根据劳动法第一百零二条和劳动部《违反〈劳动法〉有关劳动合同规定的赔偿办法》（劳部发〔1995〕223号）的规定，承担赔偿责任。

34. 除劳动法第二十五条规定的情形外，劳动者在医疗期、孕期、产期和哺乳期内，劳动合同期限届满时，用人单位不得终止劳动合同。劳动合同的期限应自动延续至医疗期、孕期、产期和哺乳期期满为止。

35. 请长病假的职工在医疗期满后，能从事原工作的，可以继续履行劳动合同；医疗期满后仍不能从事原工作也不能从事由单位另行安排的工作的，由劳动鉴定委员会参照工伤与职业病致残程度鉴定标准进行劳动能力鉴定。被鉴定为一至四级的，应当退出劳动岗位，解除劳动关系，办理因病或非因工负伤退休退职手续，享受相应的退休退职待遇；被鉴定为五至十级的，用人单位可以解除劳动合同，并按规定支付经济补偿金和医疗补助费。

（五）解除劳动合同的经济补偿

36.用人单位依据劳动法第二十四条、第二十六条、第二十七条的规定解除劳动合同，应当按照劳动法和劳动部《违反和解除劳动合同的经济补偿办法》（劳部发〔1994〕481号）支付劳动者经济补偿金。

37.根据《民法通则》第四十四条第二款"企业法人分立、合并，它的权利和义务由变更后的法人享有和承担"的规定，用人单位发生分立或合并后，分立或合并后的用人单位可依据其实际情况与原用人单位的劳动者遵循平等自愿、协商一致的原则变更、解除或重新签订劳动合同。在此种情况下的重新签订劳动合同视为原劳动合同的变更，用人单位变更劳动合同，劳动者不能依据劳动法第二十八条要求经济补偿。

38.劳动合同期满或者当事人约定的劳动合同终止条件出现，劳动合同即行终止，用人单位可以不支付劳动者经济补偿金。国家另有规定的，可以从其规定。

39.用人单位依据劳动法第二十五条解除劳动合同，可以不支付劳动者经济补偿金。

40.劳动者依据劳动法第三十二条第（一）项解除劳动合同，用人单位可以不支付经济补偿金，但应按照劳动者的实际工作天数支付工资。

41.在原固定工实行劳动合同制度的过程中，企业富余职工辞职，经企业同意可以不与企业签订劳动合同的，企业应根据《国有企业富余职工安置规定》（国务院令第111号，1993年公布）发给劳动者一次性生活补助费。

42.职工在接近退休年龄（按有关规定一般为5年以内）时因劳动合同到期终止劳动合同的，如果符合退休、退职条件，可以办理退休、退职手续；不符合退休、退职条件的，在终止劳动合同后按规定领取失业救济金。享受失业救济金的期限届满后仍未就业，符合社会救济条件的，可以按规定领取社会救济金，达到退休年龄时办理退休手续，领取养老保险金。

43.劳动合同解除后，用人单位对符合规定的劳动者应支付经济补偿金。不能因劳动者领取了失业救济金而拒付或克扣经济补偿金，失业保险机构也不得以劳动者领取了经济补偿金为由，停发或减发失业救济金。

（六）体制改革过程中实行劳动合同制度的有关政策

44.困难企业签订劳动合同，应区分不同情况，有些亏损企业属政策性亏损，生产仍在进行，还能发出工资，应该按照劳动法的规定签订劳动合同。已经停产半停产的企业，要根据具体情况签订劳动合同，保证这些企业职工的基本生活。

45.在国有企业固定工转制过程中，劳动者无正当理由不得单方面与用人单位解除劳动关系；用人单位也不得以实行劳动合同制度为由，借机辞退部分职工。

46.关于在企业内录干、聘干问题，劳动法规定用人单位内的全体职工统称为劳动者，在同一用人单位内，各种不同的身份界限随之打破。应该按照劳动法的规定，通过签订劳动合同来明确劳动者的工作内容、岗位等。用人单位根据工作需要，调整劳动者的工作岗位时，可以与劳动者协商一致，变更劳动合同的相关内容。

47.由于各用人单位千差万别，对工作内容、劳动报酬的规定也就差异很大，因此，国家不宜制定统一的劳动合同标准文本。目前，各地、各行业制定并向企业推荐的劳动合同文本，对于用人单位和劳动者双方有一定的指导意义，但这些劳动合同文本只能供用人单位和劳动者参考。

48.按照劳动部办公厅《对全面实行劳动合同制若干问题的请示的复函》（劳办发〔1995〕19号）的规定，各地企业在与原固定工签订劳动合同时，应注意保护老弱病残职工的合法权益。对工作时间较长，年龄较大的职工，各地可以根据劳动法第一百零六条制定一次性的过渡政策，具体办法由各省、自治区、直辖市确定。

49.在企业全面建立劳动合同制度以后，原合同制工人与本企业内的原固定工应享受同等待遇。是否发给15%的工资性补贴，可以由各省、自治区、直辖市人民政府根据劳动法第一百零六条在制定劳动合同制度的实施步骤时加以规定。

50.在目前工伤保险和残疾人康复就业制度尚未建立和完善的情况下，对因工部分丧失劳动能力的职工，劳动合同期满也不能终止劳动合同，仍由原单位按照国家有关规定提供医疗等待遇。

(七) 集体合同

51.当前签订集体合同的重点应在非国有企业和现代企业制度试点的企业进行，积累经验，逐步扩大范围。

52.关于国有企业在承包制条件下签订的"共保合同"，凡内容符合劳动法和有关法律、法规和规章关于集体合同规定的，应按照有关规定办理集体合同送审、备案手续；凡不符合劳动法和有关法律、法规和规章规定的，应积极创造条件逐步向规范的集体合同过渡。

三、工资

(一) 最低工资

53.劳动法中的"工资"是指用人单位依据国家有关规定或劳动合同的约定，以货币形式直接支付给本单位劳动者的劳动报酬，一般包括计时工资、计件工资、奖金、津贴和补贴、延长工作时间的工资报酬以及特殊情况下支付的工资等。"工资"是劳动者劳动收入的主要组成部分。劳动者的以下劳动收入不属于工资范围：(1)单位支付给劳动者个人的社会保险福利费用，如丧葬抚恤救济费、生活困难补助费、计划生育补贴等；(2)劳动保护方面的费用，如用人单位支付给劳动者的工作服、解毒剂、清凉饮料费用等；(3)按规定未列入工资总额的各种劳动报酬及其他劳动收入，如根据国家规定发放的创造发明奖、国家星火奖、自然科学奖、科学技术进步奖、合理化建议和技术改进奖、中华技能大奖等，以及稿费、讲课费、翻译费等。

54.劳动法第四十八条中的"最低工资"是指劳动者在法定工作时间内履行了正常劳动义务的前提下，由其所在单位支付的最低劳动报酬。最低工资不包括延长工作时间的工资报酬，以货币形式支付的住房和用人单位支付的伙食补贴，中班、夜班、高温、低温、井下、有毒、有害等特殊工作环境和劳动条件下的津贴，国家法律、法规、规章规定的社会保险福利待遇。

55.劳动法第四十四条中的"劳动者正常工作时间工资"是指劳动合同规定的劳动者本人所在工作岗位(职位)相对应的工资。鉴于当前劳动合同制度尚处于推进过程中，按上述规定执行确有困难的用人单位，地方或行业劳动部门可在不违反劳动部《关于〈工资支付暂行规定〉有关问题的补充规定》(劳部发〔1995〕226号)文件所确定的总的原则的基础上，制定过渡办法。

56.在劳动合同中，双方当事人约定的劳动者在未完成劳动定额或承包任务的情况下，用人单位可低于最低工资标准支付劳动者工资的条款不具有法律效力。

57.劳动者与用人单位形成或建立劳动关系后，试用、熟练、见习期间，在法定工作时间内提供了正常劳动，其所在的用人单位应当支付其不低于最低工资标准的工资。

58.企业下岗待工人员，由企业依据当地政府的有关规定支付其生活费，生活费可以低于最低工资标准，下岗待工人员中重新就业的，企业应停发其生活费。女职工因生育、哺乳请长假而下岗的，在其享受法定产假期间，依法领取生育津贴；没有参加生育保险的企业，由企业照发原工资。

59.职工患病或非因工负伤治疗期间，在规定的医疗期间内由企业按有关规定支付其病假工资或疾病救济费，病假工资或疾病救济费可以低于当地最低工资标准支付，但不能低于最低工资标准的80%。

（二）延长工作时间的工资报酬

60.实行每天不超过8小时，每周不超过44小时或40小时标准工作时间制度的企业，以及经批准实行综合计算工时工作制的企业，应当按照劳动法的规定支付劳动者延长工作时间的工资报酬。全体职工已实行劳动合同制度的企业，一般管理人员（实行不定时工作制人员除外）经批准延长工作时间的，可以支付延长工作时间的工资报酬。

61.实行计时工资制的劳动者的日工资，按其本人月工资标准除以平均每月法定工作天数（实行每周40小时工作制的为21.16天，实行每周44小时工作制的为23.33天）进行计算。

62.实行综合计算工时工作制的企业职工，工作日正好是周休息日的，属于正常工作；工作日正好是法定节假日时，要依照劳动法第四十四条第（三）项的规定支付职工的工资报酬。

（三）有关企业工资支付的政策

63.企业克扣或无故拖欠劳动者工资的，劳动监察部门应根据劳动法第九十一条、劳动部《违反和解除劳动合同的经济补偿办法》第三条、《违反〈中华人民共和国劳动法〉行政处罚办法》第六条予以处理。

64.经济困难的企业执行劳动部《工资支付暂行规定》（劳部发〔1994〕489号）确有困难，应根据以下规定执行：

（1）《关于做好国有企业职工和离退休人员基本生活保障工作的通知》（国发〔1993〕76号）的规定，“企业发放工资确有困难时，应发给职工基本生活费，具体标准由各地区、各部门根据实际情况确定”；

（2）《关于国有企业流动资金贷款的紧急通知》（银传〔1994〕34号）的规定，“地方政府通过财政补贴，企业主管部门有可能也要拿出一部分资金，银行要拿出一部分贷款，共同保证职工基本生活和社会的稳定”；

（3）《国有企业富余职工安置规定》（国务院令第111号，1993年发布）的规定，“企业可以对职工实行有限期的放假。职工放假期间，由企业发给生活费”。

四、工作时间和休假

（一）综合计算工作时间

65.经批准实行综合计算工作时间的用人单位，分别以周、月、季、年等为周期综合计算工作时间，但其平均日工作时间和平均周工作时间应与法定标准工作时间基本相同。

66.对于那些在市场竞争中，由于外界因素的影响，生产任务不均衡的企业的部分职工，经劳动行政部门严格审批后，可以参照综合计算工时工作制的办法实施，但用人单位应采取适当方式确保职工的休息休假权利和生产、工作任务的完成。

67.经批准实行不定时工作制的职工，不受劳动法第四十一条规定的日延长工作时间标准和月延长工作时间标准的限制，但用人单位应采用弹性工作时间等适当的工作和休息方式，确保职工的休息休假权利和生产、工作任务的完成。

68.实行标准工时制度的企业，延长工作时间应严格按劳动法第四十一条的规定执行，不能按季、年综合计算延长工作时间。

69.中央直属企业、企业化管理的事业单位实行不定时工作制和综合计算工时工作制等其他工作和休息办法的，须经国务院行业主管部门审核，报国务院劳动行政部门批准。地方企业实行不定时工作制和综合计算工时工作制等其他工作和休息办法的审批办法，由省、自治区、直辖市人民政府劳动行政部门制定，报国务院劳动行政部门备案。

（二）延长工作时间

70.休息日安排劳动者工作的，应先按同

等时间安排其补休，不能安排补休的应按劳动法第四十四条第(二)项的规定支付劳动者延长工作时间的工资报酬。法定节假日(元旦、春节、劳动节、国庆节)安排劳动者工作的，应按劳动法第四十四条第(三)项支付劳动者延长工作时间的工资报酬。

71. 协商是企业决定延长工作时间的程序(劳动法第四十二条和《劳动部贯彻〈国务院关于职工工作时间的规定〉的实施办法》第七条规定除外)，企业确因生产经营需要，必须延长工作时间时，应与工会和劳动者协商。协商后，企业可以在劳动法限定的延长工作时数内决定延长工作时间，对企业违反法律、法规强迫劳动者延长工作时间的，劳动者有权拒绝。若由此发生劳动争议，可以提请劳动争议处理机构予以处理。

(三) 休假

72. 实行新工时制度后，企业职工原有的年休假制度仍然实行。在国务院尚未作出新的规定之前，企业可以按照1991年6月5日《中共中央、国务院关于职工休假问题的通知》，安排职工休假。

五、社会保险

73. 企业实施破产时，按照国家有关企业破产的规定，从其财产清产和土地转让所得中按实际需要划拨出社会保险费用和职工再就业的安置费。其划拨的养老保险费和失业保险费由当地社会保险基金经办机构和劳动部门就业服务机构接收，并负责支付离退休人员的养老保险费用和支付失业人员应享受的失业保险待遇。

74. 企业富余职工、请长假人员、请长病假人员、外借人员和带薪上学人员，其社会保险费仍按规定由原单位和个人继续缴纳，缴纳保险费期间计算为缴费年限。

75. 用人单位全部职工实行劳动合同制度后，职工在用人单位内由转制前的原工人岗位转为原干部(技术)岗位或由原干部(技术)岗位转为原工人岗位，其退休年龄和条件，按现岗位国家规定执行。

76. 依据劳动部《企业职工患病或非因工负伤医疗期的规定》(劳部发〔1994〕479号)和劳动部《关于贯彻〈企业职工患病或非因工负伤医疗期的规定〉的通知》(劳部发〔1995〕236号)，职工患病或非因工负伤，根据本人实际参加工作的年限和本企业工作年限长短，享受3～24个月的医疗期。对于某些患特殊疾病(如癌症、精神病、瘫痪等)的职工，在24个月内尚不能痊愈的，经企业和当地劳动部门批准，可以适当延长医疗期。

77. 劳动者的工伤待遇在国家尚未颁布新的工伤保险法律、行政法规之前，各类企业仍要执行《劳动保险条例》及相关的政策规定，如果当地政府已实行工伤保险制度改革的，应执行当地的新规定；个体经济组织的劳动者的工伤保险参照企业职工的规定执行；国家机关、事业组织、社会团体的劳动者的工伤保险，如果包括在地方人民政府的工伤改革规定范围内的，按地方政府的规定执行。

78. 劳动者患职业病按照1987年由卫生部等部门发布的《职业病范围和职业病患者处理办法的规定》和所附的“职业病名单”(〔87〕卫防第60号)处理，经职业病诊断机构确诊并发给《职业病诊断证明书》，劳动行政部门据此确认工伤，并通知用人单位或者社会保险基金经办机构发给有关工伤保险待遇；劳动者因工负伤的，劳动行政部门根据企业的工伤事故报告和工伤者本人的申请，作出工伤认定，由社会保险基金经办机构或用人单位，发给有关工伤保险待遇。患职业病或工伤致残的，由当地劳动鉴定委员会按照劳动部《职工工伤和职业病致残程度鉴定标准》(劳险字〔1992〕6号)评定伤残等级和护理依赖程度。劳动鉴定委员会的伤残等级和护理依赖程度的结论，以医学检查、诊断结果为技术依据。

79. 劳动者因工负伤或患职业病，用人单位应按国家和地方政府的规定进行工伤事故报告，或者经职业病诊断机构确诊进行职业病报告。用人单位和劳动者有权按规定向当地劳动行政部门报告。如果用人单位瞒报、漏报工伤或职业病，工会、劳动者可以向劳动行政部门报告。经劳动行政部门确认后，用人单位或社会保险基金经办机构应补发工伤保险待遇。

80. 劳动者对劳动行政部门作出的工伤或职业病的确认意见不服，可依法提起行政复议或行政诉讼。

81. 劳动者被认定患职业病或因工负伤后，对劳动鉴定委员会作出的伤残等级和护理依赖程度鉴定结论不服，可依法提起行政复议或行政诉讼。对劳动能力鉴定结论所依据的医学检查、诊断结果有异议的，可以要求复查诊断，复查诊断按各省、自治区和直辖市劳动鉴定委员会规定的程序进行。

六、劳动争议

82. 用人单位与劳动者发生劳动争议不论是否订立劳动合同，只要存在事实劳动关系，并符合劳动法的适用范围和《中华人民共和国企业劳动争议处理条例》的受案范围，劳动争议仲裁委员会均应受理。

83. 劳动合同鉴证是劳动行政部门审查、证明劳动合同的真实性、合法性的一项行政监督措施，尤其在劳动合同制度全面实施的初期有其必要性。劳动行政部门鼓励并提倡用人单位和劳动者进行劳动合同鉴证。劳动争议仲裁委员会不能以劳动合同未经鉴证为由不受理相关的劳动争议案件。

84. 国家机关、事业组织、社会团体与本单位工人以及其他与之建立劳动合同关系的劳动者之间，个体工商户与帮工、学徒之间，以及军队、武警部队的事业组织和企业与其无军籍的职工之间发生的劳动争议，只要符合劳动争议的受案范围，劳动争议仲裁委员会应予受理。

85. “劳动争议发生之日”是指当事人知道或者应当知道其权利被侵害之日。

86. 根据《中华人民共和国商业银行法》的规定，商业银行为企业法人。商业银行与其职工适用《劳动法》、《中华人民共和国企业劳动争议处理条例》等劳动法律、法规和规章。商业银行与其职工发生的争议属于劳动争议的受案范围的，劳动争议仲裁委员会应予受理。

87. 劳动法第二十五条第(三)项中的“重大损害”，应由企业内部规章来规定，不便于在全国对其作统一解释。若用人单位以此为由解除劳动合同，与劳动者发生劳动争议，当事人向劳动争议仲裁委员会申请仲裁的，由劳动争议仲裁委员会根据企业类型、规模和损害程度等情况，对企业规章中规定的“重大损害”进行认定。

88. 劳动监察是劳动法授予劳动行政部门的职责，劳动争议仲裁是劳动法授予各级劳动争议仲裁委员会的职能。用人单位或行业部门不能设立劳动监察机构和劳动争议仲裁委员会，也不能设立劳动行政部门劳动监察机构的派出机构和劳动争议仲裁委员会的派出机构。

89. 劳动争议当事人向企业劳动争议调解委员会申请调解，从当事人提出申请之日起，仲裁申诉时效中止，企业劳动争议调解委员会应当在30日内结束调解，即中止期间最长不得超过30日。结束调解之日起，当事人的申诉时效继续计算。调解超过30日的，申诉时效从30日之后的第一天继续计算。

90. 劳动争议仲裁委员会的办事机构对未予受理的仲裁申请，应逐件向仲裁委员会报告并说明情况，仲裁委员会认为应当受理的，应及时通知当事人。当事人从申请至受理的期间应视为时效中止。

七、法律责任

91. 劳动法第九十一条的含义是，如果用人单位实施了本条规定的前三项侵权行为之一的，劳动行政部门应责令用人单位支付劳动者的工资报酬和经济补偿，并可以责令支付赔偿金。如果用人单位实施了本条规定的第四项侵权行为，即解除劳动合同后未依法给予劳动者经济补偿的，因不存在支付工资报酬的问题，故劳动行政部门只责令用人单位支付劳动者经济补偿，还可以支付赔偿金。

92. 用人单位实施下列行为之一的，应认定为劳动法第一百零一条中的“无理阻挠”行为：

（1）阻止劳动监督检查人员进入用人单位内（包括进入劳动现场）进行监督检查的；

（2）隐瞒事实真相，出具伪证，或者隐匿、毁灭证据的；

（3）拒绝提供有关资料的；

（4）拒绝在规定的时间和地点就劳动行政部门所提问题作出解释和说明的；

（5）法律、法规和规章规定的其他情况。

八、适用法律

93. 劳动部、外经贸部《外商投资企业劳动管理规定》（劳部发〔1994〕246 号）与劳动部《违反和解除劳动合同的经济补偿办法》（劳部发〔1994〕481 号）中关于解除劳动合同的经济补偿规定是一致的，246 号文中的“生活补助费”是劳动法第二十八条所指经济补偿的具体化，与 481 号文中的“经济补偿金”可视为同一概念。

94. 劳动部、外经贸部《外商投资企业劳动管理规定》（劳部发〔1994〕246 号）与劳动部《违反〈中华人民共和国劳动法〉行政处罚办法》（劳部发〔1994〕532 号）在企业低于当地最低工资标准支付职工工资应付赔偿金的标准，延长工作时间的罚款标准，阻止劳动监察人员行使监督检查权的罚款标准等方面规定不一致，按照同等效力的法律规范新法优于旧法执行的原则，应执行劳动部劳部发〔1994〕532 号规章。

95. 劳动部《企业最低工资规定》（劳部发〔1993〕333 号）与劳动部《违反〈中华人民共和国劳动法〉行政处罚办法》（劳部发〔1994〕532 号）在拖欠或低于国家最低工资标准支付工资的赔偿金标准方面规定不一致，应按劳动部劳部发〔1994〕532 号规章执行。

96. 劳动部《违反〈中华人民共和国劳动法〉行政处罚办法》（劳部发〔1994〕532 号）对行政处罚行为、处罚标准未作规定，而其他劳动行政规章和地方政府规章作了规定的，按有关规定执行。

97. 对违反劳动法的用人单位，劳动行政部门有权依据劳动法律、法规和规章的规定予以处理，用人单位对劳动行政部门作出的行政处罚决定不服，在法定期限内不提起诉讼或不申请复议又不执行行政处罚决定的，劳动行政部门可以根据行政诉讼法第六十六条申请人民法院强制执行。劳动行政部门依法申请人民法院强制执行时，应当提交申请执行书，据以执行的法律文书和其他必须提交的材料。

98. 适用法律、法规、规章及其他规范性文件遵循下列原则：

（1）法律的效力高于行政法规与地方性法规；行政法规与地方性法规效力高于部门规章和地方政府规章；部门规章和地方政府规章效力高于其他规范性文件。

（2）在适用同一效力层次的文件时，新法律优于旧法律；新法规优于旧法规；新规章优于旧规章；新规范性文件优于旧规范性文件。

99. 依据《法规规章备案规定》（国务院令第 48 号，1990 年发布）“地方人民政府规章同国务院部门规章之间或者国务院部门规章相互之间有矛盾的，由国务院法制局进行协调；经协调不能取得一致意见的，由国务院法制局提出意见，报国务院决定。”地方劳动行政部门在发现劳动部规章与国务院其他部门规章或地方政府规章相矛盾时，可将情况报劳动部，由劳动部报国务院法制局进行协调或决定。

100. 地方或行业劳动部门发现劳动部的规章之间、其他规范性文件之间或规章与其他规范性文件之间相矛盾，一般适用“新文件优于旧文件”的原则，同时可向劳动部请示。

劳动部关于颁发《重大事故隐患管理规定》的通知

（1995年8月22日）

劳部发〔1995〕322号

各省、自治区、直辖市劳动（劳动人事）厅（局）、安委会，国务院有关部门：

为贯彻“安全第一，预防为主”的方针，加强对重大事故隐患的管理，预防重大事故的发生，我部制定了《重大事故隐患管理规定》，现予以颁发。请你们结合本地区、本部门的具体情况，认真贯彻执行，并将执行中的经验和问题及时报我部。

重大事故隐患管理规定

第一章　总　　则

第一条　为贯彻“安全第一，预防为主”的方针，加强对重大事故隐患的管理，预防重大事故的发生，制定本规定。

第二条　本规定所称重大事故隐患，是指可能导致重大人身伤亡或者重大经济损失的事故隐患。

第三条　本规定适用于中华人民共和国境内的企业、事业组织和社会公共场所（以下统称单位）。

第二章　评估和报告

第四条　重大事故隐患根据作业场所、设备及设施的不安全状态，人的不安全行为和管理上的缺陷，可能导致事故损失的程度分为两级：

特别重大事故隐患是指可能造成死亡50人以上，或直接经济损失1 000万元以上的事故隐患。

重大事故隐患是指可能造成死亡10人以上，或直接经济损失500万元以上的事故隐患。

重大事故隐患的具体分级标准和评估方法由国务院劳动行政部门会同国务院有关部门制定。

第五条　特别重大事故隐患由国务院劳动行政部门会同国务院有关部门组织评估。

重大事故隐患由省、自治区、直辖市劳动行政部门会同主管部门组织评估。

第六条　重大事故隐患评估费用由被评估单位支付。

第七条　单位一旦发现事故隐患，应立即报告主管部门和当地人民政府，并申请对事故隐患进行初步评估和分级。

第八条　主管部门和当地人民政府对单位存在的事故隐患进行初步评估和分级，确定存在重大事故隐患的单位。重大事故隐患的初步评估结果报送省级以上劳动行政部门和主管部门，并申请对重大事故隐患组织评估。

第九条 经省级以上劳动行政部门和主管部门评估，并确认存在重大事故隐患的单位应编写重大事故隐患报告书。

特别重大事故隐患报告书应报送国务院劳动行政部门和有关部门，并应同时报送当地人民政府和劳动行政部门。

重大事故隐患报告书应报送省级劳动行政部门和主管部门，并应同时报送当地人民政府和劳动行政部门。

第十条 重大事故隐患报告书应包括以下内容：

（一）事故隐患类别；

（二）事故隐患等级；

（三）影响范围；

（四）影响程度；

（五）整改措施；

（六）整改资金来源及其保障措施；

（七）整改目标。

第三章 组织管理

第十一条 存在重大事故隐患的单位应成立隐患管理小组。小组由法定代表人负责。

第十二条 隐患管理小组应履行以下职责：

（一）掌握本单位重大事故隐患的分布、发生事故的可能性及其程度，负责重大事故隐患的现场管理；

（二）制定应急计划，并报当地人民政府和劳动行政部门备案；

（三）进行安全教育，组织模拟重大事故发生时应采取的紧急处置措施，必要时组织救援设施、设备调配和人员疏散演习；

（四）随时掌握重大事故隐患的动态变化；

（五）保持消防器材、救护用品完好有效。

第十三条 省级以上主管部门负责督促单位对重大事故隐患的管理和组织整改。

第十四条 省级以上劳动行政部门会同主管部门组织专家对重大事故隐患进行评估，监督和检查单位对重大事故隐患进行整改。

第十五条 各级工会组织督促并协助单位对重大事故隐患的管理和整改。

第十六条 县级以上劳动行政部门应负责处理、协调重大事故隐患管理和整改中的重大问题，经同级人民政府批准后，签发《重大事故隐患停产、停业整改通知书》。

第四章 整　　改

第十七条 存在重大事故隐患的单位，应立即采取相应的整改措施。难以立即整改的单位，应采取防范、监控措施。

第十八条 对在短时间内即可发生重大事故的隐患，县级以上劳动行政部门可按有关法律规定查处；也可以报请当地人民政府批准，指令单位停产、停业进行整改。

第十九条 接到《重大事故隐患停产、停业整改通知书》的单位，应立即停产、停业进行整改。

第二十条 完成重大事故隐患整改的单位，应及时报告省级以上劳动行政部门和主管部门，申请审查验收。

第二十一条 重大事故隐患整改资金由单位筹集，必要时报请当地人民政府和主管部门给予支持。

第五章 奖励与处罚

第二十二条 对及时发现重大事故隐患，积极整改并有效防止事故发生的单位和个人，应给予表彰和奖励。

第二十三条 对存在的重大事故隐患隐瞒不报的单位，应给予批评教育，并责令上报。

第二十四条 对重大事故隐患未进行整改或未采取防范、监控措施的单位，由劳动行政部门责令改正；情节严重的，可给予经济处罚或提请主管部门给予单位法定代表人行政处分。

第二十五条 对接到《重大事故隐患停产、停业整改通知书》而未立即停产、停业进行整改的单位，劳动行政部门可给予经济处罚或提请主管部门给予单位法定代表人行政处分。

第二十六条 对重大事故隐患不采取措施，致使发生重大事故，造成生命和财产损失的，对责任人员比照刑法第一百八十七条的规定追究刑事责任。

第二十七条 对矿山事故隐患的查处按《矿山安全法》第七章有关规定办理。

第六章 附 则

第二十八条 省、自治区、直辖市劳动行政部门可根据本规定制定实施办法。

第二十九条 本规定自1995年10月1日起施行。

劳动部关于印发《就业登记规定》的通知

（1995年9月12日）

劳部发〔1995〕356号

各省、自治区、直辖市劳动（劳动人事）厅（局）：

现将《就业登记规定》印发给你们。请结合本地实际，认真贯彻执行，并将执行情况及时报我部就业司。

就业登记规定

第一条 为了规范就业登记行为，准确掌握劳动力供求状况，实现劳动力社会化管理，保证就业服务各项工作的实施，根据有关法律、法规的规定，制定本规定。

第二条 就业登记包括失业登记、求职登记和对用人单位用人需求的登记。

第三条 城镇劳动者失业、求职和城镇用人单位招聘应按照本规定进行登记。

第四条 县级以上劳动行政部门主管本行政区域内的就业登记工作。

县级以上劳动行政部门所属劳动就业服务机构负责组织实施本行政区域内的就业登记工作，并履行以下职责：

（一）协调、指导、规范就业登记工作；

（二）指导基层劳动就业服务机构和非劳动部门职业介绍机构开展就业登记工作；

（三）定期统计、上报本地区就业登记各项数据，并建立相应的信息数据库；

（四）法律、法规规定的其他职责。

第五条 凡到职业介绍机构求职的人员都应进行求职登记，填写求职登记表，领取求职登记卡。

在法定劳动年龄内有劳动能力，有就业要求的城镇失业人员应进行失业登记。失业登记视为求职登记。

第六条 县级以上劳动就业服务机构应指定承担失业登记的职业介绍机构，也可委托乡镇、街道和企业的就业服务机构代办。

第七条 失业人员进行失业登记应持户口簿（身份证）和证明原身份的有关证件，到本人户口所在地的失业登记机构进行失业登记，填写失业人员登记表，领取失业证。失业人员凭失业证享受就业服务，办理就业手续。凡符合享受失业保险待遇条件的，可凭失业证申领失业救济金。

第八条 失业证由省、自治区、直辖市劳动就业服务机构在劳动行政部门指导监督下，按照劳动部规定的样式印制，并由负责失业登记的机构发放。

第九条 失业人员被招聘后，失业证应由劳动就业服务机构加盖印章，交用人单位保管。如再次失业，经失业登记机构核准，原失业证可继续使用。

失业人员入伍、升学或从事个体经营，失业证由原登记机构予以收回。

失业证遗失后应及时申请补办。

第十条 农村劳动者跨省流动就业按有关规定执行。经批准，在原务工地转换职业的跨省流动就业的农村劳动者，应持流动就业证办理求职登记手续。

农村劳动者在省内流动就业，应持本人身份证和乡镇劳动就业服务机构出具的有关证明(证卡)办理求职登记手续。

第十一条 职业介绍机构应了解和掌握用人单位工作岗位空缺和招聘用人情况，并进行登记。

职业介绍机构可采取通讯、登门服务、在企事业单位聘请信息员和举办劳务洽谈会等多种方式进行用人登记。

第十二条 用人单位应主动将岗位空缺和拟招聘人员情况提供给当地劳动部门职业介绍机构。

用人单位招聘人员后，应向劳动部门备案，并办理相应手续。

第十三条 下列用人单位招聘人员，必须到劳动部门职业介绍机构进行登记：

(一) 由政府部门或劳动部门认定的生产自救企业；

(二) 进行经济性裁员的，在6个月内需要招聘人员的企业；

(三) 由劳动部门对其富余人员进行社会调剂或出资承担安置的企业。

第十四条 不按规定进行失业登记的失业人员，不得享受失业保险待遇。

第十五条 凡涂改、伪造、转借或重领失业证者，除没收其证件外，还可根据情节轻重予以处罚。

第十六条 省、自治区、直辖市劳动行政部门可根据本规定制定实施办法。

乡镇劳动服务站(所)开展就业登记工作、农村劳动者在乡村进行求职登记以及乡镇企业招聘人员登记可参照本规定执行。

第十七条 本规定自颁布之日起施行。1984年3月20日发布的《关于城镇待业人员登记管理办法》同时废止。

附件：

《失业证》样式

失

业

证

××省(市区)劳动厅(局)印制

照

片

(发证单位签章)

编　　号

身份证号

发证单位

发证日期

姓　名		性别	
出生年月		民族	
文化程度		婚否	

家庭住址及变更情况

日　期	住　　址

学历变更情况

日　期	学　　历

技能培训情况

日期	培训内容	专业	发证单位

签订、续订劳动合同情况

合同日期	工作单位	备　　注
终止或解除合同原因		

（若干页）

申领失业救济金审核情况

核定救济期限	个月
救济日期	从　　年　　月起
审核单位 盖　　章	年　　月　　日
领取救济金须知	
见附1	

领取失业救济金和医疗补助费情况

日期	失　业 救济金	医　疗 补助费	发放人 盖　章	备注
合计				

（若干页）

就业情况

时间	工作单位	推荐次数	是否服从推荐

年度审验情况

时间	审验情况记载	签章

（若干页）

备注

证件使用说明

见附2

附 1：　　　　领取救济金须知

一、每月　　日凭本证到发证单位领取失业救济金，逾期不领作自动放弃。

二、救济金只限本人领取，除患病卧床外，一般不得代领。

三、在领取救济金期内患病，必须在　　　　医院就诊方可给予　　%的医疗费补助。

四、在领取救济金期间，凡从事各种有收入劳动或被劳教、判刑的，暂停发放救济金。

五、重新就业、升学、出国或两次拒绝介绍就业或从事各种有收入劳动，超过 24 个月停止发放救济金。

附 2：　　　　证件使用说明

一、失业人员凭本证享受就业服务和就业扶持政策，符合失业保险救济条件的，凭证申领失业救济金。

本证由县级以上劳动就业服务机构指定的职业介绍机构或委托的乡镇、街道、企业就业服务机构填发，盖章后有效。

二、失业人员就业时，凭证办理录用备案手续，此证由用人单位收存。如再次失业，持证到失业登记机构履行登记手续。

三、持证人户口迁移，应随户口一并办理转移手续。

四、每年 12 月 1 日～20 日，失业人员持本证到发证机构进行年度审验。未经年审并加盖年审印章的证件一律作废。

五、此证应妥善保存，不得涂改、转借。若遗失应及时报发证机构。

劳动部关于颁布《职业介绍规定》的通知

(1995 年 11 月 9 日)

劳部发〔1995〕408 号

各省、自治区、直辖市及计划单列市劳动（劳动人事）厅（局），国务院有关部门，解放军总后勤部生产管理部，新疆生产建设兵团劳动局：

根据《劳动法》的有关规定，我们制定了《职业介绍规定》，现予以颁布。现将《职业介绍规定》印发你们，有关开办盈利性职业介绍机构的工商注册登记事宜，经商国家工商行政管理局，可由地方劳动行政部门与工商行政部门共同制定具体办法。

职业介绍规定

第一章　总　　则

第一条　为规范职业介绍行为，促进劳动者和用人单位的相互选择，根据《劳动法》的有关规定，制定本规定。

第二条　本规定适用于下列职业介绍机构：

（一）劳动部门开办的职业介绍机构；

（二）非劳动部门开办的职业介绍机构；

（三）公民个人开办的职业介绍机构。

公民个人从事职业介绍活动依照本规定执行。

第三条 非劳动部门开办的职业介绍机构，是指除劳动部门以外的其他政府部门、企事业单位、社会团体开办的职业介绍机构。

第四条 职业介绍必须依法进行，执行国家有关方针、政策。

第五条 职业介绍应与就业训练、失业保险、生产自救等劳动就业服务工作紧密结合，统筹安排。

第六条 县级以上各级人民政府劳动行政部门主管本行政区域内的职业介绍工作。劳动行政部门所属劳动就业服务机构具体负责本地区职业介绍工作。

第二章 机　　构

第七条 劳动部门开办的职业介绍机构（含乡、镇和街道劳动服务站、所）是公益性的事业单位。

非劳动部门和公民个人开办的职业介绍机构，可以是公益性的单位，也可以是盈利性的单位。

第八条 开办职业介绍机构应符合以下条件：

（一）有固定的交流场所和设施；

（二）有必要的开办资金；

（三）有相应的机构章程；

（四）有明确的业务范围；

（五）有一定数量的专职工作人员；

（六）法律、法规规定的其他条件。

第九条 县级以上劳动部门开办职业介绍机构，由同级劳动行政部门审批。

乡、镇和街道开办职业介绍机构由当地县级劳动就业服务机构审批。

第十条 非劳动部门和公民个人开办职业介绍机构，须持有关证明向当地县级以上劳动就业服务机构提出申请，并经其审查合格后，领取职业介绍许可证。

凡开办盈利性单位的职业介绍机构，须持劳动部门的批准文件到工商行政部门进行注册登记。

第十一条 非劳动部门和公民个人开办的职业介绍机构更名、换址，应向原申请批准的劳动就业服务机构申报；停办的，由劳动就业服务机构公告注销，并收回其职业介绍许可证。

第十二条 职业介绍机构的名称，应按劳动部有关规定确定。

第三章 职　　责

第十三条 职业介绍机构应对劳动者的求职和用人单位招聘进行登记。

第十四条 职业介绍机构应向求职者提供职业需求信息，为求职者推荐用人单位。

求职者是指到职业介绍机构进行求职登记的城镇失业人员、需要转换职业的在职职工和农村剩余劳动力及其他人员。

第十五条 职业介绍机构应向用人单位提供劳动力资源信息、为用人单位推荐求职者。

第十六条 职业介绍机构应对劳动者就业和用人单位招聘提供指导和咨询，开展对求职者素质的测试和评价工作，帮助其了解职业状况，掌握求职方法，指导用人单位正确选择招聘方法和执行国家规定的招聘标准。

第十七条 职业介绍机构应向职业培训和就业训练机构提供职业需求信息，推荐需要培训的人员。

第十八条 职业介绍机构应为特殊群体人员和长期失业者提供专门的服务。

第十九条 职业介绍机构可组织劳务交流洽谈活动，还可组织劳务承包、劳务协作等活动，为求职者提供直接的就业服务。

第二十条 职业介绍机构可根据需要开展推荐临时用工、家庭服务人员等服务。

第二十一条 职业介绍机构应建立劳动力市场信息库，开展劳动力供求预测、预报，进行劳动力信息咨询服务，汇集、管理和定期发布劳动力市场信息。

劳动部门开办的职业介绍机构应按全国统一的规范，配置计算机和开发、使用计算机软件。

第二十二条 劳动部门开办的综合性职业介绍机构受劳动行政部门委托，可以开展办理用工手续、颁发有关证件、为求职者保管档案、发放失业保险金等服务项目。

第二十三条 职业介绍机构的工作人员应熟悉有关劳动就业的法律、法规和政策，具备相应的知识和工作能力，经过职业介绍资格培训，并持有职业介绍资格证书。

第二十四条 职业介绍机构的工作人员必须执行职业介绍服务规范和标准，佩带统一印制的工作证章。

第四章 管　　理

第二十五条 县级以上劳动就业服务机构，在同级劳动行政部门领导下，组织实施本地区职业介绍工作，应履行以下职责：

（一）执行有关劳动就业法律、法规；

（二）制定和实施职业介绍工作发展规划和工作计划；

（三）制定职业介绍服务规范和标准；

（四）办理职业介绍许可证手续；

（五）汇总本地区劳动力供求信息，建立预测、预报制度；

（六）培训职业介绍工作人员，颁发职业介绍资格证书；

（七）法律、法规规定的其他职责。

县级劳动就业服务机构还应负责对乡镇劳动服务站、所的指导、管理工作。

第二十六条 职业介绍许可证由省、自治区、直辖市劳动就业服务机构按照劳动部规定的统一格式印制。

职业介绍许可证由当地劳动就业服务机构颁发，并实行年检制度。

第二十七条 非劳动部门和公民个人开办的职业介绍机构应遵守以下规定：

（一）必须在劳动就业服务机构核定的业务范围内开展工作；

（二）服务对象必须是本行政区域内的用人单位或求职者；

（三）定期向当地劳动就业服务机构报告其工作情况，按规定填报统计报表，并接受监督检查；

（四）其工作人员应按规定接受业务培训，并达到相应的资格。

第二十八条 职业介绍机构及用人单位发布、刊播、张贴招工、招聘广告，须经当地劳动就业服务机构核准后，按有关规定办理。

第二十九条 劳动部门开办的职业介绍机构所需经费应由地方财政拨款，或实行地方财政差额拨款补助。非劳动部门开办的职业介绍机构所需经费自行解决。

第三十条 职业介绍可收取中介服务费。中介服务费由用人单位和求职者双方缴纳。具体标准由省、自治区、直辖市劳动行政部门会同当地财政、物价部门确定。

非劳动部门和公民个人开办的盈利性职业介绍机构应按有关规定缴纳税费。

第三十一条 职业介绍机构为特殊群体人员和长期失业者提供无偿服务所需费用，可从就业经费和失业保险基金中给予补贴。

第五章 罚　　则

第三十二条 违反本规定第十条，未领取职业介绍许可证而开办职业介绍机构的，由劳动行政部门责令其停业，没收其非法所得，并处以相当于其非法所得5至10倍的罚款。

第三十三条 违反本规定第二十七条，从事职业介绍活动超越规定业务范围的，由劳动行政部门责令其改正，并没收其非法所得。

第三十四条 违反本规定第二十八条，未经劳动就业服务机构核准，随意发布、刊播、张贴招工、招聘广告的，由劳动行政部门责令其改正，并提请工商行政部门对其进行处罚。

第三十五条 违反本规定第三十条，超出规定标准多收费的，由劳动行政部门责令其改正；情节严重的，可处以相当于其非法所得5至10倍的罚款，并吊销其职业介绍许可证。

第三十六条 对在职业介绍活动中有欺诈行为的，由劳动行政部门处以相当于其非法所得5至10倍的罚款；构成犯罪的，依法追究其刑事责任。对求职者造成损害的，还应承担赔偿责任。

第三十七条 对在职业介绍活动中违反其他法律、法规的，按照有关规定进行处罚。

第六章 附 则

第三十八条 用人单位或者求职者与职业介绍机构发生争议，可以提请劳动行政部门裁决。对裁决不服的，依照行政复议的有关规定执行。

第三十九条 涉及境外就业和境外人员入境就业的职业介绍必须经过特许，具体办法从有关规定。

第四十条 省、自治区、直辖市劳动行政部门可以根据本规定制定实施办法。

第四十一条 本规定自颁布之日起施行。1990年1月6日发布的《职业介绍暂行规定》同时废止。

劳动部关于颁发《国家安全生产专家组管理规则》的通知

（1995年12月20日）

劳部发〔1995〕454号

国务院有关部门：

为了保障国家安全生产专家组有效地进行工作，劳动部制定了《国家安全生产专家组管理规则》，现予颁布。请各地区和有关部门、单位支持国家安全生产专家组的工作，并请国家安全生产专家组全体成员认真贯彻执行。本规则执行中遇到的问题请及时告劳动部安全生产管理局。

国家安全生产专家组管理规则

第一条 为保障国家安全生产专家组（以下简称专家组）有效地进行工作，制定本规则。

第二条 专家组是国家组织的一支多专业、跨部门的高级技术队伍，其成员从有关国家机关、事业和企业单位的技术人员中聘任。

第三条 专家组的主要任务是参加国家组织的特别重大事故调查、重大事故隐患评估和安全技术咨询，为制定国家有关安全生产法规、政策和安全生产形势分析提供技术咨询和专业服务。

第四条 专家组的日常管理工作由劳动部安全生产管理局负责。

第五条 专家组成员应具备以下条件：

（一）拥护中国共产党领导，坚持社会主义道路；

（二）熟悉国家安全生产方针、政策、法律、法规和有关技术标准，具有一定的政策水平；

（三）具备高级工程师（副教授）以上职称，熟练掌握本专业技术理论，实践经验丰富，具有较高的业务水平和工作能力；

（四）坚持原则，作风正派，勤政廉洁；

（五）身体健康，能从事现场调查研究工作。

第六条 聘任专家组成员按下列程序进行：

（一）国务院有关部门或有关单位推荐；

（二）劳动部安全生产管理局负责组织提出拟聘专家名单并进行审查；

（三）劳动部和有关部门复核同意；

（四）劳动部部长批准任命；

（五）颁发专家聘任书和专家证。

第七条 专家组成员应履行以下职责：

（一）在执行公务时，应公正、客观和独立地开展工作，直接对其指派单位负责；

（二）执行公务时，应出示指派单位介绍信和专家证；

（三）执行公务时，有权进入有关现场进行工作，调阅与任务有关的文件及技术资料，了解与任务有关情况；

（四）执行公务时应模范遵守国家法律和工作纪律，坚持实事求是的科学态度，深入调查研究，密切联系群众；任务完成后应向任务指派单位写出书面报告；

（五）如实传达上级指示，如实反映情况，敢于坚持原则，排除干扰，抵制不正之风；

（六）严格执行保密制度，保守国家秘密，保守被调查单位的商业秘密；

（七）及时反映本部门、本地区的安全生产情况；

（八）根据本部门、本地区的安全生产动态和国内外重大事故调查、事故隐患评估的发展动态，每年撰写一份有关安全生产形势分析、重大事故调查或事故隐患评估方面的报告或论文，并于当年 11 月 30 日前寄送劳动部。

第八条 专家组成员采用聘任制，每届任期 5 年，任期届满可以续聘。

第九条 专家组成员按专业分组，每组设组长两名，负责安排本专业组的有关活动。

第十条 劳动部指派专家组成员执行任务时，应通知有关部门、单位和专家本人。任务紧急时，可以直接通知专家所在单位或专家本人。专家接到通知后，应携带专家证如期到达指定地点执行任务。

第十一条 有关部门和单位应支持本部门、本单位的专家组成员参加专家组的各项活动。出现问题应与劳动部协商，作出妥善安排。

第十二条 专家组全体成员会议由劳动部负责召开。

第十三条 专家代表会议由各专业组组长组成，并于每年年终或年初由劳动部负责召开。

第十四条 劳动部根据具体情况，不定期安排召开专题报告会议。

第十五条 劳动部应经常与专家组成员保持联系，及时传达上级的有关指示，反映专家的意见和建议。对专家提出的重大安全生产问题，应及时研究解决或专题报告国务院。

第十六条 专家组成员外出执行国家或劳动部指派的任务或参加有关会议，所需差旅费原则上由所在单位按国家规定标准报销。

第十七条 特别重大事故调查所需费用

由劳动部或有关单位负责。

第十八条 专家组的工作经费由劳动部负责管理,专款专用。

第十九条 对工作优秀和作出突出贡献的专家,应给予表彰或奖励。

对违反本规则的专家组成员,情节轻微者,给予批评教育;情节较重者,取消其专家组成员资格,收回专家证,并按国家有关规定处理。

第二十条 本规则自颁布之日起实施。

劳动部关于颁布《劳动监察程序规定》的通知

(1995年12月20日)

劳部发〔1995〕457号

各省、自治区、直辖市及计划单列市劳动(劳动人事)厅(局):

为了适应劳动监察工作需要,规范劳动监察行为,促进依法行政,树立劳动监察良好社会形象,根据有关法律、法规的规定,我部制定了《劳动监察程序规定》,现予以颁布,请遵照执行。

劳动监察程序规定

第一条 为了规范劳动监察行为,保障劳动法律、法规的贯彻实施,根据有关法律、法规的规定,制定本规定。

第二条 县级以上各级人民政府劳动行政部门对用人单位遵守劳动法律、法规的情况进行监察,适用本规定。

对用人单位遵守劳动安全卫生法律、法规的情况进行监察,按照有关规定执行。

第三条 劳动监察实行回避制度。承办查处违法案件的劳动监察人员,有下列情形之一的,应当自行申请回避:

(一)是用人单位法定代表人的近亲属的;

(二)本人或其近亲属与承办查处的案件有利害关系的;

(三)因其他原因可能影响案件公正处理的。

当事人认为承办人员应当回避的,有权向承办查处工作的劳动行政部门申请,要求其回避。当事人申请回避,应采用书面形式。

第四条 承办人员的回避,由劳动监察机构负责人决定;劳动监察机构负责人的回避,由劳动行政部门负责人决定。

第五条 回避决定应在收到申请之日起3日内作出。作出回避决定前,承办人员不得停止对案件的调查处理。对驳回回避申请的决定,应当向申请人说明理由。

第六条 劳动监察人员对用人单位遵守劳动法律、法规情况进行监督检查时,应遵循下列规定:

(一)应有两名以上劳动监察员共同进行,并出示中华人民共和国劳动监察证件,说明身份;

(二)告知用人单位检查的目的、内容、

要求、方法；

（三）了解用人单位遵守劳动法律、法规情况，并巡视劳动场所；

（四）现场检查情况应有笔录，笔录应由劳动监察员和用人单位法定代表人（或法定代表人委托的代理人）签名或盖章，用人单位法定代表人拒不签名或盖章的，应注明拒签情况。

第七条 劳动监察机构可向用人单位发出《劳动监察询问通知书》，了解用人单位遵守劳动法律、法规的情况。

第八条 查处违反劳动法律、法规行为应按下列程序进行：

（一）登记立案；

（二）调查取证；

（三）处理；

（四）制作处罚决定书；

（五）送达。

第九条 发现用人单位有违反劳动法律、法规行为，并经过审查由劳动监察机构确认有违法事实的，应当登记立案。

第十条 登记立案应当填写立案审批表，报劳动监察机构负责人审查批准。

劳动监察机构负责人批准之日为立案起始时间。

第十一条 登记立案后，劳动监察机构应当全面、客观、公正地调查，收集有关证据。证据包括书证、物证、视听资料、证人证言、当事人的陈述、鉴定结论、勘验笔录、现场笔录。

第十二条 承办人员完成调查取证后，应向劳动监察机构提交调查报告和处理意见，并填写案件处理报批表。案件处理报批表应写明被处罚单位名称、案由、违反劳动法律法规事实、被处罚单位的陈述、处理依据、建议处罚意见。

第十三条 劳动监察机构审议劳动监察案件，应按以下规定处理：

（一）事实清楚，证据确凿，依法应当给予行政处罚的，应将案件处理报批表报劳动行政部门负责人批准；

（二）依法不应给予行政处罚的，经劳动监察机构负责人批准，应作出撤销案件的决定；

（三）证据不足的，应退回原承办人补充调查，补充调查应自退回之日起 15 日内结束，经补充调查，证据仍然不足的，应作出撤销案件的决定；

（四）用人单位有违反其他法律、法规行为的，应建议有处理权的行政机关处理；

（五）用人单位的违法行为构成犯罪的，应及时提请司法机关依法追究刑事责任。

第十四条 劳动监察案件应从立案之日起 30 日内结案。特殊情况经上一级劳动行政部门批准，可以延长，但延长时间最长不得超过 30 日。

第十五条 劳动监察处罚决定，由劳动行政部门作出，并制作劳动监察处罚决定书。

第十六条 劳动监察处罚决定书应载明下列事项：

（一）被处罚单位名称；

（二）劳动行政部门认定的违法事实；

（三）适用的法律、法规；

（四）处罚决定；

（五）处罚决定的履行方式和期限；

（六）被处罚单位依法享有申请行政复议或者提起行政诉讼的权利；

（七）作出处罚决定的行政机关名称；

（八）作出处罚决定的日期。

第十七条 劳动行政部门作出的处罚决定有罚款项目的，应由被处罚单位持处罚决定书，在规定时间内向指定的部门缴纳罚款。

第十八条 劳动行政部门在处罚决定作出之日起 7 日内，应当将劳动监察处罚决定书送达被处罚单位。送达方式参照民事诉讼法的有关规定执行。

第十九条 用人单位对处罚决定不服的，可以依照《行政复议条例》和《行政诉讼法》的规定，申请复议或提起诉讼。

第二十条 对处罚决定在法定期限内不申请复议，不起诉又不履行的，劳动行政部门可以申请人民法院强制执行。

第二十一条 处罚决定生效后，作出处罚决定的劳动行政部门发现处罚决定不当的，应予以纠正。

第二十二条 劳动行政部门及其工作人员因劳动监察行为违法，给用人单位造成损害的，依照《中华人民共和国国家赔偿法》的有关规定给予赔偿。

第二十三条 劳动监察案件结案后应建立档案。档案包括下列内容：

（一）立案审批表；

（二）调查、询问、勘验笔录、鉴定结论、证明材料等；

（三）案件讨论记录；

（四）案件处理报批表；

（五）处罚决定书；

（六）送达回执；

（七）执行情况记录；

（八）行政复议决定书或者判决书、裁定书副本；

（九）结案审批表；

（十）其他有关材料。

第二十四条 劳动行政部门应按照规定对承办的案件进行统计并填表上报。

劳动行政部门制作的处罚决定书，应当在10日内报送上一级劳动行政部门备案。

第二十五条 本规定中规定的各类文书（式样见附件），由省、自治区、直辖市人民政府劳动行政部门统一印制。

第二十六条 本规定自颁布之日起施行。

附件：劳动监察文书式样（一至八）（本书略）

劳动工资统计资料

一、综　合

全国劳动统计主要指标

指　　标	计量单位	1978 年	1992 年	1994 年	1995 年	1995 年比 1994 年增长(%)
一、全国从业人员年末人数	万人	40 152.0	66 380.0	68 090.0	68 910.0	1.2
1. 城镇从业人员年末人数	万人	9 514.0	15 629.9	16815.9	17 345.8	3.2
(1)全部职工	万人	9 499.4	14 791.9	14 848.7	14 907.9	0.4
国有经济单位	万人	7 451.4	10 888.9	10 890.1	10 955.0	0.6
集体经济单位	万人	2 048.0	3621.2	3 211.3	3 076.0	−4.2
其他经济单位	万人		281.8	747.4	876.9	17.3
(2)城镇其他从业人员	万人			409.8	392.9	−4.1
(3)城镇私营和个体从业人员	万人	14.6	837.9	1 557.4	2 045.0	31.3
2. 乡村从业人员年末人数	万人	30 638.0	43 802.0	44 654.1	44 949.5	
二、全部职工平均人数	万人	9 262.8	14 528.9	14 668.5	14 670.6	0.01
国有经济单位	万人	7 280.8	10 738.0	10 792.5	10 809.2	0.2
集体经济单位	万人	1 982.0	3 524.7	3 153.1	3 006.8	−4.6
其他经济单位	万人		266.2	722.9	854.6	18.2
三、职工工资总额	亿元	568.8	3 939.2	6 656.4	8 100.0	21.7
国有经济单位	亿元	468.6	3 090.4	5 177.1	6 080.2	17.4
集体经济单位	亿元	100.2	743.2	1 023.3	1 182.0	15.5
其他经济单位	亿元		105.6	455.6	637.8	40.0
工资总额中：						
1. 奖金和计件超额工资	亿元	11.3	820.6	1 192.7	1 322.8	10.9
国有经济单位	亿元	11.3	686.2	926.1	1 024.1	10.6
集体经济单位	亿元		112.0	156.5	160.4	2.5
其他经济单位	亿元		22.4	110.2	138.3	25.5
2. 津贴和补贴	亿元		881.4	1 516.2	1 669.6	10.1
国有经济单位	亿元		735.5	1 268.1	1 401.2	10.5
集体经济单位	亿元		131.7	185.1	190.4	2.9
其他经济单位	亿元		14.2	63.0	78.0	23.8
四、职工平均工资	元	615	2 711	4 538	5 500	21.2
国有经济单位	元	644	2 878	4 797	5 625	17.3
集体经济单位	元		2 109	3 245	3 931	21.1
其他经济单位	元		3 966	6 303	7 463	18.4
五、城镇新就业人数	万人	544.4	736.0	715.0	720.0	0.7
六、城镇失业人员年末人数	万人	530.0	363.9	476.4	520.0	9.2
七、全部离休、退休和退职人数	万人	314.0	2 597.0	2 929.0	3 094.0	5.6
八、全部职工保险福利费用	亿元	78.1	1 309.5	1 958.1	2 361.3	20.6
九、社会劳动生产率指数	%		110.3	109.5	107.5	

国民生产总值、国内生产总值、指数及构成(一)

年　份	国民生产总值	国内生产总值	第一产业	第二产业	工业
绝对数(亿元)					
1978	3 624.1	3 624.1	1 018.4	1 745.2	1 607.0
1979	4 038.2	4 038.2	1 258.9	1 913.5	1 769.7
1980	4 517.8	4 517.8	1 359.4	2 192.0	1 996.5
1981	4 860.3	4 862.4	1 545.6	2 255.5	2 048.4
1982	5 301.8	5 294.7	1 761.6	2 383.0	2 162.3
1983	5 957.4	5 934.5	1 960.8	2 646.2	2 375.6
1984	7 206.7	7 171.0	2 295.5	3 105.7	2 789.0
1985	8 989.1	8 964.4	2 541.6	3 866.6	3 448.7
1986	10 201.4	10 202.2	2 763.9	4 492.7	3 967.0
1987	11 954.5	11 962.5	3 204.3	5 251.6	4 585.8
1988	14 922.3	14 928.3	3 831.0	6 587.2	5 777.2
1989	16 917.8	16 909.2	4 228.0	7 278.0	6 484.0
1990	18 598.4	18 547.9	5 017.0	7 717.4	6 858.0
1991	21 662.5	21 617.8	5 288.6	9 102.2	8 087.1
1992	26 651.9	26 638.1	5 800.0	11 699.5	10 284.5
1993	34 560.5	34 634.4	6 882.1	16 428.5	14 143.8
1994	46 495.8	46 622.3	9 457.2	22 372.2	19 359.6
1995	57 650.0	57 733.7	11 365.2	28 274.3	24 718.3
指数(1978年=100)					
1978	100.0	100.0	100.0	100.0	100.0
1979	107.6	107.6	106.1	108.2	108.7
1980	116.0	116.0	104.6	122.9	122.4
1981	122.0	122.1	111.9	125.2	124.5
1982	133.3	123.1	124.8	132.1	131.7
1983	148.2	147.6	135.1	145.8	144.5
1984	170.9	170.0	152.6	166.9	166.0
1985	193.5	192.9	155.4	197.9	196.2
1986	209.9	210.0	160.5	218.2	215.2
1987	234.1	234.3	168.1	248.1	243.6
1988	260.5	260.7	172.3	284.1	280.8
1989	271.5	271.3	177.6	294.8	295.0
1990	283.0	281.7	190.7	304.1	304.9
1991	308.8	307.6	195.2	346.3	348.8
1992	352.2	351.4	204.4	419.5	422.6
1993	398.4	398.8	214.0	502.8	507.5
1994	448.7	449.3	222.6	595.2	603.5
1995	494.6	495.0	232.6	676.2	688.2

注：1. 本表绝对数按当年价格计算，指数按可比价格计算。

2. 全国第三产业普查之后，对国内生产总值、国民生产总值第三产业及其分行业的增加值历史数据进行了调整。

国民生产总值、国内生产总值、指数及构成(二)

年　份	建筑业	第三产业	#运输邮电业	#商业	人均国民生产总值(元/人)
绝对数(亿元)					
1978	138.2	860.5	172.8	265.5	379
1979	143.8	865.8	184.2	220.2	417
1980	195.5	966.4	205.0	213.6	460
1981	207.1	1 061.3	211.1	255.7	489
1982	220.7	1 150.1	236.7	198.6	526
1983	270.6	1 327.5	264.9	231.4	582
1984	316.7	1 769.8	327.1	412.4	695
1985	417.9	2 556.2	406.9	878.4	855
1986	525.7	2 945.6	475.6	943.2	956
1987	665.8	3 506.6	544.9	1 159.3	1 103
1988	810.0	4 510.1	661.0	1 618.0	1 355
1989	794.0	5 403.2	786.0	1 687.0	1 512
1990	859.4	5 813.5	1 147.5	1 419.7	1 638
1991	1 015.1	7 227.0	1 409.7	2 087.0	1 882
1992	1 415.0	9 138.6	1 681.8	2 735.0	2 288
1993	2 284.7	11 323.8	2 123.2	3 090.7	2 933
1994	3 012.6	14 792.9	2 685.9	4 075.5	3 901
1995	3 556.0	18 094.2	3 236.5	5 094.4	4 757
指数(1978年＝100)					
1978	100.0	100.0	100.0	100.0	100.0
1979	102.0	107.8	107.7	108.8	106.1
1980	129.2	114.2	113.8	107.4	113.0
1981	133.3	126.2	116.0	139.6	117.4
1982	137.9	142.6	129.5	145.1	126.4
1983	161.4	164.3	142.5	176.8	138.5
1984	179.0	196.1	163.8	214.8	157.6
1985	218.7	231.9	185.9	276.8	176.0
1986	253.4	260.0	209.7	306.1	188.2
1987	298.7	297.4	230.7	347.3	206.5
1988	322.5	336.7	261.5	396.9	226.1
1989	295.3	354.8	273.8	363.8	232.1
1990	298.8	363.0	297.2	346.5	238.4
1991	327.4	395.0	330.5	362.1	256.6
1992	396.2	444.0	365.2	409.4	289.1
1993	467.5	491.3	410.5	436.4	323.3
1994	531.5	538.3	449.5	472.8	360.0
1995	583.6	581.4	492.2	514.0	389.7

国民生产总值、国内生产总值、指数及构成(三)

年　份	国民生产总值	国内生产总值	第一产业	第二产业	工业
指数(上年＝100)					
1978	111.7	111.7	104.1	115.0	116.4
1979	107.6	107.6	106.1	108.2	108.7
1980	107.8	107.8	98.5	113.6	112.7
1981	105.2	105.2	107.0	101.9	101.7
1982	109.3	109.1	111.5	105.6	105.8
1983	111.1	110.9	108.3	110.4	109.7
1984	115.3	115.2	112.9	114.5	114.9
1985	113.2	113.5	101.8	118.6	118.2
1986	108.5	108.8	103.3	110.2	109.6
1987	111.5	111.6	104.7	113.7	113.2
1988	111.3	111.3	102.5	114.5	115.3
1989	104.2	104.1	103.1	103.8	105.1
1990	104.2	103.8	107.3	103.2	103.4
1991	109.1	109.2	102.4	113.9	114.4
1992	114.1	114.2	104.7	121.2	121.2
1993	113.1	113.5	104.7	119.9	120.1
1994	112.6	112.6	104.0	118.4	118.9
1995	110.2	110.2	104.5	113.6	114.0
构　成　(%)					
1978		100.0	28.1	48.2	44.3
1979		100.0	31.2	47.4	43.8
1980		100.0	30.1	48.5	44.2
1981		100.0	31.8	46.4	42.1
1982		100.0	33.3	45.0	40.8
1983		100.0	33.0	44.6	40.0
1984		100.0	32.0	43.3	38.9
1985		100.0	28.4	43.1	38.5
1986		100.0	27.1	44.0	38.9
1987		100.0	26.8	43.9	38.3
1988		100.0	25.7	44.1	38.7
1989		100.0	25.0	43.0	38.4
1990		100.0	27.1	41.6	37.0
1991		100.0	24.5	42.1	37.4
1992		100.0	21.8	43.9	38.6
1993		100.0	19.9	47.4	40.8
1994		100.0	20.3	48.0	41.6
1995		100.0	19.6	49.1	42.9

国民生产总值、国内生产总值、指数及构成(四)

年　份	建筑业	第三产业	#运输邮电业	#商业	人均国民生产总值
指数(上年=100)					
1978	99.4	113.7	108.9	123.1	110.2
1979	102.0	107.8	107.7	108.8	106.1
1980	126.7	105.9	105.7	98.7	106.5
1981	103.2	110.4	101.9	130.0	103.9
1982	103.4	113.0	111.7	103.9	107.7
1983	117.1	115.2	110.0	121.9	109.5
1984	110.9	119.4	115.0	121.5	113.8
1985	122.2	118.3	113.5	128.9	111.7
1986	115.9	112.1	112.8	110.6	106.9
1987	117.9	114.4	110.0	113.5	109.7
1988	108.0	113.2	113.3	114.3	109.5
1989	91.6	105.4	104.7	91.7	102.6
1990	101.2	102.3	108.6	95.2	102.7
1991	109.6	108.8	111.2	104.5	107.6
1992	121.0	112.4	110.5	113.1	112.7
1993	118.0	110.6	112.4	106.6	111.8
1994	113.7	109.6	109.5	108.4	111.4
1995	109.8	108.0	109.5	108.7	108.2
构　成　(%)					
1978	3.8	23.7	4.8	7.3	
1979	3.6	21.4	4.6	5.5	
1980	4.3	21.4	4.5	4.7	
1981	4.3	21.8	4.3	5.3	
1982	4.2	21.7	4.5	3.8	
1983	4.6	22.4	4.5	3.9	
1984	4.4	24.7	4.6	5.8	
1985	4.7	28.5	4.5	9.8	
1986	5.2	28.9	4.7	9.3	
1987	5.6	29.3	4.6	9.7	
1988	5.4	30.2	4.4	10.8	
1989	4.7	32.0	4.7	10.0	
1990	4.6	31.3	6.2	7.7	
1991	4.7	33.4	6.5	9.7	
1992	5.3	34.3	6.3	10.3	
1993	6.6	32.7	6.1	8.9	
1994	6.5	31.7	5.7	8.8	
1995	6.2	31.3	5.8	8.5	

城镇新安置的就业人数

单位：万人

年份	合计	按就业人员的主要来源分组				按就业人员的安置去向分组			
		城镇从业人员	乡村从业人员	大中专、技校毕业生	其他	国有经济单位	城镇集体经济单位	其他各种经济单位	从事个体劳动
1978	544.4	274.9	148.4	37.7	83.4	392.0	152.4		
1979	902.6	688.5	70.8	33.4	109.9	567.5	318.1		17.0
1980	900.0	622.5	127.4	80.0	70.1	572.2	278.0		49.8
1981	820.0	534.3	92.0	107.9	85.8	521.0	267.1		31.9
1982	665.0	408.1	66.0	117.4	73.5	409.3	222.3		33.4
1983	628.3	406.5	68.2	93.4	60.2	373.7	170.6		84.0
1984	721.5	449.7	123.0	81.7	67.1	415.6	197.3		108.6
1985	813.6	502.3	150.2	88.5	72.6	499.1	203.8		110.7
1986	793.1	431.6	166.5	99.3	95.7	536.3	223.8		33.0
1987	799.1	411.7	166.8	117.1	103.5	499.4	214.0		85.7
1988	844.3	422.6	159.9	130.8	131.0	492.2	263.2		88.9
1989	619.8	276.6	120.0	145.2	78.0	391.3	191.5		37.0
1990	759.0	390.0	110.0	161.0	98.0	504.3	214.7	35.0	40.0
1991	760.0	295.0	140.0	173.0	157.0	363.0	272.0	70.0	60.0
1992	736.0	296.6	160.0	187.1	92.3	366.9	218.2	77.5	73.4
1993	705.0	292.0	185.0	193.0	35.0	310.0	202.0	98.0	95.0
1994	715.0	284.0	195.0	198.0	38.0	294.0	181.0	115.0	125.0
1995	720.0	270.0	220.0	210.0	20.0	260.0	170.0	155.0	135.0

城镇失业人数及失业率

年份	城镇失业人数（万人）	#失业青年	占城镇失业人数（%）	失业率（%）
1978	530.0	249.1	47.0	5.3
1979	567.6	258.2	45.5	5.4
1980	541.5	382.5	70.6	4.9
1981	439.5	343.0	78.0	3.8
1982	379.4	293.8	77.4	3.2
1983	271.4	222.0	81.8	2.3
1984	235.7	195.9	83.1	1.9
1985	238.5	196.9	82.6	1.8
1986	264.4	209.3	79.2	2.0
1987	276.6	235.1	85.0	2.0
1988	296.2	245.3	82.8	2.0
1989	377.9	309.0	81.8	2.6
1990	383.2	312.7	81.6	2.5
1991	352.2	288.4	81.9	2.3
1992	363.9	322.9	88.7	2.3
1993	420.1	331.9	79.0	2.6
1994	476.4	301.0	63.2	2.8
1995	519.6	310.2	59.7	2.9

城镇居民消费价格总指数和零售物价总指数

年　份	城镇居民消费价格总指数		零售物价总指数	
	以上年价格为 100	以 1950 年价格为 100	以上年价格为 100	以 1950 年价格为 100
1951	112.5	112.5	112.2	112.2
1952	102.7	115.5	99.6	111.8
1953	105.1	121.4	103.4	115.6
1954	101.4	123.1	102.3	118.3
1955	100.3	123.5	101.0	119.5
1956	99.9	123.4	100.0	119.5
1957	102.6	126.6	101.5	121.3
1958	98.9	125.2	100.2	121.6
1959	100.3	125.6	100.9	122.7
1960	102.5	128.8	103.1	126.5
1961	116.1	149.6	116.2	147.0
1962	103.8	155.3	103.8	152.6
1963	94.1	146.1	94.1	143.6
1964	96.3	140.7	96.3	138.3
1965	98.8	139.0	97.3	134.6
1966	98.8	137.3	99.7	134.2
1967	99.4	136.4	99.3	133.2
1968	100.1	136.5	100.1	133.3
1969	101.0	137.8	98.9	131.8
1970	100.0	137.8	99.8	131.5
1971	99.9	137.7	99.3	130.5
1972	100.2	137.9	99.8	130.2
1973	100.1	138.0	100.6	131.0
1974	100.7	138.9	100.5	131.7
1975	100.4	139.5	100.2	131.9
1976	100.3	139.9	100.3	132.3
1977	102.7	143.7	102.0	135.0
1978	100.7	144.7	100.7	135.9
1979	101.9	147.4	102.0	138.6
1980	107.5	158.5	106.0	146.9
1981	102.5	162.5	102.4	150.4
1982	102.0	165.8	101.9	153.3
1983	102.0	169.1	101.5	155.6
1984	102.7	173.7	102.8	160.0
1985	111.9	194.4	108.8	174.1
1986	107.0	208.0	106.0	184.5
1987	108.8	226.3	107.3	198.0
1988	120.7	273.1	118.5	234.6
1989	116.3	317.6	117.8	276.4
1990	101.3	321.7	102.1	282.2
1991	105.1	338.1	102.9	290.4
1992	108.6	367.2	105.4	313.9
1993	116.1	426.3	113.2	355.4
1994	125.0	532.9	121.7	432.5
1995	116.8	622.4	114.8	496.5

各地区居民消费价格指数和商品零售价格指数

（1995 年，上年＝100）

地区	居民消费价格指数			商品零售价格指数		
	全省（自治区、直辖市）	城镇	农村	全省（自治区、直辖市）	城镇	农村
全国总计	117.1	116.8	117.5	114.8	113.5	116.4
北京	117.3			112.6		
天津	115.3			110.6		
河北	115.2	116.1	114.8	115.8	115.2	116.6
山西	116.9	116.7	117.2	115.6	114.5	116.9
内蒙古	117.5	117.1	118.0	116.8	115.4	118.9
辽宁	116.1	116.1	116.0	114.0	113.6	115.0
吉林	115.2	115.1	115.6	114.2	114.0	115.4
黑龙江	116.1	115.9	116.2	114.3	113.7	115.7
上海	118.7			113.0		
江苏	115.8	116.2	115.3	114.3	112.5	115.6
浙江	116.6	117.0	116.4	113.5	113.0	114.3
安徽	114.8	115.9	113.7	112.7	113.1	112.3
福建	115.2	116.4	114.4	114.4	114.3	114.7
江西	116.9	116.9	117.0	115.9	115.0	116.9
山东	117.6	116.8	117.9	114.2	113.2	116.2
河南	116.5	116.9	116.3	114.9	113.3	116.5
湖北	120.0	120.1	119.9	116.6	115.1	118.3
湖南	119.0	118.1	119.5	115.5	114.5	116.8
广东	114.0	113.1	115.3	111.6	110.8	112.7
广西	118.4	118.0	118.6	116.4	115.0	117.7
海南	113.5	110.6	118.4	111.3	108.7	115.5
四川	118.5	119.0	118.3	117.0	115.8	118.2
贵州	121.4	119.5	124.7	117.2	115.2	120.1
云南	121.3	120.3	121.8	118.1	116.3	120.1
西藏						
陕西	119.0	118.0	119.9	117.0	115.3	119.4
甘肃	119.8	118.9	120.3	116.5	115.7	118.3
青海	118.0	119.7	115.7	116.3	115.9	116.7
宁夏	117.1	117.3	116.4	115.3	114.7	115.9
新疆	119.7	118.4	122.5	116.7	115.7	118.3

城镇居民家庭基本情况

项　　目	单位	1993 年	1994 年	1995 年
一、调查户数	户	35 390	34 940	35 520
二、平均每户家庭人口数	人	3.31	3.28	3.23
三、平均每户就业人口数	人	1.92	1.88	1.87
四、平均每户就业面	%	58.00	57.32	57.89
五、平均每一就业者负担人数（包括就业者本人）	人	1.72	1.74	1.73
六、平均每人全年全部收入	元	2 583.16	3 502.31	4 288.09
七、平均每人全年生活费支出	元	2 110.81	2 851.34	3 537.57
食品	元	1 058.20	1 422.49	1 766.02
衣着	元	300.61	390.38	479.20
家庭设备用品及服务	元	184.96	251.42	296.94
医疗保健	元	56.89	82.89	110.11
交通和通讯	元	80.63	132.68	171.01
娱乐教育文化服务	元	194.01	250.75	312.71
居住	元	140.01	193.16	250.18
住房	元	52.93	79.00	103.62
水、电、燃料及其他	元	87.08	114.16	146.56
杂项商品和服务	元	95.50	127.56	151.39

全国技工学校学生和教职工情况

单位：人

	1992 年	1994 年	1995 年	1995 年比 1994 年增长（%）
学校所数（所）	4 392	4 430	4 521	2.1
一、学生情况				
1. 招生数	601 795	714 394	746 237	4.5
2. 在校生数合计	1 556 040	1 870 869	1 890 095	1.0
一年制	4 527	15 196	12 573	−17.3
二年制	166 391	393 482	455 225	15.7
三年制	1 385 122	1 462 191	1 422 297	−2.7
3. 毕业生数	457 022	556 804	684 601	23.0
二、教职工情况				
教职工数合计	336 493	340 132	336 664	−1.0
1. 校本部教职工	265 377	268 276	268 233	
文化技术理论课教师	110 819	114 387	115 372	0.7
生产实习指导教师	38 040	38 475	39 106	1.6
教辅人员	18 618	18 900	19 029	0.7
行政人员	53 343	51 553	51 110	−0.9
工勤人员	44 557	44 961	43 616	−3.0
2. 实习工厂职工	50 027	50 620	48 349	−4.5
管理人员	8 402	8 062	7 688	−4.6
专业技术人员	6 823	8 084	7 886	−2.4
工人	34 802	34 474	32 775	−4.9
3. 临时职工	21 089	21 236	20 082	−5.4

技工学校按行业分类学生和生产实习指导教师情况

（1995 年）

单位：人

行业	招生数合计	#国务院部委技校	在校生数合计	#国务院部委技校	毕业生数合计	#国务院部委技校	生产实习指导教师数
总计	740 460	124 578	1 885 899	375 592	681 465	139 915	39 106
一、农、林、牧、渔、水利业	14 493	895	38 647	2 904	18 849	1 067	1 734
二、机械制造、加工业	155 149	31 718	411 974	96 084	152 581	33 046	12 048
三、地质矿产业	5 672	2 842	17 252	7 815	6 013	2 899	440
四、冶金工业	26 775	3 317	70 146	8 925	27 299	2 991	908
五、煤炭工业	24 820	16 349	64 675	43 090	24 992	16 521	1 287
六、电力工业	18 268	9 790	51 097	35 332	18 109	12 330	1 202
七、石油工业	13 727	10 757	47 223	37 165	20 225	16 771	1 222
八、化学工业	29 485	3 448	73 536	7 639	28 356	3 529	1 060
九、有色金属工业	5 784	3 135	17 351	10 371	6 073	4 276	199
十、轻工业（食品、烟草、造纸、皮毛、印刷、服装等）	28 010	1 421	65 018	3 736	26 472	1 262	855
十一、纺织工业	27 783	559	58 315	952	17 900	163	593
十二、电子、仪器、仪表	39 646	1 959	84 868	6 138	22 594	2 198	1 346
十三、电工、电气	53 951	4 598	142 954	14 281	45 631	5 221	2 402
十四、医药、医疗	8 406	201	22 770	513	9 600	320	259
十五、建材、建工、城建	32 478	3 186	85 599	9 514	32 724	3 764	1 169
十六、交通运输	60 299	13 951	149 642	43 276	50 464	14 611	4 216
十七、邮电通讯	6 926	4 309	22 180	14 488	8 046	5 376	477
十八、商业、饮食、旅游、服务业	84 766	1 876	201 713	5 146	83 406	1 505	1 946
十九、其他	104 022	10 267	260 939	28 223	82 131	12 065	5 743

全国从业人员年末人数(一)

单位:万人

年份	从业人员 合计	从业人员 占人口(%)	职工人数	城镇个体从业人员	乡村从业人员	按产业分 第一产业	按产业分 第二产业	按产业分 第三产业
1952	20 729	36.1	1 603	883	18 243	17 317	1 531	1 881
1953	21 364	36.3	1 856	898	18 610	17 747	1 715	1 902
1954	21 832	36.2	2 002	742	19 088	18 151	1 882	1 799
1955	22 328	36.3	2 162	640	19 526	18 592	1 913	1 823
1956	23 018	36.6	2 977	16	20 025	18 544	2 468	2 006
1957	23 771	36.8	3 101	104	20 566	19 309	2 142	2 320
1958	26 600	40.3	5 194	106	21 300	15 490	7 076	4 034
1959	26 173	38.9	5 275	114	20 784	16 271	5 402	4 500
1960	25 880	39.1	5 969	150	19 761	17 016	4 112	4 752
1961	25 590	38.9	5 171	165	20 254	19 747	2 856	2 987
1962	25 910	38.5	4 321	216	21 373	21 276	2 059	2 575
1963	26 640	38.5	4 372	231	22 037	21 966	2 038	2 636
1964	27 736	39.3	4 601	227	22 908	22 801	2 183	2 752
1965	28 670	39.5	4 965	171	23 534	23 396	2 408	2 866
1966	29 805	40.0	5 198	156	24 451	24 297	2 600	2 908
1967	30 814	40.3	5 305	141	25 368	25 165	2 661	2 988
1968	31 915	40.6	5 504	126	26 285	26 063	2 743	3 109
1969	33 225	41.2	5 714	111	27 400	27 117	3 030	3 078
1970	34 432	41.5	6 216	96	28 120	27 811	3 518	3 103
1971	35 620	41.8	6 787	81	28 752	28 397	3 990	3 233
1972	35 854	41.1	7 134	66	28 654	28 283	4 276	3 295
1973	36 652	41.1	7 337	51	29 264	28 857	4 492	3 303
1974	37 369	41.1	7 651	36	29 682	29 218	4 712	3 439
1975	38 168	41.3	8 198	24	29 946	29 456	5 152	3 560
1976	38 834	41.4	8 673	19	30 142	29 443	5 611	3 780
1977	39 377	41.5	9 112	15	30 250	29 340	5 831	4 206
1978	40 152	41.7	9 499	15	30 638	28 373	7 067	4 712
1979	41 024	42.1	9 967	32	31 025	28 692	7 340	4 992
1980	42 361	42.9	10 444	81	31 836	29 181	7 836	5 344
1981	43 725	43.7	10 940	113	32 672	29 836	8 132	5 757
1982	45 295	44.6	11 281	147	33 867	30 917	8 479	5 899
1983	46 436	45.1	11 515	231	34 690	31 209	8 814	6 413
1984	48 197	46.2	11 890	339	35 968	30 927	9 728	7 542
1985	49 873	47.1	12 358	450	37 065	31 187	10 524	8 162
1986	51 282	47.7	12 809	483	37 990	31 311	11 356	8 615
1987	52 783	48.3	13 214	569	39 000	31 720	11 869	9 194
1988	54 334	48.9	13 608	659	40 067	32 308	12 295	9 731
1989	55 329	49.1	13 742	648	40 939	33 284	12 116	9 929
1990	56 740	49.6	14 059	671	42 010	34 049	12 158	10 533
1991	65 590	56.6	14 508	764	43 093	39 157	14 036	12 397
1992	66 380	56.7	14 792	837	43 802	38 832	14 405	13 143
1993	67 240	56.7	14 849	1 116	44 256	37 923	15 062	14 255
1994	68 090	56.8	14 849	1 557	44 654	36 973	15 456	15 661
1995	68 910	56.9	14 908	2 045	45 042	35 971	15 849	17 090

全国从业人员年末人数(二)

单位:万人

年份	构成(以合计为100) 第一产业	第二产业	第三产业	农业从业人员	非农业从业人员
1952	83.5	7.4	9.1	17 317	3 412
1953	83.1	8.0	8.9	17 747	3 617
1954	83.1	8.6	8.2	18 151	3 681
1955	83.3	8.6	8.2	18 592	3 736
1956	80.6	10.7	8.7	18 544	4 474
1957	81.2	9.0	9.8	19 309	4 462
1958	58.2	26.6	15.2	15 490	11 110
1959	62.2	20.6	17.2	16 271	9 902
1960	65.7	15.9	18.4	17 016	8 864
1961	77.2	11.2	11.7	19 747	5 843
1962	82.1	7.9	9.9	21 276	4 634
1963	82.5	7.7	9.9	21 966	4 674
1964	82.2	7.9	9.9	22 801	4 935
1965	81.6	8.4	10.0	23 396	5 274
1966	81.5	8.7	9.8	24 297	5 508
1967	81.7	8.6	9.7	25 165	5 649
1968	81.7	8.6	9.7	26 063	5 852
1969	81.6	9.1	9.3	27 117	6 108
1970	80.8	10.2	9.0	27 811	6 621
1971	79.7	11.2	9.1	28 397	7 223
1972	78.9	11.9	9.2	28 283	7 571
1973	78.7	12.3	9.0	28 857	7 795
1974	78.2	12.6	9.2	29 218	8 151
1975	77.2	13.5	9.3	29 456	8 712
1976	75.8	14.4	9.7	29 443	9 391
1977	74.5	14.8	10.7	29 340	10 037
1978	70.7	17.6	11.7	28 373	11 779
1979	69.9	17.9	12.2	28 692	12 332
1980	68.9	18.5	12.6	29 181	13 180
1981	68.2	18.6	13.2	29 836	13 889
1982	68.3	18.7	13.0	30 917	14 378
1983	67.2	19.0	13.8	31 209	15 227
1984	64.2	20.2	15.6	30 927	17 270
1985	62.5	21.1	16.4	31 187	18 686
1986	61.1	22.1	16.8	31 311	19 971
1987	60.1	22.5	17.4	31 720	21 063
1988	59.5	22.6	17.9	32 308	22 026
1989	60.2	21.9	17.9	33 284	22 045
1990	60.0	21.4	18.6	34 049	22 691
1991	59.7	21.4	18.9	39 157	26 433
1992	58.5	21.7	19.8	38 832	27 548
1993	56.4	22.4	21.2	37 923	29 317
1994	54.3	22.7	23.0	36 973	31 117
1995	52.2	23.0	24.8	35 971	32 939

分行业从业人员年末人数

单位:万人

年份	合计	农、林、牧、渔业	采掘业	制造业	电力、煤气及水的生产和供应业	建筑业	地质普查业、水利管理业	交通运输、仓储及邮电通讯业
1978	40 152	28 318	652	5 332	107	854	178	750
1979	41 024	28 634	670	5 516	112	91	185	781
1980	42 361	29 122	697	5 899	118	993	188	805
1981	43 725	29 777	728	6 122	125	1 028	188	844
1982	45 295	30 859	747	6 329	128	1 142	191	878
1983	46 436	31 151	758	6 508	131	1 282	193	936
1984	48 197	30 868	767	7 029	134	1 660	197	1 122
1985	49 873	31 130	795	7 412	142	2 035	197	1 279
1986	51 282	31 254	809	8 019	152	2 236	197	1 376
1987	52 783	31 663	819	8 359	164	2 384	200	1 453
1988	54 334	32 249	832	8 652	177	2 491	204	1 521
1989	55 329	33 225	842	8 547	180	2 407	199	1 522
1990	56 740	34 117	882	8 624	192	2 424	197	1 566
1991	65 590	34 956	905	8 839	203	2 482	199	1 617
1992	66 380	34 795	898	9 106	215	2 660	202	1 674
1993	67 240	33 966	932	9 295	240	3 050	144	1 688
1994	68 090	33 386	915	9 613	246	3 188	139	1 864
1995	68 910	33 018	932	9 803	258	3 322	135	1 942

年份	批发和零售贸易、餐饮业	金融、保险业	房地产业	社会服务业	卫生、体育和社会福利事业	教育、文化艺术和广播电视事业	科学研究和综合技术服务事业	国家机关、政党机关和社会团体	其他
1978	1 140	76	31	179	363	1 093	92	467	521
1979	1 232	86	34	210	386	1 131	100	505	527
1980	1 363	99	37	276	389	1 147	113	527	588
1981	1 491	107	38	305	375	1 095	127	556	819
1982	1 576	113	38	322	399	1 128	132	611	702
1983	1 732	117	37	367	415	1 151	133	646	879
1984	1 994	127	36	439	435	1 204	137	743	1305
1985	2 306	138	36	401	467	1 273	144	799	1 319
1986	2 413	152	38	466	482	1 324	152	873	1 338
1987	2 576	170	39	501	496	1 375	158	925	1 502
1988	2 743	194	42	534	508	1 403	161	971	1 655
1989	2 770	205	43	550	518	1 426	165	1 022	1 709
1990	2 839	218	44	594	536	1 457	173	1 079	1 798
1991	2 998	234	48	604	553	1 497	179	1 136	1 910
1992	3 209	248	54	643	565	1 520	183	1 148	2 313
1993	3 459	270	66	543	416	1 210	173	1 030	3 740
1994	3 921	264	74	626	434	1 436	178	1 033	4 155
1995	4 292	276	80	703	444	1 476	182	1 042	4 485

分行业城镇私营和个体从业人员年末人数

单位:万人

年 份	合 计	农、林、牧、渔业	采掘业	制造业	电力、煤气及水的生产和供应业	建筑业	地质普查业、水利管理业
1978	15.0			3.0		1.0	
1980	81.4	0.2		9.5		0.4	
1983	230.7	0.2		23.7		1.3	
1984	339.4	1.1		37.8		3.5	
1985	450.1	1.9		51.4		5.1	
1986	483.1	1.9		60.0		5.1	
1987	568.8	1.7		74.3		6.5	
1988	659.3	4.2		90.3		9.7	
1989	648.2	2.6		84.5		4.9	
1990	670.5	0.6		91.3		4.6	
1991	759.5	0.4		128.0		7.8	0.1
1992	837.9			129.6		5.9	
1993	1 115.7		6.7	167.3	8.1	10.8	
1994	1 557.4	5.4		271.8		17.9	
1995	2 045.0	13.4	10.2	339.0		28.1	

年 份	交通运输、仓储及邮电通讯业	批发和零售贸易、餐饮业	社会服务业	卫生、体育和社会福利事业	教育、文化艺术和广播电视事业	科学研究和综合技术服务事业	其 他
1978	1.0	9.0	1.0				
1980	0.8	57.1	13.0	0.4			
1983	3.8	171.0	29.5	1.0	0.2		
1984	12.5	241.7	40.8	1.0	1.0		
1985	22.3	325.0	40.9	2.8	0.7		
1986	24.4	336.7	50.6	3.1	1.2	0.1	
1987	30.6	390.7	58.6	4.0	2.3	0.1	
1988	39.5	442.9	65.6	4.1	2.8	0.2	
1989	34.1	443.1	71.7	3.9	3.1	0.3	
1990	36.4	431.2	94.3	7.0	3.9	1.2	
1991	46.1	489.0	78.2	4.2	4.9	0.8	
1992	47.5	550.7	90.9			2.7	10.6
1993	62.3	714.9	120.8		5.0	7.0	12.8
1994	95.7	973.5	167.0				26.0
1995	111.0	1 265.8	241.9				35.6

分行业乡村从业人员年末人数 单位:万人

年份	合计	农、林牧、渔业	采掘业	制造业	电力、煤气及水的生产和供应业	建筑业	交通运输、仓储及邮电通讯业
1978	30 638	27 488		1 734		230	80
1979	31 025	27 835		1 756		233	81
1980	31 836	28 334		1 942		283	90
1981	32 672	28 980		1 981		297	101
1982	33 867	30 062		2 073		379	115
1983	34 690	30 350		2 168		483	161
1984	35 968	30 080		2 549		811	317
1985	37 065	30 351		2 741		1 130	434
1986	37 990	30 468		3 139		1 309	506
1987	39 000	30 870		3 297		1 431	562
1988	40 067	31 456		3 413		1 526	607
1989	40 939	32 441		3 256		1 502	614
1990	42 010	33 336		3 229		1 523	635
1991	43 093	34 186		3 268		1 534	655
1992	43 802	34 037		3 468		1 659	706
1993	44 256	33 258		3 659		1 887	800
1994	44 654	32 690		3 849		2 057	908
1995	45 042	32 335		3 971		2 204	983

年份	批发和零售贸易、餐饮业	金融、保险业	社会服务业	卫生、体育和社会福利事业	教育、文化艺术和广播电视事业	科学研究和综合技术服务事业	国家机关、政党机关和社会团体	其他
1978	52	11	12	116	357		37	521
1979	53	11	13	117	362		37	527
1980	67	10	45	102	330	8	37	588
1981	75	10	46	73	238	16	36	819
1982	83	11	47	87	260	14	34	702
1983	137	11	69	92	273	12	55	879
1984	299	12	122	99	288	12	74	1305
1985	463	12	89	122	310	13	81	1 319
1986	532	14	126	125	315	15	103	1 338
1987	607	16	138	127	314	16	120	1 502
1988	657	20	150	129	309	17	128	1 655
1989	652	21	151	132	306	18	137	1 709
1990	693	23	156	137	310	20	150	1 798
1991	723	26	157	139	311	22	162	1 910
1992	814	25	166	144	308	21	152	2 302
1993	949	32						3 671
1994	1 084							4 065
1995	1 170							4 380

分地区全部从业人员年末人数

单位：万人

地　　区	1978 年	1992 年	1994 年	1995 年	1995 年比 1994 年增长(%)
全国总计	40 152.0	59 431.5	68 090.0	68 910.0	1.2
北　京	441.6	668.6	681.7	669.5	-1.8
天　津	366.7	472.1	490.5	489.7	-0.2
河　北	2 171.8	3 179.3	3 303.7	3 367.3	1.9
山　西	965.2	1 402.7	1 447.9	1 460.4	0.9
内蒙古	359.1	979.4	1 012.1	1 024.5	1.2
辽　宁	1 372.9	1 954.1	2 009.2	2 034.0	1.3
吉　林	744.7	1 224.5	1 250.2	1 254.5	0.3
黑龙江	1071.4	1 477.1	1 524.3	1 552.4	1.8
上　海	698.5	764.1	763.2	768.0	0.6
江　苏	2 840.4	3 729.4	3 756.4	3 765.4	0.2
浙　江	1 779.1	2 625.2	2 694.0	2 700.7	0.3
安　徽	1 890.5	2 982.7	3 119.4	3 206.8	2.8
福　建	918.0	1 489.9	1 551.6	1 567.0	1.0
江　西	1 180.0	1 870.3	2 008.4	2 059.2	2.5
山　东	3 025.4	4 405.1	4 546.3	4 625.4	1.7
河　南	2 803.7	4 386.6	4 608.9	4 696.7	1.9
湖　北	1 928.1	2 567.0	2 672.8	2 707.0	1.3
湖　南	2 290.1	3 308.8	3 440.2	3 506.1	1.9
广　东	2 512.0	3 397.0	3 569.1	3 656.8	2.5
广　西	1 457.1	2 217.4	2 336.4	2 382.5	2.0
海　南		321.2	335.5	335.3	-0.1
四　川	4 207.7	6 202.5	6 256.8	6 335.3	1.3
贵　州	1 052.5	1 741.8	1 825.6	1 857.1	1.7
云　南	1 313.4	2 065.2	2 147.3	2 186.3	1.8
西　藏	92.1	111.0	112.7	113.7	0.9
陕　西	1 098.3	1 699.6	1 746.7	1 774.4	0.9
甘　肃	693.3	1 112.7	1 151.0	1 159.4	0.7
青　海	144.8	216.0	222.9	226.0	1.4
宁　夏	139.4	224.4	235.5	243.6	3.4
新　疆	487.7	635.7	649.7	662.2	1.9

分地区城镇从业人员年末人数

单位:万人

地　区	1978年	1992年	1994年	1995年	1995年比1994年增长(%)
全国总计	9 514.0	15 629.8	16 816.1	17 345.8	3.2
北　京	282.9	489.9	510.1	506.0	−0.8
天　津	217.5	299.7	318.5	319.8	0.4
河　北	445.2	708.4	761.7	793.8	4.2
山　西	268.5	480.5	509.8	513.4	0.7
内蒙古	129.1	418.1	432.5	435.0	0.6
辽　宁	646.1	1 100.6	1 151.9	1 167.9	1.4
吉　林	353.0	577.9	606.6	623.4	2.8
黑龙江	624.9	928.6	949.0	968.9	2.1
上　海	422.3	520.3	530.3	537.6	1.4
江　苏	583.0	927.7	973.8	992.4	9.5
浙　江	313.8	525.8	592.7	603.7	1.9
安　徽	309.7	550.3	576.7	614.6	6.6
福　建	206.4	370.6	417.4	418.5	0.3
江　西	268.1	441.5	485.4	503.1	3.7
山　东	470.1	872.1	984.6	1 052.9	6.9
河　南	419.9	785.3	891.6	923.7	3.6
湖　北	459.6	761.9	846.7	896.6	5.9
湖　南	364.2	619.6	716.0	750.0	4.8
广　东	597.8	960.7	1 076.0	1 137.6	5.7
广　西	237.6	367.2	401.2	417.9	4.2
海　南		125.0	134.2	132.4	−1.3
四　川	654.3	1 034.1	1 097.6	1 157.6	5.5
贵　州	170.0	257.3	270.8	269.4	−0.5
云　南	216.3	323.1	345.5	351.0	1.6
西　藏	18.7	19.4	18.9	21.4	13.2
陕　西	256.8	414.2	436.7	449.5	2.9
甘　肃	158.7	264.2	283.1	283.4	0.1
青　海	47.7	72.3	73.0	73.3	0.4
宁　夏	44.6	75.2	78.6	81.1	3.2
新　疆	227.1	338.3	344.9	349.7	1.4

分地区乡村从业人员年末人数

单位:万人

地　　区	1978年	1992年	1994年	1995年	1995年比1994年增长(%)
全国总计	30 638.0	43 801.6	44 654.0	45 041.8	0.7
北　　京	161.7	178.7	171.6	163.5	－4.7
天　　津	149.2	172.4	172.0	169.9	－1.2
河　　北	1 726.6	2470.9	2 542.8	2 573.5	1.2
山　　西	696.7	922.2	938.1	947.0	1.0
内 蒙 古	230.0	561.3	579.6	589.5	1.7
辽　　宁	726.8	853.5	857.3	866.1	1.0
吉　　林	391.7	646.6	643.6	631.1	－1.9
黑 龙 江	446.5	548.5	575.4	583.5	1.4
上　　海	276.2	243.8	232.9	230.4	－1.1
江　　苏	2 257.4	2 801.7	2 782.6	2 773.0	－0.4
浙　　江	1 465.3	2 099.4	2 101.3	2 097.0	－0.2
安　　徽	1 580.8	2 432.4	2 542.8	2 592.2	1.9
福　　建	711.6	1 119.3	1 134.2	1 148.5	1.3
江　　西	911.9	1 428.8	1 523.1	1 556.1	2.2
山　　东	2 555.3	3 533.0	3 561.7	3 572.5	0.3
河　　南	2 383.8	3 601.3	3 717.3	3 773.0	1.5
湖　　北	1 468.5	1 805.1	1 826.2	1 810.4	－0.9
湖　　南	1 925.9	2 689.2	2 724.2	2 756.1	1.2
广　　东	1 914.2	2 436.3	2 493.1	2 519.2	1.1
广　　西	1 219.5	1 850.2	1 935.2	1 964.6	1.5
海　　南		196.2	201.4	202.9	0.8
四　　川	3 553.4	5 168.4	5 159.2	5 177.7	0.4
贵　　州	882.5	1 484.5	1 554.8	1 587.7	2.1
云　　南	1 097.1	1 742.1	1 801.5	1 835.3	1.9
西　　藏	73.4	91.6	92.4	92.3	－0.1
陕　　西	841.5	1 285.4	1 310.1	1 324.9	1.1
甘　　肃	534.6	848.5	868.0	876.0	0.9
青　　海	97.1	143.7	150.0	152.7	1.8
宁　　夏	94.8	149.2	157.0	162.5	3.5
新　　疆	260.6	297.4	304.8	312.5	2.5

分地区城镇私营和个体从业人员年末人数

单位:万人

地　　区	1978年	1992年	1994年	1995年	1995年比1994年增长(%)
全国总计	15.0	837.9	1 557.4	2 045.0	31.3
北　京	0.1	13.3	21.6	23.7	9.7
天　津	0.1	5.7	16.2	20.1	24.1
河　北	0.1	20.0	44.4	78.4	76.6
山　西	0.1	18.2	27.8	34.5	24.1
内蒙古	0.1	25.4	38.1	44.3	1.3
辽　宁	0.1	55.4	93.8	118.0	9.2
吉　林	0.2	36.4	67.6	94.7	40.1
黑龙江	0.5	48.3	83.9	122.3	45.8
上　海	1.3	9.1	21.5	35.8	66.5
江　苏	1.5	23.6	52.9	65.9	24.8
浙　江	1.0	34.4	81.4	95.4	17.2
安　徽	1.2	42.7	64.0	92.0	43.8
福　建	0.7	29.8	58.4	66.0	13.0
江　西	0.6	33.1	60.2	80.2	33.2
山　东	0.2	34.3	79.8	104.5	31.1
河　南	0.5	39.1	62.1	73.7	18.7
湖　北	0.2	30.0	90.6	139.2	53.6
湖　南	0.4	39.9	106.5	133.9	25.7
广　东	2.1	102.6	174.4	206.0	18.1
广　西	0.1	33.2	48.7	62.4	28.1
海　南		13.2	22.8	24.1	5.7
四　川	2.0	51.5	89.0	148.0	66.3
贵　州	1.0	21.5	30.6	34.0	10.8
云　南	0.2	15.0	25.5	32.3	26.7
西　藏		2.6	2.9	3.7	
陕　西	0.1	19.6	31.6	41.8	27.6
甘　肃		12.2	20.4	23.7	15.7
青　海	0.1	4.5	6.2	6.3	1.6
宁　夏		3.3	4.7	6.2	31.9
新　疆	0.1	20.0	29.7	33.9	14.1

二、就业与失业

分地区城镇失业人员变化情况(一)

(1995年)

单位:万人

地区	本年失业人员总数	上年末结转的失业人员数	本年增加的失业人员数	#由就业转失业人数	安置失业人员就业的人数
全国总计	973.33	476.43	496.90	99.24	431.00
北京	7.61	1.91	5.70	1.54	5.31
天津	12.39	3.75	8.64	7.40	8.94
河北	34.70	21.44	13.26	4.71	12.32
山西	18.66	6.20	12.46	2.85	10.68
内蒙古	26.66	16.37	10.29	1.53	8.94
辽宁	48.62	31.00	17.62	0.82	15.44
吉林	24.86	11.59	13.27	2.09	11.84
黑龙江	50.34	23.81	26.53	2.00	21.24
上海	30.04	14.85	15.19	10.95	13.49
江苏	43.59	20.58	23.01	6.04	21.73
浙江	29.37	18.07	11.30	4.25	8.24
安徽	35.68	18.08	17.60	0.85	14.72
福建	25.33	10.04	15.29	2.33	14.04
江西	28.51	9.61	18.90	0.88	17.64
山东	60.16	30.44	29.72	6.97	23.17
河南	48.86	21.02	27.84	2.38	23.65
湖北	53.95	25.16	28.79	3.85	24.59
湖南	52.23	26.97	25.26	2.59	21.03
广东	75.55	26.08	49.47	15.16	43.91
广西	33.54	14.94	18.60	3.01	17.68
海南	10.94	5.01	5.93	0.94	4.96
四川	74.09	42.50	31.59	3.26	27.27
贵州	28.49	15.71	12.78	1.26	11.41
云南	19.96	9.55	10.41	1.82	8.94
陕西	32.29	15.82	16.47	4.89	14.85
甘肃	26.48	15.55	10.93	1.56	9.40
青海	8.76	4.64	4.12	0.28	2.77
宁夏	7.84	4.28	3.56	0.33	2.31
新疆	23.83	11.46	12.37	2.70	10.49

分地区城镇失业人员变化情况(二)

(1995年)

单位:万人

地区	除安置就业外其他原因减少的失业人数	本年末实有的失业人员数	#失业青年	#女青年	本年安置就业净增人数
全国总计	22.73	519.60	310.18	178.03	331.76
北京	0.11	2.19	1.02	0.68	3.53
天津	0.20	3.25	2.15	1.31	1.54
河北	0.53	17.48	11.38	5.82	7.37
山西	0.57	7.41	2.42	1.50	7.83
内蒙古	0.54	17.18	12.31	7.49	7.41
辽宁	0.28	32.90	24.18	12.94	14.62
吉林	0.32	12.70	6.61	4.00	9.75
黑龙江	0.60	28.50	19.00	13.00	19.24
上海	2.19	14.36	2.47	1.08	2.24
江苏	0.70	21.16	14.68	8.02	15.69
浙江	0.98	20.15	11.85	6.58	3.99
安徽	1.07	19.89	11.91	6.96	13.87
福建	0.29	11.00	4.75	2.54	11.71
江西	0.12	10.75	7.50	4.20	16.76
山东	2.16	34.83	22.16	12.48	16.20
河南	1.07	24.14	17.48	10.08	21.27
湖北	0.80	28.56	16.10	9.25	20.74
湖南	1.95	29.25	23.41	14.05	18.44
广东	1.60	30.04	14.10	7.50	28.75
广西	0.26	15.60	8.04	4.96	14.67
海南	0.14	5.84	2.55	1.23	4.02
四川	2.93	43.89	32.49	18.44	24.01
贵州	0.50	16.58	7.20	3.71	10.15
云南	0.39	10.63	6.70	4.04	7.12
陕西	1.09	16.35	6.90	4.12	9.96
甘肃	0.67	16.41	8.39	4.68	7.84
青海	0.10	5.89	1.37	0.75	2.49
宁夏	0.03	5.50	4.26	2.45	1.98
新疆	0.54	12.80	6.80	4.17	7.79

分地区劳动就业服务企业基本情况(一)

(1995年)

单位:人

地区	现有企业数(个)	#本年新办	职工总数	#安置城镇失业人员	本年安置人数	#失业青年	#富余人员
全国总计	182 052	10 110	8 599 654	4 027 977	835 663	452 528	291 081
北京	5 377	500	153 563	28 918	16 459	5 279	11 180
天津	4 879	226	141 612	78 516	23 985	10 701	11 142
河北	3 664	148	202 891	36 209	16 373	11 124	4 076
山西	7 386	184	381 353	339 067	36 655	29 498	6 157
内蒙古	6 527	264	391 366	219 966	24 348	19 462	4 149
辽宁	13 754	1 352	999 472	449 983	59 640	31 970	26 947
吉林	13 906	980	823 678	728 448	28 591	18 172	9 220
黑龙江	15 261	385	1 040 309	163 603	43 865	23 327	4 069
上海	3 883	723	234 028	121 157	41 518	9 645	27 582
江苏	6 133	519	225 940	136 621	21 743	6 843	13 745
浙江	7 232	572	161 247	53 148	20 834	3 752	5 523
安徽	10 072	234	673 021	302 296	52 628	43 352	9 393
福建	3 454	292	101 269	45 694	18 876	7 972	9 198
江西	5 328	122	215 097	139 009	24 968	20 163	4 557
山东	8 799	950	384 533	159 880	96 397	43 348	42 057
河南	12 902	719	423 052	156 213	43 042	25 878	13 752
湖北	6 813	257	367 942	83 922	37 543	13 773	20 287
湖南	4 825	295	226 721	92 636	24 392	15 497	8 513
广东	8 409	1 133	145 351	69 523	26 987	17 739	6 598
广西	1 923	104	91 327	34 796	11 217	7 757	3 253
海南	483	25	15 113	1 100	1 100	328	416
四川	9 211	381	355 595	177 681	50 098	25 409	15 467
贵州	978	11	101 949	63 573	7 341	4 045	3 239
云南	2 567	121	107 056	40 782	18 331	10 349	7 982
西藏							
陕西	8 272	276	206 467	148 691	33 396	20 197	9 447
甘肃	5 318	283	227 262	89 083	29 998	13 571	8 214
青海	993	8	42 194	25 231	3 931	2 719	1 133
宁夏	719	13	42 114	13 593	7 266	4 284	2 523
新疆	2 984	166	118 132	28 838	14 141	6 374	1 262

分地区劳动就业服务企业基本情况(二)

(1995年)　　　　单位:人

地　区	职工工资总额(万元)	#基本工资	专业技术人员人数	#有职称人员			
				小　计	初　级	中　级	高　级
全国总计	3 395 196	1 733 950	505 621	465 246	363 622	87 852	13 772
北　京	79 869		4 358	2 822	2 047	707	68
天　津	72 408	27 119	5 462	4 283	2 939	1 140	204
河　北	74 058	48 425	9 202	7 795	5 706	1 852	237
山　西	104 361	79 513	41 948	16 779	8 557	6 040	2 182
内蒙古	113 340	69 950	29 992	14 414	11 275	2 772	367
辽　宁	735 428	249 236	61 733	55 621	43 570	10 196	1 855
吉　林	210 015	145 157	34 956	26 260	22 134	3 759	367
黑龙江	313 801	195 882	37 741	37 741	29 922	6 751	1 068
上　海	178 662	83 603	20 502	17 524	11 823	5 037	664
江　苏	104 840	60 565	15 436	12 851	9 229	3 265	357
浙　江	98 551	53 115	12 518	9 168	6 363	2 413	392
安　徽	196 296	132 319	31 860	24 024	16 844	5 090	596
福　建	40 974	20 362	5 462	4 285	3 103	1 067	115
江　西	44 760	31 869	8 761	7 471	5 580	1 807	84
山　东	120 774	79 300	29 737	22 960	16 202	5 990	768
河　南	116 095	76 028	23 228	19 500	14 324	4 443	733
湖　北	103 317	57 206	23 205	16 545	11 883	4 176	430
湖　南	97 429		15 898	15 030	10 725	3 931	374
广　东	102 247	38 897	8 617	85 431	6 583	1 575	385
广　西	32 187	20 482	5 133	4 553	3 291	1 143	119
海　南	8 160	5 824	526	376	224	98	54
四　川	186 297	89 247	26 614	19 772	14 834	4 359	579
贵　州	24 039	14 313	2 671	2 386	1 670	629	87
云　南	45 691	39 862	11 849	9 005	6 197	2 414	394
西　藏							
陕　西	53 046	38 379	19 640	13 678	9 416	3 600	662
甘　肃	78 416	47 273	9 644	7 691	5 210	2 213	268
青　海	11 660	8 036	2 589	1 961	1 485	457	19
宁　夏	10 649	7 778	1 406	1 182	855	297	30
新　疆	42 837	14 210	4 933	4 138	3 193	631	314

分地区劳动就业服务企业生产经营情况(一)

(1995年)

单位:万元

地　区	总产值	利润总额	#所得税	上缴税金	#营业税金及附加	#增值税	年末资产负债 流动资产合计	长期投资合计	固定资产合计
全国总计	20 583 661	594 706	192 493	831 122	310 824	474 377	13 020 556	894 886	4 765 373
北　京	847 863	39 156	12 280	25 608	72	20 652	756 944	43 422	171 715
天　津	578 676	20 401	8 172	29 932	9 555	17 981	291 705	10 270	77 112
河　北	441 017	14 141	5 221	17 736	6 269	8 555	311 990	23 875	126 544
山　西	679 873	15 036	4 023	39 301	10 671	21 201	552 776	52 928	236 866
内蒙古	547 208	9 341	2 892	28 143	10 807	15 250	378 419	18 732	169 630
辽　宁	2 057 807	57 253	20 203	69 791	29 127	57 249	1 638 224	67 982	359 362
吉　林	781 707	27 076	8 459	35 387	12 742	21 031	547 134	23 471	308 648
黑龙江	940 345	12 605	4 008	38 755	15 032	23 718	768 281	20 107	270 156
上　海	1 822 721	71 165	19 621	103 705	44 794	55 071	1 138 026	117 591	301 594
江　苏	806 974	21 449	7 269	23 807	10 312	15 075	488 092	66 484	122 357
浙　江	1 908 590	47 382	14 151	48 859	13 129	28 937	767 814	56 963	213 872
安　徽	931 677	26 802	7 622	47 249	21 319	25 103	459 004	55 994	316 056
福　建	309 588	13 607	3 703	12 220	6 561	5 319	136 112	17 992	55 456
江　西	234 528	7 173	1 044	11 424	5 151	4 282	55 344	9 265	40 859
山　东	1 149 716	42 602	18 355	45 848	14 031	26 204	705 249	62 289	317 538
河　南	830 566	25 615	13 206	33 923	10 515	19 264	339 366	46 253	223 786
湖　北	728 167	17 161	7 065	25 820	12 102	12 714	473 482	20 430	170 196
湖　南	648 751	14 595	4 164	31 263	14 467	13 744	342 575	17 229	105 284
广　东	1 226 225	28 275	9 777	46 623	27 208	19 193	1 278 910	20 439	163 637
广　西	320 871	9 187	1 279	15 451	4 283	6 709	124 323	10 120	64 794
海　南	19 539	1 789	204	285	204	57	19 971	6 255	3 704
四　川	813 136	21 425	5 262	29 168	9 784	17 421	371 456	49 096	165 127
贵　州	140 326	2 364	694	3 257	1 163	774	32 142	3 401	30 084
云　南	402 406	12 314	4 889	13 921	4 716	9 205	281 392	21 210	93 415
西　藏									
陕　西	431 377	9 108	1 701	15 318	3 913	5 934	161 299	10 844	305 707
甘　肃	439 459	14 919	4 414	19 170	6 498	11 966	347 250	25 385	197 238
青　海	84 269	1 483	387	3 216	1 163	2 053	48 505	6 267	15 615
宁　夏	94 670	1 693	857	4 752	1 019	3 651	40 311	2 183	23 107
新　疆	365 609	9 589	1 471	11 190	4 217	5 164	239 775	8 409	115 914

分地区劳动就业服务企业生产经营情况（二）

单位:万元

地区	年末资产负债		流动负债合计	长期及其他负债合计	所有者权益合计	盈利企业		亏损企业	
	累计折旧	其他资产合计				企业个数（个）	盈利额	企业个数（个）	亏损额
全国总计	1 501 816	681 703	11 369 507	2 169 369	5 823 642	138 390	841 794	43 662	247 088
北京	51 682	572	574 265	141 269	2 617	3 728	51 521	1 153	6 551
天津	52 273	6 476	250 775	18 414	148 959	3 278	37 082	1 437	8 338
河北	36 023	8 383	321 217	45 909	127 822	2 353	21 655	1 259	7 514
山西	74 995	19 703	538 118	83 093	291 064	6 447	22 699	989	6 272
内蒙古	40 177	15 723	423 824	63 958	109 101	5 165	16 819	1 412	8 076
辽宁	199 884	117 837	1 492 655	239 005	481 749	7 806	78 857	5 998	49 141
吉林	82 871	54 664	481 881	96 962	302 202	12 784	35 659	1 672	8 583
黑龙江	79 048	22 941	698 049	102 784	320 652	11 482	33 537	4 329	17 245
上海	130 504	63 128	763 295	162 859	661 572	3 175	115 849	758	10 773
江苏	39 773	34 912	439 100	772 831	225 462	4 970	35 714	1 208	5 921
浙江	39 311	30 623	680 741	57 754	331 466	6 383	63 372	1 020	5 121
安徽	123 608	27 951	439 587	184 798	191 486	7 061	50 031	3 061	32 716
福建	14 621	12 422	132 395	27 074	78 253	3 053	15 493	451	1 886
江西	8 935	3 085	48 090	18 620	41 843	3 084	11 044	2 294	2 359
山东	95 202	60 619	691 216	164 060	320 418	6 741	13 211	2 108	13 816
河南	47 111	47 142	297 329	68 257	203 266	9 500	36 738	2 810	6 885
湖北	47 333	13 061	361 511	103 004	128 400	5 254	25 289	1 609	10 401
湖南	43 448	23 069	301 065	56 231	160 861	3 515	22 197	1 319	7 502
广东	38 467	25 991	929 596	64 865	476 049	7 176	38 566	1 283	5 674
广西	14 702	4 281	130 631	29 793	68 012	1 523	9 652	450	2 286
海南	3 085	1 542	19 401	584	8 852	261	896	32	312
四川	51 819	22 867	373 581	63 538	215 527	7 757	30 036	1 648	6 100
贵州	3 541	257	26 639	2 635	8 600	779	2 933	210	1 558
云南	32 861	17 304	223 074	43 161	123 318	1 673	19 658	944	5 494
西藏									
陕西	79 271	18 152	111 626	127 402	432 550	6 623	16 223	1 577	7 114
甘肃	38 219	17 782	325 944	64 006	207 806	4 236	20 475	1 082	5 555
青海	4 234	367	36 178	11 337	27 473	761	2 292	257	1 187
宁夏	5 279	653	37 307	4 922	17 177	350	3 345	180	1 382
新疆	23 526	10 196	220 417	45 792	108 085	1 872	11 051	1 052	7 326

分地区就业训练结业人数(一)

(1995年)

单位:万人

地区	结业人员总计	就业前训练结业人员 合计	#失业青年	按办学单位划分 劳动部门	#就业训练中心	企事业单位
全国总计	357.59	285.48	186.67	140.83	122.60	83.35
北京	1.65	1.55	0.37	0.15	0.13	1.00
天津	3.21	1.92	1.48	1.89	1.89	
河北	19.09	12.26	5.15	7.28	6.47	2.45
山西	11.22	6.53	6.34	2.67	2.04	3.15
内蒙古	6.32	6.11	3.86	1.96	1.79	2.53
辽宁	15.11	10.58	5.55	4.51	4.51	4.19
吉林	10.48	9.45	7.83	4.58	3.78	3.35
黑龙江	20.08	18.29	13.40	5.09	5.02	7.95
上海	1.89	0.46	0.46	0.46	0.46	
江苏	16.60	8.77	7.30	4.56	4.45	3.84
浙江	6.45	5.47	2.83	2.08	1.86	1.29
安徽	11.52	8.88	6.19	4.86	4.80	2.12
福建	15.97	11.51	6.29	5.79	4.81	1.89
江西	16.01	15.68	14.05	9.93	9.35	4.03
山东	23.01	15.05	12.37	10.21	8.43	3.86
河南	18.88	17.68	11.95	9.59	8.27	3.49
湖北	16.84	13.40	8.68	7.27	6.21	3.50
湖南	11.51	9.25	8.17	6.20	5.57	2.34
广东	46.78	41.68	16.08	23.39	1.33	7.79
广西	12.22	10.66	6.99	6.68	5.25	1.45
海南	5.76	5.14	3.14	1.95	1.97	0.77
四川	22.92	15.99	12.70	6.19	4.44	6.89
贵州	10.17	8.23	4.95	1.34	0.99	3.67
云南	5.96	5.21	3.61	1.72	1.17	2.37
西藏						
陕西	12.06	10.63	7.81	3.20	2.40	3.98
甘肃	5.58	5.39	3.75	1.99	1.66	2.52
青海	1.65	1.43	1.05	0.20	0.19	0.87
宁夏	1.72	1.51	0.75	0.71	0.65	0.61
新疆	6.93	6.77	3.57	4.32	2.71	1.45

分地区就业训练结业人数(二)

(1995 年)　　　　单位:万人

地区	就业前训练结业人员					
	按办学单位划分			按训练期限划分		
	机关、社会团体	私人	其他	半年及以内	半年以上至一年	一年以上
全国总计	29.25	24.21	7.84	230.66	32.01	22.81
北京	0.14		0.26	0.84	0.53	0.18
天津	0.03			0.87	0.92	0.13
河北	0.99	1.15	0.39	10.36	1.38	0.52
山西	0.43	0.28		5.49	0.76	0.28
内蒙古	0.26	1.24	0.12	5.67	0.20	0.24
辽宁	1.02	0.24	0.62	9.08	0.81	0.69
吉林	0.46	1.03	0.03	7.79	1.15	0.51
黑龙江	2.24	2.24	0.77	13.75	2.50	2.04
上海				0.46		
江苏	0.19	0.02	0.16	5.81	2.25	0.71
浙江	1.65	0.38	0.07	4.76	0.41	0.30
安徽	0.62	1.02	0.26	6.82	1.49	0.51
福建	1.99	1.52	0.32	10.33	0.73	0.45
江西	0.82	0.41	0.49	14.62	0.77	0.29
山东	0.69	0.20	0.09	8.34	4.13	2.58
河南	2.48	1.76	0.36	16.00	0.84	0.84
湖北	1.27	0.52	0.84	10.75	1.31	1.34
湖南	0.51	0.14		6.99	1.21	1.05
广东	4.49	5.58	0.43	37.25	1.95	2.48
广西	1.33	1.03	0.17	8.27	1.84	0.55
海南	1.06	1.36		5.05	0.04	0.05
四川	1.45	0.84	0.62	11.53	2.04	2.42
贵州	1.34	0.92	0.96	6.45	1.01	0.77
云南	0.64	0.18	0.30	3.48	0.90	0.83
西藏						
陕西	1.73	1.48	0.24	7.05	1.65	1.93
甘肃	0.61	0.08	0.19	4.73	0.43	0.59
青海	0.24	0.09	0.03	1.19	0.16	0.08
宁夏	0.11	0.06	0.02	1.32	0.16	0.03
新疆	0.46	0.44	0.10	5.97	0.44	0.36

分地区就业训练结业人数(三)

(1995年)

单位:万人

地区	就业前训练结业人员 按结业后去向划分 到国有单位就业	到集体单位就业	到三资企业就业	到乡镇企业就业	从事个体劳动	其他去向	失业
全国总计	78.35	66.88	23.91	25.54	33.87	26.19	30.74
北京	0.56	0.58	0.14	0.11	0.09	0.06	0.01
天津	0.19	0.58	0.86	0.10	0.09	0.10	
河北	4.00	2.82	0.95	1.50	1.70	0.53	0.76
山西	2.44	2.03	0.20	0.20	0.61	0.44	0.61
内蒙古	1.52	1.51	0.09	0.23	1.14	0.42	1.20
辽宁	2.10	2.33	0.39	1.25	2.34	0.47	1.70
吉林	3.52	2.43	0.67	0.52	1.47	0.48	0.36
黑龙江	2.33	6.61	1.63	2.02	2.41	2.15	1.14
上海	0.14	0.05	0.23	0.04			
江苏	3.35	3.18	0.88	0.54	0.16	0.40	0.26
浙江	1.36	0.99	0.54	0.82	0.41	0.47	0.88
安徽	2.97	2.28	0.17	0.63	0.72	1.30	0.81
福建	2.21	1.88	2.45	1.79	2.29	0.61	0.28
江西	3.62	4.51	0.93	0.88	1.49	2.40	1.85
山东	2.95	4.94	1.63	1.87	1.12	1.19	1.35
河南	6.38	4.27	0.99	1.22	1.54	1.13	2.15
湖北	5.23	2.93	0.71	0.79	1.18	1.15	1.41
湖南	3.95	2.02	0.49	0.52	0.64	0.60	1.03
广东	6.91	6.25	6.84	5.01	4.82	6.08	5.77
广西	4.51	1.58	0.59	0.77	1.18	0.78	1.25
海南	1.26	0.77	0.58	0.58	1.33	0.11	0.51
四川	5.43	3.84	0.88	1.20	1.86	1.11	1.67
贵州	1.41	1.59	0.24	0.71	2.20	0.74	1.34
云南	1.80	1.27	0.15	0.30	0.29	0.93	0.47
西藏							
陕西	3.48	2.20	0.45	0.76	1.10	1.22	1.42
甘肃	1.97	0.97	0.17	0.32	0.53	0.41	1.02
青海	0.37	0.26	0.01	0.11	0.34	0.11	0.23
宁夏	0.45	0.23	0.01	0.12	0.12	0.31	0.27
新疆	1.94	1.98	0.04	0.63	0.70	0.49	0.97

分地区就业训练结业人数(四)

(1995年)

单位:万人

地区	转业训练结业人数						
	合计	失业人员	#已就业	企业富余人员	复员、转业、退伍军人	乡镇企业人员、农村进城劳动力	其他
全国总计	72.11	17.09	13.55	15.71	1.61	28.68	9.02
北京	0.10	0.10	0.07				
天津	1.29	1.29	1.29				
河北	6.83	0.55	0.32	0.65	0.16	2.86	2.61
山西	4.69	0.29		0.60		3.64	0.16
内蒙古	0.21	0.07	0.08	0.05	0.01	0.01	0.05
辽宁	4.53	2.44	1.79	0.74	0.02	1.13	0.20
吉林	1.03	0.69	0.68	0.06	0.06	0.17	0.05
黑龙江	1.79	0.62	0.62	0.45	0.08	0.18	0.46
上海	1.43	0.27	0.22	0.80	0.02	0.29	0.05
江苏	7.83	1.04	0.77	2.50	0.06	2.80	1.37
浙江	0.98	0.31	0.17	0.13	0.02	0.39	0.13
安徽	2.64	0.54	0.31	1.35	0.06	0.51	0.18
福建	4.46	1.38	1.22	1.99	0.04	0.70	0.35
江西	0.33	0.09	0.07	0.04	0.01	0.05	0.14
山东	7.96	2.97	2.73	0.59	0.06	3.90	0.44
河南	1.20	0.36	0.26	0.12	0.29	0.37	0.06
湖北	3.44	0.36	0.27	1.99	0.04	0.73	0.32
湖南	2.26	0.14	0.10	0.13	0.02	1.97	
广东	5.10	1.57	0.81	0.72	0.24	2.07	0.50
广西	1.56	0.12	0.11	0.05	0.06	1.20	0.13
海南	0.62	0.15	0.14	0.15	0.06	0.12	0.14
四川	6.93	1.35	1.31	1.68	0.11	3.05	0.74
贵州	1.94	0.05		0.20	0.04	1.23	0.42
云南	0.75	0.11	0.08	0.06	0.02	0.34	0.22
西藏							
陕西	1.43	0.10	0.06	0.47	0.09	0.60	0.17
甘肃	0.19	0.03	0.03	0.01		0.09	0.06
青海	0.22	0.03	0.02	0.09		0.04	0.06
宁夏	0.21	0.01		0.06	0.03	0.11	
新疆	0.16	0.04	0.02	0.03	0.01	0.07	0.01

分地区职业介绍服务机构数及劳动力交流情况(一)

(1995年)

地区	(一) 职业介绍服务机构数(所)						
	合计	劳动部门所属小计	#属劳动就业服务机构	省、自治区、直辖市级	地(市)级	县(区)级	乡镇、街道级
全国总计	29 930	24 713	10 366	27	381	2 814	21 491
北京	187	75	0	1	10	8	56
天津	532	271	0	1	18	0	252
河北	2 425	2 334	1 059	1	11	176	2 146
山西	2 047	2 012	116	1	11	118	1 882
内蒙古	395	392	391	0	13	98	281
辽宁	1 276	1 083	1 083	1	19	106	957
吉林	922	869	426	1	11	63	794
黑龙江	1 619	1 209	295	0	16	153	1 040
上海	418	354	354	3	0	23	328
江苏	2 007	1 858	992	1	13	126	1 718
浙江	1 069	561	256	1	13	104	443
安徽	1 688	1 497	190	1	12	83	1 401
福建	1 343	964	401	1	9	85	869
江西	1 817	1 656	1 588	1	13	109	1 533
山东	1 771	1 550	343	1	17	144	1 388
河南	1 473	1 259	240	1	21	162	1 075
湖北	1 246	979	506	1	23	142	813
湖南	1 246	1 089	122	1	14	122	952
广东	1 489	1 065	721	1	37	125	902
广西	501	399	142	1	12	104	282
海南	103	86	22	1	5	48	32
四川	1 252	863	372	0	26	203	634
贵州	370	307	64	0	8	67	232
云南	310	244	174	1	18	126	99
西藏							
陕西	1 322	897	138	1	11	129	756
甘肃	270	265	32	1	8	35	221
青海	195	187	187	1	8	36	142
宁夏	232	226	27	1	4	24	197
新疆	405	162	125	1	18	95	48

分地区职业介绍服务机构数及劳动力交流情况(二)

(1995年)

地区	(一) 职业介绍服务机构数(所)					
	非劳动部门所属小计	事业单位	社会团体	产业部门	企业	其他
全国总计	5 217	560	780	434	1 127	2 316
北京	112	12	31	3	28	38
天津	261	35	40	0	156	30
河北	91	9	9	6	18	49
山西	35	9	2	12	10	2
内蒙古	3	1	0	0	2	0
辽宁	193	0	12	4	74	103
吉林	53	13	4	0	14	22
黑龙江	410	17	4	14	84	291
上海	64	0	30	34	0	0
江苏	149	38	29	23	38	21
浙江	508	27	122	16	40	303
安徽	191	34	66	0	19	72
福建	379	39	65	4	19	252
江西	161	16	34	14	49	48
山东	221	6	14	29	116	56
河南	214	30	46	13	68	57
湖北	267	26	42	2	24	173
湖南	157	64	11	5	50	27
广东	424	31	33	23	100	237
广西	102	24	8	0	12	58
海南	17	0	0	0	0	17
四川	389	60	70	14	77	168
贵州	63	2	31	2	3	24
云南	66	4	9	1	7	45
西藏						
陕西	425	49	44	39	105	188
甘肃	5	1	2	0	2	0
青海	8	0	0	0	1	7
宁夏	6	0	5	1	0	0
新疆	243	13	17	175	11	27

分地区职业介绍服务机构数及劳动力交流情况(三)

(1995年)

地　区	(二)劳动力交流情况(万人)						
	登记人数合计	上年末累计	本年登记	交流成功人数合计	上年末累计	本年交流成功人数小计	#劳务输出人员
全国总计	6 774.24	5 177.12	1 597.12	5 086.94	3 828.33	1 258.61	306.81
北　京	21.24	8.7	12.54	33.1	14.4	18.6	3.69
天　津	301.68	153.18	148.5	152.32	109.08	43.24	0
河　北	304.65	249.54	55.11	274.1	226.32	47.78	0.14
山　西	230.57	184.36	46.21	205.47	165.14	40.33	0
内蒙古	85.34	68.58	16.76	79.56	64.10	15.46	2.48
辽　宁	1 423.14	1 245.14	178	955.69	825.89	129.8	2.62
吉　林	300.6	264.6	36	239.7	204.0	35.7	7.04
黑龙江	478.78	397.06	81.72	309.61	257.27	52.34	0.58
上　海	45.87	30.98	14.89	31.07	19.04	12.03	0
江　苏	453.51	356.81	96.7	345.08	246.41	98.67	0.5
浙　江	277.58	192.04	85.54	211.77	153.18	58.59	4.17
安　徽	179.51	121.04	58.47	171.32	104.74	66.58	43.47
福　建	182.8	132.86	49.94	153.66	111.89	41.77	18.04
江　西	68.44	33.52	34.92	58.45	26.69	31.76	23.01
山　东	404.19	337.66	66.53	272.44	216.05	56.39	10.03
河　南	465.41	350.37	135.04	377.15	287.48	89.67	73.4
湖　北	264.77	185.45	79.32	195.5	134.28	61.22	19.57
湖　南	80.2	42.3	37.9	80.44	37.99	42.45	25.8
广　东	330.4	211.55	118.85	208.77	139.05	69.72	22.67
广　西	102.35	71.38	30.97	75.28	49.62	25.66	14.43
海　南	29.9	21.4	8.5	7.28	5.34	1.94	0.02
四　川	370.52	289.72	80.8	273.06	211.30	61.76	17.08
贵　州	14.57	7.93	6.64	12.21	5.95	6.26	3.03
云　南	92.43	68.31	24.12	72.53	48.52	24.01	2.81
西　藏							
陕　西	118.98	54.75	64.23	80.82	0	80.82	0.05
甘　肃	53.12	35.90	17.22	76.08	55.99	20.09	11.08
青　海	33.92	25.97	7.95	31.46	23.87	7.59	0.11
宁　夏	12.63	9.17	3.46	8.28	5.74	2.54	0.31
新　疆	130.14	109.85	20.29	94.73	78.90	15.83	0.54

分地区职业介绍服务机构数及劳动力交流情况(四)

(1995 年)

地　　区	(二)劳动力交流情况(万人)							
	失　业　人　员			在　职　职　工		离退休人员劳动力	农村流动人　员	其　　他
	失业青年	失业职工	其他人员	技术工人	其他人员			
全国总计	215.94	39.93	51.26	42.87	26.75	21.86	787.64	72.36
北　　京	6.5	4.3	—	—	1.57	0.09	4.1	2.05
天　　津	6.6	2.3	—	21.94	—	—	12.4	—
河　　北	7.59	1.32	1.7	1.08	2.09	0.53	30.38	3.09
山　　西	8.15	0.26	0.48	0.55	0.20	0.17	29.23	1.29
内 蒙 古	3.91	0.39	0.82	0.09	0.10	0.21	9.50	0.44
辽　　宁	21.27	3.59	13.02	2.91	7.18	15.55	64.53	1.75
吉　　林	8.17	1.46	0.78	0.19	0.19	0.78	16.90	7.31
黑 龙 江	11.96	1.61	10.75	0.97	5.53	0.53	15.59	5.4
上　　海	1.27	4.76	0.97	0	0	0	5.03	—
江　　苏	11.99	2.27	1.87	3.83	0.86	1.14	76.19	0.52
浙　　江	4.58	2.59	1.42	1.44	0.66	0.42	42.51	4.97
安　　徽	5.84	0.85	0.97	0.07	0.14	0.27	58.20	0.24
福　　建	6.66	1.36	2.98	0.4	0.38	0.29	27.06	2.64
江　　西	6.17	0.77	0.35	0.43	0.48	0.31	22.8	0.45
山　　东	15.39	1.35	2.29	0.95	0.98	0.15	34.36	0.92
河　　南	11.5	1.66	1.99	1.0	1.0	0.16	61.6	10.76
湖　　北	13.9	1.27	4.12	1.26	0.85	0.11	30.02	9.69
湖　　南	4.1	2.0	0.59	1.6	0.9	0.66	31.2	1.4
广　　东	18.62	2.3	0.85	1.09	2.11	0.1	33.99	10.66
广　　西	4.11	0.26	0.54	0.18	0.15	0.04	20.04	0.34
海　　南	0.34	0.18	0.08	0.53	0.3	0	0.19	0.32
四　　川	16.15	1.44	1.51	1.16	0.47	0.17	37.98	2.88
贵　　州	2.37	0.04	0.22	0.01	0.03	0	3.53	0.06
云　　南	4.57	0.43	0.67	0.01	0.04	0.01	17.87	0.41
西　　藏								
陕　　西	5.15	0.96	0.80	1.11	0.45	0.54	69.1	2.71
甘　　肃	1.01	0.16	0.05	0.02	0.01	0.02	17.80	1.02
青　　海	1.54	0.02	0.3	0.02	0.02	0.02	5.67	—
宁　　夏	0.8	0.01	0.04	0	0	0.03	1.62	0.04
新　　疆	5.73	0.03	1.1	0.03	0.06	0.09	8.25	0.54

三、职工人数

分经济类型职工年末人数及构成

单位:万人

年份	合计	国有经济单位	城镇集体经济单位	其他各种经济单位	构成(以合计为100)		
					国有经济单位	城镇集体经济单位	其他各种经济单位
1952	1 603	1 580	23	—	98.6	1.4	—
1953	1 856	1 826	30	—	98.4	1.6	—
1954	2 002	1 881	121	—	94.0	6.0	—
1955	2 162	1 908	254	—	88.3	11.7	—
1956	2 977	2 423	554	—	81.4	18.6	—
1957	3 101	2 451	650	—	79.0	21.0	—
1958	5 194	4 532	662	—	87.3	12.7	—
1959	5 275	4 561	714	—	86.5	13.5	—
1960	5 969	5 044	925	—	84.5	15.5	—
1961	5 171	4 171	1 000	—	80.7	19.3	—
1962	4 321	3 309	1 012	—	76.6	23.4	—
1963	4 372	3 293	1 079	—	75.3	24.7	—
1964	4 601	3 465	1 136	—	75.3	24.7	—
1965	4 965	3 738	1 227	—	75.3	24.7	—
1966	5 198	3 934	1 264	—	75.7	24.3	—
1967	5 305	4 006	1 299	—	75.5	24.5	—
1968	5 504	4 170	1 334	—	75.8	24.2	—
1969	5 714	4 335	1 379	—	75.9	24.1	—
1970	6 216	4 792	1 424	—	77.1	22.9	—
1971	6 787	5 318	1 469	—	78.4	21.6	—
1972	7 134	5 610	1 524	—	78.6	21.4	—
1973	7 337	5 758	1 579	—	78.5	21.5	—
1974	7 651	6 007	1 644	—	78.5	21.5	—
1975	8 198	6 426	1 772	—	78.4	21.6	—
1976	8 673	6 860	1 813	—	79.1	20.9	—
1977	9 112	7 196	1 916	—	79.0	21.0	—
1978	9 499	7 451	2 048	—	78.4	21.6	—
1979	9 967	7 693	2 274	—	77.2	22.8	—
1980	10 444	8 019	2 425	—	76.8	23.2	—
1981	10 940	8 372	2 568	—	76.5	23.5	—
1982	11 281	8 630	2 651	—	76.5	23.5	—
1983	11 515	8 771	2 744	—	76.2	23.8	—
1984	11 890	8 637	3 216	37	72.6	27.0	0.3
1985	12 358	8 990	3 324	44	72.7	26.9	0.4
1986	12 809	9 333	3 421	55	72.9	26.7	0.4
1987	13 214	9 654	3 488	72	73.1	26.4	0.5
1988	13 608	9 984	3 527	97	73.4	25.9	0.7
1989	13 742	10 108	3 502	132	73.5	25.5	1.0
1990	14 059	10 346	3 549	164	73.6	25.2	1.2
1991	14 508	10 664	3 628	216	73.5	25.0	1.5
1992	14 792	10 889	3 621	282	73.6	24.5	1.9
1993	14 849	10 920	3 393	536	73.5	22.9	3.6
1994	14 849	10 890	3 211	748	73.3	21.6	5.1
1995	14 908	10 955	3 076	877	73.5	20.6	5.9

注:1984年以前的"其他各种经济单位"包括在"国有经济单位"中,下同。

分行业职工年末人数

单位:万人

年份	合计	农、林、牧、渔业	采掘业	制造业	电力、煤气及水的生产和供应业	建筑业	地质普查业、水利管理业	交通运输、仓储及邮电通讯业
1978	9 499	830	652	3 595	107	623	178	669
1979	9 967	799	670	3 754	112	682	185	699
1980	10 444	788	697	3 947	118	710	188	714
1981	10 940	797	728	4 130	125	730	188	741
1982	11 281	797	747	4 240	128	762	191	761
1983	11 515	801	758	4 316	131	798	193	771
1984	11 890	787	767	4 442	134	845	197	793
1985	12 358	777	795	4 620	142	900	197	823
1986	12 809	784	809	4 820	152	922	197	846
1987	13 214	792	819	4 988	164	946	200	860
1988	13 608	789	832	5 149	177	955	204	874
1989	13 742	782	842	5 206	180	900	199	874
1990	14 059	780	882	5 304	192	896	197	895
1991	14 508	769	905	5 443	203	940	199	916
1992	14 792	758	898	5 508	215	995	202	921
1993	14 849	708	925	5 469	232	1 153	144	826
1994	14 849	680	904	5 434	244	1 072	137	835
1995	14 908	660	914	5 439	257	1 053	134	824

年份	批发和零售贸易、餐饮业	金融、保险业	房地产业	社会服务业	卫生、体育和社会福利事业	教育、文化艺术和广播电视事业	科学研究和综合技术服务事业	国家机关、政党机关和社会团体	其他
1978	1 079	65	31	166	247	736	92	430	
1979	1 161	75	34	191	269	769	100	468	
1980	1 239	89	37	218	287	817	105	490	
1981	1 337	97	38	239	302	857	111	520	
1982	1 388	102	38	253	311	868	118	577	
1983	1 424	106	37	268	322	878	121	591	
1984	1 454	115	36	276	335	915	125	669	
1985	1 518	126	36	271	342	962	131	718	
1986	1 544	138	38	289	354	1 008	137	770	
1987	1 578	154	39	304	365	1 059	142	805	
1988	1 643	174	42	318	375	1 091	144	843	
1989	1 675	184	43	327	382	1 117	147	885	
1990	1 715	195	44	344	392	1 143	152	929	
1991	1 786	208	48	369	410	1 181	156	974	
1992	1 844	223	54	386	421	1 212	159	996	
1993	1 796	239	66	422	416	1 205	166	1 030	55
1994	1 833	261	72	447	428	1 249	174	1 017	62
1995	1 828	273	77	449	438	1 291	178	1 027	66

分经济类型女职工年末人数

年　份	合　计	国有经济单位	城镇集体经济单位	其他经济单位
一、年末人数(万人)				
1978	3 128	2 126	1 002	
1980	3 698	2 473	1 225	
1981	3 935	2 636	1 299	
1982	4 093	2 748	1 345	
1983	4 199	2 815	1 384	
1984	4 325	2 767	1 540	18
1985	4 500	2 910	1 570	20
1986	4 688	3 057	1 605	26
1987	4 869	3 203	1 631	35
1988	5 036	3 339	1 649	48
1989	5 137	3 422	1 648	67
1990	5 294	3 540	1 670	84
1991	5 483	3 679	1 691	113
1992	5 586	3 781	1 658	147
1993	5 542	3 838	1 449	255
1994	5 646	3 868	1 420	358
1995	5 751	3 957	1 373	424
二、女职工占职工比重(%)				
1978	32.9	28.5	48.9	
1980	35.4	30.8	50.5	
1981	36.0	31.5	50.6	
1982	36.3	31.8	50.7	
1983	36.5	32.1	50.4	
1984	36.4	32.0	47.9	48.6
1985	36.4	32.4	47.2	45.5
1986	36.6	32.8	46.9	47.3
1987	36.8	33.2	46.8	48.6
1988	37.0	33.4	46.8	49.5
1989	37.4	33.9	47.1	50.8
1990	37.7	34.2	47.1	51.2
1991	37.8	34.5	46.6	52.3
1992	37.8	34.7	45.8	52.1
1993	37.3	35.1	42.7	47.6
1994	38.0	35.5	44.2	47.9
1995	38.6	36.1	44.6	48.3
三、指数(以上年为100)				
1979	109.0	107.7	111.8	
1980	108.5	108.0	109.4	
1981	106.4	106.6	106.0	
1982	104.0	104.2	103.5	
1983	102.6	102.4	102.9	
1984	103.0	98.3	111.3	
1985	104.0	105.2	101.9	111.1
1986	104.2	105.1	102.2	130.0
1987	103.9	104.8	101.6	134.6
1988	103.4	104.2	101.1	137.1
1989	102.0	102.5	99.9	139.6
1990	103.1	103.4	101.3	125.4
1991	103.6	103.9	101.3	134.5
1992	101.9	102.8	98.0	130.1
1993	99.2	101.5	87.4	173.5
1994	101.9	100.8	98.0	140.4
1995	101.9	102.3	96.7	118.4

分行业女职工年末人数

单位:万人

年 份	合 计	农、林、牧、渔业	采掘业	制造业	电力、煤气及水的生产和供应业	建筑业	地质普查业、水利管理业	交通运输、仓储及邮电通讯业
1978	3 128	295	134	1 416	41	138	29	127
1980	3 698	285	158	1 666	49	176	31	153
1983	4 199	299	176	1 860	54	194	34	170
1984	4 325	293	181	1 908	56	203	34	172
1985	4 500	287	189	1 998	58	204	33	175
1986	4 688	289	198	2 090	61	204	35	180
1987	4 869	294	206	2 174	63	205	36	183
1988	5 036	293	213	2 251	66	203	37	186
1989	5 137	292	217	2 287	67	199	36	187
1990	5 294	292	223	2 352	69	199	36	192
1991	5 483	288	229	2 417	70	205	35	199
1992	5 586	280	231	2 439	71	209	35	203
1993	5 542	264	229	2 418	71	204	35	209
1994	5 646	254	226	2 426	75	201	34	217
1995	5 755	248	237	2 458	81	204	33	218

年 份	批发和零售贸易、餐饮业	金融、保险业	房地产业	社会服务业	卫生、体育和社会福利事业	教育、文化艺术和广播电视事业	科学研究和综合技术服务事业	国家机关、政党机关和社会团体	其 他
1978	385	16		85	116	251	29	65	
1980	496	26		118	141	284	36	79	
1983	612	34		147	165	306	41	106	
1984	633	38		150	172	317	44	124	
1985	678	42		141	177	335	46	136	
1986	699	47		149	184	354	48	149	
1987	722	52		156	192	378	49	158	
1988	756	61		165	198	391	50	166	
1989	777	66		171	203	406	51	179	
1990	807	70	14	166	210	422	52	191	
1991	845	76	16	175	221	445	54	207	
1992	874	83	17	182	227	465	55	215	
1993	799	92	22	191	226	476	56	233	20
1994	840	103	24	207	235	495	59	227	23
1995	847	109	26	209	244	522	60	232	25

分行业国有经济单位职工年末人数

单位：万人

年份	合计	农、林、牧、渔业	采掘业	制造业	电力、煤气及水的生产和供应业	建筑业	地质普查业、水利管理业	交通运输、仓储及邮电通讯业
1978	7 451	774	588	2 449	102	447	177	465
1979	7 693	747	600	2 502	106	463	184	480
1980	8 019	740	621	2 601	112	475	187	498
1981	8 372	745	649	2 720	119	475	187	522
1982	8 630	742	666	2 794	122	481	190	537
1983	8 771	739	674	2 833	125	497	192	549
1984	8 637	732	680	2 862	127	518	196	559
1985	8 990	726	706	2 975	134	545	196	585
1986	9 333	736	715	3 096	144	557	196	604
1987	9 654	744	722	3 209	155	566	200	618
1988	9 983	743	735	3 327	167	568	204	636
1989	10 109	736	757	3 344	172	541	199	640
1990	10 346	737	786	3 395	183	538	194	660
1991	10 664	727	797	3 482	193	557	196	682
1992	10 889	717	792	3 526	203	577	199	693
1993	10 920	672	834	3 444	220	663	142	664
1994	10 890	653	820	3 321	230	629	135	677
1995	10 955	634	834	3 326	237	605	132	677

年份	批发和零售贸易、餐饮业	金融、保险业	房地产业	社会服务业	卫生、体育和社会福利事业	教育、文化艺术和广播电视事业	科学研究和综合技术服务事业	国家机关、政党机关和社会团体	其他
1978	907	42	28	107	183	674	91	417	
1979	960	50	30	114	200	707	99	451	
1980	1 005	63	33	130	217	757	104	476	
1981	1 063	71	33	141	233	797	110	507	
1982	1 094	74	33	150	242	825	117	563	
1983	1 112	77	32	157	253	835	120	576	
1984	780	84	31	165	264	873	124	642	
1985	800	93	32	181	272	925	129	691	
1986	824	101	34	193	283	973	135	742	
1987	851	113	34	203	296	1 025	140	778	
1988	900	128	37	214	306	1 059	142	817	
1989	923	136	38	221	314	1 086	144	859	
1990	947	145	40	236	323	1 112	148	903	
1991	993	154	43	251	340	1 151	151	946	
1992	1 037	166	48	269	356	1 183	153	969	
1993	1 014	182	55	293	356	1 180	153	1 014	34
1994	1 054	196	59	308	368	1 227	165	1 007	40
1995	1 061	203	61	315	379	1 265	167	1 019	42

分行业城镇集体经济单位职工年末人数 单位:万人

年份	合计	农、林、牧、渔业	采掘业	制造业	电力、煤气及水的生产和供应业	建筑业	地质普查业、水利管理业	交通运输、仓储及邮电通讯业
1978	2 048	56	64	1 146	5	176	0.5	204
1979	2 274	52	70	1 252	6	219	0.7	219
1980	2 425	48	76	1 346	6	235	1.0	216
1981	2 568	52	79	1 410	6	255	1.0	219
1982	2 651	55	81	1 446	6	281	1.0	224
1983	2 744	62	84	1 483	6	301	1.0	222
1984	3 216	55	87	1 547	7	326	1.0	233
1985	3 324	51	89	1 608	8	354	1.0	237
1986	3 421	48	93	1 680	8	364	0.7	241
1987	3 488	47	96	1 724	8	379	0.3	241
1988	3 527	45	96	1 745	9	385	0.2	237
1989	3 502	45	84	1 754	7	357	0.4	232
1990	3 549	42	95	1 773	8	357	3.3	232
1991	3 628	41	107	1 782	9	380	3.4	232
1992	3 621	39	105	1 747	10	414	3.2	226
1993	3 393	34	89	1 595	8	479	2.0	154
1994	3 211	24	81	1 515	9	427	2.0	149
1995	3 076	23	77	1 417	9	427	1.9	138

年份	批发和零售贸易、餐饮业	金融、保险业	房地产业	社会服务业	卫生、体育和社会福利事业	教育、文化艺术和广播电视事业	科学研究和综合技术服务事业	国家机关、政党机关和社会团体	其他
1978	172	23	3	59	64	62	0.6	13	
1979	201	25	4	77	69	62	0.7	17	
1980	234	26	4	88	70	60	0.8	14	
1981	274	26	5	98	69	60	0.9	13	
1982	294	28	5	103	69	43	1.0	14	
1983	312	29	5	111	69	43	0.9	15	
1984	672	31	5	111	71	42	1.0	27	
1985	716	33	4	87	70	37	1.5	27	
1986	718	37	4	91	71	35	1.9	28	
1987	722	41	5	93	69	34	2.0	27	
1988	738	45	4	94	69	32	2.2	26	
1989	748	49	4	94	68	32	2.5	26	
1990	762	51	4	93	69	32	3.0	26	
1991	786	54	5	98	70	30	4.0	28	
1992	796	57	4	96	65	28	5.0	27	
1993	744	55	5	101	60	24	9.0	15	20
1994	716	62	6	102	59	21	7.4	9	22
1995	693	67	6	94	59	26	7.6	8	23

分行业其他各种经济单位职工年末人数

单位:万人

年份	合计	农、林、牧、渔业	采掘业	制造业	电力、煤气及水的生产和供应业	建筑业	地质普查业、水利管理业	交通运输、仓储及邮电通讯业
1984	36.7			33.1		0.5		0.86
1985	43.7	0.2		36.8		0.6		0.90
1986	55.3	0.2		45.6		0.6		0.90
1987	71.9	0.5		58.3		0.8		1.49
1988	96.7	0.6	1.0	77.0	1.0	1.3		1.04
1989	131.7	0.7	1.0	108.0	1.0	1.5		1.55
1990	163.8	1.1	1.0	135.0	1.0	1.6	0.04	1.63
1991	216.0	1.4	1.0	180.0	1.0	2.7	0.09	2.03
1992	281.8	1.5	1.0	236.0	2.0	4.1	0.10	2.38
1993	535.7	2.2	2.1	429.5	4.0	10.6	0.03	7.70
1994	747.4	2.6	3.2	598.1	5.9	16.3	0.05	8.98
1995	877.0	3.2	4.0	696.0	10.2	21.0	0.08	9.7

年份	批发和零售贸易、餐饮业	金融、保险业	房地产业	社会服务业	卫生、体育和社会福利事业	教育、文化艺术和广播电视事业	科学研究和综合技术服务事业	国家机关、政党机关和社会团体	其他
1984	2.10			0.30					
1985	2.25			2.90					
1986	2.60			5.20					
1987	3.80			7.50					
1988	4.38	0.08		10.60			0.04		
1989	4.89	0.12		12.60			0.19		
1990	6.00	0.05	0.51	15.03	0.05	0.26	0.20		
1991	7.47	0.05	0.79	18.84	0.13	0.38	0.51		
1992	11.04	0.03	1.43	21.07	0.11	0.71	0.86		
1993	38.10	1.87	6.25	28.23	0.15	0.58	3.14	1.03	0.26
1994	62.92	2.30	7.22	36.61	0.37	0.66	1.41		0.75
1995	74.4	3.80	9.32	39.70	0.41	0.89	2.90		1.40

注:其他各种经济单位1987年以前行业均未调整,下同。

分地区全部职工年末人数

单位:万人

地　　区	1978年	1992年	1994年	1995年	1995年比1994年增长(%)
全国总计	9 499.0	14 791.9	14 849.0	14 907.9	0.4
北　京	282.8	476.6	477.9	470.9	−1.5
天　津	217.4	294.0	291.9	289.6	−0.8
河　北	445.1	688.4	699.2	698.0	−0.2
山　西	268.3	462.3	466.0	463.5	−0.5
内蒙古	129.0	392.7	387.1	383.6	−0.9
辽　宁	646.1	1 045.2	1 031.3	1 028.4	−0.3
吉　林	352.8	541.5	530.1	520.4	−1.8
黑龙江	624.4	880.3	853.5	834.9	−2.2
上　海	421.0	511.2	478.7	470.6	−1.7
江　苏	581.5	904.1	909.8	916.0	0.7
浙　江	312.9	491.4	500.9	498.6	−0.5
安　徽	308.5	507.6	492.9	502.8	2.0
福　建	205.7	340.8	352.0	344.1	−2.2
江　西	267.5	408.4	413.9	411.3	−0.6
山　东	469.9	837.8	872.3	917.3	5.2
河　南	419.4	746.2	789.3	815.0	3.3
湖　北	459.4	731.9	738.9	742.4	0.5
湖　南	363.8	579.7	590.7	597.5	1.2
广　东	595.7	858.1	879.8	911.9	3.6
广　西	237.5	334.0	341.1	343.3	0.6
海　南		111.8	109.5	106.9	−2.4
四　川	652.3	982.6	987.1	990.3	0.3
贵　州	169.1	235.8	231.1	226.6	−1.9
云　南	216.1	308.1	312.3	311.5	−0.3
西　藏	15.3	16.8	16.0	16.3	1.9
陕　西	256.7	394.6	392.1	395.0	0.7
甘　肃	158.6	252.0	253.4	250.1	−1.3
青　海	47.6	67.8	65.3	65.8	0.8
宁　夏	44.7	71.9	72.3	73.4	1.5
新　疆	227.0	318.3	311.8	311.9	0

分地区企业单位职工年末人数

单位:万人

地　区	1991年	1993年	1994年	1995年	1995年比1994年增长(%)
全国总计	11 175.51	11 436.02	11 371.30	11 364.62	−0.1
北　京	338.10	339.45	347.38	347.06	−0.1
天　津	235.98	239.29	234.95	235.17	0.1
河　北	522.17	541.32	533.40	524.31	−1.7
山　西	350.29	357.94	359.98	353.29	−1.9
内蒙古	288.49	301.71	293.52	286.90	−2.3
辽　宁	869.54	863.46	867.08	861.98	−0.6
吉　林	426.31	443.31	422.76	411.38	−2.7
黑龙江	730.56	727.26	714.65	698.24	−2.3
上　海	425.74	403.22	390.25	386.07	−1.1
江　苏	710.77	723.98	712.99	717.40	−1.6
浙　江	389.19	393.56	391.48	385.22	−1.6
安　徽	380.46	375.38	372.30	379.78	2.0
福　建	238.78	259.72	263.45	252.76	−4.1
江　西	299.21	304.14	305.07	300.34	−1.6
山　东	617.11	656.85	663.94	701.59	5.7
河　南	544.10	581.90	597.03	610.90	2.3
湖　北	546.16	559.01	556.96	557.53	0.1
湖　南	419.80	436.89	434.23	437.50	0.8
广　东	648.59	694.69	688.68	712.26	3.4
广　西	218.28	221.55	227.24	224.70	−1.1
海　南	87.44	83.99	86.89	84.41	−2.9
四　川	717.08	738.34	733.73	731.90	−0.2
贵　州	157.61	151.87	156.11	152.78	−2.1
云　南	199.07	202.32	203.85	201.38	−1.2
西　藏	6.45	6.63	6.22	6.61	6.3
陕　西	286.02	292.28	284.67	284.50	−0.1
甘　肃	184.47	189.38	186.24	181.74	−2.4
青　海	45.70	43.23	42.87	42.92	0.1
宁　夏	50.47	52.35	51.71	52.71	1.9
新　疆	241.57	251.02	241.85	241.30	−0.2

分地区事业单位职工年末人数

单位:万人

地　　区	1991年	1993年	1994年	1995年	1995年比1994年增长(%)
全国总计	2 384.95	2 426.52	2 449.40	2 534.90	3.5
北　　京	106.43	95.20	100.66	100.19	—0.5
天　　津	43.44	41.64	44.92	42.78	—4.8
河　　北	98.49	106.58	106.45	113.93	7.0
山　　西	66.15	68.25	68.17	71.20	4.4
内 蒙 古	67.05	63.41	65.97	69.28	5.0
辽　　宁	123.22	124.29	119.60	127.01	6.2
吉　　林	83.76	78.91	81.55	85.34	4.6
黑 龙 江	103.99	95.92	97.63	96.45	—1.2
上　　海	74.13	74.89	71.49	68.67	—3.9
江　　苏	148.96	154.37	155.68	157.97	1.5
浙　　江	73.79	78.74	78.26	81.64	4.3
安　　徽	58.90	81.62	82.11	84.93	3.4
福　　建	58.12	59.63	61.49	64.44	4.8
江　　西	69.91	77.66	76.71	78.79	2.7
山　　东	128.90	136.69	147.33	153.24	4.0
河　　南	120.24	126.26	128.43	137.29	6.9
湖　　北	122.47	136.05	129.26	137.79	6.6
湖　　南	103.77	105.03	108.06	111.55	3.2
广　　东	121.15	122.85	129.87	135.41	4.3
广　　西	75.16	93.58	82.24	86.30	4.9
海　　南	13.52	11.84	14.27	14.53	1.8
四　　川	174.62	172.83	175.12	181.57	3.7
贵　　州	48.53	41.06	47.49	49.17	—0.6
云　　南	69.74	73.03	71.99	74.26	3.2
西　　藏	5.66	6.15	5.66	5.57	—1.6
陕　　西	75.58	75.46	75.13	79.73	6.1
甘　　肃	45.26	49.85	46.28	46.83	1.2
青　　海	14.36	15.05	14.80	15.24	3.0
宁　　夏	14.34	13.95	14.94	15.11	1.1
新　　疆	48.31	45.70	47.85	48.69	1.8

分地区机关单位职工年末人数

单位:万人

地　　区	1991年	1993年	1994年	1995年	1995年比1994年增长(%)
全国总计	947.95	986.16	1 027.72	1 008.38	−1.9
北　京	25.50	31.27	29.83	23.63	−20.8
天　津	12.14	12.47	12.07	11.64	−3.6
河　北	53.09	55.82	59.39	59.78	0.7
山　西	35.30	36.03	37.81	39.03	3.2
内蒙古	27.66	27.04	27.61	27.44	−0.6
辽　宁	40.57	39.79	44.63	39.39	−11.7
吉　林	23.37	23.20	25.82	23.67	−8.3
黑龙江	37.57	41.61	41.20	40.22	−2.4
上　海	17.87	14.11	16.91	15.82	−6.4
江　苏	39.54	38.69	41.16	40.62	−1.3
浙　江	29.83	30.03	31.01	31.75	2.4
安　徽	30.75	37.96	38.47	38.14	−0.9
福　建	25.38	25.44	27.09	26.91	−0.7
江　西	29.74	30.63	31.98	32.13	0.5
山　东	57.33	63.58	61.09	62.51	2.3
河　南	58.13	63.00	63.89	66.83	4.6
湖　北	47.45	46.39	52.70	47.05	−10.7
湖　南	43.51	46.95	48.44	48.45	
广　东	57.83	62.40	61.28	64.22	4.8
广　西	29.64	29.95	31.63	32.30	2.1
海　南	7.10	6.41	8.31	7.98	−4.0
四　川	74.03	74.15	78.28	76.84	−1.8
贵　州	25.74	26.59	27.45	24.61	−10.3
云　南	34.26	35.00	36.48	35.87	−1.7
西　藏	4.28	4.51	4.52	4.11	−9.1
陕　西	28.57	29.90	32.48	30.76	−5.3
甘　肃	17.72	19.18	20.87	21.53	3.2
青　海	7.32	7.93	7.58	7.61	0.4
宁　夏	5.31	5.62	5.67	5.61	−1.1
新　疆	21.40	20.52	22.10	21.94	−0.7

分地区国有经济单位职工年末人数

单位:万人

地　　区	1978年	1992年	1994年	1995年	1995年比1994年增长(%)
全国总计	7 451.0	10 888.9	10 890.0	10 955.0	0.6
北　京	234.2	371.5	369.5	358.1	−3.1
天　津	168.3	212.7	201.8	197.0	−2.4
河　北	369.8	527.8	533.2	535.1	0.4
山　西	227.3	357.9	365.7	370.1	1.2
内蒙古	100.1	302.1	301.7	302.2	0.2
辽　宁	491.2	689.8	670.0	688.2	2.7
吉　林	273.7	379.3	384.6	386.7	0.5
黑龙江	498.7	640.3	647.0	635.0	−1.9
上　海	334.5	396.6	339.9	324.2	−4.6
江　苏	366.4	562.7	571.4	576.2	0.8
浙　江	183.1	298.0	294.1	294.6	0.2
安　徽	228.0	348.5	354.8	363.7	2.5
福　建	148.5	223.9	218.2	217.1	−0.5
江　西	221.0	321.9	329.1	332.7	1.1
山　东	353.5	604.0	619.1	650.1	5.0
河　南	345.6	571.5	604.7	617.4	2.1
湖　北	371.6	556.4	565.2	569.1	0.7
湖　南	282.1	447.9	460.4	466.0	1.2
广　东	442.8	559.7	551.0	549.0	−0.4
广　西	199.6	277.1	280.5	282.7	0.8
海　南		99.6	95.5	92.8	−2.8
四　川	511.1	744.4	729.1	734.7	0.8
贵　州	137.6	193.6	194.7	193.4	−0.7
云　南	190.7	260.4	263.2	262.9	−0.1
西　藏	17.3	15.6	15.5	15.2	−1.9
陕　西	221.5	326.0	326.9	332.7	1.8
甘　肃	144.4	204.7	209.2	210.8	0.8
青　海	42.4	57.0	56.5	57.2	1.2
宁　夏	39.2	60.1	60.4	61.5	1.8
新　疆	208.3	277.9	277.1	278.5	0.5

分地区国有企业单位职工年末人数

单位:万人

地区	1991年	1994年	1995年	1995年比1994年增长(%)
全国总计	7 501.76	7 544.73	7 544.14	
北京	238.69	241.85	236.73	-2.1
天津	165.91	147.48	144.58	-2.0
河北	364.97	370.94	365.15	-1.6
山西	253.24	263.89	264.35	2.0
内蒙古	201.79	210.60	207.76	-1.3
辽宁	528.89	511.72	526.82	3.0
吉林	269.43	281.07	280.49	-0.2
黑龙江	498.25	511.47	501.45	-2.0
上海	318.08	256.09	243.99	-4.7
江苏	391.79	398.86	400.07	0.3
浙江	197.84	191.87	188.29	-1.9
安徽	231.84	240.37	246.67	2.6
福建	140.86	133.76	130.09	-2.7
江西	216.81	222.52	223.81	0.6
山东	403.71	419.32	443.07	5.7
河南	370.72	416.62	424.99	2.0
湖北	376.77	388.12	388.87	0.2
湖南	296.71	311.63	313.88	0.7
广东	378.02	366.38	354.46	-3.3
广西	164.87	167.81	164.94	-1.7
海南	77.59	73.53	70.90	-3.6
四川	497.79	489.41	490.17	0.2
贵州	117.69	120.37	120.25	-0.1
云南	154.32	155.63	153.58	-1.3
西藏	5.5	5.42	5.58	3.0
陕西	221.11	222.80	225.38	1.2
甘肃	140.79	142.81	143.45	0.4
青海	35.44	34.34	34.58	0.7
宁夏	39.25	39.88	40.89	2.5
新疆	203.09	208.18	208.87	0.3

分地区城镇集体经济单位职工年末人数

单位:万人

地　　区	1978年	1992年	1994年	1995年	1995年比1994年增长(%)
全国总计	2 048.0	3 621.2	3 211.0	3 076.0	−4.2
北　京	48.6	90.5	73.4	72.1	−1.8
天　津	49.1	72.4	66.2	64.2	−3.0
河　北	75.3	154.7	141.4	132.8	−6.1
山　西	41.0	101.7	93.4	88.1	−5.7
内蒙古	28.9	89.6	76.1	70.8	−7.0
辽　宁	154.8	330.9	307.7	285.0	−7.4
吉　林	79.1	157.8	130.2	115.7	−11.1
黑龙江	125.7	235.0	187.7	175.1	−6.7
上　海	86.5	97.9	82.2	80.9	−1.6
江　苏	215.1	313.8	277.8	274.0	−1.4
浙　江	129.7	181.6	170.4	161.9	−5.0
安　徽	80.5	157.0	125.2	123.1	−1.7
福　建	57.2	78.6	66.2	60.3	−8.9
江　西	46.5	84.5	79.2	71.4	−9.8
山　东	116.4	224.2	201.3	200.1	−0.6
河　南	73.8	172.2	158.5	162.2	2.3
湖　北	87.8	171.0	146.3	137.9	−5.7
湖　南	81.7	130.4	121.6	119.1	−2.1
广　东	152.9	216.6	200.0	202.4	1.2
广　西	37.9	53.5	48.9	47.6	−2.7
海　南		9.0	8.5	8.4	−1.2
四　川	141.2	234.6	215.6	208.3	−3.4
贵　州	31.4	40.9	34.9	29.6	−15.2
云　南	25.4	47.1	44.9	43.3	−3.6
西　藏	1.4	1.1	0.8	1.0	25.0
陕　西	35.2	67.0	60.0	56.3	−6.2
甘　肃	14.2	46.2	42.2	36.4	−13.7
青　海	5.2	10.7	8.6	8.3	−3.5
宁　夏	5.4	11.3	10.3	9.9	−3.9
新　疆	18.7	39.4	32.0	29.9	−6.6

分地区城镇集体企业单位职工年末人数

单位:万人

地　　区	1991年	1993年	1994年	1995年	1995年比1994年增长(%)
全国总计	3 458.13	3 258.85	3 080.35	2 944.68	−4.4
北　京	86.19	77.38	70.53	69.90	−0.9
天　津	64.02	69.25	63.52	62.20	−2.1
河　北	151.55	147.57	137.86	129.08	−6.4
山　西	96.47	92.79	89.16	83.71	−6.1
内蒙古	86.06	85.14	73.61	68.53	−6.9
辽　宁	319.02	307.62	301.76	280.01	−7.2
吉　林	155.28	148.11	126.39	112.89	−10.7
黑龙江	228.64	203.08	184.42	171.96	−6.8
上　海	94.96	80.04	77.65	76.72	−1.2
江　苏	296.15	269.61	253.54	251.59	−0.8
浙　江	183.04	168.76	163.43	154.82	−5.3
安　徽	147.17	125.36	119.14	117.09	−1.7
福　建	72.57	67.31	62.15	55.98	−9.9
江　西	81.27	78.08	77.08	69.36	−10.0
山　东	206.20	204.34	192.79	191.45	−0.7
河　南	172.20	156.69	154.41	150.59	−2.5
湖　北	166.30	158.80	141.44	133.34	−5.7
湖　南	122.02	118.83	113.84	111.26	−2.3
广　东	204.57	194.31	193.65	197.48	2.0
广　西	50.84	47.24	47.79	46.80	−2.1
海　南	7.51	6.60	7.85	7.74	−1.4
四　川	216.48	206.70	201.92	194.46	−3.7
贵　州	38.98	32.21	34.21	29.08	−15.0
云　南	44.00	45.70	44.01	42.44	−3.6
西　藏	0.86	0.94	0.73	0.94	28.8
陕　西	63.53	62.59	56.46	53.07	−6.0
甘　肃	43.34	45.41	41.51	35.42	−14.6
青　海	10.19	9.18	8.38	8.04	−4.1
宁　夏	11.00	10.54	10.21	9.79	−4.1
新　疆	37.73	38.67	30.93	28.95	−6.4

分地区其他各种经济单位职工年末人数

单位:万人

地　　区	1991 年	1992 年	1994 年	1995 年	1995 年比 1994 年增长(%)
全国总计	216.04	281.78	748.00	876.95	17.2
北　京	13.23	14.63	35.00	40.61	16.0
天　津	6.05	8.85	23.97	28.39	18.4
河　北	5.65	5.94	24.60	30.09	22.3
山　西	0.59	2.76	6.93	5.24	−24.4
内蒙古	0.64	0.98	9.31	10.61	14.0
辽　宁	21.63	24.46	53.60	55.16	2.9
吉　林	1.61	4.43	15.34	18.02	17.5
黑龙江	3.68	4.94	18.78	24.84	32.3
上　海	12.85	16.70	56.61	65.44	15.6
江　苏	22.83	27.58	60.67	65.79	8.4
浙　江	8.31	11.80	36.33	42.13	16.0
安　徽	1.45	2.11	12.86	16.03	24.7
福　建	25.41	38.29	67.59	66.75	−1.2
江　西	1.13	2.00	5.66	7.17	26.7
山　东	7.22	9.65	51.96	67.17	29.3
河　南	1.19	2.52	26.06	35.44	36.0
湖　北	3.09	4.49	27.40	35.38	29.1
湖　南	1.06	1.43	8.77	12.37	41.0
广　东	66.17	81.84	128.87	160.56	24.6
广　西	2.57	3.37	11.65	12.98	11.4
海　南	2.34	3.26	5.50	5.78	5.1
四　川	2.81	3.55	42.42	47.27	11.4
贵　州	0.94	1.25	1.54	3.56	131.2
云　南	0.76	0.66	4.21	5.36	27.3
西　藏	0.08	0.08	0.07	0.09	28.6
陕　西	1.38	1.63	5.24	6.05	15.5
甘　肃	0.34	1.12	1.93	2.87	48.7
青　海	0.07	0.10	0.15	0.30	100.0
宁　夏	0.21	0.45	1.62	2.03	25.3
新　疆	0.75	0.97	2.76	3.49	26.4

分地区其他各种企业单位职工年末人数

单位：万人

地　　区	1991年	1993年	1994年	1995年	1995年比1994年增长(%)
全国总计	215.61	534.91	746.21	875.80	17.4
北　京	13.22	25.14	35.00	40.42	15.5
天　津	6.05	16.01	23.96	28.38	18.4
河　北	5.65	13.63	24.59	30.07	22.3
山　西	0.59	5.07	6.93	5.24	－24.4
内蒙古	0.64	3.65	9.31	10.61	14.0
辽　宁	21.62	34.79	53.60	55.15	2.9
吉　林	1.61	10.69	15.30	18.00	17.6
黑龙江	3.67	11.59	18.76	24.83	32.4
上　海	12.72	53.16	56.51	65.36	15.7
江　苏	22.83	47.09	60.59	65.74	8.5
浙　江	8.31	25.65	36.19	42.11	16.4
安　徽	1.45	4.27	12.79	16.01	25.2
福　建	25.36	52.98	67.54	66.69	－1.3
江　西	1.13	4.71	5.47	7.17	31.1
山　东	7.21	24.26	51.83	67.07	29.4
河　南	1.19	10.12	26.00	35.32	35.8
湖　北	3.09	17.87	27.40	35.32	28.9
湖　南	1.06	7.89	8.76	12.37	41.2
广　东	66.00	113.50	128.66	160.33	24.6
广　西	2.57	8.77	11.64	12.96	11.3
海　南	2.34	4.81	5.50	5.77	4.9
四　川	2.81	24.14	42.41	47.26	11.4
贵　州	0.94	1.72	1.54	3.44	123.4
云　南	0.76	2.12	4.21	5.36	27.3
西　藏	0.08	0.06	0.07	0.09	28.6
陕　西	1.38	6.36	5.22	6.04	15.7
甘　肃	0.34	2.21	1.93	2.87	48.7
青　海	0.07	0.12	0.15	0.30	100.0
宁　夏	0.21	0.63	1.62	2.03	25.3
新　疆	0.75	1.92	2.75	3.48	26.5

四、职工工资

分经济类型职工工资总额及指数

年 份	工资总额(亿元)				指数(以上年为100)			
	合 计	国有经济单位	城镇集体经济单位	其他各种经济单位	合 计	国有经济单位	城镇集体经济单位	其他各种经济单位
1952	68.3	67.5	0.8	—				
1953	90.0	88.9	1.1	—	131.8	131.7	137.5	—
1954	98.8	95.3	3.5	—	109.8	107.2	318.2	—
1955	108.3	100.3	8.5	—	110.1	105.2	242.9	—
1956	158.6	136.5	22.1	—	145.8	136.1	260.0	—
1957	190.8	156.4	34.4	—	120.3	114.6	155.7	—
1958	210.8	180.0	30.8	—	110.5	115.1	89.5	—
1959	263.1	233.5	29.6	—	124.8	129.7	96.1	—
1960	296.7	263.2	33.5	—	112.8	112.7	113.2	—
1961	280.7	244.1	36.6	—	94.6	92.7	109.3	—
1962	254.3	213.6	40.7	—	90.6	87.5	111.2	—
1963	249.9	211.1	38.8	—	98.3	98.8	95.3	—
1964	263.7	224.0	39.7	—	105.5	106.1	102.3	—
1965	282.3	235.3	47.0	—	107.1	105.0	118.4	—
1966	296.3	243.6	52.7	—	105.0	103.5	112.1	—
1967	308.3	250.0	58.3	—	104.0	102.6	110.6	—
1968	312.0	254.0	58.0	—	101.2	101.6	99.5	—
1969	322.6	263.0	59.6	—	103.4	103.5	102.8	—
1970	334.3	277.5	56.8	—	103.6	105.5	95.3	—
1971	364.0	302.0	62.0	—	108.9	108.8	109.2	—
1972	409.6	340.0	69.6	—	112.5	112.6	112.3	—
1973	429.1	353.3	75.8	—	104.8	103.9	108.9	—
1974	441.9	370.9	71.0	—	103.0	105.0	93.7	—
1975	463.5	386.1	77.4	—	104.9	104.1	109.0	—
1976	489.2	406.1	83.1	—	105.5	105.2	107.4	—
1977	514.8	425.7	89.1	—	105.2	104.3	107.2	—
1978	568.9	468.7	100.2	—	110.5	110.1	112.5	—
1979	646.7	529.5	117.2	—	113.7	113.0	117.0	—
1980	772.4	627.9	144.5	—	119.4	118.6	123.3	—
1981	820.0	660.4	159.6	—	106.2	105.2	110.4	—
1982	882.0	708.9	173.1	—	107.6	107.3	108.5	—
1983	934.6	748.1	186.5	—	106.0	105.5	107.7	—
1984	1 133.4	875.8	254.0	3.6	121.3	117.1	136.2	—
1985	1 383.0	1 064.8	312.3	5.9	122.0	121.6	123.0	163.9
1986	1 659.7	1 288.5	362.8	8.4	120.0	121.0	116.2	142.4
1987	1 881.1	1 459.3	409.1	12.7	113.3	113.3	112.8	151.2
1988	2 316.2	1 807.1	487.6	21.5	123.1	123.8	119.2	169.3
1989	2 618.5	2 050.2	534.4	33.9	113.1	113.5	109.6	157.7
1990	2 951.1	2 324.1	581.0	46.0	112.7	113.4	108.7	135.7
1991	3 323.9	2 594.9	658.6	70.4	112.6	111.7	113.4	153.0
1992	3 939.2	3 090.4	743.2	105.6	118.5	119.1	112.8	150.0
1993	4 916.2	3 812.7	849.9	253.6	124.8	123.4	114.4	240.2
1994	6 656.4	5 177.4	1 023.3	455.6	135.4	135.8	120.4	179.7
1995	8 100.0	6 080.2	1 182.0	637.8	121.7	117.4	115.5	140.0

分行业职工工资总额

单位:亿元

年 份	合 计	农、林牧、渔业	采掘业	制造业	电力、煤气及水的生产和供应业	建筑业	地质普查业、水利管理业	交通运输、仓储及邮电通讯业
1978	568.9	39.0	44.1	214.8	9.1	43.6	12.6	46.4
1979	646.7	43.0	49.9	244.0	10.3	50.9	14.2	52.0
1980	772.4	48.9	58.4	289.7	11.9	59.7	16.7	58.8
1981	820.0	50.5	60.9	306.3	12.7	62.5	17.4	61.2
1982	882.0	52.7	64.1	323.7	13.5	68.6	18.1	65.8
1983	934.6	55.2	66.2	337.7	14.3	74.8	19.5	68.5
1984	1 133.4	61.1	81.3	418.0	17.5	96.6	23.0	84.6
1985	1 383.0	68.7	103.4	504.0	17.1	120.0	27.7	103.0
1986	1 659.7	81.8	125.8	601.9	22.0	139.0	31.6	123.1
1987	1 881.1	90.1	135.4	695.4	26.5	156.3	35.1	138.3
1988	2 316.2	101.1	162.1	866.8	33.6	184.3	40.9	168.3
1989	2 618.5	109.1	199.0	983.8	40.0	196.2	44.3	192.0
1990	2 951.1	120.3	234.3	1 089.3	49.4	211.5	48.8	214.6
1991	3 323.9	128.0	262.9	1 230.2	57.7	244.5	53.6	243.3
1992	3 939.2	139.6	289.3	1 443.0	70.9	300.2	64.6	286.0
1993	4 916.2	143.0	337.7	1 796.3	96.5	433.4	53.5	346.4
1994	6 656.4	191.5	417.0	2 292.3	146.5	527.1	75.9	470.9
1995	8 100.0	230.1	516.2	2 760.4	197.0	609.8	79.8	565.6

年 份	批发和零售贸易、餐饮业	金融、保险业	房地产业	社会服务业	卫生、体育和社会福利事业	教育、文化艺术和广播电视事业	科学研究和综合技术服务事业	国家机关、政党机关和社会团体	其 他
1978	59.4	3.6	1.8	9.2	13.7	38.6	5.9	27.0	
1979	68.3	4.3	2.2	11.1	15.5	43.6	6.9	30.5	
1980	83.0	5.9	2.8	14.5	19.9	55.6	8.7	37.9	
1981	90.7	6.9	2.7	16.5	21.9	59.7	9.3	40.9	
1982	96.7	7.6	2.9	18.2	25.4	69.1	9.9	45.8	
1983	101.8	8.1	3.2	20.4	27.4	72.2	11.8	53.6	
1984	123.6	10.7	3.8	24.2	31.3	82.0	13.2	62.6	
1985	149.7	13.8	4.1	29.3	37.7	109.3	16.3	78.7	
1986	175.7	17.9	5.0	36.9	46.6	130.8	20.1	101.5	
1987	198.3	21.2	5.7	42.9	51.9	145.4	22.6	116.0	
1988	250.6	28.4	7.0	53.5	64.5	187.2	27.4	140.4	
1989	275.3	33.3	8.3	62.0	73.8	207.3	30.8	163.3	
1990	308.2	39.7	9.7	72.7	85.1	238.6	36.0	192.9	
1991	346.8	45.5	11.7	86.8	95.3	260.7	39.5	217.5	
1992	400.0	60.6	15.8	107.5	116.5	323.9	49.1	272.3	
1993	468.7	85.1	26.9	147.1	139.5	389.7	63.4	357.7	18.3
1994	637.0	170.1	44.1	220.2	216.8	607.4	106.8	500.2	32.3
1995	758.1	197.9	54.9	264.3	253.8	690.8	121.4	559.5	40.4

分行业国有经济单位职工工资总额　　单位:亿元

年　份	合　　计	农、林牧、渔业	采掘业	制造业	电力、煤气及水的生产和供应业	建筑业	地质普查业、水利管理业	交通运输、仓储及邮电通讯业
1978	468.7	37.3	41.4	159.3	8.9	33.5	12.6	33.5
1979	529.5	40.8	46.7	179.7	10.1	38.0	14.2	38.2
1980	627.9	46.7	54.4	209.4	11.7	43.6	16.6	44.1
1981	660.4	47.9	56.5	218.0	12.4	44.3	17.3	46.1
1982	708.9	49.8	59.5	230.3	13.2	47.0	18.0	49.1
1983	748.1	51.9	61.3	238.3	14.0	49.9	19.4	51.5
1984	875.8	57.7	75.3	292.8	17.1	66.3	22.9	64.5
1985	1 064.8	65.0	95.9	347.2	16.6	82.4	27.6	79.1
1986	1 288.5	77.6	116.4	419.5	21.1	95.2	31.5	95.7
1987	1 459.3	85.4	124.6	486.2	25.3	105.6	35.1	108.3
1988	1 807.1	96.0	148.5	611.7	32.1	124.3	40.9	134.2
1989	2 050.2	103.6	182.7	693.9	38.1	133.3	44.3	154.6
1990	2 324.1	114.8	213.2	771.0	47.0	144.3	48.4	175.3
1991	2 594.9	121.9	236.0	861.2	54.2	162.6	53.0	199.1
1992	3 090.4	133.2	257.3	1 012.2	66.4	197.2	63.9	237.3
1993	3 812.7	136.5	317.1	1 215.6	91.6	280.7	52.9	301.3
1994	5 177.4	184.2	393.8	1 482.1	137.1	352.7	75.2	417.8
1995	6 080.2	221.4	487.4	1 754.3	179.7	399.1	79.0	507.6

年　份	批发和零售贸易、餐饮业	金融、保险业	房地产业	社会服务业	卫生、体育和社会福利事业	教育、文化艺术和广播电视事业	科学研究和综合技术服务事业	国家机关、政党机关和社会团体	其他
1978	51.6	2.6	1.7	6.5	10.7	36.7	5.9	26.5	
1979	59.0	3.1	2.0	7.5	12.0	41.5	6.9	29.8	
1980	70.3	4.3	2.5	9.7	15.7	53.0	8.7	37.2	
1981	75.5	5.2	2.4	10.9	17.5	57.1	9.2	40.1	
1982	79.7	5.8	2.6	11.9	20.4	66.8	9.8	45.0	
1983	83.4	6.1	2.8	13.2	22.1	69.9	11.7	52.6	
1984	73.4	8.3	3.4	15.9	25.4	79.4	13.1	60.3	
1985	85.9	10.8	3.7	20.9	31.0	106.4	16.1	76.2	
1986	103.0	13.8	4.5	26.5	38.1	127.5	19.8	98.3	
1987	117.1	16.4	5.1	30.6	43.1	141.8	22.3	112.4	
1988	152.1	22.1	6.3	38.5	53.8	183.3	27.1	136.2	
1989	168.7	25.8	7.4	44.2	61.9	202.9	30.3	158.5	
1990	189.6	30.7	8.7	52.6	71.8	233.7	35.3	187.7	
1991	213.5	35.1	10.3	61.9	80.6	255.6	38.5	211.4	
1992	251.5	47.1	14.1	78.2	101.0	317.9	47.5	265.5	
1993	291.5	67.6	22.3	104.9	122.2	383.4	59.0	353.3	12.9
1994	399.1	133.8	34.3	154.7	191.7	599.5	102.5	496.2	22.9
1995	472.7	151.4	41.1	185.0	224.8	678.9	114.2	555.2	28.3

分行业城镇集体经济单位职工工资总额

单位:亿元

年 份	合 计	农、林牧、渔业	采掘业	制造业	电力、煤气及水的生产和供应业	建筑业	地质普查业、水利管理业	交通运输、仓储及邮电通讯业
1978	100.2	1.7	2.7	55.5	0.2	10.1	0.03	12.9
1979	117.2	2.2	3.2	64.2	0.2	12.9	0.04	13.8
1980	144.5	2.2	4.0	80.4	0.2	16.1	0.07	14.7
1981	159.6	2.6	4.4	88.3	0.3	18.2	0.07	15.1
1982	173.1	2.9	4.6	93.4	0.3	21.6	0.08	16.8
1983	186.5	3.3	4.9	99.4	0.3	24.9	0.08	17.0
1984	254.0	3.4	6.0	122.0	0.4	30.2	0.09	20.0
1985	312.3	3.7	7.5	151.9	0.5	37.6	0.09	23.7
1986	362.8	4.2	8.6	176.8	0.7	43.6	0.09	27.2
1987	409.1	4.6	9.6	200.8	1.0	50.5	0.04	29.8
1988	487.6	5.0	11.6	240.7	1.1	59.6	0.03	33.6
1989	534.4	5.3	12.9	266.5	1.3	62.4	0.04	36.9
1990	581.0	5.2	16.5	286.2	1.6	66.6	0.40	38.6
1991	658.6	5.6	19.8	319.6	2.2	81.0	0.60	43.1
1992	743.2	5.8	21.2	356.0	2.6	101.2	0.70	47.4
1993	849.9	5.7	20.0	380.7	2.8	147.9	0.57	40.4
1994	1 023.3	5.9	21.9	456.6	4.9	165.0	0.73	45.5
1995	1 182.0	6.7	26.8	513.8	6.7	196.8	0.8	48.1

年 份	批发和零售贸易、餐饮业	金融、保险业	房地产业	社会服务业	卫生、体育和社会福利事业	教育、文化艺术和广播电视事业	科学研究和综合技术服务事业	国家机关、政党机关和社会团体	其他
1978	7.8	1.0	0.1	2.7	3.0	1.9	0.03	0.5	
1979	9.3	1.2	0.2	3.6	3.5	2.1	0.03	0.7	
1980	12.7	1.6	0.3	4.8	4.2	2.6	0.04	0.7	
1981	15.2	1.7	0.3	5.6	4.4	2.6	0.06	0.8	
1982	16.9	1.8	0.3	6.3	5.0	2.3	0.06	0.8	
1983	18.4	2.0	0.4	7.2	5.3	2.3	0.06	1.0	
1984	50.0	2.4	0.4	8.2	5.9	2.6	0.09	2.3	
1985	63.3	3.1	0.4	8.0	6.8	2.9	0.10	2.7	
1986	72.3	4.1	0.5	9.4	8.5	3.3	0.20	3.3	
1987	80.5	4.8	0.6	10.7	8.8	3.5	0.30	3.6	
1988	97.5	6.3	0.6	12.4	10.7	3.9	0.30	4.2	
1989	105.3	7.5	0.7	14.3	11.8	4.3	0.40	4.8	
1990	116.8	9.0	0.8	15.4	13.3	4.8	0.60	5.2	
1991	130.8	10.3	1.1	18.1	14.7	5.0	0.80	6.1	
1992	144.5	13.4	1.1	20.2	15.4	5.7	1.20	6.8	
1993	159.2	16.5	1.7	26.4	17.3	6.1	2.90	4.4	4.9
1994	199.6	34.1	3.3	37.4	24.9	7.3	3.40	4.0	8.7
1995	233.7	42.0	4.2	43.4	28.6	11.1	4.5	4.4	10.5

分行业其他各种经济单位职工工资总额 单位：亿元

年 份	合 计	农、林、牧、渔业	采掘业	制造业	电力、煤气及水的生产和供应业	建筑业	地质普查业、水利管理业	交通运输、仓储及邮电通讯业
1984	3.61			3.19	0.00	0.10		0.09
1985	5.91		0.05	4.59	0.03	0.12		0.17
1986	8.42		0.80	5.60	0.20	0.20		0.23
1987	12.59	0.08	1.20	8.38	0.20	0.20		0.24
1988	21.48	0.14	0.21	16.63	0.10	0.40		0.32
1989	33.87	0.19	0.24	26.63	0.21	0.50		0.50
1990	45.99	0.34	0.18	37.20	0.30	0.55	0.02	0.66
1991	70.43	0.47	0.32	57.12	0.38	0.97	0.03	1.10
1992	105.57	0.59	0.34	86.30	0.60	1.67	0.04	1.31
1993	253.60	0.80	0.60	200.06	2.14	4.83	0.02	4.70
1994	455.62	1.37	1.32	353.63	4.54	9.39	0.02	7.54
1995	637.78	2.10	1.98	492.34	10.59	13.88	0.04	9.81

年 份	批发和零售贸易、餐饮业	金融、保险业	房地产业	社会服务业	卫生、体育和社会福利事业	教育、文化艺术和广播电视事业	科学研究和综合技术服务事业	国家机关、政党机关和社会团体	其 他
1984	0.23			0.05					
1985	0.43			0.40		0.01			
1986	0.45		0.03	0.95		0.01			
1987	0.66		0.04	1.52	0.01	0.01	0.01		
1988	1.03	0.02	0.10	2.60	0.01	0.02	0.01		
1989	1.34	0.05	0.02	3.50	0.06	0.06	0.05		
1990	1.79	0.03	0.19	4.68	0.02	0.10	0.06		
1991	2.42	0.03	0.32	6.78	0.06	0.17	0.17		
1992	4.40	0.03	0.62	9.07	0.06	0.34	0.37		
1993	18.03	1.00	2.83	15.83	0.05	0.30	1.49	0.06	0.49
1994	38.37	2.16	6.59	28.13	0.25	0.58	0.98		0.74
1995	51.62	4.56	9.61	35.98	0.35	0.76	2.66	0.01	1.49

分地区全部职工工资总额

单位:亿元

地　　区	1978年	1992年	1994年	1995年	1995年比1994年增长(%)
全国总计	568.9	3 939.2	6 656.4	8 100.0	21.7
北　京	18.1	158.5	309.7	382.0	23.4
天　津	14.0	91.6	154.1	184.8	19.9
河　北	25.7	168.4	289.6	336.0	16.0
山　西	16.7	114.3	183.1	215.5	17.7
内蒙古	8.4	89.8	141.1	156.1	10.6
辽　宁	41.2	282.0	439.7	503.9	14.6
吉　林	23.2	122.1	188.8	221.0	17.1
黑龙江	42.8	197.0	282.4	328.5	16.3
上　海	28.0	217.2	358.1	440.7	23.1
江　苏	29.0	251.5	450.4	541.6	20.3
浙　江	16.2	138.0	274.3	324.2	18.2
安　徽	16.8	112.1	184.4	228.1	23.7
福　建	11.2	91.8	168.5	196.6	16.7
江　西	14.5	86.0	140.9	162.1	15.1
山　东	26.0	214.3	372.8	464.1	24.5
河　南	24.3	165.5	275.6	347.7	26.2
湖　北	25.8	171.4	296.3	345.6	16.6
湖　南	20.2	143.7	238.7	282.0	18.1
广　东	35.1	334.6	612.7	734.1	20.0
广　西	12.6	85.9	149.7	172.3	15.1
海　南		30.2	48.8	57.0	16.8
四　川	37.1	238.1	392.8	452.7	15.3
贵　州	10.1	55.2	88.2	100.1	13.5
云　南	12.7	81.4	139.4	159.0	14.1
西　藏	1.2	5.7	11.4	12.1	8.0
陕　西	16.4	94.7	147.0	172.3	17.2
甘　肃	11.4	72.3	121.6	136.7	12.4
青　海	4.3	20.9	32.7	38.0	16.2
宁　夏	3.2	19.4	30.7	37.2	21.2
新　疆	15.9	85.6	133.1	167.7	26.0

分地区企业单位职工工资总额

单位:万元

地区	1991年	1993年	1994年	1995年	1995年比1994年增长(%)
全国总计	25 832 729.9	37 717 517.6	49 463 866.8	59 748 266.4	20.8
北京	977 563.0	1 548 507.2	2 245 367.0	2 838 810.0	26.4
天津	659 413.3	944 876.9	1 214 301.8	1 495 653.4	23.2
河北	1 114 989.2	1 631 731.1	2 156 641.9	2 526 270.3	17.1
山西	812 448.2	1 095 551.0	1 410 465.3	1 674 530.1	18.7
内蒙古	576 282.8	817 472.3	1 046 265.9	1 148 255.6	9.7
辽宁	2 025 499.7	2 790 653.2	3 577 611.7	4 129 729.5	15.4
吉林	843 769.6	1 141 249.0	1 435 439.6	1 677 922.2	16.9
黑龙江	1 468 420.6	1 848 858.6	2 246 052.7	2 617 915.6	16.6
上海	1 445 555.8	2 373 098.0	2 998 998.7	3 690 395.5	23.1
江苏	1 634 758.6	2 615 643.0	3 380 957.7	4 153 726.1	22.9
浙江	914 405.7	1 485 784.4	2 041 283.4	2 444 952.9	19.8
安徽	732 117.3	1 009 131.5	1 352 413.3	1 697 852.5	25.5
福建	557 160.3	884 244.4	1 235 297.4	1 471 675.8	19.1
江西	539 271.3	726 859.5	967 069.2	1 153 817.4	19.3
山东	1 401 575.1	2 022 478.2	2 717 936.3	3 538 306.7	30.2
河南	1 034 406.8	1 506 047.0	1 999 069.1	2 565 283.3	28.3
湖北	1 133 716.7	1 593 848.7	2 090 772.8	2 514 470.8	20.3
湖南	893 491.9	1 294 665.8	1 648 626.1	2 011 045.8	22.0
广东	2 123 279.1	3 646 379.0	4 710 766.5	5 676 753.8	20.5
广西	479 014.0	737 160.2	1 003 452.0	1 182 197.4	
海南	173 981.7	234 326.8	349 144.1	410 471.2	17.6
四川	1 576 035.8	2 170 774.0	2 795 396.3	3 276 937.0	17.2
贵州	333 395.1	444 689.7	594 795.8	703 654.8	18.3
云南	465 731.3	530 858.2	897 772.9	1 089 244.3	21.3
西藏	20 703.5	24 852.0	34 846.7	42 958.5	23.3
陕西	620 165.2	827 730.4	1 022 223.3	1 228 518.6	20.2
甘肃	470 992.7	642 046.9	883 768.9	1 015 517.9	14.9
青海	122 766.6	170 146.8	200 553.7	234 123.7	16.7
宁夏	122 078.3	167 960.8	215 173.2	276 704.7	28.6
新疆	559 740.7	789 893.0	991 403.5	1 260 572.0	27.2

分地区事业单位职工工资总额

单位:万元

地　　区	1991年	1993年	1994年	1995年	1995年比1994年增长(%)
全国总计	5 290 267.8	8 009 697.5	12 042 155.0	13 737 191.3	14.1
北　京	281 925.0	405 482.6	665 408.0	795 059.0	19.5
天　津	108 424.5	150 902.6	251 882.0	271 681.5	7.9
河　北	199 053.1	313 812.1	477 592.2	544 733.7	14.1
山　西	123 611.2	182 872.8	268 776.6	306 066.2	13.9
内蒙古	126 415.7	186 875.7	255 519.5	294 214.4	15.1
辽　宁	293 209.2	411 819.8	590 620.3	682 220.8	15.5
吉　林	169 171.4	218 203.0	339 300.5	408 704.1	20.5
黑龙江	205 831.8	270 470.9	399 291.6	459 550.1	15.1
上　海	227 377.2	358 595.3	470 026.6	581 507.1	23.7
江　苏	320 498.3	525 588.1	871 695.2	980 066.9	12.4
浙　江	173 108.7	450 018.6	494 698.1	569 159.1	15.1
安　徽	157 803.2	221 723.4	332 844.0	401 622.4	20.7
福　建	140 802.5	195 173.9	310 247.0	345 029.2	11.2
江　西	125 479.8	200 664.6	309 161.8	329 574.6	6.6
山　东	275 737.7	434 209.6	714 266.8	779 594.7	9.1
河　南	236 966.5	329 777.2	498 739.2	604 604.3	21.2
湖　北	244 025.6	413 335.1	621 020.7	701 075.3	12.9
湖　南	220 054.8	356 866.9	506 657.9	558 482.0	10.2
广　东	374 174.9	596 320.1	961 030.3	1 123 477.5	16.9
广　西	162 702.2	286 277.0	349 011.4	383 339.5	9.8
海　南	37 904.8	51 880.5	88 893.2	103 769.4	16.7
四　川	353 178.3	486 545.0	772 892.6	863 148.1	11.7
贵　州	88 508.4	100 153.5	179 241.2	195 119.7	8.9
云　南	149 361.1	209 479.5	330 715.1	336 443.5	1.7
西　藏	18 933.0	25 813.6	43 671.0	43 985.5	0.7
陕　西	164 611.2	222 655.8	321 230.1	362 915.3	13.0
甘　肃	107 367.0	159 563.7	233 804.0	254 325.6	8.8
青　海	42 413.3	43 033.6	87 457.4	102 147.1	16.8
宁　夏	31 435.6	39 985.1	66 047.8	68 549.1	3.8
新　疆	130 181.1	161 597.9	230 412.9	287 025.6	24.6

分地区机关单位职工工资总额

单位:万元

地　　区	1991年	1993年	1994年	1995年	1995年比1994年增长(%)
全国总计	2 116 315.6	3 306 074.8	5 054 941.1	5 514 812.9	9.1
北　京	62 471.0	123 670.7	185 930.2	186 513.0	0.3
天　津	29 502.8	50 051.4	74 221.7	80 693.0	8.7
河　北	108 314.6	162 651.4	261 615.5	288 998.1	10.5
山　西	65 951.3	97 455.3	151 696.3	174 017.1	14.7
内蒙古	52 910.4	86 286.2	108 878.2	118 728.6	9.0
辽　宁	102 695.1	140 193.6	228 511.8	22 7091.4	−0.6
吉　林	50 368.7	70 170.6	113 176.1	123 400.8	9.0
黑龙江	79 710.8	129 803.6	178 592.2	207 910.3	16.4
上　海	55 518.7	70 146.4	111 549.0	135 592.0	21.6
江　苏	89 085.6	147 292.0	251 734.4	282 366.4	12.2
浙　江	72 278.5	126 337.5	204 759.4	228 351.3	11.5
安　徽	57 125.2	109 104.7	158 292.8	181 860.0	14.9
福　建	61 028.7	84 945.5	139 698.9	149 657.4	7.1
江　西	54 539.7	82 288.0	131 539.6	138 211.0	5.1
山　东	120 925.8	206 248.2	295 218.8	322 917.7	9.4
河　南	110 468.3	172 420.0	258 212.1	307 148.7	19.0
湖　北	92 325.6	142 204.4	251 559.2	240 776.9	−4.3
湖　南	96 634.2	166 832.6	232 134.0	250 952.6	8.1
广　东	184 437.7	320 846.3	455 610.8	541 123.8	18.8
广　西	68 789.6	100 840.0	144 822.5	157 520.6	8.8
海　南	20 236.9	30 561.8	49 794.3	55 619.5	11.7
四　川	157 962.1	225 074.7	359 650.2	387 086.7	7.6
贵　州	47 841.6	67 748.9	107 947.6	102 229.6	−5.3
云　南	71 534.4	100 886.0	165 328.8	163 881.0	−0.9
西　藏	14 516.0	18 378.2	35 745.3	33 708.3	−5.7
陕　西	58 842.0	84 687.3	126 520.7	131 123.5	3.6
甘　肃	41 872.1	65 020.6	98 609.9	97 161.2	−1.5
青　海	19 476.4	28 336.4	39 123.7	43 971.9	12.3
宁　夏	11 964.0	16 744.2	25 510.6	26 540.9	4.0
新　疆	56 987.8	78 848.3	108 956.5	129 659.6	19.0

分地区国有经济单位职工工资总额

单位:亿元

地区	1978年	1992年	1994年	1995年	1995年比1994年增长(%)
全国总计	468.7	3 090.4	5 177.4	6 080.2	17.4
北京	15.7	128.6	246.5	295.6	19.9
天津	11.5	72.0	116.1	135.2	16.5
河北	21.9	139.3	239.2	276.7	15.7
山西	14.6	95.8	157.0	186.2	18.6
内蒙古	6.9	73.6	117.9	131.2	11.3
辽宁	33.3	204.1	319.4	374.2	17.2
吉林	19.1	94.6	151.0	180.9	19.8
黑龙江	36.2	157.7	235.4	271.3	15.3
上海	23.7	175.9	260.0	314.7	21.0
江苏	19.8	170.9	312.6	369.1	18.1
浙江	10.4	90.8	175.1	201.7	15.2
安徽	13.0	87.5	145.8	179.3	23.0
福建	8.4	62.5	107.4	122.8	14.3
江西	12.3	72.5	120.9	139.4	15.3
山东	20.5	167.7	290.4	357.8	23.2
河南	20.7	138.4	230.3	284.2	23.4
湖北	21.5	139.3	243.5	282.7	16.1
湖南	16.3	118.4	199.1	233.5	17.3
广东	26.9	222.3	401.8	458.9	14.2
广西	10.8	74.0	126.9	145.3	14.5
海南		26.9	41.6	48.6	16.8
四川	30.6	195.0	313.7	359.0	14.4
贵州	8.6	48.1	78.7	89.4	13.6
云南	11.4	71.2	121.8	137.8	13.1
西藏	1.2	5.4	11.1	11.6	4.5
陕西	14.5	83.4	130.8	153.0	17.7
甘肃	10.6	62.5	106.1	120.5	13.6
青海	4.0	18.8	30.5	35.5	16.4
宁夏	2.9	16.9	26.8	32.1	19.8
新疆	14.8	76.3	120.3	152.2	26.5

分地区国有企业单位职工工资总额

单位:万元

地　　区	1991年	1993年	1994年	1995年	1995年比1994年增长(%)
全国总计	18 872 398.8	27 187 248.3	35 207 033.5	42 171 586.0	20.0
北　京	723 237.0	1 149 681.0	1 629 598.0	1 992 943.0	22.3
天　津	490 060.4	676 711.1	843 548.9	1 008 393.3	20.0
河　北	863 408.0	1 272 593.0	1 665 094.0	1 948 989.6	17.1
山　西	651 000.6	883 510.9	1 161 213.6	1 396 893.7	20.3
内蒙古	441 351.4	626 868.1	821 256.0	906 618.9	11.0
辽　宁	1 370 159.5	1 906 215.0	2 397 476.8	2 853 504.8	19.0
吉　林	605 609.9	837 406.7	1 068 803.8	1 288 967.5	20.6
黑龙江	1 120 139.4	1 436 909.0	1 785 131.0	2 056 460.7	15.2
上　海	1 127 396.8	1 661 643.0	2 044 125.9	2 461 636.1	20.4
江　苏	1 005 625.7	1 619 960.0	2 105 931.4	2 546 898.6	20.9
浙　江	516 236.9	813 885.0	1 090 606.2	1 265 702.1	16.1
安　徽	526 282.9	765 416.0	985 434.9	1 231 907.5	25.0
福　建	346 066.7	489 205.6	642 247.6	756 208.5	17.7
江　西	423 050.5	576 929.3	776 105.7	933 919.8	20.3
山　东	1 021 054.7	1 472 877.9	1 931 926.3	2 515 408.8	30.2
河　南	796 651.6	1 199 134.0	1 558 657.7	1 973 587.1	26.6
湖　北	855 609.5	1 200 645.9	1 580 469.6	1 905 343.9	20.5
湖　南	635 039.4	983 874.1	1 281 461.8	1 558 166.8	21.6
广　东	1 276 387.4	2 128 275.2	2 647 409.8	2 964 751.2	12.0
广　西	382 154.6	570 283.7	779 510.3	915 906.8	17.5
海　南	153 823.4	186 753.5	280 980.6	330 135.7	17.5
四　川	1 214 942.9	1 624 890.8	2 047 279.3	2 391 900.1	16.8
贵　州	275 549.8	372 964.8	501 421.5	599 109.8	19.5
云　南	383 756.5	530 858.2	31 750.0	881 416.7	11.2
西　藏	18 425.0	21 877.9	31 750.1	38 238.4	20.4
陕　西	519 412.5	687 159.3	870 079.0	1 046 171.3	20.2
甘　肃	390 437.9	530 924.6	731 172.1	857 148.1	17.2
青　海	104 650.3	149 037.7	178 754.5	209 268.2	17.1
宁　夏	102 385.8	139 253.9	176 372.6	226 398.1	28.4
新　疆	482 491.8	671 503.1	867 751.5	1 109 590.9	27.9

分地区城镇集体经济单位职工工资总额

单位:亿元

地区	1978年	1992年	1994年	1995年	1995年比1994年增长(%)
全国总计	100.2	743.2	1 023.3	1 182.0	15.5
北京	2.4	23.9	36.2	46.5	28.5
天津	2.5	16.5	21.7	26.0	19.8
河北	3.7	27.6	38.8	44.1	13.7
山西	2.1	17.8	23.5	26.7	13.6
内蒙古	1.5	16.0	20.1	20.9	4.0
辽宁	8.0	70.1	90.3	95.4	5.6
吉林	4.1	26.5	31.5	31.9	1.3
黑龙江	6.7	38.2	38.7	42.3	9.3
上海	4.3	32.9	44.7	51.6	15.4
江苏	9.2	71.6	103.3	126.6	22.6
浙江	5.8	43.4	77.0	90.5	17.5
安徽	3.7	24.1	30.6	37.4	22.2
福建	2.8	16.6	23.6	26.2	11.0
江西	2.2	13.1	17.6	19.0	8.0
山东	5.5	44.2	59.4	72.3	21.7
河南	3.6	26.5	35.7	47.8	33.9
湖北	4.3	31.0	41.1	45.1	9.7
湖南	3.9	25.0	34.8	41.1	18.1
广东	8.3	72.0	107.0	124.3	16.2
广西	1.8	11.1	17.0	19.0	11.8
海南		2.0	3.3	3.8	15.2
四川	6.5	42.2	57.7	66.0	14.4
贵州	1.5	6.7	8.8	8.8	
云南	1.3	10.0	15.6	18.2	16.7
西藏		0.3	0.2	0.4	100.0
陕西	1.9	10.8	13.4	15.7	17.2
甘肃	0.8	9.6	14.7	14.4	−2.0
青海	0.3	2.1	2.2	2.4	9.1
宁夏	0.3	2.4	3.2	3.9	21.9
新疆	1.1	9.0	11.4	13.6	19.3

分地区城镇集体企业单位职工工资总额

单位:万元

地　区	1991年	1993年	1994年	1995年	1995年比1994年增长(%)
全国总计	6 257 398.3	8 000 290.5	9 708 249.4	11 207 780.1	15.5
北　京	207 945.0	266 816.2	345 643.0	449 702.0	30.1
天　津	149 644.8	183 712.7	208 015.3	251 429.2	20.9
河　北	239 636.8	314 068.7	374 894.9	426 107.9	13.7
山　西	160 225.5	196 748.0	222 816.0	252 264.2	13.2
内蒙古	133 737.1	180 407.8	194 838.0	201 222.9	3.3
辽　宁	597 583.7	749 325.4	881 260.3	933 249.7	5.9
吉　林	235 331.7	271 268.8	303 399.0	307 183.4	1.3
黑龙江	340 581.3	372 700.5	378 392.2	411 921.0	8.9
上　海	266 471.6	345 471.2	421 846.5	485 124.3	15.0
江　苏	567 962.4	791 252.0	929 604.5	1 147 513.6	23.4
浙　江	376 434.5	560 887.1	730 806.0	858 307.5	17.5
安　徽	202 944.9	232 763.4	287 661.3	351 890.8	22.3
福　建	135 129.7	177 611.7	217 998.4	239 120.4	9.7
江　西	114 085.4	136 336.4	168 888.7	181 954.2	7.7
山　东	364 751.1	468 259.8	558 196.9	683 514.0	22.5
河　南	235 011.9	276 612.0	344 000.3	434 818.1	26.4
湖　北	271 449.3	335 849.7	393 354.8	431 939.1	9.8
湖　南	206 595.5	273 909.3	318 225.4	378 358.1	18.9
广　东	565 230.7	812 041.3	1 025 843.8	1 204 322.9	17.4
广　西	91 323.5	131 010.6	165 698.9	186 742.0	12.7
海　南	12 525.4	18 152.4	29 975.6	34 580.8	15.4
四　川	355 483.7	454 396.2	534 227.0	607 957.2	13.8
贵　州	55 596.2	65 699.2	86 773.8	86 836.5	0.7
云　南	80 307.9		152 040.9	178 549.6	17.4
西　藏	2 004.5	2 657.4	2 142.0	3 743.0	74.7
陕　西	96 880.2	118 610.1	124 485.8	146 340.6	17.6
甘　肃	79 851.5	104 572.2	144 182.1	139 703.0	−3.1
青　海	18 010.2	20 748.1	20 962.4	23 393.3	11.6
宁　夏	19 325.7	27 012.4	31 735.5	38 519.8	21.4
新　疆	75 336.6	111 389.9	110 340.1	131 471.0	19.2

分地区其他各种经济单位职工工资总额 单位:亿元

地区	1991年	1992年	1994年	1995年	1995年比1994年增长(%)
全国总计	70.4	105.6	455.6	637.8	40.0
北京	4.6	6.0	27.0	39.9	47.8
天津	2.0	3.1	16.3	23.6	44.8
河北	1.2	1.5	11.7	15.1	29.1
山西	0.1	0.7	2.6	2.5	−3.8
内蒙古	0.1	0.2	3.0	4.0	33.3
辽宁	5.8	7.8	29.9	34.3	14.7
吉林	0.3	1.0	6.3	8.2	30.2
黑龙江	0.8	1.1	8.3	15.0	80.7
上海	5.2	8.4	53.4	74.4	39.3
江苏	6.1	9.0	34.6	45.9	32.7
浙江	2.2	3.8	22.2	32.1	44.6
安徽	0.3	0.5	8.0	11.4	42.5
福建	7.6	12.7	37.5	47.7	27.2
江西	0.2	0.4	2.3	3.8	65.2
山东	1.6	2.4	22.9	34.0	48.5
河南	0.3	0.6	9.7	15.8	62.9
湖北	0.7	1.1	11.7	17.7	51.3
湖南	0.2	0.3	4.9	7.5	53.1
广东	28.2	40.3	103.9	151.0	45.3
广西	0.6	0.8	5.8	8.0	37.9
海南	0.8	1.3	3.8	4.6	21.1
四川	0.5	0.9	21.4	27.7	29.4
贵州	0.2	0.4	0.7	1.8	157.1
云南	0.2	0.2	2.0	2.9	45.0
西藏			0.1	0.1	
陕西	0.4	0.5	2.8	3.6	28.6
甘肃	0.1	0.2	0.8	1.9	137.5
青海			0.1	0.1	
宁夏		0.1	0.7	1.2	71.4
新疆	0.2	0.3	1.3	2.0	53.8

分地区其他各种企业单位职工工资总额

单位:万元

地区	1991年	1993年	1994年	1995年	1995年比1994年增长(%)
全国总计	702 932.8	2 529 978.8	4 548 583.9	6 368 900.3	40.0
北京	46 381.0	132 010.0	270 126.0	396 165.0	46.7
天津	19 708.1	84 453.1	162 737.6	235 830.9	44.9
河北	11 944.4	45 069.4	116 653.0	151 172.8	29.6
山西	1 222.1	15 292.1	26 435.7	25 372.2	−4.0
内蒙古	1 194.3	10 196.4	30 171.9	40 413.8	33.9
辽宁	57 756.5	135 112.8	298 874.6	342 975.0	14.8
吉林	2 828.0	32 573.5	63 236.8	81 771.3	29.3
黑龙江	7 699.9	39 249.1	82 529.5	149 533.9	81.2
上海	51 687.4	365 983.8	533 026.3	743 635.1	39.5
江苏	61 170.5	204 431.0	345 421.8	459 313.9	33.0
浙江	21 734.3	111 012.3	219 871.2	320 943.3	46.0
安徽	2 889.5	10 952.1	79 317.1	114 054.2	43.8
福建	75 963.9	217 427.1	375 051.4	476 346.9	27.0
江西	2 135.4	13 593.8	22 074.8	37 943.4	71.9
山东	15 769.3	81 340.5	227 813.1	339 383.9	49.0
河南	2 743.3	30 301.0	96 411.1	156 877.1	62.7
湖北	6 657.9	57 353.1	116 948.4	177 187.8	51.5
湖南	1 857.0	36 882.4	48 938.9	74 520.9	52.3
广东	281 661.0	706 062.5	1 037 512.9	1 507 679.7	45.3
广西	5 535.9	35 865.9	58 242.8	79 548.6	36.6
海南	7 632.9	29 420.9	38 187.9	45 754.7	19.8
四川	5 609.2	91 487.0	213 890.0	277 079.7	29.5
贵州	2 249.1	6 025.7	6 600.5	17 708.5	168.3
云南	1 666.9		20 269.0	29 278.0	44.4
西藏	274.0	316.7	954.6	977.1	2.4
陕西	3 872.5	21 961.0	27 658.5	36 006.7	30.2
甘肃	703.3	6 550.1	8 414.7	18 666.8	121.8
青海	106.1	361.0	836.8	1 462.2	74.7
宁夏	366.8	1 694.5	7 065.1	11 786.8	66.8
新疆	1 912.3	7 000.0	13 311.9	19 510.1	46.6

分经济类型职工平均工资及指数

年份	平均货币工资(元)				指数(以上年为100)			
	合计	国有经济单位	城镇集体经济单位	其他各种经济单位	合计	国有经济单位	城镇集体经济单位	其他各种经济单位
1952	445	446	348	—	—	—	—	—
1953	495	496	415	—	111.2	111.2	119.3	—
1954	517	519	464	—	104.4	104.6	111.8	—
1955	527	534	453	—	101.9	102.9	97.6	—
1956	601	610	547	—	114.0	114.2	120.8	—
1957	624	637	571	—	103.8	104.4	104.4	—
1958	536	550	470	—	85.9	86.3	82.3	—
1959	512	524	430	—	95.5	95.3	91.5	—
1960	511	528	409	—	99.8	100.8	95.1	—
1961	510	537	380	—	99.8	101.7	92.9	—
1962	551	592	405	—	108.0	110.2	106.6	—
1963	576	641	371	—	104.5	108.3	91.6	—
1964	586	661	358	—	101.7	103.1	96.5	—
1965	590	652	398	—	100.7	98.6	111.2	—
1966	583	636	423	—	98.8	97.5	106.3	—
1967	587	630	455	—	100.7	99.1	107.6	—
1968	577	621	441	—	98.3	98.6	96.9	—
1969	575	618	439	—	99.7	99.5	99.5	—
1970	561	609	405	—	97.6	98.5	92.3	—
1971	560	597	429	—	99.8	98.0	105.9	—
1972	588	622	465	—	105.0	104.2	108.4	—
1973	587	614	489	—	99.8	98.7	105.2	—
1974	584	622	441	—	99.5	101.3	90.2	—
1975	580	613	453	—	99.3	98.6	102.7	—
1976	575	605	464	—	99.1	98.7	102.4	—
1977	576	602	478	—	100.2	99.5	103.0	—
1978	615	644	506	—	106.8	107.0	105.9	—
1979	668	705	542	—	108.6	109.5	107.1	—
1980	762	803	623	—	114.1	113.9	114.9	—
1981	772	812	642	—	101.3	101.1	103.0	—
1982	798	836	671	—	103.4	103.0	104.5	—
1983	826	865	698	—	103.5	103.5	104.0	—
1984	974	1 034	811	1 048	117.9	119.5	116.2	—
1985	1 148	1 213	967	1 436	117.9	117.3	119.2	137.0
1986	1 329	1 414	1 092	1 629	115.8	116.6	112.9	113.4
1987	1 459	1 546	1 207	1 879	109.8	109.3	110.5	115.3
1988	1 747	1 853	1 426	2 382	119.7	119.9	118.1	126.8
1989	1 935	2 055	1 557	2 707	110.8	110.9	109.2	113.6
1990	2 140	2 284	1 681	2 987	110.6	111.1	108.0	110.3
1991	2 340	2 477	1 866	3 468	109.3	108.5	111.0	116.1
1992	2 711	2 878	2 109	3 966	115.9	116.2	113.0	114.4
1993	3 371	3 532	2 592	4 966	124.3	122.7	122.9	125.2
1994	4 538	4 797	3 245	6 303	134.6	135.8	125.2	126.9
1995	5 500	5 625	3 931	7 463	121.0	117.3	121.1	118.4

全部职工工资总额及平均工资(一)

(1995 年)

	职工工资总额(万元)	计时和计件标准工资	奖金和计件超额工资	津贴和补贴	职工平均工资(元)
总　计	81 000 000.0	45 337 677.0	13 228 327.0	16 696 031.0	5 385
一、按企业、事业、机关分组					
1. 企业	59 748 266.4	34 311 357.0	11 633 534.0	10 890 500.0	5 345
2. 事业	13 737 191.3	7 677 941.0	1 164 838.0	4 320 248.0	5 499
3. 机关	5 514 812.9	3 348 379.0	429 954.9	1 485 282.0	5 542
二、按国民经济行业分组					
(一) 农、林、牧、渔业	2 301 606.0	1 539 255.0	208 387.0	409 463.1	3 522
1. 农业	1 366 990.0	939 814.1	129 266.5	192 988.5	3 277
2. 林业	253 102.9	164 209.0	20 322.2	56 682.0	3 768
3. 畜牧业	165 420.8	116 956.6	11 573.3	29 109.0	3 338
4. 渔业	88 674.2	47 509.2	22 796.3	14 334.6	5 129
5. 农、林、牧、渔服务业	427 418.1	270 766.3	24 428.7	116 349.0	4 177
(二) 采掘业	5 162 077.2	2 756 194.0	913 835.4	1 199 340.0	5 757
(三) 制造业	27 604 360.1	16 424 943.0	5 384 508.0	4 523 278.0	5 169
(四) 电力、煤气及水的生产和供应业	1 969 733.1	1 059 819.0	477 784.5	343 835.7	7 843
(五) 建筑业	6 097 787.9	3 548 499.0	1 297 910.0	904 543.0	5 785
1. 土木工程建筑业	5 114 265.4	3 036 513.0	1 040 161.0	742 312.1	5 560
2. 线路、管道和设备安装业	867 045.8	434 299.4	239 976.1	149 000.8	7 573
3. 建筑物的装修装饰业	116 476.7	77 686.5	17 773.5	13 230.1	5 909
(六) 地质普查业、水利管理业	798 163.5	406 636.5	63 537.9	266 289.2	5 962
1. 地质普查业	531 693.9	253 236.7	44 391.7	182 831.8	6 866
2. 水利管理业	266 469.6	153 399.8	19 146.2	83 457.4	4 723
(七) 交通运输、仓储及邮电通讯业	5 655 881.4	2 823 934.0	1 311 782.0	1 289 299.0	6 948
1. 铁路运输业	2 020 620.5	895 239.8	560 219.6	480 015.4	9 098
2. 公路运输业	798 512.0	497 008.4	95 410.4	171 951.4	3 718
3. 管道运输业	21 197.1	7 916.3	3 085.8	8 976.8	9 099
4. 水上运输业	592 559.9	282 469.4	112 024.4	164 868.6	7 208
5. 航空运输业	132 250.8	47 439.7	26 730.5	47 188.7	12 686
6. 交通运输辅助业	870 650.3	468 021.0	146 778.2	222 234.5	6 585
7. 其他交通运输业	23 994.9	13 790.7	3 610.2	5 527.7	5 260
8. 仓储业	195 875.1	112 001.1	36 166.8	41 067.5	5 330
9. 邮电通讯业	1 000 220.8	500 048.4	327 756.4	147 469.3	9 201
(八) 批发和零售贸易、餐饮业	7 580 762.3	4 563 264.0	1 324 931.0	1 347 235.0	4 248
1. 食品、饮料、烟草和家庭用品批发业	2 390 278.0	1 446 437.0	415 999.7	430 906.3	4 319
2. 能源、材料和机械电子设备批发业	1 255 500.1	744 617.7	217 236.8	240 395.8	4 978
3. 其他批发业	701 806.0	405 913.5	129 416.9	124 106.3	4 570
4. 零售业	2 839 768.2	1 738 855.0	473 809.9	495 090.6	3 826
5. 商业经纪与代理业	42 559.2	20 945.8	10 380.2	9 146.5	6 767
6. 餐饮业	350 850.8	206 494.2	78 087.6	47 590.0	4 580
(九) 金融、保险业	1 978 945.1	862 449.9	196 306.0	821 530.6	7 376

全部职工工资总额及平均工资(二)

(1995年)

	职工工资总额(万元)	计时和计件标准工资	奖金和计件超额工资	津贴和补贴	职工平均工资(元)
1. 金融业	1 873 235.1	816 811.8	188 707.3	773 445.0	7 357
2. 保险业	105 710.0	45 638.1	7 598.7	48 085.6	7 724
(十) 房地产业	548 899.2	288 200.3	114 351.3	121 859.3	7 330
1. 房地产开发与经营业	295 377.3	161 314.6	65 660.7	50 827.5	8 178
2. 房地产管理业	245 486.1	122 592.5	47 366.8	69 120.9	6 545
3. 房地产代理与经纪业	8 035.8	4 293.2	1 323.8	1 910.9	6 426
(十一) 社会服务业	2 643 455.6	1 422 424.0	520 513.1	562 508.0	5 982
1. 公共服务业	1 125 541.3	568 934.9	213 512.3	282 151.5	6 091
2. 居民服务业	208 076.6	114 826.0	44 682.6	38 862.9	4 812
3. 旅馆业	775 786.6	427 411.2	171 414.2	138 827.7	6 160
4. 租赁服务业	11 455.3	5 781.3	2 898.5	2 104.1	7 310
5. 旅游业	81 370.2	41 624.4	18 390.9	16 143.0	6 737
6. 娱乐服务业	45 273.4	27 500.3	6 198.7	7 020.9	6 804
7. 信息、咨询服务业	120 858.3	71 743.3	19 323.0	24 056.0	6 766
8. 计算机应用服务业	47 419.4	35 784.2	4 901.1	5 429.6	8 689
9. 其他社会服务业	227 674.5	128 819.0	39 191.8	47 912.3	5 137
(十二) 卫生、体育和社会福利业	2 537 783.3	1 324 429.0	300 590.6	805 559.5	5 860
1. 卫生	2 402 515.0	1 253 821.0	288 360.7	758 683.4	5 862
2. 体育	49 934.5	24 670.6	4 262.0	19 559.1	6 512
3. 社会福利保障业	85 333.8	45 937.2	7 967.9	27 317.0	5 485
(十三) 教育、文化艺术及广播电影电视业	6 907 907.0	4 087 206.0	463 750.7	2 092 387.0	5 435
1. 教育	6 325 107.2	3 772 207.0	396 062.8	1 917 352.0	5 418
其中:(1) 普通高等教育	712 115.4	364 485.2	65 165.9	260 575.4	6 452
(2) 普通中学	2 052 355.7	1 260 569.0	118 867.1	603 577.9	5 424
(3) 小学校	2 469 804.3	1 531 935.0	124 274.7	717 481.7	4 982
2. 文化艺术业	348 637.4	186 909.9	40 798.5	106 136.1	5 841
3. 广播电影电视业	234 162.4	128 089.2	26 889.4	68 899.3	5 347
(十四) 科学研究和综合技术服务业	1 213 781.4	617 413.0	140 956.1	415 539.5	6 846
1. 科学研究业	629 585.8	306 522.0	59 920.9	242 492.4	6 770
(1) 自然科学研究	523 927.9	253 578.0	49 142.3	203 315.1	6 731
(2) 社会科学研究	22 058.2	12 320.2	1 327.0	7 700.6	6 154
(3) 其他科学研究	83 599.7	40 623.8	9 451.6	31 476.7	7 224
2. 综合技术服务业	584 195.6	310 891.0	81 035.2	173 047.1	6 930
(1) 气象	31 981.6	17 530.4	1 896.2	11 690.7	5 718
(2) 地震	8 756.1	5 125.6	323.1	2 894.2	5 740
(3) 测绘	26 144.5	13 389.8	2 205.1	9 340.1	6 486
(4) 技术监督	73 973.2	38 971.2	7 952.9	24 390.3	6 219
(5) 海洋环境	6 078.5	2 837.7	512.3	2 419.4	7 838
(6) 环境保护	33 864.3	18 795.3	3 055.7	10 536.6	5 554
(7) 技术推广和科技交流服务业	48 653.2	29 366.9	6 091.0	11 690.1	6 073
(8) 工程设计业	205 300.1	95 470.5	40 650.3	63 536.4	8 377
(9) 其他综合技术服务业	149 400.6	89 268.7	18 346.0	36 459.3	6 837
(十五) 国家机关、政党机关和社会团体	5 595 313.0	3 399 137.0	431 359.1	1 502 279.0	5 526

分行业职工平均工资 单位:元

年份	合计	农、林、牧、渔业	采掘业	制造业	电力、煤气及水的生产和供应业	建筑业	地质普查业、水利管理业	交通运输、仓储及邮电通讯业
1978	615	470	676	597	850	714	708	694
1979	668	528	755	664	941	769	782	760
1980	762	616	854	752	1 035	855	895	832
1981	772	637	855	758	1 045	869	926	842
1982	798	661	869	773	1 067	912	955	877
1983	826	691	880	789	1 104	954	1 016	895
1984	974	770	1 066	955	1 321	1 154	1 179	1 082
1985	1 148	878	1 324	1 112	1 239	1 362	1 406	1 275
1986	1 329	1 048	1 569	1 275	1 497	1 536	1 604	1 476
1987	1 459	1 143	1 663	1 418	1 677	1 684	1 768	1 621
1988	1 747	1 280	1 964	1 710	1 971	1 959	2 025	1 941
1989	1 935	1 389	2 378	1 900	2 241	2 166	2 199	2 197
1990	2 140	1 541	2 718	2 073	2 656	2 384	2 465	2 426
1991	2 340	1 652	2 942	2 289	2 922	2 649	2 707	2 686
1992	2 711	1 828	3 209	2 635	3 392	3 066	3 222	3 114
1993	3 371	2 042	3 711	3 348	4 319	3 779	3 717	4 273
1994	4 538	2 819	4 679	4 283	6 155	4 894	5 450	5 690
1995	5 500	3 522	5 757	5 169	7 843	5 785	5 962	6 948

年份	批发和零售贸易、餐饮业	金融、保险业	房地产业	社会服务业	卫生、体育和社会福利事业	教育、文化艺术和广播电视事业	科学研究和综合技术服务事业	国家机关、政党机关和社会团体	其他
1978	551	610	548	392	573	545	669	655	
1979	610	652	606	421	598	584	717	684	
1980	692	720	694	475	718	700	851	800	
1981	704	750	632	478	750	716	850	815	
1982	709	768	684	484	833	811	857	821	
1983	724	779	737	508	867	836	990	923	
1984	859	973	919	588	948	920	1 072	989	
1985	1 007	1 154	1 028	777	1 124	1 166	1 272	1 127	
1986	1 148	1 353	1 216	980	1 343	1 330	1 492	1 356	
1987	1 270	1 458	1 327	1 085	1 446	1 409	1 620	1 468	
1988	1 556	1 739	1 715	1 719	1 752	1 747	1 931	1 707	
1989	1 660	1 867	1 925	1 926	1 959	1 883	2 118	1 874	
1990	1 818	2 097	2 243	2 170	2 209	2 117	2 403	2 113	
1991	1 981	2 255	2 507	2 431	2 370	2 243	2 573	2 275	
1992	2 204	2 829	3 106	2 844	2 812	2 715	3 115	2 768	
1993	2 679	3 740	4 320	3 588	3 413	3 278	3 904	3 505	3 371
1994	3 537	6 712	6 288	5 026	5 126	4 923	6 162	4 962	5 213
1995	4 248	7 376	7 330	5 982	5 860	5 435	6 846	5 526	6 295

分行业职工平均货币工资指数(一)

年 份	合 计	农、林、牧、渔业	采掘业	制造业	电力、煤气及水的生产和供应业	建筑业	地质普查业、水利管理业	交通运输、仓储及邮电通讯业
一、以上年为100								
1979	108.6	112.4	111.6	111.1	110.6	107.7	110.5	109.5
1980	114.1	116.7	113.2	113.3	110.0	111.2	114.5	109.5
1981	101.3	103.4	100.0	100.8	101.0	101.6	103.4	101.2
1982	103.4	103.8	101.7	102.0	102.1	104.9	103.2	104.2
1983	103.5	104.5	101.2	102.1	103.5	104.6	106.3	102.1
1984	117.9	111.4	121.2	120.9	119.6	121.0	116.1	120.9
1985	117.9	114.1	124.2	116.5	93.8	118.0	119.2	117.8
1986	115.8	119.3	118.5	114.6	120.8	112.8	114.1	115.8
1987	109.8	109.1	106.0	111.2	112.1	109.6	110.2	109.8
1988	119.7	112.0	118.1	120.6	117.5	116.3	114.5	119.7
1989	110.8	108.5	121.1	111.1	113.7	110.6	108.6	113.2
1990	110.6	110.9	114.3	109.1	118.5	110.1	112.1	110.4
1991	109.3	107.2	108.3	110.4	110.0	111.1	109.8	110.7
1992	115.9	110.7	109.1	115.1	116.1	115.7	119.0	115.9
1993	124.3	111.7	115.6	127.1	127.3	123.3	115.4	137.2
1994	134.6	138.2	126.0	127.9	142.4	129.5	146.7	133.3
1995	121.2	124.9	123.0	120.7	127.4	118.2	109.4	122.1
二、以1978年为100								
1979	108.6	112.4	111.6	111.1	110.6	107.7	110.5	109.5
1980	123.9	131.2	126.3	125.9	121.7	119.7	126.5	119.9
1981	125.5	135.6	126.4	126.9	122.9	121.7	130.7	121.3
1982	129.8	140.7	128.5	129.5	125.5	127.7	134.9	126.4
1983	134.3	147.0	130.1	132.1	129.8	133.6	143.5	129.0
1984	158.4	163.8	157.6	159.8	155.3	161.6	166.6	155.9
1985	186.7	186.9	195.7	186.2	145.7	190.8	198.6	183.7
1986	216.1	223.0	231.9	213.4	176.0	215.1	226.6	212.7
1987	237.2	243.3	245.9	237.3	197.2	235.9	249.8	233.6
1988	284.1	272.4	290.3	286.2	231.7	274.4	286.0	279.7
1989	314.6	295.7	351.5	318.0	263.5	303.4	310.6	316.6
1990	348.0	328.0	401.9	346.9	312.3	333.9	348.2	349.6
1991	380.5	351.5	435.0	383.2	343.5	371.0	382.4	387.0
1992	440.8	389.1	474.5	441.1	398.9	429.4	455.2	448.7
1993	548.1	434.5	548.6	560.4	507.9	529.3	525.1	615.7
1994	737.9	600.6	691.5	716.8	723.1	685.4	770.2	820.5
1995	894.3	749.6	851.1	865.1	922.2	810.2	842.3	1 001.2

分行业职工平均货币工资指数(二)

年份	批发和零售贸易、餐饮业	金融、保险业	房地产业	社会服务业	卫生、体育和社会福利事业	教育、文化艺术和广播电视事业	科学研究和综合技术服务事业	国家机关、政党机关和社会团体	其他
一、以上年为100									
1979	110.7	106.9	110.6	107.4	104.4	107.2	107.2	104.4	
1980	113.4	110.4	114.5	112.8	120.1	119.9	118.7	117.0	
1981	101.7	104.2	91.1	100.6	104.5	102.3	99.9	101.9	
1982	100.7	102.4	108.2	101.3	111.1	113.3	100.8	100.7	
1983	102.1	101.4	107.7	105.0	104.1	103.1	115.5	112.4	
1984	118.6	124.9	124.7	115.7	109.3	110.0	108.3	107.2	
1985	117.2	118.6	111.9	132.1	118.6	126.7	118.7	114.0	
1986	114.0	117.2	118.3	126.1	119.5	114.1	117.3	120.3	
1987	110.6	107.8	109.1	110.7	107.7	105.9	108.6	108.3	
1988	122.5	119.3	129.2	158.4	121.2	124.0	119.2	116.3	
1989	106.7	107.4	112.2	112.0	111.8	107.8	109.7	109.8	
1990	109.5	112.3	116.5	112.7	112.8	112.4	113.5	112.8	
1991	109.0	107.5	111.8	112.0	107.3	106.0	107.1	107.7	
1992	111.3	125.5	123.9	117.0	118.6	121.0	121.1	121.7	
1993	121.6	132.2	139.1	126.2	121.4	120.7	125.3	126.6	
1994	132.0	179.6	145.1	140.0	150.2	150.2	157.9	141.4	154.1
1995	120.1	109.9	116.6	119.0	114.3	110.4	111.1	111.4	120.8
二、以1978年为100									
1979	110.7	106.9	110.6	107.4	104.4	107.2	107.2	104.4	
1980	125.6	118.0	126.6	121.2	125.3	128.4	127.2	122.1	
1981	127.8	123.0	115.3	121.9	130.9	131.4	127.1	124.4	
1982	128.7	125.9	124.8	123.5	145.4	148.8	128.1	125.3	
1983	131.4	127.7	134.5	129.6	151.3	153.4	148.0	140.9	
1984	155.9	159.5	167.7	150.0	165.4	168.8	160.2	151.0	
1985	182.8	189.2	187.6	198.2	196.2	213.9	190.1	172.1	
1986	208.3	221.8	221.9	250.0	234.4	244.0	223.0	207.0	
1987	230.5	239.0	242.2	276.8	252.4	258.5	242.2	224.1	
1988	282.4	285.1	313.0	438.5	305.8	320.6	288.6	260.6	
1989	301.3	306.1	351.3	491.3	341.9	345.5	316.6	286.1	
1990	329.9	343.8	409.3	553.6	385.5	388.4	359.2	322.6	
1991	359.5	369.7	457.5	620.2	413.6	411.6	384.6	347.3	
1992	400.0	463.8	566.8	725.5	490.8	498.2	465.6	422.6	
1993	486.3	613.2	788.4	915.4	595.7	601.5	583.6	535.2	
1994	641.9	1 101.1	1 143.8	1 281.9	894.9	903.1	921.5	756.6	
1995	771.0	1 209.2	1 337.6	1 526.0	1 022.7	997.2	1 023.3	843.7	

分行业职工平均实际工资指数(一)

年　份	合　计	农、林、牧、渔业	采掘业	制造业	电力、煤气及水的生产和供应业	建筑业	地质普查业、水利管理业	交通运输、仓储及邮电通讯业
一、以上年为100								
1979	106.6	110.3	109.5	109.1	108.5	105.7	108.5	107.5
1980	106.1	108.6	105.3	105.4	102.3	103.4	106.5	101.8
1981	98.8	100.9	97.6	98.3	98.5	99.2	100.8	98.7
1982	101.3	101.7	99.7	100.0	100.1	102.9	101.2	102.1
1983	101.5	102.4	99.2	100.0	101.4	102.6	104.2	100.1
1984	114.8	108.5	118.0	117.7	116.5	117.8	113.1	117.7
1985	105.3	102.0	111.0	104.1	83.8	105.5	106.5	105.3
1986	108.2	111.5	110.7	107.1	112.9	105.4	106.6	108.2
1987	100.9	100.3	97.5	102.2	103.0	100.8	101.3	100.9
1988	99.2	92.8	97.8	99.9	97.3	96.4	94.9	99.2
1989	95.2	93.3	104.1	95.5	97.8	95.1	93.4	97.3
1990	109.2	109.5	112.9	107.7	117.0	108.7	110.7	109.0
1991	104.0	102.0	103.0	105.1	104.7	105.7	104.5	105.3
1992	106.7	101.9	100.4	106.0	106.9	106.6	109.6	106.8
1993	107.1	96.2	99.6	109.4	109.7	106.2	99.4	118.2
1994	107.7	110.6	100.8	102.3	113.9	103.6	117.3	106.6
1995	103.8	107.0	105.3	103.3	109.1	101.2	93.7	104.5
二、以1978年为100								
1979	106.6	110.3	109.5	109.1	108.5	105.7	108.5	107.5
1980	113.2	119.8	115.4	115.0	111.1	109.4	115.5	109.5
1981	111.9	120.9	112.6	113.1	109.5	108.5	116.5	108.1
1982	113.4	123.0	112.3	113.2	109.7	111.7	117.9	110.5
1983	115.1	126.0	111.5	113.2	111.3	114.5	122.9	110.5
1984	132.1	136.6	131.5	133.2	129.5	134.8	139.0	130.0
1985	139.1	139.3	145.9	138.7	108.6	142.1	148.0	136.9
1986	150.5	155.3	161.5	148.6	122.5	149.8	157.8	148.1
1987	151.9	155.8	157.4	151.9	126.3	151.0	159.9	149.5
1988	150.7	144.5	154.0	151.8	122.9	145.6	151.7	148.4
1989	143.5	134.9	160.4	145.1	120.2	138.4	141.7	144.4
1990	156.7	147.7	181.0	156.3	140.7	150.4	156.8	157.5
1991	162.9	150.5	186.2	164.0	147.1	158.8	163.7	165.7
1992	173.8	153.4	187.0	173.9	157.2	169.3	179.4	176.9
1993	186.1	147.5	186.3	190.3	172.4	179.7	178.3	209.0
1994	200.4	163.1	187.8	194.7	196.4	186.2	209.2	222.8
1995	208.0	174.5	197.8	201.2	214.3	188.4	195.9	233.0

分行业职工平均实际工资指数(二)

年　份	批发和零售贸易、餐饮业	金融、保险业	房地产业	社会服务业	卫生、体育和社会福利事业	教育、文化艺术和广播电视事业	科学研究和综合技术服务事业	国家机关、政党机关和社会团体	其　他
一、以上年为100									
1979	108.6	104.9	108.5	105.4	102.4	105.2	105.2	102.5	
1980	105.5	102.7	106.5	105.0	111.7	111.5	110.4	108.8	
1981	99.3	101.6	88.8	98.2	101.9	99.8	97.4	99.4	
1982	98.7	100.4	106.1	99.3	108.9	111.0	98.8	98.8	
1983	100.1	99.4	105.6	102.9	102.0	101.1	113.3	110.2	
1984	115.5	121.6	121.4	112.7	106.5	107.2	105.4	104.3	
1985	104.8	106.0	100.0	118.1	106.0	113.3	106.0	101.8	
1986	106.5	109.6	110.5	117.9	111.7	106.6	109.6	112.4	
1987	101.7	99.0	100.3	101.8	99.0	97.4	99.8	99.5	
1988	101.5	98.8	107.1	131.3	100.4	102.7	98.8	96.3	
1989	91.7	92.3	96.5	96.3	96.1	92.7	94.3	94.4	
1990	108.1	110.9	115.0	111.2	111.3	111.0	112.0	111.3	
1991	103.7	102.3	106.3	106.6	102.1	100.8	101.9	102.4	
1992	102.4	115.5	114.1	107.7	109.3	111.5	111.5	112.0	
1993	104.7	113.9	119.8	108.7	104.5	104.0	108.0	109.1	
1994	105.6	143.7	116.1	112.0	120.2	120.1	126.3	113.1	123.3
1995	102.8	94.1	99.8	101.9	97.9	94.5	95.1	95.4	100.2
二、以1978年为100									
1979	108.6	104.9	108.5	105.4	102.4	105.2	105.2	102.5	
1980	114.7	107.8	115.7	110.7	114.4	117.3	116.2	111.5	
1981	113.9	109.6	102.8	108.7	116.7	117.1	113.2	110.9	
1982	112.5	110.1	109.1	107.9	127.1	130.1	112.0	109.6	
1983	112.6	109.4	115.2	111.0	129.7	131.4	126.8	120.8	
1984	130.0	133.0	139.9	125.1	138.0	140.8	133.6	125.9	
1985	136.2	141.0	139.8	147.7	146.2	159.4	141.7	128.2	
1986	145.1	154.5	154.5	174.1	163.2	169.9	155.3	144.2	
1987	147.6	153.0	155.0	177.2	161.6	165.5	155.0	143.5	
1988	149.8	151.2	166.0	232.6	162.2	170.1	153.1	138.3	
1989	137.4	139.6	160.3	224.1	156.0	157.6	144.4	130.5	
1990	148.6	154.9	184.4	249.4	173.7	175.0	161.8	145.3	
1991	153.9	158.3	195.8	265.5	177.1	176.2	164.6	148.7	
1992	157.7	182.8	223.4	286.0	193.4	196.4	183.5	166.6	
1993	165.1	208.2	267.7	310.8	202.2	204.2	198.1	181.7	
1994	174.3	299.1	310.7	348.2	243.1	245.3	250.3	205.5	
1995	179.2	281.5	310.1	354.8	238.0	231.8	238.0	196.0	

分行业国有经济单位职工平均工资

单位:元

年 份	合 计	农、林、牧、渔业	采掘业	制造业	电力、煤气及水的生产和供应业	建筑业	地质普查业、水利管理业	交通运输、仓储及邮电通讯业
1978	644	482	704	663	873	760	712	720
1979	705	536	786	726	971	819	787	808
1980	803	628	891	821	1 073	924	895	902
1981	812	645	890	820	1 074	941	925	905
1982	836	670	905	835	1 095	979	955	927
1983	865	701	915	847	1 134	1 018	1 016	949
1984	1 034	785	1 112	1 028	1 357	1 275	1 180	1 164
1985	1 213	892	1 384	1 190	1 272	1 532	1 408	1 383
1986	1 414	1 062	1 638	1 382	1 518	1 731	1 607	1 610
1987	1 546	1 154	1 734	1 543	1 692	1 882	1 773	1 773
1988	1 853	1 291	2 038	1 872	1 994	2 192	2 025	2 140
1989	2 055	1 401	2 449	2 081	2 248	2 419	2 199	2 423
1990	2 284	1 559	2 763	2 289	2 648	2 667	2 463	2 697
1991	2 477	1 665	2 982	2 505	2 883	2 924	2 718	2 967
1992	2 878	1 845	3 239	2 889	3 354	3 406	3 235	3 452
1993	3 532	2 043	3 856	3 562	4 317	4 182	3 729	4 604
1994	4 797	2 821	4 863	4 508	6 124	5 498	5 476	6 212
1995	5 625	3 527	5 944	5 352	7 734	6 512	5 987	7 572

年 份	批发和零售贸易、餐饮业	金融、保险业	房地产业	社会服务业	卫生、体育和社会福利事业	教育、文化艺术和广播电视事业	科学研究和综合技术服务事业	国家机关、政党机关和社会团体	其 他
1978	569	650	630	607	605	566	670	661	
1979	632	689	690	676	625	606	719	691	
1980	716	754	758	795	751	722	853	807	
1981	730	788	727	801	781	738	852	820	
1982	739	806	788	815	861	827	860	826	
1983	756	813	848	863	895	851	992	928	
1984	776	1 038	1 063	988	981	934	1 074	993	
1985	1 087	1 234	1 170	1 208	1 164	1 184	1 268	1 133	
1986	1 268	1 427	1 364	1 417	1 376	1 344	1 494	1 361	
1987	1 398	1 540	1 500	1 545	1 481	1 422	1 624	1 472	
1988	1 737	1 842	1 750	1 842	1 793	1 764	1 935	1 709	
1989	1 851	1 960	1 992	2 028	1 999	1 899	2 123	1 875	
1990	2 028	2 200	2 247	2 307	2 263	2 134	2 411	2 115	
1991	2 201	2 355	2 476	2 547	2 417	2 257	2 580	2 277	
1992	2 478	2 967	3 082	3 008	2 883	2 732	3 130	2 774	
1993	2 933	3 885	4 278	3 661	3 494	3 292	3 898	3 512	3 793
1994	3 856	7 017	5 997	5 098	5 267	4 944	6 212	4 967	5 744
1995	4 568	7 595	6 884	5 949	6 009	5 457	6 835	5 528	6 854

分行业城镇集体经济单位职工平均工资 单位:元

年份	合计	农、林、牧、渔业	采掘业	制造业	电力、煤气及水的生产和供应业	建筑业	地质普查业、水利管理业	交通运输、仓储及邮电通讯业
1978	506	304	443	503	333	594	600	632
1979	542	423	478	535	364	652	571	652
1980	623	458	548	619	333	716	700	676
1981	642	500	568	641	500	737	700	694
1982	671	527	575	654	500	794	800	757
1983	698	532	594	679	500	847	800	762
1984	811	618	702	805	615	959	900	878
1985	967	725	852	963	667	1 101	900	1 009
1986	1 092	875	945	1 075	875	1 232	1 286	1 139
1987	1 207	979	1 016	1 180	1 250	1 380	1 333	1 236
1988	1 426	1 111	1 208	1 388	1 294	1 597	1 500	1 409
1989	1 557	1 178	1 433	1 523	1 625	1 763	1 000	1 575
1990	1 681	1 238	1 844	1 622	2 133	1 935	1 212	1 661
1991	1 866	1 366	1 960	1 798	2 588	2 216	1 765	1 854
1992	2 109	1 487	2 000	2 017	2 737	2 554	2 188	2 070
1993	2 592	1 887	2 327	2 469	3 539	3 182	2 843	2 711
1994	3 245	2 510	2 793	3 076	5 734	3 936	3 692	3 110
1995	3 931	2 927	3 680	3 717	7 461	4 677	4 294	3 584

年份	批发和零售贸易、餐饮业	金融、保险业	房地产业	社会服务业	卫生、体育和社会福利事业	教育、文化艺术和广播电视事业	科学研究和综合技术服务事业	国家机关、政党机关和社会团体	其他
1978	453	526	467	451	484	317	500	455	
1979	499	571	475	531	522	339	500	467	
1980	584	640	638	584	618	433	571	538	
1981	598	654	590	603	647	433	667	615	
1982	597	667	660	621	735	523	600	615	
1983	607	690	760	675	768	535	750	714	
1984	1 017	800	860	736	831	634	900	885	
1985	912	945	1 050	806	975	779	1 052	1 046	
1986	1 008	1 150	1 238	1 057	1 212	945	1 286	1 227	
1987	1 118	1 235	1 130	1 167	1 296	1 033	1 319	1 368	
1988	1 335	1 450	1 602	1 333	1 570	1 202	1 636	1 648	
1989	1 417	1 597	1 967	1 521	1 774	1 352	1 710	1 860	
1990	1 548	1 806	1 969	1 638	1 956	1 533	1 997	2 042	
1991	1 691	1 965	2 432	1 905	2 135	1 689	2 120	2 206	
1992	1 827	2 428	2 763	2 082	2 416	1 987	2 392	2 565	
1993	2 213	3 182	4 006	2 727	2 935	2 539	3 474	3 071	2 547
1994	2 823	5 625	5 290	3 754	4 238	3 548	4 719	4 411	4 067
1995	3 449	6 407	6 706	4 707	4 890	4 291	6 046	5 314	4 935

分行业其他各种经济单位职工平均工资

单位:元

年份	合计	农、林、牧、渔业	采掘业	制造业	电力、煤气及水的生产和供应业	建筑业	地质普查业、水利管理业	交通运输、仓储及邮电通讯业
1984	1 048	543		1 007		1 513		1 696
1985	1 436	1 519	1 270	1 328	1 270	1 000		2 429
1986	1 629	1 806		1 528		2 299		2 543
1987	1 879	2 106		1 789		2 503		2 760
1988	2 382	2 560	2 239	2 462	2 104	4 000		3 368
1989	2 707	2 938	2 427	2 889	3 232	5 000		3 846
1990	2 987	3 778	2 270	3 055	3 088	3 571	5 714	3 667
1991	3 468	3 760	3 855	3 626	3 333	4 641	4 615	5 500
1992	3 966	4 069	3 579	4 154	4 238	5 061	5 263	5 955
1993	4 966	3 905	3 423	4 874	6 309	4 464	7 441	6 450
1994	6 303	5 394	4 233	6 096	8 005	5 766	4 362	8 713
1995	7 463	6 992	5 174	7 245	10 746	6 798	5 408	10 492

年份	批发和零售贸易、餐饮业	金融、保险业	房地产业	社会服务业	卫生、体育和社会福利事业	教育、文化艺术和广播电视事业	科学研究和综合技术服务事业	国家机关、政党机关和社会团体	其他
1984	1 428	2 500		1 741					
1985	1 955	2 107		1 904		3 184	1 728		
1986	1 971	2 457		2 126	1 583	2 245	2 533		
1987	2 142	2 745		2 310	2 793	2 451	1 967		
1988	2 512	3 902	1 296	2 856	2 903	2 498	2 544		
1989	2 882	4 376	1 776	3 202	2 945	3 604	3 241		
1990	3 284	5 565	2 517	3 463	5 430	4 022	3 425		
1991	3 585	6 041	4 923	4 004	4 817	4 560	3 906		
1992	4 368	9 761	5 561	4 545	5 461	5 107	5 033		
1993	4 975	6 073	4 940	5 934	3 665	5 289	5 645	2 182	4 953
1994	6 460	10 400	9 610	8 013	7 051	8 360	7 882	2 500	9 691
1995	7 190	12 949	10 746	9 274	8 668	8 968	9 678	2 850	10 502

分地区全部职工平均工资

单位:元

地区	1980年	1992年	1994年	1995年	1995年比1994年增长(%)
全国总计	762	2 711	4 538	5 500	21.2
北京	848	3 402	6 523	8 144	24.9
天津	820	3 118	5 364	6 501	21.2
河北	726	2 485	4 185	4 839	15.6
山西	758	2 530	3 997	4 721	18.1
内蒙古	796	2 339	3 675	4 134	12.5
辽宁	779	2 715	4 269	4 911	15.0
吉林	763	2 308	3 666	4 430	20.8
黑龙江	828	2 295	3 375	4 145	22.8
上海	872	4 273	7 405	9 279	25.3
江苏	667	2 800	4 974	5 943	19.5
浙江	702	2 884	5 597	6 619	18.3
安徽	684	2 264	3 793	4 609	21.5
福建	703	2 777	4 889	5 857	19.8
江西	713	2 154	3 450	4 211	22.1
山东	746	2 601	4 338	5 145	18.6
河南	730	2 269	3 546	4 344	22.5
湖北	719	2 370	4 051	4 685	15.7
湖南	718	2 526	4 104	4 797	16.9
广东	776	4 027	7 117	8 250	15.9
广西	714	2 634	4 468	5 105	14.3
海南		2 720	4 488	5 340	19.0
四川	743	2 458	4 028	4 645	15.3
贵州	673	2 406	3 870	4 475	15.6
云南	759	2 686	4 514	5 149	14.1
西藏	1 026	3 448	7 092	7 382	4.1
陕西	785	2 434	3 803	4 396	15.6
甘肃	874	2 902	4 796	5 493	14.5
青海	1 065	3 098	4 976	5 753	15.6
宁夏	863	2 722	4 270	5 079	19.0
新疆	883	2 742	4 253	5 348	25.8

分地区企业单位职工平均工资

单位:元

地　区	1991 年	1993 年	1994 年	1995 年	1995 年比 1994 年增长(%)
全国总计	2 364	3 361	4 408	5 345	21.3
北　京	2 951	4 610	6 518	8 209	25.9
天　津	2 772	4 060	5 266	6 494	23.3
河　北	2 183	3 054	4 084	4 832	18.3
山　西	2 374	3 113	3 991	4 819	20.7
内蒙古	2 040	2 737	3 597	4 076	13.3
辽　宁	2 357	3 217	4 130	4 800	16.2
吉　林	2 034	2 662	3 509	4 284	22.1
黑龙江	2 073	2 606	3 214	3 977	23.7
上　海	3 431	5 826	7 588	9 448	24.5
江　苏	2 331	3 636	4 761	5 807	22.0
浙　江	2 429	3 874	5 344	6 459	20.9
安　徽	1 987	2 750	3 692	4 550	23.2
福　建	2 404	3 518	4 800	5 983	24.6
江　西	1 842	2 443	3 220	4 119	27.9
山　东	2 330	3 118	4 154	5 129	23.5
河　南	1 959	2 618	3 409	4 281	25.6
湖　北	2 102	2 879	3 794	4 536	19.6
湖　南	2 175	3 020	3 866	4 678	21.0
广　东	3 409	5 396	7 004	8 168	16.6
广　西	2 264	3 429	4 512	5 354	18.7
海　南	2 033	2 823	4 026	4 854	20.6
四　川	2 234	2 985	3 862	4 553	17.9
贵　州	2 190	2 994	3 876	4 665	20.4
云　南	2 416	3 470	4 462	5 441	21.9
西　藏	3 284	3 819	5 677	6 365	12.1
陕　西	2 207	2 876	3 654	4 350	19.0
甘　肃	2 623	3 455	4 754	5 604	17.9
青　海	2 682	3 902	4 617	5 370	16.3
宁　夏	2 476	3 199	4 186	5 253	25.5
新　疆	2 366	3 127	4 067	5 165	27.0

分地区事业单位职工平均工资 单位:元

地区	1991年	1993年	1994年	1995年	1995年比1994年增长(%)
全国总计	2 255	3 360	4 963	5 499	10.8
北京	2 729	4 320	6 617	7 952	20.2
天津	2 524	3 672	5 648	6 398	13.3
河北	2 055	2 981	4 545	4 842	6.5
山西	1 902	2 718	3 996	4 358	9.1
内蒙古	1 918	2 997	3 899	4 278	9.7
辽宁	2 402	3 366	4 975	5 388	8.3
吉林	2 062	2 816	4 236	4 884	15.3
黑龙江	2 019	2 864	4 125	4 868	18.0
上海	3 105	4 779	6 571	8 470	28.9
江苏	2 171	3 445	5 635	6 285	11.5
浙江	2 379	5 799	6 411	7 105	10.8
安徽	1 857	2 814	4 084	4 773	16.9
福建	2 473	3 335	5 118	5 470	6.9
江西	1 836	2 615	4 075	4 438	8.9
山东	2 173	3 234	4 934	5 172	4.8
河南	2 001	2 713	3 917	4 473	14.2
湖北	2 026	3 102	4 849	5 124	5.7
湖南	2 152	3 437	4 725	5 061	7.1
广东	3 144	4 952	7 519	8 518	13.3
广西	2 214	3 196	4 288	4 516	5.3
海南	2 854	4 462	6 454	7 272	12.7
四川	2 045	2 815	4 451	4 822	8.3
贵州	1 864	2 460	3 795	4 022	6.0
云南	2 184	2 933	4 649	4 606	−0.9
西藏	3 380	4 263	7 965	7 957	−0.1
陕西	2 204	2 961	4 314	4 603	6.7
甘肃	2 404	3 285	4 970	5 484	10.3
青海	3 020	3 583	5 950	6 838	14.9
宁夏	2 212	2 903	4 462	4 581	2.7
新疆	2 768	3 577	4 872	5 977	22.7

分地区机关单位职工平均工资

单位:元

地　区	1991 年	1993 年	1994 年	1995 年	1995 年比 1994 年增长(%)
全国总计	2 270	3 382	4 956	5 542	11.8
北　京	2 504	4 004	6 261	8 011	28.0
天　津	2 479	4 036	6 176	7 002	13.4
河　北	2 078	2 945	4 447	4 897	10.1
山　西	1 901	2 737	4 052	4 502	11.1
内蒙古	1 945	2 983	3 974	4 375	10.1
辽　宁	2 570	3 545	5 093	5 794	13.8
吉　林	2 187	3 013	4 384	5 243	19.6
黑龙江	2 160	3 140	4 349	5 218	20.0
上　海	3 151	5 026	6 638	8 619	29.8
江　苏	2 273	3 840	6 159	7 040	14.3
浙　江	2 445	4 249	6 664	7 315	9.8
安　徽	1 901	2 865	4 140	4 821	16.4
福　建	2 451	3 402	5 229	5 605	7.2
江　西	1 862	2 727	4 124	4 501	9.1
山　东	2 149	3 286	4 905	5 267	7.4
河　南	1 931	2 768	4 073	4 655	14.3
湖　北	1 972	3 108	4 814	5 155	7.1
湖　南	2 250	3 618	4 834	5 258	8.8
广　东	3 249	5 232	7 520	8 592	14.3
广　西	2 373	3 443	4 627	4 952	7.0
海　南	2 909	4 845	6 079	7 051	16.0
四　川	2 163	3 058	4 639	5 100	9.9
贵　州	1 911	2 567	3 967	4 199	5.8
云　南	2 118	2 951	4 536	4 614	1.7
西　藏	3 429	4 163	7 960	8 288	4.1
陕　西	2 083	2 855	3 918	4 290	9.5
甘　肃	2 394	3 400	4 778	4 564	−4.5
青　海	2 676	3 568	5 146	5 818	13.1
宁　夏	2 293	3 015	4 531	4 765	5.2
新　疆	2 760	3 864	4 979	6 025	21.0

分地区国有经济单位职工平均工资

单位:元

地　区	1978 年	1992 年	1994 年	1995 年	1995 年比 1994 年增长(%)
全国总计	644	2 878	4 797	5 625	17.3
北　京	702	3 500	6 671	8 238	23.5
天　津	690	3 383	5 806	6 963	19.9
河　北	608	2 685	4 531	5 208	14.9
山　西	655	2 729	4 355	5 094	17.0
内蒙古	687	2 493	3 942	4 407	11.8
辽　宁	683	2 975	4 766	5 452	14.4
吉　林	704	2 526	3 997	4 803	20.2
黑龙江	726	2 495	3 689	4 461	20.9
上　海	716	4 451	7 534	9 578	27.1
江　苏	563	3 057	5 491	6 441	17.3
浙　江	597	3 088	6 034	6 952	15.2
安　徽	589	2 563	4 158	4 994	20.1
福　建	594	2 842	5 000	5 790	15.8
江　西	563	2 295	3 720	4 427	19.0
山　东	597	2 823	4 753	5 585	17.5
河　南	610	2 473	3 852	4 677	21.4
湖　北	590	2 532	4 348	4 991	14.8
湖　南	589	2 686	4 388	5 082	15.8
广　东	629	4 059	7 410	8 540	15.3
广　西	559	2 733	4 604	5 226	13.5
海　南		2 715	4 363	5 230	20.0
四　川	619	2 642	4 342	4 952	14.0
贵　州	642	2 543	4 085	4 672	14.4
云　南	623	2 775	4 673	5 286	13.1
西　藏	737	3 495	7 275	7 572	3.5
陕　西	668	2 594	4 050	4 639	14.5
甘　肃	743	3 077	5 057	5 747	13.6
青　海	938	3 290	5 348	6 161	15.2
宁　夏	755	2 856	4 476	5 273	17.8
新　疆	725	2 801	4 322	5 431	25.7

分地区国有企业单位职工平均工资

单位:元

地　区	1991年	1993年	1994年	1995年	1995年比1994年增长(%)
全国总计	2 563	3 593	4 708	5 663	20.3
北　京	3 068	4 853	6 733	8 375	24.4
天　津	3 037	4 430	5 781	7 094	22.7
河　北	2 413	3 393	4 531	5 361	18.3
山　西	2 624	3 448	4 467	5 352	19.8
内蒙古	2 247	2 995	3 939	4 444	12.8
辽　宁	2 617	3 639	4 676	5 429	16.1
吉　林	2 283	3 001	3 878	4 736	22.1
黑龙江	2 290	2 840	3 543	4 313	21.7
上　海	3 583	6 065	7 822	9 908	26.7
江　苏	2 601	4 003	5 293	6 371	20.4
浙　江	2 665	4 166	5 765	6 813	18.2
安　徽	2 341	3 175	4 159	5 068	21.9
福　建	2 512	3 579	4 884	5 971	22.3
江　西	1 989	2 661	3 537	4 409	24.7
山　东	2 590	3 472	4 659	5 754	23.5
河　南	2 200	2 912	3 790	4 723	24.6
湖　北	2 295	3 150	4 110	4 916	19.6
湖　南	2 351	3 225	4 186	5 040	20.4
广　东	3 469	5 590	7 350	8 533	16.1
广　西	2 388	3 557	4 751	5 647	18.9
海　南	2 018	2 594	3 794	4 625	21.9
四　川	2 466	3 244	4 222	4 943	17.1
贵　州	2 418	3 226	4 220	5 027	19.1
云　南	2 556	3 470	4 713	5 763	22.3
西　藏	3 365	3 970	5 929	6 661	12.3
陕　西	2 393	3 135	3 959	4 680	18.2
甘　肃	2 838	3 754	5 122	5 996	17.1
青　海	2 919	4 339	5 126	5 931	15.7
宁　夏	2 655	3 419	4 472	5 595	25.1
新　疆	2 421	3 169	4 128	5 243	27.0

分地区城镇集体经济单位职工平均工资 单位:元

地 区	1991年	1992年	1994年	1995年	1995年比1994年增长(%)
全国总计	1 866	2 109	3 245	3 931	21.1
北 京	2 504	2 828	5 009	6 516	30.1
天 津	2 114	2 285	3 370	4 138	22.8
河 北	1 629	1 806	2 762	3 303	19.6
山 西	1 707	1 806	2 559	3 108	21.5
内蒙古	1 573	1 823	2 667	3 001	12.5
辽 宁	1 904	2 134	2 940	3 346	13.8
吉 林	1 596	1 759	2 568	3 032	18.1
黑龙江	1 580	1 720	2 147	2 631	22.5
上 海	2 817	3 363	5 389	6 309	17.1
江 苏	1 932	2 292	3 728	4 621	24.0
浙 江	2 152	2 507	4 671	5 702	22.1
安 徽	1 429	1 591	2 488	3 107	24.9
福 建	1 936	2 192	3 644	4 481	23.0
江 西	1 446	1 606	2 268	2 990	31.8
山 东	1 826	2 002	2 999	3 668	22.3
河 南	1 433	1 583	2 295	3 007	31.0
湖 北	1 662	1 837	2 845	3 308	16.3
湖 南	1 753	1 966	2 910	3 525	21.1
广 东	2 931	3 510	5 565	6 395	14.9
广 西	1 863	2 134	3 507	4 064	15.9
海 南	1 793	2 282	4 086	4 632	13.4
四 川	1 603	1 855	2 729	3 251	19.1
贵 州	1 489	1 717	2 618	3 061	16.9
云 南	1 919	2 184	3 518	4 237	20.4
西 藏	2 507	2 689	3 067	4 090	33.4
陕 西	1 554	1 634	2 299	2 795	21.6
甘 肃	1 918	2 127	3 506	3 944	12.5
青 海	1 827	2 036	2 512	2 928	16.6
宁 夏	1 816	2 054	3 062	3 782	23.5
新 疆	2 060	2 317	3 585	4 509	25.8

分地区城镇集体企业单位职工平均工资

单位:元

地　区	1991年	1993年	1994年	1995年	1995年比1994年增长(%)
全国总计	1 861	2 542	3 212	3 896	21.3
北　京	2 506	3 554	4 979	6 493	34.4
天　津	2 114	2 719	3 369	4 130	22.6
河　北	1 625	2 148	2 740	3 279	19.7
山　西	1 711	2 153	2 545	3 090	21.4
内蒙古	1 567	2 100	2 661	2 988	12.3
辽　宁	1 899	2 424	2 925	3 333	14.0
吉　林	1 588	1 941	2 554	2 998	17.4
黑龙江	1 579	1 936	2 139	2 612	22.1
上　海	2 809	4 246	5 375	6 253	16.3
江　苏	1 942	2 947	3 675	4 568	24.3
浙　江	2 149	3 426	4 627	5 659	22.3
安　徽	1 427	1 911	2 458	3 071	24.9
福　建	1 919	2 713	3 586	4 418	23.2
江　西	1 440	1 789	2 233	2 956	32.4
山　东	1 818	2 328	2 941	3 623	23.2
河　南	1 426	1 800	2 273	2 946	29.6
湖　北	1 660	2 169	2 815	3 274	16.3
湖　南	1 742	2 356	2 846	3 476	22.1
广　东	2 927	4 381	5 511	6 351	15.2
广　西	1 860	2 838	3 499	4 057	16.0
海　南	1 740	2 861	3 974	4 541	14.3
四　川	1 690	2 242	2 701	3 212	18.9
贵　州	1 488	2 102	2 618	3 064	17.0
云　南	1 917		3 507	4 233	20.7
西　藏	2 662	2 826	2 998	4 074	35.9
陕　西	1 548	1 903	2 272	2 769	21.9
甘　肃	1 918	2 462	3 497	3 945	12.8
青　海	1 824	2 270	2 491	2 908	16.7
宁　夏	1 833	2 420	3 057	3 780	23.7
新　疆	2 060	2 871	3 581	4 506	25.8

分地区其他各种经济单位职工平均工资

单位:元

地区	1991年	1992年	1994年	1995年	1995年比1994年增长(%)
全国总计	3 468	3 966	6 303	7 463	18.4
北京	3 713	4 289	8 179	10 276	25.4
天津	3 455	3 553	7 100	8 648	21.8
河北	2 210	2 537	4 896	5 158	5.4
山西	2 160	3 246	4 440	5 175	16.6
内蒙古	1 984	2 292	3 299	3 906	18.4
辽宁	2 741	3 265	5 717	6 274	9.7
吉林	2 054	2 664	4 311	4 791	10.9
黑龙江	2 218	2 519	4 552	6 292	38.2
上海	4 363	5 486	9 617	11 518	19.8
江苏	2 773	3 370	5 827	7 137	22.5
浙江	2 831	3 368	6 334	7 813	23.3
安徽	2 086	2 418	6 402	7 361	15.0
福建	3 217	3 641	5 763	7 305	26.8
江西	2 329	2 414	4 214	5 623	33.4
山东	2 394	2 614	4 580	5 299	15.7
河南	2 477	2 544	4 038	4 644	14.9
湖北	2 363	2 575	4 352	5 093	17.0
湖南	2 361	2 852	5 762	6 259	8.6
广东	4 558	5 157	8 216	9 546	16.2
广西	2 274	2 393	5 310	6 324	19.1
海南	3 530	4 093	7 460	8 214	10.2
四川	2 178	2 665	5 187	5 944	14.6
贵州	2 527	3 286	4 475	5 375	19.3
云南	2 393	2 993	5 201	5 802	11.6
西藏	3 568	3 656	13 815	10 821	−21.7
陕西	2 842	3 277	5 318	5 979	12.4
甘肃	2 155	2 205	4 409	6 534	48.2
青海	1 804	2 891	5 643	5 452	−3.4
宁夏	1 922	2 008	4 464	5 832	30.6
新疆	2 683	3 286	4 940	5 973	20.9

分地区其他各种企业单位职工平均工资

单位:元

地区	1991 年	1993 年	1994 年	1995 年	1995 年比 1994 年增长(%)
全国总计	3 468	4 962	6 302	7 462	18.4
北京	3 715	5 504	8 179	10 257	25.4
天津	3 455	6 824	7 103	8 649	21.8
河北	2 210	3 461	4 895	5 160	5.4
山西	2 160	3 608	4 440	5 176	16.6
内蒙古	1 984	2 940	3 299	3 906	18.4
辽宁	2 741	3 923	5 717	6 274	9.7
吉林	2 054	3 297	4 311	4 783	10.9
黑龙江	2 220	3 558	4 552	6 292	38.2
上海	4 377	7 045	9 621	11 517	19.7
江苏	2 773	4 436	5 831	7 139	22.4
浙江	2 831	4 544	6 302	7 810	23.9
安徽	2 086	2 735	6 414	7 365	14.8
福建	3 218	4 419	5 763	7 306	26.8
江西	2 329	3 085	4 176	5 623	34.7
山东	2 394	3 482	4 577	5 299	15.8
河南	2 477	3 099	4 041	4 641	14.9
湖北	2 363	3 253	4 352	5 093	17.0
湖南	2 363	4 974	5 762	6 259	8.6
广东	4 560	6 435	8 218	9 548	16.2
广西	2 274	4 242	5 308	6 326	19.1
海南	3 530	6 291	7 460	8 218	10.1
四川	2 178	3 861	5 188	5 945	14.6
贵州	2 527	3 582	4 481	5 340	20.0
云南	2 393		5 201	5 803	11.6
西藏	3 568	5 566	13 815	10 821	−21.7
陕西	2 842	3 461	5 332	5 980	12.1
甘肃	2 155	3 415	4 410	6 534	48.2
青海	1 804	3 006	5 643	5 452	−3.4
宁夏	1 922	2 726	4 464	5 832	30.6
新疆	2 683	3 692	4 938	5 971	21.0

五、保 险 福 利

历年全国离休、退休、退职人员年末人数

年　份	合　计	国有经济单位	城镇集体经济单位	其他各种经济单位	离退休、退职人数与职工人数的比例(以离退休、退职人数为1)
一、绝对数(万人)					
1978	314.0	248.0	30.0		1∶30.3
1979	596.0	473.0	123.0		1∶16.7
1980	816.0	638.0	178.0		1∶12.8
1981	950.0	740.0	210.0		1∶11.5
1982	1 113.0	865.0	248.0		1∶10.1
1983	1 292.0	1 015.0	277.0		1∶8.9
1984	1 478.0	1 062.0	412.0	4.0	1∶8.0
1985	1 637.0	1 165.0	467.0	5.0	1∶7.5
1986	1 805.0	1 303.0	496.0	6.0	1∶7.1
1987	1 968.0	1 424.0	538.0	6.0	1∶6.7
1988	2 120.0	1 544.0	568.0	8.0	1∶6.4
1989	2 201.0	1 629.0	562.0	10.0	1∶6.2
1990	2 301.0	1 724.0	566.0	11.0	1∶6.1
1991	2 433.0	1 833.0	588.0	12.0	1∶6.0
1992	2 598.0	1 972.0	609.0	17.0	1∶5.7
1993	2 780.0	2 143.0	596.0	41.0	1∶5.4
1994	2 929.0	2 249.0	620.0	60.0	1∶5.1
1995	3 094.1	2 401.4	620.6	72.1	1∶4.8
二、比上年增长(%)					
1979	89.8	76.2	310.0		
1980	36.9	46.0	44.7		
1981	16.4	16.0	18.0		
1982	17.2	16.9	18.1		
1983	16.1	17.3	11.7		
1984	14.4	4.6	48.7		
1985	10.8	9.7	13.3	25.0	
1986	10.3	11.8	6.2	20.0	
1987	9.0	9.3	8.5		
1988	7.7	8.4	5.6	33.3	
1989	3.8	5.5	−1.1	25.0	
1990	4.5	5.8	0.7	10.0	
1991	5.7	6.3	3.9	9.1	
1992	6.8	7.6	3.6	41.7	
1993	7.0	8.7	−2.1	141.2	
1994	5.4	4.9	4.0	46.3	
1995	5.6	6.8	0.1	20.2	

注:本表包括民政部门和总后勤部支付离休、退休、退职费的人数。

截至年末分地区离休、退休、退职人员人数

(1995 年)

单位:人

地区	合计	离休人员	退休人员	领取定期生活费的退职人员
全国总计	30 941 463	1 995 297	28 029 045	917 121
北京	1 243 419	95 650	1 118 680	29 089
天津	755 642	30 991	709 629	15 022
河北	1 262 717	141 889	1 100 535	20 293
山西	784 973	85 453	683 929	15 591
内蒙古	562 406	48 044	505 536	8 826
辽宁	2 463 334	167 879	2 194 408	10 1047
吉林	1 046 677	93 152	926 663	26 862
黑龙江	1 568 919	124 415	1 402 034	42 470
上海	1 842 520	51 430	1 768 890	22 200
江苏	2 023 608	113 524	1 761 074	149 010
浙江	1 045 613	46 006	967 361	32 246
安徽	956 979	74 931	859 965	22 083
福建	583 435	27 087	539 489	16 859
江西	738 076	32 302	688 999	16 775
山东	1 502 956	179 090	1 249 798	74 068
河南	1 298 657	122 626	1 153 816	22 215
湖北	1 355 259	67 278	1 255 852	32 129
湖南	1 396 228	45 384	1 319 984	30 860
广东	1 611 614	78 700	1 503 775	29 139
广西	667 898	28 053	619 486	20 359
海南	265 025	9 202	235 788	20 035
四川	2 480 900	68 360	2 360 612	51 928
贵州	450 731	25 510	417 472	7 749
云南	735 144	43 867	675 457	15 820
西藏	26 215	1 042	25 055	118
陕西	778 701	63 442	680 777	34 482
甘肃	459 736	33 094	405 359	21 283
青海	165 743	11 607	147 596	6 540
宁夏	120 228	9 054	106 560	4 614
新疆	748 110	76 235	644 466	27 409

注:本表包括民政部门和总后勤部支付离休、退休、退职费的人数。

历年全国保险福利费用总额

年份	合计	国有经济单位	单位支付	民政部门支付	城镇集体经济单位	其他各种经济单位	保险福利费用总额占工资总额的比重(%)
一、绝对数(亿元)							
1978	78.1	69.1	66.9	2.2	9.0		13.7
1979	107.3	94.9	92.1	2.8	12.4		16.6
1980	136.4	119.3	116.0	3.3	17.1		17.7
1981	154.9	135.7	132.4	3.3	19.2		18.9
1982	180.5	157.0	153.8	3.2	23.5		20.5
1983	212.5	182.7	179.5	3.2	29.8		22.7
1984	257.7	213.4	210.4	3.0	43.4	0.9	22.7
1985	327.4	270.5	266.8	3.7	55.7	1.2	23.7
1986	413.5	338.8	335.5	3.3	72.6	2.1	24.9
1987	501.7	410.7	406.7	4.0	88.0	3.0	26.7
1988	655.5	540.0	533.4	6.6	110.8	4.7	28.3
1989	768.0	635.6	628.1	7.5	126.4	6.0	29.3
1990	937.9	777.3	770.1	7.2	152.8	7.8	31.8
1991	1 094.7	912.5	904.9	7.6	171.8	10.4	32.9
1992	1 309.5	1 095.8	1 086.6	9.2	198.8	14.9	33.2
1993	1 670.2	1 386.5	1 374.5	12.0	238.6	45.1	34.0
1994	1 958.1	1 646.2	1 628.7	17.5	248.1	63.8	29.4
1995	2 361.3	1 980.4	1 961.0	19.4	294.5	86.4	29.2
二、比上年增长(%)							
1979	37.4	37.3	37.7	27.3	37.8		
1980	27.1	25.7	26.3	17.9	37.9		
1981	13.6	13.7	13.8		12.3		
1982	16.5	15.7	16.2	—3.0	22.4		
1983	17.7	16.4	16.7		26.8		
1984	21.3	16.8	17.2	—6.3	45.6		
1985	27.0	26.8	26.8	23.3	28.3	33.3	
1986	26.3	25.2	25.7	—10.8	30.3	75.0	
1987	21.3	21.2	21.2		21.2	42.9	
1988	30.7	31.5	31.2	65.0	25.9	56.7	
1989	17.2	17.7	17.8	13.6	14.1	27.7	
1990	22.1	22.3	22.6	—4.0	20.9	30.0	
1991	16.7	17.4	17.5	5.6	12.4	42.5	
1992	19.6	20.1	20.1	21.1	15.7	43.3	
1993	27.5	26.5	26.5	30.4	20.0	202.7	
1994	17.2	18.9	18.5	45.8	4.0	41.5	
1995	20.6	20.3	20.4	10.9	18.7	35.4	

历年全国离休、退休、退职费

年份	离休、退休、退职费用总额(亿元)						平均每人离休、退休、退职费(元)	
	合计	国有经济单位	单位支付	民政部门支付	城镇集体经济单位	其他各种经济单位	合计	#国有经济单位
一、绝对数								
1978	17.3	16.3	14.1	2.2	1.0		551.0	574.0
1979	32.5	28.9	26.1	2.8	3.6		714.0	764.0
1980	50.4	43.4	40.1	3.3	7.0		714.0	781.0
1981	62.3	53.3	50.0	3.3	9.0		706.0	774.0
1982	73.1	62.1	58.9	3.2	11.0		709.0	774.0
1983	87.3	74.0	70.8	3.2	13.3		726.0	787.0
1984	106.1	84.6	81.6	3.0	21.2	0.3	766.0	815.0
1985	145.6	116.1	112.4	3.7	29.1	0.4	935.0	1 043.0
1986	169.1	137.5	134.2	3.3	31.0	0.6	983.0	1 114.0
1987	204.3	168.2	164.2	4.0	36.3	0.8	1 083.0	1 233.0
1988	270.2	215.6	209.0	6.6	53.1	1.5	1 322.0	1 453.0
1989	313.2	252.7	245.2	7.5	59.1	1.4	1 450.0	1 593.0
1990	388.6	313.3	306.1	7.2	73.6	1.7	1 726.0	1 868.0
1991	458.5	372.9	365.3	7.6	83.3	2.3	1 936.0	2 096.0
1992	568.6	465.7	456.5	9.2	99.5	3.4	2 260.0	2 448.0
1993	747.3	612.9	600.9	12.0	122.4	12.0	2 779.0	2 979.0
1994	1 026.9	861.5	844.0	17.5	144.3	21.1	3 597.0	3 923.0
1995	1 283.8	1 074.2	1 054.8	19.4	180.0	29.6	4 263.0	4 620.0
二、比上年增长(%)								
1979	87.9	77.3	85.1	27.3	260.0		29.6	33.1
1980	55.1	50.2	53.6	17.9	94.4			2.2
1981	23.6	22.8	24.7		28.6		−1.1	−0.9
1982	17.3	16.5	17.8	−3.0	22.2		0.4	
1983	19.4	19.2	20.2		20.9		2.4	1.7
1984	21.5	14.3	15.3	−6.3	59.4		2.5	3.6
1985	37.2	37.2	37.7	23.3	37.3	33.3	22.1	28.0
1986	16.1	18.4	19.4	−10.8	6.5	50.0	5.1	6.8
1987	20.8	22.3	22.4	21.2	17.1	33.3	10.2	10.7
1988	32.3	28.2	27.3	65.0	46.3	87.5	22.1	17.8
1989	16.0	17.3	17.3	13.6	11.3	−6.7	9.7	9.6
1990	22.4	23.9	24.8	−4.0	24.5	21.4	19.0	17.3
1991	18.0	19.0	19.3	5.6	13.2	35.3	12.2	12.8
1992	24.0	24.9	25.0	21.1	19.4	47.8	16.7	16.8
1993	31.4	31.6	31.6	30.4	23.0	252.9	23.0	21.7
1994	37.4	40.6	40.4	45.8	17.9	75.8	29.4	31.7
1995	25.0	24.7	25.0	10.9	24.7	40.3	21.3	17.8

注:1. 本表数字不包括离休、退休、退职职工的丧葬抚恤救济费和医疗卫生费。

2. 本表 1985～1988 年的数字不包括根据 1985 年有关规定发给离休、退休、退职职工的肉类等价格补贴。

全部职工保险福利费用构成情况(一)

(1995年)　　　　单位:万元

项　　目	合　计	集体保险福利费		
		小　计	集体福利设施及集体福利事业补贴费	文体宣传费
总　计	8 194 650.5	6 598 463.3	1 601 099.3	305 133.3
一、国有经济单位合计	6 841 258.4	5 534 955.9	1 336 063.4	261 664.1
(一)按隶属关系分组				
1. 中央	1 974 206.7	1 672 563.8	442 893.0	82 051.1
2. 省、自治区、直辖市	1 581 652.2	1 294 460.1	289 188.9	55 068.3
3. 地区	1 872 578.1	1 530 991.9	357 075.9	67 895.3
4. 县及县以下	1 405 114.2	1 030 634.7	245 844.9	56 203.8
5. 其他	7 707.2	6 305.4	1 060.7	445.6
(二)按企业、事业、机关分组				
1. 企业	4 668 783.7	3 827 308.2	912 750.5	166 459.7
#地方	3 047 317.4	2 452 829.1	550 060.1	100 015.4
2. 事业	1 468 003.1	1 154 631.3	306 632.2	61 256.6
#地方	1 185 878.3	915 458.0	240 593.0	49 157.7
3. 机关	704 471.6	553 016.4	116 680.7	33 947.8
#地方	633 856.0	494 105.0	102 517.3	30 439.9
(三)按国民经济行业分组				
1. 农、林、牧、渔业	252 083.8	185 796.3	48 805.3	10 616.8
2. 采掘业	489 539.7	398 872.7	100 452.9	16 031.3
3. 制造业	1 908 531.0	1 584 713.8	406 431.1	59 965.8
4. 电力、煤气及水的生产和供应业	232 183.8	193 450.5	44 981.9	8 959.0
5. 建筑业	369 833.6	301 099.0	77 826.3	13 426.3
6. 地质普查业、水利管理业	101 321.4	82 431.2	22 281.3	3 541.8
7. 交通运输、仓储及邮电通讯业	583 685.1	480 937.0	116 363.0	24 365.1
8. 批发和零售贸易、餐饮业	555 747.2	442 831.1	82 356.1	19 029.7
9. 金融、保险业	231 755.7	190 904.9	41 780.6	13 142.7
10. 房地产业	70 098.0	55 819.1	13 711.1	2 850.9
11. 社会服务业	201 626.4	165 199.7	36 753.6	6 421.3
12. 卫生、体育和社会福利业	305 372.8	242 897.4	58 448.7	14 192.5
13. 教育、文化艺术和广播电影电视业	572 608.2	431 010.9	108 105.0	24 768.0
14. 科学研究和综合技术服务业	198 567.2	172 842.5	45 995.8	6 598.9
15. 国家机关、政党机关和社会团体	678 646.3	533 746.3	114 462.6	32 808.0
16. 其他行业	89 658.2	72 403.5	17 308.1	4 946.0
二、城镇集体经济单位合计	864 313.1	669 481.8	149 065.8	29 283.9
#企业	775 216.7	603 132.7	134 411.4	25 632.8
三、其他各种经济单位合计	489 079.0	394 025.6	115 970.1	14 185.3
#外商投资企业	166 345.9	130 733.1	44 317.1	4 258.3
#港、澳、台投资企业	88 103.3	74 444.0	23 416.0	3 119.6

全部职工保险福利费用构成情况(二)

(1995年)　　　　单位:万元

项　　目	医疗卫生费	其　他	个人保险福利费	
			小　计	丧葬抚恤救济费
总　计	4 175 120.0	517 110.7	1 596 187.2	167 231.6
一、国有经济单位合计	3 515 286.2	421 932.1	1 306 302.5	145 188.1
(一) 按隶属关系分组				
1. 中央	1 026 681.5	120 938.2	301 642.9	38 943.3
2. 省、自治区、直辖市	852 600.8	97 602.1	287 192.1	28 107.4
3. 地区	985 938.4	120 082.3	341 586.2	33 666.4
4. 县及县以下	645 838.8	82 747.2	374 479.5	44 325.8
5. 其他	4 236.7	562.4	1 401.8	145.2
(二) 按企业、事业、机关分组				
1. 企业	2 442 036.0	306 062.0	841 475.5	92 876.9
#地方	1 599 744.8	203 008.8	594 488.3	60 333.3
2. 事业	702 406.1	84 336.4	313 371.8	33 208.7
#地方	555 649.2	70 058.1	270 420.3	28 124.4
3. 机关	370 854.1	31 533.8	151 455.2	19 102.5
#地方	333 220.7	27 927.1	139 751.0	17 787.1
(三) 按国民经济行业分组				
1. 农、林、牧、渔业	115 446.2	10 928.0	66 287.5	6 887.4
2. 采掘业	247 668.6	34 719.9	90 667.0	22 741.4
3. 制造业	994 707.2	123 609.7	323 817.2	32 089.1
4. 电力、煤气及水的生产和供应业	124 129.3	15 380.3	38 733.3	3 600.0
5. 建筑业	183 379.0	26 467.4	68 734.6	8 248.5
6. 地质普查业、水利管理业	49 364.8	7 243.3	18 890.2	2 797.4
7. 交通运输、仓储及邮电通讯业	297 787.9	42 421.0	102 748.1	10 424.2
8. 批发和零售贸易、餐饮业	304 493.6	36 951.7	112 916.1	7 986.5
9. 金融、保险业	124 175.7	11 805.9	40 850.8	2 938.5
10. 房地产业	33 238.9	6 018.2	14 278.9	967.8
11. 社会服务业	108 813.0	13 211.8	36 426.7	2 888.9
12. 卫生、体育和社会福利业	154 108.6	16 147.6	62 475.4	5 293.2
13. 教育、文化艺术和广播电影电视业	271 777.9	26 360.0	141 597.3	16 360.3
14. 科学研究和综合技术服务业	105 317.5	14 930.3	25 724.7	2 892.7
15. 国家机关、政党机关和社会团体	356 419.2	30 056.5	144 900.0	17 313.6
16. 其他行业	44 468.8	5 680.6	17 254.7	1 758.6
二、城镇集体经济单位合计	434 941.0	56 191.1	194 831.3	16 925.3
#企业	393 611.0	49 477.5	172 084.0	14 984.3
三、其他各种经济单位合计	224 882.8	38 987.4	95 053.4	5 118.2
#外商投资企业	67 476.0	14 681.7	35 612.8	888.8
#港、澳、台投资企业	39 645.7	8 262.7	13 659.3	861.6

全部职工保险福利费用构成情况(三)

(1995年) 单位:万元

项目	生活困难补助	计划生育补贴	冬季取暖补贴	其他
总计	160 352.2	219 884.5	358 333.4	690 385.5
一、国有经济单位合计	130 795.6	174 597.0	301 281.6	554 440.2
(一)按隶属关系分组				
1.中央	34 329.8	42 116.4	67 265.8	118 987.6
2.省、自治区、直辖市	27 341.9	38 743.5	60 602.7	132 396.6
3.地区	31 095.6	48 585.9	76 302.9	151 935.4
4.县及县以下	37 902.2	44 954.1	96 875.6	150 421.8
5.其他	126.1	197.1	234.6	698.8
(二)按企业、事业、机关分组				
1.企业	87 578.0	118 388.3	192 356.5	350 275.8
#地方	59 009.0	82 661.9	136 194.4	256 289.7
2.事业	28 545.9	37 055.8	70 942.8	143 618.6
#地方	23 953.5	31 950.2	63 101.6	123 290.6
3.机关	14 671.7	19 152.9	37 982.3	60 545.8
#地方	13 503.3	17 868.5	34 719.8	55 872.3
(三)按国民经济行业分组				
1.农、林、牧、渔业	7 186.1	9 535.5	21 686.7	20 991.8
2.采掘业	10 984.2	9 439.6	21 339.9	26 161.9
3.制造业	33 422.4	47 882.6	68 070.4	142 352.7
4.电力、煤气及水的生产和供应业	3 533.7	4 617.6	7 696.8	19 285.2
5.建筑业	7 935.6	7 257.4	16 534.6	28 758.5
6.地质普查业、水利管理业	1 992.4	2 516.8	4 478.7	7 104.9
7.交通运输、仓储及邮电通讯业	11 392.4	15 328.2	24 666.5	40 936.8
8.批发和零售贸易、餐饮业	10 408.1	16 542.9	27 475.0	50 503.6
9.金融、保险业	3 867.8	7 300.8	8 810.6	17 933.1
10.房地产业	1 177.1	1 732.9	2 525.8	7 875.3
11.社会服务业	2 861.6	5 240.8	7 514.2	17 921.2
12.卫生、体育和社会福利业	4 050.5	7 452.6	13 341.4	32 337.7
13.教育、文化艺术和广播电影电视业	14 135.5	15 696.9	31 645.4	63 759.2
14.科学研究和综合技术服务业	2 431.4	3 664.5	4 880.4	11 855.7
15.国家机关、政党机关和社会团体	14 000.2	18 300.0	36 452.7	58 833.5
16.其他行业	1 416.6	2 087.9	4 162.5	7 829.1
二、城镇集体经济单位合计	22 831.3	32 039.1	46 143.2	76 892.4
#企业	20 630.8	29 092.0	41 113.3	66 263.6
三、其他各种经济单位合计	6 725.3	13 248.4	10 908.6	59 052.9
#外商投资企业	2 188.5	5 927.1	2 873.7	23 734.7
#港、澳、台投资企业	1 171.7	2 041.9	1 698.0	7 886.1

全部离休、退休、退职人员人数及保险福利费用构成情况(一)

(1995年)

项目	截至年末离休、退休、退职人员人数(人)			
	合计	离休人员	退休人员	领取定期生活费的退职人员
总计	30 657 609	1 960 193	27 780 295	917 121
一、国有经济单位合计	23 729 977	1 807 623	21 344 198	578 156
(一)按隶属关系分组				
1. 中央	5 441 606	407 542	4 944 466	89 598
2. 省、自治区、直辖市	5 316 934	347 295	4 837 968	131 671
3. 地区	6 768 643	445 724	6 196 870	126 049
4. 县及县以下	6 167 571	604 520	5 332 859	230 192
5. 其他	35 223	2 542	32 035	646
(二)按企业、事业、机关分组				
1. 企业	17 263 158	872 744	16 009 355	381 059
#地方	12 387 275	566 110	11 525 893	295 272
2. 事业	4 433 377	465 470	3 861 916	105 991
#地方	3 740 066	382 366	3 263 572	94 128
3. 机关	2 033 442	469 409	1 472 927	91 106
#地方	1 928 279	435 268	1 405 320	87 691
二、城镇集体经济单位合计	6 206 431	131 136	5 751 765	323 530
#企业	5 677 003	113 112	5 259 314	304 577
三、其他各种经济单位合计	721 201	21 434	684 332	15 435
#外商投资企业	86 160	2 797	80 939	2 424
#港、澳、台投资企业	79 297	1 579	75 933	1 785

全部离休、退休、退职人员人数及保险福利费用构成情况(二)

(1995年)

项目	保险福利费用构成(万元)			
	合计	离休金	退休金	退职生活费
总计	15 224 355.9	1 219 356.4	9 863 446.9	152 630.3
一、国有经济单位合计	12 768 421.7	1 140 588.4	8 078 401.2	107 297.7
(一)按隶属关系分组				
1. 中央	3 387 312.9	275 038.7	2 048 259.3	19 590.4
2. 省、自治区、直辖市	3 107 498.2	245 492.2	1 871 557.2	25 240.8
3. 地区	3 528 737.1	301 298.9	2 298 472.8	26 241.6
4. 县及县以下	2 727 651.5	317 293.4	1 848 396.2	36 043.8
5. 其他	17 222.0	1 465.2	11 715.7	181.1
(二)按企业、事业、机关分组				
1. 企业	8 567 391.5	503 826.3	5 583 914.1	72 135.5
#地方	5 753 122.0	318 910.0	3 850 878.3	53 355.3
2. 事业	2 817 639.3	315 511.8	1 806 221.0	19 806.5
#地方	2 285 688.3	251 355.3	1 497 326.3	17 308.2
3. 机关	1 383 390.9	321 250.3	688 266.1	15 355.7
#地方	1 264 852.5	295 127.1	643 921.9	14 242.7
二、城镇集体经济单位合计	2 080 898.9	65 616.7	1 538 111.1	41 438.3
#企业	1 882 756.4	55 172.1	1 394 073.1	38 128.5
三、其他各种经济单位合计	375 035.3	13 151.3	246 934.6	3 894.3
#外商投资企业	43 361.0	1 591.1	29 381.1	494.9
#港、澳、台投资企业	40 245.3	1 089.3	27 699.0	361.4

全部离休、退休、退职人员人数及保险福利费用构成情况(三)

(1995年)

项　　目	保险福利费用构成(万元)				
	医疗卫生费	丧葬抚恤救济费	交通费补贴	冬季取暖补贴	其他
总　计	2 362 528.2	217 604.5	132 678.3	97 863.8	1 178 247.5
一、国有经济单位合计	2 031 649.4	187 853.8	115 560.0	82 899.8	1 024 171.4
(一)按隶属关系分组					
1. 中央	515 503.0	57 356.6	32 748.9	22 497.0	416 319.0
2. 省、自治区、直辖市	617 319.8	38 436.3	22 891.8	20 766.7	265 793.4
3. 地区	593 628.1	51 386.7	31 535.5	18 863.1	207 310.4
4. 县及县以下	302 970.7	40 451.2	28 201.4	20 706.2	133 588.6
5. 其他	2 227.8	223.0	182.4	66.8	1 160.0
(二)按企业、事业、机关分组					
1. 企业	1 362 296.2	132 076.7	68 559.7	58 695.0	785 888.0
#地方	973 478.9	81 180.7	43 230.0	37 222.0	394 866.8
2. 事业	427 578.1	36 599.6	28 779.2	15 524.8	167 618.3
#地方	321 670.9	30 537.0	22 583.8	13 404.5	131 502.3
3. 机关	241 775.1	19 177.5	18 221.1	8 680.0	70 665.1
#地方	205 293.6	17 966.4	16 124.9	7 931.8	64 244.1
二、城镇集体经济单位合计	257 028.7	24 725.8	14 240.5	13 401.2	126 336.6
#企业	232 042.9	22 451.9	12 867.1	12 166.7	115 854.1
三、其他各种经济单位合计	73 850.1	5 024.9	2 877.8	1 562.8	27 739.5
#外商投资企业	8 645.7	388.2	358.5	155.2	2 346.3
#港、澳、台投资企业	7 806.2	425.8	198.9	151.3	2 513.4

分地区全部职工保险福利费用构成情况(一)

(1995年)　　　　单位:万元

地　区	合　计	集体保险福利费				
		小　计	集体福利设施及集体福利事业补贴费	文体宣传费	医疗卫生费	其　他
全国总计	8 194 650.5	6 598 463.3	1 601 099.3	305 133.3	4 175 120.0	517 110.7
北　京	337 498.6	291 724.1	38 905.4	11 841.4	217 356.5	23 620.8
天　津	189 544.7	153 497.0	25 296.3	4 907.5	118 390.4	4 920.8
河　北	355 935.8	280 275.7	61 375.4	13 003.4	190 684.6	15 212.3
山　西	201 554.0	158 345.9	40 548.6	8 592.9	97 710.9	11 493.5
内蒙古	125 638.4	79 017.4	20 765.1	4 560.8	49 222.9	4 468.6
辽　宁	476 221.6	386 393.2	83 060.2	17 505.0	267 235.2	18 592.8
吉　林	192 359.9	152 475.2	37 892.0	17 859.3	87 971.8	8 752.1
黑龙江	305 057.0	223 152.4	39 653.3	9 250.4	159 867.5	14 381.2
上　海	727 209.5	564 985.5	90 343.0	12 350.1	404 379.1	57 913.3
江　苏	638 740.1	543 824.3	132 904.0	18 072.5	347 309.2	45 538.6
浙　江	374 160.5	317 704.6	69 494.6	11 945.0	202 142.0	34 123.0
安　徽	222 175.2	182 226.7	49 514.6	7 571.4	116 398.3	8 742.4
福　建	165 147.4	131 275.2	51 789.2	6 879.7	60 265.5	12 340.8
江　西	145 569.7	109 919.4	29 263.6	5 099.5	67 664.1	7 892.2
山　东	440 457.5	367 209.4	98 573.5	18 462.1	217 755.7	32 418.1
河　南	305 639.6	245 705.0	60 493.8	16 276.9	152 110.4	16 823.9
湖　北	341 577.5	276 491.7	66 059.9	13 934.5	168 173.1	28 324.2
湖　南	275 326.6	214 153.0	56 665.9	10 314.9	128 763.4	18 408.8
广　东	781 946.4	674 498.7	224 266.3	35 153.2	343 748.0	71 331.2
广　西	173 599.0	138 856.9	43 591.2	7 033.4	72 444.1	15 788.2
海　南	57 492.9	49 401.9	15 371.4	2 693.0	26 200.5	5 137.0
四　川	495 997.1	393 990.1	93 186.6	19 299.9	255 337.9	26 165.7
贵　州	96 470.6	72 804.6	19 291.2	4 361.5	44 481.8	4 670.1
云　南	218 354.5	183 060.4	50 853.8	8 001.7	113 414.0	10 790.9
西　藏	14 001.9	10 104.5	2 594.2	801.2	5 815.6	893.5
陕　西	176 285.1	129 461.5	29 935.7	6 472.2	88 363.0	4 690.6
甘　肃	127 212.8	96 959.6	26 813.2	5 388.0	59 859.9	4 898.5
青　海	33 914.2	25 667.4	4 911.7	921.7	17 700.2	2 133.8
宁　夏	40 761.8	28 769.1	6 994.5	1 308.4	19 146.4	1 319.8
新　疆	158 800.6	116 512.9	30 691.1	5 271.8	75 208.0	5 342.0
附:大连	80 462.3	64 490.4	12 957.2	3 925.8	44 460.2	3 147.2
宁波	53 188.4	46 463.0	7 165.4	1 733.0	32 908.8	4 655.8
厦门	32 824.8	21 662.3	8 509.1	1 336.5	9 680.4	2 136.3
青岛	49 494.7	41 074.2	6 295.1	2 287.7	30 673.4	1 818.0
深圳	127 341.2	99 753.9	27 559.9	3 478.5	63 100.0	5 615.5
重庆	47 969.4	38 387.7	16 394.9	2 275.3	15 024.4	4 693.1

分地区全部职工保险福利费用构成情况(二)

(1995年)　　　　单位:万元

地区	个人保险福利费					
	小计	丧葬抚恤救济费	生活困难补助	计划生育补贴	冬季取暖补贴	其他
全国总计	1 596 187.2	167 231.6	160 352.2	219 884.5	358 333.4	690 385.5
北京	45 774.5	3 460.8	3 956.4	7 194.0	15 887.5	15 275.8
天津	36 047.7	2 649.8	3 129.9	4 055.8	19 588.4	6 623.8
河北	75 660.1	7 515.7	6 667.4	12 860.1	25 889.4	22 727.5
山西	43 208.1	5 938.9	3 795.1	4 969.0	14 617.8	13 887.3
内蒙古	46 621.0	3 448.3	2 118.9	3 660.0	19 017.6	18 376.2
辽宁	89 828.4	10 391.1	9 600.4	13 200.4	29 295.2	27 341.3
吉林	39 884.7	5 337.9	3 092.9	6 807.9	13 606.7	11 039.3
黑龙江	81 904.6	9 679.8	5 314.7	9 122.1	33 902.9	23 885.1
上海	162 224.0	6 334.7	16 028.5	21 884.3		117 976.5
江苏	94 915.8	9 766.7	17 328.4	17 446.1	7 004.9	43 369.7
浙江	56 455.9	4 577.7	4 796.2	8 576.2		38 505.8
安徽	39 948.5	5 959.2	6 493.2	7 212.4	7 027.0	13 256.7
福建	33 872.2	3 277.8	4 476.8	2 561.7	15.6	23 540.3
江西	35 650.3	3 550.9	4 476.9	4 725.2	9 822.1	13 075.2
山东	73 248.1	12 187.6	7 176.8	12 536.3	23 682.6	17 664.8
河南	59 934.6	9 577.9	5 406.0	8 067.7	20 922.9	15 960.1
湖北	65 085.8	8 235.7	7 315.4	8 933.1	16 295.5	24 306.1
湖南	61 173.6	7 835.8	5 705.4	8 650.1	14 346.6	24 635.7
广东	107 447.7	9 698.7	15 449.2	19 681.5	2 429.6	60 188.7
广西	34 742.1	3 169.3	3 998.7	3 312.6	2 567.6	21 693.9
海南	8 091.0	1 470.6	1 818.9	1 868.3	0	2 933.2
四川	102 007.0	11 018.6	7 540.1	12 584.8	8 192.6	62 670.9
贵州	23 666.0	3 921.3	2 883.3	2 984.3	4 737.5	9 139.6
云南	35 294.1	4 874.3	1 963.3	4 258.2	370.6	23 827.7
西藏	3 897.4	478.1	345.0	243.5	2 126.4	704.4
陕西	46 823.6	4 133.8	2 846.8	3 510.8	20 098.1	16 234.1
甘肃	30 253.2	3 745.5	2 963.5	2 238.2	11 697.9	9 608.1
青海	8 246.8	1 042.0	421.3	1 079.2	3 595.5	2 108.8
宁夏	11 992.7	1 178.7	848.8	1 006.9	5 845.6	3 112.7
新疆	42 287.7	2 774.4	2 394.0	4 653.8	25 749.3	6 716.2
附:大连	15 971.9	1 193.6	1 309.8	1 585.7	5 124.4	6 758.4
宁波	6 725.4	665.5	642.7	1 051.6	0	4 365.6
厦门	11 162.5	368.8	767.8	590.5	0	9 435.4
青岛	8 420.5	1 464.4	816.0	1 722.3	2 646.9	1 770.9
深圳	27 587.3	1 956.9	1 497.9	3 092.1	0	21 040.4
重庆	9 581.7	553.7	662.0	1 493.3	104.6	6 768.1

分地区全部离休、退休、退职人员保险福利费用构成情况(一)

(1995年)

单位:万元

地　区	合　计	离 休 金	退 休 金	退职生活费
全国总计	15 224 355.9	1 219 356.4	9 863 446.9	152 630.3
北　京	732 608.3	63 934.3	447 834.7	4 420.4
天　津	408 243.1	20 466.1	212 696.8	2 380.1
河　北	705 594.4	91 446.9	439 212.3	5 353.4
山　西	355 184.4	42 637.4	220 427.0	2 133.0
内蒙古	240 563.8	26 728.3	163 942.8	1 490.4
辽　宁	1 042 503.8	91 060.4	677 830.6	14 569.5
吉　林	387 871.4	41 846.4	250 230.4	3 610.1
黑龙江	658 725.8	74 560.2	425 851.3	8 004.2
上　海	1 271 892.8	38 844.4	737 369.6	8 323.3
江　苏	1 037 549.9	84 614.6	697 911.9	15 751.6
浙　江	621 839.2	36 967.7	410 891.3	8 693.9
安　徽	428 421.1	38 991.2	283 285.8	4 353.9
福　建	262 419.2	19 893.1	177 327.4	5 686.4
江　西	252 708.9	15 258.4	177 107.1	2 497.6
山　东	811 556.4	103 215.7	490 177.0	8 476.0
河　南	596 956.8	70 017.5	387 857.2	4 260.9
湖　北	625 387.4	40 031.4	451 456.5	7 558.8
湖　南	592 837.0	29 123.4	437 490.8	5 252.4
广　东	986 391.3	55 993.0	583 538.4	7 057.8
广　西	302 428.1	18 208.3	215 447.2	3 345.4
海　南	102 571.6	8 011.3	76 065.1	2 689.8
四　川	1 027 302.1	44 531.1	724 304.0	8 741.4
贵　州	218 116.8	17 207.7	148 878.1	2 211.7
云　南	420 526.9	29 254.0	259 345.9	2 436.4
西　藏	22 203.5	820.4	18 512.4	25.2
陕　西	301 816.1	35 758.2	186 051.0	3 781.4
甘　肃	258 021.9	25 745.5	171 429.8	2 464.2
青　海	100 418.1	8 497.4	65 894.6	1 470.2
宁　夏	57 181.4	5 157.0	39 047.6	636.0
新　疆	394 514.4	40 535.1	286 032.3	4 954.9
附:大连	152 108.2	12 370.6	94 130.7	3 075.0
宁波	82 696.9	4 138.6	56 050.3	1 148.1
厦门	32 919.9	1 859.6	22 658.8	432.4
青岛	138 179.4	9 541.3	94 941.6	942.4
深圳	278 839.7	8 935.2	202 031.1	1 100.4
重庆	21 173.0	1 516.0	14 533.1	777.3

分地区全部离休、退休、退职人员保险福利费用构成情况(二)

(1995年)

单位:万元

地区	医疗卫生费	丧葬抚恤救济费	交通费补贴	冬季取暖补贴	其他
全国总计	2 362 528.2	217 604.5	132 678.3	97 863.8	1 178 247.5
北京	156 576.4	4 189.5	5 321.1	5 144.5	45 187.4
天津	70 787.8	3 618.7	1 977.1	6 682.7	89 633.8
河北	96 536.0	9 801.7	5 220.3	5 262.1	52 761.7
山西	38 936.8	6 460.5	3 621.1	3 454.6	37 514.0
内蒙古	22 295.2	3 882.9	2 853.8	4 077.7	15 292.7
辽宁	136 203.7	19 008.6	15 653.9	9 705.8	78 471.3
吉林	46 202.4	4 047.5	6 014.0	5 263.1	30 657.5
黑龙江	61 563.8	11 949.8	3 436.7	12 839.6	60 520.2
上海	356 097.2	13 604.3	7 812.7		109 841.3
江苏	175 707.3	13 749.9	5 840.0	1 587.7	42 386.9
浙江	120 234.1	9 866.7	2 570.2		32 615.3
安徽	59 476.6	8 654.2	4 215.6	1 651.3	27 792.5
福建	34 910.6	2 005.2	2 967.6	493.4	19 135.5
江西	27 787.3	4 662.2	1 926.3	2 031.4	21 438.6
山东	111 450.9	15 327.5	15 297.9	4 724.6	62 886.8
河南	74 641.7	9 159.7	6 283.9	5 234.3	39 501.6
湖北	75 984.7	11 194.2	5 834.8	3 212.4	30 114.6
湖南	65 848.6	9 907.7	3 201.2	3 101.5	38 911.4
广东	227 607.6	9 358.4	7 962.9	604.6	94 268.6
广西	34 630.7	3 095.9	1 170.2	458.2	26 072.2
海南	11 747.1	1 002.7	366.8		2 688.8
四川	142 789.0	16 935.4	4 127.6	2 273.1	83 600.5
贵州	23 475.3	4 045.8	5 334.7	1 093.9	15 869.6
云南	67 756.5	7 255.8	4 971.0	125.1	49 382.2
西藏	1 424.8	284.0	265.7	395.6	475.4
陕西	41 884.3	4 514.9	2 766.5	4 454.9	22 604.9
甘肃	22 638.3	3 756.2	1 972.1	2 388.2	27 627.6
青海	11 545.8	1 093.3	427.3	1 283.5	10 206.0
宁夏	6 364.9	1 073.0	546.3	1 039.9	3 316.7
新疆	39 422.8	4 098.3	2 719.0	9 280.1	7 471.9
附:大连	30 021.9	2 613.3	2 277.7	2 200.1	5 418.9
宁波	16 844.4	1 290.9	257.9		2 966.7
厦门	4 139.7	511.5	117.1		3 200.8
青岛	17 815.6	2 545.8	2 992.6	666.7	8 733.4
深圳	43 193.5	4 222.9	727.4		18 629.2
重庆	2 008.5	428.3	153.4	0.5	1 755.9

历年国有经济单位保险福利费用构成情况(一)

年　份	保险福利费用总额	离休、退休、退职费	丧葬抚恤救济费	医疗卫生费	生活困难补贴	农副业生产补贴
一、绝对数(亿元)						
1978	66.9	14.1	2.6	28.3	6.0	1.2
1979	92.1	26.1	3.7	31.7	6.3	1.2
1980	116.0	40.1	3.8	36.4	6.3	1.0
1981	132.4	50.0	3.9	39.0	6.0	0.8
1982	153.8	58.9	4.0	44.4	6.0	0.8
1983	179.5	70.8	4.4	50.0	6.3	0.8
1984	210.4	81.6	4.8	55.4	6.6	0.9
1985	266.8	112.4	5.3	64.6	6.6	1.0
1986	335.5	134.2	6.4	84.9	6.1	
1987	406.7	164.2	7.3	107.5	6.4	
1988	533.4	209.0	9.2	151.2	8.2	
1989	628.1	245.2	11.5	186.0	8.6	
1990	770.1	306.1	12.9	226.4	8.6	
1991	904.9	365.3	15.0	267.5	8.8	
1992	1 086.7	456.5	16.7	318.2	9.5	
1993	1 374.5	600.9	20.6	387.9	10.4	
1994	1 628.7	844.0	26.6	472.8	11.7	
1995	1 961.0	1 054.9	33.3	554.7	13.1	
二、构成(以保险福利费用总额为100)						
1978	100.0	21.1	3.9	40.8	9.0	1.8
1979	100.0	28.3	4.0	34.4	7.4	1.3
1980	100.0	34.6	3.3	31.4	5.4	0.9
1981	100.0	37.8	2.9	29.5	4.5	0.6
1982	100.0	38.3	2.6	28.9	3.9	0.5
1983	100.0	39.4	2.5	27.9	3.5	0.4
1984	100.0	38.8	2.3	26.4	3.1	0.4
1985	100.0	42.1	2.0	24.3	2.5	0.4
1986	100.0	40.4	1.9	25.3	1.8	
1987	100.0	40.0	1.8	26.4	1.6	
1988	100.0	39.2	1.7	28.3	1.5	
1989	100.0	39.1	1.8	29.6	1.4	
1990	100.0	39.7	1.7	29.4	1.1	
1991	100.0	40.4	1.6	29.5	1.0	
1992	100.0	42.0	1.5	29.3	0.9	
1993	100.0	43.7	1.5	28.2	0.8	
1994	100.0	51.8	1.6	29.1	0.7	
1995	100.0	53.8	1.7	28.3	0.7	

注:离休、退休、退职费不包括离休、退休、退职人员的医疗卫生费和丧葬抚恤救济费;1994年和1995年集体福利事业补贴费包括集体福利设施费在内。

历年国有经济单位保险福利费用构成情况(二)

年份	文体宣传费	集体福利事业补贴费	集体福利设施费	其他	#上下班交通费补贴	#计划生育补贴
一、绝对数(亿元)						
1978	2.6	4.4	4.3	4.4		
1979	3.0	5.7	6.1	7.8		
1980	3.2	6.6	7.8	10.8	4.9	2.1
1981	2.9	7.4	9.0	13.4	5.3	2.7
1982	8.2	8.3	10.5	17.7	5.9	4.0
1983	3.3	10.2	11.3	22.4	6.3	5.5
1984	4.5	14.5	14.8	27.3	7.0	5.5
1985	4.0	16.4	16.5	39.1	8.4	6.1
1986	5.5	16.3	19.8	62.3	9.7	7.0
1987	5.9	19.7	22.9	72.8	10.9	8.0
1988	7.3	25.0	27.6	96.0	13.6	9.4
1989	8.7	27.7	30.3	110.1	16.7	10.7
1990	10.0	34.4	35.3	135.5	21.7	12.4
1991	12.3	35.9	38.4	161.7	25.4	13.5
1992	14.1	41.7	45.9	184.1	30.7	14.2
1993	16.6	49.4	58.9	229.8	41.6	15.2
1994	21.4	120.2		132.0		16.8
1995	26.2	133.6		145.2		17.5
二、构成(以保险福利费用总额为100)						
1978	3.9	6.6	6.4	6.6		
1979	3.3	6.2	6.6	8.5		
1980	2.8	5.7	6.7	9.3	4.2	1.8
1981	2.2	5.6	6.8	10.1	4.0	2.0
1982	2.1	5.4	6.8	11.5	3.8	2.6
1983	1.8	5.7	6.3	12.5	3.5	3.1
1984	2.1	6.9	7.0	13.0	3.3	2.6
1985	1.8	6.1	6.2	14.6	3.1	3.3
1986	1.6	4.9	5.9	18.6	2.9	2.1
1987	1.5	4.8	5.6	17.9	2.7	2.0
1988	1.4	4.7	5.2	18.0	2.5	1.8
1989	1.4	4.4	4.8	17.5	2.7	1.7
1990	1.4	4.5	4.6	17.6	2.8	1.6
1991	1.4	4.0	4.2	17.9	2.8	1.5
1992	1.3	3.8	4.2	16.9	2.8	1.3
1993	1.2	3.6	4.3	16.7	3.0	1.1
1994	1.3	7.4		8.1		1.0
1995	1.3	6.8		7.4		0.9

分地区国有经济单位保险福利费用总额　　单位：亿元

地区	1985年	1990年	1994年	1995年	1995年比1990年增长(%)	1995年比1994年增长(%)
全国总计	266.8	770.1	1 628.7	1 961.0	154.6	20.4
北京	11.5	34.8	76.7	90.6	160.3	18.1
天津	7.3	22.4	39.6	49.2	119.6	24.2
河北	10.4	33.9	79.1	93.3	175.2	18.0
山西	7.1	19.1	41.1	51.0	167.0	24.1
内蒙古	5.6	13.4	35.1	33.1	147.0	−5.4
辽宁	20.5	59.2	103.6	118.9	100.8	14.8
吉林	8.4	22.3	40.3	50.9	128.3	26.3
黑龙江	16.9	40.0	78.1	88.2	120.5	12.9
上海	19.0	53.4	124.2	149.6	180.1	20.5
江苏	13.6	41.9	95.7	118.3	182.3	23.6
浙江	8.1	24.8	58.2	73.6	196.8	26.5
安徽	6.9	20.9	44.1	54.7	161.7	24.0
福建	4.5	14.4	29.4	35.8	148.6	21.8
江西	6.3	16.9	30.9	35.5	110.1	14.9
山东	13.0	39.8	82.0	97.9	146.0	19.4
河南	9.5	33.0	64.8	80.9	145.2	24.8
湖北	12.6	33.7	59.2	83.5	147.8	41.0
湖南	10.5	30.1	63.8	74.9	148.8	17.4
广东	16.9	51.3	123.3	143.6	179.9	16.5
广西	5.4	15.5	36.7	42.2	172.3	15.0
海南		5.7	11.7	15.0	163.2	28.2
四川	19.6	52.3	111.5	132.0	152.4	18.4
贵州	4.1	11.0	22.5	30.1	173.6	33.8
云南	6.4	19.6	50.2	60.0	206.1	19.5
西藏	0.7	1.3	2.7	3.6	176.9	33.3
陕西	7.1	19.6	34.9	42.8	118.4	22.6
甘肃	4.4	12.6	27.7	36.1	186.5	30.3
青海	2.5	5.3	10.9	13.0	145.3	19.3
宁夏	1.3	3.9	7.7	9.3	138.5	20.8
新疆	6.7	18.0	43.0	53.4	196.7	24.2

分地区城镇集体经济单位保险福利费用总额

单位:亿元

地　区	1985年	1990年	1994年	1995年	1995年比1990年增长(%)	1995年比1994年增长(%)
全国总计	55.6	152.8	248.2	294.5	92.7	18.7
北　京	1.9	4.9	9.7	13.5	175.5	39.2
天　津	1.9	4.2	6.0	7.1	69.0	18.3
河　北	1.9	5.9	10.0	11.3	91.5	13.0
山　西	0.8	2.9	3.7	4.1	41.4	10.8
内蒙古	0.7	2.3	2.9	3.0	30.4	3.4
辽　宁	6.0	15.7	18.7	27.4	74.5	46.5
吉　林	1.4	4.3	5.5	6.4	48.8	16.4
黑龙江	1.6	5.3	6.5	6.2	17.0	−4.6
上　海	4.7	13.7	24.7	28.6	108.8	15.8
江　苏	6.3	17.7	34.0	40.4	128.2	18.8
浙　江	3.9	9.5	18.2	21.2	123.2	16.5
安　徽	1.2	4.5	6.9	7.6	68.9	10.1
福　建	1.1	2.9	4.4	5.1	75.8	15.9
江　西	0.9	2.0	3.6	4.1	105.0	13.9
山　东	3.7	10.5	17.2	20.8	98.1	20.9
河　南	1.4	4.5	6.7	8.0	77.8	19.4
湖　北	2.4	6.5	9.2	10.6	63.1	15.2
湖　南	2.6	6.2	9.8	11.0	77.4	12.2
广　东	4.0	11.4	21.1	23.7	107.9	12.3
广　西	0.7	2.0	3.7	4.3	115.0	16.2
海　南		0.3	0.7	0.9	200.0	28.6
四　川	3.7	8.4	12.9	15.3	82.1	18.6
贵　州	0.4	0.8	1.2	1.3	62.5	8.3
云　南	0.6	1.6	3.3	3.6	125.0	9.1
西　藏						
陕　西	1.0	2.3	3.2	3.9	69.6	21.9
甘　肃	0.3	0.9	2.1	2.4	166.7	14.3
青　海	0.1	0.3	0.4	0.4	33.3	
宁　夏	0.1	0.4	0.5	0.5	25.0	
新　疆	0.3	0.9	1.4	1.8	100.0	28.6

分地区其他各种经济单位保险福利费用总额

单位:万元

地区	1985年	1990年	1994年	1995年	1995年比1990年增长(%)	1995年比1994年增长(%)
全国总计	11 551.1	77 411.3	638 091.3	864 114.3	1 016.3	35.4
北京	537.8	3 774.3	18 396.1	28 836.1	664.0	56.8
天津	220.7	2 326.7	27 210.4	34 072.7	1 364.4	25.2
河北	73.9	1 795.5	11 801.9	15 041.6	737.7	27.5
山西	2.9	297.6	3 285.6	5 717.0	1 821.0	74.0
内蒙古	4.2	98.8	2 215.9	4 082.6	4 032.2	84.2
辽宁	3 193.8	17 562.0	47 337.1	55 018.1	213.3	16.2
吉林	15.2	258.7	7 649.1	8 557.1	3 207.7	11.9
黑龙江	106.5	534.3	12 348.0	20 184.6	3 677.8	63.5
上海	1 701.7	9 267.6	126 135.6	216 689.1	2 238.1	71.8
江苏	2 748.0	13 882.8	69 129.8	89 321.8	543.4	29.2
浙江	660.4	3 480.5	39 570.5	48 055.2	1 280.7	21.4
安徽	29.5	506.3	19 948.0	27 070.8	5 246.8	35.7
福建	160.5	2 818.9	12 805.2	18 320.8	549.9	43.1
江西	7.1	481.9	1 731.3	2 245.6	366.0	29.7
山东	107.7	1 249.1	41 901.8	64 447.4	5 059.5	53.8
河南	12.8	252.2	9 008.8	13 569.1	5 280.3	50.6
湖北	126.1	456.8	19 256.1	25 821.9	5 552.8	34.1
湖南	3.3	226.7	8 504.4	8 504.4	3 651.4	
广东	1 555.5	15 883.1	94 360.0	95 726.0	502.7	1.4
广西	2.7	530.1	11 973.6	11 884.0	2 141.8	−0.7
海南		110.8	2 065.1	1 868.9	1 586.7	−9.5
四川	93.5	670.2	39 123.0	51 145.4	7 531.4	30.7
贵州	9.6	79.7	169.0	274.9	211.0	46.7
云南	88.4	228.8	2 434.7	3 543.7	1 448.8	45.5
西藏			81.1	91.4		12.7
陕西	22.2	285.7	7 026.5	10 909.5	3 718.5	55.3
甘肃	3.9	41.1	910.0	1 181.3	2 774.2	29.8
青海	0.4		57.8	197.1		241.0
宁夏	18.0	57.1	148.5	156.4	173.9	5.3
新疆	44.8	254.0	1 506.4	1 606.8	532.6	6.7

六、劳动、工资、社会保险制度改革

分地区合同制职工年末人数(一)

地 区	年末人数(万人)				
	1990 年	1991 年	1992 年	1994 年	1995 年
全国总计	1 702.3	1 971.9	2 541.5	3 839.0	6 096.2
北 京	45.0	54.1	76.8	94.1	172.0
天 津	20.3	24.1	27.1	40.4	106.3
河 北	96.7	110.7	139.7	242.5	356.2
山 西	49.9	55.7	70.0	110.9	220.2
内 蒙 古	28.4	43.4	53.3	62.8	76.7
辽 宁	109.1	121.9	189.8	338.5	423.0
吉 林	43.4	49.6	65.5	109.6	188.2
黑 龙 江	90.5	101.4	115.8	146.1	162.5
上 海	41.5	50.4	156.4	237.8	299.8
江 苏	162.5	183.1	236.7	337.8	606.2
浙 江	76.0	81.0	97.6	132.3	218.1
安 徽	38.3	45.3	51.9	70.5	136.3
福 建	28.5	32.5	38.2	76.2	113.5
江 西	37.0	41.0	48.4	70.8	113.7
山 东	174.8	199.0	235.8	377.5	490.6
河 南	105.5	125.1	162.9	267.0	393.7
湖 北	80.2	93.6	105.5	143.2	314.1
湖 南	83.4	92.6	109.8	133.6	176.6
广 东	102.6	118.6	137.0	196.5	396.1
广 西	32.0	37.5	47.0	69.0	90.0
海 南	22.4	25.3	27.7	34.1	54.9
四 川	70.7	86.1	118.3	218.3	483.6
贵 州	22.0	25.1	29.3	42.3	53.1
云 南	27.5	37.8	42.4	52.2	92.6
西 藏	1.3	1.5	1.6	1.9	2.6
陕 西	47.4	54.7	61.4	108.2	163.8
甘 肃	30.2	37.7	41.5	52.0	92.6
青 海	6.3	7.3	8.1	9.5	12.4
宁 夏	7.6	8.6	10.5	13.5	26.2
新 疆	21.3	27.2	35.5	46.0	60.6

分地区合同制职工年末人数(二)

地区	合同制职工占职工总数的比重(%)				
	1990年	1991年	1992年	1994年	1995年
全国总计	11.6	13.6	17.2	25.9	40.9
北京	9.8	11.5	16.1	19.7	36.5
天津	7.0	8.3	9.2	13.8	36.7
河北	14.5	16.4	20.3	34.7	51.0
山西	11.1	12.3	15.1	23.8	47.5
内蒙古	7.3	11.3	13.6	16.2	20.0
辽宁	10.3	11.8	18.2	32.8	41.1
吉林	7.9	9.3	12.1	20.7	36.2
黑龙江	10.1	11.6	13.2	17.1	19.5
上海	8.1	9.7	30.6	49.7	63.7
江苏	18.0	20.4	26.2	37.1	66.2
浙江	15.0	16.4	19.9	26.4	43.7
安徽	7.3	9.1	10.2	14.8	27.1
福建	8.5	10.1	11.2	21.6	33.0
江西	9.0	10.3	11.8	17.1	27.6
山东	22.2	24.5	28.1	43.3	53.5
河南	14.5	17.3	21.8	33.9	48.3
湖北	11.0	13.1	14.1	19.5	42.3
湖南	14.3	16.3	18.9	22.6	29.6
广东	12.0	14.3	16.0	22.6	43.4
广西	9.4	11.6	14.1	20.2	26.2
海南	19.7	23.4	24.8	31.1	51.4
四川	7.2	8.9	12.0	22.1	48.8
贵州	8.8	10.8	12.4	18.3	23.4
云南	9.0	12.5	13.8	16.7	29.7
西藏	7.3	9.1	9.5	11.9	16.0
陕西	12.0	14.0	15.6	27.6	41.5
甘肃	12.6	15.2	16.5	20.5	37.0
青海	8.9	10.8	11.9	14.5	18.8
宁夏	10.8	12.3	14.6	18.7	35.7
新疆	6.8	8.7	11.2	14.8	19.4

分地区国有经济单位合同制职工年末人数(一)

地　　区	年末人数(万人)				
	1990年	1991年	1992年	1994年	1995年
全国总计	1 372.0	1 588.6	2 058.5	2 851.0	4 396.3
北　京	29.9	36.3	57.4	64.3	122.6
天　津	18.6	21.1	23.4	27.6	73.3
河　北	77.5	88.4	112.8	188.6	271.9
山　西	44.2	49.9	62.4	97.2	186.8
内蒙古	25.4	40.2	49.3	54.6	64.6
辽　宁	102.1	113.0	171.7	240.6	295.0
吉　林	39.6	45.7	60.0	89.9	151.2
黑龙江	85.9	96.2	109.8	128.9	139.1
上　海	34.4	40.2	131.5	169.1	197.4
江　苏	94.7	104.9	141.0	188.4	347.5
浙　江	48.9	50.3	63.2	79.8	126.2
安　徽	34.4	41.2	45.5	57.4	103.7
福　建	20.1	22.8	25.5	46.5	68.6
江　西	33.7	37.5	43.6	60.4	96.4
山　东	117.0	134.1	160.8	242.4	328.8
河　南	94.6	112.1	144.8	219.3	311.0
湖　北	69.0	79.4	88.4	115.1	231.8
湖　南	75.0	82.9	97.0	114.7	145.5
广　东	76.5	87.9	100.7	129.7	230.4
广　西	27.4	32.3	40.6	56.7	71.8
海　南	21.1	23.6	25.7	29.6	48.4
四　川	63.0	76.9	106.3	170.4	350.8
贵　州	17.1	20.7	24.4	36.4	45.7
云　南	22.8	31.6	35.8	42.1	76.9
西　藏	1.1	1.5	1.5	1.8	2.5
陕　西	41.8	48.7	54.8	95.5	144.8
甘　肃	26.3	32.1	34.3	44.9	78.0
青　海	5.9	6.8	7.7	8.8	11.7
宁　夏	6.8	7.8	9.3	11.5	22.6
新　疆	17.2	22.5	29.3	39.1	51.3

分地区国有经济单位合同制职工年末人数(二)

地　区	合同制职工占职工总数的比重(%)				
	1990年	1991年	1992年	1994年	1995年
全国总计	13.3	14.9	18.9	26.2	40.1
北　京	8.4	9.9	15.5	17.4	34.2
天　津	8.6	9.6	11.0	13.7	37.2
河　北	15.6	17.2	21.4	35.4	50.8
山　西	13.0	14.2	17.4	26.8	50.5
内蒙古	9.0	13.7	16.3	18.1	21.4
辽　宁	15.2	16.5	24.9	35.9	42.9
吉　林	10.9	12.3	15.8	23.4	39.1
黑龙江	13.9	15.2	17.1	19.9	21.9
上　海	8.7	10.0	33.2	49.9	60.9
江　苏	17.6	19.0	25.1	33.0	60.3
浙　江	17.4	17.1	21.2	27.1	42.8
安　徽	10.4	12.1	13.1	16.2	28.5
福　建	9.4	10.4	11.4	21.3	31.6
江　西	11.1	11.9	13.5	18.4	29.0
山　东	21.1	23.1	26.6	30.2	50.6
河　南	18.2	20.6	25.3	36.3	50.4
湖　北	13.2	14.7	15.9	20.5	40.7
湖　南	17.8	19.0	21.6	24.9	31.2
广　东	14.5	16.2	18.0	23.5	42.0
广　西	10.6	12.1	14.7	20.2	25.4
海　南	22.1	24.3	25.8	31.0	52.2
四　川	8.9	10.5	14.3	23.4	47.7
贵　州	9.2	10.9	12.6	18.7	23.6
云　南	9.1	12.3	13.7	16.0	29.3
西　藏	7.4	9.8	9.6	11.9	16.5
陕　西	13.5	15.2	16.8	29.2	43.5
甘　肃	13.5	15.8	16.8	21.5	37.0
青　海	10.5	12.0	13.5	15.6	20.5
宁　夏	11.9	13.3	15.5	19.0	36.7
新　疆	6.6	8.3	10.5	14.1	18.4

分经济类型企业富余人员情况(一)

(1995年)　　单位:人

	年末企业富余人员	#下岗人员	下岗人员按原工作岗位分组		
			工人和学徒	工程技术人员	管理人员
全国总计	6 569 997	5 635 038	2 304 140	100 589	204 824
一、国有企业	4 313 808	3 683 824	1 931 479	92 000	181 273
# 地方单位	3 382 681	2 922 948	1 536 945	69 680	135 126
1. 采掘业企业	432 511	327 633	203 380	7 352	22 090
2. 制造业企业	2 131 709	1 845 821	1 337 028	64 814	122 316
3. 电力、煤气及水的生产和供应企业	75 629	63 510	41 447	3 360	4 997
4. 建筑企业	337 224	288 893	216 036	8 514	14 469
5. 交通运输、仓储及邮电通讯企业	290 316	240 809	40 520	1 942	3 794
6. 批发零售贸易、餐饮企业	751 854	662 353	70 440	3 173	8 439
7. 其他企业	294 565	254 805	62 354	2 704	5 168
二、城镇集体企业	2 100 908	1 822 902	349 010	6 991	20 835
三、其他各种企业	155 281	128 312	23 651	1 598	2 716

分经济类型企业富余人员情况(二)

(1995年)　　单位:人

	服务人员	其他人员	下岗人员按文化程度分组		
			大专及大专以上	中专、高中、技校生	初中及初中以下
全国总计	313 565	2 592 800	154 667	1 392 632	4 206 921
一、国有企业	263 832	1 167 184	125 023	1 025 543	2 620 355
# 地方单位	185 867	967 693	90 248	819 585	2 084 587
1. 采掘业企业	42 102	69 364	9 719	73 892	260 677
2. 制造业企业	128 307	227 503	74 180	536 574	1 273 945
3. 电力、煤气及水的生产和供应企业	7 457	9 771	3 588	26 932	34 879
4. 建筑企业	17 958	38 667	7 839	73 286	209 572
5. 交通运输、仓储及邮电通讯企业	7 821	179 470	5 586	57 920	179 160
6. 批发零售贸易、餐饮企业	45 348	499 509	17 202	189 847	464 313
7. 其他企业	14 839	164 390	6 909	67 092	183 821
二、城镇集体企业	45 753	1 329 651	23 923	333 716	1 490 889
三、其他各种企业	3 980	95 965	5 721	33 373	89 269

分地区地方企业富余人员情况

（1995 年）

单位：人

地区	年末企业富余人员	#下岗人员	下岗人员按原工作岗位分组					下岗人员按文化程度分组		
			工人和学徒	工程技术人员	管理人员	服务人员	其他人员	大专及大专以上	中专、高中、技校生	初中及初中以下
全国总计	6 440 688	5 510 564	2 227 144	95 482	196 439	297 277	2 575 102	147 092	1 352 190	4 130 464
北京	104 626	104 626	60 675	2 889	5 281	15 217	20 564	4 162	39 656	60 808
天津	210 575	196 424	130 320	5 490	8 624	17 948	34 042	6 067	67 924	122 433
河北	232 219	146 969	51 654	2 322	3 419	4 833	84 741	2 981	31 376	112 612
山西	85 038	85 038	28 141	1 231	3 347	2 428	49 891	2 381	21 055	61 602
内蒙古	120 871	108 612	67 072	1 445	4 709	12 219	23 167	1 293	24 839	82 480
辽宁	913 572	781 873	248 781	9 054	23 490	25 493	475 055	19 088	88 265	674 520
吉林	289 000	214 562	115 852	4 185	10 461	20 593	63 471	5 291	62 528	146 743
黑龙江	627 124	613 036	271 080	7 353	16 687	33 322	284 594	10 647	139 946	462 443
上海	339 030	234 231	95 644	4 768	7 506	11 738	114 575	7 255	46 973	180 003
江苏	286 919	245 117	104 336	4 790	11 462	13 371	111 158	5 911	50 567	188 639
浙江	172 981	150 946	82 224	2 909	7 565	13 952	44 296	2 802	25 629	122 515
安徽	225 287	194 717	104 178	3 561	6 935	12 322	67 721	4 670	44 741	145 306
福建	82 169	82 169	45 559	1 995	4 198	9 361	21 056	1 797	20 928	59 444
江西	154 741	143 596	93 356	3 962	8 258	12 549	25 471	5 410	35 703	102 483
山东	249 872	217 532	57 733	3 485	6 984	8 300	141 030	5 956	59 301	152 275
河南	339 055	301 798	80 705	4 887	9 612	11 365	195 229	8 565	80 759	212 474
湖北	428 973	375 141	106 495	4 967	10 035	9 656	243 988	11 228	117 232	246 681
湖南	350 233	231 051	76 569	7 291	12 661	12 452	2 958	13 552	99 499	237 182
广东	294 673	273 029	68 882	3 475	4 681	4 836	191 155	5 613	73 955	193 461
广西	43 090	43 090	26 365	1 410	2 674	4 371	8 270	1 172	12 471	29 447
海南	48 594	45 160	8 414	671	910	664	34 501	1 277	16 320	27 563
四川	458 041	378 991	131 161	5 768	10 851	16 294	214 917	8 032	87 466	283 493
贵州	73 026	72 391	39 913	2 128	5 129	9 597	15 624	1 988	16 344	54 059
云南	29 138	21 014	15 004	380	1 176	2 629	1 825	581	4 264	16 169
西藏	390	379	153	2	34	42	148	1	47	331
陕西	173 464	148 721	62 858	3 106	5 793	6 020	70 944	6 844	53 759	88 118
甘肃	56 273	56 273	33 558	1 207	2 425	4 200	14 883	1 433	18 410	36 430
青海	12 651	12 651	8 830	290	547	459	2 525	265	3 564	8 822
宁夏	3 799	3 799	1 595	108	267	214	1 615	158	930	2 711
新疆	35 264	27 628	10 037	353	718	832	15 688	672	7 739	19 217
附：大连	115 432	112 181	60 755	1 704	5 477	9 717	34 528	2 153	10 351	99 677
宁波	25 246	23 880	3 746	172	375	425	19 162	466	3 484	19 930
厦门	1 464	1 464	1 242	42	74	45	61	58	206	1 200
青岛	54 307	52 823	13 162	581	1 435	1 774	35 871	1 349	13 626	37 848
深圳	135 667	120 715	35 993	1 611	3 433	4 685	74 993	2 652	34 905	83 158
重庆	6 518	5 765	746	82	142	84	4 711	615	3 018	2 132

分地区国有经济单位地方企业富余人员情况

(1995 年)　　　　单位：人

地　区	年末企业富余人员	#下岗人员	下岗人员按原工作岗位分组					下岗人员按文化程度分组		
			工人和学徒	工程技术人员	管理人员	服务人员	其他人员	大专及大专以上	中专、高中、技校生	初中及初中以下
全国总计	4 189 514	3 562 332	1 866 920	86 912	172 947	247 785	1 160 712	117 521	985 694	2 546 214
北　京	80 930	80 930	45 088	2 318	4 332	12 401	16 791	3 419	31 230	46 281
天　津	132 864	120 785	81 823	4 051	5 985	12 050	16 876	4 603	46 996	69 186
河　北	161 682	100 896	51 654	2 322	3 419	4 833	38 668	2 456	23 895	74 545
山　西	56 037	56 037	28 141	1 231	3 347	2 428	20 890	1 939	15 398	38 700
内蒙古	81 187	69 944	42 516	1 027	3 204	7 470	15 727	1 115	16 960	51 879
辽　宁	495 285	442 019	228 476	8 851	22 399	22 954	159 339	15 378	66 507	360 134
吉　林	196 058	145 757	85 019	3 402	8 853	15 862	32 621	4 139	43 759	97 859
黑龙江	449 550	439 450	222 955	6 886	15 337	30 116	164 156	8 959	118 188	312 303
上　海	200 322	131 685	76 813	3 909	5 922	9 649	35 392	5 254	33 532	92 899
江　苏	168 663	137 744	75 429	3 797	8 532	9 634	40 352	4 003	31 432	102 309
浙　江	93 418	80 320	47 399	2 239	4 837	8 561	17 284	1 926	15 709	62 685
安　徽	132 617	109 708	65 238	2 993	4 907	7 603	28 967	3 675	28 894	77 139
福　建	57 122	57 122	33 916	1 622	3 268	7 559	10 757	1 455	15 540	40 127
江　西	104 866	97 361	63 746	3 313	5 732	9 380	15 190	4 353	27 332	65 676
山　东	147 705	119 109	57 733	3 485	6 984	8 300	42 607	3 927	35 763	79 419
河　南	226 061	203 012	80 705	4 887	9 612	11 365	96 443	7 725	59 123	136 164
湖　北	271 691	230 613	106 495	4 967	10 035	9 656	99 460	8 957	72 373	149 283
湖　南	247 084	159 987	76 569	7 291	12 661	12 452	2 958	10 996	77 632	158 456
广　东	185 468	173 549	68 882	3 475	4 681	4 836	91 675	4 128	50 952	118 469
广　西	36 213	36 213	22 760	1 272	2 325	3 721	6 135	1 070	10 905	24 238
海　南	36 367	33 141	8 414	671	910	664	22 482	1 176	11 983	19 982
四　川	313 315	259 221	128 593	5 662	10 628	15 692	98 646	6 815	65 746	186 660
贵　州	61 907	61 272	34 462	2 039	4 787	8 008	11 976	1 914	14 651	44 707
云　南	25 238	17 825	13 443	326	1 016	1 826	1 214	490	3 526	13 809
西　藏	389	378	153	2	34	42	147	1	47	330
陕　西	137 688	115 427	61 758	3 049	5 747	6 018	38 855	5 438	41 107	68 882
甘　肃	45 757	45 757	29 319	1 099	2 028	3 243	10 068	1 180	15 266	29 311
青　海	10 121	10 121	6 789	265	440	416	2 211	258	3 237	6 626
宁　夏	2 792	2 792	1 595	108	267	214	608	144	802	1 846
新　疆	31 117	24 157	10 037	353	718	832	12 217	628	7 219	16 310
附：大连	71 970	69 756	36 440	1 193	3 425	6 033	22 666	1 612	7 810	60 334
宁波	8 780	8 187	3 746	172	375	425	3 469	187	1 653	6 347
厦门	715	715	561	20	49	24	61	38	124	553
青岛	24 972	24 326	13 162	581	1 435	1 774	7 374	732	6 600	16 994
深圳	84 227	72 694	35 704	1 609	3 422	4 685	27 274	2 280	23 365	47 049
重庆	5 336	4 753	746	82	142	84	3 699	444	2 569	1 740

国有经济单位地方企业工资总额同经济效益挂钩情况(一)

(1995年)

单位:万元

	挂钩企业单位数(个)	职工平均人数(人)		上年工资总额		上年结存工资增长基金
		上　年	本　年	提　取	实　际	
总　计	81 337	28 123 095	28 411 467	11 987 056.3	10 101 906.7	3 706 101.1
#亏损企业	12 156	4 051 857	4 081 256	1 209 404.3	1 127 097.2	310 663.4
1. 与上缴税利挂钩	10 199	3 240 140	3 288 046	1 061 353.0	1 033 664.3	316 314.3
#制造业企业	2 998	1 732 876	1 743 535	599 149.3	598 267.3	189 739.3
2. 与实现税利挂钩	53 202	16 421 307	16 699 695	7 519 118.4	5 873 239.4	2 462 274.5
#制造业企业	16 507	8 961 810	9 064 263	4 216 790.3	3 349 947.5	1 292 220.1
3. 百元产值工资含量包干	1 022	1 704 765	1 692 566	765 783.3	794 042.9	146 359.0
4. 吨煤工资含量包干	282	392 682	387 539	147 781.2	138 420.5	28 382.6
5. 换算吨公里工资含量包干	29	25 860	25 504	14 897.1	10 425.4	5 388.3
6. 吨矿工资含量包干	36	19 319	20 828	7 057.6	6 571.5	3 204.0
7. 吨水泥工资含量包干	111	65 788	66 955	25 942.2	25 433.5	9 256.7
8. 复合指标挂钩	7 871	3 121 285	3 181 100	1 181 246.6	1 047 089.8	384 850.6
9. 其　他	8 585	3 131 949	3 149 234	1 263 876.9	1 173 019.4	350 071.1

国有经济单位地方企业工资总额同经济效益挂钩情况(二)

(1995年)

单位:万元

	当年基数			当年挂钩实际完成情况	
	效益指标基数		工资基数	效益指标总量	提取新增效益工资额
	计量单位	总　量			
总　计			12 626 291.2	307 834.3	1 319 737.8
#亏损企业			1 365 271.5	−932.2	−57 901.0
1. 与上缴税利挂钩	万元	1 039 383.8	1 195 444.5	773 425.8	91 428.7
#制造业企业	万元	464 436.5	673 617.1	477 315.4	37 696.4
2. 与实现税利挂钩	万元	7 334 265.5	7 552 771.9	7 490 217.3	526 349.8
#制造业企业	万元	3 831 122.6	4 210 306.8	3 931 731.3	238 341.6
3. 百元产值工资含量包干	万元	2 665 884.2	852 778.4	3 734 523.6	305 597.3
4. 吨煤工资含量包干	万吨	661 146.9	132 729.7	1 670 992.0	27 217.9
5. 换算吨公里工资含量包干	万换算吨公里	61 799.7	13 613.9	63 204.8	1 820.1
6. 吨矿工资含量包干	万吨	94 290.8	8 362.8	137 222.6	1 797.5
7. 吨水泥工资含量包干	万吨	1 204 980.4	29 876.9	1 291 061.2	5 553.7
8. 复合指标挂钩			1 344 937.5	9 772.0	167 273.1
9. 其　他			1 495 775.6	96 492.6	192 699.7

国有经济单位地方企业工资总额同经济效益挂钩情况（三）

（1995 年）

单位：万元

	当年工资总额	#未列入挂钩基数工资范围	#国家允许单列的工资	非工资性支出
总　计	13 049 709.9	1 184 655.1	755 276.5	266 877.0
#亏损企业	1 270 986.9	126 871.0	87 690.7	12 228.2
1. 与上缴税利挂钩	1 273 059.8	132 044.5	85 047.0	12 527.5
#制造业企业	713 573.2	76 439.2	47 938.2	4 358.0
2. 与实现税利挂钩	7 493 792.1	658 967.3	455 872.2	192 023.4
#制造业企业	4 303 508.2	384 400.4	246 229.1	51 191.1
3. 百元产值工资含量包干	968 919.0	60 559.0	21 497.0	22 254.2
4. 吨煤工资含量包干	170 844.8	16 155.3	11 166.9	2 565.4
5. 换算吨公里工资含量包干	13 335.1	1 058.5	926.8	231.8
6. 吨矿工资含量包干	9 192.1	1 038.4	702.0	21.7
7. 吨水泥工资含量包干	35 667.3	4 106.0	2 867.7	464.7
8. 复合指标挂钩	1 463 881.0	153 508.6	84 690.6	11 164.5
9. 其　他	1 621 018.7	157 217.5	92 506.3	25 623.8

国有经济单位地方企业工资总额同经济效益挂钩情况（四）

（1995 年）

单位：万元

	年末结存工资增长基金	主要经济效益指标完成情况			
		实现税利		上缴税利	
		上年实际	当年实际	上年实际	当年实际
总　计	5 520 198.3	15 694 657.8	16 185 222.1	5 467 824.6	5 603 260.6
#亏损企业	461 689.8	−117 480.9	−675 169.2	326 373.6	251 602.7
1. 与上缴税利挂钩	449 644.7	1 214 603.8	963 557.4	540 133.3	535 688.2
#制造业企业	259 560.8	766 258.2	574 368.8	329 933.9	326 402.5
2. 与实现税利挂钩	3 514 548.0	11 157 145.4	11 547 980.4	3 833 876.8	3 873 991.1
#制造业企业	1 770 569.6	4 771 696.3	4 580 847.3	2 018 147.5	2 067 058.4
3. 百元产值工资含量包干	374 120.5	260 322.4	386 937.4	86 359.8	105 890.0
4. 吨煤工资含量包干	31 075.3	20 021.5	35 622.0	5 944.9	20 922.9
5. 换算吨公里工资含量包干	8 313.9	7 312.9	10 136.4	356.8	299.4
6. 吨矿工资含量包干	5 188.9	5 614.7	5 616.2	1 192.7	1 534.1
7. 吨水泥工资含量包干	12 661.3	72 528.2	60 038.3	22 525.4	24 638.7
8. 复合指标挂钩	575 524.3	974 833.0	1 003 734.2	387 064.0	424 095.5
9. 其　他	549 121.4	1 982 275.9	2 171 599.8	590 370.9	616 200.7

分地区国有经济单位地方企业工资总额同经济效益挂钩情况(一)

(1994年)

单位:万元

地区	挂钩企业单位数(个)	职工平均人数(人)		上年工资总额		上年结存工资增长基金
		上年	当年	提取	实发	
全国总计	81 337	28 123 095	28 411 467	11 987 056.3	10 101 906.7	3 706 101.1
北京	2 960	1 333 617	1 282 932	1 138 398.7	659 388.8	218 731.1
天津						
河北	6 522	1 965 520	1 982 035	859 752.6	642 834.9	412 862.8
山西	2 213	978 536	996 741	355 647.6	312 608.7	125 002.6
内蒙古	910	442 404	449 323	172 839.5	150 898.9	80 531.2
辽宁	5 804	2 602 877	2 589 015	1 156 440.8	1 013 535.9	360 844.4
吉林	3 841	1 437 744	1 470 652	579 951.6	556 722.6	131 998.1
黑龙江	2 255	920 831	915 771	425 739.1	356 765.5	77 780.6
上海	32	119 877	122 119		129 155.1	15 804.2
江苏	5 452	1 870 191	1 900 565	843 911.7	780 766.0	183 677.5
浙江	3 826	931 143	931 049	445 360.2	390 899.4	165 149.7
安徽						
福建						
江西	3 868	1 292 672	1 415 628	342 066.0	306 127.8	106 495.8
山东	7 998	2 453 355	2 484 972	977 863.1	808 133.0	402 179.0
河南	4 801	1 881 940	1 926 322	592 580.0	522 011.8	233 881.0
湖北	4 389	1 243 170	1 280 382	381 586.0	318 244.2	88 943.6
湖南	6 491	1 890 857	1 911 860	908 317.2	571 987.0	219 263.5
广东	5 412	1 409 963	1 369 693	729 998.9	704 934.5	200 668.4
广西	2 648	931 364	961 506	425 197.3	449 970.3	118 753.1
海南	117	201 747	186 283	65 321.1	55 679.6	10 839.0
四川	5 165	1 830 394	1 865 576	629 329.8	570 700.4	205 735.6
贵州	2 055	597 660	596 502	212 503.1	182 390.9	63 183.7
云南	3 045	910 655	889 342	420 014.1	307 619.8	196 016.9
西藏						
陕西						
甘肃	982	566 185	572 434	210 651.1	199 786.9	48 365.2
青海	258	121 196	121 808	31 536.6	42 410.6	10 819.1
宁夏	293	189 197	188 957	82 050.2	68 334.1	28 575.0
新疆						

分地区国有经济单位地方企业工资总额同经济效益挂钩情况(二)

(1994年)

单位:万元

地区	当年工资基数	当年提取新增效益工资额	当年工资总额	#未列入挂钩基数工资范围	#国家允许单列的工资	非工资性支出
全国总计	12 626 291.2	1 319 737.8	13 049 709.9	1 184 655.1	755 276.5	266 877.0
北京	746 410.1	199 148.3	944 146.7	114 868.8	34 224.3	17 918.8
天津						
河北	936 250.3	87 231.2	862 922.1	75 260.5	62 141.6	116 793.9
山西	389 771.8	23 123.9	391 304.2	48 532.8	39 116.6	1 479.1
内蒙古	200 511.3	14 067.6	204 448.3	21 481.9	6 893.0	1 305.8
辽宁	1 363 555.2	25 436.7	1 274 540.1	50 624.0	44 168.8	17 219.9
吉林	680 889.1	54 787.2	732 138.5	66 469.4	18 560.2	13 152.6
黑龙江	386 193.4	14 946.8	368 220.0	31 690.0	19 701.2	4 190.2
上海	129 155.1		101 053.5			
江苏	985 289.4	74 094.3	1 028 835.8	81 071.8	51 023.0	16 267.6
浙江	494 090.3	82 023.6	540 149.7	38 867.5	19 636.8	1 568.4
安徽						
福建						
江西	403 733.1	41 893.4	420 973.5	39 832.7	31 274.4	2 052.7
山东	1 085 688.8	21 005.2	1 079 381.2	120 587.5	120 587.5	11 148.4
河南	716 398.1	39 947.3	647 327.6	36 064.6	30 478.4	8 439.4
湖北	426 524.5	36 253.0	412 128.9	24 981.6	15 650.5	4 425.9
湖南	699 596.3	44 080.5	729 107.6	54 232.9	36 417.1	9 070.0
广东	764 322.6	259 762.3	933 443.5	88 475.4	33 781.2	24 477.6
广西	389 834.6	80 419.0	467 892.4	77 765.9	24 608.8	3 293.6
海南	56 975.9	15 967.6	61 718.0	0.3	0.3	453.9
四川	701 533.5	99 349.0	731 348.2	67 883.0	41 722.0	7 536.1
贵州	212 395.2	11 569.6	243 381.9	53 560.2	50 170.8	425.4
云南	461 738.5	70 404.7	467 086.4	46 241.0	37 731.5	3 725.0
西藏						
陕西						
甘肃	253 464.3	14 383.1	263 030.2	33 593.6	28 516.0	1 460.6
青海	54 288.8	4 241.6	57 722.3	6 344.3	5 766.6	173.9
宁夏	87 681.0	5 601.9	87 409.3	6 225.4	3 105.9	298.2
新疆						

分地区国有经济单位地方企业工资总额同经济效益挂钩情况(三)

(1994年)

单位:万元

地区	年末结存工资增长基金	主要经济效益指标完成情况			
		实现税利		上缴税利	
		上年实际	当年实际	上年实际	当年实际
全国总计	5 520 198.3	15 694 657.8	16 185 222.1	5 467 824.6	5 603 260.6
北京	317 092.8	1 620 843.0	1 832 666.2	556 799.0	566 714.4
天津					
河北	531 888.8	967 101.0	949 596.3	522 632.3	520 384.2
山西	193 647.8	431 936.5	367 244.2		
内蒙古	110 837.9	292 060.3	278 259.2	71 399.5	63 272.6
辽宁	508 700.3	1 249 651.2	1 132 638.5	815 978.3	702 010.4
吉林	188 852.7	692 886.8	780 413.0	425 602.3	542 739.8
黑龙江	138 200.6	266 281.5	216 052.5		
上海	43 905.8				
江苏	279 029.6	810 692.8	634 405.2		
浙江	238 413.0	653 579.3	682 139.0		
安徽					
福建					
江西	168 928.8	289 298.4	341 429.1	220 833.2	267 208.2
山东	538 930.9	1 271 800.5	1 292 158.4	690 423.6	782 993.7
河南	370 524.0	702 582.8	697 503.1	437 043.7	449 054.0
湖北	160 147.9	414 366.7	391 826.9	165 221.6	165 590.9
湖南	278 995.6	457 605.8	344 008.7	390 307.5	341 379.5
广东	355 307.6	1 240 270.4	1 356 831.7		
广西	195 586.6	569 842.9	620 639.2	423 306.9	421 125.1
海南	21 610.9	39 307.1	45 483.7	22 343.3	34 710.2
四川	335 616.8	629 933.7	512 935.6	417 806.1	398 378.4
贵州	96 901.4	359 402.7	327 608.9	271 631.7	311 644.2
云南	303 589.7	2 496 156.8	3 147 854.7		
西藏					
陕西					
甘肃	85 315.4	153 418.5	143 078.5		
青海	17 797.6	39 868.0	45 342.7	36 495.6	36 055.0
宁夏	40 375.8	45 771.1	45 106.8		
新疆					

5个市(县)部分职工工资增长情况(一)

	1995年10月平均工资 (元)						
	合 计	#基本工资	计时和计件标准工资	奖金和计件超额工资	津贴和补贴	#各种物价补贴	加班加点工资和其他工资
总 计	551.06	297.31	281.57	99.06	147.38	55.1	23.0
一、按隶属关系分组							
1. 中央	628.46	410.29	395.76	83.88	147.21	52.0	1.6
2. 省、自治区、直辖市	738.40	363.46	339.67	185.62	166.16	57.9	47.0
3. 地区	474.81	264.26	252.82	63.04	142.34	57.7	16.6
4. 县及县以下	345.49	190.62	178.89	34.25	125.43	45.9	6.9
5. 其他							
二、按经济类型分组							
1. 国有经济	564.49	312.67	297.93	92.29	153.00	57.0	21.3
2. 城镇集体经济	431.27	222.52	210.87	74.10	129.01	45.9	17.3
3. 联营经济	256.20	497.40	497.40	444.67	105.67	81.0	208.5
4. 股份制经济							
5. 外商投资经济	710.26	281.83	270.73	281.83	115.44	56.1	42.3
6. 港、澳、台投资经济	687.32	387.20	319.99	143.76	171.23	62.2	52.3
7. 其他经济							
三、按地区分组							
1. 北京市	816.42	375.55	351.43	228.71	190.90	58.6	45.4
2. 福建省福州市	569.85	257.80	244.19	143.77	142.52	56.0	39.4
3. 山东省烟台市	520.94	319.45	304.25	60.11	147.48	67.5	9.1
4. 甘肃省兰州市	483.12	311.76	299.45	39.90	124.85	46.7	18.9
5. 湖北省应城市	346.13	191.58	179.22	32.91	127.35	45.3	6.7
四、按工作岗位分组							
1. 生产业务人员	530.46	277.43	261.57	114.98	131.02	57.1	22.9
①学徒	349.05	92.25	92.25	64.63	149.25	47.0	42.9
②普通工	654.76	362.75	352.47	144.31	152.42	44.9	5.6
③初级技工	473.70	215.51	208.31	128.76	112.33	56.0	24.3
④中级技工	517.56	261.01	245.08	115.81	133.96	55.6	22.7
⑤高级技工	586.44	346.23	323.50	103.50	135.92	61.2	23.5
⑥技师	656.01	416.40	398.00	98.23	141.91	76.2	17.9
⑦高级技师	475.50	308.00	289.00	32.50	142.75	47.0	11.3
2. 专业技术人员	576.41	305.49	294.47	83.79	171.29	47.7	26.9
①教授级高工及相当职务	1 064.12	541.68	541.68	166.40	278.84	61.4	77.2
②高工及相当职务	739.23	412.43	392.07	85.69	230.19	50.6	31.3
③工程师及相当职务	553.83	297.85	287.59	80.12	159.51	40.7	26.6
④助理工程师及相当职务	515.93	263.02	253.62	84.79	149.67	45.8	27.9
⑤技术员及相当职务	474.39	249.06	240.93	73.82	151.98	51.6	7.7
⑥未评定职务人员	471.81	229.74	220.06	64.23	166.55	87.5	21.0
3. 管理人员	583.39	347.31	329.47	74.07	163.01	55.5	16.8
①厅(局)长及以上	1 003.60	649.80	627.60	20.00	356.00	47.0	
②副厅(局)长及相当职务	830.90	585.60	553.90	84.20	181.50	32.0	11.3

注:5个市(县)共调查4 109名职工。

5个市(县)部分职工工资增长情况(二)

	1995年10月平均工资 (元)						
	合 计	#基本工资	计时和计件标准工资	奖金和计件超额工资	津贴和补贴	#各种物价补贴	加班加点工资和其他工资
③处长及相当职务	889.31	566.60	543.53	121.63	204.18	57.7	20.0
④副处长及相当职务	646.45	410.64	390.75	53.65	188.65	63.7	13.4
⑤科长及相当职务	661.61	416.67	393.69	75.63	170.71	53.7	21.6
⑥副科长及相当职务	533.45	306.85	288.81	60.76	166.28	52.7	17.6
⑦科员、办事员及相当职务	481.05	265.54	251.65	72.55	141.91	53.8	14.9
⑧未定职务人员	448.88	204.63	197.81	85.38	150.81	105.1	14.9
4. 服务人员	540.57	273.24	252.61	96.13	159.14	58.5	32.7
①学徒	439.80	212.80	171.00	88.00	110.80	53.4	70.0
②普通工	682.75	206.83	143.25	273.33	181.00	59.7	85.2
③初级技工	427.40	212.30	209.70	72.57	133.23	47.4	11.9
④中级技工	515.55	243.76	224.72	103.51	152.28	54.0	35.0
⑤高级技工	594.04	341.02	318.35	71.76	177.30	69.0	26.6
⑥技师	629.67	426.00	426.00	90.00	89.67	33.7	24.0
⑦高级技师	902.00	427.00	386.00	50.00	349.00	95.0	117.0
五、按工龄分组							
1. 5年及以下	457.03	215.42	210.03	102.69	121.05	52.5	23.3
2. 6～10年	487.50	244.13	235.89	93.02	140.17	55.7	18.4
3. 11～20年	529.57	284.55	269.78	99.20	139.16	55.1	21.4
4. 21～30年	607.51	343.00	319.51	100.47	163.04	57.1	24.5
5. 31～40年	717.06	425.11	398.56	102.17	184.15	54.2	32.2
6. 41年及以上	804.52	536.97	498.44	67.38	212.18	46.0	26.5
六、按年龄分组							
1. 20岁及以下	394.27	173.77	169.65	97.20	97.29	59.0	30.1
2. 21～30岁	474.43	237.60	229.90	95.02	129.91	52.2	19.6
3. 31～40岁	549.27	294.72	279.24	104.16	143.69	57.3	22.2
4. 41～50岁	589.24	326.88	304.05	97.40	162.91	55.0	24.9
5. 51～59岁	727.78	443.67	415.86	94.95	187.41	55.6	29.6
6. 60岁及以上	884.33	510.13	493.54	123.33	207.00	48.7	60.5
七、按学历分组							
1. 大学本科及以上	645.24	358.04	347.26	89.97	191.12	53.8	16.9
2. 大专	592.94	343.42	327.39	90.09	159.23	49.2	16.2
3. 中专	525.28	290.53	276.12	72.52	146.25	52.5	30.4
4. 技工学校	528.94	288.61	278.73	104.39	131.79	66.7	14.0
5. 高中	551.66	279.97	265.11	115.91	144.51	57.0	26.1
6. 初中	515.83	273.96	256.18	102.77	133.84	55.3	23.0
7. 小学及以下	540.84	324.23	299.43	82.08	134.66	62.4	24.7

5个市(县)部分职工工资增长情况(三)

	1995年10月平均工资比1994年同期增长(%)						
	合 计	#基本工资	计时和计件标准工资	奖金和计件超额工资	津贴和补贴	#各种物价补贴	加班加点工资和其他工资
总　　计	14.94	16.67	16.45	14.10	9.60	−2.03	40.67
一、按隶属关系分组							
1. 中央	12.71	24.18	27.58	10.21	−12.59	−27.86	−44.25
2. 省、自治区、直辖市	19.74	14.88	13.48	21.26	25.48	3.23	47.57
3. 地区	11.20	15.75	15.89	3.87	4.91	3.24	33.01
4. 县及县以下	11.54	16.97	15.82	1.39	7.70	−5.24	36.63
5. 其他							
二、按经济类型分组							
1. 国有经济	14.20	16.13	16.56	13.55	7.27	−1.55	44.02
2. 城镇集体经济	17.22	14.65	14.65	28.67	12.86	−6.08	42.98
3. 联营经济	0.15	30.26	30.26	−37.16	16.12		182.06
4. 股份制经济							
5. 外商投资经济	9.19	8.68	5.10	15.92	21.71	3.22	−23.01
6. 港、澳、台投资经济	30.39	42.02	32.29	3.99	40.66	0.40	106.96
7. 其他经济							
三、按地区分组							
1. 北京市	25.58	19.83	19.19	27.86	30.50	13.59	50.88
2. 福建省福州市	10.56	13.71	13.71	4.31	2.57	2.40	64.85
3. 山东省烟台市	9.23	21.57	22.68	−3.36	−7.40	−18.00	21.98
4. 甘肃省兰州市	11.47	10.40	9.86	11.33	15.47	10.45	11.97
5. 湖北省应城市	11.02	16.10	15.08	1.39	7.26	−5.15	38.14
四、按工作岗位分组							
1. 生产业务人员	17.04	21.07	20.21	13.58	11.03	−1.26	39.63
①学徒	24.11	55.25	55.25	51.82	−0.05		43.38
②普通工	22.77	36.99	38.09	2.44	12.02	−5.53	391.23
③初级技工	17.02	21.70	20.92	12.73	9.75	3.02	52.16
④中级技工	17.03	21.15	19.83	15.80	11.53	−1.82	28.98
⑤高级技工	16.74	19.60	18.96	10.79	11.59	−3.13	54.91
⑥技师	14.59	20.15	23.03	6.54	1.38	5.10	6.55
⑦高级技师	5.14	0.98		13.04	15.82	9.30	0.44
2. 专业技术人员	12.02	10.70	12.09	13.08	7.81	0.40	42.71
①教授级高工及相当职务	6.00	1.58	1.58	6.26	17.73	65.41	
②高工及相当职务	11.61	5.29	6.77	11.14	13.49	21.37	105.79
③工程师及相当职务	11.30	9.40	10.97	13.10	9.76	6.96	19.34
④助理工程师及相当职务	14.88	14.30	16.39	17.44	5.48	−2.39	62.97
⑤技术员及相当职务	10.55	25.78	25.99	8.67	−6.97	−32.83	17.20
⑥未评定职务人员	16.76	13.97	13.26	14.37	11.94	12.34	333.88
3. 管理人员	13.29	14.26	14.21	16.39	8.33	−4.92	35.59
①厅(局)长及以上	12.26	10.66	12.35		13.38	2.62	−100.0
②副厅(局)长及相当职务	9.97	1.97	3.20	16.62	34.05	5.96	

5个市(县)部分职工工资增长情况(四)

	1995年10月平均工资比1994年同期增长(%)						
	合　计	#基本工资	计时和计件标准工资	奖金和计件超额工资	津贴和补贴	#各种物价补贴	加班加点工资和其他工资
③处长及相当职务	14.22	17.11	18.25	8.51	8.17	−10.25	10.25
④副处长及相当职务	12.65	12.38	12.53	17.52	11.43	−5.73	14.82
⑤科长及相当职务	14.12	14.65	14.19	15.89	8.41	−4.52	76.33
⑥副科长及相当职务	12.76	14.50	13.70	10.82	9.27	−8.84	45.70
⑦科员、办事员及相当职务	12.86	13.99	13.78	20.96	6.26	−3.15	29.34
⑧未定职务人员	17.70	26.41	26.96	20.15	10.07	6.15	−14.86
4. 服务人员	13.77	12.61	11.61	15.75	10.12	−3.64	63.74
①学徒	19.32	11.06	−9.14	46.67	53.04		45.83
②普通工	20.66	31.25	4.62	1.52	48.97	0.05	123.21
③初级技工	8.41	13.47	18.54	10.46	−5.44	−5.82	10.90
④中级技工	15.79	17.34	16.39	12.97	9.66	−8.26	61.44
⑤高级技工	11.75	6.14	5.95	33.33	12.61	6.93	34.07
⑥技师	3.22	41.53	44.74	−3.57	−54.79	−75.16	
⑦高级技师	10.81	0.23		−28.57	22.03		62.50
五、按工龄分组							
1.5年及以下	16.88	21.71	21.37	13.68	7.95	−1.39	50.32
2.6～10年	13.78	21.02	21.02	9.06	4.07	−6.98	35.69
3.11～20年	16.19	18.11	17.80	15.73	10.22	−3.11	44.69
4.21～30年	15.37	14.89	14.21	16.23	14.29	2.64	38.34
5.31～40年	11.27	10.32	10.91	13.26	7.59	0.43	35.92
6.41年及以上	7.75	10.50	9.26	−1.32	7.17	−20.65	9.55
六、按年龄分组							
1.20岁及以下	22.42	30.60	29.40	15.47	4.60	2.50	118.59
2.21～30岁	14.46	21.16	21.02	10.45	4.47	−7.00	38.42
3.31～40岁	16.61	18.34	18.14	16.80	10.96	−2.30	38.92
4.41～50岁	15.43	13.81	13.19	17.97	14.36	4.07	47.77
5.51～59岁	10.45	10.88	11.04	5.95	7.99	−1.96	39.16
6.60岁及以上	4.48	0.94	0.58	7.48	17.23	41.49	−6.09
七、按学历分组							
1. 大学本科及以上	11.41	9.41	11.08	13.17	10.43	9.73	21.06
2. 大专	14.31	14.01	14.41	21.99	8.14	−7.73	41.48
3. 中专	12.50	16.97	16.95	3.56	3.77	−10.06	53.30
4. 技工学校	18.14	20.67	19.30	19.18	12.56	0.53	48.31
5. 高中	16.45	17.90	17.39	17.72	10.19	1.55	42.78
6. 初中	16.24	20.03	18.99	10.42	12.43	−2.30	40.42
7. 小学及以下	14.07	16.17	15.38	27.47	2.50	−10.97	31.17

劳动仲裁委员会受理案件情况

项目			1995年	项目		1995年
受理案件数	案件数		33 030	固定职工	合计 案件数	8 259
	人数		122 512		合计 人数	20 305
	#集体争议	案件数	2 588		开除、除名案件数	2 026
		人数	77 340		辞职、辞退争议案件数	971
	合计	案件数	13 698		劳动报酬争议案件数	2 561
		人数	32 832		保险福利争议案件数	1 805
劳动合同制职工	因履行劳动合同案件数		8 488		因生产工作条件案件数	132
	因终止劳动合同案件数		950		其他争议案件数	764
	因变更劳动合同案件数		340	其他职工	案件数	4 091
	因解除劳动合同案件数		2 698			
	因续订劳动合同案件数		226		人数	12 779
	其他争议案件数		996			

劳动仲裁委员会处理案件情况

项目			1995年	项目			1995年
处理案件		案件数	31 415	合同制职工	结案案件数		13 034
		人数	116 544		处理方式	仲裁调解	7 245
处理方式		仲裁调解	17 990			仲裁裁决	2 899
		仲裁裁决	7 269			其他方式	2 890
		其他方式	6 156		处理结果	单位胜诉	2 189
处理结果		单位胜诉	6 189			职工胜诉	6 739
		职工胜诉	16 272			双方部分胜诉	4 106
		双方部分胜诉	8 954			不服裁决向法院起诉	579
						裁审结果一致	369
固定职工	结案案件数		7 848	其他职工	结案案件数		3 790
	处理方式	仲裁调解	3 976		处理方式	仲裁调解	2 133
		仲裁裁决	2 269			仲裁裁决	814
		其他方式	1 603			其他方式	843
	处理结果	单位胜诉	1 526		处理结果	单位胜诉	415
		职工胜诉	3 746			职工胜诉	2 089
		双方部分胜诉	2 576			双方部分胜诉	1 286
		不服裁决向法院起诉	510			不服裁决向法院起诉	141
		裁审结果一致	270			裁审结果一致	67

全国各类企业职工退休费用社会统筹基本情况

（1995年）

单位：人

项目		合计	国有企业	城镇集体企业	其他企业	#外商投资企业
参加统筹在职职工人数		73 376 929	57 306 660	13 702 616	2 367 653	1 394 485
参加统筹离休、退休、退职人员人数		18 817 784	14 273 327	4 289 444	255 013	97 941
参加统筹企业减轻负担情况	减支企业数（个）	145 947	93 535	50 727	1 685	286
	减支企业职工人数	22 165 281	16 929 230	5 057 532	178 519	72 444
	减支企业离退休人数	10 015 359	7 156 747	2 776 818	81 794	30 198
	减支金额（万元）	1 298 801	836 595	448 954	13 252	4 161

注：本表不包括部分中央部委系统社会统筹的数字。

分地区企业参加职工退休费用社会统筹情况

（1995年）

单位：人

地区	年末各类企业参加统筹数			
	在职职工数			
	合计	国有企业	城镇集体企业	其他企业
全国总计	73 376 929	57 306 660	13 702 616	2 367 653
北京	1 770 084	1 369 888	279 003	121 193
天津	1 722 609	1 255 182	389 768	77 659
河北	3 535 212	2 982 975	545 970	6 267
山西	2 104 014	1 805 198	290 107	8 709
内蒙古	1 660 793	1 450 718	109 605	100 470
辽宁	5 648 737	3 892 420	1 648 475	107 842
吉林	2 596 267	2 069 622	503 916	22 729
黑龙江	3 635 974	3 214 273	359 154	62 547
上海	3 471 457	2 229 985	740 003	501 469
江苏	6 097 086	3 502 520	2 154 316	440 241
浙江	2 819 869	1 704 904	896 501	218 464
安徽	2 099 011	1 722 291	373 228	3 492
福建	1 111 235	931 561	82 163	97 511
江西	1 933 173	1 466 361	436 543	30 269
山东	4 785 224	3 138 802	1 488 409	158 013
河南	3 950 704	3 350 149	587 777	12 778
湖北	3 067 747	2 831 239	204 682	31 826
湖南	2 632 452	2 328 757	221 163	82 532
广东	4 400 568	3 643 270	597 072	160 226
广西	1 566 197	1 430 231	108 883	27 083
海南	821 249	735 997	43 216	42 036
四川	5 077 187	3 910 008	1 147 760	18 429
贵州	806 920	778 179	24 633	4 108
云南	1 378 066	1 251 139	114 201	12 726
西藏	39 916	39 431	48	437
陕西	1 758 963	1 553 113	193 685	12 165
甘肃	864 328	818 560	41 422	4 346
青海	241 751	241 544	144	63
宁夏	282 023	250 726	30 241	1 056
新疆	1 498 113	1 406 618	90 528	967

分地区参加失业保险基金社会统筹企业数、职工人数及发放失业救济金人数、金额

（1995 年）

地　　区	年末参加统筹数		全年发放失业救济金人数、金额	
	企业数（个）	职工人数（人）	人　数（人）	金　额（万元）
全国总计	605 186	95 000 000	2 613 130	81 964
北　京	14 613	2 686 360	27 000	1 012
天　津	7 222	2 376 555	41 739	4 401
河　北	26 018	4 757 298	51 582	4 292
山　西	13 509	2 263 000	10 109	455
内蒙古	12 069	1 645 965	70 919	1 685
辽　宁	38 806	8 683 789	55 143	7 853
吉　林	27 373	3 679 088	31 500	2 285
黑龙江	26 735	5 263 535	548 442	6 080
上　海	13 384	4 545 231	219 061	10 962
江　苏	44 807	7 345 214	352 415	6 920
浙　江	40 985	3 972 894	81 184	3 926
安　徽	12 296	2 733 992	49 687	1 735
福　建	12 247	1 611 304	23 471	2 513
江　西	18 212	2 106 837	46 800	572
山　东	26 131	7 159 370	81 072	6 510
河　南	27 651	4 282 292	320 578	3 875
湖　北	25 453	4 348 769	93 079	2 172
湖　南	19 575	3 256 600	229 476	3 514
广　东	61 694	3 859 270	48 403	3 673
广　西	16 812	1 873 518	7 256	600
海　南	8 826	537 034	4 146	176
四　川	38 079	7 300 349	57 153	3 373
贵　州	8 097	1 036 916	30 239	170
云　南	18 002	1 475 937	10 254	451
西　藏	538	36 836	7	1
陕　西	18 325	2 811 504	29 245	958
甘　肃	12 348	1 507 006	83 974	932
青　海	3 177	387 338	585	69
宁　夏	2 370	370 471	4 596	84
新　疆	9 832	1 085 728	4 015	715

七、安全生产

企业职工因工伤亡事故件数及伤亡人数(一)

(1995年)

项目	伤亡事故件数(件)	#重大死亡事故	#死亡事故	#重伤事故
总计	21 013	924	13 875	6 211
#矿山企业	9 084	736	7 017	1 331
一、国有企业	10 294	214	5 493	4 585
(一)农业	146	2	71	73
(二)工业	7 245	168	3 595	3 482
1. 采掘业	3 619	132	2 239	1 248
#矿山	3 403	131	2 118	1 154
#煤矿	2 735	112	1 673	950
#统配煤矿	1 343	41	652	650
2. 制造业	3 626	36	1 356	2 234
(三)建筑业	1 722	33	1 254	433
(四)交通运输、邮电通讯业	431	2	201	228
#交通运输业	386	2	167	217
(五)商业、公共饮食业、物资供销仓储业	263	1	138	124
(六)其他	487	8	234	245
二、城镇集体企业	3 112	81	2 208	822
#矿山	745	58	656	31
三、乡村集体企业	4 818	302	4 118	398
#矿山	3 112	268	2 738	106
四、其他各种经济类型企业	722	24	378	320
#1. 三资企业	412	11	168	233
2. 矿山	59	7	51	1
五、私营企业	1 187	109	1 002	76
#矿山	885	78	778	29
六、无开采许可证矿	880	194	676	10

注:本表国有企业按旧的国民经济行业分类填写。

企业职工因工伤亡事故件数及伤亡人数(二)

(1995年)

项　　目	伤　亡　人　数　(人)					
		#死亡	#重伤	#非本企业人员		
					#死亡	#重伤
总　计	28 513	20 005	8 197	551	376	157
#矿山企业	14 153	11 945	2 192	87	76	11
一、国有企业	12 576	7 053	5 335	332	214	104
(一) 农业	155	79	76	10	7	3
(二) 工业	8 929	4 854	3 979	158	107	45
1. 采掘业	4 787	3 295	1 487	60	54	6
#矿山	4 557	3 169	1 388	50	45	5
#煤矿	3 725	2 586	1 139	36	32	4
#统配煤矿	1 673	908	765			
2. 制造业	4 142	1 559	2 492	98	53	39
(三) 建筑业	2 137	1 474	605	88	61	23
(四)交通运输、邮电通讯业	482	230	251	13	11	2
#交通运输业	433	194	238	11	9	2
(五)商业、公共饮食业、物资供销仓储业	310	144	146	11	7	
(六) 其他	563	272	278	51	21	30
二、城镇集体企业	3 877	2 753	1 093	85	59	24
#矿山	1 092	1 024	68	6	6	
三、乡村集体企业	7 138	6 178	908	64	54	10
#矿山	4 964	4 552	396	24	22	2
四、其他各种经济类型企业	916	522	383	35	27	8
#1. 三资企业	477	207	266	7	3	4
2. 矿山	101	87	14			
五、私营企业	1 993	1 654	310	30	21	7
#矿山	1 426	1 268	158	2	2	
六、无开采许可证矿	2 013	1 845	168	5	1	4

分地区企业职工因工伤亡事故件数及伤亡人数(一)

(1995年)

地区	全部企业						
	伤亡事故件数(件)	伤亡人数(人)			伤亡人数比上年增减(%)		
		合计	死亡	重伤	合计	死亡	重伤
全国总计	21 013	28 202	20 005	8 197	−4.1	−1.5	−10.0
北京	209	234	115	119	−8.9	−0.9	−15.6
天津	330	359	133	226	−16.9	−19.9	−15.0
河北	555	861	662	199	−6.7	6.6	−34.1
山西	823	1 287	1 133	154	1.7		16.7
内蒙古	603	732	572	160	−15.6	−21.3	14.3
辽宁	1 166	1 430	936	494	−5.0	−5.0	−5.0
吉林	617	767	556	211	−31.3	−27.1	−40.3
黑龙江	760	1 007	896	111	−16.7	−12.8	−38.7
上海	724	815	486	329	−9.3	−5.3	−14.8
江苏	1 030	1 199	684	515	2.0	6.2	−3.0
浙江	1 264	1 479	929	550	−0.1	−1.6	2.6
安徽	783	1 072	662	410	−3.2	19.9	−26.3
福建	510	587	379	208	−5.0	−13.3	14.9
江西	562	885	607	278	−11.5	−12.4	−9.4
山东	694	925	607	318	−12.1	−15.6	−4.5
河南	937	1 311	858	453	−2.5	5.0	−14.0
湖北	930	1 212	837	375		5.4	−10.3
湖南	1 510	2 287	1 749	538	24.3	29.0	11.2
广东	1 329	1 754	1 211	543	−6.3	−5.8	−7.2
广西	671	1 005	702	303	13.8	14.0	13.5
海南	58	65	44	21	−44.9	−43.6	−47.5
四川	1 587	2 215	1 703	512	−4.2	0.6	−17.4
贵州	597	1 078	843	235	−15.9	−14.5	−20.6
云南	693	996	766	230	−12.2	−6.0	−28.3
西藏	25	31	17	14	106.7	88.9	133.3
陕西	558	762	620	142	2.0	6.7	−14.5
甘肃	414	542	415	127	−14.5	−15.1	−12.4
青海	168	194	119	75	2.6	12.3	−9.6
宁夏	164	203	144	59	16.7	34.6	−11.9
新疆	742	908	620	288	18.7	12.1	35.8

分地区企业职工因工伤亡事故件数及伤亡人数(二)

(1995年)

地区	1. 矿山企业				2. 非矿山企业			
	伤亡事故件数(件)	伤亡人数(人)			伤亡事故件数(件)	伤亡人数(人)		
		合计	死亡	重伤		合计	死亡	重伤
全国总计	9 084	14 137	11 945	2 192	11 929	14 065	8 060	6 005
北京	64	79	44	35	145	155	71	84
天津	7	7	6	1	323	352	127	225
河北	314	535	448	87	241	326	214	112
山西	669	1 084	990	94	154	203	143	60
内蒙古	394	501	432	69	209	231	140	91
辽宁	488	666	537	129	678	764	399	365
吉林	311	424	358	66	306	343	198	145
黑龙江	450	645	645		310	362	251	111
上海	6	6	1	5	718	809	485	324
江苏	264	329	188	141	766	870	496	374
浙江	313	375	305	70	951	1 104	624	480
安徽	351	580	406	174	432	492	256	236
福建	147	192	175	17	363	395	204	191
江西	246	496	420	76	316	389	187	202
山东	245	340	230	110	449	585	377	208
河南	409	690	551	139	528	621	307	314
湖北	327	468	388	80	603	744	449	295
湖南	994	1659	1 451	208	516	628	298	330
广东	310	481	430	51	1019	1 273	781	492
广西	322	569	472	97	349	436	230	206
海南					58	65	44	21
四川	790	1 272	1074	198	797	943	629	314
贵州	323	722	632	90	274	356	211	145
云南	358	603	520	83	335	393	246	147
西藏					25	31	17	14
陕西	286	439	400	39	272	323	220	103
甘肃	242	352	308	44	172	190	107	83
青海	66	85	56	29	102	109	63	46
宁夏	70	91	75	16	94	112	69	43
新疆	318	447	403	44	424	461	217	244

企业分事故类别职工因工伤亡人数

(1995年)

单位:人

项　目	全部企业			1. 矿山企业		2. 非矿山企业	
	合　计	死　亡	重　伤	死　亡	重　伤	死　亡	重　伤
总　计	28 202	20 005	8 197	11 945	2 192	8 060	6 005
物体打击	1 938	1 213	725	401	130	812	595
提升、车辆伤害	1 979	1 272	707	845	390	427	317
机械伤害	3 464	1 050	2 414	211	166	839	2 248
起重伤害	809	477	332	11	7	466	325
触　电	1 661	1 522	139	281	14	1 241	125
淹　溺	185	181	4	23		158	4
灼　烫	513	156	357	12	6	144	351
火　灾	418	236	182	63	31	173	151
高处坠落	3 261	2 386	875	479	45	1 907	830
坍　塌	1 730	1 394	336	677	93	717	243
冒顶片邦	4 391	3 880	511	3 863	507	17	4
透　水	697	688	9	688	9		
放　炮	621	509	112	460	99	49	13
火药爆炸	352	243	109	34	8	209	101
瓦斯、煤尘爆炸	3 048	2 537	511	2 533	287	4	3
其他爆炸	612	367	245	7	4	360	241
煤与瓦斯突出	216	211	5	209	5	2	
中毒和窒息	1 482	1 341	141	980	25	361	116
其他伤害	825	342	483	168	145	174	338

企业分事故原因职工因工伤亡人数(一)

(1995年)

单位:人

项　目	全部企业合计			国有企业		城镇集体企业	
	合　计	死　亡	重　伤	死　亡	重　伤	死　亡	重　伤
总　计	28 202	20 005	8 197	7 050	5 335	2 706	1 092
技术和设计上有缺陷	447	343	104	127	49	48	24
设备、设施、工具、附件有缺陷	1 548	1 000	548	421	343	204	95
安全设施缺少或有缺陷	2 614	1 966	648	660	365	344	112
生产场地环境不良	2 589	2 040	549	509	308	215	49
个人防护用品缺少或有缺陷	391	284	107	118	83	51	16
没有安全操作规程或不健全	972	745	227	160	124	88	29
违反操作规程或劳动纪律	14 822	10 411	4 411	3 787	2 945	1 372	562
劳动组织不合理	306	209	97	77	82	22	11
对现场工作缺乏检查或指挥错误	1 834	1 432	402	501	268	153	39
教育培训不够,缺乏安全操作知识	1 143	702	441	251	273	86	74
其他	1 536	873	663	439	495	123	81

企业分事故原因职工因工伤亡人数(二)

(1995 年)

单位:人

项　　目	乡村集体企业		其他各种企业		私营企业		无开采许可证矿	
	死　亡	重　伤	死　亡	重　伤	死　亡	重　伤	死　亡	重　伤
总　　计	6 227	910	520	382	1 653	310	1 845	168
技术和设计上有缺陷	109	12	11	7	34	12	14	
设备、设施、工具、附件有缺陷	229	55	45	38	62	11	39	6
安全设施缺少或有缺陷	484	79	52	19	146	31	280	42
生产场地环境不良	825	134	58	19	204	22	229	17
个人防护用品缺少或有缺陷	78	3	2	2	29	3	6	
没有安全操作规程或不健全	257	21	20	10	102	31	118	12
违反操作规程或劳动纪律	3 288	457	223	209	865	159	872	79
劳动组织不合理	96	2	6	2	2		6	
对现场工作缺乏检查或指挥错误	436	63	33	11	117	17	192	4
教育培训不够,缺乏安全操作知识	215	42	27	25	71	19	52	8
其他	210	42	43	40	21	5	37	

企业分事故原因职工因工伤亡人数(三)

(1995 年)

单位:人

项　　目	1. 矿山企业合计			国有企业		城镇集体企业	
	合　计	死　亡	重　伤	死　亡	重　伤	死　亡	重　伤
总　　计	14 137	11 945	2 192	3 169	1 388	974	64
技术和设计上有缺陷	175	156	19	44	7	15	1
设备、设施、工具、附件有缺陷	285	241	44	85	28	18	
安全设施缺少或有缺陷	1 155	975	180	211	64	94	10
生产场地环境不良	1 795	1 553	242	308	105	116	11
个人防护用品缺少或有缺陷	111	94	17	19	12	3	
没有安全操作规程或不健全	536	473	63	68	29	14	3
违反操作规程或劳动纪律	7 927	6 658	1 269	1 899	880	587	34
劳动组织不合理	136	121	15	28	14	2	1
对现场工作缺乏检查或指挥错误	1 134	990	144	260	84	77	1
教育培训不够,缺乏安全操作知识	399	333	66	87	40	18	1
其他	484	351	133	160	125	30	2

企业分事故原因职工因工伤亡人数(四)

(1995年)

单位:人

项目	乡村集体企业		其他各种企业		私营企业		无开采许可证矿	
	死亡	重伤	死亡	重伤	死亡	重伤	死亡	重伤
总计	4 602	400	87	14	1 268	158	1 845	168
技术和设计上有缺陷	59	1	5	3	19	7	14	
设备、设施、工具、附件有缺陷	64	9	1		34	1	39	6
安全设施缺少或有缺陷	266	44	8		116	20	280	42
生产场地环境不良	696	91	17	2	187	16	229	17
个人防护用品缺少或有缺陷	40	2			26	3	6	
没有安全操作规程或不健全	198	5	2		73	14	118	12
违反操作规程或劳动纪律	2 598	183	39	9	663	84	872	79
劳动组织不合理	83				2		6	
对现场工作缺乏检查或指挥错误	357	44	10		94	11	192	4
教育培训不够,缺乏安全操作知识	127	15	5		44	2	52	8
其他	114	6			10		37	

企业分事故原因职工因工伤亡人数(五)

(1995年)

单位:人

项目	2. 非矿山企业合计			国有企业		城镇集体企业	
	合计	死亡	重伤	死亡	重伤	死亡	重伤
总计	14 065	8 060	6 005	3 881	3 947	1 732	1 028
技术和设计上有缺陷	272	187	85	83	42	33	23
设备、设施、工具、附件有缺陷	1 263	759	504	336	315	186	95
安全设施缺少或有缺陷	1 459	991	468	449	301	250	102
生产场地环境不良	794	487	307	201	203	99	38
个人防护用品缺少或有缺陷	288	190	90	99	71	48	16
没有安全操作规程或不健全	436	272	164	92	95	74	26
违反操作规程或劳动纪律	6 895	3 753	3 142	1 888	2 065	785	528
劳动组织不合理	170	88	82	49	68	20	10
对现场工作缺乏检查或指挥错误	700	442	258	241	184	76	38
教育培训不够,缺乏安全操作知识	744	369	375	164	233	68	73
其他	1 052	522	530	279	370	93	79

企业分事故原因职工因工伤亡人数(六)

(1995年)

单位:人

项目	乡村集体企业		其他各种企业		私营企业	
	死亡	重伤	死亡	重伤	死亡	重伤
总计	1 625	510	433	368	385	152
技术和设计上有缺陷	50	11	6	4	15	5
设备、设施、工具、附件有缺陷	165	46	44	38	28	10
安全设施缺少或有缺陷	218	35	44	19	30	11
生产场地环境不良	129	43	41	17	17	6
个人防护用品缺少或有缺陷	38	1	2	2	3	
没有安全操作规程或不健全	59	16	18	10	29	17
违反操作规程或劳动纪律	690	274	184	200	202	75
劳动组织不合理	13	2	6	2		
对现场工作缺乏检查或指挥错误	79	19	23	11	23	6
教育培训不够,缺乏安全操作知识	88	27	22	25	27	17
其他	96	36	43	40	11	5

(劳动部综合计划与工资司统计处　蒙德华、秦俊兴、周笃池、陈群洲、徐玉平、王玉斌)

附　　录

劳动部大事记

1月

1月4日，李伯勇部长主持召开部党组会，研究养老保险试点工作和失业保险改革问题。朱家甄、刘雅芝副部长，王建伦同志出席。

同日，王建伦同志赴济南市调查处理"1·3"爆炸事故。

同日，劳动部发出《关于加强劳动行政处罚管理的若干问题的通知》。

同日，劳动部、化工部、冶金部、中国有色金属工业总公司联合发出《关于开展矿山企业人体呼吸粉尘监测的通知》。

同日，劳动部、农业部发布《关于颁发〈国家职业技能鉴定规范〉(农艺工等六工种)的通知》。

1月5日，刘雅芝副部长就进一步搞好民工有序流动工作接受了中央电视台记者的采访；下午，出席国家经贸委组织召开的春运工作电话会议并讲话。

1月6日，李伯勇部长主持召开部党组会议，研究申办国际劳工组织第12届亚太区域会议有关问题及贯彻实施《劳动法》的工作安排等。朱家甄、刘雅芝副部长出席。

同日，朱家甄副部长前往国务院，出席罗干秘书长主持召开的全国双拥工作领导小组第八次工作会议。

1月12日，我部召开失业保险制度改革新闻座谈会，通报了失业保险工作进展情况及今后改革的设想和近期采取的措施。李伯勇部长、王建伦同志出席会议。

同日，劳动部发出《关于进一步加强电梯安全管理工作的通知》。

1月13日，李伯勇部长前往中南海出席李鹏总理召开的总理办公会议，分析经济形势和当前经济工作。

同日，朱家甄副部长前往国务院出席张左己副秘书长主持召开的会议，研究安居工程的有关问题。

1月14日，李伯勇部长主持召开部长办公会议，研究养老保险制度改革的试点方案及实施细则修改问题。朱家甄、刘雅芝副部长参加了会议。

同日，王建伦同志出席了人民日报社组织召开的《"九五"企业深化改革展望》座谈会并讲话。

1月16日，刘雅芝副部长前往国务院，出席李鹏总理主持召开的国务院常务会议，研究《中华人民共和国保险法》等问题。

1月17日，我部召开养老保险改革新闻座谈会，李伯勇部长到会讲话。中央各有关新闻单位二十多名记者参加了会议。

同日，部科学技术委员会召开全体会议，传达了全国软科学工作会议精神及中央关于加强科普工作的意见，总结1994年我部科技工作，布置1995年任务。李伯勇部长到会看望大家，并与委员、专家们就劳动科技发展有关问题进行了座谈。朱家甄副部长出席会议并讲话，对劳动科技工作提出了要求。

同日，劳动部发出《关于颁发〈国家职业技能鉴定规范〉(家用视频设备维修工等五工种)的通知》。

1月18～29日，朱家甄副部长赴印度出席不结盟和发展中国家劳工部长会议。

1月19日，王建伦同志会见了加拿大驻华大使潘德先生。

同日，劳动部发出《关于全面实施〈再就业工程〉的通知》。

1月21～27日，刘雅芝副部长赴浙江、福建进行消费基金检查。

1月22日，劳动部发出《关于颁发〈爆炸危险场所安全规定〉的通知》。

1月24日，李伯勇部长主持召开部长办公会，讨论养老保险改革试点方案实施细则。王建伦同志参加了会议。

同日晚，我部组织召开全国安全生产工作电话会议。邹家华副总理出席会议并作重要讲话。李伯勇部长在会上通报1994年以来发生的各类事故情况，对1995年安全生产工作重点提出要求。公安部牟新生副部长在会上发言。会议由王建伦同志主持，国务院有关部委主管安全工作的领导出席会议，各省、自治区、直辖市主管安全生产的领导在当地参加会议。

1月25日，李伯勇部长、王建伦同志前往国务院，向邹家华副总理汇报失业保险等方面的工作。

2月

2月6日，劳动部发出《关于严禁滥发流动就业证卡的紧急通知》。

同日，劳动部发出《关于加强民工流动情况信息通报的通知》。

2月7日，劳动部、国家经贸委、全国总工会、共青团中央联合发出了《关于开展“全国技能月”的通知》。

2月9日，李伯勇部长主持召开部长办公会，讨论《关于失业保险工作报告》。朱家甄、刘雅芝副部长，王建伦同志参加了会议。

2月13日，劳动部、机械工业部联合发出《关于颁发〈国家职业技能鉴定规范〉(铸造工等十三工种)的通知》。

2月14日，朱家甄副部长会见了由加拿大宏利人寿保险公司副总裁兼副经理业荣达先生率领的访华团。

同日，李伯勇部长会见了世界银行副行长拉赛尔·奇塔姆先生，双方就世界银行援助项目情况交换了意见。

同日，劳动部发出《关于任命安全生产专家组的通知》。

2月16日，李伯勇部长主持召开部长办公会，讨论《企业工资工作汇报提纲》。朱家甄、刘雅芝副部长，王建伦同志及部属有关单位负责同志参加了会议。

2月17日，李伯勇部长主持召开部党组会议，研究养老保险和解决困难企业职工生活有关问题。朱家甄、刘雅芝副部长，王建伦同志出席。

同日，劳动部发布《关于颁发〈电梯安全技术检验大纲〉的通知》。

2月20日，国家安全生产专家组成立大会在京召开。中共中央书记处书记吴邦国出席会议并作指示，李伯勇部长在会上对专家组的工作提出了希望和要求。会议由王建伦同志主持，国务院副秘书长张左已同志及有关部委的领导、聘任的专家组成员、部分省级安委会办公室主任及有关新闻单位的记者参加了成立大会。

同日，刘雅芝副部长主持召开部反腐败领导小组会议，传达了中纪委、国务院反腐败工作会议精神，总结我部1994年反腐败工作，研究我部传达贯彻两会精神及1995年反腐败工作的实施意见。

2月21日，李伯勇部长会见了越南劳动部部长陈庭欢一行，向客人介绍了我国劳动领域改革情况。双方还就共同感兴趣的问题交换了意见。

同日，李伯勇部长与越南劳动部陈庭欢部长签署两部谅解备忘录，并宴请越南代表团一行。朱家甄副部长陪同。

同日，朱家甄副部长会见了英国鹰星保险有限公司常务董事查传义一行，就精算人员培训方面的合作问题交换了意见。

同日晚，刘雅芝副部长会见德国原联邦劳动与社会秩序部长吴恩伯格先生。

2月22日，李伯勇部长主持召开部长办公会，讨论《关于改进完善弹性劳动工资办法的意见》、《关于建立重大工资分配政策出台报审制度的通知》、《国有企业工资收入监督检查办法》、《关于加强各类公司、商业银行工资管理的意见》等文件。朱家甄、刘雅芝副部长参加了会议。

同日，我部与德国艾伯特基金会在京共同举行了“在市场经济条件下社会保障制度的建立”研讨会。

2月23日，部党组召开处以上干部大会，传达贯彻中纪委五次会议和国务院反腐工作会议精神。李伯勇部长代表部党组总结了1994年我部开展反腐败斗争的情况，对1995年反腐败工作进行了部署。

2月24日，邹家华副总理会见来访的越南劳动部部长陈庭欢，李伯勇部长陪同。

2月28日，劳动部发出《关于印发吴邦国、李伯勇同志在安全生产专家组成立大会讲话的通知》。

同日，劳动部、国家经贸委发出《关于配合企业深化改革试点做好失业保险工作的通知》。

3月

3月1日，李伯勇部长主持召开部长办公会议，研究《劳动仲裁员聘任管理办法》、《中华人民共和国职业技能开发法(草案)》、《社会保险审计暂行规定》及《关于开展职业介绍机构评估工作的通知》等文件。刘雅芝副部长、王建伦同志及部属有关单位负责同志参加会议。

同日，朱家甄副部长出席民政部组织召开的《退役士兵安置法》起草小组成立会议。

3月1～3日，全国技工学校招生工作会议在九江召开。

同日，劳动部发出《关于改进完善弹性劳动工资计划办法的通知》。

3月5日，朱家甄副部长等赴丹麦哥本哈根出席社会发展世界首脑会议。

3月6日，中国劳动就业服务企业协会与瑞士日内瓦韦伯斯特大学在京联合举办“中小企业经营管理研讨会”。

3月7日，全国人大、全国政协新闻中心举行新闻发布会，李伯勇部长就破产企业职工安置、农村剩余劳动力转移、养老保险的社会统筹与个人账户相结合、社会分配不公等问题，回答了中外记者的提问。

同日晚，李伯勇部长会见以日本日中技能者交流中心理事长慎枝元文为团长的代表团全体人员，双方就我部中国职业技能开发交流中心即将在日本设常驻代表事宜以及加强今后的合作等问题进行了广泛的交谈。

3月8日晚，李伯勇部长会见日内瓦韦伯斯特大学德杰纳瑞欧教授一行。

3月10日上午，刘雅芝副部长就《劳动法》贯彻实施问题接受中央电视台记者的采访。

3月10～21日，全国社会保险局长会议在杭州召开，王建伦同志出席会议并讲话。

3月11日，劳动部发出《关于防止易燃易爆项目研制与转让过程中发生重大事故的通知》。

3月13日，应瑞典政府劳工部邀请，刘雅芝副部长率团离京赴瑞典访问。

3月21日，李伯勇部长前往中央党校，为省部级干部“国有企业改革”专题研究班全体学员作了关于社会保险制度改革的报告。

同日，朱家甄副部长出席《求是》杂志社主办的“工人阶级当家作主”研讨会并发言。

同日，王建伦副部长出席国务院第三届环境保护委员会第五次全体会议。

3月22日，李伯勇部长主持召开部长办公会，讨论《中华人民共和国社会保险法(草案)》、《关于组织特困企业职工开展生产自救的对策研究》等文件。朱家甄副部长、王建伦同志参加了会议。

同日，劳动部发出《关于颁发〈劳动仲裁员聘任管理办法〉的通知》。

3月25日上午，王建伦同志出席煤炭系统养老保险行业统筹实施大会并讲话。

同日，劳动部发出“关于颁发《〈国务院关于职工工作时间的规定〉的实施办法》的通知”。

3月29日，李伯勇部长主持召开部长办公会议，研究《1995年劳动事业发展年度计划报告》和《职业技能鉴定中心“三定”方案》两个文件，朱家甄、刘雅芝、林用三副部长，王建伦同志出席。

3月30日，李伯勇部长会见了来访的澳大利亚产业关系部长兼交通部长布里尔顿先生，双方共同签署了两部关于在产业关系领域合作的谅解备忘录。朱家甄副部长出席了签字仪式。

同日晚，全国《劳动法》知识竞赛决赛在京举行，天津、河南、福建、湖北、山东、新疆六个代表队参加了决赛。经过紧张激烈的角逐，山东代表队获得一等奖，天津、河南代表队获得二等奖，福建、湖北、新疆代表队获得三等奖。尉健行、李沛瑶、李伯勇、张丁华、张左己、杨伟光、乔晓阳、刘雅芝等领导出席了决赛晚会。

4月

4月1～7日，李伯勇部长前往海南省调研。

4月3日，朱家甄、王建伦副部长出席全总向吴邦国副总理汇报关于企业改革和社会保险工作情况汇报会。

同日，劳动部发出《关于加强采石场安全生产管理和监督工作的通知》。

同日，劳动部发出《关于请国务院办公厅对机关、事业单位工人技术等级考核职责分工问题再次协调的请示》。

4月5日，李伯勇部长在海南省考察民族地区就业及劳服企业工作。

同日，朱家甄副部长出席中组部组织召开的干部人事工作会议。

同日，林用三副部长出席全国军队转业干部安置工作会议。

4月6日，朱家甄副部长出席全国劳模表彰筹委会办公室工作会议。

同日，劳动部、财政部、国家经贸委联合发出《关于解决贯彻落实劳动部〔1994〕72号文件中有关问题的通知》。

4月7日，朱家甄副部长会见了韩国驻华使馆新任公使金光东、经济参赞琴秉穆，双方就进一步加强中韩交流及其他共同感兴趣的问题交换了意见。

同日，劳动部发出《关于颁发〈厂内机动车辆安全管理规定〉的通知》。

4月10日，李伯勇部长、王建伦副部长前往国务院，出席1995年全国劳模和先进工作者表彰大会筹委会第二次会议。

同日，朱家甄副部长出席“积极的中国劳动力市场政策研讨会暨项目评估会”开幕式并讲话。

同日，朱家甄副部长出席“积极的中国劳动力市场政策研讨会暨项目评估会”招待会。

同日，王建伦副部长会见美国人寿保险公司执行副总裁爱利斯·凯恩一行。

4月10～12日，劳动部与瑞典国家劳动力市场局、国际劳工组织在京共同召开“积极的中国劳动力市场政策研讨会暨项目评估会”，研讨中外劳动力市场政策，并对“积极的中国劳动力市场政策”国际合作项目进行评估。朱家甄、林用三副部长参加了会议。李伯勇部长、刘雅芝副部长宴请了瑞典劳动力市场管理局局长本哈森先生和瑞典驻华大使及外国专家。

4月11～13日，全国社会保险工作会议在京召开，李伯勇部长、王建伦副部长出席会议并讲话。

4月11日上午，李伯勇部长出席全国消防工作会议；下午出席“安全文化”研讨会。

4月12日，李伯勇部长主持召开部长办公会，讨论贯彻执行《劳动法》的难点与对策。朱家甄、林用三副部长及部属有关单位负责同志参加了会议。

4月13日，朱家甄副部长听取北京市劳动局关于工资工作情况汇报，之后到复兴银行了解现金支出情况。

4月14日，朱家甄副部长听取了中国建设银行、建行信托投资公司关于工资工作汇报；晚上，出席全国旅游行业调酒师技能竞赛颁奖大会。

同日，林用三副部长前往国务院出席国务委员彭珮云同志主持召开的会议，研究流动人口管理问题。

4月17日，朱家甄副部长前往中国工商银行总行和工商行新街口支行进行调研。

同日，王建伦副部长出席由我部与国际劳工组织共同举办的“亚洲部分国家促进就业与社会保护三方研讨会”的开幕式并致词。

4月18～23日，全国职业技能开发工作会议在长沙召开。林用三副部长出席会议并讲话。

4月19日，李伯勇部长主持召开部长办公会议，研究《1995年春运期间组织民工有序流动工作情况报告》。刘雅芝、王建伦副部长出席。

同日，李伯勇部长、王建伦副部长会见挪威社会事务和卫生部大臣苏贝格一行。

4月19～21日，全国计划工资工作会议在京召开。李伯勇部长出席会议并讲话，朱家甄副部长参加会议并作总结讲话，康永和、严忠勤等同志出席了会议。

4月21日，劳动部发出《关于印发〈尾矿设施安全监督管理办法(试行)〉的通知》。

同日，劳动部、财政部、审计署联合发出《关于颁发〈国有企业工资内外收入监督检查实施办法〉的通知》。

4月22日，刘雅芝副部长出席中组部组织召开的“培养选拔年轻干部工作座谈会”。

同日，劳动部发出“关于印发《〈国务院关于职工工作时间的规定〉问题解答》的通知”。

4月24日，李伯勇部长会见了老挝劳动与社会福利部通伦·西苏里部长一行，双方就劳动领域共同关心的问题交换了意见。王建伦副部长向老挝客人介绍了我国社会保险改革的有关情况。下午，吴邦国副总理在钓鱼台国宾馆会见西苏里部长一行，李伯勇部长陪同。

同日，朱家甄副部长出席“劳动关系与劳动法三方国际研讨会”并讲话。

同日，刘雅芝副部长出席“九五”中国国际服装服饰博览会开幕式；下午，主持召开部机关反腐败工作领导小组扩大会议。

同日，王建伦副部长前往国务院出席彭珮云同志主持召开的“全国医疗保险改革试点工作情况汇报会”。

4月24～26日，全国就业工作会议在北京召开。李伯勇部长出席会议并与地方劳动厅局长座谈，林用三副部长出席会议并讲话。

4月25日，全国实施再就业工程工作座谈会在京召开。会议由林用三副部长主持，李伯勇部长就贯彻国务院通知精神，在全国实施再就业工程进行了部署。辽宁、上海、北京、山东等地介绍了实施再就业工程情况。

同日，王建伦副部长出席李鹏总理主持召开的国务院常务会议，讨论《国务院关于职工年休假的有关规定》等文件。

4月26日，国务院组织召开“1995年春运期间组织民工有序流动工作总结会议”。国务委员、国务院秘书长罗干同志到会并讲话；李伯勇部长代表地方和各有关部门汇报了这次工作的总体情况；铁道、交通、公安和中宣部的负责同志汇报了本部门的工作情况；四川、广东、福建、河南省劳动部门负责同志分别汇报了本地的工作经验。会议由国务院副秘书长张左己同志主持，刘雅芝等同志出席了会议。

同日，朱家甄副部长出席温家宝同志主持召开的“关于人民生活和社会发展专题调研汇报会”。

4月27日，李伯勇部长主持召开部长办公会，讨论《违反〈劳动法〉有关劳动合同规定的赔偿办法》、《关于辽宁、吉林和陕西省企业职工稳定问题的调查报告》等文件。朱家甄、刘雅芝、王建伦副部长出席会议。

同日，王建伦副部长出席中央政法委任建新同志主持召开的会议，听取新疆维吾尔自治区有关负责同志关于克拉玛依“12·8”火灾事故有关责任人员处理情况汇报并研究处理决定。

同日，劳动部发出《关于建立劳动监察情况报告制度的通知》。

同日，劳动部发出“关于印发《实施〈劳动法〉中有关劳动合同问题的解答》的通知”。

4月29日，李伯勇部长、朱家甄副部长出席全国劳动模范和先进工作者表彰大会。

4月30日下午，李伯勇部长，朱家甄、王建伦副部长与被评为全国劳动模范的广西北海市劳动局局长许福、湖南湘潭市莲城服装厂(劳服企业)厂长龙碧玉同志在部内进行了座谈。

5月

5月1日，劳动部发出“关于印发《关于贯彻〈国务院关于深化企业职工养老保险制度改革的通知〉的实施意见》的通知”。

5月2日，劳动部发出《关于技工学校、职业(技术)学校和就业训练中心毕(结)业生实行职业技能鉴定的通知》。

同日，劳动部发出《关于在劳动系统开展向孔繁森同志学习活动的通知》。

同日，王建伦副部长在部内会见了加拿大宏利保险公司副总裁施德林先生。

5月4～12日，美国沃拉沃社区学院院长史蒂文·凡奥斯多先生对我部天津职院进行了友好访问。访问期间，两校签署了合作协议书。

5月5日，李伯勇部长主持召开部长办公会，讨论《安全生产法(草案)》修改情况。朱家甄、林用三、王建伦副部长参加了会议。

5月8日，李伯勇部长出席李鹏总理主持召开的总理办公会，听取1995年春运期间组织民工有序流动工作汇报，讨论国务院关于改革完善城乡户籍管理制度的决定，林用三副部长随同参加。

同日，林用三副部长出席李岚清副总理主持召开的会议，研究《中华人民共和国职业教育法(草案)》。

同日，王建伦副部长前往浙江省温州市出席社会保险研究会年会。

5月9日，“中德劳动合同法规咨询研讨会”在京开幕，来自中、德双方的20余名专家、学者出席了研讨会。

同日，劳动部发出《关于印发进一步完善劳动争议处理工作的通知》。

同日，劳动部、国家保密局发出《关于印发〈劳动工作中国家秘密及其密级具体范围的规定〉的通知》。

5月10日，李伯勇部长主持召开部长办公会议，讨论《对〈关于“九五”和2010年人民生活和社会发展的汇报提纲〉的具体修改意见》等文件。朱家甄副部长及部属有关单位的负责同志参加了会议。

同日，林用三副部长参加中残联组织的助残日活动，代表劳动部看望并慰问了三位残疾人及其家属。

同日，劳动部发出“关于发布《违反〈劳动法〉有关劳动合同规定的赔偿办法》的通知”。

5月12日，全国政协在我部召开贯彻《安全生产法》座谈会。阿沛·阿旺晋美副主席听取了有关安全生产立法情况的汇报。全国政协、农工党中央、全国总工会有关领导以及我部李伯勇部长，林用三、王建伦副部长及有关司局负责同志参加了会议。

同日，李伯勇部长主持召开办公会议，研究《劳动事业发展2010年长远规划和第九个五年计划纲要(草案)》等文件。朱家甄、林用三、王建伦副部长出席会议。

同日，朱家甄副部长会见了以俄罗斯联邦劳动部劳科所所长库科夫为团长的俄联邦劳科所代表团一行。

同日，劳动部发出“关于印发《对〈工资支付暂行规定〉有关问题的补充规定〉的通知》。

5月15～21日，开展了全国第五次“安全生产周”活动。这次安全生产周的主题为“治理隐患，保障安全”，主要内容是：1. 坚持预防为主，加强隐患治理；2. 积极贯彻《劳动法》、《矿山安全法》等有关法律、法规；3. 倡导安全文化，提高全民安全意识。

5月15日，王建伦副部长参加“安全生产周”活动，对北京长安街一线煤气管道改造工程进行安全检查；下午，参加兵器工业总公司安全生产电话会议并讲话。

5月18日，李伯勇部长主持召开部长办公会，讨论《失业保险条例》、《从事技术工种劳动者上岗前培训规定》、《关于工资改革与宏观调控体系建设问题的意见》和《工伤保险与安全生产相结合研究情况的报告》等文件。朱家甄、林用三、王建伦副部长及部属有关单位负责同志参加了会议。

5月18日，我部邀请美、英、法、德等十几个国家驻华使节观摩了北京市中式烹调师技能鉴定现场。林用三副部长出席。

同日，劳动部发出《关于贯彻落实〈国务院办公厅转发劳动部关于实施再就业工程报告的通知〉的通知》。

同日，劳动部、总参谋部联合发出《关于颁布〈中国人民解放军技术兵职业技能鉴定实施办法(试行)〉的通知》。

5月19日，王建伦副部长前往燕山石化公司参加北京市组织的企业安全文化座谈会。

5月20～22日，王建伦副部长前往沈阳市，出席铁道部组织召开的铁路道口安全工作会议。

5月21～23日，全国劳动用人制度改革工作会议在浙江省温州市召开。会议主要研究解决实行劳动合同制度工作中面临的问题，总结推广有关经验，安排布置进一步推行劳动合同制度工作。朱家甄副部长出席会议并讲话。

5月22日，劳动部发出《关于进一步做好破产企业、困难企业职工和离退休人员基本生活保障的通知》。

5月24日，林用三副部长与煤炭部副部长王显政、有色金属工业总公司副总经理陈胜年同志就矿山安全问题进行交谈。

5月25日，国务院副总理吴邦国同志来我部，听取了李伯勇部长关于劳动工作情况的汇报。朱家甄、刘雅芝、林用三、王建伦副部长及各司局负责同志参加了汇报。

同日，李伯勇部长主持召开部长办公会议，讨论《中华人民共和国失业保险条例》、《安全生产法》、《劳动安全卫生监察员管理办法》等文件。朱家甄、刘雅芝、王建伦副部长出席。

同日下午，林用三副部长前往国务院出席“关于解决四川森工危困，维护社会稳定工作会议”。

5月26日，江泽民总书记、李鹏总理在全国科技大会上发表重要讲话。李伯勇部长、朱家甄副部长参加了会议。

同日，劳动部发出《关于印发〈基本养老保险覆盖计划〉的通知》。

5月28～30日，国家经贸委、劳动部、全国总工会、全国城镇集体经济研究会联合在南京市召开“国有大中型企业富余人员分流和企业办社会转制问题研讨会”，林用三副部长出席会议并讲话。

5月30日，朱家甄副部长继续出席全国科技大会。在大会分组讨论中，朱家甄副部长就提高劳动者素质和发展劳动科学作了发言。

5月30日～6月2日，王建伦副部长前往江苏省进行医疗保险改革问题调研。

5月31日，劳动部发出《关于下达1995年劳动事业发展计划的通知》。

6月

6月1日，朱家甄副部长主持召开部长办公会，讨论《劳动安全卫生监察员管理办法》、《重大事故隐患管理规定》。刘雅芝、林用三副部长及部属有关单位负责同志参加了会议。

6月2日，刘雅芝副部长出席了全国人大常委会内务司法委员会组织召开的贯彻《妇女权益保障法》执法检查报告讨论会；下午，主持召开部内清理检查“小金库”工作动员会。

同日，劳动部发出《关于印发吴邦国副总理在听取劳动工作汇报时的指示的通知》。

6月3～26日，朱家甄副部长离京赴日内瓦出席第82届国际劳工大会。

6月4～15日，李伯勇部长在日内瓦参加第82届国际劳工大会。

6月6日，林用三副部长出席国务院扶贫领导小组会议。

6月6～8日，为期三天的中德医疗保险立法咨询研讨会在我部召开。

6月7日，林用三副部长出席中央社会治安综合治理办公室召开的会议。

6月7～19日，王建伦副部长随同彭珮云同志前往江西省、江苏省对医疗保险制度改革进行调研。

6月8日，刘雅芝副部长出席经贸委、财政部和世界银行联合召开的“中国国有企业改革政策选择国际研讨会”。

同日，林用三副部长出席全国开发扶贫工作会议。

6月9日，我部召开处以上干部会议，传达全国培养选拔年轻干部经验交流会议精神。刘雅芝副部长出席会议并讲话。

同日，劳动部、国家经贸委联

合发出《关于印发〈现代企业制度试点企业劳动工资社会保险制度改革办法〉的通知》。

6月11日，劳动部发出《关于颁布〈从事技术工种劳动者就业上岗前必须培训的规定〉的通知》。

6月12日，劳动部发出《关于印发〈全面推进职业技能开发体系建设工作的意见〉的通知》。

6月18～20日，李伯勇部长前往株洲市，出席湖南省企业制度改革暨企业职工养老保险改革实施大会并讲话。

6月20～22日，中国锅炉水处理协会在北京召开成立大会。全国人大常委会副委员长李沛瑶、劳动部副部长王建伦出席了会议。

6月20日，劳动部发出《关于印发〈劳动安全卫生监察员管理办法〉的通知》。

同日，劳动部发出《关于颁发〈劳动防护产品生产许可证审查员管理暂行办法〉的通知》。

6月21日，刘雅芝副部长前往国务院，出席中央国家机关纪念"七·一"党员学习活动情况交流会。

6月22日，李伯勇部长在劳动大厦会见印度驻华大使斯士朴塔夫妇及有关官员。

6月23日，李伯勇部长会见以色列驻华大使和公使，双方就推动两国劳动领域交流与合作事宜交换了意见。

同日，王建伦副部长前往国务院，出席宋健同志主持召开的国务院第三届环保委员会第六次会议。

同日，劳动部发出《关于颁发〈劳动防护用品质量监督检验机构管理办法〉的通知》。

6月26日，李伯勇部长与国家教委主任朱开轩同志就培训工作的有关问题交换了意见。

同日，劳动部、国内贸易部联合发出《关于颁发〈国家职业技能鉴定规范〉(商品营业员等四工种)的通知》。

6月29日，李伯勇部长主持召开部长办公会议，听取东北、西北两个困难企业职工生活情况和富余人员安置工作调查组调查情况汇报，朱家甄、刘雅芝、林用三、王建伦副部长出席。

6月30日，我部举行纪念中国共产党诞生74周年暨纪念抗日战争和世界反法西斯战争胜利50周年群众歌咏大会，李伯勇部长，朱家甄、刘雅芝、林用三、王建伦副部长出席，部属各单位职工参加了演唱。

同日，李伯勇部长，朱家甄、刘雅芝、林用三、王建伦副部长前往中南海怀仁堂参加中组部组织召开的"全国优秀县(市)委书记表彰大会"。

同日，劳动部发出《关于建立"中华技能大奖"和"全国技术能手"评选、表彰制度的通知》。

7月

7月3日，李伯勇部长、刘雅芝副部长前往全总出席纪念《劳动法》颁布一周年座谈会。

同日，李伯勇部长主持召开部长办公会议，听取保险司关于各地贯彻执行国务院6号文件情况的汇报，研究养老保险改革方案。朱家甄、刘雅芝、林用三、王建伦副部长出席。

同日，朱家甄副部长会见了以阿克利鲁先生为首的世界银行"职业培训和劳动力市场建设"项目评估团一行。

同日，林用三副部长会见了来访的英国牛津大学高级研究员约翰·奈特先生和宋丽娜女士等一行，双方就进一步开展中国农村劳动力就业和流动状况研究等问题交换了意见。

同日，劳动部发出《关于印发〈境外企业工资总量宏观调控和社会保险制度改革办法〉的通知》。

7月4～6日，"全国贯彻实施《劳动法》工作会议"在京召开，李伯勇部长在会上作了《以坚定不移的态度，积极稳妥的步骤，做好〈劳动法〉的贯彻实施工作》的报告，刘雅芝副部长作了《积极进取，勇于开拓，确保下半年贯彻实施〈劳动法〉各项目标的完成》的总结讲话。朱家甄、林用三、王建伦副部长，康永和、严忠勤等同志出席了会议。

7月4日，李伯勇部长向部属各单位全体党员传达了中央有关文件精神，朱家甄副部长向参加"全国贯彻实施《劳动法》工作会议"的同志传达了中央有关文件精神。刘雅芝、林用三、王建伦副部长出席。

7月7～12日，中央综合治理委员会、公安部、劳动部联合在福建省厦门市召开"全国流动人口管理工作会议"，李伯勇部长、朱家甄副部长出席会议。

7月10日，由电子部、劳动部、全国总工会、共青团中央、中国残联共同举办的"首届家用电子产品(彩色电视机)维修技术大赛"在北京结束。全国209名选手(其中残疾人54名)，代表28个省市参加决赛。获得本届大赛第一名的选手由劳动部授予"全国技术能手"称号；前十名选手由电子部授予"首届全国家用电子产品(彩色电视机)维修技术能手”称号;前三名选手由共青团中央授予“全国青年岗位能手”称号。

7月17日,李伯勇部长前往北京市汽车摩托车联合制造公司检查工作,北京市副市长李润五、劳动局副局长洪士珩专程陪同。

同日,劳动部、国家计委联合发出《关于申办高级技工学校若干问题的通知》。

7月18日,李伯勇部长前往北京市第二机床厂检查工作,北京市副市长李润五、北京市劳动局局长刘志华陪同。

7月18～20日,由我部承办的“亚太地区社会保障财务管理技术会议”在京召开,王建伦副部长出席会议并讲话。

7月19日,李伯勇部长主持召开部长办公会,研究《劳动部关于加快劳动领域科技进步的意见》等文件。朱家甄、刘雅芝、林用三、王建伦副部长出席,部属有关单位负责同志参加。

7月20日,李伯勇部长主持召开部长办公会议,研究《劳动合同法》、《关于做好困难企业职工生活保障和分流安置工作的若干意见》(讨论稿)等文件,朱家甄、刘雅芝、林用三副部长出席。

7月24日晚,全国安全生产电话会议在北京召开。国务院副总理吴邦国同志出席会议并作重要讲话,劳动部李伯勇部长及公安部、煤炭部领导分别在会上发言。王建伦副部长及国务院有关部门、直属机构负责同志在主会场参加会议,各省、自治区、直辖市负责安全生产的同志在当地参加会议。

7月26～28日,全国离退休人员管理服务工作研讨会暨表彰会在大连市召开,劳动系统有126个先进退管单位、125名先进退管工作者受到表彰,王建伦副部长出席会议。

7月28日,李伯勇部长主持召开部长办公会议,研究《劳动部关于贯彻实施〈劳动法〉若干问题的意见》和《劳动事业发展2010年长远规划和第九个五年计划纲要(草案)》等文件,朱家甄、刘雅芝、林用三、王建伦副部长出席。

7月31日,李伯勇部长会见了来访的澳大利亚就业、教育与培训部西蒙·克林部长一行。双方进行了热情诚挚的会谈,并共同签署了两部在就业市场计划领域合作谅解备忘录。朱家甄副部长出席了签字仪式。

8月

8月1日,李伯勇部长主持召开部长办公会议,讨论对《职工养老保险基金财务制度》、《企业职工失业保险基金财务制度》、《社会保险机构财务制度》的修改意见和“《劳动法》与中国就业”调研采访计划,朱家甄、刘雅芝、王建伦副部长出席,部属有关单位的负责同志参加。

同日,劳动部发出《关于颁布〈压力容器制造单位资格认可与管理规则〉的通知》。

8月2日,劳动部发出《关于进一步健全劳动监察体制的意见的通知》。

同日,朱家甄副部长在部内会见了日中经济交流协会会长松本安正等日本客人。

8月4日,劳动部发出“关于印发《关于贯彻执行〈中华人民共和国劳动法〉若干问题的意见》的通知”。

8月6日,王建伦副部长前往智利和阿根廷考察社会保险工作。

8月9日,李伯勇部长主持召开部长办公会,讨论《关于劳动事业发展“九五”计划和2010年长远规划有关问题的汇报提纲》和《1996年劳动事业发展计划安排设想》。

同日,李伯勇部长会见香港职安局顾问、香港安全卫生与环境协会主席黄代珍女士和林礼达先生。

8月16日,李伯勇部长应澳大利亚就业、教育与培训部和新西兰劳工部邀请,离开北京赴上述两国进行正式友好访问。

8月21日,劳动部发出《关于印发〈中国就业发展纲要(1996～2000)草案〉的通知》。

8月22日,劳动部发出《关于颁发〈重大事故隐患管理规定〉的通知》。

8月23～24日,我部与国际劳工局共同举办“中国企业调查数据分析研讨会”。

8月24～26日,全国技工学校先进体育教师表彰大会和全国技工学校篮球比赛闭幕式暨全国技工学校体协成立大会在黑龙江省大庆市召开。林用三副部长出席会议并讲话。

8月24日,劳动部、审计署联合发出了《关于发布〈社会保险审计暂行规定〉的通知》。

8月25日,朱家甄副部长主持召开部长办公会,讨论《企业经营者工资收入管理问题的汇报提纲》。刘雅芝、王建伦副部长出席。

8月30日,王建伦副部长会见了世界银行中国养老保险调查团全体成员,双方就中国养老保险的有关问题交换了意见。

8月31日,李伯勇部长主持召开部长办公会,讨论《就业登记管理规定》等文件，听取我部承办的第四次世界妇女大会非政府组织论坛有关妇女就业问题专场准备情况汇报。朱家甄、刘雅芝、林用三、王建伦副部长出席。

9月

9月3～5日，全国部分城市实施再就业工程经验交流会在河北省秦皇岛市召开。林用三副部长出席会议并讲话。

9月5日，李伯勇部长、朱家甄副部长会见来京出席第四次世界妇女大会的匈牙利劳工部部长科莎女士。

9月6日，李伯勇部长会见以色列劳动与社会事务部部长纳米尔女士。

9月7～9日，劳动部、国家经贸委、全国总工会在西安联合召开困难企业职工生活保障和分流安置工作会议。吴邦国副总理出席会议并发表重要讲话。劳动部李伯勇部长、刘雅芝副部长出席会议并讲话；国务院张左己副秘书长在闭幕式上讲话。

9月8日，朱家甄副部长会见来京出席第四次世界妇女大会的斯洛伐克劳动社会福利家庭事务部部长凯尔托肖娃女士一行。

9月8～14日，劳动部与国家民委在新疆联合召开少数民族地区技工学校工作座谈会。

9月11日，李伯勇部长会见国际劳工组织出席第四次世界妇女大会代表团团长、国际劳工局副局长切诺瑞·海斯女士和代表团全体人员。

9月12日，李伯勇部长会见了出席第四次世界妇女大会的科摩罗社会事务、人口、劳动与就业部部长。

同日，劳动部发出《关于印发〈就业登记规定〉的通知》。

9月12～14日，全国劳动统计工作会议暨表彰大会在山西省太原市召开。会议布置了1995年劳动统计年报和1996年定期报表事宜，表彰了1994年度劳动统计先进单位和从事劳动统计工作十周年的先进个人。朱家甄副部长出席会议并讲话。

9月13日，李伯勇部长会见了前来北京参加第四次世界妇女大会的荷兰社会事务与就业部部长梅尔科一行，双方就两部间的交流与合作等事宜交换了意见。

同日，李伯勇部长会见新加坡减损协会会长陈炽彬先生。

9月14日，李伯勇部长会见了加拿大人力资源部国务秘书勃力朗丁·安德鲁女士一行。

9月15日，李伯勇部长会见了英国就业与教育部副部长赛瑞尔·吉兰，双方就劳动领域的有关问题交换了意见。

9月17～19日，全国社会保险制度改革现场交流会在大连召开，李伯勇部长作了题为《深化改革，加强管理，推动社会保险事业的全面改革》的讲话。王建伦副部长出席了会议。

9月17～24日，林用三副部长赴德国出席中德职业教育合作项目部长级会议。

9月19日，朱家甄副部长会见了美国康柏电脑公司执行总裁埃卡·菲法先生，双方就如何开展合作事宜交换了意见。

同日，劳动部发出"关于发布《劳动部贯彻中共中央国务院〈关于加速科学技术进步的决定〉和全国科技大会精神的意见》的通知"。

9月21日，李伯勇部长主持召开部党组会议，研究向中财办汇报《改革开放以来企业工资分配的基本状况及未来15年的改革思路》，朱家甄、刘雅芝、王建伦副部长出席。

同日，李伯勇部长会见了应邀来访的缅甸劳动部部长埃当中将一行，双方就劳动领域共同关心的问题交换了意见。王建伦副部长参加了会谈。

同日，朱家甄副部长出席由中国劳动学会举办的"社会主义市场经济与劳动制度改革学术研讨会"并讲话。

同日，香港劳工处内地参观团举行答谢宴会，朱家甄副部长应邀出席。

9月23日，国务院副总理吴邦国在人民大会堂会见了来访的缅甸劳动部部长埃当中将一行，李伯勇部长陪同。

9月28日，劳动部发出《关于进一步加强劳动就业服务企业管理的通知》。

10月

10月3日，李伯勇部长会见了瑞(士)中经济交流协会主席罗荷夫人。

10月4日，劳动部、国家经贸委、全国总工会联合发出《关于加快建立劳动合同制度的通知》。

10月4～18日，刘雅芝副部长应法国和荷兰两国劳动部的邀请，赴上述两国进行工作访问。

10月5日，李伯勇部长主持召开部党组会议，研究向党中央、国务院报送关于学习贯彻十四届五中全会精神的情况报告及深入学习贯彻五中全会精神安排的意见，朱家甄、林用三、王建伦副部长出席。

同日，劳动部、国家经贸委、全国总工会、共青团中央、全国妇联共同组织召开了“关于开展全国技能月活动新闻发布会”。林用三副部长和全总书记处书记李永安、共青团中央书记处书记袁纯清等同志出席会议并讲话，首都各大新闻单位的记者参加。

10月6日，李伯勇部长会见韩国驻华大使黄秉泰先生，双方就中韩两国职业技能开发指导中心项目事宜交换了意见。

10月10日，中国劳动出版社被国家新闻出版署评为良好出版社。

10月10～12日，全国劳动监察工作会议在山东省青岛市召开，朱家甄副部长出席会议并讲话。

10月12日，林用三副部长会见来华观摩我国航空航天行业职工技能竞赛的韩国劳动部和产业人力管理公团的官员。

同日，劳动部发出《关于进一步加强技工学校管理的通知》。

10月19日，全国劳动厅局办公室主任会议在浙江省宁波市召开。

10月20日，朱家甄副部长会见了韩国驻华使馆公使金夏中先生，双方就中韩职业技能开发项目的有关问题交换了意见。

10月23日，李伯勇部长会见了以胡法先生为团长的香港雇主联合会代表团一行。

10月24日，林用三副部长前往机场迎接日中劳动交流访华团一行。

10月25日，李伯勇部长、朱家甄副部长会见由日本劳动省事务次官斋藤邦彦为首的日中劳动交流访华团，并出席中日劳动交流十周年庆祝会。李伯勇部长在会上发表讲话。

同日，朱家甄副部长会见了斋藤邦彦先生一行，双方就在劳动领域里进一步开展交流与合作等问题交换了意见。

10月30日，李伯勇部长主持召开部长办公会议，讨论《企业经营者工资收入问题汇报提纲》，朱家甄、林用三、王建伦副部长出席。

11月

11月份，劳动部、监察部、全国总工会联合对吉林、浙江、江西、广东、上海等五省一市进行了安全生产检查。

11月1日，李伯勇部长主持召开部长办公会议，研究：1.1996年组织民工有序流动方案；2.《就业和失业统计管理办法》；3.企业职工劳动安全卫生教育管理规定；4.矿山特种作业人员安全资格考核办法；5.中华技能大奖获得者、全国技术能手名单材料；6.企业经营者工资收入问题汇报提纲等文件。朱家甄、林用三、王建伦副部长出席。

11月3日，劳动部、交通部联合发出《关于颁布〈国家职业技能鉴定规范（汽车驾驶员）〉的通知》。

11月4～5日，劳动部、铁道部联合组织召开铁路大中型投产项目职工调配工作会议。国务院副秘书长张左己同志及劳动部副部长朱家甄、铁道部副部长孙永福同志出席会议并讲话。

同日，劳动部发出《关于颁布〈矿山安全监察工作规划〉的通知》。

11月8日，李伯勇部长主持召开部长办公会，讨论《安全生产规划纲要》、《关于劳动事业发展“九五”计划和2010年远景目标及1996年劳动工作有关问题的报告》、《贯彻实施〈劳动法〉调研情况汇报和“九五”期间及1996年贯彻思路》。朱家甄、刘雅芝、林用三、王建伦副部长及部属有关单位负责同志参加了会议。

同日，劳动部发出《关于表彰中华技能大奖和全国技术能手获得者的决定》。

同日，劳动部发出《关于颁布〈企业职工劳动安全卫生教育管理规定〉的通知》。

11月9日，李伯勇部长主持召开部长办公会，讨论《企业经营者工资收入管理汇报提纲》、《国务院关于加强企业工资收入管理的通知（代拟稿）》。朱家甄、刘雅芝、林用三副部长及部属有关单位的负责同志参加了会议。

同日，全国劳动安全卫生与消防知识竞赛颁奖大会在京举行。刘雅芝副部长出席会议并讲话。

同日，劳动部发出《关于颁布〈职业介绍规定〉的通知》。

同日，劳动部向国务院办公厅报送《关于医用氧舱安全管理工作有关问题的请示》。

同日，劳动部和总后勤部发出《关于军队企业职工养老保险问题的通知》。

11月10日，“中华技能大奖和全国技术能手表彰暨技能月总结大会”在人民大会堂举行。会前，中央政治局常委、全国政协主席李瑞环同志接见了与会代表并与大家合影留念。全国人大常委会副委员长陈慕华、李沛瑶同志出席会议。国务委员、国务院秘书长罗干同志讲话。劳动部部长李伯勇同志宣读了对中华技能大奖获得者和全国技术能手的表彰决定。全国总工会书记处第一书记张丁华同志作了全国技能月总结。全国妇联书记处书记华福周同志宣读了《关于中华技能大奖获得者和全国技术能手申报有关奖励的通知》。中华技能大奖获得者、湖北蒲圻纺织总厂挡车工张艺霞宣读了关于在全国职工中开展争当技术能手、争做贡献的倡议书。劳动部林用三副部长和国家经贸委、全国总工会、共青团中央等单位负责同志出席了会议。来自全国各行业的10名中华技能大奖获得者、104名全国技术能手和通过技能竞赛以及参加国际技能节残疾人技能竞赛的25名同志受到了大会表彰。

同日，劳动部发出《关于贯彻实施〈中国妇女发展纲要〉的通知》。

11月11～25日，王建伦副部长赴印度尼西亚出席第25届国际社会保障协会大会。

11月14日，李伯勇部长主持召开部长办公会议，研究《外国人在中国就业管理规定》、《关于适当调整企业离退休人员待遇的请示》和《关于企业党委书记签订劳动合同的问题》。朱家甄、刘雅芝、林用三副部长和部属有关单位的负责同志参加。

11月16日，李伯勇部长主持召开部长办公会议，讨论1996年劳动工作的主要任务。刘雅芝、林用三副部长及部属有关单位负责同志参加了会议。

11月16～18日，全国劳动争议处理工作会议在武汉市召开。朱家甄同志出席会议并讲话。

11月23日，国务院组织召开电视电话会议，部署1996年春运期间组织民工有序流动工作。会议由国务委员、国务院秘书长罗干同志主持；国务院副总理吴邦国同志作重要讲话；劳动部李伯勇部长及铁道部、交通部、公安部、民政部、农业部、中宣部负责同志在主会场发了言。

同日，劳动部发出《关于认真贯彻国务院会议精神做好1996年春运期间组织民工有序流动工作的通知》。

11月27日，李伯勇部长主持召开部长办公会议，讨论1995年全国劳动工作会议主报告。刘雅芝、王建伦副部长出席。

11月27日～12月12日，朱家甄副部长应加拿大人力资源和社会发展部邀请，率团前往加拿大进行为期15天的工作访问。

11月28日，劳动部发出《关于颁布〈就业和失业统计管理暂行办法〉及实行〈就业和失业统计报表制度〉的通知》。

12月

12月7～8日，中国劳动科学研究院和国际劳工组织亚太局在京举行了“世界经济一体化对中国劳动领域的影响国际研讨会”。刘雅芝副部长和国际劳工组织负责亚太事务的助理局长中村正先生出席会议并讲话。

12月8日，李伯勇部长主持召开部长办公会议，讨论《压力管道安全监察规则》，刘雅芝副部长出席。

12月11日，李伯勇部长主持召开部党组会议，结合中央经济工作会议精神，研究修改全国劳动工作会议文件。刘雅芝、王建伦副部长参加。

12月12日，李伯勇部长主持召开部长办公会议，按照中央经济工作会议要求，研究工资分配宏观调控、社会保险改革和就业工作。刘雅芝、王建伦副部长出席。

12月14～16日，全国劳动工作会议在辽宁省大连市召开，李伯勇部长作题为《紧紧围绕两个根本性转变，加快建立新型劳动制度的步伐，为改革、发展、稳定作出新的贡献》的报告。朱家甄、刘雅芝副部长参加了会议。

12月15日，劳动部、财政部与世界银行在京联合召开了“1995年世界发展报告研讨会”。

12月18日，李伯勇部长主持召开部长办公会议，讨论《关于进一步深化企业职工养老保险制度改革的报告》和《关于加强企业工资收入管理的意见》。朱家甄、王建伦副部长出席。

12月20日，李伯勇部长主持召开部长办公会议，讨论《关于进一步深化企业职工养老保险制度改革的报告》。朱家甄、刘雅芝、王建伦副部长出席。

12月20日，劳动部发出《关于颁布〈国家安全生产专家组管理规则〉的通知》。

同日，劳动部发出《关于颁布〈劳动监察程序规定〉的通知》。

同日，劳动部、国家工商行政管理局联合发出《关于个体工商户、私营企业从业人员实行职业资格证书制度有关问题的通知》。

12月21日，李伯勇部长主持召开部长办公会议，讨论《关于加强企业工资收入管理的意见》。朱家甄、刘雅芝、王建伦副部长出席。

12月22日，李伯勇部长会见了日本驻华大使佐藤嘉恭先生一行，双方就中日劳动交流现状及日本劳动大臣明年访华事宜交换了意见。

12月26日，李伯勇部长主持召开部党组会议，研究贯彻中央经济工作会议精神情况报告等文件。朱家甄、刘雅芝、王建伦副部长出席。

12月29日，劳动部发出《关于印发〈关于建立企业补充养老保险制度的意见〉的通知》。